EBS
교육방송교재

능력검정시험 한국사

심화
(1·2·3급)

시대별 기출문제집

이금수 편저

- 핵심 이론
- 확인 학습
- 시대별 기출
- 상세 해설

머리말 preface

한국인들은 사극으로 역사를 공부한다는 말이 한때 유행했었습니다. '주몽', '대장금', '대조영', '불멸의 이순신', '뿌리 깊은 나무' 등을 보신 분들이라면 제 말에 공감하실 겁니다. 하지만 요즘은 한국사능력검정시험(이하 한능검)이 그 자리를 많이 차지한 것 같습니다. 이미 한능검 교재는 대중서로 자리잡은지 오래이며, 그 오랜 시간 동안 많은 사람들이 응시했고 회차는 70회를 훌쩍 넘어섰습니다.

이런 시기에 여러분은 왜 이 교재를 선택하셨나요?
표지에 끌려서, 편집이 마음에 들어서, 내용이 충실해 보여서... 각자의 이유는 다르겠지요. 모두를 만족시키는 건 어렵지만 그 어려운 숙제를 해결하기 위해 많이 노력했습니다. 무엇보다 최소한의 시간으로 최대한의 점수를 획득할 수 있는 현실적인 방법이 무엇일까 깊이 고민했습니다. 그리고 '핵심정리-기출체크-대표기출-기출해설'의 4단 구조로 구성하되, 학습 분량의 규칙성과 통일성을 높이기 위해 60개의 소주제로 나누어 구성했습니다.

정성스레 준비한 본 도서가 여러분의 기대에 부응하기를 바라며, 더불어 역사성과 당대성에 대한 인식의 제고에 도움이 되길 기대합니다.

이금수 편저

시험 안내 information

한국사능력검정시험이란?

국사편찬위원회는 우리 역사에 대한 관심을 제고하고, 한국사 전반에 걸쳐 역사적 사고력을 평가하는 다양한 유형의 문항을 개발하고 있습니다. 이를 통해 한국사 교육의 올바른 방향을 제시하고, 자발적 역사 학습을 통해 고차원적 사고력과 문제 해결 능력을 배양하고자 합니다.

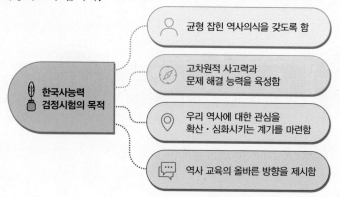

한국사능력검정시험의 목적
- 균형 잡힌 역사의식을 갖도록 함
- 고차원적 사고력과 문제 해결 능력을 육성함
- 우리 역사에 대한 관심을 확산·심화시키는 계기를 마련함
- 역사 교육의 올바른 방향을 제시함

시험정보

- ☑ 주관 및 시행기관 : 국사편찬위원회
- ☑ 시험접수 : 한국사능력검정시험 홈페이지(www.historyexam.go.kr/)
- ☑ 시행횟수 : 심화(1~3급) 연 4회 / 기본(4~6급) 연 2회
- ☑ 시험시간 : 심화 80분 / 기본 70분
- ☑ 응시대상 : 한국사에 관심 있는 대한민국 국민(외국인도 가능), 한국사 학습자, 상급학교 진학 희망자, 공공기관이나 기업체 취업 및 해외 유학 희망자 등
- ☑ 응시료 : 심화 27,000원 / 기본 22,000원
- ☑ 시험준비 : 수험표, 신분증, 컴퓨터용 수성사인펜, 수정테이프(수정액) 등
- ☑ 결과발표 : 인터넷 성적 조회, 인증서 출력(홈페이지, 정부24)

  ※ 시험정보는 변경될 수 있으므로, 자세한 시험정보는 한국사능력검정시험 홈페이지를 참고하여 주시기 바랍니다.

시험종류 및 인증등급

구분	인증등급			문항 수
심화	1급(80점 이상)	2급(70~79점)	3급(60~69점)	50문항(5지 택1형)
기본	4급(80점 이상)	5급(70~79점)	6급(60~69점)	50문항(4지 택1형)

※ 국가기관 · 기업체마다 인정하는 기간이 상이하므로, 각 기관 및 기업 채용 가이드라인 확인이 필요함

평가내용

구분	평가내용	배점
심화	**[한국사 심화과정]** 한국사에 대한 체계적인 이해를 바탕으로 한국사의 주요 사건과 개념을 종합적으로 이해하고, 역사 자료를 분석하고 이해하는 능력, 한국사의 흐름 속에서 시대적 상황 및 쟁점을 파악하는 능력을 평가	100점 만점 (문항별 1점~3점 차등 배점)
기본	**[한국사 기본과정]** 기초적인 역사 상식을 바탕으로, 한국사의 필수 지식과 기본적인 흐름을 이해하는 능력을 평가	

출제경향과 대책 strategy

자료제시형 문제 해법

출제기관인 국사편찬위원회에서는 원래 6가지 출제 유형을 제시하고 있지만, 사실상 '자료제시형' 한 가지 유형만 출제되고 있다고 볼 수 있다. 자료제시형 문제 해법의 핵심은 '자료 분석'에 있다. 질문을 정확히 이해하면서 읽은 후 주어진 자료에서 문제 해결을 위한 키워드, 즉 단초나 근거가 되는 어구를 찾아내야 한다.

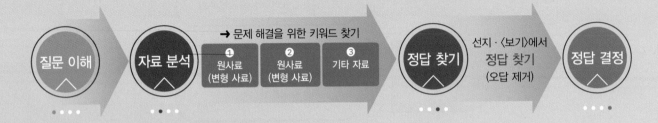

본서의 활용 방법

☑ '1일 2주제' 학습하기

본서는 총 60개의 주제로 구성되었다. 최근 3~4년간의 기출 문제를 바탕으로 핵심 내용을 정리했기 때문에 군더더기가 없고 간결하며, 지엽적인 내용을 지양한 최근의 출제 경향에도 부합한다. 따라서 하루에 2개의 주제를 소화한다면, 30일 내에 1회독이 충분히 가능하다.

☑ '기출 핵심 체크'를 적극 활용하기

문제 은행에서 선지가 선택된다는 점을 고려할 때, 지금까지 출제된 선지를 집중적으로 풀어보는 것만으로도 오답을 줄이고 정답을 높이는 데 효과적이다. 학습 효과를 높이기 위해 '용어 쓰기', 'O, ×표 하기', '선 긋기(연결하기)', '해당 시기 찾기', '사료 분석' 등 4~5개 문제 유형으로 지루하지 않으면서도 반복적으로 개념을 익힐 수 있도록 구성하였다.

기본 학습 방법

☑ 시대별·분야별 기본에 충실할 것

한국사능력검정시험은 합격률이 높은, 다른 시험에 비해 상대적으로 '쉬운 시험'이다. 따라서 특별한 학습 비법 같은 것은 사실 불필요하다. 선사 시대에서부터 현대까지 기본 개념을 중심으로 2~3회 통독하고, 최신 기출 문제를 3~5회분 정도 풀어본다면 누구나 합격할 수 있는 시험이다.

☑ 학습(공부) 계획표를 작성할 것

아무리 쉬운 시험이라 하더라도 무작정 학습하는 것은 비효율적이다. 간략하나마 학습(공부) 계획표를 작성해야 한다. 일반적으로는 1회독 기준 30일, 4주 정도의 학습 계획표를 작성할 것을 권하며, 이느 정도 기본 실력을 갖춘 응시생의 경우 (역시 1회독 기준) 10일, 2주 정도의 학습 계획표를 작성해도 좋다.

고득점 합격 팁!

✅ '더 다양하게, 더 많이' 사료 학습하기

한국사능력검정시험에서 사료를 포함한 각종 자료는 매우 중요하다. 문제를 푸는 열쇠이자, 한국사에 대한 수준 높은 이해도를 판가름할 수 있는 기준이 되기 때문이다.

'문제 → 자료 분석(사료 포함) → 선지 해독'이라는 일반적인 풀이 순서에서 벗어나 보자. 해당 사료와 기타 자료를 명확하게 이해하는지 판단하고, 낯선 자료가 있다면 가위로 오린 후 본 교재에서 해당 주제를 찾아 붙이기를 권한다. 다소 아날로그적 방법이라 번거롭지만, 이런 과정을 통해 학습자에게 취약한 시대와 사료를 파악할 수 있고, 역사 자료에 대한 추론−분석 능력을 점검할 수 있다.

이때 풀지 않은 선지는 크게 신경 쓰지 않아도 좋다. 앞에서 언급한 대로, 최근에는 세세한 내용까지 묻는 선지를 보기 어렵고, 약 95%의 선지가 기출 문제에서 반복되고 있다. 따라서 문제와 자료 분석을 철저히 했다면 정답을 맞출 확률이 매우 높다.

✅ 통사적으로 접근하기

가령, 우리나라의 관리 감찰 기구를 왕조별로 정리할 수 있는가? 우리나라의 국정 총괄 기구를 왕조별로 구분할 수 있는가? 우리나라의 지방 행정 구역의 변천 과정을 삼국 시대부터 광무개혁까지 나열할 수 있는가? 김부식의 『삼국사기』에서 신채호의 『조선상고사』까지 각 역사서에서 대표적인 지문을 발췌했을 때 해당 역사서가 어떤 것인지 구별할 수 있는가? 대외 개방과 관련된 조약을 강화도 조약에서 한중 FTA까지 체결 시기와 주요 내용을 알고 있는가?

통사적으로 접근한다는 것은 단순히 암기를 잘하는 것에 그치지 않는다. 이전과 다른 차이점, 당대의 시대상, 확장된 세계관, 해당 정책의 필요성과 한계 등을 감지하는 역사적 안목을 키우는 것이다. 한국사능력검정시험에서 비록 통사 문제는 1~2문제에 그치지만, 이 문제들이야말로 본 시험의 정수라고 생각한다. 고득점과 한국사에 대한 탄탄한 내공을 쌓기 원한다면, 통사적 접근을 염두하고 학습을 마무리하길 추천한다.

참고로, 우리 교재에서는 '주제 58, 주제 59'에서 통시대 관련 내용을 다루고 있다.

실전에서의 문제 풀이

✅ 번호 순서(시대·시기순)대로 풀기

가장 일반적인 방법으로, 1번부터 50번까지 번호 순서대로 푸는 방식이다. 중간에 일부 시대나 시기가 뒤섞여 있을 수 있는데, 이때도 그냥 무시하고 번호 순서대로 푼다(시험 도중에 일일이 시대·시기 순을 맞춰 푸는 것은 매우 비효율적이다).

✅ 아는 문제, 자신 있는 시대[주제나 개념]의 문제부터 푸는 방식이 있다.

✅ 위의 두 가지 방식을 혼합하여 문제를 풀어나가는 방식도 있다.

구성과 특징 composition

Point 1

경향 분석을 통해 엄선한, 핵심 주제 60개

'핵심정리-기출체크-대표기출-기출해설'의 4단 구조로 구성하였고, 학습 분량의 규칙성과 통일성을 높이기 위해 60개의 소주제로 나누어 구성하였습니다.

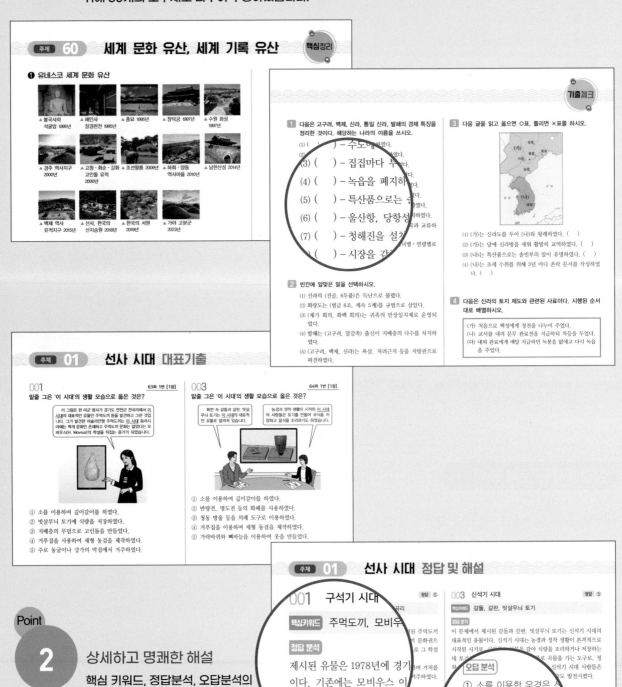

Point 2

상세하고 명쾌한 해설

핵심 키워드, 정답분석, 오답분석의 상세한 해설을 통해 문제의 출제의도를 명확하게 확인할 수 있고, 왜 정답인지 왜 정답이 아닌지까지도 모두 학습할 수 있습니다.

Point 3

다양한 학습장치

이론 파트에서는 중요한 키워드는 **빨강색**으로, 보완 설명이 필요한 부분은 <u>파랑색</u>으로 별색 효과를 주고, 날개 부분 중요 사료의 주요 내용은 노랑색 형광펜 표시를 하여, 핵심이론을 강약 있게 학습할 수 있도록 구성하였습니다.

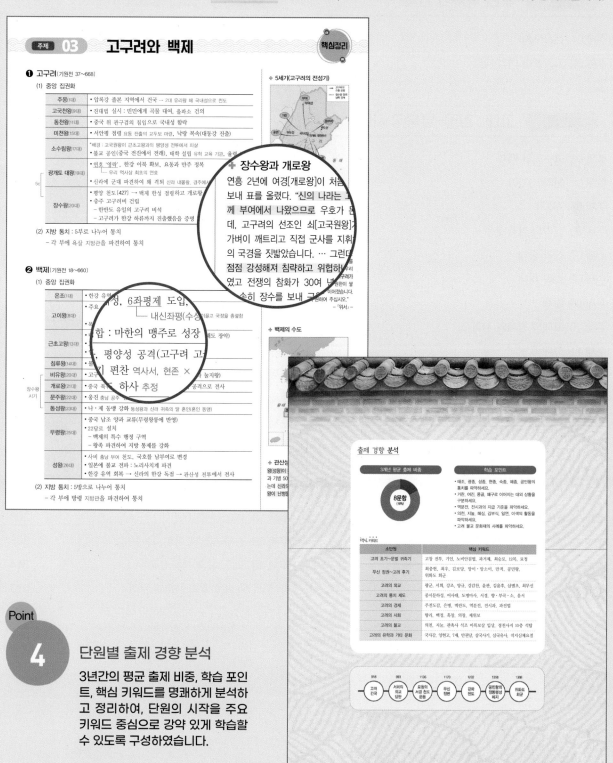

Point 4

단원별 출제 경향 분석

3년간의 평균 출제 비중, 학습 포인트, 핵심 키워드를 명쾌하게 분석하고 정리하여, 단원의 시작을 주요 키워드 중심으로 강약 있게 학습할 수 있도록 구성하였습니다.

목차 contents

제 **1** 편

우리 역사의 시작

출제 경향 분석

3개년 평균 출제 비중

2문항
(4%)

학습 포인트

• 선사 시대별 생활 모습을 구분하세요.
• 선사 시대별 주요 유물을 구분하세요.
• 고조선과 초기 국가의 풍습을 구분하세요.

핵심 키워드

소단원	핵심 키워드
선사 시대	주먹도끼, 빗살무늬 토기, 가락바퀴, 비파형 동검, 고인돌, 명도전
고조선과 여러 나라	위만, 범금 8조, 사출도, 읍군・삼로, 가족공동묘, 책화, 소도, 제천 행사

약 70만 년 전	약 1만 년 전	기원전 2333년	기원전 194	기원전 2세기	기원전 57	기원전 37
구석기 시대	신석기 시대	고조선 건국	위만 즉위	부여 건국	신라 건국	고구려 건국

❶ 구석기 시대

시기	• 약 70만 년 전 시작
도구	• 뗀석기 제작 　– 주먹도끼, 슴베찌르개 　– 경기도 연천 전곡리 유적 아슐리안 계통의 주먹도끼가 동아시아에서 최초 출토
생활	• 동굴이나 바위 그늘에서 거주 　– 채집·수렵 생활 　– 공주 석장리 유적 1960년대에 남한 최초로 구석기 유적지 발굴

❷ 신석기 시대

시기	• 기원전 8000년경 시작
도구	• 간석기 제작 돌을 갈아서 제작 • 토기 제작 시작 　– 이른 민무늬 토기, 빗살무늬 토기 대표적인 한반도의 신석기 토기 　– 제주 고산리 유적 이른 민무늬 토기 출토
생활	• 조, 수수, 기장 등 농경 시작 　– 강가, 바닷가의 움집에서 거주 정착 생활 시작 　– 서울 암사동 유적 다수의 움집터 발굴 • 가락바퀴와 뼈바늘 사용하여 옷·그물 제작 • 애니미즘(자연 숭배), 토테미즘(동물 숭배) 등 원시 신앙 등장

❸ 청동기 시대

도구	• 청동기로 지배층의 무기와 도구 제작 　– 비파형 동검·<u>거친무늬 거울·청동 방울</u> ┐ 의례용 　– 반달 돌칼 생활도구는 여전히 간석기 사용 • 민무늬 토기·미송리식 토기 사용
생활	• 벼농사 시작 　– 부여 송국리·여주 흔암리에서 벼농사 흔적 발견 　– 구릉 지대에 마을 형성 : 환호(도랑), 목책 등 방어시설 설치 • 계급 발생 군장의 부족 지휘 　– 사유재산 형성 　– <u>고인돌</u> 등 대규모 무덤 축조

　　　┌ 북방식 고인돌 : 탁자 형태, 한반도 중북부에 분포
　　　└ 남방식 고인돌 : 바둑판 형태, 전북 고창과 전남 화순에 분포

❹ 철기 시대

도구	• 철제 농기구·철제 무기 제작 　– 철제 도구로 인해 농업 생산력이 크게 증가함 　– 세형 동검·잔무늬 거울 초기 철기 시대에는 청동기 병행
생활	• 널무덤·독무덤 축조 • 중국과 교류 시작 　– 중국의 명도전, 반량전, 오수전 등의 화폐가 한반도에서 발견 　– 창원 다호리에서 붓 발견 : 한자 사용의 증거

➕ 구석기 시대

▲ 주먹도끼

▲ 슴베찌르개
'손잡이'라는 뜻

➕ 신석기 시대

▲ 갈돌과 갈판

▲ 빗살무늬 토기

▲ 가락바퀴
실을 뽑아냄

▲ 움집

➕ 청동기 시대

▲ 비파형 동검

▲ 반달 돌칼

▲ 북방식 고인돌

▲ 남방식 고인돌

➕ 철기 시대

▲ 거푸집
청동기와 철기를
제작하는 틀

▲ 명도전
중국 연의 화폐

1 다음은 선사 시대의 생활 모습을 정리한 것이다. 구석기 시대면 '구', 신석기 시대면 '신', 청동기 시대면 '청', 철기 시대면 '철'로 쓰시오.

(1) ( ) – 가락바퀴를 이용하여 실을 뽑았다.

(2) ( ) – 빗살무늬 토기에 식량을 저장하였다.

(3) ( ) – 지배층의 무덤으로 고인돌을 만들었다.

(4) ( ) – 반달 돌칼을 이용하여 벼를 수확하였다.

(5) ( ) – 명도전, 반량전 등의 화폐를 사용하였다.

(6) ( ) – 청동 방울 등을 의례 도구로 사용하였다.

(7) ( ) – 거푸집을 이용하여 세형 동검을 제작하였다.

(8) ( ) – 쟁기, 쇠스랑 등의 철제 농기구를 사용하였다.

(9) ( ) – 정착 생활이 시작되면서 움집이 처음 나타났다.

(10) ( ) – 주로 동굴에 살면서 사냥과 채집 생활을 하였다.

(11) ( ) – 계급이 출현하고, 사유재산이 형성되었다.

(12) ( ) – 주먹도끼, 찍개 등의 뗀석기를 제작하였다.

2 빈칸에 알맞은 말을 선택하시오.

(1) 구석기인들은 주로 동굴이나 강가의 (막집, 움집)에서 거주하였다.

(2) 신석기인들은 (간석기, 뗀석기)를 이용하여 농경 생활을 하였다.

(3) 신석기 시대에는 (민무늬, 빗살무늬) 토기를 이용하여 식량을 저장하였다.

(4) 청동기 시대에는 (세형 동검, 비파형 동검)을 제작하였다.

(5) 청동기 시대에는 (반달 돌칼, 주먹도끼)을/를 이용하여 벼를 수확하였다.

(6) 철기 시대에는 (명도전, 상평통보)을/를 이용하여 중국과 교역하였다.

(7) 경기도 연천군 전곡리에서 발견된 (주먹도끼, 슴베찌르개)는 모비우스의 학설을 뒤집는 증거가 되었다.

(8) (신석기 시대, 청동기 시대)에는 군장과 같은 지배층이 등장하였다.

(9) (신석기 시대, 청동기 시대)에는 고인돌, 돌널무덤 등을 축조하였다.

(10) (신석기 시대, 청동기 시대)에는 구릉 지대에 취락을 이루어 생활하였다.

3 물음에 답하시오.

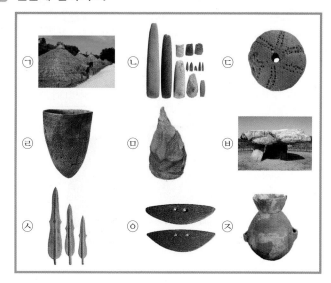

(1) ㉠~㉢ 중 구석기 시대의 문화 유산을 모두 고르시오.

(2) ㉠~㉢ 중 신석기 시대의 문화 유산을 모두 고르시오.

(3) ㉠~㉢ 중 청동기 시대의 문화 유산을 모두 고르시오.

4 아래 자료와 관련된 시기를 선택하시오.

(1) (구석기 시대, 신석기 시대)

(2) (구석기 시대, 신석기 시대)

▲ 직접떼기

▲ 모루떼기

정답

1. (1) 신 (2) 신 (3) 청 (4) 청 (5) 철 (6) 청 (7) 철 (8) 철 (9) 신 (10) 구 (11) 청 (12) 구

2. (1) 막집 (2) 간석기 (3) 빗살무늬 (4) 비파형 동검 (5) 반달 돌칼 (6) 명도전 (7) 주먹도끼 (8) 청동기 시대 (9) 청동기 시대 (10) 청동기 시대

3. (1) ㉢ 주먹도끼 (2) ㉠ 움집, ㉡ 간석기, ㉣ 가락바퀴, ㉤ 빗살무늬 토기 (3) ㉥ 북방식 고인돌, ㉦ 비파형 동검, ㉧ 반달 돌칼, ㉨ 미송리식 토기

4. (1) 신석기 시대 (2) 구석기 시대

001

밑줄 그은 '이 시대'의 생활 모습으로 옳은 것은?

이 그림은 한 미군 병사가 경기도 연천군 전곡리에서 이 시대의 대표적인 유물인 주먹도끼 등을 발견하고 그린 것입니다. 그가 발견한 아슐리안형 주먹도끼는 이 시대 동아시아에는 찍개 문화만 존재하고 주먹도끼 문화는 없었다는 모비우스(H. Movius)의 학설을 뒤집는 증거가 되었습니다.

① 소를 이용하여 깊이갈이를 하였다.
② 빗살무늬 토기에 식량을 저장하였다.
③ 지배층의 무덤으로 고인돌을 만들었다.
④ 거푸집을 사용하여 세형 동검을 제작하였다.
⑤ 주로 동굴이나 강가의 막집에서 거주하였다.

002

(가) 시대의 생활 모습으로 옳은 것은?

공주 석장리 (가) 축제

♥ 20개
내가 만든 주먹도끼 구경할 사람?
#공주_석장리_유적 #뗀석기_제작_체험

💬 댓글 2개
○○○ : 주먹도끼가 뭐야?
↳ △△△ : (가) 시대의 대표적인 유물이야. 동물을 사냥하거나 가죽을 벗기는 등 다양한 용도로 사용했대.

① 반달 돌칼로 벼를 수확하였다.
② 주로 동굴이나 막집에서 살았다.
③ 반량전, 명도전 등 화폐를 사용하였다.
④ 빗살무늬 토기를 만들어 식량을 저장하였다.
⑤ 가락바퀴와 뼈바늘을 이용하여 옷을 만들었다.

003

밑줄 그은 '이 시대'의 생활 모습으로 옳은 것은?

화면 속 갈돌과 갈판, 빗살무늬 토기는 이 시대의 대표적인 유물로 알려져 있습니다.

농경과 정착 생활이 시작된 이 시대의 사람들은 토기를 만들어 곡식을 저장하고 음식을 조리하기도 하였습니다.

① 소를 이용하여 깊이갈이를 하였다.
② 반량전, 명도전 등의 화폐를 사용하였다.
③ 청동 방울 등을 의례 도구로 이용하였다.
④ 거푸집을 이용하여 세형 동검을 제작하였다.
⑤ 가락바퀴와 뼈바늘을 이용하여 옷을 만들었다.

004

(가) 시대의 생활 모습으로 옳은 것은?

△△ 박물관 특별전

(가) 시대로
떠나는 시간 여행

◆ 기간 : 2021.○○.○○~○○.○○
◆ 장소 : △△ 박물관 특별 전시실

모시는 글

우리 박물관에서는 농경과 정착 생활이 시작된 (가) 시대 특별전을 마련하였습니다. 덧무늬 토기, 흙으로 빚은 사람 얼굴상, 갈돌과 갈판 등 다양한 유물들을 전시하고 있으니 많은 관람 바랍니다.

① 가락바퀴를 이용하여 실을 뽑았다.
② 주로 동굴이나 강가의 막집에서 살았다.
③ 지배층의 무덤으로 고인돌을 축조하였다.
④ 거푸집을 이용하여 세형 동검을 제작하였다.
⑤ 쟁기, 쇠스랑 등의 철제 농기구를 사용하였다.

005

56회 1번 [1점]

(가) 시대의 생활 모습으로 옳은 것은?

이것은 제주 고산리 유적에서 발굴된 이른 민무늬 토기입니다. 이 토기의 출토로 우리나라의 (가) 시대가 기원전 8000년경부터 시작되었음을 알게 되었습니다. 고산리 유적에서는 화살촉, 갈돌, 갈판 등의 석기도 나왔습니다.

이른 민무늬 토기

① 고인돌, 돌널무덤 등을 만들었다.
② 거푸집을 이용하여 청동검을 제작하였다.
③ 농경과 목축을 시작하여 식량을 생산하였다.
④ 주로 동굴에 살면서 사냥과 채집 생활을 하였다.
⑤ 쟁기, 쇠스랑 등의 철제 농기구를 써서 농사를 지었다.

006

68회 1번 [1점]

(가) 시대의 생활 모습에 대한 설명으로 옳은 것은?

사진으로 만나는 고창 고인돌 유적

우리 박물관에서는 2000년 유네스코 세계유산으로 등재된 고창 고인돌 유적을 소개하는 특별전을 마련하였습니다. 고인돌은 계급이 발생한 (가) 시대를 대표하는 무덤입니다. 사진을 통해 다양한 고인돌의 형태를 살펴보시기 바랍니다.

■ 기간 : 2023년 ○○월 ○○일~○○월 ○○일
■ 장소 : △△ 박물관 기획 전시실

① 반달 돌칼로 벼를 수확하였다.
② 소를 이용하여 깊이갈이를 하였다.
③ 주로 동굴이나 강가의 막집에서 살았다.
④ 오수전, 화천 등의 중국 화폐로 교역하였다.
⑤ 옷을 만들 때 가락바퀴와 뼈바늘을 이용하기 시작하였다.

007

52회 1번 [1점]

(가) 시대의 생활 모습으로 옳은 것은?

△△ 박물관

부여 송국리 유물 특별전

초대의 글

우리 박물관에서는 부여 송국리 유적에서 출토된 유물을 소개하는 특별전을 마련하였습니다. (가) 시대의 대표적 유물인 민무늬 토기와 비파형 동검 등을 통해 당시의 생활 모습을 살펴보시기 바랍니다.

◆ 기간 : 2021. ○○. ○○.~○○. ○○.
◆ 장소 : △△ 박물관 기획 전시실

① 주로 동굴이나 강가의 막집에서 살았다.
② 계급이 없는 평등한 공동체 생활을 하였다.
③ 오수전, 화천 등의 중국 화폐로 교역하였다.
④ 실을 뽑기 위해 가락바퀴를 처음 사용하였다.
⑤ 의례 도구로 청동 거울과 청동 방울 등을 제작하였다.

008

70회 1번 [1점]

(가) 시대의 생활 모습으로 가장 적절한 것은?

① 철제 무기로 정복 활동을 벌였다.
② 오수전, 화천 등의 중국 화폐로 교역하였다.
③ 많은 인력을 동원하여 고인돌을 축조하였다.
④ 주로 동굴이나 강가에 막집을 짓고 거주하였다.
⑤ 가락바퀴와 뼈바늘을 사용하여 옷을 만들기 시작하였다.

001 구석기 시대 　　　정답 ⑤

핵심키워드 주먹도끼, 모비우스 학설, 연천군 전곡리

정답 분석

제시된 유물은 1978년에 경기 연천군 전곡리에서 발견된 주먹도끼이다. 기존에는 모비우스 이론에 의해 서양을 주먹도끼 문화권으로, 아시아를 찍개 문화권으로 구분하였으나, 이 발견으로 그 학설이 뒤집혔다.

⑤ 구석기 시대의 사람들은 사냥과 수렵, 채집 생활을 하며 거처를 옮겨 다녔고, 일반적으로 동굴과 강가의 막집에서 거주하였다.

오답 분석

① 소를 이용한 우경은 신라 지증왕 때 기록이 최초이다. 즉 철기 시대에 이르러 우경이 시작되었다.

② 빗살무늬 토기는 신석기 시대에 제작되었다.

③ 고인돌은 청동기 시대에 축조되었다.

④ 세형 동검은 철기 시대에 제작된 청동검이다. 만주와 요령 지방에서도 발견되는 비파형 동검과 달리 한반도에서만 발견되기 때문에 한국식 동검으로 불리며, 이는 한반도에서 독자적인 청동기가 발달했음을 증명한다.

002 구석기 시대 　　　정답 ②

핵심키워드 공주 석장리, 주먹도끼, 동굴

정답 분석

공주 석장리 유적은 구석기 시대를 대표하는 유적지로, 주먹도끼와 같은 구석기 시대 유물이 다수 발견되었다. 주먹도끼는 구석기 시대 사람들의 사냥과 가죽 벗기기 등 다양한 용도로 사용된 도구이다. 또한, 구석기 시대 사람들은 주로 동굴이나 강가의 막집에서 거주하며 수렵과 채집 생활을 하였다.

오답 분석

① 쌀(벼) 농사는 청동기 시대에 본격적으로 시작되었으며, 간석기인 반달 돌칼 등이 사용되었다.

③ 명도전과 반량전은 철기 시대에 중국에서 사용된 화폐로, 주로 교역과 상업에 사용되었다.

④ 빗살무늬 토기는 신석기 시대에 만들어진 토기로, 식량을 저장하는 데 사용되었다.

⑤ 가락바퀴와 뼈바늘은 신석기 시대에 옷과 그물을 만드는 도구로 사용되었다. 이를 통해 이 시대에 원시적 수공업이 이루어졌음을 알 수 있다.

003 신석기 시대 　　　정답 ⑤

핵심키워드 갈돌, 갈판, 빗살무늬 토기

정답 분석

이 문제에서 제시된 갈돌과 갈판, 빗살무늬 토기는 신석기 시대의 대표적인 유물이다. 신석기 시대는 농경과 정착 생활이 본격적으로 시작된 시기로, 사람들은 곡물을 갈아 식량을 조리하거나 저장하는 데 토기를 사용했다. 갈돌과 갈판은 주로 곡물을 가는 도구로, 정착 생활과 농업의 발전을 상징한다. 또한, 신석기 시대 사람들은 가락바퀴와 뼈바늘을 이용해 옷을 만드는 기술도 발전시켰다.

오답 분석

① 소를 이용한 우경은 한반도에서는 철기 시대부터 시작되었다.

② 반량전과 명도전은 철기 시대에 중국에서 사용된 화폐로, 중국 화폐가 우리 땅에서 발견된 것은 철기 시대에 이르러 한반도와 중국이 교류했음을 증명한다.

③ 청동 방울 등은 청동기 시대에 제사와 의식에서 사용된 도구이다.

④ 세형 동검은 철기 시대에 제작된 청동검으로, 한국식 동검이라고도 한다. 세형 동검 제작에 이용된 거푸집이 발견되어 한반도에서 독자적으로 제작하였음을 알 수 있다.

004 신석기 시대 　　　정답 ①

핵심키워드 덧무늬 토기, 농경과 정착 생활 시작

정답 분석

(가) 시대는 신석기 시대로, 다양한 형태의 토기가 사용된 시기이다. 이른 민무늬 토기는 신석기 시대 초기의 토기로, 표면에 무늬가 없이 단순한 형태를 띠고 있었다. 이후 덧무늬 토기와 빗살무늬 토기가 등장했는데, 덧무늬 토기는 토기 표면에 덧붙인 무늬가 특징이며, 빗살무늬 토기는 빗살 같은 선을 그려 만든 토기이다.

① 가락바퀴와 뼈바늘은 신석기 시대에 옷을 만드는 도구로 사용되었다.

오답 분석

② 구석기 시대에는 동굴과 막집에서 거주했으며, 신석기 시대에는 강가와 바닷가에서 움집을 제작하여 정착 생활을 시작하였다. 청동기 시대에는 구릉 지대에 이전보다 거대한 취락을 형성하였다.

③ 고인돌은 청동기 시대에 지배층의 무덤으로 축조되었다.

④ 비파형 동검은 청동기 시대에 제작된 청동검이며, 세형 동검은 철기 시대에 생산되었다.

⑤ 철제 농기구는 철기 시대에 농업 생산성을 높이는 데 기여하였다.

005　신석기 시대　　정답 ③

핵심키워드 이른 민무늬 토기, 제주 고산리

정답 분석

㈎ 시대는 신석기 시대로, 제주 고산리 유적에서 기원전 8000년경
에 제작된 이른 민무늬 토기(무늬가 없는 토기라는 의미)가 출
토되었다. 사람들은 토기를 이용하면서 식량을 편리하게 운반
하거나 오랫동안 저장하였으며, 음식을 삶거나 쪄서 먹는 것이
가능하게 되었다.

이 토기 외에도 화살촉, 갈돌, 갈판 등의 석기가 발견되어 신석
기 초기의 농경과 정착 생활이 시작되었음을 알 수 있다.

오답 분석

① 고인돌과 돌널무덤은 주로 청동기 시대에 지배층의 무덤으로 축조되
었다. 수백에서 수천 명까지 고인돌 제작에 동원되었을 것으로 짐작
된다.

② 청동 방울 같은 청동기 유물은 주로 제사 의식에서 사용되었다.

④ 구석기 시대 사람들은 사냥과 채집에 의존하며 이동 생활을 하였다.

⑤ 철제 농기구는 땅을 깊게 갈아 농작물을 보다 쉽게 재배할 수 있다.
이에 철기 시대에는 농업 생산량이 급격히 늘어났다.

006　청동기 시대　　정답 ①

핵심키워드 고창 고인돌 유적, 유네스코 세계 유산

정답 분석

㈎ 시대는 청동기 시대로, 고인돌은 계급 사회가 형성되면서 지배
층을 위한 무덤으로 사용되었다. 인천 강화, 전북 고창, 전남 화
순의 고인돌 유적은 세계 유산으로 등재되었다. 강화에서는 북
방식 고인돌(탁자식 고인돌)이 대표적이며, 고창과 화순에서는
남방식 고인돌(바둑판식 고인돌)이 주로 발견된다.

① 반달 돌칼은 청동기 시대의 간석기 농기구로, 곡식을 수확하는
데 사용되었다.

오답 분석

② 소를 이용한 우경은 철기 시대에 본격적으로 시작되었다.

③ 구석기인들은 사냥, 채집 생활을 하였기 때문에 이동 생활을 하였다.
이때 동굴이나 강가의 막집(임시 거주지)에서 생활하였다.

④ 오수전과 화천은 철기 시대 이후 중국에서 사용된 화폐이다.

⑤ 가락바퀴와 뼈바늘은 신석기 시대의 옷과 그물을 제작하는 도구이다.

007　청동기 시대　　정답 ⑤

핵심키워드 부여 송국리, 민무늬 토기, 비파형 동검

정답 분석

㈎ 시대는 청동기 시대로, 대표적인 유물로 민무늬 토기와 비파형
동검이 출토되었다. 민무늬 토기는 신석기 시대의 빗살무늬 토
기에서 발전한 형태로, 무늬가 없는 단순한 형태가 특징이다.
이 토기는 이전보다 두껍고 크며, 마을 단위로 정착한 청동기인
들의 생활 방식을 잘 보여준다.

비파형 동검은 비파 모양을 닮은 칼로, 청동기 시대의 무기이자
권력의 상징이다. 부여 송국리 유적에서는 이러한 비파형 동검
이 출토되었으며, 이는 당시 계급 사회가 존재했음을 나타낸다.

⑤ 군장은 청동 검, 청동 방울, 청동 거울 등으로 자신의 권위를 세
웠다. 이 중에 청동 방울과 청동 거울 등은 의례용으로 사용되
었다.

오답 분석

① 동굴이나 강가의 막집에서 거주한 것은 구석기 시대의 생활 방식이다.

② 계급이 없는 평등한 공동체 생활은 구석기 시대와 신석기 시대의 특
징이다.

③ 오수전과 화천은 철기 시대에 중국에서 사용된 화폐로, 철기 시대에
한반도에 전래되었다.

④ 가락바퀴는 신석기 시대에 실을 뽑기 위해 처음 사용된 도구이다.

008　청동기 시대　　정답 ③

핵심키워드 사유 재산, 계급 발생

정답 분석

청동기 시대에는 농업 생산이 증가하면서 잉여 생산물이 발생하였
다. 일부 사람들은 이러한 잉여를 독점하게 되었고, 이를 통해 사
유재산이 형성되었다. 이러한 재산의 축적은 사회 내에서 계급을
만들었으며, 지배층과 피지배층의 구분이 뚜렷해졌다. 고인돌과
같은 거대한 무덤은 지배층이 자신들의 권력을 과시하기 위해 많은
인력을 동원해 축조한 대표적인 유물이다.

오답 분석

① 철제 무기를 바탕으로 등장한 국가로는 부여, 고구려, 옥저, 동예 등
이 있다.

② 중국은 철기 시대에 이르러 명도전, 반량전, 오수전, 화천 같은 화폐
를 제작하였다.

④ 구석기 시대 사람들은 동굴이나 막집에서 거주하며, 수렵과 채집을
통해 생활하였다.

⑤ 가락바퀴와 뼈바늘은 신석기 시대에 사용된 유물로, 옷을 제작하는
데 중요한 도구였다.

고조선과 여러 나라

❶ 고조선

삼국유사, 제왕운기, 동국통감 등에 기록

정치	• [기원전 2333] 단군왕검에 의해 건국
	• [기원전 3세기] 중국 연 진개의 공격으로 영토 일부 상실
	• [기원전 2세기 초] 위만 집권 준왕 폐위
	  – 영토 확장 : 임둔·진번 복속
	  – 철기 문화 본격 수용, 중계 무역 발달
	• [기원전 108] 우거왕 때 멸망 : 중국 한 무제의 공격으로 왕검성 함락 → 이후 한 군현 설치

사회	• 범금 8조 제정 • 상·대부·장군 등 관직 존재 • 비파형 동검·북방식 고인돌·미송리식 토기 사용

❷ 부여

부여의 행정 구역으로, 수도 주변에 있는 4개의 고을을 가리킴

정치	• 5부족 연맹왕국 형성 왕 > 군장
	  – 마가, 우가, 저가, 구가 : 군장으로 사출도 통치
	  – 5세기에 고구려에 복속

사회	• 순장, 형사취수제, 1책 12법(도둑질 시 12배 배상), 영고(12월) 제천 행사

형이 죽으면 형수를 아내로 삼는 결혼 방식   수렵 사회의 전통 영향

❸ 고구려

정치	• 5부족 연맹왕국 형성
	  – 상가, 대로, 고추가 : 군장으로 사자, 조의, 선인을 거느림
	  – 제가 회의(귀족 회의) : 국가의 중대사 논의

사회	• 서옥제(데릴사위제), 1책 12법, 부경(집집마다 둔 창고), 동맹(10월) 제천 행사

❹ 옥저

정치	• 읍군·삼로의 부족 통치 → 고구려에 복속
사회	• 가족공동묘 가족 뼈를 모아 목곽에 보관, 민며느리제 • 고구려에 소금·어물을 바침

❺ 동예

정치	• 읍군·삼로의 부족 통치 → 고구려에 복속
사회	• 책화(읍락의 경계를 침범하면 노비, 소, 말로 배상), 족외혼, 무천(10월) 제천 행사 • 단궁·과하마·반어피 바다표범 가죽 유명

목지국, 백제 등 54개국으로 구성
신라 등 12개국으로 구성

❻ 삼한(마한, 진한, 변한)

정치	• 제정 분리 사회
	  – 정치적 : 신지·읍차의 통치
	  – 종교적 : 천군이 신성 지역인 소도를 통치

사회	• 변한의 철(낙랑·왜에 수출), 5월제와 10월제 벼농사 발달의 영향

➕ 범금 8조
• 사람을 죽인 자는 즉시 죽인다.
: 살인죄(사형)
• 남에게 상처를 입힌 자는 곡식으로 갚는다.
: 상해죄(곡물 배상)
• 도둑질을 한 자는 노비로 삼는다. 용서받고자 하는 자는 한 사람마다 50만 전을 내야 한다. : 절도죄(노비 전락)

➕ 여러 나라

➕ 부여
동이 지역 중에서 가장 평탄하고 넓은 곳으로 토질은 오곡이 자라기에 알맞다. … 12월에 지내는 제천 행사에는 연일 크게 모여서 마시고 먹으며 노래하고 춤추는데, … 이때에는 형옥(刑獄)을 중단하고 죄수를 풀어 준다. 전쟁을 하게 되면 그때에도 하늘에 제사를 지내고, 소를 잡아서 그 발굽으로 길흉을 점친다.
– 「삼국지」 동이전 –

➕ 동예
산천을 존중하여 산천에 각기 영역이 있었으므로 서로 함부로 들어갈 수 없었다. 같은 성은 서로 혼인하지 않았으며 꺼리고 두려워하는 것이 많아 병들어 죽으면 즉시 옛 집을 버리고 다시 새 집을 지어 살았다. 읍락이 서로 침범하면 포로와 우마를 보상하여 상호 처벌했다. 이를 책화라 하였다.
– 「삼국지」 동이전 –

1 다음은 고조선과 부여, 고구려, 옥저, 동예, 삼한의 특징을 정리한 것이다. 해당하는 나라의 이름을 쓰시오.

(1) (　) – 목지국 등 많은 소국들로 이루어졌다.

(2) (　) – 한 무제의 공격으로 왕검성이 함락되었다.

(3) (　) – 읍락 간의 경계를 중시하는 책화가 있었다.

(4) (　) – 왕 아래 상, 대부, 장군 등의 관직을 두었다.

(5) (　) – 특산물로 단궁, 과하마, 반어피가 유명하였다.

(6) (　) – 남의 물건을 훔쳤을 때는 12배로 갚게 하였다.

(7) (　) – 연의 장수 진개의 공격을 받아 영토를 빼앗겼다.

(8) (　) – 제사장인 천군과 신성 지역인 소도가 존재하였다.

(9) (　) – 대가들이 사자, 조의, 선인 등의 관리를 거느렸다.

(10) (　) – 왕 이외에 마가, 우가, 저가, 구가라 불린 지배자가 있었다.

2 빈칸에 알맞은 말을 선택하시오.

(1) 옥저에는 (순장, 가족공동묘) 풍습이 있었다.

(2) 삼한에는 (신지, 읍군)(이)라는 지배자가 있었다.

(3) 옥저와 동예에는 (신지, 읍군)(이)라는 지배자가 있었다.

(4) 고조선은 (위만, 단군왕검) 시기에 철기 문화를 본격적으로 받아들였다.

(5) (부여, 고조선)에서는 도둑질한 자에게 12배로 배상하게 하였다.

(6) 부여의 여러 가(加)들은 각각 (소도, 사출도)를 주관하였다.

(7) 고구려에는 (서옥제, 민며느리제)라는 혼인 풍습이 있었다.

(8) 옥저와 동예는 나라가 작아 마침내 (고조선, 고구려)에 복속되었다.

(9) 변한은 (철, 소금)이 많이 생산되어 낙랑과 왜에 수출하였다.

(10) 고조선에는 살인, 절도 등의 죄를 다스리는 (진대법, 범금 8조)이/가 있었다.

(11) (삼한, 고조선)은 진번과 임둔을 복속하여 영토를 확대하였다.

(12) 부여는 (동맹, 영고)(이)라는 제천 행사를 열었고, 동예는 (무천, 5월제)을/를 열었다.

3 아래 사건이 일어난 시기를 (가)~(나) 중 고르시오.

기원전 2333	기원전 194	기원전 108
단군왕검 즉위	(가)　위만 즉위	(나)　왕검성 함락

(1) (　) – 중국 한 무제가 군대를 파견하였다.

(2) (　) – 중국 한과 한반도 남부의 진국 사이에서 중계 무역을 하였다.

(3) (　) – 전국 7웅 중 하나인 연나라와 대적할 만큼 성장하였다.

(4) (　) – 중국 진.한 교체기의 혼란을 틈타 위만이 무리를 이끌고 이주하였다.

4 다음 사료를 읽고, 해당하는 나라를 쓰시오.

(1) (　　　　　　)

> 여러 나라에는 각각 별읍이 있으니 그것을 '소도'라 한다. … 거기에는 군장의 세력이 미치지 못하여 죄인이라도 도망해 오면 함부로 붙잡지 못하였다.

(2) (　　　　　　)

> 누선장군 양복이 병사 7천 명을 거느리고 먼저 왕검성에 이르렀다. 이 나라의 우거왕이 성을 지키고 있다가 양복의 군사가 적음을 알고 곧 성을 나와 공격하자, 양복의 군사가 패배하여 흩어져 달아났다.

(3) (　　　　　　)

> 좋은 땅이 없어 부지런히 농사를 지어도 식량이 넉넉하지 못하다. … 집집마다 창고가 있는데 이름을 부경이라 한다. … 혼인할 때는 말로 미리 정하고 신부집 뒤편에 작은 별채를 짓는데 이를 서옥이라 한다. 아들을 낳아 장성하면 아내를 집으로 데리고 간다.

(4) (　　　　　　)

> 산천을 존중하여 산천에 각기 영역이 있었으므로 서로 함부로 들어갈 수 없었다. … 읍락이 서로 침범하면 포로와 우마를 보상하여 상호 처벌했다. 이를 책화라 하였다.

정답

1. (1) 삼한 (2) 고조선 (3) 동예 (4) 고조선 (5) 동예 (6) 부여, 고구려 (7) 고조선 (8) 삼한 (9) 고구려 (10) 부여
2. (1) 가족공동묘 (2) 신지 (3) 읍군 (4) 위만 (5) 부여 (6) 사출도 (7) 서옥제 (8) 고구려 (9) 철 (10) 범금 8조 (11) 고조선 (12) 영고, 무천
3. (1) 나 (2) 나 (3) 가 (4) 가
4. (1) 삼한 (2) 고조선 (3) 고구려 (4) 동예

009

(가) 나라에 대한 설명으로 옳은 것은?

뮤지컬 개천開天

모시는 글

우리 역사상 최초의 국가인 (가) 을/를 건국한 단군왕검의 이야기가 뮤지컬로 탄생하였습니다.

- 순 서 -

1막 환웅이 신단수에 내려오다
2막 웅녀, 환웅과 혼인하다
3막 단군왕검이 나라를 세우다

■일시 : 2022년 ○○월 ○○일
　　　오후 3시 / 오후 7시
■장소 : △△ 아트홀

① 무천이라는 제천 행사를 열었다.
② 신성 지역인 소도가 존재하였다.
③ 남의 물건을 훔쳤을 때는 12배로 갚게 하였다.
④ 왕 아래 상가, 대로, 패자 등의 관직이 있었다.
⑤ 전국 7웅 중 하나인 연과 대립할 만큼 강성하였다.

010

(가) 인물에 대한 설명으로 옳은 것은?

연(燕)의 (가) 이/가 망명하여 오랑캐의 복장을 하고 동쪽으로 패수를 건너 준왕에게 항복하였다. …… (가) 이/가 망명자들을 꾀어내어 그 무리가 점점 많아지자, 준왕에게 사람을 보내 "한의 군대가 열 갈래로 쳐들어오니 [왕궁에] 들어가 숙위하기를 청합니다."라고 속이고 도리어 준왕을 공격하였다.

－「삼국지」 동이전 －

① 한 무제가 파견한 군대와 맞서 싸웠다.
② 진번과 임둔을 복속하여 세력을 확장하였다.
③ 빈민을 구제하기 위해 진대법을 실시하였다.
④ 지방의 여러 성에 욕살, 처려근지 등을 두었다.
⑤ 연의 장수 진개의 공격을 받아 영토를 빼앗겼다.

011

(가) 나라에 대한 설명으로 옳은 것은?

○ 좌장군은 (가) 의 패수 서쪽에 있는 군사를 쳤으나 이를 격파해서 나가지는 못했다. …… 누선장군도 가서 합세하여 왕검성의 남쪽에 주둔했지만, 우거왕이 성을 굳게 지키므로 몇 달이 되어도 함락시킬 수 없었다.

○ 마침내 한 무제는 동쪽으로는 (가) 을/를 정벌하고 현도군과 낙랑군을 설치했으며, 서쪽으로는 대완과 36국 등을 병합하여 흉노 좌우의 후원 세력을 꺾었다.

① 동맹이라는 제천 행사를 열었다.
② 신지, 읍차라 불린 지배자가 있었다.
③ 도둑질한 자에게 12배로 배상하게 하였다.
④ 읍락 간의 경계를 중시하는 책화가 있었다.
⑤ 왕 아래 상, 대부, 장군 등의 관직을 두었다.

012

다음 자료에 해당하는 나라에 대한 설명으로 옳은 것은?

○ 산릉과 넓은 못[澤]이 많아서 동이 지역에서는 가장 넓고 평탄한 곳이다. …… 사람들은 체격이 크고 성품은 굳세고 용감하며, 근엄·후덕하여 다른 나라를 쳐들어가거나 노략질하지 않는다.

○ 은력(殷曆) 정월에 지내는 제천 행사는 국중 대회로 날마다 마시고 먹고 노래하고 춤추는데, 그 이름을 영고라 했다.

－「삼국지」 위서 동이전 －

① 신성 지역인 소도가 존재하였다.
② 혼인 풍습으로 민며느리제가 있었다.
③ 여러 가(加)들이 각각 사출도를 주관하였다.
④ 특산물로 단궁, 과하마, 반어피가 유명하였다.
⑤ 왕 아래 상사, 대로, 패자 등의 관직이 있었다.

013

다음 자료에 해당하는 나라에 대한 설명으로 옳은 것은?

> 호의 수는 5천인데 대군왕은 없으며 읍락에는 각각 대를 잇는 우두머리가 있다. …… 여러 읍락의 거수(渠帥)들은 스스로를 삼로라 일컬었다. …… 장사를 지낼 때에는 큰 나무 곽을 만든다. 길이가 10여장이나 되며 한쪽을 열어 놓아 문을 만든다. 사람이 죽으면 임시로 매장한다. 겨우 시체가 덮일 만큼 묻었다가 가죽과 살이 다 썩은 다음에 뼈만 추려 곽 속에 넣는다. 온 집 식구를 하나의 곽 속에 넣어 두는데, 죽은 사람의 숫자만큼 나무를 깎아 생전의 모습과 같이 만들었다.
> – 「삼국지」 동이전 –

① 신성 지역인 소도가 존재하였다.
② 혼인 풍습으로 민며느리제가 있었다.
③ 범금 8조를 통해 사회 질서를 유지하였다.
④ 여러 가(加)들이 각각 사출도를 주관하였다.
⑤ 정사암에 모여 국가의 중대사를 논의하였다.

014

(가)~(라)에 들어갈 내용으로 옳은 것을 〈보기〉에서 고른 것은?

여러 나라의 제천 행사

나라	내용
부여	(가)
고구려	(나)
동예	(다)
삼한	(라)

┤ 보기 ├
ㄱ. (가) 무천이라는 제천 행사에서 밤낮으로 음주가무를 즐겼다.
ㄴ. (나) 10월에 지내는 제천 행사는 국중대회로 동맹이라 하였다.
ㄷ. (다) 영고라는 제천 행사를 열고 죄수를 풀어주기도 하였다.
ㄹ. (라) 씨뿌리기가 끝난 5월과 농사를 마친 10월에 제사를 지냈다.

① ㄱ, ㄴ   ② ㄱ, ㄷ
③ ㄴ, ㄷ   ④ ㄴ, ㄹ
⑤ ㄷ, ㄹ

015

(가), (나) 나라에 대한 설명으로 옳은 것은?

> (가) 그 나라에는 왕이 있고, 벼슬로는 상가·대로·패자·고추가·주부·우태·승·사자·조의·선인이 있으며, 신분의 높고 낮음에 따라 각각 등급을 두었다. …… 10월에 지내는 제천 행사는 국중대회로 이름하여 동맹이라 한다.
> – 「삼국지」 동이전 –
>
> (나) 그 나라의 풍속은 산천을 중요시하여 산과 내마다 각기 구분이 있어 함부로 들어가지 않는다. …… 해마다 10월이면 하늘에 제사를 지내는데, 주야로 술을 마시고 노래를 부르며 춤추니 이를 무천이라 한다. 또 호랑이를 신으로 여겨 제사를 지낸다.
> – 「삼국지」 동이전 –

① (가) – 낙랑과 왜에 철을 수출하였다.
② (가) – 서옥제라는 혼인 풍습이 있었다.
③ (나) – 연의 장수 진개의 공격을 받았다.
④ (나) – 가(加)들이 별도로 사출도를 다스렸다.
⑤ (가), (나) – 골품에 따라 관등 승진에 제한이 있었다.

016

(가), (나) 나라에 대한 설명으로 옳은 것을 〈보기〉에서 고른 것은?

> (가) 대군장이 없고, 그 관직으로는 후(候)와 읍군과 삼로가 있다. …… 해마다 10월이면 하늘에 제사를 지내는데, 밤낮으로 술 마시며 노래 부르고 춤추니, 이를 무천이라 한다. 또 호랑이를 신으로 여겨 제사를 지낸다.
> – 「후한서」 동이열전 –
>
> (나) 해마다 5월이면 씨뿌리기를 마치고 귀신에게 제사를 지낸다. 떼를 지어 모여서 노래와 춤을 즐기며 술 마시고 노는데 밤낮으로 쉬지 않는다. …… 국읍에 각각 한 사람씩을 세워서 천신의 제사를 주관하게 하는데, 이를 천군이라 부른다.
> – 「삼국지」 위서 동이전 –

┤ 보기 ├
ㄱ. (가) – 혼인 풍습으로 민며느리제가 있었다.
ㄴ. (가) – 읍락 간의 경계를 중시하는 책화가 있었다.
ㄷ. (나) – 신지, 읍차 등의 지배자가 있었다.
ㄹ. (나) – 여러 가(加)들이 별도로 사출도를 주관하였다.

① ㄱ, ㄴ   ② ㄱ, ㄷ
③ ㄴ, ㄷ   ④ ㄴ, ㄹ
⑤ ㄷ, ㄹ

009 고조선　　　정답 ⑤

핵심키워드 우리 역사상 최초의 국가, 단군왕검

정답 분석

고조선 초기에는 청동기 문화를 바탕으로 발전했으며, 기원전 5세기경 철기를 수용하였다. 기원전 3세기경 연나라와의 대립을 겪었으며, 이때의 패배로 대동강 일대로 중심지를 이동하였다. 하지만 기원전 2세기경 위만이 고조선에 망명하여 준왕을 몰아내고 위만 조선을 세우면서, 본격적인 철기 문화가 발전하고 국력이 강화되었다.

오답 분석

① 무천은 동예의 제천 행사이다.
② 소도는 삼한의 신성 지역으로, 제사와 종교적 의식을 행하는 장소였다. 이곳은 정치적 권력이 미치지 않는 독립된 성역으로, 죄를 지은 자들이 소도에 들어가면 처벌을 받지 않았다.
③ 부여의 법률은 엄격하였는데, 살인자는 사형에 처하고 그 가족을 노비로 삼았으며, 남의 물건을 훔치면 12배로 배상(1책 12법)하게 하였다. 참고로 1책 12법은 고구려에도 존재하였다.
④ 상가, 대로 등의 관직은 고구려의 관직 체계이다. 반면 고조선에는 상, 대부, 장군 등의 관직이 마련되어 있었다.

010 위만 조선　　　정답 ②

핵심키워드 연, 패수, 준왕 망명

정답 분석

㈎는 위만으로, 중국 역사서 「사기」에 따르면, 연나라 출신의 장수였다. 그는 진나라에서 한나라로 교체되는 혼란기에 자신의 세력을 이끌고 고조선으로 이주하였다. 이후 준왕을 몰아내고 진번과 임둔을 복속해 고조선의 영토를 확장했다. 고조선은 철기 문화를 바탕으로 중국 한과 한반도 남부를 연결하는 중계 무역이 번성하였다.

오답 분석

① 한 무제와 싸운 인물은 위만이 아닌 그의 손자였던 우거왕(고조선 마지막 왕)이다. 우거왕은 1년 여 동안 한나라 군대를 막아냈으나, 결국 고조선 내분으로 암살당했다. 사건 직후에 고조선의 왕검성은 한 나라에 점령되었다.
③ 진대법은 고구려의 고국천왕이 시행한 빈민 구제 정책이다. 흉년이나 춘궁기에 곡식을 빌려 주었다가 수확 후 갚게 하는 제도이다.
④ 욕살과 처려근지는 고구려의 지방관 직책으로, 각각 오늘날의 도지사와 군수 같은 역할을 담당하였다.
⑤ 연나라의 장수 진개는 고조선을 공격해 서쪽 영토를 빼앗았다. 하지만 기원전 2세기 초 위만이 집권하며 고조선은 다시 부흥기를 맞았다.

011 고조선 말기　　　정답 ⑤

핵심키워드 우거왕, 왕검성, 한 무제

정답 분석

㈎는 고조선이며, 우거왕은 고조선의 마지막 왕이다. 우거왕은 한 무제의 공격에 맞서 1년여 동안 저항하였으나, 결국 기원전 108년에 패하였다.
또한 고조선은 왕 아래 상, 대부, 장군 등의 관직을 두고 국정을 운영하였다.

오답 분석

① 동맹은 고구려의 제천 행사이다. 만주와 한반도의 여러 나라는 농경을 기반으로 성립하였기 때문에 농사가 풍성하게 이루어지기를 기원하면서 하늘에 제사를 올리는 일은 매우 중요하였다.
② 신지와 읍차는 삼한의 정치적 지배층을 나타내는 용어이다. 반면 천군은 삼한에서 소도를 다스리며 종교적 권위를 행사했다. 이들의 존재를 통해 삼한은 일찍부터 제정분리 사회를 형성하였음을 알 수 있다.
③ 도둑질에 대한 12배 배상(1책 12법)은 부여와 고구려의 법으로, 두 나라에서는 재산 범죄에 대한 엄격한 처벌이 있었다.
④ 책화는 동예에서 나타나는 풍습으로, 외부인이 부족의 경계를 침범하면 소나 말, 노비로 배상하게 하였다.

012 부여　　　정답 ③

핵심키워드 넓고 평탄한 곳, 영고

정답 분석

제시된 자료는 부여를 나타내며, 만주에 위치하여 중국 사료에서 넓고 평탄한 지역으로 묘사된다. 부여는 사출도라는 독특한 지방 통치 제도를 운영했으며, 마가, 우가, 저가, 구가라고 불린 군장(부족장)이 이곳을 통치하였다. 이는 부여가 아직 강력한 왕권을 이룩하지 못한 연맹 왕국이었음을 증명한다. 또한 영고라는 제천 행사를 통해 하늘에 제사를 지내며 부족 간 결속을 다졌다.

오답 분석

① 소도는 삼한에서 천군이 다스리는 신성 지역이다.
② 민며느리제는 옥저의 혼인 풍습이다. 중국의 「삼국지」 위서 동이전에 '여자의 나이가 열 살이 되기 전에 혼인을 약속하고, 신랑 집에서 그 여자를 길러 아내로 삼는다. 여자가 성인이 되면 다시 친정으로 돌아가고, 신랑 집에서 돈을 낸 후 데려온다.'는 기록이 있다.
④ 동예는 단궁(활), 과하마, 반어피(바다표범 가죽) 등이 유명하였는데, 이를 고구려에 공물로 바쳤다.
⑤ 상가, 대로, 패자는 고구려의 대가(대군장)로, 이들은 사자, 조의, 선인 등을 거느리며 독자적인 세력을 행사하였다. 한편, 부여의 대군장은 마가, 우가, 저가, 구가로 불렸다.

013   옥저

정답 ②

핵심키워드   대군왕 없음, 삼로, 가족공동묘, 민며느리제

정답 분석

이 자료는 옥저를 설명하고 있다. 옥저는 대군왕 없이 각 읍락마다 대를 잇는 우두머리가 있었고, 스스로를 삼로, 읍군이라고 칭했다. 또한 사람이 죽으면 임시로 매장하였다가 나중에 뼈만 추려 커다란 목곽에 안치하였는데 한 집안 식구를 한 곽에 묻는 가족공동묘 풍습이 있었다.

혼인 풍습으로는 민며느리제를 시행하였다. 며느리가 될 여자아이를 남자 집에서 데려다 키운 후, 성인이 되면 남자 쪽에서 여자 쪽에 예물을 건네주고 결혼하는 풍습이다.

오답 분석

① 소도는 삼한에서 종교적 의식을 위한 장소였다.
③ 범금 8조는 고조선의 법이다. 이후 부여와 고구려에서는 재산 범죄에 대해 12배 배상을 규정했고, 조선 시대에는 경국대전을 통해 중앙 집권적 법체계가 확립되었다.
④ 사출도는 부여의 지방 통치 제도로, 마가, 우가, 저가, 구가가 나누어 다스렸다.
⑤ 정사암은 백제에서 국가의 중대사를 논의하던 장소로, 이곳에서 회의를 열어 최고 관직인 상좌평을 선출하였다.

014   제천 행사

정답 ④

핵심키워드   영고, 동맹, 무천, 5월제와 10월제

정답 분석

(가)는 부여의 영고, (나)는 고구려의 동맹, (다)는 동예의 무천이다. (라)는 삼한의 5월제로 씨를 뿌린 후 농작물의 성장을 기원하는 제사이고, 10월제는 추수를 마친 후 수확에 대한 감사를 표현하는 제사였다. 이들은 고대 한국 사회의 제천 행사로, 하늘에 제사를 지내며 공동체의 결속을 다지는 중요한 의례였다.

일반적으로 제천 행사는 한 해 농사를 마무리 짓는 10월에 치뤘다.

오답 분석

ㄱ. 무천은 동예의 제천 행사이다.
ㄷ. 부여의 영고는 12월에 열리는 제천 행사로, 하늘에 제사를 지내고 공동체가 축제를 통해 결속을 다지는 행사였다. 이때 죄수를 석방하는 의식을 통해 사회적 화합과 용서의 상징성을 강조하였다.

015   초기 국가

정답 ②

핵심키워드   (가) 동맹, 상가, 고추가 (나) 무천

정답 분석

(가) 고구려를 나타낸다. 고구려는 상가, 대로 등의 관직을 두었고, 10월에 동맹이라는 제천 행사를 열었다. 혼인 풍습 중 하나로 서옥제가 있었는데, 이는 남자가 혼인 후 일정 기간 신부 집에 머무르는 제도였다.
(나) 동예로, 10월에 무천(제천 행사)을 열었다. 동예는 씨족 사회의 풍습이 늦게까지 남아있어서, 족외혼을 엄격하게 지켰으며, 읍락마다 생활권을 구분하는 책화가 존재하였다.

오답 분석

① 변한에서는 철이 많이 생산되어 이를 화폐처럼 사용하기도 하고, 낙랑이나 일본에 수출하기도 하였다. 변한은 훗날 가야 연맹으로 발전하였다.
③ 연의 장수 진개가 공격한 나라는 고조선이다. 두 나라 간 전쟁으로 인해 고조선은 서쪽 영토를 상실하고, 대동강 일대로 중심지를 옮겼다.
④ 사출도는 부여의 4군장(마가, 우가, 저가, 구가)이 다스리는 지역을 일컫는다. 반면 부여의 왕은 중앙을 다스렸다. 이는 부여가 연맹 왕국으로 운영되었음을 알려준다.
⑤ 골품제는 신라의 신분 제도이다.

016

정답 ③

핵심키워드   (가) 무천, 삼로, 호랑이 제사, (나) 천군, 5월 씨뿌리기

정답 분석

(가) 동예를 나타내며, 무천이라는 제천 행사와 함께 호랑이를 신으로 숭배한다. 읍락 간 경계를 중요시하는 책화 풍습이 있었고, 읍군과 삼로가 정치적 우두머리 역할을 하였다.
(나) 삼한을 의미하며, 씨뿌리기 후 제사를 지내고 천군이 신성 지역을 관리했다. 삼한의 지배자는 신지와 읍차라 불렸다.

오답 분석

ㄱ. 고대 사회의 독특한 결혼 풍습으로 옥저의 민며느리제와 고구려의 서옥제가 있었다.
ㄹ. 사출도는 부여의 지방 통치 제도이다. 부여는 중앙과 각 지역을 분리하여 4개의 방위를 기준으로 각 지역을 가(加)들이 통치하는 구조를 가졌다. 가(加)들은 독자적인 통치권을 행사하며 지역의 행정과 군사 업무를 관할했고, 중앙 왕권과는 일정한 연합 관계를 유지하였다.

제 **2** 편

고대 : 삼국~남북국 시대

출제 경향 분석

3개년 평균 출제 비중

7.5문항
(15%)

학습 포인트

• 삼국의 체제 정비 과정을 왕별로 정리하세요.
• 신라 중대와 하대의 정치 상황을 비교하세요.
• 발해의 무왕, 문왕, 선왕의 활동을 구분하세요.
• 고대 불교 문화재의 사례를 파악하세요.

핵심 키워드

소단원	핵심 키워드
고구려와 백제	진대법, 광개토 대왕, 장수왕, 근초고왕, 나제 동맹, 22담로, 관산성 전투
신라와 가야	마립간, 호우명 그릇, 지증왕, 법흥왕, 진흥왕, 수로왕
7세기	살수대첩, 천리장성, 미륵사, 대야성 전투, 원광
신라의 삼국 통일	연개소문, 황산벌 전투, 백강 전투, 안승, 기벌포 전투
신라 중대	외사정, 신문왕, 김흠돌의 난, 9주 5소경, 9서당, 국학, 사정부
신라 하대	선종, 독서삼품과, 김헌창의 난, 장보고, 원종과 애노, 견훤, 궁예
발해	무왕, 문왕, 장문휴, 상경, 해동성국, 5경 15부 62주, 중정대
고대의 경제와 사회	동시, 울산항, 청해진, 솔빈부, 촌락 문서, 녹읍, 관료전, 화백회의
고대의 불교	원광, 자장, 원효, 의상, 혜초, 승탑, 미륵사지 석탑, 영광탑
고대의 유학과 기타 문화	태학, 임신서기석, 강수, 최치원, 사신도, 금동대향로, 무령왕릉

4세기	5세기	6세기	676	698	900	901
백제의 근초고왕	고구려의 장수왕	신라의 진흥왕	신라의 삼국 통일	발해 건국	견훤의 후백제 건국	궁예의 후고구려 건국

고구려와 백제

❶ 고구려〔기원전 37~668〕

(1) 중앙 집권화

주몽(1대)	• 압록강 졸본 지역에서 건국 → 2대 유리왕 때 국내성으로 천도
고국천왕(9대)	• 진대법 실시 : 빈민에게 곡물 대여, 을파소 건의
동천왕(11대)	• 중국 위 관구검의 침입으로 국내성 함락
미천왕(15대)	• 서안평 점령 요동 진출의 교두보 마련, 낙랑 복속(대동강 진출)
소수림왕(17대)	*배경 : 고국원왕이 근초고왕과의 평양성 전투에서 피살 • 불교 공인(중국 전진에서 전래), 태학 설립 유학 교육 기관, 율령 반포
광개토 대왕(19대)	• 연호 '영락', 한강 이북 확보, 요동과 만주 정복 └ 우리 역사상 최초의 연호 • 신라에 군대 파견하여 왜 격퇴 신라 내물왕, 경주에서 호우명 그릇 발견

장수왕(20대)	• 평양 천도〔427〕 → 백제 한성 점령하고 개로왕 피살〔475〕
	• 충주 고구려비 건립
	  – 한반도 유일의 고구려 비석
	  – 고구려가 한강 하류까지 진출했음을 증명

(광개토 대왕, 장수왕 묶음 : 5c)

(2) 지방 통치 : 5부로 나누어 통치

– 각 부에 욕살 지방관을 파견하여 통치

❷ 백제〔기원전 18~660〕

(1) 중앙 집권화

온조(1대)	• 한강 유역에서 건국
고이왕(8대)	• 주요 율령 제정, 6좌평제 도입, 관복 제정 └ 내신좌평(수상)이 여러 좌평을 이끌고 국정을 총괄함 • 목지국 병합 : 마한의 맹주로 성장
근초고왕(13대)	• 마한 정복, 평양성 공격(고구려 고국원왕 전사, 황해도 장악) • 고흥의 서기 편찬 역사서, 현존 × • 일본에 칠지도 하사 추정
침류왕(14대)	• 불교 수용(중국 동진에서 전래)
비유왕(20대)	• 고구려 남하 견제를 위해 나·제 동맹 체결(신라 눌지왕)
개로왕(21대)	• 중국 북위에 고구려 공격 요청 → 장수왕의 공격으로 전사
문주왕(22대)	• 웅진 충남 공주 천도
동성왕(23대)	• 나·제 동맹 강화 동성왕과 신라 귀족의 딸 혼인(혼인 동맹)

무령왕(25대)	• 중국 남조 양과 교류(무령왕릉에 반영)
	• 22담로 설치
	  – 백제의 특수 행정 구역
	  – 왕족 파견하여 지방 통제를 강화

성왕(26대)	• 사비 충남 부여 천도, 국호를 남부여로 변경 • 일본에 불교 전파 : 노리사치계 파견 • 한강 유역 회복 → 신라의 한강 독점 → 관산성 전투에서 전사

(비유왕~동성왕 묶음 : 장수왕 시기)

(2) 지방 통치 : 5방으로 나누어 통치

– 각 부에 방령 지방관을 파견하여 통치

✛ 5세기(고구려의 전성기)

✛ 장수왕과 개로왕

연흥 2년에 여경[개로왕]이 처음으로 사신을 보내 표를 올렸다. "신의 나라는 고구려와 함께 부여에서 나왔으므로 우호가 돈독하였는데, 고구려의 선조인 쇠[고국원왕]가 우호를 가벼이 깨트리고 직접 군사를 지휘하여 우리의 국경을 짓밟았습니다. … 그런데 고구려가 점점 강성해져 침략하고 위협하니 원한이 쌓였고 전쟁의 참화가 30여 년 이어졌습니다. … 속히 장수를 보내 구원하여 주십시오."

– 「위서」 –

✛ 백제의 수도

✛ 관산성 전투

왕(성왕)이 신라를 습격하기 위하여 직접 보병과 기병 50명을 거느리고 밤에 구천에 이르렀는데 신라의 복병이 나타나 그들과 싸우다가 왕이 난병들에게 살해되었다. – 「삼국사기」 –

1 다음 업적과 관련된 고구려의 왕을 쓰시오.

| 보기 |
| 고국천왕 미천왕 소수림왕 광개토 대왕 장수왕 |

(1) (   ) – 태학을 설립하여 인재를 양성하였다.

(2) (   ) – 불교를 공인하고 율령을 반포하였다.

(3) (   ) – 후연을 공격하고 요동을 차지하였다.

(4) (   ) – 빈민 구제를 위해 진대법을 실시하였다.

(5) (   ) – 도읍을 국내성에서 평양성으로 옮겼다.

(6) (   ) – 영락이라는 독자적인 연호를 사용하였다.

(7) (   ) – 백제의 한성을 공격하여 개로왕을 전사시켰다.

(8) (   ) – 낙랑군을 몰아내고 대동강 일대까지 영토를 확장하였다.

(9) (   ) – 신라가 왜를 격퇴하기 위해 고구려에 군사를 청하였다.

(10) (   ) – 백제 개로왕이 북위에 사신을 보내 고구려 공격을 요청하였다.

2 다음 업적과 관련된 백제의 왕을 쓰시오.

| 보기 |
| 고이왕 근초고왕 침류왕 비유왕 |
| 개로왕 동성왕 무령왕 성왕 |

(1) (   ) – 신라와 나·제 동맹을 맺었다.

(2) (   ) – 신라와 관산성 전투에서 격돌하였다.

(3) (   ) – 박사 고흥에게 서기를 편찬하게 하였다.

(4) (   ) – 중국 동진으로부터 불교를 수용하였다.

(5) (   ) – 평양성 전투에서 고국원왕을 전사시켰다.

(6) (   ) – 사비로 천도하고 국호를 남부여로 고쳤다.

(7) (   ) – 목지국을 병합하고 6좌평제를 마련하였다.

(8) (   ) – 진흥왕과 연합하여 한강 하류 지역을 되찾았다.

(9) (   ) – 사신을 보내 중국 남조의 양과 외교를 강화하였다.

(10) (   ) – 목지국을 병합하고 지역의 맹주로 발돋움하였다.

(11) (   ) – 북위에 사신을 보내 고구려 공격을 요청하였다.

(12) (   ) – 신라 귀족의 딸과 혼인을 하여 나제 동맹을 공고히 하였다.

3 아래 사건이 일어난 시기를 (가)~(라) 중 고르시오.

기원전				
18년	427년	475년	538년	660년
	(가)	(나)	(다)	(라)
백제 건국	장수왕의 평양 천도	웅진 천도	사비 천도	황산벌 전투

(1) (   ) – 나제 동맹을 체결하였다.

(2) (   ) – 지방에 22담로를 설치하였다.

(3) (   ) – 고구려가 영락을 연호로 삼았다.

(4) (   ) – 근초고왕이 평양성을 공격하여 고국원왕을 전사시켰다.

(5) (   ) – 개로왕이 북위에 사신을 보내 고구려 공격을 요청하였다.

(6) (   ) – 백제가 신라와 협공하여 한강 유역을 일시적으로 회복하였다.

4 다음 사료를 읽고, 밑줄 친 왕이 누구인지 쓰시오.

(1) (   )

진(秦) 왕 부견이 사신과 승려 순도를 보내 불상과 경문을 주었다. 왕이 사신을 보내 답례로 방물(物)을 바쳤다.

(2) (   )

왕이 보병과 기병 5만 명을 보내 신라를 구원하게 하였다. (고구려군이) 남거성을 통해 신라성에 이르렀는데, 그곳에 왜적이 가득하였다. 고구려군이 도착하자 왜적이 퇴각하였다.

(3) (   )

왕이 태자와 함께 정병 3만 명을 거느리고 고구려에 침입하여 평양성을 공격하였다. 고구려왕 사유가 힘을 다해 싸우다가 화살에 맞아 사망하였다.

(4) (   )

왕이 신라를 습격하기 위하여 직접 보병과 기병 50명을 거느리고 밤에 구천에 이르렀는데, 신라의 복병이 나타나 그들과 싸우다가 왕이 난병들에게 살해되었다.

정답

1. (1) 소수림왕 (2) 소수림왕 (3) 광개토 대왕 (4) 고국천왕 (5) 장수왕 (6) 광개토 대왕 (7) 장수왕 (8) 미천왕 (9) 광개토 대왕 (10) 장수왕

2. (1) 비유왕 (2) 성왕 (3) 근초고왕 (4) 침류왕 (5) 근초고왕 (6) 성왕 (7) 고이왕 (8) 성왕 (9) 무령왕 (10) 고이왕 (11) 개로왕 (12) 동성왕

3. (1) 나 (2) 다 (3) 가 (4) 가 (5) 나 (6) 라

4. (1) 소수림왕 (2) 광개토 대왕 (3) 근초고왕 (4) 성왕

017

(가) 왕의 업적으로 옳은 것은?

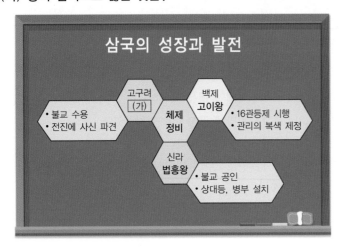

① 도읍을 국내성에서 평양으로 옮겼다.
② 태학을 설립하여 인재를 양성하였다.
③ 서안평을 공격하여 영토를 확장하였다.
④ 연가라는 독자적인 연호를 사용하였다.
⑤ 신라에 군대를 파견하여 왜를 격퇴하였다.

018

다음 상황 이후에 있었던 사실로 옳은 것은?

> 10월에 백제왕이 병력 3만 명을 거느리고 평양성을 공격해 왔다. 왕이 군대를 출정시켜 백제군을 막다가 날아온 화살에 맞아 이달 23일에 세상을 떠났다.

① 유리왕이 졸본에서 국내성으로 천도하였다.
② 미천왕이 낙랑군을 축출하여 영토를 확장하였다.
③ 소수림왕이 불교를 공인하고 율령을 반포하였다.
④ 고국천왕이 을파소를 등용하고 진대법을 실시하였다.
⑤ 유주자사 관구검이 이끄는 군대가 환도성을 함락하였다.

019

(가)~(다)를 일어난 순서대로 옳게 나열한 것은?

> (가) 온달이 왕에게 아뢰기를, "신라가 한강 이북 땅을 빼앗아 군현으로 삼았습니다. …… 저에게 군사를 주신다면 단번에 우리 땅을 반드시 되찾겠습니다."라고 하였다.
>
> (나) 10월에 백제 왕이 병력 3만 명을 거느리고 평양성을 공격해 왔다. 왕이 군대를 내어 막다가 날아온 화살에 맞아 이달 23일에 서거하였다.
>
> (다) 9월에 왕이 병력 3만 명을 거느리고 백제를 침략하여 도읍 한성을 함락하였다. 백제 왕 부여경을 죽이고 남녀 8천 명을 포로로 잡아 돌아왔다.

① (가) - (나) - (다)
② (가) - (다) - (나)
③ (나) - (가) - (다)
④ (나) - (다) - (가)
⑤ (다) - (나) - (가)

020

밑줄 그은 '왕'에 대한 설명으로 옳은 것은?

> ○ 기해년에 백제가 맹세를 어기고 왜와 화통하였다. 왕이 순행하여 평양으로 내려갔는데, 신라에서 사신을 보내어 아뢰기를, "왜인이 국경에 가득 차 성지(城池)를 파괴하고 있습니다. …… 귀부하여 명을 받고자 합니다."라고 하였다.
>
> ○ 경자년에 왕이 보병과 기병 5만 명을 보내서 신라를 구원하게 하였다. 군대가 남거성을 거쳐 신라성에 이르니 왜적이 많았다. 군대가 도착하자 왜적이 퇴각하였다.

① 대가야를 병합하였다.
② 평양으로 도읍을 옮겼다.
③ 22담로에 왕족을 파견하였다.
④ 영락이라는 연호를 사용하였다.
⑤ 낙랑군을 몰아내고 영토를 확장하였다.

021
60회 5번 [2점]

다음 검색창에 들어갈 왕에 대한 설명으로 옳은 것은?

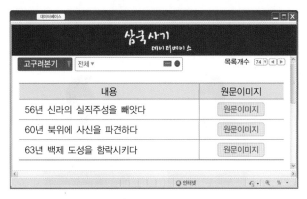

① 도읍을 국내성에서 평양으로 옮겼다.
② 낙랑군을 몰아내고 영토를 확장하였다.
③ 을파소의 건의로 진대법을 실시하였다.
④ 영락이라는 독자적 연호를 사용하였다.
⑤ 전진의 순도를 통해 불교를 수용하였다.

022
61회 6번 [3점]

다음 상황이 나타난 배경으로 옳은 것은?

> 연흥 2년에 여경[개로왕]이 처음으로 사신을 보내 표를 올렸다. "신의 나라는 고구려와 함께 부여에서 나왔으므로 우호가 돈독하였는데, 고구려의 선조인 쇠[고국원왕]가 우호를 가벼이 깨뜨리고 직접 군사를 지휘하여 우리의 국경을 짓밟았습니다. 신의 선조인 수[근구수왕]는 군대를 정비하고 공격하여 쇠의 머리를 베어 높이 매다니, 이후 감히 남쪽을 엿보지 못하였습니다. 그런데 고구려가 점점 강성해져 침략하고 위협하니 원한이 쌓였고 전쟁의 참화가 30여 년 이어졌습니다. …… 속히 장수를 보내 구원하여 주십시오."
>
> – 「위서」 –

① 을지문덕이 살수에서 승리하였다.
② 동성왕이 나제 동맹을 강화하였다.
③ 성왕이 관산성 전투에서 전사하였다.
④ 계백의 결사대가 황산벌에서 패배하였다.
⑤ 장수왕이 평양으로 천도하고 남진을 추진하였다.

023
70회 3번 [3점]

다음 자료에 나타난 사건의 영향으로 가장 적절한 것은?

> 왕이 문주에게 일러 말하기를, "내가 어리석고 밝지 못하여 간사한 사람[도림]의 말을 믿어 이 지경이 되었다. …… 나는 마땅히 사직에서 죽겠지만, 네가 이곳에서 함께 죽는 것은 이로울 게 없다. 어찌 난을 피하여 나라의 계통을 잇지 않겠는가?"라고 하였다. …… 고구려의 대로 제우·재증걸루·고이만년 등이 북성을 공격하여 7일 만에 빼앗았다. 이동하여 남성을 공격하니 성 안 사람들이 두려워하였다. 왕이 성을 나와 도망하자, 고구려 장수 재증걸루 등이 왕을 보고 말에서 내려 절한 다음에 그 얼굴을 향해 세 번 침을 뱉고는 죄를 나열한 다음 포박하여 아차성 아래로 보내 죽였다.

① 고구려가 평양으로 천도하였다.
② 동성왕이 나제 동맹을 강화하였다.
③ 고국원왕이 근초고왕의 공격을 받아 전사하였다.
④ 백제가 고구려를 견제하고자 북위에 국서를 보냈다.
⑤ 신라가 왜를 격퇴하기 위해 고구려에 군사를 청하였다.

024
55회 3번 [3점]

(가)~(마) 문화유산에 대한 설명으로 옳은 것은?

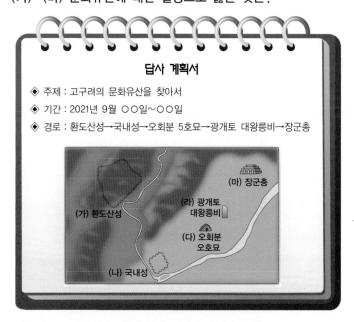

① (가) – 관구검이 이끄는 군대의 공격을 받았다.
② (나) – 고구려가 첫 번째 도읍으로 삼은 곳이다.
③ (다) – 매지권(買地券)이 새겨진 지석과 석수가 출토되었다.
④ (라) – 대가야를 정복하고 순수한 후 세운 것이다.
⑤ (마) – 돌무지덧널무덤으로 축조되었다.

025

(가)~(다) 학생이 발표한 내용을 일어난 순서대로 옳게 나열한 것은?

① (가) - (나) - (다)
② (가) - (다) - (나)
③ (나) - (가) - (다)
④ (나) - (다) - (가)
⑤ (다) - (나) - (가)

026

(가) 지역에 대한 탐구 활동으로 가장 적절한 것은?

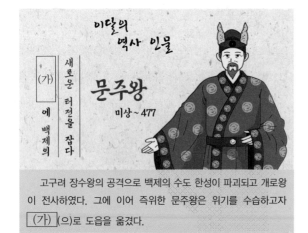

① 무왕이 미륵사를 창건한 곳을 살펴본다.
② 무령왕과 왕비의 무덤이 발굴된 곳을 답사한다.
③ 성왕이 신라와의 전투에서 전사한 곳을 검색한다.
④ 윤충이 의자왕의 명을 받아 함락시킨 곳을 지도에 표시한다.
⑤ 계백이 이끄는 결사대가 신라군에 맞서 싸운 곳을 조사한다.

027

다음 상황이 전개된 배경으로 옳은 것은?

① 법흥왕이 금관가야를 병합하였다.
② 장수왕이 한성을 공격하여 함락시켰다.
③ 김유신이 비담과 염종의 반란을 진압하였다.
④ 영양왕이 온달을 보내 아단성을 공격하였다.
⑤ 김춘추가 당으로 건너가 군사 동맹을 성사시켰다.

028

(가)에 들어갈 내용으로 적절한 것은?

| 한국사 교양 강좌 |

우리 학회는 백제 웅진기의 역사를 주제로 교양 강좌를 운영하고 있습니다. 이번 달에는 백제 중흥의 기틀을 마련한 왕에 대한 강좌를 준비하였습니다.

제1강 – 동성왕을 시해한 백가를 처단하다
제2강 – 지방의 22담로에 왕족을 파견하다
제3강 –   (가)
제4강 – 공주 왕릉원에 안장되다

▶ 주최 : ㅁㅁ학회
▶ 일시 : 2024년 2월 매주 수요일 19:00~21:00
▶ 장소 : ○○대학교 인문대학 대강의실

① 금마저에 미륵사를 창건하다
② 윤충을 보내 대야성을 함락하다
③ 평양성을 공격하여 고국원왕을 전사시키다
④ 진흥왕과 연합하여 한강 하류 지역을 수복하다
⑤ 사신을 보내 중국 남조의 양과 외교 관계를 강화하다

029

57회 5번 [2점]

(가) 왕의 업적으로 옳은 것은?

이 동상은 여러 번 고구려를 격파하여 다시 강국이 되었다는 내용의 국서를 양나라에 보내는 (가) 의 모습을 형상화한 것입니다. 또한 동상 앞 석상은 중국 남조의 영향을 받아 벽돌로 축조한 (가) 의 무덤에서 출토된 진묘수 모형입니다.

① 익산에 미륵사를 창건하였다.
② 사비로 천도하고 국호를 남부여로 고쳤다.
③ 지방에 22담로를 두어 왕족을 파견하였다.
④ 평양성을 공격하여 고국원왕을 전사시켰다.
⑤ 동진에서 온 마라난타를 통해 불교를 수용하였다.

030

55회 4번 [2점]

(가), (나) 사이의 시기에 있었던 사실로 옳은 것은?

> (가) 고구려 병사는 비록 물러갔으나 성이 파괴되고 왕이 죽어서 [문주가] 왕위에 올랐다. …… 겨울 10월, 웅진으로 도읍을 옮겼다.
>
> ー「삼국사기」ー
>
> (나) 왕이 신라를 습격하고자 몸소 보병과 기병 50명을 거느리고 밤에 구천(狗川)에 이르렀는데, 신라 복병을 만나 그들과 싸우다가 살해되었다.
>
> ー「삼국사기」ー

① 익산에 미륵사가 창건되었다.
② 흑치상지가 임존성에서 군사를 일으켰다.
③ 동진에서 온 마라난타를 통해 불교가 수용되었다.
④ 지방을 통제하기 위하여 22담로에 왕족이 파견되었다.
⑤ 계백이 이끄는 결사대가 황산벌에서 신라군에 맞서 싸웠다.

031

59회 5번 [2점]

밑줄 그은 '왕'의 활동으로 옳은 것은?

> 왕 31년 7월에 신라가 동북쪽 변경을 빼앗아 신주(新州)를 설치하였다. …… [이듬해] 7월에 왕이 신라를 습격하려고 몸소 보병과 기병 50명을 거느리고 밤에 구천(狗川)에 이르렀다. 신라의 복병이 일어나 더불어 싸웠으나 [적의] 병사들에게 살해되었다.
>
> ー「삼국사기」ー

① 익산에 미륵사를 창건하였다.
② 평양성 전투에서 고국원왕을 전사시켰다.
③ 사비로 천도하고 국호를 남부여로 고쳤다.
④ 북위에 사신을 보내 고구려 공격을 요청하였다.
⑤ 동진에서 온 마라난타를 통해 불교를 수용하였다.

032

50회 7번 [2점]

밑줄 그은 '이 왕'의 업적으로 옳은 것은?

이것은 능산리 절터에서 발견된 석조 사리감입니다. 이 사리감에 새겨진 글을 통해 능산리 절터가 관산성에서 전사한 이 왕의 명복을 빌기 위하여 조성된 것임을 알 수 있습니다.

부여 능산리사지 석조 사리감

① 익산에 미륵사를 창건하였다.
② 동진으로부터 불교를 수용하였다.
③ 윤충을 보내 대야성을 함락하였다.
④ 고흥에게 서기를 편찬하게 하였다.
⑤ 진흥왕과 연합하여 한강 하류 지역을 되찾았다.

017 소수림왕 <small>정답 ②</small>

핵심키워드 고구려, 불교 수용

정답 분석

제시된 고이왕, 법흥왕은 삼국의 중앙 집권화를 이룩한 왕으로, 이에 부합하는 고구려의 왕은 소수림왕이다. 소수림왕과 법흥왕은 율령 반포와 불교 공인을 통해 통치 체제를 정비하였다. 고이왕은 관등제와 관복제를 도입하여 중앙 집권적 통치 기반을 마련하였다.

오답 분석

① 도읍을 국내성에서 평양으로 옮긴 것은 고구려 장수왕이 427년에 한 일이다.
③ 고구려 미천왕은 요동 진출을 위해 서안평(현재의 중국과 북한의 국경 지대인 단둥 일대)을 점령하였다.
④ 연가는 고구려의 연호로, 금동 연가 7년명 여래입상(고구려 불상 중 현존하는 가장 오래된 불상임)에 기록되어 있다.
⑤ 광개토 대왕은 내물왕의 요청을 받아들여 신라에 침입한 왜군을 격퇴하였다.

018 4세기 <small>정답 ③</small>

핵심키워드 백제의 평양성 공격

정답 분석

백제 근초고왕은 371년에 고구려 평양성을 공격해 고국원왕을 전사시켰다. 이는 백제가 고구려를 압박하며 한반도 중부로 세력을 확장한 중요한 사건이다. 근초고왕의 공격으로 위기에 처한 고구려는 소수림왕 때 재도약을 위한 기반을 마련하였다. 그는 중앙 집권화를 강화하기 위해 불교를 공인하고 율령을 반포하는 등 체제를 정비하였다.

오답 분석

① 유리왕(주몽의 아들)은 기원전 19년 국내성으로 천도하였다.
② 미천왕은 313년에 낙랑군을 축출하고 대동강 일대를 장악하였다.
④ 고국천왕은 을파소를 등용하여 진대법(빈민에게 곡식을 대여함)을 실시하였다.
⑤ 동천왕은 요동으로 진출하기 위해 서안평(현재의 중국과 북한의 국경 지대인 단둥 일대)을 점령하려 했으나, 이는 중국 위나라와의 갈등을 유발했다. 244년, 위나라의 장수 관구검이 고구려를 침략해 환도성을 함락시키며 큰 피해를 입었다. 고구려는 4세기 미천왕 때에 이르러 서안평을 점령하였다.

019 고구려의 5~7세기 <small>정답 ④</small>

핵심키워드 온달, 평양성 공격, 한성 함락

정답 분석

⑺ 온달 장군이 신라에서 빼앗긴 한강 유역의 땅을 되찾겠다고 말하는 장면으로, 이는 590년 고구려 영토 회복 시도와 관련된다. 온달은 6세기 중엽의 인물로, 고구려 평원왕의 딸인 평강 공주와 결혼했다.
⑷ 백제 근초고왕의 평양성 공격으로 371년 고구려 고국원왕이 전사한 사건을 나타낸다.
⒟ 고구려 장수왕이 백제의 수도 한성을 함락한 475년 사건을 묘사하고 있다.
따라서 사건들의 순서는 ⑷ → ⒟ → ⑺ 순이다.

020 광개토 대왕 <small>정답 ④</small>

핵심키워드 5만 명 파병, 신라 구원, 왜적 격퇴

정답 분석

자료에서 언급된 기해년과 경자년의 파병은 고구려 광개토 대왕 시기에 해당한다. 광개토 대왕릉비에 따르면 기해년(영락 9년, 399년)에 백제가 맹세를 어기고 왜와 화통하여 신라를 압박하자, 광개토 대왕은 신라의 요청을 받아 경자년(영락 10년, 400년)에 5만 명의 군사를 파견하여 왜구를 격퇴하고, 신라를 보호했다. 이를 통해 고구려는 남방에서의 영향력을 확대했고, 5세기에 신라에 대해 정치적·군사적 영향력을 행사하였다.

④ 영락은 고구려 광개토 대왕이 사용한 연호로, 우리 역사상 최초의 독자적 연호로 평가받는다.

오답 분석

① 신라 진흥왕은 562년에 이사부 장군과 사다함을 파견해 대가야를 병합하였다. 참고로, 이사부는 지증왕 때 우산국(울릉도 일대) 정복을 주도한 신라 장군으로, 6세기 신라 영토 확대에 기여하였다.
② 장수왕은 국내성을 기반으로 한 귀족 세력을 약화시키고자, 국내성에서 평양으로 수도를 옮겼다. 이를 기반으로 본격적인 남진 정책을 추진하였다.
③ 백제 무령왕은 지방 세력을 통제하기 위해 주요 거점에 22담로를 설치하였다.
⑤ 미천왕은 낙랑을 몰아내고 대동강 일대를 장악하였다.

021 장수왕 정답 ①

핵심키워드 북위 사신 파견, 백제 도성 함락

정답 분석

자료는 고구려 장수왕 시기의 남진 정책과 관련된 내용이다. 장수왕을 견제하기 위해 백제 개로왕은 중국 북위에 고구려 공격을 요청하였으나, 오히려 장수왕의 군대가 475년 한성을 함락시키고 개로왕은 전사하였다. 이는 장수왕이 다원적 외교를 통해 중국 북방의 강대국과의 외교적 유대를 강화하여 백제를 견제할 수 있었음을 보여준다.

① 장수왕은 427년에 국내성에서 평양성으로 천도하였다. 이는 고구려 귀족을 견제하고, 남진 정책을 강화하는 효과를 낳았다.

오답 분석

② 낙랑군을 몰아내고 대동강까지 영토를 확장한 것은 고구려 미천왕이다.

③ 을파소의 진대법은 고국천왕 시기에 해당한다.

④ 영락이라는 독자적 연호를 사용한 왕은 고구려 광개토 대왕이다.

⑤ 전진의 순도를 통해 불교를 수용한 것은 고구려 소수림왕이다

022 장수왕과 개로왕 정답 ⑤

핵심키워드 개로왕, 표, 고구려의 침략

정답 분석

제시문은 백제 개로왕이 고구려의 남진 정책에 맞서 중국 북위에 표를 보내 도움을 요청한 사건을 다룬다. 제시된 자료는 외교적 요청을 위한 공식 문서로, 개로왕은 고구려의 침략을 막기 위해 북위의 군사적 지원을 요청하였다. 그러나 고구려 장수왕은 475년에 백제의 수도 한성을 공격해 개로왕을 전사시켰고, 이는 4세기에 있었던 근초고왕과 고국원왕의 충돌에 대한 복수이기도 했다. 이로써 고구려는 백제의 중부 지역을 차지하며 남진에 성공하였다.

오답 분석

① 을지문덕이 살수에서 승리한 것은 고구려 영양왕 시기의 사건이다.

② 동성왕은 5세기 후반에 신라 소지왕과 혼인 동맹을 맺어 나제 동맹을 강화하였다.

③ 성왕은 554년에 관산성에서 진흥왕의 군대와 격돌하였으나, 끝내 전사하였다.

④ 계백은 660년 황산벌에서 김유신이 이끄는 신라군에 패하였다.

023 5세기 정답 ②

핵심키워드 동성왕, 나제 동맹

정답 분석

제시된 사료는 백제 개로왕이 고구려 장수왕의 남진 정책에 맞서다 패한 사건을 다룬다. 장수왕은 백제를 압박하기 위해 도림을 첩자로 보내 방심하게 만든 후 한성을 공격해 개로왕을 아차산에서 전사시켰다. 사료 속 '왕'은 개로왕으로, 아들 문주에게 국가 통치를 맡기는 장면이 포함되어 있다.

이 사건으로 한강 유역을 빼앗긴 백제는 문주왕 때 수도를 웅진(공주)으로 옮겼고, 동성왕 때 백제의 부흥을 도모하면서 신라와의 동맹을 강화하였다. 6세기에 이르러 무령왕과 성왕이 중흥을 도모할 때까지 어려운 시기를 보냈다.

오답 분석

① 고구려가 평양으로 천도한 것은 장수왕 때이다.

③ 고국원왕과 근초고왕 간의 평양성 전투는 4세기에 일어났다.

④ 개로왕은 장수왕의 남진 정책을 견제하기 위해 북위에 군사적 도움을 요청했다. 이는 장수왕의 한성 침략의 직접적 원인이 되었다.

⑤ 신라가 고구려에 군사를 요청한 것은 신라 내물왕 시기의 사건이다.

024 고구려의 국내성 정답 ①

핵심키워드 국내성, 광개토 대왕릉비, 장군총

정답 분석

제시된 자료는 고구려의 환도산성과 국내성이 위치한 중국 지안(집안) 일대와 관련된 정보를 제공하고 있다. 지안에는 평지성인 국내성과 산성인 환도산성이 위치하며, 위나라 장수 관구검이 침입한 244년 고구려는 이곳에서 항전하였다.

또한 이곳에는 장군총과 오회분, 무용총, 각저총 등이 있다. 장군총은 웅장한 규모와 정교한 석축이 특징이며, 오회분, 무용총, 각저총에는 고구려인의 생활상과 문화를 엿볼 수 있는 벽화가 남아 있다.

오답 분석

② 고구려가 첫 도읍으로 삼은 곳은 졸본이다. 졸본과 지안은 약 100km 정도 떨어져 있다.

③ 무령왕릉에서 발견된 묘지석에는 토지신에게 돈을 주고 매지권을 샀다는 내용이 기록되어 있다. 이는 백제에 도교가 유행하였음을 알 수 있는 대목이다.

④ 진흥왕은 대가야 정복과 관련하여 창녕비를 건립하였다.

⑤ 돌무지덧널무덤은 신라에서 축조되었으며, 천마총, 금관총 등이 대표적이다. 반면 고구려의 장군총은 계단식 돌무지무덤이다.

025 백제 성장

정답 ⑤

핵심키워드 사비 천도, 마라난타, 평양성 공격

정답 분석

㈎ 백제 성왕의 사비 천도(538년)를 설명하는 내용이다. 백제는 원래 한성에 도읍하였으나, 475년 고구려 장수왕의 공격으로 한성이 함락되면서 문주왕이 도읍을 웅진으로 옮겼고, 이후 성왕이 다시 사비로 천도하며 국가 재건을 시도하였다.

㈏ 백제 침류왕 때 불교 수용을 언급하며, 이는 384년 동진에서 마라난타가 백제에 불교를 전한 사건과 관련 있다.

㈐ 백제 근초고왕이 371년에 고구려 평양성을 공격하여 고국원왕을 전사시킨 사건을 다루고 있다.

이들의 순서는 ㈐ → ㈏ → ㈎이다.

026 문주왕

정답 ②

핵심키워드 한성 파괴, 개로왕 전사, 문주왕

정답 분석

㈎ 웅진은 현재 충청남도 공주시에 위치한다. 문주왕이 한성 함락 후 도읍을 옮긴 곳으로, 5~6세기에 백제의 정치적 중심지였다. 주요 유적으로는 공산성과 송산리 고분군이 있다. 특히 무령왕릉은 백제 왕릉 중 피장자가 명확히 확인된 유일한 사례이다.

오답 분석

① 무왕은 익산에 미륵사를 창건하고 천도를 시도하였다.

③ 성왕은 관산성(현재 충북 옥천)에서 전사하였다.

④ 윤충은 의자왕의 명령을 받고 신라로부터 대야성(현재 경남 합천)을 빼앗았다.

⑤ 계백은 황산벌(현재 충남 논산)에서 나당 연합군과 격돌하였다.

* 백제의 도읍지

한성 (현 서울)	• 시기 : 백제 건국~475년(고구려 장수왕에 의해 한성 함락) • 유적지 : 풍납토성, 몽촌토성
웅진성 (현 충남 공주)	• 시기 : 475년(개로왕 사망 직후, 문주왕이 웅진으로 천도함)~538년 • 유적지 : 공산성, 송산리 고분군, 무령왕릉
사비성 (현 충남 부여)	• 시기 : 538년(성왕)~660년 • 유적지 : 부소산성, 정림사지, 능산리 고분군

027 5세기

정답 ②

핵심키워드 동성왕, 이벌찬 비지의 딸과 혼인

정답 분석

고구려 장수왕이 427년에 평양성으로 천도하자 백제 비유왕은 이에 맞서 433년 신라 눌지왕과 군사 동맹을 맺었다(나제 동맹). 이후 나제 동맹은 고구려의 한강 점령과 백제의 웅진 천도를 거치며 지속되었고, 동성왕과 소지왕 때에 혼인 동맹을 체결해 동맹을 강화하였다.

오답 분석

① 법흥왕은 532년에 금관가야를 병합하였다.

③ 김유신은 7세기 선덕 여왕 시기에 일어난 비담과 염종의 반란을 진압하여 왕권을 수호하였다.

④ 온달은 평원왕의 사위로서, 신라에게 빼앗긴 한강 유역을 되찾기 위해 여러 전투에 나섰다. 영양왕 때는 고구려의 옛 영토를 회복하기 위해 아단성 공격에 나섰으나, 591년 아차산성 전투에서 전사했다.

⑤ 김춘추는 648년에 당으로 건너가 나당 군사 동맹을 성사시켰다.

028 웅진 시기

정답 ⑤

핵심키워드 22담로, 공주

정답 분석

백제는 웅진성에서 왕권을 재건하려 했으나, 문주왕과 동성왕이 귀족과의 갈등으로 연이어 피살되며 정치적 불안정이 이어졌다. 이러한 상황 속에서 무령왕은 22담로를 설치해 지방 통치를 강화하고, 중국 남조의 양과 외교 관계를 맺어 백제의 부흥을 시도하였다. 무령왕의 업적은 웅진 시대 백제의 안정과 국제적 위상 회복에 중요한 역할을 하였다.

오답 분석

① 백제 무왕은 금마저(현재 전북 익산)에 미륵사를 창건하고, 천도를 시도하였다.

② 백제 의자왕은 윤충을 파견해 신라로부터 대야성을 빼앗았다. 이 과정에서 김춘추의 딸과 사위가 사망하였다.

③ 평양성을 공격하여 고국원왕을 전사시킨 사건은 백제 근초고왕 시기이다.

④ 신라 진흥왕은 백제 성왕과 연합하여 고구려를 한강 이북 지역으로 몰아냈다. 2년 뒤 백제와의 약속을 파괴하고 한강 하류 지역을 독차지하였다. 이는 관산성 전투의 배경이 되었다.

029 무령왕 정답 ③

핵심키워드 양나라, 벽돌무덤, 진묘수

정답 분석

제시된 자료에서 (가)는 백제 무령왕을 가리킨다. 무령왕은 고구려와 신라의 압박 속에서 중국 남조의 양과 외교 관계를 강화하여 백제의 안보를 높이려 하였다. 무령왕릉에서 출토된 진묘수는 무덤을 수호하는 상상의 동물로, 주로 중국에서 무덤의 수호신으로 사용되었다. 이는 백제와 중국 남조의 교류를 보여준다.

또한 22담로를 설치하고 왕족을 파견하여 지방 세력을 견제하였는데, 주로 사비와 그 주변 지역에 분포하였다.

오답 분석

① 익산에 미륵사를 창건한 것은 백제 무왕의 업적이다.
② 사비로 천도하고 국호를 남부여로 고친 것은 백제 성왕의 업적이다.
④ 평양성을 공격하여 고국원왕을 전사시킨 것은 백제 근초고왕의 업적이다.
⑤ 동진에서 온 마라난타를 통해 불교를 수용한 것은 백제 침류왕의 업적이다.

030 5~6세기 정답 ④

핵심키워드 웅진 천도, 왕 피살

정답 분석

제시된 자료에서 문주왕이 왕위에 오르고 웅진으로 도읍을 옮겼다는 내용을 통해 (가)는 웅진 천도 직후임을 알 수 있다. (나)에서 신라의 매복병을 만나 살해당한 왕은 성왕으로 관산성 전투에 관한 사료이다. 따라서 5~6세기의 백제 중흥기에 해당하는 무령왕 시대에 대한 내용이 정답이다.

오답 분석

① 고구려가 한강 유역을 차지한 것은 장수왕 때인 475년으로 백제의 한성 시기에 해당한다.
② 흑치상지는 백제 멸망 직후에 주류성을 기반으로 백제 부흥 운동을 일으켰다. 하지만 백제 부흥군이 백강 전투에서 패하자 당에 투항하였다.
③ 백제는 4세기 후반인 침류왕 때 중국 동진으로부터 불교를 수용하였다.
⑤ 백제는 660년에 황산벌 전투 패배 후 사비성이 함락되어 멸망하였고, 의자왕은 당에 압송되었다.

031 성왕과 진흥왕 정답 ③

핵심키워드 신주 설치, 왕 피살

정답 분석

제시된 사료는 삼국사기의 백제본기 중 일부분으로 성왕 피살을 기록하고 있다. 당시 진흥왕은 551년에 이사부를 파견하여 고구려의 10개 군을 빼앗고 한강 상류를 장악하였다. 553년에는 신라가 백제의 동북 지방을 공격한 후 한강 하류 지역에 신주를 설치하였다. 신라의 배신으로 한강 하류를 빼앗긴 성왕은 554년에 관산성(현재 충북 옥천)을 공격하였으나 전사하고 백제는 병력 3만여 명을 잃었다. 이로 인해 신라는 한강 유역을 확고하게 차지하면서 삼국 항쟁의 주도권을 확보하였다.

③ 성왕은 수도를 웅진에서 대외 진출의 여건이 좋은 사비로 옮기고, 국호를 일시적으로 남부여로 바꾸었다.

오답 분석

① 익산에 미륵사를 창건한 것은 백제 무왕의 업적이다.
② 평양성 전투에서 고국원왕을 전사시킨 것은 백제 근초고왕의 업적이다.
④ 북위에 사신을 보내 고구려 공격을 요청한 것은 백제 개로왕이다.
⑤ 동진에서 온 마라난타를 통해 불교를 수용한 것은 백제 침류왕이다.

032 성왕 정답 ⑤

핵심키워드 능산리 유적지, 관산성 전투

정답 분석

능산리 유적지는 충청남도 부여군에 위치한 백제 왕족의 고분군으로, 백제 사비도성 근처에 자리하고 있다. 주변에서 석조 사리감과 백제 금동대향로가 발견되었다. 사리감 정면에는 "567년(위덕왕 13년) 백제 위덕왕(창왕)의 누이인 공주가 사리를 공양하였다."고 적혀 있다. 위덕왕의 아버지이자 사비로 천도한 성왕의 명복을 빌기 위하여 사찰이 창건된 것으로 보인다. 성왕은 한강 하류를 되찾는 등 백제 중흥을 이루었으나, 신라와의 동맹이 결렬된 직후 관산성에서 피살되었다.

오답 분석

① 익산에 미륵사를 창건한 것은 백제 무왕이다.
② 동진으로부터 불교를 수용한 것은 백제 침류왕이다.
③ 윤충이 대야성을 함락한 것은 백제 의자왕 시기의 사건이다. 대야성은 경남 합천에 위치하여, 백제가 신라를 압박하는 핵심 요충지가 되었다.
④ 고흥이 서기를 편찬한 것은 백제 근초고왕 시기의 사건이다.

신라와 가야

핵심정리

❶ 신라 (기원전 57~935)

박혁거세(1대)	• 경주(금성)에서 건국
내물왕(17대)	• 김씨 왕위 세습, 마립간(대군장) 칭호 사용 　– 내물왕 이전까지 박씨, 석씨, 김씨가 왕위를 두고 경쟁 벌임 　– 신라 왕호 변천 : 거서간 → 차차웅 → 이사금 → 마립간 　　　　　　　　　　　　　　　└─ 연장자의 의미 • 광개토 대왕의 도움으로 왜의 침입 격퇴 　– 호우명 그릇 : 경주에서 발견, '국강상광개토지 호태왕' 기록, 고구려의 내정 간섭 증거
눌지왕(19대)	• 백제 비유왕과 나·제 동맹 체결 　– 진흥왕·성왕 때까지 유지
지증왕(22대)	• 국호를 신라로 변경, 왕호를 왕으로 변경, 순장 금지 • 우산국 울릉도 복속 : 이사부 활약
법흥왕(23대)	• 병부와 상대등 설치, 율령 반포(울진 봉평비에 기록), 연호 '건원' • 불교 공인(이차돈의 순교) 　– 신라의 불교 수용 : 5C에 전래 → 귀족의 반발 → 6C에 공인 • 금관가야 병합
진흥왕(24대)	• 거칠부의 국사 편찬 역사서, 현존 × • 화랑도 조직 : 화랑과 낭도로 구성 • 연호 '개국' • 신라 최대의 영토 확장 　– 백제(성왕)과 협력하여 한강 유역 확보 → 관산성 전투 승리 　– 대가야 병합 　– 순수비 건립 : 북한산 순수비, 창령비, 황초령비, 마운령비 　　　　　　　└─ 조선 후기 김정희가 금석학으로 비문을 해석함

❷ 가야 연맹 (1C~562)

전기	• 금관가야 주도 　– 수로왕 건국 　– 철 생산 : 덩이쇠 제작(화폐처럼 이용), 낙랑·왜에 수출 　– 5C, 광개토 대왕이 보낸 군대의 공격으로 맹주 지위 상실 　– 경남 김해 기반 : 대성동 고분(덩이쇠와 판갑옷 출토)
후기	• 대가야 주도 　– 이진아시왕 건국 　– 철 생산과 농업을 기반으로 세력 확장 　– 경북 고령 기반 : 지산동 고분군(금관 출토), 우륵의 가야금 제작
6C	• 신라 법흥왕에 의해 금관가야 멸망 • 신라 진흥왕에 의해 대가야 멸망

✚ 법흥왕의 금관가야 복속

금관국 왕 김구해가 왕비 및 그의 세 아들인 맏아들 노종, 둘째 아들 무덕, 막내아들 무력과 함께 금관국의 보물을 가지고 항복하였다. 왕이 예에 맞게 그를 대우하여 상등 직위를 주고 금관국을 그의 식읍으로 주었다. 아들 무력은 벼슬이 각간에 이르렀다.

－「삼국사기」－

✚ 6세기(신라의 전성기)

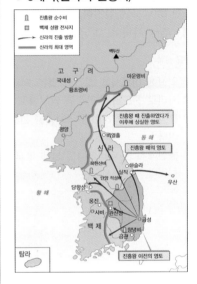

✚ 금관가야

▲ 덩이쇠

▲ 철제 판갑옷과 철제 투구

✚ 대가야의 금관

1 다음 업적과 관련된 신라의 왕을 쓰시오.

┤ 보기 ├
지증왕　　　　법흥왕　　　　진흥왕

(1) (　　) – 순장을 금지시켰다.
(2) (　　) – 대가야를 병합하였다.
(3) (　　) – 금관가야를 병합하였다.
(4) (　　) – 울진에 봉평비를 건립하였다.
(5) (　　) – 병부와 상대등을 설치하였다.
(6) (　　) – 국호를 사로국에서 신라로 변경하였다.
(7) (　　) – 이차돈 순교를 계기로 불교를 공인하였다.
(8) (　　) – 거칠부에게 명하여 국사를 편찬하게 하였다.
(9) (　　) – 한강 하류를 장악한 후 북한산비를 건립하였다.
(10) (　　) – 국가적 차원에서 청소년 단체인 화랑도를 조직하였다.

2 빈칸에 알맞은 말을 선택하시오.

(1) 가야는 (과하마, 덩이쇠)를 화폐처럼 사용하였다.
(2) 신라 법흥왕은 (건원, 영락)이라는 독자적인 연호를 제정하였다.
(3) 신라 (법흥왕, 진흥왕)은 병부를 설치하고 율령을 반포하였다.
(4) (가야, 신라)는 철이 많이 생산되어 낙랑과 왜 등에 수출하였다.
(5) (가야, 백제)는 김해 대성동과 고령 지산동에 고분을 조성하였다.
(6) 신라 진흥왕은 (대가야, 금관가야)를 정복하여 영토를 확장하였다.
(7) 신라 귀족들은 (화백 회의, 정사암 회의)에서 국가의 중대사를 논의하였다.
(8) 신라 (내물왕, 지증왕)은 왜를 격퇴하기 위해 신라가 고구려에 군사를 청하였다.
(9) 신라 내물왕 때부터 대군장을 의미하는 (이사금, 마립간)을 왕의 칭호로 사용하였다.
(10) 가야는 광개토 대왕이 보낸 군대의 공격을 받아 연맹의 중심지가 (대가야, 금관가야)로 이동하였다.

3 아래 사건이 일어난 시기를 (가)~(다) 중 고르시오.

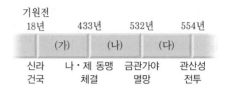

기원전 18년	433년	532년	554년
신라 건국	(가) 나·제 동맹 체결	(나) 금관가야 멸망	(다) 관산성 전투

(1) (　　) – 이사부를 보내 우산국을 복속시켰다.
(2) (　　) – 거칠부에게 명하여 국사를 편찬하게 하였다.
(3) (　　) – 박씨, 석씨, 김씨의 3성이 교대로 왕위를 계승하였다.
(4) (　　) – 신라와 백제와 연합하여 고구려를 한강 이북으로 몰아냈다.
(5) (　　) – 광개토 대왕이 신라를 도와 왜를 격퇴하였다.
(6) (　　) – 최고 지배자의 호칭이 이사금에서 마립간으로 바뀌었다.

4 다음 사료를 읽고, 해당하는 신라와 가야의 왕을 쓰시오.

(1) (　　　　　　)

> 이찬 이사부가 하슬라주 군주가 되어 … 나무 사자를 많이 만들어 전선에 나누어 싣고 그 나라의 해안에 이르러 거짓으로 말하기를, "너희가 만약 항복하지 않으면 이 사나운 짐승을 풀어 밟아 죽이겠다."라고 하니, 우산국 사람들이 두려워하며 곧 항복하였다.

(2) (　　　　　　)

> 구간(九干)들은 '거북아 거북아, 머리를 내밀어라. 만일 내밀지 않으면 구워먹으리.'라고 노래하고 춤을 추었다. 그러자 하늘에서 금으로 만들어진 상자가 내려왔고, 그 상자에는 해처럼 둥근 황금알 여섯 개가 있었다. … 가장 큰 알에서 태어난 수로(首露)가 왕위에 올랐다.

(3) (　　　　　　)

> 왕 6년 가을 7월에 이찬 이사부가 아뢰기를, "국사(國史)라는 것은 군주와 신하의 선악을 기록하여 만대에 보여 주는 것이니 편찬하지 않으면 후대에 무엇을 보이겠습니까?"라고 하였다. 이에 왕이 대아찬 거칠부 등에게 명하여 널리 문사들을 모아서 편찬하도록 하였다.

정답
1. (1) 지증왕 (2) 진흥왕 (3) 법흥왕 (4) 법흥왕 (5) 법흥왕 (6) 지증왕 (7) 법흥왕
　 (8) 진흥왕 (9) 진흥왕 (10) 진흥왕
2. (1) 덩이쇠 (2) 건원 (3) 법흥왕 (4) 가야 (5) 가야 (6) 대가야 (7) 화백 회의 (8) 내물왕
　 (9) 마립간 (10) 대가야
3. (1) 나 (2) 다 (3) 가 (4) 다 (5) 가 (6) 가
4. (1) 지증왕 (2) 수로왕 (3) 진흥왕

033

밑줄 그은 '왕'에 대한 설명으로 옳은 것은?

> 여러 신하들이 국호를 신라로 확정하고 임금의 호칭을 신라국왕으로 하자고 건의하니, 왕께서 이를 따르셨다고 하네.

> 나도 들었네. 작년에는 순장을 금지한다는 명을 내리셨지. 앞으로 우리나라의 발전이 기대되는구먼.

① 병부와 상대등을 설치하였다.
② 백제 비유왕과 동맹을 체결하였다.
③ 이사부를 보내 우산국을 복속시켰다.
④ 매소성 전투에서 당의 군대를 격파하였다.
⑤ 김흠돌의 난을 진압하고 귀족들을 숙청하였다.

034

밑줄 그은 '이 왕'에 대한 설명으로 옳은 것은?

> 이것은 국보 제242호인 울진 봉평리 신라비로 병부를 설치하고 율령을 반포한 이 왕 때 건립되었습니다. 이 비석에는 신라 6부의 성격과 관등 체계, 지방 통치 조직과 촌락 구조 등 당시 사회상을 알려주는 내용이 담겨 있습니다.

① 이사부를 보내 우산국을 복속하였다.
② 관료전을 지급하고 녹읍을 폐지하였다.
③ 이차돈의 순교를 계기로 불교를 공인하였다.
④ 인재 등용을 위해 독서삼품과를 시행하였다.
⑤ 거칠부에게 명하여 국사를 편찬하게 하였다.

035

밑줄 그은 '이 왕'의 업적으로 옳은 것은?

> 이 비석은 원래 도선국사비, 무학대사비 등으로 알려져 있었지.

> 맞아. 그런데 조선 후기에 김정희가 금석과안록에서 이 왕이 건립한 순수비임을 고증하였어.

① 관료전을 지급하고 녹읍을 폐지하였다.
② 인재 등용을 위해 독서삼품과를 실시하였다.
③ 이차돈의 순교를 계기로 불교를 공인하였다.
④ 지방관을 감찰하기 위해 외사정을 파견하였다.
⑤ 대아찬 거칠부에게 명하여 국사를 편찬하였다.

036

(가), (나) 사이의 시기에 있었던 사실로 옳은 것은?

> (가) 백제왕 모대가 사신을 보내 혼인하기를 청하였다. [신라] 왕은 이벌찬 비지(比智)의 딸을 보냈다.
> ─ 「삼국사기」 ─

> (나) 신라를 습격하기 위해 왕이 직접 보병과 기병 50명을 거느리고 구천(狗川)에 이르렀는데, 신라 복병을 만나 그들과 싸우다가 살해되었다. 시호를 성(聖)이라 하였다.
> ─ 「삼국사기」 ─

① 고구려가 낙랑군을 축출하였다.
② 백제가 동진으로부터 불교를 수용하였다.
③ 신라가 고구려의 도움으로 왜를 격퇴하였다.
④ 고구려가 동옥저를 정복하여 영토를 확장하였다.
⑤ 백제가 신라와 연합하여 한강 유역을 수복하였다.

037
62회 3번 [2점]

(가) 나라에 대한 설명으로 옳은 것은?

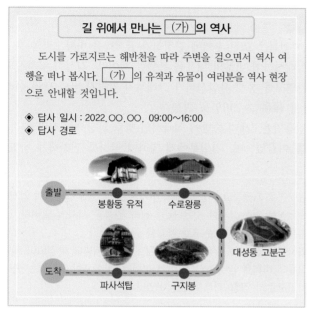

① 덩이쇠를 화폐처럼 사용하였다.
② 한 무제의 공격으로 멸망하였다.
③ 혼인 풍속으로 민며느리제가 있었다.
④ 골품에 따라 관등 승진에 제한이 있었다.
⑤ 빈민을 구제하기 위해 진대법을 시행하였다.

038
52회 5번 [1점]

(가)에 해당하는 나라에 대한 설명으로 옳은 것은?

① 22담로에 왕족을 파견하였다.
② 집사부를 비롯한 14부를 두었다.
③ 집집마다 부경이라는 창고가 있었다.
④ 백강에서 왜군과 함께 당군에 맞서 싸웠다.
⑤ 철이 많이 생산되어 낙랑, 왜 등에 수출하였다.

039
71회 3번 [1점]

(가) 나라에 대한 설명으로 옳은 것은?

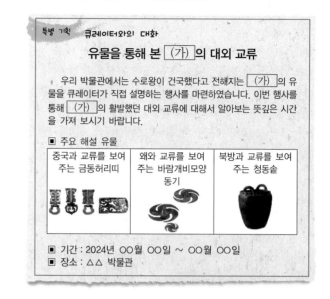

① 법흥왕 때 신라에 복속되었다.
② 서옥제라는 혼인 풍습이 있었다.
③ 6좌평이 중요한 국사를 논의하였다.
④ 만장일치제로 운영된 화백 회의가 있었다.
⑤ 지방에 22담로를 두어 왕족을 파견하였다.

040
58회 4번 [3점]

(가) 나라에 대한 탐구 활동으로 가장 적절한 것은?

> 진흥왕이 이찬 이사부에게 명령하여 (가) 을/를 공격하게 하였다. 이때 사다함은 나이가 15~16세였는데 종군하기를 청하였다. …… (가) 사람들이 뜻하지 않은 병사들의 습격에 놀라 막아내지 못하였고, 대군이 승세를 타서 마침내 멸망시켰다.

① 안동도호부가 설치된 경위를 찾아본다.
② 22담로에 왕족이 파견된 목적을 알아본다.
③ 중앙 관제가 3성 6부로 정비된 계기를 파악한다.
④ 최고 지배자의 호칭인 이사금의 의미를 검색한다.
⑤ 고령 지역이 연맹의 중심지로 성장하는 과정을 조사한다.

033 지증왕   정답 ③

핵심키워드 국호 신라, 순장 금지

정답 분석

제시된 자료에서 신라의 왕이 국호를 신라로 확정한 왕은 지증왕이다. 또한 백성의 생명을 존중하고 노동력 손실을 막기 위해 순장을 금지하였다.

③ 우산국은 지금의 울릉도와 부속 도서를 통치하던 소국이다. 지증왕 13년(512년) 이사부의 활약으로 신라에 편입됨으로써 이때부터 울릉도와 독도가 우리의 영토가 되었다.

오답 분석

① 병부와 상대등 설치는 법흥왕 때의 일이다.
② 백제 비유왕과 신라 눌지왕은 고구려 남하를 견제하기 위해 433년에 나제 동맹을 체결하였다.
④ 675년에 신라는 매소성(현재 경기도 연천)에서 당군을 몰아냈다. 이는 삼국 통일을 완성하는 데 직접적인 영향을 미쳤다.
⑤ 통일 직후에 김흠돌 등 진골이 왕권 강화에 반대하였다. 신문왕은 이를 강력하게 진압하고 전제 왕권 강화의 계기로 삼았다.

034 법흥왕   정답 ③

핵심키워드 울진 봉평리 신라비

정답 분석

법흥왕은 율령을 반포하여 중앙 집권화를 강화하였다. 524년에 건립된 울진 봉평리 신라비는 이러한 율령 체제 하에서 법령 집행과 범죄 처벌을 기록한 중요한 유적이다.

③ 신라는 5세기 전반 눌지왕 때 고구려에서 묵호자가 일선군(경북 구미)에 와서 포교하였으나, 토착 신앙의 영향이 강하여 불교를 본격적으로 받아들이지 못하였다. 그후 6세기 전반 법흥왕 때 이차돈의 순교를 계기로 불교를 공인하였고(528), 신라 최초의 사찰인 흥륜사를 지었다.

오답 분석

① 이사부를 보내 우산국을 복속시킨 것은 신라 지증왕의 업적이다.
② 관료전을 지급하고 녹읍을 폐지한 것은 통일 신라 신문왕의 업적이다.
④ 인재 등용을 위한 독서삼품과는 통일 신라 원성왕 때 도입된 제도이다.
⑤ 거칠부에 명하여 국사를 편찬하게 한 것은 신라 진흥왕의 업적이다.

035 진흥왕   정답 ⑤

핵심키워드 금석과안록, 순수비

정답 분석

금석과안록은 조선 후기에 김정희가 금석학을 바탕으로 이를 조사하고 해석하여 비문의 내용을 복원한 책이다. 김정희는 자신의 금석학 연구를 통해 북한산비가 그때까지 알려진 바와 달리 신라 진흥왕이 세운 순수비임을 밝혔다.

⑤ 진흥왕은 6세기 중반에 적극적인 영토 확장으로 신라의 전성기를 이끌었으며, 거칠부에게 명하여 국사를 편찬하게 하였다.

오답 분석

① 관료전을 지급하고 녹읍을 폐지한 것은 통일 신라 신문왕의 업적이다.
② 독서삼품과를 실시한 것은 통일 신라 원성왕 시기의 일이다.
③ 법흥왕은 이차돈의 순교로 불교를 공인하였다.
④ 외사정은 신라의 문무왕 때 설치된 관리로, 지방에 파견되어 지방 관리들의 비리를 감찰하였다. 한편 신문왕 때 설치한 사정부는 중앙 통치기구로서 감찰 기능을 담당하였다.

036 5~6세기   정답 ⑤

핵심키워드 혼인 동맹, 왕 피살

정답 분석

㈎ 백제왕 모대는 동성왕으로, 그는 즉위 후 신라와 혼인 동맹을 맺었다.
㈏ 백제 성왕이 한강 일대 상실 후 신라를 공격하러 갔다가, 관산성에서 피살된 사건에 관한 사료이다.
따라서 무령왕과 성왕의 재위 기간이 ㈎와 ㈏ 사이에 위치한다.

⑤ 백제 성왕과 신라 진흥왕은 나제 동맹에 기반해 551년에 고구려를 한강 유역에서 몰아냈다.

오답 분석

① 고구려가 낙랑군을 축출한 것은 313년 미천왕 시기의 일이다. 이로써 고구려는 대동강 일대를 장악하게 되었다.
② 백제가 동진으로부터 불교를 수용한 것은 4세기 말 침류왕 시기의 일이다.
③ 신라가 고구려의 도움으로 왜를 격퇴한 것은 400년 광개토 대왕과 내물왕 시기의 일이다.
④ 고구려의 태조왕은 56년에 동옥저를 병합하였다. 태조왕은 고구려의 6대 왕으로, 백제 고이왕, 신라 내물왕과 더불어 각국의 중앙 집권화를 위한 기틀을 마련했다고 평가받고 있다.

037 금관가야

정답 ①

핵심키워드 수로왕, 대성동 고분군, 구지봉

정답 분석

제시된 자료는 김해에 위치한 가야의 역사적 유적을 안내하는 내용으로, 봉황동 유적은 가야 건국 초기부터 발전 과정의 흔적을 보여준다. 수로왕릉은 금관가야의 시조 수로왕을 기리는 무덤이고, 대성동 고분군은 가야 귀족층의 무덤으로 알려져 있다. 구지봉은 수로왕이 하늘에서 내려와 건국한 곳으로 전해진다. "삼국유사" 가락국기에는 구지봉에서 발견한 6개의 황금알 중에서 가장 먼저 태어난 수로를 금관가야의 왕으로 추대하였다고 전한다. 파사석탑은 가야의 불교 수용과 관련된 유적이다.

① 가야에서 생산된 덩이쇠는 철기 제작의 원재료이자 화폐로 사용되어 주변 국가들과의 교역에 중요한 역할을 하였다.

오답 분석

② 한 무제의 공격으로 멸망한 나라는 고조선이다.

③ 민며느리제는 옥저의 혼인 풍속이다.

④ 골품제는 신라의 신분 제도이다.

⑤ 진대법은 고구려의 고국천왕이 실시한 구휼 제도이다.

038 가야

정답 ⑤

핵심키워드 김해 대성동, 고령 지산동

정답 분석

김해 대성동 고분군과 고령 지산동 고분군은 각각 금관가야와 대가야의 정치적·경제적·문화적 발전상을 연구하는 데 중요한 유적지이다.

특히 금관가야는 낙랑과 왜 등지에 철을 수출하며 경제적 번영을 이루었다. 이러한 철기 문화를 통해 가야는 주변국과 활발한 교역을 하였으며, 경제적 영향력을 확대하였다.

오답 분석

① 22담로에 왕족을 파견한 것은 백제 무령왕의 업적이다.

② 신라는 신문왕 때 14부제(집사부 포함)를 완성하였다.

③ 고구려는 각 집마다 부경이라는 창고를 두었는데, 이는 약탈 경세를 반영한다.

④ 백제 부흥군과 일본 지원군은 663년에 백강 전투에서 나당 연합군에 패하였다. 이로써 백제 부흥 운동은 중단되었다.

039 금관가야

정답 ①

핵심키워드 수로왕, 청동솥

정답 분석

가야는 중국과 일본(왜) 등과 활발히 교류했으며, 특히 금관가야의 김해 대성동 고분에서는 관련 유물이 여러 개 출토되었다. 자료 속 금동허리띠는 가야 지배층의 권력을 상징하는 중국산 유물이며, 바람개비모양 돌기는 일본과의 긴밀한 교류를 상징한다. 또한, 청동솥은 중국 북방계 유물이다.

금관가야는 철기 제품의 수출로 번성했으나, 광개토 대왕 군대의 침입과 낙랑 몰락 후 수출 대상 감소 등으로 쇠락했다. 이후 6세기 법흥왕 때 신라에 복속되었다.

오답 분석

② 서옥제는 고구려의 혼인 풍습이다.

③ 6좌평 제도는 백제의 관료제도로, 고이왕 때 최초로 좌병제도가 마련되었다. 6좌평의 존재는 백제가 행정 업무를 6분야로 나누어 운영했다는 것을 의미한다. 6좌평 중 내신좌평이 백관을 통솔하는 상좌평을 맡았다.

④ 만장일치제는 화백회의의 운영 방식으로 신라의 제도이다.

⑤ 22담로에 왕족을 파견한 것은 백제 무령왕의 업적이다.

040 대가야

정답 ⑤

핵심키워드 진흥왕, 이사부, 사다함

정답 분석

이사부는 지증왕 때 울릉도의 우산국을 정복하여 신라의 영토를 확장하는 데 큰 기여를 하였다. 그는 나무 사자를 이용한 기지를 발휘해 우산국 주민들의 항복을 받아냈다. 이후 진흥왕 시기에는 사다함과 함께 대가야를 정복하며 가야 연맹을 무너뜨리고 신라의 전성기를 이끌었다.

⑤ 가야는 광개토 대왕의 군대 공격을 받기 이전까지 경남 김해를 기반으로 한 금관 가야가 이끌었다. 이 사건으로 금관 가야가 약해지자, 5세기부터는 경북 고령을 기반으로 한 대가야가 가야 연맹의 맹주가 되었다.

오답 분석

① 안동도호부는 고구려 멸망 이후 당나라가 평양에 설치한 통치 기관이다.

② 22담로에 왕족을 파견한 것은 백제 무령왕의 정책이다.

③ 발해는 문왕 때 당의 제도를 받아들여 중앙 관제를 3성 6부로 편성하였다.

④ 신라는 3대 유리왕 때부터 이사금(연장자 의미) 호칭을 사용하였고, 17대 내물왕 때 마립간(대군장 의미)으로 호칭을 변경하였다.

❶ 6C 말, 십자 외교

(1) 남북 세력 형성
- 돌궐-고구려-백제-왜 연합
- 고구려-백제 : 신라를 견제하기 위해

(2) 동서 세력 형성
- 중국(수, 당)-신라 연합
  └─ 오랜 분열을 끝내고 중국을 통일함
     이후 고구려와 동아시아 패권을 둘러싸고 대립함

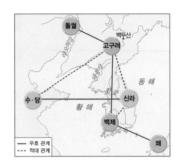

✚ 삼국 간의 관계
- 4C : 고구려+신라 ↔ 백제
- 5C : 신라+백제(나·제 동맹) ↔ 고구려
- 6C : 고구려+백제(여·제 동맹) ↔ 신라

❷ 고구려

영양왕 (26대)	• 온달의 죽령 이북 수복 시도 • 을지문덕의 살수대첩 : 수 침입을 격퇴함
영류왕 (27대)	• 당 견제를 위해 천리장성 축조 시작 → 연개소문의 정변으로 축출

✚ 미륵사지 석탑 금제 사리봉안기
우리 왕후께서는 좌평 사택적덕의 따님으로 … 기해년 정월 29일에 사리를 받들어 맞이하셨다. 원하오니, 우리 대왕의 수명을 산악과 같이 견고하게 하시고 치세는 천지와 함께 영구하게 하소서.

❸ 백제 배경 : 성왕 사망 후 신라와 관계 악화

무왕 (30대)	• 왕권 강화를 위해 익산 천도 시도 　- 미륵사 창건, 미륵사지 석탑 건립 　- 왕궁리 조성
의자왕 (31대)	• 윤충의 대야성 탈환 이 과정에서 김춘추의 딸과 사위 사망 　- 즉위 초부터 신라에 대한 공격 강화 　- 신라 서쪽 40여 성을 빼앗음 • 귀족과의 갈등, 왕자 41명의 좌평 임명

✚ 대야성 전투
장군 윤충을 보내 군사 1만 명을 거느리고 신라의 대야성을 공격하였다. 성주 품석이 처자를 데리고 나와 항복하자 윤충이 그들을 모두 죽였다.　　　　　　－「삼국사기」 –

❹ 신라

진평왕 (26대)	• 승려 원광의 활약 ┌ 빌다 乞 + 군사 師 + 글 表 　- 수 양제에게 걸사표 제출 수에 고구려 공격을 요청함 　- 세속오계 제시 : 화랑도의 지침 제시
선덕 여왕 (27대)	• 백제(의자왕)의 공격으로 대야성 상실 　- 김춘추의 고구려 방문 : 고구려의 파병을 요청했으나 협상 실패 • 비담의 난 : 친왕 세력인 김춘추와 김유신 진압 • 불교 발달 　- 분황사 건립 　- 자장의 건의로 황룡사 9층 목탑 건립 고려 몽골 침입 때 소실 　- 첨성대 건립 천문관측소
진덕 여왕 (28대)	• 나당 동맹 성립 : 김춘추가 당 태종과 군사 동맹에 합의
무열왕 (29대)	• 진골 김춘추가 즉위 → 나당 연합군의 백제 멸망

✚ 세속 5계
(귀산 등이 이르자) 원광 법사가 말하기를 "지금 세속 5계가 있으니, 첫째는 임금을 충성으로 섬기는 것이요, 둘째는 부모를 효성으로 섬기는 것이요, 셋째는 벗을 신의로 사귀는 것이요, 넷째는 전쟁에 임하여 물러서지 않는 것이요, 다섯째는 살아있는 것을 죽일 때는 가려서 죽여야 한다는 것이니, 그대들은 이를 실행함에 소홀하지 말라."라고 하였다.
　　　　　　－「삼국사기」 –

1 다음 설명에 해당하는 인물을 쓰시오.

┌─ 보기 ┤

무왕	온달	원광	자장
의자왕	선덕 여왕	연개소문	을지문덕

(1) (　　) – 천리장성 축조를 감독하였다.

(2) (　　) – 왕자 41명을 좌평에 임명하였다.

(3) (　　) – 수에 보내는 걸사표를 작성하였다.

(4) (　　) – 윤충을 보내 대야성을 함락시켰다.

(5) (　　) – 살수에서 수 양제의 군대를 막아냈다.

(6) (　　) – 영류왕을 폐위시키고, 보장왕을 즉위시켰다.

(7) (　　) – 선덕 여왕에게 황룡사 9층 목탑 건립을 건의하였다.

(8) (　　) – 익산에 미륵사와 미륵사지 석탑을 창건하였다.

(9) (　　) – 군사 도움을 요청하기 위해 김춘추를 고구려에 파견하였다.

(10) (　　) – 평원왕의 사위이자 평강공주의 남편으로, 죽령 이북 수복을 시도하는 과정에서 전사하였다.

2 빈칸에 알맞은 말을 선택하시오.

(1) 무왕은 (익산, 달구벌) 천도를 시도하였다.

(2) 을지문덕이 (귀주, 살수)에서 수의 대군을 격파하였다.

(3) 의자왕이 윤충을 보내 (관산성, 대야성)을 함락시켰다.

(4) 연개소문은 정변을 일으켜 (보장왕, 영양왕)을 옹립하였다.

(5) 고구려는 (안시성, 평양성)에서 당 태종이 이끄는 군대를 격퇴하였다.

(6) 연개소문은 당과 신라에 대한 (온건한, 강경한) 대외 정책을 펼쳤다.

(7) 김춘추와 김유신은 (비담과 염종, 원종과 애노)의 난을 진압하였다.

(8) 고구려는 요동 지역에 (천리장성, 동북 9성)을 쌓아 당의 침략에 대비하였다.

(9) 신라가 (한강, 대동강) 유역을 장악한 후, 고구려와 백제는 신라를 압박하였다.

(10) 신라는 고구려와 백제의 연합 공격으로 어려움을 겪자 (수, 돌궐)에 도움을 요청하였다.

3 아래 사건이 일어난 시기를 (가)~(라) 중 고르시오.

	(가)		(나)		(다)		(라)	
진흥왕 즉위		진평왕 즉위		선덕 여왕 즉위		진덕 여왕 즉위		문무왕 즉위

(1) (　　) – 비담의 난이 일어났다.

(2) (　　) – 첨성대를 세워 천문을 관측하였다.

(3) (　　) – 김춘추가 당과의 군사 동맹을 성사시켰다.

(4) (　　) – 북한산, 마운령, 화초령 등에 순수비를 세웠다.

(5) (　　) – 자장의 건의로 황룡사 9층 목탑이 건립되었다.

(6) (　　) – 백제 장군 윤충의 공격으로 신라가 대야성을 빼앗겼다.

4 다음 사료를 읽고, 물음에 답하시오.

(1) 아래 전투와 관련된 백제 왕은 누구인가?

> 백제의 장군 윤충이 군사를 거느리고 대야성을 공격하여 함락하였다. 이때 도독인 이찬 품석과 사지 죽죽, 용석 등을 죽였다.

(2) 아래 사리봉안기가 제작된 시기의 백제 왕은 누구인가?

> 우리 왕후께서는 좌평 사택적덕의 따님으로 … 기해년 정월 29일에 사리를 받들어 맞이하셨다. 원하오니, 우리 대왕의 수명을 산악과 같이 견고하게 하시고 치세는 천지와 함께 영구하게 하소서.

(3) 아래의 세속 5계를 작성한 승려는 누구인가?

> 법사가 말하기를 "지금 세속 5계가 있으니, 첫째는 임금을 충성으로 섬기는 것이요, 둘째는 부모를 효성으로 섬기는 것이요, 셋째는 벗을 신의로 사귀는 것이요, 넷째는 전쟁에 임하여 물러서지 않는 것이요, 다섯째는 살아있는 것을 죽일 때는 가려서 죽여야 한다는 것이니, 그대들은 이를 실행함에 소홀하지 말라."라고 하였다.

┌ 정답

1. (1) 연개소문 (2) 의자왕 (3) 원광 (4) 의자왕 (5) 을지문덕 (6) 연개소문 (7) 자장 (8) 무왕 (9) 선덕 여왕 (10) 온달
2. (1) 익산 (2) 살수 (3) 대야성 (4) 보장왕 (5) 안시성 (6) 강경한 (7) 비담과 염종 (8) 천리장성 (9) 한강 (10) 수
3. (1) 다 (2) 다 (3) 라 (4) 가 (5) 다 (6) 다
4. (1) 의자왕 (2) 무왕 (3) 원광

041
50회 5번 [3점]

(가), (나) 사이의 시기에 있었던 사실로 옳은 것은?

> (가) 고구려 왕 거련(巨璉)이 군사 3만 명을 이끌고 와서 왕도인 한성을 포위하였다. 왕이 성문을 닫고서 나가 싸우지 못하였다. 고구려 군사가 네 길로 나누어 협공하고, 바람을 타고 불을 놓아 성문을 불태웠다. 사람들이 매우 두려워하여 나가서 항복하려는 자들도 있었다. 왕이 어찌할 바를 몰라 수십 명의 기병을 거느리고 성문을 나가 서쪽으로 달아나니, 고구려 군사가 추격하여 왕을 해쳤다.
>
> (나) 여러 장수가 안시성을 공격하였다. …… 60일 동안 50만 명의 인력을 동원하여 밤낮으로 쉬지 않고 토산을 쌓았다. 토산의 정상은 성에서 몇 길 떨어져 있고 성 안을 내려다 볼 수 있었다. 도중에 토산이 허물어지면서 성을 덮치는 바람에 성벽의 일부가 무너졌다. …… 황제가 여러 장수에게 명하여 안시성을 공격하였으나, 3일이 지나도록 이길 수 없었다.

① 미천왕이 서안평을 점령하였다.
② 을지문덕이 살수에서 수의 군대를 물리쳤다.
③ 고국원왕이 백제의 평양성 공격으로 전사하였다.
④ 관구검이 이끄는 위의 군대가 고구려를 침략하였다.
⑤ 광개토 대왕이 군대를 보내 신라에 침입한 왜를 격퇴하였다.

042
69회 5번 [2점]

(가), (나) 사이의 시기에 있었던 사실로 옳은 것은?

> (가) 을지문덕이 우중문에게 시를 보내 이르기를, "신묘한 계책은 천문을 다 헤아렸고 기묘한 계획은 지리를 모두 통달하였도다. 싸움에 이겨 이미 공로가 드높으니 만족할 줄 알고 그치기를 바라노라."라고 하였다.
>
> (나) 안시성 사람들이 황제의 깃발과 일산을 멀리서 바라보고, 곧장 성에 올라가 북을 치고 소리를 질렀다. 황제가 화를 내자, 이세적은 성을 함락하는 날에 남자를 모두 구덩이에 묻어 죽이자고 청하였다. 안시성 사람들이 이를 듣고 더욱 굳게 지키니, 오래도록 공격하여도 함락되지 않았다.

① 관구검이 환도성을 공격하여 함락하였다.
② 계백이 이끄는 군대가 황산벌에서 항전하였다.
③ 연개소문이 정변을 일으켜 권력을 장악하였다.
④ 광개토 대왕이 신라에 침입한 왜를 격퇴하였다.
⑤ 미천왕이 낙랑군을 축출하여 영토를 확장하였다.

043
58회 5번 [2점]

밑줄 그은 '전투'가 벌어진 시기를 연표에서 옳게 고른 것은?

554	589	612	642	668	698
	(가)	(나)	(다)	(라)	(마)
관산성 전투	수의 중국 통일	살수 대첩	보장왕 즉위	고구려 멸망	발해 건국

① (가)   ② (나)
③ (다)   ④ (라)
⑤ (마)

044
59회 4번 [2점]

(가) 인물에 대한 설명으로 옳은 것은?

① 천리장성 축조를 감독하였다.
② 살수에서 수의 군대를 막아냈다.
③ 등주를 선제 공격하여 당군을 격파하였다.
④ 황산벌에서 계백이 이끄는 군대를 물리쳤다.
⑤ 안승을 왕으로 추대하고 부흥 운동을 전개하였다.

045

66회 5번 [3점]

(가) 왕의 재위 시기 삼국의 상황으로 옳은 것은?

이 사진은 익산 미륵사지 서탑 출토 사리장엄구의 발견 당시 모습입니다. 삼국유사에는 [(가)] 이/가 왕후인 신라 선화 공주의 발원으로 미륵사를 창건했다고 되어 있지만, 금제 사리봉영기에는 왕후가 백제 귀족 사택적덕의 딸로 기록되어 있습니다. 이로 인해 미륵사 창건 배경과 [(가)]의 아들인 의자왕의 친모가 누구인지에 대한 논란이 벌어지기도 하였습니다.

① 고구려 – 을지문덕이 살수에서 수의 대군을 격파하였다.
② 백제 – 고흥이 서기를 편찬하였다.
③ 백제 – 계백이 황산벌에서 군대를 이끌고 결사 항전하였다.
④ 신라 – 이사부가 우산국을 정복하였다.
⑤ 신라 – 사찬 시득이 기벌포에서 당군에 승리하였다.

047

64회 5번 [3점]

(가) 인물에 대한 설명으로 옳은 것은?

대한민국 방방곡곡 – 충북 진천

史 한국사 채널 　　　　조회 수 230,213

이 전경은 [(가)]의 탄생지로 알려진 곳의 모습입니다. 금관가야 마지막 왕의 후손인 그는 진평왕부터 문무왕까지 다섯 임금을 섬기며 신라의 삼국통일에 크게 기여하였습니다. 그는 사후에 '흥무대왕'에 봉해지며 신라의 왕이 아니면서도 대왕의 칭호를 갖게 된 인물로 기억되고 있습니다.

① 안승을 왕으로 추대하였다.
② 당의 등주를 선제 공격하였다.
③ 비담과 염종의 난을 진압하였다.
④ 기벌포 전투를 승리로 이끌었다.
⑤ 일리천에서 신검의 군대를 물리쳤다.

046

57회 7번 [3점]

(가)~(다)를 일어난 순서대로 옳게 나열한 것은?

(가) 백제의 장군 윤충이 군사를 거느리고 대야성을 공격하여 함락하였다. 이때 도독인 이찬 품석과 사지(舍知) 죽죽, 용석 등이 죽었다.

(나) 신라와 당의 군사들이 의자왕의 도성을 에워싸기 위하여 소부리 벌판으로 나아갔다. 소정방이 꺼리는 바가 있어 전진하지 않자 김유신이 그를 달래서 두 나라의 군사가 용감하게 네 길로 일제히 떨쳐 일어났다.

(다) 흑치상지가 도망하여 흩어진 무리들을 모으니, 열흘 사이에 따르는 자가 3만여 명이었다. …… 흑치상지가 별부장 사타상여를 데리고 험준한 곳에 웅거하여 복신과 호응하였다.

① (가) – (나) – (다)　　② (가) – (다) – (나)
③ (나) – (가) – (다)　　④ (나) – (다) – (가)
⑤ (다) – (나) – (가)

048

68회 5번 [3점]

(가), (나) 사이의 시기에 있었던 사실로 옳은 것은?

(가) 겨울에 왕이 장차 백제를 쳐서 대야성에서의 싸움을 되갚으려고 이찬 김춘추를 고구려에 보내서 군사를 청하였다. 대야성 전투에서 패하였을 때 도독인 품석의 아내도 죽었는데, 바로 춘추의 딸이었다.

(나) 춘추가 무릎을 꿇고 아뢰기를, "…… 만약 폐하께서 천조(天朝)의 군사를 빌려주시어 흉악한 무리를 없애주지 않으신다면 저희 백성은 모두 포로가 될 것이니, 그렇다면 산 넘고 바다 건너 행하는 술직(述職)*도 다시는 바랄 수 없을 것입니다."라고 하였다. 당 태종이 매우 옳다고 여겨서 군사의 출정을 허락하였다.

* 술직 : 제후가 입조하여 천자에게 맡은 직무를 아뢰는 것
－「삼국사기」－

① 문무왕이 안승을 보덕국왕으로 봉하였다.
② 안시성의 군사와 백성들이 당군을 물리쳤다.
③ 복신과 도침이 부여풍을 왕으로 추대하였다.
④ 계백이 이끄는 군대가 황산벌에서 항전하였다.
⑤ 진흥왕이 대가야를 정복하여 영토를 확장하였다.

041 7세기 고구려

정답 ②

핵심키워드 한성 포위, 안시성 전투

정답 분석

(가) 5세기 고구려 장수왕(거련)이 남진 정책을 펼쳐 백제의 수도 한성을 공격하고, 475년에 한성을 함락시켜 개로왕을 전사시킨 사건에 관한 사료이다.

(나) 645년에 일어난 당의 안시성 공격으로, 보장왕 시기에 일어났다.

② 두 사건 사이는 5세기 후반~7세기 초로, 고구려는 6세기 후반~7세기 초 영양왕 때 수나라의 침입을 수차례 걸쳐 방어했다. 을지문덕은 수나라의 2차 침입을 살수에서 막았다.

오답 분석

① 미천왕은 4세기 초에 서안평(현재 중국 단둥, 압록강에 위치함)을 점령하고, 요동 진출의 발판을 마련하였다.

③ 고국원왕은 백제 근초고왕 군대의 공격으로 평양성에서 전사하였다.

④ 요동 진출을 둘러싸고 고구려와 중국 위나라가 대립하였다. 위나라 관구검은 3세기 동천왕 때 고구려를 침공하였다. 고구려는 수도가 점령당하는 위기를 겪었다.

⑤ 광개토 대왕은 내물왕의 요청을 받아들여 400년에 대규모 군대를 신라에 파병하였다. 이로써 신라를 침입한 왜를 격퇴하였다.

042 7세기

정답 ③

핵심키워드 을지문덕, 안시성 전투

정답 분석

(가) 을지문덕이 612년에 수나라의 2차 침입을 맞서는 상황을 보여주는 사료이다. 수나라 군대를 이끄는 우중문을 퇴각시키기 위해, 을지문덕은 그에게 오언시를 보냈다.

(나) 645년의 안시성 전투에 관한 사료이다.

③ 642년에 연개소문은 대막리지에 올라 고구려의 실권을 장악하였고, 이후 당나라에 강경하게 맞섰다. 이에 당과 신라는 648년 나당 동맹을 결성하였다.

오답 분석

① 위나라 장수 관구검은 3세기 동천왕 때 환도성(국내성을 방어하는 산성)을 공격하였다.

② 계백은 660년에 황산벌 전투에서 신라군과 싸웠다.

④ 광개토 대왕이 신라에 침입한 왜를 격퇴한 것은 4세기 말의 사건이다.

⑤ 미천왕이 낙랑군을 축출한 것은 313년의 일이다.

043 안시성 전투

정답 ④

핵심키워드 백암성, 당 침입, 안시성

정답 분석

연개소문은 642년 정변을 일으켜 당에 유화 정책을 펴던 영류왕을 퇴위시키고 보장왕을 옹립했다. 본인은 대막리지가 되어 고구려의 정치 실권을 장악하였다.

645년에 당 태종은 고구려를 침공하였다. 당군은 요동성과 백암성 등을 함락한 후 안시성을 2개월간 포위, 공격하였다. 당 태종은 직접 전투를 지휘하며 토산을 쌓아 공격을 시도했지만 실패했고(안시성 전투), 결국 퇴각할 수밖에 없었다. 이 전투의 패배로 인해 당 태종의 고구려 정복 계획은 좌절되었다.

오답 분석

* 살수대첩 : 고구려와 수나라 간의 전쟁으로, 612년에 일어났다. 수나라는 연속적으로 고구려 침공을 감행했지만, 번번히 실패하였고, 결국 건국 37년 만에 멸망하였다. 이후 중국에서는 당이 건국되었다.

044 7세기

정답 ①

핵심키워드 영류왕 시해, 대막리지

정답 분석

제시된 자료 속 인물은 고구려의 연개소문으로, 641년부터 천리장성 축조의 총지휘를 맡은 그는 이를 기반으로 정치적 영향력을 확대하였다. 642년 10월에는 정변을 일으켜 영류왕과 반대파 귀족들을 제거하고 대막리지에 올라 고구려의 실질적 통치자가 되었다. 연개소문은 대당 강경책을 펼치며 당나라의 침략에 맞섰고, 645년 안시성 전투에서 당군을 격퇴하였다.

오답 분석

② 612년 살수 대첩에서 을지문덕이 수나라의 군대를 물리쳤다.

③ 발해 무왕은 장문휴를 보내 당나라의 산둥반도에 위치한 등주를 공격하였다. 이는 발해와 당 간의 초기 긴장 관계를 보여주는 대표적인 사건이다.

④ 황산벌 전투에서 계백이 싸운 것은 백제의 멸망 직전인 660년의 일이다.

⑤ 안승은 검모잠과 함께 고구려 부흥 운동을 전개하였다.

045 무왕과 7세기

정답 ①

핵심키워드 미륵사, 금제 사리봉영기, 사택적덕의 딸

정답 분석

백제 무왕은 600년부터 641년까지 재위하며 고구려 영양왕, 영류왕, 신라 진평왕, 선덕 여왕과 동시대에 치열한 삼국 대립을 겪었다. 무왕의 왕비는 사택적덕의 딸로, 그녀의 출신은 미륵사지 석탑에서 발견된 금제 사리봉영기를 통해 확인되었다. 이는 무왕이 신라 선화공주와 결혼했다는 서동 설화와 상충되며, 선화공주의 실존 여부에 의문이 제기되었다. 일부 학자들은 무왕이 여러 정비를 두었을 가능성을 제기하며, 사택씨와 선화공주가 공존했을 수 있다고 주장한다.

오답 분석

② 고흥은 근초고왕 때인 375년에 역사서인 서기를 편찬하였다.
③ 계백은 백제 의자왕 시기의 장군으로, 황산벌 전투에서 사망하였다.
④ 이사부는 신라 지증왕 때 우산국(울릉도 일대)을 정복하였다.
⑤ 기벌포 전투는 신라 문무왕 때인 676년에 일어났다. 신라가 당나라 수군을 격퇴함으로써 신라의 통일 작업은 완료되었다.

046 백제 멸망 과정

정답 ①

핵심키워드 윤충, 대야성 전투, 의자왕, 흑치상지

정답 분석

(가) 642년 윤충이 이끄는 백제군이 신라의 대야성(현재 경남 합천)을 함락시켜 서쪽 방어선을 무너뜨렸다. 이 승리는 김춘추의 사위와 딸의 죽음으로 신라의 복수심을 자극해, 20여 년 후 나당 연합군에 의한 백제 멸망의 원인이 되었다.
(나) 660년 황산벌 전투 패배 후 나당 연합군이 사비성을 포위하였다. 의자왕은 웅진성으로 도주했으나 결국 항복하여 당나라로 끌려갔다.
(다) 흑치상지는 백제 부흥운동을 이끌며 임존성을 거점으로 저항했으나, 663년 당에 항복하면서 부흥운동은 실패로 끝났다.
따라서 (가)-(나)-(다) 순으로 진행되었다.

047 김유신

정답 ③

핵심키워드 금관가야 후손, 삼국 통일 기여, 흥무대왕

정답 분석

자료에서 언급된 (가)의 인물은 김유신이다. 그는 금관가야 출신으로 신라 왕실과 혼인 관계를 통해 정치적 영향력을 확대하였다. 선덕 여왕 시기에는 비담의 난을 진압하며 왕권을 강화했고, 무열왕 때 백제 정벌을 성공적으로 이끌어 삼국 통일의 기반을 마련하였다. 문무왕 시기에는 고구려 정벌을 주도했으며, 673년에 사망할 때까지 7세기 신라 발전과 삼국 통일에 크게 기여하였다.

오답 분석

① 안승은 고구려의 부흥 운동과 관련된 인물로, 신라 문무왕에 의해 보덕국왕으로 추대되었다.
② 당의 등주를 공격한 것은 장문휴 장군으로, 발해 무왕과 관련 있다.
④ 기벌포 전투는 676년에 신라가 당나라 군대를 물리친 전투로, 삼국 통일의 결정적 계기가 되었다.
⑤ 일리천 전투는 936년에 고려 태조 왕건이 후백제의 신검을 상대로 승리한 사건이다. 이로써 후삼국 통일이 완성되었다.

048 삼국 통일 과정

정답 ②

핵심키워드 대야성, 김춘추, 당 태종

정답 분석

(가) 642년 백제 윤충이 대야성을 공격하여 함락시키면서 김춘추의 딸과 사위가 사망했고, 신라는 큰 위기에 처했다. 백제의 공세를 해결하기 위해 이듬해에 김춘추는 직접 고구려에 건너가 연개소문을 만나 군사적 도움을 요청했으나 거절당했다.
(나) 이후 김춘추는 당나라로 가서 당 태종과 나당 동맹을 맺었다. 당은 645년 안시성 전투 패배로 고구려에 대한 독자적 공격의 한계를 인식하고 있었기 때문에 두 나라는 648년 나당 동맹을 체결하였다.

오답 분석

① 문무왕이 안승을 보덕국왕으로 봉한 것은 고구려 멸망 이후인 674년의 일이다.
③ 복신과 도침은 백제 부흥 운동의 주역으로, 661~663년에 부흥군을 이끌었다.
④ 황산벌 전투는 660년에 일어났다.
⑤ 진흥왕은 562년에 대가야를 정복하였다.

신라의 삼국 통일

❶ 고구려의 대외 항쟁

살수대첩[612], 영양왕(26대)	• 배경 : 신라 원광의 걸사표 작성 수에 고구려 공격을 요청함 • 경과 : 수 양제가 113만 명을 동원하여 침입 – 수 우중문의 별동대 지휘 – 을지문덕 활약 : 수 장수 우중문에게 오언시를 보냄, 살수대첩 승리
안시성 전투[645], 보장왕(28대)	• 배경 – 천리장성 축조 : 영류왕[27대], 연개소문 지휘 – 연개소문의 정변 : 보장왕을 옹립하며 대막리지에 오름 • 경과 : 당 태종의 침략 → 요동성·비사성 함락 → 안시성 전투 승리

❷ 신라의 삼국 통일

진덕 여왕 시기	나당 동맹 [648]	• 김춘추가 당과 군사 동맹을 맺음
무열왕 시기	백제 멸망 [660]	• 경과 : 황산벌 전투 → 사비성 함락 → 당의 웅진도독부 설치 └ 백제 계백이 결사대를 이끌었으나, 신라 김유신에게 패함 • 부흥 운동 전개 – 복신·도침·부여풍·흑치상지 주도 – 백강 전투 패배 금강 하구에서 부흥군과 왜군이 나당 연합군에게 패배
문무왕 시기	고구려 멸망 [668]	• 배경 – 수·당과의 전쟁으로 국력 소모 – 연개소문 사망 후 아들 간 권력 다툼 → 큰 아들 연남생이 당에 투항 • 경과 : 평양성 함락 → 당의 안동도호부 설치 • 부흥 운동 전개 : 검모잠·안승 주도
	나당 전쟁	• [674] 신라가 안승을 보덕국의 왕에 임명 신라가 당 격퇴를 위해 고구려 부흥 운동 세력을 지원함 • [675] 매소성 전투에서 당 육군 격파 • [676] 기벌포 전투에서 당 수군 격파 = 신라의 삼국 통일 달성

✚ 을지문덕의 오언시

신묘한 계책은 천문을 꿰뚫어 볼 만하고,
오묘한 전술은 땅의 이치를 모조리 알았도다.
전쟁에 이겨서 공이 이미 높아졌으니
만족을 알거든 그만두기를 바라노라.

✚ 고구려 부흥 운동

고구려의 대장 검모잠이 무리를 거느리고 반란을 일으켜 보장왕의 외손 안순(安舜 : 안승)을 세워 왕으로 삼았다. 고간을 동주도행군총관으로, 이근행을 연산도행군총관으로 삼아 토벌케 하였다. 사평태상백 양방을 보내어 도망치고 남은 무리를 불러들이게 하였다. 안순이 검모잠을 죽이고 신라로 달아났다.

– 「신당서」 –

✚ 나당 전쟁과 삼국 통일

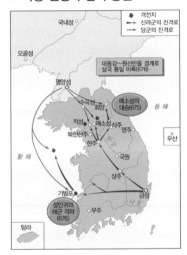

고구려 영토의 대부분을 상실하고 대동강~원산만 이남을 통일하는 데 그쳤다.

1 다음 설명에 해당하는 인물을 쓰시오.

┤ 보기 ├

계백	안승	김유신	김춘추
문무왕	보장왕	의자왕	연개소문

⑴ (   ) – 백제의 마지막 왕이다.

⑵ (   ) – 고구려의 마지막 왕이다.

⑶ (   ) – 삼국 통일을 이룩하였다.

⑷ (   ) – 진골 최초로 왕위에 올랐다.

⑸ (   ) – 안승을 보덕왕으로 책봉하였다.

⑹ (   ) – 당과의 군사 동맹을 성사시켰다.

⑺ (   ) – 고구려 말기의 최고 권력자로 대막리지에 올랐다.

⑻ (   ) – 검모잠에 의해 왕으로 추대되어 부흥 운동을 전개하였다.

⑼ (   ) – 신라를 대표하는 장군으로, 무열왕과 문무왕을 도와 삼국통일에 기여하였다.

⑽ (   ) – 결사대를 이끌고 현재의 논산에서 김유신이 이끄는 신라군에 맞서 싸웠으나 패하였다.

2 빈칸에 알맞은 말을 선택하시오.

⑴ (김유신, 김춘추)은/는 나당 동맹을 성사시켰다.

⑵ 계백의 군대는 (관산성, 황산벌) 전투에서 패했다.

⑶ 당은 백제 땅에 (안동도호부, 웅진도독부)를 두었다.

⑷ (검모잠, 흑치상지)은/는 백제 부흥 운동을 일으켰다.

⑸ 부여풍이 이끄는 백제 부흥군은 (백강, 한강)에서 당군에 패하였다.

⑹ (을지문덕, 연개소문) 사후 권력 다툼에서 패한 연남생은 당에 투항하였다.

⑺ 문무왕은 금마저로 이동한 (계백, 안승)을 보덕국왕으로 책봉하였다.

⑻ 신라가 (기벌포, 안시성)에서 당군을 물리침으로써 삼국 통일을 완료하였다.

⑼ 신라는 삼국을 통일하는 과정에서 (한강, 대동강) 이북 지역을 차지하지 못했다.

⑽ 신라는 당군을 한반도에서 몰아내기 위해 (백제, 고구려) 부흥 운동 세력과 연계하였다.

3 아래 사건이 일어난 시기를 (가)~(라) 중 고르시오.

(가)	(나)	(다)	(라)
살수대첩	안시성전투	사비성함락	평양성함락	기벌포전투

⑴ (   ) – 흑치상지가 당의 유인궤에게 항복하였다.

⑵ (   ) – 신라군이 매소성에서 당군을 격파하였다.

⑶ (   ) – 복신과 도침이 부여풍을 왕으로 추대하였다.

⑷ (   ) – 계백이 이끄는 결사대가 신라군에 맞서 싸웠다.

⑸ (   ) – 김춘추가 당태종과 나당 동맹에 합의하였다.

⑹ (   ) – 연개소문이 정변을 일으켜 보장왕을 옹립하였다.

4 다음 사료를 읽고, 해당하는 시기를 (가)~(마) 중 고르시오.

562	612	645	660	668	698
(가)	(나)	(다)	(라)	(마)	
대가야멸망	살수대첩	안시성전투	백제멸망	고구려멸망	발해건국

⑴ (   )

> 사찬 시득이 수군을 거느리고 설인귀와 소부리주 기벌포에서 싸웠으나 잇달아 패배하였다. 시득은 다시 진군하여 크고 작은 22번의 싸움에서 승리하고 4천여 명의 목을 베었다.

⑵ (   )

> 검모잠이 당을 배반하고 왕의 외손 안승을 세워 왕으로 삼았다. 당 고종이 대장군 고간을 보내 동주도 행군총관으로 삼고 병력을 내어 그들을 토벌하게 하니 안승이 검모잠을 죽이고 신라로 달아났다.

⑶ (   )

> 김춘추가 무릎을 꿇고 아뢰기를, "… 만약 폐하께서 당의 군사를 빌려주어 흉악한 무리를 잘라 없애지 않는다면 저희 백성은 모두 포로가 될 것입니다."라고 하였다. 태종이 매우 옳다고 여겨서 군사의 출동을 허락하였다.

정답

1. ⑴ 의자왕 ⑵ 보장왕 ⑶ 문무왕 ⑷ 김춘추 ⑸ 문무왕 ⑹ 김춘추 ⑺ 연개소문 ⑻ 안승 ⑼ 김유신 ⑽ 계백
2. ⑴ 김춘추 ⑵ 황산벌 ⑶ 웅진도독부 ⑷ 흑치상지 ⑸ 백강 ⑹ 연개소문 ⑺ 안승 ⑻ 기벌포 ⑼ 대동강 ⑽ 고구려
3. ⑴ 다 ⑵ 라 ⑶ 다 ⑷ 나 ⑸ 나 ⑹ 가
4. ⑴ 마 ⑵ 마 ⑶ 다

주제 06 신라의 삼국 통일 **49**

049

63회 4번 [2점]

다음 상황이 나타난 시기를 연표에서 옳게 고른 것은?

[당의] 고종이 소정방을 신구도대총관(神丘道大摠管)으로 삼아 군사를 이끌고 바다를 건너 신라와 함께 백제를 정벌하도록 하였다. 계백은 장군이 되어 죽음을 각오한 군사 5천 명을 뽑아 이들을 막고자 하였다. …… 황산의 벌판에 이르러 세 개의 군영을 설치하였다. 신라군을 만나 전투를 시작하려고 하자, [계백은] 여러 사람 앞에서 맹세하며 "지난날 구천(句踐)은 5천 명으로 오(吳)의 70만 무리를 격파하였다. 오늘 마땅히 힘써 싸워 승리함으로써 나라의 은혜에 보답하자."라고 하였다. 드디어 격렬히 싸우니, 일당천(一當千)이 아닌 자가 없었다.

– 「삼국사기」 –

	612	642	660	668	676	698
		(가)	(나)	(다)	(라)	(마)
	살수 대첩	대야성 전투	사비성 함락	안동도호부 설치	기벌포 전투	발해 건국

① (가) ② (나)

③ (다) ④ (라)

⑤ (마)

050

53회 5번 [3점]

(가), (나) 사이의 시기에 있었던 사실로 옳은 것은?

(가) 고구려 왕이 "마목현과 죽령은 본래 우리나라 땅이니 만약 이를 돌려주지 않는다면 돌아가지 못하리라."라고 말하였다. 김춘추가 "국가의 영토는 신하가 마음대로 할 수 있는 것이 아니므로 신은 감히 명령을 따를 수 없습니다."라고 대답하니, 왕이 분노하여 그를 가두었다.

(나) 관창이 "아까 내가 적진에 들어가서 장수를 베고 깃발을 빼앗지 못한 것이 심히 한스럽다. 다시 들어가면 반드시 성공하리라."라고 말하였다. 관창은 적진에 돌입하여 용감히 싸웠으나, 계백이 그를 사로잡아 머리를 베어 말 안장에 매달아서 돌려 보냈다. 이를 본 신라군이 죽음을 각오하고 진격하니 백제 군사가 대패하였다.

① 안승이 보덕국 왕으로 임명되었다.

② 신라가 당과 군사 동맹을 체결하였다.

③ 관산성 전투에서 백제 왕이 피살되었다.

④ 흑치상지가 임존성에서 군사를 일으켰다.

⑤ 부여풍이 백강에서 왜군과 함께 당군에 맞서 싸웠다.

051

59회 3번 [2점]

(가), (나) 사이의 시기에 있었던 사실로 옳은 것은?

(가) 대야성에서 패하였을 때 도독인 품석의 아내도 죽었는데, 바로 춘추의 딸이었다. [김춘추가] 말하기를, "신이 고구려에 사신으로 가서 군사를 청하여 백제에 원수를 갚고자 합니다."라고 하자 왕이 허락하였다.

(나) 복신은 일찍이 군사를 거느렸는데, 이때 승려 도침과 함께 주류성에 근거하여 반란을 일으키고, 왜국에 있던 왕자 부여풍을 맞이하여 왕으로 세웠다.

① 당이 안동도호부를 설치하였다.

② 나당 연합군이 사비성을 함락하였다.

③ 신라가 매소성 전투에서 승리하였다.

④ 고구려가 신라에 침입한 왜를 격퇴하였다.

⑤ 백제와 왜의 연합군이 백강 전투에서 패배하였다.

052

58회 6번 [3점]

(가), (나) 사이의 시기에 있었던 사실로 옳은 것은?

(가) 백제의 남은 적군이 사비성으로 진입하여 항복해 살아남은 사람들을 붙잡아 가려고 하였으므로, 유수(留守) 유인원이 당과 신라 사람들을 보내 이를 쳐서 쫓아냈다. …… 당 황제가 좌위중랑장 왕문도를 웅진도독으로 삼았다.

(나) 손인사, 유인원과 신라왕 김법민은 육군을 거느려 나아가고, 유인궤와 별수(別師) 두상과 부여융은 수군과 군량을 실은 배를 거느리고 백강으로 가서 육군과 합세하여 주류성으로 갔다. 백강 어귀에서 왜국 군사를 만나 …… 그들의 배 4백 척을 불살랐다.

① 사찬 시득이 기벌포에서 당군을 격파하였다.

② 의자왕이 윤충을 보내 대야성을 함락시켰다.

③ 복신과 도침이 부여풍을 왕으로 추대하였다.

④ 계백이 이끄는 군대가 황산벌에서 항전하였다.

⑤ 안승이 신라에 의해 보덕국왕으로 책봉되었다.

053

51회 5번 [2점]

다음 사건이 일어난 시기를 연표에서 옳게 고른 것은?

검모잠이 국가를 다시 일으키기 위하여 당을 배반하고 왕의 외손 안순[안승]을 세워 임금으로 삼았다. 당 고종이 대장군 고간을 보내 동주도(東州道) 행군총관으로 삼고 병력을 내어 그들을 토벌하니, 안순이 검모잠을 죽이고 신라로 달아났다.

– 「삼국사기」 –

581	612	645	668	675	698
(가)	(나)	(다)	(라)	(마)	
수 건국	살수 대첩	안시성 전투	평양성 함락	매소성 전투	발해 건국

① (가)
② (나)
③ (다)
④ (라)
⑤ (마)

054

69회 7번 [3점]

(가)~(다)를 일어난 순서대로 옳게 나열한 것은?

(가) 사찬 시득이 수군을 거느리고 소부리주 기벌포에서 설인귀와 싸웠으나 패배하였다. 다시 나아가 크고 작은 22번의 싸움에서 승리하고, 4천여 명의 목을 베었다.

(나) 흑치상지가 도망하여 흩어진 무리들을 모으니, 열흘 사이에 따르는 자가 3만여 명이었다. …… 흑치상지가 별부장 사타상여를 데리고 험준한 곳에 웅거하여 복신과 호응하였다.

(다) 검모잠이 국가를 다시 일으키기 위하여 당을 배반하고 보장왕의 외손 안승을 세워 임금으로 삼았다. 당 고종이 대장군 고간을 보내 행군총관으로 삼고 병력을 내어 그들을 토벌하니, 안승이 검모잠을 죽이고 신라로 달아났다.

① (가) – (나) – (다)
② (가) – (다) – (나)
③ (나) – (가) – (다)
④ (나) – (다) – (가)
⑤ (다) – (나) – (가)

055

71회 8번 [3점]

다음 상황 이후에 전개된 사실로 옳은 것은?

12월에 황제가 함원전에서 포로를 받아들였다. [황제가] 왕은 정사를 자기가 한 것이 아니라 하였기에 용서하여 사평태상백 원외동정으로 삼았다. 천남산은 사재소경으로, 승려 신성은 은청광록대부로, 천남생은 우위대장군으로 삼았다. …… 천남건은 검주(黔州)로 유배를 보냈다. 5부, 176성, 69만여 호를 나누어 9도독부, 42주, 100현으로 만들고, 평양에 안동도호부를 두어 이를 통치하게 하였다.

– 「삼국사기」 –

① 안승이 보덕국왕으로 임명되었다.
② 을지문덕이 살수에서 대승을 거두었다.
③ 김춘추가 당과의 군사 동맹을 성사시켰다.
④ 의자왕이 윤충을 보내 대야성을 함락하였다.
⑤ 연개소문이 정변을 일으켜 영류왕을 시해하였다.

056

65회 6번 [2점]

(가), (나) 사이의 시기에 있었던 사실로 옳은 것은?

(가) 당의 손인사, 유인원과 신라왕 김법민은 육군을 거느려 나아가고, 유인궤 등은 수군과 군량을 실은 배를 거느리고 백강으로 가서 육군과 합세하여 주류성으로 갔다. 백강 어귀에서 왜의 군사를 만나 …… 그들의 배 4백 척을 불살랐다.

(나) 이근행이 군사 20만 명을 이끌고 매소성에 머물렀다. 신라군이 공격하여 달아나게 하고 말 3만여 필을 얻었는데, 노획한 병장기의 수도 그 정도 되었다.

① 장문휴가 당의 등주를 공격하였다.
② 원광이 왕명으로 걸사표를 작성하였다.
③ 을지문덕이 살수에서 대승을 거두었다.
④ 김춘추가 당과의 군사 동맹을 성사시켰다.
⑤ 검모잠이 안승을 왕으로 세워 부흥 운동을 벌였다.

049 황산벌 전투　　정답 ②

핵심키워드 **소정방, 계백, 황산(황산벌)**

정답 분석

제시문은 황산벌 전투와 관련된 사료이다. 660년 황산벌 전투에서 백제의 계백 장군은 5천 결사대를 이끌고 김유신이 이끄는 신라군에 맞서 결사적으로 저항했으나 패배하였다. 의자왕은 귀족들과의 불화로 인해 정치적 혼란을 겪고 있었고, 이러한 내분은 백제의 방어력을 약화시켰다. 이후 나당 연합군이 백제의 수도 사비성을 공격하자, 의자왕은 웅진성으로 도주했으나 결국 항복하였다. 당나라 장군 소정빙이 이끄는 당군은 백제 지역을 점령하고, 의자왕과 왕족을 포로로 끌고 가면서 660년에 백제는 멸망하였다.

오답 분석

* 대야성 전투 : 백제 의자왕은 즉위 직후, 신라에 대한 압박 수위를 높였다. 이에 장군 윤충이 신라로 향하는 관문인 대야성(현재 경남 합천)을 공격하여 획득하였다. 이때 신라 선덕 여왕은 김춘추를 고구려에 파견하여 도움을 군사적 도움을 요청하였으나 거절당했다.
* 사비성 함락(660년) : 백제 마지막 수도가 함락된 사건은 백제 왕조의 멸망을 의미한다.

050 삼국 통일 과정　　정답 ②

핵심키워드 **고구려와 김춘추, 관창, 계백**

정답 분석

(가) 642년 대야성 전투에서 백제가 신라의 서쪽 방어선을 무너뜨리고 김춘추의 딸과 사위가 사망하자, 김춘추는 고구려에 군사 지원을 요청했으나 643년 연개소문과의 협상이 실패했다. 이후 김춘추는 당나라와 동맹을 맺어 나당 연합군을 형성하였다.

(나) 660년 황산벌 전투에서는 신라의 김유신이 이끄는 군대와 백제의 계백 장군이 이끄는 군대가 맞서 싸웠으며, 신라의 관창이 전사하는 등 치열한 전투가 벌어졌다.

따라서 (가), (나) 사이에 나당 동맹이 체결되었다(648).

오답 분석

① 문무왕이 안승을 보덕국왕으로 봉한 것은 고구려 멸망 이후인 674년의 일이다.
③ 관산성 전투는 백제 성왕과 신라 진흥왕 시기의 일로, 한강 유역을 상실한 성왕이 신라를 공격하려다 오히려 습격을 당해 피살되었다.
④ 흑치상지는 백제 멸망 직후에 임존성을 기반으로 부흥 운동을 일으켰으나, 결국 663년에 당에 투항하였다.
⑤ 의자왕의 아들인 부여풍은 백제 멸망 직후 왜의 지원군을 이끌고 귀국하였다. 이로써 백제 부흥군과 왜 지원군이 신라와 당을 상대로 전투를 벌였으나, 663년 백강 전투에서 패하였다.

051 삼국 통일 과정　　정답 ②

핵심키워드 **대야성 (전투), 복신, 도침, 왕자 풍**

정답 분석

(가) 백제 의자왕은 641년 즉위 직후부터 신라에 대한 공격적인 정복 전쟁을 펼쳤다. 그는 642년 장수 윤충을 보내 대야성을 함락시키며 신라의 서쪽 방어선을 무너뜨리고, 낙동강 유역까지 백제의 영향력을 확장하였다.

(나) 660년 백제가 나당 연합군에 의해 멸망하자, 복신과 도침은 661년에 백제의 왕자 부여풍을 왕으로 추대하여 백제 부흥 운동을 시작하였다.

오답 분석

① 당나라는 668년 고구려를 멸망시킨 후 고구려 유민을 통치하기 위해 평양에 안동도호부를 설치하였다.
③ 고구려 멸망 이후 한반도 주도권을 둘러싸고 신라와 당은 대립하였다. 결국 신라는 675년과 676년에 매소성과 기벌포 전투에서 당군을 격파하여 삼국을 통일하였다.
④ 고구려 광개토 대왕은 400년에 신라를 도와 경주에 침입한 왜를 격퇴하였다.
⑤ 백제와 왜의 연합군은 663년에 백강 전투에서 패배하였다. 이 전투의 패배로 백제 부흥 운동은 종결되었다.

052 삼국 통일 과정　　정답 ③

핵심키워드 **사비성 함락, 웅진도독, 유인원과 김법민, 백강 (전투)**

정답 분석

(가) 웅진도독부는 660년 백제 멸망 후 당나라가 옛 백제 영토에 설치한 행정기구이다. 초기에는 당나라 장수 유인궤가 도독을 맡았으나, 665년 백제 왕자 부여융이 도독으로 임명되었다.

(나) 신라왕 김법민은 문무왕으로, 아버지 무열왕에 이어 661년에 즉위하였다. 이 시기 백제 부흥 운동이 진행되었고, 663년 백강 전투를 끝으로 부흥 운동은 실패로 끝났다.

③ 백제 멸망 직후에 왕족인 복신과 승려 도침은 일본에 있던 의자왕의 아들 부여풍을 왕으로 추대하고 백제 부흥 운동(660~663년)을 전개하였다.

오답 분석

① 기벌포 전투는 676년에 신라가 당나라 군을 물리친 사건이다.
② 의자왕이 윤충을 보내 대야성을 함락시킨 것은 642년의 사건이다.
④ 계백은 660년 황산벌 전투에서 신라군에게 패배한 장군이다.
⑤ 안승은 고구려 부흥 운동과 관련된 인물로, 674년에 신라 문무왕에 의해 보덕국왕으로 추대되었다. 신라는 당군을 격퇴하기 위해 고구려 부흥 운동 세력과 연합하였다.

053 고구려 부흥 운동 　　정답 ④

핵심키워드 검모잠, 안승

정답 분석

665년(혹은 666년)에 연개소문이 사망한 후 고구려는 그의 아들들 간의 권력 다툼으로 내분이 발생하여 국력이 약화되었다. 668년 평양성이 당나라에 함락된 후, 고구려인들의 저항 운동이 본격화되었다. 670년에 검모잠은 고구려 유민들을 규합해 거병하고, 안승을 왕으로 추대하고, 한성(황해도 재령)을 근거지로 고구려 부흥 운동을 시작하였다. 안승은 보장왕의 서자 혹은 외손자로서 부흥 운동의 구심점이 되었다. 따라서 ㈐가 정답이다.

오답 분석

* 평양성 함락(668년) : 고구려의 마지막 수도인 평양성이 함락된 것은 고구려 왕조의 멸망을 의미한다.
* 매소성 전투(675년) : 매소성(현재 경기도 연천)에서 신라와 고구려 부흥 운동 세력은 당나라 육군을 격퇴하였다. 다음해 기벌포 전투마저 승리하면 신라는 한반도에서 당군을 몰아내고 삼국 통일을 완성할 수 있었다.

054 삼국 통일 과정 　　정답 ④

핵심키워드 기벌포 (전투), 흑치상지, 검모잠, 안승

정답 분석

㈎ 기벌포 전투는 676년에 일어난 신라와 당나라 간의 마지막 대규모 전투로, 신라가 승리하면서 삼국 통일을 완성하게 된다.

㈏ 흑치상지는 백제 부흥군을 이끈 장수로, 660년대 초반에 주류성을 중심으로 활동하였다. 하지만 663년에 백강 전투가 패배했다는 소식을 듣고 당에 투항하였다.

㈐ 검모잠은 668년 고구려가 멸망하자 고구려 부흥운동을 이끌며 안승을 왕으로 옹립하였다. 이후 안승과의 갈등으로 피살되었다. 이후 안승은 신라에 의해 보덕국의 왕으로 추대되었다.

삼국 통일 과정의 주요 사건을 순서대로 정리하면, '나당 동맹 성사 → 백제 멸망 → 백제 부흥 운동 전개 (ㄴ) → 고구려 멸망 → 고구려 부흥 운동 전개 (ㄷ) → 매소성 · 기벌포 전투 (ㄱ) 순이다.

따라서 (ㄴ)-(ㄷ)-(ㄱ) 순으로 일어났다.

055 고구려 멸망 　　정답 ①

핵심키워드 남산, 남생, 남건, 안동도호부

정답 분석

제시문의 천남산, 천남생, 천남건은 연개소문의 아들들이다. 연개소문이 천개소문으로 불린 이유는 당 고조 이연(李淵)의 이름에 '연(淵)' 자가 포함되어 있었기 때문에, 이를 피하기 위해 같은 뜻을 가진 '천(泉)' 자를 사용하였기 때문이다. 따라서 제시된 사료는 고구려 멸망 직후 안동도호부가 설치된 668년 이후의 상황이다.

안승은 고구려 멸망 후 신라 문무왕에 의해 674년 보덕국의 왕으로 임명되었다.

오답 분석

② 을지문덕은 612년에 살수대첩을 승리로 이끌었다.
③ 김춘추는 648년에 나당 동맹을 성사시켰다.
④ 의자왕이 윤충을 보내 대야성을 함락시킨 것은 642년의 사건이다.
⑤ 연개소문은 642년에 정변을 일으켜 영류왕을 폐위시키고 보장왕을 즉위시켰다.

056 삼국 통일 과정 　　정답 ⑤

핵심키워드 신라왕 김법민, 백강 (전투), 매소성 (전투)

정답 분석

㈎ 백강 전투는 660년 백제 멸망 후, 백제 부흥운동을 지원하기 위해 왜가 군사를 파견했으나, 나당 연합군이 백강에서 왜의 군사를 격퇴하고 4백 척의 배를 불태운 사건이다.

㈏ 매소성 전투는 675년 신라가 당나라의 이근행이 이끄는 당나라 육군을 상대로 매소성에서 대승을 거두며 당을 임진강 이북으로 몰아낸 사건이다.

⑤ 고구려 멸망 후, 검모잠은 왕족인 안승을 받들어 부흥 운동을 전개하였다.

오답 분석

① 장문휴는 발해의 장군으로, 무왕 시기에 중국 등주를 공격하였다.
② 원광이 작성한 걸사표는 신라 진평왕 시기에 신라가 수나라에 군사 지원을 요청하기 위해 작성한 글이다.
③ 을지문덕은 612년(영양왕)에 살수에서 수나라 군대의 침입을 막아냈다.
④ 김춘추는 648년(진덕 여왕)에 당 태종과 나당 동맹을 체결하였다.

신라 중대

❶ 신라 중대의 정치

문무왕 (30대)	• 삼국 통일 완성 　– 고구려 멸망 → 나당 전쟁 발발 → 기벌포 전투 승리 　– 바다에 문무대왕릉 조성 • 지방에 외사정 파견 지방관 감찰 목적
신문왕 (31대)	• 전제 왕권 확립 ┌ 설총이 신문왕에게 바친 우화. 아첨하고 간사한 사람은 　– 김흠돌의 난 진압 └ 멀리하고 충신을 가까이해야 한다는 교훈을 담고 있음 　– 진골의 경제적 기반 약화 : 관료전 지급, 녹읍 폐지 　– 6두품 등용 : 설총의 '화왕계' 올림 • 제도 개편 　– 중앙 정치 : 집사부 왕명 집행 기관와 시중 수상의 기능 강화 　– 지방 행정 : 9주 5소경 마련 　– 군사 제도 : 9서당 중앙군 10정 지방군 설치 　– 교육 기관 : 국학 설립 • 기타 : 만파식적 이야기, 감은사 완공(문무왕 추모)
경덕왕 (35대)	• 불국사 · 석굴암 · 성덕대왕 신종 제작 　– 불국사 : 김대성 건립, 불국토의 이상을 구현, 다보탑 · 불국사 3층 석탑 　– 석굴암 : 김대성 건립, 인공 석굴사원 • 귀족의 요구로 녹읍 부활
혜공왕 (36대)	• 정치 불안 : 대공의 난 → 96 각간의 난 → 김지정의 난 　– 김지정의 난으로 혜공왕 피살

❷ 통일 신라의 통치 제도

(1) 사정부 : 관리 감찰 기관 ≒ 발해의 중정대

(2) 5소경
- 중원경, 북원경, 금관경, 서원경, 남원경
- 수도의 편재성 보완과 지방민의 통제를 위해 설치

(3) 상수리 제도 ≒ 고려의 기인
- 지방 상층 향리를 금성에 머물게 함
- 외사정과 더불어 지방 감시 · 견제 목적

(4) 9서당 : 중앙군, 민족 융합을 위해 신라인, 백제인, 고구려인, 말갈인으로 편성

✚ 왕실 혈통에 따른 신라의 시대 구분
• 상대 : 성골의 즉위, 박혁거세~진덕 여왕
• 중대 : 무열왕계의 즉위, 무열왕~혜공왕
• 하대 : 내물왕계의 즉위, 선덕왕~경순왕

✚ 신문왕의 왕권 강화
1년, 내가 위로는 천지 신령의 도움을 받고 아래로는 종교 영령의 보살핌을 받아, 흠돌 등의 악행이 쌓이고 가득 차자 그 음모가 탄로나게 되었다. … 이제는 이미 요망한 무리들을 숙청하여 멀고 가까운 곳에 염려할 것이 없으니, 소집하였던 병마를 돌려보내고 사방에 포고하여 이 뜻을 알게 하라. － 「삼국사기」 －

✚ 만파식적
'왕(신문왕)'이 행차에서 돌아와 그 대나무로 피리를 만들었는데, 이 피리를 불면, 적병이 물러가고 병이 나으며, 가뭄에는 비가 오고 장마는 개며, 바람이 잦아지고 물결이 평온해졌다. － 「삼국유사」 －

✚ 5소경

1 다음 설명에 해당하는 인물을 쓰시오.

> ┤ 보기 ├
> 문무왕   신문왕   성덕왕   경덕왕   혜공왕

(1) (　　) – 대왕암에서 장례를 치렀다.

(2) (　　) – 김지정의 반란으로 피살되었다.

(3) (　　) – 백성들에게 정전을 지급하였다.

(4) (　　) – 김흠돌 등 진골 세력을 숙청하였다.

(5) (　　) – 국학을 설치하고 인재를 양성하였다.

(6) (　　) – 관료전을 지급하고 녹읍을 폐지하였다.

(7) (　　) – 설총이 왕에게 화왕계 이야기를 전달하였다.

(8) (　　) – 지방관을 감찰하고자 외사정을 파견하였다.

(9) (　　) – 불국토의 이상을 표현한 불국사가 건립되었다.

(10) (　　) – 선왕의 업적을 기리기 위해 감은사를 건립하였다.

2 다음은 통일 신라에 대한 내용이다. 빈칸에 알맞은 말을 선택하시오.

(1) 통일을 전후하여 신라 왕권은 (전제화, 약화)되었다.

(2) 신문왕은 유학 교육을 위해 (국학, 태학)을 설립하였다.

(3) (신문왕, 혜공왕) 시기에 만파식적 설화가 유행하였다.

(4) 통일 신라는 중앙군으로 (5군영, 9서당)이 편성되었다.

(5) 통일 신라는 관리 감찰을 위해 (사정부, 집사부)를 두었다.

(6) 통일 신라는 (기인, 상수리) 제도를 실시하여 지방 세력을 견제하였다.

(7) 통일 신라는 전국을 (9주 5소경, 5경 15부 62주)(으)로 나누어 다스렸다.

(8) 수도의 위치가 치우친 것을 보완하기 위해 (5소경, 22담로)을/를 설치하였다.

(9) (집사부, 화백회의)는 왕을 보좌하면서 국가 행정의 실무 전반을 총괄하였다.

(10) 태종 무열왕의 직계 자손이 왕위를 세습한 시기를 신라 (중대, 하대)라 한다.

(11) 신문왕은 진골의 경제적 기반을 약화시키기 위해 (녹읍, 관료전)을 폐지하였다.

(12) 김지정의 난으로 (신문왕, 혜공왕)이 피살되면서, 신라 중대가 막을 내렸다.

3 아래 사건이 일어난 시기를 (가)~(다) 중 고르시오.

(1) (　　) – 김대성이 불국사를 조성하였다.

(2) (　　) – 전국을 9주 5소경으로 개편하였다.

(3) (　　) – 왕의 장인인 김흠돌이 반란을 도모하였다.

(4) (　　) – 자장의 건의로 황룡사 9층 목탑을 건립하였다.

(5) (　　) – 신라군이 매소성과 기벌포에서 당군을 격파하였다.

(6) (　　) – 문무왕이 고구려인 안승을 보덕국왕으로 책봉하였다.

4 다음 사료를 읽고, 해당하는 왕을 쓰시오.

(1) (　　　　　)

> • 왕 7년 5월에 관료전을 지급하되 차등을 두었다.
> • 왕 9년 1월에 내외관의 녹읍을 혁파하고 매년 조를 내리되 차등이 있게 하여 이로써 영원한 법식을 삼았다.

(2) (　　　　　)

> 동해 가운데 홀연히 한 작은 산이 나타났는데, 형상이 거북 머리와 같았다. 그 위에 한 줄기의 대나무가 있어, 낮에는 갈라져 둘이 되고 밤에는 합하여 하나가 되었다. 왕이 사람을 시켜 베어다가 피리를 만들어 이름을 만파식적이라고 하였다.

(3) (　　　　　)

> • 대공의 반란이 일어나자 왕도 및 5도 · 주군의 96각간이 서로 싸우게 되어 크게 어지러워졌다. … 난리는 석 달이 지나서야 그쳤다.
> • 이찬 김지정이 반란을 일으키고 반도를 모아 대궐을 포위하여 침범하였다. 상대등 김양상이 이찬 김경신과 함께 군사를 동원하여 지정 등을 죽였다. 왕과 왕비는 이 난리 중에 군사들에게 살해되었다.

> ┤ 정답 ├
>
> 1. (1) 문무왕 (2) 혜공왕 (3) 성덕왕 (4) 신문왕 (5) 신문왕 (6) 신문왕 (7) 신문왕
>   (8) 문무왕 (9) 경덕왕 (10) 신문왕
> 2. (1) 전제화 (2) 국학 (3) 신문왕 (4) 9서당 (5) 사정부 (6) 상수리 (7) 9주 5소경
>   (8) 5소경 (9) 집사부 (10) 중대 (11) 녹읍 (12) 혜공왕
> 3. (1) 나 (2) 나 (3) 나 (4) 가 (5) 가 (6) 가
> 4. (1) 신문왕 (2) 신문왕 (3) 혜공왕

057

(가) 왕의 업적으로 옳은 것은?

답사 계획서

■ 주제 : (가) 의 자취를 따라서
■ 개관 : 삼국 통일의 위업을 달성한 (가) 의 발자취를 찾아가
는 일정입니다.
■ 일시 : 2022년 6월 ○○일 09:00~17:00
■ 주요 답사지 소개

월성(반월성)
왕이 거처한 궁성

동궁과 월지
왕이 건설한 별궁

감은사지
왕을 기리기 위해
아들 신문왕이 완성한 사찰의 터

대왕암
왕의 수중릉으로 알려진 곳

① 국가적인 조직으로 화랑도를 개편하였다.
② 지방관을 감찰하고자 외사정을 파견하였다.
③ 이차돈의 순교를 계기로 불교를 공인하였다.
④ 인재 등용을 위해 독서삼품과를 실시하였다.
⑤ 자장의 건의로 황룡사 구층 목탑을 건립하였다.

058

밑줄 그은 '왕'에 대한 설명으로 옳은 것은?

용이 검은 옥대를 바쳤다. …… 왕이 놀라고 기뻐하여 오색
비단·금·옥으로 보답하고, 사람을 시켜 대나무를 베어서 바
다로 나오자, 산과 용은 홀연히 사라져 보이지 않았다. 왕이 감
은사에서 유숙하고 …… 행차에서 돌아와 그 대나무로 피리를
만들어 월성의 천존고에 보관하였다. 이 피리를 불면 적병이 물
러가고 병이 나으며, 가물 때 비가 오고 비올 때 개며, 바람이
잦아들고 파도가 평온해졌다. 이를 만파식적(萬波&第)이라 부
르고 국보로 삼았다.

– 「삼국유사」 –

① 병부와 상대등을 설치하였다.
② 이사부를 보내 우산국을 복속하였다.
③ 마립간이라는 칭호를 처음 사용하였다.
④ 매소성 전투에서 당의 군대를 격파하였다.
⑤ 김흠돌을 비롯한 진골 귀족 세력을 숙청하였다.

059

밑줄 그은 '왕'의 정책으로 옳은 것은?

설화 속에 담긴 역사

○ 왕이 한여름날 설총에게 이야기를 청하였다. 설총이 아첨
하는 미인장미와 충언하는 백두옹(白頭翁:할미꽃)을 두고
누구를 택할까 망설이는 화왕(花王)에게 백두옹이 간언한
이야기를 해 주었다. 이에 왕이 정색하고 낯빛을 바꾸며
"그대의 우화 속에는 실로 깊은 뜻이 있구나. 이를 기록하
여 임금된 자의 교훈으로 삼도록 하라."고 하고, 드디어 설
총을 높은 벼슬에 발탁하였다.

○ 동해 가운데 홀연히 한 작은 산이 나타났는데, 형상이 거
북 머리와 같았다. 그 위에 한 줄기의 대나무가 있어, 낮에
는 갈라져 둘이 되고 밤에는 합하여 하나가 되었다. 왕이
사람을 시켜 베어다가 피리를 만들어 이름을 만파식적(萬
波息笛)이라고 하였다.

① 관료전을 지급하고 녹읍을 폐지하였다.
② 관리 채용을 위해 독서삼품과를 시행하였다.
③ 병부와 상대등을 설치하고 관등을 정비하였다.
④ 자장의 건의로 황룡사 구층 목탑을 건립하였다.
⑤ 위홍과 대구화상에게 삼대목을 편찬하도록 하였다.

060

(가) 왕의 재위 기간에 있었던 사실로 옳은 것은?

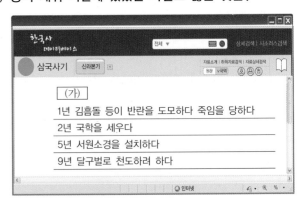

한국사 데이터베이스

삼국사기 신라본기

(가)

1년 김흠돌 등이 반란을 도모하다 죽임을 당하다
2년 국학을 세우다
5년 서원소경을 설치하다
9년 달구벌로 천도하려 하다

① 이사부를 보내 우산국을 복속하였다.
② 화랑도를 국가 조직으로 개편하였다.
③ 관료전을 지급하고 녹읍을 폐지하였다.
④ 최고 지배자의 칭호를 마립간으로 하였다.
⑤ 이차돈의 순교를 계기로 불교를 공인하였다.

061

57회 8번 [2점]

다음 정책을 실시한 왕의 재위 시기에 있었던 사실로 옳은 것은?

> ○ 완산주를 다시 설치하고 용원을 총관으로 삼았다. 거열주를 나
> 누어 청주(菁州)를 두니 처음으로 9주가 되었다. 대아찬 복세
> 를 총관으로 삼았다.
>
> ○ 서원소경을 설치하고 아찬 원태를 사신(仕臣)으로 삼았다. 남
> 원소경을 설치하고 여러 주와 군의 주민들을 옮겨 그곳에 나누
> 어 살게 하였다.

① 금관가야가 멸망하였다.
② 이사부가 우산국을 복속하였다.
③ 조세를 관장하는 품주가 설치되었다.
④ 관료전이 지급되고 녹읍이 폐지되었다.
⑤ 인재 등용을 위한 독서삼품과가 실시되었다.

062

46회 8번 [2점]

(가)에 들어갈 내용으로 옳은 것은?

> 오늘은 감은사를 완성한 왕에 대해 이야기해 볼게요. 그는 동해의 용이 되어
> 나라를 지키겠다는 유언을 남긴 선왕에 감사하는 마음을 담아 감은사라는 이름
> 을 붙였다고 해요. 또한 김흠돌의 난을 진압하고 진골 귀족을 숙청하여 왕권을
> 강화했어요. 이 왕이 추진한 다른 정책에 대해 말해 볼까요?

> 유학 교육을 위해 국학을 설립하였어요.
> (가)

① 백성에게 정전을 지급하였어요.
② 건원이라는 독자적인 연호를 사용하였어요.
③ 독서삼품과를 실시하여 관리를 채용하였어요.
④ 지방 행정 제도를 9주 5소경으로 정비하였어요.
⑤ 시장을 감독하는 관청인 동시전을 설치하였어요.

063

47회 8번 [3점]

교사의 질문에 대한 학생의 답변으로 옳은 것은?

> 지도와 같은 지방 행정 구역을 마련한 국가의 통치 제도에 대해 말해 볼까요?

① 중앙군을 2군 6위로 조직했습니다.
② 지방관으로 안찰사를 파견했습니다.
③ 중앙 관제를 3성 6부로 정비했습니다.
④ 관리 감찰을 위해 사정부를 두었습니다.
⑤ 유학 교육 기관으로 주자감을 설치했습니다.

064

56회 8번 [3점]

지도와 같이 행정 구역을 정비한 국가에 대한 설명으로 옳은 것을 〈보기〉에서 고른 것은?

> | 보기 |
> ㄱ. 9서당 10정의 군사 조직을 운영하였다.
> ㄴ. 욕살, 처려근지 등을 지방관으로 파견하였다.
> ㄷ. 상수리 제도를 실시하여 지방 세력을 견제하였다.
> ㄹ. 북계에 병마사를 파견하여 적의 침입에 대비하였다.

① ㄱ, ㄴ   ② ㄱ, ㄷ
③ ㄴ, ㄷ   ④ ㄴ, ㄹ
⑤ ㄷ, ㄹ

057 문무왕
정답 ②

핵심키워드 감은사, 대왕암, 수중릉

정답 분석

문무왕은 나당 전쟁에서 승리하여 삼국 통일을 완성하고, 신라의 전성기를 이끌었다. 죽어서도 나라를 지키겠다는 뜻으로 동해에 묻혔으며, 그곳은 후에 대왕암이라 불리게 되었다. 문무왕의 유지를 받들어 아들 신문왕이 감은사를 건립하여 그의 업적을 기렸다.
② 문무왕은 지방관 감찰을 위해 외사정을 파견하였다. 참고로 신문왕은 감찰 기구인 사정부를 중앙에 설치하였다.

오답 분석

① 진흥왕은 청소년 단체인 화랑도를 개편하여 국가 조직으로 삼아 인재를 양성하였다.
③ 신라는 5세기 전반 눌지왕 때 고구려를 통해 불교를 받아들였으나, 토착 신앙의 영향이 강하여 불교를 본격적으로 받아들이지 못하였다. 그 후 6세기 전반 법흥왕 때 이차돈의 순교를 계기로 불교를 공인하였다.
④ 원성왕은 국학 학생을 대상으로 독서삼품과를 실시하였다.
⑤ 선덕 여왕은 자장의 건의를 받아들여 황룡사 9층 목탑을 건립하였다. 이는 당시 신라가 고구려(보장왕과 연개소문)와 백제(의자왕)의 위협에 직면해 있었기 때문에, 불심에 기반하여 신라를 안정시키고 국력을 과시하고자 한 것이었다.

058 신문왕
정답 ⑤

핵심키워드 감은사, 만파식적

정답 분석

제시된 사료는 신문왕과 관련 있다. 신문왕은 아버지 문무왕의 업적을 기리기 위해 감은사를 건립하였다. 이는 문무왕이 죽어서 용이 되어 나라를 지킨다는 전설과도 연결된다. 다른 전설에 따르면 신문왕은 아버지 문무왕의 유지를 받들어, 동해 용왕으로부터 받은 피리를 '만파식적'이라 명명하였다. 이 피리는 나라의 평화와 번영을 상징하는 중요한 문화적 유산으로 전해진다.
⑤ 신문왕의 왕권 강화에 반발한 진골 세력들은 김흠돌을 중심으로 저항하였다. 신문왕은 이들과 연계한 사람들을 대거 숙청함으로써 인적 쇄신을 단행하였다.

오답 분석

① 법흥왕 시기에 병부가 설치되었다. 이후 신문왕 때 14부를 갖추었다.
② 우산국 정벌은 지증왕 시기에 해당한다.
③ 마립간(대군장 의미)이라는 칭호는 내물왕 시기에 처음 사용되었으며, 김씨 세력이 왕위를 독점하면서 왕의 권위를 높이기 위해 도입되었다.
④ 매소성 전투는 문무왕 시기인 675년에 일어났으며, 당나라 군대를 물리쳤다.

059 신문왕
정답 ①

핵심키워드 설총, 만파식적

정답 분석

설총은 신문왕 2년(682년)에 화왕계를 바쳐 덕치를 강조하며 왕의 바른 통치를 권유했다. 이를 통해 신문왕은 백성들을 사랑하고 귀족 세력을 견제하는 통치 이념을 확립하였다. 김흠돌의 난 진압, 녹읍 폐지와 관료전 지급 등은 이러한 사상적 배경에서 실행된 중요한 정책이다.
① 신문왕은 귀족의 특권을 줄이기 위해 관료전을 지급하고 녹읍을 폐지하였다.

오답 분석

② 독서삼품과는 관리 선발 제도로, 원성왕 시기인 788년에 처음 시행되었다.
③ 병부는 오늘날의 국방부에 해당하며, 상대등은 국무총리와 유사하다. 신라 법흥왕 때 마련되었다.
④ 신라는 호국 불교가 크게 발달하였다. 진흥왕 때 불심을 모으기 위해 황룡사를 건립하였고, 선덕 여왕 때 자장의 건의를 받아들여 황룡사 9층 목탑을 세웠다.
⑤ 삼대목은 진성 여왕 시기인 9세기 말에 편찬된 신라의 향가집이다.

060 신문왕
정답 ③

핵심키워드 김흠돌 반란, 국학 설치, 달구벌 천도

정답 분석

신문왕은 즉위 초기에 김흠돌의 반란(재위 1년)을 진압하고 진골 귀족 세력을 숙청하여 왕권을 강화하였다. 이어 국학(재위 2년)을 설치하여 유학 교육을 통해 관료 양성을 도모하며 중앙 집권적 체제를 강화하였다. 또한 수도를 경주에서 달구벌(현재 대구)로 천도하려 했으나, 귀족들의 반대로 결국 실패하였다. 이러한 정책들은 모두 신문왕의 강력한 왕권 확립과 국가 개혁 의지를 보여준다.
③ 신문왕은 관리들에게 관료전을 지급하고 녹읍을 폐지하여 귀족들의 경제적 기반을 약화시켰다.

오답 분석

① 지증왕 때 이사부를 파견하여 지금의 울릉도 일원인 우산국을 정벌하였다.
② 화랑도 개편은 진흥왕 시기에 이루어졌으며, 국가의 군사 및 사회 조직을 강화하는 데 기여하였다.
④ 마립간 칭호는 내물왕 시기부터 사용되었으며, 왕권을 강화하기 위한 시도로 평가된다.
⑤ 불교 공인은 법흥왕 시기인 527년에 이차돈의 순교를 계기로 이루어진 사건이다.

061 신문왕

정답 ④

핵심키워드 9주, 소경 설치

정답 분석

신문왕은 넓어진 영토를 효율적으로 통치하기 위해 9주 5소경 체제로 정비하였다. 5소경 중 서원소경은 서원경으로 불리며 현재 충북 청주에 위치하고, 남원소경은 남원경으로 불리며 현재 전북 남원에 있다. 이 두 소경은 백제 지역을 관리하기 위해 설치되었다.

오답 분석

① 금관가야는 법흥왕 시기인 532년에 신라에 병합되었다.
② 우산국은 지증왕 시기에 신라에 병합되었다.
③ 진흥왕은 565년(재위 26년)에 품주를 설치하여 중앙 행정 조직을 강화하고 재정 관리를 체계화함으로써, 확장된 영토의 효율적 통치와 왕권 강화를 도모했다. 이후 품주는 조부, 창부, 집사부 등으로 분화되었고, 신문왕 때 14부제가 완성되었다.
⑤ 독서삼품과는 원성왕 시기인 788년에 관리 채용을 위한 시험 제도로 도입되었다.

062 신문왕

정답 ④

핵심키워드 감은사 완성, 김흠돌의 난, 국학 설립

정답 분석

신문왕은 유학을 중심으로 한 교육 과정을 통해 왕권의 정당성을 강화하고, 도덕적이고 유능한 관리층을 양성하기 위해 재위 2년에 국학을 설립하였다.

④ 9주 5소경 제도는 신문왕 시기, 지방 행정 조직을 정비하기 위해 시행된 제도로, 왕권 강화를 목적으로 하였다.

오답 분석

① 성덕왕은 722년에 백성들에게 정전을 지급하여 토지 소유권을 인정하였다.
② 신라는 법흥왕 때부터 독자적인 연호를 사용하였다. 법흥왕의 건원, 진흥왕의 개국과 대창, 선덕 여왕의 인평, 진덕 여왕의 태화가 대표적이다. 진덕 여왕 시기인 648년 나당 동맹이 체결된 후 당 연호를 받아들였다.
③ 독서삼품과는 원성왕 시기에 처음 실시된 관리 채용 제도이다.
⑤ 시장을 감독하는 동시전 설치는 지증왕 시기에 이뤄졌다.

063 9주 5소경

정답 ④

핵심키워드 9주 5소경

정답 분석

제시된 지도는 통일 신라의 9주 5소경을 표시한 것이다. 대동강 이남 한주 지역이 가장 광활하여 이곳에는 지방군 중 2정을 주둔시켰다. 지도를 보면 5소경이 고구려와 백제, 가야 땅에 2 : 2 : 1로 설치된 것을 확인할 수 있다.

④ 사정부는 신문왕 시기 지방관의 감찰을 위해 설치된 기관으로, 왕권 강화를 목적으로 하였다.

오답 분석

① 2군 6위는 고려의 중앙 군대이다.
② 안찰사는 고려 시대에 지방 통치를 위해 파견된 임시 관리로, 조선의 관찰사로 이어졌다.
③ 3성 6부 체제는 발해의 중앙 관제 조직으로, 당나라의 체제를 본뜬 행정 조직이다.
⑤ 주자감은 발해 문왕 때 설치한 유학 교육 기관이다. 각 시대별 유학 교육 기관으로는 고구려의 태학, 통일 신라의 국학, 발해의 주자감, 고려의 국자감, 조선의 성균관이 있다.

064 9주 5소경

정답 ②

핵심키워드 9주 5소경, 9서당 10정

정답 분석

제시된 지도는 통일 신라의 9주 5소경을 표시한 것이다.

ㄱ. 9서당 10정은 통일 신라 시기의 군사 조직으로, 9서당은 중앙 군대, 10정은 지방 군대로 운영되었다.
ㄷ. 상수리 제도는 통일 신라가 지방 세력을 견제하기 위해 지방의 귀족들을 수도로 불러들인 제도이다. 훗날 고려의 기인 제도로 이어졌다.

오답 분석

ㄴ. 욕살, 처려근지는 고구려의 지방관으로, 각각 오늘날의 도지사와 사난장에 해당한다. 삼국 시대의 지방관은 행정과 군사 업무를 병행하였다.
ㄹ. 북계는 고려의 군사적 방어 기지로, 국경선 아래에 북방의 적의 침입을 막기 위해 설치된 지역이었다. 북계와 동계를 양계라 부른다.

신라 하대

❶ 신라 하대의 정치 특징

정치적	• 왕위 쟁탈전 격화, 6두품의 반신라화
사회적	• 호족이 지방에서 독자적으로 군사력과 경제력 보유, 견훤·궁예 등
사상적	• 선종 확산 참선을 중시하는 불교 종파 • 도선의 풍수지리설 전파 지방의 위상 향상에 영향

❷ 신라 하대의 왕

원성왕 (38대)	• 김주원을 밀어내고 김경신이 즉위함 • 독서삼품과 실시 : 왕권을 뒷받침하는 관료 양성 시도
헌덕왕 (41대)	• 김주원의 아들 김헌창의 난 　– 웅천주 기반 충남 공주 　– 국호 장안국 표방, 연호 '경운'
흥덕왕 (42대)	• 장보고의 청해진 건립 　– 전남 완도, 해적 소탕 후 해상 무역권 장악 　– 45대 신무왕 즉위에 도움 　– 진골의 반발로 46대 문성왕 때 피살
진성 여왕 (51대)	• 전국적인 농민 봉기 발발 　– 원인 : 정부의 세금 독촉에 반발 　– 원종과 애노 : 최초의 농민 봉기, 사벌주 경북 상주 　– 적고적 : 경주 인근까지 확대 　붉은 바지를 입은 농민군을 의미 　– 양길 : 북원경 강원 원주 • 최치원 : 시무 10조 건의 → 골품의 한계를 절감하고 은둔 • 각간 위홍과 대구화상의 삼대목 편찬 : 향가집, 현존 ×
경애왕 (55대)	• 견훤의 수도 공격으로 경주 포석정에서 사망
경순왕 (56대)	• 고려에 투항 : 경주를 식읍으로 받아 통치함

❸ 후삼국 시대

후백제〔900~936〕	후고구려(→마진 →태봉)〔901~918〕
• 도읍지 : 완산주 전북 전주 • 견훤 : 군인 출신 • 정치 발전 　– 중국 후당·오월과 외교 관계 수립 　– 신라 공격으로 경애왕 피살 　　→ 공산 전투에서 고려에 승리 　　→ 후계자 문제로 내분 발생 　　→ 견훤의 금산사 유폐 　　→ 견훤이 탈출 후 고려에 귀순 　　→ 일리천 전투에서 패배	• 도읍지 : 송악 황해도 개성 → 철원 • 궁예 : 양길의 부하 출신 • 정치 발전 　– 광평성 설치 　– 9관등제 실시 　– 왕건이 수군을 거느리고 후백제의 금성 전남 나 　　주을 점령 　– 미륵 신앙을 이용한 전제 정치 도모

✚ 김헌창의 난

헌덕왕 14년 3월, 웅천주 도독 헌창은 그 아비 주원이 앞서 왕위에 오르지 못한 것을 이유로 반란을 일으켜 국호를 장안이라 하고 연호를 경운 원년이라 하였다. 무진, 완산, 청주, 사벌주 등 4주의 도독과 국원경, 서원경, 금관경의 사신 및 여러 군현의 수령을 협박하여 자기 소속으로 삼았다. 　－「삼국사기」－

✚ 진성 여왕 시기의 농민 봉기

국내의 여러 주군에서 공부를 바치지 아니하여 관청의 창고가 비고 국가의 재정이 궁핍하니 왕이 사신을 보내 독촉하였다. 이로 말미암아 각지에서 도적이 봉기하였다. 이에 원종, 애노 등이 사벌주를 근거로 하여 반란을 일으켰다. 왕이 나마 영기에게 명하여 이들을 잡도록 하였으나 영기가 적진을 보고는 두려워 능히 나아가지 못하였다. 　－「삼국사기」－

✚ 후삼국 시대

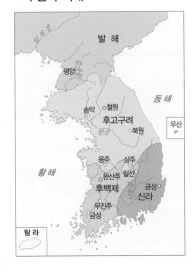

✚ 견훤

견훤은 넷째 아들 금강이 키가 크고 지혜가 많아 특히 아끼어 왕위를 전하려 하니, (금강의) 형 신검, 양검, 용검 등이 이를 알고 몹시 근심하고 번민하였다. 　－「삼국유사」－

1 다음 설명에 해당하는 인물을 쓰시오.

┤ 보기 ├
| 원성왕 | 헌덕왕 | 진성 여왕 | 경순왕 |

(1) (　　) - 최치원이 시무책 10여 조를 건의하였다.

(2) (　　) - 웅천주 도독 김헌창이 반란을 일으켰다.

(3) (　　) - 관리 선발을 위해 독서삼품과를 실시하였다.

(4) (　　) - 왕건에게 항복하여 경주의 사심관이 되었다.

(5) (　　) - 김경신은 왕위를 둘러싼 김주원과의 경쟁에서 이겼다.

(6) (　　) - 위홍과 대구화상에게 향가 모음집인 삼대목을 편찬하였다.

2 관련 있는 인물을 연결하시오.

(1) 도선　　　　　　•　　　　• ㉠ 청해진 건립

(2) 김헌창　　　　　•　　　　• ㉡ 시무 10조 건의

(3) 장보고　　　　　•　　　　• ㉢ 풍수지리설 도입

(4) 최치원　　　　　•　　　　• ㉣ 웅천주를 기반으로 봉기

(5) 원종, 애노　　　•　　　　• ㉤ 진성 여왕 때 사벌주를 기반으로 봉기

3 해당하는 인물을 선택하시오.

(1) (궁예, 견훤) - 철원으로 천도하였다.

(2) (궁예, 견훤) - 미륵불을 자처하였다.

(3) (궁예, 견훤) - 국호를 마진으로 바꿨다.

(4) (궁예, 견훤) - 양길의 휘하에서 세력을 키웠다.

(5) (궁예, 견훤) - 송악을 도읍으로 나라를 세웠다.

(6) (궁예, 견훤) - 완산주를 도읍으로 나라를 세웠다.

(7) (궁예, 견훤) - 후당과 오월에 사신을 파견하였다.

(8) (궁예, 견훤) - 신라 금성을 공격하고 경애왕을 죽였다.

(9) (궁예, 견훤) - 광평성을 비롯한 각종 정치 기구를 마련하였다.

(10) (궁예, 견훤) - 금산사에 유폐되었다가 탈출하여 고려에 귀부하였다.

4 아래 사건이 일어난 시기를 (가)~(다) 중 고르시오.

654	780	900	935
무열왕 즉위	(가) 혜공왕 피살	(나) 후백제 건국	(다) 신라 멸망

(1) (　　) - 광평성 등의 정치 기구가 설립되었다.

(2) (　　) - 원종과 애노가 사벌주에서 봉기하였다.

(3) (　　) - 최치원이 시무책 10여 조를 건의하였다.

(4) (　　) - 견훤의 공격으로 경애왕이 피살되었다.

(5) (　　) - 원성왕은 관리 선발을 위해 독서삼품과를 실시하였다.

(6) (　　) - 장보고가 완도에 청해진을 건립하고 해상 무역에 참여하였다.

5 다음 사료를 읽고, 물음에 답하시오.

(1) 이 글과 관련된 인물은 누구인가?

> 넷째 아들 금강이 키가 크고 지혜가 많아 특히 아끼어 왕위를 전하려 하니, (금강의) 형 신검, 양검, 용검 등이 이를 알고 몹시 근심하고 번민하였다.

(2) 아래 사건이 일어난 시기의 신라 왕은 누구인가?

> 나라 안의 여러 주·군에서 공부를 바치지 않으니 창고가 비어 버리고 나라의 쓰임이 궁핍해졌다. 왕이 사신을 보내어 독촉하자, 이로 말미암아 곳곳에서 도적이 벌떼처럼 일어났다. 이때 원종과 애노 등이 사벌주에 근거하여 반란을 일으켰다.

(3) 아래 사건이 일어난 시기의 신라 왕은 누구인가?

> 김헌창은 아비 주원이 앞서 왕위에 오르지 못한 것을 이유로 반란을 일으켜 국호를 장안이라 하고 연호를 경운 원년이라 하였다. 무진, 완산, 청주, 사벌주 등 4주의 도독과 국원경, 서원경, 금관경의 사신 및 여러 군현의 수령을 협박하여 자기 소속으로 삼았다.

065

70회 9번 [3점]

다음 상황이 나타난 시기를 연표에서 옳게 고른 것은?

각간 김경신이 해몽을 청하자 아찬 여삼은 "복두를 벗은 것은 위에 다른 사람이 없다는 뜻이요, 소립을 쓴 것은 면류관을 쓸 징조이며, 12현금(絃琴)을 든 것은 12대손까지 왕위를 전한다는 조짐이며, 천관사 우물로 들어간 것은 궁궐로 들어갈 상서로운 조짐입니다."라고 하였다. "위에 주원이 있는데 어찌 내가 왕위에 오를 수 있겠소?"라고 경신이 묻자, 아찬이 대답하기를 "청컨대 은밀히 북천신에게 제사 지내면 될 것입니다."라고 하여 이에 따랐다. 얼마 지나지 않아 선덕왕이 죽자, 나라 사람들이 김주원을 왕으로 받들어 궁중으로 맞아들이려 했다. 주원의 집은 북천 북쪽에 있었는데 홀연히 냇물이 불어나 건널 수가 없었다. 이에 경신이 먼저 궁궐로 들어가 왕위에 올랐다.

654		681		722		780		828		889
	(가)		(나)		(다)		(라)		(마)	
무열왕 즉위		김흠돌의 난		정전 지급		혜공왕 피살		청해진 설치		원종과 애노의 난

① (가) ② (나)
③ (다) ④ (라)
⑤ (마)

066

67회 8번 [2점]

다음 상황 이후에 전개된 사실로 옳은 것은?

이찬 김지정이 반역하여 무리를 모아 궁궐을 에워싸고 침범하였다. 여름 4월에 상대등 김양상이 이찬 경신과 함께 군사를 일으켜 김지정 등을 죽였으나, 왕과 왕비는 반란군에게 살해되었다. 양상 등이 왕의 시호를 혜공왕이라 하였다.
- 「삼국사기」 -

① 김흠돌이 반란을 도모하였다.
② 이사부가 우산국을 복속하였다.
③ 김대성이 불국사 조성을 주도하였다.
④ 장보고가 왕위 쟁탈전에 가담하였다.
⑤ 거칠부가 왕명에 의해 국사를 편찬하였다.

067

51회 7번 [2점]

(가) 시기에 있었던 사실로 옳은 것은?

김헌창의 난을 진압한 녹진에게 대아찬의 관등을 내리노라.

(가)

시무 10조를 바친 최치원을 아찬으로 삼겠노라.

① 이차돈의 순교로 불교가 공인되었다.
② 원종과 애노가 사벌주에서 봉기하였다.
③ 관료전을 지급하고 녹읍을 폐지하였다.
④ 거칠부가 왕명을 받들어 국사를 편찬하였다.
⑤ 최고 지배자의 칭호가 마립간으로 바뀌었다.

068

54회 8번 [3점]

(가)~(다)를 일어난 순서대로 옳게 나열한 것은?

(가) 도적들이 나라의 서남쪽에서 일어났는데, 붉은색 바지를 입어 모습을 다르게 하였기 때문에 적고적(赤袴賊)이라고 불렸다. 그들은 주와 현을 도륙하고, 수도의 서부 모량리까지 와서 민가를 노략질하고 돌아갔다.

(나) 웅천주 도독 헌창은 그의 아버지 주원이 임금이 되지 못하였다는 이유로 반란을 일으켜 국호를 장안이라 하고, 연호를 세워 경운 원년이라 하였다.

(다) 아찬 우징은 청해진에 있으면서 김명이 왕위를 빼앗았다는 소식을 듣고 청해진 대사 궁복에게 말하였다. "김명은 임금을 죽이고 스스로 왕이 되었으니, …… 장군의 군사를 빌려 임금과 아버지의 원수를 갚고자 합니다."
- 「삼국사기」 -

① (가) - (나) - (다) ② (가) - (다) - (나)
③ (나) - (가) - (다) ④ (나) - (다) - (가)
⑤ (다) - (가) - (나)

069

다음 가상 대화 이후에 있었던 사실로 옳은 것은?

머칠 전 붉은 바지를 입은 도적들이 나라의 서남쪽에서 봉기하였다고 하네.

적고적 말이지? 7년 전에는 원종과 애노가 세금 독촉 때문에 봉기하더니, 요즘 들어 나라에 변란이 자주 일어나 걱정이구만.

① 궁예가 국호를 태봉으로 바꾸었다.
② 독서삼품과가 처음으로 실시되었다.
③ 왕의 장인인 김흠돌이 반란을 일으켰다.
④ 무열왕의 직계 자손이 왕위를 세습하였다.
⑤ 혜공왕이 귀족 세력에게 죽임을 당하였다.

070

(가) 인물의 활동으로 옳은 것은?

○ 북원의 도적 우두머리인 양길은 (가) 이/가 자신을 배신한 것을 미워하여 국원 등 10여 곳의 성주들과 그를 칠 것을 모의하고 비뇌성 아래로 진군하였다. 그러나 양길의 병사는 패배하여 흩어져 달아났다.
― 「삼국사기」 ―

○ [태조가] 수군을 거느리고 서해로부터 광주(光州) 부근에 이르러 금성군을 쳐서 함락하고 10여 군현을 공격하여 차지하였다. 이에 금성군을 고쳐서 나주라하고 군사를 나누어서 지키게 한 뒤 돌아왔다. …… (가) 이/가 변경의 일을 물었는데, 태조가 변방을 안정시키고 경계를 넓힐 전략을 보고하였다. 좌우의 신하가 모두 [태조를] 주목하게 되었다.
― 「고려사」 ―

① 일리천 전투에서 신검의 군대를 물리쳤다.
② 9산선문 중 하나인 가지산문을 개창하였다.
③ 문무관료전을 지급하고 녹읍을 폐지하였다.
④ 광평성을 비롯한 각종 정치 기구를 마련하였다.
⑤ 정계와 계백료서를 지어 관리의 규범을 제시하였다.

071

(가) 인물에 대한 설명으로 옳은 것은?

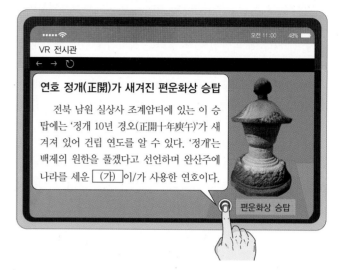

VR 전시관

연호 정개(正開)가 새겨진 편운화상 승탑

전북 남원 실상사 조계암터에 있는 이 승탑에는 '정개 10년 경오(正開十年庚午)'가 새겨져 있어 건립 연도를 알 수 있다. '정개'는 백제의 원한을 풀겠다고 선언하며 완산주에 나라를 세운 (가) 이/가 사용한 연호이다.

편운화상 승탑

① 공산 전투에서 고려군을 크게 무찔렀다.
② 귀순한 김순식에게 왕씨 성을 하사하였다.
③ 폐정 개혁을 목표로 정치도감을 설치하였다.
④ 청해진을 근거지로 해상 무역을 전개하였다.
⑤ 광평성을 설치하고 광치나, 서사 등의 관원을 두었다.

072

(가) 인물에 대한 설명으로 옳은 것을 〈보기〉에서 고른 것은?

(가) 은/는 상주 가은현 사람이다. ……[왕의] 총애를 받던 측근들이 정권을 마음대로 휘둘러 기강이 문란해졌다. 기근까지 겹쳐 백성들이 떠돌아다니고, 여러 도적들이 봉기하였다. 이에 (가) 이/가 몰래 [왕위를] 넘겨다보는 마음을 갖고 …… 드디어 무진주를 습격하여 스스로 왕이 되었으나, 아직 감히 공공연하게 왕을 칭하지는 못하였다. …… 서쪽으로 순행하여 완산주에 이르니 그 백성들이 환영하였다.
― 「삼국사기」 ―

│보기│

ㄱ. 후당, 오월에 사신을 파견하였다.
ㄴ. 광평성을 비롯한 각종 정치 기구를 마련하였다.
ㄷ. 신라의 금성을 습격하여 경애왕을 죽게 하였다.
ㄹ. 정계와 계백료서를 지어 관리의 규범을 제시하였다.

① ㄱ, ㄴ   ② ㄱ, ㄷ
③ ㄴ, ㄷ   ④ ㄴ, ㄹ
⑤ ㄷ, ㄹ

065 신라 하대의 정치 정답 ④

핵심키워드 김경신, 김주원

정답 분석

혜공왕이 780년에 피살된 이후 신라는 정치적 혼란에 빠지게 되었다. 혜공왕의 죽음은 신라 하대의 시작을 알리는 사건이었으며, 이후 귀족 간의 권력 다툼과 왕위 계승 문제가 본격적으로 나타났다. 대표적인 사례로는 김경신(훗날 원성왕)과 김주원 간의 왕위 다툼이 있다.

제시된 사료는 김주원이 폭우로 인해 왕위 계승에 실패하자, 김경신이 왕위에 오른 과정을 기록한 것이다. 신라 하대의 대표적인 왕으로는 원성왕(38대), 헌덕왕(41대), 흥덕왕(42대), 진성 여왕(51대), 경순왕(56대) 등이 있다. 따라서 정답은 ㈜가 된다.

오답 분석

* 장보고가 청해진을 설치한 것은 신라 하대 흥덕왕 3년인 828년이다.

066 신라 하대의 정치 정답 ④

핵심키워드 김지정의 반란, 혜공왕 피살

정답 분석

제시된 사료는 김지정의 반란으로 혜공왕이 피살된 사건을 다루고 있다. 신라 중대는 경덕왕(재위 742~765년) 이후 왕권이 약화되기 시작했고, 그의 아들 혜공왕(재위 765~780년) 시기에는 정치적 혼란이 심화되었다. 특히 768년에 발생한 96각간의 난을 비롯해, 770년대 후반에 여러 귀족 반란이 일어나 왕권이 크게 흔들렸다. 김지정의 난으로 혜공왕이 780년에 피살되면서 신라 하대가 시작되었다.

신라 하대의 왕위 계승 다툼으로는 김헌창의 난(헌덕왕 14년, 822년)과 장보고의 신무왕 즉위 지원(839년)이 있다.

오답 분석

① 김흠돌의 반란은 신문왕 즉위년인 681년에 일어났다. 신문왕은 이 사건을 강력하게 진압함으로써 전제 왕권 강화를 위한 초석으로 삼았다.
② 이사부는 지증왕 시기에 우산국을 복속하고, 진흥왕 시기에 대가야를 정복하였다.
③ 김대성은 경덕왕 시기에 불국사 조성을 시작하였다.
⑤ 거칠부는 진흥왕의 명을 받아 국사를 편찬하였다.

067 신라 하대의 농민 봉기 정답 ②

핵심키워드 김헌창의 난, 최치원의 시무 10조

정답 분석

신라 하대는 왕위 계승 다툼과 귀족 간의 권력 투쟁으로 정치적 혼란이 심화되었다. 이 시기 농민들은 과도한 세금과 수탈에 시달렸으며, 889년 원종과 애노의 난을 시작으로 농민 봉기가 발생하였다. 진성 여왕(재위 887~897년) 시기에는 이러한 혼란이 절정에 달했고, 최치원은 개혁을 위한 시무 10조를 건의했으나 받아들여지지 않았다. 이러한 혼란과 개혁 실패는 결국 신라의 몰락과 후삼국 시대의 도래로 이어졌다.

오답 분석

① 이차돈의 순교는 법흥왕 시기에 발생하였다.
③ 관료전 지급과 녹읍 폐지는 신문왕 시기에 시행된 중요한 개혁으로, 진골 귀족의 경제 기반을 약화하기 위해 시행되었다.
④ 거칠부는 진흥왕의 명을 받아 국사를 편찬하였다.
⑤ 신라의 왕호는 거서간(1대 박혁거세) → 차차웅(2대 남해왕) → 이사금(3대 유리왕 때 최초 시행) → 마립간(17대 내물왕 때 최초 시행) → 왕(22대 지증왕 때 최초 시행) 순으로 변경되었다.

068 신라 하대의 정치 정답 ④

핵심키워드 적고적, (김)헌창, 청해진, 궁복(장보고)

정답 분석

㈎ 적고적은 신라 하대에 등장한 붉은 바지를 입은 도적 무리로, 중앙 정부의 통제력이 약화된 상황에서 주로 서남쪽 지역에서 반란과 약탈을 일으켰다. 신라 하대의 정치 혼란이 100년 이상 지속되자, 진성 여왕 시기에 농민들의 불만과 생활고가 농민 봉기로 폭발하였다.

㈏ 김주원과 그의 아들 김헌창은 신라 하대의 핵심 정치인으로, 비록 김주원이 왕위에 오르지 못했지만 명주(현재 강릉)를 통치하며 영향력을 유지했다. 아들 김헌창도 9세기 초 애장왕 때 시중에 올랐다. 하지만 헌덕왕 즉위 후 중앙에서 웅주(현재 공주)로 밀려나자, 김헌창은 822년에 헌덕왕에 반대하여 반란을 일으켰다. 장안국을 건립했으나 결국 실패하였다.

㈐ 김우징은 838년에 민애왕과의 왕위 다툼에서 패배하고 청해진으로 피신했다. 이후 839년에 장보고의 군사적 지원을 받아 민애왕을 제거하고 신무왕으로 즉위하였다.

따라서 ㈏-㈐-㈎ 순이 맞다.

069 후삼국 시대   정답 ①

핵심키워드 적고적, 원종과 애노

정답 분석

제시문의 원종, 애노, 적고적은 신라 하대 진성 여왕 시기에 농민 봉기를 일으킨 세력들이다. 진성 여왕(재위 887~897년)은 이러한 사회적 혼란 속에서 897년에 왕위를 조카 효공왕에게 물려주었다. 이후 신라의 중앙 통제력은 급격히 약화되었고, 후백제(900~936년)와 후고구려(901~918년)가 건국되면서 후삼국 시대가 본격적으로 시작되었다.

① 궁예는 국호를 후고구려 → 마진 → 태봉으로 바꿨다.

오답 분석

② 독서삼품과는 신라 하대 초기인 원성왕 때 실시되었다.

③ 신라 중대 초기인 신문왕 때 김흠돌의 반란이 일어났다. 신문왕은 이 사건을 진압하고 이후 진골을 약화시키기 위해 관료전 지급, 녹읍 폐지, 국학 설치 등을 추진하였다.

④ 무열왕의 직계 자손들은 신라 중대에 왕위를 독점하였으나, 혜공왕을 마지막으로 왕위 계승이 중단되었다.

⑤ 혜공왕의 피살로 신라 중대가 끝나고, 신라 하대가 시작되었다.

070 궁예   정답 ④

핵심키워드 양길, 금성군(나주), 고려사

정답 분석

궁예는 9세기 후반 신라 귀족 출신으로 태어났으나, 승려로 자랐다. 898년 양길을 몰아내고 철원을 중심으로 세력을 키워 901년 후고구려를 건국하였다. 903년 왕건을 보내 나주를 점령하며 후백제를 견제했으나, 그의 폭정으로 지배층의 불만이 커졌다. 결국 918년 왕건에게 정권을 잃고 축출되었다.

④ 광평성은 후고구려의 궁예가 설치한 최고 행정기관이다.

오답 분석

① 고려 태조는 936년 일리천 전투에서 후백제 신검의 군대를 물리쳤다. 후백제의 복속으로 태조는 후삼국을 통일하였다.

② 통일 신라 말기 도의가 9산선문 중 하나인 가지산문을 개창하였다.

③ 통일 신라 신문왕은 문무 관료전을 지급하고 녹읍을 폐지하였다.

⑤ 고려 태조는 관리들의 지침서로 정계와 계백료서를 지었다.

071 견훤   정답 ①

핵심키워드 완산주, 백제 재건

정답 분석

견훤은 신라 장군 출신으로 900년에 완산주(현재 전북 전주)에서 후백제를 건국하였다. 927년에 신라 금성(현재 경북 경주)을 공격해 경애왕을 죽이고 공산 전투에서 왕건이 이끄는 고려군에 승리했으나, 930년 고창 전투에서 고려에 패하였다. 독자적인 연호인 '정개'를 사용하고, 중국의 오월과 후당에 사신을 보내 외교 관계를 맺었다. 하지만 후계자 문제를 둘러싼 갈등으로 935년에 아들 신검에게 왕위를 빼앗기고 금산사에 유폐되자 그곳을 탈출해 고려에 투항하였다.

오답 분석

② 고려 태조는 동해안의 강력한 호족 김순식이 귀순하자 왕씨 성을 하사하였다.

③ 정치도감은 고려 충목왕 시기에 설치된 기구이다.

④ 장보고는 신라 하대 흥덕왕 시기에 청해진을 근거지로 해상 무역을 활발히 전개하였다.

⑤ 광평성은 후고구려의 궁예가 설치한 최고 행정기관이다.

072 견훤   정답 ②

핵심키워드 도적 봉기, 완산주, 삼국사기

정답 분석

제시문은 견훤의 성장 과정을 보여준다. 그는 신라 장군 출신으로 892년에 반란을 일으켜 무진주(현재 광주)를 점령하고, 900년에 완산주(현재 전주)에서 후백제를 공식적으로 건국하였다. 강력한 군사력과 전라도와 충청도의 풍부한 농업을 바탕으로 국력을 키웠다.

ㄱ. 견훤은 934년 후당과 오월에 사신을 파견하여 외교 관계를 강화하려 하였다.

ㄷ. 927년 견훤은 신라의 금성을 습격하여 경애왕을 죽였다. 신라의 구원 요청을 받은 고려 왕건은 직접 군대를 이끌고 남하했고, 고려와 후백제 군대는 공산 전투에서 맞붙었다. 비록 이 전투에서 후백제군은 승리했지만, 3년 후 고창 진투에서 패하면서 후삼국 주도권을 잃었다.

오답 분석

ㄴ. 궁예는 후고구려 시기에 광평성을 설치하여 중앙 집권적 통치를 위한 기구로 삼았다.

ㄹ. 고려 태조는 정계와 계백료서를 작성하여 관리들의 규범을 제시하였다.

❶ 발해의 정치

고왕 (1대) 대조영	• 발해 건국(698) : 고구려 유민과 말갈족을 모아 당나라 영주를 탈출 　→ 천문령 전투에서 당군 격퇴 　→ 만주 지린성 동모산에 건국 • 돌궐과 통교 : 당·신라 견제 목적
무왕 (2대)	• 연호 '인안' 발해는 국초부터 독자적인 연호를 사용 • 당과 적대적 관계 　– 배경 : 흑수 말갈이 당과 연결하여 발해에 저항 　　→ 무왕과 갈등을 빚은 대문예가 당으로 망명 　– 장문휴의 당 등주 공격 ┗ 무왕의 동생 　– 당의 요청을 받은 신라가 발해 남쪽을 공격(실패) • 일본과 통교 : 당·신라 견제 위해서
문왕 (3대)	• 연호 '대흥'·'보력' • 당과 친선 : 3성 6부제와 주자감 수용 • 신라도를 통한 신라와 교류 동경 용천부에서 육로로 이동하는 길 • 상경 용천부로 천도 당 수도 장안성을 모방하여 건설 • 황제국 표방 　– '황상' 표기 : 정혜 공주묘와 정효 공주묘의 묘지석 　– '천손' 표기 : 일본에 보낸 국서
선왕 (10대)	• 연호 '건흥' • 최대 영토 확장 　– 요동 장악, 흑수부를 제외한 거의 모든 말갈 복속 　– 당으로부터 '해동성국'이라 불림 • 5경 15부 62주의 지방 제도 완비
애왕 (15대)	• 발해의 멸망(926) 　– 원인 : 거란의 침략 　– 세자 대광현과 발해 유민의 고려 망명 　　→ 고려 태조가 대광현에게 왕씨성 하사

❷ 발해의 고구려 계승

(1) 고구려 문화 계승 : 정혜 공주(굴식 돌방무덤 구조), 온돌 장치, 연꽃무늬 기와, 이불병좌상, 돌사자상

(2) 일본에 보낸 외교 문서 속 기록
- 무왕 : "고구려 옛 땅을 수복하고 부여의 풍속을 이어받았다."고 작성
- 문왕 : "고려 국왕 대흠무"라고 스스로 밝힘

❸ 발해의 통치 제도 (3성 6부제)

(1) 정당성
- 국정 총괄 기구
- 장관 대내상 ≒ 고구려의 대대로, 백제의 상좌평, 신라의 상대등

(2) 6부(충부~신부) : 유교적 명칭 사용

(3) 중정대 : 관리 감찰 기관 ≒ 통일 신라의 사정부

(4) 주자감 : 유학 교육 기관 ≒ 통일 신라의 국학

✚ 정효 공주 묘지석

공주는 우리 대흥보력효감금륜성법대왕의 넷째 딸이다. … 아아, 공주는 대흥 56년 여름 6월 9일 임진일에 외제에서 사망하니 시호를 정효 공주라고 하였다. … 황상은 조회를 파하고 크게 슬퍼하여, 정침에 들어가 자지 않고 음악도 중지시켰다.

✚ 발해의 영토

✚ 발해의 문화 유산

▲ 이불병좌상　　▲ 돌사자상

✚ 발해의 중앙 정치 기관

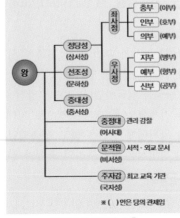

당의 3성 6부제 수용

1 다음 업적과 관련된 발해의 왕을 쓰시오.

┌─ 보기 ──────────────────────┐
　　　대조영　　무왕　　문왕　　선왕
└────────────────────────────┘

(1) (　　) – 장문휴가 등주를 공격하였다.

(2) (　　) – 3성 6부의 중앙 관제를 정비하였다.

(3) (　　) – 인안이라는 독자적 연호를 사용하였다.

(4) (　　) – 정혜 공주, 정효 공주 묘지를 조성하였다.

(5) (　　) – 돌궐·일본 등과 연결하여 당·신라를 견제하였다.

(6) (　　) – 5경 15부 62주의 지방 행정 제도를 갖추었다.

(7) (　　) – 수도를 중경 현덕부에서 상경 용천부로 옮겼다.

(8) (　　) – 대문예로 하여금 흑수 말갈을 정벌하게 하였다.

(9) (　　) – 고구려 유민을 이끌고 동모산에서 나라를 세웠다.

(10) (　　) – 당나라로부터 해동성국으로 불릴 만큼 전성기를 누렸다.

2 다음은 발해에 대한 내용이다. 빈칸에 알맞은 말을 선택하시오.

(1) 무왕은 당과 (친선, 적대) 관계를 맺었다.

(2) (문왕, 선왕) 때 가장 넓은 영역을 장악하였다.

(3) (국학, 주자감)을 설치하여 인재를 양성하였다.

(4) (영락, 인안) 등의 독자적인 연호를 사용하였다.

(5) 관리 감찰을 위해 (외사정, 중정대)을/를 두었다.

(6) 최고의 정치 기구로 (광평성, 정당성)을 두었다.

(7) 6부 명칭에는 (불교, 유교)의 이념이 반영되어 있다.

(8) (대내상, 상대등)은 백관을 총괄하며 국정을 이끌었다.

(9) (9주 5소경, 5경 15부 62주)의 지방 행정 제도를 갖추었다.

(10) 일본에 보낸 국서에 스스로 (말갈왕, 고구려왕)임을 밝혔다.

(11) 전성기 때 '바다 동쪽의 번성한 나라'라는 뜻의 (남북국, 해동성국)으로 불렸다.

(12) 정혜 공주 무덤, 온돌 유적 등을 통해 (당, 고구려)을/를 계승하였음을 확인할 수 있다.

3 아래 사건이 일어난 시기를 (가)~(다) 중 고르시오.

668	719	737	926
(가)	(나)	(다)	
평양성 함락	무왕 즉위	문왕 즉위	대광현의 고려 이주

(1) (　　) – 상경으로 천도하였다.

(2) (　　) – 당의 등주를 선제 공격하였다.

(3) (　　) – 5경 15부 62주가 확립되었다.

(4) (　　) – 3성 6부의 중앙 관제를 정비하였다.

(5) (　　) – 당의 요청을 받은 신라가 국경 일대를 공격하였다.

(6) (　　) – 고구려 유민과 말갈족을 이끌고 지린성 동모산에서 나라를 세웠다.

4 다음 사료를 읽고, 해당하는 왕을 쓰시오.

(1) (　　　　　　)

> 드디어 그 무리를 이끌고 동쪽 계루의 옛땅으로 들어가 동모산에 성을 쌓고 살았다. 그는 용맹하고 병사 다루기를 잘하였으므로 말갈 및 고구려 유민들이 점차 그에게 들어갔다.

(2) (　　　　　　)

> 공주는 우리 대흥보력효감금륜성법대왕의 넷째 딸이다. … 아아, 공주는 대흥 56년 여름 6월 9일 임진일에 외제에서 사망하니 시호를 정효 공주라고 하였다. … 황상은 조회를 파하고 크게 슬퍼하여, 정침에 들어가 자지 않고 음악도 중지시켰다.

(3) (　　　　　　)

> 왕이 신하들을 모두 불렀을 때 누가 말하였다. "흑수가 처음에는 우리에게 길을 빌려서 당과 통했습니다. … 지금 당나라한테 관직을 청하면서 우리에게 알리지 않았으니 이것은 반드시 당과 더불어 꾀를 내서 우리를 배반하여 우리나라를 공격하려는 것입니다"고 하였다. 왕은 그의 아우 대문예와 외수 임아에게 군을 일으켜 흑수를 공격하게 하였다.

──────────────

정답

1. (1) 무왕 (2) 문왕 (3) 무왕 (4) 문왕 (5) 무왕 (6) 선왕 (7) 문왕 (8) 무왕 (9) 대조영 (10) 선왕

2. (1) 적대 (2) 선왕 (3) 주자감 (4) 인안 (5) 중정대 (6) 정당성 (7) 유교 (8) 대내상 (9) 5경 15부 62주 (10) 고구려왕 (11) 해동성국 (12) 고구려

3. (1) 다 (2) 나 (3) 다 (4) 다 (5) 나 (6) 가

4. (1) 대조영 (2) 문왕 (3) 무왕

073

밑줄 그은 '이 나라'에 대한 설명으로 옳은 것은?

> ○ 조영이 죽으니, 이 나라에서는 고왕이라 하였다. 아들 무예가 왕위에 올라 영토를 크게 개척하니, 동북의 모든 오랑캐들이 겁을 먹고 그를 섬겼다.
>
> ○ 처음에 이 나라의 왕이 자주 학생들을 경사의 태학에 보내어 고금의 제도를 배우고 익혀 가더니, 드디어 해동성국이 되었다. 그 땅에는 5경 15부 62주가 있다.
>
> – 「신당서」 –

① 정사암 회의를 개최하였다.
② 9서당 10정의 군사 조직을 갖추었다.
③ 욕살, 처려근지 등의 지방관을 두었다.
④ 인안, 대흥 등 독자적인 연호를 사용하였다.
⑤ 광평성을 비롯한 각종 정치 기구를 마련하였다.

074

다음 시나리오에 등장하는 왕의 업적으로 옳은 것은?

> #36. 궁궐 안
> 왕이 분노에 찬 표정으로 대문예에게 말하고 있다.
>
> 왕 : 흑수 말갈이 몰래 당에 조공하였으니, 이는 당과 공모하여 앞뒤로 우리를 치려는 것이다. 군대를 이끌고 가서 흑수 말갈을 정벌하라.
>
> 대문예 : 당에 조공하였다 하여 그들을 바로 공격한다면 이는 당에 맞서는 것입니다. 하루아침에 당과 원수를 지면 멸망을 자초할 수 있습니다.

① 장문휴를 보내 등주를 공격하였다.
② 9서당 10정의 군사 조직을 갖추었다.
③ 사비로 천도하고 국호를 남부여로 고쳤다.
④ 지방관을 감찰하고자 외사정을 파견하였다.
⑤ 고구려 유민을 모아 동모산에서 나라를 세웠다.

075

다음 사건이 일어난 시기를 연표에서 옳게 고른 것은?

> 개원(開元) 20년에 발해가 천자의 조정을 원망하여 군사를 거느리고 등주(登州)를 습격하여 자사 위준을 살해하였습니다. 이에 황제께서 크게 노하여 하행성 등에게 군사를 징발하여 바다를 건너 공격해 토벌하도록 명하였습니다. 아울러 당에 숙위하고 있던 신라인 김사란을 귀국시켜 신라로 하여금 발해를 공격하도록 하였습니다. …… 겨울은 깊어 가고 눈이 많이 내려 신라와 당의 군대가 추위에 고생하므로 회군을 명령하였습니다.

	(가)		(나)		(다)		(라)		(마)	
발해 건국		무왕 즉위		문왕 상경 천도		선왕 즉위		고려 건국		발해 멸망

① (가)   ② (나)
③ (다)   ④ (라)
⑤ (마)

076

(가) 왕에 대한 설명으로 옳은 것은?

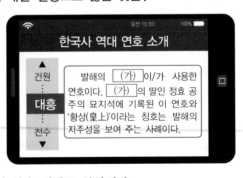

> 한국사 역대 연호 소개
> 건원
> ⋮
> **대흥**
> ⋮
> 전수
>
> 발해의 (가) 이/가 사용한 연호이다. (가) 의 딸인 정효 공주의 묘지석에 기록된 이 연호와 '황상(皇上)'이라는 칭호는 발해의 자주성을 보여 주는 사례이다.

① 북연의 왕을 신하로 봉하였다.
② 지린성 동모산에서 나라를 세웠다.
③ 신라에 군대를 파견하여 왜를 격퇴하였다.
④ 수도를 상경 용천부로 옮겨 체제를 정비하였다.
⑤ 5경 15부 62주의 지방 행정 조직을 확립하였다.

077

50회 8번 [2점]

(가) 국가에 대한 설명으로 옳은 것은?

창사 특집 다큐멘터리

(가), 남북국 시대를 열다

〈1부〉 동모산에 도읍하고 나라를 세우다
〈2부〉 당의 등주를 공격하고 요서에서 격돌하다
〈3부〉 일본에 국서를 보내어 고려 국왕이라 칭하다

2020년 10월 〇〇일 ~ 〇〇일 밤 10시

① 9서당 10정의 군사 조직을 갖추었다.
② 정당성의 대내상이 국정을 총괄하였다.
③ 지방관을 감찰하기 위해 외사정을 파견하였다.
④ 위화부 등 13부를 두어 행정 업무를 분담하였다.
⑤ 마진이라는 국호와 무태라는 연호를 사용하였다.

078

60회 6번 [1점]

(가) 국가에 대한 설명으로 옳은 것은?

오전 10:50   100%

□□ 박물관

| 관람정보 | 전시 | 교육 | 소장품 | 박물관 소개 |

VR 온라인 전시실

해동성국이라 불린
(가) 의
문화유산을 VR
파노라마로
체험하는
공간입니다.

영광탑   정효 공주묘   석등

① 중정대를 두어 관리를 감찰하였다.
② 군사 조직으로 9서당 10정을 편성하였다.
③ 내신 좌평 등 6좌평의 관제를 정비하였다.
④ 상수리 제도를 시행하여 지방 세력을 견제하였다.
⑤ 왕족인 부여씨와 8성의 귀족이 지배층을 이루었다.

079

52회 9번 [2점]

(가) 국가에 대한 설명으로 옳은 것은?

대무예가 대장 장문휴를 보내 수군을 거느리고 등주를 공격하였다. 당 현종은 급히 대문예에게 유주의 군사를 거느리고 반격하게 하고, 태복경 김사란을 보내 신라군으로 하여금 (가) 의 남쪽을 치게 하였다. 날씨가 매우 추운 데다 눈이 한 길이나 쌓여서 군사들이 태반이나 얼어 죽으니, 공을 거두지 못하고 돌아왔다.

① 평양을 서경으로 삼아 중시하였다.
② 주자감을 설치하여 인재를 양성하였다.
③ 건원이라는 독자적 연호를 사용하였다.
④ 내신 좌평 등 6좌평의 관제를 정비하였다.
⑤ 지방관 감찰을 위해 외사정을 파견하였다.

080

69회 9번 [2점]

(가) 국가에 대한 설명으로 옳은 것은?

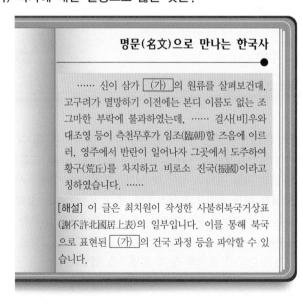

명문(名文)으로 만나는 한국사

…… 신이 삼가 (가) 의 원류를 살펴보건대, 고구려가 멸망하기 이전에는 본디 이름도 없는 조그마한 부락에 불과하였는데, …… 걸사(비)우와 대조영 등이 측천무후가 임조(臨朝)할 즈음에 이르러, 영주에서 반란이 일어나자 그곳에서 도주하여 황구(荒丘)를 차지하고 비로소 진국(振國)이라고 칭하였습니다. ……

[해설] 이 글은 최치원이 작성한 사불허북국거상표(謝不許北國居上表)의 일부입니다. 이를 통해 북국으로 표현된 (가) 의 건국 과정 등을 파악할 수 있습니다.

① 정사암 회의에서 나라의 중대사를 결정하였다.
② 지방의 여러 성에 욕살, 처려근지 등을 두었다.
③ 도병마사에서 변경의 군사 문제 등을 논의하였다.
④ 서적 관리, 주요 문서 작성 등을 위해 문적원을 두었다.
⑤ 골품에 따라 관등 승진, 일상생활 등을 엄격히 제한하였다.

073 발해

핵심키워드 (대)조영, 고왕, 5경 15부 62주, 해동성국

정답 분석

'이 나라'는 발해로, 자료 속 조영은 발해 건국자 대조영(고왕)이다. 발해는 선왕 시기에 해동성국으로 불렸으며, 흑룡강부터 요동에 이르는 넓은 영토를 5경 15부 62주로 나누어 통치하였다.

④ 발해는 왕조 초기부터 독자적인 연호를 사용하였다. 무왕은 인안, 문왕은 보력과 대흥, 선왕은 건흥으로 정하였다.

오답 분석

① 백제의 정사암 회의는 백제의 귀족들이 국가의 중대사를 논의하기 위해 모였던 회의체이다.
② 9서당 10정을 조직한 것은 통일 신라의 신문왕이다.
③ '욕살'과 '처려근지'는 고구려의 지방 행정관 직책이다.
⑤ 광평성은 후삼국 시대에 궁예가 설치한 최고 정치 기구이다.

074 무왕

핵심키워드 흑수 말갈, 당, 대문예

정답 분석

제시문의 대문예는 발해 2대 무왕(대무예)의 동생이다. 흑수 말갈은 발해의 영향력에서 벗어나고자 722년부터 당나라와 교섭을 시도했고, 당은 이를 기회로 삼아 흑수부를 설치하여 지배를 시도하였다. 발해는 이를 위협으로 인식했다. 발해 무왕은 726년 대문예에게 흑수 말갈 정벌을 명령했으나, 당과의 전면전을 우려한 대문예는 거부하고, 결국 당으로 망명하였다. 이후 732년 무왕은 장문휴를 파견해 등주를 공격해 당과 전면전을 벌였다.

오답 분석

② 9서당 10정의 군사 조직은 통일 신라 시기에 신라가 군제를 정비한 것이다.
③ 국호를 '남부여'로 고친 것은 백제의 성왕이다.
④ 지방관을 감찰하고 외사정을 파견한 것은 통일 신라의 문무왕 시기이다.
⑤ 동모산에서 나라를 세운 것은 발해의 건국자 대조영의 업적이다.

075 무왕

핵심키워드 발해, 등주, 자사 살해

정답 분석

이 문제는 발해의 무왕(재위 719~737년)이 당나라 등주를 공격한 사건과 관련된 연표 문제이다. 발해 무왕은 동북방 말갈족을 복속시키며 만주 북부를 장악했으나, 흑수 말갈은 당나라에 조공을 바치며 독자적인 세력을 유지했다. 726년 당이 흑수부를 설치해 흑수 말갈을 직접 통치하려 하자, 무왕은 이를 위협으로 보고 동생 대문예에게 정벌을 명령했으나, 대문예는 이를 거부하고 당으로 망명했다. 이 사건으로 발해와 당의 갈등이 고조되었고, 732년 장문휴를 파견하여 대당 공격을 감행하였다.

발해와 당과의 긴장 관계는 문왕 즉위 이후 친선 관계로 전환되었다.

076 문왕

핵심키워드 대흥, 정효 공주, 황상

정답 분석

(가)에 해당하는 왕은 발해의 문왕이다. 문왕은 발해의 제3대 왕으로, 연호 대흥과 보력을 사용하였다. 그는 자신을 황상이라 칭하며 당나라와 대등한 황제국임을 주장했다. 또한 문왕의 딸 정효 공주와 정혜 공주의 묘비에는 연호와 황상 칭호가 기록되어 있다.

④ 발해 문왕은 756년경 안사의 난으로 혼란에 빠진 당나라에 대비하고, 이 기회를 틈타 흑수 말갈에 대한 통제를 강화하기 위해 상경으로 천도하였다.

오답 분석

① 북연은 407년부터 436년까지 존속했던 5호 16국 시대의 국가로, 고구려 귀족 출신인 고운이 건국하였다. 장수왕은 북연의 마지막 왕 풍홍을 '용성왕 풍군'이라고 하대하였다. 이는 고구려의 강대국 지위를 반영한다.
② 대조영은 고구려 유민과 말갈족을 이끌고 지린성 동모산에서 발해를 건국하였다.
③ 광개토 대왕은 내물왕의 요청을 받아들여 신라에 5만 병을 파견하여, 신라에 침입한 왜를 격퇴하였다. 곧이어 금관가야를 공격해 세력을 약화시켰다.
⑤ 발해는 10대 선왕 때 5경 15부 62주를 완비하였다.

077 발해의 정치   정답 ②

핵심키워드 남북국 시대, 동모산, 고려 국왕

정답 분석

㉮는 발해로, 무왕은 728년 일본에 사신을 파견하여 당나라와의 관계 악화 속에서 대외 관계의 균형을 맞추고자 하였다. 그는 국서에서 발해가 "고구려의 옛 땅을 회복하고 부여의 습속을 지녔다."고 언급하며 고구려 계승 의식을 밝혔다. 문왕은 일본과의 외교에서 스스로를 '천손'이라 칭했고, 일본 측에서는 발해 왕을 '고려국왕'으로 지칭하며 외교를 이어갔다.

② 문왕은 당나라의 3성 6부제를 수용하여, 정당성의 대내상이 발해의 국정을 총괄하는 체제를 확립하였다.

오답 분석

① 통일 신라 신문왕은 중앙군 9서당과 지방군 10정을 조직하였다.

③ 통일 신라 문무왕은 지방 관리 감찰을 위해 외사정을 파견하였다.

④ 위화부는 진평왕 때 설치된 기관으로 인사 업무를 담당하였다. 신라의 정부 조직은 신문왕 때 14부로 완성되었다.

⑤ 궁예는 901년에 마진으로 국호를 바꾸고, 무태라는 연호를 사용하였다.

078 발해의 중정대   정답 ①

핵심키워드 해동성국, 영광탑, 정효 공주묘

정답 분석

발해는 9세기 초반, 선왕(818~830년) 시기에 전성기를 맞아 '해동성국'으로 불렸다. 영광탑은 발해의 전형적인 벽돌탑으로, 현재 중국 지린성(길림성) 문화시에 위치해 있다. 정효 공주묘는 발해 문왕의 넷째 딸의 무덤으로, 당나라식 벽돌 무덤과 고구려식 평행고임 천장 구조를 특징으로 한다.

① 발해는 관리를 감찰하기 위해 중정대를 설치하였다. 다른 나라의 사정 기관으로는 통일 신라의 사정부, 고려의 어사대, 조선의 사헌부가 있다.

오답 분석

② 9서당 10정은 통일 신라의 군사 조직이다.

③ 6좌평 제도는 백제의 중앙 관료 조직이다. 이 중 내신 좌평이 백관을 통솔하는 자리이다.

④ 상수리 제도는 통일 신라에서 지방 세력을 견제하기 위해 시행되었다.

⑤ 부여씨와 8성 귀족은 백제의 지배층이다. 반면 고구려의 왕족은 고씨, 신라는 김씨가 주를 이룬다.

079 발해의 주자감   정답 ②

핵심키워드 대무예, 장문휴, 등주 공격

정답 분석

제시문은 대무예(무왕) 시기의 당과의 갈등 관계를 보여준다. 발해의 영토 확장에 불만을 품은 당이 흑수 말갈과 연합하려 하자, 무왕은 장문휴를 보내 당의 산둥반도 등주를 공격하였다. 당은 신라 성덕왕에 군사 지원을 요청하여, 발해는 두 나라로부터 공격을 받았다. 하지만 신라군은 추운 날씨로 인해 공격에 실패하였다.

② 발해는 문왕 때부터 당과 친선 관계를 맺고 당나라 문물을 적극적으로 받아들여 내부 정비를 추진하였다. 이에 따라 주자감 설치(유학 교육 담당), 3성 6부제 실시, 상경의 구조 등에서 중국적 모습이 드러나게 되었다.

오답 분석

① 고려 태조는 수도를 개경으로 삼고, 평양은 서경으로 승격하였다.

③ 신라 법흥왕은 536년에 건원이라는 연호를 처음 사용하였다.

④ 백제 고이왕은 6좌평 제도를 마련하였다.

⑤ 통일 신라 문무왕은 외사정을 파견하여 지방을 감찰하였다.

080 발해의 문적원   정답 ④

핵심키워드 걸사비우, 대조영, 최치원, 북국(발해)

정답 분석

최치원의 사불허북국거상표는 9세기 신라 말기에 작성된 외교 문서로, 발해가 신라보다 우위를 차지하려는 시도를 반박하며 당나라 황제에게 신라의 역사적 정통성과 자주성을 강조하였다. 발해의 강대국 자처를 부정하며, 신라와 당나라의 오랜 우호 관계를 바탕으로 현상 유지를 요청하였다. 따라서 ㉮는 발해이다.

④ 발해는 문적원을 설치하여 문서 및 서적 관리를 담당하였으며, 문왕 시기(737~793년)에 설치되었다.

오답 분석

① 백제는 정사암 회의에서 중요한 국가 결정을 논의하였으며, 이는 4세기 이후에 시작되었다.

② 고구려는 지방에 욕살과 처려근지를 파견하였다.

③ 고려 시대에 도병마사는 국방 관련 문제를 논의하는 기구로 기능하였다.

⑤ 신라는 법흥왕 시기부터 골품제를 통해 신분에 따라 관등과 생활을 제한하였다.

고대의 경제와 사회

❶ 고대의 경제

농업	• 우경 장려 소를 이용한 깊이갈이 실시
상업	• (지증왕) 동시 시장·동시전 감독 관청 설치 → (통일 신라) 서시·남시 설치
무역	• 통일 신라의 주요 항구 　– 울산항 : 최대 무역항, 이슬람 상인까지 왕래 　– 청해진 : 전남 완도, 장보고가 해상 중계 무역 장악 • 통일 신라의 무역 　– 당 : 산둥반도와 화이어 하류에 신라촌 마을, 신라원 사찰 형성 　– 서역 : 향료·모직물·유리그릇 등 수입 • 발해의 무역 5도를 통해 주변국과 교류 　– 당 : 영주도 육로와 조공도 바닷길 이용, 솔빈부의 말·모피 수출 　– 일본 : 당과 신라 견제를 위해 교류, 일본도 바닷길를 통해 왕래

❷ 통일 신라의 경제

촌락 문서 (민정 문서)	• 일본 도다이사 쇼소인(정창원)에서 발견 • 서원경 청주의 4개 촌락에 대한 내용 기록 • 작성 목적 : 조세 수취와 노동력 징발을 위한 자료 수집 • 촌주가 매년 조사하여 3년마다 문서를 다시 작성 • 촌락 단위로 호구·인구·토지·과실수·가축수 등 기록 　– 호구 : 9등급(상상호~하하호)으로 구분 　– 인구 : 남녀를 성별과 나이에 따라 각각 6등급으로 구분
토지 제도	• 유형별 　– 녹읍 : 관리의 조세 징수·노동력 사용을 허용한 토지 　– 관료전 : 관리의 조세 징수만 허용한 토지 　– 정전 : 농민에게 지급한 토지 • 시기별 　– 신문왕 : 관료전 지급, 녹읍 폐지 귀족의 경제적 기반 약화 목적 　– 성덕왕 : 정전 지급 　– 경덕왕 : 귀족의 반발로 녹읍 부활

❸ 고대의 사회

고구려	• 왕족 고씨와 5부 출신 귀족 주도 • 평민 보호를 위해 진대법 제정 : 을파소의 건의, 춘대추납 방식
백제	• 왕족 부여씨와 8성 귀족 주도
신라	• 화백 회의 개최 : 귀족 회의체, 만장일치제로 운영 • 골품제 운영 　– 골품에 따라 관직 승진의 제한 　– 집의 규모나 수레의 크기, 옷차림 등 일상생활 제한 　– 진골 : 최고위직 장악, 무열왕 이후 왕위에 오름 　– 6두품 : 득난으로 불림, 아찬까지 승진 가능, 원효·설총·강수·최치원 등

└ '차지하기 힘들다'는 뜻의 6두품 별칭

✛ 장보고

궁복은 대왕(흥덕왕)을 뵙고 아뢰기를, "중국을 두루 돌아보니 우리나라 사람들을 노비로 삼고 있습니다. 청해에 진영을 설치하여 도적들이 사람을 붙잡아 서쪽으로 데려가지 못하게 하기 바랍니다"라고 하였다. … 대왕이 장보고에게 군사 1만 명을 주었다. 그 후 해상에서 우리나라 사람을 파는 자가 없었다.

－「삼국사기」－

✛ 원성왕릉의 석상

부리부리한 눈이나 이국적인 얼굴 윤곽과 복식은 서역인의 모습을 하고 있다. 이는 당시 통일 신라가 아라비아 등 서역과 활발하게 교류하였다는 주장을 뒷받침해 준다.

✛ 촌락 문서

✛ 신라의 골품제와 관등표

등급	관등명	진골	6두품	5두품	4두품	복색
1	이벌찬					자 색
2	이 찬		6두품은 승진 불가			
3	잡 찬					
4	파진찬					
5	대아찬					
6	아 찬					비 색
7	일길찬					
8	사 찬					
9	급벌찬					
10	대나마					청 색
11	나 마					
12	대 사					황 색
13	사 지					
14	길 사					
15	대 오					
16	소 오					
17	조 위					

1 다음은 고구려, 백제, 신라, 통일 신라, 발해의 경제 특징을 정리한 것이다. 해당하는 나라의 이름을 쓰시오.

(1) (　　) – 백성에게 정전을 지급하였다.

(2) (　　) – 수도에 서시와 남시를 설치하였다.

(3) (　　) – 집집마다 부경이라는 창고가 있었다.

(4) (　　) – 녹읍을 폐지하고 관료전을 지급하였다.

(5) (　　) – 특산품으로는 솔빈부의 말이 유명하였다.

(6) (　　) – 울산항, 당항성이 무역항으로 번성하였다.

(7) (　　) – 청해진을 설치하여 해상 무역을 전개하였다.

(8) (　　) – 시장을 감독하는 관청인 동시전을 설치하였다.

(9) (　　) – 거란도, 영주도 등 5도를 통해 주변국과 교류하였다.

(10) (　　) – 촌락 문서를 작성하여 호구를 남녀별·연령별로 구분하여 파악하였다.

2 빈칸에 알맞은 말을 선택하시오.

(1) 신라의 (진골, 6두품)은 득난으로 불렸다.

(2) 화랑도는 (범금 8조, 세속 5계)를 규범으로 삼았다.

(3) (제가 회의, 화백 회의)는 귀족의 만장일치제로 운영되었다.

(4) 발해는 (고구려, 말갈족) 출신이 지배층의 다수를 차지하였다.

(5) (고구려, 백제, 신라)는 욕살, 처려근지 등을 지방관으로 파견하였다.

(6) 고구려는 (정사암, 제가 회의)에 모여 국가의 중대사를 결정하였다.

(7) 고구려인들은 어려서부터 (경당, 서당)에 들어가 유학과 활쏘기를 배웠다.

(8) (고구려, 백제, 신라)는 왕족인 부여씨와 8성의 귀족이 지배층을 이루었다.

(9) 통일 신라 말기에 (진골, 호족)들이 반독립적인 세력으로 성장하였다.

(10) 통일 신라 말기에 (진골, 6두품) 세력이 골품제를 비판하며 새로운 정치 이념을 제시하였다.

3 다음 글을 읽고 옳으면 ○표, 틀리면 ×표를 하시오.

(1) (가)는 신라도를 두어 (나)와 왕래하였다. (　　)

(2) (가)는 당에 신라방을 세워 활발히 교역하였다. (　　)

(3) (나)는 특산품으로는 솔빈부의 말이 유명하였다. (　　)

(4) (나)는 조세 수취를 위해 3년 마다 촌락 문서를 작성하였다. (　　)

4 다음은 신라의 토지 제도와 관련된 사료이다. 시행된 순서대로 배열하시오.

> (가) 처음으로 백성에게 정전을 나누어 주었다.
> (나) 교서를 내려 문무 관료전을 지급하되 차등을 두었다.
> (다) 내외 관료에게 매달 지급하던 녹봉을 없애고 다시 녹읍을 주었다.

5 다음 사료를 읽고, (가) 제도의 명칭을 쓰시오.

> 설계두는 신라 귀족 가문의 자손이다. 일찍이 친구 네 사람과 술을 마시며 각기 그 뜻을 말할 때 "신라는 사람을 쓰는데 (가)을/를 따져서 그 족속이 아니면 비록 뛰어난 재주와 큰 공이 있어도 한도를 넘지 못한다. 나는 중국에 가서 출중한 지략을 발휘하고 비상한 공을 세워 화를 누리며, 높은 관직에 어울리는 칼을 차고 천자 곁에 출입하기를 원한다."라고 하였다.

정답

1. (1) 통일 신라 (2) 통일 신라 (3) 고구려 (4) 통일 신라 (5) 발해 (6) 통일 신라 (7) 통일 신라 (8) 신라 (9) 발해 (10) 통일 신라

2. (1) 6두품 (2) 세속 5계 (3) 화백 회의 (4) 고구려 (5) 고구려 (6) 제가 회의 (7) 경당 (8) 백제 (9) 호족 (10) 6두품

3. (1) ○ (2) ×(가→나) (3) ×(나→가) (4) ○

4. (나) → (가) → (다)

5. 골품제

081

밑줄 그은 '시기' 신라의 경제 모습으로 옳은 것은?

이것은 일본의 귀족들이 신라에서 들어온 물품을 매입하고자 그 수량과 가격을 기록하여 일본 정부에 제출한 '매신라물해(買新羅物解)'라는 문서입니다. 통일을 이루고 9주 5소경을 설치한 이후의 <u>시기</u>에 일본과 교역하던 모습을 알 수 있습니다.

① 벽란도가 국제 무역항으로 번성하였다.
② 조세 수취를 위해 촌락 문서를 작성하였다.
③ 철이 많이 생산되어 낙랑군 등에 수출하였다.
④ 농업 생산력 증대를 위해 우경을 처음으로 시작하였다.
⑤ 수도에 도시부(都市部)라는 관청을 설치하여 시장을 관리하였다.

082

(가) 국가의 경제 상황으로 옳은 것은?

이 문서는 일본의 도다이사 쇼소인에서 발견된 것으로, (가) 의 5소경 중 하나인 서원경 주변 촌락을 포함한 4개 촌락의 인구 현황, 토지의 종류와 면적 등이 상세히 기록되어 있습니다.

① 경성과 경원에 무역소를 두었다.
② 수도에 서시와 남시를 설치하였다.
③ 주전도감에서 해동통보를 발행하였다.
④ 독점적 도매상인인 도고가 출현하였다.
⑤ 감자, 고구마 등을 구황 작물로 재배하였다.

083

다음 자료에 나타난 시기의 경제 상황으로 옳은 것은?

> 장보고가 귀국 후 왕을 알현하여, "온 중국이 우리나라 사람을 노비로 삼고 있습니다. 바라옵건대 청해에 진을 설치하여 해적이 사람을 중국으로 잡아가는 것을 막으십시오."라고 아뢰었다. 왕이 장보고에게 군사 1만 명을 주어서 지키게 하였다.

① 은병이 화폐로 제작되었다.
② 낙랑과 왜에 철을 수출하였다.
③ 집집마다 부경이라는 창고가 있었다.
④ 덕대가 광산을 전문적으로 경영하였다.
⑤ 울산을 통해 아라비아 상인들이 왕래하였다.

084

밑줄 그은 '이 인물'에 대한 설명으로 옳은 것은?

오전 10:40   61%

길찾기   **역사**   공유   ← 적산 법화원   ✕

적산 법화원은 산동 반도에 있었던 신라인 집단 거주지에 세워진 절이다. 이 절을 창건한 <u>이 인물</u>은 당에 건너가 무령군 소장이 되었다가 흥덕왕 때 귀국하여 활발히 활동하였다. 그러나 왕위 쟁탈전에 휘말려 암살당했다.

① 구법 순례기인 왕오천축국전을 지었다.
② 진성 여왕에게 시무책 10여 조를 올렸다.
③ 청해진을 중심으로 해상 무역을 전개하였다.
④ 9산 선문 중의 하나인 가지산문을 개창하였다.
⑤ 한자의 음과 훈을 차용한 이두를 체계적으로 정리하였다.

085

(가) 국가에 대한 설명으로 옳은 것은?

① 왜에 칠지도를 만들어 보냈다.
② 2군 6위의 군사 조직을 운영하였다.
③ 신라도를 통하여 신라와 교류하였다.
④ 광평성 등의 정치 기구를 마련하였다.
⑤ 9주 5소경의 지방 행정 제도를 갖추었다.

086

(가) 국가에 대한 설명으로 옳은 것을 〈보기〉에서 고른 것은?

> **〈한국사 온라인 강좌〉**
>
> 우리 연구소에서는 (가) 의 역사적 의미를 조명하기 위해 온라인 강좌를 마련하였습니다. 관심 있는 분들의 많은 참여 바랍니다.
>
> ■ 강좌 주제 ■
>
> 제1강 일본에 보낸 외교 문서에 나타난 역사의식
> 제2강 정혜 공주 무덤의 구조로 알 수 있는 고분 양식
> 제3강 장문휴의 등주 공격을 통해 본 대외 인식
> 제4강 인안, 대흥 연호 사용에 반영된 천하관
>
> ■ 일시 : 2021년 6월 매주 목요일, 19:00~21:00
> ■ 방식 : 화상 회의 플랫폼 활용
> ■ 주관 : △△ 연구소

┌─ 보기 ┐
ㄱ. 철전인 건원중보를 발행하였다.
ㄴ. 솔빈부의 말이 특산물로 거래되었다.
ㄷ. 지방관을 감찰하고자 외사정을 파견하였다.
ㄹ. 거란도, 영주도 등을 통해 주변국과 교류하였다.
└───────────────┘

① ㄱ, ㄴ   ② ㄱ, ㄷ
③ ㄴ, ㄷ   ④ ㄴ, ㄹ
⑤ ㄷ, ㄹ

087

밑줄 그은 '이 제도'에 대한 설명으로 옳은 것은?

① 원화(源花)에 기원을 두고 있다.
② 을파소의 건의로 처음 마련되었다.
③ 서얼의 관직 진출을 법으로 제한하였다.
④ 집과 수레의 크기 등 일상생활을 규제하였다.
⑤ 문무 5품 이상 관리의 자손을 대상으로 하였다.

088

(가), (나) 국가의 사회 모습에 대한 설명으로 옳은 것은?

> (가) 왕의 성은 부여씨이고, [왕을] '어라하'라고 하며 백성들은 '건길지'라고 부른다. 모두 중국말로 왕이라는 뜻이다. …… 도성에는 1만 가(家)가 거주하며 5부로 나뉘는데 상부·전부·중부·하부·후부라고 하며, 각각 5백명의 군사를 거느린다. [지방의] 5방에는 각기 방령 1인을 두는데 달솔로 임명하고, 군에는 군장(郡將) 3인이 있으니 덕솔로 임명한다.
> – 「주서」 –
>
> (나) 60개의 주현이 있으며, 큰 성에는 녹살 1인을 두는데 도독과 비슷하다. 나머지 성에는 처려근지를 두는데 도사라고도 하며, 자사와 비슷하다. …… [수도는] 5부로 나뉘어 있다.
> – 「신당서」 –

① (가) – 사회 질서를 유지하기 위해 범금 8조를 두었다.
② (가) – 거란도, 일본도 등을 통해 주변 국가와 교류하였다.
③ (나) – 태학과 경당을 두어 인재를 양성하였다.
④ (나) – 정사암 회의에서 국가 중대사를 논의하였다.
⑤ (가), (나) – 골품에 따라 관등 승진에 제한이 있었다.

081 촌락 문서   정답 ②

핵심키워드 매신라물해, 9주 5소경

정답 분석

「매신라물해」와 9주 5소경은 통일 신라와 관련 있다. 「매신라물해」는 일본이 통일 신라의 물품을 구매하기 위해 정부에 제출했던 문서이다. 이 문서는 현재 일본 나라에 있는 쇼소인(정창원)에 보존되어 있으며, 이곳에서 통일 신라 시기 촌락의 운영과 관련된 「촌락 문서」도 발견되었다. 이는 당시 신라와 일본 간의 교역 및 문화교류를 보여주는 중요한 사료이다.

② 조세 수취를 위해 국가가 작성한 문서로는, 통일 신라의 촌락 문서와 고려~조선의 양안(토지 대장)과 호적(인구 대장)이 있다.

오답 분석

① 고려의 벽란도는 국제 무역항으로 번성하였다.
③ 금관가야는 철을 생산하여 낙랑과 왜에 수출하였다.
④ 신라 지증왕은 502년에 우경을 도입하여 농업 생산력을 높였다.
⑤ 도시부는 성왕 때 마련된 백제의 중앙관제 22부 중 하나로, 상업과 교역 업무를 담당하였다. 「삼국사기」에는 '시부(市部)'라고 되어 있다.

082 촌락 문서   정답 ②

핵심키워드 쇼소인(정창원), 서원경, 토지 기록

정답 분석

「촌락 문서」에는 사해점촌과 살하지촌을 포함한 서원경의 4개 촌락에 대한 정보가 수록되어 있다. 각 촌락의 인구, 토지 면적, 생산량 등과 함께 촌락 주민을 9등급으로 구분하여 기록하고 있다. 이는 조세와 부역을 관리하기 위한 체계적인 방식으로, 통일 신라 시대의 경제 및 사회 구조를 이해하는 데 중요한 정보를 제공한다.

② 서시와 남시는 통일 신라 효소왕(698년) 때 설치되었다.

오답 분석

① 조선 태종은 여진족에 대한 회유책의 일환으로 1406년에 동북면 도순문사 박신의 건의를 받아들여 함경도의 경성과 경원에 무역소를 설치하였다.
③ 고려 숙종 시기(1102년)에 주전도감에서 해동통보를 발행하였다.
④ 독점적 도매상인인 도고는 조선 후기 상업 발전과 함께 18세기 중후반에 출현하였다.
⑤ 감자와 고구마는 조선 후기부터 구황 작물로 재배되었다.

083 통일 신라의 경제   정답 ⑤

핵심키워드 장보고, 청해진

정답 분석

장보고는 신라 하대의 인물로, 828년에 흥덕왕의 허가를 받아 전남 완도에 청해진을 설치하고 1만 명의 군사를 이끌었다. 청해진은 해적 소탕과 해상 무역의 거점이 되어 장보고가 동아시아 해상권을 장악하는 데 중요한 역할을 하였다.

⑤ 울산항은 통일 신라의 최대 무역항으로, 서역인들이 빈번히 드나들었다. 경주 원성왕릉에서 발견된 서역인상과 경주 계림로에서 출토된 황금 보검은 이러한 교역의 증거로 여겨진다.

오답 분석

① 은병은 고려 숙종 시기에 고액 화폐로 제작되었다.
② 가야는 철을 생산하여 낙랑과 왜에 수출하였다.
③ 부경은 고구려의 각 집집마다 설치된 곡식 저장 창고였다.
④ 덕대는 조선 후기 광산을 전문적으로 경영하는 인물로, 18세기 이후 등장하였다.

084 장보고   정답 ③

핵심키워드 법화원, 흥덕왕

정답 분석

장보고는 당나라에서 무령군 소장으로 임명되어 군사 경력을 쌓았다. 이후 흥덕왕(42대) 때 귀국하여 청해진을 설치하고 신라와 당나라, 일본 간 교역을 주도하였다. 또한, 산둥반도에 법화원을 세워 신라인들의 종교적·문화적 거점으로 활용하며 국제적 교류를 강화하였다. 신무왕(45대)의 즉위를 지원하는 등 정치적 영향력을 확대하던 그는 문성왕(46대) 때 왕위 쟁탈전에 휘말려 846년에 암살당했다.

③ 장보고는 완도에 설립한 청해진(828년)을 중심으로 해상 무역을 전개하였다.

오답 분석

① 통일 신라의 승려인 혜초는 인도와 중앙아시아를 다녀온 후 「왕오천축국전」을 지었다.
② 최치원은 진성 여왕(887년)에게 시무책을 올려 개혁을 제안하였다.
④ 도의는 821년에 당에서 귀국하여 9산 선문 중 하나인 가지산문을 개창하였다.
⑤ 통일 신라의 설총은 한자의 음과 훈을 차용하여 이두를 체계적으로 정리하였다.

085 발해의 대외 교류 정답 ③

핵심키워드 5경, 동경 용원부

정답 분석

발해의 이불병좌상은 머리 뒤의 후광과 옷 주름 등의 표현에서 고구려 불상의 특징이 드러난다. 이 불상은 주로 발해의 동경 일대에서 출토되었으며, 두 부처가 서로 손을 맞잡고 있는 독특한 수인은 다른 불상에서 찾아보기 어려운 발해만의 독창성을 나타낸다. 또한 발해 문왕은 불교를 적극적으로 받아들여 자신을 '금륜성업대왕'이라 칭하며 불교적 이상 국가를 추구하였다.
③ 발해는 5도를 통해 주변국과 교류하였다. 이 중 동경에서 신라 국경에 이르는 길을 신라도라 부른다.

오답 분석

① 백제 근초고왕은 왜에 칠지도를 보냈다.
② 고려는 수도 방어를 위해 2군 6위를 조직하였다.
④ 궁예는 901년 후고구려를 세우고 광평성을 비롯한 정치 기구를 마련하였다.
⑤ 통일 신라는 신문왕 시기에 9주 5소경 체제를 확립하여 지방 행정을 강화하였다.

086 발해의 경제 정답 ④

핵심키워드 정혜 공주묘, 장문휴, 인안, 대흥

정답 분석

제시된 자료는 발해와 관련 있다. 발해는 무왕 때 인안, 문왕 때 대흥과 보력을 연호로 사용하였다.
ㄴ. 발해의 솔빈부는 8세기에 말 생산지로 유명하며, 이 지역에서 생산된 말은 발해의 중요한 수출품 중 하나였다.
ㄹ. 발해는 당, 신라, 거란, 일본 등 주변 국가들과 활발한 무역을 펼쳤다. 특히 당과의 무역에서는 해로와 육로를 모두 이용했으며, 이때 영주도와 조공도를 이용하였다. 거란과 통하는 길을 거란도라 불렀다.

오답 분석

ㄱ. 고려 성종은 996년에 건원중보라는 철전을 발행하였다. 이는 우리 역사상 최초로 발행한 화폐이다.
ㄷ. 신라 문무왕은 지방관을 감찰하기 위해 외사정을 파견하였다.

087 골품제 정답 ④

핵심키워드 대아찬, 6두품

정답 분석

신라의 골품제는 왕족과 귀족을 8단계로 구분한 신분 제도이다. 이들 간에는 혼인이 금지되며, 승진의 상한선과 집과 수레의 크기가 달랐다. 예를 들어, 진골만이 제5관등인 대아찬 이상에 오를 수 있었고, 주요 관청의 장관이 될 수 있었다. 이는 지배층 내에서도 엄격한 차별을 규정한 것으로, 신라가 주변국을 병합하는 과정에서 마련되었다.

오답 분석

① 원화는 신라에서 기원을 두며, 화랑도의 전신으로 알려져 있다.
② 을파소는 고구려의 진대법을 처음 시행한 인물로, 국가 차원의 빈민 구제를 시작하였다.
③ 서얼은 첩의 몸에서 태어난 양반의 후손을 의미하며, 조선 시대에 중인층에 속했다. 이들은 조선 시대에 관직 진출이 법으로 제한되었으며, 성종 때부터 이를 규정한 서얼금고법이 시행되었다.
⑤ 고려는 문무 5품 이상 관리의 자손에게 음서를 허용하였다.

088 고대의 사회 정답 ③

핵심키워드 부여씨, 5부, 방령, 처려근지

정답 분석

㈎ 백제의 왕족은 부여씨이다. 백제는 고구려의 영향을 받아 수도를 5부로 구분하고, 지방은 5방으로 편성한 뒤 방령을 각각 파견하였다.
㈏ 고구려는 수도를 5부로 나누고, 지방은 5부로 나누어 욕살을 파견하여 다스렸다.
③ 태학과 경당은 고구려의 교육 기관이다.

오답 분석

① 범금 8조는 고조선의 법이다.
② 거란도, 일본도 등은 발해가 주변국과 교류하는 5도 중 일부이다.
④ 백제에서는 정사암 회의에서 국가의 중요한 정책을 논의하였다.
⑤ 신라는 골품제를 통해 관등 승진에 제한을 두고 신분에 따라 사회적 위치를 규정하였다. 가령 6두품은 6등급 아찬까지만 승진할 수 있었다. 이는 신라 말에 6두품이 반신라화 되는 데 영향을 주었다.

고대의 불교

❶ 고대의 승려

원광	• 진평왕 시기, 수나라에 걸사표 바침, 세속 5계 작성
자장	• 선덕 여왕 시기, 통도사 건립, 황룡사 9층 목탑 제안
원효	• 일심(一心) 사상 : '모든 것은 사람의 마음에 기초하고 있고, 마음이 모든 존재의 근거'라는 사상 • 화쟁(和諍) 사상 : 여러 종파의 대립 융화 시도 • 불교의 대중화 기여 　– 스스로 소성거사라 칭함, 무애가 불교 노래 제작 　– 아미타 신앙 : '나무아미타불'을 염불하면 내세에 서방 정토에 태어난다는 믿음 • 대승기신론소·금강삼매경론·십문화쟁론 등 저술
의상	• 당 유학 후 화엄종 개창 　– 일즉다 다즉일(一卽多 多卽一) : '모든 존재가 상호 의존적인 관계에 있으면서 서로 조화를 이루고 있다'는 사상 　– 화엄일승법계도에서 집약 화엄 사상의 요지를 210자로 축약 • 관음 신앙 : '관세음보살' 염불, 불교 대중화 기여 • 영주 부석사 창건
혜초	• 왕오천축국전 집필 　– 인도와 중앙아시아 순례 　– 인도와 중앙아시아의 불교, 정치, 풍속, 기후 등을 기록

❷ 신라 하대의 선종 유행

(1) 특징 : 참선 수행을 통한 깨달음 강조

- 승탑 건립 흥법사지 염거화상탑, 쌍봉사 철감선사탑 등
- 견성오도 주장 : '인간의 본성을 바라보면 곧 진리를 깨친다.'
- 불립문자 주장 : '불교의 깨달음은 문자로 설명할 수 없다.'

(2) 호족의 지원을 얻어 선종 9산 성립

- 가지산파 : 전남 장흥
- 수미산파 : 황해도 해주(왕건의 후원 받음)

❸ 고대의 불탑

▲ 백제, 익산 미륵사지 석탑
현존 최고最古의 탑, 목탑 형식, 2009년 금제 사리봉영기 발견

▲ 백제, 부여 정림사지 5층 석탑

▲ 신라, 경주 분황사 모전 석탑
신라 탑 중 가장 오래됨, 전탑 모방(돌을 벽돌 모양으로 제작)

▲ 통일 신라, 경주 불국사 3층 석탑
보수 과정에서 무구정광 대다라니경[현존 최고(最古)의 목판 인쇄물] 발견

▲ 통일 신라, 경주 불국사 다보탑

▲ 통일 신라, 구례 화엄사 4사자 3층 석탑

▲ 통일 신라, 양양 진전사지 3층 석탑

▲ 발해, 영광탑 진답

✚ 선종 9산

✚ 승탑

- 승려의 사리 보관
- 불탑과 달리 주로 팔각원당형으로 제작

▲ 흥법사지 염거화상탑

✚ 고대의 불상

▲ 고구려, 금동 연가7년명 여래 입상

▲ 백제, 서산 마애 여래 삼존불
'백제의 미소'라고 불림

▲ 삼국, 금동 미륵보살 반가사유상

▲ 통일 신라, 서굴암 본존불

1 다음 설명에 해당하는 승려를 쓰시오.

> **보기**
>
> 도선   의상   원광   원효   자장   혜초

(1) (　　) - 풍수지리설을 들여왔다.

(2) (　　) - 영주에 부석사를 창건하였다.

(3) (　　) - 황룡사 구층 목탑의 건립을 건의하였다.

(4) (　　) - 대승기신론소, 십문화쟁론을 저술하였다.

(5) (　　) - 무애가를 지어 불교 대중화에 노력하였다.

(6) (　　) - 화랑도의 규범으로 세속 5계를 제시하였다.

(7) (　　) - 화엄일승법계도를 지어 화엄 사상을 정리하였다.

(8) (　　) - 인도와 중앙아시아를 여행하고 왕오천축국전을 남겼다.

2 빈칸에 알맞은 말을 선택하시오.

(1) (백제, 고구려)의 금동연가7년명 여래 입상은 광배와 친근한 미소로 유명하다.

(2) (원효, 의상)은/는 당에서 유학하고 돌아와 화엄종을 열고 많은 사찰을 세웠다.

(3) 신라 말에는 새로운 불교 종파인 (교종, 선종)이 유행하였다.

(4) (도교, 풍수지리설)은/는 신라인에게 경주를 벗어나 지방의 중요성을 일깨워주었다.

3 관련 있는 것을 연결하시오.

(1) 미륵사지 석탑　　•

(2) 분황사 모전 석탑　•

(3) 불국사 3층 석탑　•

(4) 황룡사 9층 목탑　•

(5) 쌍봉사 철감선사 승탑　•

•ㄱ 복원 과정에서 금제 사리 봉안기가 나왔다.

•ㄴ 신라 하대 선종의 유행과 깊은 관련이 있다.

•ㄷ 현존하는 신라 석탑 가운데 가장 오래되었다.

•ㄹ 선덕 여왕이 자장의 건의를 받아들여 건립하였다.

•ㅁ 탑을 보수하는 과정에서 무구정광대다라니경이 발견되었다.

4 물음에 답하시오.

(1) ㄱ~ㅂ 중 백제의 불탑을 모두 고르시오.

(2) ㄱ~ㅂ 중 통일 전 신라의 불탑을 고르시오.

(3) ㄱ~ㅂ 중 통일 신라의 불탑을 모두 고르시오.

(4) ㄱ~ㅂ 중 발해의 불탑을 고르시오.

5 다음 사료를 읽고, 해당하는 승려를 쓰시오.

(1) (　　　　　　)

> 하나 가운데 일체의 만물이 다 들어 있고, 만물 속에는 하나가 자리 잡고 있으니, 하나가 곧 일체의 만물이고, 만물은 곧 하나에 귀속되어 있는 것이다.

(2) (　　　　　　)

> 그는 우연히 광대가 춤출 때 쓰는 커다란 박을 얻었는데, … 이 박을 무애라 이름 붙이고 노래를 지어 세상에 퍼뜨렸다. 이로 말미암아 가난하고 무지몽매한 무리들까지도 모두 부처의 이름을 알게 되었고, '나무아미타불'을 외우게 되었다.

(3) (　　　　　　)

> 한 달 뒤에 구시나국에 도착하였다. 석가가 열반에 드신 곳이다. 부처님이 열반하신 곳에 탑을 세웠는데 한 스님이 그곳을 깨끗이 청소하고 있었다. … 그때 여행하면서 느낀 감정을 오언시로 읊었다.

> **정답**
>
> 1. (1) 도선 (2) 의상 (3) 자장 (4) 원효 (5) 원효 (6) 원광 (7) 의상 (8) 혜초
> 2. (1) 고구려 (2) 의상 (3) 선종 (4) 풍수지리설
> 3. (1) ㄱ (2) ㄷ (3) ㅁ (4) ㄹ (5) ㄴ
> 4. (1) ㄴ 정림사지 5층 석탑, ㅂ 미륵사지 석탑 (2) ㄷ 분황사 모전석탑
>   (3) ㄱ 다보탑, ㄹ 불국사 3층 석탑 (4) ㅁ 영광탑
> 5. (1) 의상 (2) 원효 (3) 혜초

089

71회 4번 [3점]

(가) 인물에 대한 설명으로 옳은 것은?

> 왕이 고구려가 자주 국경을 침략하는 것을 걱정하여 수에 군사를 요청해 고구려를 치고자 하였다. 이에 (가) 에게 명하여 걸사표를 짓도록 하였다. (가) 이/가 말하기를, "자기가 살고자 남을 멸하는 것은 출가한 승려로서 적합한 행동은 아니지만, 제가 대왕의 땅에서 살고 대왕의 물과 풀을 먹고 있으니 어찌 감히 명을 따르지 않겠습니까."라고 하면서 글을 써서 올렸다.

① 구법 순례기인 왕오천축국전을 남겼다.
② 황룡사 9층 목탑의 건립을 건의하였다.
③ 무애가를 지어 불교 대중화에 기여하였다.
④ 사군이충 등을 포함한 세속 5계를 제시하였다.
⑤ 풍수지리 사상이 반영된 송악명당기를 저술하였다.

091

47회 9번 [1점]

(가) 인물에 대한 설명으로 옳은 것은?

> (가) 은/는 설총을 낳은 이후 속인의 옷으로 바꾸어 입고 스스로 소성거사라고 하였다. 우연히 광대들이 갖고 놀던 큰 박을 얻었는데 그 모양이 괴이하였다. 그 모양을 따라서 도구로 만들어 화엄경의 구절에서 이름을 따와 '무애(無㝵)'라고 하고, 노래를 지어 세상에 퍼뜨렸다.

① 부석사를 창건하였다.
② 백련결사를 주도하였다.
③ 왕오천축국전을 남겼다.
④ 금강삼매경론을 저술하였다.
⑤ 신편제종교장총록을 편찬하였다.

090

61회 5번 [1점]

(가) 인물의 활동으로 옳은 것은?

> 이곳은 (가) 의 생애와 활동을 주제로 한 전시실입니다. 그는 금강삼매경론, 대승기신론소 등을 저술하여 불교 교리 연구에 힘썼으며, 무애가를 짓고 정토 신앙을 전파하여 불교 대중화에 앞장섰습니다.

① 일심 사상과 화쟁 사상을 주장하였다.
② 구법 순례기인 왕오천축국전을 남겼다.
③ 황룡사 9층 목탑의 건립을 건의하였다.
④ 왕명으로 수에 군사를 청하는 걸사표를 지었다.
⑤ 승려들의 전기를 정리한 해동고승전을 편찬하였다.

092

67회 6번 [2점]

밑줄 그은 '이 승려'에 대한 설명으로 옳은 것은?

> **POST CARD**
>
> 우표
>
> ○○ 에게
>
> 나는 지금 영주 부석사에 와 있어. 이곳은 당에 가서 화엄학을 공부한 이 승려가 세운 절이야. 선묘각과 부석을 통해 그가 선묘 낭자의 도움을 받아 사찰을 건립했다는 설화를 떠올릴 수 있었어. 그리고 무량수전 배흘림기둥에 기대어 멀리 풍경을 보니, 너와 함께 다시 와보고 싶다는 생각이 들었어. 그럼 이만 줄일게, 안녕.
>
> △△가

① 황룡사 9층 목탑의 건립을 건의하였다.
② 무애가를 지어 불교 대중화에 노력하였다.
③ 유식의 교의를 담은 해심밀경소를 저술하였다.
④ 승려들의 전기를 정리한 해동고승전을 편찬하였다.
⑤ 현세의 고난에서 구제받고자 하는 관음 신앙을 강조하였다.

093

(가) 인물에 대한 설명으로 옳은 것은?

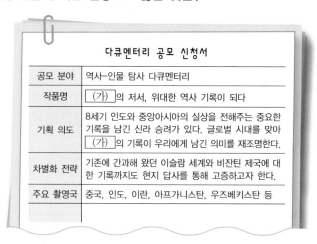

다큐멘터리 공모 신청서

공모 분야	역사-인물 탐사 다큐멘터리
작품명	(가) 의 저서, 위대한 역사 기록이 되다
기획 의도	8세기 인도와 중앙아시아의 실상을 전해주는 중요한 기록을 남긴 신라 승려가 있다. 글로벌 시대를 맞아 (가) 의 기록이 우리에게 남긴 의미를 재조명한다.
차별화 전략	기존에 간과해 왔던 이슬람 세계와 비잔틴 제국에 대한 기록까지도 현지 답사를 통해 고증하고자 한다.
주요 촬영국	중국, 인도, 이란, 아프가니스탄, 우즈베키스탄 등

① 향가 모음집인 삼대목을 편찬하였다.
② 화랑도의 규범인 세속 5계를 제시하였다.
③ 무애가를 지어 불교 대중화에 기여하였다.
④ 구법 순례기인 왕오천축국전을 저술하였다.
⑤ 화엄일승법계도를 지어 화엄 사상을 정리하였다.

094

(가), (나) 인물에 대한 설명으로 옳은 것은?

① (가) – 법화 신앙을 바탕으로 백련 결사를 이끌었다.
② (가) – 화엄일승법계도를 지어 화엄 사상을 정리하였다.
③ (나) – 불교 교단을 통합하기 위해 천태종을 개창하였다.
④ (나) – 인도와 중앙아시아를 여행하고 왕오천축국전을 저술하였다.
⑤ (가), (나) – 심성 도야를 강조한 유불일치설을 주장하였다.

095

밑줄 그은 '이 시기'에 있었던 사실로 옳은 것은?

① 왕의 장인인 김흠돌이 난을 일으켰다.
② 거칠부가 왕명에 의해 국사를 편찬하였다.
③ 김춘추가 진골 출신 최초로 왕위에 올랐다.
④ 자장의 건의로 황룡사 9층 목탑이 건립되었다.
⑤ 체징이 9산 선문 중 하나인 가지산문을 개창하였다.

096

밑줄 그은 '이 시기'에 있었던 사실로 옳은 것은?

① 원광이 세속 5계를 제시하였다.
② 김대문이 화랑세기를 저술하였다.
③ 김대성이 불국사 조성을 주도하였다.
④ 최치원이 진성 여왕에게 시무책을 올렸다.
⑤ 자장의 건의로 황룡사 9층 목탑이 건립되었다.

097

밑줄 그은 '이 탑'으로 옳은 것은?

◆ 유물 이야기 ◆

금제 사리봉영기가 남긴 고대사의 수수께끼

2009년 이 탑의 해체 수리 중에 사리장 엄구와 금제 사리봉영기가 발견되었다. 사리봉영기에는 "우리 백제 왕후께서는 좌평 사택적덕의 따님으로 …… 가람을 세우시고 기해년 정월 29일에 사리를 받들어 맞이하셨다."라는 명문이 있어 큰 주목을 받았다. 이 탑을 세운 주체가 삼국유사에 나오는 선화 공주가 아니라 백제 귀족의 딸로 밝혀져 서동 왕자와 선화 공주 설화의 진위 여부에 대한 논란이 일어나기도 하였다.

①   ②   ③

④   ⑤

098

(가)에 해당하는 문화유산으로 옳은 것은?

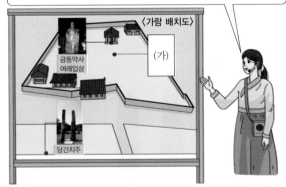

국보로 지정된 (가) 은 현존하는 신라 탑 중에 가장 오래된 것으로 평가받습니다. 이 탑은 돌을 벽돌 모양으로 다듬어 쌓았다는 특징이 있으며, 선덕 여왕 3년에 건립된 것으로 추정됩니다.

〈가람 배치도〉
금동약사여래입상
(가)
당간지주

①   ②   ③

④   ⑤

099

(가)에 해당하는 국가유산으로 옳은 것은?

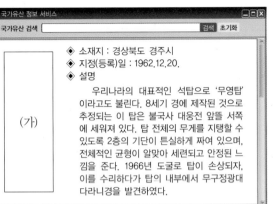

국가유산 정보 서비스

국가유산 검색 [   ] 검색 초기화

(가)

◆ 소재지 : 경상북도 경주시
◆ 지정(등록)일 : 1962.12.20.
◆ 설명

우리나라의 대표적인 석탑으로 '무영탑'이라고도 불린다. 8세기 경에 제작된 것으로 추정되는 이 탑은 불국사 대웅전 앞뜰 서쪽에 세워져 있다. 탑 전체의 무게를 지탱할 수 있도록 2층의 기단이 튼실하게 짜여 있으며, 전체적인 균형이 알맞아 세련되고 안정된 느낌을 준다. 1966년 도굴로 탑이 손상되자, 이를 수리하다가 탑이 내부에서 무구정광대다라니경을 발견하였다.

①   ②   ③

④   ⑤

100

(가) 국가의 문화유산으로 옳은 것은?

□□신문

제△△호   ○○○○년 ○○월 ○○일

(가) 의 황후 묘지 발굴

중국 지린성 허룽시 룽하이촌 룽터우산 고분군에서 (가) 이/가 황제국이었음을 보여주는 제3대 문왕의 부인 효의황후와 제9대 간왕의 부인 순목황후의 묘지(墓誌)가 발굴되었다. 이와 함께 고구려 양식을 계승한 것으로 보이는 금제 관식도 출토되었다.

순목황후묘 실측도

①   ②   ③

④   ⑤

101

밑줄 그은 '이 불상'으로 옳은 것은?

① ② ③

④ ⑤

102

(가) 국가의 문화유산으로 옳은 것은?

103

다음 설명에 해당하는 문화유산으로 옳은 것은?

① ② ③

④ ⑤

104

(가)에 해당하는 문화유산으로 옳은 것은?

089 원광 정답 ④

핵심키워드 결사표, 승려

정답 분석

원광은 608년에 신라 진평왕의 요청으로, 고구려의 잦은 공격에 맞서기 위해 수나라에 군사적 지원을 요청하는 결사표를 작성하였다. '걸사'는 '군사를 청하다'는 의미를 담고 있다. 당시 신라는 고구려의 지속적인 침략으로 큰 피해를 입고 있었고, 원광은 중국 유학 경험과 학식으로 결사표를 작성할 적임자로 선택되었다.

④ 세속 5계는 원광이 가르친 5가지 계율로, 화랑 오계라고도 불렸다. 사군이충(충심으로 왕을 섬긴다), 사친이효(효로써 부모를 섬긴다), 교우이신(신의로써 친구를 사귄다), 임전무퇴(전쟁에 나가서 물러서지 않는다), 살생유택(살아 있는 것을 죽일 때는 가려서 한다)을 담고 있다.

오답 분석

① 왕오천축국전은 혜초가 8세기에 저술한 여행기다.
② 황룡사 9층 목탑은 자장의 건의를 받아들여 선덕 여왕 때인 645년에 건립이 시작되었다.
③ 무애가는 원효가 7세기 후반에 지어 불교의 대중화를 위해 사용한 노래로, 불교 교리를 쉽게 전파하는 데 기여하였다.
⑤ 송악명당기는 도선이 신라 말기에 풍수지리 사상과 관련해 주장한 것이다.

090 원효 정답 ①

핵심키워드 금강삼매경론, 대승기신론소, 무애가

정답 분석

원효는 불교 교리를 대중에게 쉽게 전달하기 위해 다양한 저서를 남겼으며, 대표적으로 「금강삼매경론」과 「대승기신론소」가 있다. 그는 불교를 널리 전파하기 위해 무애가를 지어 불교 교리를 노래로 풀어내어 대중화에 기여하였다. 원효의 저서들은 복잡한 불교 교리를 해설하고 대중에게 쉽게 다가갈 수 있도록 돕는 데 큰 역할을 하였다.

① 원효의 일심 사상은 모든 존재가 근본적으로 하나의 마음에서 비롯된다는 개념이다. 또한 그는 화쟁 사상을 통해 서로 다른 불교 교리와 사상을 조화롭게 통합하려고 하였다.

오답 분석

② 혜초는 인도와 중앙아시아를 여행하고 왕오천축국전을 작성하였다.
③ 선덕 여왕은 자장의 건의를 받아들여 황룡사 9층 목탑을 건립하였다.
④ 진평왕 때 원광은 왕명으로 수나라에 군사를 청하는 걸사표를 지었다.
⑤ 고려 중기 승려인 각훈은 승려들의 전기를 정리한 해동고승전을 편찬하였다.

091 원효 정답 ④

핵심키워드 아들 설총, 소성거사, 무애

정답 분석

원효는 깨달음을 얻은 후 속세로 돌아와 스스로를 소성거사라 칭하며 불교의 대중화를 위해 활동하였다. 그는 불교 교리를 쉽게 전달하기 위해 무애가를 지어 대중에게 전파하였다. 또한 누구나 부지런히 '나무아미타불'을 외우면 내세에는 서방 정토에 태어날 수 있다고 설법하여 불교의 대중화에 이바지하였다.

④ 원효의 대표적인 저서로는 「금강삼매경론」과 「대승기신론소」가 있다.

오답 분석

① 의상은 당에서 귀국 후 7세기 후반에 영주에 부석사를 창건하였다.
② 요세는 12세기 후반에 백련결사를 주도하여, 전남 강진을 중심으로 불교 개혁 운동을 전개하였다.
③ 구법 순례기인 왕오천축국전은 혜초가 704년에 저술한 여행기다.
⑤ 의천은 고려 숙종 시기에 불교의 경전과 해설서의 목록을 정리하여 「신편제종교장총록」을 편찬하였다.

092 의상 정답 ⑤

핵심키워드 영주 부석사, 화엄학, 선묘

정답 분석

「삼국유사」와 기타 사료에 따르면, 선묘는 중국 여인으로 당나라에 유학 온 의상을 사랑했다고 한다. 하지만 의상이 이를 받아들이지 않자 의상의 귀국을 돕기 위해 바다에 몸을 던져 용이 되었다. 또한 선묘는 용의 모습으로 의상이 부석사를 창건할 때 도움을 주었다.

⑤ 관음 신앙은 관음보살이 현세에서 중생들의 고통을 듣고 구제해준다는 믿음으로, 의상은 낙산사를 창건하며 관음 신앙의 중요한 성지를 만들었다.

오답 분석

① 황룡사 9층 목탑은 자장의 건의를 받아들여 선덕 여왕 때 건립되었다. 당시 신라는 백제 의자왕의 지속적인 군사 공격으로 대야성 등을 빼앗겨 위기에 처해있었다.
② 원효는 7세기 후반에 무애가를 지어 불교 대중화에 기여하였다.
③ 원측의 「해심밀경소」는 해심밀경을 유식 사상에 따라 해석한 주석서다.
④ 「해동고승전」은 한국 승려들의 전기를 정리한 책으로, 고려 중기 승려인 각훈이 13세기 초에 편찬하였다.

093 혜초　　정답 ④

핵심키워드 인도, 중앙아시아, 신라 승려

정답 분석

신라 승려 혜초는 8세기에 인도와 중앙아시아를 순례하며 정치, 경제, 종교, 풍습 등을 기록한 왕오천축국전을 남겼다. 이 기록은 당시 인도와 중앙아시아에 대한 세계 유일의 기록으로 평가받고 있다. 왕오천축국전은 마르코 폴로의 「동방견문록」과 함께 세계 4대 여행기 중 하나로 인정받는다.

오답 분석

① 대구화상은 진성 여왕 시기에 향가 모음집인 「삼대목」을 편찬하여 신라의 향가를 기록하였다.
② 원광은 7세기 초에 세속 5계를 제시하며 화랑도의 규범을 확립하였다.
③ 원효는 7세기 중반에 무애가(원효가 지은 불교 노래)를 지어 불교 대중화에 기여하였다.
⑤ 화엄일승법계도는 신라의 승려 의상이 화엄 사상을 한 장의 그림으로 체계화한 법도이다.

094 원효, 의상　　정답 ②

핵심키워드 당 유학, 부석사, 무애가, 나무아미타불

정답 분석

(개)는 의상, (내)는 원효이다. 의상은 낙산사, 부석사 등을 창건했으며, 원효는 분황사에서 다양한 저서를 남겼다.
② 의상은 7세기 후반에 화엄일승법계도를 지어 화엄 사상을 체계적으로 정리하였다.

오답 분석

① 고려 후기에 불교 개혁 운동을 이끈 결사로는 지눌의 정혜결사(수선사)와 요세의 백련결사가 있다. 요세는 천태사상과 법화 신앙을 중요시했으며, 경전과 계율을 중시하며 참선 수행만을 비판하였다.
③ 고려의 승려 의천은 11세기에 교종 중심으로 불교 교단을 통합하기 위해 해동 천태종을 개창하였다.
④ 혜초는 8세기 중엽에 인도와 중앙아시아를 순례하며 「왕오천축국전」을 저술하였다.
⑤ 고려의 승려 혜심은 유학을 공부한 향리 출신으로, 유교와 불교의 가르침이 본질적으로 같다고 보고, 이름과 표현 방식만 다를 뿐이라고 주장하였다. 이를 유불일치설이라고 한다.

095 신라 하대의 문화　　정답 ⑤

핵심키워드 김헌창, 반란, 혜공왕 피살 이후

정답 분석

김주원은 헌덕왕 시기에 왕위를 노리며 반란을 일으켰다. 이는 신라 하대의 대표적인 왕위 쟁탈전이다. 따라서 제시문의 '이 시기'는 통일 신라 말(신라 하대)에 해당한다.
⑤ 선종은 신라 말기에 도입되어 경전보다 불성의 깨달음을 중시하며, 지방 호족과 백성들로부터 환영을 받았다. 도의는 821년에 당에서 귀국 후 설악산 진전사에서 선법을 전파하였다. 가지산문은 신라 말에 형성된 선종 9산 중 하나로, 체징은 도의를 가지산문의 초조로 삼고, 염거를 이조, 자신을 삼조로 하여 법통을 확립하였다.

오답 분석

① 김흠돌의 난은 신라 신문왕 때 발생한 반란으로, 강력한 진압으로 왕권 강화의 계기가 되었다.
② 거칠부는 6세기 중엽 진흥왕 때 국사를 편찬하였다.
③ 김춘추는 진골 출신으로, 654년에 태종 무열왕이 되어 신라 최초의 진골 출신 왕으로 즉위하였다.
④ 자장은 7세기 초에 선덕 여왕에게 건의를 올려 황룡사 9층 목탑이 건립되었다.

096 선종　　정답 ④

핵심키워드 가지산문, 선종 불교 유행

정답 분석

가지산문은 신라 말에 형성된 선종 9산 중 하나로, 제시된 자료는 신라 말에 해당한다. 특히 진성 여왕 때에는 원종과 애노의 난의 시작으로 전국에서 농민 봉기가 일어났다.
④ 최치원은 894년에 진성 여왕에게 시무책을 올리며 개혁을 제안했다. 하지만 6두품이라는 신분적 한계로 인해 개혁안이 실현되지 못하자, 정치적 한계를 절감하고 은둔하였다. 이는 신라 6두품의 좌절을 상징적으로 드러낸다.

오답 분석

① 원광은 7세기 초 진평왕 때 화랑도의 규범으로 세속 5계를 제시하였다.
② 김대문은 8세기 초 성덕왕 때 화랑세기를 저술하였다.
③ 김대성은 8세기 중반 경덕왕 때 불국사와 석굴암 조성을 주도하였다.
⑤ 자장은 7세기 초 선덕 여왕 때 황룡사 9층 목탑 건립을 건의하였다.

097 미륵사지 석탑 정답 ③

핵심키워드 금제 사리봉영기, 사택적덕, 선화 공주

정답 분석

제시문에 언급된 '서동 왕자와 선화 공주' 이야기는 백제 무왕과 관련된 전설이다. 무왕은 익산 천도를 준비하며, 그곳에 미륵사를 창건하고 동탑과 서탑을 건립하였다. 미륵사지 석탑은 현재 석탑만 남아 있으며, 오랜 세월로 인해 한쪽 사면이 무너졌다. 2009년에 탑의 보수를 위해 해체하는 과정에서 금제 사리봉영기가 출토되었다.

오답 분석

① 분황사 모전 석탑으로, 신라 선덕 여왕 때 조성되었으며, 경주에 위치한다. 중국의 전탑을 모방하여 만들었다.
② 경주 정혜사지 13층 석탑으로, 통일 신라의 특수형 불탑이다.
④ 발해 영광탑으로, 중국 길림성에 위치한다.
⑤ 감은사지 3층 석탑으로, 통일 신라의 신문왕 때 조성되었으며, 경주 근처 감포에 위치한다. 통일 신라 시대의 대표적인 석탑으로 동서에 탑을 둔 쌍탑 구조이다.

098 신라 석탑 정답 ④

핵심키워드 가장 오래된 신라 탑, 벽돌 모양, 선덕 여왕

정답 분석

④ 분황사 모전 석탑은 가장 오래된 신라의 석탑이다. 중국 전탑의 영향을 받아 돌을 벽돌 모양으로 깨서 쌓아 만든 모전 석탑으로, 신라 선덕 여왕 때에 만들어진 것으로 추정된다.

오답 분석

① 불국사 3층 석탑으로, 경주에 있으며, 통일 신라 경덕왕 때 조성되었다.
② 부여 정림사지 5층 석탑으로, 백제 시대에 조성되었다.
③ 발해의 영광탑으로, 벽돌탑이다.
⑤ 익산 미륵사지 석탑으로, 백제 무왕 시기에 만들어졌으며 한국에서 가장 오래된 탑이다. 목탑 양식이 반영되어 있고 목탑에서 석탑으로 이행하는 과정을 보여준다.

099 불국사 3층 석탑 정답 ⑤

핵심키워드 경주, 무영탑, 불국사 대웅전 앞, 무구정광대다라니경

정답 분석

무구정광대다라니경은 현존하는 세계에서 가장 오래된 목판 인쇄물로 중요한 불교 경전이다. 1966년 경주 불국사 3층 석탑(석가탑)을 보수하는 과정에서 발견되었다.
⑤ 통일 신라 시대에는 3층 석탑이 많이 건축되었다. 대표적인 탑으로는 감은사지 3층 석탑, 불국사 3층 석탑, 진전사지 3층 석탑 등이 있다.

오답 분석

① 구례 화엄사 4사자 3층 석탑으로, 통일 신라의 특수형 불탑이다.
② 부여 정림사지 5층 석탑으로, 백제 시대의 탑이다.
③ 신라 분황사지 모전 석탑으로, 선덕 여왕 때 제작되었다.
④ 발해의 영광탑으로, 벽돌탑이다.

100 영광탑 정답 ③

핵심키워드 지린성, 문왕, 고구려 양식 계승

정답 분석

㈎는 발해이다.
③ 영광탑은 지금까지 온전히 남아 있는 발해 유일의 탑으로 벽돌로 쌓았다. 이 탑의 성격에 대해서는 탑의 묘실 바닥에 관대가 있는 것에 주목하여 이곳에 사리함을 놓았던 곳으로 보아 사리 탑이라는 견해가 있으나, 탑의 구조가 정효 공주 무덤과 같은 구조를 이루고 있어 무덤으로 보기도 한다.

오답 분석

① 부여 정림사지 5층 석탑으로, 백제 시대의 탑이다.
② 경주 불국사 다보탑으로, 통일 신라 경덕왕 때 조성하였다. 불국사 3층 석탑과 나란히 배치되어 있다.
④ 경천사지 10층 석탑으로, 고려 시대에 원나라 불탑의 영향을 받아 조성되었다. 현재 용산 국립중앙박물관 1층에 위치한다.
⑤ 서울 원각사지 10층 석탑으로, 조선 세조 때 조성되었다. 4층 이상부터 경천사지 10층 석탑과 매우 유사하다.

101 미륵보살반가사유상

정답 ②

핵심키워드 삼산관, 교토 교류사의 불상과 유사

정답 분석

반가사유상은 한쪽 다리를 무릎 위에 얹고 손을 뺨에 대고 있는 사유의 자세의 불상을 말한다. 6~7세기에 유행한 반가사유상 중 국보 78호와 83호(선지 ②)가 대표적이다. 특히 삼산관(세 개의 산을 형상화한 관)을 쓰고 있는 83호는 일본 국보 1호인 고류지 목조 미륵반가사유상과 매우 흡사해 유명하다.

오답 분석

① 경주 구황동 금제 여래 입상이다. 이 불상은 광배를 갖추고 있으며, 불신에 비해 얼굴이 큰 편이다.
③ 발해의 이불병좌상으로, 두 부처가 나란히 앉아 있는 모습이 특징이다.
④ 고구려의 금동 연가 7년명 여래 입상이다.
⑤ 하남 하사창동 철조 석가여래 좌상으로, 고려 초기에 제작되었다.

102 신라의 문화 유산

정답 ③

핵심키워드 경주, 첨성대, 포석정

정답 분석

경주의 첨성대와 포석정은 신라 시대의 중요한 유적이다. 첨성대는 신라 선덕 여왕 시기에 세워진 천문대로 세계에서 가장 오래된 천문대 중 하나로 알려져 있다. 포석정은 경주에 위치한 신라 시대의 연회장으로, 물이 흐르는 S자형 곡선 물길이 특징이다.
따라서 ③ 경주 석굴암 본존불상을 선택해야 한다.

오답 분석

① 금관가야의 김해 대성동 고분에서 출토된 철제 갑옷(판갑옷)이다. 가야의 철기 기술을 엿볼 수 있다.
② 발해의 이불병좌상으로, 두 부처가 나란히 앉아 있는 모습이 특징이다.
④ 백제의 금동대향로로, 부여 능산리 절터에서 발견되었다.
⑤ 고려의 월정사 8각 9층 석탑으로, 평창에 위치한다. 고려 전기에 송나라 문화에 영향을 받아 이전과 달리 다각 다층탑으로 제작되었다.

103 고구려 불상

정답 ②

핵심키워드 고구려 불상, 연가

정답 분석

금동 연가 7년명 여래 입상은 신라 영토였던 경남 의령에서 발견되었지만, 불상에 새겨진 명문을 통해 고구려에서 연가 7년에 제작되었음을 확인할 수 있다. 또 '1,000개의 불상 중 29번째'라고 적혀 있어 이 불상이 평양 동사라는 절의 승려 등 40명이 세상에 널리 퍼뜨리고자 만든 1,000개의 불상 가운데 29번째 불상임을 알 수 있다.

오답 분석

① 영주 부석사의 소조 아미타여래 좌상으로, 현재 부석사의 무량수전에 모셔져 있다. 소조불은 흙으로 만든 불상으로, 이 불상은 고려 초기에 제작되었다.
③ 경주 구황동 금제여래 좌상이다.
④ 익산 왕궁리 오층석탑 금동여래 입상으로, 전체 높이가 17.4cm로 광배와 대좌를 갖추고 있는 것이 특징이다.
⑤ 발해의 이불병좌상이다.

104 백제 불상

정답 ④

핵심키워드 백제의 미소, 마애불

정답 분석

마애불은 깎아지른 절벽을 그대로 재료로 삼아 불상을 조각한 것으로, 백제 시대의 것으로는 서산 용현리 마애 여래 삼존상이 유명하다. 본존불의 온화한 미소는 '백제의 미소'로 불리며, 백제 장인들의 뛰어난 조각 솜씨를 보여주는 대표적인 유물로 평가받고 있다.

오답 분석

① 안동 이천동 마애여래 입상으로, 고려 전기에 제작된 불상이다. 바위 위에 얼굴을 얹는 형식으로 고려 시대에 유행하였다.
② 경주 남산 칠불암 마애불상군은 통일 신라 시대에 조성되었다. 마애불 중에서도 모양이 매우 두껍게 드러나게 한 것이 특징이다.
③ 영암 월출산 마애여래 좌상은 고려 시대의 대표적 마애불로, 8.6m로 우리나라에서 보기 드문 거불이다.
⑤ 파주 용미리 마애여래 입상은 천연 암벽에 불상을 조각하고 얼굴을 얹는 형식이다.

고대의 유학과 기타 문화

❶ 고대의 유학

고구려	• 태학(수도, 소수림왕)과 경당(지방) : 유학 교육 담당
백제	• 5경 박사·의박사·역박사 : 유학과 기술 교육 담당
신라	• 임신서기석 "임신년에 두 사람이 함께 맹세하기를, 시경, 상서, 예기, 춘추 좌씨전을 3년 안에 차례로 습득하기를 맹세하다." 기록
통일 신라	• 국학 설립 　─ 하급 귀족 자제 대상 : 주로 6두품 대상 　─ (신문왕) 설립 → (원성왕) 독서삼품과 실시 ── 국학 졸업자를 대상으로 유교 경전의 이해 정도를 상·중·하품으로 구분하여 관리 채용 • 김대문 : 고승전·화랑세기·한산기 등 저술 (현존 ×) • 6두품 출신 ── 문무왕의 동생(김인문)의 석방을 요구하는 외교 문서 　─ 강수 : 외교 문서 작성에 탁월, 당에 보내는 청방인문표 작성 　─ 설총 : 원효의 아들, 이두 정리 　─ 최치원 : 당 빈공과 합격, 격황소서 작성, 진성 여왕에게 시무 10조 건의, 해인사 묘길상탑비 작성, 문집 계원필경
발해	• 주자감 설립 : 문왕, 유교 교육 담당 • 도당 유학생 : 신라인과 빈공과 합격자 간에 서열 경쟁을 벌임

❷ 고대의 도교

(1) 고구려 : <u>사신도</u> 벽화, 연개소문의 도교 장려(귀족 억압 목적)
　　└ 도교의 4방위신인 청룡(동), 백호(서), 현무(북), 주작(남)을 그린 그림
(2) 백제

- 산수무늬 벽돌
- 금동대향로 : 도교의 봉래산과 불교의 연꽃 표현, 부여 능산리 고분군 출토
- 사택지적비 : 지난 세월의 덧없음과 무위자연의 삶을 추구하는 내용 수록

❸ 고대의 고분

고구려	• 장군총 : 돌무지무덤 피라미드형 • 각저총, 무용총 : 굴식 돌방무덤, 생활상 벽화 제작 • 강서대묘 : 굴식 돌방무덤, 사신도 벽화 제작
백제	• 서울 석촌동 고분군 : 돌무지무덤, 고구려의 영향을 받아 건설 • 무령왕릉 　─ 벽돌무덤 : 중국 남조 양의 영향 받음 　─ 충남 공주 : 웅진 시대에 조성, 송산리 고분군에 위치 　─ 묘지석 출토 : 무령왕을 '영동대장군 백제사마왕'으로 기록, 매지권 기록(토지신에게 무덤 터 매입하는 증서, 도교 영향) 　─ 진묘수(무덤을 지키는 상상 속의 동물)·오수전(중국 양의 동전)·금제 관식·일본 금송으로 제작한 관 등 출토 • 부여 능산리 고분군 : 굴식 돌방무덤, 금동대향로 출토
신라	• 호우총, 천마총, 황남대총 등 　─ 돌무지덧널무덤 : 벽화 無, 부장품 다수 출토 (예) 호우명 그릇, 천마도 　─ 경주 대릉원에 위치 　─ 대체로 마립간 시기에 조성 ──┐ 　　　　　　　　　　　└ 나무로 곽을 짜고 그 위에 돌을 쌓음, 구조적 특징으로 인해 도굴이 쉽지 않아 굴식 돌방무덤에 비해 부장품이 많이 남아 있음

✚ 고대의 도교

▲ 고구려, 사신도

▲ 백제, 산수무늬 벽돌　▲ 백제, 금동대향로

✚ 무령왕릉 묘지석

을사년 8월 12일 영동대장군 백제 사마왕은 전(錢) 1만 문(文)으로 매주인 토왕, 토백, 토부모, 상하 2000석 이상의 여러 관리에게 문의하여 신지를 매입해서 능묘를 만들었기에 문서를 작성하여 명확한 증험으로 삼는다.

✚ 고대의 고분

▲ 장군총　▲ 무용총의 벽화

▲ 무령왕릉　▲ 무령왕릉의 진묘수

▲ 황남대총의 금관　▲ 천마총의 천마도

1 다음 설명에 해당하는 인물을 쓰시오.

| 보기 |

| 강수 | 설총 | 거칠부 | 김대문 |
| 도선 | 왕인 | 최치원 | 대구화상 |

(1) (　　) – 이두를 정리하였다.

(2) (　　) – 중국에서 풍수지리설을 들여왔다.

(3) (　　) – 화랑세기, 고승전 등을 저술하였다.

(4) (　　) – 향가 모음집인 삼대목을 편찬하였다.

(5) (　　) – 일본에 천자문과 논어를 전해주었다.

(6) (　　) – 진흥왕의 왕명을 받아 국사를 저술하였다.

(7) (　　) – 진성 여왕에게 시무책 10여 조를 올렸다.

(8) (　　) – 외교 문서 작성에 능하여 청방인문표를 집필하였다.

(9) (　　) – 당나라에서 격황소서를 지어 문장가로 이름을 떨쳤다.

(10) (　　) – 국왕에게 조언하는 내용의 화왕계를 저술하였다.

2 다음은 고구려, 백제, 신라, 통일 신라, 발해의 문화 유산을 정리한 것이다. 해당하는 나라의 이름을 쓰시오.

(1) (　　) – 첨성대 설립

(2) (　　) – 임신서기석 설립

(3) (　　) – 금동대향로 제작

(4) (　　) – 일본에 칠지도 하사

(5) (　　) – 주자감에서 유학 교육 실시

(6) (　　) – 유학 전문가를 5경 박사라 부름

(7) (　　) – 비천상으로 유명한 성덕대왕 신종 제작

(8) (　　) – 태학과 경당을 설립하여 유학 교육 실시

(9) (　　) – 한자의 음훈을 빌려 우리말을 표기한 이두 정리

(10) (　　) – 현존하는 세계 최고(最古)의 목판 인쇄물인 무구정광대다라니경 제작

(11) (　　) – 강서대묘와 같은 굴식 돌방무덤을 조성하고, 그 안에 사신도와 같은 벽화를 제작

(12) (　　) – 시신을 안치한 널을 또 다른 큰 널에 넣고, 그 위에 돌을 쌓은 후 흙으로 덮어 거대한 봉분을 만든 돌무지덧널무덤을 조성

3 물음에 답하시오.

(1) ㉠~㉩ 중 고구려의 장군총을 고르시오.

(2) ㉠~㉩ 중 고구려 고분 벽화를 모두 고르시오.

(3) ㉠~㉩ 중 백제의 무령왕릉과 관련된 것을 모두 고르시오.

(4) ㉠~㉩ 중 부여에서 출토된 백제 금동대향로를 고르시오.

(5) ㉠~㉩ 중 신라의 돌무지덧널무덤에서 출토된 문화 유산을 모두 고르시오.

4 다음 사료를 읽고, 물음에 답하시오.

(1) 이 글의 '사마왕은' 누구인가?

> 을사년 8월 12일 영동대장군 백제 사마왕은 전(錢) 1만 문(文)으로 매주인 토왕, 토백, 토부모, 상하 2000석 이상의 여러 관리에게 문의하여 신지를 매입해서 능묘를 만들었기에 문서를 작성하여 명확한 증험으로 삼는다.

(2) 아래 글의 '왕'은 누구인가?

> 왕이 한여름날 설총에게 이야기를 청하였다. 설총이 아첨하는 미인 장미와 충언하는 백두옹(할미꽃)을 두고 누구를 택할까 망설이는 화왕(花王) 백두옹이 간언한 이야기를 해 주었다. 이에 왕이 정색하고 낯빛을 바꾸며 "그대의 우화 속에는 실로 깊은 뜻이 있구나. 이를 기록하여 임금된 자의 교훈으로 삼도록 하라."고 하고, 드디어 설총을 높은 벼슬에 발탁하였다.

정답

1. (1) 설총 (2) 도선 (3) 김대문 (4) 대구화상 (5) 왕인 (6) 거칠부 (7) 최치원 (8) 강수 (9) 최치원 (10) 설총

2. (1) 신라 (2) 신라 (3) 백제 (4) 백제 (5) 발해 (6) 백제 (7) 통일 신라 (8) 고구려 (9) 통일 신라 (10) 통일 신리 (11) 고구려 (12) 신라

3. (1) ㉠ 장군총 (2) ㉡ 무용총의 수렵도, ㉢ 황남대총의 사신도, ㉣ 각저총의 씨름도 (3) ㉠ 무령왕릉 내부, ㉙ 진묘수 (4) ㉚ 금동대향로 (5) ㉤ 천마총의 천마도, ㉛ 황남대총의 금관

4. (1) 무령왕 (2) 신문왕

105

밑줄 그은 '이 인물'에 대한 설명으로 옳은 것은?

오전 10:40　48%

좋아요 28회　8시간 전

이곳은 이 인물을 제사하는 경주의 서악서원. 그는 한자의 음과 훈을 빌려 우리말을 표기하는 이두를 체계적으로 정리함. 우리말로 유학 경전을 풀이하여 후학들을 가르침. 원효의 아들임.

① 향가 모음집인 삼대목을 편찬하였다.
② 진성 여왕에게 시무책 10여 조를 올렸다.
③ 화랑도의 규범으로 세속 5계를 제시하였다.
④ 외교 문서 작성에 능하여 청방인문표를 지었다.
⑤ 국왕에게 조언하는 내용인 화왕계를 집필하였다.

106

(가)에 들어갈 내용으로 가장 적절한 것은?

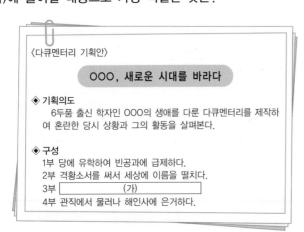

〈다큐멘터리 기획안〉

○○○, 새로운 시대를 바라다

◈ 기획의도
　6두품 출신 학자인 ○○○의 생애를 다룬 다큐멘터리를 제작하여 혼란한 당시 상황과 그의 활동을 살펴본다.

◈ 구성
　1부 당에 유학하여 빈공과에 급제하다.
　2부 격황소서를 써서 세상에 이름을 떨치다.
　3부 　　　　(가)　　　　
　4부 관직에서 물러나 해인사에 은거하다.

① 화왕계를 지어 국왕에게 조언하다.
② 외교 문서인 청방인문표를 작성하다.
③ 진성 여왕에게 시무책 10여 조를 올리다.
④ 청해진을 중심으로 해상 무역을 전개하다.
⑤ 인도와 중앙아시아를 순례하고 왕오천축국전을 남기다.

107

(가) 인물에 대한 설명으로 옳은 것은?

오전 10:50　100%

대한민국 방방곡곡 – 함양 상림

史 한국사 채널　조회 수 220,212

이번에 소개할 곳은 함양 상림입니다. 이 숲은 당에서 귀한 (가) 이/가 천령군 (현 함양군) 태수로 부임하였을 때 홍수 피해를 막기 위해 조성하였다고 합니다.
　백성들의 삶을 직접 살펴본 (가) 은/는 개혁 방안을 담은 시무책 10여 조를 진성 여왕에게 올렸습니다.

① 유식의 교의를 담은 해심밀경소를 저술하였다.
② 외교 문서 작성에 능하여 청방인문표를 작성하였다.
③ 한자의 음훈을 빌려 우리말을 표기한 이두를 정리하였다.
④ 신라 말의 사회상을 보여주는 해인사 묘길상탑기를 남겼다.
⑤ 종파 간의 사상적 대립을 해소하기 위해 십문화쟁론을 지었다.

108

다음 자료에 나타난 시기에 볼 수 있는 모습으로 적절한 것은?

　오시(午時)에 북서풍이 불었으므로 돛을 올리고 나아갔다. 미시(未時)와 신시(申時) 사이에 적산의 동쪽 언저리에 도착하여 배를 정박하였다. 북서풍이 더욱 세차게 불었다. 이곳 적산은 바위로만 이루어진 우뚝 솟은 산으로, 문등현 청녕향 적산촌이 위치하고 있다. 산에는 적산 법화원이라는 절이 있는데, 본래 장보고가 처음으로 세운 것이다.

－ 「입당구법순례행기」 －

① 농상집요를 소개하는 관리
② 만권당에서 대담을 나누는 학자
③ 매소성 전투에서 당군과 싸우는 군인
④ 빈공과를 준비하는 6두품 출신 유학생
⑤ 주류성에서 백제 부흥 운동을 벌이는 귀족

109

강연자의 질문에 대한 청중의 답변으로 가장 적절한 것은?

화면에 보이는 고구려의 사신도와 백제 산수무늬 벽돌은 신선 사상을 기반으로 불로장생을 추구하는 이 종교의 내용이 잘 표현된 문화유산입니다. 이 종교와 관련된 역사적 사실은 무엇이 있을까요?

강서대묘 사신도 중 현무도   산수무늬 벽돌

① 간경도감에서 경전이 간행되었습니다.
② 연개소문이 당에 도사 파견을 요청하였습니다.
③ 과거 시험의 교재로 사서집주가 채택되었습니다.
④ 범일이 9산 선문 중 하나인 사굴산문을 개창하였습니다.
⑤ 주요 경전의 이름이 새겨진 임신서기석이 만들어졌습니다.

110

밑줄 그은 '이 국가'의 벽화로 옳지 않은 것은?

이 국가의 고분 벽화는 도읍이었던 지안과 평양 일대에 주로 남아 있는데, 일상생활과 풍속, 신앙과 의례를 묘사한 것으로 유명합니다. 이제 벽화 사진을 바탕으로 제작한 영상을 생생하게 만나 보세요.

① 　　②

③ 　　④

⑤

111

(가) 문화유산에 대한 설명으로 옳은 것은?

❀ 학술 대회 안내 ❀

올해는 백제의 고분 중 피장자와 축조 연대가 확인되는 유일한 무덤인 (가) 발굴 50주년이 되는 해입니다. 우리 학회는 이를 기념하여 '(가) 출토 유물로 본 동아시아 문화 교류'를 주제로 학술 대회를 개최합니다.

◆ 발표 주제 ◆
• 진묘수를 통해 본 도교 사상
• 금동제 신발의 제작 기법 분석
• 금송으로 만든 관을 통해 본 일본과의 교류

■ 일시 : 2021년 ○○월 ○○일 13:00~17:00
■ 장소 : □□ 박물관 강당
■ 주최 : △△ 학회

① 서울 석촌동 고분군에 위치하고 있다.
② 나무로 곽을 짜고 그 위에 돌을 쌓았다.
③ 국보로 지정된 금동대향로가 출토되었다.
④ 무덤의 둘레돌에 12지 신상을 조각하였다.
⑤ 중국 남조의 영향을 받아 벽돌로 축조하였다.

112

(가) 국가의 문화유산으로 옳은 것은?

천마총 발굴 50주년 특별전이 개최됩니다. 천마총은 (가) 의 대표적인 돌무지덧널무덤 중 하나로 발굴 당시 많은 유물이 출토되어 주목을 받았습니다. 그중에서도 가장 유명한 천마도의 실물이 9년 만에 세상에 공개됩니다.

① 　② 　③

④ 　⑤

113

(가)에 해당하는 문화유산으로 옳은 것은?

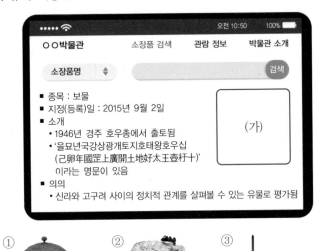

- 종목 : 보물
- 지정(등록)일 : 2015년 9월 2일
- 소개
  • 1946년 경주 호우총에서 출토됨
  • '을묘년국강상광개토지호태왕호우십
    (乙卯年國罡上廣開土地好太王壺杅十)'
    이라는 명문이 있음
- 의의
  • 신라와 고구려 사이의 정치적 관계를 살펴볼 수 있는 유물로 평가됨

①   ②   ③

④   ⑤

114

(가) 나라의 문화유산으로 옳은 것은?

이곳은 김해 대성동 고분군 108호분 발굴 조사 설명회 현장입니다. 대형 덩이쇠 40매와 둥근고리큰칼, 화살촉 등 130여 점의 철기 유물이 출토되었습니다. 이번 발굴로 김수로왕이 건국하였다고 전해지는 (가) 에 대한 연구가 활발하게 이루어질 전망입니다.

①   ②   ③

④   ⑤

115

(가) 국가에 대한 설명으로 옳은 것은?

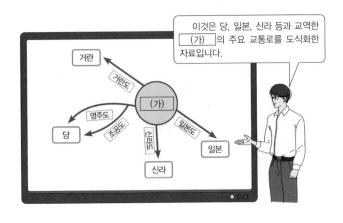

① 평양을 서경으로 삼아 중시하였다.
② 후연을 격파하고 백제를 공격하였다.
③ 지방에 22담로를 두어 왕족을 파견하였다.
④ 완도에 청해진을 설치해 해상 무역을 장악하였다.
⑤ 고구려와 당의 양식이 혼합된 벽돌무덤을 만들었다.

116

(가) 국가에 대한 설명으로 옳은 것은?

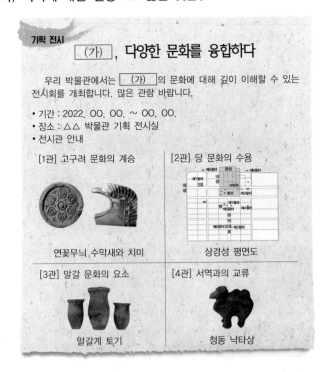

① 후당과 오월에 사신을 파견하였다.
② 주자감을 설치하여 인재를 양성하였다.
③ 9서당과 10정의 군사 조직을 운영하였다.
④ 화백 회의에서 국가의 중대사를 논의하였다.
⑤ 내신좌평, 위사좌평 등 6좌평의 관제를 마련하였다.

117

(가)~(마) 문화유산에 대한 설명으로 옳은 것은?

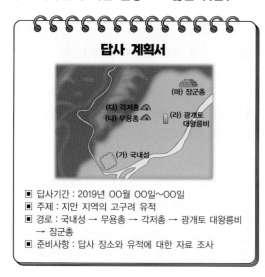

① (가) – 백제의 공격으로 고국원왕이 전사한 곳이다.
② (나) – 당시 생활상을 담은 수렵도 등의 벽화가 남아 있다.
③ (다) – 돌무지덧널무덤으로 다양한 꺼묻거리가 출토되었다.
④ (라) – 김정희의 금석과안록에서 비의 설립 시기가 고증되었다.
⑤ (마) – 벽돌무덤으로 중국 양나라와의 문화적 교류를 보여준다.

118

(가)~(마) 문화유산에 대한 설명으로 적절하지 않은 것은?

① (가) – 웅진성이라 불리기도 하였다.
② (나) – 중국 남조의 영향을 받았다.
③ (다) – 성왕이 전사한 곳이다.
④ (라) – 사신도 벽화가 남아 있는 무덤이 발견되었다.
⑤ (마) – 수부(首府)라는 글자가 새겨진 기와가 출토되었다.

119

(가)~(마) 문화유산에 대한 설명으로 옳은 것은?

① (가) – 백제 금동대향로가 출토되었다.
② (나) – 온조왕이 왕성으로 삼았다.
③ (다) – 재상을 선출하던 천정대가 있었다.
④ (라) – 무령왕과 왕비의 무덤이 발굴되었다.
⑤ (마) – 석탑 해체 과정에서 금제 사리봉영기가 발견되었다.

120

(가)~(마) 문화유산에 대한 설명으로 옳지 않은 것은?

① (가) – 내부에서 천마도가 수습되었다.
② (나) – 자장의 건의로 건립되었다.
③ (다) – 나무로 만든 14면체 주사위가 출토되었다.
④ (라) – 돌을 벽돌 모양으로 다듬어 쌓아 올린 탑이 남아 있다.
⑤ (마) – 경내의 삼층 석탑에서 무구정광대다라니경이 발견되었다.

105 설총

정답 ⑤

핵심키워드 이두 정리, 원효의 아들

정답 분석

제시문에서 설명한 인물은 설총으로, 그는 원효와 요석 공주의 아들로 유학자였다. 이두는 한자의 음(音)과 훈(訓, 새김)을 빌려 우리말을 표기하는 방식으로, 설총이 이를 정리하여 체계화하였다.
⑤ 설총은 8세기 초 신문왕에게 화왕계를 통해 군주의 덕목을 강조하며 간언하였다.

오답 분석

① 삼대목은 888년 진성 여왕 때 대구화상과 각간 위홍이 편찬한 향가집이다.
② 최치원은 농민 봉기가 확산되자 진성 여왕에게 10여 조의 시무책을 올렸으나, 그 건의는 받아들여지지 않았다.
③ 원광은 7세기 초 진평왕에게 세속 5계를 제시하였으며, 화랑도의 정신적 지침으로 삼았다.
④ 6두품 출신 강수는 당나라에 억류되었던 문무왕의 동생인 김인문의 석방을 요구하는 외교 문서를 작성하였는데, 이를 청방인문표라고 한다.

106 최치원

정답 ③

핵심키워드 6두품, 빈공과, 격황소서, 해인사 은거

정답 분석

최치원은 통일 신라의 6두품을 대표하는 문신이자 학자였다. 그는 10대에 당나라로 유학을 떠나 빈공과에 합격하였다. 이후 당에서 황소의 난이 일어나자, 격황소서(토황소격문)를 작성하여 큰 명성을 얻게 되었다. 신라로 귀국한 후, 시무 10조를 진성 여왕에게 건의하며 신라 사회의 개혁을 제안하였으나 받아들여지지 않았다. 결국 최치원은 관직을 떠나, 말년에는 해인사에 은거하며 여생을 보냈다.

오답 분석

① 설총은 8세기 초, 화왕계를 지어 신문왕에게 왕의 덕목을 강조하며 간언하였다.
② 강수는 7세기 후반, 당나라에 청방인문표를 작성하여 김인문(무열왕의 아들이자, 문무왕의 동생)의 석방을 이끌어냈다.
④ 장보고는 신라 하대 흥덕왕 때 청해진을 설치하고 동아시아 해상 무역을 장악하였다.
⑤ 혜초는 8세기 초 인도와 중앙아시아를 순례하며 왕오천축국전을 남겼다.

107 최치원

정답 ④

핵심키워드 당에서 귀국, 시무 10여조, 진성 여왕

정답 분석

④ 묘길상탑기는 진성 여왕 시기에 해인사 부근에서 벌어진 전란에서 사망한 승군들의 넋을 기리기 위해 세워진 삼층석탑에 대한 비문이다. 최치원이 작성한 이 비문은 "굶어 죽고 싸우다 죽은 시체가 들판에 즐비했다."는 등의 표현을 통해 당시의 참상을 구체적으로 묘사하고 있다.

오답 분석

① 원측은 신라의 승려로, 당에서 활동했다. 그는 「해심밀경소」를 저술하여 유식학을 체계적으로 해설하였다.
② 강수는 7세기 후반 신라의 문장가로, 나당 전쟁 기간과 통일 이후 당나라에 보내는 외교 문서 작성자로 이름을 날렸다.
③ 설총은 한자의 음과 훈을 빌려 신라어를 표기하는 방식인 이두를 정리하였다. 이두는 신라와 고려 시대에 걸쳐 공식 문서에 사용되며 한자의 이해를 도왔다.
⑤ 「십문화쟁론」은 통일 신라 승려인 원효가 지은 불교서로, 불교 이론을 10개의 질문으로 정리하였다.

108 장보고

정답 ④

핵심키워드 적산 법화원, 입당구법순례행기

정답 분석

「입당구법순례행기」는 일본 승려 엔닌이 838년부터 847년까지 약 9년간 당나라에서 불교를 배우고 성지를 순례한 경험을 기록한 일기체 기행문이다. 이 글에는 엔닌이 귀국 과정에서 산둥반도 적산에 위치한 법화원(장보고가 설립한 절)의 도움을 받은 내용이 기록되어 있다.
통일 신라 시대와 관련 있는 것은 ④ 빈공과이다. 당나라는 외국인 대상 과거 시험인 빈공과를 시행하여 다양한 인재를 등용하였다. 신라의 최치원과 최승우, 발해의 오소도 등이 있다.

오답 분석

① 「농상집요」는 고려 말 충정왕 때 이암이 원에서 들여온 농서이다.
② 만권당은 고려 말 충선왕이 재위에서 물러난 후 원나라에 있는 자신의 집에 세운 서재로, 고려와 원의 학자들이 활발히 교류하였다.
③ 신라 군대는 675년에 매소성 전투에서 당나라 육군을 격퇴하였다.
⑤ 주류성과 임존성은 백제 부흥 운동의 중심지였다.

109 도교
정답 ②

핵심키워드 사신도, 산수무늬 벽돌, 신선 사상

정답 분석

제시된 사신도와 산수무늬 벽돌은 도교 사상이 반영된 문화 유산이다. 산천을 숭배하고 불로장생을 추구하는 도교의 신선 사상은 삼국 사회에 적지 않은 영향을 끼쳤다. 고구려 고분 벽화에는 신선의 세계가 묘사되어 있으며, 동서남북을 지키는 도교의 방위신을 그린 사신도가 있다. 산천의 모습을 서정적으로 담고 있는 백제의 산수무늬 벽돌과, 신선이 사는 이상 세계를 표현한 백제 금동대향로에도 도교 사상이 잘 나타나 있다.
② 연개소문은 귀족과 불교 세력을 견제하기 위해 도교를 일시적으로 진흥시켰다. 이를 위해 당나라에 도사 파견을 요청하였다.

오답 분석

① 간경도감은 조선 세조 때 설립된 국립 기관으로, 불경을 한글로 번역하고 출간하는 역할을 담당하였다.
③ 「사서집주」는 송나라 주희가 편찬한 유교 경전 해설서로, 사서인 ≪논어≫, ≪맹자≫, ≪대학≫, ≪중용≫에 대한 주석을 모아 놓은 책이다. 우리나라에는 성리학의 도입과 함께 「사서집주」가 유입되었다.
④ 범일은 9세기 신라의 승려로, 9산 서문 중 사굴산문을 개창하였다.
⑤ 임신서기석은 주요 경전의 이름이 새겨진 신라 비석으로, 신라의 유교 교육과 경전 학습의 중요성을 보여준다.

110 고구려 고분 벽화
정답 ⑤

핵심키워드 고분 벽화, 지안과 평양

정답 분석

제시된 자료는 고구려 고분 벽화로, 고구려는 2대 도읍지였던 중국 지안(집안)의 국내성과 3대 도읍지였던 평양에 다수의 고분을 제작하였다. 초기에는 무덤 주인과 관련된 생활 모습이 벽화로 그려졌으나, 후기에는 도교의 영향을 받아 사방을 지켜준다는 사신(청룡, 백호, 주작, 현무)을 벽면 전체에 그려 넣기도 하였다.
① 수산리 고분 벽화, ② 무용총의 접객도, ③ 강서대묘의 현무도, ④ 각저총의 씨름도이다.

오답 분석

⑤ 고려 문인인 박익의 무덤 속 벽화로, 경남 밀양에 위치한다.

111 백제 무령왕릉
정답 ⑤

핵심키워드 백제, 피장자의 확인, 진묘수

정답 분석

무령왕릉은 1971년 공주 송산리 고분군의 배수로 공사 중에 우연히 발견되었는데, 무덤 내부에서 발견된 지석에 '영동대장군 백제사마왕'이라는 기록이 있어 무령왕의 무덤임이 확인되었다. 현재까지도 백제 왕릉 중 유일하게 피장자를 확인할 수 있는 무덤이다. 무령왕릉은 중국 남조의 영향을 받아 벽돌로 축조하였으며, 상상의 동물인 진묘수를 무덤 입구에 두었다.

오답 분석

① 서울 석촌동 고분군은 백제 한성 시대에 고구려에 영향을 받아 건설한 돌무지무덤이다.
② 나무로 곽을 짜고 그 위에 돌을 쌓은 돌무지덧널무덤으로, 신라의 고분 형태이다. 도굴이 어려운 구조로 많은 껴묻거리가 출토되었다.
③ 백제 금동대향로는 부어 능산리 절터에서 1993년에 빌건되었다.
④ 신라는 통일 이후 무덤의 둘레돌에 12지 신상을 조각하였다. 김유신 묘가 대표적이다.

112 신라의 고분
정답 ③

핵심키워드 천마총, 돌무지덧널무덤, 천마도

정답 분석

신라는 마립간 통치 시기인 4세기 말~6세기 중반에 돌무지덧널무덤(나무로 곽을 짜고 그 위에 돌을 쌓은 형태)을 조성하였다. 이러한 형식은 도굴을 어렵게 하여, 금관, 호우명 그릇, 천마도 등의 다양한 신라 유물이 발견될 수 있는 바탕이 되었다.

오답 분석

① 고려의 청동 은입사 포류수금문 정병이다. 고려는 청동기 위에 은을 얇게 잘라 넣거나 새긴 후, 표면을 다듬어 문양을 표현하는 은입사 기술이 매우 뛰어났다.
② 고구려의 금동 연가 7년명 여래 입상이다.
④ 발해의 이불병좌상이다.
⑤ 백제의 금동대향로이다.

113 호우명 그릇
정답 ①

핵심키워드 호우총, 광개토지호태왕

정답 분석

제시된 자료는 경주 호우총에서 발견된 호우명 그릇에 대한 설명이다. 그릇 하단에 적힌 명문은 '3년 전에 돌아가신 국강상광개토지호태왕을 추모해 만든 열 번째 그릇'이라는 뜻이다. 신라는 내물왕 때 고구려의 군사적 지원으로 왜구를 격퇴한 것이 계기가 되어, 5세기 중엽까지 고구려의 정치적 간섭을 받았다. 호우명 그릇은 두 나라의 이러한 정치적 상황을 이해하는 데 도움을 주는 유물로 평가받고 있다.

오답 분석

② 백제의 무령왕릉에서 발굴된 진묘수이다. 진묘수는 무덤을 지키고 죽은 사람의 영혼을 신선 세계로 인도할 목적으로 넣어둔 신상으로, 중국 남조에서 유행한 것이 백제에 전래되었다.
③ 백제 칠지도로 근초고왕이 왜왕에게 보낸 검이다.
④ 고구려의 금동 연가 7년명 여래 입상으로, 고구려의 승려들이 천불을 조성하는 과정에서 만든 것으로 알려져 있다.
⑤ 신라의 기마 인물형 토기 중 주인상이다.

114 가야 문화
정답 ③

핵심키워드 김해 대성동 고분군, 덩이쇠, 김수로왕

정답 분석

김수로왕이 건국한 금관가야는 김해를 기반으로 성장하였다. 철기 문화를 발달시켜 덩이쇠와 판갑옷 등을 제작하였다. 금관가야는 이러한 철기 제품을 낙랑, 왜 등에 판매하여 부를 축적하였으나, 4세기에 이르러 낙랑이 고구려에 복속되고, 4세기 말 광개토 대왕이 파견한 군대의 공격을 받아 세력이 약화되었다. 결국 6세기 초(532년, 법흥왕)에 신라에 복속되었다.
③ 금관가야가 제작한 판갑옷이다.

오답 분석

① 백제의 산수무늬 벽돌로, 도교의 신선 사상을 바탕으로 산, 나무, 구름 등이 묘사되어 있다.
② 백제의 칠지도로, 현재 일본에 있다.
④ 백제 무령왕릉에서 출토된 진묘수이다. 진묘수는 무덤을 지키고 죽은 사람의 영혼을 신선 세계로 인도할 목적으로 넣어둔 신상으로, 중국 남조에서 유행한 것이 백제에 전래되었다.
⑤ 발해 정혜 공주묘에서 발견된 돌사자상으로, 고구려의 영향을 받았다.

115 발해의 5도
정답 ⑤

핵심키워드 거란도, 영주도, 조공도, 신라도, 일본도

정답 분석

발해는 주변국과 5도를 통해 교역하였다. 수도 상경에서 출발하는 이 길에는 중국으로 가는 영주도(육로)와 조공도(해로)가 포함된다. 당과는 초기에 다소 갈등이 있었지만, 문왕 때부터 친선 관계를 맺었다. 신라와 마찬가지로 많은 유학승과 유학생을 당에 파견하였으며, 교역도 활발하게 이루어졌다. 해상을 통한 교류도 활발하여, 산둥 반도의 등주에는 발해인이 묵을 수 있는 발해관이 설치되었다.
⑤ 발해의 용두산 고분군에 있는 정효 공주 묘는 고구려와 당의 양식이 혼합된 벽돌무덤이다.

오답 분석

① 고려는 태조 때 평양을 서경으로 지정하고, 개경과 유사하게 관청을 설치하였다. 이곳은 북진 정책의 중심지로 여겨졌으며, 묘청의 서경 천도 운동 실패 전까지 개경과 비등한 정치적 위상을 누렸다.
② 고구려 광개토 대왕은 후연을 격파하고 요동을 차지하였으며, 백제를 압박하여 관미성 전투에서 승리하고 한강 이북을 점령하였다.
③ 백제 무령왕은 지방 통제를 위해 22담로를 설치하였다.
④ 통일 신라의 장보고는 9세기 흥덕왕 때 완도에 청해진을 설치하였다.

116 발해 문화
정답 ②

핵심키워드 고구려 문화 계승, 당 문화 수용

정답 분석

발해는 고구려의 문화를 계승하면서도 당의 문화를 받아들였다. 수도 상경성이 당의 수도 장안을 본떠 건설된 것과 영광탑의 건축 양식, 벽돌무덤 등에서 당 문화의 영향을 발견할 수 있다.
② 발해는 문왕 때 일종의 국립 대학인 주자감을 설치하여 인재를 양성하였다.

오답 분석

① 후백제의 견훤은 후당과 오월에 사신을 파견하였다.
③ 통일 신라의 신문왕은 중앙군으로 9서당을, 지방군으로 10정을 조직하였다.
④ 신라는 화백 회의에서 만장일치제로 국가의 중대사를 논의하였다.
⑤ 백제 고이왕은 6좌평제를 마련하였다. 이 중 내신좌평이 정사암 회의의 수장 역할을 겸하면서 상좌평으로 불렸다.

117 고구려 유적지 정답 ②

핵심키워드 지안, 국내성, 광개토 대왕릉비

정답 분석

제시된 지도는 고구려 국내성(현 중국 지안) 일대의 유적지를 정리한 것이다. 굴식 돌방무덤인 (나) 무용총에는 수렵도와 무용도, 접객도가 벽화로 남아 있으며, (다) 각저총에는 씨름도가 그려져 있다. (라) 광개토 대왕릉비에는 약 1,800여 자가 기록되어 있어, 이를 통해 광개토 대왕의 영토 확장을 확인할 수 있다. (마) 장군총은 고구려를 대표하는 거대한 계단식 돌무지무덤이다.

오답 분석

① 고구려 고국원왕은 백제 근초고왕의 공격을 받아 평양성에서 전사하였다.

③ 천마총, 금관총 등의 돌무지덧널무덤은 주로 신라 경주에서 발견되었으며, 마립간 시기에 조성되었다.

④ 조선 후기에 김정희는 북한산 순수비가 신라 진흥왕 시기에 건립되었음을 밝혀냈다.

⑤ 우리나라에 조성된 대표적인 벽돌무덤으로는 백제 무령왕릉이 있다. 백제가 6세기에 중국 남조의 양과 활발히 교류한 것이 반영되어 드물게 벽돌무덤이 조성되었다.

118 백제 유적지 정답 ③

핵심키워드 백제, 무령왕릉, 부소산성, 왕궁리 유적

정답 분석

백제의 2번째 수도인 충남 공주시(과거 웅진성)에는 산성인 공산성과 송산리 고분군(무령왕릉 포함)이 있다. 3번째 수도인 충남 부여군(과거 사비성)에는 산성인 부소산성과 능산리 고분군이 있다. 전남 익산에는 7세기에 무왕이 창건한 미륵사지와 왕궁리 유적이 있다.

③ 백제 성왕은 신라 진흥왕이 한강 하류 지역을 독차지하자 3만여 명의 병사를 이끌고 수복에 나섰다. 하지만 관산성 전투(현재 충북 옥산 부근)에서 신라군의 기습 공격으로 사망하였다.

오답 분석

④ 사신도 벽화는 강서대묘와 같은 고구려 고분에서 주로 발견되지만, 백제 송산리 고분군과 능산리 고분군 중 일부에서도 발견된다.

⑤ 익산 왕궁리 고분군에서는 왕의 거처와 중앙 행정 기구가 있는 곳을 의미하는 '수부(首府)'라는 글자가 새겨진 기와가 발견되었다. 이는 무왕 때 익산 천도를 시도했다는 천도론을 뒷받침한다.

119 백제 유적지 정답 ⑤

핵심키워드 백제역사유적지구

정답 분석

제시된 지도는 충남 공주시(가)와 부여군(나), 전남 익산시(다)에 위치한 백제 유적지를 정리한 것이다. 이곳은 2015년에 유네스코 세계 문화 유산으로 지정되어 있다.

(가)에는 무령왕릉을 포함한 송산리 고분군, 공산성이 위치하며, (나)에는 능산리 고분군, 부소산성, 정림사지 5층 석탑이 있다.

⑤ 익산에는 미륵사지와 왕궁리 유적이 위치한다. 미륵사지 석탑의 서탑을 해체하는 과정에서 금제 사리봉영기가 출토되어, 무왕의 왕비가 사택적덕의 딸임이 밝혀졌다.

오답 분석

① 백제 금동대향로는 충남 부여군에 위치한 능산리 고분군 주변의 절터에서 발견되었다.

② 온조왕은 백제 건국자로, 한강 유역의 위례성을 도읍지로 삼았다. 서울의 몽촌토성과 풍납토성 일대로 추정하고 있다.

③ 백제에서 재상을 선출하던 천정대(정사암)는 충남 부여군 규암면 호암리에 위치한다. 그곳은 부소산성에서 약 1.5km 떨어져 있다.

④ 무령왕릉은 충남 공주시의 송산리 고분군(가)에 위치한다.

120 신라 유적지 정답 ②

핵심키워드 경주, 천마총, 불국사

정답 분석

(가) 천마총은 돌무지덧널무덤으로, 이곳에서 장니(말다래)에 그려진 천마도가 출토되었다.

(나) 첨성대는 신라 선덕 여왕 때 건설되었다.

(다) 월지는 과거 안압지로 불린 인공 연못으로, 통일 신라의 뛰어난 조경 기술을 확인할 수 있다.

(라) 분황사는 신라 선덕 여왕 때 조성되었다. 이곳의 분황사 석탑은 돌을 벽돌 모양으로 다듬어 쌓은 모전 석탑이다.

(마) 불국사는 통일 신라 경덕왕 때 김대성이 건설하였다. 대웅전 앞에는 불국사 3층 석탑과 다보탑이 위치하는데, 불국사 3층 석탑에서 무구정광대다라니경(현존 최고의 목판 인쇄물)이 발견되었다.

오답 분석

② 자장은 신라의 승려로, 당에서 유학하였다. 당시 신라는 백제 의자왕의 잦은 공격으로 군사적 압박에 시달리고 있었다. 이에 자장은 선덕 여왕에게 황룡사 9층 목탑을 건립하면 불교의 힘으로 외세를 물리칠 수 있을 것이라고 제안하였다. 9층 각각은 신라를 둘러싼 주변 9개 국가를 상징한다.

제 **3** 편

고려 왕조

출제 경향 분석

3개년 평균 출제 비중

8문항
(16%)

학습 포인트

• 태조, 광종, 성종, 현종, 숙종, 예종, 공민왕의 통치를 파악하세요.
• 거란, 여진, 몽골, 왜구로 이어지는 대외 상황을 구분하세요.
• 역분전, 전시과의 지급 기준을 파악하세요.
• 의천, 지눌, 혜심, 김부식, 일연, 이색의 활동을 파악하세요.
• 고려 불교 문화재의 사례를 파악하세요.

핵심 키워드

소단원	핵심 키워드
고려 초기~문벌 귀족기	고창 전투, 기인, 노비안검법, 과거제, 최승로, 12목, 묘청
무신 정권~고려 후기	최충헌, 최우, 김보당, 망이·망소이, 만적, 공민왕, 위화도 회군
고려의 외교	광군, 서희, 강조, 양규, 강감찬, 윤관, 김윤후, 삼별초, 최무선
고려의 통치 제도	중서문하성, 어사대, 도병마사, 서경, 향·부곡·소, 음서
고려의 경제	주전도감, 은병, 벽란도, 역분전, 전시과, 과전법
고려의 사회	향리, 백정, 흑창, 의창, 제위보
고려의 불교	의천, 지눌, 관촉사 석조 미륵보살 입상, 경천사지 10층 석탑
고려의 유학과 기타 문화	국자감, 양현고, 7재, 만권당, 삼국사기, 삼국유사, 직지심체요절

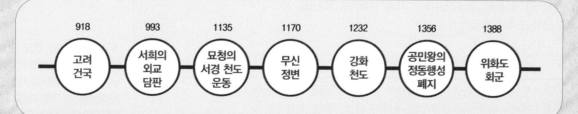

918	993	1135	1170	1232	1356	1388
고려 건국	서희의 외교 담판	묘청의 서경 천도 운동	무신 정변	강화 천도	공민왕의 정동행성 폐지	위화도 회군

고려 초기~문벌 귀족기

❶ 태조(1대)

성장
과정
	• 후고구려 시기 : 수군을 이끌고 나주 점령 → 시중(수상)에 오름
	• 고려 건국〔918〕 : 송악(개경) 수도, 연호 '천수'
	• 후삼국 통일 : 공산 전투에서 후백제에 패배〔927〕
	  → 고창 전투에서 후백제에 승리〔930〕 ┐ 태조는 후백제군에 포위되어 목숨이 위태로웠으나,
	                               장군 신숭겸의 희생 덕분에 목숨을 건짐
	  → 견훤의 투항〔935〕
	  → 신라 경순왕의 항복〔935〕 경순왕을 경주의 사심관으로 삼음
	  → 일리천 전투에서 후백제 정복〔936〕

통치
정책
	• 호족 정책
	  – 호족 포섭 : 정략 결혼, 사성 정책(성씨 하사), 역분전 토지 지급
	        ┌ 개경에 거주하는 호족들을 사심관으로 임명하여 출신
	          지역을 관장하게 함
	  – 호족 견제 : 사심관 제도, 기인 제도
	               └ 호족의 아들을 수도에 머물게 함(인질)
	• 북진 정책 : 서경(평양) 중시, 만부교 사건, 청천강~영흥만까지 확장
	              └ 거란이 보내 온 낙타를 개경의 만부교 다리 아래에서 굶어
	         죽게 함
	• 불교 장려 : 연등회·팔관회 개최
	• 통치 방향 제시
	  – 정계, 계백료서 : 신하 대상
	  – 훈요 10조 : 후대 왕 대상

❷ 혜종(2대) : **왕규의 난 발생** 경기도 광주의 대호족 왕규가 혜종의 왕위를 위협함

❸ 광종(4대)

왕권 강화	• 연호 '광덕'·'준풍' • 노비안검법 실시 : 불법으로 노비가 된 자를 해방, 호족의 경제적 기반 약화 • 과거제 시행 : 후주인 쌍기의 건의, 신진 관료 등용 기반 마련

❹ 성종(6대)

중앙 집권 확립	• 최승로의 시무 28조 수용
	  – 유교적 통치 이념 확립
	  – 12목 설치 후 지방관 파견
	  – 연등회·팔관회 중단
	• 통치 조직 정비 : 국자감 설치, 의창 설립(곡식 대여)

1차 거란 전쟁	• 서희의 외교 담판으로 강동 6주 획득

현종 8대, 문종 11대, 숙종 15대, 예종 16대
고려가 안정되면서 음서, 공음전(수조권 세습이 허용된 토지)을
기반으로 문벌 귀족이 등장함

❺ 인종(17대)

이자겸의 난 〔1126〕	• 경원 이씨 : 문종 때부터 60여 년 간 외척으로 권세 누림 • 경과 : 외척 이자겸과 척준경의 봉기 → 궁궐 소실

묘청의
서경 천도 운동
〔1135〕
	• 묘청, 정지상 등 서경파 : 서경 천도(풍수지리설 영향)·칭제건원·금 정벌 주장
	• 김부식 등 개경파 : 현상 유지 주장 여진족의 나라, 이자겸이 ┐
	                                  금의 사대 요구를 수용함
	• 경과 : 천도 준비 → 인종의 천도 중단 → 묘청의 대위국 선포 → 김부식에 의
	  해 진압

✚ 고려의 정치 변화

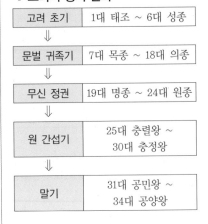

고려 초기	1대 태조 ~ 6대 성종
문벌 귀족기	7대 목종 ~ 18대 의종
무신 정권	19대 명종 ~ 24대 원종
원 간섭기	25대 충렬왕 ~ 30대 충정왕
말기	31대 공민왕 ~ 34대 공양왕

✚ 공산 전투

왕(경애왕)이 구원을 요청하자, 태조는 장수에게 명하여 정예 병사 1만 명을 보내 구원하게 하였다. 견훤은 구원병이 아직 도착하지 않은 것을 알고, 겨울 11월에 왕경에 침입하였다. 왕은 비빈, 종실 친척들과 포석정에 가서 연회를 즐기느라 적병이 이르는 것도 깨닫지 못하였다.
                  – 「삼국사기」 –

✚ 훈요 10조

• 제4조 우리나라와 중국은 지역과 사람의 인성이 다르므로 중국 문화를 반드시 따를 필요가 없으며, 거란은 짐승과 같은 나라이므로 그들의 의관 제도는 따르지 말 것
→ 주체적 문화 수용, 거란 배척
• 제5조 서경에 1백 일 이상 머물러 왕실의 안녕을 도모할 것 → 북진 정책
• 제6조 연등회, 팔관회 등의 불교 행사를 성실하게 지낼 것 → 불교 중시

✚ 묘청의 서경 천도 운동

이때 묘청 등이 왕에게 건의하기를, "우리들이 보건대 서경 임원역의 땅은 음양가들이 말하는 대화세이니 만약 이곳에 궁궐을 세우고 수도를 옮기면 국가의 혼란을 막을 수 있으며 금나라가 공물을 바치고 스스로 항복할 것이며 36개 나라들이 모두 신하가 될 것입니다"라고 하였다. … 국호를 대위라 하고 연호는 천개라 하였으며 그 군대를 천견충의군이라 하였다.
                  – 「고려사」 –

1 다음 사건과 관련된 고려의 왕을 쓰시오.

┌─ 보기 ─┐
태조   혜종   광종   성종   인종

⑴ (   ) – 왕규의 난이 일어났다.

⑵ (   ) – 이자겸의 난이 일어났다.

⑶ (   ) – 노비안검법을 실시하였다.

⑷ (   ) – 평양을 서경으로 삼아 중시하였다.

⑸ (   ) – 빈민 구제를 위해 흑창을 설치하였다.

⑹ (   ) – 광덕, 준풍 등의 독자적인 연호를 사용하였다.

⑺ (   ) – 묘청, 정지상 등이 중심이 되어 서경 천도를 주장하였다.

⑻ (   ) – 일리천 전투에서 후백제 신검의 군대를 격퇴하였다.

⑼ (   ) – 전국에 12목을 처음으로 설치하고 지방관을 파견하였다.

⑽ (   ) – 정계와 계백료서를 지어 관리가 지켜야 할 규범을 제시하였다.

2 빈칸에 알맞은 말을 선택하시오.

⑴ 태조는 (공산, 고창) 전투에서 후백제군을 격퇴하였다.

⑵ (태조, 광종)은/는 경순왕 김부를 경주의 사심관으로 삼았다.

⑶ 태조는 후대 왕들이 지켜야 할 정책 방향을 담은 (계백료서, 훈요 10조)를 남겼다.

⑷ 광종은 쌍기의 건의를 받아들여 (과거제, 독서삼품과)를 실시하였다.

⑸ 성종은 (12목, 5소경)을 설치하고 지방관을 파견하였다.

⑹ 최승로는 (봉사 10조, 시무 28조)를 올려 개혁을 제안하였다.

⑺ 문벌 귀족은 (녹읍, 공음전)을 경제적 기반으로 삼았다.

⑻ (묘청, 신돈)은 칭제 건원과 금국 정벌을 주장하였다.

⑼ 묘청은 (유교, 풍수지리설)에 근거하여 천도를 주장하였다.

⑽ (김부식, 이자겸)은 왕실의 외척이 되어 권력을 독점하였다.

3 아래 사건이 일어난 시기를 (가)~(다) 중 고르시오.

918	949	981	1135
(가)	(나)	(다)	
고려 건국	광종 즉위	성종 즉위	서경 천도 운동

⑴ (   ) – 최승로가 시무 28조를 건의하였다.

⑵ (   ) – 고창 전투와 일리천 전투가 일어났다.

⑶ (   ) – 이자겸이 척준경과 함께 난을 일으켰다.

⑷ (   ) – 쌍기의 건의를 받아들여 과거제를 실시하였다.

⑸ (   ) – 호족의 노비를 조사하는 노비안검법을 실시하였다.

⑹ (   ) – 혼인 정책, 관직과 토지 수여 정책을 통해 호족을 포섭하였다.

⑺ (   ) – 거란이 침입하자 서희가 외교 담판에 나가 강동 6주를 획득하였다.

4 다음 사료를 읽고, 물음에 답하시오.

⑴ 아래 글의 '왕'은 누구인가?

┌─────────────────────────────────┐
│ 이자겸이 척춘경과 더불어 반란을 일으켜 궁궐을 불태우고 │
│ 왕의 측근 세력들을 제거한 후 왕을 감금하였다. │
└─────────────────────────────────┘

⑵ 아래 글의 '왕'은 누구인가?

┌─────────────────────────────────┐
│ 왕은 정예기병 5천을 거느리고 공산 아래에서 견훤을 맞아 │
│ 서 크게 싸웠다. 장수 김락과 신숭겸은 죽고 모든 군사가 패 │
│ 배하였으며, 왕은 겨우 죽음을 면하였다. │
└─────────────────────────────────┘

⑶ 아래 글은 어느 왕 시기에 작성되었는가?

┌─────────────────────────────────┐
│ 제7조 수령을 파견하여 백성들을 돌보게 하십시오. │
│ 제20조 불교를 믿는 것은 자신을 수양하는 근본이며, 유교 │
│   를 행하는 것은 나라를 다스리는 근원입니다. 자신 │
│   을 수양하는 것은 내세에 복을 구하는 일이며, 나라 │
│   를 다스리는 것은 오늘의 급한 일입니다. 오늘은 아 │
│   주 가까운 것이요, 내세는 지극히 먼 것입니다. │
└─────────────────────────────────┘

정답

1. ⑴ 혜종 ⑵ 인종 ⑶ 광종 ⑷ 태조 ⑸ 태조 ⑹ 광종 ⑺ 인종 ⑻ 태조 ⑼ 성종 ⑽ 태조
2. ⑴ 고창 ⑵ 태조 ⑶ 훈요 10조 ⑷ 과거제 ⑸ 12목 ⑹ 시무 28조 ⑺ 공음전 ⑻ 묘청 ⑼ 풍수지리설 ⑽ 이자겸
3. ⑴ 다 ⑵ 가 ⑶ 다 ⑷ 나 ⑸ 나 ⑹ 가 ⑺ 다
4. ⑴ 인종 ⑵ 태조 ⑶ 성종

121

70회 10번 [2점]

(가)에 들어갈 내용으로 적절한 것은?

한국사 동영상 제작 계획안

다시 하나로, 민족의 재통일을 이루다
○학년 ○반 ○모둠

■ 제작의도
고려의 후삼국 통일 과정과 역사적 의의를 주요 인물과 관련된 사건의 발생 순서에 따라 살펴본다.

■ 장면별 구성내용
#1. 신숭겸, 공산 전투에서 전사하다
#2. 왕건, 고창 전투에서 후백제군을 물리치다
#3. 견훤, 금산사에서 탈출하여 고려에 귀순하다
#4. ＿＿＿＿＿＿＿＿ (가) ＿＿＿＿＿＿＿＿
#5. 왕건, 일리천에서 신검의 군대에 승리하다

① 안승, 보덕국왕으로 책봉되다
② 궁예, 국호를 태봉으로 바꾸다
③ 경순왕 김부, 경주의 사심관이 되다
④ 윤충, 대야성을 공격하여 함락시키다
⑤ 흑치상지, 임존성에서 부흥군을 이끌다

122

51회 10번 [2점]

(가), (나) 사이의 시기에 있었던 사실로 옳은 것은?

(가) 날이 밝아오자 (여러 장수들이) 태조를 곡식더미 위에 앉히고는 군신의 예를 행하였다. 사람을 시켜 말을 달리며 "왕공(王公)께서 이미 의로운 깃발을 들어 올리셨다."라고 외치게 하였다. …… 궁예가 이 소식을 듣고는 어찌할 바를 몰라 미복(微服) 차림으로 북문을 빠져나갔다.
– 「고려사절요」 –

(나) 여름 6월 견훤이 막내아들 능예와 딸 애복, 애첩 고비 등과 더불어 나주로 달아나 입조를 요청하였다. …… 도착하자 그를 상보(尙父)라 일컫고 남궁(南宮)을 객관(客館)으로 주었다. 지위를 백관의 위에 두고 양주를 식읍으로 주었다.
– 「고려사」 –

① 견훤이 후백제를 건국하였다.
② 김흠돌이 반란을 도모하였다.
③ 장보고가 청해진을 설치하였다.
④ 신숭겸이 공산 전투에서 전사하였다.
⑤ 신검이 일리천에서 고려군에게 패배하였다.

123

67회 10번 [3점]

다음 상황 이후에 있었던 사실로 옳은 것은?

파진찬 신덕, 영순 등이 신검에게 견훤을 금산사에 유폐하고 사람을 보내 금강을 죽이도록 권하였다. 신검이 대왕을 자칭하고 국내에 대사면령을 내렸다. 교서에서 이르기를, "…… 왕위를 어리석은 아이에게 줄 뻔하였다. 다행스러운 것은 상제께서 진정한 마음을 내리시니 군자들이 허물을 고쳤고 맏아들인 나에게 명하여 이 한 나라를 다스리게 하셨다는 점이다. ……"라고 하였다.

① 궁예가 광평성을 설치하였다.
② 장문휴가 당의 등주를 공격하였다.
③ 신숭겸이 공산 전투에서 전사하였다.
④ 왕건이 일리천 전투에서 승리하였다.
⑤ 김헌창이 웅천주에서 반란을 일으켰다.

124

61회 9번 [1점]

밑줄 그은 '왕'의 정책으로 옳은 것은?

저는 지금 신숭겸 장군의 충정을 기리는 대구 표충단에 나와 있습니다. 그는 공산 전투 당시 위기에 빠진 왕을 구하기 위해 싸우다가 이곳에서 전사했다고 합니다.

① 빈민 구제를 위해 흑창을 설치하였다.
② 12목에 지방관을 처음으로 파견하였다.
③ 외침에 대비하여 개경에 나성을 축조하였다.
④ 관학 진흥을 목적으로 양현고를 운영하였다.
⑤ 쌍기의 건의를 수용하여 과거제를 시행하였다.

125

(가) 왕에 대한 설명으로 옳은 것은?

이 불상은 충청남도 논산시에 있는 개태사지 석조 여래 삼존입상으로, 큼직한 손과 신체의 굴곡이 거의 드러나지 않는 원통형의 형태가 특징입니다. 개태사는 후삼국을 통일한 ___(가)___이/가 이를 기념하여 세운 사찰입니다.

① 관학 진흥을 위해 양현고를 설치하였다.
② 쌍기의 건의를 받아들여 과거제를 시행하였다.
③ 전국에 12목을 설치하고 지방관을 파견하였다.
④ 전시과 제도를 처음 마련하여 관리에게 토지를 지급하였다.
⑤ 후대 왕들이 지켜야 할 정책 방향을 담은 훈요 10조를 남겼다.

126

(가) 왕에 대한 설명으로 옳은 것은?

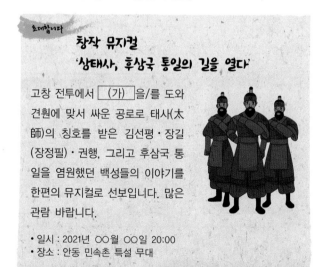

초대합니다

창작 뮤지컬
'삼태사, 후삼국 통일의 길을 열다'

고창 전투에서 ___(가)___을/를 도와 견훤에 맞서 싸운 공로로 태사(太師)의 칭호를 받은 김선평·장길(장정필)·권행, 그리고 후삼국 통일을 염원했던 백성들의 이야기를 한편의 뮤지컬로 선보입니다. 많은 관람 바랍니다.

• 일시 : 2021년 ○○월 ○○일 20:00
• 장소 : 안동 민속촌 특설 무대

① 신라에 침입하여 경애왕을 죽게 하였다.
② 국자감에 7재라는 전문 강좌를 개설하였다.
③ 마진이라는 국호와 무태라는 연호를 사용하였다.
④ 정계와 계백료서를 지어 관리의 규범을 제시하였다.
⑤ 후주와 사신을 교환하여 대외 관계의 안정을 꾀하였다.

127

(가) 왕이 추진한 정책으로 옳은 것은?

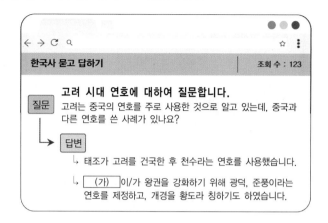

한국사 묻고 답하기 | 조회 수 : 123

고려 시대 연호에 대하여 질문합니다.
질문 | 고려는 중국의 연호를 주로 사용한 것으로 알고 있는데, 중국과 다른 연호를 쓴 사례가 있나요?

답변
↳ 태조가 고려를 건국한 후 천수라는 연호를 사용했습니다.
↳ ___(가)___이/가 왕권을 강화하기 위해 광덕, 준풍이라는 연호를 제정하고, 개경을 황도라 칭하기도 하였습니다.

① 과거제를 도입하였다.
② 흑창을 처음 설치하였다.
③ 전시과 제도를 시행하였다.
④ 삼국사기 편찬을 명령하였다.
⑤ 12목에 지방관을 파견하였다.

128

다음 검색창에 들어갈 왕의 재위 기간에 있었던 사실로 옳은 것은?

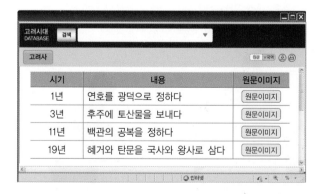

시기	내용	원문이미지
1년	연호를 광덕으로 정하다	원문이미지
3년	후주에 토산물을 보내다	원문이미지
11년	백관의 공복을 정하다	원문이미지
19년	혜거와 탄문을 국사와 왕사로 삼다	원문이미지

① 전국에 12목을 설치하고 관리를 파견하였다.
② 주전도감을 설치하여 해동통보를 발행하였다.
③ 왕권을 강화하기 위해 노비안검법을 실시하였다.
④ 거란 침입에 대비하여 개경에 나성을 축조하였다.
⑤ 국자감에 서적포를 두어 출판을 담당하게 하였다.

129

63회 12번 [2점]

(가) 왕의 재위 시기에 있었던 사실로 옳은 것은?

✦ 우리 고장의 유적 ✦

충주 숭선사지

유적 발굴 현장

숭선사는 [(가)] 이/가 어머니인 신명 순성 왕후의 명복을 빌기 위하여 세운 절로, 현재 그 터만 남아 있다. 이곳에서는 '숭선사(崇善寺)'라는 명문이 새겨진 기와 등 다양한 고려 시대 유물이 출토되었다. [(가)]은/는 치열한 왕위 쟁탈전 속에서 외가인 충주 유씨 세력 등 여러 호족의 도움으로 왕위에 올랐다. 하지만 즉위 이후 노비안검법 등 호족을 견제하는 정책을 펼쳤다.

① 최승로가 시무 28조를 건의하였다.
② 광덕, 준풍 등의 연호가 사용되었다.
③ 관리의 규범을 제시한 계백료서가 반포되었다.
④ 쌍성총관부를 공격하여 철령 이북을 수복하였다.
⑤ 지방 세력 견제를 목적으로 한 상수리 제도가 실시되었다.

130

50회 10번 [1점]

다음 장면에 등장하는 왕에 대한 설명으로 옳은 것은?

내 몸은 비록 궁궐에 있지만 마음은 언제나 백성에게 있노라. 지방 수령들의 눈과 귀를 빌어 백성의 기대에 부합하고자 한다. 이에 우서(虞書)의 12목 제도를 본받아 시행할 터이니, 주나라가 8백 년간 지속되었듯이 우리의 국운도 길이 이어질 것이다.

① 천수라는 독자적인 연호를 사용하였다.
② 관학을 진흥하고자 양현고를 설치하였다.
③ 독서삼품과를 실시하여 관리를 채용하였다.
④ 쌍성총관부를 공격하여 철령 이북을 수복하였다.
⑤ 최승로의 시무 28조를 받아들여 통치 체제를 정비하였다.

131

56회 15번 [3점]

다음 교서를 내린 왕의 정책으로 옳은 것은?

우리 태조께서 흑창을 두어 가난한 백성에게 진대(賑貸)하게 하셨다. 지금 백성들이 점차 늘어나고 있는데 저축한 바는 늘어나지 않았으니, 미(米) 1만 석을 더하고 이름을 의창(義倉)으로 고친다. 또한 모든 주와 부에도 각각 의창을 설치하도록 하라.

① 한양을 남경으로 승격시켰다.
② 국자감에 서적포를 설치하였다.
③ 12목을 설치하고 지방관을 파견하였다.
④ 인사 행정을 담당하던 정방을 폐지하였다.
⑤ 개경에 귀법사를 세우고 균여를 주지로 삼았다.

132

65회 11번 [3점]

다음 상황이 나타난 시기를 연표에서 옳게 고른 것은?

처음으로 12목을 설치하고 조서를 내려 말하기를, "부지런히 정사를 돌보면서 매번 신하들의 충고를 구하고 있다. 낮은 곳의 이야기를 듣고 멀리 보고자 어질고 현명한 이들의 힘을 빌리려고 한다. 이에 수령들의 공로에 의지해 백성들의 바람에 부합하고자 한다. 「우서(虞書)」의 12목 제도를 본받아 시행하니, 주나라가 8백 년간 지속하였듯이 우리의 국운도 길이 이어질 것이다."라고 하였다.

918	945	1009	1196	1270	1351
	(가)	(나)	(다)	(라)	(마)
고려 건국	왕규의 난	강조의 정변	최충헌 집권	개경 환도	공민왕 즉위

① (가)　　　　　　② (나)
③ (다)　　　　　　④ (라)
⑤ (마)

133

55회 11번 [3점]

(가)~(다)를 일어난 순서대로 옳게 나열한 것은?

> (가) 왕규가 광주원군을 옹립하려고 도모하였다. 왕이 깊이 잠든 틈을 타서 그의 무리로 하여금 침실에 잠입시켜 왕을 해하려 하였다.
>
> (나) 왕이 교서를 내려 말하기를, "경전에 통하고 전적(典籍)을 널리 읽은 자들을 선발하여 경학박사와 의학박사로 삼아, 12목에 각각 1명씩 파견하여 돈독하게 가르치고 깨우치게 하라."라고 하였다.
>
> (다) 왕이 한림학사 쌍기를 지공거로 임명하고, 시(詩)·부(賦)·송(頌)과 시무책을 시험하여 진사를 뽑게 하였다. 위봉루에 친히 나가 급제자를 발표하여, 갑과에 최섬 등 2명, 명경에 3명, 복업에 2명을 합격시켰다.

① (가) - (나) - (다)
② (가) - (다) - (나)
③ (나) - (가) - (다)
④ (나) - (다) - (가)
⑤ (다) - (나) - (가)

134

55회 15번 [2점]

다음 대화에 나타난 사건에 대한 설명으로 옳은 것은?

서경 천도와 금국 정벌을 주장하며 일어났어.

연호를 천개로 하는 대위국이 선포되었어.

신채호는 '조선 역사상 일천년래 제일 대사건'으로 평가하였어.

① 국왕이 나주까지 피란하였다.
② 초조 대장경 간행의 계기가 되었다.
③ 김부식 등이 이끈 관군에 의해 진압되었다.
④ 이성계가 정권을 장악하는 결과를 가져왔다.
⑤ 여진 정벌을 위한 별무반 편성에 영향을 주었다.

135

64회 12번 [1점]

밑줄 그은 '반란'이 일어난 시기를 연표에서 옳게 고른 것은?

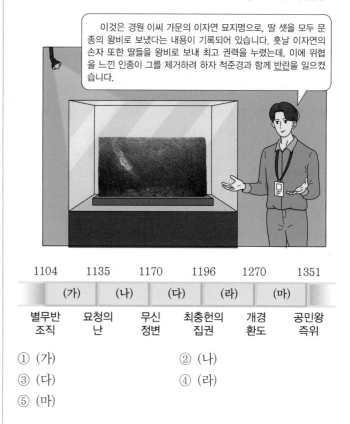

이것은 경원 이씨 가문의 이자연 묘지명으로, 딸 셋을 모두 문종의 왕비로 보냈다는 내용이 기록되어 있습니다. 훗날 이자연의 손자 또한 딸들을 왕비로 보내 최고 권력을 누렸는데, 이에 위협을 느낀 인종이 그를 제거하려 하자 척준경과 함께 반란을 일으켰습니다.

1104	1135	1170	1196	1270	1351
(가)	(나)	(다)	(라)	(마)	
별무반 조직	묘청의 난	무신 정변	최충헌의 집권	개경 환도	공민왕 즉위

① (가)
② (나)
③ (다)
④ (라)
⑤ (마)

136

69회 11번 [3점]

다음 검 색창에 들어갈 지역에서 있었던 사실로 옳은 것은?

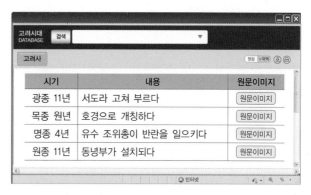

고려시대 DATABASE 검색

고려사

시기	내용	원문이미지
광종 11년	서도라 고쳐 부르다	원문이미지
목종 원년	호경으로 개칭하다	원문이미지
명종 4년	유수 조위총이 반란을 일으키다	원문이미지
원종 11년	동녕부가 설치되다	원문이미지

① 정몽주가 이방원 세력에게 피살되었다.
② 묘청이 반란을 일으키고 국호를 대위라 하였다.
③ 몽골의 침략으로 황룡사 구층 목탑이 소실되었다.
④ 흥덕사에서 금속 활자로 직지심체요절이 간행되었다.
⑤ 정서가 유배 중에 정과정이라는 고려 가요를 지었다.

121 후삼국 통일

정답 ③

핵심키워드 후삼국 통일, 공산 전투, 고창 전투

정답 분석

고려는 918년에 건국되었고, 927년에 대구 팔공산 인근에서 후백제와 격돌하였다(공산 전투). 이 과정에서 태조는 신숭겸의 희생 덕분에 간신히 목숨을 건질 수 있었다. 930년 경북 안동에서 후백제와 다시 격돌하였고(고창 전투), 이곳 호족의 지원 덕분에 승리를 거두며 후삼국의 주도권을 장악하였다. 이후 후백제 왕위 다툼을 둘러싼 내분으로 견훤은 고려에 투항하였고, 얼마 후 신라 경순왕도 항복하였디(935년).
③ 경순왕(김부)은 신라가 고려에 항복한 후, 경주의 사심관으로 임명되었다. 이는 고려 태조가 지방 통제를 위해 실시한 사심관 제도의 시초이다.

오답 분석

① 안승은 고구려 멸망 후 신라 문무왕에 의해 674년에 보덕국왕으로 책봉되었다.
② 궁예는 후고구려의 국호를 마진에서 다시 태봉으로 바꾸었다.
④ 윤충은 642년에 백제 의자왕의 명령으로 신라의 대야성을 공격하여 함락시켰다.
⑤ 흑치상지는 백제 멸망 후 임존성을 거점으로 백제 부흥 운동을 이끌었지만, 663년 당나라에 항복하였다.

122 후삼국 통일

정답 ④

핵심키워드 태조, 궁예, 견훤, 나주로 도망

정답 분석

(가) 왕건이 고려를 건국한 918년 상황으로, 궁예가 몰락하는 과정을 담고 있다.
(나) 후백제의 견훤이 아들 신검과의 갈등으로 인해 고려로 귀부한 935년의 상황을 담고 있다. 견훤은 금산사에서 탈출하여 전남 나주로 이동하였고, 이곳에서 배편으로 개경으로 이동하였다.
④ 신숭겸은 927년 공산 전투에서 왕건을 대신하여 전사하였다.

오답 분석

① 견훤은 900년에 후백제를 건국하였다.
② 김흠돌의 반란은 681년에 통일 신라 신문왕 때 발생한 사건이다.
③ 장보고는 통일 신라 하대의 흥덕왕 시기에 청해진을 설치하였다.
⑤ 신검은 후백제의 마지막 왕으로, 936년 일리천 전투에서 고려 왕건에게 패배하였다. 이로써 태조(왕건)는 후삼국 통일을 완성하였다.

123 후삼국 시대

정답 ④

핵심키워드 신검, 견훤, 금산사 유폐

정답 분석

후백제는 왕위 계승을 둘러싸고 왕자들 간에 내분이 일어났다. 견훤은 막내 아들 금강을 왕세자로 지목했지만, 이에 반발한 신검 등이 견훤을 금산사에 유폐했다. 견훤은 3개월 후 금산사를 탈출해 고려에 귀의하였다(935년). 고려 태조는 견훤을 상부(큰아버지)로 부르며 식읍을 하사하고 우대하였다.
④ 왕건은 936년에 일리천 전투에서 후백제 신검을 상대로 승리하여 후삼국 통일을 이루었다.

오답 분석

① 후고구려는 901~918년 간 유지되었다. 궁예는 904년에 국호를 마진으로 고치고 광평성을 설치하여 내정을 총괄하게 하였다.
② 장문휴는 8세기 초인 732년에 발해 무왕의 명령으로 당나라의 등주를 공격하였다.
③ 신숭겸은 927년 공산 전투에서 후백제와 싸우다 왕건을 대신해 전사하였다.
⑤ 김헌창은 통일 신라 하대의 헌덕왕 시기에 왕위 찬탈을 시도하였으나 실패하였다.

124 고려 태조

정답 ①

핵심키워드 신숭겸, 공산 전투

정답 분석

927년 공산 전투는 후백제 견훤과 고려 왕건 간의 전투로, 대구 팔공산 일대에서 벌어졌다. 신라 경애왕의 구원 요청으로 출전한 왕건은 후백제군의 매복과 기습으로 패배하였으며, 신숭겸의 희생으로 왕건은 간신히 탈출하였다.
① 흑창은 고려 태조가 빈민 구제를 위해 설치한 창고로, 성종 때 의창으로 이어졌다.

오답 분석

② 고려 성종은 983년에 12목을 설치하고 지방관을 파견하여 지방 행정을 강화하였다.
③ 고려 현종은 2차 거란 침입 후 수도 개경을 방어하기 위해 나성을 축조하였다.
④ 양현고는 고려 예종이 학문 장려를 위해 설치한 기관으로, 장학재단 역할을 수행하였다.
⑤ 고려 광종은 쌍기의 건의를 받아들여 과거제를 도입하였다. 이는 호족 중심의 정치에서 벗어나기 위한 조치이다.

125 고려 태조 정답 ⑤

핵심키워드 개태사, 후삼국 통일

정답 분석

고려 태조는 후삼국 통일을 기념하기 위해 936년에 충남 논산에 개태사를 창건하였다. 개태사의 이름은 '태평의 시대를 연다'를 뜻한다. 즉 후백제 멸망 후 민심 수습과 통일된 국가의 태평을 기원하는 의미를 담아 이 사찰을 건립하였다.

⑤ 훈요 10조는 고려 태조 왕건이 후대 왕들을 위해 남긴 정치적 유언이다.

오답 분석

① 양현고는 고려 예종이 1106년에 설치한 장학 재단으로, 국자감 진흥을 위한 목적으로 설립되었다.

② 과거제는 고려 광종이 쌍기의 건의를 받아들여 958년에 처음으로 시행되었다.

③ 고려 성종은 983년에 12목을 설치하고 지방관을 파견하였다. 호족의 영향력을 약화시키려는 의도에서 추진되었다.

④ 전시과 제도는 고려 경종 때 처음으로 제정되었다(시정 전시과).

126 고려 태조 정답 ④

핵심키워드 고창 전투, 견훤, 후삼국 통일

정답 분석

㈎는 왕건으로, 제시된 자료는 후삼국 통일 과정에서 고려와 후백제 간의 고창 전투에 해당한다.

④ 정계와 계백료서는 고려 태조가 신하들에게 지켜야 할 규범을 제시한 문서이다.

오답 분석

① 927년 후백제의 견훤은 신라를 침입하여 경애왕을 죽이고 경순왕을 옹립하였다.

② 7재는 고려 예종이 국자감에 설치한 전문 강좌로, 사학의 인기가 높아지자 국자감을 진흥시키기 위해 개설하였다.

③ 궁예는 904년에 국호를 마진으로 변경하고 연호를 무태로 사용하였다.

⑤ 후주는 5대 10국 시대의 중국 왕조 중 하나로, 후백제는 후주와의 외교를 통해 대외 관계를 안정시키고자 하였다.

127 고려 광종 정답 ①

핵심키워드 고려, 연호 광덕·준풍, 황도

정답 분석

고려 광종은 950년에 광덕, 960년에 준풍이라는 독자적인 연호를 사용하여 고려를 황제국으로 선포하고 자주성을 강조하였다. 그러나 중국과의 외교 관계를 고려해 963년부터는 송나라의 연호를 병행하며 유연한 외교 정책을 펼쳤다.

① 고려 광종은 호족 세력을 약화시키고 신진 인사를 등용하기 위해 958년에 과거제를 실시하였다.

오답 분석

② 흑창은 고려 태조가 빈민 구제를 위해 설치한 창고이다.

③ 고려 경종 시기에 처음으로 전시과(고려의 토지 제도)를 제정하였다. 이후 목종을 거쳐 문종 시기에 전시과가 완성되었다.

④ 「삼국사기」는 고려 인종 시기에 김부식이 편찬한 역사서로, 오늘날까지 남아 있는 한국의 역사서 중 가장 오래되었다.

⑤ 고려 성종은 최승로의 건의를 받아들여 12목을 설치하고 지방관을 파견하였다.

128 고려 광종 정답 ③

핵심키워드 연호 광덕, 공복 제정

정답 분석

고려 광종은 광덕, 준풍이라는 연호를 제정하였다. 이 시기의 노비안검법은 부당하게 노비가 된 사람들을 조사하여 양인 신분을 회복시킨 법이다. 호족 세력의 경제적·군사적 기반을 약화시키고 왕권을 강화하는 동시에, 양인으로부터 세금을 거둘 수 있게 하여 중앙 집권체제 확립에 기여하였다.

오답 분석

① 고려 성종은 지방 통치를 강화하기 위해 12목을 설치하고 지방관을 파견하였다.

② 주전도감은 고려 숙종 시기에 화폐를 주조하기 위해 설치된 기관으로, 이곳에서 해동통보, 삼한통보 등을 주조하였다.

④ 고려 현종은 수도 개경을 방어하기 위해 나성을 축조하였다.

⑤ 서적포는 고려 숙종 시기에 설치된 출판 기관으로, 국자감의 학문 연구와 교육을 지원하기 위해 출판 및 책 보급을 담당하였다.

129 고려 광종 정답 ②

핵심키워드 숭선사, 노비안검법

정답 분석

고려 초기에 여전히 호족의 영향력이 강성하자, 광종은 노비안검법을 실시하였다. 호족들이 사병으로 활용하던 노비를 해방시켜 그들의 군사력을 약화시키고, 해방된 노비들이 양인으로서 세금을 납부하게 함으로써 국가 재정을 확충하는 효과를 낳았다. 이 과정에서 호족 숙청이 이루어져 경종 즉위 시 옛 신하는 40여 명에 불과할 정도였다고 한다.

② 광종은 황제를 칭하고 광덕, 준풍 등의 독자적인 연호를 사용하는 등 황제국 체제를 지향하였다.

오답 분석

① 시무 28조는 고려 초기 문신 최승로가 성종에게 올린 28개 조항의 정치 개혁안이다.

③ 고려 태조는 훈요 10조, 계백료서, 정계 등의 지침을 남겼다.

④ 쌍성총관부를 공격하여 철령 이북을 수복한 것은 공민왕 때의 사건이다.

⑤ 통일 신라의 상수리 제도는 지방 세력의 자제를 수도 금성(경주)으로 보내 공납과 지방 행정을 감독하게 하면서, 사실상 인질로 삼은 제도이다. 고려의 기인 제도로 이어졌다.

130 고려 성종 정답 ⑤

핵심키워드 12목

정답 분석

12목 제도는 983년 고려 성종이 최승로의 건의에 따라 지방 통제를 강화하기 위해 설치한 것으로, 이전에는 임시 관원만 파견하던 것에서 상주하는 지방관을 파견하여 중앙 정부의 지방 통제력을 강화하였다. 이어 987년에는 각 목마다 경학박사와 의학박사를 1명씩 파견해 인재를 양성하였다.

오답 분석

① 천수는 고려 태조의 연호이다. 고려는 광종 때까지 독자적인 연호를 사용하며, 대외적으로 황제국을 표방하였다.

② 양현고는 오늘날의 장학 재단과 유사한 역할을 담당한 기관으로, 국자감 진흥을 위해 고려 예종 때 마련되었다.

③ 독서삼품과는 통일 신라 시대의 관리 등용 제도로, 원성왕 때 마련되었다.

④ 쌍성총관부를 공격하고 철령 이북을 수복한 것은 공민왕의 업적이다.

131 고려 성종 정답 ③

핵심키워드 태조, 흑창, 의창

정답 분석

고려 태조가 설치한 흑창은 성종 때 의창으로 계승되었다. 이때 곡식을 아무 대가없이 무상으로 나누어 주는 경우와 가을에 갚을 것을 전제로 분급하는 경우가 있었다.

③ 고려 성종은 12목을 설치하고, 고려 최초로 지방에 상주하는 지방관을 파견하여 중앙 집권을 강화하였다.

오답 분석

① 고려 문종은 한양(지금의 서울)을 남경으로 승격시켜, 개경, 서경과 함께 3경으로 삼았다. 남경 설치는 당시 유행하던 풍수지리설의 영향을 받았다.

② 고려 숙종은 국자감에 출판 업무를 담당하는 서적포를 설치하였다.

④ 정방은 무신집권자 최우가 자신의 집에 설치한 기구로, 문무백관의 인사 행정을 담당하였다. 이로 인해 왕이 아닌 유력 인사가 인사권을 장악하였다. 충선왕, 충숙왕, 충목왕 등 여러 왕대에 걸쳐 정방의 폐지 시도가 있었으나 실패하거나 일시적으로만 폐지되었으며, 최종적으로 공민왕 때 완전히 폐지되었다.

⑤ 광종은 개경에 귀법사를 세우고, 승려 균여를 후원하여 불교계를 통합하고자 하였다.

132 고려 성종 정답 ②

핵심키워드 12목

정답 분석

제시문은 고려 성종 때 최승로의 시무 28조에 영향을 받아 12목을 설치한 상황과 관련 있다. 고려 초기에는 태조-혜종-정종-광종-경종-성종-목종-현종 순으로 즉위하였다.

• 연표 속 왕규의 난은 고려 초 혜종의 장인이자 대호족이었던 왕규가 혜종의 동생들인 왕요(정종)와 왕소(광종)를 제거하려고 모반을 시도한 사건이다. 왕규는 혜종을 시해하려 했으나 실패하였고, 혜종 사망 후 정종이 즉위하면서 왕식렴과 함께 왕규의 반란을 진압하여 왕규와 그의 일당 300여 명을 처형하였다.

• 강조의 정변은 무신 강조가 목종을 폐위시키고 현종을 옹립한 사건이다. 이 사건은 거란의 2차 침입의 빌미가 되었다.

따라서 연표의 (나)는 정종, 광종, 경종, 성종, 목종 시기에 해당한다.

133 고려 초기의 정치 정답 ②

핵심키워드 왕규, 12목, 쌍기

정답 분석

⑺ 고려 초기 혜종(2대) 시기에 일어난 왕규의 난이다. 그는 자신의 외손자인 광주원군을 왕위에 옹립하기 위해 혜종의 동생들인 왕요(정종)와 왕소(광종)를 제거하려고 모반을 시도하였다.

⑻ 고려 성종(6대)이 12목을 설치하고, 각 목에 경학박사와 의학박사를 파견하여 지방 교육을 담당하게 한 것과 관련 있다.

⑼ 쌍기는 중국 후주의 관리로, 광종(4대) 때 고려에 귀화하였다. 광종은 쌍기의 건의를 받아들여 과거제를 도입하였고, 이를 통해 호족 세력을 견제하고 신진 세력을 등용할 수 있었다.

따라서 ⑺-⑼-⑻ 순으로 일어났다.

134 묘청의 서경 천도 운동 정답 ③

핵심키워드 서경 천도, 금국 정벌, 대위국, 신채호

정답 분석

제시된 자료는 묘청의 서경 천도 운동을 정리한 것이다. 이자겸의 난 직후에 묘청과 정지상이 중심을 이룬 서경파는 왕권 강화를 위해 서경 천도를 추진하고, 금나라와의 단절을 통해 자주적인 국방과 정치 체제를 구축하려 하였다.

하지만 김부식 등 개경의 문벌 귀족들은 개경을 수도로 유지하며 기존의 정치 질서를 지키고자 하였다. 결국 인종은 김부식 등의 의견을 받아들여 천도 계획을 중단시켰다.

오답 분석

① 거란의 2차 침입으로 인해 고려 현종은 나주로 피란하였다. 이 과정에서 개경이 함락되고 궁궐이 불타는 피해를 입었다. 개경으로 귀환한 현종은 나성 축조를 시작하였다.

② 초조 대장경은 고려 현종 시기에 거란의 침입에 맞서 불교의 힘을 빌어 국가를 보호하려는 목적으로 간행되었다.

④ 이성계는 1388년 위화도 회군을 통해 우왕과 최영을 제거하고 고려의 정치적 실권을 장악하였다. 이를 바탕으로 1392년에 조선을 건국하였다.

⑤ 윤관은 여진족의 침략에 대비하여 기마병 위주의 별무반을 구성하였다.

135 이자겸의 난 정답 ①

핵심키워드 경원 이씨, 인종, 척준경, 반란

정답 분석

경원 이씨 가문은 11세기 이래 고려의 대표적인 문벌 귀족으로 성장했다. 특히 이자겸은 그의 딸들이 예종과 인종의 왕비가 되면서 막강한 권력을 행사하게 되었다. 막강한 권력을 쥔 이자겸은 인종과의 갈등으로 정치적으로 제거될 위기에 처하자 척준경과 함께 반란을 일으켰다(이자겸의 난, 1126년). 인종이 척준경을 설득하여 반란을 진압했고, 이자겸은 유배되었으며 그의 딸들도 폐위되었다. 이 사건은 문벌 귀족 사회의 붕괴를 촉진하였다.

이자겸의 난 직후 인종은 묘청의 제안을 받아들여 서경 천도를 시도했지만, 개경의 문벌 귀족이 크게 반대하자 중단하였다(서경 천도 운동, 1135년). 따라서 이자겸의 난은 ⑺ 시기에 일어났다.

136 묘청의 서경 천도 운동 정답 ②

핵심키워드 서도, 조위총의 반란

정답 분석

제시된 자료는 고려 시대에 서경에서 일어난 일을 정리한 것이다. 고구려 멸망 이후 폐허가 되었던 평양은 태조 때 서경으로 승격되어 도시 재건이 이루어졌다. 이곳은 북진 정책의 전진 기지이자 왕실 세력의 근거지로 위상이 매우 높았다. 무신 정변 직후, 조위총이 이곳을 기반으로 무신 정권에 도전했으며, 이후 원나라는 이 일대를 동녕부로 지정하여 직접 통치하였다.

② 묘청은 1135년 서경 천도를 주장하며 반란을 일으켰고, 국호를 대위라 선언하였다.

오답 분석

① 정몽주는 조선 건국을 반대하다가 1392년에 개경 선죽교에서 이방원에게 피살되었다.

③ 황룡사 9층 목탑은 신라 수도 경주에 위치한다.

④ 직지심체요절은 청주 흥덕사에서 간행되었다.

⑤ 고려 시대에는 관리가 죄를 지은 경우 죄인의 본관으로 유배를 보내어 중앙으로 올라오지 못하도록 통제하는 귀향형을 시행하였다. 고려 문인 정서는 귀향형을 받아 부산으로 내려왔다. 그곳의 정자 '정과정'에서 고려 가요를 지었다.

무신 정권~고려 후기

❶ 무신 정권 [1170~1270]

무신 집권자	• 무신 정변 〔1170〕 무신 차별에 반발하여 보현원에서 봉기 → 의종 폐위, 명종 즉위
	• 무신 집권자 : 정중부 → 경대승 → 이의민(천민 출신) → 최충헌 → 최우 → 최항 → 최의 → 김준 → 임연 → 임유무
	  – 최충헌 : 봉사 10조 건의, 교정도감 설치
	  – 최우 : 정방과 삼별초 설치, 몽골 침입으로 강화도 천도
	• 무신 정권의 권력 기구
	  – 중방 : 정중부~이의민 시기에 국정 총괄
	  – 교정도감 : 국정 총괄, 장관 교정별감
	  – 정방 : 인사 기구, 최우의 사저에 설치
	  – 도방 : 경대승이 설립한 사병 집단
	  – 삼별초 : 최우가 조직, 좌별초·우별초·신의군으로 구성

봉기 활발	• 김보당의 난, 서경 유수 조위총의 난 : 무신 정권에 반발 • 김사미·효심의 난, 망이·망소이의 난 명학소 거주 : 가혹한 수탈에 반발 • 만적의 난 : 최충헌의 사노비, 신분 해방 시도

❷ 원 간섭기 [1270~1351]

원 간섭	• 다루가치 감독관 파견
	• 쌍성총관부 설치 후 철령 이북 직접 통치
	• 정동행성 설치
	  – 충렬왕 : 일본 원정을 위한 연락 사무소 역할
	  – 일본 원정 실패 후 : 내정 간섭 기구로 전락
	• 결혼도감 설치 : 공녀 징발
	• 변발과 호복 등 원나라 풍습 유행 여동생이 원나라의 황후에 오른 기황후였음
	• 권문세족 성장 : 친원적, 도평의사사를 통해 권력 장악, 대농장 소유, 기철 등

개혁 시도	• 충선왕의 사림원 개혁 기구 설치 • 충목왕의 정치도감 개혁 기구 설치

❸ 고려 말 [1351~1392]

공민왕(31대)	• 반원 정책 추진
	  – 변발 금지
	  – 기철 숙청
	  – 쌍성총관부 폐지 : 철령 이북 땅 수복, 유인우·이자춘 주도
	          └ 이성계의 아버지
	  – 정동행성 폐지
	• 내정 개혁 시도
	  – 전민변정도감 설치 : 신돈 주도, 권문세족의 토지와 노비 조사
	  – 성균관 강화 : 유학 교육만 담당, 이제현·이색 참여

우왕(32대)	• 왜구 침입 빈번 : 최영·이성계·최무선의 활약
	• 폐위 : 명의 철령위 설치 시도
	  – 최영은 요동 정벌 시도, 이성계는 4불가론 주장
	  – 이성계의 위화도 회군으로 최영 축출·우왕 폐위

공양왕(34대)	• 과전법 제정 → 정몽주 피살 → 이성계의 조선 건국

✚ 조위총의 난

조위총이 군사를 일으켜 … 동북 양계의 여러 성에 격문을 보내어 불러 말하기를, "소문을 들으니 서울에서는 중방에서 의논하기를 '북계에 가까운 여러 성에는 대체로 거세고 나쁜 사람들이 많으니 마땅히 가서 토벌해야 한다.'고 하고 군사를 이미 크게 동원하였으니, 어찌 가만히 앉아 있다가 스스로 주륙을 당하겠는가? 마땅히 각각 병마를 규합하여 속히 서경으로 나오라."라고 하였다. 이에 철령 이북의 40여 성이 와 호응하였다.

                 – 「고려사절요」 –

✚ 공녀

왕씨의 딸을 찾아 바치라는 황제의 명이 있었는데, 그 딸이 뽑혀 들어갔다. … 딸이 멀리 가게 되자, 옹주가 근심하고 번민하다가 병이 생겼다.   – 「수령옹주의 묘지석」 –

✚ 공민왕이 수복한 영토

✚ 이성계의 4불가론

첫째, 작은 나라가 큰 나라를 거스르는 일은 옳지 않으며,

둘째, 여름철에 군사를 동원하는 것은 부적당하고,

셋째, 요동을 공격하는 틈을 타서 남쪽에서 왜구가 침범할 우려가 있으며,

넷째, 무덥고 비가 많이 오는 시기라 활의 아교가 녹아 무기로 쓸 수 없고, 병사들도 전염병에 걸릴 염려가 있다.

1 다음 사건과 관련된 고려의 왕 또는 권력자를 쓰시오.

┌─── 보기 ───
│ 정중부   최충헌   최우   충선왕   공민왕   우왕
└─────────

(1) (   ) – 전민변정도감을 설치하였다.

(2) (   ) – 사림원을 설치하여 개혁을 실시하였다.

(3) (   ) – 이의민을 제거하고 권력을 장악하였다.

(4) (   ) – 만권당을 두어 원의 학자들과 교유하였다.

(5) (   ) – 인사권을 장악하기 위하여 정방을 설치하였다.

(6) (   ) – 보현원에서 정변을 일으켜 권력을 장악하였다.

(7) (   ) – 유인우, 이자춘 등이 쌍성총관부를 수복하였다.

(8) (   ) – 권력 기반 강화를 위해 교정도감을 조직하였다.

(9) (   ) – 봉사 10조를 국왕에게 올려 시정 개혁을 제안하였다.

(10) (   ) – 명의 철령위 설치에 반발하여 요동 정벌이 추진되었다.

2 빈칸에 알맞은 말을 선택하시오.

(1) 무신 정권 초기에 무신들은 (중방, 전민변정도감)을 중심으로 권력을 장악하였다.

(2) 경대승은 신변 보호를 위해 사병 조직인 (도방, 삼별초)을/를 조직하였다.

(3) 최우는 (정방, 교정도감)을 설치하여 인사권을 행사하였다.

(4) 일본 원정을 위해 (정동행성, 쌍성총관부)이/가 설치되었다.

(5) 원 간섭기에 (문벌귀족, 권문세족)은 도평의사사를 장악하였다.

(6) 충선왕은 베이징에 학문 연구소인 (만권당, 청해진)을 설립하였다.

(7) (광종, 공민왕)은 기철을 제거하였다.

(8) (신돈, 정도전)은 전민변정도감의 판사가 되어 권문세족을 견제하였다.

(9) (최영, 이성계)은/는 위화도 회군으로 우왕을 내쫓고 창왕을 옹립하였다.

(10) (정도전, 정몽주)이/가 개경 선죽교에서 이방원 세력에게 피살되었다.

3 아래 사건이 일어난 시기를 (가)~(라) 중 고르시오.

1170	1232	1270	1351	1388
(가)	(나)	(다)	(라)	
무신 정변	강화 천도	개경 환도	공민왕 즉위	위화도 회군

(1) (   ) – 서경 유수 조위총이 반란을 일으켰다.

(2) (   ) – 변발이 지배층을 중심으로 유행하였다.

(3) (   ) – 유인우, 이자춘이 쌍성총관부를 수복하였다.

(4) (   ) – 망이·망소이가 가혹한 수탈에 저항하여 봉기하였다.

(5) (   ) – 김보당이 무신 정권에 반발하여 봉기를 일으켰다.

(6) (   ) – 원의 세력을 배경으로 권문세족이 지배층으로 성장하였다.

4 다음 사료를 읽고, 물음에 답하시오.

(1) 괄호 안에 들어갈 알맞은 인물을 선택하시오.

┌─────────────────────────────
│ 동북면 병마사 간의대부 (만적, 김보당)이 동계에서 군사를
│ 일으켜 … 전왕(前王)을 복위시키고자 하였다. … 장순석
│ 등을 거제로 보내 전왕을 받들어 계림에 모시게 하였다.
└─────────────────────────────

(2) (가)에 들어갈 인물을 쓰시오.

┌─────────────────────────────
│ (가) 이/가 전민변정도감을 설치할 것을 청하고 스스로 판
│ 사가 되었다. … 권세가와 부호 중에 빼앗았던 토지와 노비
│ 를 그 주인에게 돌려주는 자가 많아, 온 나라 사람들이 기뻐
│ 하였다.
└─────────────────────────────

(3) 괄호 안에 들어갈 알맞은 인물을 선택하시오.

┌─────────────────────────────
│ 왕이 대장군 이소응으로 하여금 수박희를 시켰다. 이소응이
│ 이기지 못하고 달아나려 하자 이때 한뢰가 갑자기 나서 이소
│ 응의 뺨을 때려 섬돌 아래로 떨어지게 하였다. 왕과 여러 신
│ 하들이 손뼉을 치며 크게 웃었다. … (정중부, 최충헌)이/가
│ "이소응이 비록 무관이나 벼슬이 3품인데 어찌 이렇게 심한
│ 모욕을 주는가." 날카로운 소리로 한뢰를 꾸짖었다.
└─────────────────────────────

┌─ 정답 ──
│ 1. (1) 공민왕 (2) 충선왕 (3) 최충헌 (4) 충선왕 (5) 최우 (6) 정중부 (7) 공민왕 (8) 최충헌
│   (9) 최충헌 (10) 우왕
│ 2. (1) 중방 (2) 도방 (3) 정방 (4) 정동행성 (5) 권문세족 (6) 만권당 (7) 공민왕 (8) 신돈
│   (9) 이성계 (10) 정몽주
│ 3. (1) 가 (2) 다 (3) 라 (4) 가 (5) 가 (6) 다
│ 4. (1) 김보당 (2) 신돈 (3) 정중부
└───

137

59회 12번 [2점]

(가), (나) 사이의 시기에 있었던 사실로 옳은 것은?

> (가) 이자겸과 척준경이 왕을 위협하여 남궁(南宮)으로 거처를 옮기게 하고 안보린, 최탁 등 17인을 죽였다. 이 외에도 죽인 군사가 헤아릴 수 없을 정도였다.
>
> (나) 이의방과 이고가 정중부를 따라가 몰래 말하기를, "오늘날 문신들은 득의양양하여 술을 취하도록 마시고 음식을 배불리 먹는데, 무신들은 모두 굶주리고 고달프니 이것을 어찌 참을 수 있습니까."라고 하였다.

① 김부식이 묘청의 반란을 진압하였다.
② 강조가 정변을 일으켜 김치양을 제거하였다.
③ 망이·망소이가 공주 명학소에서 봉기하였다.
④ 서희가 외교 담판을 벌여 강동 6주를 확보하였다.
⑤ 최충헌이 봉사 10조를 올려 시정 개혁을 건의하였다.

138

65회 14번 [3점]

(가)~(다)를 일어난 순서대로 옳게 나열한 것은?

> (가) 왕이 보현원 문에 들어서자 …… 이고 등이 왕을 모시던 문관 및 대소 신료, 환관들을 모두 살해하였다. …… 정중부 등이 왕을 모시고 환궁하였다.
>
> (나) 이자겸과 척준경이 왕을 위협하여 남궁(南宮)으로 거처를 옮기게 하고 안보린, 최탁 등 17인을 죽였다. 이 외에도 죽인 군사가 헤아릴 수 없을 정도였다.
>
> (다) 묘청이 서경을 근거지로 삼고 반란을 일으켰다. …… 국호를 대위, 연호를 천개, 그 군대를 천견충의군이라 불렀다.

① (가) – (나) – (다)　　② (가) – (다) – (나)
③ (나) – (가) – (다)　　④ (나) – (다) – (가)
⑤ (다) – (가) – (나)

139

62회 16번 [2점]

다음 사건의 배경으로 가장 적절한 것은?

> 조위총이 동·북 양계(兩界)의 여러 성에 격문을 돌려 군사를 불러 모아 말하기를, "소문에 따르면 개경의 중방(重房)에서 '북계의 여러 성은 거칠고 사나운 무리를 많이 거느리고 있으니 토벌해야 한다.'고 논의하고 이미 많은 병력을 동원했다고 하니 어찌 가만히 앉아서 스스로 죽을 수 있겠는가? 각자 군사와 말을 규합하여 빨리 서경으로 달려와야 한다."라고 하였다.

① 노비 만적이 반란을 모의하였다.
② 정중부, 이의방 등이 정변을 일으켰다.
③ 신돈이 전민변정도감의 판사가 되었다.
④ 망이, 망소이 등이 명학소에서 봉기하였다.
⑤ 최충헌이 교정도감을 설치하여 국정을 총괄하였다.

140

70회 14번 [2점]

(가) 사건에 대한 탐구 활동으로 가장 적절한 것은?

대한민국 방방곡곡 – 거제 둔덕기성 전경
史 한국사 채널　　조회 수 140,525

거제의 둔덕기성은 신라 시대에 축조되었고, 고려 시대에 성벽이 개축되어 축성법의 변화를 연구하는 데 학술적 가치가 큰 사적입니다.
정중부 등이 일으킨 (가) (으)로 폐위된 의종이 이곳에서 머물렀다고 전해지고 있습니다. 이후 김보당은 의종을 경주로 피신시켜 복위를 시도하였습니다.

① 정동행성이 설치되는 배경을 살펴본다.
② 철령위 설치에 대한 최영의 대응을 검색한다.
③ 칭제 건원과 금국 정벌을 주장한 인물을 찾아본다.
④ 서경유수 조위총이 반란을 일으킨 이유를 알아본다.
⑤ 이성계 등 신흥 무인 세력이 성장하는 과정을 조사한다.

141

49회 14번 [2점]

(가), (나) 사이의 시기에 있었던 사실로 옳은 것은?

> (가) 동북면 병마사 간의대부 김보당이 동계(東界)에서 군대를 일으켜, 정중부와 이의방을 토벌하고 전왕(前王)을 복위시키려고 하였다. …… 동북면 지병마사 한언국이 장순석 등에게 거제(巨濟)로 가서 전왕을 받들어 계림에 모시게 하였다.
>
> (나) 만적 등이 노비들을 불러 모아서 말하기를, "장군과 재상에 어찌 타고난 씨가 있겠는가? 때가 되면 누구나 할 수 있는 것이다."라고 하였다. …… 만적 등 100여 명이 체포되어 강에 던져졌다.

① 웅천주 도독 김헌창이 반란을 일으켰다.
② 최우가 인사 행정 담당 기구로 정방을 설치하였다.
③ 이자겸과 척준경이 반란을 일으켜 궁궐을 불태웠다.
④ 최충헌이 봉사 10조를 올려 시정 개혁을 건의하였다.
⑤ 김부식이 서경의 반란군을 진압하기 위해 출정하였다.

142

60회 15번 [2점]

다음 상황 이후에 전개된 사실로 옳은 것은?

> 백관이 최우의 집에 나아가 정년도목(政年都目)을 올리니, 최우가 청사에 앉아 받았다. 6품 이하는 당하(堂下)에서 두 번 절하고 땅에 엎드려 감히 고개를 들지 못하였다. 이때부터 최우는 정방을 자기 집에 두고 백관의 인사 행정을 처리하였다.
> — 「고려사절요」 —

① 삼별초가 용장성에서 항진하였다.
② 정중부 등이 김보당의 반란을 진압하였다.
③ 빈민 구제를 위한 흑창을 처음 설치하였다.
④ 공주 명학소에서 망이·망소이가 봉기하였다.
⑤ 최충헌이 교정별감이 되어 국정을 총괄하였다.

143

64회 14번 [2점]

(가) 인물의 활동으로 옳은 것은?

① 인사 행정 담당 기구로 정방을 설치하였다.
② 봉사 10조를 올려 시정 개혁을 건의하였다.
③ 삼별초를 이끌고 진도 용장성에서 항전하였다.
④ 군사를 일으켜 정중부 등의 제거를 도모하였다.
⑤ 전민변정도감의 책임자로 임명되어 권문세족을 견제하였다.

144

50회 11번 [2점]

밑줄 그은 '이 시기'에 있었던 사실로 옳은 것은?

> 이곳은 김방경의 묘입니다. 그는 개경 환도 이후 몽골의 간섭이 본격화된 이 시기에 여·몽 연합군의 고려군 도원수로 일본 원정에 참여하였습니다.

① 삼수병으로 구성된 훈련도감이 창설되었다.
② 삼군부가 부활하여 군국 기무를 전담하였다.
③ 중서문하성과 상서성이 첨의부로 개편되었다.
④ 인재를 양성하기 위한 초계문신제가 시행되었다.
⑤ 국방 문제를 논의하기 위한 비변사가 설치되었다.

145

다음 서술형 평가의 답안에 들어갈 내용으로 가장 적절한 것은?

서술형 평가　　　　○학년 ○○반 이름 : ○○○

◎ 아래의 인물들이 활동한 시기에 볼 수 있는 사회 모습에 대해 서술하시오.

• 윤수는 응방을 관리하였는데 권력을 믿고 아행을 행하여 사람들로부터 비난받았다.
• 유청신은 몽골어를 익혀 여러 차례 원에 사신으로 가서 공을 세우고 충렬왕의 총애를 받아 장군이 되었다.
• 기철과 형제들은 누이동생이 원 순제의 황후가 된 후 국법을 무시하고 횡포를 부렸다.

답안	

① 왕조 교체를 예언하는 정감록이 유포되었습니다.
② 대각국사 의천이 해동 천태종을 개창하였습니다.
③ 지배층을 중심으로 변발과 호복이 유행하였습니다.
④ 가혹한 수탈에 저항하여 망이·망소이가 봉기하였습니다.
⑤ 상민층이 납속과 공명첩을 활용하여 신분 상승을 꾀하였습니다.

146

다음 자료를 활용한 탐구 활동으로 가장 적절한 것은?

시중 김방경과 대장군 인공수를 [상국(上國)에] 파견하여 표문을 올렸다. "우리나라는 근래 역적을 소탕하는 대군에 군량을 공급하는 일로 이미 해마다 백성에게서 양식을 거두어들였습니다. 게다가 일본 정벌에 필요한 전함을 건조하는데 장정들이 모두 징발되었고, 노약자들만 겨우 밭 갈고 씨 뿌리는 일을 하고 있습니다."

① 삼전도비가 건립된 계기를 찾아본다.
② 정동행성이 설치되는 배경을 살펴본다.
③ 사심관 제도가 시행된 원인을 조사한다.
④ 조위총의 난이 전개되는 과정을 알아본다.
⑤ 권수정혜결사문이 작성된 목적을 파악한다.

147

다음 사건이 일어난 시기를 연표에서 옳게 고른 것은?

조일신이 전 찬성사 정천기 등과 함께 기철·기륜·기원·고용보 등을 제거할 것을 모의하고 그들을 체포하게 하였는데, 기원은 잡아서 목을 베고 나머지는 모두 도망갔다. 조일신이 그 무리를 거느리고 나아가서 왕이 있던 궁궐을 포위하고, 숙직하고 있던 판밀직사사 최덕림, 상호군 정환 등 여러 사람을 죽였다.

918	1009	1126	1198	1270	1392
	(가)	(나)	(다)	(라)	(마)
고려 건국	강조의 정변	이자겸의 난	만적의 난	개경 환도	고려 멸망

① (가)
② (나)
③ (다)
④ (라)
⑤ (마)

148

(가), (나) 사이의 시기에 있었던 사실로 옳은 것은?

(가) 용진현 출신 조휘와 정주 출신 탁청이 화주 이북 지방을 몽골에 넘겨주었다. 몽골은 화주에 쌍성총관부를 설치하고 조휘를 총관으로, 탁청을 천호(千戶)로 임명하였다.

(나) 동북면 병마사 유인우가 쌍성을 함락시키자 총관 조소생, 천호 탁도경이 도망치니 화주, 등주, 정주 등이 수복되었다.

① 최윤덕이 4군을 개척하였다.
② 일본 원정을 위해 정동행성이 설치되었다.
③ 몽골 사신 저고여가 귀국길에 피살되었다.
④ 철령위 설치 문제로 요동 정벌이 추진되었다.
⑤ 서희가 외교 담판으로 강동 6주를 획득하였다.

149
59회 13번 [1점]

밑줄 그은 '왕'의 재위 시기에 있었던 사실로 옳은 것은?

얼마 전에 왕께서 기철과 그 일당들을 반역죄로 숙청하셨다고 하네.

나도 들었네. 정동행성 이문소도 철폐하셨다고 하더군.

① 경기에 한하여 과전법이 실시되었다.
② 정지가 관음포에서 승리를 거두었다.
③ 국정 총괄 기구로 교정도감이 설치되었다.
④ 신돈을 중심으로 전민변정 사업이 추진되었다.
⑤ 만권당이 설립되어 원과 고려의 학자가 교유하였다.

150
54회 17번 [3점]

(가), (나) 사이의 시기에 있었던 사실로 옳은 것은?

> (가) 다루가치가 왕을 비난하면서 말하기를, "선지(宣旨)라 칭하고, 짐(朕)이라 칭하고, 사(赦)라 칭하니 어찌 이렇게 참람합니까?"라고 하였다. …… 이에 선지를 왕지(王旨)로, 짐을 고(孤)로, 사를 유(宥)로, 주(奏)를 정(呈)으로 고쳤다.
>
> (나) 왕이 시해당하자 태후가 종실에서 [후사를] 골라 세우고자 하니, 시중 이인임이 백관을 거느리고 우왕을 세웠다.
> – 「고려사」 –

① 화통도감을 설치하여 화포를 제작하였다.
② 유인우, 이자춘 등이 쌍성총관부를 수복하였다.
③ 정중부 등이 정변을 일으켜 권력을 장악하였다.
④ 최우가 강화도로 도읍을 옮겨 장기 항전을 준비하였다.
⑤ 명의 철령위 설치에 반발하여 요동 정벌을 추진하였다.

151
63회 17번 [2점]

(가)~(다)를 일어난 순서대로 옳게 나열한 것은?

> (가) 우왕이 요동을 공격하는 일을 최영과 은밀하게 의논하였다. …… 마침내 8도의 군사를 징발하고 최영이 동교에서 군사를 사열하였다.
>
> (나) 대군이 압록강을 건너서 위화도에 머물렀다. …… 이성계가 회군한다는 소식을 듣고 앞다투어 모여든 사람이 천여 명이나 되었다.
>
> (다) 도평의사사에서 글을 올려 과전을 지급하는 법을 정할 것을 청하니, 그 의견을 따랐다. …… 경기는 사방의 근본이므로 마땅히 과전을 설치하여 사대부를 우대하여야 한다. 무릇 수도에 거주하며 왕실을 지키는 자는 현직, 산직(散職)을 불문하고 각각 과(科)에 따라 받게 한다.

① (가) – (나) – (다)
② (가) – (다) – (나)
③ (나) – (가) – (다)
④ (나) – (다) – (가)
⑤ (다) – (나) – (가)

152
67회 19번 [2점]

다음 상황이 나타난 시기를 연표에서 옳게 고른 것은?

> 명 황제가 말하기를, "철령을 따라 이어진 북쪽과 동쪽과 서쪽은 원래 개원로(開元路)*가 관할하던 군민(軍民)이 속하던 곳이니, 한인·여진인·달달인·고려인을 그대로 요동에 소속시켜라."라고 하였다. …… 왕은 최영과 함께 요동을 공격하기로 계책을 결정하였으나, 감히 드러내어 말하지 못하고 사냥 간다는 핑계를 대고 서쪽으로 해주에 행차하였다.
>
> * 개원로(開元路) : 원이 설치한 행정 구역

1351	1359	1380	1391	1394	1400
(가)	(나)	(다)	(라)	(마)	
공민왕 즉위	홍건적 침입	황산 대첩	과전법 실시	한양 천도	태종 즉위

① (가)
② (나)
③ (다)
④ (라)
⑤ (마)

137 고려 중기의 정치 변동

정답 ①

핵심키워드 이자겸, 이의방, 이고

정답 분석

(가)는 1126년에 일어난 이자겸의 난이며, (나)는 1170년에 일어난 무신정변에 해당한다.

두 사건은 12세기에 이르러 문벌 귀족 사회가 보수화됨에 따라 발생하였다. 최고의 문벌 귀족이었던 이자겸은 인종과 갈등을 빚자 반란을 일으켰다. 이후 묘청과 서경 세력이 서경으로의 천도를 제안하며 변화를 모색했으나 김부식과 개경 세력의 반대로 무산되었다. 결국 자정 능력을 상실한 문벌 귀족 사회는 오랜 차별을 받아온 무신들이 1170년에 무신 정변을 일으키면서 몰락하였다.

오답 분석

② 강조는 1009년 정변을 일으켜 김치양을 제거하고 목종을 폐위한 뒤 현종을 옹립하였다.

③ 망이·망소이는 무신 정권 초기인 1176년 공주 명학소에서 봉기하여 과도한 조세 수탈에 저항하였다.

④ 서희는 고려 성종 시기인 993년에 거란과의 외교 담판을 통해 강동 6주를 확보하였다.

⑤ 최충헌은 1196년에 명종에게 봉사 10조를 올려 시정 개혁을 건의하였다.

138 고려 중기의 정치 변동

정답 ④

핵심키워드 보현원, 정몽주, 이자겸, 묘청

정답 분석

(가) 고려 의종 시기인 1170년에 정중부, 이의방 등 무신들은 보현원에서 무신 정변을 일으켰다.

(나) 이자겸은 고려 인종 시기인 1126년에 척준경과 함께 궁궐을 장악하려 하였다. 이후 척준경이 인종의 편으로 돌아서 이자겸은 몰락하였다. 이러한 과정을 이자겸의 난이라고 한다.

(다) 묘청은 고려 인종 시기인 1135년에 서경 천도와 금국 정벌, 칭제건원 등을 왕에게 제안하였다. 이는 개경을 기반으로 한 문벌 귀족의 특권을 견제하고 개혁을 시도하려는 의도가 반영된 것이다. 하지만 김부식과 개경 세력의 반발로 천도 계획은 중단되었다. 묘청 일파는 서경에서 대위국을 선포하며 고려 왕실과 대립했으나, 1년 여 만에 김부식이 이끈 중앙군에 진압당했다.

따라서 (나)-(다)-(가) 순으로 일어났다.

139 조위총의 난

정답 ②

핵심키워드 조위총, 중방

정답 분석

조위총은 서경유수 출신으로, 1170년에 무신 정변이 일어나자 무신들의 폭정과 의종 시해에 반발하여 1174년 서경에서 봉기하였다. 저항 세력은 수도 개경까지 위협할 정도로 거세게 저항했지만, 약 2년 여만에 조위총이 제거됨으로써 진정되었다. 대표적인 반무신 운동으로 평가한다.

한편 중방은 고려 무신의 최고 회의 기구로, 무신 정권 초기에 국정 총괄 기구로 활동하였다.

오답 분석

① 만적은 무신 최충헌의 사노비로, 최충헌 집권 시기에 신분 해방을 시도하였다.

③ 공민왕은 전민변정도감을 설치하여 신돈을 책임자로 삼아 토지와 노비에 대한 조사에 착수하였다. 이를 통해 권문세족의 기반을 약화시키고자 하였다.

④ 망이, 망소이는 무신 정권 초기인 1176년에 공주 명학소에서 봉기하였다.

⑤ 최충헌은 이의민을 제거하고 1183년부터 무신 중 최고의 권력을 행사하였다.

140 무신정변

정답 ④

핵심키워드 정중부, 김보당, 의종

정답 분석

1170년 무신 정변으로 의종이 폐위되고 명종이 즉위하였다. 이 사건 직후 김보당과 조위총 등은 무신 정권 타도를 시도하며 각각 봉기하였다.

오답 분석

① 중국 원나라는 일본 원정을 위해 정동행성을 연락 기구로 설치하였다. 일본 원정이 중단된 이후에는 내정 간섭 기구로 기능하였으며, 공민왕 때 폐지되었다.

② 철령위는 중국 원나라가 철령 이북 지역에 설치한 행정 구역으로, 원은 쌍성총관부를 두어 이곳을 통치하였다. 공민왕 때 폐지되었으나, 우왕 때 명나라가 재설치하려 하였다. 이에 우왕과 최영은 명에 대항하여 요동 정벌을 시도하였다.

③ 묘청과 서경 세력은 칭제 건원(황제국을 표방하고, 독자적인 연호를 쓰자는 주장)과 금국 정벌을 주장하였다. 하지만 김부식과 개경 세력은 현실적으로 불가능하다고 반대하였다.

⑤ 이성계는 고려 말 왜구를 격퇴하며 세력을 키웠다. 이들을 신흥 무인 세력이라 한다.

141 최충헌

정답 ④

핵심키워드 김보당, 정중부, 이의방, 만적

정답 분석

(가) 무신 정권에 반대하여 일어난 김보당의 난과 관련 있다. 이때의 무신 집권자는 정중부였다.

(나) 최충헌의 사노비 만적이 신분 차별에 저항하여 봉기를 시도한 것과 관련 있다.

따라서 (가), (나) 사이에 경대승, 이의민, 최충헌 등이 권력을 장악하였다. 최충헌은 이의민을 제거한 뒤, 명종에게 봉사 10조를 올려 개혁안을 제시하였다.

오답 분석

① 웅천주(현재의 공주) 도독인 김헌창은 신라 정부에 반기를 들고 봉기하였다. 이는 신라 하대에 진골이 일으킨 대표적인 왕위 다툼 중 하나이다.

② 무신 집권자 최우는 정방을 설치하여 인사권을 장악하였다.

③ 이자겸의 난은 1126년에 일어난 반란으로, 인종의 왕권을 크게 위협했으나, 결국 진압되었다.

⑤ 김부식은 고려 인종 시기에 문신으로 활약하였으며, 1135년 서경에서 묘청이 주도한 반란을 진압하였다.

142 최우

정답 ①

핵심키워드 최우, 정방

정답 분석

제시된 사료는 무신 집권자 최우가 조직한 정방(인사 담당 기구)에 관한 것이다.

① 삼별초는 최우가 조직한 군사 조직으로, 야별초에서 시작되었다. 이후 몽골과의 항쟁 과정에서 탈출한 고려인을 포함하여, 좌별초, 우별초, 신의군으로 구성되었다.

오답 분석

② 김보당은 무신 정권에 반대해 1173년에 봉기하였다. 이를 정중부와 이의방 등이 진압하였다.

③ 흑창은 고려 태조가 940년에 빈민 구제를 위해 처음 설치한 창고 제도로, 기근이나 재해 시에 백성들에게 곡식을 나누어주기 위한 구호 창고였다.

④ 망이·망소이의 봉기는 1176년에 발생한 명학소의 민란으로, 정중부 집권 시기에 발생하였다.

⑤ 최충헌은 1196년에 교정별감이 되어 무신 정권의 실질적 통치자가 되었으며, 국정을 총괄하였다.

143 대몽 항쟁

정답 ①

핵심키워드 몽골 침입, 강화 천도

정답 분석

몽골은 최우 집권기에 고려를 침공하였다. 최우는 1231년 몽골의 1차 침입 후에 수도를 강화도로 옮기고 장기 항전을 준비하였다. 고려는 1258년 최의(마지막 최씨 집권자)가 피살되자 몽골과 강화를 맺었고, 1270년에 개경으로 환도하였다.

① 최우는 자신의 집에 정방을 설치하여 인사권을 장악하였다.

오답 분석

② 최충헌은 명종에게 봉사 10조를 올려 시정 개혁을 건의하였다.

③ 삼별초는 1270년 개경 환도에 반대하여 반란을 일으켰으며, 진도와 제주도로 이동하여 끝까지 항전하였다.

④ 무신 정변 직후에 무신 정권에 반대하는 김보당의 난, 조위총의 난 등이 일어났다.

⑤ 전민변정도감은 공민왕이 권문세족의 불법 토지 소유를 정리하고자 설치한 기구이다.

144 원 간섭기

정답 ③

핵심키워드 개경 환도, 여몽 연합군의 일본 원정

정답 분석

제시문의 '이 시기'는 원 간섭기로, 고려는 끈질긴 대몽 항쟁으로 왕실을 유지할 수 있었지만, 개경 환도 후 원의 정치 간섭을 받아야 했다.

③ 중서문하성과 상서성은 고려 충렬왕 시기에 첨의부로 통합되었다.

오답 분석

① 훈련도감은 조선 선조 시기에 창설된 상비군으로, 임진왜란 중인 1593년에 설치되었다. 삼수병은 포수, 사수, 살수로 구성되었다.

② 삼군부는 군사 문제를 총괄하는 기구로, 조선 태종 시기와 흥선 대원군 시기에 조직되었다.

④ 초계문신제는 조선 정조 시기에 시행된 인재 양성 제도로, 37세 이하의 젊은 문신을 왕이 직접 규장각에서 재교육한 제도이다.

⑤ 비변사는 중종 시기에 설치된 국방 회의 기구로, 여진과 왜구의 침입에 대비하기 위해 창설되었다. 이후 임진왜란을 거치며 국정 총괄 기구로 기능이 확대되었다.

145 원 간섭기

정답 ③

핵심키워드 응방, 몽골어, 충렬왕, 기철

정답 분석

권문세족은 고려 후기의 지배 계층으로, 주로 원나라와의 관계를 통해 성장하였다. 자료에 제시된 윤수, 유청신, 기철은 권문세족의 대표적인 인물이다.

③ 변발과 호복은 원나라의 풍습으로, 고려 말기부터 지배층을 중심으로 유행하였다. 이는 원 간섭기의 특징적인 문화적 변화였다.

오답 분석

① 정감록은 조선 후기 예언서로, 정씨 왕조로의 교체를 예언하였다.

② 의천은 고려 중기의 승려로, 숙종 시기에 해동 천태종을 창시하여 교단을 재편성하였다.

④ 망이·망소이의 난은 무신 정권 시기에 발생한 농민 반란으로, 특수 행정 구역인 향·부곡·소 지역에 대한 과도한 수탈에 저항한 봉기였다.

⑤ 부유한 상민층은 조선 후기에 납속과 공명첩을 통해 양반 계층에 진입할 수 있었다.

146 정동행성

정답 ②

핵심키워드 일본 정벌, 징발

정답 분석

제시된 자료는 원 간섭기에 고려와 원의 일본 원정에 관한 것이다. 두 차례에 걸쳐 진행되었으나, 일본의 저항과 악천후로 인해 모두 실패하였다.

② 정동행성은 1280년 원나라가 일본 원정을 위해 설치한 기구로, 일본 원정 실패 후에도 폐지되지 않은 채 고려 내정을 간섭하는 기구로 변모했다.

오답 분석

① 삼전도비는 병자호란 이후 1639년에 청나라와 맺은 굴욕적인 강화의 내용을 기록한 비석이다.

③ 사심관 제도는 고려 태조가 지방 호족을 견제하기 위해 설치한 제도로, 중앙 집권 강화와 지방 세력 통제를 위한 장치였다.

④ 서경 유수 조위총은 1174년에 무신 정권에 대항하여 난을 일으켰으나 실패하였다.

⑤ 권수정혜결사문은 고려 중기 승려 지눌이 불교 개혁을 위해 작성한 문서로, 정혜쌍수를 강조하며 불교 수행 방법을 제시하였다.

147 공민왕

정답 ⑤

핵심키워드 기철, 밀직사

정답 분석

기철은 원나라 기황후의 오빠로 대표적인 권문세족이다. 그는 공민왕 때 반원 정책의 일환으로 숙청되었다.

고려 성종 시기에 설치된 중추원은 현종 시기에 추밀원으로 바뀌었다가, 몽골(원)의 간섭으로 충렬왕 시기에 다시 밀직사로 바뀌었다. 왕명의 출납, 궁중의 숙위 등을 담당했으며, 첨의부와 함께 양부로 불렸다. 따라서 제시된 사료의 왕은 반원 정책을 추진하던 공민왕이며, 해당 시기는 연표에서 (마)에 속한다.

오답 분석

(라) 만적의 난은 최충헌 집권 시기에 일어났으며, 마지막 무신 집권자인 임유무가 피살되고 개경으로 환도하였다.

따라서 (라) 시기는 대체적으로 최충헌 이후의 무신 정권에 해당한다.

148 고려 후기의 정치 변동

정답 ②

핵심키워드 쌍성총관부, 유인우, 화주 수복

정답 분석

(가) 몽골과의 전쟁 후반기인 1258년(고종)에 몽골이 쌍성총관부를 설치하고 철령 이북을 직접 통치하기 시작하는 상황과 관련 있다. 참고로 몽골은 대몽 항쟁 중에 쌍성총관부를 설치하고, 개경 환도 이후에 동녕부와 탐라총관부를 설치하며 우리 땅의 일부를 직접 지배하였다.

(나) 공민왕 시기에 유인우가 이자춘(이성계의 아버지)과 함께 쌍성총관부를 공격한 후 철령 이북 지역을 되찾은 상황과 관련 있다.

따라서 (가)~(나) 시기는 원 간섭기이다.

② 정동행성은 원 간섭기 동안 내정 간섭을 담당한 기구였다.

오답 분석

① 최윤덕은 조선 세종 시기에 4군을 개척하여 압록강 유역에 대한 영토를 확장하였다.

③ 저고여는 몽골의 사신으로, 고려에 왔다가 피살되었다. 이 사건은 몽골과 고려의 관계 악화의 계기가 되어, 몽골 1차 침입으로 이어졌다.

④ 철령위 설치 문제는 1388년 고려 우왕 때 명나라가 철령위 설치를 요구한 사건으로, 이는 요동 정벌의 원인이 되었다.

⑤ 서희는 고려 성종 때 거란과의 외교 담판을 통해 강동 6주를 획득하는 데 성공하였다.

149 공민왕

정답 ④

핵심키워드 기철 숙청, 정동행성 이문소 철폐

정답 분석

정동행성 산하 기구인 이문소는 원나라가 고려에 설치한 사법 기관으로, 주로 대원 관계의 범죄를 다루며 고려 내정에 깊이 간섭하였다. 이문소는 친원 세력의 근거지로 작용하여 기철 등 부원 세력의 권력 기반이 되었으며, 결국 공민왕의 반원 개혁으로 폐지되었다.

④ 공민왕은 권문세족의 불법적인 토지 소유를 개혁하기 위해 전민변정도감을 설치하였다.

오답 분석

① 급진파 사대부는 고려 말인 1391년에 과전법을 제정하여 경기 토지의 수조권을 관리들에게 지급하였다.

② 관음포 해전은 1383년에 정지와 최무선이 이끈 해전으로, 고려 수군이 왜구를 크게 무찔렀다.

③ 교정도감은 최충헌이 무신 정권을 강화하기 위해 설치한 기구로, 무신 정권의 실질적 권력 기구였다.

⑤ 만권당은 충선왕 시기에 설립된 학문 연구 기관으로, 원나라와 고려의 학자들이 학문적 교류를 나눈 공간이었다. 성리학 중심의 학문 발전에 기여하였다.

150 고려 후기의 정치 변동

정답 ②

핵심키워드 다루가치, 왕 시해, 우왕

정답 분석

㈎ 다루가치는 원나라가 고려에 파견한 감독관으로, 충렬왕 때 중단되었다.

㈏ 공민왕 시해 후 우왕이 즉위하는 상황을 기록한 사료이다.

따라서 ㈎, ㈏ 사이에는 충선왕~충정왕, 공민왕이 통치하였다.

② 공민왕은 유인우와 이자춘(이성계의 아버지)을 보내 쌍성총관부를 폐지하고, 관할 영토를 수복하였다.

오답 분석

① 화통도감은 1377년 우왕 시기 최무선의 건의로 설치된 기구로, 화약과 화포를 제작하였다.

③ 정중부는 1170년 무신정변을 일으켜 고려의 문신 중심 정치 체제를 무너뜨리고 무신 정권을 수립하였다.

④ 최우는 몽골의 침입을 피해 강화도로 도읍을 옮기고 장기 항전을 준비하였다.

⑤ 철령위는 명이 고려의 철령 이북 땅에 설치하고자 하였던 직할지로, 명은 과거 원의 쌍성총관부가 관할했던 지역을 직접 통치하려 하였다. 1387년에 이 문제가 발생하자 우왕과 최영은 이에 반발하여 요동 정벌을 계획하였다.

151 고려 후기의 정치 변동

정답 ①

핵심키워드 우왕, 최영, 위화도, 도평의사사, 과전

정답 분석

제시된 사료는 고려 말기의 상황을 보여준다.

㈎ 중국에 새롭게 등장한 명은 요동 지역으로 진출하면서 쌍성총관부가 있던 철령 이북 지역을 자치하려 철령위를 설치하려 하였다(명의 철령위 사건, 1387년). 이에 반발한 우왕과 최영은 요동 정벌을 추진하였다.

㈏ 요동 정벌을 위해 출정한 이성계의 군대는 압록강을 건너 위화도에 머물렀으나, 결국 회군하였다(위화도 회군, 1388년). 이성계와 그의 지지 세력은 개경에서 우왕을 폐위하고 최영을 숙청하였다.

㈐ 급진파 사대부는 1391년에 과전법을 제정하여 경기 토지의 수조권을 관리들에게 지급하였다.

따라서 ㈎-㈏-㈐ 순으로 전개되었다.

152 위화도 회군

정답 ③

핵심키워드 명, 철령, 최영

정답 분석

중국은 고려 말기에 정치 변화를 겪었다. 원나라가 쇠락하고, 중국 본토에서 명나라가 건국되었다. 명나라는 고려에 철령위 설치를 시도하였다. 철령위는 명이 고려의 철령 이북 땅에 설치하고자 하였던 직할지로, 명은 과거 원의 쌍성총관부가 관할했던 지역을 직접 통치하려 하였다. 1387년에 이 문제가 발생하자 우왕과 최영은 이에 반발하여 요동 정벌을 계획하였다. 요동 정벌을 위해 출정한 이성계의 군대는 압록강을 건너 위화도에 머물렀으나, 결국 회군하였다(위화도 회군, 1388년). 이성계와 그의 지지 세력은 개경에서 우왕을 폐위하고 최영을 숙청하였다.

오답 분석

홍건적은 공민왕 시기에 2차례 침입하였다. 1차 침입 때는 서경에 이르렀고, 2차 침입 때는 개경을 함락시켰다. 이에 공민왕은 복주(경북 안동)까지 피란하였다. 안동은 태백산맥과 소백산맥의 험준한 산들로 둘러싸여 있어 적의 기병 공세를 막기에 유리한 지형을 갖추고 있었다.

황산대첩은 고려 우왕 시기에 이성계가 전북 남원에서 왜구를 격퇴한 사건이다. 진포해전에서 패한 왜구가 내륙인 남원으로 도망가자 이성계와 고려 육군은 이들을 추적하여 섬멸하였다. 이 사건 이후 왜구의 침입이 현저하게 줄어들었으며, 이성계의 명성이 높아졌다.

고려의 외교

❶ 거란(요)과의 관계

정종	• 광군 예비군 조직
1차 전쟁 성종〔993〕	• 경과 : 거란 소손녕과 고려 서희의 외교 담판 • 결과 : 강동 6주 확보 최초로 고려 국경이 압록강에 도달
2차 전쟁 현종〔1010〕	• 원인 : 강조의 정변 • 경과 : 거란의 개경 함락으로 현종의 나주 피란 → 양규의 반격
3차 전쟁 현종〔1019〕	• 경과 : 강감찬의 흥화진 전투와 귀주 대첩 승리 • 결과 : 개경에 나성 축조, 천리장성 축조 압록강~도련포 연결

❷ 여진(금)과의 관계

	기병으로 구성 / 승병으로 구성
숙종(15대)	• 윤관의 별무반 조직 : 신기군·신보군·항마군으로 구성
예종(16대)	• 윤관의 동북 9성 축조 : 척경입비도에 기록
인종(17대)	• 금의 사대 요구 → 이자겸의 수용

❸ 몽골(원)과의 관계

전쟁 초·중반	• 몽골이 사신 저고여 피살 사건을 구실로 침략 • 〔1231〕 박서의 귀주성 전투 • 〔1231〕 최우의 강화도 천도 • 〔1232〕 김윤후의 처인성 전투 : 몽골 장수 살리타 사살 • 〔1253〕 김윤후의 충주성 전투 : 노비 문서를 소각하여 사기 진작 • 〔1234〕 충주 다인철소의 활약 : 이후 익안현으로 승격

전쟁 후반	• 최의 피살로 최씨 정권 붕괴
	• 〔1259〕 몽골과 강화 : 고려의 독립국 지위 유지
	• 〔1270〕 임유무 피살로 개경 환도
	• 〔1270~1273〕 삼별초의 저항 끝까지 개경 환도 거부
	  → 강화도에서 항전 : 왕족 승화후 온을 왕으로 옹립
	  → 진도에서 항전 : 배중손 지휘, 용장산성 축조
	  → 제주도에서 항전 : 김통정 지휘, 항파두리성 축조
	  → 몽골의 탐라총관부 설치

❹ 홍건적의 침입(공민왕 31대)

(1) 1차 침입 : 서경 침입, 이방실의 활약

(2) 2차 침입 : 개경 함락, 왕의 복주 경북 안동 피란

❺ 왜구의 침입

우왕(32대)	• 최무선의 화약 개발 : 이후 화통도감 설치 • 최영의 홍산 대첩 • 나세와 최무선의 진포대첩 : 세계 최초 화포 사용 • 이성계의 황산대첩 : 전남 남원 → 위화도 회군으로 정치적 실권 장악 → 조선 건국
창왕(33대)	• 박위의 쓰시마섬 정벌

✚ 강동 6주

✚ 강조의 정변

목종의 모후인 천추태후와 김치양이 불륜 관계를 맺고 왕위를 빼앗으려 하자 강조가 군사를 일으켜 김치양 일파를 제거한 후 목종을 폐위하고 현종을 옹립한 사건이다.

✚ 척경입비도

윤관이 9성을 개척하고 비석을 세우는 장면을 조선 후기에 그린 것이다.

✚ 김윤후의 충주성 전투

김윤후가 충주산성 방호별감이 되었는데 몽골 군대가 쳐들어 와 충주성을 70여 일간 포위하였다. 군량이 거의 바닥나자 김윤후가 군사들에게 "만약 힘내 싸운다면 귀천을 가리지 않고 모두 관작을 내리겠다."라고 하였다. 마침내 관노비의 문서를 불태우고 노획한 소와 말을 나누어 주었다. 사람들이 모두 죽음을 무릅쓰고 싸우니 적의 기세가 꺾여 남쪽으로 침략하는 것을 막을 수 있었다.

1 다음 사건과 관련된 고려의 왕을 쓰시오.

┤ 보기 ├

| 태조 | 정종 | 성종 | 현종 |
| 숙종 | 예종 | 공민왕 | 우왕 |

(1) (   ) – 윤관이 동북 9성을 쌓았다.

(2) (   ) – 화통도감을 설치하여 화포를 제작하였다.

(3) (   ) – 강감찬이 귀주에서 거란을 크게 물리쳤다.

(4) (   ) – 거란을 배척하여 만부교 사건이 일어났다.

(5) (   ) – 거란의 침입에 대비하여 광군을 창설하였다.

(6) (   ) – 거란의 침략을 피해 왕이 나주로 피란하였다.

(7) (   ) – 윤관의 건의를 받아들여 별무반을 편성하였다.

(8) (   ) – 나세, 심덕부 등이 진포에서 왜구를 격퇴하였다.

(9) (   ) – 서희가 외교 담판을 벌여 강동 6주를 획득하였다.

(10) (   ) – 쌍성총관부를 공격하여 철령 이북의 땅을 수복하였다.

2 빈칸에 '거란, 여진, 몽골, 홍건적, 왜구' 중에서 골라 쓰시오.

(1) (   )은 강조의 정변을 계기로 재침략하였다.

(2) 처인성에서 (   ) 장수 살리타를 사살하였다.

(3) 이자겸이 (   )의 사대 요구 수용을 주장하였다.

(4) 강화도로 도읍을 옮겨 (   )의 침략에 대비하였다.

(5) (   ) 격퇴를 기원하며 초조 대장경이 조판되었다.

(6) 박위는 (   )의 근거지인 쓰시마섬을 토벌하였다.

(7) (   )의 침입으로 인해 공민왕이 복주로 피란하였다.

(8) (   )의 침입에 대비하여 개경에 나성을 축조하였다.

(9) 다인철소 주민들이 충주 지역에서 (   )에 저항하였다.

(10) (   ) 사신 저고여 피살 사건을 계기로 고려를 침공하였다.

(11) (   ) 침입 대비를 위해 신기군, 신보군, 항마군으로 구성된 특수군을 조직하였다.

(12) 쓰시마섬과 북 규슈 일대를 근거지로 한 (   )가 고려 해안 일대를 자주 약탈하였다.

3 아래 사건이 일어난 시기를 (가)~(마) 중 고르시오.

| 918 | 1019 | 1135 | 1270 | 1351 | 1392 |
| 고려 건국 | (가) | (나) | (다) | (라) | (마) | 귀주 대첩 | 서경 천도 운동 | 개경 환도 | 공민왕 즉위 | 고려 멸망 |

(1) (   ) – 강조가 정변을 일으켜 왕을 폐위하였다.

(2) (   ) – 이자겸이 금의 사대 요구 수용을 주장하였다.

(3) (   ) – 서희가 외교 담판을 벌여 강동 6주를 획득하였다.

(4) (   ) – 삼별초가 진도와 제주도로 근거지를 옮기면서 항쟁하였다.

(5) (   ) – 최무선이 화약과 화포 제작을 위한 화통도감 설치를 건의하였다.

(6) (   ) – 김윤후가 처인성과 충주성에서 하층민을 이끌고 몽골군을 물리쳤다.

4 다음 사료를 읽고, 물음에 답하시오.

(1) 아래 사건이 일어난 시기의 왕은 누구인가?

> 윤관이 여진을 평정하고 6성을 새로 쌓았다 하여 하례하는 표를 올렸고, 임언에게 공적을 칭송하는 글을 짓게 하여 영주 남청에 걸었다. 또 공험진에 비를 세워 경계로 삼았다.

(2) 아래 사건이 일어난 시기의 왕은 누구인가?

> 양규가 흥화진으로부터 군사 7백여 명을 이끌고 통주까지 와서 군사 1천여 명을 수습하였다. 밤중에 곽주로 들어가서 지키고 있던 거란군을 급습하여 모조리 죽인 후 성안에 있던 남녀 7천여 명을 통주로 옮겼다.

(3) 우왕의 요동 정벌에 대해 아래와 같은 주장을 한 인물은 누구인가?

> 첫째, 작은 나라가 큰 나라를 거스르는 일은 옳지 않으며, 둘째, 여름철에 군사를 동원하는 것은 부적당하고, 셋째, 요동을 공격하는 틈을 타서 남쪽에서 왜구가 침범할 우려가 있으며, 넷째, 무덥고 비가 많이 오는 시기라 활의 아교가 녹아 무기로 쓸 수 없고, 병사들도 전염병에 걸릴 염려가 있다.

┤ 정답 ├

1. (1) 예종 (2) 우왕 (3) 현종 (4) 태조 (5) 정종 (6) 현종 (7) 숙종 (8) 우왕 (9) 성종 (10) 공민왕

2. (1) 거란 (2) 몽골 (3) 여진 (4) 몽골 (5) 거란 (6) 왜구 (7) 홍건적 (8) 거란 (9) 몽골 (10) 몽골 (11) 여진 (12) 왜구

3. (1) 가 (2) 나 (3) 가 (4) 라 (5) 마 (6) 다

4. (1) 예종 (2) 현종 (3) 이성계

153

64회 11번 [3점]

(가), (나) 사이의 시기에 있었던 사실로 옳은 것은?

(가) 거란에서 사신을 파견하여 낙타 50필을 보냈다. 왕은 거란이 일찍이 발해와 지속적으로 화목하다가 갑자기 의심하여 맹약을 어기고 멸망시켰으니, 이는 매우 무도하여 친선 관계를 맺어 이웃으로 삼을 수 없다고 생각하였다. 드디어 교빙을 끊고 사신 30인을 섬으로 유배 보냈으며, 낙타는 만부교 아래에 매어두니 모두 굶어 죽었다.

(나) 양규가 흥화진으로부터 군사 7백여 명을 이끌고 통주까지 와서 군사 1천여 명을 수습하였다. 밤중에 곽주로 들어가서 지키고 있던 적들을 급습하여 모조리 죽인 후 성 안에 있던 남녀 7천여 명을 통주로 옮겼다.

① 외침에 대비하여 광군이 조직되었다.
② 강감찬이 귀주에서 대승을 거두었다.
③ 화통도감이 설치되어 화포를 제작하였다.
④ 김윤후가 처인성에서 살리타를 사살하였다.
⑤ 철령위 설치에 반발하여 요동 정벌이 추진되었다.

155

59회 14번 [2점]

(가)에 대한 고려의 대응으로 옳은 것은?

현종 2년에 (가) 의 군주가 크게 군사를 일으켜 정벌하러 오자 왕이 남쪽으로 피란하였는데, (가) 군대는 여전히 송악성에 주둔하고 물러가지 않았습니다. 이에 현종이 여러 신하와 함께 더할 수 없는 큰 바람을 담아 대장경판을 새겨서 완성할 것을 맹세한 뒤에야 적의 군대가 스스로 물러 갔습니다.

– 「동국이상국집」 –

① 처인성에서 살리타를 사살하였다.
② 박위를 파견하여 근거지를 토벌하였다.
③ 개경을 방어하기 위해 나성을 축조하였다.
④ 삼수병으로 구성된 훈련도감을 설치하였다.
⑤ 강화도로 도읍을 옮겨 장기 항전을 준비하였다.

154

62회 14번 [2점]

(가) 시기에 있었던 사실로 옳은 것은?

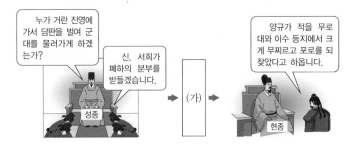

① 묘청이 서경에서 난을 일으켰다.
② 이자겸이 척준경에 의해 축출되었다.
③ 강조가 정변을 일으켜 국왕을 폐위하였다.
④ 김윤후가 처인성에서 살리타를 사살하였다.
⑤ 다인철소의 주민들이 충주에서 항전하였다.

156

60회 14번 [3점]

(가) 시기에 있었던 사실로 옳은 것은?

① 화통도감이 설치되어 화포가 제작되었다.
② 신돈이 전민변정도감의 설치를 건의하였다.
③ 거란이 침입하여 왕이 나주까지 피난하였다.
④ 노비안검법의 실시로 국가 재정이 확충되었다.
⑤ 신기군, 신보군, 항마군 등으로 구성된 별무반이 조직되었다.

157

68회 13번 [3점]

(가)~(다)를 일어난 순서대로 옳게 나열한 것은?

> (가) 금의 군주 아구다가 국서를 보내 이르기를, "형인 금 황제가 아우인 고려 국왕에게 문서를 보낸다. …… 이제는 거란을 섬멸하였으니, 고려는 우리와 형제의 관계를 맺어 대대로 무궁한 우호 관계를 이루기 바란다."라고 하였다.
>
> (나) 윤관이 여진인 포로 346명과 말, 소 등을 조정에 바치고 영주·복주·웅주·길주·함주 및 공험진에 성을 쌓았다. 공험진에 비(碑)를 세워 경계로 삼고 변경 남쪽의 백성을 옮겨와 살게 하였다.
>
> (다) 정지상 등이 왕에게 아뢰기를, "대동강에 상서로운 기운이 있으니 신령스러운 용이 침을 토하는 형국으로, 천 년에 한 번 만나기 어려운 일입니다. 천심에 응답하고 백성들의 뜻에 따르시어 금을 제압하소서."라고 하였다.

① (가)-(나)-(다) 　② (가)-(다)-(나)
③ (나)-(가)-(다) 　④ (나)-(다)-(가)
⑤ (다)-(나)-(가)

158

67회 14번 [2점]

(가), (나) 사이의 시기에 있었던 사실로 옳은 것은?

> (가) 윤관이 포로 346구와 말 96필, 소 300여 마리를 바쳤다. 의주와 통태진·평융진에 성을 쌓고, 함주·영주·웅주·길주·복주, 공험진과 함께 북계 9성이라 하였다.
>
> (나) 그해 12월 16일에 처인부곡의 작은 성에서 적과 싸우던 중 화살로 적의 괴수인 살리타를 쏘아 죽였습니다. 사로잡은 자들이 많았으며 나머지 무리는 무너져 흩어졌습니다.

① 외침에 대비하여 광군을 조직하였다.
② 서희의 활약으로 강동 6주를 획득하였다.
③ 이제현이 만권당에서 유학자들과 교유하였다.
④ 묘청 등이 칭제 건원과 금 정벌을 주장하였다.
⑤ 압록강에서 도련포까지 천리장성을 축조하였다.

159

69회 13번 [2점]

(가)에 대한 고려의 대응으로 옳은 것은?

> 변방의 장수가 보고하기를, "(가) 이/가 매우 사나워 변방의 성을 침입하고 있습니다."라고 하였다. …… 드디어 출병하기로 의논을 정하여 윤관을 원수로 삼고 지추밀원사 오연총을 부원수로 삼았다. 윤관이 아뢰기를, "신이 일찍이 선왕의 밀지를 받들었고 지금 또 엄명을 받았으니, 어찌 감히 삼군을 통솔하여 (가) 의 보루를 깨뜨리고 우리의 강토를 개척하여 나라의 수치를 씻지 않겠습니까."라고 하였다.

① 광군을 창설하여 침입에 대비하였다.
② 박위를 파견하여 근거지를 토벌하였다.
③ 강화도로 도읍을 옮겨 장기 항전을 준비하였다.
④ 선물 받은 낙타를 만부교에서 굶어 죽게 하였다.
⑤ 동북 9성을 설치하고 경계를 알리는 비석을 세웠다.

160

57회 11번 [2점]

다음 자료의 상황이 나타난 시기를 연표에서 옳게 고른 것은?

> 행영병마별감 승선 최홍정과 병마사 이부상서 문관이 여진 추장 거위이 등에게 타일러 말하기를, "너희가 9성의 반환을 요청했으니 마땅히 이전에 했던 약속처럼 하늘에 대해 맹세하라."라고 하였다. 추장 등은 함주 성문의 밖에 단을 설치하고 하늘에 맹세하기를, "지금 이후 대대손손 악한 마음을 품지 않고 해마다 조공을 바칠 것입니다. 이 맹세에 변함이 있으면 우리나라[蕃土]는 멸망할 것입니다."라고 하였다. 맹세를 마치고 물러갔다. 최홍정 등은 길주부터 시작하여 차례로 9성의 전투 장비와 군량을 내지(內地)로 들여왔다.
>
> － 「고려사」 －

947	1019	1044	1104	1126	1174
	(가)	(나)	(다)	(라)	(마)
광군사 설치	귀주 대첩	천리장성 완공	별무반 편성	이자겸의 난	조위총의 난

① (가) 　　　　② (나)
③ (다) 　　　　④ (라)
⑤ (마)

161

70회 13번 [2점]

(가) 왕에 대한 설명으로 옳은 것은?

이것은 조카 헌종을 몰아내고 즉위한 (가) 의 넷째 딸인 복령 궁주 왕씨 묘지명입니다. 여기에서는 복령 궁주를 '천자의 딸'이라고 표현하여 국왕의 권위를 드러내고자 하였습니다. (가) 은/는 개경 세력을 견제하고자 남경에 궁궐을 짓고, 재정을 확보하기 위해 주전도 감을 설치하여 해동통보를 발행하는 등 왕권 강화를 꾀하였습니다.

① 여진 정벌을 위해 별무반을 창설하였다.
② 전국에 12목을 설치하고 관리를 파견하였다.
③ 광덕, 준풍 등의 독자적인 연호를 사용하였다.
④ 거란의 침입에 대비하여 개경에 나성을 축조하였다.
⑤ 정계와 계백료서를 지어 관리의 규범을 제시하였다.

162

71회 15번 [2점]

(가)에 대한 고려의 대응으로 옳은 것은?

○ 박서는 김중온의 군사로 성의 동서쪽을, 김경손의 군사로는 성의 남쪽을, 별초 250여 인은 나누어 3면을 지키게 하였다. (가) 의 군사들이 성을 여러 겹으로 포위하고 공격하자 성안의 군사들이 갑자기 나가 싸워 그들을 패주시켰다.

○ 송문주는 귀주에서 종군하였던 사람인데 그 공으로 낭장(郎將)으로 초수(超授)되었다. 이후 죽주 방호별감이 되었을 때, (가) 이/가 죽주성에 이르러 보름 동안이나 다방면으로 공격하였으나 성을 빼앗지 못하고 물러갔다.

① 강화도로 도읍을 옮겨 항전하였다.
② 광군을 창설하여 침입에 대비하였다.
③ 화통도감을 설치하여 군사력을 증강하였다.
④ 철령위 설치에 반발하여 요동 정벌을 추진하였다.
⑤ 신기군, 신보군, 항마군으로 구성된 별무반을 창설하였다.

163

42회 16번 [3점]

(가) 국가의 침입에 대한 고려의 대응으로 옳지 않은 것은?

○ (가) 의 장수 합진과 찰랄이 군사를 거느리고 …… 거란을 토벌하겠다고 말하면서 화주, 맹주, 순주, 덕주의 4개 성을 공격하여 격파하고 곧바로 강동성으로 향하였다. …… 조충과 김취려가 합진, 완안자연 등과 함께 병사를 합하여 강동성을 포위하니 적들이 성문을 열고 나와 항복하였다.
－「고려사」－

○ (가) 에서 조서를 보내 이르기를, "…… 너희들이 모의하여 [우리 사신] 저고여를 죽이고서는 포선만노의 백성들이 죽였다고 한 것이 세 번째 죄이다. ……"라고 하였다.
－「고려사」－

① 강화도로 도읍을 옮겨 항전하였다.
② 김윤후가 처인성 전투에서 활약하였다.
③ 화포를 이용하여 진포에서 대승을 거두었다.
④ 다인철소 주민들이 충주 지역에서 저항하였다.
⑤ 대장도감을 설치하여 팔만대장경판을 만들었다.

164

66회 13번 [2점]

(가)의 침입에 대한 고려의 대응으로 옳은 것을 〈보기〉에서 고른 것은?

강화중성은 (가) 의 침략에 맞서 고려가 강화도로 천도한 이후 건립한 내성, 중성, 외성 중 하나입니다. 강화중성은 당시 수도를 둘러싼 토성(土城)으로, 이번 발굴 조사에서 방어를 위해 성벽의 바깥에 돌출시킨 대규모 치성(雉城)이 확인되었습니다.

성벽 바깥 / 치성 / 성벽 / 성벽 안

┤보기├
ㄱ. 양규가 무로대에서 적군을 물리쳤다.
ㄴ. 김윤후가 충주성 전투에서 활약하였다.
ㄷ. 송문주가 죽주성에서 적군을 격퇴하였다.
ㄹ. 윤관이 별무반을 이끌고 동북 9성을 쌓았다.

① ㄱ, ㄴ
② ㄱ, ㄷ
③ ㄴ, ㄷ
④ ㄴ, ㄹ
⑤ ㄷ, ㄹ

165

70회 15번 [2점]

(가), (나) 사이의 시기에 있었던 사실로 옳은 것은?

> (가) 최우가 녹전거(祿轉車) 100여 대를 빼앗아 집안의 재물을 강화도로 옮기니, 수도가 흉흉하였다. …… 또 사자(使者)를 여러 도에 나누어 보내어, 백성을 산성과 섬으로 옮겼다.
>
> (나) 김방경과 흔도(忻都), 홍차구, 왕희, 왕옹 등이 3군을 거느리고 진도를 토벌하여 크게 격파하고, 승화후 왕온을 죽였다. 김통정이 남은 무리를 이끌고 탐라로 도망하여 들어갔다.

① 양규가 곽주성을 급습하여 탈환하였다.
② 최무선이 진포에서 왜구를 격퇴하였다.
③ 강조가 정변을 일으켜 국왕을 폐위하였다.
④ 김윤후가 처인성에서 살리타를 사살하였다.
⑤ 이자겸과 척준경이 반란을 일으켜 궁궐을 불태웠다.

166

69회 18번 [2점]

(가) 인물의 활동으로 옳은 것은?

> 이것은 명의 철령위 설치에 반발하여 팔도도통사로서 요동 정벌을 추진하였던 (가) 의 초상입니다. 그는 요동 정벌에 반대한 이성계가 위화도 회군으로 정권을 장악하면서 죽임을 당하였습니다.

① 홍산 전투에서 왜구를 물리쳤다.
② 화통도감의 설치를 건의하였다.
③ 정변을 일으켜 목종을 폐위하였다.
④ 의종 복위를 도모하여 군사를 일으켰다.
⑤ 교정별감이 되어 국정 전반을 장악하였다.

167

60회 11번 [2점]

(가)~(다)를 일어난 순서대로 옳게 나열한 것은?

> (가) 백관을 소집하여 금을 섬기는 문제에 대한 가부를 의논하게 하니 모두 불가하다고 하였다. 이자겸, 척준경만이 "사신을 보내 먼저 예를 갖추어 찾아가는 것이 옳습니다."라고 하니 왕이 이 말을 따랐다.
>
> (나) 나세·심덕부·최무선 등이 왜구를 진포에서 공격해 승리를 거두고 포로 334명을 구출하였으며, 김사혁은 패잔병을 임천까지 추격해 46명을 죽였다.
>
> (다) 몽골군이 쳐들어와 충주성을 70여 일간 포위하니 비축한 군량이 거의 바닥났다. 김윤후가 괴로워하는 군사들을 북돋우며, "만약 힘을 다해 싸운다면 귀천을 가리지 않고 모두 관작을 제수할 것이니 불신하지 말라."라고 하였다.

① (가) - (나) - (다)   ② (가) - (다) - (나)
③ (나) - (가) - (다)   ④ (나) - (다) - (가)
⑤ (다) - (가) - (나)

168

65회 18번 [2점]

다음 대화 이후에 전개된 사실로 옳은 것은?

> 이번에 왕이 최영에게 명하여 요동을 정벌한다고 하네.

> 명 황제가 철령 이북을 일방적으로 명의 영토로 귀속시키려는 한 것이 원인이라더군.

① 윤관이 별무반을 이끌고 동북 9성을 축조하였다.
② 서희가 외교 담판을 벌여 강동 6주를 획득하였다.
③ 이성계가 위화도에서 회군하여 정권을 장악하였다.
④ 배중손이 이끄는 삼별초가 용장산성에서 항전하였다.
⑤ 최우가 강화도로 도읍을 옮겨 장기 항전을 준비하였다.

153 고려-거란 전쟁 정답 ①

핵심키워드 거란, 낙타 50필, 만부교, 양규

정답 분석

㈎ 고려 태조 때의 만부교 사건과 관련 있다. 거란(요)은 고려와의 친선을 위해 낙타 50필을 사신과 함께 보냈으나, 북진 정책을 추구한 고려는 만부교에서 낙타를 굶겨 죽였다.

㈏ 강조의 정변 이후 거란이 고려를 재침입한 상황과 관련 있다(거란 2차 침입). 현종이 나주까지 피란하는 어려운 상황이었지만, 양규가 이끈 결사대가 거란군의 이동을 저지하였다.

따라서 ㈎~㈏ 사이에 정종 대의 광군 조직, 성종 대의 외교 담판 등이 일어났다.

오답 분석

② 강감찬은 고려 현종 때 거란의 3차 침입을 귀주에서 대승을 거두었다.
③ 고려 말기 우왕 때 최무선의 건의로 화통도감을 설치하여 화포를 제조하였다.
④ 김윤후는 몽골 제2차 침입 때 처인성에서 몽골 장수 살리타를 사살하였다.
⑤ 고려 우왕 때 철령위 설치에 반발하여 요동 정벌이 추진되었다. 이것은 이성계의 위화도 회군의 계기가 되었다.

154 고려-거란 전쟁 정답 ③

핵심키워드 서희, 양규

정답 분석

(왼쪽 그림) 고려 성종 때 서희는 거란의 1차 침입에 맞서 외교 협상에 나섰다. 결국 거란을 설득시켜 군대를 후퇴시켰으며 강동 6주를 확보하였다.

(오른쪽 그림) 강조가 목종을 폐위시키고 현종을 추대하자(강조의 정변) 거란은 고려를 재침공하였다(2차 침입). 현종이 나주까지 피란하는 어려운 상황이었지만, 양규가 이끈 결사대가 거란군의 이동을 저지하였다.

오답 분석

① 묘청은 고려 인종 때 서경 천도를 주장하며 반란을 일으켰다.
② 이자겸은 고려 인종 때 권력을 잡았으나, 척준경에 의해 축출되었다.
④ 김윤후는 몽골군의 살리타를 처인성에서 사살하였다.
⑤ 다인철소 주민들은 몽골의 침입에 맞서 충주에서 저항하였다.

155 고려-거란 전쟁 정답 ③

핵심키워드 현종, 피란, 대장경판, 동국이상국집

정답 분석

「동국이상국집」은 고려 무신 정권기에 활동한 문인 이규보의 문집이다. 따라서 제시된 사료는 고려 시대의 내용을 다루고 있다. 고려 현종은 거란의 2차 침입으로 나주로 피란하였으며, 개경 복귀 후에는 초조대장경을 제작하여 불교의 힘으로 국란을 극복하고자 하였다.

③ 고려는 거란 2차 침입으로 개경이 함락되자, 수도 방어를 위해 나성을 축조하였다.

오답 분석

① 김윤후는 몽골 제2차 침입 때 처인성에서 살리타를 사살하였다.
② 박위는 고려 우왕 때 쓰시마섬을 정벌하였다.
④ 훈련도감은 조선 후기 중앙군인 5군영의 핵심 부대로, 임진왜란 도중에 설치되었다.
⑤ 무신 집권자 최우는 강화도로 천도하여 몽골과의 장기전에 대비하였다.

156 고려-거란 전쟁 정답 ③

핵심키워드 김치양, 강조, 강감찬

정답 분석

강조는 목종이 모후 천추태후와 김치양에 휘둘려 국정 운영에서 배제되자 정변을 일으켜 이들을 몰아내고 현종을 옹립했다(강조의 정변). 거란은 이 사건을 계기로 고려를 침공했으나 양규가 이끄는 결사대의 저항으로 물러갔다(거란 2차 침입, 1010년). 이후 거란은 강동 6주 반환을 요구하며 3차 침입을 시도했다(1019년). 이때 강감찬은 귀주대첩에서 거란군을 크게 물리쳤다.

한편, 고려는 강감찬의 건의로 개경 주변의 방어를 강화하였으며, 압록강 하구에서 동해안 도련포까지 천리장성을 쌓아 거란과 여진의 침략에 대비하였다.

③ 고려 현종은 거란의 2차 침입으로 나주까지 피란을 갔다.

오답 분석

① 화통도감은 고려 우왕 때 최무선의 건의로 설치된 화약 제조 기관이다.
② 신돈은 고려 공민왕 때 전민변정도감을 설치하여 토지 개혁을 시도하였다.
④ 고려 광종은 노비안검법을 통해 노비를 해방하고 국가 재정을 확충하였다.
⑤ 별무반은 고려 숙종 때 윤관이 조직한 여진족 대비 특수부대이다.

157 고려의 대여진 정책   정답 ③

핵심키워드 금, 고려 국왕, 윤관, 정지상

정답 분석

㈎ 금나라 군주 아구다가 고려에 보낸 국서로, 금은 자신들이 요나라를 섬멸했으니 고려와 형제 관계를 맺고자 했다는 내용을 담고 있다. 여진족은 고려 예종 12년에 금을 건국하고 인종 시기에 새로운 북방의 강자로 떠오르면서 고려에 외교적인 압력을 행사하였다.

㈏ 윤관이 고려 예종 2년에 동북 9성을 쌓아 여진을 상대로 군사적인 승리를 거두고 북방 영토를 확보한 사건을 말한다.

㈐ 정지상은 묘청과 함께 서경파에 속한다. 이들은 고려 인종에게 서경 천도와 금 정벌을 주장하였다.

따라서 ㈏–㈎–㈐ 순으로 발생하였다.

158 고려의 대여진 정책   정답 ④

핵심키워드 윤관, 북계 9성, 살리타

정답 분석

㈎ 윤관이 고려 예종 때 여진족을 몰아내고 동북 9성을 축조한 것과 관련 있다.

㈏ 몽골의 2차 침입 때 처인성에서 몽골 장수 살리타를 사살한 사건이다.

④ 고려는 숙종과 예종 때 별무반을 조직하고 동북 9성을 쌓는 등 여진족에 대해 강경하게 대응하였다. 하지만 인종 때 여진족이 금을 건국하면서 점점 강성해지자, 이자겸은 인종을 설득해 사대 요구를 받아들였다. 이자겸의 난 이후, 묘청과 정지상 등은 서경 천도와 칭제 건원, 금 정벌 등의 개혁을 인종에게 제안하였으나 실패하였다.

오답 분석

① 광군은 고려 정종 때 거란의 침입에 대비하여 조직된 군사 조직이다.
② 강동 6주는 고려 성종 때 서희의 외교 담판으로 획득한 영토이다.
③ 이제현은 원 간섭기에 만권당에서 원나라 학자들과 교류한 고려의 유학자이다. 이 과정에서 성리학이 고려에 전래되었다.
⑤ 고려 현종은 거란 3차 침입 후 압록강에서 도련포까지 천리장성을 쌓았다.

159 윤관   정답 ⑤

핵심키워드 윤관

정답 분석

윤관은 고려의 문인으로, 고려 숙종~예종 시기 여진족 토벌에 앞장섰다. 숙종 대에는 신기군(기병), 신보군(보병), 항마군(승병)으로 구성된 별무반(삼군)을 구성하고, 예종 대에는 여진족을 토벌하고 동북 9성을 쌓았다. 따라서 ㈎는 여진족이다.

오답 분석

① 고려 정종은 거란의 침입에 대비하기 위해 광군을 조직하였다.
② 박위는 고려 우왕 때 쓰시마섬을 토벌하였다.
③ 최우는 몽골 1차 침입 후 강화도로 천도하여 몽골과의 장기 항전에 대비하였다.
④ 고려 태조는 거란이 보낸 낙타를 만부교에서 굶겨 죽였다. 이를 만부교 사건이라 한다.

160 고려의 대여진 정책   정답 ④

핵심키워드 여진족, 9성 반환

정답 분석

이 사료는 윤관의 여진 정벌 이후의 상황을 다루고 있다. 윤관은 숙종 시기에 별무반을 조직하고, 예종 시기에 여진을 물리치고 동북 9성을 축조하였다(1107년). 이후 여진이 영토를 반환할 것을 지속적으로 요구하자, 당시 고려 내부에서는 9성을 유지할지, 반환할지에 대한 논의가 있었고, 결국 예종은 외교적 압박과 내부적인 문제로 인해 1년여 만에 9성을 반환하기로 결정하였다(1108년).

고려와 여진의 관계는 금 건국(1115년)으로 큰 변화를 맞이했다. 금은 급성장하여 인종 시기인 1125년에 거란을 멸망시키고 고려에 사대를 요구하였다. 결국 당시 실권자인 이자겸은 금에 대한 사대관계를 정식으로 받아들임으로써 두 나라의 통교가 시작되었다.

161 고려 숙종

정답 ①

핵심키워드 남경, 주전도감, 해동통보

정답 분석

제시문의 ㈎는 고려 숙종으로, 당시 경원 이씨 가문이 문종 이래로 외척을 독식하는 상황에서 왕권을 강화하고 외척 세력을 견제하기 위해 다양한 정책을 펼쳤다. 그는 남경(한양) 천도를 추진하여 개경에 뿌리 깊게 자리한 기득권 세력과 거리를 두고 새로운 정치적 기반을 마련하려 하였다. 또한, 동생 의천의 건의를 받아들여 주전도감을 설치하고 화폐 유통을 통해 문벌 귀족들의 경제력을 약화시키려 하였다. 이외에도 별무반을 창설해 여진을 정벌하고 국방력을 강화하는 등 부국강병 정책을 추진하였다.

오답 분석

② 고려 성종은 12목을 설치하여 고려 최초로 상시적으로 지방관을 파견하였다.
③ 광덕, 준풍은 고려 광종이 독자적인 왕권을 강화하기 위해 사용한 연호이다.
④ 고려 현종은 거란의 2차 침입 후 개경을 보호하기 위해 나성을 축조하였다.
⑤ 정계와 계백료서는 고려 태조가 관리의 규범을 제시하기 위해 작성한 문서이다.

162 대몽 항쟁

정답 ①

핵심키워드 박서, 귀주

정답 분석

박서의 귀주성 전투는 1231년 몽골의 1차 침입 때 일어났다. 박서는 몽골군의 성 밑 굴파기와 불 공격을 철저히 방어하며 한 달간 귀주성을 지켜냈다. 몽골군은 끝내 성을 함락하지 못하고 철수하였다. 이 전투는 몽골군을 상대로 고려군이 성공적으로 방어한 대표적인 사례이다. 따라서 ㈎는 몽골이다.
① 최우는 몽골과의 1차 전쟁 후 강화도로 도읍을 옮겼다. 1270년에 개경으로 환도할 때까지 약 40년 간 강화도는 임시 수도를 담당하였다.

오답 분석

② 고려 정종은 거란 견제를 위해 광군을 조직하였다.
③ 고려 말 최무선이 화약 제조에 성공하자, 우왕은 화통도감을 설치하였다.
④ 명이 철령위를 설치하여 옛 쌍성총관부 관할 지역을 차지하려 하자, 우왕은 이에 반대하여 이성계에게 요동 정벌을 명령하였다.
⑤ 고려 숙종 시기에 윤관은 여진족 토벌을 위해 신기군, 신보군, 항마군으로 구성된 별무반을 조직하였다.

163 대몽 항쟁

정답 ③

핵심키워드 거란, 강동성, 저고여

정답 분석

제시문 속 강동성 전투는 1219년 몽골과 고려의 연합군이 거란족을 물리치고 강동성을 함락시킨 사건으로, 이를 계기로 몽골은 고려에 공물을 요구하였다. 이러한 압박 속에서 1225년 몽골 사신 저고여가 고려에서 피살되었다. 저고여 피살 사건은 몽골이 고려에 1차 침입을 감행하게 된 계기가 되었다. 따라서 ㈎는 몽골족이다.
③ 우왕 때 나세와 최무선은 진포대첩에서 화포를 이용해 왜구를 격퇴하였다.

오답 분석

① 최우는 몽골의 1차 침입 후 강화도로 천도하였다.
② 김윤후는 처인성에서 몽골 장수 살리타를 사살하였다.
④ 몽골의 6차 침입 때 충주 다인철소 주민들이 저항하였고, 그 보상으로 익안현으로 승격되었다.
⑤ 최우는 강화도에 대장도감을 설치하여 팔만대장경을 조성하였다.

164 대몽 항쟁

정답 ③

핵심키워드 강화중성, 강화도 천도

정답 분석

최우 집권 시기 고려 조정은 몽골의 침입에 대응하기 위해 1232년 강화도로 천도하였다. 강화도는 내성, 중성, 외성으로 이루어진 3중 방어 체계를 갖추었다. 이러한 방어 시설은 1259년 고려가 몽골과 강화를 맺을 때 모두 헐렸다. 따라서 제시문의 ㈎는 몽골이다.
ㄴ. 몽골 항쟁에 앞장선 인물로는 박서(귀주성 전투), 김윤후(처인성 전투, 충주성 전투), 충주 다인철소 주민 등이 있다.
ㄷ. 죽주성 전투는 1250년 몽골군의 남하 과정에서 15일간 이어진 방어전이다. 이 전투는 귀주성 전투의 영웅 박서의 고향인 죽주에서 이루어졌고, 성민들의 강한 항전 의식과 송문주의 지휘력에 힘입어 승리하였다.

오답 분석

ㄱ. 양규가 무로대에서 적군을 물리친 것은 1010년 거란의 2차 침입 당시의 일이다.
ㄹ. 윤관이 별무반을 이끌고 동북 9성을 축조한 것은 고려 예종 때의 일이다.

165 대몽 항쟁

정답 ④

핵심키워드 최우, 강화도, 승화우 온, 김통정, 탐라

정답 분석

(가) 최우가 몽골과의 장기 항전을 위해 강화도로 천도한 1232년의 상황을 보여주는 글이다.

(나) 김통정은 삼별초를 이끈 인물이며, 승화우 온은 왕족으로 삼별초는 그를 왕으로 삼아 대몽 항쟁을 전개하였다. 따라서 (나)는 개경 환도 이후에 일어난 1270~1273년의 삼별초 항쟁과 관련 있다.

④ 김윤후는 몽골의 2차 침입 당시 처인성 전투에서 살리타를 사살하였다.

오답 분석

① 양규는 1010년(현종 1년) 거란의 2차 침입 당시 결사대를 이끌고 곽주성을 탈환하였다. 이때 성 안에 있던 고려 백성을 구출하였다.

② 최무선은 우왕 시기에 화약 제조에 성공하였다. 이후 진포대첩에서 화약과 화포를 활용해 왜구를 물리쳤다.

③ 강조는 목종을 폐위시키고 현종을 즉위시킨 정변을 일으켰다.

⑤ 이자겸은 인종 4년에 척준경과 함께 반란을 일으켰다.

166 최영

정답 ①

핵심키워드 철령위 설치, 요동 정벌, 이성계

정답 분석

제시문의 (가)는 최영이다.

공민왕 시기부터 빈번했던 왜구의 침입은 우왕 대에는 380여 회에 달했고, 이로 인해 연해 지역이 황폐화될 정도로 큰 피해를 입었다. 최영이 홍산 전투(우왕 2년)에서 왜구를 격퇴하면서 이들의 침입이 잠시 소강 상태에 들어갔다. 이렇게 명성을 얻은 최영은 우왕의 최측근이 되어 요동 정벌을 강행하였으나, 결국 이성계와의 갈등으로 위화도 회군 직후 숙청되었다.

오답 분석

② 우왕 시기에 최무선의 건의로 화통도감이 설치되어 화약 및 화포를 제작하였다.

③ 강조는 목종을 폐위하고 현종을 즉위시키는 정변을 일으켰다.

④ 김보당은 무신 정권 초기에 의종 복위를 시도하였다.

⑤ 최충헌은 교정도감의 최고 직책인 교정별감을 맡아 국정을 장악하였다.

167 고려의 대외 관계

정답 ②

핵심키워드 이자겸, 나세, 최무선, 왜구, 몽골군, 김윤후

정답 분석

(가) 1126년(인종 4년)에 일어난 이자겸의 난과 관련 있다.

(나) 1380년(우왕 6년)에 나세와 최무선 등이 진포해전에서 왜구를 격퇴한 것이다.

(다) 1253년(고종 40년)에 김윤후가 충주산성 방호별감으로 있을 때 몽골군의 5차 침입을 막아낸 것에 관한 것이다(충주성 전투). 몽골군을 상대로 70여 일을 버티었지만 식량이 떨어져 사태가 위태로웠다. 이때 그는 관노비의 명부를 불태우고 몽골군으로부터 빼앗은 소와 말을 나누어 주며 충주민을 독려하여 끝내 몽골군을 물리쳤다.

따라서 (가), (다), (나) 순으로 일어났다.

168 위화도 회군

정답 ③

핵심키워드 최영, 요동 정벌, 명의 철령 이북 귀속

정답 분석

제시된 자료는 우왕 말기에 명이 철령위를 설치하고 옛 쌍성총관부 관할 지역을 점령하려 하자, 이에 반발한 우왕과 최영이 요동 정벌을 시도한 상황을 보여주고 있다.

이성계는 작은 나라가 큰 나라를 치는 것이 옳지 않고, 여름철 출병의 위험성 등을 들어 '사불가론'을 주장하며 요동 정벌에 반대했으나, 우군도통사로 임명되어 출정하였다. 하지만 압록강 부근 위화도에 이르러 이성계는 조민수와 함께 회군을 결정하였다. 이 회군을 통해 이성계는 우왕을 폐위시키고 최영을 제거하여 고려의 실권을 장악하였다.

오답 분석

① 윤관이 별무반을 이끌고 동북 9성을 축조한 것은 고려 예종 때의 일이다.

② 서희는 성종 시기에 거란 장수 소손녕과의 협상으로 강동 6주를 획득하였다.

④ 배중손은 몽골과의 강화를 거부하며 1270년에 삼별초를 이끌고 진도로 이동하여 용장산성을 축조하였다.

⑤ 최우는 1232년에 강화도로 천도하여 대몽 항쟁을 이끌었다.

고려의 통치 제도

핵심정리

❶ 중앙 정치 제도(2성 6부제)

중서 문하성	• 최고 정책 결정 기구 • 문하시중(수상) · 재신(2품 이상) · 낭사(3품 이하)로 구성 • 원 간섭기에 첨의부로 격하
중추원	• 군사 기밀과 왕명 출납 담당 • 원 간섭기에 밀직사로 격하
어사대	• 관리 감찰과 풍기 문란 행위 단속 ≒ 통일 신라의 사정부 · 발해의 중정대 · 조선의 사헌부 • 대간 – 어사대의 관원과 중서문하성의 낭사를 부르는 명칭 – 서경 · 간쟁 · 봉박 담당
삼사	• 화폐와 곡식의 출납에 대한 회계 담당
재추 회의	• 도병마사 – 국방 문제를 논의하는 회의 기구 – 중서문하성과 중추원의 고위직 참여 – 원 간섭기에 도평의사사로 개편되어 국정 전반을 담당 • 식목도감 : 법 · 시행 규정을 제정하는 회의 기구

❷ 지방 행정 제도

大구역	• 5도 : 일반 행정 구역, 안찰사 파견 • 양계 : 군사 행정 구역, 병마사 파견
中구역	• 군 · 현 : 수령과 향리가 통치 – 주현 : 지방관이 파견된 지역 – 속현 : 지방관이 파견되지 않은 지역, 향리가 실질적 통치 • 향 · 부곡 · 소 : 특수 행정 구역, 하층 양인 거주 – 향 · 부곡 : 국 · 공유지 경작 – 소 : 금 · 은 · 동 · 철 · 종이 · 도자기 등 제작 – 차별 대우 : 이주 불가능, 일반 군현에 비해 조세 부담 큼, 과거 응시 불가

❸ 군사 제도

(1) **중앙군** : 2군(응양군, 용호군)과 6위 일부 중앙군은 군인전을 지급받음

(2) **지방군** : 주현군(5도 방어), 주진군(양계 방어)

(3) **특수군** : 광군(정종, 거란 대비), 별무반(숙종, 여진 대비), 삼별초(최우)

❹ 관리 등용 제도

(1) **음서** : 공신이나 5품 이상의 고위 관료의 자손 대상 과거를 거치지 않고 관리로 임용

(2) **과거** 무과 無 ─ 논술형 ─┐ 경전 이해형
  • 문과 : 제술과와 명경과로 구성, 문관 선발
  • 잡과 : 법률 · 회계 · 의학 · 천문 · 지리 등으로 구성, 기술관 선발
  • 승과 : 교종선와 선종선으로 구성, 승관 선발

➕ 고려의 중앙 정치 기구

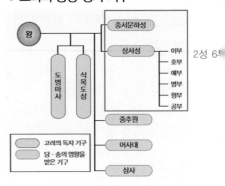

➕ 대간의 역할
• 서경 : 관리 임명, 법령 개정이나 폐지 등에 동의하는 권한
• 간쟁 : 왕의 잘잘못을 논함
• 봉박 : 잘못된 왕의 명령을 시행하지 않고 되돌릴 수 있는 거부권

➕ 5도 양계

1 다음 설명에 해당하는 고려의 관청을 쓰시오.

┌ 보기 ┐
삼사　　　　　중추원　　　　　어사대
도병마사　　　식목도감　　　　중서문하성

(1) (　　) – 원 간섭기에 첨의부로 격하되었다.

(2) (　　) – 국정을 총괄하는 최고 중앙 관서였다.

(3) (　　) – 왕명 출납과 군사 기밀을 담당하였다.

(4) (　　) – 화폐와 곡식의 출납과 회계를 맡았다.

(5) (　　) – 원 간섭기에 도평의사사로 개편되었다.

(6) (　　) – 국방 문제를 논의하는 회의 기구이다.

(7) (　　) – 소속 관원이 낭사와 함께 대간으로 불렸다.

(8) (　　) – 중서문하성의 고위 관리와 함께 도병마사, 식목도감에 참석하였다.

(9) (　　) – 관리를 감찰하고 정치의 잘잘못을 논하는 임무를 맡았다.

(10) (　　) – 재신과 추밀 등으로 구성되어 법제와 격식을 논의하였다.

2 다음은 고려의 제도에 관한 내용이다. 빈칸에 알맞은 말을 선택하시오.

(1) 중앙군으로 (9서당, 2군 6위)을/를 설치하였다.

(2) 전국을 (5도 양계, 5경 15부 62주)로 나누었다.

(3) 특수 행정 구역으로 (사출도, 향·부곡·소)가 있었다.

(4) 태조는 (기인, 상수리) 제도를 실시하여 지방 세력을 견제하였다.

(5) 지방군 중 (주진군, 주현군)은 국경 지역인 북계와 동계에 배치되었다.

(6) (도병마사, 식목도감)을/를 설치하여 국방 문제를 논의하였다.

(7) 어사대의 관원과 중서문하성의 낭사는 (대간, 재신)으로 불렸다.

(8) 어사대의 관원과 중서문하성의 낭사는 (서경권 행사, 왕에게 학문적 자문)을/를 하였다.

(9) 고려 중기부터 지방의 실질적인 행정은 지역의 (향리, 호족)이/가 담당하였다.

(10) (과거, 음서)는 5품 이상 관리의 자손이 과거를 거치지 않고 관리가 될 수 있도록 하는 제도이다.

3 물음에 답하시오.

(1) (가), (나) 관청의 이름을 쓰시오.

이번에 (가)의 수장인 문하시중의 자리에 오르셨다고 들었습니다. 영전을 축하드립니다.

고맙네. 자네가 (나)에서 맡고 있는 어사대부 직책도 중요하니 열심히 하시게.

(2) (가), (나) 중 고려의 지방 행정 구역을 나타낸 지도를 고르시오.

　　　(가)　　　　　　　　　(나)

4 다음 사료를 읽고, 물음에 답하시오.

(1) 아래 글에서 설명하는 고려의 관리 선발 제도는 무엇인가?

무릇 조상의 공로(蔭)로 벼슬길에 나아가는 자는 모두 나이 18세 이상으로 제한하였다.

(2) 아래 글에서 설명하는 고려의 관리 선발 제도는 무엇인가?

제술업·명경업의 두 업과 의업·복업·지리업·율업·서업·산업 … 등의 잡업이 있었는데, 각각 그 업으로 시험을 쳐서 벼슬길에 나아가게 하였다.

(3) 괄호 안에 들어갈 고려의 관청을 선택하시오.

국가가 (도병마사, 중서문하성)을/를 설치하여 시중·평장사·참지정사·정당문학·지문하성사로 판사를 삼고, 판추밀 이하로 사(使)를 삼아, 큰일이 있을 때 회의하였기 때문에 합좌라는 이름이 붙게 되었다.

┤ 정답 ├

1. (1) 중서문하성 (2) 중서문하성 (3) 중추원 (4) 삼사 (5) 도병마사 (6) 도병마사
   (7) 어사대 (8) 중추원 (9) 어사대 (10) 식목도감
2. (1) 2군 6위 (2) 5도 양계 (3) 향·부곡·소 (4) 기인 (5) 주진군 (6) 도병마사 (7) 대간
   (8) 서경권 행사 (9) 향리 (10) 음서
3. (1) 중서문하성, 어사대 (2) 가
4. (1) 음서 (2) 과거제 (3) 도병마사

169

(가) 기구에 대한 설명으로 옳은 것은?

① 역사서 편찬과 보관을 주관하였다.
② 주로 국방과 군사 문제를 논의하였다.
③ 화폐, 곡식의 출납과 회계를 담당하였다.
④ 좌사정, 우사정의 이원적인 체제로 운영되었다.
⑤ 최우에 의해 설치되어 인사 행정을 처리하였다.

170

(가) 기구에 대한 설명으로 옳은 것은?

> 시정(時政)을 논박하고 풍속을 교정하며 규찰과 탄핵 업무를 담당하였다. 국초에는 사헌대(司憲臺)라 불렸다. 성종 14년에 (가) (으)로 고쳤으며 [관원으로] 대부, 중승, 시어사, 전중(殿中) 시어사, 감찰어사가 있었다.
> – 「고려사」 –

① 국정을 총괄하는 중앙 관서였다.
② 무신 집권기 최고 권력 기구였다.
③ 사간원, 홍문관과 함께 삼사로 불렸다.
④ 원 간섭기에 도평의사사로 명칭이 바뀌었다.
⑤ 소속 관원이 낭사와 함께 서경권을 행사하였다.

171

(가), (나) 기구에 대한 설명으로 옳은 것을 <보기>에서 고른 것은?

| 보기 |
ㄱ. (가) – 화폐, 곡식의 출납과 회계를 맡았다.
ㄴ. (가) – 국정을 총괄하는 최고 중앙 관서였다.
ㄷ. (나) – 원 간섭기에 도평의사사로 개편되었다.
ㄹ. (나) – 관리 임명에 대한 서경권을 행사하였다.

① ㄱ, ㄴ ② ㄱ, ㄷ
③ ㄴ, ㄷ ④ ㄴ, ㄹ
⑤ ㄷ, ㄹ

172

㉠~㉤ 기구에 대한 설명으로 옳은 것은?

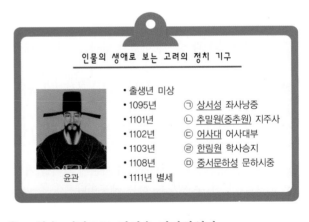

① ㉠ – 학술 기관으로 경연을 관장하였다.
② ㉡ – 실록을 보관하고 관리하는 업무를 맡았다.
③ ㉢ – 관리의 비리를 감찰하고 풍기를 단속하였다.
④ ㉣ – 수도의 치안과 행정을 주관하였다.
⑤ ㉤ – 화폐와 곡식의 출납에 대한 회계를 담당하였다.

173

67회 18번 [2점]

㉠~㉣ 기구에 대한 설명으로 옳은 것을 〈보기〉에서 고른 것은?

> **왕실과의 혼인을 통한 이자겸의 출세**
>
> 음서로 관직에 진출한 이자겸은 1108년 둘째 딸이 예종의 비가 되면서 빠른 속도로 출세하였다.
> 1109년 ㉠추밀원(중추원) 부사, 1111년 ㉡어사대의 대부가 된다. 1113년에는 ㉢상서성의 좌복야에 임명되었고, 1118년 재신으로서 판이부사를 맡았으며, 1122년 ㉣중서문하성 중서령에 오른다.
>
> 🔍 역사 돋보기

┤ 보기 ├
ㄱ. ㉠ - 군사 기밀과 왕명 출납을 담당하였다.
ㄴ. ㉡ - 소속 관원이 낭사와 함께 서경권을 행사하였다.
ㄷ. ㉢ - 화폐·곡식의 출납과 회계를 담당하였다.
ㄹ. ㉣ - 원 간섭기에 도평의사사로 개편되었다.

① ㄱ, ㄴ   ② ㄱ, ㄷ
③ ㄴ, ㄷ   ④ ㄴ, ㄹ
⑤ ㄷ, ㄹ

174

68회 12번 [2점]

(가) 시대의 지방 통치 체제에 대한 설명으로 옳은 것은?

개경으로 가는 주요 길목인 혜음령에 세워졌던 혜음원에는 행인의 안전한 통행을 위한 숙소와 사원이 있었습니다. 혜음원지를 통해 개경 외에 남경, 동경 등이 설치되었던 (가) 시대 원(院)의 모습을 유추할 수 있습니다.

고지도와 항공 사진을 통해 본 혜음원지

① 22담로에 왕족을 파견하였다.
② 전국에 9주 5소경을 설치하였다.
③ 특수 행정 구역으로 향, 부곡, 소가 있었다.
④ 지방관을 감찰하기 위하여 외사정을 두었다.
⑤ 지방 행정 구역을 8도에서 23부로 개편하였다.

175

51회 11번 [2점]

다음 군사 제도를 운영한 국가에 대한 설명으로 옳은 것은?

> 목종 5년에 6위의 직원을 마련하여 두었는데, 뒤에 응양군(鷹揚軍)과 용호군(龍虎軍)의 2군을 설치하고, 6위의 위에 있게 하였다. 뒤에 또 중방을 설치하고, 2군·6위의 상장군과 대장군이 모두 회합하게 하였다.

① 중정대를 두어 관리를 감찰하였다.
② 9주 5소경의 지방 제도를 운영하였다.
③ 고관들의 합좌 기구인 도병마사를 설치하였다.
④ 인재를 등용하기 위하여 독서삼품과를 시행하였다.
⑤ 왕족인 부여씨와 8성의 귀족이 지배층을 이루었다.

176

41회 16번 [2점]

(가), (나) 제도에 대한 설명으로 옳은 것을 〈보기〉에서 고른 것은?

> (가) 제술업·명경업의 두 업(業)과 의업·복업(卜業)·지리업·율업·서업·산업(算業) …… 등의 잡업이 있었는데, 각각 그 업으로 시험을 쳐서 벼슬길에 나아가게 하였다.
> – 「고려사」 –
>
> (나) 무릇 조상의 공로[蔭]로 벼슬길에 나아가는 자는 모두 나이 18세 이상으로 제한하였다.
> – 「고려사」 –

┤ 보기 ├
ㄱ. (가) - 재가한 여자의 자손은 응시에 제한을 받았다.
ㄴ. (가) - 향리의 자제가 중앙 관직으로 진출하는 통로가 되었다.
ㄷ. (나) - 후주 출신 쌍기의 건의로 시작되었다.
ㄹ. (나) - 사위, 조카, 외손자에게 적용되기도 하였다.

① ㄱ, ㄴ   ② ㄱ, ㄷ
③ ㄴ, ㄷ   ④ ㄴ, ㄹ
⑤ ㄷ, ㄹ

169 도병마사와 식목도감 정답 ②

핵심키워드 고려의 독자적인 정치 기구, 도평의사사

정답 분석

고려의 독자적인 정치 기구로는 도병마사와 식목도감이 있다. 도병마사와 식목도감에는 중서문하성과 중추원의 2품 이상 관리가 참여하여, 국가의 중대사와 법 제정 문제를 논의하였다. 도병마사는 군사와 국방 문제를, 식목도감은 법률 제정과 관련된 사항을 다루었다.
반면 당 제도의 영향을 받아 중서문하성과 상서성, 6부를 조직했으며, 송 제도의 영향을 받아 중추원과 삼사를 마련하였다.

오답 분석

① 고려와 조선은 춘추관에서 역사서의 편찬과 보관을 주관하였다.
③ 삼사는 고려의 재정 담당 기구로, 화폐와 곡식의 출납을 관리하며 회계 업무를 처리하였다.
④ 발해의 정당성은 좌사정과 우사정의 이원적인 체제로 운영되었다.
⑤ 정방은 최우에 의해 설치된 기구로, 고려의 인사 행정을 처리하는 역할을 하였다.

170 어사대 정답 ⑤

핵심키워드 시정 논박, 풍속 교정, 규찰, 탄핵

정답 분석

㉮는 어사대로, 고려 초기에는 사헌대로 불렸다. 어사대는 관리의 부정과 비리를 감찰하고 규찰하는 역할을 담당하였다. 또한, 이곳의 관원은 중서문하성의 낭사와 함께 대간으로 불리며, 서경권(관리 임명 동의권), 간쟁권(비판권), 봉박권(왕명 거부권)을 행사하며 권력을 견제하였다.

오답 분석

① 국정 총괄 기구로는 통일 신라의 집사부, 발해의 정당성, 고려의 중서문하성, 조선의 의정부와 비변사 등이 있다.
② 교정도감은 최충헌이 수립한 최고 권력 기구이다.
③ 사헌부는 사간원, 홍문관과 함께 조선에서 3사로 불렸다. 사헌부는 고려의 어사대를 계승한 조직으로, 조선 초기부터 조직명의 변화가 없었다.
④ 도평의사사는 원 간섭기 때 도병마사가 개칭된 명칭이다.

171 고려의 중앙 정치 기구 정답 ④

핵심키워드 문하시중, 어사대부

정답 분석

㉮ 기구는 중서문하성으로, 문하시중이 오늘날의 국무총리 역할을 맡아 국정을 총괄하였다. 중서문하성의 고위직인 재신은 국정의 주요 결정을 담당하였고, 중하위직인 낭사는 정책을 논박하고 서경권을 행사하였다.
㉯ 기구는 어사대로, 고려의 감찰 기관이다. 어사대는 관리의 부정과 비리를 감찰하며, 대간 제도의 일환으로 중서문하성의 낭사와 함께 서경권을 행사하여 권력 견제를 담당하였다.

오답 분석

ㄱ. 삼사는 고려의 재정 담당 기구로, 화폐와 곡식의 출납을 관리하며 회계를 처리하는 역할을 수행하였다.
ㄷ. 도병마사는 원 간섭기에 도평의사사로 개편되었다.

172 고려의 중앙 정치 기구 정답 ③

핵심키워드 윤관, 상서성, 중추원, 어사대

정답 분석

윤관은 고려의 문인으로, 문종 때 문과에 합격하여, 숙종 때 별무반 창설을 주도하고, 예종 때 동북 9성을 축조하였다.
제시된 자료의 상서성은 6부를 이끌며 정책을 집행하였고, 중추원은 군사 기밀과 왕명 출납을 담당하였으며, 한림원은 왕의 교서와 외교 문서 작성을 담당하였다.
③ 관리 감찰 기관으로는 통일 신라의 사정부, 발해의 중정대, 고려의 어사대, 조선의 사헌부가 있다.

오답 분석

① 경연은 왕과 신하가 함께 학문을 토론하며 국정 운영에 필요한 지식과 정책을 논의하는 활동으로, 고려 예종 때 처음 시행되었다. 조선 초기부터 상설화되었으며, 홍문관에서 담당하였다.
② 춘추관은 조선과 고려 시대에 실록 등 주요 역사 기록을 보관하고 관리하는 역할을 맡았다.
④ 한성부는 조선 시대에 수도 한양의 치안을 유지하고, 행정 업무를 주관하였다.
⑤ 삼사는 화폐와 곡식의 출납과 회계 관리를 담당하였다.

173 고려의 중앙 정치 기구 　　　　정답 ①

핵심키워드 중추원, 어사대, 상서성, 중서문하성

정답 분석

ㄱ. 중추원은 군사 기밀과 왕명의 출납을 담당하였다. 고려 숙종 때 추밀원으로 이름을 바꿨다.

ㄴ. 어사대의 관원은 중서문하성의 중하위직 관리인 낭사와 함께 서경권(관리 임명 동의권)을 행사하였다. 이들은 대간으로 불리며, 언론 활동을 통해 왕이나 고위 관리의 활동을 제약할 수 있어, 정치 운영에서 견제와 균형을 맞추는 역할을 맡았다.

오답 분석

ㄷ. 삼사는 고려 시대에 회폐와 곡식의 출납을 관리하고, 회계를 담당하는 역할을 수행하였다. 이 기관은 송나라의 제도를 모방하여 설립되었다.

ㄹ. 도평의사사는 원 간섭기에 도병마사가 개편된 기구이다.

174 향·부곡·소 　　　　정답 ③

핵심키워드 개경, 남경, 동경

정답 분석

고려는 3경 제도를 운영하였다. 수도인 개경, 서경(평양), 동경(경주)을 3경으로 삼았으나, 문종 시기부터는 동경 대신 남경(서울)을 포함하였다. 이 중 서경은 군사적 요충지로, 남경은 경제적 및 교통적 중요성을 이유로 3경에 포함되었다.

③ 고려 시대에는 향, 부곡, 소와 같은 특수 행정 구역이 있었으며, 이들 지역 주민은 일반 군현에 비해 많은 세금을 부담하였다. 특수 행정 구역에 대한 차별에 저항하는 움직임이 고려 중기 이후로 계속되었다. 망이와 망소이는 명학소에서 지역 차별에 반대하여 봉기하였고, 1여 년에 걸친 저항 끝에 명학소는 충순현으로 승격되었다. 다인철소 주민들은 대몽 항쟁에 적극적으로 참여하여 방어에 성공하자, 조정에서는 이 지역을 익안현으로 승격시켰다. 이러한 과정을 거치면서 향, 부곡, 소는 점차 소멸되었으며, 조선 초기에 일반 군현으로 편입되었다.

오답 분석

① 백제 무령왕은 지방의 주요 지역을 22담로 설정하여 통제를 강화하였다.

② 통일 신라는 신문왕 때 전국을 9주로 나누고, 주요 도시에 5소경을 설치하였다.

④ 통일 신라 문무왕은 외사정을 파견하여 지방관을 감시하였다.

⑤ 제2차 갑오개혁(1895년)을 통해 전국의 행정 구역을 8도에서 23부로 개편하였다.

175 도병마사 　　　　정답 ③

핵심키워드 목종, 2군, 6위

정답 분석

제시된 자료는 고려의 중앙군인 2군 6위를 설명한 것이다. 2군(응양군, 용호군)은 국왕의 친위 부대이며, 6위(좌우위, 신호위, 흥위위, 금오위, 천우위, 감문위)는 중앙군의 주력 부대로 기능하였다. 2군과 6위의 지휘 체계를 총괄하기 위해 중방이 운영되었으며, 중방에는 무인 출신의 상장군과 대장군 16명이 소속되어 군사 문제를 논의하고 결정하였다.

③ 고려는 국방과 군사 문제를 논의하기 위해 고위 관료들이 모이는 합좌 기구인 도병마사를 설치하였다.

오답 분석

① 발해는 중정대를 설치하여 중앙 관리를 감찰하였다.

② 통일 신라는 지방 행정 체제로 9주 5소경을 운영하였다.

④ 통일 신라 원성왕은 국학 학생들을 대상으로 독서삼품과를 시행하여 인재를 등용하려 하였다.

⑤ 백제의 지배층은 왕족인 부여씨와 8성 귀족(사택씨, 연씨, 해씨, 진씨 등)으로 구성되었다.

176 고려의 관리 선발 　　　　정답 ④

핵심키워드 제술업, 명경업

정답 분석

제시문의 (가)는 고려의 문과, (나)는 고려의 음서에 관련된 사료이다. 제술업은 시문과 문장 작성을 통해 문인을 선발하는 전형이었고, 명경업은 경전의 해석과 유교 사상에 대한 지식을 평가하는 문과 시험이었다.

ㄴ. 고려 시대에는 귀족뿐만 아니라 고위 향리의 자손까지 문과 응시가 가능하였다. 반면 조선 시대에는 탐관오리의 아들, 재가녀의 자손, 서얼, 기술관, 향리 등이 문과에 응시하지 못하였다.

ㄹ. 음서 제도는 5품 이상 관리의 자손인 사위, 조카, 외손자 등에게 적용되었다. 문벌 귀족과 권문세족이 관리로 진출하는 중요 수단이었다.

오답 분석

ㄱ. 고려 시대에는 여성의 이혼과 재혼이 비교적 자유로웠으나, 조선 시대에 성리학적 윤리가 강화되면서 여성의 지위가 낮아졌다. 따라서 재가한 여성의 자손이 문과에 응시하지 못한 것은 조선 시대이다.

ㄷ. 후주 출신 쌍기의 건의로 고려에서 과거 제도가 도입되었다.

고려의 경제

❶ 고려의 경제 생활

농업	• 고려 말, 논농사에 모내기법 보급 : 남부 일부 지방에서 실시 • 이암의 농상집요 원 농법서 소개 : 충정왕 • 문익점의 목화씨 도입 : 공민왕
수공업	• 관청, 소(所), 사원(절)에서 물품 생산
상업	• 시전 설치 : 개경, 경시서를 설치해서 시전의 상행위를 감독 • 관영 상점 설치 : 책·약·술·차 등 판매 • 화폐 주조 – 성종 : 건원중보 주조(최초의 화폐) – 숙종 : 의천의 제안으로 주전도감 설치, 은병(활구, 은 1근의 고액 화폐)·삼한 통보·해동통보·동국통보 발행 • 소금 전매제(각염법) 실시 : 충선왕
무역	• 예성강 하구의 벽란도가 국제 무역항으로 성장 – 대송 무역 활발 – 아라비아(대식국)과의 무역 : Corea가 서방 세계에 알려짐

❷ 전시과 전지(조세를 징수할 수 있는 토지) ✚ 시지(땔감을 구할 수 있는 임야)

태조의 역분전	• 지급 기준 : 관리의 성품·공로 기준 • 특징 : 논공행상 성격 후삼국 통일 과정에서 공을 세운 자에게 지급
↓광종 경종의 시정 전시과 ↓성종	• 지급 기준 : 관품과 인품 명망, 지위 기준 • 대상 : 직관 현직 관리과 산관 직무를 보지 않는 관리에게 지급 • 특징 : 한외과(18과에 들지 못한 관리에게 전지 15결 지급) 설정
목종의 개정 전시과	• 지급 기준 : 관품만 고려 • 특징 : 군인전(중앙군에게 지급된 토지) 설치
↓현종 문종의 경정 전시과	• 지급 기준 : 관품만 고려 • 대상 : 직관에게만 지급 관리에게 지급할 수조지의 부족 때문 • 특징 : 공음전(5품 이상 관리, 수조권 세습 허용) 지급, 한외과 폐지
공양왕의 과전법	• 배경 – 권문세족의 토지 겸병 심화 – 이성계의 위화도 회군 후 급진파 사대부의 토지 개혁 시도 • 특징 : 조준 주도, 경기 지방의 수조권을 관리에게 지급 • 결과 : 권문세족의 경제적 기반 약화

✚ **고려의 화폐**

▲ 해동통보

▲ 활구(은병)

✚ **벽란도**

조수는 밀려왔다 다시 밀려가고
오가는 뱃머리 서로 잇대었도다.
아침에 이 누각 밑을 떠나면
한낮이 못 되어 남만에 이르도다.
 – 「동국이상국집」 –
무신 정권기에 활동한 문신 이규보의 문집

✚ **전시과 제도**

✚ **시정 전시과**

원년 11월에 비로소 직관·산관의 각 품(品)의 전시과를 제정하였는데 관품의 높고 낮은 것은 논하지 않고 다만 인품만 가지고 전시과의 등급을 결정하였다. … 그리고 이 해 전시과 등급에 들지 못한 자는 모두 전지 15결을 주었다.
 – 「고려사」 –

1 다음 설명에 해당하는 용어를 쓰시오.

┌─ 보기 ┐
경시서   벽란도   전시과   주전도감
└──────────────────────────────┘

⑴ (   ) – 예성강 하구에 위치한 무역항이다.

⑵ (   ) – 시전의 상행위를 감독하는 기관이다.

⑶ (   ) – 해동통보, 삼한통보 등의 화폐를 주조하는 관청이다.

⑷ (   ) – 관등에 따라 관리에게 전지와 시지를 차등 지급하였다.

2 고려의 토지 제도를 바르게 연결하시오.

⑴ 역분전   •   • ㉠ 인품과 공복을 기준으로 하였다.

⑵ 시정 전시과   •   • ㉡ 관직만 고려하여 지급하기 시작하였다.

⑶ 개정 전시과   •   • ㉢ 개국 공신의 공로를 기준으로 지급하였다.

⑷ 경정 전시과   •   • ㉣ 현직 관리를 중심으로 토지를 지급하였다.

3 다음은 고려의 경제에 관한 내용이다. 빈칸에 알맞은 말을 선택하시오.

⑴ (벽란도, 울산항)에서 국제 무역이 이루어졌다.

⑵ 서적점, 다점 등의 (관영, 민영) 상점이 운영되었다.

⑶ 시전 감독을 위해 (경시서, 동시전)을/를 설치하였다.

⑷ 숙종은 주전도감을 설치하여 (건원중보, 해동통보)를 발행하였다.

⑸ 문익점은 중국에서 (목화, 고구마)를 들여와 재배하기 시작하였다.

⑹ 원나라에서 중국의 농업을 정리한 (농사직설, 농상집요)이/가 소개되었다.

⑺ 문벌 귀족은 (녹읍, 공음전)을 경제적 기반으로 삼았다.

⑻ 전시과는 지급된 토지에 대한 (소유권, 수조권)을 인정하였다.

⑼ (목종, 문종)은 현직 관리에게 수조권을 지급하였다.

⑽ (태조, 경종)은/는 관리의 인품과 공복을 기준으로 하여 토지를 지급하였다.

4 빈칸에 들어갈 인물과 제도를 쓰시오.

왕	경제 정책
⑴ ( )	역분전 제정
⑵ ( )	시정 전시과 제정
목종	개정 전시과 제정
문종	경정 전시과 제정
⑶ ( )	주전도감 설치 후 화폐 주조
충정왕	농상집요 전래
공민왕	⑷ ( )의 목화씨 도입
공양왕	⑸ ( ) 제정

5 다음 사료를 읽고, 물음에 답하시오.

⑴ 아래 글에서 설명하는 토지 제도의 명칭을 쓰시오.

> 도평의사사에서 글을 올려 과전의 지급에 관한 법 제정을 건의하니 왕이 허락하였다. … 1품부터 9품의 산직까지 나누어 18과로 하였다.

⑵ 아래의 고려 왕은 누구인가?

> 왕이 주전도감에서 아뢰기를, "백성들이 비로소 동전 사용의 이로움을 알아 편리하게 여기고 있으니 종묘에 고하소서." 라고 하였다. 또한 이 해에 은병을 사용하여 화폐로 삼았다.

⑶ 아래의 토지 제도를 마련한 고려 왕은 누구인가?

> 자삼 이상은 18품으로 나누고, 문반의 단삼 이상은 10품, 비삼 이상은 8품, 녹삼 이상은 8품으로 나누었다. … 이하 잡직 관리에게도 각각 인품에 따라서 차이를 두고 나누어 주었다. 그리고 전시과 등급에 들지 못한 자는 모두 전지 15결을 주었다.

⑷ 아래 글과 관련된 고려의 인물은 누구인가?

> 원나라에 사신으로 갔다가 … 돌아오는 길에 목화씨를 얻어와 장인인 정천익에게 부탁하여 심도록 하였다. 처음에는 재배하는 방법을 몰라 거의 말라 죽이고 한 줄기만 살았는데, 3년 만에 크게 번식하였다. 목화씨를 뽑는 씨아와 실을 뽑는 물레는 모두 정천익이 만들었다.

정답

1. ⑴ 벽란도 ⑵ 경시서 ⑶ 주전도감 ⑷ 전시과
2. ⑴ ㉢ ⑵ ㉠ ⑶ ㉡ ⑷ ㉣
3. ⑴ 벽란도 ⑵ 관영 ⑶ 경시서 ⑷ 해동통보 ⑸ 목화 ⑹ 농상집요 ⑺ 공음전
   ⑻ 수조권 ⑼ 문종 ⑽ 경종
4. ⑴ 태조 ⑵ 경종 ⑶ 숙종 ⑷ 문익점 ⑸ 과전법
5. ⑴ 과전법 ⑵ 숙종 ⑶ 경종 ⑷ 문익점

177

(가) 왕의 재위 시기에 있었던 사실로 옳은 것은?

〈탐구 활동 보고서〉

O학년 O반 이름 : △△△

1. 주제 : (가) , 안정과 통합을 꾀하다
2. 방법 : 「고려사」 사료 검색 및 분석
3. 사료 내용과 분석

사료 내용	분석
명주의 순식이 투항하자 왕씨 성을 내리다.	지방 호족 포섭
「정계」와 「계백료서」를 지어 반포하다.	관리의 규범 제시
흑창을 두어 가난한 백성에게 곡식을 빌려주다.	민생 안정

① 개국 공신에게 역분전을 지급하였다.
② 외침에 대비하여 광군을 조직하였다.
③ 광덕, 준풍 등의 독자적 연호를 사용하였다.
④ 관학 진흥을 목적으로 양현고를 운영하였다.
⑤ 주전도감을 설치하여 해동통보를 발행하였다.

178

(가)~(라)를 일어난 순서대로 옳게 나열한 것은?

(가) 처음으로 직관(職官)과 산관(散官) 각 품의 전시과를 제정하였다. …… 과등(科等)에 미치지 못한 자는 모두 전지 15결을 지급하였다.

(나) 역분전을 제정하였는데, 통일할 때의 조신(朝臣)이나 군사들은 관계(官階)를 따지지 않고 그 사람의 성품과 행동의 선악과 공로의 크고 작음을 보고 차등 있게 지급하였다.

(다) 쌍기가 의견을 올리니 처음으로 과거를 시행하였다. 시(詩)·부(賦)·송(頌) 및 시무책으로 시험하여 진사를 뽑았으며, 겸하여 명경업·의업·복업 등도 뽑았다.

(라) 왕이 말하기를, "비록 내 몸은 궁궐에 있지만 마음은 언제나 백성에게 치우쳐 있다. …… 이에 지방 수령들의 공(功)에 의지해 백성들의 소망에 부합하고자 12목 제도를 시행한다."라고 하였다.

① (가) – (나) – (다) – (라)
② (가) – (나) – (라) – (다)
③ (나) – (가) – (라) – (다)
④ (나) – (다) – (가) – (라)
⑤ (다) – (라) – (나) – (가)

179

(가), (나) 사이의 시기에 있었던 사실로 옳은 것은?

(가) 처음으로 역분전을 정하였다. 통일할 때 조정의 관리들과 군사들에게 관계(官階)는 논하지 않고, 그 사람의 성품과 행동이 착하고 악함과 공로가 크고 작음을 참작하여 차등 있게 주었다.

(나) 12월에 문무 양반 및 군인들의 전시과를 개정하였다. 제1과는 전지 100결, 시지 70결을 지급한다. …… 제18과는 전지 20결을 지급한다. 이 한(限)에 들지 못한 자에게는 모두 전지 17결을 주기로 하고 이것을 통상의 법식으로 한다.

① 경기에 한하여 과전법이 실시되었다.
② 쌍기의 건의로 과거제가 시행되었다.
③ 신돈이 전민변정도감의 책임자가 되었다.
④ 만적이 개경에서 노비를 모아 반란을 모의하였다.
⑤ 최충헌이 봉사 10조를 올려 시정 개혁을 건의하였다.

180

(가), (나)에 해당하는 토지 제도에 대한 설명으로 옳은 것은?

(가) 문종 30년 양반 전시과를 다시 개정하였다. 제1과는 전지 100결, 시지 50결(중서령·상서령·문하시중) …… 제18과는 전지 17결(한인·잡류)로 한다.

(나) 공양왕 3년 도평의사사에서 글을 올려 과전의 지급에 관한 법 제정을 건의하니 왕이 허락하였다. …… 1품부터 9품의 산직까지 나누어 18과로 하였다.

① (가) – 조준 등의 건의로 제정되었다.
② (가) – 관등과 인품을 기준으로 수조권을 주었다.
③ (나) – 개국 공신에게 역분전을 지급하였다.
④ (나) – 지급 대상 토지를 원칙적으로 경기 지역에 한정하였다.
⑤ (가), (나) – 수조권 외에 노동력을 징발할 수 있는 권한을 주었다.

181

밑줄 그은 '토지 제도'가 시행된 국가의 경제 상황으로 옳은 것은?

① 초량 왜관을 통해 일본과 무역하였다.
② 독점적 도매상인인 도고가 활동하였다.
③ 시장을 관리하는 관청인 동시전이 설치되었다.
④ 국가 주도로 삼한통보, 해동통보가 발행되었다.
⑤ 민간의 광산 개발을 허용하는 설점수세제를 시행하였다.

183

교사의 질문에 대한 학생의 답변으로 가장 적절한 것은?

① 집집마다 부경이라는 창고가 있었어요.
② 관료전이 폐지되고 녹읍이 지급되었어요.
③ 상평통보가 발행되어 법화로 사용되었어요.
④ 당항성, 영암이 국제 무역항으로 번성하였어요.
⑤ 경시서의 관리들이 시전의 상행위를 감독하였어요.

182

다음 자료에 나타난 국가의 경제 상황으로 옳은 것은?

○ 이때에 은병을 화폐로 쓰기 시작하였다. 그 제도는 은 한 근으로 만들며 본국의 지형을 본뜨도록 하였다. 속칭 활구라 하였다.

○ 도평의사사에서 방을 붙여 알리기를, "지금부터 은병 하나를 쌀로 환산하여 개경에서는 15~16석, 지방에서는 18~19석의 비율로 하되, 경시서에서 그 해의 풍흉을 살펴 그 값을 정할 것이다."라고 하였다.

① 솔빈부의 말을 특산물로 수출하였다.
② 서적점, 다점 등의 관영 상점을 운영하였다.
③ 청해진을 중심으로 해상 무역을 전개하였다.
④ 광산을 전문적으로 경영하는 덕대가 활동하였다.
⑤ 기유약조를 체결하여 일본과의 교역을 재개하였다.

184

다음 상황이 나타난 시기의 경제 모습으로 옳은 것은?

○ 11월에 팔관회가 열렸다. 왕이 신봉루에 들러 모든 관료에게 큰 잔치를 베풀었다. …… 송의 상인과 탐라국도 특산물을 바쳤으므로 자리를 내주어 음악을 관람하게 하였는데, 이후 상례(常例)가 되었다.

○ 대식국의 객상(客商) 보나합 등이 와서 …… 물품을 바쳤다. 관리에게 명하여 객관에서 우대하며 대접하게 하고, 돌아갈 때에는 황금과 명주를 넉넉하게 하사하였다.

① 벽란도가 국제 무역항으로 번성하였다.
② 송상이 전국 각지에 송방을 설치하였다.
③ 시장을 감독하는 관청인 동시전이 있었다.
④ 신라방을 형성하여 중국과 활발히 교역하였다.
⑤ 육의전을 제외한 시전 상인의 금난전권을 폐지하였다.

177 고려 태조의 경제 정책 정답 ①

핵심키워드 왕씨 성, 정계, 계백료서, 흑창

정답 분석

제시문의 (가)는 고려 태조로, 그는 호족 통합을 위해 그들의 딸과 혼인을 하거나, 그들에게 왕씨 성을 비롯한 성씨를 하사하였다. 제시문에 언급된 순식은 강릉 지역을 기반으로 한 대호족으로, 건국 초창기에는 고려에 귀부하지 않고 독자적인 세력을 유지하다 아버지의 권유로 고려에 합류하였다고 한다.

① 고려 태조는 개국 공신들에게 역분전을 분배하였다. 이 제도는 인품과 공로를 기준으로 토지를 분급하였기 때문에, 논공행상의 성격이 강했다.

오답 분석

② 고려 정종은 거란의 침입을 대비하기 위해 광군을 조직하였다.

③ 고려의 광종은 독자적 연호인 광덕과 준풍을 사용하였다. 광종 통치 중에 중국 본토에서 송이 건국되자, 중국과의 관계를 고려해 송 연호를 받아들였다.

④ 고려 중기에 이르러 문헌공도와 같은 사학으로 과거 준비생이 몰리자 관학의 위기가 높아졌다. 이에 고려 예종은 양현고(장학 재단)를 설립하여 관학의 재정 기반을 마련하였다.

⑤ 고려 숙종은 화폐 유통을 위해 주전도감을 설치하고, 해동통보 등의 동전을 주조하였다.

178 고려의 토지 제도 정답 ④

핵심키워드 전시과, 역분전, 쌍기, 과거, 12목

정답 분석

(가) '처음 전시과를 제정하였다'를 통해 이 사료는 고려 경종 때 마련된 시정 전시과임을 알 수 있다. 시정 전시과는 직관(현직 관리)과 산관(미보직자나 퇴직자)에게 모두 지급되었으며, 과등이 없는 한외자에게도 전지를 나누어준 것이 특징이다. 목종 때 개정 전시과에서는 산관에 비해 직관의 지급량이 많아졌으며, 한외과는 지급액이 조금 증가한 17결이 되었다.

(나) 역분전은 고려 태조가 개국 공신과 지방 호족들에게 공로를 기준으로 토지를 분배한 제도이다.

(다) 과거 제도로, 고려 광종이 쌍기의 건의를 받아들여 처음으로 시행하였다. 제시문의 의업과 복업은 잡과의 의학과 천문학 분야 시험을 일컫는다.

(라) 고려 성종 때 설치된 12목으로, 고려 왕실은 이를 통해 처음으로 상설적인 지방관 파견이 가능해졌다.

역사적 순서를 고려하면 (나) – (다) – (가) – (라) 순이다.

179 고려의 토지 제도 정답 ②

핵심키워드 역분전, 군인 전시과

정답 분석

제시된 자료에서 (가)는 고려 태조가 실시한 역분전 제도를 설명한 것이다. 태조는 공신의 성품과 공로의 정도를 고려하여 역분전을 차등 지급하였다. (나)는 군인전이 신설되었다는 점에서 목종 시대에 마련된 개정 전시과임을 알 수 있다. 또한, (나)의 마지막 줄의 '한에 들지 못한 자'에게 지급된 토지는 한외과를 설명하는 것으로, 한외과는 시정 전시과와 개정 전시과에서 유지되다가 경정 전시과에서 폐지되었다.

태조와 목종 사이의 왕으로는 혜종, 정종, 광종, 경종, 성종이 있다. 따라서 ② 광종 대의 과거제 시행이 정답이다.

오답 분석

① 경기 지역에 한하여 과전법이 시행된 것은 고려 말에 이루어진 조치로, 1391년(공양왕 3년)에 제정되었다.

③ 공민왕은 신돈을 전민변정도감의 책임자로 임명하여 권문세족의 토지와 노비를 조사하게 하였다.

④ 만적은 무신 집권자 최충헌 시기에 개경에서 노비들을 모아 신분 해방을 목적으로 반란을 계획하였다.

⑤ 최충헌은 이의민을 제거하고 명종에게 봉사 10조를 올려 개혁을 건의하였다.

180 고려의 토지 제도 정답 ④

핵심키워드 문종, 전시과 개정, 공양왕

정답 분석

(가)는 고려 문종 시기에 제정된 경정 전시과이며, (나)는 고려 공양왕 시기에 급진파 사대부가 주도하여 제정한 과전법이다.

④ 과전법은 경기 지역 토지에 한하여 수조권을 관리에게 분배하였다. 반면 전시과는 전국 토지를 그 대상으로 삼았다.

오답 분석

① 조준은 정도전과 더불어 대표적인 급진파 사대부로, 과전법 제정을 주도하였다.

② 관등과 인품을 고려하여 수조권을 지급한 것은 시정 전시과이다. 개정 전시과에서부터는 관등을 기준으로 지급액이 결정되었다.

③ 고려 태조는 개국 공신들에게 공로에 따라 토지를 분배하는 역분전을 지급하였다.

⑤ 수조권 외에 노동력을 징발할 수 있는 권한은 녹읍에서 허용되었다. 통일 신라의 관료전, 고려의 전시과, 조선의 과전법에서는 수조권만을 인정하였다.

181 고려의 토지 제도 　　　　정답 ④

핵심키워드 인품 배제, 관직 기준, 전지와 시지

정답 분석

고려의 전시과는 수조권을 행사할 수 있는 토지(전지)와 땔감을 구할 수 있는 임야(시지)를 관리들에게 지급한 제도이다. 초기의 시정 전시과에서는 관리의 관등뿐만 아니라 인품을 지급 기준으로 삼았으나, 목종 시기의 개정 전시과에서는 인품을 고려하지 않고 관등만을 기준으로 하여 지급액을 차등 지급하였다. 따라서 해당 문제의 '이 토지 제도가 시행된 국가'는 고려이다.

④ 고려는 성종 시기에 건원중보라는 철전을 처음으로 주조하였고, 숙종 시기에 의천의 제안을 받아들여 주전도감(화폐 발행 기관)을 설치하여 해동통보, 삼한통보, 활구 등을 발행하였다.

오답 분석

① 임진왜란 이후 왜관이 부산 일대에 설치되어 왜인들이 조선에 머물 수 있었다. 초기에는 두모포에 설치되었고, 숙종 때 초량으로 이전되었다. 이는 조선 후기의 경제 상황에 해당한다.

② 도고는 대규모로 물품을 독점하여 유통을 장악한 상인으로, 조선 후기에 등장하였다.

③ 동시전은 신라 지증왕 때 수도 금성(경주)에 설치된 시장을 관리하는 관청이다. 고려와 조선에서는 경시서가 이와 유사한 역할을 하였다.

⑤ 조선 후기 광산 개발의 활성화를 위해 민간에게 광산 개발을 허용하는 설점수세제를 실시하였다. 이는 조선 영조 때의 일이다.

182 고려의 경제 활동 　　　　정답 ②

핵심키워드 은병, 도평의사사, 경시서

정답 분석

제시문의 은병은 고려 시대에 유통된 은화로 본래 명칭은 활구이다. 도평의사사는 고려의 도병마사가 원 간섭기에 변경된 명칭으로, 이러한 키워드를 통해 자료에 나타난 국가가 고려임을 알 수 있다.

② 고려는 국가가 직접 상업에 참여하여 개경과 서경에 다양한 관영 상점을 설치하였다.

오답 분석

① 솔빈부의 말은 발해의 주요 특산물이다.

③ 청해진은 신라 장보고가 설치한 해상 기지이다.

④ 덕대는 조선 후기 광산 경영을 책임진 관리자이다.

⑤ 기유약조는 1609년(광해군) 조선과 일본이 체결한 약조로, 일본과의 교역 재개를 의미한다.

183 고려의 경제 활동 　　　　정답 ⑤

핵심키워드 여진 정벌, 동북 9성, 송, 해동 천태종

정답 분석

제시문에서 설명한 인물은 윤관과 의천이다. 이들은 고려 중기의 인물로, 윤관은 숙종 시기에 별무반을 이끌고 여진족을 토벌한 후 동북 9성을 축조하였다. 의천은 숙종의 동생으로 송 유학 후 교종을 중심으로 선종을 통합한 해동 천태종을 창시하였다.

⑤ 경시서는 수도에 설치된 시전의 상행위를 감독하는 기관으로, 고려와 조선 시대에 운영되었다.

오답 분석

① 부경은 고구려의 각 가정에 있던 식량을 보관하는 시설이다.

② 통일 신라의 신문왕은 관료전을 지급하고 녹읍을 폐지하여 국가의 토지 지배력을 강화하였다.

③ 상평통보는 조선 후기 숙종 때 전국적으로 유통된 동전이다.

④ 당항성과 영암은 통일 신라 시기 주요 국제 무역항으로 성장하였다.

184 고려의 경제 활동 　　　　정답 ①

핵심키워드 팔관회, 송 상인, 대식국(아라비아)

정답 분석

팔관회는 불교와 도교, 민간 신앙이 융합된 제천 행사로 고려 시대에 활성화되었다. 대식국은 아라비아를 일컫는데, 고려는 예성강 하구에 위치한 벽란도를 통해 송, 거란, 일본, 대식국 등과 활발히 교류하며 국제 무역을 발전시켰다.

오답 분석

② 송상은 조선 후기의 대표적인 상인 집단으로, 개성을 기반으로 전국 각지에 송방을 설치하고 상업 활동을 전개하였다.

③ 동시전은 신라 지증왕 때 설치된 관청으로, 시장을 감독하고 상업 질서를 유지하였다.

④ 신라방은 당나라의 주요 도시에 형성된 신라인의 거주지로, 중국과의 교역의 중심지 역할을 하였다.

⑤ 조선 정조는 금난전권을 상당수 폐지하여 한양에서의 자유 상업 활동을 허용하였다.

고려의 사회

❶ 고려의 신분제

귀족	• 호족 → 문벌 귀족 → 무신 → 권문세족 → 신진 사대부 　– 문벌 귀족 : 경원 이씨(이자겸), 경주 김씨(김부식) 등 　– 권문세족 : 윤수(응방 관리), 조인규(역관), 기철(기황후 집안), 원 간섭기 　– 신진 사대부 : 성리학 수용, 개혁적, 이제현, 이색, 정몽주, 정도전
중류층	• 특징 : 말단 행정직 담당 • 유형 　– 서리 : 중앙 관청의 실무 담당 말단 서리를 잡류라고 함 　– 남반 : 궁중의 실무 담당 　– 군반 : 직업 군인으로 중앙군 소속 　– 향리 : 속현과 향·부곡·소를 실질적 통치, 외역전 토지 받음
평민	• 유형 : 농민(백정), 수공업자, 상인, 향·부곡·소 주민 • 향·부곡·소 주민 ┬ (고려) 일반 농민을 의미 　　　　　　　　└ → (조선) 도살업에 종사한 천민을 의미 　– 하층 양민 　– 이주 불가능, 일반 군현에 비해 조세 부담 큼, 과거 응시 불가 　– 망이·망소이의 난 : 명학소 거주, 무신 정권기에 봉기
천민	• 유형 : 노비, 양수척(도살업자), 진척(뱃사공), 재인(광대) • 노비 　– 매매·상속·증여의 대상 　– 일천즉천 : 부모 중의 한쪽이 노비이면 그 자식도 노비가 됨

❷ 고려의 사회 모습

┌ 향을 땅에 묻어 침향을 만드는 불교 행사

향도	• 전기 : 불상·석탑·사원 건축 주도, 매향 활동 • 후기 : 마을 노역·혼례·상장례 등 행사 주도
구휼 제도	• 흑창 : 태조, 곡식 대여 • 의창 : 성종, 곡식 대여 • 상평창 : 물가 조절, 개경·서경·12목에 설치 • 구제도감·구급도감 : 재해와 전염병 발생 시에 운영 • 제위보 : 광종, 이자 수익을 창출해 빈민을 구제
의료 제도	• 동서대비원 : 개경, 환자 치료와 빈민 구휼 • 혜민국 : 개경, 빈민에게 무료로 의약품 제공

❸ 고려의 가족 관계

특징	• 남성과 여성의 지위 대등
사례	• 자녀 간 균분 상속 • 나이순으로 호적 작성 • 윤회 봉사 자식들이 번갈아가며 제사 담당 • 사위와 외손자의 음서 가능 • 여성의 재혼 가능

✛ 고려 지배층의 변화

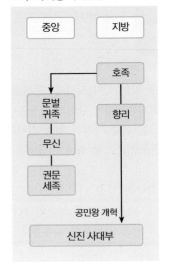

✛ 고려의 상속

어머니가 일찍이 재산을 나누어 줄 때 나익희에게는 따로 노비 40구를 남겨 주었다. 나익희는 "제가 6남매 중에 외아들이라고 해서 어찌 사소한 것을 더 차지하여 여러 자녀들과 화목하게 살게 하려 한 어머니의 거룩한 뜻을 더럽히겠습니까?"하고 사양하자, 어머니가 옳게 여기고, 그 말을 따랐다.　–「고려사」–

1 다음 설명에 해당하는 용어를 쓰시오.

┌─ 보기 ┐

백정	의창	성리학	상평창	윤회봉사
향도	향리	대비원	제위보	일천즉천

(1) ( ) - 고려 시대의 농민층을 일컫는다.

(2) ( ) - 신진 사대부가 받아들인 신유학이다.

(3) ( ) - 주로 불교 활동을 위해 조직하였다.

(4) ( ) - 기금을 모아 그 이자로 빈민을 구제하는 기관이다.

(5) ( ) - 모든 자녀가 돌아가면서 제사를 지내는 방식이다.

(6) ( ) - 봄에 곡식을 빌려주고 가을에 갚도록 하는 구휼 기관이다.

(7) ( ) - 병자 치료와 굶주린 사람들에게 의복과 식량을 나누어주던 기관이다.

(8) ( ) - 수령을 대신해 실질적인 지방 행정을 담당하는 하급 관리층이다.

(9) ( ) - 부모 중 한쪽이라도 노비인 경우에는 자녀도 노비로 귀속되는 원칙을 의미한다.

(10) ( ) - 풍년에 곡물이 흔하면 값을 올려 사들이고, 흉년에 곡물이 귀하면 값을 내려 팔아 물가를 조절하는 기관이다.

2 다음은 고려의 사회에 관한 내용이다. 빈칸에 알맞은 말을 선택하시오.

(1) 고려 천민의 대부분은 (노비, 백정)이다.

(2) (향, 부곡, 소) 주민들은 수공업에 종사한다.

(3) (만적, 묘청)은 개경에서 신분 해방을 도모하였다.

(4) 서리, 남반, 군반, 향리 등은 (귀족, 중류층)에 속한다.

(5) 재산은 (균분 상속, 아들 위주의 상속)이 이루어졌다.

(6) 물가 조절을 위해 (삼사, 상평창)을/를 설치하였다.

(7) 태조는 민생 안정을 위해 (의창, 흑창)을 설치하였다.

(8) 환자 치료와 빈민 구제를 위해 개경에 (주전도감, 동서대비원)을 두었다.

(9) 기금을 모아 그 이자로 빈민을 구제하는 (경시서, 제위보)를 운영하였다.

(10) 재해가 발생하였을 때 백성 구호를 위해 임시 기구인 (구급도감, 대장도감)을 설치하였다.

3 다음은 고려 시대의 신분을 나타낸 표이다. ( )에 들어갈 계층을 쓰시오.

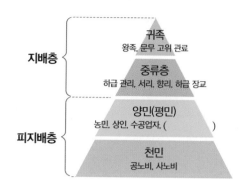

4 다음 사료를 읽고, 물음에 답하시오.

(1) (가)에 들어갈 인물을 고르시오.

> 공주 명학소의 백성 (원종·애노, 망이·망소이) 등이 무리를 모아 산행 병마사라고 자칭하며 공주를 공격하여 함락시켰다.

(2) 아래 글과 관련된 고려 왕은 누구인가?

> 내가 듣건대, 덕이란 오직 정치를 잘하는 것일 뿐이고, 정치의 요체는 백성을 잘 기르는 데에 있으며, 나라는 사람을 근본으로 삼고 사람은 먹는 것을 하늘로 삼는다고 하였다. 이에 우리 태조께서는 흑창(黑倉)을 설치하셨다. …… 쌀 1만 석을 더 보태고, 그 이름을 의창(으)로 바꾸도록 하라.

(3) 이러한 발언을 한 인물은 누구인가?

> "국가에서 경계년(무신 정변) 이래로 천한 무리에서 높은 관직에 오르는 경우가 많이 일어났으니, 장군과 재상이 어찌 종자가 따로 있으랴? 때가 오면 누구나 할 수 있을 것이다. 어찌 우리는 고달프게 일하면서 채찍 아래 곤욕을 당할 수 있느냐?"하니 모든 노비가 그렇게 여겼다.

┌─ 정답 ┐

1. (1) 백정 (2) 성리학 (3) 향도 (4) 제위보 (5) 윤회봉사 (6) 의창 (7) 대비원 (8) 향리 (9) 일천즉천 (10) 상평창
2. (1) 노비 (2) 소 (3) 만적 (4) 중류층 (5) 균분 상속 (6) 상평창 (7) 흑창 (8) 동서대비원 (9) 제위보 (10) 구급도감
3. 향·부곡·소민
4. (1) 망이·망소이 (2) 성종 (3) 만적

185

53회 15번 [2점]

다음 사건이 일어난 시기를 연표에서 옳게 고른 것은?

> • 명학소의 백성 망이·망소이 등이 무리를 모아서 산행병마사라고 자칭하고는 공주를 공격하여 함락하였다.
> • 망이의 고향인 명학소를 충순현으로 승격시키고 양수탁을 현령으로, 김윤실을 현위로 임명하여 그들을 달래었다.

1104	1126	1135	1170	1231	1270
(가)	(나)	(다)	(라)	(마)	
별무반 조직	이자겸의 난	묘청의 난	무신 정변	몽골의 침입	개경 환도

① (가)
② (나)
③ (다)
④ (라)
⑤ (마)

186

69회 14번 [1점]

다음 자료를 활용한 탐구 활동으로 가장 적절한 것은?

> • 남쪽에서 도적들이 봉기하였다. 가장 심한 자들은 운문을 거점으로 한 김사미와 초전을 거점으로 한 효심이었다. 이들은 유랑민을 불러 모아 주현을 습격하여 노략질하였다.
> • 원율 사람인 이연년이 백적도원수라 자칭하며 많은 사람을 불러 모아 여러 주군을 공격하여 노략질하니 최린이 지휘사 김경손과 함께 그들을 격파하였다.

① 노비안검법이 실시된 목적을 알아본다.
② 삼정이정청이 설치된 과정을 살펴본다.
③ 사심관 제도가 시행된 사례를 조사한다.
④ 집강소에서 추진한 개혁의 내용을 분석한다.
⑤ 무신 집권기 하층민의 반란이 발생한 배경을 파악한다.

187

56회 14번 [2점]

다음 사건이 전개된 시기의 사회 모습으로 옳은 것은?

> **사건 일지**
>
> 2월 10일 망이 등이 다시 반란을 일으켜 가야사를 습격함
> 3월 11일 망이 등이 홍경원에 불을 지르고 승려 10여 명을 죽임
> 6월 23일 망이가 사람을 보내 항복을 청함
> 7월 20일 망이·망소이 등을 체포하여 청주 감옥에 가둠

① 서얼이 통청 운동을 전개하였다.
② 원종과 애노가 사벌주에서 봉기하였다.
③ 적장자 위주의 상속 제도가 확립되었다.
④ 읍락 간의 경계를 중시하는 책화가 있었다.
⑤ 특수 행정 구역인 소의 주민들이 차별을 받았다.

188

70회 16번 [1점]

다음 자료에 나타난 시기의 사회 모습으로 적절한 것은?

> • 당시 응방·겁령구 및 내수(內堅) 등의 천한 자들이 모두 사전(賜田)을 받았는데, 많은 경우는 수백 결에 이르렀다. 일반 백성을 유인하여 전호로 삼고, 가까운 곳에 있는 민전에서는 모두 수조하였으므로 주와 현에서는 부세가 들어올 바가 없게 되었다.
> • 공주가 장차 입조(入朝)할 예정이었으므로, 인후와 염승익에게 명하여 양가의 자녀로서 나이가 14~15세인 자들을 선발하였고, 순군(巡軍)과 홀적(忽赤) 등으로 하여금 인가를 수색하게 하였다. 혹 밤중에 침실에 돌입하거나 노비를 포박하여 심문하기도 하였으니, 비록 자녀가 없는 자라 할지라도 깜짝 놀라 동요하게 되었다. 원망하며 우는 소리가 온 거리에 가득하였다.

① 최충이 9재 학당을 설립하였다.
② 만적이 개경에서 반란을 모의하였다.
③ 지배층을 중심으로 변발과 호복이 유행하였다.
④ 국난 극복을 기원하며 초조대장경이 조판되었다.
⑤ 기근에 대비하기 위하여 구황촬요가 간행되었다.

189

48회 17번 [2점]

(가)에 들어갈 내용으로 옳지 않은 것은?

고려 시대 민생 안정을 위해 시행한 정책에 대해 이야기해 보자.

감염병 확산 등에 대처하기 위해 구제도감을 설치하였어.

(가)

① 물가 조절을 위해 상평창을 설치하였어.
② 병자에게 의약품을 제공하는 혜민국이 있었어.
③ 환자 치료와 빈민 구제를 위해 동서대비원을 두었어.
④ 국산 약재와 치료 방법을 정리한 향약집성방이 간행되었어.
⑤ 기금을 모아 그 이자로 빈민을 구제하는 제위보를 운영하였어.

190

58회 12번 [2점]

다음 상황이 나타난 시기의 사회 시책으로 옳은 것은?

- 왕이 명하였다. "도성 안의 백성들이 역질에 걸렸으니 구제도감을 설치하여 치료하고, 시신과 유골은 거두어 비바람에 드러나지 않게 매장하라."

- 중서성에서 아뢰었다. "지난해 관내 서도의 주현에 흉년이 들어 백성이 굶주리고 있습니다. 사창과 공해(公廨)의 곡식을 내어 경작을 원조하고, 가난하여 스스로 살아갈 수 없는 자는 의창을 열어 진휼하십시오."

① 유랑민을 구휼하는 활인서를 두었다.
② 백성들에게 곡식을 빌려주는 진대법을 실시하였다.
③ 국산 약재와 치료법을 소개한 향약집성방을 편찬하였다.
④ 기근에 대비하기 위해 구황촬요를 간행하여 보급하였다.
⑤ 기금을 모아 그 이자로 빈민을 구제하는 제위보를 운영하였다.

191

40회 18번 [2점]

(가)에 들어갈 내용으로 옳지 않은 것은?

고려 시대에 민생 안정을 위해 시행된 다양한 사회 시책에 대해 말해 볼까요?

봄에 곡식을 빌려 주고 가을에 갚게 한 의창을 두었어요.

(가)

① 물가 조절을 위해 상평창을 설치하였어요.
② 병자에게 의약품을 제공하는 혜민국이 있었어요.
③ 기근에 대비하기 위해 구황촬요를 간행하여 보급하였어요.
④ 환자 치료와 빈민 구제를 위해 개경에 동서대비원을 두었어요.
⑤ 기금을 모아 그 이자로 빈민을 구제하는 제위보를 운영하였어요.

192

52회 12번 [2점]

(가) 시대의 정책으로 옳은 것을 〈보기〉에서 고른 것은?

역사 용어 해설

구제도감

1. 기능

[(가)] 시대에 재해가 발생했을 때 설치한 임시 기구로서 전염병 퇴치, 병자 치료 등의 임무를 수행하며 백성을 구호하였다.

2. 관련 사료

왕이 명하기를, "도성 내의 백성들이 역질에 걸렸으니 구제도감을 설치하여 이들을 치료하고, 시신과 유골은 거두어 비바람에 드러나지 않게 매장하라."라고 하였다.

| 보기 |

ㄱ. 기근에 대비하기 위하여 구황촬요를 간행하였다.
ㄴ. 개경에 국립 의료기관인 동서대비원을 설치하였다.
ㄷ. 호조에서 정한 사창절목에 따라 사창제를 시행하였다.
ㄹ. 기금을 모아 그 이자로 빈민을 구휼하는 제위보를 운영하였다.

① ㄱ, ㄴ   ② ㄱ, ㄷ
③ ㄴ, ㄷ   ④ ㄴ, ㄹ
⑤ ㄷ, ㄹ

185 무신 정권 시기의 농민 봉기 　　정답 ④

핵심키워드 망이·망소이

정답 분석

망이·망소이는 무신 정권 초기에 공주 명학소에서 봉기하였다. 이 지역의 주민들은 오랫동안 차별받으며 숯을 제작해 왔다. 봉기가 지속되자, 고려 정부는 이들을 달래기 위해 명학소를 충순현으로 승격시켰다. 이러한 사실은 무신 정권기의 농민 봉기와 향·부곡·소 주민의 생활상을 알려준다. 따라서 역사 연표에서는 (라)에 해당한다.

＊무신 성권 시기의 봉기

사례	특징
김보당의 난 조위총의 난	무신 정권에 반대
망이·망소이의 난 전주 관노의 난 김사미·효심의 난	무신 정권의 수탈에 반대
만적의 난	신분 해방 시도

186 무신 정권 시기의 농민 봉기 　　정답 ⑤

핵심키워드 김사미, 효심, 이연년

정답 분석

주어진 자료는 무신 정권 시기에 발생한 농민 봉기에 관한 것이다. 김사미와 효심은 오늘날의 경북 청도와 울산을 거점으로 봉기했으며, 이연년은 전남 담양에서 봉기하였다. 문벌 귀족 시기부터 이어진 지배층의 수탈이 무신 정권 시기에 심화되면서, 지배층은 각지에 농장을 확대하고 백성들은 고리대와 과중한 조세 부담에 시달리게 되었다. 이로 인해 무신 정권 시기에 농민 봉기가 집중적으로 발생하였다.

오답 분석

① 고려 광종은 노비안검법을 시행하여 노비의 신분을 재조사하고 양민의 수를 늘렸다.
② 삼정이정청은 조선 후기 철종 시기에 삼정의 문란을 바로잡기 위해 설치한 개혁 기구이다.
③ 사심관 제도는 기인 제도와 더불어 고려 태조가 호족을 효과적으로 통치하기 위해 시행한 제도이다.
④ 집강소는 동학 농민 운동의 결과로 설치된 농민군의 자치기구이다.

187 망이·망소이의 난 　　정답 ⑤

핵심키워드 망이, 망소이

정답 분석

주어진 자료는 1176년(명종 6년)에 공주 명학소에서 발생한 망이·망소이의 봉기와 관련이 있다. 이들은 소 지역의 주민들이 차별과 수탈을 겪던 상황에서 반란을 주도하였다. 이는 고려 사회에서 특수 행정 구역인 향·부곡·소의 주민들이 겪었던 불평등과 차별을 보여준다.

오답 분석

① 서얼에 대한 관직 차별 문제를 해결하기 위해, 서얼은 조선 후기에 통청 운동을 일으켰다. 영조 즉위년(1724년)에 서얼 5,000여 명이 집단으로 상소를 올리며 본격화되었다.
② 원종과 애노는 신라 하대에 사벌주(지금의 상주) 지역에서 농민 봉기를 일으켰다.
③ 적장자 위주의 상속 제도는 가부장적 가족 질서가 강화되는 조선 중기 이후에 정착되었다.
④ 읍락 간의 경계를 중시하는 책화는 동예의 풍습이다. 이를 어겼을 시에 소, 말, 노비 등으로 배상하였다.

188 원 간섭기의 사회 모습 　　정답 ③

핵심키워드 응방, 겁령구, 공녀

정답 분석

첫 번째 사료의 응방은 원나라에 조공할 매를 사육하던 기관이며, 겁령구는 원나라 출신 왕비가 고려에 데리고 온 측근 세력이다. 두 번째 사료는 원나라에 보낸 공녀의 사연을 담고 있으며, 고려 조정은 이를 위해 결혼도감을 설치하여 미혼 여성을 공녀로 선발하였다. 따라서 두 사료 모두 원 간섭기와 관련이 있다.
③ 변발과 호복은 원나라의 복식으로, 대몽 항쟁 이후 고려의 지배층 사이에서 유행하였다.

오답 분석

① 최충이 설립한 9재 학당은 고려 중기 사학 12도의 대표적인 사립 교육 기관이다.
② 만적은 개경의 노비를 모아 신분 해방을 시도하였다. 그는 최충헌의 사노비였다.
④ 초조대장경은 고려 현종 때 거란의 침입에 대비하기 위해 간행되었다.
⑤ 구황촬요는 조선 명종 때 흉년과 기근에 대비하기 위해 편찬된 농업 서적이다.

189 고려의 사회 시책 정답 ④

핵심키워드 고려, 구제도감

정답 분석

고려는 긴급 구호가 필요할 때를 대비하여 구제도감과 구급도감을 설치하였다. 구제도감은 주로 전염병 대응에 초점을 맞췄고, 구급도감은 보다 광범위한 재난 구휼을 담당하였다.

④ 「향약집성방」은 조선 세종 때 편찬된 의서로, 우리나라에서 생산된 약재(향약)를 사용하여 조선의 풍토에 맞는 치료법을 정리한 책이다. 반면 고려 시대의 의서로는 「향약구급방」이 대표적이다.

오답 분석

① 상평창은 양곡과 물가를 조정하여 민생 안정을 도모하였다. 고려와 조선 시대에 운영되었다.
② 혜민국은 고려 시대에 설치된 의료기관으로, 서민과 병자에게 의약품을 제공하고 의료 혜택을 제공하였다.
③ 동서대비원은 고려 시대 개경에 설치된 국립 의료 기관이다.
⑤ 제위보는 고려 시대 빈민 구제를 위해 설치된 구호 기구로, 기금을 조성하고 그 이자로 빈민을 돕는 역할을 하였다.

190 고려의 사회 시책 정답 ⑤

핵심키워드 구제도감, 중서성, 의창

정답 분석

고려의 구제도감은 재해 발생 시 백성을 구제하기 위해 설치된 임시 기관으로, 긴급한 구호 활동을 담당하였다. 의창은 평시에 곡물을 비축해 두었다가 흉년에 빈민을 구제하는 제도로, 고구려의 진대법과 유사한 구휼 제도였다. 이를 통해 고려는 백성의 생활 안정을 도모하였다.
⑤ 제위보는 고려 시대 기금을 통해 빈민을 구제한 구호 기구이다.

오답 분석

① 활인서는 조선 시대 전염병 방지와 빈민 구제를 위한 의료 구호 기관이다.
② 진대법은 고구려 고국천왕 때 백성들에게 곡식을 빌려주는 구제 제도이다.
③ 「향약집성방」은 조선 세종 때 국산 약재로 치료법을 정리한 의서이다.
④ 「구황촬요」는 조선 명종 때 흉년 대비 대책을 제시한 농업서적이다.

191 고려의 사회 시책 정답 ③

핵심키워드 고려, 사회 시책

정답 분석

고려는 농번기에 잡역을 면제하고, 재해를 입은 농민에게 조세와 부역을 감면해 주었다. 의창과 상평창을 통해 흉년 시 구호와 물가 안정을 도모했으며, 동서대비원과 혜민국을 설치하여 의료 혜택을 제공하였다. 또한, 제위보를 운영해 빈민 구제를 위한 기금을 마련하였다.
③ 「구황촬요」는 조선 시대에 재해나 흉년이 발생했을 때, 기근을 대비하고 구제하기 위해 간행된 책이다.

오답 분석

① 상평창은 고려에서 물가를 조절하기 위해 개경, 서경, 12목에 설치한 기관이다.
② 혜민국은 고려의 의료기관으로, 가난한 백성에게 의약품을 제공하고 질병을 치료하였다.
④ 동서대비원은 고려의 의료기관으로, 개경에 설치되어 환자를 치료하고 빈민을 구휼하였다.
⑤ 제위보는 고려 시대에 운영된 기금으로, 이자의 수익으로 빈민을 구제하였다.

192 고려의 사회 시책 정답 ④

핵심키워드 구제도감

정답 분석

제시문의 구제도감은 고려의 임시 관청으로, 전염병이 유행했을 때 전염병 환자 치료, 빈민 구제, 사망자 시신 처리 등의 활동을 수행하였다.
따라서 (가) 시대는 고려 시대이다.
ㄴ. 동서대비원은 고려 시대에 개경에 설치된 국립 의료 기관으로, 환자 진료와 빈민 구휼을 담당하였다.
ㄹ. 제위보는 고려 시대에 기금을 모아 그 이자로 빈민을 구제한 복지 기구로, 빈민 구제를 위한 재정적 기반을 마련하였다.

오답 분석

ㄱ. 「구황촬요」는 조선 16세기 명종 시기 간행된 책으로, 흉년과 기근에 대한 대비책을 제시하였다.
ㄷ. 사창제는 관에서 주관하던 환곡을 민간에서 자치적으로 운영하도록 한 제도로, 흥선 대원군 시기에 실시하였다.

고려의 불교

❶ 고려의 승려

균여	• 귀법사에서 화엄종 통합 : 보현십원가(향가) 제작
의천	• 교장 일명 속장경 편찬 　- 배경 : 송 유학으로 고려·송·요 등의 불경 주석서 수집 　- 교장도감 설치 → 신편제종교장총록 불서 목록집 제작 → 교장 편찬 • 해동 천태종 창시 　- 교관겸수 이론의 연마와 실천 강조 주장 　- 국청사에서 교종을 중심으로 선종을 통합 • 숙종에게 주전도감 화폐 주조 기관 설치 건의
지눌	• 수선사 불교 혁신 운동 단체 결성 　- 순천 송광사 건립 　- 권수정혜결사문에서 독경·참선·노동 강조 • 조계종 흥성 　- 정혜쌍수 선을 중심으로 교학을 포용하자 강조 　- 돈오점수 먼저 깨치고 나서 후에 꾸준히 수행해야 한다 주장 　- 이를 바탕으로 선종을 중심으로 교종을 통합
혜심	• 수선사 2대 주지 • 유불일치설 주장 유교 ≒ 불교 : 성리학 수용의 사상적 토대 마련
요세	• 백련사 결성 : 강진 만덕사 기반, 참회 수행과 염불 강조

❷ 시기별 불교 정책

┌ 도교와 토착 신앙·불교가 어우러진 행사. 동시에 국제 교류의 장으로
└ 송의 상인 및 여진의 추장과 탐라의 사절 등이 참여함

태조	• 연등회와 팔관회 개최
성종	• 연등회와 팔관회 중단
현종	• 연등회와 팔관회 재개, 초조대장경판 제작(거란 격퇴 기원)
최우	• 대장도감 설치, 팔만대장경판 제작(몽골 격퇴 기원, 세계기록유산 등재)

└ 현재 경남 합천 해인사에 보관

❸ 고려의 불교 문화재

(1) 불상

▲ 하남 하사창동 철조 석가여래 좌상
대형 철불

▲ 영주 부석사 소조 아미타여래 좌상

▲ 논산 관촉사 석조 미륵보살 입상
우리나라 최대 불상, 은진 미륵이라 불림

▲ 파주 용미리 마애 이불 입상
불두를 별도로 제작하여 불신이 새겨진 암벽 위에 얹는 형식이 유행함

(2) 불탑

▲ 월정사 8각 9층 석탑 송 영향

▲ 경천사 10층 석탑 원 영향

▲ 고달사지 승탑

▲ 법천사 지광국사 현묘탑

✚ **고려의 불화**

▲ 수월관음도

▲ 혜허의 양류관음도

✚ **영주 부석사**
• 통일 신라, 의상 설립
• 고려, 소조 아미타여래 좌상 제작
• 고려, 무량수전 건립

✚ **고려의 사찰**
• 안동 봉정사 극락전 : 현존 최고(最古)의 목조 건축물 ┐
• 영주 부석사 무량수전 　　　　　　　　　　　　　├ 공통점 주심포
• 예산 수덕사 내룽신 　　　　　　　　　　　　　┘

1 다음 설명에 해당하는 고려의 승려를 쓰시오.

┤ 보기 ├
균여   의천   지눌   혜심   요세

(1) (   ) – 해동 천태종을 창시하였다.

(2) (   ) – 유불일치설을 주장하였다.

(3) (   ) – 신편제종교장총록을 작성하였다.

(4) (   ) – 수선사를 결성하여 불교계를 개혁하고자 하였다.

(5) (   ) – 법화 신앙을 중심으로 백련사 결사를 주도하였다.

(6) (   ) – 권수정혜결사문을 작성하여 정혜쌍수를 강조하였다.

(7) (   ) – 불교 경전에 대한 주석서를 모아 교장을 편찬하였다.

(8) (   ) – 광종은 개경에 귀법사를 세우고 그를 주지로 삼았다.

(9) (   ) – 돈오점수를 주장하며 수행 방법으로 정혜쌍수를 내세웠다.

(10) (   ) – 이론 연마와 수행을 함께 강조하는 교관겸수를 제창하였다.

2 빈칸에 알맞은 말을 선택하시오.

(1) 의천은 (교관겸수, 정혜쌍수)를 내세웠다.

(2) 지눌은 (교관겸수, 돈오점수)를 내세웠다.

(3) 요세는 전남 강진에서 (수선사, 백련사)를 이끌었다.

(4) (의천, 지눌)은 교종을 중심으로 선종을 통합하였다.

(5) (성종, 현종)은 초조대장경을 만들어 거란 격퇴를 기원하였다.

(6) (최충헌, 최우)은/는 대장도감을 설치하여 팔만대장경판을 만들었다.

(7) (균여, 원효)는 보현십원가를 지어 불교 교리를 대중에게 전파하였다.

(8) 균여는 (귀법사, 송광사)를 중심으로 활동하며 성상융회를 주장하였다.

(9) 의천이 불교 교단 통합을 위해 (조계종, 천태종)을 개창하였다.

(10) 혜심은 유불일치설을 주장하여 (성리학, 풍수지리설) 도입에 영향을 주었다.

3 물음에 답하시오.

ㄱ 논산 관촉사 석조 미륵보살 입상
ㄴ 파주 용미리 마애이불입상
ㄷ 평창 월정사 8각 9층 석탑
ㄹ 개성 경천사지 10층 석탑
ㅁ 안동 봉정사 극락전
ㅂ 예산 수덕사 대웅전

(1) ㄱ~ㄴ 중 은진 미륵으로 불린 불상은?

(2) ㄷ~ㄹ 중 원 간섭 시기에 조성된 불탑은?

(3) ㅁ~ㅂ 중 현존하는 목조 건축물 중 가장 오래된 것은?

4 다음 사료를 읽고, 물음에 답하시오.

(1) 다음과 같이 교관겸수를 주장한 고려의 승려는 누구인가?

> 교(敎)를 배우는 이는 대개 안의 마음을 버리고 외면에서 구하고, 선(禪)을 익히는 이는 인연을 잊고 안의 마음을 밝히기를 좋아하니, 모두 한쪽에 치우친 것으로 두 극단에 모두 막힌 것이다.

(2) 다음과 같이 유불일치설을 주장한 고려의 승려는 누구인가?

> 나는 옛날 공(公)의 문하에 있었고, 공은 지금 우리 사중(社中)에 들어 왔으니, 공은 불교의 유생이요, 나는 유교의 불자입니다. 그 이름만을 생각한다면 불교와 유교가 아주 다르지만, 그 실지를 알면 유교와 불교가 다르지 않습니다.

(3) 아래 글을 작성하여 불교 개혁을 주장한 고려의 승려는 누구인가?

> 지금의 불교계를 보면, 아침저녁으로 행하는 일들이 비록 부처의 법에 의지하였다고 하나, 자신을 내세우고 이익을 구하는 데 열중하며, 세속의 일에 골몰한다. … 하루는 같이 공부하는 사람 10여 인과 약속하였다. 마땅히 명예와 이익을 버리고 산림에 은둔하여 같은 모임을 맺자.

정답

1. (1) 의천 (2) 혜심 (3) 의천 (4) 지눌 (5) 요세 (6) 지눌 (7) 의천 (8) 균여 (9) 지눌 (10) 의천

2. (1) 교관겸수 (2) 돈오점수 (3) 백련사 (4) 의천 (5) 현종 (6) 최우 (7) 균여 (8) 귀법사 (9) 천태종 (10) 성리학

3. (1) ㄱ (2) ㄹ (3) ㅁ

4. (1) 의천 (2) 혜심 (3) 지눌

193

밑줄 그은 '그'에 대한 설명으로 옳은 것은?

이것은 개경 흥왕사 터에서 출토된 대각국사의 묘지명 탁본입니다. 여기에는 문종의 넷째 아들인 그가 송에 유학하고 돌아온 후 국청사를 중심으로 천태종을 개창한 내용이 기록되어 있습니다.

① 정혜쌍수와 돈오점수를 주장하였다.
② 무애가를 지어 불교 대중화에 힘썼다.
③ 황룡사 구층 목탑의 건립을 건의하였다.
④ 백련사 결사를 통해 불교 정화 운동을 전개하였다.
⑤ 교장도감을 설치하여 불교 경전 주석서를 편찬하였다.

194

(가)에 들어갈 내용으로 옳은 것은?

왕후(王煦), 왕자로 태어나 승려가 되다

문종의 아들로 불법(佛法)을 구하러 송에 유학하였다. 귀국 후 흥왕사에서 「신편제종교장총록」을 간행하였다. 이 책은 송·거란·일본 등 동아시아 각지의 불교 서적을 수집하여 정리한 것이다. 이후

(가)

① 국청사의 주지가 되어 해동 천태종을 개창하였다.
② 불교 개혁을 주장하며 수선사 결사를 조직하였다.
③ 선문염송집을 편찬하고 유불일치설을 주장하였다.
④ 불교 관련 자료를 중심으로 삼국유사를 집필하였다.
⑤ 인도와 중앙아시아를 순례하고 왕오천축전을 남겼다.

195

(가) 인물에 대한 설명으로 옳은 것은?

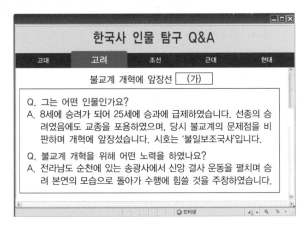

이곳은 (가) 이/가 불교계 개혁 운동을 전개한 순천 송광사입니다. 그는 수행 방법으로 돈오점수를 주장하였습니다.

보조국사 감로탑   국사전

① 승려들의 전기를 담은 해동고승전을 집필하였다.
② 화엄일승법계도를 지어 화엄 사상을 정리하였다.
③ 권수정혜결사문을 작성하여 정혜쌍수를 강조하였다.
④ 불교 경전에 대한 주석서를 모아 교장을 편찬하였다.
⑤ 보현십원가를 지어 불교 교리를 대중에게 전파하였다.

196

(가) 인물에 대한 설명으로 옳은 것은?

한국사 인물 탐구 Q&A

고대 | 고려 | 조선 | 근대 | 현대

불교계 개혁에 앞장선 (가)

Q. 그는 어떤 인물인가요?
A. 8세에 승려가 되어 25세에 승과에 급제하였습니다. 선종의 승려였음에도 교종을 포용하였으며, 당시 불교계의 문제점을 비판하며 개혁에 앞장섰습니다. 시호는 '불일보조국사'입니다.

Q. 불교계 개혁을 위해 어떤 노력을 하였나요?
A. 전라남도 순천에 있는 송광사에서 신앙 결사 운동을 펼치며 승려 본연의 모습으로 돌아가 수행에 힘쓸 것을 주창하였습니다.

① 참선을 강조하고 돈오점수를 주장하였다.
② 불교 교단 통합을 위해 해동 천태종을 개창하였다.
③ 선문염송집을 편찬하고 유불일치설을 제창하였다.
④ 승려들의 전기를 정리하여 해동고승전을 편찬하였다.
⑤ 보현십원가를 지어 불교 교리를 대중에게 전파하였다.

197

(가) 인물에 대한 설명으로 옳은 것은?

이것은 전라남도 강진군 월남사지에 있는 ___(가)___ 의 비입니다. 비문에는 지눌의 제자인 그가 수선사의 제2대 사주가 된 일, 당시 집권자인 최우가 그에게 두 아들을 출가(出家)시킨 일 등이 기록되어 있습니다.

① 화엄일승법계도를 지어 화엄 사상을 정리하였다.
② 해동 천태종을 개창하여 불교 교단 통합에 힘썼다.
③ 선문염송집을 편찬하고 유불일치설을 주장하였다.
④ 권수정혜결사문을 작성하여 정혜쌍수를 강조하였다.
⑤ 보현십원가를 지어 불교 교리를 대중에게 전파하였다.

198

(가)~(마)에 들어갈 내용으로 적절한 것은?

〈한국사 학술 강좌〉

인물로 보는 고려 불교사

우리 학회에서는 고려 승려들의 활동을 통해 불교사의 흐름을 파악하는 자리를 마련하였습니다. 관심 있는 분들의 많은 참여를 바랍니다.

■ 강좌 주제 ■

제1강 균여,	(가)
제2강 의천,	(나)
제3강 지눌,	(다)
제4강 요세,	(라)
제5강 혜심,	(마)

• 일시: 2024년 ○○월 ○○일 09:00~17:00
• 장소: □□ 박물관 대강당
• 주최: △△ 학회

① (가) - 법화 신앙에 중점을 둔 백련 결사를 제창하다
② (나) - 심성의 도야를 강조한 유불일치설을 주장하다
③ (다) - 권수정혜결사문을 작성하여 정혜쌍수를 강조하다
④ (라) - 이론과 수행을 함께 강조하는 교관겸수를 제시하다
⑤ (마) - 보현십원가를 지어 불교 교리를 대중에게 전파하다

199

(가)~(라) 승려에 대한 설명으로 옳은 것은?

• ___(가)___ 은/는 화엄 사상의 요지를 정리한 「화엄일승법계도」를 저술하였다. 또한 부석사를 비롯한 여러 사원을 건립하였고, 현세의 고난에서 구제받고자 하는 관음 신앙을 강조하였다.

• ___(나)___ 은/는 귀법사의 주지로서, 왕명에 따라 민중을 교화하고 불법을 널리 펴기 위해 노력하였다. 또한 향가인 「보현십원가」 11수를 지어 화엄 사상을 대중에게 전파하였다.

• ___(다)___ 은/는 문종의 이들로 태어나 11세에 출가하였다. 31세에 송으로 건너가 고승들과 불법을 토론하고 불교 서적을 수집하여 귀국하였다. 국청사를 중심으로 천태종을 창시하였으며, 교선 통합을 사상적으로 뒷받침하기 위해 교관겸수를 제창하였다.

• ___(라)___ 은/는 12세에 출가하였다. 수행상의 제약을 넘어서기 위해서는 천태의 교리에 의지해야 한다는 깨달음을 얻었다. 법화 신앙을 바탕으로 강진 만덕사에서 백련 결사를 결성하였다.

① (가) - 심성의 도야를 강조한 유불일치설을 주장하였다.
② (나) - 정혜쌍수와 돈오점수를 수행 방법으로 제시하였다.
③ (다) - 불교 경전에 대한 주석서를 모아 교장을 편찬하였다.
④ (라) - 9산 선문 중 하나인 가지산문을 개창하였다.
⑤ (가)~(라) - 승과에 합격하고 왕사에 임명되었다.

200

밑줄 그은 '불상'에 해당하는 문화유산으로 옳은 것은?

이것은 이색의 목은집에 실린 시의 일부입니다. 그는 관촉사에서 열린 법회에 참여하고 그곳에서 보았던 불상을 떠올리며 이 시를 지었습니다.

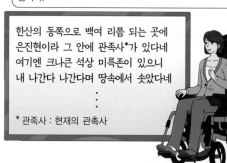

한산의 동쪽으로 백여 리쯤 되는 곳에
은진현이라 그 안에 관족사*가 있다네
여기엔 크나큰 석상 미륵존이 있으니
내 나간다 나간다며 땅속에서 솟았다네
⋮

* 관족사 : 현재의 관촉사

①   ②   ③

④   ⑤

201

(가)에 들어갈 불상으로 옳은 것은?

문화유산 카드

- 종목 : 보물
- 소장처 : 국립중앙박물관
- 소개 : 경기도 하남시 하사창동에서 발견된
  철불이다. 고려 초기 호족의 후원을
  받아 제작되었으며, 석굴암 본존불
  의 양식을 이어받았다.

(가)

①

②

③

④

⑤

202

다음 사진전에 전시될 사진으로 적절하지 않은 것은?

불상으로 보는
불교 문화 사진전

제3전시실

이 실에서는 ○○시대 불상의 사진을 전시합니다.
○○시대에는 대형 철불이 유행하였으며, 논산 관촉
사 석조 미륵보살 입상처럼 거대한 불상이 조성되기
도 하였습니다.

①

②

③

④

⑤

203

다음 대화에 해당하는 문화유산으로 옳은 것은?

우리나라에 현존하는 가장 오래된 목조 건축물에 대해 이야기해 보자.

공민왕 때 지붕을 크게 수리했다는 상량문의 기록을 통해 건축 연대를 추정할 수 있지.

공포가 기둥 위에만 있는 주심포 양식의 건물로, 지붕의 형태는 맞배지붕이야.

①  안동 봉정사 극락전

②  보은 법주사 팔상전

③ 구례 화엄사 각황전

④ 예산 수덕사 대웅전

⑤ 영주 부석사 무량수전

204

(가)에 들어갈 내용으로 적절하지 않은 것은?

학술 발표회 안내

우리 연구회에서는 고려 시대 문화유산에 대한 학술
발표회를 마련하였습니다. 관심 있는 분들의 많은 참석
바랍니다.

- 주제 : (가)
- 일시 : 2020년 ○○월 ○○일 14:00~17:00
- 장소 : △△ 연구회 회의실

① 논산 개태사 철확의 제작 시기
② 예산 수덕사 대웅전의 공포 구조
③ 서울 원각사지 십층 석탑의 건립 목적
④ 안동 이천동 마애 여래 입상의 조성 배경
⑤ 청주 흥덕사에서 간행된 직지심체요절의 특징

205

다음 구성안의 소재가 된 탑으로 옳은 것은?

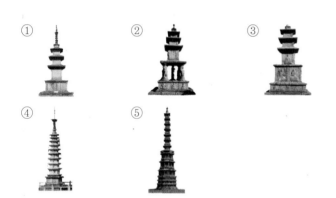

제목	오늘, 탑을 만나다
기획 의도	증강 현실(AR) 기술을 활용하여 우리 문화유산을 실감나게 체험하는 기회 제공
대상 유물 특징	• 원의 영향을 받아 대리석으로 만든 석탑 • 원각사지 십층 석탑에 영향을 주었음
체험 내용	• 탑을 쌓으며 각 층의 구조 파악하기 • 기단부에 조각된 서유기 이야기를 퀴즈로 풀기

◯◯ 박물관 실감 콘텐츠 구성안

① ② ③ ④ ⑤

206

(가) 왕의 재위 기간에 있었던 사실로 옳은 것은?

〈역사 연극 시나리오 구상〉

제목 : (가) 의 험난한 피란길

◯학년 ◯반 ◯모둠

장면 1 : 강조의 정변을 구실로 침입한 거란군이 서경까지 이르자 강감찬이 왕에게 남쪽으로 피란할 것을 권유한다.

장면 2 : 왕이 개경을 떠나 전라도 삼례에 이르는 동안 호위군이 도망가는 등의 어려움을 겪는다.

장면 3 : 나주에 도착한 왕은 강화가 성립되어 거란군이 물러간다는 소식을 듣고 안도한다.

① 만부교 사건이 일어났다.

② 초조대장경 조판이 시작되었다.

③ 사신 저고여가 귀국 길에 피살되었다.

④ 공주 명학소에서 망이·망소이가 봉기하였다.

⑤ 신돈을 중심으로 전민변정 사업이 추진되었다.

207

(가)에 들어갈 문화유산으로 적절하지 않은 것은?

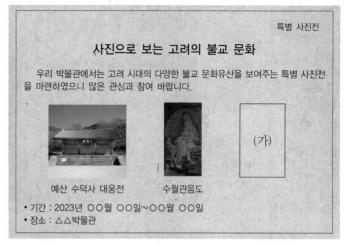

특별 사진전

사진으로 보는 고려의 불교 문화

우리 박물관에서는 고려 시대의 다양한 불교 문화유산을 보여주는 특별 사진전을 마련하였으니 많은 관심과 참여 바랍니다.

예산 수덕사 대웅전   수월관음도   (가)

• 기간 : 2023년 ◯◯월 ◯◯일~◯◯월 ◯◯일
• 장소 : △△박물관

①
평창 월정사
팔각 구층 석탑

②
논산 관촉사 석조
미륵보살 입상

③
원주 법천사지
지광국사 탑비

④
보은 법주사 팔상전

⑤
영주 부석사 무량수전

208

(가)~(마)에 들어갈 내용으로 적절하지 않은 것은?

〈답사 안내〉

고려 시대의 불교 문화를 찾아서

우리 박물관에서는 고려 시대의 불교 문화를 탐색하기 위한 문화유산 답사를 실시합니다. 시민 여러분의 많은 관심과 참여 바랍니다.

◆ 답사기간 : 2019년 ◯◯월~◯◯월
   ※ 매월 마지막 주 토요일 09:00~17:00
◆ 답사일정

순서	답사장소	답사주제
1회차	안동 봉정사	(가)
2회차	논산 관촉사	(나)
3회차	순천 송광사	(다)
4회차	합천 해인사	(라)
5회차	강진 백련사	(마)

◆ 주관 : ◻◻ 박물관

① (가) – 팔상전을 통해 본 오층 목탑의 구조

② (나) – 석조 미륵보살 입상의 조형적 특징

③ (다) – 보조국사 지눌의 생애와 주요 활동

④ (라) – 팔만대장경의 운반 과정과 보관 경위

⑤ (마) – 법화 신앙을 바탕으로 한 요세의 신앙 결사 운동

193 의천

정답 ⑤

핵심키워드 개경 흥왕사, 대각국사, 송 유학, 천태종

정답 분석

고려 중기에 승려 의천은 1085년 송나라로 유학을 떠나 고승들과 교류하며 천태종 교리를 연구하고 3천여 권의 불교 서적을 수집하였다. 귀국 후 흥왕사 주지로 임명되어 교장도감을 설치하고 불서 목록집 「신편제종교장총록」과 불서 해설집 「교장」을 편찬하였다. 1097년 개경에 국청사를 완공하고 천태종을 창립하여 불교 통합 운동을 전개하였다. 사후 대각국사라는 시호를 받았다.

오답 분석

① 정혜쌍수와 돈오점수는 지눌이·주장한 불교 수행 방법으로, 고려 후기의 조계종 발전과 관련이 있다.
② 무애가를 지은 원효는 통일 신라 시대의 승려로, 이 노래는 불교의 대중화에 기여하였다.
③ 황룡사 9층 목탑은 신라 선덕 여왕 때 자장의 건의로 건립되었다.
④ 요세는 고려 후기에 전라도 만덕산 백련사에서 백련 결사를 결성하여 사회 혼란과 불교 타락에 대한 개혁 운동을 전개하였다. 이를 통해 침체된 천태종을 중흥시키고 불교 정화에 기여하였다.

194 의천

정답 ①

핵심키워드 문종의 아들, 송 유학, 신편제종교장총록

정답 분석

의천이 편찬한 "신편제종교장총록"은 송나라, 요나라, 일본 등지에서 수집한 불경과 주석서를 정리한 불서 목록이다. 1090년(선종 7년)에 완성된 이 목록에는 총 1,010종, 4,857권의 문헌이 수록되어 있으며, 이를 통해 고려의 불교 경전을 체계화하고 교리 연구의 기틀을 마련하였다.
① 의천은 1097년 국청사의 초대 주지로서 천태교를 강의하며, 교종 통합과 선종 융합을 위한 교관겸수 사상을 내세웠다. 이를 통해 해동 천태종의 기반을 다졌다.

오답 분석

② 수선사는 고려 후기 지눌이 개혁을 위해 조직한 결사로, 순천 송광사로 확장되었다.
③ 「선문염송집」은 고려 후기에 혜심이 편찬한 책이다.
④ 「삼국유사」는 고려 충렬왕 시기에 일연이 편찬한 역사서이다.
⑤ 「왕오천축국전」은 혜초가 인도와 중앙아시아를 순례하면서 남긴 여행 기록이다.

195 지눌

정답 ③

핵심키워드 불교계 개혁 운동, 송광사, 돈오점수

정답 분석

고려 후기 승려인 지눌은 팔공산에서 수선사 결사를 조직하여 불교 개혁을 시작하였고, 교세를 확장하여 순천에 송광사를 건립하였다. 그의 사상은 정혜쌍수와 돈오점수로 요약된다. 정혜쌍수는 지혜와 선정을 함께 닦아야 한다는 불교 수행 방법으로, 「권수정혜결사문」에서 확인할 수 있다. 돈오점수는 단번에 깨달음을 얻은 후, 점진적인 수행으로 남아 있는 나쁜 기운을 제거해야 한다는 이론이다. 지눌은 이러한 사상을 통해 서종 중심의 선교 일치 운동을 전개하며 불교 개혁을 이끌었다.

오답 분석

① 「해동고승전」은 각훈이 편찬한 승려들의 전기로, 삼국 시대에서 고려 시대까지의 불교 인물들의 전기를 모은 책이다.
② '화엄일승법계도'는 통일 신라의 승려 의상이 화엄학을 정리한 글이다.
④ 「교장」은 고려 시대 의천이 불교 경전 주석서를 모아 편찬한 불교 총서이다.
⑤ 보현십원가는 균여가 지은 불교 교리를 대중에게 전파하기 위한 가르침을 담은 노래이다.

196 지눌

정답 ①

핵심키워드 불교계 개혁, 불일 보조국사, 송광사

정답 분석

고려 후기 승려인 지눌은 팔공산에서 수선사 결사를 조직해 불교 개혁을 시작하였고, 교세를 확장하여 순천에 송광사를 건립하였다. 그는 정혜쌍수, 돈오점수 사상을 통해 선종 중심의 선교 일치 운동을 전개하며 불교 개혁을 이끌었으며, 조계종을 중흥시켰다.
참고로 불일 보조국사는 지눌의 시호이며, 대각국사는 의천의 시호이다.

오답 분석

② 의천은 교종을 중심으로 선종을 통합하여 해동 천태종을 창시하였다.
③ 「선문염송집」은 혜심이 선사들의 어록과 가르침을 수집하여 편찬한 책으로, 간화선을 널리 보급하는 데 중요한 역할을 하였다.
④ 「해동고승전」은 각훈이 편찬한 승려들의 전기로, 삼국 시대에서 고려 시대까지의 불교 인물들의 전기를 모은 책이다.
⑤ '보현십원가'는 균여가 지은 불교 교리를 대중에게 전파하기 위한 가르침을 담은 노래이다.

197 혜심

정답 ③

핵심키워드 지눌의 제자, 수선사의 제2대 사주

정답 분석

지눌의 결사 운동은 수선사의 제2대 사주인 혜심에 의해 지속적으로 발전하였다. 혜심은 유불일치설을 주장하며 심성의 도야를 강조하여 성리학을 수용할 수 있는 사상적 토대를 마련하기도 하였다. 따라서 제시문의 ㉮는 혜심이다.
③ 「선문염송집」은 혜심이 선사들의 어록과 가르침을 수집하여 편찬한 책으로, 간화선을 널리 보급하는 데 중요한 역할을 하였다.

오답 분석

① 통일 신라의 승려 의상은 화엄일승법계도를 지었다.
② 의천은 교종을 중심으로 선종을 통합하여 해동 천태종을 창시하였다.
④ 지눌은 권수정혜결사문을 지어 선종에 기반한 불교 개혁을 주장하였다.
⑤ 균여는 불교 교리를 전파하기 위해 보현십원가를 지었다.

198 고려의 승려

정답 ③

핵심키워드 균여, 의천, 지눌, 요세, 혜심

정답 분석

지눌이 작성한 권수정혜결사문은 고려 무인 집권기에 작성되었다. 이 문서에서는 선정과 지혜를 함께 닦는 수행 방법인 정혜쌍수를 강조하며, 당시 불교계의 세속화와 교종과 선종의 대립 상황을 비판하였다. 이후 지눌은 수선사를 중심으로 불교 개혁 운동을 본격적으로 전개하였다.

오답 분석

① 백련결사는 요세가 전남 강진의 백련사를 중심으로 주도한 불교 결사로, 법화 신앙에 기반하였다.
② 혜심이 주장한 유불일치설은 공자와 노자를 보살의 화신으로 해석하며 유교와 불교의 사상적 일치점을 찾으려는 이론이다. 이는 이후 성리학 수용의 사상적 배경이 되었다.
④ 의천이 주장한 교관겸수는 이론과 수행을 함께 강조하는 사상으로, 의천은 이를 바탕으로 해동 천태종을 창시하였다.
⑤ 보현십원가는 고려 시대 균여가 지어 대중에게 불교 교리를 전파한 노래이다.

199 우리나라의 고승

정답 ③

핵심키워드 화엄일승법계도, 귀법사, 국청사, 백련 결사

정답 분석

㉮ 통일 신라의 의상, ㉯ 고려의 균여, ㉰ 고려의 의천, ㉱ 고려의 요세이다.
③ 「교장」은 고려 시대 의천이 불교 경전 주석서를 모아 편찬한 불교 총서이다.

오답 분석

① 혜심이 주장한 유불일치설은 유교와 불교의 사상적 일치점을 찾으려는 이론으로, 고려 말에 성리학이 수용되는 기반이 되었다.
② 정혜쌍수와 돈오점수는 지눌이 제시한 수행 방법이다.
④ 가지산문은 도의가 개창한 9산 선문의 하나로, 신라 말에 전남 장흥에서 설립되었다.
⑤ 승과는 고려 시대 승려들이 지원하는 과거 시험의 한 종류이다. 왕사는 고려 시기에 임금의 스승으로 임명된 승려로, 제시된 인물 중에서는 의천이 왕사에 올랐다.

200 고려의 불상

정답 ③

핵심키워드 이색, 관촉사

정답 분석

이색은 고려 말 신진 사대부이다.
고려 초 충남 논산 관촉사에 석조미륵보살 입상을 건립했는데, 현재까지 우리나라 불상 중 가장 높다. 과거 이 지역을 은진이라 불렀기 때문에 흔히 '은진미륵'으로 알려졌으며, 고려 광종의 명으로 고려 왕실의 전폭적인 지원 아래 건립되었다.

오답 분석

① 경기 파주 용미리의 마애이불 입상으로, 고려 초기에 건립되었다.
② 경북 경산 팔공산의 관봉 석조여래 좌상으로, 통일 신라 때 조성되었다. 일명 갓바위로 불리며, 갓 모양의 돌로 만든 두건이 특징이다.
④ 충남 서산 용현리의 마애여래 삼존상로, 백제의 미소로 불린다. 부드러운 얼굴 표현과 따뜻한 미소가 백제 미술의 특징을 잘 보여준다.
⑤ 안동 이천동의 마애여래 입상로, 고려 시대에 건립되었다. 자연석 벽면에 불상의 몸을 조각하고, 그 위로 2.43m의 머리를 따로 올려 제작하였다.

201 고려의 불상

정답 ②

핵심키워드 하남시 하사창동, 철불

정답 분석

철불은 신라 하대인 9세기에 들면서 유행하기 시작하여 고려 왕조 초기까지 계승되었다. 철불은 사찰을 후원하던 호족에 의해 만들어지면서 지역적 특성을 지니게 되었다. 이 가운데 가장 큰 것은 하남 하사창동 철조 석가여래 좌상(일명 춘궁리 철불)으로 높이 2.88m에 이른다.

오답 분석

① 고구려의 금동 연가 7연명 여래 입상이다.
③ 신라의 경주 남산 삼화령 석조 삼존 불상 중 본존불이다.
④ 고려의 금동 관음보살 좌상이다. 고려 후기에 라마교 불상의 영향을 받은 화려한 보관과 장신구를 걸쳤다.
⑤ 삼국 시대에 제작된 금동 미륵보살 반가 사유상으로, 일본 교토 고류지 목조 미륵보살 반가 사유상과 매우 흡사하다.

202 고려의 불상

정답 ②

핵심키워드 논산 관촉사 석조 미륵보살 입상

정답 분석

고려 시대의 불상은 시기와 지역에 따라 독특한 모습을 보여 주었다. 초기에는 하남 하사창동 철조 석가여래 좌상(일명 춘궁리 철불) 같은 대형 철불이 많이 조성되었다. 또한 논산 관촉사 석조 미륵보살 입상이나 안동 이천동 마애여래 입상처럼 사람이 많이 다니는 길목에 지역 특색이 잘 드러난 거대한 불상도 조성되었다.
② 통일 신라의 석굴암 본존불이다.

오답 분석

① 고려의 하남 하사창동 철조 석가여래 좌상이다.
③ 고려의 안동 이천동의 마애여래 입상이다. 마애불은 바위에 새긴 불상으로, 안동 이천동 마애여래 입상과 파주 용미리의 마애이불 입상은 대형 바위에 몸체를 새기고, 머리 부분은 별도로 제작하여 올린 것이 특징이다.
④ 고려의 영주 부석사 소조여래 좌상으로, 신라 시대 양식을 계승하였다.
⑤ 고려의 하남 교산동 마애 약사여래 좌상이다. 참고로, 경기도 하남은 고려 초 대호족이었던 왕규의 근거지로, 그는 두 딸을 왕건과 혜종에게 시집보냈다. 이후 외손자를 옹립하려는 시도 과정에서 축출되었으며, 이를 '왕규의 난'이라고 한다.

203 고려의 건축

정답 ①

핵심키워드 가장 오래된 목조 건물, 주심포. 맞배지붕

정답 분석

고려 시대에는 개경의 궁궐을 비롯하여 현화사, 흥왕사 등의 사찰을 많이 건립하였지만, 모두 소실되었다.
현존하는 목조 건물들은 고려 후기의 것으로, 봉정사 극락전, 부석사 무량수전, 수덕사 대웅전 등이 있다. 안동의 봉정사 극락전은 주심포 양식으로 지어진 현존하는 가장 오래된 목조 건물로 알려져 있다.

오답 분석

② 보은 법주사 팔상전은 조선 17세기에 건립된 5층 목탑으로, 우리나라에 남아 있는 유일한 목탑이다.
③ 구례 화엄사 각황전은 조선 18세기 초에 건립된 다층 건물이다.
④, ⑤ 예산 수덕사 대웅전과 영주 부석사 무량수전은 고려 말에 건축되었으나, 안동 봉정사 극락전보다 건축 시기가 늦다. 또한 부석사 무량수전은 팔작 지붕이다.

204 고려의 문화유산

정답 ③

핵심키워드 고려

정답 분석

③ 서울 원각사지 10층 석탑은 조선 세조 때 건립된 석탑으로, 고려의 경천사지 10층 석탑을 본따서 대리석으로 제작하였다.

오답 분석

① 논산 개태사는 후백제와의 전쟁에서 승리한 것을 기념하여 고려 태조 때 건립되었다. 이 절에는 태조 왕건이 하사한 대형 철확(솥)이 있다. 직경 289cm, 높이 96cm로 3,000여 명의 승려들의 식사를 조리할 수 있었다고 한다.
② 예산 수덕사 대웅전은 고려 후기의 목조 건물로, 공포 구조는 전형적인 주심포 양식을 따른다.
④ 안동 이천동 마애여래 입상은 고려 시대에 조성되었으며, 자연 암벽에 몸체를 새기고, 머리 부분은 별도로 제작하여 올린 것이 특징이다.
⑤ 청주 흥덕사에서는 고려 말 우왕 시기에 금속 활자로 「직지심체요절」이 간행되었으며, 현존하는 세계에서 가장 오래된 금속 활자본으로 평가받고 있다.

205 고려의 석탑

정답 ⑤

핵심키워드 원 영향, 대리석 석탑, 원각사지 10층 석탑

정답 분석

경천사지 10층 석탑은 고려 후기에 원나라의 영향을 받아 조성된 석탑이다. 고려 출신으로 원나라의 정후가 된 기황후가 조성 시 원나라 장인들을 보내 후원하였다는 설이 있다. 이 석탑은 대리석을 이용하여 화려한 조각 기법과 10층 구조를 특징으로 하며, 이후 조선 시대 원각사지 십층 석탑의 건축적 모델이 되었다.

오답 분석

① 통일 신라의 경주 불국사 3층 석탑(일명 석가탑)이다. 석탑을 보수하는 과정에서 현존 최고의 목판 인쇄물인 무구정광대다라니경이 발견되었다.

② 통일 신라의 구례 화엄사 4사자 3층 석탑이다. 사자 네 마리를 기단부에 배치하고 탑신부를 받치게 한 4사자탑은 통일 신라 시대부터 조성되었다.

③ 통일 신라 말의 양양 진전사지 3층 석탑이다. 기단부와 탑신부에 부조를 새긴 것이 특징이다.

④ 고려 전기의 평창 월정사 8각 9층 석탑이다. 송나라의 영향을 받아 다각 다층 석탑의 전형을 이룬다.

206 대장경

정답 ②

핵심키워드 강조의 정변, 나주 도착

정답 분석

고려 현종은 강조가 일으킨 정변으로 즉위하였다. 즉위 년에 거란(요)은 이 사건을 핑계로 고려를 재침략하였다. 이로 인해 현종은 개경을 나와 전남 나주까지 피란하였다.

② 고려 현종은 개경으로 돌아온 후에 거란의 침입을 막기 위해 초조대장경의 조판을 시작하였다.

오답 분석

① 만부교 사건은 고려 태조가 거란으로부터 받은 낙타 50마리를 굶겨 죽인 사건으로, 거란과의 외교적 긴장감을 보여주는 사건이다.

③ 저고여는 몽골의 사신으로, 그가 피살된 사건은 몽골의 고려 침입 구실이 되었다.

④ 고려 무신 정권 시기에 공주 명학소에서 망이·망소이가 중심이 되어 소 지역에 대한 차별에 불만을 품고 봉기하였다.

⑤ 고려 공민왕은 신돈을 등용하여, 불법적으로 점유된 토지를 원래의 소유주에게 돌려주는 전민변정 사업을 추진하였다.

207 고려의 문화유산

정답 ④

핵심키워드 고려의 불교 문화

정답 분석

④ 보은 법주사 팔상전은 조선 17세기에 건립된 5층 목탑으로, 우리나라에 남아 있는 유일한 목탑이다.

오답 분석

① 평창 월정사 8각 9층 석탑은 송나라의 영향을 받아 고려 전기에 제작된 다각 다층탑이다.

② 논산 관촉사 석조 미륵보살 입상은 고려 광종 때 조성되었다. 이 시기에는 대형 불상이 지역색을 띠며 건립되었으며, 이 지역의 과거 명칭을 따라 은진 미륵으로 불린다.

③ 원주 법천사지에 지광국사 탑비와 현묘탑이 건립되었다. 지광국사 현묘탑은 일반적인 승탑의 팔각원당형을 따르지 않고 사각 형태이며, 아름다운 조각이 새겨져 있는 특수형 승탑이다.

⑤ 영주 부석사 무량수전은 고려 말에 건립되었으며, 안동 봉정사 극락전과 더불어 우리나라에서 가장 오래된 목조 건축물에 해당한다. 팔작지붕과 배흘림 기둥이 특징적이다.

208 고려의 문화유산

정답 ①

핵심키워드 고려의 불교 문화

정답 분석

① 안동 봉정사에는 고려 시대에 건설된 극락전이 있으며, 이 건물은 현존하는 우리나라에서 가장 오래된 목조 건축물이다.
반면 팔상전은 보은 법주사에 위치한 5층 목탑으로, 조선 시대에 건립되었으며, 내부에는 석가모니의 일생을 그린 팔상도가 그려져 있다.

오답 분석

② 논산 관촉사에는 높이 18m의 대형 불상인 석조 미륵보살 입상이 위치한다. 고려 전기에는 지역색을 띠는 대형 불상이 곳곳에 조성되었다.

③ 보조국사 지눌은 고려 중기에 수선사를 조직하고 불교 개혁 운동을 이끌었으며, 교세를 확장하여 순천에 송광사를 세웠다.

④ 팔만대장경은 몽골과의 전쟁 시기에 강화도에서 조판되었으며, 현재 경남 합천 해인사의 장경판전에 보관되어 있다.

⑤ 요세는 전남 강진의 백련사를 중심으로 불교 개혁 운동을 전개하였다.

고려의 유학과 기타 문화

핵심정리

❶ 고려의 유학

성종	• 유교 정치 사상의 정립 　- 최승로의 시무 28조 수용 　- 개경에 국자감 설립 : 유학과 기술학 강의 　- 지방에 경학박사 파견
문종	• 최충의 문헌공도(9재 학당) 설립 → 사학 12도 융성 ┌ 12곳의 사립 교육 기관
숙종	• 국자감에 서적포 설치 서적 간행 활성화
예종	• 국자감에 7재(유학 6재+무예의 무학재) 전문 강좌 설치 • 국자감에 양현고 장학 재단 설치 • 청연각과 보문각 학술 기관 설치
충렬왕	• 안향의 성리학 소개 ┌ 충렬왕과 원에 갔다가 고려에 처음으로 성리학을 소개함
충선왕	• 원에 만권당 설립 : 이제현과 원 학자의 교류
공민왕	• 성균관에서 유학만 강의 충선왕 때 국자감을 성균관으로 개칭 • 정몽주, 정도전 등 신진 사대부 육성

➕ 공민왕 시기의 성균관

성균관을 다시 짓고 이색을 대사성으로 삼았다. … 이색이 다시 학칙을 정비하고 매일 명륜당에 앉아 경을 나누어 수업하였다. 이에 학자들이 모여들고 서로 보고 느끼게 되면서 성리학이 비로소 흥기하였다.　－「고려사」－

❷ 고려의 역사서

김부식의 삼국사기	• 인종 묘청의 난 진압 후에 인종의 명을 받아 집필 • 현존 최고(最古)의 역사서 • 기전 체 본기(왕 업적 기록) · 열전(주요 인물 기록) · 지 · 표로 나누어 서술 서술 • 유교적 합리주의 사관
이규보의 동명왕편	• 동명왕(주몽)의 업적 칭송 : 고구려 계승의식 반영
각훈의 해동고승전	• 삼국 시대와 고려의 승려 기술
일연의 삼국유사	• 충렬왕 • 신이사관 귀신 神 + 다를 異, 신기하고 이상함 　- 민간 설화와 불교사 중심 　- 단군신화 최초 수록
이승휴의 제왕운기	• 충렬왕 개혁안으로 인해 파직당한 후, 삼척 두타산에 거주하며 집필 • 단군부터 충렬왕까지의 역사를 역사시 형태로 기술
이제현의 사략	• 성리학적 유교 사관, 정통 의식과 대의명분 강조

❸ 고려의 문화 유산

(1) 청자 : 강진과 부안 등에서 생산, 순청자·상감 청자 유행

(2) 은입사 기법 : 청동 은입사 포류수금무늬 정병 제작
　　└ 상감기법의 발달에 따라 청동기 표면을 파내고 실처럼 만든
　　　은을 채워 넣어 무늬를 장식하는 기술

(3) 나전 칠기 옻칠한 바탕에 자개를 붙여 무늬를 나타내는 기술

(3) 금속 활자 인쇄술

　• 상정고금예문 : 세계 최고(最古)의 금속 활자본, 현존 ×

　• 직지심체요절 : 현존 세계 최고(最古)의 금속 활자본, 우왕 때 청주 흥덕사에서 제작, 현재 프랑스 국립도서관에 보관, 세계기록유산 등재

(4) 향약구급방 : 현존 최고(最古)의 의학 서적, 우리 풍토에 맞는 처방과 약재 소개

➕ 고려의 공예

▲ 순청자

▲ 청자 상감 운학무늬 매병

▲ 청동제 은입사 포류수금무늬 정병

▲ 나전 국화 넝쿨무늬 합

1 다음 설명에 해당하는 왕을 쓰시오.

┤ 보기 ├
성종　문종　숙종　예종　인종　공민왕

(1) (　　) – 국자감을 설립하였다.

(2) (　　) – 국자감에 7재를 개설하였다.

(3) (　　) – 이제현, 이색 등을 등용하였다.

(4) (　　) – 양현고를 설치하여 장학 기금을 마련하였다.

(5) (　　) – 서적포를 설치하여 서적 간행을 활성화하였다.

(6) (　　) – 김부식 등이 왕명으로 삼국사기를 편찬하였다.

(7) (　　) – 청연각과 보문각을 두어 학문 연구를 장려하였다.

(8) (　　) – 최충이 9재 학당을 세워 유학 교육을 실시하였다.

(9) (　　) – 국자감을 성균관으로 개칭하고 유학 교육을 강화하였다.

(10) (　　) – 최승로의 시무 28조를 수용하여 유교 정치 사상을 정립하였다.

2 빈칸에 알맞은 말을 선택하시오.

(1) (안향, 정몽주)은/는 우리 땅에 최초로 성리학을 소개하였다.

(2) 예종은 국자감 진흥을 위해 (7재, 9재 학당)(이)라는 전문 강좌를 개설하였다.

(3) (국자감, 성균관)은 유학을 비롯하여 율학, 서학, 산학을 교육하였다.

(4) 고려 중기에 (문헌공도, 원산학사)를 포함한 사학 12도가 융성하였다.

(5) (삼국사기, 삼국유사)는 기전체 형식으로 서술되었다.

(6) (삼국사기, 삼국유사)는 현존하는 우리나라 최고(最古)의 역사서이다.

(7) (동명왕편, 삼국유사)에 고조선의 건국 이야기가 수록되어 있다.

(8) (일연, 김부식)은 삼국유사를 저술하여 불교 중심의 민간 설화를 정리하였다.

(9) 동명왕편은 (신라, 고구려) 건국 시조의 일대기를 서사시 형태로 서술하였다.

(10) (직지심체요절, 무구정광대다라니경)은 현존하는 세계 최고(最古)의 금속 활자본이다.

3 물음에 답하시오.

ⓐ 청자 상감 운학무늬 매병　ⓑ 청동제 은입사 포류수금무늬 정병　ⓒ 혜허의 양류관음도

ⓓ 금동 대향로　ⓔ 호우총 청동 그릇　ⓕ 나전 국화 넝쿨무늬 합

(1) ⊙~ⓕ 중 고려 시대의 문화 유산을 모두 고르시오.

(2) ⊙~ⓕ 중 음각한 부분에 백토나 흑토를 채워 무늬를 장식한 고려의 문화 유산은 무엇인가?

4 다음 사료를 읽고, 해당하는 고려의 역사서를 선택하시오.

(1) (삼국사기, 동명왕편, 삼국유사)

> 신라, 고구려, 백제가 기틀을 잡고 세 세력이 서로 대립하면서 … 삼가, 본기 28권, 연표 3권, 지(志) 9권, 열전 10권을 찬술하였습니다. 여기에 표문(表文)을 붙여 성상께 올립니다.

(2) (삼국사기, 동명왕편, 삼국유사)

> 세상에서 동명왕의 신통하고 이상한 일을 많이 말한다. … 동명왕의 일은 변화의 신기롭고 이상한 것으로 여러 사람의 눈을 현혹한 것이 아니고 실제 나라를 창시한 신기한 사적이니 이것을 기술하지 않으면 뒷사람들은 앞으로 어떻게 볼 것인가?

(3) (삼국사기, 동명왕편, 삼국유사)

> 대체로 옛 성인들은 예악으로 나라를 일으키고 인의로 가르침을 베푸는 데 있어 괴력난신을 말하지 않았다. 그러나 제왕이 장차 일어날 때는 반드시 보통 사람과는 다른 점이 있으니, 그런 뒤에야 능히 큰 변화를 타서 제왕의 지위를 얻고 대업을 이루었다.… 그러므로 삼국의 시조들이 모두 신이(神異)한 데서 나왔다고 해서 어찌 괴이하겠는가.

정답

1. (1) 성종　(2) 예종　(3) 공민왕　(4) 예종　(5) 숙종　(6) 인종　(7) 예종　(8) 문종　(9) 공민왕　(10) 성종

2. (1) 안향　(2) 7재　(3) 국자감　(4) 문헌공도　(5) 삼국사기　(6) 삼국사기　(7) 삼국유사　(8) 일연　(9) 고구려　(10) 직지심체요절

3. (1) ⊙, ⓑ, ⓒ, ⓕ　(2) ⊙

4. (1) 삼국사기　(2) 동명왕편　(3) 삼국유사

209
68회 9번 [3점]

밑줄 그은 '교서'를 내린 왕의 재위 기간에 볼 수 있는 모습으로 가장 적절한 것은?

> 상평창을 양경(兩京)과 12목에 설치하고 교서를 내렸다. "「한서」 식화지에 '그해가 풍년인지 흉년인지에 따라 곡식을 풀거나 거두어들이는 것을 행한다.'라고 하였다. …… 경시서에 맡겨 곡식을 풀거나 거두어들이도록 하라."

① 서적포에서 책을 인쇄하는 관리
② 국자감 학생들을 가르치는 박사
③ 양현고의 재정을 관리하는 관원
④ 9재 학당에서 유교 경전을 읽는 학생
⑤ 청연각의 소장 도서를 분류하는 학사

210
67회 17번 [2점]

(가) 교육 기관에 대한 설명으로 옳은 것은?

[가] 입학 자격 공고

1. 국자학생은 문·무관 3품 이상인 자의 아들과 손자 및 훈관 2품으로 현공 이상을 지닌 자의 아들, 아울러 경관 4품으로 3품 이상의 훈봉을 지닌 자의 아들로 한다.

2. 태학생은 문·무관 5품 이상인 자의 아들과 손자, 정·종 3품관의 증손자 및 훈관 3품 이상의 봉작이 있는 자의 아들로 한다.

3. 사문학생은 훈관 3품 이상으로서 봉작이 없는 자의 아들, 4품으로서 봉작이 있는 자 및 문·무관 7품 이상인 자의 아들로 한다.

① 문헌공도로 불리기도 하였다.
② 중앙에서 교수나 훈도가 파견되었다.
③ 전국의 부·목·군·현에 하나씩 설치되었다.
④ 장학 기금 마련을 위해 양현고가 설립되었다.
⑤ 사가독서제를 시행하여 학문에 전념하게 하였다.

211
71회 13번 [2점]

(가)에 들어갈 내용으로 가장 적절한 것은?

문헌공도 등 사학의 발달로 관학이 위축된 시기에 관학 진흥을 위하여 시행한 정책에 대해 말해 보자.

서적포를 두어 출판을 담당하게 하였어.

(가)

① 국자감에 전문 강좌인 7재를 개설하였어.
② 사액 서원에 서적과 노비 등을 지급하였어.
③ 독서삼품과를 실시하여 인재를 등용하였어.
④ 초계문신제를 시행하여 문신을 재교육하였어.
⑤ 흥왕사에 교장도감을 두고 속장경을 편찬하였어.

212
57회 16번 [2점]

밑줄 그은 '방안'에 해당하는 내용으로 옳은 것은?

> **역사 신문**
>
> 제 △△ 호 　　　　　　 ○○○○년 ○○월 ○○일
>
> **정부, 관학 진흥에 힘쓰다**
>
> 최충이 세운 문헌공도를 비롯한 사학 12도에 학생이 몰려들어 사학이 크게 융성하고 있다. 이러한 상황에서 국자감 운영에 어려움을 겪게 되자, 정부는 제술업, 명경업 등에 새로 응시하려는 사람은 국자감에 300일 이상 출석해야 한다는 규정을 만드는 등 관학을 진흥하기 위한 방안을 마련하고 있다.

① 양현고를 두어 장학 기금을 마련하였다.
② 서원을 세워 후진 양성과 선현 제향에 힘썼다.
③ 초계문신제를 시행하여 문신들을 재교육하였다.
④ 만권당을 설립하여 원의 학자들과 교류하게 하였다.
⑤ 경당을 설치하여 청소년에게 글과 활쏘기를 가르쳤다.

213

다음 상황 이후에 전개된 사실로 옳은 것은?

> 고려의 태자가 배알하니 쿠빌라이가 기뻐하며 말하기를, "고려의 세자가 스스로 오니 이는 하늘의 뜻이다."라고 하였다. 강회선무사 조양필이 말하기를, "고려는 비록 소국이나 20여 년간 군사를 동원하였어도 아직 신하가 되지 않았습니다. …… 이는 한 명의 병졸도 수고롭게 하지 않고 한 나라를 얻는 것입니다."라고 하였다.

① 쌍기의 건의로 과거제가 도입되었다.
② 동북면 병마사 김보당이 난을 일으켰다.
③ 이제현이 만권당에서 유학자들과 교류하였다.
④ 묘청 등이 중심이 되어 서경 천도를 주장하였다.
⑤ 최충헌이 봉사 10조를 올려 시정 개혁을 건의하였다.

214

밑줄 그은 '그'에 대한 설명으로 옳은 것은?

초상화로 보는 한국사

이 그림은 고려 말 삼은(三隱) 중 한 사람인 목은(牧隱)의 초상화이다. 이곡(李穀)의 아들인 그는 고려와 원의 과거에 합격했으며, 문하시중 등의 관직을 역임하였다.

고려 후기 성리학의 보급에 노력한 대표적 인물로 평가된다. 이 초상화는 당시의 관복을 충실하게 표현하여 보물로 지정되었다.

① 역옹패설과 사략을 저술하였다.
② 왕명에 의해 삼국사기를 편찬하였다.
③ 문헌공도를 설립하여 유학 교육에 힘썼다.
④ 불교 개혁을 주장하며 수선사 결사를 제창하였다.
⑤ 성균관의 대사성이 되어 정몽주 등을 학관으로 천거하였다.

215

(가)~(마)에 들어갈 내용으로 옳은 것은?

> 〈한국사 교양 강좌〉
>
> ### 인물로 보는 고려의 성리학
>
> 우리 박물관에서는 '인물로 보는 고려의 성리학'을 주제로 한국사를 이해하는 자리를 마련하였습니다. 관심 있는 분들의 많은 참여 바랍니다.
>
> ◆ 강좌 순서 ◆
>
> | 제1강. 안향, | (가) |
> | --- | --- |
> | 제2강. 이제현, | (나) |
> | 제3강. 이색, | (다) |
> | 제4강. 정몽주, | (라) |
> | 제5강. 정도전, | (마) |
>
> ■ 기간 : 2021년 ○○월 ○○일 ~ ○○월 ○○일
> ■ 장소 : □□ 대학교 대강당
> ■ 주최 : △△ 박물관

① (가) - 봉사 10조를 올려 시정 개혁을 제안하다.
② (나) - 만권당에서 원의 학자들과 교유하다.
③ (다) - 9재 학당을 세워 유학 교육에 힘쓰다.
④ (라) - 경제문감을 저술하고 재상 중심의 정치를 주장하다.
⑤ (마) - 성학십도에서 군주의 도를 도식으로 설명하다.

216

밑줄 그은 '역사서'에 대한 설명으로 옳은 것은?

① 남북국이라는 용어를 처음 사용하였다.
② 사초, 시정기 등을 바탕으로 편찬되었다.
③ 단군의 고조선 건국 이야기를 수록하였다.
④ 본기, 열전 등 기전체 형식으로 서술되었다.
⑤ 고구려 건국 시조의 일대기를 서사시로 표현하였다.

217

다음 검색창에 들어갈 역사 자료에 대한 설명으로 옳은 것은?

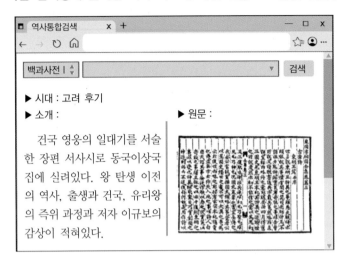

① 고구려 계승 의식이 반영되었다.
② 남북국이라는 용어가 처음 사용되었다.
③ 사초, 시정기 등을 바탕으로 편찬하였다.
④ 단군의 고조선 건국 이야기를 수록하였다.
⑤ 현존하는 우리나라 최고(最古)의 역사서이다.

218

(가) 역사서에 대한 설명으로 옳은 것은?

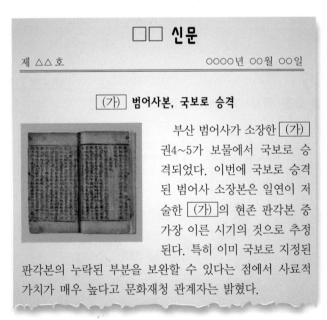

① 단군의 건국 이야기를 수록하였다.
② 사초, 시정기 등을 바탕으로 편찬되었다.
③ 왕명에 의해 고승들의 전기를 기록하였다.
④ 본기, 열전 등 기전체 형식으로 서술되었다.
⑤ 서사시 형태로 고구려 계승 의식이 반영되었다.

219

밑줄 그은 '이 책'에 대한 설명으로 옳은 것은?

① 남북국이라는 용어를 처음 사용하였다.
② 사초와 시정기를 바탕으로 편찬하였다.
③ 단군의 고조선 건국 이야기를 수록하였다.
④ 청주 흥덕사에서 금속 활자본으로 간행되었다.
⑤ 유교 사관에 입각하여 기전체 형식으로 서술하였다.

220

(가)~(마)에 들어갈 내용으로 옳은 것은?

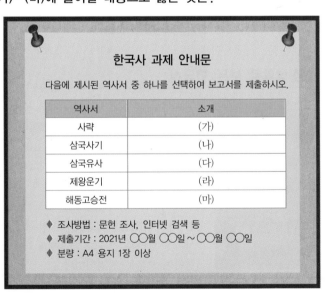

① (가) – 불교사를 중심으로 고대의 민간 설화를 수록
② (나) – 사초, 시정기 등을 바탕으로 실록청에서 편찬
③ (다) – 유교 사관에 입각하여 기전체 형식으로 구성
④ (라) – 단군부터 충렬왕까지의 역사를 서사시로 서술
⑤ (마) – 강목체로 고려 왕조의 역사를 정리

221

(가) 문화유산에 대한 설명으로 옳은 것은?

2023년 프랑스 국립 도서관에서 열린 '인쇄하다! 구텐베르크의 유럽' 전에서 (가) 이/가 공개 되었습니다.	1973년 '동양의 보물' 전 이후 50년 만에 대중에게 전시되었다는 점에서 의미가 있습니다.	승려 백운이 편찬한 불서로 제자들이 1377년 청주 흥덕사에서 인쇄하였습니다. 현재 하권만 프랑스에 남아 있습니다.
1/3	2/3	3/3

① 신미양요 때 미군이 탈취하였다.
② 현존하는 최고(最古)의 금속 활자본이다.
③ 거란의 침입을 물리치기 위해 제작하였다.
④ 장영실, 이천 등이 제작한 활자로 인쇄하였다.
⑤ 불국사 삼층 석탑을 보수하는 과정에서 발견되었다.

222

(가)에 대한 설명으로 옳은 것은?

국외 소재 우리 문화유산을 찾기 위해 헌신한 박병선 박사를 조명하는 다큐멘터리가 방영될 예정입니다. 그녀는 청주 흥덕사에서 금속 활자로 간행된 (가) 을/를 프랑스 국립 도서관에서 발견하였습니다. 또한 외규장각 의궤의 반환을 위해서도 노력하였습니다.

① 군주의 도를 도식으로 설명하였다.
② 세금 수취를 위해 3년마다 작성되었다.
③ 유네스코 세계 기록 유산으로 등재되었다.
④ 거란의 침략을 물리치기 위해 제작하였다.
⑤ 충신, 효자, 열녀를 알리기 위해 간행하였다.

223

다음 기획전에 전시될 문화유산으로 적절한 것은?

흙으로 빚은 푸른 보물

이번 기획전에서는 고려 시대 귀족 문화를 보여주는 비색의 순청자와 음각한 부분에 백토나 흑토를 채워 화려하게 장식한 상감 청자가 전시됩니다. 관심 있는 분들의 많은 관람 바랍니다.

■ 기간 : 2022년 ○○월 ○○일 ~ ○○월 ○○일
■ 장소 : △△박물관

①   ②   ③

④   ⑤

224

(가) 국가의 문화유산으로 옳은 것을 〈보기〉에서 고른 것은?

미(美)·색(色)
벨기에 소장 우리 문화유산 특별전

◆ 기간 : 2021.○○.○○.~○○.○○.
◆ 장소 : △△ 박물관 기획 전시실

초대의 글

우리 박물관에서는 국내에 들여와 보존 처리를 마친 벨기에 왕립예술역사박물관 소장 (가) 의 공예품 8점을 공개하는 특별전을 개최합니다.

이번 전서에서는 (가) 의 대표적 문화유산인 상감 청자 6점을 비롯하여 청동 정병, 금동 침통 등을 자세히 감상할 수 있도록 전시 공간을 연출하였으니 많은 관심 바랍니다.

보기
ㄱ. ㄴ.
ㄷ. ㄹ.

① ㄱ, ㄴ   ② ㄱ, ㄷ   ③ ㄴ, ㄷ   ④ ㄴ, ㄹ   ⑤ ㄷ, ㄹ

209 국자감 정답 ②

핵심키워드 상평창, 12목, 경시서

정답 분석

제시문의 상평창과 경시서는 고려와 조선에서 운영한 정부 기관으로, 각각 물가 조절과 시전 관리를 담당하였다. 반면 12목은 고려 성종 때 설치한 지방 행정 구역이다.

② 국자감은 고려 성종 때 세운 고려의 최고 교육 기관으로, 박사가 국자감의 학생들에게 유교 경전을 가르쳤다.

오답 분석

① 서적포는 고려 숙종 때 설치된 기관으로, 서적을 인쇄하고 간행하여 국자감을 지원하였다.

③ 고려 예종은 양현고를 설립하여 국자감의 재정을 지원하였다.

④ 고려 문종 때 사립 교육 기관인 9재 학당이 설립되었다. 유사 기관이 늘어남에 따라 개경에는 사학 12도가 형성되었다. 이로 인해 국자감이 인기가 떨어졌다.

⑤ 청연각과 보문각은 고려 예종이 학문을 연구하고 서적을 정리하기 위해 설치한 교육 기관이었다.

210 국자감 정답 ④

핵심키워드 국자학, 태학, 사문학

정답 분석

국자감은 유학부와 기술학부로 나뉜다. 유학부에는 다시 국자학, 태학, 사문학으로 나누어 관리의 품계에 따라 그 자제를 입학시켰다. 기술학부에서는 율학(법률 전공), 서학(서예 전공), 산학(수학 전공)을 공부하였다.

④ 고려 예종은 양현고를 설립하여 국자감의 재정을 지원하고 인재를 양성하였다.

오답 분석

① 문헌공도는 고려 문종 때 최충이 세운 사립 교육 기관으로 9재 학당이라 불렸다. 최충은 최고위직인 문하시중에 오른 인물로, 은퇴 후 9재 학당을 운영하며 후학을 양성하였다.

② 조선은 지방에 향교를 설치하고 교수와 훈도를 파견하여 유학 교육을 담당하게 하였다.

③ 부·목·군·현은 조선의 지방 행정 구역으로, 중앙 정부는 이곳에 향교를 설치하여 유학을 교육하였다.

⑤ 사가독서제는 조선 세종 때 처음 시행된 제도로, 국가의 유능한 인재를 양성하기 위해서 젊은 문신들에게 휴가를 주어 독서에 전념할 수 있도록 하였다.

211 국자감 정답 ①

핵심키워드 문헌공도, 서적포

정답 분석

문종 대에 최충이 설립한 9재 학당을 시작으로 사학 12도가 형성되자, 과거 준비생들이 국자감보다 권위 있는 사학을 선호하였다. 이에 정부는 관학 진흥을 위해 예종 때 국자감에 7개의 전문 강좌(7재)를 설치하고 장학 재단인 양현고를 마련하였다. 이후 공민왕은 순수 유교 교육 기관으로 개편하여 유교 교육을 강화하였다.

오답 분석

② 조선은 16세기 이후 사액 서원을 시정하여 서적과 노비를 지급하여 지방의 유학 교육을 후원하였다.

③ 독서삼품과는 신라 원성왕 때 실시된 인재 등용 제도이다.

④ 초계문신제는 조선 정조 때 문신들을 재교육하기 위해 실시된 제도이다.

⑤ 의천은 고려 중기에 흥왕사에 교장도감을 설치하고 속장경을 편찬하였다.

212 국자감 정답 ①

핵심키워드 최충의 문헌공도, 사학 12도, 국자감

정답 분석

문종 대에 최충이 설립한 9재 학당을 시작으로 사학 12도가 형성되자, 과거 준비생들이 국자감보다 권위 있는 사학을 선호하였다. 이에 정부는 국자감 진흥을 위해 숙종 때 서적포를 설치하여 출판을 지원하고, 예종 때 7개의 전문 강좌(7재)를 설치하고 장학 재단인 양현고를 마련하였다.

오답 분석

② 서원은 조선 중기부터 설립된 사립 교육 기관으로, 선현을 제향하고 후진을 양성하는 기능을 하였다.

③ 초계문신제는 조선 정조가 문신들의 재교육을 위해 시행한 제도로, 37세 미만의 관리가 선발되었다.

④ 만권당은 고려 말기에 충선왕이 원의 대도(현재 베이징)에 설치한 학문 연구 기관으로, 이곳에서 고려와 원의 학자들이 교류하였다.

⑤ 경당은 고구려의 교육 기관으로, 지방의 청소년들에게 유교 교육과 활쏘기를 가르쳤다.

213 성리학 전래   정답 ③

핵심키워드 고려, 쿠빌라이

정답 분석

몽골과 전쟁 중이었던 고려는 고종의 태자(훗날 원종)가 원나라 세조 쿠빌라이를 만나 독립국의 지위를 유지하는 조건으로 1259년에 강화를 맺었다. 원종 9년(1268년)에 무신 집권자 김준이 피살되고, 1270년에 마지막 무신 집권자 임유무가 제거되면서 무신 정권이 붕괴되었다. 이에 고려는 개경으로 환도하였고, 이때부터 원 간섭기가 시작되었다.

③ 이제현은 고려 충선왕 때 원나라의 만권당에서 유학자들과 교류하며 성리학을 고려에 도입하였다.

오답 분석

① 고려 광종은 후주 출신 쌍기의 건의를 받아들여 과거제를 도입하였다.

② 김보당은 고려 무신 정권 초기에 반란을 일으킨 인물로, 정중부의 집권에 저항하였다.

④ 묘청은 고려 인종 때 서경 천도와 독립적인 정체성을 강조하며 서경에서 봉기를 일으켰다.

⑤ 고려 무신 정권 시기에 최충헌은 이의민을 축출하고 봉사 10조를 올려 사회 개혁을 제안하였다.

214 성리학 전래   정답 ⑤

핵심키워드 목은, 문하시중, 성리학 보급

정답 분석

제시문은 목은 이색의 일생을 정리한 것이다. 그는 고려 말기의 유학자로, 이제현의 문인이다. 성균관의 대사성으로 활동하며 정몽주, 정도전 등 신진 사대부를 양성하였다. 온건파 사대부로 분류되며, 고려 말 삼은 중 한 사람으로 고려 왕조에 대한 절의를 지키며 태조 이성계의 출사 요구를 끝내 고사하였다.

오답 분석

① 이제현은 고려 말의 문신으로, 원의 만권당에서 성리학을 접하고 고려에 도입했으며, 「역옹패설」과 「사략」 등을 저술하였다.

② 김부식은 고려 인종의 명을 받아 「삼국사기」를 편찬하였다.

③ 최충은 고려 중기에 자신의 사저에 문헌공도(9재 학당)를 설립하여 유학 교육을 실시하였다.

④ 지눌은 고려 중기에 불교 개혁을 주장하며 수선사 결사를 제창하고, 선종을 중심으로 불교를 통합하여 조계종을 중흥시켰다.

215 성리학 전래   정답 ②

핵심키워드 고려, 성리학

정답 분석

제시문의 인물들은 고려 말에 성리학을 도입하고 정착시킨 주요 인물이다. 안향은 충렬왕 때 「주자전서」를 들여와 성리학을 처음 도입한 인물로 평가받는다. 이후 이제현은 충선왕 때 원나라에 위치한 만권당에서 원 학자들과 교류하며 성리학을 접했으며, 공민왕 때 성균관을 이끌었다. 그의 문인 이색은 성균관에서 정몽주, 정도전과 같은 신진 사대부를 육성하였다. 이색은 정몽주를 동방이학의 비조로 평가하였으나, 정몽주는 이성계 측과 갈등을 겪어 1392년 개경 선죽교에서 피살되었다.

오답 분석

① 최충헌은 고려 무신 정권 시기에 봉사 10조를 올려 시정 개혁을 제안하였다.

③ 최충은 고려 중기에 자신의 사저에 9재 학당을 설립하여 유학 교육을 실시하였다.

④ 「경제문감」은 정도전이 집필한 정치 개혁서로, 그는 이 책에서 재상 중심의 정치를 강조하였다.

⑤ 이황은 조선 선조에게 「성학십도」를 올려 군주의 도를 도식으로 설명하였다.

216 고려의 역사서   정답 ④

핵심키워드 묘청의 난 진압, 유교 사관, 삼국 역사

정답 분석

「삼국사기」는 고려 인종 때 김부식이 책임 편찬자로서 국내외 다양한 문헌을 참고해 재구성한 관찬 역사서이다. 신라뿐만 아니라 고구려와 백제의 역사도 균형 있게 다루며, 유학의 '술이부작(옛 일을 그대로 서술하되 역사를 조작하지 않는다)'이라는 객관적 서술 방식을 따랐다. 또한, 삼국의 왕과 주요 인물을 본기와 열전으로 나누어 정리한 기전체 형식으로 집필되었다.

오답 분석

① 남북국은 통일 신라와 발해를 동시에 지칭하는 용어로, 조선 후기에 유득공이 「발해고」에서 처음 사용하였다.

② 사초와 시정기는 조선 시대에 「실록」 편찬의 기초 자료로 사용되었다.

③ 단군의 고조선 건국 이야기는 고려 충렬왕 시기에 편찬된 「삼국유사」와 「제왕운기」에 처음 수록되었다.

⑤ 이규보의 「동명왕편」은 고구려 건국 시조인 주몽의 이야기를 서사시로 표현하였다.

217 고려의 역사서 정답 ①

핵심키워드 동국이상국집, 이규보

정답 분석

「동국이상국집」은 고려 후기 문신 이규보가 시·전·설·서 등을 수록한 시문집이다. 이 책에 포함된 「동명왕편」은 고구려 건국 신화를 다룬 장편 서사시로, 주몽의 탄생과 고구려 건국 과정을 담고 있어 고구려 계승 의식이 반영되었다고 평가된다. 또한 서문에서는 「구삼국사」라는 우리나라 역사서가 존재했음을 기록하고 있어, 김 부식의 「삼국사기」 이전에 역사서가 있었다는 사실을 알 수 있다.

오답 분석

② 조선 후기 학자인 유득공이 「발해고」에서 통일 신라와 발해를 '남북 국'이라 표현하였다.
③ 사초는 고려와 조선 시대에 춘추관에 소속된 사관들이 매일 군주의 동정과 국가의 주요 사실을 기록한 것이다. 시정기는 조선 시대에 춘 추관에서 각 관서들의 업무 기록을 종합하여 정리한 기록물이다. 따 라서 사초와 시정기는 실록 편찬 시 기본적으로 활용되는 사료이다.
④ 단군의 고조선 건국 이야기가 수록된 역사서로는 고려 시대의 「삼국 유사」와 「제왕운기」, 조선 시대의 「동국여지승람」과 「응제시주」 등 이 있다.
⑤ 현존하는 우리나라 최고(最古)의 역사서는 「삼국사기」로, 고려 인종 때 편찬되었다.

218 고려의 역사서 정답 ①

핵심키워드 일연

정답 분석

일연은 고려 시대 충렬왕 때 「삼국유사」를 집필하여 단군 신화를 최초로 포함하였고, 「삼국사기」에 누락된 불교사를 기록하였다.

오답 분석

② 사초와 시정기는 조선 시대 실록 편찬의 기초 자료로 활용되었다.
③ 고려 후기의 승려 각훈은 고종의 명을 받아 우리나라 고승들의 전기 를 모아 「해동고승전」을 편찬하였다.
④ 기전체는 역사를 본기(군주의 정치 관련 기사), 열전(신하들의 개인 전기), 지(통치 제도·문물·경제·자연 현상 등을 내용별로 분류), 연표 등으로 기록하는 편찬 방식으로, 대표적인 사서로는 김부식의 「삼국사기」와 조선 시대의 「고려사」 등이 있다.
⑤ 이규보는 「동명왕편」에서 주몽의 일대기를 서사시 형식으로 기술하 였다.

219 고려의 역사서 정답 ③

핵심키워드 이승휴

정답 분석

이승휴는 고려 말 문인으로 과거에 급제하였으나 몽골의 침략 이후 삼척 두타산에서 은거하며 농사를 지었다. 충렬왕 때 등용되었으나 왕에게 간언하다가 파직된 후, 삼척에서 「제왕운기」를 저술하였다. 「제왕운기」는 중국과 우리나라의 역사를 칠언시와 오언시로 서술 한 서사시로, 원나라의 간섭 속에서 민족 문화의 우월성과 자부심 을 강조한 자주적 역사서로 평가된다.

오답 분석

① 유득공의 「발해고」에서 '남북국'이라는 용어를 처음 사용하여, 통일 신라와 발해를 동시에 지칭하였다.
② 사초와 시정기는 「조선왕조실록」의 기초 자료로 사용되었다.
④ 「직지심체요절」은 고려 말 청주 흥덕사에서 금속 활자로 인쇄된 불 교 서적이다.
⑤ 기전체 형식은 중국 한나라의 사마천이 「사기」를 저술할 때 사용한 역사 서술 형식으로, 우리나라에서는 김부식의 「삼국사기」에 적용되 었다.

220 고려의 역사서 정답 ④

핵심키워드 사략, 삼국사기, 삼국유사

정답 분석

제시문의 역사서 5권은 모두 고려 시대에 집필되었다.

④ 이승휴는 「제왕운기」의 상권에서 중국의 역사를 칠언시로 읊었 으며, 하권에서는 단군조선부터 충렬왕까지의 역사를 서사시로 서술하였다. 이 책을 통해 단군신화와 왕건의 조상 설화 등을 확인할 수 있다.

오답 분석

① 불교를 중심으로 고대의 민간 설화를 수록하였다는 내용은 「삼국유 사」의 특징을 설명한 것이다.
② 사초는 사관이 매일 기록한 정치 기록물이며, 시정기는 각 관청의 업 무 기록을 매년 정리한 것이다. 이 기록물은 조선 시대 「실록」 편찬의 기초 자료로 사용되었으며, 왕 사후에 실록청에서 실록을 편찬하였다.
③ 유교 사관에 입각하여 기전체 형식으로 구성되었다는 내용은 「삼국 사기」에 해당한다.
⑤ 강목체(綱目體)는 역사적 사건을 큰 줄기(강)와 세부 사항(목)으로 나 누어 서술하는 역사 서술 방식으로, 고려 후기 민지의 「본조편년강목」 이 대표적인 예로 꼽힌다.

221 고려의 금속 활자 · 정답 ②

핵심키워드 프랑스 국립 도서관, 백운, 청주 흥덕사

정답 분석

현존하는 최고(最古)의 금속 활자본으로는 고려 시대에 1377년 청주 흥덕사에서 간행된 「직지심체요절」이 있다. 개화기에 프랑스의 대리공사로 서울에서 근무하던 콜랭 드 플랑시가 이를 구입한 이후, 현재 프랑스 국립 도서관에 보관되어 있다.

오답 분석

① 외규장각에 보관된 왕실 도서와 서적들은 병인양요(1866년) 때 프랑스군에 의해 약탈되었다.

③ 고려 현종 때 거란의 침입을 물리치고 불심을 모으기 위해 '초조대장경'을 제작하였다.

④ 조선 세종 대에 장영실, 이천 등 과학 기술자들이 경자자, 갑인자 등의 금속 활자를 주조하였다.

⑤ 1966년 불국사 삼층 석탑의 보수 과정에서 무구정광대다라니경이 발견되었으며, 이는 현존하는 최고(最古)의 목판 인쇄물로 평가된다

222 고려의 금속 활자 · 정답 ③

핵심키워드 박병선, 청주 흥덕사, 금속 활자

정답 분석

프랑스에서 활동한 박병선은 1955년에 현존하는 세계 최고(最古)의 금속 활자본인 「직지심체요절」을 발견하고, 이 책이 구텐베르크 성경보다 앞선 금속 활자본임을 전세계에 알렸다. 이 공로로 '직지심경의 대모'로 불린다. 또한 프랑스가 약탈해 간 외규장각 도서를 발견하여 반환 운동을 촉발시켰다. 그의 이러한 노력으로 2011년에 297책의 외규장각 의궤가 145년 만에 대한민국 땅으로 돌아왔다.

오답 분석

① 이황은 조선 선조가 성군이 되기를 바라는 뜻에서 군왕의 도(道)에 관한 학문의 요체를 도식으로 설명하여 「성학십도」를 집필하였다.

② 통일 신라의 촌락 문서와 고려·조선의 호적은 3년마다 작성되었다. 국가는 이러한 문서를 통해 토지와 인구의 변동을 파악하여 조세 수취에 이용하였다.

④ 고려 현종 때 거란의 침입을 물리치고 불심을 모으기 위해 초조대장경을 제작하였다.

⑤ 조선 세종은 「삼강행실도」를 간행하여 백성들에게 도덕적 본보기를 제공하고자 하였다. 이 책에는 충신, 효자, 열녀 등 모범적인 인물의 이야기가 그림과 함께 서술되어 있다.

223 고려 청자 · 정답 ③

핵심키워드 고려 귀족 문화, 순청자, 상감 청자

정답 분석

고려 초기에는 아무런 장식이 없는 연한 푸른 하늘색인 비색의 순수 청자가 발달하였다. 그러다가, 차차 그릇 표면에 음각을 하여 무늬를 넣는 단계에 이르고, 이것이 다시 백토나 흑토를 그릇 표면에 새겨 넣어 무늬를 나타내는 이른바 상감 청자로 발전하게 되었다.

오답 분석

① 통일 신라 8세기에 제작된 도기 연유인화문 항아리이다. 연유란 유약 안에 산화납을 다량 포함시켜 700~800℃에서 용융시키는 유약을 말한다. 이렇게 제작된 연유도기는 매끄럽고 반짝이는 표면이 특징이며, 통일 신라에서 가장 활발히 제작되었다. 이는 토기에서 사기로 넘어가는 과도기에 해당한다.

② 고려의 청동 은입사 포류수금문 정병이다. 은입사는 청동기의 바탕에 은으로 장식 무늬를 새기는 기술을 말하며, 정병은 목이 긴 형태의 물병이다.

④ 조선 15세기에 제작된 백자 청화 매죽문 항아리이다. 청화백자는 세종 때에 중국에서 처음으로 수입되어 15세기 중엽부터는 조선에서도 만들 수 있게 되었으며, 조선 후기에 청화 안료 수입이 증가함에 따라 활발히 제작되었다.

⑤ 고려 말에서 조선 초에 제작된 분청사기 상감 운용문 항아리이다.

224 고려의 공예 · 정답 ②

핵심키워드 상감 청자, 청동 정병

정답 분석

ㄱ. 나전칠기 국화넝쿨무늬 자합으로, 고려 나전칠기의 대표작이다. 자합은 작은 상자를 말하며, 이것은 길이 10.2cm, 무게 약 50g으로 매우 작은 크기이다.

ㄷ. 고려의 수월관음도로, 불교 경전 화엄경에 등장하는 관음보살을 표현한 그림이다.

오답 분석

ㄴ. 백제의 무령왕릉에서 출토된 진묘수로 무덤을 수호하기 위한 신상이다. 진묘수는 벽돌 무덤 양식과 더불어 중국의 영향을 받은 흔적이다.

ㄹ. 신라의 금관으로, 이러한 형태의 금관이 경주의 금관총, 금령총, 서봉총, 천마총, 황남대총 등에서 출토되었다.

제 **4** 편

조선 왕조

출제 경향 분석

3개년 평균 출제 비중

10문항
(20%)

학습 포인트

- 주요 왕의 업적을 구분하세요.
- 조선 초, 왜란, 중립 외교, 호란, 북벌이 자주 출제됩니다.
- 조선 후기의 균역법, 대동법, 경제 상황을 주목하세요.
- 주요 성리학자, 실학자의 주장을 구분하세요.
- 회화 작품을 전기와 후기로 구분하세요.

핵심 키워드

소단원	핵심 키워드
15~16세기	정도전, 6조 직계제, 홍문관, 경국대전, 갑자사화, 조광조
17~19세기	기유약조, 사르후 전투, 예송, 환국, 탕평비, 규장각, 대전통편
왜란	이종무, 비변사, 이순신, 신립, 정문부, 훈련도감
호란과 북벌	이괄, 정봉수, 남한산성, 광교산 전투, 송시열, 나선정벌
조선의 통치 제도	승정원, 사헌부, 홍문관, 3사, 관찰사, 유향소, 사역원
조선의 토지 제도와 조세 제도	과전법, 직전법, 공법, 방납, 대동법, 공인, 영정법, 결작
조선의 경제 생활	농사직설, 상품 작물 재배, 신해통공, 덕대, 초량 왜관
조선의 사회	잡과, 시사, 규장각 검서관, 향약, 홍경래의 난, 삼정이정청
조선의 유교	성균관, 소수서원, 성학십도, 성학집요, 가례집람, 정제두
실학, 천주교	성호사설, 경세유표, 의산문답, 열하일기, 북학의, 신유박해
조선의 기타 문화	칠정산, 국조오례의, 경복궁, 창덕궁, 동의보감, 정선, 김정희

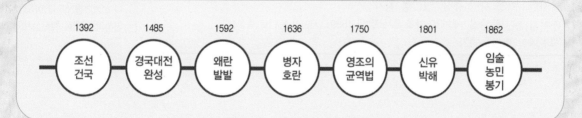

15~16세기

❶ 15C의 정치

태조(1대)	• 조선 건국 : 위화도 회군〔1388〕 → 과전법 제정〔1391〕 → 선죽교에서 정몽주 피살〔1392〕 → 조선 건국〔1392〕 → 한양 천도〔1394〕 • 정도전 　– 한양 설계 : 경복궁·종묘·사직단의 위치와 명칭 선정 　– 재상 중심의 정치 강조 ┌ 불교 비판서 　– 조선경국전·경제문감·불씨잡변 저술
태종(3대) 이방원	• 즉위 과정 　– 1차 왕자의 난 : 태조, 정도전·세자 이방석 제거 　– 2차 왕자의 난 : 정종, 형 이방간과 갈등 • 체제 정비 : 의정부 설립, 사간원 설립 • 왕권 강화 : 6조 직계제 실시, 사병 폐지, 호패법 실시(모든 남자 대상) • 한양 재천도 : 창덕궁 건설, 청계천 건설
세종(4대)	• 집현전 설치 성종 때 홍문관으로 계승 : 경연 담당, 사가독서제 시행 • 의정부 서사제 실시 : 국왕은 인사·군사 업무 주관, 의정부는 그 외 업무 심의 • 훈민정음 창제 : 용비어천가(왕실 조상의 덕 찬양) 편찬
세조(7대) 수양대군	• 계유정난(단종, 김종서 숙청) → 성삼문 등 상왕 복위 시도(사육신 숙청) • 왕권 강화 : 6조 직계제 복구, 집현전 폐지, 경연 폐지 • 이시애의 난 : 함길도 유향소 별감 출신, 중앙 집권화 정책에 반발 • 경국대전 편찬 시작 호전·형전 완성
성종(9대)	• 체제 정비 : 홍문관 설치, 경연 부활, 사림 등용(김종직) • 경국대전(조선의 기본 법전) 완성 ┌ 성종 때부터 중앙 정계에 진출하기 시작한 • 국조오례의 편찬 : 국가 주요 행사 정리 └ 선비 집단. 온건파 사대부의 학풍 계승

❷ 16C의 정치
┌ 사림이 훈구의 정치적 공격으로 참혹한 화를 입은 사건

연산군 (10대)	• 무오사화 : 사관 김일손이 김종직의 조의제문을 사초에 수록 계기 • 갑자사화 : 연산군의 생모 폐비 윤씨 사사 사건 계기
중종 ↓ 반정 **중종** (11대)	• 조광조와 사림 등용 　– 도학 정치 추구 : 경연 재개 　– 현량과(추천제) 실시, 소격서 폐지(도교 행사 금지) 　– 위훈 삭제 주장 반정공신 117명 중 76명의 훈장을 삭제해야 한다고 주장 • 기묘사화 : 반정 공신의 반발로 조광조 숙청
명종 (13대)	• 모후인 문정왕후의 수렴청정 : 불교의 일시 부흥, 승려 보우 등용 • 을사사화 : 외척 윤임 일파(대윤)와 윤원형 일파(소윤) 간 대립 계기 • 양재역 벽서 사건 : 이언적 유배 • 임꺽정의 난 : 황해도에서 3년 동안 활동
선조 (14대)	• 붕당 등장〔1575〕 : 이조전랑 이조의 중간 관리을 둘러싼 김효원과 심의겸 대립 계기 　– 동인 : 신진 사림 중심, 김효원 지지 　– 서인 : 기성 사림 중심, 심의겸 지지 • 정여립 동인의 난을 계기로 기축옥사 발생〔1589〕 서인이 동인을 숙청함 • 임진왜란 발발〔1592〕

✚ 정도전의 재상 중심 정치

임금의 자질에는 혼명강약(昏明强弱)의 차이가 있으니, **총재(재상)**는 임금의 아름다운 점은 순종하고 나쁜 점은 바로잡으며, 옳은 일은 받들고 옳지 않은 것은 막아 임금으로 하여금 가장 올바른 경지에 들게 해야 한다.

– 「조선경국전」 –

✚ 조선의 통치 방식

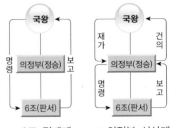

▲ 6조 직계제　　▲ 의정부 서사제

✚ 훈구와 사림

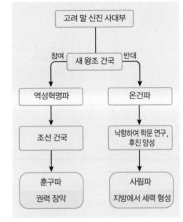

▲ 신진 사대부의 분화

✚ 조의제문

김종직이 단종을 항우에게 죽임을 당한 의제에 비유해 그 죽음을 슬퍼하고 세조의 찬탈을 비난한 내용의 글

✚ 현량과

경연에서 조광조가 중종에게 아뢰기를, "국가에서 사람을 등용할 때 과거 시험에 합격한 사람을 중요하게 여깁니다. 그러나 매우 현명한 사람이 있다면 어찌 꼭 과거 시험에만 국한하여 등용할 수 있겠습니까. 중국 한을 본받아 현량과를 실시하여 덕행이 있는 사람을 천거하여 인재를 찾으십시오."라고 하였다.

– 「중종실록」 –

1 다음 설명에 해당하는 왕을 쓰시오.

> **보기**
> 태조   태종   세종   세조   성종

(1) (   ) – 집현전을 설치하였다.

(2) (   ) – 경국대전을 반포하였다.

(3) (   ) – 6조 직계제를 처음 실시하였다.

(4) (   ) – 계유정난을 통해 정권을 장악하였다.

(5) (   ) – 정도전이 요동 정벌 계획을 추진하였다.

(6) (   ) – 훈민정음으로 용비어천가를 편찬하였다.

(7) (   ) – 이시애의 난을 진압하고 유향소를 폐지하였다.

(8) (   ) – 성삼문 등이 상왕의 복위를 꾀하다 처형되었다.

(9) (   ) – 독립된 간쟁 기관으로 사간원이 설치되었다.

(10) (   ) – 김종직 등 사림이 중앙 정계에 진출하기 시작하였다.

(11) (   ) – 재상 중심의 정치를 강조한 조선경국전이 편찬되었다.

(12) (   ) – 왕위 계승을 둘러싼 두 차례 왕자의 난을 통해 반대파를 제거하였다.

2 빈칸에 알맞은 말을 선택하시오.

(1) (명종, 선조) 때 양재역 벽서 사건이 일어났다.

(2) 중종 때 도교 기관인 (소격서, 유향소)가 혁파되었다.

(3) (명종, 선조) 때 정여립 모반 사건으로 기축옥사가 일어났다.

(4) 조의제문이 발단이 되어 (무오, 갑자) 사화가 일어났다.

(5) (중종, 명종) 때 외척 간의 갈등으로 을사사화가 일어났다.

(6) 폐비 윤씨 사사 사건을 빌미로 (무오, 갑자) 사화가 일어났다.

(7) 사림과 훈구의 갈등이 원인이 되어 (사화, 환국)가/이 일어났다.

(8) 조광조는 (과거제, 현량과)를 실시하여 신진 사림을 등용하고자 하였다.

(9) 기묘사화 때 위훈 삭제를 주장한 (김종직, 조광조)이/가 제거되었다.

(10) (영의정, 이조 전랑) 임명을 둘러싸고 사림이 동인과 서인으로 나뉘었다.

3 아래 사건이 일어난 시기를 (가)~(라) 중 고르시오.

1392	1398	1453	1506	1592
(가)	(나)	(다)	(라)	
조선 건국	1차 왕자의 난	계유 정난	중종 반정	왜란 발발

(1) (   ) – 집현전을 계승한 홍문관이 설립되었다.

(2) (   ) – 16세 이상의 남자들에게 호패 발급이 시작되었다.

(3) (   ) – 정도전이 불씨잡변을 지어 불교를 비판하였다.

(4) (   ) – 집현전 학자들을 대상으로 사가독서제를 시행하였다.

(5) (   ) – 양주 백정 출신인 임꺽정이 황해도에서 봉기하였다.

(6) (   ) – 조의제문이 발단이 되어 김일손 등이 처형되었다.

(7) (   ) – 경국대전을 완성하여 국가의 통치 규범을 마련하였다.

(8) (   ) – 정여립의 난을 계기로 동인이 대거 숙청되는 기축옥사가 일어났다.

4 다음 사료를 읽고, 물음에 답하시오.

(1) 이 제도를 처음 시행한 왕은 누구인가?

> 6조는 각기 모든 직무를 먼저 의정부에 품의하고, 의정부는 가부를 헤아린 뒤에 왕에게 아뢰어 (왕의) 전지를 받아 6조에 내려 보내어 시행한다.

(2) 아래 사건이 일어난 시기의 조선의 왕은 누구인가?

> 정유년 이후부터 조정 신하들 사이에는 대윤이니 소윤이니 말들이 있었다. 자전*은 밀지를 윤원형에게 내렸다. 이에 이기, 임백령 등이 고변하여 큰 화를 만들어 냈다.
> * 자전 : 왕의 어머니

(3) 아래 사건이 일어난 시기의 조선의 왕은 누구인가?

> 유자광이 김종직의 조의제문을 구절마다 풀이해서 아뢰기를, "감히 이와 같은 부도한 말을 했으니, 청컨대 법에 의하여 죄를 다스리시옵소서. 이 문집 및 판본을 다 불태워버리고 간행한 사람까지 아울러 죄를 다스리시기를 청합니다." 라고 하였다.

정답

1. (1) 세종 (2) 성종 (3) 태종 (4) 세조 (5) 태조 (6) 세종 (7) 세조 (8) 세조 (9) 태종 (10) 성종 (11) 태조 (12) 태종

2. (1) 명종 (2) 소격서 (3) 선조 (4) 무오 (5) 명종 (6) 갑자 (7) 사화 (8) 현량과 (9) 조광조 (10) 이조 전랑

3. (1) 다 (2) 나 (3) 가 (4) 나 (5) 라 (6) 다 (7) 다 (8) 라

4. (1) 세종 (2) 명종 (3) 연산군

225

58회 17번 [2점]

(가) 시기에 있었던 사실로 옳은 것은?

① 집현전을 계승한 홍문관이 설치되었다.
② 조준 등의 건의로 과전법이 제정되었다.
③ 국가의 기본 법전인 경국대전이 완성되었다.
④ 연분 9등법을 시행하여 수취 체제가 정비되었다.
⑤ 음악 이론 등을 집대성한 악학궤범이 간행되었다.

227

71회 19번 [2점]

밑줄 그은 '임금'의 재위 시기에 있었던 사실로 옳은 것은?

임금이 무악에 이르러서 도읍을 정할 땅을 물색하였다. 좌시중 조준, 우시중 김사형에게 말하였다. "고려 말에 서운관에서 송도의 지덕이 이미 쇠했다는 이유로 여러 번 글을 올려 한양으로 도읍을 옮기자고 하였다. 근래에는 계룡이 도읍할 만한 곳이라 하기에 백성을 공사에 동원하여 힘들게 하였다. 이제 또 여기가 도읍할 만한 곳이라 하여 와서 보니, 유한우 등이 도리어 무악보다는 송도가 더 명당이라고 고집한다. 그대들은 도읍할 만한 곳을 서운관 관리에게 다시 보고받도록 하라."

① 독창적 문자인 훈민정음이 반포되었다.
② 수도 방어를 위하여 금위영이 창설되었다.
③ 조선의 기본 법전인 경국대전이 완성되었다.
④ 왕위 계승을 둘러싸고 왕자의 난이 발생하였다.
⑤ 성삼문 등이 상왕의 복위를 꾀하다가 처형되었다.

226

52회 16번 [2점]

다음 가상 인터뷰의 주인공에 대한 설명으로 옳은 것은?

① 불씨잡변을 지어 불교를 비판하였다.
② 칭제 건원과 금국 정벌을 주장하였다.
③ 지공거 출신으로 9재 학당을 설립하였다.
④ 최초의 서원인 백운동 서원을 건립하였다.
⑤ 충청도 지역에 대동법을 실시하자고 건의하였다.

228

52회 18번 [2점]

다음 대화에 등장하는 왕에 대한 설명으로 옳은 것은?

① 금속 활자인 갑인자를 제작하였다.
② 삼수병으로 구성된 훈련도감을 창설하였다.
③ 인재 양성을 위해 초계문신제를 시행하였다.
④ 경국대전을 완성하여 통치 체제를 정비하였다.
⑤ 문하부를 폐지하고 낭사를 사간원으로 독립시켰다.

229

(가) 왕이 추진한 정책으로 옳은 것은?

□□신문

제△△호 　　　　　　　　　　　　　○○○○년 ○○월 ○○일

관현맹(管絃盲) 공연, 경복궁에서 재현

조선 시대 관현맹의 공연을 재현하는 행사가 경복궁 수정전에서 개최되었다. 관현맹은 궁중 잔치에서 연주한 시각장애인 악사인데, 박연의 상소를 계기로 (가) 때 관직과 곡식을 받게 되었다. 이번 공연에서는 (가) 이/가 작곡한 여민락(與民樂)을 시작으로 여러 곡이 연주되었다.

① 창덕궁에 신문고를 처음 설치하였다.
② 삼수병으로 구성된 훈련도감을 창설하였다.
③ 붕당 정치의 폐단을 경계하고자 탕평비를 세웠다.
④ 통치 체제를 정비하기 위해 대전통편을 간행하였다.
⑤ 유교 윤리의 보급을 위해 삼강행실도를 편찬하였다.

230

다음 상황이 전개된 배경으로 옳은 것은?

교지를 내려 이르기를, "전날 성삼문 등이 상왕(上王)도 그 모의에 참여하였다고 인정하자, 백관들이 상왕도 종사(宗社)에 죄를 지었으니 편안히 도성에 거주하는 것은 마땅치 않다고 하였다. …… 상왕을 노산군(魯山君)으로 낮추고, 궁에서 내보내 영월에 거주 시키도록 하라."라고 하였다.

① 인조반정으로 북인 세력이 몰락하였다.
② 인현왕후가 폐위되고 남인이 권력을 차지하였다.
③ 계유정난을 통해 수양대군이 정권을 장악하였다.
④ 이인좌를 중심으로 한 소론 세력이 난을 일으켰다.
⑤ 폐비 윤씨 사사 사건으로 인해 김굉필 등이 처형되었다.

231

(가) 왕에 대한 설명으로 옳은 것은?

작품명 : 출기파적도(出奇破賊圖)

이 그림은 이시애가 일으킨 반란을 좌대장 어유소가 진압하는 상황을 표현한 것이다. 이시애는 (가) 의 호패법 재실시 등 중앙의 통제 강화에 반발하여 함길도에서 반란을 일으켰다.

① 주자소를 설치하여 계미자를 주조하였다.
② 현직 관리를 대상으로 직전법을 실시하였다.
③ 조선의 기본 법전인 경국대전을 완성하였다.
④ 기유약조를 체결하여 일본과의 무역을 재개하였다.
⑤ 폐비 윤씨 사사 사건을 빌미로 갑자사화를 일으켰다.

232

밑줄 그은 '전하'의 재위 기간에 있었던 사실로 옳은 것은?

세종 대왕께서는 집현전 유신(儒臣)들에게 명하여 오례의를 상세히 정하게 하셨다. …… 예종 대왕과 우리 주상 전하께서 선왕의 뜻을 이어 이 방대한 책을 완성하게 하셨다. 예(禮)를 기술한 것은 3,300가지나 되지만, 그 요점은 길례·흉례·군례·빈례·가례 다섯 가지일 뿐이다.

① 국가의 기본 법전인 경국대전이 완성되었다.
② 성삼문 등이 상왕의 복위를 꾀하다가 처형되었다.
③ 육의전을 제외한 시전 상인의 금난전권이 폐지되었다.
④ 반정 공신의 위훈 삭제를 주장한 조광조가 사사되었다.
⑤ 이조 전랑 임명을 둘러싸고 김효원과 심의겸이 대립하였다.

233

63회 20번 [2점]

다음 상황이 나타난 시기를 연표에서 옳게 고른 것은?

> 왕이 전지하기를, "김종직은 보잘것없는 시골의 미천한 선비였는데, 선왕께서 발탁하여 경연에 두었으니 은혜와 총애가 더없이 컸다고 하겠다. 그런데 지금 그의 제자 김일손이 사초에 부도덕한 말로써 선왕 대의 일을 거짓으로 기록하고, 또 스승인 김종직의 조의제문을 싣고서 그 글을 찬양하였으니, 형명(刑名)을 의논하여 아뢰어라."라고 하였다.

1468	1494	1506	1518	1545	1589
(가)	(나)	(다)	(라)	(마)	
남이의 옥사	연산군 즉위	중종 반정	소격서 폐지	명종 즉위	기축옥사

① (가)
② (나)
③ (다)
④ (라)
⑤ (마)

234

55회 19번 [2점]

다음 검색창에 들어갈 왕이 추진한 정책으로 옳은 것은?

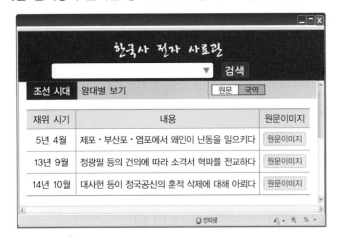

재위 시기	내용	원문이미지
5년 4월	제포·부산포·염포에서 왜인이 난동을 일으키다	원문이미지
13년 9월	정광필 등의 건의에 따라 소격서 혁파를 전교하다	원문이미지
14년 10월	대사헌 등이 정국공신의 훈적 삭제에 대해 아뢰다	원문이미지

① 조총 부대를 나선 정벌에 파견하였다.
② 4군 6진을 설치하여 북방 영토를 개척하였다.
③ 단종 복위 운동을 계기로 집현전을 폐지하였다.
④ 국가의 의례를 정비한 국조오례의를 편찬하였다.
⑤ 신진 인사를 등용하기 위한 현량과를 실시하였다.

235

56회 21번 [3점]

다음 주장이 공통으로 제기된 시기를 연표에서 옳게 고른 것은?

> ○ 중앙에서는 홍문관·육경·대간, 지방에서는 감사와 수령이 천거한 사람들을 한 곳에 모아 시험을 치르면 많은 인재를 얻을 수 있을 것입니다. 이는 한(漢)에서 시행한 현량과의 뜻을 이은 것입니다.
>
> ○ 정국공신은 이미 10년이 지난 일이지만 허위가 많았습니다. 공신 기록을 유자광이 홀로 맡아서 이렇게까지 외람되었습니다. 지금 고치지 않으면 개정할 수 없을 것입니다.

1494	1504	1545	1567	1623	1659
(가)	(나)	(다)	(라)	(마)	
연산군 즉위	갑자 사화	을사 사화	선조 즉위	인조 반정	기해예송

① (가)
② (나)
③ (다)
④ (라)
⑤ (마)

236

66회 20번 [2점]

(가), (나) 사이의 시기에 있었던 사실로 옳은 것은?

> (가) 정문형, 한치례 등이 아뢰기를, "지금 김종직의 조의제문을 보니, 입으로만 읽지 못할 뿐 아니라 차마 눈으로도 볼 수 없습니다. …… 마땅히 대역의 죄로 논단하고 부관참시해서 그 죄를 분명히 밝혀 신하와 백성의 분을 씻는 것이 사리에 맞는 일입니다."라고 하였다. …… 왕이 정문형 등의 의견을 따랐다.
>
> (나) 의금부에 전지하기를, "조광조, 김정 등은 서로 사귀어 무리를 이루고 자기 편은 천거하고 자기 편이 아닌 자는 배척하면서, 위세를 높여 서로 의지하며 권세가 있는 요직을 차지하였다. …… 이 모든 일들을 조사하여 밝혀라."라고 하였다.

① 정여립 모반 사건으로 기축옥사가 일어났다.
② 외척 간의 권력 다툼으로 윤임이 제거되었다.
③ 자의 대비의 복상문제로 예송이 전개되었다.
④ 희빈 장씨 소생의 원자 책봉 문제로 환국이 발생하였다.
⑤ 폐비 윤씨 사사사건을 빌미로 김굉필 등이 처형되었다.

237

61회 21번 [3점]

(가), (나) 사이의 시기에 있었던 사실로 옳은 것은?

> (가) 윤필상, 유순 등이 폐비(廢妃) 윤씨의 시호를 의논하며 "시호와 휘호를 함께 의논하겠습니까?"라고 아뢰니, "시호만 정하는 것이 합당하겠다."라고 하였다. …… 승정원에 전교하기를 "폐비할 때 의논에 참여한 재상, 궁궐에서 나갈 때 시위한 재상, 사약을 내릴 때 나가 참여한 재상 등을 승정원일기에서 조사하여 아뢰라."라고 하였다.
>
> (나) 의정부에 하교하기를 "조광조 등이 서로 결탁하여, 자신들에게 붙는 자는 천거하고 자신들과 뜻이 다른 자는 배척해서 …… 후진을 유인하여 궤격(詭激)*이 버릇되게 하고, 일을 의논할 때에도 조금만 이의를 세우면 반드시 극심한 말로 배척하여 꺾어서 따르게 하였다. …… 조광조·김정 등을 원방(遠方)에 안치하라."라고 하였다.
>
> * 궤격(詭激) : 언행이 정상을 벗어나고 격렬함

① 성삼문 등이 단종의 복위를 꾀하였다.
② 외척 간의 대립으로 윤임이 제거되었다.
③ 이괄이 난을 일으켜 한양을 점령하였다.
④ 성희안 일파가 반정을 통해 연산군을 몰아내었다.
⑤ 조의제문이 발단이 되어 김일손 등이 화를 입었다.

238

71회 21번 [2점]

밑줄 그은 '이 사건'에 대한 설명으로 옳은 것은?

> 이곳은 이언적의 위패를 모신 경주 옥산서원입니다. 이언적은 이른바 대윤과 소윤이라는 정치 세력 간의 갈등으로 윤임 등 대윤 세력이 탄압받은 <u>이 사건</u> 당시 관련자들의 처리를 두고 갈등이 생기자 스스로 관직에서 물러났습니다. 이후 양재역 벽서 사건에 연루되어 유배되었습니다.

① 김종직의 조의제문이 발단이 되었다.
② 폐비 윤씨 사사 사건이 원인이 되었다.
③ 왕실 외척 간의 권력 다툼으로 일어났다.
④ 진성 대군이 왕으로 즉위하는 결과를 가져왔다.
⑤ 조광조 등이 반정 공신의 위훈 삭제를 주장하였다.

239

65회 20번 [3점]

㉠~㉢에 대한 탐구 활동으로 가장 적절한 것은?

> ㉠왕이 어려서 즉위하여 모후(母后)가 수렴청정을 하고, 사림 간에 큰 옥사가 연달아 일어난 데다가 ㉡요승(妖僧)을 높이고 사랑하여 불교를 숭상했으나 모두 왕의 뜻은 아니었다. …… ㉢부세는 무겁고 부역은 번거로웠으며 흉년으로 백성들이 고달프고 도적이 성행하여 국내의 재력이 고갈되었다. 그래서 왕이 비록 성덕(盛德)을 품었어도 끝내 하나도 펴지 못했으니 참으로 애석하다. 그러다가 ㉣문정왕후가 돌아가신 후에 국정을 주관하게 되자 …… ㉤을사사화 때 화를 당한 사람들을 풀어 주고 먼 곳으로 쫓겨난 사람들을 모두 내지로 옮겼다.

① ㉠ - 1차 왕자의 난이 일어난 이유를 찾아본다.
② ㉡ - 황사영 백서 사건이 가져온 결과를 살펴본다.
③ ㉢ - 예송 논쟁의 발생 배경을 파악한다.
④ ㉣ - 갑술환국의 전개 양상을 정리한다.
⑤ ㉤ - 윤임 일파가 축출되는 과정을 조사한다.

240

52회 19번 [3점]

(가), (나) 사이의 시기에 있었던 사실로 옳은 것은?

> (가) 대사헌 등이 아뢰기를, "정국공신은 책봉된 지 오래 되었지만 폐주(廢主)의 총신(寵臣)도 많이 선정되었을 뿐 아니라, 그 중에는 반정 때 뚜렷한 공을 세우지 못한 사람도 많습니다. 지금이라도 이런 폐단을 고치지 않는다면 나라가 바로 서지 않을 것이니 삭훈해야 마땅합니다."라고 하였다.
>
> (나) 김효원과 심의겸의 두 당이 원수처럼 서로 공격하였다. 당초 심의겸이 김효원을 비방하자 김효원도 심의겸을 비난하여 각기 붕당이 나뉘어 대립하였다.

① 외척 간의 대립으로 윤임이 제거되었다.
② 조의제문이 발단이 되어 김일손 등이 화를 입었다.
③ 붕당의 폐해를 경계하기 위한 탕평비가 건립되었다.
④ 희빈 장씨 소생의 원자 책봉 문제로 환국이 발생하였다.
⑤ 폐비 윤씨 사사 사건의 전말이 알려져 김굉필 등이 처형되었다.

225 조선의 건국 과정 정답 ②

핵심키워드 요동 공격, 4불가론, 새 도읍

정답 분석

왼쪽 그림은 고려 말 명과의 갈등으로 인해 고려 우왕이 요동 정벌을 시도하자, 이성계가 4불가론을 들어 이를 반대한 상황을 나타낸다.

오른쪽 그림은 조선 건국 2년 후 수도를 한양으로 천도한 장면을 보여준다. 따라서 두 자료 사이에 해당하는 사건으로는 1388년의 위화도 회군, 1391년의 과전법 제정, 1392년의 정몽주 시해와 조선 건국 등이 있다.

② 과전법은 고려 말 정도전, 조준 등의 건의로 제정된 토지 제도로, 관리들에게 경기 토지를 지급하여 경제적 기반을 마련해 주었다.

오답 분석

① 집현전은 세종 대에 학문 연구 및 서적 편찬을 위해 설치된 기관으로, 성종 대에 홍문관으로 개편되었다.
③ 「경국대전」은 세조가 편찬을 시작하여 성종 대에 완성된 조선의 기본 법전이다.
④ 연분 9등법은 조선 세종 대에 시행된 수취 제도로, 그 해의 토지의 수확량에 따라 조세를 9등급(최대 20두, 최저 4두)으로 나눠 차등 부과하였다.
⑤ 「악학궤범」은 조선 성종 대에 간행된 음악 이론서이다.

226 정도전 정답 ①

핵심키워드 조선경국전, 주례, 재상 중심

정답 분석

정도전의 대표적인 저서로는 「조선경국전」, 「경제문감」, 「불씨잡변」 등이 있다. 그는 이 책들을 통해 조선의 통치 규범을 제시하고, 재상 중심의 정치를 강조했으며, 불교로 인한 사회적 폐단을 지적하면서 유교 국가의 사상적 기초를 다졌다.

오답 분석

② 묘청과 서경 세력은 고려 인종에게 칭제 건원과 금국 정벌, 서경 천도 등을 건의하였으나, 김부식 등의 반대로 실패하였다.
③ 9재 학당은 고려 중기 최충이 설립한 교육 기관으로, 그는 과거를 주관하던 지공거 출신으로 최고 관직인 문하시중까지 올랐다. 그의 이러한 배경으로 인해 9재 학당(문헌공도)은 과거를 준비하는 학생들에게 매우 인기가 높았다.
④ 백운동 서원(소수 서원)은 조선 중종 때 주세붕이 경상도 영주에 최초로 건립한 서원이다.
⑤ 대동법은 조선 광해군 때 경기 지역에서 처음 실시된 공납 제도 개혁책으로, 효종 때 김육의 건의를 받아들여 충청도와 전라도에서도 시행하였다.

227 조선 태조 정답 ④

핵심키워드 조준, 한양 도읍

정답 분석

이 사료는 새 왕조의 도읍지로 고려의 남경이던 한양, 공주 계룡산, 서울 무악(현재 서울 신촌과 연희 일대) 등을 후보로 놓고 태조와 신하들이 논의하는 내용을 담고 있다. 이후 한양으로 결정되어 1394년(태조 3년)에 천도하였다.

④ 태조 이성계의 다섯째 아들 이방원은 태조의 왕위 계승을 둘러싸고 두 차례에 걸쳐 왕자의 난을 일으켰다. 1차 왕자의 난에서는 이복동생 이방번과 이방석, 그리고 정도전을 제거했다. 2차 왕자의 난에서는 동복 형인 이방간과 대립하였다.

오답 분석

① 훈민정음은 조선 세종 대에 창제된 문자로, 백성들이 쉽게 익힐 수 있도록 만들어졌다.
② 금위영은 숙종 대에 수도 방어와 군사력 강화를 위해 설치된 중앙군이다.
③ 「경국대전」은 세조가 편찬을 시작하여 성종 대에 완성된 조선의 기본 법전이다.
⑤ 성삼문 등은 세조의 왕위 즉위에 반대하며 단종 복위를 시도했으나 실패하고 처형되었다. 이들을 사육신이라 부른다.

228 조선 태종 정답 ⑤

핵심키워드 하륜, 육조 직계제

정답 분석

태종은 왕권 강화에 앞장섰다. 즉위 초에 군권을 일원화하여 사병을 혁파하고, 도평의사사를 폐지하고 의정부를 설립했으며, 간쟁 기관을 독립시켜 이를 사간원으로 명명하였다. 통치 후반부에는 6조의 업무를 장관인 판서가 국왕에게 직접 보고하는 6조 직계제를 시행하였다.

하륜은 고려 말~조선 초의 문신으로, 1차 왕자의 난 때 이방원(훗날 태종)을 적극 지지하여 태종의 총애를 받았으며, 좌의정 등을 역임하였다.

⑤ 고려의 도평의사사와 문하부(중서문하성의 다른 이름)는 태종 때 의정부로 개편되었다.

오답 분석

① 갑인자는 세종 대에 주조된 금속 활자이다.
② 훈련도감은 선조 때 임진왜란을 계기로 창설된 상비군으로, 포수·사수·살수의 삼수병으로 편성되었다.
③ 초계문신제는 정조 대에 시행된 제도로, 왕이 직접 젊은 문신들의 학문을 연마하여 인재로 양성하였다.
④ 성종은 「경국대전」을 완성하고 중앙과 지방 통치체계를 정비하였다.

229 조선 세종 　　　　　정답 ⑤

핵심키워드 경복궁, 박연, 여민락

정답 분석

조선 시대에는 음악을 백성을 교화하는 수단으로 여기고, 국가의 각종 의례와 밀접히 관련된 중요한 요소로 간주하였다. 세종은 박연에게 악기를 개량하거나 제작하게 했으며, 스스로 여민락 등 악곡을 작곡하고, 소리의 장단과 높낮이를 표현할 수 있는 정간보를 창안하였다.

⑤ 「삼강행실도」는 조선 세종 대에 유교 윤리를 보급하기 위해 편찬된 책으로, 충신, 효자, 열녀의 사례를 뽑아 글과 그림으로 표현하였다.

오답 분석

① 창덕궁에 신문고를 설치한 것은 태종 대의 일로, 백성들의 억울함을 직접 듣기 위해 마련하였다.

② 훈련도감은 임진왜란 중에 선조가 삼수병(포수, 사수, 살수)으로 구성된 상비군을 조직한 군사 기관이다.

③ 영조는 성균관 앞에 탕평비를 세워 붕당 정치의 폐단을 경계하고자 하였다.

④ 「대전통편」은 정조 대에 편찬된 법전으로, 조선 후기의 변화상을 반영하여 통치 체제를 재정비하였다.

230 조선 세조 　　　　　정답 ③

핵심키워드 성삼문, 노산군

정답 분석

제시문 속 상왕은 조선 단종으로, 즉위 3년 차인 1453년에 수양대군(세조)에게 왕위를 물려주고 상왕으로 물러났다. 1456년에는 성삼문 등 사육신이 중심이 되어 상왕의 복위를 시도했으나 실패한 후, 단종은 노산군으로 강등되어 강원도 영월로 유배되었다. 따라서 제시문의 배경이 된 사건은 수양대군(세조)이 주도한 계유정난이다.

오답 분석

① 서인은 반정을 일으켜 광해군과 북인 정권을 몰아내고 인조를 즉위시켰다.

② 숙종 대의 기사환국을 계기로, 인현왕후가 폐위되고 서인이 몰락한 대신 남인이 집권하고 남인 출신 장희빈이 왕비에 올랐다.

④ 이인좌와 소론 강경파는 영조 4년에 청주를 기반으로 봉기를 시도하였다.

⑤ 폐비 윤씨 사사 사건은 성종이 왕비 윤씨를 폐위한 후 사사한 사건으로, 훗날 연산군 때 갑자사화의 원인이 되었다.

231 조선 세조 　　　　　정답 ②

핵심키워드 이시애, 호패법 재실시, 함길도 반란

정답 분석

조선은 개국 이후 함길도(함경도)를 통치하기 위해 본토 출신을 지방관으로 임명하였다. 세조 즉위 후 중앙 집권 정책이 강화되면서 남쪽 출신 수령이 파견되자, 함길도 호족들의 불만이 커졌고, 이에 함경도의 토호 이시애가 봉기를 일으켰다.

② 조선은 과전법으로 전현직 관리에게 수조권을 지급했으나, 시간이 경과되자 지급할 토지가 부족해졌다. 이에 세조는 현직 관리에게만 수조권을 지급하는 직전법을 제정하였다.

오답 분석

① 주자소는 태종 대에 금속 활자 인쇄를 위해 설치된 기관으로, 계미자와 갑인자 등을 주조하였다.

③ 「경국대전」은 성종 대에 완성된 조선의 기본 법전이다.

④ 기유약조는 광해군 대에 일본 에도막부와 체결한 조약으로, 이를 통해 부산포를 통해 대일 무역이 재개되었다.

⑤ 폐비 윤씨 사사 사건은 성종이 연산군의 어머니인 왕비 윤씨를 폐위한 후 사사한 사건이다.

232 조선 성종 　　　　　정답 ①

핵심키워드 길례, 흉례, 군례, 빈례, 가례

정답 분석

제시문의 길례는 국가에서 행하는 제사 의식을, 흉례는 장례와 국장 의식에 관한 예법을, 군례는 군사 의식에 관한 예법을, 빈례는 외국 사신을 접대하는 의식에 관한 예법을, 가례는 왕과 세자 등의 혼례 절차와 의식에 관한 예법을 말한다. 즉 조선 시대의 국가 기본 예식인 오례를 말하며, 이를 정리한 것이 성종 대에 편찬된 「국조오례의」이다.

① 성종은 세조 때 편찬을 시작한 「경국대전」을 완성하였다.

오답 분석

② 성삼문 등 사육신은 단종 복위를 시도했으나 실패하고 처형되었다.

③ 정조는 상업 활동을 활성화하기 위해 육의전을 제외한 시전 상인의 금난전권을 폐지하였다.

④ 조광조는 반정 공신의 위훈을 삭제하고자 개혁을 추진하다가, 중종의 반발로 사사되었다.

⑤ 김효원과 심의겸의 대립은 선조 대에 발생한 동인과 서인의 붕당 형성의 계기가 되었다.

233 사화

정답 ②

핵심키워드 김종직, 김일손의 사초

정답 분석

제시문의 김종직과 김일손은 성종과 연산군 시기의 사림이다. 연산군 시기에는 사림과 훈구 간의 정치적 갈등이 심화되어 무오사화와 갑자사화가 일어났다.

제시문은 무오사화에 관한 것으로, 김일손이 사초에 김종직의 「조의제문」을 수록한 것이 문제가 되었는데, 「조의제문」은 항우에게 죽은 초나라 회왕을 단종에 비유하여 세조의 찬탈을 풍자한 내용이었다. 이극돈과 유자광은 연산군을 앞세워 김종직과 김일손의 관계를 강조하며 이들을 하나의 집단으로 묶어 탄핵하였다. 이로 인해 사림 세력은 큰 타격을 입었다.

234 조선 중종

정답 ⑤

핵심키워드 왜인의 난동, 소격서 혁파, 훈적 삭제

정답 분석

중종은 반정을 통해 연산군을 폐위하고 즉위하였다. 중종 5년에 삼포(부산포, 염포, 제포)에 머물던 왜인들이 난동을 일으키자 이를 진압하고 비변사를 조직하였다. 집권 중반에 사림 조광조를 등용하여 소격서를 혁파하고 현량과를 실시하는 개혁을 시도했으나, 반정 공신의 훈적 삭제를 둘러싼 조광조와 훈구 세력 간의 대립으로 정국이 혼란에 빠지자 결국 조광조를 숙청하였다.

⑤ 중종은 반정을 주도한 공신들을 견제하기 위해 조광조를 비롯한 사림들을 등용하였다. 조광조는 전국 각지에서 유능한 선비를 추천하여 관리로 등용하는 현량과를 실시하였다. 이 제도는 사림이 관직에 진출하는 데 도움을 주었다.

오답 분석

① 효종 때 두 차례에 걸쳐 조총 부대를 청에 파견하여 러시아와 격돌하였다. 이를 나선 정벌이라 한다.
② 세종은 북방 영토를 개척하고자 김종서와 최윤덕을 파견하여 4군 6진을 설치하였다.
③ 세조는 집현전을 폐지하였다. 이후 성종은 홍문관을 설치하여 그 기능을 부활시켰다.
④ 국가의 의례를 정비한 「국조오례의」는 조선 성종 대에 편찬된 것으로, 국가 의례를 체계화하였다.

235 조광조와 기묘사화

정답 ②

핵심키워드 현량과, 정국공신

정답 분석

제시문은 중종 시기에 조광조가 추진한 개혁에 관한 것이다. 조광조는 추천을 통한 관리 선발을 주장하여 현량과를 도입했으며, 도교 기관인 소격서를 폐지하였다. 나아가 위훈 삭제를 주장하였다. 위훈이란 잘못된 공훈을 의미하는데, 연산군을 폐위하고 중종이 즉위할 때 공신 반열에 오른 정국공신이 무려 117명에 달했다. 이에 조광조 등은 일등 공신 유자광을 비롯한 많은 사람의 위훈 삭제를 주장하였다. 이것이 문제가 되어 사림 세력들은 훈구파의 공격을 받아 화를 당하였다. 이것이 기묘사화이다. 이때 조광조는 전라도 능주로 귀양을 갔다가 그곳에서 사사되었다.

참고로, 16세기에는 네 차례의 사화가 발생했는데, 연산군 시기에 무오사화와 갑자사화가, 중종 시기에 기묘사화가, 명종 시기에 을사사화가 일어났다.

236 사화

정답 ⑤

핵심키워드 김종직, 조의제문, 조광조

정답 분석

(가) 연산군 때의 무오사화로, 김종직의 「조의제문」을 계기로 시작되었다.
(나) 중종 때 조광조 일파가 숙청당한 기묘사화에 관한 사료이다.
⑤ 폐비 윤씨 사사 사건은 성종 대에 일어난 사건으로, 이후 연산군 시기에 갑자사화의 원인이 되었다.

오답 분석

① 정여립 모반 사건은 조선 선조 대에 발생한 사건으로, 동인 정여립이 대동계를 조직한 것을 빌미로 서인이 동인을 대거 숙청하였다. 이 사건은 동인과 서인 간의 정치적 갈등이 본격화되고 있음을 보여준다.
② 윤임은 명종 대의 외척으로, 또 다른 외척인 윤원형 세력과 대립하였다. 이 과정에서 을사사화가 일어났다.
③ 자의 대비의 상복 기간 논란으로 인해 현종 대에 두 차례 예송 논쟁이 발생했다. 첫 번째 논쟁은 효종의 사망 후, 두 번째 논쟁은 효종비의 사망 후 상복 기간 문제와 관련이 있다.
④ 숙종 대에 총 세 차례 환국이 발생하였다. 이 중 남인 출신인 희빈 장씨의 아들을 세자로 책봉하는 문제를 둘러싸고 기사환국이 일어났다. 이로 인해 남인이 집권하고 서인이 몰락하였다.

237 사화
정답 ④

핵심키워드 폐비 윤씨, 조광조

정답 분석

㉮ 폐비 윤씨는 성종의 왕후로, 연산군의 생모이다. 연산군은 생모의 폐비와 사사 문제를 부각시켜 갑자사화를 일으켰다.

㉯ 중종 대에 조광조와 사림 세력을 숙청한 기묘사화에 관한 사료이다.

④ 성희안과 박원종 등은 중종반정을 일으켜 연산군을 폐위시키고 중종을 즉위시켰다.

오답 분석

① 성삼문 등은 세조의 왕위 찬탈에 반대하며 단종 복위를 시도했으나 실패하고 처형되었다. 이들을 사육신이라 한다.

② 윤임(대윤)은 명종 대의 외척으로, 또 다른 외척인 윤원형 세력(소윤)과 대립하였다. 이 과정에서 을사사화가 일어났다.

③ 이괄은 인조반정에 참여했으나, 인조 초에 반란을 일으켜 한양을 일시적으로 점령하였다. 이후 잔당 세력이 후금으로 가서 광해군 폐위와 인조의 친명배금 정책을 알리며, 정묘호란(1627년)의 원인이 되었다.

⑤ 「조의제문」은 김종직이 세조의 왕위 찬탈을 비유적으로 비판한 글로, 무오사화의 원인이 되었다.

238 을사사화
정답 ③

핵심키워드 이언적, 대윤과 소윤, 양재역 벽서 사건

정답 분석

중종의 두 계비인 장경왕후와 문정왕후 사이에서 각각 인종과 명종이 태어나면서, 각 왕후의 외척 세력이 정치적 영향력을 확대하였다. 장경왕후의 윤임 세력(대윤)과 문정왕후의 윤원형 세력(소윤)이 대립하는 과정에서 을사사화(명종 1년)가 일어났다.
1547년(명종 2년) 과천 양재역에서 문정왕후를 비난하는 벽서가 발견되었고, 이 사건은 소윤 세력이 대윤을 제거하는 계기가 되었다.

오답 분석

① 김종직의 「조의제문」은 연산군 대의 무오사화에서 문제시된 글로, 세조의 왕위 찬탈을 풍자한 내용이 포함되어 있어 사화의 발단이 되었다.

② 폐비 윤씨(연산군의 생모) 사건은 연산군 대의 갑자사화의 직접적인 원인이 되었다.

④ 진성 대군은 중종의 왕자 시절 칭호로, 그는 연산군 폐위 후 왕위에 올랐다.

⑤ 조광조는 중종 대에 현량과 실시와 위훈 삭제를 주장하며 개혁을 추진했고, 이는 기묘사화로 이어졌다.

239 조선 명종
정답 ⑤

핵심키워드 사림, 요승, 문정왕후, 을사사화

정답 분석

제시문은 16세기 명종 시기의 상황을 담은 사료이다. 문종은 즉위 초 어머니 문정왕후가 수렴청정하였고, 그녀는 승려 보우를 등용하여 불교를 진흥하였다.

⑤ 문정왕후의 형제인 윤원형 세력(소윤)은 을사사화(명종 1년)와 양재역 벽서 사건(명종 2년)을 통해 윤임 세력(대윤)을 축출하였다.

오답 분석

① 1차 왕자의 난은 태조 7년에 일어났다. 태조의 다섯째 아들 이방원이 후계자 문제에 불만을 품고 봉기하여 이복동생들과 정도전을 숙청하였다. 이 사건으로 충격을 받은 태조는 왕위에서 물러나 고향 함흥으로 갔다.

② 황사영 백서 사건은 천주교 신자 황사영이 신유박해(순조 1년)를 피하기 위해 청나라에 머무는 프랑스의 도움을 요청하며 작성한 편지이다.

③ 예송 논쟁은 현종 때 자의 대비의 상복 기간을 두고 서인과 남인이 논쟁을 벌인 사건이다.

④ 갑술환국으로 숙종 대에 서인이 재집권하였다.

240 16세기의 정치
정답 ①

핵심키워드 정국공신, 삭훈, 김효원, 심의겸, 붕당

정답 분석

㉮ 정국공신은 중종반정에 참여하여 공을 세운 공신 117명을 일컫는다. 조광조는 이들 중 약 80여 명의 공신 지위를 박탈하자고 주장하였으나, 오히려 기묘사화로 숙청되었다.

㉯ 선조 시기에 김효원과 심의겸의 갈등이 계기가 되어 사림 세력이 동인과 서인으로 분당된 것을 보여준다.

따라서 ㉮, ㉯ 사이에는 명종, 선조 초가 위치한다.

① 윤임(대윤)과 윤원형(소윤)은 명종 대의 외척으로, 권력을 둘러싸고 충돌하였다. 이 과정에서 을사사화가 발생하였다.

오답 분석

② 김종직의 '조의제문'은 연산군 시기에 무오사화의 발단이 되었다.

③ 영조는 탕평비를 건립하였다.

④ 숙종 때 희빈 장씨 아들의 세자 책봉을 둘러싸고 기사 환국이 발생하였다.

⑤ 폐비 윤씨 사건은 연산군 대의 갑자사화로 이어져 김굉필 등 사림이 피해를 입었다.

❶ 17C의 붕당 정치

광해군(15대)
↓ 인조
↓ 반정
	• 전후 복구 : 토지 대장과 호적 정비, 허준의 동의보감 편찬
	• 외교 정책
	  – 일본과 기유약조 체결 : 부산포에 왜관 설치 숙종 때 초량으로 이전
	  – 명과 후금 사이에서 중립 외교 시행 : 강홍립의 사르후 전투(심하 전투)
	                    └ 명·조선(강홍립 부대) vs 후금
	• 폐모살제 인목 대비 유폐와 영창 대군 살해

인조(16대)	• 반정으로 즉위, 서인 정권 수립 → 2차례 호란
효종(17대)	• 북벌 추진 : 송시열 등용, 어영청 확대

현종(18대)	• 자의 대비의 복상 문제 때문에 예송 발생
	  – 기해 예송 : 효종 사망 때, 서인(1년 주장) vs 남인(3년 주장)
	  – 갑인 예송 : 효종비 사망 때, 서인(9개월 주장) vs 남인(1년 수장)

숙종(19대)	• 서인과 남인의 갈등으로 환국 발생
	  – 경신 환국 : 남인 허적의 유악 사건 계기, 서인 집권
	  – 기사 환국 : 남인 장희빈 아들의 세자 책봉 계기, 남인 집권, 인현왕후 폐위, 서인 송시열 사사
	  – 갑술 환국 : 서인 집권, 장희빈 숙청
	• 백두산 정계비 건립 청과의 국경선(압록강~두만강) 설정

❷ 18C의 탕평 정치

영조(21대)	• 탕평 정치
	  – 탕평비 건립 : 성균관 입구
	  – 이인좌의 난(충북 청주, 소론 주도), 임오화변 노론의 정치 공세로 사도세자 사망
	• 개혁 정치
	  – 가혹한 형벌 금지, 신문고 부활
	  – 노비종모법 실시 어머니의 신분으로 노비 여부 결정, 양인 증가 목적
	  – 청계천 준설 : 준천사 설치, 약 2달간 20만 명 고용
	  – 균역법 실시 : 군포 부담을 낮춰 1년 1필만 징수
	• 속대전 법령 정리 · 동국문헌비고 한국학 백과사전 편찬

정조(22대)	• 탕평 정치 ┌ 당하관 이하 관리의 재교육
	  – 규장각 설치 : 창덕궁 주합루, 초계문신제 실시, 서얼의 규장각 검서관 등용(박제가·유득공·이덕무·서이수)
	  – 장용영 설치 : 왕의 친위 부대, 수원 화성에 외영 설치
	  – 화성 건설 : 정약용의 참여(기기도설 참조하여 거중기 제작, 한강에 배다리 건설), 화성성역의궤 편찬
	  – 스스로 '만천명월주인옹' 만 개의 냇물에 비치는 달의 주인이라 칭함
	• 대전통편 법전 · 동문휘고 외교 문서 정리 · 무예도보통지 군사 훈련서 편찬

❸ 19C의 세도 정치 외척 안동 김씨, 풍양 조씨 등이 사실상 권력을 독점함

순조(23대)	• 공노비 해방 궁방과 중앙 관서의 관노비 6만여 명을 양인으로 해방시킴 • 신유박해 : 남인 탄압, 이승훈·정약종 처형, 정약용·정약전 유배 • 홍경래의 난 : 평안도 차별과 삼정의 문란 때문
철종(25대)	• 최제우의 동학 창시 • 임술 농민 봉기 : 전국 확산, 삼정이정청 설치

✚ 갑인 예송

• 대비께서 서거하셨습니다. 효종 대왕이 비록 둘째 아들이지만 왕위를 계승하였으므로 장자로 대우하여 대왕대비의 상복 입는 기간을 1년으로 해야 합니다. : 남인의 주장
• 아닙니다. 대왕대비는 효종 대왕의 어머니라서 신하가 될 수 없고 효종 대왕은 둘째 아들이므로 대왕대비의 상복 입는 기간을 9개월로 해야 합니다. : 서인의 주장

✚ 경신 환국

궐내에 보관하던 기름 먹인 장막을 허적이 다 가져갔음을 듣고, 임금이 노하여 "궐내에서 쓰는 장막을 마음대로 가져가는 것은 한명회도 못하던 짓이다."라고 말하였다. 시종에게 알아보게 하니, 잔치에 참석한 서인(西人)은 몇 사람뿐이었고, 허적의 당파가 많아 기세가 등등하였다고 아뢰었다. 이에 임금이 남인(南人)을 제거할 결심을 하였다. … 허적이 잡혀오자 임금이 모든 관직을 삭탈하였다.
– 「연려실기술」 –

✚ 탕평비

'남과 두루 친하되 편당 짓지 않는 것은 군자의 공정한 마음이고, 편당만 짓고 남과 두루 친하지 못하는 것은 소인의 사사로운 생각이다.'

1 다음 설명에 해당하는 왕을 쓰시오.

┤ 보기 ├
| 광해군 | 인조 | 현종 | 숙종 |

(1) (　　) – 일본과 기유약조를 체결하였다.

(2) (　　) – 정묘호란과 병자호란이 일어났다.

(3) (　　) – 자의 대비 복상 문제로 예송이 일어났다.

(4) (　　) – 허적과 윤휴 등 남인이 대거 축출되었다.

(5) (　　) – 청과 합의 후 백두산 정계비를 건립하였다.

(6) (　　) – 영창 대군이 사사되고 인목 대비가 유폐되었다.

(7) (　　) – 전통 한의학을 정리한 동의보감이 간행되었다.

(8) (　　) – 인현왕후가 폐위되고 남인이 권력을 장악하였다.

(9) (　　) – 강홍립이 이끄는 부대가 사르후 전투에 참전하였다.

(10) (　　) – 서인이 경신환국을 계기로 노론과 소론으로 분화되었다.

2 해당하는 왕을 선택하시오.

(1) (영조, 정조) – 대전통편을 편찬하였다.

(2) (영조, 정조) – 이인좌가 난을 일으켰다.

(3) (영조, 정조) – 탕평비를 성균관에 건립하였다.

(4) (영조, 정조) – 청계천 준설 공사를 진행하였다.

(5) (영조, 정조) – 국왕의 친위 부대인 장용영을 설치하였다.

(6) (영조, 정조) – 역대 문물을 정리한 동국문헌비고가 편찬되었다.

(7) (영조, 정조) – 초계문신을 선발하여 학문 연구에 힘쓰도록 하였다.

(8) (영조, 정조) – 박제가, 유득공, 이덕무 등 서얼을 검서관으로 등용하였다.

(9) (순조, 철종) – 홍경래의 난이 일어났다.

(10) (순조, 철종) – 공노비 6만여 명을 해방하였다.

(11) (순조, 철종) – 신유박해로 다수의 천주교도가 처형되었다.

(12) (순조, 철종) – 박규수의 건의로 삼정이정청이 설치되었다.

3 아래 사건이 일어난 시기를 (가)~(라) 중 고르시오.

	1608	1659	1680	1694	1762
	(가)	(나)	(다)	(라)	
	광해군 즉위	기해 예송	경신 환국	갑술 환국	임오 화변

(1) (　　) – 인조반정이 일어났다.

(2) (　　) – 2차례에 걸쳐 호란이 일어났다.

(3) (　　) – 송시열과 김수항 등이 처형되었다.

(4) (　　) – 이인좌와 소론 강경파가 청주에서 반란을 일으켰다.

(5) (　　) – 희빈 장씨 소생의 원자 책봉 문제로 환국이 발생하였다.

(6) (　　) – 현종비가 사망하자, 자의 대비의 복상 문제로 서인과 남인 사이에 예송이 전개되었다.

4 다음 사료를 읽고, 물음에 답하시오.

(1) 아래 사건은 어느 왕 시기에 일어났는가?

> 허목이 상소하였다. "장자를 위해 3년 복을 입는다는 것은 위로 쳐서 정체(正體)이기 때문입니다. 첫째 아들이 죽어서 적처 소생의 둘째를 세우는 것도 역시 장자라고 부릅니다."

(2) 아래 글을 작성한 왕은 누구인가?

> 물이 세상 사람들이라면 달이 비춰 그 상태를 나타내는 것은 사람들 각자의 얼굴이고, 달은 태극인데 그 태극은 바로 나라는 것을 알고 있다. … 그리하여 나의 처소에 '만천명월주인옹(萬川明月主人翁)'이라고 써서 자호(自號)로 삼기로 한 것이다.

(3) 아래 글이 작성된 시기의 왕은 누구인가?

> 우리나라가 중국 조정을 섬겨 온 것이 2백여 년이다. … 임진년에 입은 은혜는 만세토록 잊을 수 없는 것이다. 광해군은 배은망덕하여 천명을 두려워하지 않고, 속으로 다른 뜻을 품고 오랑캐에게 성의를 베풀었다. 기미년(1619) 오랑캐를 정벌할 때에는 은밀히 장수를 시켜 동태를 보아 행동하게 한다.

정답

1. (1) 광해군 (2) 인조 (3) 현종 (4) 숙종 (5) 숙종 (6) 광해군 (7) 광해군 (8) 숙종 (9) 광해군 (10) 숙종

2. (1) 정조 (2) 영조 (3) 영조 (4) 영조 (5) 정조 (6) 영조 (7) 정조 (8) 정조 (9) 순조 (10) 순조 (11) 순조 (12) 철종

3. (1) 가 (2) 가 (3) 다 (4) 라 (5) 다 (6) 나

4. (1) 현종 (2) 정조 (3) 인조

241

55회 20번 [3점]

다음 상황 이후에 전개된 사실로 옳은 것은?

> 선전관 이용준 등이 정여립을 토벌하기 위하여 급히 전주에 내려갔다. 무리들과 함께 진안 죽도에 숨어 있던 정여립은 군관들이 체포하려 하자 자결하였다.

① 이시애가 길주를 근거지로 난을 일으켰다.
② 기축옥사로 이발 등 동인 세력이 제거되었다.
③ 양재역 벽서 사건으로 이언적 등이 화를 입었다.
④ 수양대군이 김종서 등을 살해하고 권력을 장악하였다.
⑤ 이조 전랑 임명을 둘러싸고 사림이 동인과 서인으로 나뉘었다.

243

69회 22번 [2점]

밑줄 그은 '이 왕'이 추진한 정책으로 옳은 것은?

① 6조 직계제를 처음으로 실시하였다.
② 학문 연구 기관으로 집현전을 두었다.
③ 전란의 피해를 복구하고 동의보감을 간행하였다.
④ 역대 문물 제도를 정리한 동국문헌비고를 편찬하였다.
⑤ 시전 상인의 특권을 축소하는 신해통공을 단행하였다.

242

63회 23번 [3점]

(가), (나) 사이의 시기에 있었던 사실로 옳은 것은?

> (가) 처음에 심의겸이 외척으로 권세를 부리니 당시 명망 있는 사람들이 섬겨 따랐다. 그런데 김효원이 전랑(銓郞)이 되어 그들을 배척하자 심의겸의 무리가 그를 미워하니, 점차 사림이 나뉘어 동인과 서인이라는 말이 나오게 되었다.
>
> (나) 기해년에 왕이 승하하자 재신 송시열이 사종(四種)의 설을 인용하여 "대행 대왕은 왕대비에게 서자가 된다. 왕통을 이었으나 장자가 아닌 경우이니 기년복(朞年服)*을 입어야 마땅하다."라고 하였다. 이에 대해 허목 등 신하들은 전거를 들어 다투기를, "대행 대왕은 왕대비에게 서자가 아니라 장자가 된 둘째이니, 삼년복을 입어야 한다."라고 하였다.
>
> * 기년복(朞年服) : 1년 동안 입는 상복

① 인조반정으로 북인 세력이 몰락하였다.
② 목호룡의 고변으로 옥사가 발생하였다.
③ 양재역 벽서 사건으로 이언적 등이 화를 입었다.
④ 인현 왕후가 폐위되고 남인이 권력을 차지하였다.
⑤ 이인좌를 중심으로 소론 세력 등이 난을 일으켰다.

244

51회 24번 [2점]

(가), (나) 사이의 시기에 있었던 사실로 옳은 것은?

> (가) 양사(兩司)가 합계하기를, "영창 대군 이의(李㼅)를 왕으로 옹립하기로 했다는 설이 이미 역적의 입에서 나왔는데 이에 대해 자복(自服)한 역적만도 한두 명에 그치지 않습니다. …… 왕법은 지극히 엄한 만큼 결코 용서해주기 어려우니 유사로 하여금 법대로 적용하여 처리하게 하소서."라고 하였다.
>
> (나) 앞서 왕에게 이괄 부자가 역적의 우두머리라고 고해바친 자가 있었다. 하지만 임금은 "필시 반역은 아닐 것이다."라고 하면서도, 이괄의 아들인 이전을 잡아오라고 명하였다. 이전은 그때 이괄의 군영에 있었고 이괄은 결국 금부도사 등을 죽이고 여러 장수들을 위협하여 난을 일으켰다.

① 국왕의 친위 부대인 장용영이 조직되었다.
② 서인이 반정을 일으켜 정권을 장악하였다.
③ 정여립 모반 사건으로 옥사가 발생하였다.
④ 허적과 윤휴 등 남인들이 대거 축출되었다.
⑤ 자의 대비의 복상 문제로 예송이 전개되었다.

245

다음 왕에 대한 설명으로 옳은 것은?

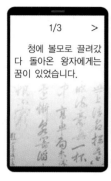

1/3 >
청에 볼모로 끌려갔다 돌아온 왕자에게는 꿈이 있었습니다.

< 2/3 >
왕이 된 그는 성곽과 무기를 정비하고 군대를 양성했습니다.

< 3/3
하지만 냉혹한 국내외의 현실로 북벌은 미완의 꿈으로 남았습니다.

① 나선 정벌에 조총 부대를 파견하였다.
② 왕의 친위 부대인 장용영을 설치하였다.
③ 청과의 국경을 정하는 백두산 정계비를 세웠다.
④ 역대 문물을 정리한 동국문헌비고를 편찬하였다.
⑤ 수조권이 세습되던 수신전과 휼양전을 폐지하였다.

246

다음 상황이 나타난 시기를 연표에서 옳게 고른 것은?

○ 송준길이 아뢰었다. "적처(嫡妻) 소생이라도 둘째부터는 서자입니다. …… 둘째 아들은 비록 왕통을 계승하였더라도 (그를 위해서는) 3년 복을 입어서는 안 됩니다."

○ 허목이 상소하였다. "장자를 위해 3년 복을 입는다는 것은 위로 쳐서 정체(正體)이기 때문입니다. …… 첫째 아들이 죽어서 적처 소생의 둘째를 세우는 것도 역시 장자라고 부릅니다."

	(가)	(나)	(다)	(라)	(마)	
계유 정난		중종 반정	을사 사화	인조 반정	경신 환국	이인좌의 난

① (가)
② (나)
③ (다)
④ (라)
⑤ (마)

247

(가) 시기에 있었던 사실로 옳은 것은?

며칠 전 주상께서 희빈 장씨가 낳은 왕자를 원자로 삼으셨다고 하네.

중전께서 아직 젊으신데 너무 성급한 결정은 아닌지 우려스럽네.

(가)

장씨에게 내렸던 왕후의 지위를 거두고 옛 작호인 희빈을 내려주도록 하라.

① 무신 이징옥이 반란을 일으켰다.
② 송시열이 유배된 후 사사되었다.
③ 자의 대비의 복상 문제로 예송이 일어났다.
④ 정여립 모반 사건을 빌미로 기축옥사가 발생하였다.
⑤ 붕당 정치의 폐해를 막기 위해 탕평비가 건립되었다.

248

(가)~(다)를 일어난 순서대로 옳게 나열한 것은?

(가) 임금이 궐내에 있던 기름 먹인 장막을 허적이 벌써 가져갔음을 듣고 노하여 이르기를, "궐내에서 쓰는 것을 마음대로 가져가는 것은 한명회도 못하던 짓이다."라고 하였다. …… 임금이 허적의 당파가 많아 기세가 당당하다는 말을 듣고 그들을 제거하고자 결심하였다.

(나) 비망기를 내려, "국운이 안정되어 왕비가 복위하였으니, 백성에게 두 임금이 없는 것은 고금을 통한 의리이다. 장씨의 왕후 지위를 거두고 옛 작호인 희빈을 내려 주되, 세자가 조석으로 문안하는 예는 폐하지 않도록 하라."라고 하였다.

(다) 임금이 말하기를, "송시열은 산림의 영수로서 나라의 형세가 험난한 때에 감히 원자(元子)의 명호를 정한 것이 너무 이르다고 하였으니, 삭탈 관작하고 성문 밖으로 내쳐라. 반드시 송시열을 구하려는 자가 있겠지만, 그런 자는 비록 대신이라 하더라도 용서하지 않을 것이다."라고 하였다.

① (가) - (나) - (다)
② (가) - (다) - (나)
③ (나) - (가) - (다)
④ (나) - (다) - (가)
⑤ (다) - (나) - (가)

249

밑줄 그은 '이 왕'의 재위 시기에 있었던 사실로 옳은 것은?

이것은 조선과 청 사이의 경계를 나타내고자 세운 비석의 탁본입니다. 비석에 대해 자세히 설명해 주시겠어요?

이 비석은 국경을 분명히 하기 위해 청에서 파견한 오라총관 목극등과 이 왕이 보낸 조선의 관리들이 현지를 답사하고 세웠습니다. 비석에는 서쪽은 압록강, 동쪽은 토문강을 경계로 한다는 내용이 새겨져 있습니다.

① 최제우가 혹세무민의 죄로 처형되었다.
② 변급, 신류 등이 나선 정벌에 참여하였다.
③ 국왕의 친위 부대인 장용영이 창설되었다.
④ 경신환국 등 여러 차례 환국이 발생하였다.
⑤ 정여립 모반 사건을 빌미로 기축옥사가 일어났다.

250

(가) 왕에 대한 설명으로 옳은 것은?

특별 전시회

탕평 군주
(가) 을/를 만나다

■ 기간 : 2023년 ○○월 ○○일 ~ ○○월 ○○일
■ 장소 : △△ 박물관 특별 전시실

전시 유물 소개

「수문상친림관역도」
한성의 홍수 예방을 위해 실시한 청계천 준설 공사 현장을 (가) 이/가 지켜보는 모습을 담은 그림

「균역사실」
균역법의 제정 배경 및 과정, 균역청의 운영 등을 담은 책

① 학문 연구 기관으로 집현전을 두었다.
② 삼수병으로 구성된 훈련도감을 설치하였다.
③ 속대전을 편찬하여 통치 체제를 정비하였다.
④ 궁중 음악을 집대성한 악학궤범을 편찬하였다.
⑤ 시전 상인의 특권을 축소하는 신해통공을 단행하였다.

251

(가) 시기에 있었던 사실로 옳은 것은?

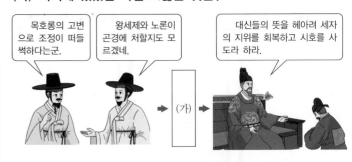

목호룡의 고변으로 조정이 떠들썩하다는군.

왕세제와 노론이 곤경에 처할지도 모르겠네.

(가)

대신들의 뜻을 헤아려 세자의 지위를 회복하고 시호를 사도라 하라.

① 이괄이 반란을 일으켜 도성을 장악하였다.
② 자의 대비의 복상문제로 예송이 전개되었다.
③ 왕위 계승을 둘러싸고 왕자의 난이 발생하였다.
④ 이인좌를 중심으로 소론 세력 등이 난을 일으켰다.
⑤ 희빈 장씨 소생의 원자 책봉 문제로 환국이 발생하였다.

252

(가) 왕에 대한 설명으로 옳은 것은?

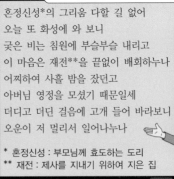

이 시기는 (가) 이/가 현륭원을 참배하고 화성 행궁에 머물다가 환궁하는 길에 지은 것입니다. 아버지인 사도세자에 대한 마음이 잘 표현되어 있습니다.

혼정신성*의 그리움 다할 길 없어
오늘 또 화성에 와 보니
궂은 비는 침원에 부슬부슬 내리고
이 마음은 재전**을 끝없이 배회하누나
어찌하여 사흘 밤을 잤던고
아버님 영정을 모셨기 때문일세
더디고 더딘 걸음에 고개 들어 바라보니
오운이 저 멀리서 일어나누나

* 혼정신성 : 부모님께 효도하는 도리
** 재전 : 제사를 지내기 위하여 지은 집

① 청과 국경을 정하는 백두산 정계비를 세웠다.
② 통치 체제를 정비하고자 속대전을 편찬하였다.
③ 왕실의 위엄을 높이기 위해 경복궁을 중건하였다.
④ 삼정의 문란을 시정하려고 삼정이정청을 설치하였다.
⑤ 시전 상인의 특권을 축소하는 신해통공을 단행하였다.

253

59회 24번 [2점]

(가) 왕이 추진한 정책으로 옳은 것은?

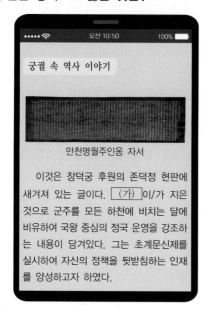

궁궐 속 역사 이야기

만천명월주인옹 자서

이것은 창덕궁 후원의 존덕정 현판에 새겨져 있는 글이다. (가) 이/가 지은 것으로 군주를 모든 하천에 비치는 달에 비유하여 국왕 중심의 정국 운영을 강조하는 내용이 담겨있다. 그는 초계문신제를 실시하여 자신의 정책을 뒷받침하는 인재를 양성하고자 하였다.

① 친위 부대로 장용영을 설치하였다.
② 경기도에 한해서 대동법을 실시하였다.
③ 한양을 기준으로 한 역법서인 칠정산을 만들었다.
④ 통치 체제를 정비하기 위해 대전회통을 편찬하였다.
⑤ 직전법을 제정하여 현직 관리에게만 수조권을 지급하였다.

254

64회 26번 [2점]

밑줄 그은 '왕'의 재위 시기에 있었던 사실로 옳은 것은?

대전통편이 완성되었는데, 나라의 제도 및 법식에 관한 책이다. …… 왕이 말하기를, "속전(續典)은 갑자년에 이루어졌는데, 선왕의 명령으로서 갑자년 이후에 이루어진 것도 많으니 어찌 감히 지금과 가까운 것만을 내세우고 먼 것은 소홀히 할 수 있겠는가?"라고 하였다. 이에 김치인 등에게 명하여 원전(原典)과 속전 및 지금까지의 왕명을 모아 한 책으로 편찬한 것이었다.

① 인재 양성을 위해 초계문신제를 시행하였다.
② 홍경래 등이 봉기하여 정주성을 점령하였다.
③ 자의 대비의 복상 문제로 예송이 전개되었다.
④ 이인좌를 중심으로 소론 세력 등이 난을 일으켰다.
⑤ 신류가 조총 부대를 이끌고 흑룡강에서 전투를 벌였다.

255

62회 27번 [2점]

(가) 문화유산에 대한 설명으로 옳은 것을 〈보기〉에서 고른 것은?

정조가 정치적 이상을 담아 축조한 (가) 안의 모습이 참 예쁘네!

정조가 행차할 때 머물렀던 행궁과 장용영 군사를 지휘했던 서장대도 보여.

┤ 보기 ├
ㄱ. 고종이 아관파천 이후 환궁한 곳이다.
ㄴ. 포루, 공심돈 등 방어 시설을 갖추었다.
ㄷ. 당백전을 발행하여 건설 비용에 충당하였다.
ㄹ. 정약용이 고안한 거중기 등을 이용하여 축조되었다.

① ㄱ, ㄴ ② ㄱ, ㄷ ③ ㄴ, ㄷ ④ ㄴ, ㄹ ⑤ ㄷ, ㄹ

256

50회 18번 [3점]

(가)~(마)에 대한 탐구 활동으로 적절하지 않은 것은?

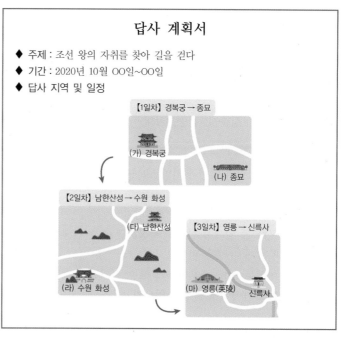

답사 계획서

◆ 주제 : 조선 왕의 자취를 찾아 길을 걷다
◆ 기간 : 2020년 10월 ○○일~○○일
◆ 답사 지역 및 일정

【1일차】 경복궁 → 종묘
(가) 경복궁
(나) 종묘

【2일차】 남한산성 → 수원 화성
(다) 남한산성
(라) 수원 화성

【3일차】 영릉 → 신륵사
(마) 영릉(英陵)
신륵사

① (가) - 조선 건국 이후 한양으로 천도한 과정을 조사한다.
② (나) - 국왕이 신농, 후직에게 풍년을 기원하던 의례를 검색한다.
③ (다) - 인조가 피신하여 청과 항전을 벌인 과정을 살펴본다.
④ (라) - 장용영 외영의 창설 배경을 알아본다.
⑤ (마) - 훈민정음을 창제한 목적을 파악한다.

241 조선 선조

정답 ②

핵심키워드 정여립

정답 분석

선조 즉위 직후 사림이 집권하였으나, 시간이 흐름에 따라 사림 내부에서 이조 전랑 자리를 둘러싼 대립이 일어나 붕당이 형성되었다(선조 8년). 서인은 동인 정여립이 반란을 모의했다는 명분으로 기축옥사를 일으켜 대대적인 숙청을 감행하였다(선조 22년). 하지만 2년 뒤 동인이 재집권하고, 서인에 대한 처벌 수위를 둘러싸고 동인 내에서 강경파 북인과 온건파 남인으로 분당되었다.

오답 분석

① 세조 즉위 후 중앙 집권 정책이 강화되면서 함경도에 남쪽 출신의 수령이 파견되자, 함경도의 토호 이시애가 봉기를 일으켰다.
③ 양재역 벽서 사건은 명종 2년에 발생한 사건으로, 문정왕후를 비난한 벽서가 발견되면서 대윤 세력이 다시 피해를 입었다.
④ 수양대군은 단종 2년에 계유정난을 일으켜 김종서 등을 숙청하고 실권을 장악하였다.
⑤ 이조 전랑 임명을 둘러싼 심의겸과 김효원의 갈등으로 동인과 서인으로 분당되었다. 이 사건은 제시문 이전에 발생하였다.

242 붕당 정치

정답 ①

핵심키워드 심의겸, 김효원, 전랑, 기해년, 송시열

정답 분석

㈎ 선조 8년에 사림이 동인과 서인으로 나뉘는 을해분당에 관한 사료이다.
㈏ 현종 1년에 일어난 기해예송으로, 서인 송시열은 자의 대비가 1년 동안 상복을 입어야 한다고 주장하였고, 남인 허목은 3년을 주장하며 예법 논쟁을 벌였다.
㈎와 ㈏ 사이에는 선조 중후반부터 효종 시기까지 해당된다.
① 서인은 1623년에 인조반정을 일으켜 광해군과 북인 정권을 몰아냈다.

오답 분석

② 목호룡이 '노론이 경종 암살을 시도했다'고 고변하여, 경종 대에 노론이 숙청당하는 임인사화가 일어났다.
③ 양재역 벽서 사건은 명종 2년에 발생하였다.
④ 인현왕후는 숙종 때 기사환국으로 폐위되었다.
⑤ 이인좌의 난은 영조 초기에 소론과 남인의 불만 세력들이 주도한 반란이다.

243 광해군

정답 ③

핵심키워드 동생 영창 대군, 후금

정답 분석

광해군과 북인은 왜란 이후 대동법을 시행해 국가 재정을 강화하고 국방을 재정비하였으며, 허준으로 하여금 「동의보감」을 편찬하게 하였다. 또한, 후금의 성장과 명의 쇠퇴 속에서 중립외교를 추구하였다.
그러나 이복동생 영창 대군을 살해하고 인목 대비를 유폐하는 등 유교 윤리에 어긋나는 정책으로 비판을 받았다. 결국 서인의 인조반정으로 광해군은 왕위에서 물러나게 되었다.

오답 분석

① 6조 직계제는 태종 대에 처음으로 실시되었다.
② 집현전은 세종 대에 설립된 학문 연구 기관이다.
④ 「동국문헌비고」는 우리나라의 역대 문물을 정리한 한국학 백과 사전으로, 영조 때 편찬되었다.
⑤ 정조는 시전 상인의 금난전권(난전을 단속할 수 있는 권리)을 축소하는 신해통공 정책을 발표하였다.

244 17세기 정치

정답 ②

핵심키워드 영창 대군, 이괄

정답 분석

㈎ 영창 대군은 선조의 아들이자 광해군의 이복동생으로, 광해군과 북인은 즉위 6년에 그를 살해하였다. 이 사건은 인조반정 당시 광해군의 비윤리적 행위로 지목되어 그의 폐위에 영향을 미쳤다.
㈏ 이괄은 인조반정에 참여해 공신에 올랐으나, 이후 정치적 갈등으로 인조 2년에 반란을 일으켰다. 이괄의 잔당 세력이 후금에 인조의 친명배금 정책을 알리면서 이후 정묘호란(인조 5년)이 일어났다.
② 서인은 인조반정을 일으켜 광해군과 북인을 몰락시켰다.

오답 분석

① 장용영은 정조의 친위 부대로 조직되었다.
③ 정여립 모반 사건은 선조 22년에 일어난 사건으로, 이 사건을 계기로 서인은 동인을 대거 숙청하였다(기축옥사).
④ 숙종 대 경신환국으로 허적과 윤휴 등 남인이 대거 숙청되었다.
⑤ 자의 대비의 복상 문제는 현종 대에 두 차례의 예송 논쟁을 불러일으켰다.

245 북벌

정답 ①

핵심키워드 청 볼모, 군대 양성, 북벌

정답 분석

효종은 왕자 시절, 형 소현세자와 함께 청나라에 볼모로 끌려갔다. 이후 소현세자가 귀국한 뒤 급사하자, 인조의 뒤를 이어 왕위에 올랐다. 효종은 청나라 정벌을 목표로 북벌 운동을 추진하며, 송시열 등 반청척화파를 요직에 배치하고 군사력을 강화하였다.

① 나선 정벌은 효종 때 조선이 청의 요청에 따라 조총 부대를 파견하여 러시아와 싸운 전쟁이다. 1차(1654년) 때는 변급이, 2차(1658년) 때는 신류가 조총 부대를 지휘하였다.

오답 분석

② 장용영은 정조 때 왕권을 강화하기 위해 설치한 국왕의 친위 부대이다.

③ 백두산 정계비는 숙종 때 조선과 청나라가 국경을 확정하면서 세운 비석이다.

④ 「동국문헌비고」는 영조 때 역대 문물 제도를 정리하여 편찬한 한국학 백과사전이다.

⑤ 조선 초기에 전·현직 관리에게 경기도 토지의 수조권을 분배하였다. 그러나 시간이 흐르면서 분급할 토지가 부족해지는 문제가 발생하였다. 이에 세조는 현직 관리에게만 수조권을 분배하는 직전법을 실시하고, 관리의 유가족에게 지급하던 수신전과 휼양전을 폐지하였다.

246 예송

정답 ④

핵심키워드 송준길, 3년 복, 허목

정답 분석

제시문은 현종 시기의 기해예송(1차 예송)에 관한 사료이다. 효종이 사망하고 현종이 즉위하자, 효종의 장례가 곧바로 준비되었다. 이때 효종의 어머니인 자의 대비가 얼마나 오랫동안 상복을 입어야 하는지를 두고 붕당 간 의견이 갈렸다. 서인의 송시열과 송준길 등은 효종이 큰아들이 아닌 둘째 아들이라는 이유로 1년 상복을 주장했고, 남인의 허목과 윤휴 등은 효종이 왕이기 때문에 3년 상복을 주장하였다. 결국 서인의 의견이 채택되었다.

참고로 조선 후기의 주요 왕으로는 인조, 효종, 현종, 숙종, 경종, 영조, 정조 등이 있다.

오답 분석

경신환국은 숙종 시기에 서인과 남인의 대립으로 발생하였다.

247 환국

정답 ②

핵심키워드 희빈 장씨

정답 분석

희빈 장씨는 남인 출신으로, 숙종 때 왕비에까지 올랐다. 왼쪽 그림은 희빈 장씨가 낳은 아들을 세자로 책봉하는 문제를 두고 서인과 남인이 충돌하는 상황을 나타낸다. 이는 기사환국(숙종 15년)으로 이어져 남인이 집권하고 서인이 몰락하였다. 곧이어 서인 출신인 인현왕후가 폐위되면서, 희빈 장씨가 왕비가 되었다.

오른쪽 그림은 갑술환국(숙종 20년)으로 서인이 재집권하면서 장씨가 왕비에서 희빈으로 강등되는 사건을 나타낸다. 따라서 이 두 그림 사이에는 기사환국이 해당된다.

② 송시열은 대표적인 서인으로, 효종 때 북벌 운동을 주도하고, 현종 때 예송을 주도하다가, 숙종 때 경신환국으로 사사되었다.

오답 분석

① 이징옥은 조선 초기의 무인으로, 수양대군이 일으킨 계유정난에 반발하여 봉기하였다.

③ 현종 때 자의 대비의 복상 문제로 두 차례에 걸쳐 예송이 일어났다.

④ 선조 22년에 정여립 모반 사건을 계기로 서인이 동인을 대거 숙청하였다(기축옥사).

⑤ 탕평비는 영조가 붕당 정치를 완화하고자 성균관 앞에 건립한 비석이다.

248 17세기 정치

정답 ②

핵심키워드 허적, 장막, 왕비 복위, 장희빈, 송시열

정답 분석

제시문은 숙종 시기에 일어난 세 번의 환국에 관한 것으로, 이때 환국은 '국면의 전환'을 뜻한다.

㈎ 허적은 남인 출신으로 영의정에 올랐다. 숙종은 집권 초기 정권을 장악한 남인을 견제하고자, 허적이 왕실 용품인 기름 먹인 장막을 임의로 사용한 것을 계기로 경신환국을 일으켰다. 이로 인해 남인 세력이 몰락하고 서인이 집권하게 되었다.

㈏ 갑술환국을 통해 인현왕후가 복위하고, 장씨가 희빈으로 강등된 사건과 연관이 있다.

㈐ 숙종이 희빈 장씨의 아들을 세자로 책봉하려고 하였으나 서인의 반대에 부딪혀 기사환국을 일으킨 사건을 다룬다. 이 과정에서 서인의 영수였던 송시열이 숙청되었다.

따라서 경신환국(가) → 기사환국(다) → 갑술환국(나) 순으로 일어났다.

249 백두산 정계비
정답 ④

핵심키워드 청, 비석, 서쪽은 압록강, 동쪽은 토문강

정답 분석

조선 숙종 때 조선과 청은 백두산 일대를 답사하고 국경을 확정하여 백두산 정계비를 세웠다. 이 정계비는 서쪽 경계를 압록강, 동쪽 경계를 토문강으로 설정하였다. 이후 대한 제국(1897~1910년)은 토문강이 송화강 상류임을 근거로 간도를 우리 영토로 주장하고, 1903년 이범윤을 간도 관리사로 파견하였다.

④ 숙종 때 경신환국, 기사환국, 갑술환국이 일어났다. 이중 경신환국과 갑술환국으로 서인이 집권하였다.

오답 분석

① 최제우는 동학의 창시자로, 흥선 대원군 시기에 혹세무민의 죄목으로 처형되었다.
② 변급과 신류는 효종 때 나선 정벌을 이끈 무인이다.
③ 장용영은 정조 시기에 왕의 친위 부대로 창설되었다.
⑤ 선조 때 사림은 동인과 서인으로 나뉘어졌다. 이후 정여립 모반 사건(동인인 정여립이 반란을 준비했다는 의심을 받음)을 계기로 서인이 동인을 대대적으로 숙청한 기축옥사가 일어났고, 이는 동인이 남인과 북인으로 갈라지는 계기가 되었다.

250 조선 영조
정답 ③

핵심키워드 탕평 군주, 청계천 준설 공사, 균역법

정답 분석

영조는 탕평책으로 붕당 간 대립을 완화시키고, 민생 안정을 위한 다양한 정책을 추진하였다. 먼저 백성의 군역 부담을 줄이기 위해 세금으로 내던 포목을 2필에서 1필로 줄이는 균역법을 제정하였다. 또한, 약 20만 명을 2달 동안 고용해 청계천을 준설하여 하수처리 문제를 해결하였다.

③ 「속대전」은 영조 때 통치 체제를 정비하기 위해 편찬된 법전이다.

오답 분석

① 집현전은 세종 때 설치된 학문 연구 기관으로, 다양한 학문 연구와 정책 자문 역할을 하였다.
② 훈련도감은 선조가 임진왜란 중에 삼수병으로 구성한 중앙군이다.
④ 「악학궤범」은 성종 때 궁중 음악을 집대성한 음악 서적이다.
⑤ 신해통공은 정조 때 시전 상인의 금난전권을 축소하기 위해 시행된 경제 개혁 정책이다.

251 조선 영조
정답 ④

핵심키워드 목호룡의 고변, 사도세자

정답 분석

왼쪽 그림은 경종 시기의 임인사화와 관련 있다. 목호룡이 '노론이 경종 암살을 시도했다'고 거짓으로 고발한 것이 계기가 되어, 노론 세력이 숙청을 당하였다.
오른쪽 그림은 영조 38년에 일어난 사도세자 사망 사건(임오화변)과 관련 있다. 따라서 두 사건 사이에는 영조 초기 시기가 해당된다.

④ 영조 5년에 이인좌를 중심으로 한 강경파 소론이 청주를 기반으로 반란을 일으켰다. 영조는 이 사건을 탕평 정치를 강화하는 기회로 활용하였다.

오답 분석

① 이괄은 인조 2년에 봉기하였다. 잔당 세력이 후금으로 넘어가 인조의 친명배금 정책과 광해군의 폐위를 알리면서 정묘호란(인조 5년)이 발생하였다.
② 현종 때 자의 대비의 복상 문제를 둘러싸고 서인과 남인이 예법 논쟁을 벌였는데, 이를 예송이라 한다.
③ 이방원은 왕위 계승 과정에서 두 차례의 왕자의 난을 일으켰다. 1차는 태조 시기, 2차는 정종 시기에 발생하였다.
⑤ 숙종 시기 장희빈의 아들을 원자로 책봉하는 문제를 둘러싸고 기사환국이 일어나 남인이 집권하였다.

252 조선 정조
정답 ⑤

핵심키워드 현륭원, 사도세자

정답 분석

현륭원은 정조의 부모인 사도세자와 혜경궁 홍씨의 무덤이다. 정조는 즉위 초부터 사도세자의 무덤을 이장하려 하였고, 그 결과 오늘날의 현륭원이 조성되었다. 더불어 현륭원 자리에 있던 수원부를 옮기면서 수원 화성과 행궁을 새롭게 건설하였다.

⑤ 정조는 시전 상인의 특권을 축소하기 위해 금난전권을 제한하는 신해통공을 단행하였다.

오답 분석

① 숙종은 백두산 정계비를 세워 청과의 국경을 확정하였다.
② 영조는 「경국대전」의 간행 이후 200여 년 동안 변화된 상황을 반영하기 위해 「속대전」을 편찬하였다.
③ 흥선 대원군은 왕실의 권위를 강화하기 위해 경복궁을 중건하였다.
④ 철종은 임술농민봉기가 일어나자 삼정이정청을 설치하여 개혁을 시도하였다.

253 조선 정조   정답 ①

핵심키워드 만천명월주인옹 자서, 초계문신제

정답 분석

「만천명월주인옹 자서」는 정조가 재위 22년째인 1798년에 쓴 글이다. 이 글에서 정조는 백성을 많은 강물(만천)에 비유하고, 그 강물 위에 하나씩 비치는 밝은 달(명월)을 "태극이자 군주인 나"라고 표현하였다. 이를 통해 모든 백성에게 직접 다가가는 완전한 군주 정치를 자신이 추구하는 목표로 삼고 있음을 나타냈다.

① 정조는 자신의 친위 부대로 장용영을 설치하여 군권을 강화하였다. 조선 후기에 조직된 5군영은 실질적으로 노론이 장악하고 있었기 때문에, 왕이 적극적으로 운영하기 어려웠기 때문이다.

오답 분석

② 광해군은 경기 지역에 대동법을 시행하여 공납 제도를 개혁하였다.
③ 세종은 한양을 기준으로 한 역법서인 「칠정산」을 편찬하였다.
④ 「대전회통」은 흥선 대원군이 통치 체제를 정비하기 위해 편찬한 법전이다.
⑤ 세조는 직전법을 제정하여 현직 관리에게만 수조권을 지급하였다.

254 조선 정조   정답 ①

핵심키워드 대전통편

정답 분석

「대전통편」은 정조가 「경국대전」, 「속대전」, 그리고 그 뒤의 법령을 통합하여 편찬한 법전이다. 「경국대전」을 맨 앞에, 「속대전」을 그 다음에, 그 뒤의 법령을 마지막에 배치하고, 각각 '원(原)', '속(續)', '증(增)'으로 표시하여 수록하였다.

① 정조는 37세 이하 젊고 재능 있는 문신들을 의정부에서 뽑아 규장각에 위탁 교육을 시키고, 40세가 되면 졸업시키는 초계문신제를 시행하였다.

오답 분석

② 홍경래의 난은 순조 때 홍경래 등이 평안도 정주성을 점령하며 일어난 반란이다. 19세기의 삼정 문란과 평안도에 대한 차별이 그 원인이다.
③ 예송 논쟁은 현종 때 자의 대비의 복상 문제를 둘러싸고 서인과 남인이 대립한 사건이다.
④ 이인좌는 영조 초기에 소론 세력을 중심으로 반란을 시도하였다.
⑤ 신류는 효종 때 조총 부대를 이끌고 2차 나선 정벌에 참여하였다.

255 수원 화성   정답 ④

핵심키워드 정조, 행궁, 장용영

정답 분석

정조는 사도세자의 묘를 옮기고, 그 자리에 있던 수원 읍성을 이전하여 오늘날의 수원 화성을 건설하였다(정조 20년). 수원 화성은 조선의 축성 전통과 새로운 방어 시설을 접목한 성곽으로, 1997년에 유네스코 세계유산에 등재되었다. 또한, 정조는 화성에 장용영의 외영을 설치하여 5천 명의 병사를 주둔시켰다.

ㄴ. 포루와 공심돈은 수원 화성의 방어 시설로, 그 중 공심돈은 우리나라에서 수원 화성에만 있는 독특한 구조물이다. 공심돈은 내부가 텅 빈 구조로 되어 있어, 군사들이 내부에서 적군을 살피며 화살이나 화포로 공격할 수 있게 설계되었다.

ㄹ. 정약용은 수원 화성 축조 시 「기기도설」을 참고하여 거중기를 제작하고 이를 활용하였다.

오답 분석

ㄱ. 고종은 아관파천 이후 경운궁(덕수궁)으로 환궁하였다.
ㄷ. 흥선 대원군은 경복궁 중건 비용을 마련하기 위해 고액 화폐인 당백전을 발행하였다.

256 조선의 주요 공간   정답 ②

핵심키워드 경복궁, 종묘, 남한산성, 수원 화성, 영릉

정답 분석

선농단은 서울특별시 동대문구 제기동에 위치한 조선 시대의 제단이다. 태조를 시작으로 역대 임금들은 이곳에서 농사의 신으로 여겨지는 신농과 후직에게 풍년을 기원하는 제사를 올렸으며, 임금과 농민들이 함께 밭을 갈며 농사의 중요성을 되새기는 행사를 진행하였다.

반면, 종묘는 조선 왕조의 역대 왕과 왕비의 위패를 모신 곳으로, 토지신과 곡식신에게 제사를 지내던 사직과 함께 '종묘사직'이라 불렸다.

오답 분석

① 조선은 태조 3년에 한양으로 천도하고 경복궁을 건설하였다.
③ 인조는 병자호란 당시 남한산성으로 피신하였다.
④ 수원 화성에는 정조의 친위 부대인 장용영의 외영이 설치되었다.
⑤ 여주 영릉은 세종대왕의 왕릉이다. 세종은 훈민정음을 창제하여 백성들이 쉽게 문자 생활을 할 수 있도록 도왔다.

❶ 조선 초기의 대외 관계

명	• 태조 : 정도전의 요동 수복 시도 • 태종 : 사대 외교 수립 하정사·성절사·동지사 등 사절단 파견
여진	• 태종 : 경성·경원에 무역소 설치 • 세종 : <u>최윤덕의 4군 개척</u>, 김종서의 6진 개척, 한양에 <u>북평관</u> 설치 　　　└ 압록강과 두만강 일대까지 영토 확장　　　└ 사신의 숙소
일본	• 태종 : 동평관 설치　　　┌ 부산포·염포·제포 • 세종 : 이종무의 쓰시마 섬 토벌 → 3포 개항 → 계해약조 체결 • 중종 : 3포왜란 발발 → 비변사 설치(국방 문제를 위한 임시 기구) • 명종 : 을묘왜변 발발 후 비변사 상설화

❷ 왜란(1) : 경과 [1592~1598]

왜란 발발 [1592.4]	• 부산진(정발)과 동래성(송상현) 전투의 패배 　→ 신립의 충주 탄금대 방어 실패 　→ [1592.5] 왜군의 한양 함락 : 선조가 의주로 피란
조선의 반격	• 이순신의 승리 : 옥포 해전, 한산도 대첩(견내량, 학익진 전술) 　→ [1592.10] 김시민과 곽재우의 진주 대첩 　→ [1593.1] 조·명 연합군의 평양성 탈환 　→ [1593.2] 권율의 행주 대첩 　→ [1593.3] 명·일본 간 화의 교섭 시작 : 3년간 진행 　→ [1593.10] 선조의 한양 복귀 : 이후 훈련도감 설치, 속오군 설치
정유재란 [1597~1598]	• [1597.7] 원균의 칠천량 해전 패배, 이순신의 3도 수군통제사 복귀 　→ [1597.9] 이순신의 명량 해전 : 울돌목의 빠른 물살 이용 　→ [1598.9] 도요토미 히데요시의 사망과 일본군 철수 시작 　→ [1598.11] 이순신의 노량 해전 : 이순신 전사

❸ 왜란(2)

승리의 원동력	• 이순신과 수군 : 제해권 장악, 곡창지대 사수 • 의병 　– 곽재우 : 경남 의령, 홍의장군으로 불림 　– 조헌, 고경명 : 충북 금산 　– 정문부 : 함경도 길주·경성, 북관대첩비에 활약 기록
기록물	• 류성룡의 징비록 • 이순신의 난중일기
전후	• 정치적 : 훈련도감 편성, 비변사의 국정 총괄 • 경제적 : 토지 황폐화, 국가 재정 악화 • 사회적 : 공명첩 발행으로 신분제 동요 • 대외적 : 여진족 성장과 명 쇠퇴, 도쿠가와 이에야스가 에도 막부 성립 • 통신사 파견 : 회답 겸 쇄환사 파견(승려 유정 참여, 포로 귀환) → 순조 때까지 10여 　회 파견

✚ 조선 초기의 대외 관계

✚ 훈련도감

임금(선조)께서 도감을 설치하여 군사를 훈련시키라고 명하시고 나(류성룡)를 도제조로 삼으시므로, 나는 청하기를 "당속미(唐粟米) 1천 석을 군량으로 하되 한 사람당 하루에 2승씩 준다하여 군인을 모집하면 응하는 자가 사방에서 모여들 것입니다."라고 하였다. … 얼마 안되어 수천 명을 얻어 조총 쏘는 법과 창칼 쓰는 기술을 가르치고 … 또 당번을 정하여 궁중을 숙직하게 하고, 국왕의 행차가 있을 때 이들로써 호위하게 하니 민심이 점차 안정되었다.
　　　　　　　　　　　　－「서애집」－

✚ 훈련도감

• 선조가 왜란 중 조직
• 포수·사수·살수의 삼수병으로 구성
• 직업 군인으로 급료 받음
• 인조 때 벨테브레이(네덜란드인)가 합류하여 서양 화포 제작

✚ 비변사

• 중종 : 3포왜란 후 설치, 임시 기구로 국방 문제 담당
• 명종 : 을묘왜변 후 상설화
• 선조 : 임진왜란을 거치며 국정 총괄
• 흥선 대원군 : 비변사 혁파

✚ 공명첩

벼슬받는 사람의 이름을
적는 곳

나라의 재정을 보충하기 위하여 부유층으로부터 돈이나 곡식을 받고 팔았던 명예직 관리 임명장

1 다음 설명에 해당하는 나라나 세력을 쓰시오.

┌─ 보기 ┐
명   여진   일본
└────────────────┘

(1) (   ) – 김종서가 6진을 개척하였다.

(2) (   ) – 부산포, 염포, 제포의 3포를 개항하였다.

(3) (   ) – 정도전이 요동 정벌 계획을 추진하였다.

(4) (   ) – 하정사, 성절사, 천추사 등을 파견하였다.

(5) (   ) – 한양에 동평관을 두어 무역을 허용하였다.

(6) (   ) – 한양에 북평관을 두어 무역을 허용하였다.

(7) (   ) – 경성과 경원에 무역소를 설치하여 회유하였다.

(8) (   ) – 강경책의 일환으로 이종무가 대마도를 정벌하였다.

(9) (   ) – 계해약조가 체결되어 세견선의 입항이 허가되었다.

(10) (   ) – 신숙주가 이곳을 다녀와서 해동제국기를 편찬하였다.

2 빈칸에 알맞은 말을 선택하시오.

(1) (송상현, 정봉수)이/가 동래성에서 항전하였다.

(2) (신립, 윤집)이 탄금대에서 배수의 진을 치고 항전하였다.

(3) 이순신이 (옥포, 한산도) 앞바다에서 학익진을 펼쳐 승리하였다.

(4) 김시민이 (진주성, 행주산성)에서 크게 승리하였다.

(5) 홍의장군으로 불린 (곽재우, 정문부)가 의병장으로 활약하였다.

(6) 조명 연합군이 (평양성, 남한산성)을 탈환하였다.

(7) 권율이 (진주성, 행주산성)에서 크게 승리한 후 한양을 수복하였다.

(8) 정유재란 때 (원균, 이순신)이 명량에서 왜의 수군을 대파하였다.

(9) 왜란 후 유정이 (연행사, 회답 겸 쇄환사)로 일본에 파견되었다.

(10) (선조, 광해군)은/는 기유약조를 체결하여 일본과의 무역을 재개하였다.

(11) 왜란 후 중국에서는 (명, 여진족)이 성장하였다.

(12) 왜란 중 포수, 살수, 사수의 삼수병으로 구성된 (장용영, 훈련도감)이 설치되었다.

3 아래 사건이 일어난 시기를 (가)~(라) 중 고르시오.

1418	1592	1593	1597	1598
	(가)	(나)	(다)	(라)	
세종 즉위	임진왜란 발발	행주대첩	정유재란 발발	노량해전

(1) (   ) – 조·명 연합군이 평양성을 탈환하였다.

(2) (   ) – 이순신이 한산도에서 대승을 거두었다.

(3) (   ) – 명과 일본 간에 화의 교섭이 진행되었다.

(4) (   ) – 이순신이 명량에서 왜의 수군을 대파하였다.

(5) (   ) – 일본에 부산포, 염포, 제포의 3포를 개항하였다.

(6) (   ) – 김종서와 최윤덕이 여진족을 몰아내고 각각 4군과 6진을 개척하였다.

4 다음 사료를 읽고, 물음에 답하시오.

(1) 아래 글은 계해약조와 기유약조 중 어느 것의 내용인가?

> 대마도주에게 매년 200석의 쌀과 콩을 하사한다. … 대마도주는 매년 50척의 배를 보낼 수 있고, … 부산포, 제포, 염포 등 3포에 머무르는 날짜는 20일로 한정한다.

(2) 아래 글과 관련된 전투를 쓰시오.

> 권율은 정병 4000명을 뽑아 행주산 위에 진을 치고는 책(柵)을 설치하여 방비를 하였다. … 적은 올려다보고 공격하는 처지가 되어 탄환도 맞히지 못하는데 … 적이 결국 패해 후퇴하였다.

(3) 아래 글과 관련된 전투를 쓰시오.

> 이른 아침에 적선이 머물러 있는 곳(견내량)으로 향하였다. … 여러 장수들에게 명령하여 학익진을 펼쳐 일시에 진격하여 각각 지자·현자·승자 등의 총통 등을 쏘았다.

(4) 아래 글에서 언급하는 조선의 중앙군을 쓰시오.

> 임금(선조)께서 도감을 설치하여 군사를 훈련시키라고 명하시고 나(류성룡)를 도제조로 삼으시므로, 나는 청하기를 "쌀 1천석을 군량으로 하되 한 사람당 하루에 2승씩 준다하여 군인을 모집하면 응하는 자가 사방에서 모여들 것입니다."라고 하였다. … 얼마 안 되어 수천 명을 얻어 조총 쏘는 법과 창칼 쓰는 기술을 가르쳤다.

─ 정답 ─

1. (1) 여진 (2) 일본 (3) 명 (4) 명 (5) 일본 (6) 여진 (7) 여진 (8) 일본 (9) 일본 (10) 일본

2. (1) 송상현 (2) 신립 (3) 한산도 (4) 진주성 (5) 곽재우 (6) 평양성 (7) 행주산성 (8) 이순신 (9) 회답 겸 쇄환사 (10) 광해군 (11) 여진족 (12) 훈련도감

3. (1) 나 (2) 나 (3) 다 (4) 라 (5) 가 (6) 가

4. (1) 계해약조 (2) 행주대첩 (3) 한산도대첩 (4) 훈련도감

257

밑줄 그은 '이 나라'에 대한 조선의 정책으로 옳은 것은?

작품명 : 의순관 영조도

이 나라 사신이 만력제(신종)의 등극을 알리기 위해 압록강을 건너 의주에 있던 의순관에 도착하는 모습을 그렸다. 조선의 관리들이 예를 갖추어 의순관 앞에서 사신 일행을 맞이하고 있다.

① 광군을 조직하여 침입에 대비하였다.
② 한성에 동평관을 두어 무역을 허용하였다.
③ 정도전을 중심으로 요동 정벌을 추진하였다.
④ 기유약조를 체결하고 부산에 왜관을 설치하였다.
⑤ 포로 송환을 위하여 유정을 회답 겸 쇄환사로 파견하였다.

258

(가)에 대한 역대 왕조의 대응으로 옳은 것은?

함길도 도절제사 김종서에게 전지하기를, "동북 지역의 경계는 공험진(公嶮鎭)으로 삼았다는 말이 전하여 온 지가 오래다. 그러나 정확하게 어느 곳에 있는지 알지 못한다. …… 고려사에 이르기를, '윤관이 공험진에 비를 세워 경계를 삼았다.'고 하였다. 지금 듣건대 선춘점(先春岾)에 윤관이 세운 비가 있다 하는데, 공험진이 선춘점의 어느 쪽에 있는가. 그 비문을 사람을 시켜 찾아볼 수 있겠는가. …… 윤관이 (가) 을/를 쫓고 9성을 설치하였는데, 그 성이 지금 어느 성이며, 공험진의 어느 쪽에 있는가. 거리는 얼마나 되는가. 듣고 본 것을 아울러 써서 아뢰라."라고 하였다.

① 신라 문무왕 때 청방인문표를 보내어 인질의 석방을 요구하였다.
② 고려 우왕 때 나세, 심덕부 등이 진포에서 크게 물리쳤다.
③ 고려 창왕 때 박위를 파견하여 근거지를 토벌하였다.
④ 조선 태종 때 경성과 경원에 무역소를 설치하여 회유하였다.
⑤ 조선 광해군 때 기유약조를 체결하여 무역을 재개하였다.

259

(가) 인물에 대한 설명으로 옳은 것은?

이것은 (가) 이/가 함길도에 있을 때 화살이 날아왔는데도 놀라지 않고 태연히 연회를 계속 즐겼다는 고사를 담은 야연사준도입니다. 세종 대 함길도 병마도절제사로 활약했던 그는 문종 대 고려사절요 편찬을 총괄하였고, 단종 대 좌의정의 자리에 올랐으나 계유정난 때 살해되었습니다.

북관유적도첩 특별전

야연사준도

화면을 넘기면 다른 작품을 볼 수 있습니다.

① 두만강 일대에 6진을 개척하였다.
② 탄금대에서 배수의 진을 치고 싸웠다.
③ 조총 부대를 이끌고 나선 정벌에 나섰다.
④ 왜구의 근거지인 쓰시마섬을 정벌하였다.
⑤ 외교 담판을 통해 강동 6주를 획득하였다.

260

(가)에 대한 조선의 정책으로 옳은 것은?

이달의 인물

우리 외교를 빛낸 인물, 이예

■ 생몰 : 1373~1445년
■ 경력 : 통신부사, 첨지중추원사, 동지중추원사

울산의 아전 출신으로 호는 학파(鶴坡), 시호는 충숙(忠肅)이다. 수십 차례 (가) 에 파견되어 외교 문제를 해결하려고 노력하였다. 특히 조선과 (가) 사이에 세견선의 입항 규모를 정한 계해약조 체결에 기여하였다.

① 하정사, 성절사 등을 파견하였다.
② 경성, 경원에 무역소를 설치하였다.
③ 광군을 조직하여 침입에 대비하였다.
④ 부산포, 제포, 염포의 삼포를 개항하였다.
⑤ 사절 왕래를 위하여 북평관을 개설하였다.

261

54회 23번 [2점]

밑줄 그은 '이 전쟁' 중에 있었던 사실로 옳지 않은 것은?

이 자료는 이 전쟁에서 공을 세운 김시민을 선무 2등 공신으로 책봉한 교서입니다. 그는 진주성 전투에서 대승을 거두어 왜군의 보급로를 끊었으며 전라도의 곡창 지대를 지키는 데 기여하였습니다.

① 임경업이 백마산성에서 항전하였다.
② 조명 연합군이 평양성을 탈환하였다.
③ 권율이 행주산성에서 크게 승리하였다.
④ 조헌이 금산에서 의병을 이끌고 활약하였다.
⑤ 이순신이 한산도 앞바다에서 학익진을 펼쳐 승리하였다.

262

49회 21번 [2점]

(가)~(다) 학생이 발표한 내용을 일어난 순서대로 옳게 나열한 것은?

주제 : 임진왜란 때 수군의 활약

옥포에서 26척의 적선을 격파하는 전과를 올렸어.

견내량에 머물던 왜군을 한산도 앞바다로 유인하여 학익진 전술을 펼쳐 물리쳤어.

10여 척의 배로 명량에서 대승을 거두었어.

(가)   (나)   (다)

① (가) - (나) - (다)
② (가) - (다) - (나)
③ (나) - (가) - (다)
④ (나) - (다) - (가)
⑤ (다) - (가) - (나)

263

67회 24번 [2점]

다음 기사에 보도된 전투 이후의 사실로 옳은 것은?

역사 신문

제△△호   ○○○○년 ○○월 ○○일

조·명 연합군, 평양성 탈환

평안도 도체찰사 류성룡, 도원수 김명원이 이끄는 관군이 명 제독 이여송 부대에 합세하여 평양성을 되찾았다. 이번 전투에서 아군의 불랑기포를 비롯한 화포가 위력을 발휘하여 일본군은 크게 패하고 남쪽으로 내려갔다. 이 전투의 승리는 향후 전쟁의 판도를 바꿀 것으로 기대된다.

① 송상현이 동래성에서 항전하였다.
② 권율이 행주산성에서 적군을 격퇴하였다.
③ 이순신이 한산도 앞바다에서 대승을 거두었다.
④ 신립이 탄금대 앞에서 배수의 진을 치고 싸웠다.
⑤ 최윤덕이 올라산성에서 이만주 부대를 정벌하였다.

264

56회 23번 [2점]

밑줄 그은 '이 전란' 이후에 있었던 사실로 옳은 것은?

조헌은 온 나라 사람들에게 고하노라. 영남에서는 곽재우 장군이 의병을 일으켜 그 기세가 산악을 진동하고 있다. 이 격문을 읽는 자들은 각자의 심력을 다하여라! 지혜를 가진 자는 계책을 내고, 용력을 가진 자는 역량을 발휘하라! 재산을 가진 자는 군량을 바치고, 힘을 가진 자는 대열에 참여하라! 만일 왜적을 치는 데 협력하지 않는 자가 있다면 이 전란이 끝나는 날 그 죄를 성토하여 중형에 처하리라.

① 유정이 회답 겸 쇄환사로 일본에 파견되었다.
② 나세, 심덕부 등이 진포에서 왜구를 격퇴하였다.
③ 신숙주가 일본에 다녀와 해동제국기를 저술하였다.
④ 조선 정부의 통제에 반발하여 삼포왜란이 일어났다.
⑤ 외침에 대비하기 위해 임시 기구로 비변사가 설치되었다.

257 대명 외교 | 정답 ③

핵심키워드 만력제(신종), 의주

정답 분석

만력제는 중국 명의 제13대 황제로, 1572~1620년까지 48년 동안 통치하였다. 왜란 기간 동안 대규모 파병을 해준 덕분에, 이후 조선의 사대부들은 만력제의 지원을 '재조지은(나라를 다시 만들어준 은혜)'이라 불렀고, 그를 추모하기 위해 만동묘 등을 건립하였다.

③ 정도전은 조선 태조 시기에 요동 정벌을 주장하고 사병 혁파를 시도하였다. 아직 명이 강성하지 않은 시기라 충분히 요동 정벌이 가능하다고 생각했으나, 결국 이방원과의 갈등으로 중단되었다.

오답 분석

① 광군은 고려 정종 때 거란의 침입에 대비하기 위해 창설된 군대이다.
② 동평관은 조선 시대에 일본 사신이 머물던 숙소로, 한양에 위치한다.
④ 기유약조는 광해군 때 일본과 체결한 조약으로, 조선은 이 조약을 통해 일본과의 무역을 일정 부분 허용하고 왜관을 부산에 설치하였다.
⑤ 승려 유정(사명대사)는 왜란 후 1604년(선조 37년)에 탐적사(적을 정탐하는 사신이라는 뜻)로 일본에 파견되었다. 그는 도쿠가와를 만나고 일본 정세를 살피고, 전쟁 중에 잡혀간 피로인 3천여 명을 귀환시켰다.

258 대여진 외교 | 정답 ④

핵심키워드 김종서, 윤관, 9성

정답 분석

고려의 윤관과 조선의 김종서는 북방 지역을 개척한 인물로, 이들은 여진족을 토벌하고 각각 동북 9성과 6진을 구축하였다.

④ 태종은 두만강 주변의 경성과 경원에 무역소를 설치하고 여진과 교역하였다.

오답 분석

① 신라 문무왕은 강수가 작성한 청방인문표를 보내 당나라에 억류된 동생 김인문의 귀환을 요구하였다.
② 고려 우왕 시기에 나세는 진포에서 왜구를 크게 물리쳤다.
③ 고려 창왕 시기에 박위는 왜구의 본거지인 대마도(쓰시마섬)를 토벌하였다.
⑤ 조선 광해군은 기유약조를 체결하여 일본과의 외교 및 무역을 재개하였다.

259 김종서 | 정답 ①

핵심키워드 야연사준도, 계유정난 때 살해

정답 분석

야연사준도는 고려 예종부터 조선 선조대까지 함경도에서 활약한 장수들의 일화를 그린 그림을 모은 《북관유적도첩》의 일부로, 세종 대 연회 중 화살이 날아왔음에도 놀라지 않고 태연히 연회를 즐겼다는 김종서의 일화를 배경으로 하고 있다.

그림의 주인공인 김종서는 조선 초기 문신으로 함경도 지역의 6진을 개척하여, 조선의 국경을 두만강 유역으로 확정하는 데 큰 공을 세웠다. 단종 때 좌의정이 되었으나, 세조가 일으킨 계유정난(1453년) 당시 살해되었다.

오답 분석

② 신립은 임진왜란 중 충주 탄금대에서 배수의 진을 치고 결전을 벌였으나 패배하였다. 소식을 들은 선조는 얼마 후 피란을 떠났고, 왜군은 한양을 점령하였다.
③ 효종 때 변급과 신류는 조총 부대를 이끌고 나선 정벌에 참여하였다.
④ 고려 창왕 때의 박위와 조선 세종 때의 이종무는 왜구의 근거지인 쓰시마섬을 정벌하였다.
⑤ 서희는 외교 협상으로 거란으로부터 강동 6주를 확보하였다.

260 계해약조 | 정답 ④

핵심키워드 이예, 계해약조

정답 분석

조선은 세종 때 이종무를 보내 쓰시마섬을 정벌하였으나, 왜인들의 지속적인 교역 요청을 받아들여 세종 8년에 3포(부산포, 염포, 제포)를 개설하였다. 이후 두 나라는 세종 25년에 신숙주와 이예를 보내 대마도주와 만나 계해약조를 체결하고, 대마도의 세견선을 50척으로 할 것과 세사미두 200석을 명확히 규정하였다.

오답 분석

① 하정사와 성절사는 명나라에 파견된 외교 사절단으로, 조선의 국왕이 명의 국왕에게 새해 인사와 생일 축하를 전하기 위해 파견되었다.
② 태종 시기에 여진과의 교역을 위해 두만강 주변의 경성과 경원에 무역소가 설치되었다.
③ 고려 정종은 거란의 침입에 대비하여 광군을 조직하였다.
⑤ 북평관은 조선에서 여진족 사신을 접대하기 위해 설립된 공간으로, 한양에 위치한다.

261 임진왜란

정답 ①

핵심키워드 김시민, 진주성 전투

정답 분석

진주성 전투는 임진왜란의 3대 대첩 중 하나로, 일본군은 남해안 지역의 거점을 확보하고 이순신을 배후에서 공격하기 위해, 먼저 3만여 명의 군대를 동원해 진주성을 공격하였다. 성 안의 군민들은 김시민의 지휘 아래 일치단결하여 일본군의 공격을 방어하였다.

① 임경업은 병자호란 시기 의주 부윤으로 있으면서, 이 지역의 백마산성을 수호하였다. 청 태종은 결국 백마산성을 함락시키지 못하고, 다른 곳으로 돌아 한양으로 진격하였다.

오답 분석

② 명나라 군대와 조선군은 평양성 전투에서 왜군을 몰아내며 승리하였다.

③ 행주산성 전투에서 권율은 왜군을 격퇴하고, 큰 승리를 거두었다. 이후 조선군은 한양을 수복하였다.

④ 조헌은 임진왜란 당시 금산에서 의병을 이끌고 전투를 벌였으나, 전사하였다.

⑤ 이순신은 한산도 해전에서 학익진 전법을 활용하여 왜군에 크게 승리하였다.

262 이순신

정답 ①

핵심키워드 임진왜란, 옥포, 한산도, 명량

정답 분석

제시문은 이순신의 주요 전투를 나열한 것이다.

이순신이 이끄는 수군은 옥포(1592년 5월)에서 첫 승리를 거두고, 이어서 거북선을 앞세워 사천, 당포, 한산도 앞바다 등 여러 곳에서 왜군을 격퇴하며 제해권을 장악하였다.

이후 3년간 계속되던 화의 교섭이 실패하자, 왜군은 다시 공격해 왔다(정유재란, 1597년). 이순신은 한때 투옥되는 위기도 있었지만 다시 기용되어 명량에서 왜군을 대파하였다(1597년 9월). 도요토미가 사망하면서 전세도 불리해지자 왜군은 철수하기 시작하였다. 이순신은 1598년 11월에 퇴각하는 왜군을 노량에서 격멸하였으나, 적의 유탄에 맞아 장렬하게 전사하였다. 이로써 7년에 걸친 왜란이 끝났다.

263 왜란

정답 ②

핵심키워드 조·명 연합군, 평양성 탈환

정답 분석

이 문제는 임진왜란의 전개 과정을 파악해야 풀 수 있다. 조명 연합군이 평양성을 탈환한 것은 1593년 1월이다. 이후 전라도 순찰사 권율은 1593년 2월에 행주산성에서 왜군을 격퇴하고 서울 탈환의 발판을 마련하였다.

오답 분석

* 왜란의 경과

초기	1592.4	부산진과 동래성 함락 신립의 탄금대 방어 실패
	1592.5	왜군의 한양 함락
조선의 반격	1592.5	이순신의 옥포 해전
	1592.7	이순신의 한산도 대첩
	1592.10	김시민의 진주 대첩
	1592.12	명 지원군 파병
	1593.1	조·명 연합군의 평양성 전투
	1593.2	권율의 행주 대첩
	1593.10	선조의 한양 복귀
정유재란	1597.1	일본의 재침략
	1597.9	이순신의 명량 해전
	1598.11	이순신의 노량 해전

264 왜란

정답 ①

핵심키워드 조헌, 곽재우

정답 분석

의병은 경상도에서 곽재우가 처음 일으킨 후 조헌, 고경명, 정문부, 유정(사명대사) 등이 여러 지방에서 왜군과 싸웠다.

① 승려 유정(사명대사)은 왜란 후 1604년(선조 37년)에 탐적사(적을 정탐하는 사신이라는 뜻)로 일본에 파견되었다. 그는 도쿠가와를 만나고 일본 정세를 살피고, 전쟁 중에 잡혀간 포로 3천여 명을 귀환시켰다.

오답 분석

② 나세와 심덕부 등은 고려 우왕 때 진포해전에서 왜구를 물리쳤다.

③ 신숙주는 세종 때 일본에 건너가 계해약조를 체결했고, 성종 때 일본에 다녀온 경험을 정리한 「해동제국기」를 저술하였다.

④ 3포에 머물던 왜인들은 조선의 통제에 반발하여 중종 때 봉기하였다(삼포왜란).

⑤ 삼포왜란 이후 중종은 군사 문제를 논의하기 위해 비변사를 임시로 설치하였다.

호란과 북벌

❶ 정묘호란〔1627〕 인조

배경	• 인조와 서인 정권의 친명배금 정책 - 명에 대한 사대 지속, 후금 배척 - 명 모문룡의 가도 사건〔1622~1629〕: 평안도 가도에서 후금 압박 • 이괄의 난〔1624〕: 인조 반정 직후 논공행상에 불만을 제기하며 봉기 - 인조의 공주 피난 - 잔당들이 인조반정과 외교 정책에 대해 후금에 알림 • 어영청·총융청·수어청 설립 : 후금 대비 목적
경과	• 후금의 침입으로 인조의 강화 피신 • 의병 봉기 : 정봉수의 용골산성 항쟁, 이립의 저항
결과	• 형제지맹 체결 후금은 형, 소선은 동생

❷ 병자호란〔1636〕 인조

배경	• 청이 조선에 군신 관계 요구
경과	• 청 태종의 침입 - 인조의 남한산성 피신 - 임경업의 백마산성 항쟁, 김준룡의 광교산 전투, 김상용의 순절 - 척화파(김상헌, 윤집)와 주화파(최명길)의 갈등 　　└ 여진족에 대한 문화적 우위를 강조하며 결사 항전을 주장 - 조선의 항복 : 삼전도의 굴욕, 삼전도비 건립
결과	• 청과 사대 관계 - 연행사 파견 - 소현세자·봉림대군·삼학사·김상헌 등 인질 보냄 　　　└ 청과의 화의를 반대하다가 청에 끌려가 　　　　참형당한 홍익한·윤집·오달제

❸ 효종의 북벌

└ 송시열이 효종에게 올린 비밀 상소문으로 북벌 제안

주도자	• 송시열(기축봉사 작성)·송준길·이완 중용
경과	• 어영청 확대 • 벨테브레이와 하멜을 통한 무기 증강 : 훈련도감 소속 • 나선 정벌 - 배경 : 청과 러시아 간 국경 갈등이 발생하자, 청이 조선에 파병 요청 - 경과 : 1차 파병(변급 지휘), 2차 파병(신류 지휘)

✚ 삼전도비

인조가 청에 항복한 사실을 기록함

✚ 송시열의 기축봉사

우리나라는 명 신종 황제의 은혜를 힘입어 임진년의 변란에 종사가 이미 폐허가 되었다가 다시 존재하게 되었고, 백성이 거의 다 없어질 뻔하다가 다시 소생되지 않았습니까? 우리나라의 풀 한 포기, 나무 한 그루, 백성의 머리털 하나까지도 황제의 은혜를 입은 것입니다. … 삼가 원하건대 전하께서는 마음에 굳게 정하시기를 '이 오랑캐는 임금과 아버지의 큰 원수이니, 맹세코 차마 한 하늘 밑에 살 수 없다'고 하시어 원한을 축적하십시오.

✚ 나선정벌

3월 1일에 두만강을 건너 19일에 영고탑에 도달하고 6월 10일에 흑룡강에 이르렀다. … 적은 키가 10척이나 되고 깊숙한 눈에 머리카락이 붉었으며 드리운 수염이 어깨를 덮었다. … 7월 10일에 승전보를 올리고 회군하여 9월 27일에 영고탑에 이르렀다. 11월 18일에 영고탑을 떠나 12월 15일에 다시 두만강을 건넜다.

1 다음 사건이 일어난 시기의 왕을 쓰시오.

| 보기 |
| 광해군 　 선조 　 인조 　 효종 　 숙종 |

(1) (　　) – 김상용이 강화도에서 순절하였다.

(2) (　　) – 나선 정벌에 조총 부대를 파견하였다.

(3) (　　) – 어영청을 중심으로 북벌을 추진하였다.

(4) (　　) – 이괄의 난으로 왕이 나주까지 피란하였다.

(5) (　　) – 정봉수와 이립이 용골산성에서 항쟁하였다.

(6) (　　) – 조·명 연합군이 평양성 전투에서 승리하였다.

(7) (　　) – 기유약조를 맺어 일본과 교섭을 재개하였다.

(8) (　　) – 청과의 국경을 정하는 백두산 정계비를 세웠다.

(9) (　　) – 윤집, 오달제, 홍익한 등 삼학사가 청에 끌려갔다.

(10) (　　) – 창덕궁에 명 신종을 추모하는 대보단을 설치하였다.

(11) (　　) – 강홍립이 이끄는 부대가 사르후 전투에 참전하였다.

(12) (　　) – 송시열이 기축봉사를 올려 명에 대한 의리를 내세웠다.

2 해당하는 사건을 선택하시오.

(1) (정묘호란, 병자호란) – 삼전도비를 건립하였다.

(2) (정묘호란, 병자호란) – 국왕이 강화도로 피란하였다.

(3) (정묘호란, 병자호란) – 김준룡이 광교산 전투에서 승리하였다.

(4) (정묘호란, 병자호란) – 서인의 친명배금 정책이 원인이 되었다.

(5) (정묘호란, 병자호란) – 청의 사대 요구를 거절한 것이 원인이 되었다.

(6) (정묘호란, 병자호란) – 임경업이 백마산성에서 적의 침입에 대비하였다.

(7) (정묘호란, 병자호란) – 김상헌 등이 화의에 반대하여 항전을 주장하였다.

(8) (정묘호란, 병자호란) – 소현 세자와 봉림 대군 등이 청에 인질로 끌려갔다.

(9) (정묘호란, 병자호란) – 국왕은 강화로 가는 길이 막혀 남한산성으로 피란하였다.

(10) (정묘호란, 병자호란) – 용골산성에서 정봉수와 이립이 의병을 이끌고 항전하였다.

3 아래 사건이 일어난 시기를 (가)~(다) 중 고르시오.

1608	1624	1636	1659
(가)	(나)	(다)	
광해군 즉위	이괄의 난	병자호란 발발	기해 예송

(1) (　　) – 인조반정이 일어났다.

(2) (　　) – 김준룡이 광교산 전투에서 승리하였다.

(3) (　　) – 강홍립 부대가 사르후 전투에 참전하였다.

(4) (　　) – 왕이 도성을 떠나 남한산성으로 피란하였다.

(5) (　　) – 기유약조를 맺어 두모포에 왜관을 설치하였다.

(6) (　　) – 신류가 조총 부대를 이끌고 흑룡강에서 전투를 벌였다.

4 다음 사료를 읽고, 관련된 인물 또는 사건을 선택하시오.

(1) (정묘호란, 병자호란, 나선 정벌)

> 3월 1일에 두만강을 건너 19일에 영고탑에 도달하고 6월 10일에 흑룡강에 이르렀다. … 적은 키가 10척이나 되고 깊숙한 눈에 머리카락이 붉었으며 드리운 수염이 어깨를 덮었다. … 7월 10일에 승전보를 올리고 회군하여 9월 27일에 영고탑에 이르렀다. 11월 18일에 영고탑을 떠나 12월 15일에 다시 두만강을 건넜다.

(2) (정묘호란, 병자호란, 나선 정벌)

> 강화를 하여 (국가를) 보존하는 것보다 차라리 의를 지켜 망하는 것이 옳다고 했으나 이것은 신하가 절개를 지키는 데 쓰이는 말입니다. … 늘 생각해 보아도 우리의 국력은 현재 바다나 있고 오랑캐의 병력은 강성합니다. 정묘년(1627)의 맹약을 아직 지켜서 몇 년이라도 화를 늦추고, … 적의 허점을 노리는 것이 우리로서는 최상의 계책일 것입니다.

(3) (강홍립, 송시열)

> 우리나라는 명 신종 황제의 은혜를 힘입어 임진년의 변란에 종사가 이미 폐허가 되었다가 다시 존재하게 되었고, 백성이 거의 다 없어질 뻔하다가 다시 소생되지 않았습니까? … 삼가 원하건대 전하께서는 마음에 굳게 정하시기를 '이 오랑캐는 임금과 아버지의 큰 원수이니, 맹세코 차마 한 하늘 밑에 살 수 없다'고 하시어 원한을 축적하십시오.

정답

1. (1) 인조 (2) 효종 (3) 효종 (4) 인조 (5) 인조 (6) 선조 (7) 광해군 (8) 숙종 (9) 인조 (10) 숙종 (11) 광해군 (12) 효종

2. (1) 병자호란 (2) 정묘호란 (3) 병자호란 (4) 정묘호란 (5) 병자호란 (6) 병자호란 (7) 병자호란 (8) 병자호란 (9) 병자호란 (10) 정묘호란

3. (1) 가 (2) 다 (3) 가 (4) 다 (5) 가 (6) 다

4. (1) 나선 정벌 (2) 병자호란 (3) 송시열

265

다음 상황이 나타난 시기를 연표에서 옳게 고른 것은?

> 4월 누르하치의 군대가 무순을 함락하고, 7월에는 청하를 함락하였다. 이에 명에서 정벌을 결정하고 우리나라에 군사 징발을 요구하였다. 명의 총독 왕가수의 군문(軍門)에서 약 4만의 병사를 요구하였으나, 경략(經略) 양호가 조선의 병사와 군마가 적다고 하여 마침내 그 수를 줄여서 총수(銃手) 1만 명만 징발하였다. 7월 조정에서 강홍립을 도원수로, 김경서를 부원수로 삼았다.
>
> – 「책중일록」 –

1453	1510	1597	1627	1728	1811
(가)	(나)	(다)	(라)	(마)
계유 정난	삼포 왜란	정유 재란	정묘 호란	이인좌의 난	홍경래의 난

① (가)
② (나)
③ (다)
④ (라)
⑤ (마)

266

(가)~(다)를 일어난 순서대로 옳게 나열한 것은?

(가) 왕은 군사를 일으켜 왕대비를 받들어 복위시킨 뒤 경운궁에서 즉위하였다. 광해군을 폐위시켜 강화로 내쫓고 이이첨 등을 처형한 다음 전국에 대사령을 내렸다.

(나) 용골대 등이 왕을 인도하여 들어가 단 아래에 북쪽을 향해 자리를 마련하고 왕에게 자리로 나아가기를 청하였다. 왕이 세 번 절하고 아홉 번 머리를 조아리는 예를 행하였다.

(다) 왕은 김상용에게 도성의 일을 맡기고 종묘사직의 신주를 받들어 강화로 피난해 들어갔다. 이에 김류, 이귀, 최명길, 김자점 등의 신하들이 모두 따라갔다.

① (가) – (나) – (다)
② (가) – (다) – (나)
③ (나) – (가) – (다)
④ (나) – (다) – (가)
⑤ (다) – (가) – (나)

267

밑줄 그은 '이 전쟁' 중에 있었던 사실로 옳은 것은?

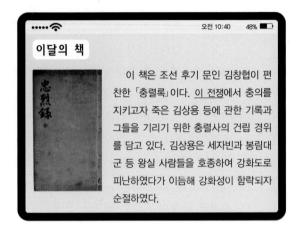

이달의 책

이 책은 조선 후기 문인 김창협이 편찬한 「충렬록」이다. 이 전쟁에서 충의를 지키고자 죽은 김상용 등에 관한 기록과 그들을 기리기 위한 충렬사의 건립 경위를 담고 있다. 김상용은 세자빈과 봉림대군 등 왕실 사람들을 호종하여 강화도로 피난하였다가 이듬해 강화성이 함락되자 순절하였다.

① 조명 연합군이 평양성을 탈환하였다.
② 강홍립이 사르후 전투에 참전하였다.
③ 김준룡이 광교산 전투에서 승리하였다.
④ 김종서가 두만강 일대에 6진을 개척하였다.
⑤ 곽재우, 김천일 등이 의병장으로 활약하였다.

268

밑줄 그은 '전란' 중에 있었던 사실로 옳은 것은?

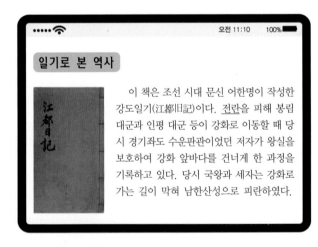

일기로 본 역사

이 책은 조선 시대 문신 어한명이 작성한 강도일기(江都日記)이다. 전란을 피해 봉림대군과 인평 대군 등이 강화로 이동할 때 당시 경기좌도 수운판관이었던 저자가 왕실을 보호하여 강화 앞바다를 건너게 한 과정을 기록하고 있다. 당시 국왕과 세자는 강화로 가는 길이 막혀 남한산성으로 피란하였다.

① 정문부가 길주에서 의병을 이끌었다.
② 강홍립이 사르후 전투에 참전하였다.
③ 김시민이 진주성에서 적군을 크게 물리쳤다.
④ 임경업이 백마산성에서 적의 침입에 대비하였다.
⑤ 최윤덕이 올라산성에서 이만주 부대를 정벌하였다.

269

(가), (나) 사이의 시기에 있었던 사실로 옳은 것은?

(가) 왕에게 이괄 부자가 역적의 우두머리라고 고해바친 자가 있었다. 하지만 왕은 "반역은 아닐 것이다."라고 하면서도, 이괄의 아들인 이전을 잡아오라고 명하였다. 이에 이괄은 군영에 있던 장수들을 위협하여 난을 일으켰다.

(나) 최명길을 보내 오랑캐에게 강화를 청하면서 그들의 진격을 늦추도록 하였다. 왕이 수구문(水溝門)을 통해 남한산성으로 향했다. 변란이 창졸 간에 일어났기에 도보로 따르는 신하도 있었고 성안 백성의 통곡 소리가 하늘을 뒤흔들었다. 조경을 지나 왕의 가마가 남한산성에 도착하였다.

① 정봉수가 용골산성에서 항전하였다.
② 이순신이 명량에서 대승을 거두었다.
③ 권율이 행주산성에서 적군을 격퇴하였다.
④ 서인 세력이 폐모살제를 이유로 반정을 일으켰다.
⑤ 정여립 모반 사건을 계기로 기축옥사가 발생하였다.

270

(가), (나) 사이의 시기에 있었던 사실로 옳은 것은?

(가) 임금이 여러 도(道)에 명을 내렸다. "나라의 운세가 매우 좋지 않아 역적 이괄이 군사를 일으켰는데, 여러 장수들이 좌시하여 수도가 함락되고 말았다. …… 예로부터 반역은 어느 시대에나 있었지만, 이처럼 극도로 흉악한 역적은 없었다. 종사와 자전*을 염려하여 남쪽으로 피란하기로 결정하였다."

(나) 정명수가 심양에 있는 소현 세자의 관소에 와서 용골대의 뜻을 전하기를, "세자가 이곳에 들어온 지가 이미 5년이 되었으니, 어찌 스스로 먹고살 길을 마련하지 않는가. 세자와 인질들에게 어찌 먹고살 식량을 늘 지급해 줄 수가 있겠는가. 경작할 땅을 주어 내년부터 각자 농사를 지어 먹도록 함이 마땅하다."라고 하였다.

* 자전(慈殿) : 임금의 어머니

① 정문부가 길주에서 의병을 이끌었다.
② 삼수병으로 구성된 훈련도감이 설치되었다.
③ 영창 대군이 사사되고 인목 대비가 유폐되었다.
④ 이덕형이 구원병 요청을 위해 명에 청원사로 파견되었다.
⑤ 김상헌 등이 남한산성에서 화의에 반대하여 항전을 주장하였다.

271

(가) 국가에 대한 조선의 정책으로 옳은 것은?

이 비석은 (가) 의 요청으로 나선 정벌에 참여했던 총병관 신유를 기리기 위한 신도비입니다. 이 비에는 그의 조총 부대가 흑룡강 일대에서 러시아군과의 전투를 승리로 이끌었다는 사실이 기록되어 있습니다.

① 어영청을 중심으로 북벌을 추진하였다.
② 한성에 동평관을 두어 무역을 허용하였다.
③ 조약 체결에 대한 답례로 보빙사를 보냈다.
④ 공녀를 보내기 위해 결혼도감을 설치하였다.
⑤ 포로 송환을 위해 회답 겸 쇄환사를 파견하였다.

272

(가) 국가에 대한 조선의 대외 정책으로 옳은 것은?

오늘 알아볼 지도에 대해 말씀해 주세요.

이 지도는 의주에서 연경에 이르는 경로를 표시한 것입니다. 조선 사신들은 이 경로를 따라 (가) 을/를 왕래하였는데, 이 사행에 참여한 만상은 국제 무역으로 많은 돈을 벌기도 하였습니다.

입연정도도(入燕程途圖)

① 박위를 파견하여 근거지를 토벌하였다.
② 백두산 정계비를 세워 국경을 정하였다.
③ 한성에 동평관을 두어 무역을 허용하였다.
④ 쌍성총관부를 공격하여 철령 이북의 영토를 되찾았다.
⑤ 포로 송환을 위하여 유정을 회답 겸 쇄환사로 파견하였다.

265 광해군의 중립외교

정답 ③

핵심키워드 누르하치, 강홍립, 책중일록

정답 분석

제시된 사료는 「책중일록」의 일부분으로, 조선의 관료 이민환이 1619년(광해군 11년) 심하 전투(사르후 전투)에 종군하며 기록한 것이다.

1618년, 후금의 누르하치는 명나라를 상대로 7대 죄목을 발표하며 본격적인 군사행동을 시작했다. 이에 맞서 명나라는 조선을 비롯한 주변국들에 군사 지원을 요청했고, 광해군은 강홍립을 도원수로 임명하여 약 13,000명의 군대를 파병하였다.

이민환은 도원수 강홍립의 종사관으로, 조명 연합군에 참여하여 누르하치가 이끄는 후금의 군대와 맞섰다. 이 일기에는 심하 출병의 배경, 압록강을 건너며 겪은 행군 과정, 초기 승리와 부차에서의 패전, 그리고 포로 생활 중의 경험이 담겨 있다. 이 책을 통해 광해군 시기에 명과 후금 사이에서 조선의 외교적 입장을 파악할 수 있다.

오답 분석

* 정유재란(1597, 선조 30년) : 일본은 화의 협상이 결렬되자 1597년에 조선을 다시 침공하였다.
* 정묘호란(1627, 인조 5년) : 후금은 친명배금 정책과 광해군 폐위를 이유로 조선을 침략하였다.

266 17세기 대외 관계

정답 ②

핵심키워드 광해군 폐위, 용골대, 세 번 절, 강화 피난

정답 분석

(가)는 인조반정(1623년), (나)는 병자호란(1636년), (다)는 정묘호란(1627년)에 관한 글이다.

(가) 인조반정(1623년)은 광해군의 중립 외교와 폐모살제(어머니를 유폐하고 이복동생을 죽였다는 죄목)에 반발한 서인 세력이 광해군을 폐위하고 인조를 왕으로 세운 사건이다. 반정 이후 조선은 명나라와의 관계를 강화하는 친명 정책을 추진하며, 후금을 배척하는 외교 노선을 택하였다.

(나) 병자호란(1636년)에서 패한 인조는 남한산성에서 나와 청군에 항복하고, 삼전도에서 굴욕적인 항복 의식을 치르게 되었다. 제시문은 당시의 항복 의식을 보여준다.

(다) 정묘호란(1627년)은 조선이 명나라와의 친밀한 관계를 강화하자, 이에 반발한 후금이 조선을 침입한 전쟁이다. 인조는 왕자들과 함께 강화도로 피난한 후, 후금과 강화 조약을 맺어 일시적으로 갈등을 해결하였다.

따라서 (가), (다), (나) 순으로 사건이 일어났다.

267 병자호란

정답 ③

핵심키워드 김상용, 봉림대군, 강화도 피난

정답 분석

김상용은 조선의 서인 관료로, 병자호란 때 강화도에서 성이 함락되자, 도망가지 않고 자결하여 절의를 지켰다. 이로 인해 김상용은 그의 동생 김상헌과 함께 조선 후기의 충절의 상징으로 기억되었다.

③ 김준룡은 병자호란 시기 전라도에서 모은 근왕병을 이끌고 남한산성 근처에 도달하였다. 광교산 전투에서 청군을 격파하였는데, 이는 병자호란에서 근왕병이 거둔 최대의 승리였다.

오답 분석

① 조명 연합군은 1593년 1월에 일본군을 물리치고 평양성을 탈환하였다.
② 강홍립은 광해군 11년(1619년)에 사르후 전투(심하 전투)에 파병되었으나 후금의 공격을 받아 패배하였다. 이후 후금에 투항하여 조선의 상황을 알리고 조선군의 안전을 보장받는 조건으로 후금과의 화의를 이루었다.
④ 김종서는 세종 시기에 두만강 일대의 여진족을 몰아내고 6진을 개척하여 국경을 안정시켰다.
⑤ 곽재우와 김천일 등은 임진왜란 때 의병을 이끌고 항전하였다.

268 병자호란

정답 ④

핵심키워드 봉림대군, 강화 이동, 남한산성

정답 분석

「강도일기」는 병자호란 시기 어한명이 경기좌도 수운판관으로서 인조의 아들 봉림대군과 인평대군을 보호하며 강화도로 피란시킨 일을 기록한 것이다. 이 일기는 강화로의 피란 과정을 상세히 묘사하며, 병자호란 발발 초기의 긴박한 상황을 이해하는 데 중요한 자료이다.

④ 임경업은 병자호란 당시 의주의 백마산성을 지켜냈다.

오답 분석

① 정문부는 왜란 중 길주에서 의병을 조직하였다. 그의 승리는 북관대첩비에 기록되어 있다.
② 강홍립은 광해군 시기에 명나라의 요청에 따라 사르후 전투에 파병되었으나 후금과의 전투에 패배하였다.
③ 김시민은 임진왜란 중 진주성 전투에서 승리하였다.
⑤ 최윤덕은 세종 대에 여진족 이만주 부대를 올라산성에서 정벌한 뒤 4군을 개척하였다.

269 호란
정답 ①

핵심키워드 이괄, 최명길, 남한산성

정답 분석

㉮ 인조 2년에 일어난 이괄의 난에 관한 글이다. 이 과정에서 인조
와 대신들은 공주로 피난하였고, 우리 역사상 최초로 반란군이
수도에 입성하였다. 반란 진압 후 잔당 세력이 후금으로 도망쳐
국내 정세의 불안을 알리며 후금의 남침을 종용하였다. 결국
1627년(인조 5년)에 정묘호란이 일어나는 한 원인으로 작용하
였다.

㉯ 인조 14년에 일어난 병자호란에 관한 것으로, 제시문의 최명길
은 대표적인 주화파이다.

① 정봉수는 정묘호란 당시 용골산성에서 항전하며 그곳에 모인
수천 명의 피란민을 지켜냈다.

오답 분석

② 이순신은 정유재란 중 1597년에 명량 해전에서 왜군에 대승을 거두
었다.

③ 권율은 임진왜란 중 1593년에 행주산성 전투에서 왜군을 격퇴하였다.

④ 서인 세력은 폐모살제(어머니를 유폐하고 이복동생을 죽였다)를 명분
으로 인조반정을 일으켜 광해군을 폐위시켰다.

⑤ 정여립의 모반 사건을 계기로 선조 22년에 서인이 동인을 탄압한 기
축옥사가 발생하였다.

270 호란
정답 ⑤

핵심키워드 이괄, 소현 세자

정답 분석

㉮ 인조 2년에 일어난 이괄의 난으로, 인조 5년에 일어난 정묘호란
의 배경이 되었다.

㉯ 병자호란 이후 인조의 큰 아들 소현 세자가 청나라 심양에 인질
로 끌려간 상황을 알려준다.

따라서 ㉮와 ㉯ 사이의 사건으로는 정묘호란과 병자호란이 있다.

⑤ 김상헌은 대표적인 척화파로, 병자호란 당시 남한산성에서 항
전을 주장하며 청과의 화의에 반대하였다.

오답 분석

① 정문부는 왜란 중 길주에서 의병을 조직하였다. 그의 승리는 북관대
첩비에 기록되어 있다.

② 선조는 임진왜란 중 훈련도감을 조직하였다.

③ 영창 대군은 선조의 아들 중 유일한 정비 소생으로, 광해군 5년(1613
년)에 유폐되었고, 이듬해 사사되었다.

④ 이덕형은 임진왜란 중 명나라에 군병 지원을 요청하기 위해 청원사로
파견되었다.

271 대청 외교
정답 ①

핵심키워드 신유, 조총 부대, 러시아군과의 승리

정답 분석

신유(신류)는 조선의 무관으로, 효종 때 2차 나선 정벌(조선과 청이
러시아를 상대로 싸움)을 이끌었다. 따라서 ㉮는 청나라이다.

참고로 청에 끌려갔다 돌아와 왕위를 계승한 효종은 청에 대한 적
대감과 복수심에 북벌 운동을 전개하였다. 그러나 당시 청은 이미
중국 지배를 확고히 하고 강력한 군대를 지닌 대국이었기 때문에
북벌의 실행은 현실적으로 어려움이 많았다.

① 어영청은 인조 2년에 이괄의 난 이후 수도 방어를 강화하기 위
해 설치된 중앙군이다. 이후 효종 때 약 2만 명으로 확대되어
북벌의 핵심 세력이 되었다.

오답 분석

② 동평관은 태종 3년에 한양에 설치한 일본인 숙소 겸 외교 관청이다.

③ 보빙사는 조미수호조약 체결(1882년) 이후 조선이 미국에 보낸 답례
사절단으로, 민영익이 총책임자였다.

④ 결혼도감은 원 간섭기에 원나라에 공녀를 보내기 위해 설치된 기관이
었다.

⑤ 임진왜란 후 조선은 일본에 끌려간 조선 포로 송환을 위해 총 3회에
걸쳐 회답 겸 쇄환사를 파견하였다.

272 대청 외교
정답 ②

핵심키워드 의주에서 연경까지, 만상

정답 분석

만상은 조선 후기에 의주를 기반으로 활동한 상인 집단이다. 이들
은 중강, 책문 등지에서 청 상인과 교역하였다. 또한 제시문의 연
경은 청 수도로 현재 베이징이다. 따라서 ㉮는 청이다.

② 숙종은 백두산 정계비를 세워 청나라와 국경을 확정하였다.

오답 분석

① 박위는 고려 창왕 시기에 대마도(쓰시마섬)를 토벌하였다.

③ 동평관은 태종 3년에 한양에 설치한 일본인 숙소 겸 외교 관청이다.

④ 공민왕은 철령 이북 지역을 수복하기 위해 유인우와 이자춘을 보내
쌍성총관부를 공격하여 폐지하였다.

⑤ 임진왜란 이후, 일본을 통치한 도쿠가와 이에야스는 조선과의 국교
재개를 위해 통신사 파견을 요청하였다. 선조 37년(1604)에 사명당
유정을 대표로 하는 탐적사를 파견하여 포로를 송환하였다. 이후
1607년(선조), 1617년(광해군), 1624년(인조)에 '회답 겸 쇄환사'라는
이름으로 사절단을 파견했으며, 1636년(인조)부터 '통신사'라는 명칭
이 다시 사용되기 시작하였다.

조선의 통치 제도

❶ 중앙 정치 제도

의정부	• 최고 정책 결정 기구 : 영의정 · 좌의정 · 우의정의 합의로 운영
6조	• 정책 집행 기관 장관 : 판서
승정원 (은대)	• 국왕의 비서 기구로 왕명 출납 담당 – 승정원일기 기록 : 세계기록유산 – 도승지 등 6명의 승지 근무
의금부	• 반역죄 · 강상죄 등 담당, 국왕 직속의 사법 기구

3사

사헌부	• 관리 감찰 담당 ≒ 고려의 어사대	• 서경 담당 (5품 이하 관리 대상)
사간원	• 간쟁 담당 ≒ 고려의 낭사	
홍문관 (옥당)	• 국왕 자문 · 경연 · 궁중 도서 관리 담당 └ 왕과 신하들이 유학 경전, 역사서 등을 공부	
한성부	• 수도 한성의 행정 · 사법 · 치안 담당	
춘추관	• 사초와 시정기 작성, 실록 편찬 └ 1년마다 정리한 관청의 공문서	

❷ 지방 행정 제도

8도 大구역	• 관찰사 파견 – 감사 · 도백 · 방백이라 불림 – 수령 감찰 · 행정권 · 사법권 · 군사권 행사
부 · 목 · 군 · 현 中구역	• 모든 부 · 목 · 군 · 현에 수령 파견 – 행정권 · 사법권 · 군사권 행사 (수령 7사) – 수령권 견제 : 상피제 실시, 비밀리에 암행어사 파견 • 향리의 위상 약화 – 6방 소속 : 수령의 지시에 따라 행정 실무 담당 – 단안 향리 명부 작성 • 유향소 지방 양반의 자치 기구 설치 – 임원직 : 좌수, 별감 – 역할 : 향회를 통해 지방 여론 수렴, 수령 자문, 향리 감시 – 변천 : 조선 초기 · 세종 · 성종 때 설치, 태종 · 세조 때 폐지

부정을 막기 위해 가까운 친척과 같은 관서에 근무하지 않도록 하거나, 출신 지역의 지방관으로 임명하지 않는 제도

❸ 군사 제도

중앙군	• 전기 : 5위 ┌ 선조때 설치 ┌ 인조때 설치 ┌ 숙종때 설치 • 후기 : 훈련도감, 어영청, 총융청, 수어청, 금위영
지방군	• 세조의 진관 체제 : 각 도에 여러 단계의 진 설치, 지역 방어 유리 • 명종의 제승방략 체제 : 유사시 중요한 방어처에 각 지역의 병력을 집결 • 선조의 속오군 : 양반~노비로 구성

❹ 과거 제도 원칙적으로 3년마다 실시

사마과	• 일명 '소과', 생원 · 진사 선발 합격자 200명은 주로 성균관에 진학 후 문과에 응시함
문과	• 일명 '대과', 초시 → 복시(33명 선발, 홍패 하사) → 전시(왕 주관)
무과	• 초시 → 복시(28명 선발, 홍패 하사) → 전시(왕 주관)
잡과	• 기술관 선발 • 역과(사역원 담당), 율과(형조 담당), 의과(전의감 담당), 음양과(관상감 담당)

✚ 조선의 중앙 정치 기구

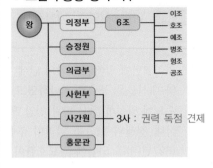

✚ 조선의 주요 기록물

• 승정원일기
• 내각일력 : 규장각 일지
• 비변사등록 : 비변사 일지
• 일성록 : 정조가 세손 시절부터 작성한 왕의 일기

✚ 조선의 8도

1 다음 설명에 해당하는 기관을 쓰시오.

┌─ 보기 ┤
비변사   사간원   승정원   의금부
춘추관   의정부   한성부   홍문관

(1) (　) – 은대, 후원이라고도 불리었다.
(2) (　) – 수도의 치안과 행정을 담당하였다.
(3) (　) – 재상들이 합의하여 국정을 총괄하였다.
(4) (　) – 왕명 출납을 맡은 왕의 비서 기관이었다.
(5) (　) – 반역죄, 강상죄 등 중범죄를 다스렸다.
(6) (　) – 실록을 보관하고 관리하는 업무를 관장하였다.
(7) (　) – 왕에게 경서와 사서를 강론하는 경연을 주관하였다.
(8) (　) – 임진왜란을 거치면서 국정 최고 기구로 성장하였다.
(9) (　) – 외적의 침입에 대비하기 위한 임시 기구로 설치되었다.
(10) (　) – 사헌부와 함께 5품 이하의 관원에 대한 서경권을 가졌다.

2 다음은 조선에 대한 내용이다. 빈칸에 알맞은 말을 선택하시오.

(1) (수령, 관찰사)은/는 감사, 도백으로도 불렸다.
(2) (사심관, 유향소)는 좌수와 별감을 중심으로 운영되었다.
(3) 각 도에 (관찰사, 안찰사)를 보내 관할 고을의 수령을 감독하였다.
(4) 향리는 (단안, 향안)이라는 명부에 등재되었다.
(5) 향리는 이방, 호방 등 (6방, 6조)에 소속되어 실무 행정을 담당하였다.
(6) 조선 전기의 중앙군은 (5위, 5군영)(으)로 조직되었다.
(7) (어영청, 장용영)은 북벌의 핵심 군사 조직이다.
(8) (인조, 숙종)은/는 금위영을 설치하여 5군영 체제를 완성하였다.
(9) (왜란, 호란) 중 포수, 살수, 사수의 삼수병으로 구성된 훈련도감이 설치되었다.
(10) (태종, 세조)은/는 지역 단위의 방어 체제인 진관 체제를 수립하였다.

3 빈칸에 들어갈 관청을 쓰시오.

기관	관련 기록물
(1) (　　)	비변사 등록(비국 등록)
승정원	승정원일기
의금부	의금부 등록
(2) (　　)	내각일력

4 다음 사료를 읽고, 물음에 답하시오.

(1) 아래와 같은 업무를 담당하는 조선의 중앙 관청은 어디인가?

정치를 논하여 바르게 이끌고, 백관을 규찰하고, 풍속을 바로 잡고, 원통하고 억울한 것을 풀어주고, 외람되고 거짓된 것을 금하는 등의 일을 관장한다. … 집의 1명, 장령 2명, 자평 2명, 감찰 24명을 둔다.

(2) 아래 글에서 언급하는 조선의 중앙 관청은 어디인가?

오늘에 와서는 큰 일이건 작은 일이건 중요한 것으로 취급되지 않는 것이 없습니다. 그 결과 정부는 한갓 헛이름만 지니고 육조는 모두 그 직임을 상실하였습니다. 명칭은 '변방의 방비를 담당하는 것'이라고 하면서 과거 시험에 대한 판하(判下)나 비빈을 간택하는 등의 일까지도 모두 여기를 경유하여 나옵니다.

(3) (가)에 들어갈 조선의 지방 행정 기구를 쓰시오.

교활한 아전이 여러 가지로 폐단을 일으키는 것은 수령이 듣고 보는 것으로써 다 감찰할 수가 없습니다. 그러나 중앙의 경재소와 지방의 (가)이/가 서로 들은 대로 규찰하여 교활한 아전을 억제시키고 향촌의 풍속을 유지시킨다면 풍속을 좋은 방향으로 개선하는 데 도움이 될 것입니다.

(4) 다음은 경국대전에 수록된 과거제에 관한 기록이다. 괄호 안에 들어갈 숫자를 선택하시오.

(3년, 10년)에 한 번씩 시험을 본다. 시험 전년 가을에 초시를 보고, 시험 당해 초봄에 복시와 전시를 본다. 문과는 통훈대부 이하가 응시한다.

정답

1. (1) 승정원 (2) 한성부 (3) 의정부 (4) 승정원 (5) 의금부 (6) 춘추관 (7) 홍문관
   (8) 비변사 (9) 비변사 (10) 사간원
2. (1) 관찰사 (2) 유향소 (3) 관찰사 (4) 단안 (5) 6방 (6) 5위 (7) 어영청 (8) 숙종
   (9) 왜란 (10) 세조
3. (1) 비변사 (2) 규장각
4. (1) 사헌부 (2) 비변사 (3) 유향소 (4) 3년

273
56회 22번 [2점]

(가) 기구에 대한 설명으로 옳은 것은?

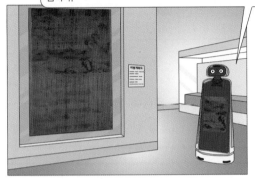

> 이 그림은 중종 때 그려진 미원계회도(薇垣契會圖)입니다. '미원'은 (가) 의 별칭으로 간쟁과 논박을 담당한 관청이었습니다. 소나무 아래에는 계회를 하고 있는 모습이 보이고, 하단에는 참석자들의 관직, 성명, 본관 등이 기록되어 있습니다.

① 왕명의 출납을 관장하였다.
② 수도의 행정과 치안을 담당하였다.
③ 사헌부, 홍문관과 함께 3사로 불렸다.
④ 실록을 보관하고 관리하는 업무를 맡았다.
⑤ 반역죄, 강상죄 등을 범한 중죄인을 다스렸다.

274
70회 17번 [2점]

(가) 왕에 대한 설명으로 옳은 것은?

> 오늘 말씀해 주실 삼공신회맹문에는 어떤 내용이 담겨 있나요?

> 이 문서에는 두 차례에 걸친 왕자의 난으로 즉위한 (가) 이/가 삼공신들과 함께 종묘사직 및 산천에 제를 올려 충의와 신의를 맹세한 내용이 기록되어 있습니다. 삼공신은 개국공신, 제1차 왕자의 난에서 공을 세운 정사공신, 제2차 왕자의 난을 평정하는 데 도움을 준 좌명공신을 말합니다.

개국정사좌명삼공신회맹문

① 경국대전을 완성하여 통치 체제를 정비하였다.
② 초계문신제를 시행하여 문신들을 재교육하였다.
③ 길주를 근거지로 일어난 이시애의 난을 진압하였다.
④ 문하부를 폐지하고 낭사를 사간원으로 독립시켰다.
⑤ 붕당의 폐해를 경계하기 위한 탕평비를 건립하였다.

275
69회 20번 [2점]

(가) 기구에 대한 설명으로 옳은 것은?

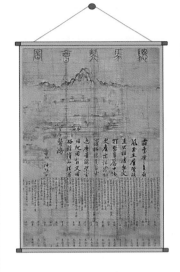

> **총마계회도(聰馬契會圖)**
> 총마들의 모임을 기념하기 위해 그린 그림으로, 총마는 감찰의 별칭이다. 감찰은 대사헌을 수장으로 하는 (가) 의 관원으로, 관리의 위법 사항을 규찰하였다. 그림에는 계회 장소의 모습과 함께 왕이 내린 시문, 참석자명단 등이 담겨 있다.

① 수도의 행정과 치안을 담당하였다.
② 왕명 출납을 맡은 왕의 비서 기관이었다.
③ 왕에게 경서 등을 강론하는 경연을 주관하였다.
④ 역사서를 편찬하고 사고에 보관하는 일을 맡았다.
⑤ 5품 이하 관리의 임명 과정에서 서경권을 행사하였다.

276
58회 20번 [1점]

(가) 기구에 대한 설명으로 옳은 것은?

> **이달의 책**
> 이 책에는 조선 시대에 왕명으로 (가) 에서 중죄인을 추국한 결과가 기록되어 있다. 조옥(詔獄)이라고도 불린 (가) 은/는 강상죄·반역죄 등을 처결하였으며 판사·도사 등의 관직이 있었다.

추안급국안

① 국왕 직속의 특별 사법 기구였다.
② 사림의 건의로 중종 때 폐지되었다.
③ 사헌부, 사간원과 함께 삼사로 불리었다.
④ 5품 이하의 관원에 대한 서경권을 행사하였다.
⑤ 서얼 출신의 학자들이 검서관으로 기용되었다.

277

다음 검색창에 들어갈 문화유산에 대한 설명으로 옳은 것은?

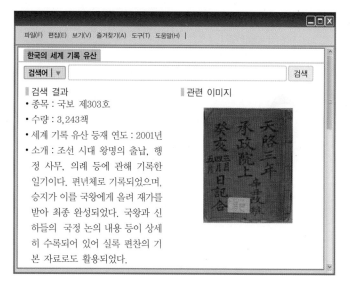

① 비국 등록이라고도 불렸다.
② 국왕의 비서 기관에서 작성하였다.
③ 세가, 지, 열전 등으로 구성되었다.
④ 우리나라 최고(最古)의 역사서이다.
⑤ 정조가 세손 시절부터 쓴 일기에서 유래하였다.

278

(가) 기구에 대한 설명으로 옳은 것은?

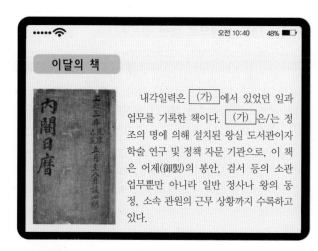

① 을묘왜변을 계기로 상설화되었다.
② 은대(銀臺), 후원(喉院)이라고도 불리었다.
③ 5품 이하 관리 임명에 서경권을 행사하였다.
④ 대사성을 중심으로 좨주, 직강 등의 관직을 두었다.
⑤ 유능한 인재를 양성하기 위한 초계문신제를 주관하였다.

279

(가) 기구에 대한 설명으로 옳은 것은?

이것은 비국 또는 주사라고 불린  관원들의 모임을 그린 계회도입니다. 이 그림은 (가) 이/가 상설 기관으로 자리잡기 이전, 변방의 국방 문제에 대해 논의하고 대비하기 위한 임시 기구이던 시기에 그려졌습니다. 그림의 오른쪽에는 관원들의 결의와 충절이 담긴 시가 쓰여 있습니다.

① 수도의 행정과 치안을 담당하였다.
② 흥선 대원군이 집권한 시기에 혁파되었다.
③ 국왕 직속 사법 기구로 반역죄 등을 다루었다.
④ 5품 이하의 관리 임명에 대한 서경권을 행사하였다.
⑤ 도승지를 수장으로 좌승지, 우승지 등의 관직을 두었다.

280

(가)에 대한 설명으로 옳은 것을 〈보기〉에서 고른 것은?

변방의 일은 병조가 주관하는 것입니다. …… 그런데 근래 변방 일을 위해 (가) 을/를 설치했고, 변방에 관계되는 모든 일을 실제로 다 장악하고 있습니다. …… 혹 병조 판서가 참여하는 경우가 있기는 하지만 도리어 지엽적인 입장이 되어버렸고, 참관 이하의 당상관은 전혀 일의 내용을 모르고 있습니다. …… 청컨대 혁파하소서.

| 보기 |

ㄱ. 왕명 출납을 맡은 왕의 비서 기관이었다.
ㄴ. 임진왜란 이후 조직과 기능이 확대되었다.
ㄷ. 조광조를 비롯한 사림의 건의로 혁파되었다.
ㄹ. 세도 정치 시기에 외척의 세력 기반이 되었다.

① ㄱ, ㄴ   ② ㄱ, ㄷ
③ ㄴ, ㄷ   ④ ㄴ, ㄹ
⑤ ㄷ, ㄹ

281

50회 21번 [2점]

(가)에 대한 설명으로 옳은 것은?

이 그림은 평양에 새로 부임한 (가) 을/를 환영하는 모습을 묘사한 부벽루연회도입니다. (가) 은/는 감사 또는 방백이라고도 불리었는데, 대개 종2품 이상의 고위 관리가 임명되었습니다.

① 간관으로서 간쟁과 봉박을 담당하였다.
② 6조 직계제의 실시로 권한이 약화되었다.
③ 호장, 기관, 장교, 통인 등으로 분류되었다.
④ 관내 군현의 수령을 감독하고 근무 성적을 평가하였다.
⑤ 출신지의 경재소를 관장하고 유향소 품관을 감독하였다.

282

42회 21번 [2점]

(가), (나)에 대한 설명으로 옳은 것은?

나는 8도의 부·목·군·현에 파견되는 (가) 입니다. 경국대전에 의하면 임기는 1,800일이고, 원칙적으로 상피제의 적용을 받고 있습니다.

나는 지방 관아에서 행정 실무를 담당하는 (나) 입니다. 고려 때와는 달리 요즘은 외역전도 지급받지 못하고 직무를 수행하고 있습니다. 우리들의 수장을 호장이라고도 부릅니다.

① (가) - 단안(壇案)이라는 명부에 등재되었다.
② (가) - 지방의 행정·사법·군사권을 행사하였다.
③ (나) - 감사, 도백으로도 불렸다.
④ (나) - 장례원(掌隷院)을 통해 국가의 관리를 받았다.
⑤ (가), (나) - 잡과를 통해 선발되었다.

283

58회 25번 [2점]

(가)에 들어갈 내용으로 옳은 것은?

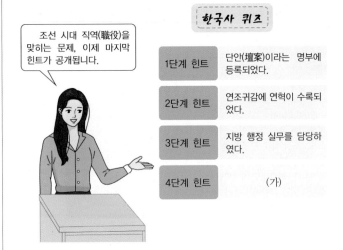

조선 시대 직역(職役)을 맞히는 문제, 이제 마지막 힌트가 공개됩니다.

한국사 퀴즈

1단계 힌트	단안(壇案)이라는 명부에 등록되었다.
2단계 힌트	연조귀감에 연혁이 수록되었다.
3단계 힌트	지방 행정 실무를 담당하였다.
4단계 힌트	(가)

① 상피제의 적용을 받았다.
② 잡과를 통해 선발되었다.
③ 감사 또는 방백이라 불렸다.
④ 이방, 호방 등 6방에 소속되었다.
⑤ 공음전을 경제적 기반으로 삼았다.

284

67회 21번 [2점]

(가) 기구에 대한 설명으로 옳은 것은?

우부승지 김종직이 아뢰기를, "고려 태조는 여러 고을에 영을 내려 공변되고 청렴한 선비를 뽑아서 향리들의 불법을 규찰하게 하였으므로 간사한 향리가 저절로 없어져 5백 년간 풍화를 유지할 수 있었습니다. 우리 조정에서는 이시애의 난 이후 (가) 이/가 혁파되자 간악한 향리들이 불의를 자행하여서 건국한 지 1백 년도 못 되어 풍속이 쇠퇴해졌습니다. …… 청컨대 (가) 을/를 다시 설립하여 향풍(鄕風)을 규찰하게 하소서."라고 하였다.

– 「성종실록」 –

① 조광조 일파의 건의로 폐지되었다.
② 좌수와 별감을 중심으로 운영되었다.
③ 풍기 군수 주세붕이 처음 설립하였다.
④ 대사성 이하 좨주, 직강 등의 관직을 두었다.
⑤ 매향(埋香) 활동 등 각종 불교 행사를 주관하였다.

285

밑줄 그은 '이 부대'에 대한 설명으로 옳은 것은?

전시된 그림은 이 부대의 분영인 북일영과 활터의 풍경을 묘사한 김홍도의 작품입니다. 임진왜란 중 류성룡의 건의로 편성된 이 부대는 직업 군인의 성격을 띤 상비군이었습니다.

북일영도

① 용호군과 함께 2군으로 불렸다.
② 진도에서 용장성을 쌓고 항전하였다.
③ 국경 지역인 북계와 동계에 배치되었다.
④ 포수, 살수, 사수의 삼수병으로 편제되었다.
⑤ 국왕의 친위 부대로 수원 화성에 외영을 두었다.

286

밑줄 그은 '이 왕'이 추진한 정책으로 옳은 것은?

명릉은 이 왕과 왕비인 인현 왕후의 무덤입니다. 이 왕에 대해서 알고 있는 사실을 대화 창에 올려 주세요.

조선 시대 왕릉을 찾아서 생방송 중

ON 대화 창

경신환국 등 여러 차례 환국을 통해서 정국을 주도하였어요.

대동법을 황해도까지 확대 시행하였어요.

글쓰기

인터넷

① 수도 방어를 위하여 금위영을 창설하였다.
② 국가의 통치 규범인 경국대전을 반포하였다.
③ 청의 요청으로 나선 정벌에 조총 부대를 파견하였다.
④ 농민들의 군역 부담을 줄여주고자 균역법을 시행하였다.
⑤ 유능한 인재를 양성하기 위해 초계문신제를 실시하였다.

287

(가)~(다)를 일어난 순서대로 옳게 나열한 것은?

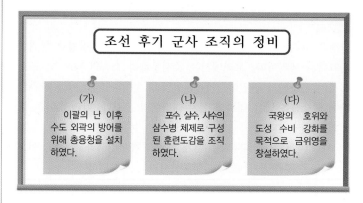

조선 후기 군사 조직의 정비

(가)	(나)	(다)
이괄의 난 이후 수도 외곽의 방어를 위해 총융청을 설치하였다.	포수, 살수, 사수의 삼수병 체제로 구성된 훈련도감을 조직하였다.	국왕의 호위와 도성 수비 강화를 목적으로 금위영을 창설하였다.

① (가) - (나) - (다)
② (가) - (다) - (나)
③ (나) - (가) - (다)
④ (나) - (다) - (가)
⑤ (다) - (나) - (가)

288

(가)에 들어갈 내용으로 가장 적절한 것은?

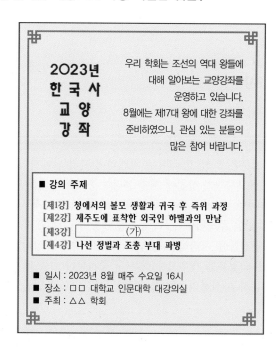

2023년 한국사 교양 강좌

우리 학회는 조선의 역대 왕들에 대해 알아보는 교양강좌를 운영하고 있습니다. 8월에는 제17대 왕에 대한 강좌를 준비하였으니, 관심 있는 분들의 많은 참여 바랍니다.

■ 강의 주제
[제1강] 청에서의 볼모 생활과 귀국 후 즉위 과정
[제2강] 제주도에 표착한 외국인 하멜과의 만남
[제3강] (가)
[제4강] 나선 정벌과 조총 부대 파병

■ 일시 : 2023년 8월 매주 수요일 16시
■ 장소 : □□ 대학교 인문대학 대강의실
■ 주최 : △△ 학회

① 어영청의 개편과 북벌 추진
② 위화도 회군과 과전법의 시행
③ 문신 재교육을 위한 초계문신제의 운영
④ 백두산 정계비 건립과 청과의 국경 획정
⑤ 기유약조 체결을 통한 일본과의 무역 재개

273 3사 　　　　　　　　　　　　　　 정답 ③

핵심키워드 미원, 간쟁과 논박

정답 분석

간쟁은 고려와 조선 시대에 언관이 국왕의 잘못된 명령과 행위를 비판하는 행위이다. 고려에서는 중서문하성 소속의 낭사가, 조선에서는 사간원의 관원이 간관의 역할을 수행하였다. 이들 간관은 탄핵과 감찰을 맡은 대관과 합쳐 대간이라 불렸다. 따라서 (가)는 조선의 사간원이다.

③ 사헌부, 사간원, 홍문관의 3개 기관을 합쳐 3사라고 하며, 언론 기능을 수행했기 때문에 언론삼사라고도 불렀다.

오답 분석

① 승정원은 왕의 비서 기관으로, 왕명의 전달과 공문서의 출납을 담당하였다.
② 한성부는 한양의 행정, 치안, 재판 등을 담당하였다.
④ 춘추관은 「조선왕조실록」의 편찬과 보관을 담당한 기관이다.
⑤ 의금부는 왕명에 따라 중죄인을 신문하고 처벌하는 기관이다.

274 3사 　　　　　　　　　　　　　　 정답 ④

핵심키워드 왕자의 난, 삼공신

정답 분석

삼공신회맹문은 조선 건국과 두 차례의 왕자의 난에서 공을 세운 공신들이 종묘사직과 산천에 제를 올리며 충의와 신의를 맹세한 문서이다. 태종은 왕자 시절에 제1차 왕자의 난을, 왕세제 시절에 제2차 왕자의 난을 주도하였다. 이 문서는 태종이 즉위 후 자신의 즉위를 도운 공신들을 치하하고 결속을 다지기 위해 작성되었다.

④ 태종은 의정부를 세우고 문하부(구 중서문하성)를 폐지하였다. 또한 문하부 산하의 낭사를 독립된 사간원으로 만들었다.

오답 분석

① 「경국대전」은 조선의 기본 법전으로, 세조 때 편찬을 시작하여 성종 때 완성되었다.
② 초계문신제는 정조 때 시행된 제도로, 젊은 문신들을 규장각에서 재교육하였다.
③ 이시애의 난은 세조 때 함경도 길주에서 이시애가 중앙 집권화 정책에 반대해 반란을 일으킨 사건이다.
⑤ 탕평비는 영조가 붕당의 폐해를 경계하기 위해 세운 비석이다.

275 3사 　　　　　　　　　　　　　　 정답 ⑤

핵심키워드 대사헌, 관리 규찰

정답 분석

대사헌은 언론기관 가운데 하나인 사헌부의 수장으로 종2품직이다. 사헌부는 관리들에 대한 감찰 및 탄핵, 국왕에 대한 간쟁, 경연 참석, 5품 이하의 서경 등 다양한 업무를 담당하였다.

⑤ 5품 이하 관리의 임명에서 서경권(임명 동의권)을 행사한 기관은 사헌부와 사간원으로, 이 기관의 관리를 대간이라고 불렀다.

오답 분석

① 한성부는 한양의 행정, 치안, 재판 등을 담당하였다.
② 승정원은 왕의 비서 기관으로 역할을 했다. 이곳은 은대, 후원이라고 불렸다. 승지들은 자신들의 업무와 관련된 승정원일기를 제작했는데, 여기에는 국왕이 대신들과 국정을 논의하는 자리에서 나눈 대화가 담겨 있다. 하지만 안타깝게도 임진왜란과 이괄의 난 등으로 인해 소실되어 인조 대 이후의 기록만이 남아 있다.
③ 경연은 왕과 신하들이 모여 경서를 강론하는 자리로, 이를 주관한 기관은 홍문관이었다.
④ 춘추관은 「조선왕조실록」의 편찬과 보관을 담당하였다.

276 의금부 　　　　　　　　　　　　　 정답 ①

핵심키워드 조옥, 강상죄와 반역죄 처결, 판사

정답 분석

의금부는 조선 시대에 전제 왕권을 옹호하고, 왕권에 도전하거나 반란을 일으킨 사람들을 엄격히 처벌하는 역할을 하였다. 또한, 유교 윤리를 지키기 위해 강상죄 같은 도덕적 범죄를 전담하여 다루었으며, 왕의 명령을 받아 사건을 재심하거나 재판을 진행하는 최고의 사법 기관이었다.

주요 관원으로는 판사(종1품)·지사(정2품)·동지사(종2품)가 있다.

오답 분석

② 중종 때 조광조 등은 도교 기관인 소격서를 폐지하였다.
③ 사헌부와 사간원, 홍문관은 조선의 삼사로 불리며 관리 감찰과 언론 기능을 수행하였다.
④ 사헌부와 사간원은 대간으로 불리며 5품 이하 관리의 임명 과정에서 서경권을 행사하였다.
⑤ 정조는 규장각 검서관으로 서얼 출신 박제가, 유득공, 이덕무, 서이수 등을 등용하였다.

277 승정원 정답 ②

핵심키워드 조선 시대 일기, 편년체, 승지

정답 분석

「승정원일기」는 조선 시대 국왕의 비서 기관인 승정원에서 작성한 일기로, 왕명 출납과 같은 업무를 기록하였다. 현재 인조 1년(1623년)부터 1910년까지의 기록이 남아 있어 조선 시대를 이해하는 매우 중요한 1차 사료이다.

오답 분석

① 비변사 등록은 비변사의 주요 회의와 결정을 기록한 문서로, 주로 국방과 관련된 내용이 담겨 있다. 비국은 비변사의 약칭이다.
③ 본기, 세가, 지, 열전 등은 기전체 역사서의 기본적인 구성 요소로, 이 구성은 군왕과 관료들의 행적을 중심으로 정리된 형식을 말한다. 「삼국사기」·「고려사」와 같은 정사(正史)에서 찾아볼 수 있다. 다만, 「고려사」는 본기를 빼고, 고려 왕을 세가에 기록한 것이 특징이다.
④ 「삼국사기」는 고려 인종 23년(1145년)에 김부식이 편찬한 역사서로, 현존하는 우리나라에서 가장 오래된 역사서이다.
⑤ 「일성록」은 조선 정조가 세손 시절부터 시작한 일기 형식의 기록물로, 1760년(영조 36년)부터 1910년까지의 기록을 담고 있다. 정조의 치세와 관련된 다양한 정치적·사회적 상황을 포함하고 있다.

278 규장각 정답 ⑤

핵심키워드 내각일력, 정조, 왕실 도서관

정답 분석

「내각일력」은 규장각의 소관 업무나 문화 사업에 관련된 것을 기록한 관청 일지이다.
⑤ 정조는 37세 이하 젊고 재능 있는 문신들을 의정부에서 뽑아 규장각에 위탁 교육을 시키고, 40세가 되면 졸업시키는 초계문신제를 시행하였다.

오답 분석

① 을묘왜변(명종 10년)을 계기로 상설화된 기관은 비변사로, 이후 임진왜란을 거치면서 모든 사안을 총괄하는 최고 기구로 자리 잡았다.
② 승정원은 조선 시대 국왕의 비서 기관으로, 주요 업무와 관련된 모든 문서를 「승정원일기」라고 불렀다.
③ 조선의 서경권은 대간(사헌부와 사간원의 관리)이 5품 이하 관리 임명에 대해 이의 제기를 통해 인사 관련 권한을 행사한 것이다.
④ 성균관은 조선의 최고 교육 기관으로, 대사성(정3품)이 이끌었다.

279 비변사 정답 ②

핵심키워드 국방 문제 논의, 임시 기구

정답 분석

흥선 대원군의 집권 시기에 혁파된 기구는 비변사이다. 중종 때 처음 설치될 때는 3포 왜란 등 빈번한 왜구와 여진의 침입에 대처하기 위해 국방 관련 일을 처리하는 임시 기구로 출발하였다. 하지만 을묘왜변(명종 10년)을 계기로 상설화되고, 왜란 때 의정부와 병조를 거치지 않고 왕에게 직접 보고하며 그 기능이 강화되어 독립된 상설 협의기관으로 발전하였다. 고종 즉위 이후, 흥선 대원군에 의해 1865년(고종 2년) 폐지되었다.

오답 분석

① 수도 한양의 행정과 치안을 담당한 기관은 한성부이다.
③ 의금부는 조선 시대 국왕의 특별 사법 기관으로, 주로 중범죄나 반역죄를 심문하고 처벌하였다.
④ 서경권은 조선의 대간(사헌부와 사간원의 관리)이 5품 이하 관리의 임명에 대해 의견을 제시할 수 있는 권한으로, 이들 언관들이 국왕의 인사권을 견제하는 수단으로 활용되었다.
⑤ 도승지를 수장으로 두고 좌승지, 우승지 등의 관직을 두었던 기관은 승정원이다.

280 비변사 정답 ④

핵심키워드 변방의 일, 병조

정답 분석

제시된 사료는 「효종실록」에 수록된 성균관 대사성 김익희의 상소문으로, 기능이 강화되고 있는 비변사를 혁파하자는 주장을 담고 있다.
ㄴ. 임진왜란 이후 비변사는 국방과 관련된 여러 업무를 총괄하며 조선의 최고 정치 기구로 자리 잡았다.
ㄹ. 세도 정치가 본격화된 19세기 초, 비변사는 권력을 장악한 외척 세력이 주요 결정을 내리는 기구로 활용되었다.

오답 분석

ㄱ. 승정원은 조선 시대 국왕의 비서 기관으로, 왕명 전달과 관련된 모든 문서를 관리하였다.
ㄷ. 소격서는 도교 관련 의식을 주관하던 기관으로, 조광조의 개혁 정치를 통해 1519년(중종 14년)에 폐지되었다.

281 관찰사

정답 ④

핵심키워드 감사, 방백, 종2품

정답 분석

조선 시대 관찰사를 부르는 명칭으로는 감사와 방백이 있다. 이들은 8도의 책임자로서 각 도의 행정과 군정을 총괄하였다. 또한, 해당 도에 속한 수령의 업무 수행을 감독하고 평가하였다.

오답 분석

① 간관은 조선 시대에 사간원의 관리를 일컫는다. 이들은 관리들의 잘못을 지적하고 감찰하는 역할을 수행했다. 사헌부 관리인 대관과 함께 대간으로 불렸다.

② 6조 직계제는 조선 태종 때 시행된 제도로, 국왕이 직접 6조를 통해 정무를 처리하는 방식이었다. 이로 인해 의정부의 역할이 축소되었다.

③ 호장, 기관, 장교, 통인 등으로 분류된 계층은 조선 시대의 향리들로, 이들은 지방 행정과 관련된 실무를 맡았다.

⑤ 조선 시대의 고위 관리 중 지방 출신자는 고려의 사심관 제도와 유사한 역할을 수행했다. 이들은 자기 출신 지역의 경재소를 통해 그 지역의 유향소 품관을 임명·감독하며, 출신 지역과 정부 간의 중개 역할을 했다. 단, 수령의 통치에는 관여할 수 없었다.

282 지방 행정 제도

정답 ②

핵심키워드 부·목·군·현, 행정 실무, 외역전

정답 분석

㉮ 수령으로, 파견된 지역의 규모에 따라 부윤, 목사, 군수, 현령 등으로 불렸다. 수령은 해당 지역의 행정권, 사법권, 군사권 등을 행사하며, 농업, 교육, 치안 등 7가지 주요 업무를 수행하였다.

㉯ 향리로, 이들은 수령의 지휘를 받아 지방 사무를 처리했다. 하지만 외역전과 같은 토지를 지급받지 못했는데, 이는 향리의 관청 근무가 일종의 신역으로 취급되었기 때문이다.

오답 분석

① 단안은 조선의 향리 명단을 기록한 문서로, 사족들의 명부인 향안과 비교된다.

③ 감사는 각 도의 관찰사로서 지방 행정 전반을 총괄하였으며, 도백이라고도 불렸다.

④ 장례원은 조선 시대 국가의 노비와 관련된 사무를 담당한 관청이다.

⑤ 잡과는 기술관을 선발하기 위해 시행된 과거 시험으로 의과, 역과, 율과, 음양과 등의 분야가 있다.

283 향리

정답 ④

핵심키워드 단안, 연조귀감, 지방 행정 실무

정답 분석

단안은 조선 시대 향리의 명단을 기록한 문서이며, 「연조귀감」은 정조 때 이진흥이 향리의 기원·형성과정 및 업적을 정리한 역사서이다. 이 책은 향리와 양반이 원래 같은 신분이었음을 재인식시키고, 향리의 신분상 지위 향상를 모색하려는 의도로 작성되었다.

④ 이방, 호방 등은 조선 시대 6방에 소속된 지방 관리로, 각각 행정, 호적, 군사 등을 담당한 향리였다.

오답 분석

① 상피제는 조선 시대에 관료가 자신과 친인척이 있는 지역이나 부서의 근무를 금지하는 제도이다.

② 잡과는 조선 시대에 기술관을 선발하기 위해 시행된 과거 시험으로, 의과, 역과, 율과, 음양과 등 다양한 전문 분야를 대상으로 하였다.

③ 감사는 각 도의 관찰사로서 지방 행정 전반을 총괄하였으며, 도백이라고도 불렸다.

⑤ 공음전은 고려 시대에 5품 이상 고위 관리에게 지급된 토지로, 세습이 가능하여 문벌 귀족의 경제적 기반이 되었다.

284 유향소

정답 ②

핵심키워드 김종직, 향풍 규찰

정답 분석

제시문은 김종직이 성종에게 유향소 재설치를 건의하는 상소문의 일부이다. 유향소는 세종 때 재설치되었으나, 세조 때 이시애의 난으로 다시 폐지되었다. 본래 유향소는 악질 향리를 규찰하고 향풍을 바로잡기 위해 지방의 품관(品官)들이 조직한 자치기구에서 출발하였다.

② 좌수와 별감은 유향소의 관리직으로, 향안에 이름이 오른 지방 양반 중에서 선발되었다.

오답 분석

① 조광조는 유교 이념에 반하는 도교 의식을 비판하며 중종에게 소격서의 폐지를 건의하였다.

③ 주세붕은 중종 시기에 경상도 영주에 처음으로 백운동 서원을 세워 안향을 추모하였다.

④ 성균관은 조선의 최고 교육 기관으로, 대사성(정3품)이 이끌었다.

⑤ 향도는 고려 시대에 불교 행사를 주관한 조직으로, 매향 활동 등을 통해 공동체 결속을 다졌다.

285 훈련도감
정답 ④

핵심키워드 임진왜란 중, 류성룡 건의, 직업 군인

정답 분석

삼도 도체찰사로서 군사 지휘권을 가지고 있던 류성룡은 임진왜란 중에 선조에게 건의해 훈련도감을 조직하였다. 훈련도감은 포수, 살수, 사수로 구분된 삼수군으로 조직되었으며, 초기에 약 1,000명의 병력이 편성되었다. 이들은 급료병으로서 한 달에 쌀 여섯 말을 급여로 받으며 근무하였다. 기존의 양인 의무병과는 달리 전문적인 군사 조직으로 운영된 것이 특징이다.

오답 분석

① 용호군은 고려 시대 2군 6위의 하나로, 응양군과 함께 2군으로 불리며 국왕의 친위 부대를 맡았다.
② 삼별초는 개경 환도를 거부하고 진도로 내려가 용장성을 쌓아 항전하였다.
③ 주진군은 고려 시대에 북계와 동계에 주둔하여 국경 방어 임무를 수행한 지방군이다.
⑤ 장용영은 정조가 설립한 친위 부대로, 수원 화성에 주둔하면서 국왕의 신변 보호를 맡았다.

286 5군영
정답 ①

핵심키워드 인현왕후, 경신환국, 대동법 확대

정답 분석

인현왕후는 숙종의 왕비로, 기사환국 때 폐서인이 되었다가 갑술환국에 복위하였다. 숙종은 대동법을 확대하여 경상도, 황해도까지 확대 실시하였다. 이로서 대동법이 전국에서 시행되었다.

① 숙종은 국왕 호위와 수도 방위를 위해 금위영을 설치하였다. 이로써 조선 후기 중앙군인 5군영(훈련도감, 어영청, 총융청, 수어청, 금위영)이 완성되었다.

오답 분석

② 「경국대전」은 조선 성종 때 완성된 법전이다.
③ 효종은 청의 요청으로 두 차례 조종 부대를 파견했다. 이를 나선 정벌이라 한다.
④ 영조는 농민들의 군역 부담을 줄이기 위해 기존 1년에 2필씩 부과되던 군포를 1필로 줄였다(균역법).
⑤ 초계문신제는 정조 때 시행된 제도로, 왕이 젊은 문신들을 규장각에서 재교육하였다.

287 5군영
정답 ③

핵심키워드 총융청, 훈련도감, 금위영

정답 분석

제시문은 조선 후기 중앙군인 5군영의 설치 과정을 설명한다. 5군영은 특정 시기에 일괄적으로 조직된 것이 아니라, 상황에 따라 단계적으로 설치되었다. 선조는 임진왜란 중에 수도 방어와 군사력을 강화하기 위해 훈련도감을 설치하였고, 인조는 정묘호란(1627년)과 병자호란(1636년) 전후로 어영청, 총융청, 수어청을 설치하였다. 마지막으로 숙종은 금위영을 설치하였다.

이 중 훈련도감, 어영청, 금위영은 수도 방어를 맡았고, 총융청은 북한산성을 중심으로 한양의 북부를, 수어청은 남한산성을 중심으로 한양의 남부를 수호하였다.

따라서 (나)는 선조, (가)는 인조, (다)는 숙종 시기에 해당한다.

288 어영청
정답 ①

핵심키워드 청에서의 볼모, 하멜, 나선 정벌

정답 분석

효종은 청나라에서의 볼모 생활 경험과 중화 의식(화이론)에 따라 즉위 초부터 북벌을 계획하였다. 이때 네덜란드인 벨테브레이와 하멜을 훈련도감에 소속시켜 군사력을 강화하였다.

하멜은 효종 때 풍랑으로 제주도에 표류하여 상륙하였고, 이후 13년 동안 억류되면서 그 생활을 「하멜표류기」에 기록하였다.

① 어영청은 조선 인조 시기에 설치된 중앙군으로, 효종 때는 북벌을 위해 약 2만 명으로 확대되었다.

오답 분석

② 이성계는 1388년에 위화도 회군(우왕 14년)으로 실질적 정치 권력을 장악하였고, 1391년에는 급진파 사대부 주도로 기존의 토지 제도를 대신하여 과전법을 제정하였다.
③ 초계문신제는 정조 때 시행된 제도로, 왕이 젊은 문신들을 규장각에서 재교육하였다.
④ 백두산 정계비는 1712년(숙종 38년) 조선과 청나라 간의 국경을 확정하기 위해 세워신 비석이다.
⑤ 기유약조는 1609년(광해군 1년)에 체결된 조선과 일본 대마도주가 맺은 조약으로, 이를 통해 두 나라 간의 무역이 재개되었다. 일본인은 부산에 설치된 왜관에 머물며 조선과 교역하였다.

조선의 토지 제도와 조세 제도

핵심정리

❶ 토지 제도

공양왕의 과전법	• 배경 : 고려 말 권문세족의 토지 겸병 확산 • 특징 – 직관 현직 관리과 산관 은퇴자에게 경기도의 수조권 지급, 사망시 반납 – 사망한 관원의 부인과 자녀에게 지급하는 수신전·휼양전 존재 • 결과 : 권문세족의 경제적 몰락, 신진 사대부의 경제적 기반 마련
세조의 직전법	• 배경 : 신진 관리에게 지급할 토지 부족 • 특징 – 직관에게만 수조권 지급 – 수신전·휼양전 폐지 • 명종 때 직전법 폐지하고 녹봉제만 실시

❷ 조선 전기의 조세 제도

전세	• 조선 초 : 농업 생산물의 1/10 납부 • 세종의 공법 – 전분 6등법 : 토지의 비옥도를 6단계로 구분하여 차등 과세 – 연등 9등법 : 매년 작황을 고려하여 9단계로 구분하여 차등 과세
공납	• 조선 초 : 현물(특산물)을 국가에 납부 상상년(1결당 20두 납부)~하하년(1결당 4두 납부)을 총 9단계로 구분 • 16C : 방납의 폐단 발생 서리 등이 대리 납부 후 비용을 청구하는 방식
군역	• 조선 초 : 16~59세 양인 남자 대상 • 16C : 군역 기피 성행 → 중종, 매년 군포 2필 납부시 군역 면제

명종 때 임꺽정의 난 발생
선조 때 왜란 발생

❸ 조선 후기의 조세 제도

인조의 영정법	• 내용 : 토지 1결당 4두 징수 • 영향 : 전세의 정액화로 전세 부담 경감
광해군의 대동법	• 내용 : 현물 대신 토지 1결당 12두·베·동전 징수 • 경과 – 광해군, 경기도에서 첫 실시, 선혜청 설치(대동미 관리) – 인조, 조익의 건의에 따라 강원도로 확대 – 효종, 김육의 건의에 따라 충청·전라도로 확대 – 숙종, 전국 실시 • 영향 : 공인 등장 선혜청에서 받은 공가(貢價)로 물품 조달하는 상인
영조의 균역법	• 내용 : 매년 군포 1필 납부 • 재정 보충책 – 결작 부과 : 토지 1결당 2두씩 징수 – 선무군관포 징수 : 부유한 양인에게 매년 군포 1필 징수 – 어장세·염세·선박세를 정부 예산으로 변경

✛ 직전법
과전(科田)을 혁파하고 직전(職田)을 설치하였다.
– 「세조실록」 –

✛ 공법
전제상정소에서 의논하기를 … 만약 여러 도의 전품(田品)을 전체적으로 살펴 6등급으로 나눈다면 전품이 바로잡히게 되고 조세도 고르게 될 것입니다. … 조세액은 상상년은 20말, 상중년은 18말, 상하년은 16말, 중상년은 14말, 중중년은 12말, 중하년은 10말, 하상년은 8말, 하중년은 6말, 하하년은 4말로 되옵니다.

✛ 방납의 폐단
나라에서 물건이나 세금을 거두는 공부(貢賦)의 제도를 만들 때 각 고을에서 산출되는 토산물로 나누어 책정하여 스스로 해당 관청에 납부하게 하였으니, 그 본래의 뜻이야 아름답지 않은 것이 아니었다. … 간사한 무리야 말할 것도 없지만 이익을 독점하는 여러 궁가(宮家)에서도 간혹 빼앗아 대신 납부하기도 하였다. 이럴 경우 백성에게 터무니없이 받아들이는 값이 아랫것들보다 곱절이나 되었다.
– 「선조실록」 –

✛ 대동법
광해군 때 이원익이 방납의 폐단을 혁파하고자 선혜청을 두고 대동법을 실시할 것을 청하였다. … 맨 먼저 경기도 내에 시범적으로 실시하니 백성들은 대부분 편리하게 여겼다. 다만 권세가와 부호들은 방납의 이익을 잃기 때문에 온갖 방법으로 반대하였다.
– 「국조보감」 –

1 다음 설명에 해당하는 왕을 쓰시오.

┤ 보기 ├

세종   세조   광해군   인조   효종   영조

(1) (   ) – 선혜청을 설치하였다.

(2) (   ) – 수신전과 휼양전이 폐지되었다.

(3) (   ) – 경기도에 한해서 대동법을 실시하였다.

(4) (   ) – 균역법을 실시하여 군역의 부담을 줄였디.

(5) (   ) – 풍흉에 따라 9등급으로 전세를 부과하였다.

(6) (   ) – 일부 상류층에게 선무군관포를 징수하였다.

(7) (   ) – 전제상정소를 설립하고 전분 6등법과 연분 9등법을 제정하였다.

(8) (   ) – 전세를 1결당 4~6두로 고정하는 영정법을 제정하였다.

(9) (   ) – 직전법을 실시하여 현직 관리에게만 수조지를 지급하였다.

(10) (   ) – 김육은 충청도 지역까지 대동법의 확대 실시를 건의하였다.

2 빈칸에 알맞은 말을 선택하시오.

(1) 과전법은 (경기, 전국) 토지를 지급 대상으로 삼았다.

(2) 고려 말 (조준, 정몽주)의 건의로 과전법을 제정하였다.

(3) (과전법, 직전법)은 수조권이 세습되는 수신전, 휼양전이 있었다.

(4) 신진 관리에게 지급할 토지가 부족해지자, (세조, 성종)은/는 직전법을 도입하였다.

(5) (공법, 영정법)은 풍흉과 토지의 비옥도에 따라 전세를 차등 부과하였다.

(6) 조광조는 (방납, 환곡)의 폐단을 줄이고자 수미법을 주장하였다.

(7) 대동법으로 관청에 물품을 조달하는 (공인, 보부상)이 등장하였다.

(8) 인조는 전세를 1결당 4두로 고정하는 (대동법, 영정법)을 제정하였다.

(9) (영조, 정조)는 어염세, 선박세를 국가 재정으로 귀속시켰다.

(10) 영조는 부족한 재정의 보충을 위해 1결당 (2두, 12두)씩 결작을 징수하였다.

3 아래 사건이 일어난 시기를 (가)~(라) 중 고르시오.

1392	1453	1506	1623	1776
(가)	(나)	(다)	(라)	
조선 건국	계유 정난	중종 반정	인조 반정	정조 즉위

(1) (   ) – 선무군관포를 징수하였다.

(2) (   ) – 1결당 미곡 12두를 부과하기 시작하였다.

(3) (   ) – 토산물을 쌀, 동전 등으로 납부하게 하였다.

(4) (   ) – 현직 관리에게만 토지의 수조권을 지급하였다.

(5) (   ) – 풍흉에 따라 전세를 차등 지급하는 연분 9등법을 마련하였다.

(6) (   ) – 조광조가 방납의 폐단을 시정하기 위해 수미법을 제안하였다.

4 다음 사료를 읽고, 해당하는 조선의 경제 제도를 쓰시오.

(1) (   )

> 왕이 명정전에 나아가 전·현직 대신을 비롯한 여러 신하들을 불러 양역의 변통 대책에 대해 논의하면서 말하였다. "호포나 결포가 모두 문제점이 있으나, 이제는 1필로 줄이는 것으로 온전히 돌아갈 것이다. 경들은 1필을 줄였을 때 생기는 세입 감소분을 대신할 방법을 강구하라."

(2) (   )

> 도평의사사가 글을 올려 과전을 주는 법을 정하자고 요청하니 왕이 따랐다. … 경기는 사방의 근원이니 마땅히 과전을 설치하여 사대부를 우대하였다. 무릇 경성에 살며 왕실을 보위하는 자는 현직 여부에 상관없이 직위에 따라 과전을 받게 하였다.

(3) (   )

> 선조 때에 문성공 이이가 수미법을 시행하기를 청하였으며, 이후에는 우의정 유성룡이 역시 미곡으로 거두기를 청하였으나 모두 성취되지 못하였다. 무신년(1608)에 이르러 좌의정 이원익의 건의로 이 법을 비로소 시행하여 토지에서 미곡을 거두었다. 먼저 경기에서 시작하였다.

정답

1. (1) 광해군 (2) 세조 (3) 광해군 (4) 영조 (5) 세종 (6) 영조 (7) 세종 (8) 인조 (9) 세조 (10) 효종

2. (1) 경기 (2) 조준 (3) 과전법 (4) 세조 (5) 공법 (6) 방납 (7) 공인 (8) 영정법 (9) 영조 (10) 2두

3. (1) 라 (2) 다 (3) 다 (4) 나 (5) 가 (6) 다

4. (1) 균역법 (2) 과전법 (3) 대동법

289

(가)~(다)를 일어난 순서대로 옳게 나열한 것은?

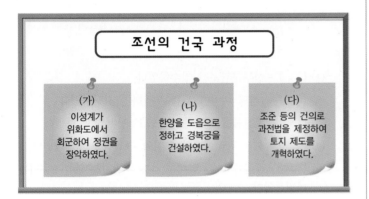

조선의 건국 과정

(가) 이성계가 위화도에서 회군하여 정권을 장악하였다.

(나) 한양을 도읍으로 정하고 경복궁을 건설하였다.

(다) 조준 등의 건의로 과전법을 제정하여 토지 제도를 개혁하였다.

① (가) – (나) – (다) ② (가) – (다) – (나)
③ (나) – (가) – (다) ④ (나) – (다) – (가)
⑤ (다) – (나) – (가)

290

(가), (나)에 해당하는 토지 제도에 대한 설명으로 옳은 것을 〈보기〉에서 고른 것은?

(가) 경종 원년(976) 11월, 처음으로 직관(職官)과 산관(散官) 각 품의 전시과를 제정하였다.

(나) 공양왕 3년(1391) 5월, 도평의사사가 글을 올려 과전을 주는 법을 정하자고 요청하니 왕이 따랐다.

| 보기 |

ㄱ. (가) – 전지와 시지를 지급하여 수취의 권리를 행사하게 하였다.
ㄴ. (가) – 관리의 사망 시 유가족에게 수신전과 휼양전을 지급하였다.
ㄷ. (나) – 지급 대상 토지를 원칙적으로 경기 지역에 한정하였다.
ㄹ. (나) – 관리의 인품과 공복을 기준으로 하여 토지를 지급하였다.

① ㄱ, ㄴ ② ㄱ, ㄷ
③ ㄴ, ㄷ ④ ㄴ, ㄹ
⑤ ㄷ, ㄹ

291

밑줄 그은 '이 제도'에 대한 설명으로 옳은 것은?

#3. 궁궐 안

성종이 경연에서 신하들과 토지 제도 개혁을 논의하고 있다.

성종 : 그대들의 의견을 말해 보도록 하라.
김유 : 우리나라의 수신전, 휼양전 등은 진실로 아름다운 것이지만 오히려 일이 없는 자가 앉아서 그 이익을 누린다고 하여 세조께서 과전을 없애고 이 제도를 만드셨습니다.

① 전지와 시지를 등급에 따라 지급하였다.
② 풍흉에 관계없이 전세 부담액을 고정하였다.
③ 현직 관리에게만 토지의 수조권을 지급하였다.
④ 관리에게 녹봉을 지급하고 수조권을 폐지하였다.
⑤ 개국 공신에게 인성, 공로를 기준으로 토지를 지급하였다.

292

(가) 제도에 대한 설명으로 옳은 것은?

이 비는 김육의 건의로 (가) 이/가 호서 지방에 시행된 것을 기념하고 널리 알리기 위해 삼남 지방으로 통하는 길목에 세워졌다. 김육은 경기도에서 처음 시행된 (가) 을/를 호서 지방에도 실시하여 방납의 폐단으로 고통받는 백성의 부담을 줄이고자 하였다.

① 양반에게도 군포를 부과하였다.
② 토지 소유자에게 결작을 거두었다.
③ 풍흉에 따라 전세를 9등급으로 차등 과세하였다.
④ 관청에 물품을 조달하는 공인이 등장하는 배경이 되었다.
⑤ 부족한 재정을 보충하기 위해 선무군관포를 징수하였다.

293

62회 23번 [1점]

다음 상인이 등장한 배경으로 가장 적절한 것은?

(앞면)

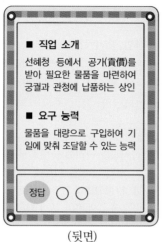

(뒷면)

① 관수 관급제가 시행되었다.
② 금속 화폐인 건원중보가 주조되었다.
③ 근대적 상회사인 대동 상회가 설립되었다.
④ 공납의 폐단을 시정하기 위해 대동법이 실시되었다.
⑤ 육의전을 제외한 시전 상인의 금난전권이 폐지되었다.

294

70회 23번 [2점]

밑줄 그은 '제도'에 대한 설명으로 옳은 것을 〈보기〉에서 고른 것은?

┤ 보기 ├

ㄱ. 선혜청에서 관련 업무를 담당하였다.
ㄴ. 재정을 보충하기 위해 지주에게 결작을 부과하였다.
ㄷ. 관청에 물품을 조달하는 공인이 등장하는 배경이 되었다.
ㄹ. 어장세, 선박세 등이 국가 재정으로 귀속되는 결과를 가져왔다.

① ㄱ, ㄴ   ② ㄱ, ㄷ
③ ㄴ, ㄷ   ④ ㄴ, ㄹ
⑤ ㄷ, ㄹ

295

54회 25번 [2점]

밑줄 그은 '방책'에 해당하는 내용으로 옳은 것은?

① 일부 부유한 양민에게 선무군관포를 징수하였다.
② 풍흉에 따라 전세를 9등급으로 차등 과세하였다.
③ 백성들에게 곡식을 빌려주는 진대법을 시행하였다.
④ 수신전, 휼양전 등의 명목으로 세습되는 토지를 폐지하였다.
⑤ 기금을 모아 그 이자로 빈민을 구제하는 제위보를 운영하였다.

296

52회 25번 [2점]

다음 왕에 대한 설명으로 옳은 것은?

> 왕은 늘 양역의 폐단을 염려하여 군포 한 필을 감하고 균역청을 설치하여 각 도의 어염·은결의 세를 걷어 보충하니, 그 은택을 입은 백성들은 서로 기뻐하였다. 이런 시책으로 화기(和氣)를 끌어 올려 대명(大命)을 이을 만하였다.

① 준천사를 신설하여 홍수에 대비하였다.
② 대외 관계를 정리한 동문휘고를 간행하였다.
③ 전제상정소를 두어 전분 6등법을 제정하였다.
④ 총융청과 수어청을 창설하여 도성을 방어하였다.
⑤ 삼정의 문란을 해결하기 위해 삼정이정청을 두었다.

289 조선의 건국 과정 　정답 ②

핵심키워드 위화도 회군, 한양 천도, 과전법 제정

정답 분석

제시문은 여말선초의 상황을 정리한 것이다.

고려 말에 명은 한때 원이 차지하였던 철령 이북의 땅을 고려에 돌려줄 것을 요구하였으나, 고려 우왕과 최영은 이를 거절하고 요동 지방을 수복하고자 이성계를 책임자로 삼아 군사를 출동시켰다. 그러나 이성계는 요동 공격을 반대하며 위화도에서 군사를 돌려 개경으로 돌아와 최영을 몰아내고 정치적 실권을 잡았다(위화도 회군, 1388년).

권력을 장악한 이성계와 신진 사대부들은 과전법을 공포하여 경제 기반을 마련하고(1391년), 이듬해 이성계를 왕으로 추대하여 조선을 건국하였다(1392년).

조선은 곧 도읍을 개경에서 한양으로 옮기고, 이를 한성부라 하였다(1394년). 한양은 한반도의 중앙에 위치해 도읍지로서의 조건이 좋고 교통이 편리하여 고려 시대에도 남경으로 중요시되었던 곳이다.

따라서 제시문의 순서는 ㈎, ㈐, ㈏가 옳다.

290 전시과와 과전법 　정답 ②

핵심키워드 경종, 전시과 제정, 공양왕, 과전

정답 분석

㈎ 고려 경종 때 제정된 시정 전시과에 관한 글로, 직관(현직 관리)과 산관(미보직자나 퇴직자)에게 모두 지급된 것이 특징이다.

㈏ 고려 공양왕 때 급진파 사대부가 제정한 과전법에 관한 글로, 제시문의 과전은 관리에게 수조권을 지급한 토지를 의미한다.

ㄱ. 전시과는 관리에게 수조권을 부여한 전지(토지)와 땔감을 구할 수 있는 시지(임야)를 나눠준 것이다.

ㄷ. 고려 전시과는 전국 토지를 대상으로 삼았으나, 조선 과전법은 경기 지역의 토지에 한정되었다.

오답 분석

ㄴ. 수신전과 휼양전은 관리가 사망했을 때 유족에게 지급된 토지로, 사실상 관리층의 토지가 세습되는 결과를 낳았다. 과전법에서 인정되었으나, 세조 때 직전법 시행으로 폐지되었다.

ㄹ. 관리의 인품과 공복(관품)을 기준으로 토지를 지급한 것은 고려의 시정 전시과에 해당한다.

291 직전법 　정답 ③

핵심키워드 세조, 수신전, 휼양전

정답 분석

과전법 중 수신전, 휼양전, 공신전 등은 세습이 가능했다. 15세기 중반에 새로운 관리에게 지급할 토지가 부족해지자, 세조는 직전법을 시행해 현직 관리에게만 수조권을 부여하며, 수신전과 휼양전을 폐지하였다.

오답 분석

① 전시과는 관리에게 수조권을 부여한 전지(토지)와 땔감을 구할 수 있는 시지(임야)를 나눠준 것이다. 고려 경종 때 최초로 제정되어 문종 때 완성되었다.

② 풍흉에 관계없이 전세 부담액을 1결당 4두로 고정한 것은 인조 때 영정법에서 확립되었다.

④ 조선 건국 이후 과전(과전법에 따라 관리에게 분급한 토지) 부족 문제가 계속되었다. 이를 해결하기 위해 직전법(세조)과 관수관급제(성종)를 시행했지만 근본적인 문제를 해결하지 못했다. 결국 명종 시기에 토지 수조권이 폐지되고 관리에게 녹봉만 지급되었다.

⑤ 고려 태조는 개국 공신들에게 공로에 따라 역분전을 지급하였다. 따라서 역분전은 논공행상의 성격을 띠었다.

292 대동법 　정답 ④

핵심키워드 김육, 경기도 첫 시행, 방납의 폐단

정답 분석

방납은 공물 납부를 방해하여 대납을 강요하고 이익을 취하는 행위를 말한다. 16세기에 방납으로 인한 논란이 끊이지 않자, 광해군은 대동법을 제정하여 공물 대신 쌀, 베, 동전으로 납부하게 하였다. 경기도에서 첫 시행되었고, 인조 때 강원도, 효종 때 충청도와 전라도, 숙종 때 경상도와 황해도로 확대되었다.

참고로, 제시문의 호서 지방은 충청도의 별칭이다.

④ 공인은 대동법 시행 이후 관청에 필요한 물품을 조달하는 상인으로 등장하였다.

오답 분석

① 양반 계층은 조선 시대 군역의 의무에서 제외되었으나, 흥선 대원군은 호포제를 시행하여 양반도 군포를 납부하게 하였다.

② 결작(1결당 2두씩 징수)은 영조가 균역법 시행으로 부족한 세수를 보충하기 위해 제정한 세금이다.

③ 세종은 풍년과 흉년에 따라 전세를 9등급으로 나누어 과세하였다.

⑤ 영조는 균역법 시행으로 부족한 재정을 보충하기 위해 부유층에게 선무군관의 지위를 주고 선무군관포(1년 1필 징수)를 징수하였다.

293 공인 정답 ④

핵심키워드 선혜청, 공가, 상인

정답 분석

선혜청은 대동법의 시행을 관장하고 거둔 곡식(공가)을 관리하던 관청이다. 더불어 대동법으로 출현한 관허 상인인 공인을 감독하는 일을 맡았다.

③ 공납은 국가에 현물(특산물)을 납부하는 제도로, 각 호(집)에 동일하게 부과되었다. 16세기에 이르러 방납의 폐단이 발생하자, 광해군은 경기도를 시작으로 현물이 아닌 곡식(1결당 12두)을 납부하는 방식으로 변경하였다. 이를 대동법이라고 한다.

오답 분석

① 관수관급제는 토지 수조권을 가진 관료가 해당 토지에서 직접 세금을 걷는 것을 금지하고 국가에서 세금을 징수한 후 관원에게 지급하는 제도로, 성종 때 제정되었다. 이로 인해 토지에 대한 관원들의 지배력은 상당히 약화되었다.

② 건원중보는 고려 성종 때 주조된 철전으로, 이는 우리 역사상 처음으로 만들어진 금속 화폐이다.

③ 근대적 상회사인 대동 상회는 1883년에 설립되었다. 강화도 조약(1876년) 이후 외국 상품과 문물이 전래되어 국내 상인이 타격을 입자, 평양 출신 상인들이 이에 대응하기 위해 대동 상회를 세웠다.

⑤ 정조는 금난전권을 상당수 폐지하여 자유로운 상업 활동을 유도하였다.

294 대동법 정답 ②

핵심키워드 이원익, 방납의 폐단, 쌀 납부

정답 분석

조선의 공납제는 현물로 세금을 부과하여 백성들에게 큰 부담이 되었다. 시간이 지나면서 공납이 제때 납부되지 않거나 백성들은 방납업자에게 수수료를 지불해야 하는 방납이 폐단이 발생하였다. 이에 광해군은 이원익과 한백겸의 건의로 즉위 직후 경기도에서 최초로 대동법을 시행하였다.

ㄱ. 선혜청은 대동법의 시행과 관련하여 조세를 거두고 물품을 관리하는 업무를 담당하였다.

ㄷ. 공인은 관청에 필요한 물품을 조달하는 관영 상인으로, 대동법 시행으로 등장하였다.

오답 분석

ㄴ. 결작(1결당 2두씩 징수)은 영조가 균역법 시행으로 부족한 세수를 보충하기 위해 새로이 제정한 세금이다.

ㄹ. 영조는 균역법 시행으로 부족한 세수를 보충하기 위해 왕족이나 궁방에 지급되던 어장세·염세·선박세 등을 국고로 돌려 국방비로 사용하였다.

295 균역법 정답 ①

핵심키워드 군포 1필

정답 분석

조선 시대 군역은 천민을 제외하고 16~60세 사이의 양인에게 부과되었다. 그러나 양반층이 국역 체제에서 빠져나가면서 일반 양인들만 부담을 지게 되었다. 16세기에 들어 백성들은 군역에 직접 복무하는 대신 포를 납부하게 되자 군역이 점차 세금으로 인식되기 시작하였다. 영조는 백성의 군포 부담을 줄여주기 위해 군포의 양을 2필에서 1필로 줄이는 균역법을 제정하였다.

① 영조는 균역법 시행으로 부족한 재정을 보충하기 위해 부유층에게 선무군관의 지위를 주고 선무군관포(1년 1필 징수)를 징수하였다.

오답 분석

② 세종은 풍년과 흉년에 따라 전세를 9등급으로 나누어 과세하였다.

③ 진대법은 고구려 고국천왕이 백성들에게 곡식을 빌려주고 흉년에 갚도록 하는 구휼 제도이다.

④ 세조는 토지 부족을 해소하기 위해 관리의 유가족에게 지급되던 수신전과 휼양전을 폐지하였다.

⑤ 제위보는 고려 시대에 기금을 모아 이자로 빈민을 구제하는 기관이다.

296 균역법 정답 ①

핵심키워드 군포 1필, 어염세, 은결세

정답 분석

제시문은 영조가 제정한 균역법으로, 군포 납부액을 1필로 줄여준 대신, 어염세와 결작, 선무군관포, 은결세 등으로 재정 부족분을 보충하였다.

참고로, 제시문의 양역은 '양인의 역'으로, 양인 남성에게 부과되었던 군역을 의미한다.

① 준천사는 영조 27년(1751년)에 설치된 관청으로, 청계천 준설 공사를 위해 설립되었다.

오답 분석

② 「동문휘고」는 정조 때 조선 후기의 대청, 대일 외교 문서와 관련된 자료를 정리한 기록물이다.

③ 전제상정소는 조세 개혁을 위해 세종이 설치한 관청으로, 전분 6등법과 연분 9등법을 제정하였다.

④ 인조는 수도 외곽의 방어를 위해 총융청과 수어청을 설치하였다.

⑤ 삼정이정청은 1862년(철종 13년)에 설치된 임시 기구로, 임술 농민 봉기를 야기한 삼정의 문란을 바로잡기 위해 설치하였다.

조선의 경제 생활

❶ 조선의 농업

조선 전기	• 권농 정책 — ┌ 궁궐의 왼편에 종묘를 두고 오른쪽에 사직단을 두는 것 – 사직 설치 : 좌묘우사 원칙에 따라 경복궁 서쪽에 위치, 토지신과 곡식신에게 제사 – 선농단 설치 : 농사의 신에게 제사, 왕의 친경 시범, 설렁탕 유래 • 농서 – 농사직설 : 세종, 정초·변효문 주도, 우리나라 최초의 농서 우리 풍토에 맞는 농업 소개 – 금양잡록 : 성종, 강희맹이 농사 지은 경험을 바탕으로 저술 – 구황촬요 : 명종, 기근 대비법 수록
조선 후기	• 모내기법의 전국 확산 : 광작 넓을 廣 + 경작할 作 확산 → 부농 등장 • 인삼·담배·고추 등 상품 작물의 재배 활발 • 농서 : 박세당의 색경, 서유구의 임원경제지 조선 농학의 집대성

❷ 조선의 상업

조선 전기	• 한양에 시전 설치 – 시전 상인 활동 – 육의전 번성 옷감(비단, 명주, 모시 등), 종이, 어물 등을 취급 – 경시서(평시서) 설치 : 불법적인 상행위 감독 • 지방에 장시 등장 : 보부상 활동
조선 후기	• 상인의 다양화 — ┌ 한양에서 사상(私商)의 활동을 금지시킬 수 있는 권한 – 시전 상인 : (조선 후기) 금난전권 행사 → (정조) 신해통공으로 금난전권 폐지 – 공인 : 대동법으로 등장, 도고 도매 상인로 성장 – 한강의 경강 상인 : 미곡·소금·어물의 운송과 판매 ┐ – 개성의 송상 : 전국에 송방 설치, 주로 인삼 취급 │ – 의주의 만상, 평양의 유상 : 대청 무역에 참여 ├ 사상 – 동래의 내상 : 대일 무역에 참여 │ (자유 상인) – 객주·여각 : 포구에서 활동, 상품 중계·보관·숙박·자금 대여 ┘ • 상평통보의 전국 유통

❸ 조선 후기의 경제

수공업	• 민영 수공업 발달 : 공장안 수공업자 명부 폐지 • 선대제 수공업 등장 상인이 수공업자에게 생산에 필요한 원료나 도구를 주고 생산함
광업	• 설점수세제 실시 국가가 채굴 시설(점)을 설치한 후, 민간에게 채굴을 맡김 • 덕대 광산 경영자 등장
대청 무역	• 조공 무역 실시 : 연행사 파견, 역관이 무역에 참여 • 중강·책문에서 개시 무역·후시 무역 실시
대일 무역	• 광해군 때 기유약조 체결 • 부산에 왜관 설치 : (광해군) 두모포 → (숙종) 초량

➕ 농사직설

농사는 천하의 대본(大本)이다. … 각 도의 감사에게 명하여 여러 고을의 농사 경험이 풍부한 농부들을 방문하게 하여 농토에 이미 시험한 증험에 따라 갖추어 아뢰게 하셨다. 또한, 신(臣) 정초로 하여금 변효문과 더불어 조사·참고하여 중복된 것을 버리고 절실히 필요한 것만 뽑아서 한 편의 책으로 엮게 하셨다.

➕ 조선 후기의 상품 작물 재배

• 집집마다 인삼을 심어서 돈을 물 쓰듯이 한다고 하는데, 재산을 만드는 방법으로는 이보다 나은 것이 없다고 한다.
• 어제 울타리 밖의 몇 되지기 밭에 담배를 파종하였다.

➕ 신해통공

"도성에 사는 백성의 고통으로 말한다면 도고가 가장 심합니다. … 근래에 이르러서는 심지어 채소나 옹기까지도 가게 이름이 있어서 사사로이 서로 물건을 팔고 살 수가 없으므로 … 형조와 한성부에 분부하여 육의전 이외에 난전이라 하여 잡아오는 자들에게는 벌을 베풀지 말도록 할 것입니다. 그 원망은 신(채제공)이 스스로 감당하겠습니다"라고 하였다. 왕이 여러 신하에게 물으니, 모두 옳다고 하여 따랐다.

➕ 책문 후시

사행(연행사)이 책문을 출입할 때에는 만상과 송도의 상인들이 은과 인삼을 몰래 가지고 인부가 마필 속에 섞어 물건을 팔아 이익을 꾀한다. 돌아올 때에는 걸음을 일부러 늦게 하여 사신을 먼저 책문으로 나가게 한 뒤, 저희 마음대로 매매하고 돌아온다. 이를 책문 후시라 한다.
　　　　　　　　　　　－「만기요람」－

1 다음 설명에 해당하는 왕을 쓰시오.

> ┤ 보기 ├
>
> 세종   성종   명종   광해군   효종   정조

(1) (   ) – 설점수세제를 시행하였다.

(2) (   ) – 강희맹이 금양잡록을 서술하였다.

(3) (   ) – 경기도에 한하여 대동법을 실시하였다.

(4) (   ) – 정초와 변효문이 농사직설을 편찬하였다.

(5) (   ) – 관청에 물품을 조달하는 공인이 등장하였다.

(6) (   ) – 기근에 대비하기 위해 구황촬요를 간행하였다.

(7) (   ) – 육의전을 제외한 시전 상인의 금난전권이 폐지되었다.

(8) (   ) – 기유약조를 체결하여 일본과의 무역을 재개하였다.

2 해당하는 조선 시대의 시기를 선택하시오.

(1) (전기, 후기) – 신해통공을 단행하였다.

(2) (전기, 후기) – 장시가 나타나기 시작하였다.

(3) (전기, 후기) – 이앙법이 전국적으로 확산되었다.

(4) (전기, 후기) – 3포의 왜관에서 일본 상인과 교류하였다.

(5) (전기, 후기) – 담배와 면화 등이 상품 작물로 재배되었다.

(6) (전기, 후기) – 감자, 고구마 등의 구황 작물이 재배되었다.

3 다음은 조선 후기의 경제 상황을 정리한 것이다. 빈칸에 알맞은 말을 선택하시오.

(1) (견종법, 모내기법)의 확대로 광작이 확산되었다.

(2) 시전상인의 금난전권이 (확대, 축소)되었다.

(3) 독점적 도매 상인인 (공인, 도고)이/가 활동하였다.

(4) (송상, 유상)은 전국에 송방이라는 지점을 설치하였다.

(5) (내상, 만상)은 책문 후시를 통해 대청 무역을 주도하였다.

(6) (객주, 경강 상인)은/는 포구에서 중개·금융·숙박업 등에 주력하였다.

(7) 광산을 전문적으로 경영하는 (덕대, 중도아)가 나타났다.

(8) 효종은 (설점수세제, 수령수세제)를 시행하여 민간의 광산 개발을 허용하였다.

4 아래 사건이 일어난 시기를 (가)~(다) 중 고르시오.

고려 (가)	→	조선 전기 (나)	→	조선 후기 (다)

(1) (   ) – 서경에 관영 상점이 설치되었다.

(2) (   ) – 삼한통보, 해동통보가 발행되었다.

(3) (   ) – 상평통보가 전국적으로 유통되었다.

(4) (   ) – 육의선을 제외한 금난전권이 폐지되었다.

(5) (   ) – 광산을 몰래 개발하는 잠채가 성행하였다.

(6) (   ) – 벽란도를 통해 아라비아 상인과 무역하였다.

(7) (   ) – 제한된 규모의 무역을 허용한 계해약조를 체결하였다.

(8) (   ) – 색경, 농가집성, 임원경제지 등의 농서가 편찬되었다.

(9) (   ) – 민간 수공업자들이 점(店)이라고 불린 작업장을 운영하였다.

(10) (   ) – 토지신과 곡식신에게 제사지내기 위해 경복궁 서쪽에 사직단을 마련하였다.

5 다음 사료를 읽고, 해당하는 시기를 선택하시오.

(1) (조선 전기, 조선 후기)

> 비변사에서 아뢰기를 "우리나라는 물력(力)이 부족하여 요역이 매우 무겁습니다. 매번 나라의 힘으로 채굴한다면, 노동과 비용이 많이 들어갑니다. 채은관(官)에게 명해 광산을 개발한 이후 백성을 모집하여 [채굴할 것을] 허락하고 그로 하여금 세를 거두도록 한다면 관에서 힘을 들이지 않아도 세입이 저절로 많아질 것입니다. …"라고 하니, 왕이 아뢴 대로 하라고 답하였다.

(2) (조선 전기, 조선 후기)

> 우리나라 은화는 연경과의 무역에 모두 써버린다. 하늘이 낸 이 보화를 가지고 비단·식물·그릇·사치품 따위를 멀리서 사들여 와 하루도 못가서 소비해 버린다. 나라에서 생산하는 은이 부족한 까닭에, 일본 은을 들여다가 간신히 채우려고 하지만 나라의 은이 모두 바닥이 난다. 병화(病禍)가 생긴다면 장차 어떻게 대처할 것인가?
>
> – 「성호사설」 –

297

밑줄 그은 '왕'의 재위 시기에 있었던 사실로 옳은 것은?

오늘 왕께서 공법을 윤허하셨습니다. 이 법의 내용은 전품을 6등급으로, 풍흉을 9등급으로 나누어 전세를 수취하는 것입니다. 일찍이 왕께서는 법안을 논의할 때 백성들의 의견을 들어보라 명하셨고, 전제상정소에서 이를 참조하여 마련하였습니다.

공법, 6개 고을 시범 시행

① 음악 이론 등을 집대성한 악학궤범이 완성되었다.
② 민간의 광산 개발을 허용하는 설점수세제가 시행되었다.
③ 우리 풍토에 맞는 농법을 소개한 농사직설이 편찬되었다.
④ 현직 관리에게만 수조권을 지급하는 직전법이 제정되었다.
⑤ 우리나라와 중국의 의서를 망라한 동의보감이 간행되었다.

298

(가)~(마)에 들어갈 내용으로 옳은 것은?

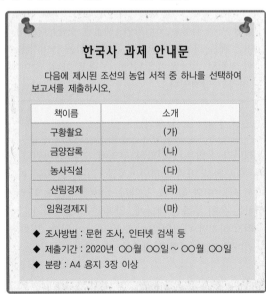

한국사 과제 안내문

다음에 제시된 조선의 농업 서적 중 하나를 선택하여 보고서를 제출하시오.

책이름	소개
구황촬요	(가)
금양잡록	(나)
농사직설	(다)
산림경제	(라)
임원경제지	(마)

◆ 조사방법 : 문헌 조사, 인터넷 검색 등
◆ 제출기간 : 2020년 ○○월 ○○일 ~ ○○월 ○○일
◆ 분량 : A4 용지 3장 이상

① (가) - 목화 재배와 양잠 등 중국 화북 지방의 농법 소개
② (나) - 인삼, 고추 등의 상품 작물 재배법과 원예 기술 수록
③ (다) - 정초, 변효문 등이 우리 풍토에 맞는 농법을 종합하여 편찬
④ (라) - 농촌 생활을 위한 백과사전으로 서유구가 저술
⑤ (마) - 강희맹이 손수 농사를 지은 경험과 견문을 종합하여 서술

299

다음 자료를 활용한 탐구 활동으로 가장 적절한 것은?

좌의정 채제공이 왕에게 아뢰었다. "빈둥거리는 무뢰배가 삼삼오오 떼를 지어 스스로 상점을 개설하고 일용품을 거래하는 일이 많아졌습니다. 그들은 큰 물건에서 작은 물건까지 싼값에 억지로 사들이기 일쑤입니다. 혹 물건 주인이 말을 듣지 않으면 난전(亂廛)으로 몰아서 결박하여 형조와 한성부로 끌고 가 혹독한 형벌을 당하도록 합니다. 이 때문에 물건 주인은 본전에서 밑지더라도 어쩔 수 없이 팔고 갑니다. 그리고 무뢰배들은 제각기 가게를 벌여놓고 배나 되는 값을 받습니다. 어쩔 수 없이 사야 하는 사람은 그 가게 외에서는 물건을 구할 수 없기 때문에, 물건 값이 날마다 치솟고 있습니다."

① 계해약조의 체결 과정을 확인한다.
② 오가작통법의 실시 목적을 파악한다.
③ 신해통공을 단행하게 된 배경을 조사한다.
④ 토지 소유자에게 결작을 부과한 이유를 살펴본다.
⑤ 풍흉에 따라 전세를 차등 부과하는 기준을 알아본다.

300

다음 대화가 이루어진 시기의 경제 상황으로 옳지 않은 것은?

며칠 전 전하께서 형조와 한성부에 시전 상인의 금난전권을 철폐하고 이를 어길 경우 처벌하라는 지시를 내리셨다네.

나도 들었네. 다만 육의전은 이번 조치에서 제외되었다고 하더군.

① 고액 화폐인 활구가 주조되었다.
② 담배, 면화 등 상품 작물이 재배되었다.
③ 관청에 물품을 조달하는 공인이 활동하였다.
④ 송상, 만상이 대청 무역으로 부를 축적하였다.
⑤ 광산을 전문적으로 경영하는 덕대가 등장하였다.

301

44회 24번 [2점]

(가), (나)에 대한 설명으로 가장 적절한 것은?

말풍선: 조선 후기에 활동한 상인에 대해 말해 볼까요?

말풍선: 개성 상인의 (가) 은/는 사개치부법이라는 회계법을 고안했어요.

말풍선: (나) 은/는 한강을 무대로 정부의 세곡 운송을 주도했고, 강상(江商)이라 불리기도 했어요.

① (가) - 혜상공국을 통해 정부의 보호를 받았다.
② (가) - 전국 각지에 송방이라는 지점을 설치하였다.
③ (나) - 책문 후시를 통해 청과의 무역을 주도하였다.
④ (나) - 금난전권을 행사해 사상의 활동을 억압하였다.
⑤ (가), (나) - 근대적 상회사인 대동 상회를 설립하였다.

303

50회 28번 [1점]

다음 자료의 상황이 나타난 시기에 볼 수 있는 모습으로 적절하지 않은 것은?

> 김상철이 말하기를, "도성 백성들의 생계는 점포를 벌여 놓고 사고파는 데 달려 있습니다. 그런데 근래 기강이 엄하지 않아서 어물과 약재 등 온갖 물건의 이익을 중간에서 독점하는 도고(都庫)의 폐단이 한둘이 아닙니다. 대조(大朝)께서 여러 차례 엄하게 다스렸으나, 점차 해이해져 많은 물건의 가격이 폭등한 것은 오로지 이 때문이라고 합니다. 평시서(平市署) 등에서 적발하여 강하게 다스렸다면 어찌 이런 일이 있었겠습니까?"라고 하였다.

① 청요직 통청을 요구하는 서얼
② 한글 소설을 읽고 있는 부녀자
③ 동국문헌비고를 열람하는 관리
④ 염포의 왜관에서 교역하는 상인
⑤ 장시에서 판소리를 구경하는 농민

302

70회 25번 [1점]

다음 상황이 나타난 시기에 볼 수 있는 모습으로 적절하지 않은 것은?

> 김화진 등이 아뢰기를, "…… 만상과 송상이 함께 수많은 가죽을 마음대로 밀무역을 합니다. 수달 가죽은 금지 품목 가운데 하나인데 변경을 지키는 관리들이 대수롭지 않게 여겨 1년, 2년이 되면 곧 일상적인 물건과 같아지니 …… 이후로는 한결같이 법전에 의거하여 금지 조항을 거듭 자세히 밝혀서 송상과 만상에게 법을 범해서는 안 되며, 범하는 사람이 있으면 일일이 적발하여 법에 따라 엄격하게 처벌한다는 것을 분명히 알게 해야 합니다. 아울러 살피지 못한 변방의 관리들도 드러나는 대로 무겁게 다스린다는 뜻을 분명히 알게 해야 합니다. ……"라고 하니, 임금이 그리하라 하였다.

① 채굴 노동자를 고용하는 덕대
② 벽란도에서 교역하는 송의 상인
③ 상평통보로 물건을 거래하는 보부상
④ 포구에서 물품의 매매를 중개하는 여각
⑤ 담배, 인삼 등 상품 작물을 재배하는 농민

304

61회 25번 [2점]

다음 기사에 나타난 시기의 경제 상황으로 옳은 것은?

역사 신문

제 △△호 　　　　　　　　 ○○○○년 ○○월 ○○일

거상(巨商) 임상옥, 북경에서 인삼 무역으로 큰 수익

연행사의 수행원으로 북경에 간 만상(灣商) 임상옥이 인삼 무역으로 큰 수익을 거두었다. 북경 상인들이 불매 동맹을 통해 인삼을 헐값에 사려하자, 그는 가져간 인삼 보따리를 태우는 기지를 발휘해 북경 상인에게 인삼을 높은 가격에 매각하여 막대한 이익을 얻은 것이다.

① 삼한통보, 해동통보가 발행되었다.
② 솔빈부의 말이 특산물로 수출되었다.
③ 초량 왜관을 통해 일본과 교역하였다.
④ 당항성, 영암이 국제 무역항으로 번성하였다.
⑤ 경시서의 관리들이 수도의 시전을 감독하였다.

297 공법과 농사직설 정답 ③

핵심키워드 공법, 전품 6등급, 풍흉 9등급, 전제상정소

정답 분석

제시문은 전세(토지세) 징수를 위한 세종의 공법 제정과 관련 있다. 조선 초기의 답험손실법은 매년 작황을 조사해야 하며, 조사 과정에서 관리의 부정이 발생할 수 있는 단점이 있었다. 이를 개선하기 위해 세종은 토지 등급을 기존 3등급에서 6등급으로 세분하고(전분 6등법), 작황을 9등급으로 나누어 세액을 부과하는(연분 9등법) 공법을 제정하였다.

③ 세종은 정초와 변효문으로 하여금 우리 풍토에 맞는 농법을 정리하여 「농사직설」을 편찬하도록 하였다.

오답 분석

① 성종 시기에 음악을 총정리한 「악학궤범」이 편찬되었다.
② 조선 후기에 광물 수요가 높아지자, 효종은 민간의 광산 개발을 허용하기 위해 설점수세제를 시행하였다. 정부가 납, 은 산지에 제련장과 부대시설 등을 마련해주고(설점), 세금을 거두는 방식을 말한다.
④ 세조는 현직 관리에게만 수조권을 지급하는 직전법을 제정하였다.
⑤ 광해군 시기에 허준이 「동의보감」을 완성하였다.

298 조선의 농업 서적 정답 ③

핵심키워드 구황촬요, 금양잡록, 농사직설, 임원경제지

정답 분석

③ 정초와 변효문은 세종의 명을 받아 우리 풍토에 맞는 농법을 종합하여 「농사직설」을 편찬하였다.

오답 분석

① 고려의 이암이 원에서 수입한 「농상집요」는 목화 재배와 양잠 등 중국 화북 지방의 농업 기술을 소개한 책이다. 반면, 「구황촬요」는 조선 명종 때 영호남에 기근이 극심하자, 영양실조로 중태에 빠진 사람들의 구급법 및 대용식물의 조제법 등을 정리한 책이다.
② 조선 후기에 홍만선은 「산림경제」에서 상업적 농업과 원예 기술을 정리하였다.
④ 조선 후기에 서유구는 농촌 생활의 다양한 분야를 포괄한 백과사전인 「임원경제지」를 집필하였다.
⑤ 조선 성종 때 강희맹은 손수 농사를 지은 경험과 전문가들의 지식을 종합하여 「금양잡록」을 집필하였다.

299 신해통공 정답 ③

핵심키워드 채제공, 난전

정답 분석

제시문은 정조가 신해통공을 발표해 시전 상인의 금난전권을 대거 축소하고 한양에서의 자유로운 상행위를 허락하게 된 배경과 관련 있다. 채제공은 정조 때의 재상으로, 시전 상인의 불법 행위를 비판하며 신해통공을 제안하였다.

오답 분석

① 계해약조는 1443년(세종 25년)에 체결된 약조로, 3포의 왜인이 늘어나자 일본과의 거래액을 구체적으로 규정짓기 위해 체결되었다. 이 조약에 따라 일본은 매년 세견선 50척을 파견하고 세사미두 200석을 구매할 수 있었다.
② 오가작통법은 다섯 가구를 하나의 통으로 묶어 상호 감시하는 제도로, 19세기에 이르러서는 천주교와 동학의 탄압과 교도의 색출을 위한 수단으로 이용되었다.
④ 결작(1결당 2두씩 징수)은 영조가 균역법 시행으로 부족한 세수를 보충하기 위해 추가로 징수한 제도이다.
⑤ 풍흉에 따른 전세 부과 기준은 세종 때 전분 6등법과 연분 9등법을 통해 확립되었다.

300 조선 후기의 경제 정답 ①

핵심키워드 금난전권 철폐, 육의전 제외

정답 분석

금난전권은 한양에서 시전 상인 외에는 상업 활동을 금지하는 특권으로, 시전 상인들은 난전의 물건을 압수하거나 난전 상인을 구금할 수 있었다. 이 특권은 임진왜란 이후 한양의 시전을 복원하기 위해 허락된 것이었으나, 상업 발달로 인한 폐단이 지적되자 정조는 신해통공으로 금난전권을 상당수 폐지하였다.
한편 고려 숙종 때 주조된 은화인 활구는 조선 후기와 관련이 없다.

오답 분석

② 조선 후기에는 상품 경제의 발달과 함께 담배와 면화 등 상업 작물의 재배가 본격화되었다.
③ 공인은 정부에 물품을 납품하는 상인으로, 대동법과 함께 등장하였다.
④ 송상은 개성 상인을, 만상은 의주 상인을 지칭하며, 조선 후기 대청무역의 중심이 되었다.
⑤ 덕대는 광산을 전문적으로 경영하는 사람으로, 조선 후기 광산 개발이 활발해지면서 등장하였다.

301 조선 후기의 상업

정답 ②

핵심키워드 개성 상인, 세곡 운송

정답 분석

㈎는 개성의 송상, ㈏는 한강 일대에서 활약한 경강 상인이다. 송상은 전국 주요 지역에 송방을 설치하여 상품 유통을 담당했다. 이들은 인삼을 중국에 수출하여 부를 축적하고, 사개치부법이라는 복식 부기법을 사용하여 회계 장부를 남겼다.

경강 상인은 한강을 근거지로 삼아 수로 서남 연해안을 오가며 미곡, 소금, 어물 등의 운송과 판매를 장악하고 부를 축적하였다.

오답 분석

① 혜상공국은 보부상을 지원하기 위해 만든 단체로, 1883년에 설립되었다.

③ 책문은 압록강 너머에 위치한 청의 국경 지역으로, 이곳에서 양국 상인의 후시 무역이 이루어졌다.

④ 금난전권은 조선 후기 시전 상인에게 부여된 특권으로, 한양에서 시전 상인이 아닌 상인의 상업 활동을 억압하기 위해 시행되었다.

⑤ 근대적 상회사인 대동상회는 1883년에 설립된 조선의 초기 상회사로, 평양 출신 상인들이 인천에서 설립하였다.

302 조선 후기의 상업

정답 ②

핵심키워드 만상, 송상

정답 분석

제시문의 만상과 송상을 통해 조선 후기 경제 상황을 묻는 문제임을 알 수 있다.

반면 벽란도는 고려의 최대 무역항으로, 송, 일본, 아리비아 상인들이 왕래하였다.

오답 분석

① 덕대는 광산을 전문적으로 경영하는 사람으로, 채굴 노동자를 고용하여 금광과 은광을 운영하였다. 조선 후기 광산 개발의 확대와 함께 등장하였다.

③ 보부상은 장시에서 활동한 상인으로, 조선 후기에는 상단을 갖춘 전문적인 상인으로 발전하였다. 참고로 「임원경제지」에 따르면, 19세기에 전국에 1,000여 개의 장시가 존재하였다.

④ 여각은 조선 후기에 포구에 위치하여 지방에서 배로 올라오는 상인의 화물을 위탁, 판매하거나 여관을 제공하던 상업 시설이다.

⑤ 조선 후기에 상품 작물로서 담배와 인삼이 본격적으로 재배되기 시작하였다.

303 조선 후기의 경제 활동

정답 ④

핵심키워드 도고, 평시서

정답 분석

도고는 대도시에서 특정 물건의 구매와 판매를 독점하여 이익을 극대화하던 도매 상인으로, 조선 후기에 상품 화폐가 발달하면서 등장하였다.

평시서는 시전 관리, 도량형과 물가 단속을 담당하는 기관으로, 고려~조선 초까지 경시서로 불렸다.

④ 염포의 왜관은 세종 때 설치한 3포(부산포, 염포, 제포) 중 하나로, 중종 때 일어난 3포 왜란 이후 폐쇄되었다.

오답 분석

① 청요직은 사헌부, 사간원, 홍문관, 춘추관 등 중앙의 주요 관직을 의미하며, 조선 전기에는 서얼에게 허용되지 않았다. 서얼은 통청 운동을 전개하여 영조와 정조 시대에 이르러 청요직 진출을 허용받았다.

② 조선 후기의 대표적인 한글 소설로는 「춘향전」, 「심청전」 등이 있다.

③ 「동국문헌비고」는 영조 시기에 편찬된 백과사전으로, 조선의 각종 제도와 문물을 정리한 책이다.

⑤ 조선 후기에 장시는 1,000여 곳으로 늘어났고, 이곳에서 판소리와 탈춤 등이 공연되었다.

304 조선 후기의 경제 활동

정답 ③

핵심키워드 연행사, 만상

정답 분석

연행사는 조선 후기 청나라에 보낸 조선 사신의 총칭으로, 청나라의 도읍인 연경(베이징)에 간 사신이란 의미로 '연행사'라 불렸다.

③ 임진왜란 이후 왜관이 부산 일대에 설치되어 왜인들이 조선에 머물 수 있었다. 초기에는 두모포에 설치되었고, 숙종 때 초량으로 이전되었다.

오답 분석

① 삼한통보와 해동통보는 고려 숙종 시기에 발행된 화폐로, 숙종은 화폐 발행을 위해 주전도감을 설치하여 이를 추진하였다.

② 발해는 솔빈부 지역에서 생산된 말을 일본과 중국 등에 수출하였다.

④ 당항성은 신라의 국제 무역항으로, 7세기 후반부터 신라와 당나라, 일본 간의 무역이 활발하게 이루어졌다.

⑤ 경시서는 고려 시대와 조선 시대의 관청으로, 수도 내의 시전과 상업 활동을 감독하고 관리하는 역할을 수행하였다. 조선 세조 때 평시서로 명칭이 변경되었다.

조선의 사회

❶ 조선의 신분 제도

양반	• 문반·무반과 그 가문 : 향안 지방 사족의 명부 작성
중인	• 기술관 : 역관·율관·의관·천문관·화원 등, 잡과 응시 – 조선 후기, 시사 詩社 + 모임 社 조직으로 위항 문학 발달 – 조선 후기, 서학을 비롯한 외래 문화 수용에 선구적 역할 담당 • 서얼 (부) 양반 + (모) 상민 또는 천민 – 문과 응시·청요직 승진 불가 – 정조, 박제가·유득공·이덕무의 규장각 검서관 등용 – 조선 후기에 통청 운동 전개 : 철종 때 청요직 진출 허용
상민	• 농민·수공업자·상인 • 신량역천 – 신분은 양인이나 천역을 담당 – 수군, 조례(관청의 잡역 담당), 봉수군(봉수 업무), 역졸 등
천민	• 노비 – 장례원에서 관리 – 순조, 공노비 해방 궁방과 중앙 관청에 소속된 노비를 양인으로 풀어줌

❷ 조선의 사회 모습

향약	• 의미 : 상부상조의 전통과 유교 윤리가 결합된 향촌의 자치 규약 • 경과 : (중종) 조광조가 제안 → (16세기 말) 이황·이이의 향약 제정 • 기능 – 향촌의 교화 및 질서 유지 – 사족이 향약의 임원인 약정·부약정 담당 사족 지위 강화
구휼 제도	• 의창 : 곡식 대여 담당 • 사창제 : 곡식 대여를 민간에서 담당, 흥선 대원군의 설치 • 상평창 : 물가 조절 담당
의료 제도	• 활인서 : 병자 치료와 유랑자 구휼 담당 • 혜민서 : 서민에게 약재 판매와 치료 담당
성리학적 질서 확대	• 족보 편찬 • 여성의 지위 약화 – 큰아들 중심의 제사와 재산 상속 – 양자 입적의 일반화

❸ 19C의 농민 봉기

조선 왕조의 멸망을 예언한 책

배경	• 세도 정치로 인한 삼정의 문란 심화
홍경래의 난 순조[1811]	• 배경 : 평안도 차별 대우, 정감록 유행 • 경과 : 몰락 양반 홍경래와 상인 우군칙 등 주도로 봉기 → 빈농과 광산 노동자 등의 참여로 청천강 이북을 장악 → 정주성 전투 패배로 5개월 만에 진압
임술 농민 봉기 철종[1862]	• 경과 : 진주 농민 봉기(백낙신의 수탈 때문, 몰락 양반 유계춘 주도) → 전국적으로 확산 • 정부의 대응 : 안핵사 박규수 파견, 삼정이정청 설치

✚ 조선의 신분 제도

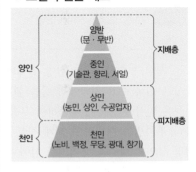

✚ 삼정의 문란
• 전정의 문란 : 법정 액수 이상 부과
• 군정의 문란
– 황구첨정 : 어린 아이에게 군포 징수
– 백골징포 : 사망한 사람에게 군포 부과 등
• 환곡의 문란 : 관리들의 부정과 고리대화로 삼정 중 폐해가 가장 극심

✚ 홍경래의 난
평서대원수는 급히 격문을 띄우노니 관서(평안도)의 사람들은 모두 이 격문을 들어라. 예부터 관서는 벼슬아치가 많이 나오고 문물이 발전한 곳이다. 그러나 조정에서는 이곳을 더러운 흙과 같이 여기고 … 지금 나이 어린 임금(순조)이 있어서 권신들의 간악한 짓은 날이 갈수록 심해지고, 김조순(순조의 장인)의 무리가 국가의 권력을 제멋대로 하니, 이곳 관서에서 병사를 일으켜 의로운 깃발을 들어 백성을 구하고자 한다. – 「홍경래의 격문」 –

✚ 임술 농민 봉기
경상 감사 이돈영이 진주의 백성들이 변란을 일으켜 경상 우병사 백낙신을 협박하고 인명을 살상하였다고 보고하니, 왕(철종)이 하교하였다. "난민들의 행동이 극에 달했으니, 만약 평시에 백성들을 잘 위로하고 달랬다면 어찌 이런 일이 있었겠는가. 대신들은 의논하여 조처할 방안을 마련하도록 하라."

1 다음 설명에 해당하는 신분을 쓰시오.

> **보기**
> 노비   서얼   역관   기술관

(1) (   ) – 사역원에서 교육받았다.

(2) (   ) – 잡과를 통해 선발되었다.

(3) (   ) – 매매, 증여, 상속의 대상이 되었다.

(4) (   ) – 규장각 검서관에 등용되기도 하였다.

(5) (   ) – 장례원을 통해 국가의 관리를 받았다.

(6) (   ) – 통청 운동을 전개하여 철종 때 청요직 진출이 허용되었다.

2 바르게 연결하시오.

(1) 삼정   •

(2) 상평창   •

(3) 정감록   •

(4) 신량역천   •

•ㄱ 고려·조선의 물가 조절 기관

•ㄴ 양인 신분이면서 천역에 종사하던 계층

•ㄷ 조선 후기 민간에 널리 유포되었던 예언서

•ㄹ 조선 후기 백성들이 부담했던 3가지의 세금

3 빈칸에 알맞은 말을 선택하시오.

(1) (이황, 정도전)은 예안 향약을 제정하였다.

(2) 수군, 봉수군 등은 (천민, 신량역천)으로 분류되었다.

(3) (호패, 향약)은/는 풍속 교화와 향촌 자치의 역할을 하였다.

(4) 조선 (전기, 후기)에 중인은 시사를 결성하여 문학 활동을 전개하였다.

(5) 조선 후기에 (서얼, 부농)은 수차례에 걸친 집단 상소를 통해 청요직 진출의 제한을 없애줄 것을 요구하였다.

(6) 서북인에 대한 차별에 반발하여 (만적, 홍경래)이/가 봉기하였다.

(7) 철종 때 백낙신의 수탈로 인해 (공주, 진주)에서 농민 봉기가 일어났다.

(8) 임술 농민 봉기를 계기로 (비변사, 삼정이정청)이/가 설치되었다.

4 아래 사건이 일어난 시기를 (가)~(다) 중 고르시오.

1746	1801	1834	1863
	(가)	(나)	(다)
속대전 편찬	순조 즉위	헌종 즉위	흥선 대원군 집권

(1) (   ) – 공노비 약 6만여 명을 해방시켰다.

(2) (   ) – 홍경래, 우군칙 등이 봉기를 주도하였다.

(3) (   ) – 삼정의 문란으로 임술 농민 봉기가 일어났다.

(4) (   ) – 박제가, 유득공, 이덕무 등이 규장각 검서관으로 등용되었다.

5 다음 사료를 읽고, 물음에 답하시오.

(1) 괄호 안에 들어갈 용어를 선택하시오.

> 무릇, 뒤에 (향도, 향약)에 가입하기를 원하는 자에게는 반드시 먼저 규약문을 보여 몇 달 동안 시행할 수 있는가를 스스로 헤아려 본 뒤에 가입하기를 청하게 한다. … 약정은 여러 사람에게 물어서 좋다고 한 다음에야 글로 답하고, 다음 모임에 참여하게 된다.

(2) 아래 족보가 제작된 시기는 조선 전기와 후기 중 언제인가?

> • 딸이 재혼하였을 경우, 그 남편을 후부라 하여 성명을 기재하였다.
> • 외손도 대를 이어 전부 기재하되, 성을 기재하지 않고 이름만 기재하였다.

(3) 아래 사료와 관련된 농민 봉기는 무엇인가?

> 평서대원수는 급히 격문을 띄우노니 관서(평안도 지역)의 사람들은 모두 이 격문을 들어라. … 조정에서는 이곳을 더러운 흙과 같이 여겨 노비들마저 이곳 사람을 평안도 놈이라 일컫는다. 지금 나이 어린 임금이 있어서 권신들의 간악한 짓은 날이 갈수록 더 심해지고 …

(4) 아래의 농민 봉기는 어느 왕 때 일어났는가?

> 경상 감사 이돈영이 진주의 백성들이 변란을 일으켜 경상 우병사 백낙신을 협박하고 인명을 살상하였다고 보고하니, 왕이 하교하였다. "난민들의 행동이 극에 달했으니, 만약 평시에 백성들을 잘 위로하고 달랬다면 어찌 이런 일이 있었겠는가. 대신들은 의논하여 조처할 방안을 마련하도록 하라."

> **정답**
> 1. (1) 역관 (2) 기술관 (3) 노비 (4) 서얼 (5) 노비 (6) 서얼
> 2. (1) ㄹ (2) ㄱ (3) ㄷ (4) ㄴ
> 3. (1) 이황 (2) 신량역천 (3) 향약 (4) 후기 (5) 서얼 (6) 홍경래 (7) 진주 (8) 삼정이정청
> 4. (1) 나 (2) 나 (3) 다 (4) 가
> 5. (1) 향약 (2) 조선 전기 (3) 홍경래의 난 (4) 철종

305

68회 28번 [2점]

(가)에 들어갈 대답으로 적절한 것은?

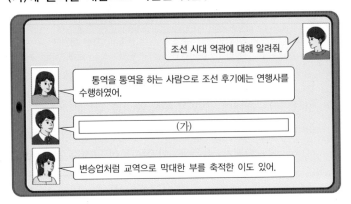

조선 시대 역관에 대해 알려줘.

통역을 통역을 하는 사람으로 조선 후기에는 연행사를 수행하였어.

(가)

변승업처럼 교역으로 막대한 부를 축적한 이도 있어.

① 사간원에서 간쟁을 담당하였어.
② 매매, 상속, 증여의 대상이었어.
③ 수군, 봉수 등 천역에 종사하였어.
④ 수령을 보좌하면서 향촌 실무를 담당하였어.
⑤ 사역원에서 노걸대언해 같은 교재로 교육받았어.

306

40회 21번 [2점]

(가) 신분에 대한 설명으로 옳은 것은?

이향견문록

이 책은 (가) 출신인 유재건이 지은 인물 행적기로, 위항 문학 발달에 크게 기여하였다. (가) 은/는 자신들의 신분에 따른 사회적인 차별에 불만이 많았는데, 시사(詩社)를 조직하는 등의 문예 활동을 통해 스스로의 위상을 높이고자 하였다. 책의 서문에는 이항(里巷)*에 묻혀 있는 유능한 인사들의 행적을 기록하여 세상에 널리 알리고자 이 책을 썼다고 밝히고 있다.

* 이항 : 마을의 거리

① 매매, 증여, 상속의 대상이 되었다.
② 장례원을 통해 국가의 관리를 받았다.
③ 공장안에 등록되어 수공업 제품 생산을 담당하였다.
④ 양인이지만 천역을 담당하는 신량역천으로 분류되었다.
⑤ 관직 진출 제한을 없애달라는 소청 운동을 전개하였다.

307

64회 19번 [2점]

(가)에 대한 설명으로 옳은 것은?

1. 처음 (가) 을/를 정할 때 약문(約文)을 동지에게 두루 보이고 그 마음을 바로잡고, 몸가짐을 단속하고, 착하게 살고, 허물을 고치기 위해 약계(約契)에 참례하기를 원하는 자 몇 사람을 가려 서원에 모아 놓고 약법(約法)을 의논하여 정한 다음 도약정(都約正), 부약정 및 직월(直月)·사화(司貨)를 선출한다. ……

1. 물건으로 부조할 때는 약원이 사망하였다면 초상 치를 때 사화가 약정에게 고하여 삼베 세 필을 보내고, 같은 약원들은 각각 쌀 다섯되와 빈 거적때기 세 닢씩 내어서 상을 치르는 것을 돕는다.

– 「율곡전서」 –

① 7재라는 전문 강좌를 두었다.
② 옥당이라고 불리며 경연을 담당하였다.
③ 중앙에서 파견된 교수나 훈도가 지도하였다.
④ 풍속 교화와 향촌 자치 등의 역할을 하였다.
⑤ 매향(埋香) 활동 등 각종 불교 행사를 주관하였다.

308

59회 28번 [1점]

다음 대화에 나타난 사건에 대한 설명으로 옳은 것은?

내일 우리 조가 발표할 사건에 대해 조사한 내용을 알려주십시오.

19세기 초 세도 정치기에 있었던 수탈과 횡포에 대한 저항이었어요.

서북 지방민에 대한 차별이 한 원인이었다고 합니다.

한때 청천강 이북 지역을 차지할 정도로 위세를 떨쳤지만, 정주성에서 관군에게 진압되었습니다.

① 홍경래, 우군칙 등이 주도하였다.
② 청군이 파병되는 결과를 가져왔다.
③ 제물포 조약이 체결되는 배경이 되었다.
④ 보국안민, 제폭구민을 기치로 내걸었다.
⑤ 박규수가 안핵사로 파견되는 계기가 되었다.

309

56회 28번 [1점]

(가) 사건에 대한 설명으로 옳은 것은?

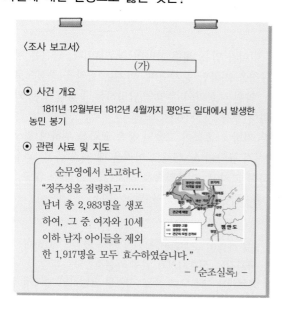

〈조사 보고서〉

(가)

◉ 사건 개요

　1811년 12월부터 1812년 4월까지 평안도 일대에서 발생한 농민 봉기

◉ 관련 사료 및 지도

순무영에서 보고하다.
"정주성을 점령하고 ……
남녀 총 2,983명을 생포
하여, 그 중 여자와 10세
이하 남자 아이들을 제외
한 1,917명을 모두 효수하였습니다."

- 「순조실록」 -

① 청의 군대에 의해 진압되었다.

② 척왜양창의를 기치로 내걸었다.

③ 선혜청과 일본 공사관을 공격하였다.

④ 사건 수습을 위해 박규수가 안핵사로 파견되었다.

⑤ 세도 정치기의 수탈과 지역 차별에 반발하여 일어났다.

310

69회 28번 [1점]

다음 가상 대화가 이루어진 시기의 사회 모습으로 가장 적절한 것은?

자네 소식 들었나? 지난달 진주에서 백성들이 난을 일으켜 관아를 습격하고 아전의 집을 불태웠다더군.

나도 들었네. 경상 우병사 백낙신의 탐학과 향리들의 횡포에 맞서 유계춘이 주도하였다고 하더군.

① 빈민 구제를 위해 흑창이 설치되었다.

② 원종과 애노가 사벌주에서 봉기하였다.

③ 홍건적의 침입으로 개경이 함락되었다.

④ 지배층을 중심으로 변발과 호복이 유행하였다.

⑤ 안동 김씨 등의 세도 정치로 매관매직이 성행하였다.

311

71회 27번 [2점]

밑줄 그은 '이 시기'에 있었던 사실로 옳은 것은?

이 우표 속 그림은 국왕의 혼인을 축하하기 위해 거행된 진하례 모습을 그린 궁중 행사도입니다. 그림에 보이는 왕실 행사의 화려함과는 달리 안동 김씨 등 외척 세력이 세 왕에 걸쳐 60여 년 동안 권력을 잡은 이 시기에는 국왕의 실권이 많이 위축되었습니다.

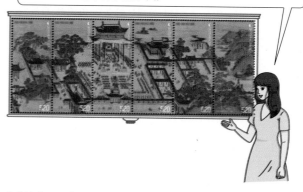

① 어영청을 중심으로 북벌이 추진되었다.

② 윤지충 등이 처형된 신해박해가 일어났다.

③ 이필제가 영해 지역을 중심으로 난을 일으켰다.

④ 경복궁 중건 비용 마련을 위해 당백전이 발행되었다.

⑤ 삼정의 문란을 해결하기 위해 삼정이정청이 설치되었다.

312

53회 28번 [2점]

(가), (나) 사이의 시기에 있었던 사실로 옳은 것은?

(가) 평안 감사가 "이달 19일에 관군이 정주성을 수복하고 두 목 홍경래 등을 죽이거나 사로잡았습니다."라고 임금께 보고하였다.

(나) 경상도 안핵사 박규수는 "이번 진주의 백성들이 난을 일으킨 것은 오로지 전 우병사 백낙신이 탐욕을 부려 포학스럽게 행동한 까닭에서 연유한 것이었습니다."라고 임금께 보고하였다.

① 최제우가 동학을 창시하였다.

② 정약종 등이 희생된 신유박해가 일어났다.

③ 오페르트가 남연군 묘 도굴을 시도하였다.

④ 공신 책봉 문제로 이괄이 반란을 일으켰다.

⑤ 이인좌를 중심으로 소론 세력 등이 난을 일으켰다.

305 중인

정답 ⑤

핵심키워드 역관, 변승업

정답 분석

조선 시대 중인 계층에는 기술직 관원, 향리, 서얼 등이 있었다. 역관 변승업은 청과 일본 사이의 중개무역으로 막대한 부를 축적하였다. 그는 박지원의 「허생전」에서 서울 최고 부자로 묘사된 인물의 실제 모델로 잘 알려져 있다.

⑤ 사역원은 외국어 교육과 통역을 담당한 기관으로, 「노걸대언해」와 같은 외국어 교재로 교육을 받았다. 「노걸대」는 고려 시대와 조선 시대에 사용된 중국어 회화 학습 교재이다.

오답 분석

① 사간원은 임금에게 간언하는 역할을 맡은 기관으로, 사헌부, 홍문관과 더불어 청요직으로 불렸다. 이러한 관직은 문과 출신자만이 임명될 수 있었다.

② 천민 중 노비는 재산으로 취급되어 매매, 상속, 증여의 대상이 되었다.

③ 수군과 봉수군은 일이 매우 고됐기 때문에 이 직책은 양인 신분이었지만 천역에 종사하였다. 이러한 일을 담당하는 계층을 신량역천이라 하였다.

④ 향리는 6방에 소속되어 수령의 행정 업무를 돕고, 지방에서 실무를 담당하였다.

306 중인의 신분 상승 운동

정답 ⑤

핵심키워드 이향견문록, 위항 문학, 시사

정답 분석

조선 후기에 중인층은 문학 활동에 적극 참여하여 시사를 조직하고 위항 문학을 발달시켰다. 이 시기에 중인층과 하급계층은 위항인이라 불렸기 때문에 이들의 작품을 위항 문학이라 부른다. 제시문의 「이향견문록」은 중인 유재건이 하층민의 인물 행적을 정리한 책이다.

⑤ 영조와 정조 시기에 서얼이 청요직을 요구하며 상소 운동을 일으키자, 기술직에 종사하던 중인들도 철종 때 대규모의 소청 운동을 전개하였다.

오답 분석

① 노비는 매매, 상속, 증여의 대상이 되었다.

② 장례원은 노비와 관련된 사무를 총괄하는 기관이다.

③ 공장(工匠)은 관청에 등록되어 수공업 생산을 담당했으며, 공장안(工匠案)은 이들의 명부를 의미한다.

④ 양인 중 천역을 담당하는 자는 신량역천으로 분류되었다.

307 향약

정답 ④

핵심키워드 약문, 약계, 약원

정답 분석

제시문은 이이가 만든 해주 향약의 일부분이다. 약문은 향약의 규약이나 규칙을 기록한 문서이며, 약계는 향약을 중심으로 결성된 모임이다. 약원은 향약의 운영을 담당하는 구성원 또는 약정과 부약정 등의 간부를 가리킨다.

④ 향약은 지방 사족들이 고을의 풍속 교화를 위하여 결성한 향촌의 자치적 규약이다. 대체로 어려울 때 서로 돕고, 과실을 서로 지적하여 고치고, 미풍양속을 해치는 일을 하지 않고, 신분 질서를 준수하는 등의 내용을 담고 있다.

오답 분석

① 7재는 고려 예종이 국자감에 설치한 전문 강좌로, 사학의 인기가 높아지자 국자감을 진흥시키기 위해 개설하였다.

② 옥당은 홍문관의 별칭으로, 주로 경연을 담당하며 왕에게 정책 자문을 제공하였다.

③ 조선 시대에는 향교에 교수와 훈도가 파견되어 유학을 가르쳤다.

⑤ 불교 신도들이 향나무를 땅에 묻고 미래의 복을 기원하는 의식을 매향이라 하며, 이를 위해 고려 시대에 향도를 조직하였다.

308 홍경래의 난

정답 ①

핵심키워드 세도 정치, 서북 지방민 차별, 정주성

정답 분석

세도 정치로 삼정의 문란이 지속되고 평안도인에 대한 차별이 심화되자, 홍경래와 우군칙 등은 1811년(순조 11년)에 난을 일으켰다. 이들은 약 5개월 동안 평안도 일대에서 세력을 확장했으나, 정주성에서 정부군이 설치한 폭약에 의해 진압되었다.

오답 분석

② 고종과 민씨 세력은 청군의 도움으로 임오군란(1882년), 갑신정변(1884년)을 진압하였다.

③ 제물포 조약(1882년)은 임오군란의 결과로 체결되었으며, 조선은 일본에 배상금을 지불하게 되었다.

④ 동학 농민 운동(1894년)은 외세로부터 나라를 보호하고 백성을 안정시키겠다는 '보국안민'과, 폭정으로부터 백성을 구하겠다는 '제폭구민'을 기치로 내걸었다.

⑤ 박규수는 임술 농민 봉기(1862년) 때 안핵사로 파견되어 지역의 민심을 안정시키는 역할을 수행하였다.

309 홍경래의 난 정답 ⑤

핵심키워드 평안도, 농민 봉기, 순조

정답 분석

조선 후기에 평안도 지역에서는 송상과 만상이 대상인으로 성장하고, 금·은의 수요 급증으로 광산 개발이 활발하였다. 하지만 세도 정권이 서울 특권 상인의 이익을 보호하기 위해 평안도민의 상공업 활동을 억압하며 불만이 고조되었다. 이에 따라 평안도의 신흥 상공업자와 몰락한 민중들은 홍경래를 중심으로 1811년(순조 11년)에 봉기하였다.

오답 분석

① 고종과 민씨 세력은 청군의 도움으로 임오군란(1882년), 갑신정변(1884년)을 진압하였다.
② 척왜양창의는 "왜(倭)와 양(洋)을 배척(斥)하고 의병을 일으켜 정의를 드높인다"는 의미로, 동학교도들이 1893년 보은 집회에서 내세운 구호이다.
③ 1882년(고종 19년) 임오군란 당시, 구식 군인들은 일본 공사관과 선혜청을 공격하였다.
④ 박규수는 임술 농민 봉기(1862년) 당시, 안핵사로 파견되어 민심을 수습하고 사건의 원인을 조사하였다.

310 임술 농민 봉기 정답 ⑤

핵심키워드 진주 관아 습격, 백낙신의 탐학

정답 분석

철종 때에 진주에서 경상 우병사 백낙신의 수탈에 견디다 못한 농민들이 몰락한 양반 출신인 유계춘 등을 중심으로 봉기하였다. 이 시기의 농민 봉기는 대개 삼정의 문란으로 인해 일어났으며, 처음에는 관청에 호소하다가 그것이 받아들여지지 않자 봉기한 것이다. 진주 농민 봉기를 시작으로 농민의 항거는 북쪽의 함흥으로부터 남쪽의 제주에 이르기까지 전국적으로 퍼졌다. 이를 임술 농민 봉기(1862년)라고 부른다.

⑤ 안동 김씨 세력은 19세기에 세도 정치를 주도하며 매관매직을 성행시켰다.

오답 분석

① 고려 태조는 흑창을 설치하여 빈민을 구제하였다.
② 원종과 애노의 난은 신라 말기 진성 여왕 시기에 발생한 대표적인 사벌주(현재 상주) 지역의 농민 봉기이다.
③ 고려 공민왕 때 홍건적의 2차 침입으로 개경이 함락되고, 공민왕은 복주(현재 안동)로 피란하였다.
④ 원나라의 간섭을 받는 동안 고려에서는 몽골풍 풍습인 변발과 호복이 유행하였다. 이후 공민왕은 반원 자주 정책을 추진하며 변발부터 금지시켰다.

311 삼정이정청 정답 ⑤

핵심키워드 안동 김씨, 외척 세력, 국왕권 위축

정답 분석

순조, 헌종, 철종 때에는 안동 김씨, 풍양 조씨와 같은 외척이 정권을 독단하는 세도 정치가 전개되었다. 이로 인해 왕권이 위축되고, 매관매직이 성행했으며, 삼정의 문란으로 백성들의 생활이 파탄에 이르렀다.

⑤ 철종은 전국에서 발생한 임술 농민 봉기(1862년)를 수습하기 위해 삼정이정청(삼정의 잘못을 바로잡는 임시 관서)을 설치하였다. 그러나 농민 봉기가 수그러들자 삼정이정청은 폐지되었다.

오답 분석

① 어영청은 인조 시기에 창설된 중앙군으로, 수도 방어와 북벌 준비를 담당하였다.
② 정조 때 윤지충이 어머니의 장례식을 천주교 방식으로 진행한 것(진산 사건)이 계기가 되어 신해박해가 일어났다.
③ 동학교도 이필제는 1871년(고종)에 교조 신원을 주장하며 봉기하였다.
④ 흥선 대원군은 경복궁 중건의 비용 마련을 위해 당백전을 발행하였다. 고액 화폐인 당백전은 물가 상승을 초래하였다.

312 19세기 농민 봉기 정답 ①

핵심키워드 정주성, 홍경래, 안핵사 박규수, 진주

정답 분석

(가)는 순조 시기에 일어난 홍경래의 난(1811년)이며, (나)는 철종 시기에 일어난 진주 농민 봉기(1862년)의 사료이다.

① 최제우는 1860년(철종 11년) 경주에서 동학을 창시하여, 인내천 사상과 후천 개벽 사상을 주창하였다.

오답 분석

② 신유박해(1801년, 순조)는 정약용의 형인 정약종을 포함한 천주교 신자들이 박해를 당한 사건으로, 순조 초 정권을 장악한 노론 벽파 세력이 남인 출신 천주교 신자들을 탄압하려는 의도에서 비롯되었다.
③ 독일 상인 오페르트는 흥선 대원군의 아버지 남연군의 묘 도굴을 시도하였으나 실패하였다(1868년).
④ 이괄은 인조반정의 공신이었으나, 내부 권력 다툼 과정에서 인조 2년에 봉기하였다.
⑤ 이인좌의 난은 영조의 즉위에 반발한 강경파 소론들이 일으킨 반란이다.

조선의 유교

❶ 조선의 유학 교육 기관

성균관	• 조선 최고의 유학 교육 기관 – 교사 : 대사성(최고 책임자), 좨주, 직강 – 학생 : 사마과 합격자 대상, 우수 학생은 문과 초시 면제 • 구조 – 교육 공간 : 명륜당 강당, 존경각 도서관 – 제사 공간 : 대성전 공자 사당
4부 학당	• 한양에 위치한 관립 중등 교육 기관 : 국가에서 교수와 훈도 파견
향교	• 모든 군·현에 설립한 관립 중등 교육 기관 – 국가에서 교수와 훈도 파견 – 성균관과 구조 동일
서원	• 사림에 의해 설립된 지방 교육 기관 • 기능 : 선현에 대한 제사 + 유학자 양성 ┌ 고려 말 성리학을 최초로 소개함 • 중종, 주세붕의 백운동 서원 설립 : 경북 영주, 안향 배향 – 명종, 백운동 서원이 소수서원으로 개칭 : 최초의 사액 서원 – 왜란 이후, 서원의 급속한 증가 – 흥선 대원군, 47개소를 제외한 서원 철폐 • 사액 서원 – 왕으로부터 현판·토지·서적·노비 등을 하사받음 – 면세·면역의 혜택 → 흥선 대원군 때 대부분 혁파

✚ 서원의 구조

❷ 조선의 유학자

이황	• 성리학자 – 근본적·이상주의적 성향 : 기대승과 사단칠정 논쟁 – 영남학파(남인)로 계승 – 안동에서 후학 양성 : 도산 서원으로 계승 • 저서 : 주자서절요, 성학십도(선조, 군주 스스로가 성학을 따를 것을 제시) • 예안향약 제정
조식	• 학문의 실천 강조 – 임진왜란 때 곽재우, 정인홍 등 다수의 의병장 배출
이이	• 성리학자 : 현실적·개혁적 성향, 기호학파(서인)로 계승 • 저서 : 동호문답(선조, 개혁안 제시), 성학집요(선조, 현명한 신하가 성학을 군주에게 가르쳐 그 기질을 변화시켜야 한다고 주장) • 해주향약 제정
김장생	• 가례집람 저술 : 예학 정리
송시열	• 서인(노론)의 영수 • 효종에게 기축봉사 올림 : 북벌론 제안 기사환국 때 사사
윤휴	• 유학 경전의 독자적인 해석 시도(사문난적으로 몰림) 경신환국 때 사사
박세당	• 사변록 저술 : 유학 경전의 독자적 해석 시도(사문난적으로 몰림)
정제두	• 양명학 연구 → 강화학파 형성

┌ 성리학의 교리를 어지럽히는 사람

✚ 이황의 성학십도

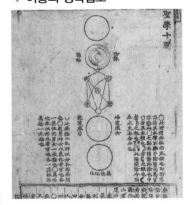

1 다음 설명에 해당하는 교육 기관을 쓰시오.

> | 보기 |
> 서원   향교   성균관   4부 학당

(1) (   ) – 주세붕이 처음 세웠다.

(2) (   ) – 주로 생원과 진사가 입학하였다.

(3) (   ) – 한양에 둔 중등 교육 기관이다.

(4) (   ) – 지방의 사림 세력이 주로 설립하였다.

(5) (   ) – 전국의 부·목·군·현에 하나씩 설립되었다.

(6) (   ) – 성적 우수자는 문과의 초시를 면제받았다.

(7) (   ) – 대사성을 중심으로 좨주, 직강 등의 관직을 두었다.

(8) (   ) – 국왕으로부터 현판과 함께 노비 등을 받기도 하였다.

(9) (   ), (   ) – 대성전을 세워 석전대제를 지냈다.

(10) (   ), (   ) – 중앙에서 교수와 훈도가 파견되었다.

2 다음 설명에 해당하는 유학자를 쓰시오.

> | 보기 |
> 윤휴   이이   이황   조식
> 김장생   박세당   송시열   정제두

(1) (   ) – 노론의 영수로 북벌론을 주장하였다.

(2) (   ) – 기대승과 사단칠정 논쟁을 전개하였다.

(3) (   ) – 도산 서당을 짓고 후학을 양성하였다.

(4) (   ) – 양명학을 연구하여 강화학파를 형성하였다.

(5) (   ) – 성학십도에서 군주의 도를 도식으로 설명하였다.

(6) (   ) – 동호문답을 통해 다양한 개혁 방안을 제시하였다.

(7) (   ) – 왜란 때 정인홍, 곽재우 등의 의병장을 배출하였다.

(8) (   ) – 사변록에서 유교 경전에 대한 독자적 해석을 시도하였다.

(9) (   ) – 유학의 독자적인 해석을 시도하였으며, 경신환국 때 숙청되었다.

(10) (   ) – 가례집람을 지어 예학을 조선의 현실에 맞게 정리하였다.

3 아래 사건이 일어난 시기를 (가)~(다) 중 고르시오.

명종 (가)	→	선조 (나)	→	효종 (다)

(1) (   ) – 이이가 동호문답, 격몽요결 등을 저술하였다.

(2) (   ) – 백운동 서원이 사액을 받아 소수 서원이 되었다.

(3) (   ) – 양재역 벽서 사건으로 이언적에게 유배형이 내려졌다.

(4) (   ) – 이황이 군주의 도를 도식으로 설명한 성학십도를 지었다.

(5) (   ) – 송시열이 기축봉사를 올려 명에 대한 의리를 내세웠다.

(6) (   ) – 동인이 정여립의 난을 계기로 북인과 남인으로 분화되었다.

4 다음 자료를 읽고, 물음에 답하시오.

(1) (가) 인물은 누구인가?

> 이곳 파주 자운 서원에는 (가)의 위패가 모셔져 있습니다. 그는 군주가 수양해야 할 덕목과 지식을 담은 성학집요를 집필하여 임금에게 바쳤으며, 해주 향약 등을 시행하였습니다.

(2) 다음에서 설명하는 교육 기관을 쓰시오.

> 경국대전에 정원이 200명으로 정해져 있었다. 생원·진사인 상재생과 상재생이 모자랄 때 유학(幼學)으로 보충하는 기재생으로 구분되었다. 이들에게는 원점 300을 얻으면 문과 초시에 응시할 수 있는 자격을 주었는데, 아침·저녁 식당에 출석하는 것을 원점 하나로 계산해 주었다. 재학 연한은 제한되어 있지 않았다.

(3) 다음에서 실명하는 교육 기관을 쓰시오.

> • 지방의 선비가 후배 선비를 모아 가르치거나 성리학을 연구하는 곳이었다. 또한, 덕망이 높은 선현의 위패를 올리고 제사를 지내는 장소였다.
> • 건물은 크게 사당, 강당, 기숙사인 동재와 서재로 구성되었다.

정답

1. (1) 서원 (2) 성균관 (3) 4부 학당 (4) 서원 (5) 향교 (6) 성균관 (7) 성균관 (8) 서원
   (9) 향교, 성균관 (10) 향교, 4부 학당
2. (1) 송시열 (2) 이황 (3) 이황 (4) 정제두 (5) 이황 (6) 이이 (7) 조식 (8) 박세당
   (9) 윤휴 (10) 김장생
3. (1) 나 (2) 가 (3) 가 (4) 나 (5) 다 (6) 나
4. (1) 이이 (2) 성균관 (3) 서원

313

(가) 교육 기관에 대한 설명으로 옳은 것은?

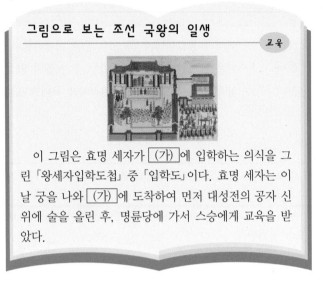

그림으로 보는 조선 국왕의 일생

교육

이 그림은 효명 세자가 (가) 에 입학하는 의식을 그린 「왕세자입학도첩」 중 「입학도」이다. 효명 세자는 이날 궁을 나와 (가) 에 도착하여 먼저 대성전의 공자 신위에 술을 올린 후, 명륜당에 가서 스승에게 교육을 받았다.

① 전문 강좌인 7재가 운영되었다.
② 전국의 부·목·군·현에 하나씩 설립되었다.
③ 중앙에서 교관인 교수나 훈도가 파견되었다.
④ 생원시나 진사시의 합격자에게 입학 자격이 부여되었다.
⑤ 한어(漢語), 왜어(倭語), 여진어 등 외국어 교육을 담당하였다.

314

(가) 교육 기관에 대한 설명으로 옳은 것은?

이곳은 경기도 수원시에 위치한 조선 시대 지방 교육 기관인 (가) 입니다. 대부분 지방 관아 가까운 곳에 위치하였으며 제향 공간인 대성전, 강학 공간인 명륜당, 기숙사인 동재와 서재 등으로 이루어져 있습니다.

① 전문 강좌인 7재를 운영하였다.
② 풍기 군수 주세붕이 처음 세웠다.
③ 생원과 진사에게 입학 자격을 부여하였다.
④ 중앙에서 교수나 훈도를 파견하기도 하였다.
⑤ 유학을 비롯하여 율학, 서학, 산학을 교육하였다.

315

(가) 교육 기관에 대한 설명으로 옳은 것은?

조사 보고서

1. 주제 : 조선의 교육 기관 (가) 을/를 찾아서
2. 개관
   중종 38년(1543) 풍기 군수 주세붕이 처음 건립하였다. 국왕으로부터 현판과 토지, 노비 등을 받기도 하였다. 흥선 대원군에 의해 정리되어 47곳이 남았는데, 이 중 대표적인 9곳이 유네스코 세계유산으로 등재되었다.
3. 주요 건물 배치도

사당
강당 — 동재
서재

① 전국의 모든 군현에 하나씩 설치되었다.
② 선현의 제사와 유학 교육을 담당하였다.
③ 전문 강좌인 7재가 설치되어 운영되었다.
④ 중앙에서 교수나 훈도를 교관으로 파견하였다.
⑤ 소과에 합격한 생원, 진사에게 입학 자격이 부여되었다.

316

(가) 인물에 대한 설명으로 옳은 것은?

이 자료는 (가) 이/가 지어 왕에게 바친 성학십도의 일부입니다. 그는 성리학에 대한 체계적 이해를 바탕으로 군주가 스스로 인격과 학문을 수양하기 위해 노력해야 함을 강조하였습니다.

① 양명학을 연구하여 강화학파를 형성하였다.
② 일본에 다녀와서 해동제국기를 편찬하였다.
③ 예안 향약을 시행하여 향촌 교화를 위해 노력하였다.
④ 유학 경전을 주자와 달리 해석한 사변록을 저술하였다.
⑤ 가례집람을 저술하여 예학을 조선의 현실에 맞게 정리하였다.

317

60회 23번 [3점]

(가) 인물에 대한 설명으로 옳은 것은?

① 기대승과 사단칠정 논쟁을 전개하였다.
② 일본에 다녀와서 해동제국기를 편찬하였다.
③ 양명학을 연구하여 강화 학파를 형성하였다.
④ 기축봉사를 올려 명에 대한 의리를 내세웠다.
⑤ 무오사화의 발단이 된 조의제문을 작성하였다.

318

63회 22번 [3점]

밑줄 그은 '이 인물'에 대한 설명으로 옳은 것은?

① 명에 대한 의리를 내세운 기축봉사를 올렸다.
② 청으로부터 시헌력을 도입하자고 건의하였다.
③ 양반의 허례와 무능을 풍자한 양반전을 저술하였다.
④ 예학을 조선의 현실에 맞게 정리한 가례집람을 지었다.
⑤ 군주가 수양해야 할 덕목과 지식을 담은 성학집요를 집필하였다.

319

68회 21번 [3점]

(가)의 활동으로 옳은 것은?

문학으로 만나는 역사 인물	[해설]
請看千石鐘 非大扣無聲 爭似頭流山 天鳴獨不鳴 천 석 들어가는 큰 종을 보소서 크게 치지 않으면 소리가 없다오 어떻게 해야만 두류산*처럼 하늘이 울어도 울지 않을까 * 두류산 : 지리산의 별칭	(가) 이/가 만년에 지리산 기슭 산천재에서 학문을 연구하고 제자들을 가르치며 지은 시이다. 지리산에 빗대어 자신의 높은 기상을 표현하였다. 그의 호는 남명으로, 조선 중기 경상우도의 대표적인 성리학자로 알려져 있다. 　평소 경(敬)과 의(義)를 강조하며 학문의 실천성을 강조하였다.

① 곽재우, 정인홍 등의 제자를 배출하였다.
② 기기도설을 참고하여 거중기를 설계하였다.
③ 위훈 삭제를 주장하여 훈구 세력의 반발을 샀다.
④ 북학의를 저술하여 수레와 배의 이용을 권장하였다.
⑤ 양명학을 체계적으로 연구하여 강화 학파를 형성하였다.

320

50회 25번 [2점]

(가)에 들어갈 내용으로 옳은 것은?

① 청으로부터 시헌력 도입을 건의했어.
② 기기도설을 참고하여 거중기를 설계했어.
③ 무오사화의 발단이 된 조의제문을 작성했어.
④ 천체의 운행과 위치를 측정하는 혼천의를 제작했어.
⑤ 유학 경전을 주자와 달리 해석한 사변록을 저술했어.

313 성균관

정답 ④

핵심키워드 교육 기관, 대성전, 명륜당

정답 분석

조선 최고의 유학 교육 기관인 성균관의 기능은 크게 두 가지로 나눌 수 있다. 첫째, 대성전에서 공자와 유학의 주요 인물들의 위패를 모시고 제향을 거행하며, 둘째, 인재들을 선발하여 명륜당에서 유학을 교육하였다.

④ 생원시나 진사시에 합격한 사람에게는 성균관 입학 자격이 부여되었다.

오답 분석

① 고려 예종은 국자감 교육을 강화하기 위해 학문과 무술 교육을 담당하는 전문 강좌인 7재를 개설하였다.
② 조선은 전국의 부·목·군·현 약 330여 곳에 향교를 설치하여, 지방의 유학 교육을 담당하게 하였다.
③ 교수와 훈도는 조선 시대 향교의 교관으로, 중앙에서 파견하였다.
⑤ 조선 시대에 외국어 교육은 사역원에서 담당하였다. 이를 통해 외교를 위한 통역관을 양성하였다.

314 향교

정답 ④

핵심키워드 지방 교육 기관, 대성전, 명륜당

정답 분석

공자의 위패를 안치한 대성전과 유학 교육 공간인 명륜당은 성균관과 지방 향교에 모두 위치하였다.

④ 향교는 전국의 부·목·군·현 약 330여 곳에 설치된 교육 기관으로, 중앙에서 교수와 훈도를 교관으로 파견하여 지방 유생들을 교육하였다. 또한 향교의 학생에게는 군역을 면제하는 특권을 주었다.

오답 분석

① 7재는 고려 예종이 국자감에 설치한 전문 강좌로, 사학의 인기가 높아지자 국자감을 진흥시키기 위해 개설하였다.
② 경북 영주의 백운동 서원은 중종 때 풍기 군수 주세붕이 안향을 추모하기 위해 처음 세웠다. 이후 명종 때 사액을 받고 소수서원이 되었다.
③ 생원과 진사시에 합격한 사람에게는 성균관에 입학할 자격이 주어졌다.
⑤ 국자감에서는 유학 외에도 율학, 서학, 산학 등의 기술학을 교육하였다. 반면 공민왕 때부터는 성균관에서 유학 강의만 담당하였다.

315 서원

정답 ②

핵심키워드 주세붕, 흥선 대원군의 정리

정답 분석

사림은 16세기에 서원을 세워 덕망이 높은 유학자를 기리면서 지방 양반의 자제들을 교육하였다. 처음으로 세운 서원은 주세붕이 안향을 추모하면서 후진을 교육하기 위해 영주에 세운 백운동 서원이다. 이후 서원은 영남 지방을 중심으로 전국적으로 늘어났다. 국가에서는 사액 서원을 지정하여 토지, 노비, 서적 등을 지급하고, 면세의 특권까지 주며 유학을 진흥시켰다.

오답 분석

① 조선 시대에는 전국의 모든 군현에 향교를 설치하여 유학 교육을 시행하였다.
③ 고려 예종 시기에 국자감은 과거 준비를 위해 전문 강좌인 7재를 운영하였다.
④ 교수와 훈도는 조선 시대 향교의 교관으로, 중앙에서 파견하였다.
⑤ 성균관은 조선 시대의 최고 교육 기관으로, 생원과 진사를 대상으로 교육을 실시하였다.

316 퇴계 이황

정답 ③

핵심키워드 성학십도

정답 분석

「성학십도」는 퇴계 이황이 68세 때, 어린 나이로 왕위에 오른 선조가 성군이 될 수 있도록 유학의 핵심을 10개의 그림과 그것에 대한 해설로 설명한 책이다.

③ 이황은 안동에서 예안향약을 제정하였다. 한편, 이이는 서원향약과 해주향약을 주도하였다.

오답 분석

① 강화학파는 양명학을 연구하여 형성된 학파로, 정제두에 의해 발전되었다.
② 신숙주는 세종 시기에 계약약조 체결을 위해 일본을 다녀왔다. 이후 성종 시기에 일본에 대한 기록을 정리하여 「해동제국기」를 저술하였다.
④ 박세당은 「사변록」을 통해 유학 경전을 독자적으로 해석하였다. 이로 인해 노론으로부터 사문난적이라고 비난받았다.
⑤ 김장생은 「가례집람」을 통해 가례(家禮)를 명확히 하여 조선의 예학을 정립하였다.

317 퇴계 이황

정답 ①

핵심키워드 성학십도, 성균관 대사성, 도산 서당

정답 분석

이황은 40대 초반에 성균관의 책임자인 대사성을 역임했고, 관직에서 물러난 후에는 안동에서 도산서원을 운영하며 유학 교육에 힘썼다. 「성학십도」는 말년에 이황이 선조가 성군이 될 수 있도록 유학의 핵심을 10개의 그림과 해설로 설명한 책이다.

① 이황과 기대승은 사단칠정에 대해 논쟁을 벌이며 성리학적 철학을 발전시켰다.

오답 분석

② 신숙주는 성종 때 일본에 관한 기록을 정리하여 「해동제국기」를 저술하였다.

③ 정제두는 노론의 압박 속에서도 양명학을 본격적으로 연구하고 강화학파를 형성하였다.

④ 기축봉사는 송시열이 효종 즉위년에 올린 글로, 총 16조항으로 구성되어 있다. 서인을 대표하는 산림이었던 송시열은 이 글을 통해 명에 대한 의리를 강조하고 청에 대한 반감을 드러내며, 효종의 북벌 정책에 사상적 기반을 제공하였다.

⑤ 김종직이 작성한 「조의제문」은 무오사화의 직접적인 계기가 되었다.

318 율곡 이이

정답 ⑤

핵심키워드 해주향약, 동호문답, 격몽요결

정답 분석

이이는 이황에 비해 상대적으로 현실적이고 개혁적인 성격을 지녔다. 그는 「동호문답」과 「성학집요」 등을 저술하여 16세기 조선 사회의 모순을 극복하기 위한 다양한 개혁 방안을 제시하였다.

⑤ 이황의 「성학십도」는 군주가 스스로 성학을 실천할 것을 제시한 반면, 이이의 「성학집요」는 현명한 신하가 성학을 군주에게 가르쳐 그 기질을 변화시켜야 한다고 주장하였다.

오답 분석

① 송시열은 효종에게 기축봉사를 올려 청에 대한 반감을 드러내며 북벌 정책에 사상적 기반을 제공하였다.

② 시헌력은 서양 역법으로 청에서 사용되었다. 김육은 인조 시기에 시헌력 도입을 주도하였다.

③ 박지원은 조선 후기의 실학자로, 양반의 위선과 무능을 비판하는 「양반전」을 저술하였다.

④ 김장생은 조선의 예학을 체계화하고 현실에 맞게 정리하여 「가례집람」을 집필하였다.

319 남명 조식

정답 ①

핵심키워드 남명, 경과 의 강조

정답 분석

남명 조식은 경상남도 합천과 산청에서 활동하며 많은 제자를 길러 낸 성리학자이다. 그를 따르는 남명학파는 실천과 절개를 중시하여, 임진왜란 때 곽재우, 정인홍 등의 의병장을 배출하였다. 남명학파는 정치적으로는 북인에 속했다.

오답 분석

② 정약용은 「기기도설」을 바탕으로 거중기를 설계하여 수원 화성 축조에 활용하였다.

③ 조광조는 중종반정에 참여한 공신의 위훈 삭제를 추진하여 훈구 세력의 반발을 불러일으켰다. 이로 인해 기묘사화 때 숙청되었다.

④ 「북학의」는 실학자 박제가의 저서로, 소비의 중요성, 청과의 교역, 수레와 선박의 이용 등이 기술되어 있다.

⑤ 정제두는 노론의 압박 속에서도 양명학을 본격적으로 연구하고 강화학파를 이끌었다. 왕명학은 명의 왕수인이 만든 새로운 유학으로, 명분보다 현실과 실천을 중시하였다. 대부분의 조선 성리학자들은 이를 이단으로 여겼다.

320 서계 박세당

정답 ⑤

핵심키워드 색경, 사문난적

정답 분석

사문난적은 유교의 도리를 어지럽히는 역적을 의미하며, 성리학적 의리를 중시한 노론이 주희(주자)의 경전 해석을 비판한 이들에게 붙인 칭호이다. 노론으로부터 사문난적으로 공격받은 대표적인 인물로는 남인의 윤휴와 소론의 박세당이 있다.

박세당은 소론에 속한 인물로, 붕당 간 대립이 심화되자 40대에 관직에서 물러나 수락산 일대에 머물며 농사를 짓고 독자적으로 유학을 연구했다. 이곳에서 박세당은 농법서 「색경」과 유학 철학서 「사변록」을 집필하였다.

오답 분석

① 김육은 청에서 시헌력을 도입하였다.

② 징약용은 「기기도실」을 바탕으로 거중기를 설계하여 수원 화성 축조에 활용하였다.

③ 김종직의 「조의제문」은 항우에게 죽은 중국 초나라 회왕을 단종에 비유하여 세조의 찬탈을 풍자한 내용이었다. 이는 무오사화의 직접적인 원인이 되었다.

④ 이천은 세종 시기에 혼천의를 제작하여 천문 관측에 기여하였다.

실학, 천주교

❶ 실학(1) : 토지 개혁 제안

유형원	• 균전론 주장 : 토지 몰수 후 신분에 따라 토지를 차등 분배하자! • 저서 : 반계수록 ── 생계유지를 위해 필요한 최소한의 토지
이익	• 한전론 주장 : 영업전의 매매를 금지하자!, 토지 매매의 한계를 정하자! • 6좀 비판 조선을 좀먹는 6개 이유를 지적 • 저서 : 성호사설, 곽우록

정약용	• 여전론 주장 : 마을 단위로 공동 경작·공동 분배하자!
	 • 저서
	   – 경세유표 : 다양한 개혁안 제시
	   – 목민심서 : 지방 행정의 개혁안과 수령이 지켜야 할 규범 제시
	   – 흠흠신서 : 형벌 제도의 개혁안 제시
	   – 마과회통 : 홍역 치료서
	   – 아방강역고 : 역사 지리서, 고조선~발해의 영토와 지명 고증

❷ 실학(2) : 상공업 진흥과 청 문물 수용 제안

유수원	• 저서 : 우서(사농공상의 직업적 평등화 주장)

홍대용	• 저서
	   – 의산문답 : 지전설·무한 우주론 주장, 중국 중심의 세계관 비판
	   – 연기 : 연행사로 청 북경을 방문한 기록
	   – 담헌서 : 홍대용의 저서 집대성

박지원	• 수레·선박·화폐 유통의 필요성 강조
	 • 저서
	   – 열하일기 : 연행사로 청 열하를 방문한 기록
	   – 허생전·양반전 : 양반의 허례와 무능 비판

박제가	• 서얼, 규장각 검서관 • 저서 : 북학의(절약보다 소비 권장, 청과의 통상 강화 주장)

❸ 천주교

17C	• 청을 왕래한 사신들에 의해 서학으로 전래

정조	• 신해박해
	   – 계기 : 진산 사건 윤지충이 어머니의 장례를 천주교식으로 치름
	   – 결과 : 윤지충과 권상연 처형

순조	• 신유박해(1801, 순조 1년)
	   – 배경 : 노론 벽파(정순왕후 세력)가 남인 숙청 시도
	   – 결과 : 이승훈 순교, 정약전(흑산도)·정약용(전남 강진) 유배
	 • 황사영 백서 사건 : 베이징 주재 프랑스 주교에게 종교권 행사와 군사적 시위를 요청

❹ 동학

최제우	• 철종 때 동학 창시 • 인내천(사람이 곧 하늘이다) 주장 혹세무민의 죄로 흥선 대원군 때 처형
최시형	• 동경대전 동학의 경전·용담유사 편찬

✚ **정약용**

무릇 1여의 토지는 1여의 사람들로 하여금 공동으로 경작하게 하고, 내 땅 네 땅의 구분 없이 오직 여장의 명령만을 따른다. 가을이 되면 무릇 오곡의 수확물을 모두 여장의 집으로 보내어 그 식량을 분배한다. 먼저 국가에 바치는 공세를 제하고, 다음으로 여장의 녹봉을 제하며, 그 나머지를 날마다 일한 것을 기록한 장부에 의거하여 여민들에게 분배한다.

– 「여유당전서」 –

✚ **홍대용**

중국은 서양과 180도 정도 차이가 난다. 중국인은 중국을 중심으로 삼고 서양을 변두리로 삼으며, 서양인은 서양을 중심으로 삼고 중국을 변두리로 삼는다. 그러나 실제는 하늘을 이고 땅을 밟는 사람은 땅에 따라서 모두 그러한 것이니 중심도 변두리도 없이 모두가 중심이다.

✚ **박제가**

지금 우리나라 안에는 구슬을 캐는 집이 없고 시장에 산호 따위의 보배가 없다. 또 금과 은을 가지고 가게에 들어가도 떡을 살 수 없는 형편이다. … 대저 재물은 우물과 같다. 퍼 쓸수록 자꾸 가득 차고 이용하지 않으면 말라 버린다. 그러므로 비단을 입지 않으므로 나라 안에 비단 짜는 사람이 없다. – 「북학의」 –

✚ **진산 사건**

전라도 관찰사 정민시가 죄인 윤지충과 권상연에 대한 조사 결과를 아뢰었다. " … 근래에 그들은 평소 살아 계신 부모나 조부모처럼 섬겨야 할 신주를 태워 없애면서도 이마에 진땀 하나 흘리지 않았으니 정말 흉악한 일입니다. 제사를 폐지한 일은 오히려 부차적입니다."

1 다음 설명에 해당하는 실학자를 쓰시오.

┤ 보기 ├

| 유형원 | 이익 | 정약용 | 유수원 |
| 홍대용 | 박지원 | 박제가 | |

(1) ( ) – 반계수록에서 균전론을 제시하였다.

(2) ( ) – 양반전에서 양반의 무능을 비판하였다.

(3) ( ) – 의산문답에서 무한우주론을 주장하였다.

(4) ( ) – 북학의를 저술하여 청의 문물 수용을 강조하였다.

(5) ( ) – 재물을 우물에 비유하여 절약보다 소비를 권장하였다.

(6) ( ) – 연행사를 따라 청에 다녀온 후 열하일기를 집필하였다.

(7) ( ) – 곽우록에서 토지 매매를 제한하는 한전론을 제시하였다.

(8) ( ) – 우서에서 사농공상의 직업적 평등과 전문화를 주장하였다.

(9) ( ) – 여전론을 통해 토지의 공동 소유와 공동 경작을 주장하였다.

(10) ( ) – 경세유표를 집필하여 국가 제도의 개혁 방향을 제시하였다.

2 빈칸에 알맞은 말을 선택하시오.

(1) 홍대용은 청에 다녀와 (연기, 열하일기)를 남겼다.

(2) 정약용은 기기도설을 참고하여 (거중기, 자격루)를 설계하였다.

(3) 정약용은 (마과회통, 흠흠신서)에서 홍역에 대한 지식을 정리하였다.

(4) 정약용은 지방 행정의 개혁안을 담은 (목민심서, 성호사설)을/를 저술하였다.

(5) (박지원, 박제가)은/는 서얼 출신으로 규장각 검서관에 임용되었다.

(6) 동학은 (최제우, 최시형)이/가 창시하였다.

(7) 동학은 (정감록, 동경대전)을 경전으로 삼았다.

(8) 이승훈, 정약용은 (신해박해, 신유박해)로 탄압받았다.

(9) (동학, 천주교)은/는 청에 다녀온 사신들에 의하여 서학으로 소개되었다.

(10) (동학, 천주교)은/는 제사와 신주를 모시는 문제로 정부의 탄압을 받았다.

3 아래 사건이 일어난 시기를 (가)~(라) 중 고르시오.

(1) ( ) – 동학이 창시되었다.

(2) ( ) – 신유박해로 다수의 천주교도가 처형되었다.

(3) ( ) – 진산 사건이 일어나 윤지충과 권상현이 처형되었다.

(4) ( ) – 정약용이 기기도설을 참고하여 거중기를 제작하였다.

(5) ( ) – 박제가, 이덕무 등이 왕명을 받아 무예도보통지를 편찬하였다.

(6) ( ) – 황사영이 외국 군대의 출병을 요청하는 백서를 작성하였다.

4 다음 사료를 읽고, 해당하는 왕을 쓰시오.

(1) ( )

사헌부에서 아뢰기를, "아! 통분스럽습니다. 이가환, 이승훈, 정약용의 죄가 무거우니 이를 어찌 다 처벌할 수 있겠습니까? 사학(學)이란 것은 반드시 나라에 흉악한 화를 가져오고야 말 것입니다."라고 하였다.

(2) ( )

전라도 관찰사 정민시가 진산의 죄인 윤지충과 권상연에 대한 조사 결과를 아뢰었다. "… 근래에 그들은 평소 살아 계신 부모나 조부모처럼 섬겨야 할 신주를 태워 없애면서도 이마에 진땀 하나 흘리지 않으니 정말 흉악한 일입니다. 제사를 폐지한 일은 오히려 부차적입니다."

(3) ( )

사학(邪學) 죄인 황사영은 사족으로서 사술에 미혹됨이 가장 심한 자였다. [그는] 의금부에서 체포하려는 것을 미리 알고 피신하였는데, 상복을 입고 성명을 바꾸거나 토굴에 숨어서 종적을 감춘지 반년이 지났다. 포청에서 은밀히 염탐하여 지금에야 제천 땅에서 붙잡았다. 그의 문서를 수색하던 중 백서를 찾았는데, 장차 북경의 천주당에 전하려고 한 것이었다.

정답

1. (1) 유형원 (2) 박지원 (3) 홍대용 (4) 박제가 (5) 박제가 (6) 박지원 (7) 이익 (8) 유수원 (9) 정약용 (10) 정약용

2. (1) 연기 (2) 거중기 (3) 마과회통 (4) 목민심서 (5) 박제가 (6) 최제우 (7) 동경대전 (8) 신유박해 (9) 천주교 (10) 천주교

3. (1) 라 (2) 나 (3) 가 (4) 가 (5) 가 (6) 나

4. (1) 순조 (2) 정조 (3) 순조

321

65회 27번 [2점]

다음 가상 인터뷰의 주인공에 대한 설명으로 옳은 것은?

성호사설에서 6가지 좀의 하나로 과업을 말씀하셨는데요, 어떤 점이 문제인가요?

요즈음 과거를 준비하는 유생들은 부모 형제와 생업도 팽개치고 종일토록 글공부만 하고 있으니, 이는 인간의 본성을 망치는 재주일 뿐입니다. 다행히 급제라도 하면 교만하고 사치스러워져, 끝없이 백성의 것을 빼앗아 그 욕심을 채웁니다. 때문에 나라를 좀먹는 존재로 표현했습니다.

① 마과회통에서 홍역에 대한 지식을 정리하였다.
② 의산문답에서 중국 중심의 세계관을 비판하였다.
③ 발해고에서 남북국이라는 용어를 처음 사용하였다.
④ 곽우록에서 토지 매매를 제한하는 한전론을 제시하였다.
⑤ 금석과안록에서 북한산비가 진흥왕 순수비임을 고증하였다.

322

58회 27번 [2점]

(가) 인물의 활동으로 옳은 것은?

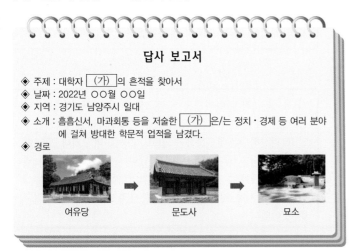

답사 보고서

◆ 주제 : 대학자 (가) 의 흔적을 찾아서
◆ 날짜 : 2022년 ○○월 ○○일
◆ 지역 : 경기도 남양주시 일대
◆ 소개 : 흠흠신서, 마과회통 등을 저술한 (가) 은/는 정치·경제 등 여러 분야에 걸쳐 방대한 학문적 업적을 남겼다.
◆ 경로

여유당 → 문도사 → 묘소

① 성호사설에서 한전론을 주장하였다.
② 양반전에서 양반의 허례와 무능을 지적하였다.
③ 의산문답에서 중국 중심의 세계관을 비판하였다.
④ 북학의에서 절약보다 적절한 소비를 권장하였다.
⑤ 경세유표에서 국가 제도의 개혁 방향을 제시하였다.

323

52회 27번 [2점]

(가) 인물에 대한 설명으로 옳은 것은?

(가) 이/가 과학 기술인 명예의 전당에 헌정되었습니다. 그는 천문학에 조예가 깊어 기존의 혼천의를 개량했으며, 그의 학문은 담헌서로 정리되어 오늘날 전해지고 있습니다.

(가) , 과학 기술인 명예의 전당에 헌정

① 의산문답에서 무한 우주론을 주장하였다.
② 기기도설을 참고하여 거중기를 설계하였다.
③ 자동 시보 장치를 갖춘 자격루를 제작하였다.
④ 사상 의학을 정립한 동의수세보원을 편찬하였다.
⑤ 서양의 과학 기술을 정리한 지구전요를 저술하였다.

324

69회 27번 [2점]

(가) 인물에 대한 설명으로 옳은 것은?

이것은 청의 화가 나빙이 그린 (가) 의 초상으로, 이별의 아쉬움을 표현한 시가 함께 있습니다. (가) 은/는 연행사의 일원으로 여러 차례 청에 가서 그곳의 문인들과 폭넓게 교유하였습니다. 이 과정에서 북학의를 저술하여 청의 문물을 적극적으로 수용할 것을 주장하였습니다.

특별전 국경을 넘어선 우정

① 세계 지리서인 지구전요를 저술하였다.
② 의산문답에서 무한 우주론을 주장하였다.
③ 기기도설을 참고하여 거중기를 설계하였다.
④ 서자 출신으로 규장각 검서관에 기용되었다.
⑤ 양반전을 지어 양반의 허례와 무능을 풍자하였다.

325
62회 28번 [2점]

(가), (나)를 쓴 인물의 공통점으로 옳은 것은?

> (가) 실옹이 웃으며 말하기를, "…… 대저 땅덩이는 하루 동안
> 에 한 바퀴를 도는데, 땅 둘레는 9만 리이고 하루는 12시
> 이다. 9만 리 넓은 둘레를 12시간에 도니 번개나 포탄보
> 다도 더 빠른 셈이다."라고 하였다.
>
> (나) 허생이 말하기를, "우리 조선은 배가 외국과 통하지 못하
> 고, 수레가 국내에 두루 다니지 못하는 까닭에 온갖 물건
> 이 나라 안에서 생산되어 소비되곤 하지 않나. …… 어떤
> 물건 하나를 슬그머니 독점한다면, 그 물건은 한 곳에 갇
> 혀서 유통되지 못하니 이는 백성을 못살게 하는 방법이
> 야."라고 하였다.

① 갑술환국으로 정계에서 축출되었다.
② 양명학을 연구하여 강화학파를 형성하였다.
③ 서얼 출신으로 규장각 검서관에 기용되었다.
④ 연행사의 일원으로 청에 다녀와 연행록을 남겼다.
⑤ 농민 생활의 안정을 위하여 화폐 사용을 반대하였다.

326
67회 25번 [2점]

(가), (나) 인물에 대한 설명으로 옳은 것은?

북학의를 저술한 저는 청의 문물 도입과 소비 촉진을 통한 생산력 증대를 주장하였습니다.

오늘은 실학자 두 분을 모시고 어떤 활동을 하셨는지 들어보겠습니다.

저는 경세유표를 저술하여 국가 제도의 개혁 방향을 제시하였습니다.

홀로그램으로 만나는 역사 인물

① (가) – 100리 척을 사용하여 동국지도를 제작하였다.
② (가) – 곽우록에서 토지 매매를 제한하는 한전론을 제시하였다.
③ (나) – 의산문답에서 중국 중심의 세계관을 비판하였다.
④ (나) – 여전론을 통해 마을 단위의 공동 경작을 주장하였다.
⑤ (가), (나) – 양명학을 연구하여 강화학파를 형성하였다.

327
52회 22번 [3점]

다음 상황이 나타난 시기를 연표에서 옳게 고른 것은?

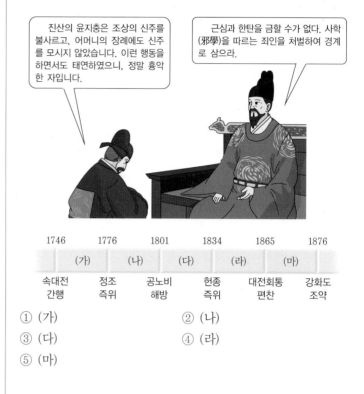

진산의 윤지충은 조상의 신주를 불사르고, 어머니의 장례에도 신주를 모시지 않았습니다. 이런 행동을 하면서도 태연하였으니, 정말 흉악한 자입니다.

근심과 한탄을 금할 수가 없다. 사학(邪學)을 따르는 죄인을 처벌하여 경계로 삼으라.

1746	1776	1801	1834	1865	1876
(가)	(나)	(다)	(라)	(마)	
속대전 간행	정조 즉위	공노비 해방	헌종 즉위	대전회통 편찬	강화도 조약

① (가) ② (나)
③ (다) ④ (라)
⑤ (마)

328
55회 28번 [3점]

(가) 시기에 있었던 사실로 옳은 것은?

서학은 반드시 큰 화를 가져올 것입니다. 이를 따르는 이가환, 이승훈, 정약용을 처벌하여 주소서.

아뢴 대로 하시오.

(가)

동학은 어리석은 사람들을 현혹하는 것이니 그 두목인 최제우를 효수하여 본보기로 삼으소서.

그리 하시오.

① 왕이 도성을 떠나 공산성으로 피란하였다.
② 오페르트가 남연군 묘 도굴을 시도하였다.
③ 홍경래 등이 난을 일으켜 정주성을 점령하였다.
④ 교조 신원을 요구하는 삼례 집회가 개최되었다.
⑤ 이인좌를 중심으로 한 소론 세력이 난을 일으켰다.

321 이익

정답 ④

핵심키워드 성호사설, 6가지 좀

정답 분석

이익은 몰락한 남인 가정 출신으로, 벼슬을 단념하고 실학 연구에 전념하여 「성호사설」을 남겼다. 그는 나라의 빈곤과 농업 피폐의 원인으로 노비 제도, 과거 제도 등 여섯 가지를 꼽고 이를 개혁하고자 하였다. 이익의 사상은 제자들에게 전파되어 성호 학파를 형성했으며, 이중환, 안정복, 박지원, 정약용 등에게 큰 영향을 미쳤다. ④ 이익은 「곽우록」에서 토지 매매를 제한하는 한전론을 제시하였다.

오답 분석

① 「마과회통」은 정약용이 홍역에 대한 지식을 체계적으로 정리한 책이다.
② 「의산문답」은 홍대용이 저술한 과학 사상서로, 지전설, 무한우주론 등을 주장하였다.
③ 「발해고」는 유득공이 저술한 역사서로, '남북국'이라는 용어를 처음 사용하였다. 이를 통해 발해를 고구려의 후계 국가로 인식하고, 한국사 체계에 포함시켰다.
⑤ 「금석과안록」은 김정희가 저술한 금석문 연구서로, 진흥왕 순수비를 고증하였다.

322 정약용

정답 ⑤

핵심키워드 흠흠신서, 마과회통, 여유당

정답 분석

정약용의 저서 중 사회 개혁의 방안을 제시한 대표적인 저작으로는 「목민심서」, 「경세유표」, 「흠흠신서」의 3부작과 함께 「탕론」, 「원목」, 「전론」 등의 논설이 있다. 또한, 의학 서적으로는 「마과회통」이 있다. 이 중 「흠흠신서」는 형사 사건의 조사, 심리, 처형 과정을 다루고, 담당 관리들을 계몽하기 위해 편찬한 형법서이다. 그의 방대한 저작들은 1930년대에 「여유당전서」로 총망라되었다.

오답 분석

① 「성호사설」은 이익의 사상이 총망라된 문집이다.
② 박지원은 소설 「양반전」에서 양반 계층의 위선을 폭로하였다.
③ 「의산문답」은 홍대용이 저술한 책으로, 중국 중심의 세계관을 비판하고, 새로운 우주론을 제시하였다.
④ 「북학의」는 박제가가 저술한 책으로, 절약보다는 적절한 소비를 권장하고, 청과의 무역 확대와 수레 및 선박의 사용을 제안하였다.

323 홍대용

정답 ①

핵심키워드 혼천의 개량, 담헌서

정답 분석

실학자 홍대용은 영조 시기에 중국 연경(베이징)을 방문해 서양 과학의 영향을 받아 혼천의와 서양식 자명종을 만드는 등 과학 기술에 관심을 보였다. 그는 「임하경륜」에서 균전제와 부병제를 주장하며 사회 개혁안을 제시하였다. 또한, 「의산문답」에서는 지구 구형설과 자전설, 무한우주론을 언급하며 중국 중심의 화이론을 부정하였다.
「담헌서」는 홍대용의 문집으로, 「임하경륜」, 「의산문답」, 「연기」, 「주해수용」 등이 수록되어 있다.

오답 분석

② 「기기도설」은 청의 서광계와 아담 살 등이 저술한 서양의 과학기술을 소개한 책으로, 정약용은 이 책을 바탕으로 거중기를 설계하였다.
③ 자격루는 세종 때 장영실이 제작한 자동 물시계이다.
④ 이제마는 「동의수세보원」에서 개인의 체질에 맞춘 사상의학을 체계적으로 정립하였다.
⑤ 「지구전요」는 최한기가 청나라의 「해국도지」, 「영환지략」 등을 기초로 편찬한 세계 지리서이다.

324 박제가

정답 ④

핵심키워드 연행사, 북학의

정답 분석

박제가는 정조 2년에 청을 방문한 경험을 바탕으로 「북학의」를 저술였다. 그는 이 책에서 상공업의 발달과 해로무역을 통한 청과의 통상 강화를 강조하며, 수레와 선박의 이용을 제안하였다. 또한, 절약보다는 소비를 권장하여 생산을 자극해야 한다고 주장하였다. ④ 정조는 서자 출신인 박제가, 유득공, 이덕무, 서이수를 규장각 검서관으로 등용하였다.

오답 분석

① 「지구전요」는 최한기가 청나라의 「해국도지」, 「영환지략」 등을 기초로 편찬한 세계 지리서이다.
② 「의산문답」은 홍대용이 저술한 과학 사상서로, 지전설, 무한우주론 등을 주장하였다.
③ 「기기도설」은 청의 서광계와 아담 살 등이 저술한 서양의 과학기술을 소개한 책으로, 정약용은 이 책을 바탕으로 거중기를 설계하였다
⑤ 「양반전」은 조선 후기에 박지원이 저술한 한문 소설로, 양반의 허례와 무능을 비판하였다.

325 북학파　　　정답 ④

핵심키워드 실옹, 허생

정답 분석

㉮ 홍대용의 「의산문답」으로, 허자와 실옹이 대화하는 형식으로 구성된 과학 사상서이다.

㉯ 박지원의 「허생전」으로, 두 사람은 상공업 진흥과 청 문물 수용을 주장한 북학파 실학자이다.

④ 연행사는 조선 후기에 청나라에 파견된 사절단으로, 홍대용과 박지원은 친척을 따라 연행사로 청에 다녀왔다. 이들은 그때의 경험을 바탕으로 각각 「열하일기」와 「연기」라는 기행문을 남겼다.

오답 분석

① 갑술환국은 조선 숙종 시기에 일어난 마지막 환국으로, 이 사건으로 인해 남인이 축출되고 서인이 집권하고 인현왕후가 복위하였다.

② 정제두는 노론의 압박 속에서도 양명학을 본격적으로 연구하고 강화학파를 이끌었다.

③ 정조는 서자 출신인 박제가, 유득공, 이덕무, 서이수를 규장각 검서관으로 등용하였다.

⑤ 이익은 화폐 유통이 농민 생활에 불안정을 초래할 수 있다고 보며, 폐전론을 주장하였다.

326 실학자　　　정답 ④

핵심키워드 북학의, 경세유표

정답 분석

㉮는 「북학의」를 저술한 박제가이고, ㉯는 「경세유표」를 저술한 정약용이다. 「경세유표」에서 정약용은 정치, 경제, 사회 전반에 걸친 개혁의 방향을 제시했으며, 중국의 정전론을 변형한 토지 개혁론을 주장하였다.

④ 「여전론」은 정약용이 전론에서 제시한 토지 제도로, 마을 단위(1여)로 토지를 공동으로 경작하고 수확물을 나누어 분배하자는 주장이다.

오답 분석

① 「동국지도」는 조선 후기에 정상기가 100리 척을 사용하여 제작한 지도이다.

② 이익은 「곽우록」에서 토지 매매의 하한선을 제한하는 한전론을 제시하였다.

③ 홍대용은 「의산문답」에서 중국 중심의 세계관을 비판하고 무한 우주론을 제시하였다.

⑤ 정제두는 노론의 압박 속에서도 양명학을 본격적으로 연구하고 강화학파를 이끌었다.

327 천주교와 진산 사건　　　정답 ②

핵심키워드 윤지충

정답 분석

천주교는 17세기에 우리나라 사신들이 중국 베이징의 천주당을 방문하면서 서학으로 소개되었다. 18세기 후반부터 일부 남인 계열의 실학자들은 당시 정치와 사회의 모순을 해결하기 위해 서학에 관심을 가지게 되었고, 천주교 서적을 통해 신앙 생활을 시작하였다. 특히 이승훈이 베이징을 방문하여 서양인 신부에게서 세례를 받고 돌아온 후, 천주교 신앙 활동은 더욱 활발해졌다.

정조 시기에 윤지충이 어머니의 장례식을 천주교 방식으로 치른 일(진산 사건)이 계기가 되어 신해박해(1791년)가 일어났다. 이 사건은 천주교에 대한 첫 공식적인 탄압으로 기록된다. 하지만 정조는 시파를 우대하고, 이들이 비교적 천주교에 관대한 입장을 취했기 때문에 큰 탄압은 일어나지 않았다.

그 후, 순조가 즉위하여 노론 벽파가 득세하자 대탄압이 가해졌는데, 이를 신유박해(1801년)라고 한다.

참고로, 공노비 해방(중앙 관청에 소속된 공노비 66,000여 명을 양인으로 풀어준 사건)은 순조 즉위년인 1801년이다.

328 19세기의 사회　　　정답 ③

핵심키워드 서학, 이승훈, 최제우

정답 분석

왼쪽 그림은 순조 1년에 일어난 신유박해를 나타낸 것이다. 이 사건으로 최초의 세례자 이승훈과 정약종 등이 순교하였고, 정약전과 정약용은 각각 흑산도와 강진으로 유배되었다.

오른쪽 그림은 고종 즉위 직후인 1864년에 동학 창시자 최제우를 처형한 사건이다. 따라서 두 그림 사이에는 순조, 헌종, 철종 시기가 해당된다.

③ 홍경래는 평안도 지역의 차별과 삼정의 문란에 대한 불만으로 1811년(순조 11년)에 봉기하였다.

오답 분석

① 인조는 이괄의 난이 일어나자 공주 공산성으로 피란하였다.

② 독일 상인 오페르트는 1868년에 흥선 대원군의 아버지 남연군의 묘를 도굴하려 하였다.

④ 동학 교도들은 교조 최제우의 신원 회복을 요구하며 1892년에는 전라도 삼례에서, 1893년에는 충북 보은에서 교조 신원 운동을 일으켰다.

⑤ 이인좌의 난은 영조의 즉위에 반발한 강경파 소론들이 일으킨 반란이었다.

조선의 기타 문화

❶ 주요 국왕

태종	• 혼일강리역대국도지도 제작 : 중국 중심의 세계 지도 • 계미자 제작 : 금속 활자, 주자소에서 제작
세종	• 삼강행실도 편찬 : 효자·충신·열녀 사례를 글과 그림으로 설명 • 칠정산 제작 : 한양을 기준으로 한 역법서, 이천·장영실 참여 • 경자자·갑인자 제작 : 금속 활자 • 정간보 편찬 : 악보
성종	• 국조오례의 편찬 : 국가 의례 정리 • 동문선 편찬 : 역대 문학 수록 • 신숙주의 해동제국기 집필 : 일본에 대한 기록 • 성현의 악학궤범 편찬 : 음악 이론서
세조	• 간경도감 설치 : 불경 편찬 • 원각사지 10층 석탑 건설 ≒ 고려의 경천사지 10층 석탑

❷ 궁궐

경복궁	• 정궁, 북궐로 불림, 근정전(정전) 위치 • 정도전 설계 → 왜란으로 소실 → 흥선 대원군의 중건 → 일제가 <u>조선 물산 공진회</u> 개최(1915) → 일제가 경내에 총독부 건설(1926)
창덕궁	• 태종 건립, 왜란 후 정궁으로 이용, 인정전(정전)·규장각·후원 위치
창경궁	• 창덕궁과 함께 동궐로 불림, 일제가 동물원·식물원으로 변경
경희궁	• 서궐로 불림
덕수궁	• 광해군 때 인목 대비의 유폐 → 고종이 아관파천 후 정궁으로 이용

조선 물산 공진회 → 식민 통치 성과를 홍보하기 위해서

❸ 조선의 주요 서적

역사서	• 조선왕조실록 : 사초 사관의 기록물와 시정기 작성 → 왕 사후에 실록청 설치하여 실록 편찬 → 사고에 보관 • 세종, 고려사(기전체) → 성종, 동국통감(우리나라 최초의 통사) → 조선 후기, 유득공의 발해고(남북국 용어 제시)
지도	• 명종, 조선방역지도 → 영조, 정상기의 동국지도(백리척 사용) → 철종, 김정호의 대동여지도(매우 정밀, 22첩 구성)
지리서	• 성종, 동국여지승람 → 영조, 이중환의 택리지(이상적인 거주지 탐색) → 철종, 최한기의 지구전요(세계 지리서)
의서	• 세종, 향약집성방 → 광해군, 허준의 동의보감 → 고종, 이제마의 <u>동의수세보원</u>

동의수세보원 → 사람의 체질을 4유형으로 분류

❹ 시기별

조선 전기	• (15C), 안견의 몽유도원도, 강희안의 고사관수도 → (16C), 묵죽도 등 사군자화 유행 • (15C), 분청사기 제작 → (16C), 백자 제작 → 조선 후기, 청화백자 제작
조선 후기	• 서민 문화 발달 : 한글 소설(홍길동전 최초), 민화, 탈놀이, <u>전기수</u> • 정선의 진경산수화, 김홍도·신윤복의 풍속화 • 김정희 : 추사체 작성, 금석과안록 집필(북한산비 분석), 세한도 제작 • 다층 건물 건설 : 법주사 팔상전(목탑), 금산사 미륵전, 화엄사 각황전

전기수 → 책을 전문적으로 읽어주는 사람

✛ 한양의 구조

✛ 고려사 서문

이 책을 편찬하면서 범례는 사마천의 사기를 따랐고, 기본 방향은 직접 왕에게 물어서 결정하였습니다. 본기라 하지 않고 세가라 한 것은 대의명분의 중요성을 보인 것입니다. 신우(우왕), 신창(창왕)을 세가에 넣지 않고 열전으로 내려놓은 것은 왕위를 도적질한 사실을 엄히 밝히려 한 것입니다.

✛ 유득공의 발해고

부여씨가 망하고 고씨(고구려)가 망한 다음, 김씨(신라)가 남방을 차지하고 대씨(발해)가 북방을 차지하고는 발해라 하였으니, 이것을 남북국이라 한다. 당연히 남북국을 다룬 역사책이 있어야 하는데, 고려가 편찬하지 않은 것은 잘못이다.

✛ 조선의 회화

▲ 안견의 몽유도원도

▲ 정선의 인왕제색도 ▲ 김홍도의 씨름도

▲ 김정희의 세한도

1 다음 설명에 해당하는 왕을 쓰시오.

┤ 보기 ├

태종   세종   세조   성종   영조   정조

(1) (   ) – 악학궤범을 편찬하였다.

(2) (   ) – 국조오례의가 완성되었다.

(3) (   ) – 원각사지 10층 석탑을 건립하였다.

(4) (   ) – 훈련 교범인 무예도보통지가 편찬되었다.

(5) (   ) – 백과사전류 의서인 의방유취가 편찬되었다.

(6) (   ) – 세계 지도인 혼일강리역대국도지도가 제작되었다.

(7) (   ) – 동국문헌비고를 편찬하여 역대 문물을 정리하였다.

(8) (   ) – 효자, 충신 등의 사례를 제시한 삼강행실도가 편찬되었다.

(9) (   ) – 각 도의 지리, 풍속 등이 수록된 동국여지승람이 편찬되었다.

(10) (   ) – 서거정이 역대 문학 작품을 선별하여 동문선을 편찬하였다.

2 빈칸에 알맞은 말을 선택하시오.

(1) (경복궁, 창덕궁)에 규장각이 설치되었다.

(2) (경희궁, 창경궁)은 서궐이라 불렸다.

(3) (고려사, 조선왕조실록)은/는 사초와 시정기 등을 근거로 편찬되었다.

(4) (발해고, 동국통감)은/는 고조선부터 고려까지의 역사를 정리하였다.

(5) (이중환, 최한기)은/는 택리지에서 이상적인 거주지의 조건을 제시하였다.

(6) 최초로 100리 척을 사용한 (동국지도, 대동여지도)가 제작되었다.

(7) (태종, 세종)은 주자소를 설치하여 계미자를 주조하였다.

(8) (세종, 성종)은 한양을 기준으로 한 역법서인 칠정산을 만들었다.

(9) (김정희, 박지원)은/는 북한산비가 진흥왕 순수비임을 고증하였다.

(10) 세종 시기에 국산 약재와 치료 방법을 정리한 (동의보감, 향약집성방)이 간행되었다.

3 물음에 답하시오.

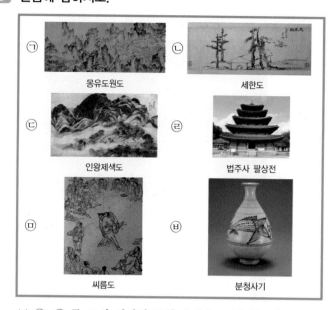

(1) ㉠~㉫ 중 조선 전기의 문화 유산을 모두 고르시오.

(2) ㉠~㉫ 중 17~19세기의 문화 유산을 모두 고르시오.

(3) ㉠~㉫ 중 추사 김정희의 작품은 무엇인가?

(4) ㉠~㉫ 중 우리나라에 현존하는 유일한 목조탑은 무엇인가?

(5) ㉠~㉫ 중 조선 후기 진경 산수화를 대표하는 작품은 무엇인가?

4 다음 사료를 읽고, 물음에 답하시오.

(1) 밑줄 친 '이 비'의 이름을 쓰시오.

> 이 비는 아무도 아는 사람이 없어 … 탁본을 한 결과 비의 형태는 황초령비와 서로 흡사하였고, 제1행 진흥의 진(眞)자는 약간 마멸되었으나 여러 차례 탁본을 해서 보니, 진(眞) 자임에 의심할 여지가 없었다.

(2) 밑줄 친 '이 역사서'의 이름을 쓰시오.

> 대개 이미 지나간 나라의 흥망은 장래의 교훈이 되기 때문에 이 역사서를 편찬하여 올리는 바입니다. … 범례는 사마천의 사기를 따르고, … 가짜 왕인 신씨들 [신우, 신창]을 세가에 넣지 않고 열전으로 내린 것은 그들이 왕위를 도둑질한 사실을 엄히 논하려는 것입니다.

정답

1. (1) 성종 (2) 성종 (3) 세조 (4) 정조 (5) 세종 (6) 태종 (7) 영조 (8) 세종 (9) 성종 (10) 성종
2. (1) 창덕궁 (2) 경희궁 (3) 조선왕조실록 (4) 동국통감 (5) 이중환 (6) 동국지도 (7) 태종 (8) 세종 (9) 김정희 (10) 향약집성방
3. (1) ㉠, ㉫ (2) ㉡, ㉢, ㉣, ㉤ (3) ㉡ (4) ㉣ (5) ㉢
4. (1) 북한산 순수비 (2) 고려사

329

(가) 왕의 재위 시기에 있었던 사실로 옳은 것은?

문화유산이 전하는 이야기 – 광통교

史 한국사 채널   조회 수 220,203

청계천이 복원되면서 광통교도 옛 모습을 되찾았어요. 이 광통교에는 능에 썼던 석물들이 있어요. 두 차례 왕자의 난으로 즉위한 (가) 이/가 태조의 계비인 신덕 왕후의 능을 이장하고, 이전 능에 있던 병풍석과 난간석 등 석물 일부를 다리 제작에 사용하게 한 것이에요.

① 최무선의 건의로 화통도감이 설치되었다.
② 조선의 기본 법전인 경국대전이 완성되었다.
③ 국방 문제를 논의하기 위한 비변사가 설치되었다.
④ 세계 지도인 혼일강리역대국도지도가 제작되었다.
⑤ 한양을 기준으로 한 역법서인 칠정산이 간행되었다.

330

밑줄 그은 '왕'의 업적으로 옳은 것은?

이전에 주조한 활자가 크고 고르지 않았다. 이에 왕께서 경자년에 다시 주조하셨다. 그리하여 그 모양이 작고 바르게 되었으니, 이것으로 인쇄하지 않은 책이 없었다. 이를 경자자라고 하였다. 갑인년에 다시 「위선음즐(爲善陰騭)」의 글자 모양을 본떠 갑인자를 주조하니, 경자자에 비하여 조금 크고 활자 모양이 매우 좋았다.

① 조선의 기본 법전인 경국대전을 반포하였다.
② 역대 문물을 정리한 동국문헌비고를 간행하였다.
③ 삼남 지방의 농법을 소개한 농사직설을 편찬하였다.
④ 전세를 1결당 4~6두로 고정하는 영정법을 제정하였다.
⑤ 삼정의 문란을 시정하기 위해 삼정이정청을 설치하였다.

331

다음 대화에 등장하는 왕의 재위 시기에 있었던 사실로 옳은 것은?

① 주자소가 설치되어 계미자가 주조되었다.
② 전통 한의학을 집대성한 동의보감이 완성되었다.
③ 통치 체제를 정비하기 위해 속대전이 간행되었다.
④ 한양을 기준으로 역법을 정리한 칠정산이 제작되었다.
⑤ 전국의 지리, 풍속 등이 수록된 동국여지승람이 편찬되었다.

332

밑줄 그은 '전하'가 재위한 시기의 사실로 옳은 것은?

무술년 봄에 양성지가 팔도지리지를 바치고, 서거정 등이 동문선을 바쳤더니, 전하께서 드디어 노사신, 양성지, 서거정 등에게 명하여 시문을 팔도지리지에 넣게 하셨습니다. …… 연혁을 앞에 둔 것은 한 고을의 흥함과 망함을 먼저 알아야 하기 때문이며 …… 경도(京都)의 첫머리에 팔도총도를 기록하고, 각 도의 앞에 도별 지도를 붙여서 양경(兩京) 8도로 50권을 편찬하여 바치나이다.

① 예학을 정리한 가례집람이 저술되었다.
② 외교 문서를 집대성한 동문휘고가 편찬되었다.
③ 국가의 의례를 정비한 국조오례의가 완성되었다.
④ 전통 한의학을 정리한 동의보감이 간행되었다.
⑤ 역대 문물 제도를 정리한 동국문헌비고가 만들어졌다.

333

(가) 왕의 재위 시기에 있었던 사실로 옳은 것은?

> 만약 그 자신이 죽고 아내에게 전지가 전해지면 수신전이
> 라 하였고, 부부가 모두 죽고 아들에게 전해지면 휼양전이라
> 일컬었으며, 만약 그 아들이 관직에 제수된다면 그대로 그 전
> 지를 주고 과전이라 하였다. …… [가] 이/가 이 제도를 폐지
> 하고 현직 관리에게 전지를 주고 직전이라 하였다.

① 불교 경전을 간행하는 간경도감이 설치되었다.
② 음악 이론 등을 집대성한 악학궤범이 완성되었다.
③ 세계 지도인 혼일강리역대국도지도가 제작되었다.
④ 신하를 재교육하기 위한 초계문신제가 실시되었다.
⑤ 삼남 지방의 농법을 소개한 농사직설이 편찬되었다.

334

(가) 궁궐에 대한 설명으로 옳은 것은?

> 대왕대비가 전교하였다. "[가] 은/는 우리 왕조에서 수도
> 를 세울 때 맨 처음 지은 정궁이다. …… 그러나 불행하게도
> 전란에 의해 불타버린 후 미처 다시 짓지 못하여 오랫동안 뜻
> 있는 선비들의 개탄을 자아내었다. …… 이 궁궐을 다시 지어
> 중흥의 큰 업적을 이루려면 여러 대신과 함께 의논해보지 않
> 을 수 없다."
>
> – 「고종실록」 –

① 근정전을 정전으로 하였다.
② 일제에 의해 동물원 등이 설치되었다.
③ 후원에 왕실 도서관인 규장각이 있었다.
④ 도성 내 서쪽에 있어 서궐이라고 불렸다.
⑤ 인목 대비가 광해군에 의해 유폐된 장소이다.

335

(가) 궁궐에 대한 설명으로 옳은 것은?

① 일제에 의해 동물원 등이 설치되었다.
② 도성 내 서쪽에 있어 서궐이라고 불렸다.
③ 인목 대비가 광해군에 의해 유폐된 장소이다.
④ 정도전이 궁궐과 주요 전각의 명칭을 정하였다.
⑤ 태종이 도읍을 한양으로 다시 옮기며 건립하였다.

336

(가) 문화유산에 대한 설명으로 옳은 것은?

> 이 건물은 [가] 의 정전입니다. [가] 은/는 태조 이성계가 개경에 처음
> 세웠는데, 도읍을 한양으로 옮긴 후 지금의 위치에 건립하였습니다. 사직과 더불
> 어 왕조 국가를 표현하는 상징이었습니다.

① 경내에 조선 총독부 청사가 세워졌다.
② 역대 국왕과 왕비의 신주가 모셔져 있다.
③ 대성전과 명륜당을 중심으로 구성되어 있다.
④ 일제 강점기에 창경원으로 격하되기도 하였다.
⑤ 토지와 곡식의 신에게 제사를 지내는 공간이다.

337

(가)에 대한 설명으로 옳은 것은?

□□ 신문

제 △△ 호 　　　　　　　　　　○○○○년 ○○월 ○○일

(가) , 보물로 지정

문화재청은 (가) 을/를 고려 시대를 다룬 역사서로는 처음으로 보물로 지정하였다. 고려의 역사를 파악하는 데 가장 중요한 원사료로서 객관성과 신뢰성이 뛰어나다는 점 등이 높게 평가되었다.

　이 책은 앞 왕조의 역사를 교훈으로 삼을 목적으로 조선 초부터 편찬하기 시작해 문종 대에 완성되었다. 정인지 등이 쓴 서문에서는 사마천이 저술한 사기의 범례를 본받아 편찬하였다고 밝히고 있다.

① 남북국이라는 용어를 처음 사용하였다.
② 세가, 열전, 지, 연표 등의 체제로 구성되었다.
③ 고구려 건국 시조의 일대기를 서사시로 표현하였다.
④ 불교사를 중심으로 고대의 민간 설화를 수록하였다.
⑤ 단군 조선부터 고려 말까지의 역사를 다룬 통사이다.

338

(가)~(마)에 들어갈 내용으로 옳은 것은?

한국사 과제 안내문

다음에 제시된 역사서 중 하나를 선택하여 보고서를 제출하시오.

지도 및 지리서	설명
택리지	(가)
동국지도	(나)
대동여지도	(다)
동국여지승람	(라)
조선방역지도	(마)

◆ 조사방법 : 문헌 조사, 인터넷 검색 등
◆ 제출기간 : 2021년 ○○월 ○○일 ~ ○○월 ○○일
◆ 분량 : A4 용지 1장 이상

---

① (가) – 팔도지리지를 참고하여 성종 때 완성되었다.
② (나) – 정상기가 100리 척을 사용하여 제작하였다.
③ (다) – 한치윤이 500여 종의 자료를 참고하여 편찬하였다.
④ (라) – 복거총론에서 거주지의 이상적인 조건을 제시하였다.
⑤ (마) – 목판으로 인쇄되었으며 10리마다 눈금이 표시되어 있다.

339

(가) 인물에 대한 설명으로 옳은 것은?

이 작품은 (가) 의 세한도로, 완당이라는 그의 호가 도인(圖印)으로 찍혀 있습니다. 그는 제주도에서 유배 생활을 할 때 청에서 귀한 책을 구해다 준 제자 이상적에게 고마움의 표시로 이 그림을 그려 주었습니다.

特別展 제주도에서 다시 만난 세한도

① 남북국이라는 용어를 처음 사용하였다.
② 기기도설을 참고하여 거중기를 설계하였다.
③ 북한산비가 진흥왕 순수비임을 고증하였다.
④ 양명학을 연구하여 강화학파를 형성하였다.
⑤ 안평 대군의 꿈을 소재로 몽유도원도를 그렸다.

340

(가)에 해당하는 작품으로 옳은 것은?

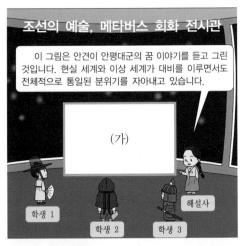

조선의 예술, 메타버스 회화 전시관

이 그림은 안견이 안평대군의 꿈 이야기를 듣고 그린 것입니다. 현실 세계와 이상 세계가 대비를 이루면서도 전체적으로 통일된 분위기를 자아내고 있습니다.

(가)

학생 1　　학생 2　　학생 3　　해설사

①  ②

③  ④

⑤

341

57회 20번 [2점]

(가)에 해당하는 문화유산으로 옳은 것은?

> (가) 에 대해 조사한 내용을 올려 주세요.
>
> 세조 때 축조하였으며, 현재 국보로 지정되어 있습니다.
>
> 대리석으로 만든 이 탑의 각 면에는 부처, 보살, 천인상 등이 새겨져 있습니다.
>
> 이 탑 근처에 살던 박지원, 이덕무 등이 서로 교류하여 이들을 백탑파라고 부르기도 했습니다.

①   ②   ③

④   ⑤

342

53회 21번 [2점]

(가)에 해당하는 문화유산으로 옳은 것은?

> (가) 에 대해 알려 줄래?
>
> 조선 전기에 많이 제작된 도자기야.
>
> 회색의 태토 위에 맑게 거른 백토로 표면을 분장한 뒤 유약을 씌워 구운 도자기야.
>
> 백자가 본격적으로 생산되면서 덜 만들어지게 되었어.

①   ②   ③

④   ⑤

343

68회 23번 [1점]

다음 상황이 나타난 시기에 볼 수 있는 모습으로 적절하지 않은 것은?

① 벽란도에서 인삼을 사는 송의 상인
② 호랑이를 소재로 민화를 그리는 화가
③ 광산 노동자에게 품삯을 나눠주는 덕대
④ 여러 장시를 돌며 물품을 판매하는 보부상
⑤ 저잣거리에서 영웅 소설을 읽어주는 전기수

344

53회 18번 [2점]

(가)에 들어갈 내용으로 옳지 않은 것은?

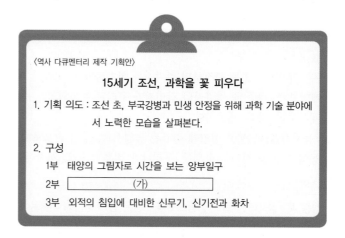

〈역사 다큐멘터리 제작 기획안〉

15세기 조선, 과학을 꽃 피우다

1. 기획 의도 : 조선 초, 부국강병과 민생 안정을 위해 과학 기술 분야에서 노력한 모습을 살펴본다.

2. 구성
   - 1부 태양의 그림자로 시간을 보는 앙부일구
   - 2부 (가)
   - 3부 외적의 침입에 대비한 신무기, 신기전과 화차

① 기기도설을 참고하여 설계한 거중기
② 국산 약재와 치료법을 소개한 향약집성방
③ 한양을 기준으로 한 역법서인 칠정산 내편
④ 활판 인쇄술의 발달을 가져온 계미자와 갑인자
⑤ 우리나라 실정에 맞는 농법을 소개한 농사직설

329 태종 시기의 문화 정답 ④

핵심키워드 왕자의 난으로 즉위

정답 분석

태종(이방원)은 1차 왕자의 난(태조 7년)에서는 이복동생 이방번과 이방석, 정도전을 제거했다. 2차 왕자의 난(정종 1년)에서는 동복형인 이방간과 대립하였다.

④ 「혼일강리역대국도지도」는 태종 시기에 제작된 세계 지도이다. 이 지도는 동아시아에서 현존하는 가장 오래된 세계 지도로, 당시 중국을 중심으로 세계를 인식하였음을 보여준다.

오답 분석

① 화통도감은 고려 우왕 때 최무선의 건의로 설치된 화약과 무기를 제조하는 기관이다.

② 「경국대전」은 성종 시기에 완성된 기본 법전이다.

③ 비변사는 중종 시기에 3포 왜란을 계기로 국방 문제를 논의하기 위해 설치된 임시 기구로, 명종 시기에 상설 기구로 정착하였다. 이후 임진왜란을 거치면서 조선 후기의 최고 정책 결정 기구로 기능하였다.

⑤ 「칠정산」은 세종 시기에 편찬한 한양을 기준으로 한 역법서이다.

330 세종 시기의 문화 정답 ③

핵심키워드 경자자, 갑인자

정답 분석

태종은 활자의 주조를 관장하던 주자소를 설치하였다. 그래서 태종 때 계미자가, 세종 때 경자자와 갑인자가 구리로 주조되었다. 따라서 제시문의 '왕'은 세종이다.

③ 「농사직설」은 세종 시기에 편찬된 농업서로, 우리 손으로 우리 농업 기술을 정리하여 만든 우리나라 최초의 농업 서적이다.

오답 분석

① 성종 때 「경국대전」을 완성함으로써 조선은 법치 국가의 기틀을 마련하였다.

② 「동국문헌비고」는 우리나라의 역대 문물을 정리한 한국학 백과사전으로, 영조 때 편찬되었다.

④ 인조는 영정법을 제정하여 전세를 1결당 4~6두로 고정하였다. 이는 왜란과 호란 후 조세 부담을 줄여주기 위한 조치였다.

⑤ 철종 시기에 임술 농민 봉기(1862년)가 전국적으로 일어나자, 정부에서는 삼정의 문란을 시정하기 위해 삼정이정청을 설치하였다.

331 성종 시기의 문화 정답 ⑤

핵심키워드 악학궤범, 성현

정답 분석

성종 때에 성현은 궁중 음악을 정리하여 「악학궤범」을 편찬하였다. 이 책은 음악의 원리와 역사, 악기, 무용, 의상 및 소도구까지 망라하여 정리함으로써 전통 음악을 유지하고 발전시키는 데 큰 도움이 되었다.

⑤ 「동국여지승람」은 성종 시기에 편찬된 전국지리서로, 각 지방의 역사, 지리, 인물 등을 수록하였다.

오답 분석

① 주자소는 태종이 금속 활자와 인쇄물을 제작하기 위해 설치한 기관으로, 태종 때 계미자를, 세종 때 경자자와 갑인자를 주조하였다.

② 「동의보감」은 광해군 시기에 허준이 편찬한 전통 한의학 백과사전이다.

③ 「속대전」은 영조 시기에 「경국대전」을 보완하고 개정하기 위해 간행된 법전이다.

④ 「칠정산」은 세종 시기에 한양을 기준으로 역법을 정리한 역법서이다.

332 성종 시기의 문화 정답 ③

핵심키워드 양성지, 팔도지리지, 동문선, 팔도총도

정답 분석

조선 초기에 국가 통치의 기초를 다지기 위해 지리지 편찬이 활발히 이루어졌다. 세종 7년(1425년)에 「경상도지리지」 편찬을 시작으로, 세종 14년(1432년)에 「신찬팔도지리지」가 편찬되었다. 이후 성종 12년(1478년)에 조선 초기 지리지 편찬의 완결판인 「동국여지승람」이 편찬되었다.

또한 제시문의 '서거정 등이 동문선을 바쳤더니'를 통해 성종 시기에 해당함을 알 수 있다.

③ 「국조오례의」는 성종 시기에 국가의 5가지 의례를 정비한 의례서이다.

오답 분석

① 「가례집람」은 김장생이 가례의 예법과 절차를 체계적으로 정리한 책이다.

② 「동문휘고」는 인조 때부터의 대청, 대일 문서를 모아 집대성한 외교 문서집으로, 정조 시기에 편찬되었다.

④ 「동의보감」은 광해군 시기에 허준이 편찬한 전통 한의학 백과사전이다.

⑤ 「동국문헌비고」는 우리나라의 역대 문물을 정리한 한국학 백과사전으로, 영조 때 편찬되었다.

333 세조 시기의 문화

정답 ①

핵심키워드 수신전, 휼양전

정답 분석

제시문의 수신전과 휼양전은 관리의 유가족에게 지급하던 토지로, 시간이 경과함에 따라 과전이 수신전, 휼양전의 이름으로 그 가족에게 세습되면서 새로 관직에 나온 이들에게 지급할 토지가 부족해졌다. 이에 세조 때에는 직전법을 실시하여 현직 관리에게만 과전을 지급하고 수신전과 휼양전을 폐지하였다.
① 간경도감은 세조가 불경을 한글로 번역하고 간행하기 위해 설치한 기관이다.

오답 분석

② 성종 때에 성현은 궁중 음악을 정리하여 「악학궤범」을 편찬하였다.
③ 「혼일강리역대국도지도」는 태종 시기에 제작된 세계 지도로, 당시 중국을 중심으로 세계를 인식하였음을 보여준다.
④ 초계문신제는 정조가 젊은 문신들을 재교육하기 위해 시행된 제도이다.
⑤ 세종은 정초와 변효문으로 하여금 우리 풍토에 맞는 농법을 정리하여 「농사직설」을 편찬하도록 하였다.

334 조선의 궁궐

정답 ①

핵심키워드 정궁, 전란에 의해 불탐, 고종실록

정답 분석

조선 시대의 궁궐은 정궁(법궁)과 이궁으로 구분된다. 정궁은 국가의 상징적 중심이 되는 궁궐로, 경복궁이 대표적이다. 경복궁은 조선 왕조 창건과 함께 북악산을 주산으로 삼아 건립되었다. 임진왜란 때 전소된 후 오랫동안 폐허로 남아 있다가, 조선 말기 고종 때 중건되어 잠시 궁궐로 사용되었다.
이궁으로는 창덕궁, 창경궁, 경희궁 등이 있다. 이 중 창덕궁은 왜란 후 법궁을 담당했다.
① 근정전은 경복궁의 정전으로, 국가의 중요한 행사를 진행하는 공간이다.

오답 분석

② 일제는 창경궁에 동물원과 식물원을 설치하여 창경원으로 격하시켰다.
③ 규장각은 정조 때 설립된 왕실 도서관으로, 창덕궁 후원에 위치하고 있다.
④ 서궐은 도성 내 서쪽에 위치한 경희궁을 가리키는 말이다. 반면 경복궁은 북궐, 창덕궁과 창경궁은 동궐로 불렸다.
⑤ 광해군은 인목 대비를 서궁(경운궁)에 10년 동안 유폐시켰다. 경운궁은 현재 덕수궁으로 불린다.

335 조선의 궁궐

정답 ⑤

핵심키워드 돈화문, 인정전

정답 분석

조선은 건국 2년 뒤인 1394년에 개경에서 한양으로 천도하였다. 하지만 왕자의 난 등 정치적 혼란이 발생하자, 정종 1년(1399년)에 개경으로 되돌아갔다.
그 후 태종 5년(1405년)에 다시 한양으로 옮겼고, 이때 창덕궁을 건립하였다. 창덕궁의 정문은 돈화문이며, 돈화문을 지나면 오른쪽에 정전인 인정전이 위치해 있다.

오답 분석

① 일제는 창경궁에 동물원과 식물원을 설치하여 창경원으로 격하시켰다.
② 서궐은 도성 내 서쪽에 위치한 경희궁을 가리킨다. 인조는 창덕궁과 창경궁이 인조반정과 이괄의 난으로 불타자, 경희궁에서 정사를 보았다.
③ 광해군은 인목 대비를 서궁(경운궁)에 10년 동안 유폐시켰다. 경운궁은 현재 덕수궁으로 불린다.
④ 정도전은 경복궁의 위치와 주요 전각의 명칭뿐만 아니라 도성 4대문과 4소문의 이름까지도 지었다.

336 종묘

정답 ②

핵심키워드 정전, 사직과 함께 왕조 국가의 상징

정답 분석

종묘는 조선 왕실의 상징적인 제사 공간으로, 유교의 관념에 따라 사망한 왕과 왕비의 넋을 모시기 위해 신주를 만들어 종묘에 봉안하여 정기적으로 제사를 지냈다. 종묘의 건축 배치는 중국 주례(周禮)의 규정에 따라 좌묘우사(궁궐의 왼편에 종묘를 두고 오른쪽에 사직단을 둔다)를 적용하여 경복궁의 왼편에 종묘를, 오른편에 사직단을 두었다. 종묘의 건물 중 가장 중요한 건물은 정전으로, 이곳에 돌아가신 왕과 왕비의 위패가 모셔져 있다.

오답 분석

① 일제 총독부는 경복궁 내에 총독부 청사를 세웠다.
③ 성균관은 조선의 최고 교육 기관으로, 공자의 위패를 모시는 대성전과 유학 교육 공간인 명륜당이 중심 건물이다.
④ 창경원은 일제 강점기 동안 창경궁이 격하된 명칭으로, 일제는 이곳을 동물원과 식물원으로 전락시켰다.
⑤ 사직단은 토지신과 곡식신에게 제사를 지내는 조선 시대의 제단이다. 종묘와 더불어 '종묘사직'으로 불리며 조선 왕실을 상징한다.

337 조선의 역사서
정답 ②

핵심키워드 고려 시대를 다룬 역사서, 사기의 범례

정답 분석

제시문은 조선 세종 때 편찬 작업을 시작하여 문종 때 완성된 「고려사」에 관한 것이다. 조선 초에 정도전이 「고려국사」를 집필하여 고려사를 정리했지만, 조선 건국의 정당성을 강조하여 객관성이 다소 부족한 점이 있었다. 이에 세종은 고려 역사를 재정립하기 위한 작업에 착수하여, 「고려사」가 편찬되었다.

② 역사서를 세가, 열전, 지, 연표 등으로 구분하는 서술 방식을 기전체라고 한다. 사마천의 「사기」에서 처음으로 체계화된 이후 중국의 정사(正史) 서술 방식으로 자리잡았다. 이 서술 방식은 「삼국사기」와 「고려사」에서도 적용되었다.

오답 분석

① 남북국이라는 용어는 유득공이 저술한 「발해고」에서 처음 사용되었다.

③ 고려 중기에 이규보는 「동명왕편」에서 고구려의 건국 시조인 동명왕(주몽)의 일대기를 서사시 형식으로 기록하였다.

④ 「삼국유사」는 고려 충렬왕 시기에 일연이 편찬한 역사서로, 고대의 다양한 설화와 불교 관련 기록을 수록하였다.

⑤ 단군 조선부터 고려 말까지의 역사를 다룬 통사로는 조선 성종 때 편찬된 「동국통감」이 있다.

338 조선의 지도와 지리서
정답 ②

핵심키워드 택리지, 동국지도, 대동여지도

정답 분석

② 조선 후기에 정상기는 '100리＝1척'이라는 축척 개념을 사용하여 「동국지도」를 제작하였다.

오답 분석

① 세조 때 편찬을 시작하여 성종 초에 완성된 「팔도지리지」는 성종 때 편찬된 「동국여지승람」의 기초가 되었다.

③ 조선 후기에 한치윤은 중국과 일본 등지의 500여 종의 자료를 참고하여 「해동역사」를 편찬하였다.

④ 조선 후기에 이중환은 「택리지」를 집필하였다. 그는 이 책의 복거총론에서 지리, 생활 환경(생리), 인심, 산수 등을 종합하여 이상적인 거주지를 탐색하였다.

⑤ 김정호의 「대동여지도」는 사맥, 하천, 포구, 도로망의 표시가 정밀하고, 거리를 알 수 있도록 10리마다 눈금이 표시되었으며, 목판으로 인쇄되었다.

339 김정희
정답 ③

핵심키워드 세한도, 완당, 제주 유배

정답 분석

세한도는 추사 김정희가 1844년(헌종 10년) 제주도에서 유배 생활을 하던 중 그의 제자 이상적이 자신을 대하는 한결같은 마음에 감격하여 그려 보낸 작품이다. 그는 추사체라는 독자적인 서체를 창안하였고, 청나라의 고증학적 연구 방법을 받아들여 금석문 연구에 조예가 깊었다.

③ 조선 중기까지 북한산 순수비는 무학대사와 관련이 있는 것으로 잘못 알려져 있었다. 조선 후기에 김정희가 비문을 분석하여 진흥왕 때 세워진 것임을 밝혀냈다.

오답 분석

① 유득공은 「발해고」에서 남북국 용어를 처음 사용하였다. 또한 발해사 연구를 통해 만주 지방까지 우리의 역사관을 확대시킴으로써 한반도 중심의 협소한 사관을 극복하는 데 힘썼다.

② 「기기도설」은 정약용이 거중기를 설계할 때 참고한 책으로, 청나라의 서광계와 아담 샬 등이 편찬한 과학 기술서이다.

④ 정제두는 노론의 압박 속에서도 양명학을 본격적으로 연구하고 강화학파를 이끌었다.

⑤ 안평 대군의 꿈을 소재로 안견이 몽유도원도를 그렸다. 이 작품은 15세기의 조선 회화를 대표한다.

340 조선의 회화
정답 ①

핵심키워드 안견, 안평대군의 꿈

정답 분석

몽유도원도는 15세기를 대표하는 산수화로, 세종의 셋째 아들인 안평 대군이 꿈에서 본 이상 세계를 안견에게 이야기하여 그리도록 했다. 안견은 그림의 왼쪽에 자연스러운 현실 세계를, 오른쪽에 환상적인 이상 세계를 대각선으로 배치하여 걸작을 탄생시켰다.

오답 분석

② 김정희의 세한도로, 19세기 작품이다. 김정희는 말년에 제주도에서 귀양살이를 했는데, 사제의 정을 잊지 않고 중국에서 귀한 책을 구해다 준 제자인 역관 이상적에게 답례로 이 그림을 그려주었다. 극도로 생략되고 절제된 요소들을 통해 조선 문인화의 정수를 엿볼 수 있다.

③ 김홍도의 옥순봉도로, 18세기 작품이다.

④ 강희안의 고사관수도로, 15세기 작품이다.

⑤ 정선의 인왕제색도로, 18세기 작품이다.

341 조선의 불탑
정답 ①

핵심키워드 세조, 대리석, 백탑파

정답 분석

서울 원각사지 10층 석탑은 1467년(세조 13년)에 세워진 대리석 석탑이다. 전체적인 형태와 구조, 암석 종류가 고려 시대의 경천사지 10층 석탑과 매우 유사하다. 면석에 장식된 불상 조각과 각 층의 옥개석의 모양이 정교한 것이 특징이다.
이 탑은 하얀색을 띠기 때문에 속칭 '백탑'이라고 불렸다. 주변에는 박제가, 홍대용, 박지원, 백동수 등 실학자들이 모여 교류했으며, 이들을 '백탑파'라 불렀다.

오답 분석

② 백제 무왕 때 건립된 익산 미륵사지 석탑이다. 제시된 사진은 그 중 서탑으로, 현존하는 석탑 중 가장 오래된 것으로 목조건축의 기법을 사용하여 쌓았다. 2009년 보수를 위해 서탑을 해체하는 과정에서 사리장엄구가 발견되어 축조 당시의 정황을 구체적으로 알 수 있게 되었다.
③ 통일 신라 경덕왕 때 건립된 불국사의 다보탑이다.
④ 백제 때 건립된 정림사지 5층 석탑이다. 좁고 낮은 1단의 기단 위에 5층의 탑신을 세운 점과 얇고 넓은 지붕돌이 마치 처마의 네 귀퉁이처럼 부드럽게 들려져 있는 점이 목조탑을 연상하게 한다.
⑤ 발해의 영광탑이다.

342 조선의 자기
정답 ④

핵심키워드 조선 전기, 백토로 분장, 백자

정답 분석

분청사기는 고려 말에 처음 등장하여 15세기까지 활발히 제작되었다. 청자 위에 백토 분을 입혀 형태를 잡고, 소박하고 천진스러운 무늬를 새겨 정형화되지 않은 독특한 멋을 표현하였다. 이는 분청사기가 고려청자의 제작 방식을 바탕으로 조선의 새로운 문양과 기법을 적용한 결과물임을 반영한다. 하지만 16세기부터 백자의 등장으로 점차 생산이 줄어들었다.
④ 조선 16세기에 제작된 분청사기 음각어문 편병이다.

오답 분석

① 고려 시대에 제작된 청자 상감 운학문매병이다.
② 조선 15세기에 제작된 백자 청화매죽문 항아리이다. 청화백자는 조선 후기에 청화 안료 수입이 증가함에 따라 활발히 제작되었다.
③ 고려 시대에 제작된 청자 참외모양 병으로, 순청자이다.
⑤ 발해의 삼채 향로이다. 발해는 당나라의 영향을 받아 갈색, 녹색, 흰색 3가지 유약을 사용하여 만든 자기를 생산했는데, 이를 삼채라고 한다.

343 조선 후기
정답 ①

핵심키워드 송파장, 산대놀이, 쌀, 고추, 담배

정답 분석

조선 후기에는 전국적으로 사상(자유 상인)이 증가하였다. 서울의 사상들은 배가 정박하는 송파, 마포, 용산 등을 중심으로 시장을 열어 지방의 물건을 사들이고 유통하였다. 이들은 탈놀이를 열어 손님을 끌어들였는데, 송파 산대놀이와 양산 별산대놀이가 유명하였다.
또한 조선 후기에는 도시 인구가 늘어남에 따라 쌀이 대량 거래되었으며, 고추, 담배, 인삼 등의 상품 작물이 재배되어 농민의 수입을 증대시켰다.
① 벽란도는 고려의 대표적인 무역항이다.

오답 분석

② 조선 후기에 민화가 유행하였다. 민화는 해, 달, 나무, 꽃, 동물, 물고기 등을 소재로 하여 소원을 기원하거나 생활 공간을 장식하는 용도로 사용되었다.
③ 덕대는 조선 후기에 광산을 전문적으로 운영한 사람으로, 이들은 물주로부터 자금을 지원받아 광꾼이라 불린 광산 노동자를 고용하여 채굴 작업을 진행하였다.
④ 보부상은 장시에서 활동한 상인으로, 조선 후기에는 상단을 갖춘 전문적인 상인으로 발전하였다.
⑤ 조선 후기에 한글 소설이 서민들에게 인기를 끌면서 돈을 받고 사람들에게 소설을 읽어주는 전기수(전문 이야기꾼)가 등장하였다.

344 15세기의 과학
정답 ①

핵심키워드 15세기, 앙부일구, 신기전

정답 분석

① 정약용은 정조 때 「기기도설」을 참고하여 거중기를 제작하였다. 참고로 「기기도설」은 서양 선교사가 중국에 건너와 편찬한 과학 기술서로, 작은 힘으로 무거운 것을 들어올리거나 운반하고, 또 낮은 곳에서 높은 곳까지 물을 길어올리는 장치 등이 50여 개의 그림과 함께 설명되어 있다.

오답 분석

② 「향약집성방」은 세종 때 편찬된 의서로, 국산 약재와 치료법을 정리한 책이다.
③ 「칠정산」은 한양을 기준으로 제작된 조선의 역법서로, 세종 때 편찬되었다. 내편은 원나라의 수시력을 참고하여 날짜, 24절기 등을 구하도록 하였으며, 외편은 아라비아 역법을 참고하여 일식과 월식을 예측할 수 있도록 하였다.
④ 계미자와 갑인자는 주자소에서 제작된 금속 활자로, 각각 태종과 세종 때 만들어졌다.
⑤ 「농사직설」은 세종 때 편찬된 농서로, 우리나라 실정에 맞는 농법을 소개한 책이다.

제 **5** 편

개항기

출제 경향 분석

3개년 평균 출제 비중

7문항
(14%)

학습 포인트

- 흥선 대원군 시기의 대외 상황을 정리하세요.
- 주요 조약의 내용을 파악하고 사료를 확인하세요.
- 임오군란, 갑신정변, 동학 농민 운동의 경과를 파악하세요.
- 갑오·을미 개혁의 개혁안을 구분하세요.
- 독립협회, 보안회, 신민회의 활동을 구분하세요.

핵심 키워드

소단원	핵심 키워드
흥선 대원군의 통치	대전회통, 경복궁 중건, 호포제, 병인양요, 신미양요, 척화비
개항	강화도 조약, 조미수호통상 조약, 조선책략, 통리기무아문
임오군란, 갑신정변	구식 군인, 조청상민수륙무역장정, 제물포 조약, 우정국, 거문도 사건
동학 농민 운동	교조신원, 전봉준, 황토현 전투, 전주 화약, 집강소, 우금치 전투
갑오·을미 개혁	군구기무처, 노비제 혁파, 홍범 14조, 교육입국 조서, 을미사변, 건양
독립협회, 대한 제국	아관파천, 서재필, 관민 공동회, 헌의 6조, 중추원, 구본신참, 원수부
1905~1910년	한·일 의정서, 을사늑약, 중명전, 헤이그 특사, 정미 7조약, 기유각서
경제 침탈과 저항	최혜국 대우, 내지통상권, 방곡령, 화폐정리사업, 보안회, 국채 보상 운동
의병, 애국 계몽 운동	최익현, 13도 창의군, 허위, 나철, 안중근, 신민회, 대성학교
개항 이후의 사회와 문화	박문국, 대한매일신보, 양기탁, 원산학사, 한성사범학교, 광혜원

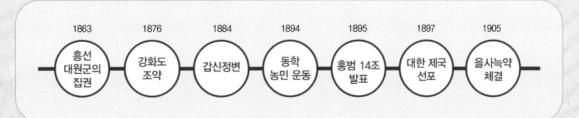

1863	1876	1884	1894	1895	1897	1905
흥선 대원군의 집권	강화도 조약	갑신정변	동학 농민 운동	홍범 14조 발표	대한 제국 선포	을사늑약 체결

흥선 대원군의 통치

❶ 흥선 대원군의 내정 개혁

왕권 강화 시도	• 안동 김씨 세력 축출 • 비변사 혁파 : 정치적 의정부 기능 부활, 군사적 삼군부 부활 • 대전회통 간행 조선 법전 : 성종, 경국대전 → 영조, 속대전 → 정조, 대전통편 • 최제우 처형 • 경복궁 중건 　– 원납전 징수 : 기부금 명목 　– 당백전 발행 : 물가 폭등
재정 확충 시도	• 호포제 실시 : 양반에게도 군포 부과 • 환곡제 폐지, 사창제 실시 : 면(面)에서 자치적으로 운영 • 명나라 신종을 기리던 만동묘 폐지 • 47개를 제외한 사액 서원 폐지 　– '진실로 백성에게 해 되는 것이 있으면 비록 공자가 다시 살아난다 하더라도 나는 　　용서치 않겠다'고 선언

❷ 통상 수교 거부 정책

병인양요 [1866.9]	• 원인 : 러시아의 연해주 차지 　→ 러시아 견제를 위해 선교사를 통해 프랑스에 도움 요청 시도 　→ 병인박해 단행[1866.1] 프랑스 신부와 국내 교인 박해 • 경과 : 프랑스 함대(로즈 제독)의 강화도 침략 　→ 한성근의 문수산성 전투 프랑스군의 서울 진격을 저지 　→ 양헌수의 정족산성 탈환 1달 만에 프랑스군을 강화도에서 몰아냄 • 영향 : 프랑스군의 외규장각 약탈 　→ 2011년에 '5년 갱신·영구 임대' 방식으로 의궤 반환 박병선의 노력
오페르트 도굴 사건 [1868]	• 대원군의 아버지 남연군의 묘(충남 예산) 도굴 시도 • 영향 : 통상 수교 거부 정책의 강화
신미양요 [1871]	• 원인 : 제너럴 셔먼호 사건[1866.7] 　– 제너럴 셔먼호의 대동강 출몰 → 조선의 통상 요구 거절 → 미국 상인들의 민가 약 　　탈, 발포 → 박규수(평안도 관찰사)와 평양 관민들의 배 소각·침몰 • 경과 : 미국 로저스 제독과 미국 태평양 함대의 강화도 침입 　→ 초지진·덕진진 함락, 어재연의 광성보 전투 • 영향　┬ '서양 오랑캐가 침입하는데 싸우지 않으면 화친하는 것이니, 　– 전국에 척화비 건립　화친을 주장함은 나라를 파는 것이다.'라고 기록 　– 미군의 어재연의 '帥'자 기 약탈 : 2007년에 반환

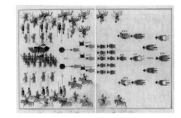

1 다음 설명에 해당하는 용어를 쓰시오.

┌─ 보기 ┐

| 의궤 | 당백전 | 사창제 | 원납전 |
| 척화비 | 호포제 | 대전회통 | 병인박해 |

(1) (　　) – 조선 최후의 통일 법제서이다.

(2) (　　) – 경복궁 중수를 위해 거둔 기부금이다.

(3) (　　) – 양반에게도 군포를 부과하는 제도이다.

(4) (　　) – 경복궁 중수 자금 마련을 위해 주조되었다.

(5) (　　) – 조선 최후의 천주교 박해로, 가장 많은 순교자가 발생하였다.

(6) (　　) – 조선 왕실 행사의 준비 및 시행, 사후 처리 과정에 대한 기록을 담은 책이다.

(7) (　　) – 지방 군현의 촌락에 설치된 곡물 대여 기관으로, 향촌 자체적으로 운영하였다.

(8) (　　) – '서양 오랑캐가 침범하는데 싸우지 않으면 즉 화친하는 것이요, 화친을 주장함은 나라를 팔아먹는 짓이다' 라고 기록하였다.

2 빈칸에 알맞은 말을 선택하시오.

(1) 흥선 대원군은 (서원, 향교)을/를 47개소만 제외하고 철폐하였다.

(2) 흥선 대원군은 (균역법, 호포제)을/를 실시해 양반에게 군포를 부담하게 하였다.

(3) 흥선 대원군은 (대전통편, 대전회통)을 편찬하여 통치 체제를 정비하였다.

(4) 흥선 대원군은 환곡의 폐단을 시정하고자 (의창, 사창제)을/를 실시하였다.

(5) (로즈, 오페르트)는 남연군 묘를 도굴하려 하였다.

(6) 제너럴 셔먼호가 통상을 요구하며 난동을 부리자 (평양, 한양) 군민들이 이를 침몰시켰다.

(7) (병인양요, 신미양요) 때 프랑스가 외규장각 도서를 약탈하였다.

(8) 흥선 대원군은 (병인양요, 신미양요) 이후 전국에 척화비를 세웠다.

(9) 신미양요 때 미국은 (광성보, 정족산성)을/를 점령하였다.

(10) 조선 정부의 프랑스 선교사 처형이 구실이 되어 (병인양요, 신미양요)가 일어났다.

3 아래 사건이 일어난 시기를 (가)~(다) 중 고르시오.

(1) (　　) – 운요호 사건이 일어났다.

(2) (　　) – 전국 곳곳에 척화비를 건립하였다.

(3) (　　) – 오페르트가 남연군의 묘를 도굴하려 하였다.

(4) (　　) – 제너럴 셔면호가 통상을 요구하며 대동강 일대에 나타났다.

4 다음 사료를 읽고, 물음에 답하시오.

(1) 아래 사료와 관련된 사건을 쓰시오.

> 너희 나라와 우리나라의 사이에는 애당초 소통이 없었고, 또 서로 은혜를 입거나 원수진 일도 없었다. 그런데 이번 덕산 묘소에서 저지른 변고야말로 어찌 인간의 도리상 차마 할 수 있는 일이겠는가?

(2) 아래 사료와 관련된 천주교 박해를 쓰시오.

> 의금부에서, "죄인 남종삼은 명백한 근거도 없이, 러시아에 변란이 있을 것이고 프랑스와 조약을 맺을 계책이 있다면서 사람들을 현혹하였습니다. 감히 나라를 팔아먹고자 몰래 외적을 끌어들이려 하였으니, 그 죄는 만 번을 죽여도 모자랍니다."라고 아뢰었다.

(3) 아래 사료와 관련된 사건을 쓰시오.

> 온 성의 군민이 모두 울분을 품고, … 총환과 화살을 어지러이 발사하였으며 반드시 오랑캐를 도륙하고야 말 태세였습니다. … 마침내 화선(船)으로 불길이 옮겨붙게 함으로써 모조리 죽여 살아남은 종자가 없게 된 것은 모두 이들이 용감하게 싸운 것에 기인한 것이었습니다.

(4) 괄호 안에 공통적으로 들어갈 용어를 쓰시오.

> 대원군이 명령을 내려 (　　)을 모두 허물고 (　　) 유생들을 쫓아 버리도록 하였다. … "진실로 백성에게 해되는 것이 있으면 비록 공자가 다시 살아난다 하더라도 나는 용서하지 않겠다. 하물며 (　　)은 우리나라 선유를 제사하는 곳인데 지금은 도둑의 소굴이 됨에 있어서랴."

┌ 정답 ┐

1. (1) 대전회통 (2) 원납전 (3) 호포제 (4) 당백전 (5) 병인박해 (6) 의궤 (7) 사창제 (8) 척화비
2. (1) 서원 (2) 호포제 (3) 대전회통 (4) 사창제 (5) 오페르트 (6) 평양 (7) 병인양요 (8) 신미양요 (9) 광성보 (10) 병인양요
3. (1) 다 (2) 다 (3) 나 (4) 가
4. (1) 오페르트 도굴 사건 (2) 병인박해 (3) 제너럴 셔먼호 사건 (4) 서원

345

55회 29번 [2점]

밑줄 그은 '중건' 시기에 있었던 사실로 옳은 것을 〈보기〉에서 고른 것은?

 경복궁 영건일기는 한성부 주부 원세철이 경복궁 중건의 시작부터 끝날 때까지의 상황을 매일 기록한 것이다. 이 일기에 광화문 현판이 검은색 바탕에 금색 글자였음을 알려주는 '묵질금자(墨質金字)'가 적혀있어 광화문 현판의 옛 모습을 고증하는 근거가 되었다.

| 보기 |
ㄱ. 비변사가 설치되었다.
ㄴ. 사창제가 실시되었다.
ㄷ. 원납전이 징수되었다.
ㄹ. 대전통편이 편찬되었다.

① ㄱ, ㄴ   ② ㄱ, ㄷ
③ ㄴ, ㄷ   ④ ㄴ, ㄹ
⑤ ㄷ, ㄹ

346

53회 29번 [3점]

(가) 법전이 편찬된 시기에 볼 수 있는 모습으로 가장 적절한 것은?

박물관 소장품 | (가) | 검색

대전통편 이후 80여 년 만에 새롭게 편찬된 법전이다. 기존 법전을 기본으로 삼고, 각종 조례 등을 보완하여 체계적으로 정리한 조선 시대 마지막 통일 법전이다.

① 동의보감을 집필하는 의관
② 만동묘 복구를 건의하는 유생
③ 훈민정음을 연구하는 집현전 학자
④ 계해약조의 초안을 작성하는 관리
⑤ 성균관에 탕평비 건립을 명하는 국왕

347

50회 22번 [3점]

(가)~(다)를 일어난 순서대로 옳게 나열한 것은?

(가) 한영규가 아뢰기를, "서양의 간특한 설이 윤리와 강상을 없애고 어지럽히니 어찌 진산의 권상연, 윤지충 같은 자가 또 있겠습니까? 제사를 폐하고 위패를 불태웠으며, 조문을 거절하고 그 부모의 시신을 내버렸으니 그 죄가 매우 큽니다."라고 하였다.

(나) 사헌부에서 아뢰기를, "아! 통분스럽습니다. 이가환, 이승훈, 정약용의 죄가 무거우니 이를 어찌 다 처벌할 수 있겠습니까? 사학(邪學)이란 것은 반드시 나라에 흉악한 화를 가져오고야 말 것입니다."라고 하였다.

(다) 의금부에서, "죄인 남종삼은 명백한 근거도 없이, 러시아에 변란이 있을 것이고 프랑스와 조약을 맺을 계책이 있다면서 사람들을 현혹하였습니다. 감히 나라를 팔아먹고자 몰래 외적을 끌어들이려 하였으니, 그 죄는 만 번을 죽여도 모자랍니다. 죄인이 자백하였습니다."라고 아뢰었다.

① (가) – (나) – (다)   ② (가) – (다) – (나)
③ (나) – (가) – (다)   ④ (나) – (다) – (가)
⑤ (다) – (나) – (가)

348

60회 31번 [1점]

밑줄 그은 '이 사건'에 대한 설명으로 옳은 것은?

사료로 보는 한국사

매우 가난하게 보이는 강화도에서 각하에게 보내드릴만한 것은 아무것도 없습니다. 그러나 조선 임금이 소유하고 있지만 거처하지 않는 저택의 도서관에는 매우 중요한 서적이 많이 소장되어 있습니다. 세심하게 공들여 꾸며진 340권을 수집하였으며, 기회가 되는 대로 프랑스로 보내겠습니다.

– G. 로즈 –

[해설] 로즈 제독이 해군성 장관에게 보낸 서신의 일부이다. 프랑스군이 강화도를 침략한 이 사건 당시 외규장각 도서 등이 약탈되는 상황이 기록되어 있다.

① 청군의 개입으로 종결되었다.
② 제물포 조약의 체결로 이어졌다.
③ 오페르트 도굴 사건이 계기가 되었다.
④ 양헌수 부대가 정족산성에서 적군을 물리쳤다.
⑤ 영국 함대가 거문도를 점령하는 배경이 되었다.

349

59회 30번 [2점]

다음 상황이 나타난 시기를 연표에서 옳게 고른 것은?

> 북경 주재 프랑스 공사가 청에 보내온 문서에 의하면, "조선에서 프랑스 주교 2명 및 선교사 9명과 조선의 많은 천주교 신자가 처형되었다. 이에 제독에게 요청하여 며칠 안으로 군대를 일으키도록 할 것이다."라고 되어 있습니다.

1863	1868	1871	1875	1882	1886
(가)	(나)	(다)	(라)	(마)	
고종 즉위	오페르트 도굴 사건	신미 양요	운요호 사건	조미 수호 통상 조약	조프 수호 통상 조약

① (가) ② (나)
③ (다) ④ (라)
⑤ (마)

350

62회 48번 [2점]

(가) 문화유산에 대한 설명으로 옳은 것을 〈보기〉에서 고른 것은?

> 저는 지금 파리에서 열린 한지 공예 특별전에 나와 있습니다. 이 작품은 영조와 정순 왕후의 혼례식 행렬을 1,100여 점의 닥종이 인형으로 재현한 것입니다. 조선 시대 왕실이나 국가의 큰 행사가 있을 때 일체의 관련 사실을 글과 그림으로 기록한 책인 [(가)]을/를 바탕으로 제작되었습니다.

보기

ㄱ. 사초와 시정기를 바탕으로 편찬되었다.
ㄴ. 연대순으로 기록하는 편년체로 구성되었다.
ㄷ. 왕의 열람을 위한 어람용이 따로 제작되었다.
ㄹ. 병인양요 당시 일부가 프랑스군에게 약탈되었다.

① ㄱ, ㄴ ② ㄱ, ㄷ
③ ㄴ, ㄷ ④ ㄴ, ㄹ
⑤ ㄷ, ㄹ

351

63회 29번 [2점]

(가) 인물에 대한 설명으로 옳은 것은?

개화사상의 선구자

> 박지원의 손자이며, 진주에서 농민 봉기가 일어나자 안핵사로 파견되었다. 자신의 사랑방에서 양반 자제들에게 세계정세를 전하였으며, 청에 다녀온 경험을 바탕으로 문호 개방을 주장하는 등 개화사상 형성에 선구적인 역할을 하였다.

(가)

① 조선 중립화론을 건의하였다.
② 베델과 함께 대한매일신보를 창간하였다.
③ 대동강에 침입한 제너럴 셔먼호를 격침하였다.
④ 서양의 과학 기술을 정리한 지구전요를 저술하였다.
⑤ 강화도 조약 체결의 전말을 기록한 심행일기를 남겼다.

352

70회 28번 [3점]

(가), (나) 사이의 시기에 있었던 사실로 옳은 것은?

> (가) 순무영에서 정족산성 수성장 양헌수가 보내온 보고에 의하면, "…… 우리 군사가 잠입한 사실을 적들이 알지 못하였습니다. 오늘 저들은 우리가 지키고 있는 성을 점령할 계책으로 그 우두머리가 말을 타고 나귀를 끌고 짐바리와 술과 음식을 가지고 동문과 남문으로 나누어 들어왔습니다. 이때 우리 군사들이 좌우에 매복하였다가 일제히 총탄을 퍼부었습니다. ……"라고 하였습니다.

> (나) 4월 24일에 계속해서 올린 강화 진무사 정기원의 치계에, "미국 배가 다시 항구로 들어와서 광성진을 습격하여 함락 하였는데, 중군 어재연이 힘껏 싸우다가 목숨을 바쳤고, 사망한 군사가 매우 많습니다. 적병은 초지포 부근에 주둔하였습니다. 장수 이렴이 밤을 이용하여 습격해서야 그들을 퇴각시켰습니다."라고 하였습니다.

① 일본 군함 운요호가 영종도를 공격하였다.
② 오페르트가 남연군 묘의 도굴을 시도하였다.
③ 마젠창과 묄렌도르프가 고문으로 파견되었다.
④ 영국군이 러시아를 견제하기 위해 거문도를 점령하였다.
⑤ 황사영이 외국 군대의 출병을 요청하는 백서를 작성하였다.

345 경복궁 중건 정답 ③

핵심키워드 경복궁 영건일기, 경복궁 중건

정답 분석

흥선 대원군은 임진왜란 이후 폐허로 남아 있던 경복궁 중건을 결정하고, 실무 기구인 영건도감을 설치하였다.

ㄴ. 흥선 대원군은 환곡의 문란을 시정하기 위해 사창제를 도입하였다. 사창제는 관의 창고 대신 각 지방에서 자치적으로 운영되는 창고를 통해 빈민 구제를 목적으로 하였다.

ㄷ. 원납전은 경복궁 중건을 위해 징수한 기부금 형태의 자금으로, 일반 백성에게까지 부담이 가해졌다.

오답 분석

ㄱ. 비변사는 1510년(중종 5년)에 3포 왜란을 계기로 설치되었다. 초기에는 군사 문제를 논의하는 임시 기구로 시작되었으나, 왜란을 거치며 기능이 확대되며 국정 운영에 깊이 관여하게 되었다. 흥선 대원군은 정치 개혁을 위해 비변사를 혁파하였다.

ㄹ. 「대전통편」은 정조 시기에 편찬된 법전이다.

346 서원 철폐 정답 ②

핵심키워드 조선 시대 마지막 통일 법전

정답 분석

조선 시대의 통일 법전에는 「경국대전」(성종), 「대전통편」(정조), 「대전회통」(흥선 대원군)이 있다.

② 만동묘는 충청북도 괴산에 위치한 사당으로, 송시열을 중심으로 한 유생들이 왜란 이후 명나라의 신종과 의종을 기리기 위해 세운 것이다. 그러나 흥선 대원군은 서원 철폐를 추진하면서 유림의 정신적 지주였던 만동묘와 송시열을 모신 화양동 서원을 먼저 폐지하였다. 이후 전국의 사액 서원 47개를 제외한 나머지 서원은 모두 철폐되었다. 이러한 서원 철폐 정책에 대해 유림들은 궐문 앞에서 강력하게 호소하며 반발하였다.

오답 분석

① 「동의보감」은 허준이 편찬한 의학서로, 선조의 명령으로 집필을 시작해서 광해군 2년에 끝마쳤다.

③ 집현전 학자들은 세종의 명에 따라 훈민정음을 연구하고 체계화하였다.

④ 계해약조는 세종 시기에 일본과의 무역을 규정한 조약으로, 신숙주와 이예 등이 주도하였다.

⑤ 영조는 성균관 앞에 탕평비를 건립하였다.

347 천주교 박해 정답 ①

핵심키워드 윤지충, 이승훈, 정약용, 프랑스와 조약

정답 분석

조선에서 일어난 대표적인 천주교 박해는 다음과 같다.

신해박해 (정조)	• 계기 : 윤지충의 진산 사건(어머니 신주를 불태우고 천주교식으로 장례를 치름) • 피해 : 윤지충과 권상연 처형
신유박해 (순조)	• 계기 : 정조의 갑작스러운 사망과 순조 즉위 • 피해 : 이승훈과 정약종 등 3백여 명 순교, 정약전과 정약용 유배
병인박해 (흥선 대원군)	• 계기 : 러시아의 남하 → 프랑스와 연계하여 러시아 견제 시도(무산) • 피해 : 프랑스 신부 9명을 포함한 약 8,000명의 천주교 신자 순교

따라서 ⑺ 신해박해, ⑷ 신유박해, ⒟ 병인박해 순으로 일어났다.

348 병인양요 정답 ④

핵심키워드 강화도, 외규장각 도서 약탈

정답 분석

프랑스는 병인박해로 자국의 선교사가 죽자 이를 구실로 삼아 조선과의 통상을 요구하며 강화도에 침입하여 강화 산성을 점령하였다. 이때, 프랑스군은 강화도에 보관 중이던 외규장각의 각종 서적과 문화재를 약탈하였다. 흥선 대원군은 각지의 포수를 뽑아 한강 연안의 수비를 강화하였고, 양헌수 부대는 삼랑성(정족산성)에서 프랑스군을 격퇴하였다. 이를 병인양요라 한다(1866년).

오답 분석

① 고종과 민씨 세력은 청군의 도움으로 임오군란(1882년), 갑신정변(1884년)을 진압하였다. 이후 조선 내 청의 영향력이 강화되었다.

② 제물포 조약은 임오군란(1882년) 직후 일본과 체결된 조약으로, 일본 공사관 습격 사건에 대한 배상과 일본군 주둔의 근거를 마련하였다.

③ 오페르트 도굴 사건은 1868년에 독일 상인 오페르트가 흥선 대원군의 아버지 남연군의 묘를 도굴하려 한 사건으로, 조선 민중의 외세에 대한 반감을 일으키는 계기가 되었다.

⑤ 1885년에 영국이 러시아의 남하를 견제하기 위해 남해의 거문도를 불법으로 점령하였다.

349 병인양요
정답 ①

핵심키워드 프랑스 주교 처형

정답 분석

제시문은 흥선 대원군 때 일어난 병인박해(1866년)에 대한 프랑스의 반응을 보여주는 자료이다. 대원군은 초기에는 천주교에 관대하여, 프랑스 선교사의 알선으로 프랑스 세력을 끌어들여 러시아 세력의 남하를 견제하려 하였다. 그러나 교섭이 실패로 돌아가고, 유생들의 강력한 요구로 인해 대원군은 천주교에 대한 대대적인 탄압을 가하게 되었다. 병인박해라 불리는 이 탄압으로 9명의 프랑스 신부들과 수천 명의 신도들이 순교하였다. 이에 프랑스는 극동 함대 사령관 로즈(Roze) 제독이 이끄는 7척의 군함을 파견하여 강화읍을 점령하고 서울로 진격하려 하였다. 이것이 병인양요이다.

오답 분석

* 1866년 : (1월) 병인박해 → (7월) 제너럴 셔먼호 사건 → (9월) 병인양요
* 1868년 : 오페르트 도굴 사건
* 1871년 : 신미양요

350 의궤
정답 ⑤

핵심키워드 조선의 큰 행사를 글과 그림으로 기록한 책

정답 분석

「의궤」는 조선의 국가 의례와 주요 행사, 건설 등을 기록한 보고서 형태의 기록물로, 한 종류당 여러 부를 제작하였다. 국왕이 보는 특별 제작본 1부를 어람용 의궤라 하고, 나머지 의궤는 해당 업무를 담당한 관청이나 지방의 사고 등 여러 곳에 나누어 보관하는 분상용 의궤라고 한다. 정조는 어람용 의궤를 내·외규장각에 보관하였다. 1866년 병인양요 당시 프랑스군이 강화도를 침입해 외규장각을 불태우고 의궤 등 많은 도서를 약탈하였다. 약탈된 의궤는 오랜 시간 프랑스 국립 도서관에 보관되었고, 2011년에 145년 만에 반환되었다.

오답 분석

ㄱ. 사초는 고려와 조선 시대에 춘추관에 소속된 사관들이 매일 군주의 동정과 국가의 주요 사실을 기록한 것이다. 시정기는 조선 시대에 춘추관에서 각 관서들의 업무 기록을 종합하여 정리한 기록물이다. 이러한 자료들을 바탕으로 「조선왕조실록」이 편찬되었다.

ㄴ. 「조선왕조실록」은 편년체 형식으로, 각 사건을 연대순으로 기록하여 역사적 사건의 흐름을 쉽게 파악할 수 있도록 구성되었다.

351 박규수
정답 ③

핵심키워드 박지원의 손자, 안핵사, 개화 사상의 선구자

정답 분석

박규수는 임술 농민 봉기(1862년, 철종) 때 안핵사로 파견되었고, 제너럴 셔먼호 사건(1866년, 고종) 때는 평안도 관찰사로써 미국 선박의 횡포를 화공으로 격퇴하였다. 이후 청 방문을 계기로 통상 확대와 개화의 필요성을 주장하며, 김홍집, 김옥균 등의 개화파를 양성하였다.

오답 분석

① 유길준은 1883년 보빙사 사절단의 일원으로 미국을 방문한 후 유학 생활을 했으며, 1885년 귀국 직후 갑신정변 주도 세력과의 연계를 의심받아 연금 생활을 하게 되었다. 당시 조선은 청과 일본의 군대 파견, 영국의 거문도 사건 등으로 열강의 각축이 벌어지고 있었다. 이러한 상황 속에서 유길준은 「중립론」을 작성하여, 조선을 중립국으로 선포해야 한다고 주장하였다.

② 양기탁은 1904년에 영국 언론인 베델과 함께 「대한매일신보」를 창간하였다.

④ 「지구전요」는 최한기가 청나라의 「해국도지」, 「영환지략」 등을 기초로 편찬한 세계 지리서이다.

⑤ 강화도 조약 체결에 참여한 신헌은 전말을 기록한 「심행일기」를 남겼다.

352 흥선 대원군의 통상 수교 거부 정책
정답 ②

핵심키워드 정족산성, 양헌수, 미국 배, 어재연

정답 분석

(가) 1866년 병인양요 때 양헌수의 부대가 강화도의 정족산성에서 프랑스 군대를 격퇴한 상황을 나타낸다.

(나) 1871년 신미양요 때 어재연의 부대가 강화도의 광성진에서 미군과 격전을 벌인 상황을 나타낸다.

따라서 1868년에 일어난 오페르트 도굴 사건이 정답이다.

오답 분석

① 일본은 1875년에 운요호 사건을 일으켜 인천 영종도를 공격하였다. 이는 강화도 조약의 빌미가 되었다.

③ 임오군란(1882년) 진압에 도움을 준 청은, 이후 마젠창과 묄렌도르프를 내정과 외교 고문으로 파견하여 조선 내정을 간섭하였다.

④ 영국은 1885년에 러시아의 남하를 견제하기 위해 거문도를 불법 점령하였다.

⑤ 황사영은 신유박해 직후 베이징 교구장에게 조선의 상황을 알리는 비밀 글을 작성했다. 이를 황사영의 백서 사건(1801년)이라 한다.

❶ 개항

강화도 조약 (1876)	• 배경 　- 고종의 친정, 민씨 정권 성립 ┌ 세계 지리서 　- 박규수, 오경석(역관, 해국도지·영환지략 도입)의 통상 요구 　- 일본의 통상 압박 : 정한론 대두 → 운요호 사건(영종도 약탈) 　- 최익현의 지부복궐척화의소 상소 제기 : 개항 반대 • 조약 체결 : 강화도 연무당, 조선 대표 신헌과 일본 대표 구로다 • 주요 내용 　- 청의 종주권 부정 　- 3곳 개항 : 부산, 원산, 인천 　- 해안측량권 인정 ┐ 불평등 조항 　- 치외법권(영사재판권) 인정 ┘ • 체결 후 　- 1차 수신사 김기수 파견(1876) 　- 2차 수신사 김홍집 파견(1880) : 관세 설정 요구, 조선책략 도입
조미수호통상 조약 (1882)	• 배경 : 조선책략 유포 　- 중국 외교관 황쭌셴 작성 　- 러시아 남하 견제를 위해 조선은 '친중국, 결일본, 연미국' 해야 함을 주장 　- 영향 : 위정척사 운동 본격화, 이만손의 영남만인소 상소 제기 • 조약 체결 : 인천 제물포, 조선 대표 신헌과 미국 대표 슈펠트 • 주요 내용 　- 거중조정 양국 중 한 나라가 제3국의 압박을 받을 경우 서로 돕는다는 약속 　- 치외법권 　- 최혜국 대우 한 국가가 부여할 수 있는 최선의 교역조건을 상대국에 부여함 　- 관세 설정 최초로 관세 부과

• 1883, 영국·독일과 수교
• 1884, 러시아와 수교
• 1886, 프랑스와 수교 : 천주교 포교 허용

❷ 정부의 개화 정책(1880년대 초)

조직 개편	• 통리기무아문 설치 : 개화 전담 기구, 그 아래에 12사 설치 • 별기군 설치 : 신식 군대, 기존 5군영은 2영(무위영, 장어영)으로 축소
사절단 파견	• 일본에 조사 시찰단 파견 　- 박정양·어윤중·홍영식, 근대적인 제도·시설 시찰 목적 　- 극비리에 파견 개화 반대 여론 때문 • 청에 영선사 파견 　- 김윤식·유학생 　- 톈진 기기국에서 신식 무기 제조법 연수(기기창 설립에 영향) 　　　　　　　　　└ 근대식 무기 생산 기관 • 미국에 보빙사 파견 　- 민영익·홍영식·서광범·유길준

✚ **강화도 조약**
• 제4조 조선 정부는 부산 외에 2개 항구를 개항하고 일본인이 와서 통상하는 것을 허가한다. : 3곳 개항
• 제7조 조선국 연해의 섬과 암초는 극히 위험하므로 일본국의 항해자가 자유롭게 해안을 측량하도록 허가한다. : 해안 측량권
• 제10조 일본국 국민이 조선국 항구에서 죄를 지었거나 조선국 인민에게 관계되는 사건은 모두 일본국 관원이 심판한다.
　: 치외법권

✚ **최익현의 왜양일체론**
저들의 물화는 모두 지나치게 사치스럽고 기이한 노리개로, 손으로 만든 것으로 그 양이 무궁합니다. 우리의 물화는 모두가 백성들의 생명이 달린 것이고 땅에서 나는 것이므로 한정이 있습니다. … 저들이 비록 왜인이라고 하나 실은 양적입니다.

✚ **이만손의 영남만인소**
수신사 김홍집이 가지고 온 황준헌의 「조선책략」이라는 책이 유포된 것을 보니, 저도 모르게 머리털이 곤두서고 가슴이 떨렸으며 이어서 통곡하면서 눈물을 흘렸습니다. … 미국은 우리가 본래 모르던 나라인데, 공연히 타인의 권유로 불러들였다가 어려운 청을 하거나 하면 장차 이에 어떻게 응할 것입니까? 러시아는 본래 우리와 혐의가 없는 나라입니다. 공연히 남의 말만 듣고 틈이 생기게 된다면 우리의 위신이 손상될 뿐 아니라, 이를 구실로 침략해 온다면 장차 이를 어떻게 막을 것입니까?

✚ **주요 사건**
• 1875, 운요호 사건
• 1876, 강화도 조약
• 1880, 통리기무아문 설치
• 1881, 별기군 설치
　　　조사 시찰단·영선사 파견
• 1882, 조미 수호 통상 조약
• 1883, 보빙사 파견

1 다음 설명에 해당하는 인물을 쓰시오.

┤ 보기 ├

| 신헌 | 김기수 | 김윤식 | 김홍집 |
| 박규수 | 오경석 | 이만손 | 최익현 |

(1) (　) – 청에 영선사로 파견하였다.

(2) (　) – 1차 수신사로 일본에 파견되었다.

(3) (　) – 해국도지, 영환지략을 국내에 들어왔다.

(4) (　) – 대동강에 침입한 제너럴 셔먼호를 격침하였다.

(5) (　) – 조선책략 유포에 반발하여 영남만인소를 올렸다.

(6) (　) – 수신사로 귀국할 때 조선책략을 가지고 들어왔다.

(7) (　) – 임술 농민 봉기 수습을 위해 안핵사로 파견되었다.

(8) (　) – 강화도 조약을 반대하며 지부복궐척화의소를 올렸다.

(9) (　) – 왜양일체론을 주장하며 일본과의 통상에 반대하였다.

(10) (　) – 강화도 조약 체결의 전말을 기록한 심행일기를 남겼다.

2 빈칸에 알맞은 말을 선택하시오.

(1) 일본 군함 (운요호, 제너럴 셔먼호)가 영종도를 공격하였다.

(2) 강화도 조약으로 (부산, 제주) 외 2곳에 개항장이 설치되었다.

(3) (강화도 조약, 조미 수호 통상 조약)에서 외국에 대한 최혜국 대우를 처음으로 규정하였다.

(4) (조선책략, 해국도지)의 영향으로 미국에 문호를 개방하였다.

(5) 개화 정책을 담당하는 (군국기무처, 통리기무아문)이/가 설치되었다.

(6) 근대식 무기 제조 기술 도입을 위하여 청에 (보빙사, 영선사)를 파견하였다.

(7) 일본에 (통신사, 조사시찰단)을/를 암행어사 형태로 비밀리에 파견하였다.

(8) 민영익, 홍영식, 서광범 등이 (수신사, 보빙사)에 참여하였다.

3 아래 사건이 일어난 시기를 (가)~(다) 중 고르시오.

1866	1873	1876	1882
(가)	(나)	(다)	
병인 양요	고종의 친정 시작	제1차 수신사 파견	임오 군란

(1) (　) – 강화도 조약이 체결되었다.

(2) (　) – 이만손 등이 영남 만인소를 올렸다.

(3) (　) – 통리기무아문과 12사가 설치되었다.

(4) (　) – 운요호가 강화도와 영종도를 무단 침입하였다.

4 다음 사료를 읽고, 물음에 답하시오.

(1) 아래 글과 관련된 사절단을 쓰시오.

> 동래부 암행어사 이헌영은 뜯어보라. 일본 사람의 조정 논의와 시세 형편, 풍속, 인물과 다른 나라들과의 수교·통상 등의 대략을 한번 염탐하는 것이 아주 좋겠다. … 이 밖에 뒷일은 별도 문서로 조용히 보고하라.

(2) 아래 글을 작성한 인물은 누구인가?

> 저들의 물화는 모두 지나치게 사치스럽고 기이한 노리개로, 손으로 만든 것으로 그 양이 무궁합니다. 우리의 물화는 모두가 백성들의 생명이 달린 것이고 땅에서 나는 것이므로 한정이 있습니다. … 저들이 비록 왜인이라고 하나 실은 양적입니다.

(3) 아래 글을 수록한 책을 쓰시오.

> 조선 땅은 실로 아시아의 요충을 차지하고 있어 열강들이 차지하려고 할 것이다. … 러시아가 영토를 넓히려 한다면 반드시 조선이 첫 번째 대상이 될 것이다. … 러시아를 막는 책략은 무엇인가? 중국과 친하고, 일본과 맺고, 미국과 이어짐으로써 자강을 도모하는 길 뿐이다.

(4) 다음 조항을 포함하고 있는 조약의 명칭을 쓰시오.

> 제7조 조선의 연해 도서는 위험하므로 일본의 항해자가 자유로이 해안을 측량함을 허가한다.
> 제10조 일본 인민이 조선이 지정한 각 항구에서 죄를 범한 것이 조선 인민과 관계되는 사건일 때는 모두 일본 관원이 재판할 것이다.

▶정답◀

1. (1) 김윤식 (2) 김기수 (3) 오경석 (4) 박규수 (5) 이만손 (6) 김홍집 (7) 박규수 (8) 최익현 (9) 최익현 (10) 신헌
2. (1) 운요호 (2) 부산 (3) 조미 수호 통상 조약 (4) 조선책략 (5) 통리기무아문 (6) 영선사 (7) 조사시찰단 (8) 보빙사
3. (1) 나 (2) 다 (3) 다 (4) 나
4. (1) 조사시찰단 (2) 최익현 (3) 조선책략 (4) 강화도 조약

353

52회 31번 [2점]

다음 상황 이후에 전개된 사실로 옳은 것은?

> 진무사 정기원의 장계에, "초지와 덕진을 제대로 지키지 못한 것도 저의 불찰인데, 광성보에서는 군사가 다치고 장수가 죽었으니 저의 죄가 더욱 큽니다."라고 하였다. 이에 전교하기를, "병가의 승패는 늘 있는 일이다. 저 흉측한 무리들이 지금 다소 물러가기는 했으나 목전의 방비를 더욱 소홀히 할 수 없다."라고 하였다.

① 평양 관민이 제너럴 셔먼호를 불태웠다.
② 로즈 제독의 함대가 양화진을 침입하였다.
③ 오페르트가 남연군 묘 도굴을 시도하였다.
④ 일본 군함 운요호가 영종도를 공격하였다.
⑤ 조선 정부가 프랑스인 선교사들을 처형하였다.

354

68회 30번 [2점]

다음 대화가 오갔던 회담 결과 체결된 조약에 대한 설명으로 옳은 것은?

① 천주교 포교가 허용되었다.
② 갑신정변의 영향으로 체결되었다.
③ 일본 측의 해안 측량권이 인정되었다.
④ 통신사가 처음 파견되는 계기가 되었다.
⑤ 외국 상인의 내지 통상권을 최초로 규정하였다.

355

59회 31번 [1점]

다음 검색창에 들어갈 조약에 대한 설명으로 옳은 것은?

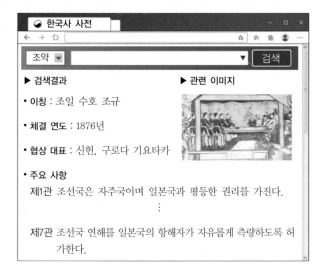

① 최혜국 대우를 최초로 규정하였다.
② 통감부가 설치되는 계기가 되었다.
③ 천주교 포교 허용의 근거가 되었다.
④ 일본 경비병의 공사관 주둔을 명시하였다.
⑤ 부산 외 2곳에 개항장이 설치되는 결과를 가져왔다.

356

61회 32번 [3점]

(가), (나) 조약 체결 사이의 시기에 있었던 사실로 옳은 것은?

> (가) 제1관　조선국은 자주 국가로서 일본국과 평등한 권리를 보유한다. ……
>
> 　　 제10관 일본국 인민이 조선국 지정의 각 항구에 머무르는 동안 죄를 범한 것이 조선국 인민에게 관계되는 사건은 모두 일본국 관원이 심리하여 판결한다. ……
>
> (나) 제1관　앞으로 대조선국 군주와 대미국 대통령 및 그 인민은 각각 모두 영원히 화평하고 우애 있게 지낸다. ……
>
> 　　 제5관 …… 미국 상인과 상선이 조선에 와서 무역을 할 때 입출항하는 화물은 모두 세금을 바쳐야 하며, 세금을 거두는 권한은 조선이 자주적으로 행사한다. ……

① 공사 노비법이 혁파되었다.
② 통리기무아문이 설치되었다.
③ 한성 전기 회사가 설립되었다.
④ 건양이라는 독자적인 연호가 채택되었다.
⑤ 지방 행정 구역이 8도에서 23부로 개편되었다.

357

71회 32번 [2점]

(가) 기구를 통해 추진된 정책으로 옳은 것은?

이곳은 기기창 건물 중 하나인 번사창입니다. 강화도 조약 체결 이후 정부는 국내외 정세에 대응하고 개화 정책을 총괄하기 위한 기구로 (가) 을/를 설치하였습니다. 이 기구의 건의로 청에 파견한 영선사 일행에 유학생을 포함시켜 근대 문물을 배워 오도록 하였습니다. 이러한 노력의 영향으로 설치된 근대적 무기 공장이 바로 기기창이었습니다.

① 별기군을 창설하였다.
② 원수부를 설치하였다.
③ 대전통편을 편찬하였다.
④ 신문지법을 공포하였다.
⑤ 서당 규칙을 제정하였다.

358

52회 30번 [2점]

(가) 사절단에 대한 설명으로 옳은 것은?

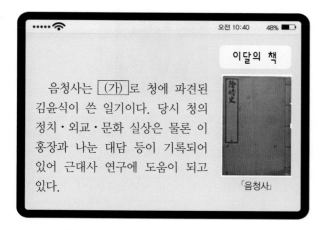

음청사는 (가) 로 청에 파견된 김윤식이 쓴 일기이다. 당시 청의 정치·외교·문화 실상은 물론 이홍장과 나눈 대담 등이 기록되어 있어 근대사 연구에 도움이 되고 있다.

「음청사」

① 기기창 설립의 계기가 되었다.
② 회답 겸 쇄환사로 파견되었다.
③ 조선책략을 처음으로 소개하였다.
④ 민영익, 홍영식, 서광범 등이 참여하였다.
⑤ 개화 반대 여론으로 인해 비밀리에 출국하였다.

359

54회 32번 [3점]

(가), (나) 사이의 시기에 있었던 사실로 옳은 것은?

(가) 수신사 김기수가 나와 엎드리니 왕이 말하였다. "전선, 화륜과 농기계에 관하여 들은 것은 없는가? 저 나라에서 이 세 가지 일을 제일 급하게 힘쓰고 있다고 하는데, 그러하던가?" 김기수가 "과연 그러하였습니다."라고 아뢰었다.

(나) 어윤중이 동래부 암행어사로 임명되어 왕에게서 받은 봉해진 서신을 열어보니, "일본 조정의 의논과 정국의 형세, 풍속·인물·교빙·통상 등의 대략을 염탐하는 것이 좋겠다. 그러니 너는 일본으로 건너가 크고 작은 일들을 보고 듣되 시간에 구애받지 말고 낱낱이 탐지해서 별도의 문서로 조용히 보고하라."라는 내용이었다.

① 미국에 보빙사가 파견되었다.
② 통리기무아문과 12사가 설치되었다.
③ 운요호가 강화도와 영종도를 무단 침입하였다.
④ 교원 양성을 위해 한성 사범 학교가 설립되었다.
⑤ 프랑스와 조약을 체결하여 천주교 포교가 허용되었다.

360

50회 27번 [2점]

(가), (나) 문서가 작성된 사이의 시기에 있었던 사실로 옳은 것은?

(가) 저들이 비록 왜인이라고는 하나 실은 양적(洋賊)입니다. 화친이 한번 이루어지면 사학(邪學)의 서책과 천주의 초상이 교역하는 속에 섞여 들어오게 되고, 조금 지나면 전도사와 신도가 전수하여 사학이 온 나라에 두루 가득 차게 될 것입니다. — 지부복궐척화의소 —

(나) 지금 조정에서는 어찌 백해무익한 일을 하여 러시아가 없는 마음을 먹게 하고, 미국이 의도하지 않았던 일을 만들어 오랑캐를 끌어들이려 하십니까? 저 황준헌이라는 자는 스스로 중국에서 태어났다고 하면서도, 일본을 위해 말하고 예수를 좋은 신이라 하며, 난적의 앞잡이가 되어 스스로 짐승과 같은 무리가 되었습니다. 고금천하에 어찌 이런 이치가 있겠습니까? — 영남 만인소 —

① 김기수가 수신사로 일본에 파견되었다.
② 영국이 거문도를 불법으로 점령하였다.
③ 평양 관민이 제너럴 셔먼호를 불태웠다.
④ 거중 조정 조항을 포함한 조약이 체결되었다.
⑤ 양헌수 부대가 정족산성에서 프랑스군을 격퇴하였다.

361

해설사가 설명하는 사건이 발생한 시기를 연표에서 옳게 고른 것은?

조선정부는 이곳에 해관을 설치하고 동래부 거류지의 일본 상인과 거래하는 조선 상인으로부터 세금을 징수하였습니다. 그러자 일본 상인이 조약 위반이라고 반발하였고, 결국 3개월 만에 수세가 중단되었습니다.

(가)	(나)	(다)	(라)	(마)
척화비 건립	제1차 수신사 파견	영국의 거문도 점령	함경도 방곡령 선포	청일 전쟁 발발 / 러일 전쟁 발발

① (가)
② (나)
③ (다)
④ (라)
⑤ (마)

362

다음 인물에 대한 설명으로 옳은 것은?

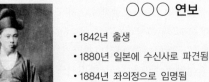

○○○ 연보

- 1842년 출생
- 1880년 일본에 수신사로 파견됨
- 1884년 좌의정으로 임명됨
- 1894년 총리대신으로 갑오개혁을 주도함
- 1896년 사망

① 황준헌이 쓴 조선책략을 국내에 들여왔다.
② 초대 주미 공사로 임명되어 미국에 파견되었다.
③ 고종의 밀지를 받아 독립 의군부를 조직하였다.
④ 영국인 베델과 함께 대한매일신보를 창간하였다.
⑤ 서유견문을 집필하여 서양 근대 문명을 소개하였다.

363

다음 가상 대화 이후 전개된 사실로 옳은 것을 〈보기〉에서 고른 것은?

현재 조선에 가장 시급한 외교사안이 무엇이라고 생각하십니까?

러시아를 막는 것입니다. 이를 위해서는 중국을 가까이 하고, 일본과 관계를 공고히 하며, 미국과 연계하여 자강을 도모해야 합니다.

김홍집   황준헌

| 보기 |
ㄱ. 운요호 사건이 일어났다.
ㄴ. 전국에 척화비가 건립되었다.
ㄷ. 이만손 등이 영남 만인소를 올렸다.
ㄹ. 조미 수호 통상 조약이 체결되었다.

① ㄱ, ㄴ
② ㄱ, ㄷ
③ ㄴ, ㄷ
④ ㄴ, ㄹ
⑤ ㄷ, ㄹ

364

(가) 조약에 대한 설명으로 옳은 것은?

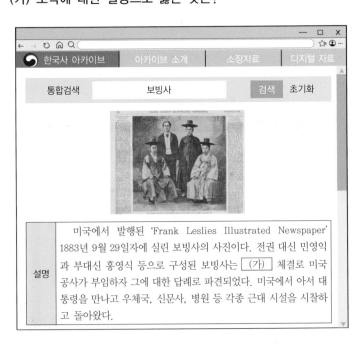

통합검색 | 보빙사 | 검색 초기화

| 설명 | 미국에서 발행된 'Frank Leslies Illustrated Newspaper' 1883년 9월 29일자에 실린 보빙사의 사진이다. 전권 대신 민영익과 부대신 홍영식 등으로 구성된 보빙사는 (가) 체결로 미국 공사가 부임하자 그에 대한 답례로 파견되었다. 미국에서 아서 대통령을 만나고 우체국, 신문사, 병원 등 각종 근대 시설을 시찰하고 돌아왔다. |

① 최혜국 대우를 최초로 규정하였다.
② 통감부가 설치되는 계기가 되었다.
③ 천주교 포교 허용의 근거가 되었다.
④ 재정 고문을 두도록 하는 조항을 담고 있다.
⑤ 부산, 원산, 인천이 개항되는 결과를 가져왔다.

365

밑줄 그은 '조약'의 영향으로 가장 적절한 것은?

청의 알선으로 서양과 맺은 최초의 조약이 체결된 장소에 새로운 표석이 설치되었습니다. 기존 한글 안내판에 영어와 중국어 안내문을 추가한 이번 표석 설치는 개항기 대외 관계와 관련한 중요한 장소를 외국인에게도 널리 알리는 기회가 될 것으로 보입니다.

영어, 중국어 안내문을 추가한 표석 설치

① 부산, 원산 인천 항구가 개항되었다.
② 김홍집이 국내에 조선책략을 소개하였다.
③ 민영익을 대표로 한 보빙사가 파견되었다.
④ 일본 군함 운요호가 영종도를 공격하였다.
⑤ 개화 정책을 총괄하는 통리기무아문이 설치되었다.

366

교사의 질문에 대한 학생의 답변으로 옳은 것은?

자료는 이 조약 중 최혜국 대우를 규정한 조항의 일부입니다. 조선이 서양 국가와 최초로 체결한 이 조약에 대해 말해 볼까요?

제14관
······ 미국과 그 상인이 종래 누리지 않았거나 이 조약에 없는 것 또한 미국 관민이 일체 균점하는 것을 승인한다.

① 병인양요 발생의 배경이 되었어요.
② 갑신정변의 영향으로 체결되었어요.
③ 통감부가 설치되는 결과를 가져왔어요.
④ 거중 조정에 대한 내용이 포함되었어요.
⑤ 메가타가 재정 고문으로 부임하는 계기가 되었어요.

367

(가) 사절단에 대한 설명으로 옳은 것은?

> **한국사 동영상 제작 계획안**
>
> (가) , 서양의 근대 문물을 직접 목격하다
>
> ◉ 기획 의도
> 미국 공사의 부임에 대한 답례로 파견된 (가) 의 발자취를 통해 근대 문물을 시찰한 과정을 살펴본다.
>
> ◉ 장면별 구성
> # 1. 대륙 횡단 열차를 타고 워싱턴에 도착하다
> # 2. 뉴욕에서 미국 대통령 아서를 접견하다
> # 3. 보스턴 만국 박람회를 참관하다
> # 4. 병원, 전신 회사, 우체국 등을 시찰하다

① 수신사라는 이름으로 보내졌다.
② 조선책략을 들여와 국내에 소개하였다.
③ 기기국에서 무기 제조 기술을 배우고 돌아왔다.
④ 개화 반대 여론을 의식하여 비밀리에 파견되었다.
⑤ 전권대신 민영익과 부대신 홍영식 등으로 구성되었다.

368

다음 상소가 올려진 이후의 사실로 옳은 것은?

우리 조정은 정학(正學)을 숭상하고 이단을 물리쳐서 만백성을 바르게 이끌어 오늘에 이르렀습니다. ······ 비록 황준헌의 책자로 말하더라도 그 글이 바른가 바르지 못한가 그 말이 좋은가 나쁜가에 대해 신은 진실로 모르지만 ······ 기계에 관한 기술과 농업 및 식목에 대한 책이 이익이 된다면 선택하여 시행할 것이지, 굳이 그들의 것이라고 해서 좋은 법까지 배척할 필요는 없습니다.
– 곽기락의 상소–

① 무기 제조 공장인 기기창이 설립되었다.
② 김기수가 일본에 수신사로 파견되었다.
③ 오경석이 해국도지를 국내에 들여왔다.
④ 어재연 부대가 광성보에서 항전하였다.
⑤ 평양 관민이 제너럴 셔먼호를 불태웠다.

353 운요호 사건

정답 ④

핵심키워드 광성보, 장수 사망

정답 분석

제시문에서 언급한 장수는 어재연으로, 신미양요(1871년)를 다룬 사료이다. 1871년에 미국은 아시아 함대 사령관 로저스(Rodgers) 제독이 이끄는 5척의 군함으로 강화도를 공격하여 왔다. 미군은 초지진과 덕지진을 함락시켰으나, 광성보에서 어재연 부대의 분전으로 퇴각하였다.

④ 일본 군함 운요호가 영종도를 공격한 사건은 1875년의 일이다.

오답 분석

① 평양 관민이 제너럴 셔먼호를 불태운 사건은 1866년에 발생하였다.
② 프랑스 로즈 제독의 함대가 양화진과 강화도를 침입한 사건을 병인양요(1866년)라고 한다.
③ 오페르트는 1868년에 흥선 대원군의 아버지 남연군의 묘를 도굴하려다 실패하였다.
⑤ 흥선 대원군은 1866년에 병인박해를 일으켜 천주교를 탄압하며 프랑스인 선교사를 처형하였다. 이는 병인양요의 직접적인 원인이 되었다.

355 강화도 조약

정답 ⑤

핵심키워드 조일 수호 조규, 1876년, 해안 측량권

정답 분석

조일 수호 조규는 강화도 조약의 정식 명칭으로, 우리나라가 외국과 맺은 최초의 근대적 조약이다. 일본에게 조선 연안에 대한 측량권을 허용하였으며, 영사 재판권(치외법권)도 인정하였다.

⑤ 이 조약으로 조선은 부산(1876년 개항), 원산(1880년 개항), 제물포(1883년 개항)의 세 항구를 개항하고, 개항장에 일본인이 거주하는 것을 허용하였다.

오답 분석

① 조미 수호 통상 조약(1882년)에서 처음으로 최혜국 대우를 규정하였다.
② 을사늑약(1905년)으로 외교권을 빼앗기고 통감부가 설치되었다.
③ 조프 수호 통상 조약(1886년)으로 조선은 프랑스와 수교하면서 천주교에 대한 포교의 자유를 인정하였다.
④ 일본은 임오군란(1882년) 이후 체결한 제물포 조약으로 일본 경비병의 공사관 주둔을 허용받았다.

354 강화도 조약

정답 ③

핵심키워드 운요호, 구로다, 신헌

정답 분석

제시문의 구로다와 신헌은 강화도 조약의 양국 대표였다. 이 조약에는 일본이 조선의 해안을 자유로이 측량하는 것을 허용하고(해안 측량권), 일본인들이 조선에 와서도 일본의 법에 의하여 보호를 받을 수 있게 한 것(치외법권)이 포함되어 있다.

오답 분석

① 조프 수호 통상 조약(1886년)으로 조선은 프랑스와 수교하면서 천주교에 대한 포교의 자유를 인정하였다.
② 갑신정변(1884년) 직후에 일본과 한성 조약을 체결해 일본 공사관 신축 비용을 부담하기로 약속하였다.
④ 통신사는 조선 국왕의 명의로 일본 막부 장군에게 보낸 공식적인 외교 사절로, 세종 때 처음으로 파견되었다. 임진왜란으로 중단되었다가 선조 40년(1607년)에 재개되었다. 한동안 '회답 겸 쇄환사'라는 칭호를 사용하였으나, 인조 14년(1636년)부터 다시 통신사라는 명칭을 사용하였다
⑤ 조청 상민 수륙 무역 장정(1882년)에서 외국 상인의 내지 통상권(각 지방을 돌아다니며 행상할 수 있는 권리)이 처음으로 허락되었다.

356 개항

정답 ②

핵심키워드 치외법권, 관세권

정답 분석

㈎ 1876년에 체결된 강화도 조약의 일부분으로, 제1관은 조선의 자주권을, 제10관은 치외법권을 명시한 것이다.
㈏ 1882년에 체결된 조미 수호 통상 조약의 일부분으로, 제5관은 관세 자주권을 의미한다.

② 통리기무아문은 1880년에 설치된 개화 정책 추진 관청으로, 외교와 군사, 산업 등 다양한 개화 업무를 담당하였다. 그러나 1882년 임오군란이 일어나자 흥선 대원군에 의해 폐지되었다.

오답 분석

① 1894년 갑오개혁으로 노비제를 비롯한 신분제를 폐지하였다. 참고로 1801년(순조) 때 공노비 66,000여 명을 해방시켰다.
③ 고종은 미국인과 합작하여 1898년에 한성 전기 회사를 세웠다. 이를 통해 전차와 전기 시설을 설치하였다.
④ 건양은 1895년 을미개혁 때 채택한 연호이다. '양력을 세운다'는 의미를 담고 있다.
⑤ 지방 행정 구역이 8도에서 23부로 개편된 것은 1895년 제2자 갑오개혁 때의 일이다. 이후 광무개혁 때 23부를 13도로 다시 개편하였다.

357 통리기무아문 정답 ①

핵심키워드 기기창, 개화 총괄, 영선사 파견

정답 분석

개항 직후 조선 정부는 개화 관련 정책을 총괄하는 통리기무아문과 그 아래 실무를 담당하는 12사를 설치하고, 개화파 인사를 등용하였다.
통리기무아문은 서구 국가들의 조약 체결 요구에 대응하고, 중국에 영선사, 일본에 조사 시찰단을 파견하여 개화 문물을 습득하고, 신식 군대인 별기군을 조직하였다. 그러나 1882년 임오군란으로 인해 폐지되었다.

오답 분석

② 고종은 대한 제국 시기인 1899년에 황제를 중심으로 한 군권 강화를 목적으로 원수부를 창설하였다.
③ 「대전통편」은 조선 정조 9년인 1785년에 편찬된 법전으로, 정조는 기존의 「경국대전」과 「속대전」, 이후의 법령들을 통합하여 법제를 정비하였다.
④ 일제는 신문사에 대한 통제를 강화하기 위해 1907년 신문지법을 제정하였다. 1908년에는 신문지 규칙을 마련하여 외국인이 발행하던 「대한매일신보」에 대한 통제도 강화해 갔다.
⑤ 서당 규칙은 1918년에 조선총독부가 개량 서당의 운영과 교육 내용을 규제하기 위해 제정하였다. 당시 일제의 사립 학교령(1908년)을 피해 근대 교육을 실시하는 개량 서당이 늘어난 상황이었다.

358 영선사 정답 ①

핵심키워드 청 파견, 김윤식

정답 분석

영선사 김윤식이 이끈 청년 유학생들은 청의 톈진으로 가서 근대적인 무기 제조법과 군사 훈련법 등 새로운 기술을 배워 왔다. 이후 조선 정부는 1883년에 무기 제조 공장인 기기창 설치를 추진하였다.

오답 분석

② 임진왜란 후 일본에 끌려간 조선인 포로를 송환하고 일본 정세를 탐색하기 위해, 선조, 광해군, 인조 시기에 걸쳐 총 3회에 걸쳐 회답 겸 쇄환사를 파견하였다.
③ 「조선책략」은 청나라 외교관 황쭌셴이 쓴 외교 전략서로, 2차 수신사 김홍집이 1880년에 일본에서 가져왔다. 이 책은 러시아의 남하를 저지하기 위해 미국과의 수교를 권장하였으며, 이후 조미 수호 통상 조약 체결에 영향을 미쳤다.
④ 민영익, 홍영식, 서광범 등은 1883년에 보빙사로 미국에 파견되었다.
⑤ 고종은 일본의 개화 상황을 점검하기 위해 조사 시찰단을 파견하였다. 단, 개화 반대 여론을 고려하여 이들을 비밀리에 출국시켰다.

359 조사 시찰단 정답 ②

핵심키워드 수신사 김기수, 어윤중, 일본 염탐

정답 분석

(가) 강화도 조약 체결 직후에 일본에 파견한 1차 수신사 김기수의 활동이다.
(나) 조사 시찰단(1881년)에 관한 글이다. 당시 「조선책략」의 유포로 개화에 대한 반발 목소리가 높은 상황이었기 때문에, 고종은 조사 시찰단 60여 명을 비밀리에 파견하였다. 이들은 약 5개월 간 일본에 머무르며 산업, 군사, 교육, 문화, 사회 시설들을 폭넓게 살펴보고 고종에게 보고서를 올렸다.
② 통리기무아문은 1880년에 창설되어 1882년에 해체되었다. 12사는 그 산하 부서이다.

오답 분석

① 조미 수호 통상 조약(1882년)이 체결된 후, 민영익, 홍영식 등은 1883년에 보빙사로 미국에 파견되었다.
③ 일본은 1875년에 운요호 사건을 일으켜 인천 영종도를 공격하였다. 이는 강화도 조약의 빌미가 되었다.
④ 고종은 제2차 갑오개혁 중에 교육입국 조서를 발표하였다. 이후 신식 교육을 담당할 교원 양성을 위해 1895년에 한성 사범 학교를 설립하였다.
⑤ 조프 수호 통상 조약(1886년)으로 조선은 프랑스와 수교하면서 천주교에 대한 포교의 자유를 인정하였다.

360 개항 정답 ①

핵심키워드 왜양일체론, 황준헌(황쭌셴), 영남 만인소

정답 분석

(가) 최익현이 강화도 조약에 반대하며 쓴 상소문으로, 그는 일본(왜)을 서양과 동일시하며 이들과의 교역으로 인해 발생할 문제점을 지적하였다. 그의 이러한 주장을 왜양일체론이라고 한다.
(나) 「조선책략」 유포에 반대하여 이만손이 주도한 영남만인소(1881년)의 일부이다.
① 김기수는 강화도 조약 체결 직후에, 부속 조약 논의를 위해 제1차 수신사(1876년)로 일본에 파견되었다.

오답 분석

② 영국은 1885년에 러시아의 남하를 견제하기 위해 거문도를 불법 점령하였다.
③ 제너럴 셔먼호 사건은 1866년에 발생하였다.
④ 거중 조정은 조미 수호 통상 조약(1882년)에 포함된 내용으로, 조약 당사국 중 한 나라가 위기에 처했을 때 다른 나라가 조정을 돕는다는 내용을 담고 있다.
⑤ 양헌수 부대는 병인양요(1866) 당시 정족산성에서 프랑스군을 격퇴하였다.

361 개항과 관세

정답 ②

핵심키워드 해관 설치

정답 분석

조선은 개항 이전 사대교린의 국제 질서 속에서 청나라, 일본과 제한적이고 통제된 무역을 유지하였다. 그러나 1876년 강화도 조약 체결로 인해 조선의 전통적인 무역 방식은 종료되고, 일본과의 근대적 무역이 시작되었다.

조선 정부는 사전 정보 부족과 일본의 강압적 태도 등으로 인해 강화도 조약의 부속 조약에서 관세를 설정하지 못했다. 무관세로 인한 피해가 발생하자, 1878년에 이를 시정하고자 부산 두모진에 해관(오늘날의 세관)을 설치하여 수입 물품을 취급하는 국내 상인에게 고율의 세금을 징수하였다. 이러한 조선 정부의 해관 설치 시도는 일본의 군사력 시위와 협박으로 약 3개월 만에 실패로 끝났다(두모진 해관 사건). 이후 조미 수호 조약에서 최초로 관세 자주권을 규정하였다.

오답 분석

* 1차 수신사 김기수는 강화도 조약 체결 직후 일본에 파견되었다(1876년).
* 영국은 1885년에 거문도를 불법 점령하였다.

362 김홍집

정답 ①

핵심키워드 수신사, 갑오개혁 주도

정답 분석

김홍집은 온건 개화파로, 2차 수신사(1880년)로 일본에 건너가 관세 제정을 요구하였으며, 귀국길에 「조선책략」을 들여왔다. 이후 총리대신으로서 갑오·을미 개혁(1894~1895년)을 이끌었다. 그러나 을미사변과 아관파천 이후 성난 민심은 그를 친일파로 인식하였고, 그는 광화문 앞에서 군중들에 의해 타살되었다.

오답 분석

② 박정양은 1887년에 초대 주미 공사로 파견되었다. 이후 그는 1898년에 정부 대표로 관민 공동회에 참석하여 중추원의 의회 전환을 약속하였다.

③ 의병장 임병찬은 고종의 밀지를 받아 1910년대에 독립 의군부를 조직하였다.

④ 양기탁은 영국인 베델과 함께 「대한매일신보」를 창간하였으며, 안창호와 함께 신민회를 이끌었다.

⑤ 유길준은 보빙사로 미국을 방문하고 유학한 후, 「서유견문」을 집필하여 개화를 주장하였다.

363 조선책략

정답 ⑤

핵심키워드 러시아, 미국과 연계

정답 분석

제시된 자료는 「조선책략」의 내용을 정리한 것이다. 그 주요 내용은, 러시아 세력이 남쪽으로 침투하는 상황에서 조선이 이를 막기 위해 '친중국, 결일본, 연미국'의 외교를 추진하고 서양의 기술과 제도를 받아들여야 한다는 것이었다. 고종은 이 책의 내용에 큰 관심을 가지고 미국과의 수교를 추진하려 하였으며, 이를 복사하여 관리와 유생들에게 배포하도록 하였다. 이에 대해 정부의 개화 정책을 반대하는 유생들은 전국적으로 개화 반대 상소를 올리며 위정척사 운동을 전개하였다. 이만손과 만여 명의 영남 유생들이 올린 상소(영남 만인소, 1881년)가 그 대표적인 사례이다.

ㄹ. 조미 수호 통상 조약은 1882년에 체결되었다. 이는 서양 국가와 체결된 최초의 조약이다.

오답 분석

ㄱ. 운요호 사건은 1875년에 일본의 군함 운요호가 강화, 인천 일대에 무단으로 침입하여 살인과 약탈을 저지른 사건이다. 하지만 일본은 이 사건을 계기로 강화도 조약을 요구하였다.

ㄴ. 흥선 대원군은 두 차례의 양요를 거치면서 통상수교 거부의 강력한 의지를 표현하기 위해 전국에 척화비를 세웠다.

364 미국과 수교

정답 ①

핵심키워드 보빙사, 민영익

정답 분석

조미 수호 통상 조약(1882년)은 관세 자주권과 최혜국 대우, 그리고 거중 조정 조항을 포함하였다. 이 조약이 체결되고 미국에서 공사가 파견되자, 답례로 조선은 보빙사를 파견하였다.

오답 분석

② 통감부는 1905년 을사늑약 이후에 설치된 일본의 통치 기구로, 조선의 외교권을 빼앗고 통감부가 이를 관리하였다.

③ 조프 수호 통상 조약(1886년)으로 조선은 프랑스와 수교하면서 천주교에 대한 포교의 자유를 인정하였다.

④ 1904년에 체결된 제1차 한일협약으로 일제는 외교와 재정 고문을 대한 제국에 파견하였다.

⑤ 강화도 조약(1876년)으로 조선은 일본에 부산, 원산, 인천을 개항하였다.

365 미국과 수교 정답 ③

핵심키워드 청 알선, 서양과 맺은 최초의 조약

정답 분석

조선은 1876년 일본과 수교를 맺은 뒤, 1882년 서양 국가 중 최초로 미국에 문호를 개방하였다. 이 과정에서 청은 일본의 영향력을 견제하기 위해 미국과의 수교를 알선하였다.

이후 미국에서 공사를 파견하자, 이에 대한 답례로 조선은 1883년에 민영익, 홍영식 등을 보빙사로 파견하였다.

오답 분석

① 부산, 원산, 인천 항구의 개항은 1876년에 체결된 강화도 조약에 의해 이루어졌다.

② 「조선책략」은 김홍집이 1880년에 조선에 들어와 조미 수호 통상 조약 체결에 영향을 주었다.

④ 운요호 사건은 1875년에 일어났다.

⑤ 개화 업무를 위해 1880년에 통리기무아문을 설립하였다.

366 미국과 수교 정답 ④

핵심키워드 최혜국 대우, 서양 국가와 최초로 체결

정답 분석

조미 수호 통상 조약(1882년)의 주요 내용은 다음과 같다.

• 제1관 거중 조정 조항 : 조약 당사국 중 한 나라가 제3국과 갈등을 겪을 때 다른 나라가 중재 역할을 하도록 규정하였다.

• 제4관 치외법권 : 미국인 범죄자가 조선 내에서 범죄를 저질렀을 때는 미국 영사관에서 재판을 받도록 하는 영사 재판권이 인정되었다.

• 제5관 관세 자주권 : 조선은 수출입 물품에 대해 자율적으로 관세를 설정할 권리를 인정받았다.

• 제14관 최혜국 대우 : 미국은 조선에서 최혜국 대우를 받아 조선이 이후 다른 나라에 부여한 모든 혜택을 자동으로 적용받을 수 있게 되었다.

오답 분석

① 프랑스는 병인박해(1866년)를 빌미로 조선을 개항하기 위해 병인양요를 일으켰다.

② 갑신정변의 영향으로 한성 조약(조선-일본)과 톈진 조약(청-일본)이 체결되었다.

③ 을사늑약(1905년)으로 일제는 통감부를 설치하였다.

⑤ 메가타는 제1차 한일협약(1904년)에 따라 대한 제국의 재정 고문으로 임명되어, 1905년에 화폐정리사업을 추진하였다.

367 미국과 수교 정답 ⑤

핵심키워드 미국 공사의 부임

정답 분석

조미 수호 통상 조약의 체결로 미국인 공사 푸트가 1883년에 조선에 부임해 왔다. 고종은 그 답례로 보빙사를 미국에 파견하였다. 전권대신 민영익, 부대신 홍영식 등 총 11명으로 구성되었다.

오답 분석

① 수신사는 강화도 조약 체결 이후 일본으로 파견된 외교 사절단의 명칭이다. 1차 수신사(1876년) 김기수는 「일동기유」를 남겼고, 2차 수신사(1880년) 김홍집은 황쭌셴의 「조선책략」을 가져왔다.

② 「조선책략」은 김홍집에 의해 국내에 소개되었다.

③ 영선사 김윤식은 조선인 학생들이 중국 톈진의 기기국에서 무기 제조 기술을 익히도록 하였다.

④ 고종은 일본의 개화 상황을 점검하기 위해 조사 시찰단을 파견하였다. 단, 개화 반대 여론을 고려하여 이들을 비밀리에 출국시켰다.

368 개화 정답 ①

핵심키워드 정학 숭상, 황준헌의 책자

정답 분석

제시문은 곽기락이 1881년에 고종에게 올린 상소문으로, 그는 성리학을 지키는 동시에 서양의 기술과 문물을 수용하는 동도서기론을 주장했다. 그는 '기계와 농업 및 식목에 관한 책이 유익하다면 선택하여 시행해야 한다'고 하면서, 서양 문물의 수용을 지나치게 우려할 필요는 없다고 강조하였다. 또한, 조정이 이미 정학(성리학)을 지키고 사교(천주교)를 배척하는 일을 충분히 진행하고 있다고 보고, 유생들이 상소를 통해 외국과의 수교를 반대하는 것은 과도한 걱정이라고 지적하였다. 이후, 동도서기론에 입각한 개화 정책의 일환으로 1883년에 기기창, 전환국, 박문국 등이 건립되었다.

한편 제시문 속 '황준헌의 책자'는 「조선책략」을 의미한다. 따라서 「조선책략」이 유포된 1880년대 초반의 상황임을 알 수 있다.

오답 분석

② 김기수는 1차 수신사로 일본에 다녀왔다(1876년).

③ 역관 오경석은 청나라에서 「해국도지」와 「영환지략」 등 서양 지리서를 들여와 소개함으로써, 박규수와 함께 개화 사상의 확산에 기여하였다.

④ 어재연은 1871년 신미양요 당시 광성보 전투에서 미군에 맞서 싸웠다.

⑤ 제너럴 셔먼호 사건은 1866년에 일어났다.

임오군란, 갑신정변

❶ 임오군란 [1882]

배경	• 개항 후 곡물 가격 폭등 → 서울 하층민의 생활고 심화 • 구식 군인의 불만 고조 : 급료 미지급, 선혜청 관리의 착복

경과	• 13개월 만에 급료 지급
	  → 구식 군인의 봉기 : 선혜청 당상관 민겸호 살해, 일본 교관 살해
	  → 명성황후의 충주 장호원 피신
	  → 흥선 대원군의 재집권으로 개화 중단 : 별기군·통리기무아문 폐지
	  → 명성황후의 요청으로 청군 파병 : 흥선 대원군의 청 압송

결과	• 조선-청
	  - 내정 간섭 강화 : 내정 고문(마젠창), 외교 고문(독일 묄렌도르프)
	  - 청군 주둔
	  - 조·청 상민수륙무역장정 체결 : 청 상인의 내지 통상권 허용
	• 조선-일본
	  - 제물포 조약 체결 : 배상금 지불, 일본 공사관의 경비병 주둔 인정
	  - 조·일 수호 조규 속약 체결 : 간행이정을 50리로 확대 ┐
	  - 조·일 통상 장정 체결 : 관세 부과, 방곡령 명시(단, 1개월 전에 통보 규정),
	    최혜국 대우 허용

거류지 밖으로 자유 왕래할 수 있는 거리 강화도 조약의 부속 조약에서 10리로 설정

지방 장관 직권으로 그 지방의 양곡을 타지방이나 타국으로 유출하지 못하게 하는 조치

❷ 갑신정변 [1884]

배경	• 개화를 둘러싼 개화파 내부의 갈등
	  - 온건 개화파 : 점진적 개혁 추구, 청 사대 유지 주장, 민씨 세력
	  - 급진 개화파 : 급진적 개혁 추구, 청 사대 청산 주장, 김옥균·박영효·홍영식·서
	    광범

경과	• 우정국 개국 축하연에서의 정변 발생 : 민씨 세력 살해, 민영익 중상
	  알렌이 민영익을 치료한 것이 계기가 되어 최초의 서양식 병원인 광혜원이 설립됨
	  → 개혁 정강 발표 : 입헌 군주제 수립 시도, 인민 평등권 확립 추구
	  → 청의 간섭으로 3일 만에 실패
	  → 김옥균·박영효 등의 일본 망명, 한양 주민들의 일본 공사관 방화

결과	• 청의 내정 간섭 심화 • 한성 조약(조선-일본) 체결 : 일본 공사관 신축을 위한 배상금 지불 • 톈진 조약(청-일본) 체결 : 조선에서 변란이 발생하여 어느 한쪽이 파병할 경우에는 그 사실을 상대방에게 미리 알릴 것을 약속함
한계	• 민중의 지지를 얻지 못함 • 외세의존적 : 일본의 도움을 기대함

❸ 갑신정변 직후

유길준의 중립화론 주장	• 유길준 : 급진 개화파, 서유견문 집필하여 개화 주장 • 중립화론 : 청 주도로 조선을 중립국으로 선포해야 한다는 주장
거문도 사건 [1885]	• 러시아 남하 견제를 위해 영국의 거문도 불법 점령

✚ 제물포 조약
• 제3조 조선국은 5만 원을 내어 해를 당한 일본 관리들의 유족 및 부상자에게 주도록 한다.
• 제4조 일본군의 출동비 및 손해에 대한 보상비로 50만 원을 조선 측이 지불한다.
• 제5조 일본 공사관에 군사 약간을 두어 경비를 서게 한다. 그 비용은 조선국이 부담한다.

✚ 갑신정변
이날 밤 우정국에서 낙성연을 열었는데 총판 홍영식이 주관하였다. 연회가 끝나갈 무렵 담장 밖에 불길이 일어나는 것이 보였다. 이때 민영익도 연회에 참가하였다가 불을 끄기 위해 먼저 일어나 문 밖으로 나갔다. 밖에 흉도 여러 명이 휘두른 칼을 맞받아치다가 민영익이 칼에 맞아 당상 위로 돌아와 쓰러졌다. … 왕이 경우궁으로 거처를 옮기자 각 비빈과 동궁도 황급히 따라갔다.　　－「고종실록」－

✚ 개혁 정강
• 제1조 흥선 대원군을 가까운 시일 안에 돌아오게 하고 청에 조공하는 허례를 폐지할 것
  : 청에 대한 사대 폐지
• 제2조 문벌을 폐지하여 인민 평등의 권리를 제정하고 능력에 따라 관리를 등용할 것
  : 양반 문벌 제도 폐지
• 제12조 재정은 모두 호조에서 관할하게 하고 그 밖의 재무 관청은 폐지할 것
  : 재정의 일원화 시도
• 제13조 대신과 참찬은 의정소에서 회의 결정하고 정령을 공포해서 시행할 것
  : 왕의 전제군주권 제한

1 다음은 임오군란과 갑신정변을 정리한 것이다. 임오군란은 '임', 갑신정변은 '갑'으로 쓰시오.

(1) (　) – 개혁 정강이 발표되었다.

(2) (　) – 도시 하층민도 가담하였다.

(3) (　) – 김옥균, 박영효 등이 주도하였다.

(4) (　) – 입헌 군주제 수립을 목표로 전개되었다.

(5) (　) – 조청 상민 수륙 무역 장정이 체결되었다.

(6) (　) – 국가 재정을 호조로 일원화하고자 하였다.

(7) (　) – 일본 공사관에 경비병이 주둔하는 계기가 되었다.

(8) (　) – 왕비가 궁궐을 빠져 나와 장호원으로 피신하였다.

(9) (　) – 3일 만에 실패로 끝나 주동자들이 해외로 망명하였다.

(10) (　) – 청은 독일인 묄렌도르프를 고문으로 파견하여 조선의 내정에 간섭하였다.

2 조약의 내용을 바르게 연결하시오.

(1) 한성 조약 •

(2) 제물포 조약 •

(3) 조일 통상 장정 •

(4) 조청 상민 수륙 무역 장정 •

• ㉠ 일본 공사관의 경비병 주둔을 허용하였다.

• ㉡ 일본 공사관 신축 비용을 약속하였다.

• ㉢ 외국 상인의 내지 통상권을 최초로 규정하였다.

• ㉣ 방곡령을 선포할 수 있는 조항을 명시하였다.

3 빈칸에 알맞은 말을 선택하시오.

(1) 구식 군인은 (선혜청, 우정총국)을 공격하였다.

(2) 정부의 개화 정책에 반발한 (별기군, 구식 군인)이 임오군란을 일으켰다.

(3) 갑신정변 후 (한성, 제물포) 조약이 체결되었다.

(4) 갑신정변 후 청과 일본 사이에 (톈진, 시모노세키) 조약이 체결되었다.

(5) 영국군이 (러시아, 프랑스)를 견제하기 위해 거문도를 점령하였다.

(6) (유길준, 홍영식)은 한반도의 중립화 방안을 구상하였다.

4 아래 사건이 일어난 시기를 (가)~(다) 중 고르시오.

1873	1882	1884	1894
(가)	(나)	(다)	
고종 친정	제물포 조약	한성 조약	동학 농민 운동

(1) (　) – 유길준이 중립화론을 제기하였다.

(2) (　) – 영국이 거문도를 불법 점령하였다.

(3) (　) – 구식 군인들이 임오군란을 일으켰다.

(4) (　) – 문벌 폐지와 인민 평등의 권리를 내세운 개혁 정강이 발표되었다.

(5) (　) – 김옥균 등은 우정총국 개국 축하연을 계기로 갑신정변을 일으켰다.

(6) (　) – 청에 영선사를 파견하여 근대 무기 제조 기술을 배워 오게 하였다.

5 다음 사료를 읽고, 물음에 답하시오.

(1) 아래 글에서 설명하는 사건을 쓰시오.

> 이반 세스타코프 각하
>
> 이 사건과 관련하여 저희가 접수한 정보에 따르면 일련의 과정에서 수명의 조선 고관들이 살해되었습니다. 또한 일본군 호위대가 개입하면서 서울 주재 청국 수비대와의 무력충돌이 일어났으며, 패배한 일본인들은 제물포로 후퇴해야만 했습니다.

(2) 아래 개혁안이 발표된 사건을 쓰시오.

> 1. 잡혀간 흥선 대원군을 곧 돌아오도록 하고 청에 대하여 행하던 조공의 허례를 폐지한다.
> 2. 문벌을 폐지하여 인민 평등권을 제정하고 능력에 따라 관리를 임명한다.

(3) 아래 글에서 설명하는 사건을 쓰시오.

> 대원군에게 군국사무를 처리하라는 명이 내려지자, 대원군은 궐내에 거처하면서 통리기무아문과 무위영·장어영을 폐지하고, 5명의 군제를 복구하고 군료(軍料)를 지급하도록 하였다. 그리고 난병(亂兵)에게 물러가라 명하고 대사령을 내렸다.

369

다음 자료에 나타난 사건의 영향으로 가장 적절한 것은?

이때 세금을 부과하는 직책의 신하들이 재물을 거두어들여 자기 배만 채우면서 각영(各營)에 소속된 군인들의 봉급은 몇 달 동안 나누어 주지 않았다. 그리하여 훈국(訓局)의 군사가 맨 먼저 난을 일으키고, 각영의 군사가 잇달아 일어났다. 이들은 이최응, 민겸호, 김보현, 민창식을 죽였고 또 중전을 시해하려 하였다. 중전은 장호원으로 피하였다.

① 강화도 조약이 체결되었다.
② 김기수가 수신사로 일본에 파견되었다.
③ 종로와 전국 각지에 척화비가 세워졌다.
④ 일본 공사관 경비 명목으로 일본군이 주둔하였다.
⑤ 통리기무아문을 설치하고 그 아래에 12사를 두었다.

370

다음 자료에 나타난 사건에 대한 설명으로 옳은 것은?

발신 : 조선 주재 공사 하나부사 요시모토(花房義質)
수신 : 외무경 이노우에 가오루(井上馨)

이달 23일 오후 5시 성난 군중 수백 명이 갑자기 공사관을 습격하여 돌을 던지고 총을 쏘며 방화함. 전력으로 방어한 지 7시간이 지났지만 원병이 오지 않았음. 한쪽을 돌파하여 왕궁으로 가려 해도 성문이 열리지 않았음. …… 성난 군중이 왕궁 및 민태호와 민겸호의 집도 습격했다고 들었음. …… 교관 호리모토 외 8명의 생사는 알 수 없음.

① 전주 화약이 체결되는 계기가 되었다.
② 입헌 군주제 수립을 목표로 전개되었다.
③ 김기수가 수신사로 파견되는 결과를 가져왔다.
④ 구식 군인에 대한 차별 대우가 발단이 되어 일어났다.
⑤ 3일 만에 실패로 끝나 주동자들이 해외로 망명하였다.

371

밑줄 그은 '이 사건'의 영향으로 옳은 것은?

사료로 보는 한국사

제1조
이하응을 보정성성(保定省城)으로 이송하여 청하도의 옛 관서에 거주시키도록 한다. …… 이하응에게 오가는 서신 일체는 밀봉할 수 없으며, 간수 위원의 검열을 거쳐야 보낼 수 있다. 밀봉되었거나 한글로 된 서신은 위원이 반송한다.

[해설] 청으로 끌려간 흥선 대원군(이하응)을 감시하기 위해 만들어진 규정의 일부이다. 개화 정책에 대한 불만과 구식 군인에 대한 차별 대우로 일어난 이 사건을 진압한 청은 그 책임을 물어 흥선 대원군을 납치해 갔다.

① 삼정이정청이 설치되었다.
② 어재연 부대가 광성보에서 항전하였다.
③ 종로와 전국 각지에 척화비가 세워졌다.
④ 조청 상민 수륙 무역 장정이 체결되었다.
⑤ 일본 군함 운요호가 영종도를 공격하였다.

372

다음 조약이 맺어진 배경으로 가장 적절한 것은?

제1조 중국 상무위원은 개항한 조선의 항구에 주재하면서 본국의 상인을 돌본다. …… 중대한 사건을 맞아 조선 관원과 임의로 결정하기가 어려울 경우 북양 대신에게 청하여 조선 국왕에게 공문서를 보내 처리하게 한다.

제2조 중국 상인이 조선 항구에서 개별적으로 고소를 제기할 일이 있을 경우 중국 상무위원에게 넘겨 심의 판결한다. 이밖에 재산 문제에 관한 범죄 사건에 조선 인민이 원고가 되고 중국 인민이 피고일 때에도 중국 상무위원이 체포하여 심의 판결한다.

① 영국이 거문도를 불법 점령하였다.
② 청일 전쟁에서 일본이 승리하였다.
③ 구식 군인들이 임오군란을 일으켰다.
④ 시전 상인들이 철시 투쟁을 전개하였다.
⑤ 운요호가 강화도에 접근하여 무력 시위를 벌였다.

373

40회 32번 [2점]

다음 상황이 나타난 배경에 대한 탐구 활동으로 가장 적절한 것은?

> 요즘은 공주, 전주 등에도 장이 열리면 청 상인들이 물건을 팔러 온다고 하네.

> 그렇다네. 청 상인들에게 상권을 빼앗긴 조선 상인들이 많다더군.

① 동양척식주식회사가 설립된 과정을 정리한다.
② 회사 설립을 신고제로 변경한 목적을 살펴본다.
③ 고종이 러시아 공사관으로 피신한 이유를 찾아본다.
④ 임오군란의 결과로 체결된 협정의 내용을 조사한다.
⑤ 구(舊) 백동화가 제일은행권으로 교환된 시기를 검색한다.

374

64회 30번 [3점]

다음 사건이 일어난 시기를 연표에서 옳게 고른 것은?

> 심히 급박한 상황 중에 나는 적의 활동과 청국 군대의 내습을 우려하여 주상을 모시고 지키기 편리한 경우궁으로 옮기시게 한 후 일본 병사로 하여금 호위할 방침을 세웠다. 곧이어 주상께 일본군의 지원을 구하도록 요청하니, 주상은 곧 영숙문 앞 노상에서 연필로 "일본 공사는 와서 나를 보호하라."라는 글을 친히 쓰시어 주시는지라. …… 졸지에 변란을 만난 사대당의 거두들은 주상께서 경우궁에 계심을 듣고 입궐하다가 …… 민영목, 민태호 등은 용감한 우리 집행원의 손에 비참한 최후를 당하였다.

1866	1873	1882	1885	1894	1899
	(가)	(나)	(다)	(라)	(마)
병인박해	고종친정	임오군란	톈진조약	청일 전쟁 발발	대한국 국제 반포

① (가)   ② (나)
③ (다)   ④ (라)
⑤ (마)

375

44회 32번 [3점]

밑줄 그은 '개혁'에 대한 설명으로 옳은 것을 〈보기〉에서 고른 것은?

> 외무성 아시아국장 카프니스트 백작님께
>
>   요즘 상하이에 거주하는 유럽인들이 조선인 망명자 살해 사건으로 들썩이고 있습니다. 그는 일본인들의 협력을 기반으로 새로운 질서를 마련하기 위해 청프 전쟁이 벌어진 틈을 타서 자기의 뜻을 펼치기 시작하였습니다. 이에 [정변을 일으켜] 기존의 대신들을 대부분 몰아내고, 스스로 참판에 오르는 등 새로운 관료조직을 구성하였습니다. 그러나 일본에 대한 뿌리 깊은 증오심으로 조선 민중은 일본인들의 협력을 전제로 한 그의 개혁에 적대감을 갖게 되었습니다. ……
>
>   베이징 주재 러시아 공사 보르

┤ 보기 ├
ㄱ. 집강소를 중심으로 시행되었다.
ㄴ. 토지의 균등 분배를 추진하였다.
ㄷ. 청의 군사 개입으로 실패하였다.
ㄹ. 국가 재정을 호조로 일원화하고자 하였다.

① ㄱ, ㄴ   ② ㄱ, ㄷ
③ ㄴ, ㄷ   ④ ㄴ, ㄹ
⑤ ㄷ, ㄹ

376

59회 32번 [2점]

다음 상황 이후에 전개된 사실로 옳은 것은?

> 17일에 홍 참판이 우정총국에서 개국 연회를 열었다. 그동안에 [담장 밖에서] 화재가 발생했다. 민 참판은 양해를 구한 뒤 화재 진압을 돕기 위해 밖으로 나갔다. 바깥에는 연회에 참석한 일본 공사를 호위하기 위해 온 일본 병사들이 두 줄로 늘어서 있었고, 그는 그들을 지나쳤다. 민 참판은 양쪽에서 공격을 받았고, …… 몸 여러 군데에 자상을 입었다.
>
> – 「조지 클레이튼 포크의 일기」 –

① 신식 군대인 별기군이 폐지되었다.
② 김기수를 수신사로 일본에 파견하였다.
③ 이항로와 기정진이 척화주전론을 주장하였다.
④ 왕비가 궁궐을 빠져 나와 장호원으로 피신하였다.
⑤ 개화당 정부가 수립되고 개혁 정강이 발표되었다.

377

(가) 사건의 결과로 옳은 것은?

1. 대원군을 가까운 시일 안에 돌아오게 하고 청에 조공하는 허례를 폐지할 것
2. 문벌을 폐지하여 인민 평등의 권리를 제정하고 능력에 따라 관리를 등용할 것
13. 대신과 참찬은 합문 안 의정소에서 회의하고 왕에게 보고한 후 정령을 반포해서 시행할 것

이것은 개화당이 (가) 당시 발표한 개혁 정강의 일부입니다. 개화당은 새로운 정부를 구성하고 이 정강을 내세웠습니다.

① 한성 조약이 체결되었다.
② 신식 군대인 별기군이 창설되었다.
③ 부산 외 두 곳의 항구가 개항되었다.
④ 김윤식이 청에 영선사로 파견되었다.
⑤ 개화 정책을 총괄하는 통리기무아문이 설치되었다.

378

밑줄 그은 '사변'의 결과로 옳은 것은?

이번 경성에서의 사변은 작은 문제가 아니므로 대일본 대황제는 이노우에 가오루를 대조선국에 파견하고 …… 대조선국 대군주는 김홍집에게 전권을 위임하여 토의·처리하도록 임명하여 ……

　⋮

제2조 이번에 피해를 입은 일본인의 유가족과 부상자를 돌보아 주고, 아울러 상인들의 화물이 훼손·약탈된 것을 보상하기 위해 조선국은 11만 원을 지불한다.

　⋮

제4조 일본 공관을 신축해야 하므로 조선국은 땅과 건물을 내주어 공관 및 영사관으로 사용할 수 있도록 한다. 그것을 수축이나 증축할 경우 조선국이 다시 2만 원을 지불하여 공사비로 충당하게 한다.

　⋮

① 신식 군대인 별기군이 창설되었다.
② 김기수가 수신사로 일본에 파견되었다.
③ 이만손 등의 영남 유생들이 만인소를 올렸다.
④ 개화 정책을 담당하는 통리기무아문이 설치되었다.
⑤ 3일 만에 실패로 끝나 주동자들이 해외로 망명하였다.

379

밑줄 그은 '장정'에 대한 설명으로 옳은 것은?

① 갑신정변의 영향으로 체결되었다.
② 방곡령 시행에 대한 규정을 명시하였다.
③ 일본 공사관에 경비병이 주둔하는 계기가 되었다.
④ 일본인 재정 고문을 두도록 하는 조항을 담고 있다.
⑤ 부산 외 2개 항구를 개항한다는 내용을 포함하였다.

380

(가), (나) 조약 사이의 시기에 볼 수 있는 모습으로 가장 적절한 것은?

(가) 부산항에서 일본국 인민이 통행할 수 있는 도로 이정(里程)은 부두로부터 기산하여 조선 이법(里法)으로 동서남북 직경 10리로 정한다. 동래부는 이정 밖에 있지만 특별히 왕래할 수 있다. 일본국 인민은 마음대로 통행하며 조선 토산물과 일본국 물품을 사고팔 수 있다.

(나) 통상 지역에서 조선 이법 100리 이내, 혹은 장래 양국 관원이 서로 의논하여 정하는 경계 안에서 영국 인민은 여행증명서 없이 마음대로 돌아다닐 수 있다. 여행증명서를 지닌 영국 인민은 조선 각지를 돌아다니며 통상하거나, 각종 화물을 들여와 팔거나(단, 조선 정부가 불허한 서적·인쇄물 등은 제외), 일체 토산물을 구매할 수 있다.

① 거문도를 불법으로 점거하는 영국 군인
② 남연군 묘의 도굴을 시도하는 독일 상인
③ 부산 절영도의 조차를 요구하는 러시아 공사
④ 조청 상민 수륙 무역 장정을 체결하는 청 관리
⑤ 텐진 조약에 따라 조선에서 철수하는 일본 군인

381

(가), (나) 조약에 대한 설명으로 옳은 것을 〈보기〉에서 고른 것은?

> (가) 제5관 미국 상인과 상선이 조선에 와서 무역을 할 때 입출항 하는 화물은 모두 세금을 바쳐야 하며, 세금을 거두는 권한은 조선이 자주적으로 행사한다.
>
> (나) 제37관 조선국에서 가뭄과 홍수, 전쟁 등의 일로 국내에 양식이 부족할 것을 우려하여 일시 쌀 수출을 금지하려고 할 때에는 1개월 전에 지방관이 일본 영사관에 통지하고, 미리 그 기간을 항구에 있는 일본 상인들에게 전달하여 일률적으로 준수하는 데 편리하게 한다.

┌── 보기 ├──
ㄱ. (가) - 최혜국 대우 내용을 포함하였다.
ㄴ. (가) - 갑신정변의 영향으로 체결되었다.
ㄷ. (나) - 방곡령 시행에 대한 규정을 명시하였다.
ㄹ. (나) - 재정 고문을 두도록 하는 조항을 담고 있다.

① ㄱ, ㄴ   ② ㄱ, ㄷ
③ ㄴ, ㄷ   ④ ㄴ, ㄹ
⑤ ㄷ, ㄹ

382

(가), (나) 조약에 대한 설명으로 옳은 것은?

> (가) 제4조 …… 조선 상인이 북경에서 규정에 따라 교역하고, 중국 상인이 조선의 양화진과 서울에 들어가 영업소를 개설한 경우를 제외하고 각종 화물을 내지로 운반하여 상점을 차리고 파는 것을 허가하지 않는다. ……
>
> (나) 제37관 조선국에서 가뭄과 홍수, 전쟁 등의 일로 국내에 양식이 부족할 것을 우려하여 일시 쌀 수출을 금지하려고 할 때에는 1개월 전에 지방관이 일본 영사관에 통지하고, 미리 그 기간을 항구에 있는 일본 상인들에게 전달하여 일률적으로 준수하는 데 편리하게 한다.

① (가) - 통감부가 설치되는 계기가 되었다.
② (가) - 조선의 관세 자주권을 최초로 인정하였다.
③ (나) - 최혜국 대우를 규정한 조항을 담고 있다.
④ (나) - 일본 공사관의 경비병 주둔을 명시하였다.
⑤ (가), (나) - 갑신정변의 영향으로 체결되었다.

383

다음 가상 대화의 상황이 나타난 시기를 연표에서 옳게 고른 것은?

1871	1876	1884	1895	1904	1909
(가)	(나)	(다)	(라)	(마)	
신미양요	조일 수호 조규	갑신정변	삼국 간섭	한일 의정서	기유 각서

① (가)   ② (나)
③ (다)   ④ (라)
⑤ (마)

384

(가) 인물에 대한 설명으로 옳은 것은?

이 그림은 (가) 이/가 노동의 중요성을 강조하고 민중을 계몽하기 위해 쓴 노동야학독본에 실린 삽화입니다. 그는 처음으로 일본과 미국에 유학하고 서유견문을 집필하기도 하였습니다.

① 조선 중립화론을 주장하였다.
② 갑신정변 실패 직후 일본으로 망명하였다.
③ 미국에서 귀국하여 독립협회를 창립하였다.
④ 배재 학당을 설립하여 근대 교육을 보급하였다.
⑤ 참정대신 자격으로 관민 공동회에서 연설하였다.

369 임오군란 정답 ④

핵심키워드 봉급 미지급, 장호원 피신

정답 분석

제시문은 구식 군인들이 차별 대우에 반발해서 봉기한 임오군란 (1882년)에 관한 것이다. 성난 군인들은 평소에 미워하던 정부의 고관을 죽이고, 별기군의 일본인 교관을 살해하였다. 이 과정에서 명성황후는 장호원으로 피신하고, 고종은 사태 수습을 위해 흥선 대원군에게 도움을 요청했다. 1달여 동안 지속된 이 사건은 청군의 개입으로 종료되어, 흥선 대원군은 청에 압송되고 민씨 세력이 다시 정권을 잡았다.

④ 일본은 임오군란 이후 제물포 조약(1882년)을 체결하여, 교관 사망에 대한 배상금과 일본의 공사관 경비를 위한 일본군 주둔을 인정받았다.

오답 분석

① 강화도 조약은 운요호 사건의 영향으로 1876년에 체결되었다.
② 김기수는 1876년에 강화도 조약 체결 직후에 1차 수신사로 일본에 파견되었다.
③ 흥선 대원군은 두 번의 양요 후 척화비를 세웠다.
⑤ 통리기무아문은 1880년에 개화 정책을 총괄하기 위해 설치된 근대적 행정 기구로, 그 아래에 12사를 두어 외교, 군사, 산업 등을 체계적으로 관리하였다.

370 임오군란 정답 ④

핵심키워드 공사관 습격, 민태호와 민겸호 집 습격

정답 분석

제시문의 '성난 군중'은 구식 군인으로, 이들은 차별적 대우와 과도하게 밀린 봉급에 불만을 품고 임오군란을 일으켜, 일본 공사관을 습격하고 민씨 정권 주요 인사의 집을 습격하였다.
고종은 사태 수습을 위해 흥선 대원군에게 정권을 맡겼고, 흥선 대원군은 통리기무아문과 별기군을 폐지하였다. 그러나 민씨 일파의 요청을 받은 청이 군대를 파견하여 군란을 진압하고, 군란의 책임을 물어 흥선 대원군을 자국으로 납치해 갔다.

오답 분석

① 전주 화약은 1894년 동학 농민 운동 중에 동학 농민군과 정부 사이에 체결된 협정이다. 이를 통해 동학 농민군은 집강소를 설치하고 자치적으로 치안을 유지하였다.
② 급진 개화파는 갑신정변을 통해 입헌 군주제 수립을 시도하였다.
③ 김기수는 1876년에 강화도 조약 체결 직후에 1차 수신사로 일본에 파견되었다.
⑤ 급진 개화파 인사들이 주도한 갑신정변(1884년)은 3일 만에 실패로 끝나면서, 주도자들이 일본으로 망명하게 되었다.

371 임오군란 정답 ④

핵심키워드 구식 군인의 차별 대우, 흥선 대원군 납치

정답 분석

제시문은 구식 군인들이 차별 대우에 반발해서 봉기한 임오군란 (1882년)에 관한 것이다. 1달여 동안 지속된 이 사건은 청군의 개입으로 종료되어, 흥선 대원군은 청에 압송되고 민씨 세력이 다시 정권을 잡았다.
임오군란 후 조선은 일본과 제물포 조약을 맺어 배상금을 지불했다. 청은 조선에 고문을 파견하여 내정을 간섭하였고, 조청 상민 수륙 무역 장정을 체결하여 청 상인들이 서울의 양화진과 내륙에서 무역할 수 있는 권리를 보장받았다.

오답 분석

① 임술농민봉기(1862년)가 일어나자 철종은 삼정의 문란을 시정하기 위해 삼정이정청을 설립하였다.
② 어재연 부대는 신미양요 당시 미군에 맞서 광성보에서 항전하였다.
③ 흥선 대원군은 두 번의 양요 후 척화비를 세웠다.
⑤ 일본 군함 운요호는 1875년에 인천 영종도를 무단으로 침입하였다. 이 사건은 강화도 조약 체결의 계기가 되었다.

372 조청 상민 수륙 무역 장정 정답 ③

핵심키워드 중국 상무위원, 북양 대신

정답 분석

제시문의 중국 상무위원은 개항장에 머물며 재판을 담당하는 청의 관리이고, 북양 대신은 당시 청나라의 실권자였던 이홍장을 일컫는다.
이 글은 임오군란 직후에 체결된 조청 상민 수륙 무역 장정의 일부분으로, 청국 조계지의 설정, 상무위원의 파견, 치외법권, 내지 통상권 등을 규정하고 있다. 이 조약으로 청국 상인들이 본격적으로 조선에 들어왔다.

오답 분석

① 영국은 러시아의 남하를 견제하기 위해 1885년에 거문도를 불법 점령하였다.
② 청일 전쟁(1894~1895년)은 조선에서의 주도권을 두고 청과 일본 사이에 벌어진 전쟁이다. 이 전쟁에서 일본이 승리하였고, 조선에서의 청의 영향력이 약화되었다.
④ 한양의 시전 상인들은 외국 상인의 경제적 침투에 맞서 1880년대에 철시 투쟁을 전개하였다. 1890년대에는 황국중앙총상회를 조직하였다.
⑤ 운요호 사건은 1875년에 일본 군함 운요호가 강화도에 접근하여 무력 시위를 벌인 사건이다.

373 조청 상민 수륙 무역 장정 정답 ④

핵심키워드 장시, 청 상인

정답 분석

제시된 자료는 임오군란으로 체결된 조청 상민 수륙 무역 장정과 관련이 있다. 이 조약으로 청 상인은 내륙 이동권을 인정받아 개항장뿐만 아니라 전국의 장시에서 활동할 수 있게 되었다. 이로 인해 1885년 조선의 대청수입은 19% 수준이었으나 1893년에는 49%로 늘어 일본 상인과 대등한 수준까지 상승하였다.

오답 분석

① 동양척식주식회사는 일본의 조선 침탈과 경제적 지배를 강화하기 위해 1908년에 설립되었다. 1910년대 토지 조사 사업을 거치면서 조선 최대의 지주가 되었다.
② 일제 총독부는 1910년에 회사령을 제정해 회사 설립시 총독의 허가를 받도록 하였다. 1920년에 신고제로 변경하였다.
③ 고종은 을미사변(1895년) 이후 일본의 위협을 피하고자 러시아 공사관으로 거처를 옮겼다(아관파천, 1896년).
⑤ 일제는 1905년에 재정 고문 메가타를 앞세워 화폐 정리 사업을 진행하였다. 이로 인해 기존에 사용하던 상평통보와 백동화를 일본 제일은행권으로 교체해야 했으며, 이는 제일은행권을 통해 일본이 조선 경제를 장악하려는 의도였다.

374 갑신정변 정답 ③

핵심키워드 경우궁, 일본군의 지원, 사대당

정답 분석

제시문은 갑신정변(1884년) 당시의 상황을 급진 개화파의 입장에서 정리한 것이다. 김옥균 일파는 우정총국에서 소요 사태를 일으키고 곧장 국왕이 있는 창덕궁으로 이동하여 왕과 왕비 및 왕세자 일행을 이웃에 있는 경우궁으로 옮기게 하였다. 이때 일본군이 궁궐 주변을 지키면서 청군의 습격에 대비하였고, 궐내는 서재필이 지휘하는 사관 생도와 군인들이 수비하였다. 이들은 다음 날 개혁 정강을 발표하고 개혁에 착수하였으나, 왕과 왕비가 사태의 실상을 감지하고 청군에 도움을 요청하면서 정변은 3일 만에 끝나고 말았다.
또한, 글 속의 사대당은 급진 개화파가 온건 개화파를 부르는 칭호로, 온건 개화파가 청에 의존한 개혁을 하는 것을 비판하며 이렇게 불렀다.

오답 분석

* 톈진 조약(1885년) : 갑신정변 후 청과 일본은 조선에서 양국의 군대를 철수하고, 앞으로 조선에 군대를 파견할 때 상대국에 미리 알리도록 규정하였다.

375 갑신정변 정답 ⑤

핵심키워드 상하이, 조선인 망명자 살해, 일본 협력

정답 분석

갑신정변을 주도한 김옥균은 정변이 실패하자 일본으로 망명하였다. 그 후 다시 청으로 이동하였는데, 민씨 정권은 김옥균을 처단하기 위해 그를 지속적으로 추적하였다. 결국 중국 상하이에서 김옥균은 정부가 보낸 홍종우 손에 죽었다. 제시문은 이 사건을 다루고 있다.
ㄷ. 임오군란과 갑신정변은 민씨 정권의 요청으로 조선에 들어온 청군에 의해 진압되었다.
ㄹ. 급진 개화파는 개혁 정강에서 국가의 재정관리를 모두 호조로 통일하고, 호조 이외의 모든 재무관청을 혁파하여 세입과 세출을 단일화하겠다고 발표하였다.

오답 분석

ㄱ. 집강소는 농민군이 전라도 일대에 설치한 자치 행정 기구로, 1894년 동학 농민 운동 중에 조선 정부와의 전주 화약으로 설치되었다.
ㄴ. 동학 농민군은 폐정 개혁안에서 탐관오리의 처벌과 토지의 균등한 분배, 노비 문서 소각, 일본과의 거래 중단 등을 요구하였다.

376 갑신정변 정답 ⑤

핵심키워드 홍 참판, 우정총국의 개국 연회

정답 분석

제시문의 홍 참판은 급진 개화파의 홍영식으로, 그는 우정총국의 책임자였다. 따라서 제시된 자료는 갑신정변의 첫 날에 해당한다.
⑤ 급진 개화파는 갑신정변의 다음날에 개혁 정강을 발표하였다. 여기에는 문벌의 폐지, 인민 평등권의 확립, 지조법의 개정, 행정 기구의 개편 등이 포함되어 있으며, 이를 통해 근대 국가를 수립하고자 하였다.

오답 분석

① 별기군은 개화 초기인 1881년에 조직되었으나, 임오군란으로 인해 폐지되었다.
② 김기수는 1876년에 1차 수신사로 일본에 파견되었다.
③ 이항로와 기정진은 흥선 대원군 시기에 서구 열강의 접근에 맞서 척화주전론을 주장한 인물들이다.
④ 임오군란 당시 군란의 혼란 속에서 왕비는 궁궐을 탈출하여 장호원으로 피신하였다.

377 갑신정변

정답 ①

핵심키워드 개화당, 개혁 정강

정답 분석

개화당은 급진 개화파 세력을 일컫는 용어로, 온건 개화파를 사대당이라 부른 것과 구분된다. 개화당 세력은 1884년에 갑신정변을 일으키고, 개혁 정강 14개조를 발표하여 근대 국가 수립을 시도하였다. 제시된 자료의 왼쪽 자료는 개혁 정강의 일부분이다.

① 한성 조약은 갑신정변 직후인 1884년에 조선과 일본이 체결하였다. 이 조약으로 조선은 일본에 공사관 재건을 위한 배상금을 지불하였다.

오답 분석

② 신식 군대인 별기군은 개화 초기인 1881년에 창설되었다.

③ 강화도 조약(1876년)에 따라 조선은 부산을 시작으로 원산과 인천을 차례로 개항하였다.

④ 김윤식은 청의 신식 무기 제조 기술을 배우기 위해 1882년에 영선사로 파견되었다.

⑤ 통리기무아문은 1880년에 설치된 개화 정책 총괄 기구로, 별기군 설치와 조사 시찰단과 영선사의 파견 등을 추진하였다.

378 갑신정변

정답 ⑤

핵심키워드 경성에서의 사변, 11만원 지불, 공관 신축

정답 분석

제시문에서 경성 사변은 갑신정변을 의미한다. 이 과정에서 일본 공사관이 불타자, 일본은 한성 조약으로 재건에 필요한 비용을 배상금으로 받았다.

⑤ 갑신정변(1884년)은 청군의 파병으로 3일 만에 실패로 끝났다. 정변 실패 후 김옥균, 박영효 등 정변 주모자들은 일본으로 망명했다.

오답 분석

① 통리기무아문은 신식 군대인 별기군을 1881년에 조직하였다.

② 김기수는 1876년에 1차 수신사로 일본에 파견되었다.

③ 이만손 등 영남의 유생들은 1881년에 개화 정책과 「조선책략」의 유포에 반대하여 영남 만인소를 올렸다. 주요 내용은 미국이 낯선 나라여서 그들을 끌어들였을 때 어려운 부탁을 받거나 비용을 요구받으면 대응하기 어렵다는 것과, 러시아와 아무런 감정이 없는데 배척한다는 소문이 퍼지며 전쟁의 원인이 될 수 있다는 것 등이다.

④ 조선 정부는 강화도 조약 체결 후 1880년에 통리기무아문을 설치하여 개화 정책을 총괄하도록 하였다.

379 조일 통상 장정

정답 ②

핵심키워드 장정, 관세권 회복, 최혜국 대우

정답 분석

조선은 임오군란 후 조일 통상 장정(1883년)을 체결하였다. 주요 내용은 세 가지이다. 첫째, 대일 무역에서 무관세 조치를 철폐하고 관세를 설정한 것이다. 둘째, 일본에 최혜국 대우를 보장한 것이다. 셋째, 방곡령을 인정하되, 조선 정부가 방곡령을 선포하려면 한 달 전에 일본 측에 미리 고지하도록 규정하였다. 이로써 조선의 무역 주권이 일부 확보되었지만, 일본의 경제적 영향력 또한 여전히 강하게 유지되었다.

오답 분석

① 갑신정변의 영향으로 한성 조약(조선-일본)과 톈진 조약(청-일본)이 체결되었다.

③ 임오군란(1882년) 이후 체결된 제물포 조약에서 일본은 공사관 경비병의 주둔을 허용받았다.

④ 1904년에 체결된 제1차 한일협약으로 일제는 외교 고문과 재정 고문을 대한 제국에 파견하였다.

⑤ 강화도 조약(1876년)으로 부산 외에 원산과 인천이 개항되었다.

380 통상 조약

정답 ④

핵심키워드 이정 10리, 이법 100리 이내, 영국

정답 분석

제시문의 이정은 간행리정으로, 간행리정은 외국 상인들이 개항장 거류지 밖으로 이동할 수 있는 자유 왕래 거리를 의미한다. 조일 수호 조규 속약(1876년)에서는 거류지 밖 10리로 제한되었으나, 1882년에 50리로, 1883년에는 100리로 확대되었다. 특히, 1883년 조영 수호 통상 조약을 통해 외국 상인들의 내지 행상이 허용되면서, 이후 외국인들은 자유롭게 이동할 수 있게 되었다. 따라서 ㈎는 1876년 조일 수호 조규 속약(강화도 조약의 부속 조약)이며, ㈏는 1883년 조영 수호 통상 조약이다.

④ 조청 상민 수륙 무역 장정(1882년)은 임오군란 후에 체결되었다.

오답 분석

① 영국은 1885년에 거문도를 불법으로 점령하였다.

② 오페르트는 1868년에 남연군 묘의 도굴을 시도하였다.

③ 러시아는 1890년대 후반에 부산의 절영도를 조차하려 하였으나, 독립협회의 반대 운동으로 중단되었다.

⑤ 톈진 조약(1885년)은 갑신정변 이후 청과 일본이 체결한 조약으로, 양국이 조선에서 군대를 철수하고 향후 파병 시 서로 통지하도록 규정하였다.

381 통상 조약

정답 ②

핵심키워드 미국 상인, 세금, 쌀 수출 금지, 1개월 전

정답 분석

(가)는 조미 수호 통상 조약(1882년)의 관세 설정 부분이며, (나)는 조일 통상 장정(1883년)의 방곡령 부분이다.

ㄱ. 최혜국 대우는 조미 수호 통상 조약에서 최초로 외국에 허용했다. 이후 일본은 조일 통상 장정에서 이 조항을 허용받았다.

ㄷ. 방곡령은 조일 통상 장정에서 처음으로 인정되었다. 조선 내 곡식이 부족할 시에 지방관이 방곡령을 선포할 수 있되, 한 달 전에 일본 측에 미리 고지하도록 규정하였다.

오답 분석

ㄴ. 갑신정변의 영향으로 한성 조약과 톈진 조약이 체결되었다. 한성 조약은 공사관을 재건을 위한 배상금 지급이 명시되어 있다. 톈진 조약은 청과 일본이 조선에서 군대를 철수하고 향후 파병 시 서로 통지하도록 규정하였다.

ㄹ. 일제는 1904년에 체결된 제1차 한일협약에서 일본이 추천한 외교 고문과 재정 고문을 대한 제국이 수용하도록 하였다. 이로 인해 스티븐스와 메가타가 파견되었다.

382 통상 조약

정답 ③

핵심키워드 양화진과 서울, 일시 쌀 수출 금지

정답 분석

(가)는 조청 상민 수륙 무역 장정(1882년)의 서울과 양화진 영업 허용 조항이며, (나)는 조일 통상 장정(1883년)의 방곡령 조항이다.

③ 최혜국 대우는 조미 수호 통상 조약에서 최초로 외국에 허용하였다. 이후 일본은 조일 통상 장정에서 이 조항을 허용받았다.

오답 분석

① 통감부는 을사늑약(1905년)으로 설치되었다.

② 조선은 강화도 조약을 체결할 때는 관세에 대해 제대로 인지하지 못하였다. 그후 조미 수호 통상 조약(1882년)에서 처음으로 관세 자주권을 인정받았다.

④ 임오군란(1882년) 이후 체결된 제물포 조약에서 일본은 공사관 경비병의 주둔을 허용받았다.

⑤ 갑신정변의 영향으로 한성 조약과 톈진 조약이 체결되었다.

383 거문도 사건

정답 ③

핵심키워드 영국군, 러시아의 남진 저지

정답 분석

거문도 사건은 1885년에 영국이 러시아의 남하 정책을 견제하기 위해 조선의 거문도를 불법으로 점령한 사건이다.

갑신정변 이후, 조선의 주변 정세는 복잡하게 전개되었다. 청과 일본의 세력 다툼이 심해졌고, 러시아는 부동항을 얻기 위해 연해주에 군항 블라디보스토크를 건설한 뒤, 남하를 시도하였다.

한편 조선은 청의 간섭에서 벗어나기 위해 러시아와의 관계를 강화하며 군사 교관 파견을 협상하려고 하였다.

세계 곳곳에서 러시아와 충돌하고 있던 영국은 조선의 거문도를 불법으로 점령하고 포대를 설치하여 러시아의 남하를 견제하려고 하였다. 그러나 러시아가 조선의 영토를 점령하지 않겠다는 약속을 하자, 영국은 1887년에 물러났다.

384 유길준

정답 ①

핵심키워드 미국 유학, 서유견문

정답 분석

유길준은 1883년 보빙사 사절단의 일원으로 미국을 방문한 후 유학 생활을 했으며, 1885년 귀국 직후 갑신정변 주도 세력과의 연계를 의심받아 연금 생활을 하게 되었다. 당시 조선은 청과 일본의 군대 파견, 영국의 거문도 사건 등으로 열강의 각축이 벌어지고 있었다. 이러한 상황 속에서 유길준은 「중립론」을 작성하여, 조선을 중립국으로 선포해야 한다고 주장하였다. 또한 「서유견문」을 집필하여 근대 문물을 소개하며 개화를 주장하였다.

오답 분석

② 갑신정변(1884년)이 실패한 후 김옥균, 박영효 등이 일본으로 망명하였다.

③ 서재필은 갑신정변이 실패한 후 일본을 거쳐 미국으로 이주하였다. 이후 10여 년 만에 귀국하여 1896년에 독립협회를 창립하였다.

④ 배재 학당은 1885년 미국 선교사 아펜젤러가 설립한 근대 교육 기관이다.

⑤ 박정양은 1887년에 초대 주미 공사로 파견되었다. 이후 그는 참정대신 자격으로 관민 공동회에 참석하였다.

동학 농민 운동

❶ 동학의 교세 확장

최시형 주도	• 동학의 2대 교주, 포접제 마련 교주–포주–접주로 조직을 체계화
교조 신원 운동	• 최제우의 복권·동학 탄압 중지를 요구 • 삼례 집회(1892) → 서울 복합 상소(1893.2) → 보은 집회(1893.3)

└ 나라의 중요한 일에 대해 대궐 문 앞에 엎드려 올리는 상소

❷ 동학 농민 운동의 전개(1894)

고부 농민 봉기	• 원인 : 고부 군수 조병갑의 만석보 건설과 물세 징수 • 경과 : 사발통문 작성, 전봉준과 농민의 고부 관아 점령 → 조병갑 파직, 신임 군수의 시정 약속으로 농민군 해산
제1차 봉기	• 원인 : 안핵사 이용태가 봉기 참가 관련자를 색출하여 가혹하게 처벌 • 경과 : 백산에 집결, 전봉준·손화중·김개남 주도 → 4대 강령 발표 : 보국안민·제폭구민 주장 → 황토현 전투(전북 정읍) 승리 : 전주 감영군 격파 → 황룡촌 전투(전남 장성) 승리 : 초토사 홍계훈이 지휘하는 중앙군 격파 → 전주성 점령 → 청군(민씨 정권의 요청)과 일본군 상륙
전주 화약 체결	• 정부와 동학 농민군의 전주 화약 체결 – 정부의 청·일 군대 철수 요구 – 폐정 개혁안에 합의 : 탐관오리 처벌·신분제 폐지·잡세 폐지 등 – 농민군의 집강소 설치 농민의 자치 조직, 전라도 53군에 설치
제2차 봉기	• 원인 : 일본군의 경복궁 점령 → 일본의 갑오개혁 요구 • 경과 : 일본 타도를 목표로 재봉기(반외세) → 전봉준의 남접과 손병희의 북접 연합 : 논산에 집결 → 우금치 전투(충남 공주)에서 농민군 패배 → 전봉준 체포·처형

✚ 사발통문

사발을 뒤집어 놓고 동학 농민 운동에 동의하는 사람들의 이름을 원을 그리면서 써 넣었다.

✚ 장태

황룡촌 전투에서 장태 안에 짚을 넣어서 불을 붙인 뒤 수백 개를 중앙군 쪽으로 굴려 화력을 모두 소모시키고 그 뒤에 숨어서 공격하였다.

✚ 폐정 개혁안

• 탐관오리는 그 죄상을 조사하여 엄징한다.
• 노비 문서를 소각한다. : 신분제 폐지
• 7종의 천인 차별을 개선하고 백정이 쓰는 평량갓은 없앤다. : 신분제 폐지
• 청상 과부의 개가를 허용한다.
• 무명의 잡세는 일체 폐지한다.
• 왜와 통하는 자는 엄징한다.
• 토지는 평균하여 분작한다. : 토지 분배

1 다음 설명에 해당하는 용어를 쓰시오.

보기

| 집강소 | 만석보 | 사발통문 | 전주화약 |
| 제폭구민 | 척양척왜 | 폐정 개혁안 | 교조신원운동 |

(1) (　　) - 고부 군수 조병갑이 설립한 저수지

(2) (　　) - 탐관오리의 폭정을 제거하고 백성을 구한다는 의미의 구호

(3) (　　) - 동학 농민 운동 당시 농민군이 내놓은 개혁안

(4) (　　) - 농민군이 전주를 점령한 뒤 정부와 맺은 협의안

(5) (　　) - 서양과 왜의 문물이나 세력을 거부하여 물리친다는 의미의 구호

(6) (　　) - 농민군이 전라도 각 고을의 관아에 설치한 민정 기관

(7) (　　) - 원을 중심으로 참가자의 이름을 둘러가며 적은 고지문

(8) (　　) - 동학의 창시자 최제우의 억울함을 풀어줄 것을 요구함

2 빈칸에 알맞은 말을 선택하시오.

(1) 동학은 2대 교주 (최시형, 손병희)은/는 동경대전을 간행하여 교리를 정리하였다.

(2) (삼례, 진주)에서 교조 신원을 요구하는 집회가 열렸다.

(3) 고부 군수 (백낙신, 조병갑)의 폭정이 발단이 되었다.

(4) (전봉준, 홍경래)이/가 농민을 이끌고 고부 관아를 습격하였다.

(5) 고부 농민 봉기를 수습하기 위해 (박규수, 이용태)가 안핵사로 파견되었다.

(6) 농민군이 백산에 모여 (4대 강령, 조선 혁명 선언)을 선포하였다.

(7) 농민군이 (우금치, 황토현) 전투에서 관군에서 승리하였다.

(8) 정부와 농민군 사이에 (고부, 전주) 화약이 체결되었다.

(9) 농민군은 (집강소, 통리기무아문)을/를 중심으로 폐정 개혁안을 실천하였다.

(10) (청군, 일본군)이 경복궁을 점령하자 남접과 북접이 논산에서 연합하였다.

3 아래 사건이 일어난 시기를 (가)~(다) 중 고르시오.

	(가)		(나)		(다)	
삼례 집회		고부 농민 봉기		전주 화약		우금치 전투

(1) (　　) - 서울에서 복합 상소를 올렸다.

(2) (　　) - 황토현에서 관군에 승리하였다.

(3) (　　) - 청일 양군이 조선에 파병하였다.

(4) (　　) - 남접과 북접이 논산에서 연합하였다.

(5) (　　) - 집강소를 중심으로 폐정 개혁안을 실천하였다.

(6) (　　) - 정부가 군국기무처를 설치하여 개혁을 추진하였다.

(7) (　　) - 황룡촌 전투에서 관군을 물리친 후 전주성을 점령하였다.

(8) (　　) - 교조 최제우의 억울함을 풀고, 포교의 자유를 요구하는 교조 신원 운동을 전개하였다.

4 다음 사료의 명칭을 선택하시오.

(1) (홍범 14조, 동학 농민 운동의 4대 강령)

> 1. 사람을 죽이거나 가축을 잡아먹지 말라.
> 2. 충효를 다하여 세상을 구하고 백성을 편안케 하라.
> 3. 일본 오랑캐를 몰아내고 나라의 정치를 깨끗이 하라.
> 4. 군대를 몰고 서울로 들어가 권세가와 귀족을 모두 없애라.

(2) (개혁 정강, 폐정 개혁안)

> 2. 탐관오리는 그 죄상을 조상하여 엄징한다.
> 5. 노비 문서를 소각한다.
> 7. 청상 과부의 개가를 허용한다.
> 10. 왜와 통하는 자는 엄징한다.
> 12. 토지는 평균하여 분작한다.

(3) 동학 농민 운동의 (1차 봉기, 2차 봉기)

> 전봉준은 무주 집강소에 다음과 같은 통문을 보냈다. "최근 일본이 경복궁을 침략하였다. 국왕이 욕을 당했으니, 우리들은 마땅히 달려가 목숨을 걸고 의로써 싸워야 한다."

385

57회 30번 [2점]

(가) 종교에 대한 설명으로 옳은 것은?

> 외무부 장관께
>
> 몇 달 전부터 서울에서는 (가) 교도들에 대한 이야기밖에 없습니다. …… 사흘 전 이들의 대표 21명이 궁궐 문 앞에 모여 엎드려 절하고 상소를 올렸으나, 국왕은 상소 접수를 거부하였습니다. 교도들은 처형된 교조 최제우를 복권하고 (가) 을/를 인정해 줄 것을 정부에 청원하였습니다. …… 그러나 이는 조선 국왕이 들어줄 수 없는 사안들이었습니다.
>
> 조선 주재 프랑스 공사 H. 프랑댕

① 정혜쌍수와 돈오점수를 주장하였다.
② 포접제를 활용하여 교세를 확장하였다.
③ 박중빈을 중심으로 새생활 운동을 추진하였다.
④ 중광단을 조직하여 항일 무장 투쟁을 전개하였다.
⑤ 제사와 신주를 모시는 문제로 정부의 탄압을 받았다.

386

49회 33번 [1점]

(가) 인물에 대한 설명으로 옳은 것은?

> 선고서
>
> 고부 군수 조병갑이 부임하여 학정을 행하니 (가) 은/는 그 무리를 이끌고 고부 관아의 창고를 털어 곡식을 농민에게 나누어 주었다. …… 무장에서 일어나 장성에 이르러 관군을 격파하고, 밤낮없이 행군하여 전주성에 들어가니 전라 감사는 이미 도망하였다. …… 위에 기록한 사실은 피고와 공모자 손화중 등이 자백한 공초, 압수한 증거에 근거한 것이니 이에 피고 (가) 을/를 사형에 처한다.

① 단발령 시행에 반발하여 의병을 일으켰다.
② 우금치에서 일본군 및 관군에 맞서 싸웠다.
③ 동학의 2대 교주로 교조 신원 운동을 주도하였다.
④ 명동 성당 앞에서 이완용을 습격하여 중상을 입혔다.
⑤ 13도 창의군을 지휘하여 서울 진공 작전을 전개하였다.

387

50회 33번 [2점]

(가) 운동에 대한 설명으로 옳은 것은?

> 이곳은 공주 우금치 전적으로 (가) 당시 남접과 북접 연합군이 북상하던 중 관군과 일본군을 상대로 격전을 벌인 장소입니다. 우금치는 도성으로 올라가는 길목으로 전략상 매우 중요한 지역이었습니다.

① 이소응, 유인석 등이 주도하였다.
② 황토현에서 전라 감영군을 격파하였다.
③ 한성 조약이 체결되는 결과를 가져왔다.
④ 관민 공동회를 개최하여 헌의 6조를 결의하였다.
⑤ 사건 수습을 위하여 박규수가 안핵사로 파견되었다.

388

65회 31번 [2점]

(가), (나) 사이의 시기에 있었던 사실로 옳은 것은?

> (가) 복합 상소 이후에도 "물러나면 원하는 바를 시행할 것이다."라던 국왕의 약속과 달리 관리들의 침학이 날로 심해졌다. …… 최시형은 도탄에 빠진 교도들을 구하고 최제우의 억울함을 씻기 위해 보은 집회를 개최하였다.
>
> (나) 동학 농민군은 거짓으로 패한 것처럼 꾸며 황토현에 진을 쳤다. 관군은 밀고 들어가 그 아래에 진을 쳤다. …… 농민군이 삼면을 포위한 채 한쪽 모퉁이만 빼고 크게 함성을 지르며 압박하자 관군은 일시에 무너졌다.

① 논산으로 남접과 북접이 집결하였다.
② 개혁을 추진하기 위해 교정청이 설치되었다.
③ 일본이 군대를 동원하여 경복궁을 점령하였다.
④ 고부 농민들이 조병갑의 탐학에 맞서 만석보를 파괴하였다.
⑤ 공주 우금치에서 농민군이 관군과 일본군에게 패배하였다.

389

51회 33번 [2점]

(가) 시기에 있었던 사실로 옳은 것은?

① 농민군이 백산에서 4대 강령을 발표하였다.
② 우금치에서 농민군과 일본군이 격전을 벌였다.
③ 일본이 군대를 동원하여 경복궁을 점령하였다.
④ 보은에서 교조 신원을 요구하는 집회가 열렸다.
⑤ 조병갑의 탐학에 저항해 고부에서 농민 봉기가 일어났다.

390

58회 29번 [2점]

(가)에 들어갈 내용으로 가장 적절한 것은?

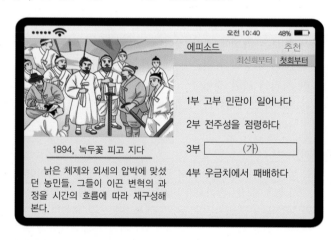

① 남북접이 논산에 집결하다
② 황토현 전투에서 승리하다
③ 백산에 모여 4대 강령을 선포하다
④ 최시형이 동학의 2대 교주가 되다
⑤ 교조 신원을 요구하는 삼례 집회가 열리다

391

54회 33번 [2점]

(가) 시기에 있었던 사실로 옳은 것은?

① 교정청이 설치되었다.
② 독립신문이 창간되었다.
③ 한성 전기 회사가 설립되었다.
④ 시모노세키 조약이 체결되었다.
⑤ 건양이라는 연호가 제정되었다.

392

47회 34번 [2점]

(가)에 들어갈 내용으로 가장 적절한 것은?

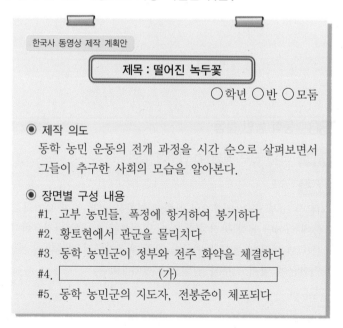

① 최시형이 동학의 2대 교주가 되다
② 백산에서 집결하여 4대 강령을 발표하다
③ 우금치에서 관군과 일본군에 맞서 싸우다
④ 황룡촌 전투에서 장태를 이용하여 승리하다
⑤ 서울에서 교조 신원을 위한 복합 상소를 올리다

385 동학

정답 ②

핵심키워드 궁궐 앞 상소, 교조 최제우

정답 분석

조선 정부는 1864년(고종 1년)에 동학을 사교로 규정하여 최제우를 혹세무민의 죄명으로 처형하였다. 동학 지도층은 제2대 교주 최시형을 중심으로 교단을 재건하고 교세를 확장시키기 위한 노력을 기울이는 한편, 동학을 합법화하기 위한 교조 신원 운동을 전개하였다.

제시문은 1893년에 40여 명의 교도들이 교조 신원을 요청하는 상소문을 정부에 제출하고 광화문 앞에 엎드려 밤낮으로 호소한 서울 복합 상소 운동이다.

② 동학의 포접제는 작은 단위의 '접'들이 모여 더 큰 단위의 '포'를 구성하며, 지역을 기반으로 조직된 체계이다.

오답 분석

① 정혜쌍수와 돈오점수는 고려 시대의 승려 지눌이 주장한 불교 개혁 사상이다.

③ 박중빈은 원불교의 창시자로, 1916년부터 새생활 운동을 통해 새로운 종교운동을 전개하였다.

④ 중광단은 대종교의 지도자인 서일이 1911년에 만주에서 조직한 항일 무장 단체로, 1919년에 북로 군정서로 개편되어 청산리 전투에서 대승을 거두었다.

⑤ 천주교는 제사를 거부하는 문제가 큰 쟁점이 되어, 조선 정부로부터 탄압을 받았다.

386 동학 농민 운동

정답 ②

핵심키워드 고부 군수 조병갑, 전주성 입성

정답 분석

제시문은 고부 군수 조병갑의 탐학에 저항한 고부 농민 봉기와 그해 봄에 일어난 동학 농민 운동을 이끈 전봉준에 대한 판결문이다.

② 1894년 가을에 동학 농민군이 공주 우금치에서 관군과 일본군 연합군에 맞서 전투를 벌였으나 패배하였다.

오답 분석

① 을미사변(1895년)과 을미개혁의 단발령에 반발한 유생들이 의병을 일으켰다. 이를 을미의병이라 한다.

③ 동학의 2대 교주는 최시형이다.

④ 1909년 명동 성당 앞에서 이재명이 을사오적 중 한 명인 이완용을 암살 시도하여 중상을 입혔다

⑤ 1907년 정미의병 당시, 의병장들이 13도 창의군을 조직하고 서울 진공 작전을 시도하였다.

387 동학 농민 운동

정답 ②

핵심키워드 우금치 전투, 남접과 북접

정답 분석

동학 농민군은 1894년 4월 초 황토현 전투에서 전주에서 내려온 관군을 물리친 후, 전라도 일대의 여러 지역을 점령하였다. 이어 4월 23일 장성의 황룡촌 전투에서도 서울에서 내려온 관군을 격퇴하며 기세를 올렸다. 결국 4월 27일 농민군은 전주를 점령하였다.

⑤ 일본은 조선 정부의 철병 요구를 거부하고, 오히려 경복궁을 기습 점령하고 청·일 전쟁을 일으켰다. 이에 1894년 가을 전봉준의 남접 부대와 손병희의 북접 부대는 논산에서 연합 부대를 형성한 후, 서울을 향해 북상하였다. 하지만 공주 우금치에서 우세한 화력으로 무장한 일본군과 정부군에 크게 패하였다.

오답 분석

① 유생 이소응과 유생 유인석 등은 을미사변과 단발령에 반발하여 을미의병(1895년)을 주도하였다.

③ 갑신정변 후 일본과 한성 조약을 체결하여, 일본 공사관 재건 비용을 배상하는 데 합의하였다.

④ 1898년에 독립협회는 관민 공동회를 개최하여 헌의 6조를 결의하였다.

⑤ 임술 농민 봉기가 일어나자 정부는 안핵사로 박규수를 파견하여 상황을 수습하려 하였다.

388 동학 농민 운동

정답 ④

핵심키워드 복합 상소, 보은 집회, 황토현

정답 분석

(개) 동학의 교조 신원 운동 중에서 1893년에 일어난 서울 복합 상소 운동과 보은 집회에 관한 것이다.

(내) 1894년 봄에 동학 농민군이 황토현 전투에서 전라감영군을 격퇴한 사건에 관한 것이다.

따라서 1894년 초에 일어난 고부 농민 봉기가 (개), (내) 사이에 일어난 사건이다.

오답 분석

① 동학 농민 운동은 1차 봉기에서 전봉준이 이끄는 남접이 중심이 되었고, 2차 봉기에서는 손병희가 이끄는 북접까지 합류하였다. 이후 남접과 북접의 농민군은 공주 우금치에서 일본군과 교전하였다.

② 전주 화약 이후 조선 정부는 개혁을 추진하기 위해 교정청을 설립했다. 하지만 일제가 경복궁을 점령하고 군국기무처를 세워 갑오개혁을 추진하자 교정청은 폐지되었다.

③ 1894년 7월에 일본군은 경복궁을 점령하고 고종을 협박하여 친일 내각을 세우게 하였다.

⑤ 1894년 11월에 동학 농민군은 공주 우금치에서 관군과 일본군 연합군에 맞서 싸웠으나 패배하였다.

389 동학 농민 운동

정답 ③

핵심키워드 화약 체결, 전주성, 남접과 북접

정답 분석

왼쪽 그림은 1894년 5월에 정부와 동학 농민군이 전주 화약을 체결한 상황을 보여주고 있다. 이후 조선 정부는 청일 양국에 군대 철수를 요청하였으나, 일본군은 그해 6월에 경복궁을 점령하고 청일 전쟁을 일으켰다. 이 소식을 들은 농민군은 남접과 북접이 연합하여 그해 가을에 2차 봉기를 일으켰다. 오른쪽 그림은 2차 봉기를 나타낸 것이다.

오답 분석

① 동학 농민군은 1894년 3월에 백산에서 4대 강령을 발표하고, 1차 봉기하였다.

② 우금치 전투는 동학 농민군이 관군과 마지막으로 교전한 전투로, 1894년 11월에 일어났다.

④ 동학 교도들은 삼례 집회(1892년), 서울 복합 상소(1893년), 보은 집회(1893년)를 열어 교조 신원 운동을 전개하였다.

⑤ 고부 농민들은 탐관오리 조병갑의 학정을 참지 못하고 만석보를 파괴하며 봉기하였다. 이 사건은 동학 농민 운동의 시발점이 되었다.

390 동학 농민 운동

정답 ①

핵심키워드 고부 민란, 전주성 점령, 우금치 전투 패배

정답 분석

동학 농민 운동은 1차 봉기(1894년 봄)에서 전봉준이 이끄는 남접이 중심이 되었다. 이들은 전주를 점령하고 정부와 화약을 체결한 후 폐정 개혁을 추진하였다.

일본의 경복궁 점령에 반발하여 재봉기한 2차 봉기(1894년 가을) 때에는 손병희가 이끄는 북접까지 합류하였다. 이후 남접과 북접의 농민군은 공주 우금치에서 일본군과 교전하였다. 제시된 자료 속 (가)는 2차 봉기에 해당한다.

오답 분석

② 동학 농민군은 1894년 4월에 황토현 전투에서 전라 감영군을 격파하고 승리를 거두었다.

③ 동학 농민군은 1894년 3월에 백산에서 4대 강령을 발표하고, 1차 봉기하였다.

④ 최제우가 순교하자 최시형은 1864년에 동학의 제2대 교주에 올랐다.

⑤ 동학 교도들은 삼례 집회(1892년), 서울 복합 상소(1893년), 보은 집회(1893년)를 열어 교조 신원 운동을 전개하였다.

391 1894년

정답 ①

핵심키워드 전주 화약, 폐정 개혁안, 군국기무처

정답 분석

왼쪽 그림은 1894년 5월에 정부와 동학 농민군이 전주에서 합의한 상황을 나타낸다. 전주 화약으로 동학 농민군은 집강소를 설치하여 폐정 개혁안을 실시하는 대신에 정부군의 요구대로 전주성에서 물러났다. 조선 정부는 농민들의 요구를 반영하여 정치 개혁을 추진하기 위해 교정청을 설치하였다.

하지만 그해 6월 말에 일본군이 경복궁을 점령하고 군국기무처를 설치하여 개혁을 시도하자 교정청은 폐지되었다. 오른쪽 그림은 갑오개혁을 표현하였다.

오답 분석

② 「독립신문」은 1896년 서재필이 창간한 한국 최초의 민간 신문이다.

③ 한성 전기 회사는 1898년에 설립된 한국 최초의 전기 회사로, 서울에 전등과 전차를 도입하였다.

④ 1895년에 청일 전쟁이 끝나자 일본은 시모노세키 조약을 맺어 청으로부터 타이완을 할양받고 막대한 배상금을 얻었다.

⑤ 건양은 1895년 을미개혁 때 제정한 연호이다.

392 동학 농민 운동

정답 ③

핵심키워드 전주 화약, 전봉준 체포

정답 분석

1894년 5월 정부와 동학 농민군은 전주 화약을 맺었다. 이후 조선 정부는 청일 양국에 군대 철수를 요청하였으나, 일본군은 그해 6월에 경복궁을 점령하고 갑오개혁을 강행하며 동시에 청일 전쟁을 일으켰다. 이 소식을 들은 농민군은 그해 가을에 2차 봉기를 일으켰고, 서울을 향해 북상하던 중 공주 우금치에서 관군과 일본군을 상대로 격렬한 전투를 벌였으나 패하였다. 이후 민가에 숨어 재기를 계획하던 전봉준도 체포되어 처형당하였다.

오답 분석

① 최시형은 1864년부터 동학의 제2대 교주가 되었다.

② 1894년 3월에 동학 농민군은 1차 봉기를 일으켜 백산에서 4대 강령을 발표하였다.

④ 동학 농민군은 1894년 4월에 황토현 전투에서 전라 감영군을 격파하고 승리를 거두었다.

⑤ 동학 교도들은 삼례 집회(1892년), 서울 복합 상소(1893년), 보은 집회(1893년)를 열어 교조 신원 운동을 전개하였다.

갑오·을미 개혁

❶ 제1차 갑오개혁 [1894] 여름~가을

┌ 개혁 기구, 일제가 곧장 폐지

배경	• 조선 : 전주 화약 체결 후 교정청 설치 • 일본 : 경복궁 점령 후 김홍집 내각 수립
담당 주체	• 군국기무처(총재 김홍집, 초정부적 개혁 기구)

개혁안	• 정치적
	  – 의정부와 궁내부의 역할 구분 국왕권 제한
	  – 중국 연호 폐지, 개국 기년 사용 1894년 = 개국 503년
	  – 중앙 행정 개편 : 6조를 8아문으로 개편 내무아문·탁지아문 등
	  – 과거제 폐지
	• 경제적
	  – 탁지아문에서 재정의 일원화
	  – 은본위제 실시
	• 사회적
	  – 공사 노비법 혁파 신분제 폐지, 고문·연좌제 폐지
	  – 과부의 재가 허용
	  – 조혼 금지 남자 20세, 여자 16세 이상

✛ **군국기무처**

❷ 제2차 갑오개혁 [1894] 겨울~[1895] 여름

배경	• 청·일 전쟁에서 일본 우세하자 조선에 대한 내정 간섭 본격화 • 군국기무처 폐지
담당 주체	• 김홍집·박영효 내각 수립

개혁안	• 정치적
	  – 고종의 독립 서고문과 홍범 14조 반포
	  – 중앙 행정 개편 : 8아문을 7부로 개편
	  – 지방 행정 개편 : 8도를 23부로 개편
	  – 재판소 설치하여 사법권 독립
	• 교육적
	  – 교육입국 조서 반포, 한성사범학교 관제 반포 한성사범학교 설립

✛ **홍범 14조** 국정 개혁의 기본 강령
• 제1조 청에 의존하는 생각을 버리고 자주독립의 기초를 세운다. : 청 사대 중단
• 제4조 왕실 사무와 국정 사무를 나누어 서로 혼동하지 않는다. : 의정부와 궁내부의 사무 분리
• 제6조 납세는 법으로 정하고 함부로 세금을 징수하지 않는다. : 조세 법정주의
• 제7조 조세의 징수와 경비 지출은 모두 탁지아문의 관할에 속한다. : 재정의 일원화
• 제14조 문벌을 가리지 않고 인재 등용의 길을 넓힌다. : 능력에 따른 인재 등용

❸ 을미개혁 [1895]

배경	• 청·일 전쟁 후 시모노세키 조약 체결 [1895.4] : 일본의 랴오둥반도 획득
	  → 러시아·프랑스·독일의 삼국 간섭 [1895.4] : 일본이 청에 랴오둥반도를 반환하도록 압력 행사
	  → 을미사변 [1895.8] : 미우라 주도, 경복궁 내 건청궁에서 명성황후 시해

담당 주체	• 김홍집·유길준·서광범 내각 수립

개혁안	• 정치적 : 연호 '건양' 양력을 세운다는 의미
	• 사회적
	  – 태양력 시행
	  – 단발령 실시
	  – 우편 사무 재개
	  – 종두법 실시
	• 교육적 : 소학교령 발표 후 소학교 설립

✛ **을미사변**
일본군의 엄호 속에 사복 차림의 일본인들이 건청궁으로 침입하였다. 그들은 왕과 왕후의 처소로 달려가 몇몇은 왕과 왕태자의 측근들을 붙잡았고, 다른 자들은 왕후의 침실로 향하였다. 폭도들이 달려들자 궁내부 대신은 왕후를 보호하기 위해 두 팔을 벌려 앞을 가로막아 섰다. 의녀가 나서서 손수건으로 죽은 왕후의 얼굴을 덮어 주었다.

1 다음은 갑오·을미 개혁을 정리한 것이다. 제1차 갑오개혁은 '1', 제2차 갑오개혁은 '2', 을미 개혁은 '을'로 쓰시오.

(1) (　　) – 과거제를 폐지하였다.

(2) (　　) – 은본위제를 도입하였다.

(3) (　　) – 태양력을 공식 채택하였다.

(4) (　　) – 공사 노비법을 혁파하였다.

(5) (　　) – 전국을 8도에서 23부로 개편하였다.

(6) (　　) – 재판소를 설치하여 사법권을 독립시켰다.

(7) (　　) – 중앙 관제를 의정부와 궁내부로 나누었다.

(8) (　　) – 행정 기구를 6조에서 8아문으로 개편하였다.

(9) (　　) – 교원 양성을 위해 한성사범학교를 설립하였다.

(10) (　　) – 개혁을 추진하기 위해 군국기무처를 설치하였다.

2 빈칸에 알맞은 말을 선택하시오.

(1) 일본은 경복궁을 점령하고 (교정청, 군국기무처)을/를 폐지하였다.

(2) 김홍집은 (군국기무처, 통리기무아문)의 총재로 개혁을 주도하였다.

(3) 제1차 갑오개혁 때 (은본위제, 금본위제)를 채택하였다.

(4) 제1차 갑오개혁 때 (호조, 탁지아문)(으)로 재정을 일원화하였다.

(5) 제2차 갑오개혁 때 (재판소, 우정총국)을/를 설치하여 사법권의 독립을 꾀하였다.

(6) 고종은 갑오개혁의 방향을 담은 (헌의 6조, 홍범 14조)를 발표하였다.

(7) 고종은 (사립학교령, 교육입국 조서)을/를 반포하여 근대 교육을 천명하였다.

(8) 청일 전쟁으로 (포츠머스, 시모노세키) 조약이 체결되었다.

(9) (영국, 러시아)은/는 삼국간섭을 통해 일본의 요동 반도 점령을 저지하였다.

(10) 일본은 조선 내 친러 세력이 성장하자 (을미사변, 아관파천)을 일으켰다.

(11) 을미개혁 때 (건양, 광무)(이)라는 연호를 제정하였다.

(12) 을미사변과 (단발령, 호포제) 실시에 항거하여 유생들을 중심으로 항일 의병 운동이 일어났다.

3 아래 사건이 일어난 시기를 (가)~(다) 중 고르시오.

1894	1895.1	1895.8	1896
	(가)	(나)	(다)
전주화약	홍범 14조 반포	을미사변	아관파천

(1) (　　) – 삼국간섭이 일어났다.

(2) (　　) – 단발령이 발표되었다.

(3) (　　) – 신분제를 폐지하였다.

(4) (　　) – 조선 정부는 개혁 추진 기구로 교정청을 설치하였다.

(5) (　　) – 농민군이 공주 우금치에서 일본군과 관군에 패배하였다.

(6) (　　) – 청·일 전쟁에서 승리한 일본은 시모노세키 조약을 체결하여 랴오둥반도를 획득하였다.

4 다음 사료를 읽고, 물음에 답하시오.

(1) '이 기구'의 이름을 쓰시오.

> 의 기구는 국내의 크고 작은 일을 전적으로 의논한다. 총재 1인은 총리대신이 겸임하고, 부총재 1인은 의원 중에서 품계가 높은 사람이 겸임하며, 회의원은 10인 이상 20인 이하이고, 서기관은 3인인데 1인은 총리대신의 비서관을 겸임한다.

(2) 아래 문서의 이름을 쓰시오.

> 1. 청에 의존하는 생각을 버리고 자주독립의 기초를 세운다.
> 4. 왕실 사무와 국정 사무를 나누어 서로 혼동하지 않는다.
> 7. 조세의 징수와 경비 지출은 모두 탁지아문의 관할에 속한다.
> 14. 문벌을 가리지 않고 인재 등용의 길을 넓힌다.

(3) 아래 문서의 이름을 쓰시오.

> 세상 형편을 돌아보건대 부유하고 강하여 우뚝이 독립한 나라들은 모두 그 나라 백성들이 개명한 지식을 가지고 있다. … 이에 짐은 정부에 명하여 널리 학교를 세우고 인재를 길러 새로운 신민의 학식으로 국가 중흥의 큰 공을 세우고자 하니 …

정답

1. (1) 1 (2) 1 (3) 을 (4) 1 (5) 2 (6) 2 (7) 1 (8) 1 (9) 2 (10) 1
2. (1) 교정청 (2) 군국기무처 (3) 은본위제 (4) 탁지아문 (5) 재판소 (6) 홍범 14조
   (7) 교육입국 조서 (8) 시모노세키 (9) 러시아 (10) 을미사변 (11) 건양 (12) 단발령
3. (1) 나 (2) 다 (3) 가 (4) 가 (5) 가 (6) 나
4. (1) 군국기무처 (2) 홍범 14조 (3) 교육입국 조서

393

57회 27번 [3점]

(가) 인물에 대한 설명으로 옳은 것은?

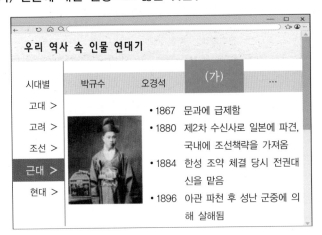

우리 역사 속 인물 연대기

시대별	박규수	오경석	(가)	…
고대 >				
고려 >				
조선 >				
근대 >				
현대 >				

- 1867 문과에 급제함
- 1880 제2차 수신사로 일본에 파견, 국내에 조선책략을 가져옴
- 1884 한성 조약 체결 당시 전권대신을 맡음
- 1896 아관 파천 후 성난 군중에 의해 살해됨

① 총리대신으로 갑오개혁을 주도하였다.
② 베델과 함께 대한매일신보를 창간하였다.
③ 서양의 과학 기술을 정리한 지구전요를 저술하였다.
④ 강화도 조약 체결의 전말을 기록한 심행일기를 남겼다.
⑤ 유학생과 기술자들을 이끄는 영선사로 청에 파견되었다.

394

69회 31번 [2점]

(가)에 들어갈 내용으로 적절한 것은?

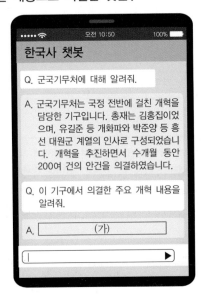

오전 10:50   100%

한국사 챗봇

Q. 군국기무처에 대해 알려줘.

A. 군국기무처는 국정 전반에 걸친 개혁을 담당하는 기구입니다. 총재는 김홍집이었으며, 유길준 등 개화파와 박준양 등 흥선 대원군 계열의 인사로 구성되었습니다. 개혁을 추진하면서 수개월 동안 200여 건의 안건을 의결하였습니다.

Q. 이 기구에서 의결한 주요 개혁 내용을 알려줘.

A. _____(가)_____

① 공사 노비법을 혁파하였습니다.
② 5군영을 2영으로 통합하였습니다.
③ 건양이라는 연호를 제정하였습니다.
④ 한성 사범 학교 관제를 반포하였습니다.
⑤ 지계아문을 설치하여 지계를 발급하였습니다.

395

64회 31번 [2점]

밑줄 그은 '개혁안'의 내용으로 옳은 것을 〈보기〉에서 고른 것은?

파리의 외무부 장관 아노토 각하께

전임 일본 공사는 국왕에게서 사실상 거의 모든 권력을 빼앗고, 개혁 위원회 [군국기무처]가 내린 결정을 확인하는 권한만 남겨 놓았습니다. …… 이후 개혁 위원회 [군국기무처]는 매우 혁신적인 개혁안을 발표했습니다. 그런데 일부 위원들이 몇몇 조치에 대해 시의적절하지 않다고 판단하더니 이에 대해 동의하기를 거부했습니다. …… 게다가 조선인들은 이 기구가 왕권을 빼앗고 일본에 매수되었다고 비난하면서, …… 어떤 지방에서는 왕권 수호를 위해 봉기했다고 합니다.

주 조선 공사 르페브르 올림

┤보기├
ㄱ. 건양이라는 연호를 제정하였다.
ㄴ. 탁지아문으로 재정을 일원화하였다.
ㄷ. 양전 사업을 실시하여 지계를 발급하였다.
ㄹ. 조혼을 금지하고 과부의 재가를 허용하였다.

① ㄱ, ㄴ
② ㄱ, ㄷ
③ ㄴ, ㄷ
④ ㄴ, ㄹ
⑤ ㄷ, ㄹ

396

53회 33번 [2점]

다음 대화 이후에 전개된 사실로 옳은 것을 〈보기〉에서 고른 것은?

군국기무처 의안에서 공노비와 사노비에 대한 법을 폐지한다는 내용을 보았다. 그대로 시행하도록 하라.

분부를 받들겠습니다.

┤보기├
ㄱ. 별기군이 창설되었다.
ㄴ. 한성순보가 발행되었다.
ㄷ. 교육 입국 조서가 반포되었다.
ㄹ. 재판소를 설치하여 사법권을 독립시켰다.

① ㄱ, ㄴ
② ㄱ, ㄷ
③ ㄴ, ㄷ
④ ㄴ, ㄹ
⑤ ㄷ, ㄹ

397

49회 34번 [3점]

다음 대화에 나타난 상황 이후의 사실로 옳은 것은?

> 며칠 전 러시아, 프랑스, 독일의 압력으로 일본이 청에 랴오둥반도를 반환했다는 소식 들었는가?

> 들었네. 우리도 이 기회에 러시아를 이용하여 일본의 간섭에서 벗어날 방도를 찾아야 할 것이네.

① 조청 상민 수륙 무역 장정을 체결하였다.
② 건양이라는 독자적인 연호를 사용하였다.
③ 행정 기구를 6조에서 8아문으로 개편하였다.
④ 군국기무처를 설치하여 근대적 개혁을 추진하였다.
⑤ 영국이 러시아를 견제하기 위해 거문도를 점령하였다.

399

71회 31번 [2점]

밑줄 그은 '개혁'의 내용으로 옳은 것은?

> 어제 발행된 관보를 보았는가? 지난 8월 국모 시해 사건 이후 김홍집 내각에서 추진한 개혁의 일환으로 태양력을 시행한다더니, 그에 맞추어 연호를 새로 정하라는 조칙이 내려졌군.

> 그래서 내일부터 양력 1월 1일이 시작되고, 새로운 연호는 건양으로 정해졌다고 하네.

① 양전 사업을 실시하여 지계를 발급하였다.
② 지방 행정 구역을 8도에서 23부로 개편하였다.
③ 군제를 개편하여 친위대와 진위대를 설치하였다.
④ 공사 노비법을 혁파하고 과부의 재가를 허용하였다.
⑤ 교육의 기본 방향을 제시한 교육 입국 조서를 반포하였다.

398

47회 35번 [3점]

(가)~(다)를 일어난 순서대로 옳게 나열한 것은?

(가) 왕이 경복궁을 나오니 이범진, 이윤용 등이 러시아 공사관으로 옮기게 하였다. 김홍집 등이 군중에게 잡혀 살해되자 유길준, 장박 등은 도주하였다.
(나) 오늘 대군주 폐하께서 내리신 조칙에서 "짐이 신민(臣民)에 앞서 머리카락을 자르니, 너희들은 짐의 뜻을 잘 본받아 만국과 나란히 서는 대업(大業)을 이루라."라고 하셨다.
(다) 광화문을 통해 들어온 일본 병사들은 건청궁으로 침입하였다. …… 일본 장교는 흉악한 일본 자객들이 왕후를 수색하는 것을 도왔다. 자객들은 여러 방을 샅샅이 뒤졌고 마침내 왕후를 찾아내어 시해하였다.

① (가) – (나) – (다) ② (가) – (다) – (나)
③ (나) – (가) – (다) ④ (나) – (다) – (가)
⑤ (다) – (나) – (가)

400

51회 34번 [3점]

(가)~(다)를 발표된 순서대로 옳게 나열한 것은?

(가) 1. 문벌, 양반과 상인들의 등급을 없애고 귀천에 관계없이 인재를 선발하여 등용한다. 1. 공노비와 사노비에 관한 법을 일체 혁파하고 사람을 사고파는 일을 금지한다.
(나) 1. 청나라에 의존하는 생각을 끊어 버리고 자주 독립의 기초를 튼튼히 세운다. 1. 왕실 사무와 국정 사무는 반드시 분리시켜 서로 뒤섞지 않는다.
(다) 대군주 폐하께서 내리신 조칙에서 "짐이 신민(臣民)에 앞서 머리카락을 자르니, 너희들은 짐의 뜻을 잘 본받아 만국과 나란히 서는 대업을 이루라."라고 하셨다.

① (가) – (나) – (다) ② (가) – (다) – (나)
③ (나) – (가) – (다) ④ (나) – (다) – (가)
⑤ (다) – (나) – (가)

393 김홍집 정답 ①

핵심키워드 2차 수신사, 조선책략 도입

정답 분석

김홍집은 온건 개화파로, 제2차 수신사(1880년)로 일본에 건너가 관세 설정을 요구하였으며, 귀국길에 「조선책략」을 들여왔다. 「조선책략」은 당시 국제 정세에 어두웠던 조선 정부의 외교 정책에 큰 영향을 주었으며 개화 정책이 본격적으로 추진되는 계기가 되었다. 이후 총리대신으로서 갑오·을미 개혁(1894~1895년)을 이끌었다. 그러나 을미사변과 아관파천 이후 성난 민심은 그를 친일파로 인식하여, 그는 광화문 앞에서 군중들에 의해 타살되었다.

오답 분석

② 영국인 베델은 양기탁과 함께 1904년에 대한매일신보를 창간하였다.
③ 최한기는 세계지리서인 「지구전요」를 저술하였다.
④ 강화도 조약 체결에 참여한 신헌은 전말을 기록한 「심행일기」를 남겼다.
⑤ 김윤식은 유학생과 기술자들을 이끌고 영선사로 청에 파견되어, 청의 군사 기술을 배워왔다.

394 갑오개혁 정답 ①

핵심키워드 군국기무처, 총재 김홍집

정답 분석

군국기무처는 제1차 갑오개혁을 추진한 임시 기구로, 그 성과는 다음과 같다. '정치적'으로는 정부 조직을 의정부와 궁내부로 나누고, 의정부 아래에 8아문을 두었다. '경제적'으로는 재정을 탁지아문으로 일원화하였다. '사회적'으로는 과거 제도를 폐지하고, 공사 노비를 없애며 신분 제도를 철폐하였다.

오답 분석

② 통리기무아문은 별기군을 설치하고, 기존의 5군영을 2영으로 통합하는 군사 개혁을 추진하였다.
③ 을미개혁으로 양력을 도입하면서, '양력을 세운다'는 의미의 건양을 연호로 삼았다.
④ 고종은 제2차 갑오개혁 중에 교육 입국 조서를 발표하였다. 이후 신식 교육을 담당할 교원 양성을 위해 1895년에 관련 관제를 반포하고, 한성 사범 학교를 설립하였다.
⑤ 대한 제국은 1898년 양지아문을 설립하여 전국적인 토지 조사에 나섰고, 이를 토대로 1901년 11월 지계아문을 세워 토지 문권인 지계를 발급하기 시작하였다.

395 갑오개혁 정답 ④

핵심키워드 군국기무처

정답 분석

군국기무처는 입법권을 가진 초정부적인 회의 기관으로서, 제1차 갑오개혁을 주도하였다.

ㄴ. 제1차 갑오개혁 때 기존의 재정 기관인 호조와 선혜청 등을 통합하여 재정을 일원화하려 했고, 이렇게 조직된 탁지아문은 전국의 예산·결산·조세 출납·국채·화폐 업무를 총괄하고 각 지방의 재무를 감독하였다. 제2차 갑오개혁 때는 탁지부로 명칭이 변경되었다.

ㄹ. 제1차 갑오개혁 때 조혼이 금지되고, 과부의 재가를 허용하는 법령이 제정되었다. 이는 사회적 관습을 개혁하여 여성의 권리를 일부 보장한 조치였다.

오답 분석

ㄱ. 을미개혁으로 양력을 도입하면서, '양력을 세운다'는 의미의 건양을 연호로 삼았다.

ㄷ. 대한 제국은 1898년 양지아문을 설립하여 전국적인 토지 조사에 나섰고, 이를 토대로 1901년 11월 지계아문을 세워 토지 문권인 지계를 발급하기 시작하였다.

396 갑오개혁 정답 ⑤

핵심키워드 군국기무처

정답 분석

제시된 자료는 군국기무처가 존재했던 제1차 갑오개혁 상황을 나타낸 것이다. 따라서 1차 갑오개혁 이후에 나타난 변화를 선택해야 한다.

ㄷ. 고종은 제2차 갑오개혁 중에 교육 입국 조서를 발표하여 근대적 교육 제도를 확립의 의지를 표명하였다.

ㄹ. 제2차 갑오개혁으로 재판소를 설치하고, 사법권을 행정권에서 분리하여 재판 업무는 사법관이 담당하도록 하였다.

오답 분석

ㄱ. 별기군은 1881년에 조선 정부가 근대적 군사 제도를 도입하기 위해 창설한 신식 군대이다.

ㄴ. 「한성순보」는 1883년에 창간된 한국 최초의 신문으로, 정부의 개화 정책 홍보와 민중 계몽을 목적으로 박문국에서 발행되었다.

397 을미개혁
정답 ②

핵심키워드 러시아·프랑스·독일의 압력

정답 분석

청일 전쟁에서 승리한 일본이 랴오둥 반도를 차지하자, 러시아, 프랑스, 독일이 이를 반대하여 청에 반환하게 하였다(삼국간섭, 1895년). 이로 인해 일본의 조선에 대한 영향력이 감소하자, 이를 우려한 일본은 명성황후를 시해하는 을미사변(1895년)을 일으키고 조선에 대한 영향력을 확대하고자 하였다. 이 시기에 이루어진 일련의 개혁을 을미개혁 또는 제3차 갑오개혁이라 부른다. 그리하여 태양력이 사용되고, 연호를 건양이라 하였으며, 우편 제도가 실시되었고, 단발령이 시행되었다.

오답 분석

① 조선 정부는 임오군란(1882년) 직후에 조청 상민 수륙 무역 장정을 체결하여 청나라 상인들의 내륙 상업 활동 권한을 부여하였다.
③ 제1차 갑오개혁 때 행정 기구를 6조에서 내무·외무·탁지·법무·학무·공무·군무·농상 등 8아문으로 개편하였다.
④ 군국기무처는 입법권을 가진 초정부적인 기관으로서, 제1차 갑오개혁을 주도하였다.
⑤ 거문도 사건은 1885년에 영국이 러시아의 남하 정책을 견제하기 위해 조선의 거문도를 불법으로 점령한 사건이다.

398 1890년대의 주요 사건
정답 ⑤

핵심키워드 러시아 공사관, 머리카락, 왕후 시해

정답 분석

(가) 아관파천(1896년)에 해당한다. 고종은 을미사변 직후 신변의 안전을 꾀하고 일본의 영향력을 약화하기 위해 경복궁을 떠나 러시아 공사관으로 피신하였다.
(나) '머리카락을 자르니'는 고종이 단발령에 따라 이발을 한 상황을 나타내고 있다. 따라서 을미개혁(1895년)과 관련 있다.
(다) 을미사변(1895년) 당시 일본군이 경복궁에 침입하여 명성황후를 시해한 사건을 묘사하고 있다. 당시 일본이 삼국간섭에 굴복하자, 조선에서는 명성황후를 중심으로 일본의 세력을 막기 위해서 러시아에 접근하려는 움직임이 나타났다. 이에 일본은 세력을 만회하기 위해 궁중으로 침입하여 명성황후를 시해하였다.
따라서 을미사변(다) → 을미개혁(나) → 아관파천(가) 순으로 일어났다.

399 을미개혁
정답 ③

핵심키워드 국모 시해, 태양력, 건양

정답 분석

일제는 을미사변(1895년) 후 4차 김홍집·유길준·서광범 내각을 수립하여 을미개혁(1895년)을 추진하였다. 단발령 시행, 양력 도입과 건양 연호 사용, 종두법 시행, 친위대(수도 방어)와 진위대(지방 치안 담당) 설치 등이 주요 내용이다.
하지만 을미사변과 단발령에 반발하여 전국 각지에서 의병이 일어나고, 을미사변으로 신변의 위협을 느낀 고종은 러시아 공사관으로 피신하였다(아관파천, 1896년). 이후 개혁 주도 세력이 제거되고 일부 관료가 일본으로 망명하면서 을미개혁은 중단되었다.

오답 분석

① 대한 제국은 광무개혁을 추진해, 지계(신식 토지 문서)를 발급하고 상공업을 진흥시켰다.
② 제2차 갑오개혁 때 지방 행정 구역을 8도에서 23부로 개편하였다. 이후 광무개혁 때 23부를 13도로 다시 개편하였다.
④ 갑오개혁은 신분제 폐지, 공사 노비 혁파, 인신 매매 금지, 조혼 금지, 과부 재가 허용, 고문과 연좌법 폐지 등을 통해 봉건적 폐습을 타파하였다.
⑤ 고종은 제2차 갑오개혁 중에 교육 입국 조서를 발표하여 근대적 교육 제도를 확립할 의지를 표명하였다.

400 갑오·을미 개혁
정답 ①

핵심키워드 노비 혁파, 왕실 사무와 국정 사무 분리

정답 분석

(가) 제1차 갑오개혁의 개혁안으로, '귀천에 관계없이 인재를 선발하여'는 과거제 폐지를, '공노비와 사노비를 혁파하고'는 노비제와 신분제 폐지를 의미한다.
(나) 제2차 갑오개혁 때 발표한 홍범 14조로, '청나라에 의존하는 생각을 끊어 버리고 자주 독립의 기초를 튼튼히 세운다'는 중화 질서에서 벗어나 청과의 관계를 단절하려는 의도를 반영한 조항이다. '왕실 사무와 국정 사무는 반드시 분리시켜 서로 뒤섞지 않는다'는 왕권과 정부 권력을 구분하여 왕권을 제한하려는 의도를 담고 있다.
(다) '짐이 신민에게 앞서 머리카락을 자르니'라는 대목은 을미개혁(1895년) 때 추진된 단발령 관련 자료임을 보여준다.
따라서 (가), (나), (다) 순으로 발표되었다.

독립협회, 대한 제국

❶ 아관파천 (1896)

의미	• 명성황후 시해와 을미개혁 직후 고종이 러시아 공사관으로 피신
영향	• 열강의 이권 침탈 본격화

❷ 독립협회 (1896~1898)

창설	• 서재필 주도 : 갑신정변 후 미국으로 이주 → 1896년 귀국
주요 활동	• 독립신문 발행 : 한글판(3면)과 영문판(1면)으로 구성 • 영은문 폐쇄, 독립문 건립 • 러시아의 이권 요구 저지 : 절영도 조차 저지, 한러은행 폐쇄 • 의회 설립 운동 전개 중추원을 의회로 개편하고자 함 • 만민 공동회 개최(1898) : 서울 종로, 민중 집회 • 관민 공동회 개최(1898) : 시민과 정부 관리 참여, 헌의 6조 채택 • 박정양 내각의 중추원 관제 반포 유도 – 구성 : 관선 의원 25명과 민선 의원 25명 – 역할 : 법률의 개정·폐기, 국왕에게 건의하는 사항 심사·결정
대한 제국과의 갈등	• 보수 세력의 공화정설 제기 '독립협회가 공화정을 실시하려 한다'며 모함 → 독립협회와 황국협회(보부상 단체)의 충돌 → 고종의 독립협회 해산 명령

❸ 대한 제국 (1897~1910)

수립	• 고종의 경운궁(덕수궁) 환궁 → 환구단 건립 후 황제에 즉위
광무 개혁	• 원칙 : 구본신참('옛 것을 근본으로 하고 서양 제도를 절충한다') • 정치적 – 대한국 국제 제정 : 전제 황권 강화 명시 – 덕수궁 석조전 건설 – 지방 행정 개편 : 23부에서 13도로 개편 • 군사 개혁 – 원수부 설치 : 황제의 군권 장악 목적 – 시위대·친위대·진위대 증강 • 경제 개혁 – 양지아문의 양전 실시 → 지계아문의 지계(신식 토지 문서) 발급 – 식산흥업 추진 : 근대적 공장과 회사의 설립 장려 – 관립 상공 학교 설립 : 실업 교육 실시 – 한성 전기 회사 설립 : 황실과 미국인 콜브란의 합작 – 서북 철도국 설립 : 경의선 부설 시도 • 외교 – 이범윤을 간도 관리사로 파견 – 칙령 제41호 반포 : 울릉군 설치 후 독도 관할 – 파리 만국 박람회 참가

✚ 아관파천

근일에 의병을 일으킨 이들이 각처에 글을 보내어 말하기를, "정부에 변란이 자주 나고 각처에 도적이 일어나며 대군주 폐하께서 외국 공사관에 파천하여 환궁하실 기약이 없고 일본 사람들이 조선 인민을 어지럽게 하는 고로, 의병을 일으켜 서울에 올라와 궁궐을 지키고 대군주 폐하를 환궁하시게 한다."라고 하였다.

✚ 헌의 6조

• 제1조 외국에 의지하지 말고 관민이 합심하여 황제권을 공고히 할 것 : 자주 국권 확립
• 제2조 외국과의 이권에 관한 계약과 조약은 해당 부처의 대신과 중추원 의장이 합동으로 날인하여 시행할 것
 : 의회 권한 확립, 이권 수호 운동
• 제4조 중대한 범죄는 공개 재판하고, 피고의 인권을 존중할 것 : 자유 민권 추구

✚ 환구단

✚ 지계

1 독립협회에 대한 설명이다. 빈칸에 알맞은 말을 선택하시오.

(1) (아관파천, 거문도 사건)으로 자주 국가로서 조선의 위신이 땅에 떨어지자 독립협회가 조직되었다.

(2) 갑신정변의 실패 후 미국에 망명하였던 (김옥균, 서재필)이 귀국하였다.

(3) 서재필은 정부의 자금 지원을 받아 (순한문, 순한글)(으)로 독립신문을 발행하였다.

(4) (일본, 러시아)의 절영도 조차 요구를 저지시켰다.

(5) (독립문, 영은문) 설립을 위해 모금 운동을 전개하였다.

(6) (보은 집회, 만민 공동회)를 열어 열강의 이권 침탈을 저지하였다.

(7) 관민 공동회를 개최하여 (헌의 6조, 홍범 14조)를 결의하였다.

(8) (의회, 공화정) 설립을 추진하였다.

(9) (김홍집, 박정양)은 독립협회의 제안을 받아들여 중추원 관제 개편을 추진하였다.

(10) 독립협회는 (보안회, 황국협회)와의 충돌로 해산되었다.

2 대한 제국에 대한 설명이다. 빈칸에 알맞은 말을 선택하시오.

(1) 고종은 러시아 공사관에서 나와 (경복궁, 경운궁)에 머물렀다.

(2) 대한 제국은 (입헌 군주제, 전제 군주제)를 지향하였다.

(3) 황제 즉위식을 거행하기 위해 (석조전, 환구단)을 건립하였다.

(4) (구본신참, 동도서기)을/를 광무개혁의 원칙으로 표방하였다.

(5) 양전 사업을 실시하고 (지계, 지가 증권)을/를 발급하였다.

(6) 만국공법에 근거한 (홍범 14조, 대한국 국제)를 제정하였다.

(7) 황제의 군사권을 강화하기 위하여 (내장원, 원수부)을/를 설치하였다.

(8) 이범윤을 (간도, 독도) 관리사로 임명하였다.

(9) 칙령 41호를 반포하여 (간도, 독도)에 대한 관리를 표명하였다.

(10) 서울과 신의주 사이에 경의선을 부설하기 위해 궁내부에 (지계아문, 서북 철도국)을 설치하였다.

3 아래 사건이 일어난 시기를 (가)~(다) 중 고르시오.

1895		1896		1897		1905
	(가)		(나)		(다)	
을미사변		독립협회 창설		고종의 경운궁 환궁		을사늑약

(1) ( ) - 광무개혁을 추진하였다.

(2) ( ) - 만민 공동회가 종로에서 개최되었다.

(3) ( ) - 고종이 러시아 공사관으로 거처를 옮겼다.

(4) ( ) - 고종이 환구단에서 황제 즉위식을 거행하였다.

(5) ( ) - 갑신정변 이후 미국에 망명 중이던 서재필이 귀국하였다.

(6) ( ) - 국정 개혁의 내용을 담은 헌의 6조를 결의하고, 이를 고종에게 건의하였다.

4 다음 사료를 읽고, 물음에 답하시오.

(1) '이 관계'는 무엇을 말하는가?

> 대한 제국 인민으로 전답, 산림, 천택, 가옥을 가진 자는 이 관계(官契 : 관청에서 증명한 문서)를 반드시 갖되, 구권(舊券)은 하나도 빠짐없이 감리소에 납부할 것

(2) (가) 단체의 이름을 쓰시오.

> 익명서는 "(가)이/가 11월 5일 본관에서 대회를 열고, 박정양을 대통령으로, 윤치호를 부통령으로, 이상재를 내부대신으로 … 임명하여 나라의 체제를 공화정치 체제로 바꾸려 한다."라고 꾸며서 폐하께 모함하고자 한 것이다.

(3) 아래 문서의 이름을 쓰시오.

> 제2조 대한 제국의 정치는 전제정치이다.
> 제5조 황제는 육·해군을 통솔하고 편제를 정하며, 계엄과 해엄의 권한을 갖는다.
> 제6조 황제는 법률을 제정하고 그의 반포와 집행을 명하며, 국내 법률을 개정하고 대사, 특사, 감형, 복권의 권한을 갖는다.
> 제9조 대한국 대황제는 각 조약국에 사신을 파견하고 선전, 강화 및 관련 약조를 체결한다.

401

(가) 단체에 대한 설명으로 옳은 것은?

이달의 독립운동가

국권을 지키기 위해 노력한 남궁억

• 생몰년 : 1863~1939년

• 생애 및 활동

    서울 정동에서 태어났다. 동문학에서 교육을 받았다. 1896년 서재필 등과 함께 (가) 을/를 창립하여 활동하였다. (가) 의 의회 설립 운동이 공화제를 수립하려는 것이라는 의심을 받아 이상재 등과 함께 체포되었다. 러시아와 일본의 한국 침략을 고발하는 논설과 기사를 실은 황성신문 사장을 역임하였다. 정부는 그의 공훈을 기려 건국훈장독립장을 추서하였다.

① 고종의 강제 퇴위 반대 운동을 전개하였다.
② 일제가 조작한 105인 사건으로 와해되었다.
③ 영은문이 있던 자리 부근에 독립문을 건립하였다.
④ 광주 학생 항일 운동의 진상 조사단을 파견하였다.
⑤ 독립 운동 자금 마련을 위해 독립 공채를 발행하였다.

403

다음 자료를 활용한 탐구 활동으로 가장 적절한 것은?

제1조 중추원은 아래에 열거한 사항을 심사하고 의정(議定)하는 곳으로 할 것이다.
  1. 법률, 칙령의 제정과 폐지 혹은 개정하는 것에 관한 사항
  2. 의정부에서 토의를 거쳐 임금에게 상주(上奏)하는 일체 사항

제3조 의장은 대황제 폐하가 글로 칙수(勅授)하고, 부의장은 중추원에서 공천에 따라 폐하가 칙수하며, 의관은 그 절반은 정부에서 나라에 공로가 있었던 사람을 회의에서 상주하여 추천하고 그 절반은 인민협회(人民協會) 중에서 27세 이상되는 사람이 정치, 법률, 학식에 통달한 자를 투표해서 선거할 것이다.

① 105인 사건의 영향을 알아본다.
② 사창제 실시의 배경을 파악한다.
③ 13도 창의군의 활동을 검색한다.
④ 헤이그에 특사를 파견한 목적을 조사한다.
⑤ 관민 공동회에서 결의한 헌의 6조 내용을 분석한다.

402

(가) 단체에 대한 설명으로 옳은 것은?

서울시는 고가도로 건설을 위해 독립문 이전을 결정하였습니다. 독립문은 서재필 등이 중심이 되어 창립한 (가) 이/가 왕실과 국민의 성금을 모아 세웠습니다. 중국 사신을 맞이하던 영은문 자리 부근에 있는 독립문은 이번 결정으로 원래 자리에서 약 70미터 떨어진 공터로 이전할 예정입니다.

① 만세보를 발행하여 민중 계몽에 앞장섰다.
② 고종의 강제 퇴위 반대 운동을 전개하였다.
③ 여성 권리 선언문인 여권통문을 공표하였다.
④ 독립운동 자금 마련을 위해 독립 공채를 발행하였다.
⑤ 만민 공동회를 열어 열강의 이권 침탈을 저지하였다.

404

(가) 단체의 활동으로 옳은 것은?

    독립문 주춧돌 놓는 예식을 독립 공원 부지에서 열었다. …… 회장 안경수 씨가 연설하기를, "(가) 이/가 처음에 시작할 때 단지 회원이 네다섯 명이더니 오늘날 회원은 수천 명이다. 조선 인민들이 나라가 독립되는 것을 좋아하기에 심지어 궁벽한 시골에 사는 인민 중에서 독립문 세우는 데 돈을 보조하는 사람들이 있으며, 외국 사람 중에서도 돈 낸 사람들이 많이 있었다. 이것을 보면 조선 사람들도 오늘부터 조선에서 모든 일을 (가) 하듯이 시작하여 모두 합심하기를 바란다."라고 하였다.

① 고종 강제 퇴위 반대 운동을 전개하였다.
② 일제의 황무지 개간권 요구를 저지시켰다.
③ 중추원 개편을 통한 의회 설립을 추진하였다.
④ 대성학교를 설립하여 민족 교육을 실시하였다.
⑤ 독립운동 자금 마련을 위해 독립 공채를 발행하였다.

405

(가) 단체에 대한 설명으로 옳은 것은?

> [(가)]은/는 독립관에서 경축 모임을 열었다. 회장은 모임을 여는 큰 뜻을 설명하였다. "오늘은 황제 폐하께서 대황제라는 존귀한 칭호를 갖게 되신 계천(繼天) 경축일이니, 대한의 신민은 이를 크게 경축드립니다. 우리는 관민 공동회에서 황실을 공고히 하고 인민을 문명 개화시키며 영토를 보존하고자 여섯 개 조항의 의견안을 바쳤습니다."라고 말하였다. …… 이어 회원들은 조칙 5조와 헌의 6조 10만 장을 인쇄하여 온 나라에 널리 배포하고 학생들에게 그것을 배우고 익히도록 하였다. 경축연을 마친 회원들은 울긋불긋한 종이꽃을 머리에 꽂은 채 국기와 [(가)]의 깃발을 세우고 경축가를 부르며 인화문 앞으로 가서 만세를 외치고 종로의 만민 공동회로 갔다.

① 일제의 황무지 개간권 요구를 저지시켰다.
② 러시아의 절영도 조차 요구에 반대하였다.
③ 태극서관을 설립하여 계몽 서적을 보급하였다.
④ 민립 대학 설립을 위한 모금 운동을 전개하였다.
⑤ 조소앙의 삼균주의를 기초로 건국 강령을 발표하였다.

406

(가) 단체에 대한 설명으로 옳은 것은?

> [(가)]의 주요 간부인 이상재, 정교 등이 러시아의 요구에 대해 정부가 어떻게 대처할 건지를 밝히라는 글이군.

> 듣기에 절영도에 러시아 사람이 석탄고를 건축하려고 땅에 청구한다고 하니 … 러시아 사람의 요청대로 빌려줄 건지, 잠깐만 빌려줄 건지, 영영 줄 건지, 빌려줄 때에는 정부 회의를 거치는지, 홀로 결정하여 도장을 찍는지 …

① 정우회 선언의 영향으로 결성되었다.
② 만세보를 발행하여 민족의식을 고취하였다.
③ 중추원 개편을 통해 의회 설립을 추진하였다.
④ 어린이날을 제정하고 소년 운동을 전개하였다.
⑤ 태극서관을 운영하여 계몽 서적 등을 보급하였다.

407

다음 인물에 대한 설명으로 옳은 것은?

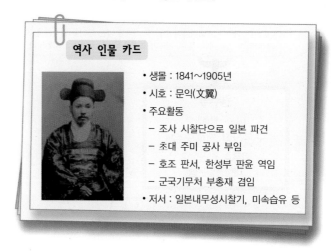

역사 인물 카드

- 생몰 : 1841~1905년
- 시호 : 문익(文翼)
- 주요활동
  - 조사 시찰단으로 일본 파견
  - 초대 주미 공사 부임
  - 호조 판서, 한성부 판윤 역임
  - 군국기무처 부총재 겸임
- 저서 : 일본내무성시찰기, 미속습유 등

① 샌프란시스코에서 흥사단을 창립하였다.
② 고종의 밀지를 받아 독립 의군부를 조직하였다.
③ 조선 광문회를 조직하여 민족 고전을 간행하였다.
④ 13도 창의군을 결성하여 서울 진공 작전을 전개하였다.
⑤ 독립협회의 제안을 받아들여 중추원 관제 개편을 추진하였다.

408

다음 상소가 작성된 이후의 사실로 옳은 것은?

> 러시아 공사관으로 거처를 옮기시고 해가 바뀌었습니다. 그곳 유리창과 분칠한 담장은 화려하지만 그을음 나는 석탄을 때는 전돌(甎堗)은 옥체를 보호하기에 적합하지 않은 듯합니다. …… 온 나라 신하들의 심정을 염두에 두시어 간하는 말을 따라 바로 환궁하여 끓어오르는 여론에 부응하시고 영원히 누릴 태평의 터전을 공고히 만드소서.

① 영선사가 파견되었다.
② 군국기무처가 설치되었다.
③ 대한국 국제가 반포되었다.
④ 제너럴 셔먼호 사건이 일어났다.
⑤ 조청 상민 수륙 무역 장정이 체결되었다.

409

밑줄 그은 '개혁'의 내용으로 옳은 것은?

지난 시간에는 고종이 황제로 즉위한 이후 추진한 개혁을 배웠습니다. 이 화면에는 여러분이 수업 후 기억에 남는 용어를 입력한 결과가 나타나 있습니다. 입력 빈도가 높을수록 큰 글씨로 표시됩니다.

원수부

내장원 탑골공원

구본신참 전제 군주제

양무호 상공학교

대한천일은행

① 5군영에서 2영으로 군제를 개편하였다.
② 양전 사업을 시행하여 지계를 발급하였다.
③ 박문국을 설치하여 한성순보를 발행하였다.
④ 개혁의 방향을 제시한 홍범 14조를 반포하였다.
⑤ 서양식 근대 교육 기관인 육영공원을 설립하였다.

410

(가) 시기에 볼수 있는 모습으로 적절한 것은?

△△ 박물관

환수된 황제지보
특별 전시전

초대의 글

우리 박물관에서는 고종이 황제로 즉위한 이후인 (가) 시기에 사용하였던 국새인 황제지보(皇帝之寶)를 공개합니다. 미국으로 불법 반출되었다가 지난 2014년 문화재청과 미국 당국의 공조로 60여 년 만에 환수된 것입니다. 많은 관람 바랍니다.

■ 기간 : 2021. ○○. ○○. ~ ○○.
■ 장소 : △△ 박물관 특별 전시실

① 간도 관리사로 임명되는 관료
② 영화 아리랑을 관람하는 청년
③ 육영공원에서 영어를 배우는 학생
④ 제너럴 셔먼호를 불태우는 평양 관민
⑤ 조사 시찰단으로 일본에 파견되는 통역관

411

(가)에 들어갈 내용으로 가장 적절한 것은?

한국사 특강

우리 학회에서는 고종이 황제로 즉위한 이후 구본신참에 입각하여 추진한 정책을 주제로 강좌를 마련하였습니다. 많은 관심과 참여 바랍니다.

◉ 강좌 내용 ◉

제1강 (가)
제2강 대한국 국제 반포와 황제 중심 정치구조
제3강 지계 발급과 근대적 토지 소유권

• 기간 : 2023년 10월 ○○일~○○일
• 일시 : 매주 토요일 14:00~16:00
• 장소 : △△연구원

① 통역관 양성을 위한 동문학 설립
② 개혁 방향을 제시한 홍범 14조 반포
③ 통리기무아문 설치와 개화 정책 추진
④ 원수부 창설과 황제의 군 통수권 강화
⑤ 23부로의 지방 제도 개편과 지방관 권한 축소

412

(가)~(다)를 발표된 순서대로 옳게 나열한 것은? [3점]

(가)
1. 지금부터는 국내외의 공사(公私) 문서에 개국기년(開國紀年)을 쓴다.
1. 과부가 재혼하는 것은 귀천을 막론하고 자신의 의사대로 하게 한다.
1. 공노비와 사노비에 관한 법을 일체 혁파하고 사람을 사고 파는 일을 금지한다.

(나)
이번 단발은 위생에 이익이 되고 일을 할 때 편하기 위하여 우리 성상 폐하께서 정치 개혁과 국가의 부강함을 도모하고자 솔선하여 표준을 보이심이라. 무릇 우리 대조선국 인민은 이와 같은 성의를 본받되 의관 제도는 다음과 같이 고시함.
1. 망건은 폐지함
1. 의복 제도는 외국 제도를 채용하여도 무방함

(다)
제1조 원수부는 국방과 용병과 군사에 관한 각 항의 명령을 관장하여 특별히 세운 권한을 가지고 군부와 경외(京外)의 각 부대를 지휘 감독한다.
제2조 모든 명령은 대원수 폐하가 원수 전하를 경유하여 하달한다.
제3조 원수부는 황궁(皇宮) 내에 설치한다.

① (가) - (나) - (다)   ② (가) - (다) - (나)
③ (나) - (가) - (다)   ④ (나) - (다) - (가)
⑤ (다) - (나) - (가)

413

44회 31번 [2점]

밑줄 그은 '이 관계'가 발급되던 시기에 있었던 사실로 옳은 것은?

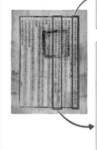

하나, 대한 제국 인민으로 전답을 가진 자는 이 관계(官契)를 반드시 소유하되, 구계(舊契)는 무효로 하여 본 이문에 수납할 것

* 관계(官契) : 관청에서 증명한 문서

하나, 대한 제국 인민 외에는 전답 소유주가 될 권리가 없으니, 외국인에게 명의를 빌려주거나 사사로이 매매·저당·양도하는 자는 모두 최고형에 처하고 해당 전답은 원주인의 소유를 인정하여 일체 몰수할 것

① 이만손 등이 영남 만인소를 올렸다.
② 박문국에서 한성순보가 발행되었다.
③ 조선 형평사 창립 대회가 개최되었다.
④ 러시아가 용암포를 점령하고 조차를 요구하였다.
⑤ 제너럴 셔먼호 사건을 구실로 미군이 강화도를 침략하였다.

414

68회 37번 [2점]

밑줄 그은 '개혁'에 해당하는 내용으로 옳은 것을 <보기>에서 고른 것은?

【건축으로 보는 한국사】 석조전

고종은 황제로서의 권위와 근대 국가를 향한 의지를 보여주기 위해 서양의 신고전주의 양식으로 설계된 석조전 착공을 명하였다. 그러나 황제권 강화를 표방하며 개혁을 추진하던 고종은 석조전이 완공되기 전에 강제로 퇴위당하였다.

┤ 보기 ├
ㄱ. 박문국을 설치하여 한성순보를 발행하였다.
ㄴ. 통리기무아문을 설치하여 개화 정책을 추진하였다.
ㄷ. 관립 상공학교를 설립하여 실업 교육을 실시하였다.
ㄹ. 지계아문을 설치하여 토지 소유자에게 지계를 발급하였다.

① ㄱ, ㄴ   ② ㄱ, ㄷ
③ ㄴ, ㄷ   ④ ㄴ, ㄹ
⑤ ㄷ, ㄹ

415

62회 31번 [2점]

밑줄 그은 '개혁'에 해당하는 내용으로 옳은 것은?

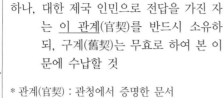

삽화로 보는 한국사

[해설]
이 그림은 프랑스 일간지에 실린 삽화로 파리 만국 박람회장에 설치된 한국관의 모습을 담고 있습니다. 경복궁 근정전을 재현한 한국관은 당시 언론의 관심을 끌었습니다. 황제로 즉위한 뒤 개혁을 추진하던 고종은 만국 박람회 참가를 통해 대한 제국을 세계에 소개하고, 서구의 산업과 기술을 받아들이고자 하였습니다.

① 건양이라는 연호를 사용하였다.
② 신식 군대인 별기군을 창설하였다.
③ 관립 의학교와 광제원을 설립하였다.
④ 박문국을 설치하여 한성순보를 발간하였다.
⑤ 한일 관계 사료집을 편찬하고 독립 공채를 발행하였다.

416

49회 32번 [3점]

(가)~(마)에서 있었던 사실로 옳은 것은?

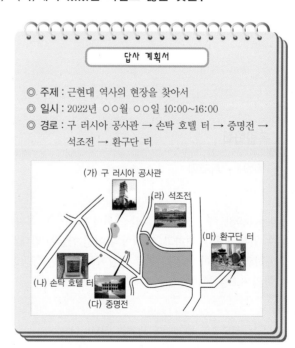

답사 계획서

◎ 주제 : 근현대 역사의 현장을 찾아서
◎ 일시 : 2022년 ○○월 ○○일 10:00~16:00
◎ 경로 : 구 러시아 공사관 → 손탁 호텔 터 → 중명전 → 석조전 → 환구단 터

(가) 구 러시아 공사관
(라) 석조전
(마) 환구단 터
(나) 손탁 호텔 터
(다) 중명전

① (가) - 임오군란 때 구식 군인들의 습격이 있었다.
② (나) - 제1차 미·소 공동 위원회가 개최되었다.
③ (다) - 은세계, 치악산 등의 신극이 공연되었다.
④ (라) - 일본 낭인들이 명성황후를 시해하였다.
⑤ (마) - 대한 제국 황제 즉위식이 거행되었다.

401 독립협회 정답 ③

핵심키워드 서재필, 의회 설립 운동

정답 분석

독립협회는 독립문을 건립하고 강연회와 토론회를 통해 민중에게 국권·민권 사상을 고취시켰다. 또한, 만민 공동회와 관민 공동회를 열어 헌의 6조를 결의하였다.

독립협회는 박정양 내각과 협상을 벌인 끝에 새로운 중추원 관제를 반포하게 하였다. 중추원은 관선 25명, 민선 25명의 의원으로 구성되며, 법률의 제정과 개정 등을 심사하고 결정하는 권한을 가졌다. 그 결과 중추원이 우리 역사상 최초로 의회와 같은 기능을 할 수 있는 계기가 마련되었다.

③ 영은문이 있던 자리에 1896년에 독립문을 건립하여 자주 독립의 의지를 상징하였다.

오답 분석

① 대한자강회는 1907년에 국채 보상 운동에 참여하고 고종 퇴위 반대 운동을 전개하다가 보안법에 의해 강제 해산되었다.

② 105인 사건은 1911년에 일제가 항일 독립 운동을 탄압하기 위해 총독 암살 사건을 조작한 것으로, 신민회의 주요 인사들이 체포되었다.

④ 신간회는 1929년에 광주 학생 항일 운동이 일어나자 현지에 조사단을 파견하고, 조사 결과를 발표할 민중 대회를 준비하였다.

⑤ 대한민국 임시정부는 독립 운동 자금을 마련하기 위해 독립 공채를 발행하였다.

402 독립협회 정답 ⑤

핵심키워드 독립문, 서재필

정답 분석

독립협회는 1898년에 만민 공동회를 개최하여 민중이 정치적으로 참여할 수 있는 장을 마련하고, 러시아의 이권 침탈에 반대하는 운동을 전개하였다. 나아가 정부 관료가 참여하는 관민 공동회를 개최하여 헌의 6조를 고종에게 건의하였다.

오답 분석

① 「만세보」는 천도교가 1906년에 발행한 신문이다.

② 대한자강회는 1907년에 국채 보상 운동에 참여하고 고종 퇴위 반대 운동을 전개하다가 보안법에 의해 강제 해산되었다.

③ 여권통문은 1898년에 서울의 북촌 여성들이 발표한 한국 최초의 여성 권리 선언문이다. 이들은 이후 찬양회를 조직하고, 순성 여학교를 설립하였다.

④ 독립 공채는 대한민국 임시정부가 독립운동 자금을 마련하기 위해 발행한 채권이다.

403 독립협회 정답 ⑤

핵심키워드 중추원, 대황제 폐하

정답 분석

제시문은 1898년에 제정된 중추원 관제의 일부이다. 이 법령이 발표되기 직전, 독립협회는 관민 공동회를 개최하여 고종에게 헌의 6조를 건의하였다. 조선 정부는 이를 받아들여 중추원에 의회와 유사한 기능을 부여하기 위해 이 관제를 발표하였다.

중추원은 관선 의원 25명과 독립협회가 추천한 민선 의원 25명으로 구성되어 법률의 개정과 폐기 등을 담당하게 되었다. 이는 독립협회가 지향한 입헌 군주제로 나아가는 한걸음이었다. 그러나 이러한 정치 개혁에 반발한 보수 세력이 황국협회를 앞세워 탄압하자, 독립협회는 3년 만에 해산되었다.

오답 분석

① 105인 사건은 1911년에 일제가 독립운동 탄압을 위해 총독 암살 사건을 조작한 것으로, 주요 항일 인사들이 체포되었고 이로 인해 신민회가 해산되었다.

② 사창제는 흥선 대원군이 환곡의 부작용을 해소하기 위해 민간에 곡식 대여를 맡긴 방식이다.

③ 1907년에 봉기한 정미의병은 그해 겨울에 13도 창의군을 편성하여, 서울 진공 작전을 전개하였다.

④ 고종은 을사늑약의 부당함을 알리기 위해 1907년에 헤이그 특사(이준, 이상설, 이위종)를 파견하였다. 이를 계기로 일제는 고종을 강제 퇴위시켰다.

404 독립협회 정답 ③

핵심키워드 독립문, 회장 안경수

정답 분석

독립협회의 역대 회장으로는 안경수(1대), 이완용(2대), 윤치호(3대)가 있으며, 서재필은 고문을 담당하였다.

③ 독립협회는 입헌 군주제를 지향하며, 헌의 6조를 통해 중추원을 의회식으로 개편할 것을 정부에 요청하였다. 다만, 보수 세력은 독립협회가 공화정을 실시하려 한다고 모함하여 고종을 부추겨 해산을 유도하였다.

오답 분석

① 대한자강회는 1907년에 고종 퇴위 반대 운동을 전개하다가 보안법에 의해 강제 해산되었다.

② 일제가 황무지 개간권을 요구하자, 보안회(1904년)가 조직되어 이를 저지시켰다.

④ 안창호는 1908년에 평양에 대성학교를 세웠다.

⑤ 대한민국 임시정부는 독립 운동 자금을 마련하기 위해 독립 공채를 발행하였다.

405 독립협회

정답 ②

핵심키워드 대황제, 관민 공동회, 헌의 6조

정답 분석

러시아 공사관에 피신해있던 고종은 1897년 2월에 환궁한 후, 10월에 황제의 자리에 올라 대한 제국을 선포하였다. 제시문의 대황제 칭호는 이때부터 사용되었다. 또한 제시문의 관민 공동회와 헌의 6조를 통해 독립협회의 1898년 활동임을 알 수 있다.

② 1898년에 러시아의 설영도 조차 요구와 한러은행의 설립 등 이권침탈 요구 문제가 불거지자 독립협회는 만민 공동회를 개최하여 저지 운동을 전개하였다.

오답 분석

① 일제가 황무지 개간권을 요구하자, 보안회(1904년)가 조직되어 이를 저지시켰다.

③ 태극서관은 계몽 서적을 보급하기 위해 평양과 서울에 설립한 서점으로, 신민회의 산하기관이다.

④ 민립 대학 설립 운동은 1920년대에 이상재 등이 주도한 한국인이 자주적으로 대학을 설립하고자 한 운동이다.

⑤ 조소앙의 삼균주의는 정치·경제·교육의 균등을 기초로 한 국가를 건설하자는 주장이다. 이는 1941년에 발표된 대한민국 임시 정부의 건국 강령의 기초가 되었다.

406 독립협회

정답 ③

핵심키워드 러시아의 요구, 절영도

정답 분석

제시문은 1898년에 러시아가 절영도의 조차를 요구한 상황을 나타낸다. 러시아의 이권침탈 요구에 반발한 독립협회가 그해 봄에 만민 공동회를 개최하여 저지 운동을 전개하였다.

③ 독립협회는 입헌 군주제를 지향하며, 헌의 6조를 통해 중추원을 의회식으로 개편할 것을 정부에 요청하였다.

오답 분석

① 정우회 선언은 1926년에 사회주의자들이 민족 협동 전선을 제창한 사건으로, 1927년에 신간회의 결성을 이끌었다.

② 「만세보」는 1906년에 발행된 천도교의 신문으로, 민중 계몽과 애국심 고취에 앞장섰다.

④ 어린이날은 1922년에 방정환 등의 주도로 제정되어, 아동의 권리와 보호를 강조하는 운동으로 발전하였다.

⑤ 태극서관은 계몽 서적을 보급하기 위해 평양과 서울에 설립한 서점으로, 신민회의 산하기관이다.

407 박정양

정답 ⑤

핵심키워드 조사 시찰단, 초대 주미 공사, 미속습유

정답 분석

박정양은 온건 개화파로, 조사 시찰단으로 일본에 다녀왔으며, 1887년에는 초대 주미 공사로 파견되었다. 제시문의 「미속습유」는 그가 미국을 시찰·견문한 사항을 수록한 견문록이다. 이후 참정대신 자격으로 관민 공동회에 참석해 중추원 개편 등의 시정 개혁을 약속하였다.

오답 분석

① 흥사단은 1913년에 안창호가 미국 샌프란시스코에서 설립한 단체로, 한국의 독립과 민족의식을 고취하기 위해 활동하였다.

② 의병장 출신 임병찬은 고종의 밀지를 받아 1910년대에 비밀 결사 독립의군부를 조직하고, 총독부에 국권 반환 요구서를 제출하려 하였다.

③ 최남선은 1910년에 조선 광문회를 조직하여 우리 민족의 고전과 역사서를 간행하였다.

④ 13도 창의군은 1907년에 조직된 전국 의병의 연합 부대로, 1908년에 서울 진공 작전을 전개하였다. 군사장 허위가 선발대 300명을 이끌고 동대문 밖 30리 지점까지 접근하였으나, 후발 의병 부대가 도착하기 전 일본군의 공격을 받고 치열한 격전 끝에 퇴각하였다.

408 대한 제국

정답 ③

핵심키워드 러시아 공사관으로 거처 이동, 환궁

정답 분석

고종은 러시아 공사관에서 약 1년 만에 환궁한 후, 1897년에 대한 제국을 수립하였다. 고종은 황제로 즉위하면서 연호를 광무로 하고, 구본신참의 개혁 방향을 제시하고, 대한국 국제를 제정하여 황권을 강화하였다.

③ 고종은 독립협회를 해산하고 1899년에 대한국 국제를 반포하였다. 대한국 국제에는 '대한국은 세계 만국이 공인한 자주 독립국'이며 황제가 전제 정치를 실시한다는 점을 명문화하였다.

오답 분석

① 영선사는 1881년에 청나라로 파견된 사절단으로, 근대식 무기와 군사 기술을 배워오기 위해 조직되었다.

② 군국기무처는 1894년에 제1차 갑오개혁을 위해 설치된 기구로, 일본의 영향 아래에서 조선의 정치 개혁을 추진하였다.

④ 미국의 제너럴 셔먼호는 통상을 요구하며 행패를 부리다 1866년에 평양에서 불태워졌다.

⑤ 조청 상민 수륙 무역 장정은 임오군란 직후인 1882년에 체결된 조약으로, 청나라 상인들이 조선 내륙에서 상업 활동을 할 수 있도록 허용하였다.

409 광무개혁

정답 ②

핵심키워드 고종 황제, 개혁, 구본신참

정답 분석

대한 제국(1897~1910년)은 "옛 제도를 근본으로 하고 새로운 제도를 참작한다."라는 구본신참의 개혁 방향을 제시하고 광무개혁을 추진하였다.

② 양전 사업은 토지의 소유와 면적을 파악하여 세금을 부과하기 위한 사업으로, 조선 시대에 여러 차례 시행되었다. 대한 제국은 양전 사업 후 지계라는 근대식 토지 소유 증명서를 발급하였다.

오답 분석

① 5군영은 조선 후기에 확립된 중앙군으로, 1881년에 별기군을 창설하면서 2영으로 축소되었다.

③ 박문국은 1883년에 설립된 기관으로, 한성순보를 발행하여 근대식 신문의 시작을 알렸다.

④ 홍범 14조는 제2차 갑오개혁 때 독립 서고문과 함께 발표된 개혁 강령으로, 향후 개혁 정책의 기본 방향을 제시하였다.

⑤ 육영공원은 1886년에 설립된 최초의 근대식 관립 교육 기관이다.

410 대한 제국

정답 ①

핵심키워드 고종 황제

정답 분석

19세기 후반 이후 한민족은 간도 지역으로 이주하여 개간 활동을 통해 생활 터전을 마련하였다. 이로 인해 청은 한민족의 철수를 요구하며 간도 귀속 문제가 불거졌고, 우리 정부는 백두산 정계비 비문을 근거로 간도가 우리 영토임을 주장하였다. 이후 대한 제국은 1903년에 이범윤을 간도 관리사로 파견하여 간도를 함경도의 행정 구역으로 포함해 관리하였다.

오답 분석

② 영화 아리랑은 나운규가 1926년에 제작하였다.

③ 육영공원은 1886년에 설립된 근대식 관립 교육 기관으로, 영어 등 신식 과목을 교육하였다.

④ 제너럴 셔먼호 사건은 1866년에 평양에서 발생한 사건이다. 평양 주민이 이 외국 선박을 격침하면서 1871년에 신미양요가 일어났다.

⑤ 조사 시찰단은 1881년에 일본에 파견된 단체로, 일본의 근대 문물과 제도를 조사하여 고종에게 보고서를 올렸다.

411 광무개혁

정답 ④

핵심키워드 구본신참, 대한국 국제

정답 분석

광무개혁은 1897년에 고종이 대한 제국을 선포하고 황제에 즉위하면서 시작된 일련의 근대화 정책이다. 이 개혁은 황실 중심으로 부국강병을 목표로 하여, 대한국 국제 제정, 양전·지계사업, 식산흥업정책, 황실 재정 확충, 원수부 창설과 군사력 강화 등 다양한 분야에서 진행되었다.

④ 원수부는 대한 제국이 1899년에 설치한 황제 직속의 최고 군통수기관이다.

오답 분석

① 동문학은 1883년에 설립된 외국어 교육 기관으로, 통역관 양성을 위해 영어를 가르쳤다.

② 홍범 14조는 제2차 갑오개혁 때 독립 서고문과 함께 발표된 개혁 강령으로, 향후 개혁 정책의 기본 방향을 제시하였다.

③ 통리기무아문은 1880년에 설치된 근대적 개혁 기구로, 별기군 설립을 주도하였다.

⑤ 제2차 갑오개혁 때 지방 행정 구역을 8도에서 23부로 개편하였다. 이후 광무개혁 때 23부를 13도로 다시 개편하였다.

412 개화기의 개혁

정답 ①

핵심키워드 개국기년, 단발, 원수부

정답 분석

제시문은 갑오개혁, 을미개혁, 광무개혁의 개혁안 일부를 담고 있다.

(가)는 제1차 갑오개혁으로, 청 연호 중단과 개국기년 사용, 과부의 재혼 허용 등을 포함하고 있다.

(나)는 단발령을 선포한 을미개혁에 해당하며, (다)는 원수부를 설치하여 황제의 군사권 강화를 시도한 광무개혁이다.

따라서 개혁은 (가), (나), (다) 순으로 진행되었다.

＊ 개화기의 개혁

제1차 갑오개혁	개국 기년 사용, 궁내부 설치, 8아문제 실시, 재정 일원화, 은본위제 채택, 과거제·연좌제·노비제 폐지
제2차 갑오개혁	8아문을 7부로 개편, 23부 행정 구역 개편, 재판소 설치, 교육입국 조서 반포
을미개혁	친위대·진위대 설치, 태양력 사용, 종두법·단발령 실시

413 대한 제국 　　　　　　정답 ④

핵심키워드 대한 제국

정답 분석

제시문은 대한 제국의 신식 토지 문서인 지계와 관련이 있으며, 대한 제국은 1897년부터 1910년까지 존속하였다.

④ 1903년 평안북도 용암포에서 러시아가 조차를 시도하자, 일본은 이를 군사적 침략 시도로 보고 강하게 반발하며 대립하였다. 이 용암포 사건은 1904년 러일 전쟁으로 이어졌다.

오답 분석

① 이만손 등 영남의 유생들은 1881년에 개화 정책과 「조선책략」의 유포에 반대하여 영남 만인소를 올렸다.

② 박문국은 1883년에 설립된 기관으로, 한성순보를 발행하여 근대적 신문 매체의 시작을 알렸다.

③ 조선 형평사는 1923년에 백정(조선 시대에 도살업 등을 하며 생활하던 천민 계층) 출신에 대한 차별 철폐를 목적으로 조직된 단체이다.

⑤ 미국은 제너럴 셔먼호 사건(1866년)을 구실로 신미양요(1871년)를 일으켰다.

414 광무개혁 　　　　　　정답 ⑤

핵심키워드 석조전, 황제권 강화 표방

정답 분석

석조전은 덕수궁(경운궁)에 위치한 신고전주의 양식의 석조 건물로, 대한 제국 시기인 1900년에 착공해 1910년에 준공되었다. 외국 사절 접견, 귀빈 숙소, 황실 행사 등 다양한 용도로 건설되었다.

ㄷ. 광무개혁의 경제적 핵심은 식산흥업(생산을 늘리고 산업을 일으키는 것) 정책으로, 이를 통해 섬유, 철도, 운수, 광업, 금융 분야에서 근대적 공장과 회사가 설립되었다. 또한 실업 교육과 기술 교육 기관을 확충하고 유학생을 파견하여 산업 기술을 도입하고자 하였다.

ㄹ. 대한 제국은 1898년에 토지 조사 사업을 전담할 양지아문을 설치하여, 미국인 측량 기사를 고용해 전국 토지를 측량하고 소유자를 기록하였다. 이후 1901년에 지계아문을 설립하여 지계를 발급하였다.

오답 분석

ㄱ. 박문국은 1883년에 설립된 기관으로, 한성순보를 발행하여 정부의 개화 정책을 홍보하였다.

ㄴ. 통리기무아문은 1880년에 설치된 근대적 개혁 기구로, 별기군 설립을 주도하였다.

415 광무개혁 　　　　　　정답 ③

핵심키워드 파리 만국 박람회, 대한 제국

정답 분석

대한 제국은 파리 국제 박람회(1900년)에 참가하여 국제 사회로부터 독립국의 지위를 인정받고자 하였다.

③ 대한 제국은 보건 위생 사업을 본격적으로 시행하였다. 이를 위해 근대식 관립 병원인 광제원을 세워 빈민과 전염병 환자를 치료했으며, 관립 의학교를 설립하여 의사를 양성하였다.

오답 분석

① 건양은 1895년 을미개혁 때 채택한 연호로, '양력을 세운다'는 의미를 담고 있다.

② 별기군은 1881년에 신식 군대로 창설되었다.

④ 박문국은 1883년에 설립되어 한성순보를 발행하였다.

⑤ 대한민국 임시 정부는 일제에 의해 우리 역사가 왜곡되자, 국제 사회에 이를 반박하기 위해 한일 관계 사료집을 발행하였다. 일본이 한국에 대한 침략을 계속해 온 사실과 3·1 운동을 비롯한 다양한 민족 운동을 기록하였다.

416 개화기의 주요 공간 　　　　　　정답 ⑤

핵심키워드 덕수궁

정답 분석

㈎ 구 러시아 공사관은 아관파천 이후 1년여 동안 고종이 머물렀던 장소이며, ㈏ 손탁 호텔은 고종이 지어준 서구식 호텔로, 개화파 인사들의 교류장이었다. ㈐ 덕수궁의 중명전에서 을사늑약이 체결되었다. ㈑ 덕수궁의 석조전은 대한 제국 시기에 건설된 대표적인 서양식 건축물이다.

⑤ 환구단은 1897년 고종이 황제 즉위식과 제천 행사를 위해 세운 장소이다. 그러나 1914년 일제에 의해 철거되고 현재는 신위를 모셨던 황궁우만 남아 있다.

오답 분석

① 임오군란(1882년) 때 구식 군인은 녹봉을 관리하던 선혜청을 습격하고, 녹봉미 관할 책임자였던 선혜청 당상 민겸호의 집을 파괴하였다.

② 제1차 미·소 공동 위원회는 1946년에 덕수궁 석조전에서 개최되었다.

③ 원각사(1908~1909년 운영)는 서울에 위치한 서양식 극장으로, 신극 은세계와 치악산 등이 공연되었다.

④ 명성황후는 경복궁 내 건청궁에서 시해되었다.

1905~1910년

❶ 1900년대 초

러·일의 대립	• 일본의 제1차 영·일 동맹 체결[1902] : 러시아 남하 견제 → 러시아의 용암포 조차 시도[1903] → 러·일 전쟁 발발[1904]
한·일 의정서 [1904.2]	• 내용 : 전쟁 수행에 필요한 군사 목적의 토지 사용 허용 • 영향 : 경부선·경의선 건설, 일본의 독도 불법 점령[1905]
제1차 한·일 협약[1904.8]	• 내용 : 외교·재정 분야에 외국인 고문 채용 강요 • 영향 : 외교 고문 스티븐스·재정 고문 메가타 임명 └ 1905, 화폐 정리 사업 실시
일본의 한반도 독점 허용	• 일본과 미국의 가쓰라·태프트 밀약[1905.7] • 제2차 영·일 동맹[1905.8] • 러·일 전쟁 후 포츠머스 강화 조약[1905.9]
을사늑약 [1905.11]	• 체결 : 덕수궁 중명전, 외부대신 박제순과 이토 히로부미가 체결 • 을사5적 : 이완용, 이근택, 이지용, 박제순, 권중현 • 내용 : 외교권 박탈, 통감부 설치(초대 통감 이토 히로부미) • 영향 – 고종의 무효 선언 : 대한매일신보에 밝힘 – 고종이 미국에 헐버트 파견 : 거중조정 조항에 근거하여 을사늑약의 부당성 호소 – 민영환 자결 – 장지연의 시일야방성대곡 발표 : 황성신문 정간

❷ 1907년(정미년)

고종 퇴위 [1907.7.20]	• 계기 : 고종의 헤이그 특사 파견[1907] – 만국평화회의에 이준·이상설·이위종 파견
한·일 신협약 [1907.7.24]	• 내용 : 통감의 권한 강화(내정 간섭 심화), 일본인의 차관 임명
군대 해산 [1907.7.31]	• 재정 부족을 이유로 군대 해산 • 영향 : 시위대 대대장 박승환 자결, 일부 세력은 정미의병에 합류

❸ 1907년 이후

신문지법[1907]	• 사전 검열의 제도화
보안법[1907]	• 결사의 해산·집회 금지·문서 배포 금지 강요
사립학교령 [1908]	• 인가제 실시로 많은 사립학교 폐교
기유각서[1909]	• 사법권 박탈
국권 피탈 [1910.8.29]	• 데라우치 통감과 총리대신 이완용이 체결

＋ 한·일 의정서
• 제4조 … 대한 제국 정부는 대일본 제국 정부의 행동이 용이하도록 충분한 편의를 제공한다. 대일본 제국 정부는 … 군사 전략상 필요한 지점을 수시로 사용할 수 있다.
: 군사적 목적의 토지 사용 허가

＋ 을사늑약
• 제2조 일본 정부는 한국과 타국 간에 현존하는 조약의 실행을 완수하는 책임을 지고, 한국 정부는 이후 일본국 정부의 중개를 거치지 않고는 국제적 성질을 갖는 어떤 조약이나 약속을 하지 않을 것을 약속함
: 외교권 강탈
• 제3조 일본 정부는 그 대표자로서 한국 황제 폐하 아래에 한 명의 통감을 두되, 통감은 오직 외교에 관한 사항을 관리하기 위해 경성에 주재하고 직접 한국 황제 폐하에게 내알하는 권리를 가진 : 통감부 설치

＋ 한·일 신협약
• 제1조 한국 정부는 시정 개선에 관하여 통감의 지도를 받는다. : 통감의 내정 간섭
• 제2조 한국 정부의 법령 제정 및 중요한 행정상의 처분은 미리 통감의 승인을 받는다. : 통감의 내정 간섭
• 제4조 한국 고등 관리의 임면은 통감의 동의를 얻는다. : 통감의 내정 간섭
• 제5조 한국 정부는 통감이 추천하는 일본인을 한국 관리에 임명한다. : 차관 정치

1 조약의 내용을 바르게 연결하시오.

(1) 한·일 의정서　　　•

(2) 제1차 한·일 협약　•

(3) 을사늑약　　　　　•

(4) 한·일 신협약　　　•

• ㉠ 외교권이 강탈되었다.

• ㉡ 각 부 차관을 일본인으로 임명하는 근거가 되었다.

• ㉢ 메가타가 재정 고문으로 부임하는 근거가 되었다.

• ㉣ 군사 전략상 필요한 지역을 일본에 제공하는 것에 합의하였다.

2 다음 사건을 시대순대로 배열하시오.

(1) (　　　　　　　)

| ㉠ 을사늑약 | ㉡ 한·일 의정서 |
| ㉢ 한·일 신협약 | ㉣ 제1차 한·일 협약 |

(2) (　　　　　　　)

| ㉠ 을사늑약 | ㉡ 제2차 영일 동맹 |
| ㉢ 포츠머스 조약 | ㉣ 가쓰라·태프트 밀약 |

(3) (　　　　　　　)

| ㉠ 고종 퇴위 | ㉡ 을사늑약 |
| ㉢ 한·일 신협약 | ㉣ 헤이그 특사 파견 |

3 빈칸에 알맞은 말을 선택하시오.

(1) 기유각서를 통해 (경찰권, 사법권)을 박탈당하였다.

(2) (을사늑약, 한·일 신협약)은 정미 7조약으로 불린다.

(3) (을사늑약, 한·일 신협약)으로 대한 제국의 군대가 해산되었다.

(4) 고종은 (을사늑약, 한·일 의정서)이/가 체결되자 헤이그에 특사를 파견하여 부당성을 알리고자 하였다.

(5) (이준, 민영환)은 헤이그에서 열린 만국 평화 회의에 특사로 파견되었다.

(6) 일본은 (러일 전쟁, 청일 전쟁) 이후 체결한 포츠머스 조약으로 한반도에 대한 우월적 지위를 승인받았다.

4 아래 사건이 일어난 시기를 (가)~(다) 중 고르시오.

1904	1905	1907	1910
(가)	(나)	(다)	
러일 전쟁 발발	포츠머스 조약	헤이그 특사	국권 침탈

(1) (　　) – 고종이 강제로 퇴위당하였다.

(2) (　　) – 일본이 독도를 불법적으로 편입하였다.

(3) (　　) – 통감부가 설치되고 초대 통감 이토 히로부미가 부임하였다.

(4) (　　) – 일본과 미국이 가쓰라·태프트 밀약을 체결하였다.

(5) (　　) – 일본은 이완용 등 을사오적을 앞세워 을사조약을 강요하였다.

(6) (　　) – 일본은 비밀리에 한일 신협약의 부속 각서를 맺어 대한 제국의 군대를 해산하였다.

5 다음 사료를 읽고, 물음에 답하시오.

(1) 아래 자료 속 '이 나라'는 어디인가?

• 영남 만인소에서는 일만 리 바다 건너 있는 이 나라의 힘을 빌린다는 것은 어불성설이라고 했다.
• 1905년, 포츠머스 조약에서 일본의 한국 보호권을 승인한 것에 대해 고종은 이 나라에 '거중 조정'을 요청했지만, 이 나라는 어떠한 조치도 취하지 않았다.

(2) 아래 내용을 담고 있는 조약은?

제2조 한국 정부의 법령 제정 및 중요한 행정상 처분은 미리 통감의 승인을 거칠 것
제5조 한국 정부는 통감이 추천하는 일본인을 한국 관리에 임명할 것

(3) 아래 내용을 담고 있는 조약은?

제4조 … 대한 제국 정부는 대일본 제국 정부의 행동이 용이하도록 충분한 편의를 제공한다. 대일본 제국 정부는 … 군사 전략상 필요한 지점을 수시로 사용할 수 있다.

정답

1. (1) ㉣ (2) ㉢ (3) ㉠ (4) ㉡
2. (1) ㉡→㉣→㉠→㉢ (2) ㉣→㉡→㉢→㉠ (3) ㉡→㉣→㉠→㉢
3. (1) 사법권 (2) 한·일 신협약 (3) 한·일 신협약 (4) 을사늑약 (5) 이준 (6) 러일 전쟁
4. (1) 다 (2) 가 (3) 나 (4) 가 (5) 나 (6) 다
5. (1) 미국 (2) 한·일 신협약 (3) 한·일 의정서

417
64회 35번 [3점]

밑줄 그은 '전쟁' 중에 있었던 사실로 옳지 않은 것은?

당신은 무슨 이유로 이토 히로부미를 살해했는가?

일본은 전쟁 당시 우리나라의 독립을 보장해 주겠다고 약속했다. 그러나 포츠머스 조약으로 전쟁이 종결되자, 이토는 우리 군신을 위협해 주권을 뺏으려 하였다.

① 일본이 독도를 불법적으로 편입하였다.
② 일본과 미국이 가쓰라·태프트 밀약을 맺었다.
③ 일본인 메가타가 대한 제국의 재정 고문으로 초빙되었다.
④ 대한 제국이 기유각서를 통해 일제에 사법권을 박탈당하였다.
⑤ 군사 전략상 필요한 지역을 일본에 제공하는 한·일 의정서가 강요되었다.

418
59회 38번 [3점]

다음 자료에 나타난 상황 이후의 사실로 옳은 것은?

> 오늘 신문에 강화(講和) 조약 전문이 공개되었다. 러시아는 일본이 조선에서 갖고 있는 막대한 정치적·군사적·경제적 이익을 인정하고, 일본이 조선의 내정을 지도·보호 및 감리(監理)하는 데 필요하다고 여기는 어떠한 조치도 방해하거나 간섭하지 않을 것을 약속하였다. …… 러시아는 전쟁으로 교훈을 얻었다. 일본은 전쟁으로 영예를 얻었다. 조선은 전쟁으로 최악의 것을 얻었다.
>
> – 「윤치호 일기」 –

① 메가타가 재정 고문으로 부임하였다.
② 고종이 러시아 공사관으로 거처를 옮겼다.
③ 베델과 양기탁이 대한매일신보를 창간하였다.
④ 관민 공동회가 개최되어 헌의 6조를 결의하였다.
⑤ 민종식이 이끄는 의병 부대가 홍주성을 점령하였다.

419
55회 37번 [3점]

다음 상소가 올려진 이후의 사실로 옳은 것은?

> 일본이 러시아에 선전 포고한 이후 우리의 독립과 영토를 보전한다고 몇 번이나 말하였지만, 그것은 우리나라의 이익을 빼앗아 차지하려는 것이었습니다. …… 지금 저들이 황실을 보전하겠다는 말을 폐하께서는 과연 믿으십니까? 지금까지 군주의 지위가 아직 바뀌지 않았고 백성도 아직 죽지 않았으며 각국 공사도 아직 돌아가지 않았습니다. 그리고 조약서가 다행히 폐하의 인준과 참정의 인가를 받은 것이 아니니, 저들이 가지고 있는 것은 역적들이 억지로 만든 헛된 조약에 불과합니다.

① 제1차 영일 동맹이 체결되었다.
② 일본이 경인선 부설권을 인수하였다.
③ 묄렌도르프가 외교 고문으로 파견되었다.
④ 통감부가 설치되고 초대 통감이 부임하였다.
⑤ 러시아가 용암포를 점령하고 조차를 요구하였다.

420
65회 32번 [2점]

다음 글이 작성된 시기를 연표에서 옳게 고른 것은?

> 전보 제 OOO호
>
> 발신인 : 외무대신 하야시
> 수신인 : 통감 이토
>
> 네덜란드에 파견된 전권 대사 쓰즈키가 보낸 전보 내용임. 한국인 3명이 이곳에 머물면서 평화 회의의 위원 대우를 받고자 진력하고 있다고 함. 그들은 오늘 아침 러시아 수석 위원 넬리도프를 방문하려 했는데, 넬리도프는 네덜란드 정부로부터 평화 회의 위원으로 확인되지 않는 자는 만나지 않겠다고 함. 이들은 일본이 한국에 시행한 정책에 대해 항의서를 인쇄하여 각국 수석 위원(단, 영국 위원은 제외한 것으로 보임)에게도 보냈다고 함.

1866		1884		1904	
병인양요		한성 조약		러일 전쟁	
	(가)	(나)	(다)	(라)	(마)
	1876		1894		1910
	강화도 조약		청일 전쟁		국권 피탈

① (가)   ② (나)
③ (다)   ④ (라)
⑤ (마)

421

다음 상황이 전개된 배경으로 옳은 것은?

> 박승환은 병대(兵隊)에 대한 해산 소식을 듣고 통곡하며 부하들에게 말하기를, "이제 국가가 망하였는데도 일본인 하나를 죽이지 못하였으니 죽어도 그 죄를 씻지 못할 것이다. 나는 차마 제군들이 병대를 떠나도록 놓아둘 수 없다. 차라리 내가 죽고 말겠다."라고 하면서 결국 자결하였다.

① 정미 7조약이 체결되었다.
② 일제가 105인 사건을 조작하였다.
③ 초대 총독으로 데라우치가 부임하였다.
④ 기유각서가 일제의 강압에 의해 조인되었다.
⑤ 일진회가 한일 합방을 촉구하는 성명을 발표하였다.

422

다음 대화에 나타난 사건 이후의 사실로 옳은 것은?

① 신식 군대인 별기군이 창설되었다.
② 묄렌도르프가 외교 고문으로 파견되었다.
③ 초대 통감으로 이토 히로부미가 부임하였다.
④ 기유각서가 체결되어 사법권을 박탈당하였다.
⑤ 관민 공동회가 개최되어 헌의 6조를 결의하였다.

423

(가), (나) 사이의 시기에 있었던 사실로 옳은 것은?

(가)    (나)

① 데라우치가 초대 총독으로 부임하였다.
② 13도 창의군이 서울 진공 작전을 전개하였다.
③ 기유각서를 통해 일제에 사법권을 박탈당하였다.
④ 상권 수호를 위해 황국중앙총상회가 조직되었다.
⑤ 헤이그에서 열린 만국 평화 회의에 특사가 파견되었다.

424

(가), (나) 조약 사이의 시기에 있었던 사실로 옳은 것은?

> (가) 제2조 일본국 정부는 한국과 타국 사이에 현존하는 조약의 실행을 완수하는 책임을 지며, 한국 정부는 금후 일본국 정부의 중개를 거치지 않고서는 국제적 성질을 가진 어떤 조약이나 약속을 맺지 않을 것을 약속한다.
> 제3조 일본국 정부는 그 대표자로서 한국 황제 폐하의 아래에 1명의 통감을 두되, 통감은 오로지 외교에 관한 사항을 관리하기 위하여 서울에 주재하고 직접 한국 황제 폐하를 궁중에서 알현할 권리를 가진다.
>
> (나) 제2조 한국 정부의 법령 제정 및 중요한 행정상의 처분은 미리 통감의 승인을 거친다.
> 제4조 한국 고등 관리를 임명하고 해임시키는 것은 통감의 동의에 의하여 집행한다.
> 제5조 한국 정부는 통감이 추천한 일본인을 한국 관리로 임명한다.

① 13도 창의군이 서울 진공 작전을 전개하였다.
② 관민 공동회가 개최되어 헌의 6조를 결의하였다.
③ 동학 농민군이 우금치에서 관군 및 일본군에 맞서 싸웠다.
④ 영국이 러시아를 견제하기 위해 거문도를 불법 점령하였다.
⑤ 고종이 헤이그에서 열린 만국 평화 회의에 특사를 파견하였다.

417 러일 전쟁

정답 ④

핵심키워드 이토 히로부미, 포츠머스 조약

정답 분석

제시문은 1909년 중국 하얼빈에서 이토 히로부미를 사살한 안중근의 재판 과정을 표현한 것이다. 한편 제시문의 '전쟁'은 러일 전쟁(1904~1905년)으로, 전쟁 후 포츠머스 조약이 체결되었다.

④ 대한 제국은 일본과 1909년에 기유각서를 체결하여 대한 제국의 사법권을 일본에 이양하였다.

오답 분석

① 일본은 러일 전쟁 중인 1905년에 불법적으로 독도를 자국 영토에 편입시켰다.

② 일본은 러일 전쟁이 막바지에 이르자, 미국, 영국과 한반도 독점권을 인정받는 조약을 체결하였다. 가쓰라·태프트 밀약으로 미국은 일본의 한반도 지배를 인정하는 대신, 일본은 필리핀에 대한 미국의 지배를 인정하였다.

③ 일본인 메가타는 러일 전쟁 중에 체결된 제1차 한·일 협약(1904년)에 따라, 대한 제국에 재정 고문으로 부임하여 화폐 정리 사업(1905년)을 실시하였다.

⑤ 한·일 의정서(1904년)는 러일 전쟁 중 체결된 협정으로, 일본이 한반도의 군사 요충지를 사용할 수 있도록 허용하였다.

418 러일 전쟁

정답 ⑤

핵심키워드 강화 조약, 러시아, 일본

정답 분석

러일 전쟁(1904~1905년)이 종결되자 승리한 일본은 포츠머스 조약(1905년 9월)을 체결하여 한반도의 독점적 지배권을 인정받았다. 그해 가을에 일본은 을사늑약(1905년 11월)을 체결하여 대한 제국의 외교권을 빼앗고 보호국화하였다.

⑤ 을사의병을 이끈 대표적인 의병장에는 민종식, 최익현, 신돌석 등이 있다. 민종식 의병장은 1906년 충남 홍성에서 일본군과 맞섰다.

오답 분석

① 일본인 메가타는 제1차 한일 협약(1904년)에 따라 대한 제국에 재정 고문으로 부임하였다.

② 아관파천(을미사변 후 고종이 러시아 공사관으로 피신한 사건)은 1896년에 일어났다.

③ 베델과 양기탁은 1904년에 대한매일신보를 창간하였다.

④ 1898년에 관민 공동회가 개최되어 헌의 6조를 결의하였다.

419 을사늑약

정답 ④

핵심키워드 일본이 러시아에 선전 포고, 각국 공사

정답 분석

제시문은 을사늑약에 반발한 조병세의 상소 중 일부분이다. '일본이 러시아에 선전 포고'했다는 것은 러일 전쟁의 발발을 의미하고, '각국 공사가 아직 돌아가지 않았다'를 통해 을사조약으로 외교권을 박탈당한 직후에 이 상소문이 작성되었음을 알 수 있다.

④ 을사늑약(1905년)에 따라 통감부가 설치되었고 초대 통감으로 이토 히로부미가 부임하였다.

오답 분석

① 일본은 1902년에 러시아 남하를 견제하기 위해 제1차 영일 동맹을 체결하고, 1905년에는 제2차 영일 동맹을 통해 한반도에 대한 지배권을 인정받았다.

② 일본은 1898년에 미국으로부터 경인선 부설권을 인수하였다. 1899년 서울 노량진과 인천을 연결하는 구간이 처음으로 개통되었다.

③ 묄렌도르프는 임오군란(1882년) 직후에 조선의 외교 고문으로 초빙되었다.

⑤ 1903년에 평안북도 용암포에서 러시아가 조차를 시도하자, 일본은 이를 군사적 침략 시도로 보고 강하게 반발하며 대립하였다. 이 용암포 사건은 1904년 러일 전쟁으로 이어졌다.

420 헤이그 특사

정답 ⑤

핵심키워드 통감, 네덜란드, 한국인 3명, 평화 회의

정답 분석

제시문의 통감 이토는 을사늑약 이후 한국의 외교 업무를 담당하기 위해 설치된 통감부와 그 수장인 이토 히로부미를 의미한다.

고종은 일본의 침략과 을사늑약(1905년)의 부당함을 세계에 알리기 위해 1907년에 이상설, 이위종, 이준, 헐버트를 네덜란드에서 열리는 헤이그 만국 평화 회의에 특사로 파견하였다.

이들은 일본의 방해로 회의장에 들어가지 못했지만, 영국 언론인인 윌리엄 스테드의 도움으로 1907년 6월 30일자 「만국 평화회의보(Courrier de la Conférence de la Paix)」에 일본의 침략을 고발하는 글을 발표하였다.

이 과정에서 이준은 회의 참석 좌절로 인해 현지에서 사망했고, 일본은 특사 파견을 구실로 그해 여름에 고종을 폐위시키고 순종을 즉위시켰다.

421 대한 제국의 군대 해산 　정답 ①

핵심키워드 박승환, 병대 해산 소식, 자결

정답 분석

박승환은 대한 제국의 중앙군인 시위대의 대장으로, 1907년에 일제가 한일 신협약(정미 7조약, 1907년)을 통해 대한 제국의 군대를 해산시키고 황궁 수비를 제외한 모든 병력을 해체하자, 이를 거부하며 자결하였다. 이에 시위대 병사들이 무장하여 저항하며 일본군과 총격전을 벌였고, 일부는 의병에 합류하였다.

① 일본은 한·일 신협약(정미 7조약, 1907년)을 강요하여 통감의 내정 간섭 권한을 크게 강화하고, 정부 각 부서에 일본인 차관을 임명하여 한국의 행정권을 장악하였다. 곧이어 군대마저 강제 해산하였다.

오답 분석

② 일제는 신민회를 탄압하기 위해, 총독 암살 음모를 꾀하였다고 사건을 조작하여 민족 지도자 수백 명을 체포·투옥하고, 그 중에서 105인을 재판에 회부하였다. 이를 105인 사건(1911년)이라고 한다.

③ 데라우치 마사타케는 1910년에 초대 조선 총독으로 부임하여 강압적인 통치를 시행하였다.

④ 대한 제국은 일본과 1909년에 기유각서를 체결하여 대한 제국의 사법권을 일본에 이양하였다.

⑤ 일진회는 일제의 조선 병합을 촉구하는 성명서를 발표하며 병합을 정당화하려 하였다.

422 일제의 국권 침탈 과정 　정답 ④

핵심키워드 대리, 황제 퇴위

정답 분석

헤이그 특사 파견(1907년)을 구실로 일본은 그들의 침략에 방해가 되는 고종 황제를 군대로 위협하여 강제로 퇴위시켰다(1907년). 또한 한·일 신협약(정미 7조약)을 강제로 체결하였다. 이 조약으로 일본인이 행정 각 부의 차관으로 임명되었으며, 일본인 통감이 대한 제국의 내정을 완전히 장악하기에 이르렀다.

④ 기유각서는 1909년에 체결된 협정으로, 대한 제국의 사법권이 일제에 의해 박탈되었다. 이를 통해 대한 제국의 법적 자주권이 크게 제한되었다.

오답 분석

① 별기군은 1881년에 창설되었다.

② 묄렌도르프는 임오군란(1882년) 직후에 조선의 외교 고문으로 초빙되었다.

③ 이토 히로부미는 을사늑약(1905년)이 체결되고 초대 통감으로 부임하여, 대한 제국에 대한 내정 간섭을 본격적으로 시작하였다.

⑤ 독립협회는 1898년 10월 말에 관민 공동회를 열고 국권 수호와 민권 보장, 열강의 이권침탈 방지를 내용으로 하는 헌의 6조를 결의하였다.

423 일제의 국권 침탈 과정 　정답 ⑤

핵심키워드 메가타, 군대 해산

정답 분석

(가) 일본이 외교 고문과 재정 고문을 대한 제국에 추천한다는 것을 명시한 제1차 한·일 협약(1904년)에 따라, 메가타가 재정 고문으로 파견된 것을 나타낸다.

(나) 한·일 신협약(정미 7조약, 1907년)에 따라, 군대를 해산하고 일본인을 차관으로 임명한 상황을 나타낸다.

⑤ 1907년에 헤이그 특사 파견(6월) → 고종 퇴위(7월 20일) → 한·일 신협약 체결(7월 24일) → 군대 해산(7월 31일)이 일어났다.

오답 분석

① 데라우치 마사타케는 1910년에 초대 조선 총독으로 부임하여 헌병 경찰 통치를 시작하였다.

② 13도 창의군은 군대 해산 이후 조직된 전국 의병 연합 부대로, 1908년에 서울 진공 작전을 전개하였다.

③ 일제는 1909년에 기유각서를 체결하여 대한 제국의 사법과 감옥 사무 전반을 장악하였다.

④ 시전상인들은 1898년에 황국중앙총상회를 조직하여 일본 상인의 경제적 침투에 맞서 상권 수호 운동을 전개하였다.

424 일제의 국권 침탈 과정 　정답 ⑤

핵심키워드 통감의 외교 사항 관리, 통감의 승인

정답 분석

(가) 1905년에 체결된 을사늑약의 일부분으로, '한국 정부는 금후 일본국 정부의 중재를 거치지 않고서는 조약을 맺지 않는다'를 통해 외교권을 강탈당했음을 알 수 있다.

(나) 1907년에 체결된 한·일 신협약의 일부분으로, '법령 제정은 통감의 승인을 거친다'를 통해 통감의 권한이 (가)에서 규정한 외교권을 뛰어넘어 내정 전반에까지 확대되었음을 명시하고 있다.

⑤ 1907년에 헤이그 특사 파견(6월) → 고종 퇴위(7월 20일) → 한·일 신협약 체결(7월 24일) → 군대 해산(7월 31일)이 일어났다.

오답 분석

① 13도 창의군은 1908년에 서울 진공 작전을 전개하였다.

② 관민 공동회는 1898년에 개최되었다.

③ 동학 농민 운동은 1894년에 전개되었다.

④ 영국은 1885년에 거문도를 불법으로 점령하였다.

경제 침탈과 저항

❶ 외세의 경제 침탈

조일 수호 무역 규칙[1876]
강화도 조약의 부속 조약
	• 관세 조항 없음, 곡식 유출 제한 조치 없음
	  – 영향 : 일본으로의 곡식 수출 확대로 인해 국내 식량 부족
	• 두모진 해관 사건[1878]
	  – 조선 정부가 부산 두모진에 세관 설치 후 세금 부과 시도
	  – 일본의 반발로 3개월 만에 중단

조·미 수호 통상 조약[1882]	• 관세 설정(최초) • 최혜국 대우 명시(최초)
조·청 상민 수륙 무역 장정[1882]	• 청의 종주권 확인 : 조선을 청의 속방으로 명시 • 청 상인의 내지 통상권 허용
조·일 통상 장정 [1883]	• 관세 설정 • 방곡령 명시 : 단 1개월 전 통보 규정 • 최혜국 대우 허용
아관파천 후, 외세의 경제 침탈	• 러시아 : 삼림 채벌권, 절영도 조차 시도(독립협회가 저지) • 미국 : 운산 금광 채굴권(알렌 주선), 경인선 부설권(→ 일본) • 프랑스 : 경의선 부설권(→ 일본) • 일본 : 경인선·경부선·경의선 부설권

메가타의 화폐 정리 사업 [1905]	• 방식
	  – 화폐 조례 제정 : 일본 제1은행권을 본위 화폐로 지정
	  – 백동화의 부등가 교환 : 갑종은 액면가격인 2전 5리 인정, 을종은 1전 인정, 병종은 교환에서 제외
	• 결과 : 백동화를 다수 보유한 국내 상공업자 몰락

❷ 경제 수호 운동

각계 각층의 노력	• 대동상회 등 상회사 설립
	• 함경도 관찰사 조병식의 방곡령 선포[1889] 예보 기간 문제로 일본에 배상금 지불
	• 시전 상인의 황국중앙총상회 설립[1898]
	• 한성 전기 회사 설립[1898]
	  – 황실과 미국인 콜브란의 합작
	  – 활동 : 전기 보급, 서대문~홍릉 전차 개통
	• 대한 제국의 서북 철도국 설치 : 경의선 부설 시도, 총재 이용익

일제의 황무지 개간 시도 저지 [1904]	• 보안회 설립 : 시위 전개 • 농광회사 설립 : 자주적인 황무지 개간 시도

국채 보상 운동 [1907]	• 배경 : 화폐 정리와 시설 개선 명목으로 일제가 차관 강요
	• 전개 : 대구에서 서상돈·김광제 등 주도
	  – 국채 보상 기성회 조직(지도부 양기탁)
	  – 대한매일신보, 황성신문, 제국신문, 만세보 등에서 홍보
	  – 거족적인 모금 운동 전개 : 금주, 금연, 가락지 모금 활동
	• 통감부의 탄압 : 양기탁을 공금 횡령으로 기소하며 방해

✚ 열강의 이권 침탈

✚ 화폐 정리 사업

▲ 백동화

▲ 화폐 정리 사업 후 발행된 신화폐

✚ 국채 보상 운동

국채 1,300만 원은 대한 제국의 존망에 직결된 것이라. 국채를 갚으면 나라가 존재하고, 갚지 못하면 나라가 망할 것은 필연적인 사실이다. … 국채를 갚는 방법으로는 2천만 인민들이 3개월 동안 금연하고, 그 대금으로 한 사람이 매달 20전씩 모은다면 1,300만 원을 모을 수 있을 것이다.

1 다음은 외세의 경제 침탈을 정리한 것이다. 각 내용에 관련된 나라를 쓰시오.

(1) (　　) – 운산 금광 채굴권을 획득하였다.

(2) (　　) – 동양척식주식회사를 설립하였다.

(3) (　　) – 경의선 철도 부설권을 획득하였다.

(4) (　　) – 관세 문제로 두모포에서 무력 시위를 벌였다.

(5) (　　) – 외국에 대한 최혜국 대우를 처음으로 규정하였다.

(6) (　　) – 구 백동화를 제일은행권으로 교환하는 사업을 시행하였다.

2 조약의 내용을 바르게 연결하시오.

(1) 조일 무역 규칙 •

(2) 조미 수호 통상 조약 •

(3) 조청 상민 수륙 무역 장정 •

(4) 조일 통상 장정 •

• ㉠ 최초로 관세를 설정하였다.

• ㉡ 방곡령을 선포할 수 있는 조항을 명시하였다.

• ㉢ 양곡의 무제한 유출과 무관세 조항을 담았다.

• ㉣ 외국 상인의 내지 통상권을 최초로 규정하였다.

3 빈칸에 알맞은 말을 선택하시오.

(1) 1899년에 최초로 (경인선, 경부선)이 개통되었다.

(2) 황실은 (미국, 일본)과 합작하여 한성 전기 회사를 설립하였다.

(3) 상권 수호를 위해 (보안회, 황국중앙총상회)가 조직되었다.

(4) 함경도 관찰사 (박규수, 조병식)이/가 방곡령을 내려 곡물의 수출을 금지하고자 하였다.

(5) 식량 사정이 악화되자 지방관들은 조일 통상 장정의 규정을 바탕으로 (방곡령, 회사령)을 선포하였다.

(6) 우리나라 최초의 근대적 상회사인 (대동상회, 태극서관)이/가 설립되었다.

(7) (서상돈, 조만식) 등의 발의로 국채 보상 운동이 본격화되었다.

(8) 국채 보상 운동은 (대구, 평양)에서 시작되어 전국으로 확산되었다.

4 아래 사건이 일어난 시기를 (가)~(다) 중 고르시오.

(1) (　　) – 국채 보상 운동이 전개되었다.

(2) (　　) – 메가타가 화폐 정리 사업을 진행하였다.

(3) (　　) – 아관파천으로 외세의 이권 침탈이 극심하였다.

(4) (　　) – 조일 통상 장정에 방곡령 조항을 수록하였다.

(5) (　　) – 함경도 관찰사 조병식이 방곡령을 선포하였다.

(6) (　　) – 조청 상민 수륙 무역 장정으로 청 상인이 양화진에 진출하였다.

5 다음 사료를 읽고, 물음에 답하시오.

(1) 아래에서 제시한 조약의 명칭을 쓰시오.

> 제4관 조선 상인은 베이징에서, 청의 상인은 양화진과 한성에 들어가 영업소를 개설할 수 있도록 허락하는 외에 각종 화물을 내륙에 운반하여 점포를 차리는 것을 금지한다. 만일 필요한 경우 각각 자기 측 상무위원에게 제기해야 하고, 상무위원은 … 증명서를 발급해 준다.

(2) 아래 글과 관련하여 조직된 단체는?

> 신(臣) 등이 들은 말에 의하면, 일전에 외부(外部)에서 산림과 원야(原野)와 진황지(陳荒地)를 50년 기한으로 일본인에게 빌려주는 일을 정부에 청의하여 도하(都下)의 인심이 매우 술렁거리고 있습니다.

(3) 아래 글과 관련된 운동을 쓰시오.

> 국채 1,300만 원은 대한 제국의 존망에 직결된 것이라. 국채를 갚으면 나라가 존재하고, 갚지 못하면 나라가 망할 것은 필연적인 사실이다. … 국채를 갚는 방법으로는 2천만 인민들이 3개월 동안 금연하고, 그 대금으로 한 사람이 매달 20전씩 모은다면 1,300만 원을 모을 수 있을 것이다.

정답

1. (1) 미국 (2) 일본 (3) 프랑스 (4) 일본 (5) 미국 (6) 일본

2. (1) ㉢ (2) ㉠ (3) ㉣ (4) ㉡

3. (1) 경인선 (2) 미국 (3) 황국중앙총상회 (4) 조병식 (5) 방곡령 (6) 대동상회 (7) 서상돈 (8) 대구

4. (1) 다 (2) 다 (3) 나 (4) 가 (5) 가 (6) 가

5. (1) 조청 상민 수륙 무역 장정 (2) 보안회 (3) 국채 보상 운동

425

57회 34번 [2점]

다음 자료를 활용한 탐구 활동으로 가장 적절한 것은?

이달 20일, 함경도 관찰사로부터 보고를 받았는데, 그 내용은 다음과 같았습니다.
"큰 수해를 당하여 조만간 여러 곡식의 피해가 클 듯한데, 콩 등은 더욱 심하여 모두 흉작이 될 것이라고 고하고 있으니, 궁핍하여 식량난을 겪을 것이 장차 불을 보듯 훤합니다. 도내(道內)의 쌀과 콩 등의 곡물에 대해서는 내년 가을걷이할 때까지를 기한으로 삼아 잠정적으로 유출을 금지하여 백성들의 식량 사정을 넉넉하게 하는 것이 마땅할까 합니다. 바라건대 통촉하시어 유출 금지 시행 1개월 전까지 일본 공사에게 알리시어, 일본의 상민들이 일체 준수하게 해주십시오."

① 화폐 정리 사업의 결과를 분석한다.
② 산미 증식 계획의 실상을 조사한다.
③ 조일 통상 장정 체결의 영향을 살펴본다.
④ 토지 조사 사업의 추진 과정을 파악한다.
⑤ 양지아문과 지계아문을 설치한 목적을 알아본다.

427

66회 33번 [2점]

다음 자료를 활용한 탐구 활동으로 가장 적절한 것은?

각국 공관에 보내는 호소문

지금 일본 공사가 우리 외부(外部)에 공문을 보내어 산림, 천택(川澤), 들판, 황무지에 대한 권리를 청구하였습니다. 우리나라 사람들은 이를 이용해 2~3년 걸러 윤작을 해야만 먹고살 수 있습니다. 그런데 만일 이를 외국인에게 주어버린다면 전국의 강토를 모두 빼앗기게 되며 수많은 사람이 참혹한 빈곤에 빠져 구제할 수 없게 될 것입니다. 일본인들의 침략을 막고 우리 강토를 보전하도록 힘써 주십시오.

1904년 ○○월 ○○일

① 독립문의 건립 과정을 알아본다.
② 보안회의 활동 내용을 파악한다.
③ 조일 통상 장정의 조항을 검토한다.
④ 화폐 정리 사업이 끼친 영향을 살펴본다.
⑤ 황국중앙총상회가 조직된 목적을 분석한다.

426

52회 34번 [2점]

(가)~(마)에 들어갈 내용으로 옳지 않은 것은?

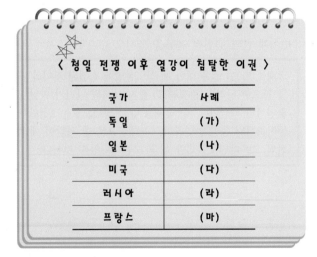

〈 청일 전쟁 이후 열강이 침탈한 이권 〉

국가	사례
독일	(가)
일본	(나)
미국	(다)
러시아	(라)
프랑스	(마)

① (가) - 당현 금광 채굴권
② (나) - 경부선 철도 부설권
③ (다) - 운산 금광 채굴권
④ (라) - 울릉도 삼림 채벌권
⑤ (마) - 경인선 철도 부설권

428

60회 33번 [1점]

다음 자료에 나타난 사업에 대한 설명으로 옳은 것은?

한국에서 유통되는 백동화에 대한 처분안을 들어보면,
  갑(甲) 구 백동화는 1개당 신화폐 2전 5리의 비율로 교환한다.
  을(乙) 부정한 구 백동화는 1개당 신화폐 1전의 비율로 매수한다. 매수를 바라지 않는 것은 정부가 그것을 절단하여 소유자에게 환부한다.
  병(丙) 형체와 품질이 화폐라고 인정하기 어려운 것은 정부가 매수하지 않는다.
    ⋮
이른바 폐제(幣制) 개혁은 통화를 금절(禁絕)하여 소의 뿔을 바로잡으려다가 소를 죽이는 결과를 가져왔습니다.
– 「한국 폐제 개혁에 관한 진정서」 –

① 독립협회가 반대 운동을 전개하였다.
② 재정 고문 메가타의 주도로 시행되었다.
③ 동양척식주식회사가 중심이 되어 실시하였다.
④ 은본위제가 본격적으로 실시되는 배경이 되었다.
⑤ 함경도 관찰사 조병식이 방곡령을 선포하는 계기가 되었다.

429

밑줄 그은 '사업'에 대한 탐구 활동으로 가장 적절한 것은?

화폐로 보는 한국사

 백동화(白銅貨)는 전환국에서 발행한 액면가 2전 5푼의 동전이다. 당시 재정 궁핍으로 본위 화폐인 은화는 거의 주조되지 않았고, 보조 화폐인 백동화가 주로 제조되어 사용되었다. 러일전쟁 중에 재정 고문으로 임명된 메가타 다네타로의 주도하에 전환국을 폐지하고 백동화와 엽전을 일본 제일은행권으로 교환하는 <u>사업</u>을 추진하면서, 백동화의 발행이 중단되었다.

---

① 군국기무처의 활동을 조사한다.
② 당오전이 발행된 배경을 파악한다.
③ 삼국 간섭이 발생한 원인을 분석한다.
④ 대한 광복회가 결성된 목적을 살펴본다.
⑤ 제1차 한·일 협약 체결의 영향을 알아본다.

430

다음 자료에 나타난 민족 운동에 대한 설명으로 옳은 것은?

거액의 외채 1,300만 원을 해마다 미루다가 갚지 못할 지경에 이른다면 나라를 보존하기 어려울 것이니, 나라를 보존하지 못하면, 아! 우리 동포는 장차 무엇에 의지하겠습니까? …… 근래에 신문을 접하니, 영남에서 시작하여 서울에 이르기까지 담배를 끊어 나라의 빚을 갚자는 논의가 시작되었고, 발기한 지 며칠이 되지 않아 의연금을 내는 자들이 날마다 이른다 하니, 우리 백성들이 임금에게 충성하고 나라를 사랑하는 마음을 통쾌하게 볼 수 있습니다.

---

① 조선 총독부의 탄압과 방해로 실패하였다.
② 대한매일신보 등의 지원을 받아 확산되었다.
③ 대한민국 임시 정부가 수립되는 계기가 되었다.
④ 백정에 대한 사회적 차별 철폐를 목적으로 하였다.
⑤ 조선 민립 대학 기성회에서 모금 활동을 전개하였다.

431

(가)에 들어갈 민족 운동에 대한 설명으로 옳은 것은?

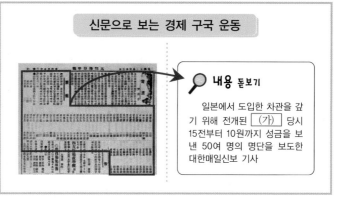

신문으로 보는 경제 구국 운동

🔍 **내용 돋보기**

일본에서 도입한 차관을 갚기 위해 전개된 (가) 당시 15전부터 10원까지 성금을 보낸 50여 명의 명단을 보도한 대한매일신보 기사

① 회사령 폐지에 영향을 받았다.
② 김광제 등의 발의로 시작되었다.
③ 색동회가 주도적인 역할을 하였다.
④ 민족주의 계열과 사회주의 계열이 함께 준비하였다.
⑤ 중국, 프랑스 등의 노동 단체로부터 격려 전문을 받았다.

432

(가)~(다)를 일어난 순서대로 옳게 나열한 것은?

주제 : 일본의 경제 침탈에 대한 저항

상권을 수호하기 위해 황국 중앙총상회가 창립되었어요.

일본의 황무지 개간권 요구를 저지하기 위해 보안회가 조직되었어요.

대구에서 서상돈을 중심으로 금주, 금연 등을 통한 국채 보상 운동이 시작되었어요.

(가)   (나)   (다)

① (가) – (나) – (다)   ② (가) – (다) – (나)
③ (나) – (가) – (다)   ④ (나) – (다) – (가)
⑤ (다) – (가) – (나)

425 방곡령 정답 ③

핵심키워드 쌀 유출, 1개월 전, 일본 공사에게 통보

정답 분석

제시문은 1889년에 함경도 관찰사 조병식이 방곡령을 선포한 것과 관련 있다. 방곡령은 조일 통상 장정(1883년)에 포함되어 있다. 조약의 주요 내용은 세 가지로 첫째, 대일 무역에서 무관세 조치를 철폐하고 관세를 설정한 것이다. 둘째, 일본에 최혜국 대우를 보장한 것이다. 셋째, 방곡령을 인정하되, 조선 정부가 방곡령을 선포하려면 한 달 전에 일본 측에 미리 고지하도록 규정하였다.

오답 분석

① 메가타는 화폐 정리 사업(1905년)을 추진하여, 기존에 사용하던 상평통보와 백동화(전환국에서 1892년부터 발행된 화폐)를 폐지하고 제일은행권만 사용하게 하였다.
② 산미 증식 계획은 1920년대에 일본이 자국 내 식량 부족을 해결하고자 조선에서 쌀 생산량을 늘리기 위해 추진한 정책이었다.
④ 총독부는 1910년대에 토지 조사 사업을 추진하였다.
⑤ 대한 제국은 양지아문과 지계아문을 설립하여 근대식 토지 문서인 지계를 발급하고자 하였다.

426 이권 침탈 정답 ⑤

핵심키워드 열강이 침탈한 이권

정답 분석

고종이 을미사변 후 1896년에 러시아 공사관으로 옮기자, 제국주의 국가들은 조선의 경제적 이권을 집중적으로 탈취하기 시작하였다. 러시아는 광산 채굴권과 삼림 벌채권을 확보하고 한러 은행을 설립하여 조선의 경제권을 장악하려 하였다. 미국은 평안도의 운산 금광 채굴권과 경원선 부설권, 전기 사업 등의 이권을 차지했으며, 프랑스는 경의선 부설권을, 독일은 강원도의 당현 금광 채굴권을 얻었다.
일본은 대륙 침략을 위해 조선의 남북을 연결하는 철도 부설에 주력했으며, 처음에는 경인선(서울과 인천 연결) 부설권만을 가졌으나, 이후 경부선(서울과 부산 연결)과 경의선(서울과 의주 연결) 부설권까지 모두 차지하였다.
⑤ 경인선 철도 부설권은 원래 미국에게 주었으나, 미국은 일본에게 상당한 권리금을 받고 팔아버렸다.

427 보안회 정답 ②

핵심키워드 황무지에 대한 권리

정답 분석

러일 전쟁 때 일제가 황무지 개간을 구실로 막대한 토지를 빼앗으려 하자, 보안회를 중심으로 강력한 반대 투쟁이 일어나 이 요구를 좌절시켰다.

오답 분석

① 독립협회는 청나라 사신을 맞이하던 영은문을 허물고, 국민의 성금을 모아 그 자리에 독립문을 세웠다.
③ 조일 통상 장정은 임오군란 직후인 1883년에 체결된 조약으로, 관세 부과와 방곡령 실시, 일본에 최혜국 대우를 허용하는 내용을 포함하고 있다.
④ 재정 고문 메가타는 상평통보와 백동화를 일본 제일은행권으로 교환하게 하여 화폐 정리 사업(1905년)을 추진하였다. 이를 통해 제일은행이 사실상 한국의 중앙은행 역할을 하며 일본의 금융 장악이 가속화되었다.
⑤ 시전상인들은 1898년에 황국중앙총상회를 조직하여 일본 상인의 경제적 침투에 맞서 상권 수호 운동을 전개하였다.

428 화폐 정리 사업 정답 ②

핵심키워드 백동화 교환·매수

정답 분석

제시문은 화폐 정리 사업(1905년) 때 백동화의 품질을 갑·을·병으로 구분하여 갑종과 을종은 교환하고 품질이 조잡한 병종의 백동화는 교환을 거부한 상황을 담고 있다.
이 사업을 주도한 메가타는 1904년에 일본에 의해 대한 제국의 재정 고문으로 파견되었다. 그는 이 사업을 통해 제일은행이 사실상 한국의 중앙은행 역할을 하도록 하였다.

오답 분석

① 독립협회는 러시아의 한러 은행 설립, 절영도 조차 등을 저지시켰다.
③ 동양척식주식회사는 1908년에 일본이 설립한 회사로, 조선의 농지를 수탈하고 일본인 이민을 조선에 정착시키는 역할을 하였다.
④ 1894년 갑오개혁 당시 다시 신식화폐발행장정을 통해 은본위제를 실시하고 은화, 백동화 등을 발행하였다.
⑤ 함경도 관찰사 조병식은 1889년에 방곡령을 선포하여, 곡물의 해외 유출을 막고 국내 경제를 보호하고자 하였다. 하지만 일본이 사전 통보가 늦었다고 항의하여 오히려 배상금을 지불하였다.

429 화폐 정리 사업   정답 ⑤

핵심키워드 백동화, 메가타, 교환 사업 추진

정답 분석

백동화는 갑오개혁 이후 보조 화폐로 사용되었으나, 남발되면서 인플레이션을 초래하였다. 이를 빌미로 일제는 1905년 화폐 정리 사업을 추진하여 백동화를 갑, 을, 병으로 구분하여 병종을 교환에서 제외하고, 을종에도 불이익을 주어 한국인의 화폐 자산을 대거 상실하게 하였다.

⑤ 제1차 한·일 협약(1904년)으로 일본은 외교 고문 스티븐스와 재정 고문 메가타를 파견하였다.

오답 분석

① 군국기무처는 1894년에 제1차 갑오개혁을 추진한 개혁 기구이다.
② 당오전은 1883년에 조선 정부가 경제난을 해결하기 위해 발행한 화폐로, 명목 가치는 상평통보 5배에 해당하였다. 물가 상승 등 여러 문제를 유발하자, 제1차 갑오개혁 때 폐지하였다.
③ 청일 전쟁 승리로 일본이 랴오둥 반도를 점령하자, 러시아, 프랑스, 독일이 이를 저지시킨 사건을 삼국 간섭(1895년)이라고 한다.
④ 대한 광복회는 박상진이 일제의 무단 통치를 피해 1915년에 국내에서 조직한 비밀 결사이다.

430 국채 보상 운동   정답 ②

핵심키워드 외채 1,300만원, 나라 빚을 갚자

정답 분석

제시문의 외채 1300만원은 대한 제국이 일본 정부에 진 빚의 규모이다. 국민들은 일본의 간섭에서 벗어나기 위해 일본에 진 빚을 국민의 힘으로라도 갚아야 한다고 생각하였다. 그리하여 국채 보상 운동이 김광제의 제안으로 대구에서 시작되었다(1907년). 대한매일신보, 황성신문 등은 이를 알리는 데 앞장섰다.

오답 분석

① 조선 총독부는 1910년 한일 병합 조약 체결 이후 조선에 설치된 식민통치 기구로, 1907년에 일어난 국채 보상 운동과 관련이 없다.
③ 3·1 운동(1919) 이후, 보다 조직적으로 독립 운동을 추진하기 위해 1919년 가을에 대한민국 임시 정부를 수립하였다.
④ 백정에 대한 사회적 불평등을 해결하기 위한 형평 운동이 1920년대 초반에 전개되었다.
⑤ 조선인들을 위한 대학 설립을 추진하기 위해 1920년대 초반에 민립대학 설립 운동이 전개되었다.

431 국채 보상 운동   정답 ②

핵심키워드 일본에서 도입한 차관, 성금

정답 분석

대한 제국은 을사늑약 후 단기간에 일제로부터 1,300만원의 빚을 졌다. 그리하여 김광제, 서상돈의 제안으로 대구에서 국채 보상 운동이 시작되었다(1907년). 제시문은 당시의 모금 운동에 대한 신문 기사이다.
대한매일신보는 국채 보상 운동이 일어나자 적극적으로 홍보하였다. 하지만 통감부는 이를 탄압하기 위해 베델에게 금고형과 벌금형을 선고하고, 양기탁을 거짓 혐의로 구속하여 운동을 중단시켰다.

오답 분석

① 회사령은 1910년에 일제가 조선에서 회사를 설립할 때 일본 총독부의 허가를 받도록 하여, 조선인 자본의 성장을 억제하려고 한 법령이다. 일제는 1920년 회사령을 폐지하고, 신고제로 변경하였다.
③ 색동회는 1923년 소년운동과 아동문학을 위하여 설립된 동인 단체로, 방정환이 주도하였다.
④ 민족주의 계열과 사회주의 계열은 1926년 6·10 만세 운동을 준비했고, 1927년에 신간회 창립을 통해 연대하였다.
⑤ 중국과 프랑스의 노동 단체는 1929년 원산 총파업을 지지하는 격려 전문을 보냈다.

432 경제 수호 운동   정답 ①

핵심키워드 황국중앙총상회, 보안회, 국채 보상 운동

정답 분석

(가) 한양의 시전 상인들은 1898년에 황국중앙총상회를 조직하여 일본 상인의 경제적 침투에 맞서 상권 수호 운동을 전개하였다.
(나) 한·일 의정서(1904년) 제1조는 대한 제국이 일본의 시정 개선 충고를 받아들이도록 규정하여, 내정 간섭의 근거가 되었다. 이를 통해 일본은 러일 전쟁 중 황무지 개간권 등 이권을 확대해 나갔다. 이에 맞서 송수만과 심상진 등이 보안회(1904년)를 조직하고, 종로에서 가두 집회를 열어 일제의 황무지 개간권 요구를 철회시켰다.
(다) 대한 제국이 을사늑약 후 단기간에 일제로부터 1,300만원의 빚을 지자, 김광제와 서상돈의 제안으로 대구에서 국채 보상 운동이 시작되었다(1907년).
따라서 (가)-(나)-(다) 순으로 전개되었다.

의병, 애국 계몽 운동

❶ 항일 의병

을미의병 〔1895〕	• 계기 : 을미사변과 단발령 • 특징 – 제천의 유인석, 춘천의 이소응 등 유생 주도 – 아관파천 후 고종의 해산 권고 조칙이 발표되자 자진 해산
을사의병 〔1905〕	• 계기 : 을사조약 체결 • 특징 : 의병장의 다양화, 전국 각지에서 봉기 – 민종식 : 충남 홍성 – 최익현 : 전북 태인, 체포 후 쓰시마섬 유배 · 순국 – 신돌석 : 최초의 평민 출신, 별명 태백산 호랑이
정미의병 〔1907〕	• 계기 : 고종의 강제 퇴위, 군대 해산 • 특징 – 해산된 군인의 의병 합류로 전투력 향상 –13도 창의군 편성 : 총대장 이인영, 군사장 허위 – 각 영사관에 국제법상의 교전단체로 승인해 줄 것을 요구
서울 진공 작전 〔1908〕	• 허위의 선발대가 동대문 밖 30리까지 진격(패배) • 일본의 남한 대토벌 작전〔1909〕: 다수의 의병 체포

❷ 의거 활동

나철, 오기호	• 자신회 조직 : 을사5적 처단 시도
전명운, 장인환	• 스티븐스(대한 제국의 외교 고문) 처단 : 미국 샌프란시스코
이재명	• 이완용 처단 시도, 명동성당
안중근	• 이토 히로부미 처단〔1909〕: 하얼빈 역 – 감옥에서 동양 평화론 집필 : '동양 평화를 위해서 한–청–일이 협력해야 한다. 따라서 일본의 침략 야욕은 동양 평화를 저해하는 짓이다.' 주장 – 중국 여순 감옥에서 순국〔1910〕

❸ 애국 계몽 운동

헌정 연구회	• 입헌 군주제 수립 추구
대한 자강회	• 월보 간행, 국채 보상 운동에 참여, 고종 퇴위 반대 운동 전개
신민회 〔1907~1911〕	• 안창호 · 양기탁 · 이승훈 · 이상재 · 윤치호 · 이회영 등 주도 • 비밀 결사 조직 • 공화정 수립 추구 • 태극서관(평양) 계몽 서적 출판 · 자기 회사(평양) 설립 • 오산학교(평북 정주, 이승훈) · 대성학교(평양, 안창호) 설립 • 서간도 삼원보에 독립군 기지 건설 : 이회영 형제 기부 • 105인 사건으로 해체 – 계기 : 안명근의 안악 사건 독립자금 모금 중 적발 – 경과 : 일제가 데라우치 총독 암살 사건으로 확대 · 조작 → 1심에서 105명 실형 선고

✚ 을미의병

원통함을 어찌하리오. 국모의 원수를 생각하며 이를 갈았는데, 참혹함이 더욱 심해져 임금께서 또 머리를 깎으시는 지경에 이르렀다. … 우리 부모에게 받은 몸을 금수로 만드니 무슨 일이며, 우리 부모에게 받은 머리카락을 풀 베듯이 베어 버리니 이 무슨 변고란 말인가. … 무릇 우리 각 도 충의의 인사들은 모두가 임금의 보살핌을 받은 몸이니 환난을 회피하기란 죽음보다 더 괴로우며 멸망을 앉아서 기다릴진대 싸워 보는 것만 같지 못하다.

✚ 을사의병

아, 지난 10월 20일의 변은 전 세계 고금에 일찍이 없었던 것이다. 우리에게 이웃 나라가 있어도 스스로 결교(結交)하지 못하고 타인을 시켜 결교(結交)하니 이것은 나라가 없는 것이요, 우리에게 토지와 인민이 있어도 스스로 주장하지 못하고 타인을 시켜 대신 감독하게 하니, 이것은 임금이 없는 것이다. 나라가 없고 임금이 없으니 우리 삼천리 인민은 모두 노예이며 신첩(臣妾)일 뿐이다. 남의 노예가 되고 남의 신첩이 된다면 살았다 하여도 죽는 것만 못하다.

✚ 정미의병

1 다음은 의병 활동을 정리한 것이다. 을미의병은 '을미', 을사의병은 '을사', 정미의병은 '정미'로 쓰시오.

(1) (　) – 13도 창의군을 결성하였다.

(2) (　) – 서울 진공 작전을 전개하였다.

(3) (　) – 해산된 군인들이 의병에 합류하였다.

(4) (　) – 단발령의 시행에 반발하여 봉기하였다.

(5) (　) – 을사늑약에 반대하여 의병을 일으켰다.

(6) (　) – 최익현이 체포되어 쓰시마에서 순국하였다.

(7) (　) – 고종의 해산 권고 조칙에 따라 해산하였다.

(8) (　) – 국제법상 교전 단체로 승인해 줄 것을 요구하였다.

(9) (　) – 민종식이 이끄는 의병 부대가 홍주성을 점령하였다.

(10) (　) – 의병 진압을 위한 '남한 대토벌' 작전이 전개되었다.

2 빈칸에 알맞은 말을 선택하시오.

(1) (나철, 허위)은/는 5적 처단을 위해 자신회를 조직하였다.

(2) (조명하, 안중근)은/는 옥중에서 동양 평화론을 집필하였다.

(3) 전명운과 장인환은 미국 샌프란시스코에서 (메가타, 스티븐스)를 처단하였다.

(4) (보안회, 대한 자강회)는 일본의 황무지 개간권 요구를 저지하였다.

(5) (신민회, 대한 자강회)는 고종 강제 퇴위 반대 운동을 주도하였다.

(6) (신간회, 신민회)는 계몽 서적 출판을 위해 태극서관을 설립하였다.

(7) (안창호, 이승훈)은/는 대성학교를 설립하였다.

(8) (서재필, 양기탁)은 안창호 등과 함께 신민회를 조직하였다.

(9) 신민회는 (공화정, 입헌 군주제) 국가 수립을 추구하였다.

(10) 신민회는 (연해주, 남만주 삼원보)에 독립운동 기지를 건설하였다.

(11) 을사늑약 체결 이후 (총독부, 통감부)의 탄압이 심해지자, 신민회는 비밀 결사로 조직되었다.

(12) 신민회는 일제가 조작한 (105인 사건, 조선어 학회 사건)으로 해체되었다.

3 아래 사건이 일어난 시기를 (가)~(다) 중 고르시오.

1895	1905	1907	1910
(가)	(나)	(다)	
을미 사변	을사 조약	정미 7조약	국권 침탈

(1) (　) – 남한 대토벌 작전이 전개되었다.

(2) (　) – 안중근이 이토 히로부미를 사살하였다.

(3) (　) – 평민 출신 신돌석이 의병을 조직하였다.

(4) (　) – 13도 창의군이 서울 진공 작전을 전개하였다.

(5) (　) – 보안회가 황무지 개간권 저지 운동을 전개하였다.

(6) (　) – 독립협회가 조직되어 자주독립, 자유민권, 자강개혁 운동을 전개하였다.

4 다음 사료를 읽고, 물음에 답하시오.

(1) 아래 글과 관련 있는 단체를 쓰시오.

> 조선 본토에서 재력이 있는 사람들을 삼원보에 이주시켜 토지를 사들이고 촌락을 세워 새 영토로 삼고 … 나아가 무관 학교를 설립하여 문무를 겸하는 교육을 실시하면서 기회를 엿보아 구한국의 국권을 회복하려고 하였다.

(2) 아래 글과 관련된 사건을 쓰시오.

> 지금 서울 근처 각 지방에 의병이 많이 모여 서울을 치고자 하는 모양인데, 수효는 얼마나 되는지 알 수 없으나 한 곳에는 800명 정도 된다고 한다. 해산된 한국 군인들이 선봉이 되어 기동하는데 곳곳의 철로와 전선을 끊고 일본 순검이나 철로와 전보국의 사무원을 만나는 대로 죽인다 하며, 녹도 땅에 의병을 치러갔던 일본 원정대는 처참하게 몰살되었다고 한다.

(3) 다음은 '동양평화론'의 일부분이다. 이 글을 발표한 인물은 누구인가?

> 오늘날, 서양 세력이 동양으로 점차 밀려오는 환란을 동양 인종이 일치단결해서 온 힘을 다하여 방어해야 하는 것이 제일 상책임은 어린아이일지라도 익히 아는 바이다. 그런데 무슨 까닭으로 일본은 이러한 순리의 형세를 돌아보지 않고 같은 인종인 이웃 나라를 약탈하고 우의를 끊어, 스스로 도요새가 조개를 쪼려다 부리를 물리는 형세를 만들어 어부에게 둘 다 잡히기를 기다리는 듯 하는가?

정답

1. (1) 정미 (2) 정미 (3) 정미 (4) 을미 (5) 을사 (6) 을사 (7) 을미 (8) 정미 (9) 을사 (10) 정미

2. (1) 나철 (2) 안중근 (3) 스티븐스 (4) 보안회 (5) 대한 자강회 (6) 신민회 (7) 안창호 (8) 양기탁 (9) 공화정 (10) 남만주 삼원보 (11) 통감부 (12) 105인 사건

3. (1) 다 (2) 다 (3) 나 (4) 다 (5) 가 (6) 가

4. (1) 신민회 (2) 서울진공작전 (3) 안중근

433
62회 34번 [2점]

교사의 질문에 대한 학생의 답변으로 옳은 것은?

이것은 대한매일신보에 태극서관이 게재한 서적 할인 광고입니다. 태극서관은 신지식 보급과 민족의식 고취를 위해 이 단체가 운영한 기관입니다. 인재 양성을 위해 대성학교도 설립한 이 단체에 대해 말해 볼까요?

① 민립 대학 설립 운동을 전개하였어요.
② 러시아의 절영도 조차 요구를 저지하였어요.
③ 파리 강화 회의에 독립 청원서를 제출하였어요.
④ 안창호, 양기탁 등이 비밀 결사로 조직하였어요.
⑤ 국문 연구소를 세워 한글의 문자 체계를 정리하였어요.

434
56회 38번 [3점]

(가) 단체에 대한 설명으로 옳은 것을 〈보기〉에서 고른 것은?

이것은 평양에 있던 대성학교의 교직원과 학생들을 촬영한 사진입니다. 이 학교는 안창호, 양기탁 등이 조직한 (가) 이/가 설립하였습니다.

| 보기 |
ㄱ. 태극서관을 운영하였다.
ㄴ. 105인 사건으로 와해되었다.
ㄷ. 이륭양행에 교통국을 설치하였다.
ㄹ. 입헌 군주제 수립을 목표로 하였다.

① ㄱ, ㄴ   ② ㄱ, ㄷ
③ ㄴ, ㄷ   ④ ㄴ, ㄹ
⑤ ㄷ, ㄹ

435
55회 35번 [2점]

(가)~(다) 학생이 발표한 내용을 일어난 순서대로 옳게 나열한 것은?

① (가) – (나) – (다)   ② (가) – (다) – (나)
③ (나) – (가) – (다)   ④ (나) – (다) – (가)
⑤ (다) – (가) – (나)

436
64회 29번 [2점]

(가) 인물에 대한 설명으로 옳은 것은?

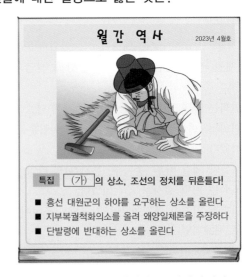

① 대한 광복회를 조직하여 친일파를 처단하였다.
② 국권 피탈 과정을 정리한 한국통사를 집필하였다.
③ 을사늑약 체결에 반대하여 태인에서 의병을 일으켰다.
④ 13도 창의군을 지휘하여 서울 진공 작전을 전개하였다.
⑤ 보국안민을 기치로 우금치에서 일본군 및 관군에 맞서 싸웠다.

437

(가)~(다) 학생이 발표한 내용을 일어난 순서대로 옳게 나열한 것은?

〈한국사 주제 발표〉

위정척사 운동과 최익현의 활동

(가) 이완용 등의 역적을 처단하라는 상소를 올리고 임병찬 등과 태인에서 의병을 일으켰어요.

(나) 도끼를 들고 대궐 앞에 엎드려 개항에 반대하는 상소를 올렸어요.

(다) 일본의 간섭하에 추진된 개혁에 반발하여, 이를 주도한 박영효, 서광범 등을 처벌하라는 상소를 올렸어요.

① (가) - (나) - (다)
② (가) - (다) - (나)
③ (나) - (가) - (다)
④ (나) - (다) - (가)
⑤ (다) - (가) - (나)

438

다음 의병 부대에 대한 설명으로 옳은 것은?

이인영을 총대장으로 추대하고, 허위를 군사장으로 삼아 …… 각 도에 격문을 전하니 전국에서 불철주야 달려온 지원자들이 만여 명이더라. 이에 서울로 진군하여 국권을 회복하고자 …… 먼저 이인영은 심복을 보내 각국 영사에게 진군의 이유를 상세히 알리며 도움을 요청하고, 각 도의 의병으로 하여금 일제히 진군하게 하였다.

① 조선 혁명 선언을 지침으로 삼았다.
② 이만손이 주도하여 영남 만인소를 올렸다.
③ 상덕태상회를 통하여 군자금을 모집하였다.
④ 일본에 국권 반환 요구서를 제출하고자 하였다.
⑤ 고종의 강제 퇴위와 군대 해산에 반발하여 결성되었다.

439

(가) 인물에 대한 설명으로 옳은 것은?

이곳은 최근 다시 개관한 하얼빈의 (가) 기념관입니다. (가) 동상 위의 시계는 9시 30분에 멈춰 있습니다. 이토 히로부미를 저격한 바로 그 시각입니다.

① 동양 평화론을 저술하였다.
② 친일 인사인 스티븐스를 사살하였다.
③ 5적 처단을 위해 자신회를 조직하였다.
④ 명동 성당 앞에서 이완용을 습격하였다.
⑤ 동양척식주식회사에 폭탄을 투척하였다.

440

다음 기사를 활용한 탐구 활동으로 가장 적절한 것은?

해외 언론 보도로 본 민족 운동

THE CALL

오늘 나는 스티븐스를 쏘았다. 그는 대한 제국의 외교 고문에 임명되어 후한 대접을 받고 있음에도 일본의 이익을 위해 한국인에게 온갖 잔인한 일을 자행하였다. …… 나는 어떤 처벌에도 불만이 없으며, 조국의 자유를 위한 투쟁에 도움이 된다면 영광스럽게 죽을 것이다.

① 제1차 한 · 일 협약의 내용을 알아본다.
② 삼국 간섭이 발생한 원인을 분석한다.
③ 일제가 조작한 105인 사건의 영향을 파악한다.
④ 영국이 거문도를 불법 점령한 과정을 조사한다.
⑤ 고종이 러시아 공사관으로 피신한 이유를 찾아본다.

433 신민회 정답 ④

핵심키워드 대한매일신보, 태극서관, 대성학교

정답 분석

정치 활동에 대한 통감부의 억압이 날로 심해져 정치 단체들의 활동이 어려워지자, 안창호, 이승훈, 양기탁 등은 비밀리에 신민회를 조직하였다(1907년).

신민회는 비밀을 철저하게 유지하면서 조직을 운영했기 때문에 통감부의 눈을 피해 많은 활동을 할 수 있었다. 신민회는 활동 목표를 민족의 자주 독립을 확립할 수 있는 국민 역량을 기르는 데에 두었다. 이에 회원들은 대성학교와 오산학교를 설립하였고, 자기 회사와 태극서관을 운영하였으며, 대한매일신보를 통해 국민 계몽에 앞장서기도 하였다.

오답 분석

① 민립 대학 설립 운동은 1920년대 초 일제의 교육 차별에 맞서 민족 자본으로 대학을 설립하려는 노력이었다.

② 러시아는 1898년에 부산의 절영도를 조차하여 해군용 석탄 저장소로 이용하려 했으나, 만민 공동회에서 적극적인 반대 운동을 전개하여 성사되지 못했다.

③ 1919년에 신한 청년당과 대한민국 임시 정부는 김규식을 파견하여 파리 강화 회의에 독립 청원서를 제출하였다.

⑤ 국문 연구소는 1907년에 설립되어 한글의 정리와 연구를 목표로 활동하였으며, 지석영과 주시경 등이 활동하였다.

434 신민회 정답 ①

핵심키워드 대성학교, 안창호, 양기탁

정답 분석

(가)는 신민회이다.

ㄱ. 태극서관은 계몽 서적을 보급하기 위해 평양과 서울에 설립한 서점으로, 신민회의 산하기관이다.

ㄴ. 일제는 신민회를 탄압하기 위해, 총독 암살 음모를 꾀하였다고 사건을 조작하여 민족 지도자 105인을 재판에 회부하였다(105인 사건, 1911년). 105인의 상당수가 신민회 회원이었기 때문에, 이 사건으로 인해 신민회가 해산되었다.

오답 분석

ㄷ. 이륭양행은 아일랜드인 쇼가 만주에 설립한 무역회사로, 이곳에 대한민국 임시 정부의 비밀 교통국이 설치되었다.

ㄹ. 신민회는 공화정 수립을 시도하였다. 입헌 군주제를 추구한 세력으로는 갑신정변을 주도한 급진 개화파, 독립협회 등이 있다.

435 의병 정답 ③

핵심키워드 을사늑약, 을미사변, 13도 창의군

정답 분석

(가) 1905년 을사조약 체결 후 '국권 회복'을 목표로 을사의병이 대규모로 일어났고, 대표적인 의병장으로는 충남 홍성의 민종식, 전북 태인의 최익현 같은 양반 출신과 함께 경북 울진에서 활약한 평민 출신 신돌석 등이 있었다.

(나) 을미사변과 단발령을 계기로 1895년에 을미의병이 일어났으며, 유인석과 이소응 같은 유학자들이 중심이 되어 '국모의 원수를 갚자'는 구호 아래 항일 투쟁을 벌였다.

(다) 1907년 고종의 강제 퇴위와 군대 해산으로 해산 군인들이 의병에 합류하며 정미의병이 확산되었고, 이들은 13도 창의군을 결성해 1908년에 서울 진공 작전을 시도했으나 실패하였다. 이후 일부 의병은 만주와 연해주로 이동해 독립군 활동으로 이어졌다.

따라서 (나), (가), (다) 순으로 의병이 일어났다.

436 최익현 정답 ③

핵심키워드 지부복궐척화의소, 왜양일체론

정답 분석

제시문은 위정척사파의 대표적 인물인 최익현의 활동을 정리한 것이다.

최익현(당시 44세)은 강화도 조약이 체결되자 도끼를 들고 광화문 앞에 엎드려 일본과 강화하면 조선이 어지러워질 것이라며 지부복궐척화의소를 올렸다. 그는 개항을 반대하며 왜양일체론을 주장하고, 일본의 침략 의도를 경계하였다.

1905년 을사늑약이 체결되자 최익현(73세)은 전북 태인에서 의병을 일으켜 항일 투쟁을 이끌었고, '매국 5적'의 처단을 요구하였다. 그는 체포된 후 쓰시마섬(대마도)에서 순국하였다.

오답 분석

① 박상진과 김좌진은 1915년에 국내에서 비밀 결사인 대한 광복회를 조직하였다.

② 「한국통사」는 1915년에 간행된 한국사 연구서로, 일제의 침략과 국권 피탈 과정을 정리한 자료이다. 박은식이 집필하였다.

④ 13도 창의군은 1907년에 결성된 의병 연합 부대로, 서울 진공 작전을 전개하여 일제에 저항하였다.

⑤ 전봉준과 손병희가 이끈 동학 농민군은 일제가 경복궁을 점령하자 '보국안민'을 기치로 2차 봉기(1894년)를 일으켰다. 우금치 전투에서 일본군 및 관군과 맞서 싸웠으나 패배하였다.

437 최익현

정답 ④

핵심키워드 이완용 처단 상소, 개항 반대 상소, 개혁 반발 상소

정답 분석

위정척사 사상을 철저히 고수한 최익현은 1907년 대마도에서 순국할 때까지 약 30회의 상소를 통해 나라의 위기 극복 방안을 제시하고 반일을 주장하였다.

㈎ 1905년에 을사조약 체결에 반대하여 임병찬과 함께 의병을 일으켰다. 을사조약을 찬성한 이완용, 박제순(당시 외부 대신으로 을사조약에 서명함), 권중현, 이근택, 이지용을 을사 5적이라 부른다.

㈏ 1876년에 강화도 조약이 체결되자 도끼를 들고 광화문 앞에서 개항 반대 상소(지부복궐척화의소)를 올렸다.

㈐ 1895년에 김홍집·박영효·서광범 내각이 을미개혁을 추진하며 단발령을 발표하자 이를 비판하였다.

따라서 ㈏-㈐-㈎ 순으로 사건이 일어났다.

438 정미의병

정답 ⑤

핵심키워드 이인영 총대장, 허위 군사장, 서울 진군

정답 분석

고종 황제의 강제 퇴위와 군대 해산을 계기로 전국적으로 정미의병(1907년)이 일어났다. 서울 진공을 위해 전국의 의병 부대가 연합하여 총대장 이인영, 군사장 허위로 구성된 13도 창의군을 형성하였다. 이들은 경기도 양주에 집결하여 서울 진공 작전을 전개하였으나, 일본군의 강한 저항과 화력에 밀려 실패하고 철수하였다. 허위가 이끄는 선발대가 서울 근교까지 진격했지만, 후원군 부족으로 작전을 완수하지 못하였다.

오답 분석

① 조선 혁명 선언은 1923년에 신채호가 의열단의 활동 지침을 정리하여 작성한 글이다.

② 이만손과 영남 유생들은 조선책략 유포에 반대하여 1881년에 상소문을 올렸다.

③ 박상진은 1912년 대구에 상덕태상회를 설립하여 독립운동의 거점으로 삼고, 1915년 대한 광복회를 조직해 무장 독립 투쟁을 전개하였다.

④ 임병찬의 독립의군부는 조선의 국권 회복을 위해 국권 환요구서를 작성하여 조선 총독부에 제출하려 하였다.

439 안중근

정답 ①

핵심키워드 하얼빈, 이토 히로부미 저격

정답 분석

안중근은 1909년에 중국 하얼빈 역에서 전 통감 이토 히로부미를 사살한 후 중국 여순 감옥에서 미완성의 소논문 「동양평화론」을 작성하였다. 「동양평화론」의 핵심적인 문제의식은 한국과 청국, 일본 삼국이 연대하여 서양에 대적하고 평화적인 동양의 질서를 만들어 나가야 한다는 것이며, 이토 히로부미가 을사늑약을 강요하여 동양의 평화를 저해했다고 주장하였다.

오답 분석

② 1908년에 전명운과 장인환은 미국 샌프란시스코에서 친일 인사 스티븐스를 사살하였다.

③ 나철(나인영)과 오기호는 을사 5적(이완용, 박제순, 이지용, 이근택, 권중현) 처단을 위해 1907년에 자신회를 조직하였다.

④ 이재명은 1909년에 명동 성당 앞에서 이완용을 처단하려 했으나 실패하였다.

⑤ 1926년에 의열단의 나석주는 일제 경제 침탈의 상징인 식산 은행과 동양척식주식회사에 폭탄을 던졌다.

440 개화기의 의거 활동

정답 ①

핵심키워드 스티븐스 사살

정답 분석

미국인 스티븐스는 제1차 한·일 협약(1904년) 이후 일본 정부의 요구로 대한 제국의 외부 고문으로 임명되었다. 그는 일본의 한국 지배를 적극적으로 옹호하며 외교 문제를 통감부나 일본 공사와 논의하였고, 을사늑약(1905년) 체결에도 일조하였다. 스티븐스는 미국 언론과의 인터뷰에서 "일본의 대한 제국 침략은 정당하며, 한국인들이 도리어 일본인들을 환영한다."고 말해 미주 지역 한인들의 공분을 샀고, 결국 장인환 의사에게 사살되었다.

오답 분석

② 청일 전쟁으로 일본이 랴오둥 반도를 점령하자, 러시아는 삼국 간섭(1895년)을 일으켜 이를 저지시켰다.

③ 일제는 신민회를 해산시키기 위해 1911년에 105인 사건을 일으켰다.

④ 영국은 1885년에 거문도를 점령하였다.

⑤ 고종은 을미사변(1895년)이 일어나자, 다음해에 러시아 공사관으로 피신하였다.

개항 이후의 사회와 문화

❶ 근대 신문

한성순보[1883~1884]	• 최초의 신문, 박문국 발행, 10일마다 발행
한성주보[1886~1888]	• 최초의 주간지, 박문국 발행, 최초로 상업 광고 게재
독립신문[1896~1899]	• 최초의 민간 신문(서재필), 한글과 영문으로 발행
황성신문[1898~1910]	• 장지연의 시일야방성대곡 게재 을사늑약 비판 • 여권통문 게재 찬양회가 발표한 우리나라 최초의 여성 인권 선언문 • 신채호의 단연보국채 게재 국채 보상 운동 지지
제국신문[1898~1910]	• 이종일 발행, 주로 서민과 부녀자 대상

대한매일신보[1904~1910]	• 양기탁과 베델(러·일 전쟁 취재차 방한)의 발행
	   – 외국인의 치외법권을 이용하여 항일 기사 작성
	   – 국채 보상 운동의 확산에 기여
	   – 신민회의 기관지로 활동
	• 신채호의 독사신론 연재
	• 1910년, 총독부 기관지인 매일신보로 전락

만세보[1906~1907]	• 천도교 기관지

• 일제의 신문지법(1907)으로 탄압받음

❷ 근대 교육

개항 직후	• 원산학사[1883] : 최초의 근대적 학교, 원산·덕원 주민 주도
	• 동문학[1883] : 관립, 통역관 양성 시도
	• 육영공원[1886]
	   – 관립, 보빙사 민영익의 건의로 설립
	   – 양반 자제와 젊은 관리 대상 ┌ 세계지리 교과서
	   – 미국인 교사 초빙 : 헐버트(사민필지 집필) 등
	• 배재학당·이화학당·경신학교 : 개신교 선교사가 설립

교육입국 조서 발표 후	• 한성사범학교 : 관립, 교사 양성 목적 • 찬양회의 순성 여학교 : 한국인이 세운 최초의 여학교
을사늑약 이후	• 이승훈의 오산학교, 안창호의 대성학교 • 일제의 사립학교령 제정[1908] : 인가제 실시로 사립학교 통제

└ 여권통문 발표하여 여성 인권 향상 시도

❸ 근대 시설

1880년대	• 기기창 : 근대식 무기 생산 • 전환국 : 당오전·백동화 주조 • 박문국 : 한성순보·한성주보 발행 • 광혜원(제중원) : 최초의 근대식 병원, 갑신정변 계기로 알렌이 운영
1890년대	• 전차 : 서대문~홍릉 노선, 한성전기회사가 건설 • 경인선 : 미국 모스가 부설권 획득 → 일본이 건설
1900년대	• 경부선, 경의선 : 러·일 전쟁 중에 일본이 건설 • 광제원 : 국립 병원, 서울 • 국문연구소 : 최초의 국문 연구 기관, 주시경·지석영 참여 • 원각사 : 우리나라 최초의 서양식 극장

╋ 대한매일신보와 베델

╋ 헐버트

╋ 경인선

1899년 9월 노량진~제물포의 33.2km 구간에 경인선이 최초로 부설되었다.

╋ 원각사

1 다음 설명에 해당하는 신문을 쓰시오.

(1) (　　　) – 천도교의 기관지로 발행되었다.

(2) (　　　) – 최초로 상업 광고가 게재되었다.

(3) (　　　) – 영국인 베델과 제휴하여 발행하였다.

(4) (　　　) – 정부가 발행하는 순한문 신문이었다.

(5) (　　　) – 시일야방성대곡이라는 논설을 실었다.

(6) (　　　) – 우리나라 최초의 근대 신문이었다.

(7) (　　　) – 국권 강탈 후 총독부의 기관지로 전락하였다.

(8) (　　　) – 조선 정부의 지원을 받았으며 영문으로도 발행되었다.

2 빈칸에 알맞은 말을 선택하시오.

(1) 최초의 근대식 교육 기관은 (원산학사, 육영공원)이다.

(2) 통역관 양성을 목적으로 (동문학, 배재학당)을 설립하였다.

(3) 최초로 설립된 여성 교육 기관은 (이화학당, 순성여학교)이다.

(4) 교육 입국 조서 반포를 계기로 (오산학교, 한성사범학교)가 설립되었다.

(5) 정부는 (동문학, 육영공원)을 설립하고 미국인 헐버트, 길모어 등을 교사로 초빙하였다.

3 다음 설명에 해당하는 용어를 쓰시오.

┌─ 보기 ┐			
광혜원	박문국	전환국	여권통문
기기창	원각사	사민필지	국문연구소

(1) (　　　　)은/는 우리나라 최초의 서양식 극장이다.

(2) 주시경은 (　　　　)의 위원으로서 국문 연구에 힘썼다.

(3) 알렌의 건의로 최초의 근대식 병원인 (　　　　)이/가 설립되었다.

(4) 헐버트는 세계지리 교과서인 (　　　　)을/를 한글로 저술하였다.

(5) 북촌 여성들은 여성 권리 선언인 (　　　　)을/를 공표하였다.

(6) 1883년에 설립된 근대 기관으로, 근대식 무기를 생산하는 (　　　　)와/과 당오전·백동화를 주조한 (　　　　), 한성순보를 발행한 (　　　　)이/가 있다.

4 아래 사건이 일어난 시기를 (가)~(다) 중 고르시오.

1876	1894	1899	1907
(가)	(나)	(다)	
강화도 조약	제1차 갑오개혁	전차 개통	고종 퇴위

(1) (　　　) – 우정총국이 개국하였다.

(2) (　　　) – 교육입국 조서가 반포되었다.

(3) (　　　) – 러일 전쟁 중 경부선이 건설되었다.

(4) (　　　) – 박문국에서 한성순보를 창간하였다.

(5) (　　　) – 베델과 양기탁이 대한매일신보를 창간하였다.

(6) (　　　) – 함경도 덕원 지방의 관민들이 원산학사를 설립하였다.

5 다음 사료를 읽고, 물음에 답하시오.

(1) 아래 글과 관련된 학교는 무엇인가?

> 본 [덕원]부는 해안의 요충지에 위치해 있고 아울러 개항지입니다. 이곳을 빈틈없이 잘 운영해 나가는 방도는 인재를 선발하여 쓰는 데 있고, 그 핵심은 가르치고 기르는 데 있습니다. 그래서 원산사에 글방을 설치하였습니다.

(2) 다음은 장지연의 시일야방성대곡의 일부분이다. 이 글을 발표한 신문사는 어디인가?

> 아, 저 개돼지만도 못한 소위 우리 정부의 대신이란 자들은 자기 일신의 영달과 이득이나 바라고 거짓 위협에 겁먹어 머뭇대거나 벌벌 떨며 나라를 팔아먹는 역적이 되는 것을 달갑게 여겨 4000년의 강토와 500년의 종묘사직을 남에게 들어 바치고, 2000만 백성을 남의 노예가 되도록 하였도다.

(3) 아래 창간사를 발표한 신문사는 어디인가?

> 우리는 조선 대군주 폐하와 조선 정부와 조선 인민을 위하여 사람들인 고로 편당 있는 의논이든지 한쪽만 생각하고 하는 말은 우리 신문상에 없을 터이오. … 이 신문을 인연하여 내외 남녀 상하 귀천이 모두 조선 일을 서로 알 터이오. 우리가 또 외국 사정도 조선 인민을 위하여 간간이 기록할 터이니 그걸 인연하여 외국은 가지 못하더라도 조선 인민이 외국 사정도 알 터이오.

441

67회 31번 [2점]

다음 검색창에 들어갈 신문에 대한 설명으로 옳은 것은?

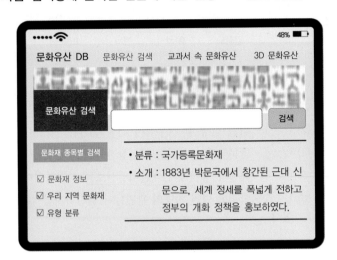

문화유산 DB   문화유산 검색   교과서 속 문화유산   3D 문화유산

48%

문화유산 검색

검색

문화재 종목별 검색

☑ 문화재 정보
☑ 우리 지역 문화재
☑ 유형 분류

• 분류 : 국가등록문화재
• 소개 : 1883년 박문국에서 창간된 근대 신문으로, 세계 정세를 폭넓게 전하고 정부의 개화 정책을 홍보하였다.

① 여권통문을 처음 보도하였다.
② 국채 보상 운동의 확산에 기여하였다.
③ 의병 투쟁에 호의적인 기사를 게재하였다.
④ 외국인이 읽을 수 있도록 영문으로도 발행되었다.
⑤ 순한문 신문으로 열흘마다 발행하는 것이 원칙이었다.

442

71회 33번 [1점]

(가) 신문에 대한 설명으로 옳은 것은?

근대 신문 박물관

오전 11:10   100%

소장품

국가등록문화유산 - 배설 만사집

「배설 만사집」은 (가) 의 발행인 배설(Ernest T. Bethell, 1872~1909)이 37세의 젊은 나이로 사망하자, 그를 추도하여 전국 각지에서 보내온 만사* 259편을 모아 책으로 엮은 것이다. 만사를 쓴 사람은 총 251명인데, 박은식과 양기탁 등 (가) 의 발간에 참여했던 인사를 비롯하여 언론인·교사·군인·유학자·종교인 등 다양하다.

*만사(輓詞) : 죽은 사람을 애도하는 글

① 박문국에서 발행하였다.
② 브나로드 운동을 주도하였다.
③ 여권통문을 처음 게재하였다.
④ 국채 보상 운동을 지원하였다.
⑤ 순한글판으로 발행된 최초의 신문이었다.

443

67회 33번 [2점]

다음 대화에 해당하는 교육 기관에 대한 설명으로 옳은 것은?

주제 : 근대 교육 기관

이 학교는 신학문을 가르치는 관립 교육 기관이야.

젊은 관리가 소속된 좌원과 명문가의 자제를 선발한 우원으로 구성되었어.

주요 과목으로 영어, 산학, 지리 등이 있었어.

① 7재라는 전문 강좌가 개설되었다.
② 조선 총독부의 탄압으로 폐교되었다.
③ 교육 입국 조서에 근거하여 세워졌다.
④ 주요 건물로는 대성전과 명륜당을 두었다.
⑤ 헐버트, 길모어 등이 교사로 초빙되었다.

444

62회 35번 [3점]

다음 인물의 활동으로 옳은 것은?

나는 23세 때 육영공원의 교사로 조선에 와서 학생들을 가르쳤소. 고종의 특사가 되어 만국 평화 회의가 열린 헤이그를 방문하였고, 대한 제국 멸망사를 출간하기도 했소. 나는 한국인의 권리와 자유를 위해 싸워왔으며 한국인에 대한 사랑은 내 인생의 가장 소중한 가치라오. 나는 웨스트민스터 사원보다 한국 땅에 묻히기를 염원하오.

① 화폐 정리 사업을 주도하였다.
② 한글로 된 교재인 사민필지를 집필하였다.
③ 여성 교육 기관인 이화 학당을 설립하였다.
④ 친일 인사 스티븐스를 샌프란시스코에서 사살하였다.
⑤ 논설 단연보국채를 써서 국채 보상 운동에 적극 참여하였다.

445

64회 33번 [3점]

다음 규칙이 발표된 이후의 사실로 옳은 것은?

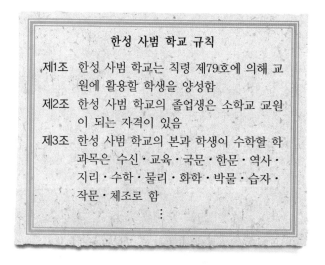

한성 사범 학교 규칙

제1조 한성 사범 학교는 칙령 제79호에 의해 교원에 활용할 학생을 양성함

제2조 한성 사범 학교의 졸업생은 소학교 교원이 되는 자격이 있음

제3조 한성 사범 학교의 본과 학생이 수학할 학과목은 수신·교육·국문·한문·역사·지리·수학·물리·화학·박물·습자·작문·체조로 함

:

① 길모어 등이 육영공원 교사로 초빙되었다.
② 정부가 동문학을 세워 통역관을 양성하였다.
③ 이승훈이 인재 양성을 위해 오산학교를 세웠다.
④ 함경도 덕원 지방의 관민들이 원산 학사를 설립하였다.
⑤ 교육의 기본 방향을 제시한 교육 입국 조서가 반포되었다.

446

65회 37번 [3점]

(가)~(마)에 대한 설명으로 옳은 것은?

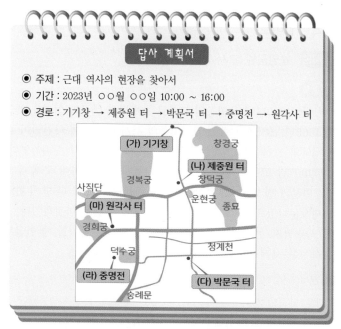

답사 계획서

◉ 주제 : 근대 역사의 현장을 찾아서
◉ 기간 : 2023년 ○○월 ○○일 10:00 ~ 16:00
◉ 경로 : 기기창 → 제중원 터 → 박문국 터 → 중명전 → 원각사 터

① (가) - 우리나라 최초의 근대 신문이 간행되었다.
② (나) - 고종의 황제 즉위식이 거행된 장소이다.
③ (다) - 백동화가 주조되었다.
④ (라) - 을사늑약이 체결되었다.
⑤ (마) - 나운규의 아리랑이 처음 상영된 곳이다.

447

58회 30번 [3점]

다음 상황 이후의 사실로 옳은 것은?

① 알렌의 건의로 광혜원이 세워졌다.
② 박문국에서 한성순보가 발행되었다.
③ 무기 제조 공장인 기기창이 설립되었다.
④ 서울과 부산을 연결하는 경부선이 개통되었다.
⑤ 우편 사무를 관장하는 우정총국이 처음 설치되었다.

448

70회 33번 [2점]

㉠ 시기에 볼 수 있는 모습으로 가장 적절한 것은?

이것은 경인선 철도의 노선 계획도입니다. 경인선은 미국인 모스로부터 부설권을 사들인 일본에 의해 서울에서 인천을 잇는 철도로 개통되었습니다. 완공 후 ㉠ 서대문 정거장에서 철도 개통식이 열렸습니다. 이후 경부선, 경의선 철도가 차례로 개통되었습니다. 그 과정에서 많은 토지가 철도 부지로 수용되고 농민들이 공사에 강제로 동원되면서 많은 저항이 있었습니다.

① 학도 지원병을 독려하는 지식인
② 금난전권 폐지에 반대하는 시전 상인
③ 근우회가 주최하는 강연에 참여하는 여성
④ 두모포에서 무력시위를 벌이는 일본 군인
⑤ 근대 학문을 가르치는 한성 사범 학교 교사

441 근대 신문

정답 ⑤

핵심키워드 박문국, 근대 신문

정답 분석

한성순보는 1883년에 박문국에서 발행된 순한문 신문으로, 10일마다 발행되는 관보 형식의 신문이었다. 1884년 갑신정변으로 박문국이 소실되어 1년 만에 종간되었으나, 1885년에 한성주보라는 이름으로 복간되었다.

오답 분석

① 여권통문(1898년)은 한국 최초의 여성 인권 선언문으로, 서울 북촌 양반 여성들이 발표하였다. 이 글에서 특히 여성이 교육받아야 할 당위성과 권리를 강조하였다. 황성신문에서 처음 보도하였다.

②, ③ 대한매일신보는 영국인이 발행인으로 참여하고 있어서, 통감부의 극심한 통제에도 불구하고 일본의 침략에 반대하는 논설을 실을 수 있었다. 특히, 의병 활동과 국채 보상 운동 등 민족 운동에 관한 기사를 많이 실어 민족의 여론을 불러일으키는 데에 커다란 공헌을 하였다.

④ 독립신문과 대한매일신보는 국문판과 영문판이 함께 발행되었다. 대한매일신보는 1905년부터 korea daily news를 별도로 발행하였다.

442 근대 신문

정답 ④

핵심키워드 배설, 양기탁

정답 분석

배설은 영국인 베델의 한국식 이름으로, 그는 러일 전쟁 취재차 한국에 왔다가 양기탁과 함께 1904년에 대한매일신보를 창간하였다. 대한매일신보는 영국인이 발행인으로 참여하고 있어서, 통감부의 극심한 통제에도 불구하고 의병 활동과 국채 보상 운동 등 민족 운동에 관한 기사를 많이 실을 수 있었다. 또한 양기탁이 신민회를 조직하면서 대한매일신보는 신민회 활동과 연계성을 가지고 운영되었다.

오답 분석

① 박문국은 1883년 고종의 명에 따라 설립된 근대식 인쇄소로, 최초의 근대적 신문인 한성순보를 발행하여 정부 개화 정책을 홍보하였다.

② 브나로드 운동은 1930년대 동아일보에서 전개한 문맹 퇴치 운동으로, 농촌 계몽을 목표로 하였다.

③ 여권통문은 1898년에 발표된 여성 인권 선언문으로, 황성신문에서 최초로 보도하였다.

⑤ 순한글판으로 발행된 최초의 신문은 1896년에 창간된 독립신문으로, 서민층도 쉽게 읽을 수 있었다.

443 근대 교육 기관

정답 ⑤

핵심키워드 신학문 교육, 관립, 좌원과 우원

정답 분석

육영공원은 우리나라 최초의 관립 근대학교로, 보빙사 민영익의 건의로 1886년에 설립되었다. 좌원(관료 자제)과 우원(양반 자제)으로 나뉘어 30여 명을 입학시켰다. 미국에서 초빙한 헐버트와 길모어 등이 영어와 과학을 가르쳤다.

오답 분석

① 고려 예종은 관학 진흥을 위해 국자감에 과거 준비를 위한 전문 강좌인 7재를 설치하였다.

② 1907년에서 1909년 사이 애국계몽가들의 노력으로 약 3천여 개의 사립학교가 설립되었다. 이에 일제 통감부는 1908년에 사립학교령을 공포해 민족 교육을 억압했으며, 그러한 기조는 총독부 체제에서도 유지되었다. 단, 육영공원은 정부의 재정난으로 1894년에 폐교되었다.

③ 교육입국 조서(1895년) 반포 후, 소학교가 곳곳에 설립되고, 한성사범학교가 건립되어 교원을 양성하였다.

④ 대성전과 명륜당은 성균관과 향교의 주요 건물이다.

444 헐버트

정답 ②

핵심키워드 육영공원 교사, 헤이그 방문

정답 분석

헐버트는 1886년에 육영공원 교사로 초빙되어 한국과 인연을 맺었다. 1905년 을사조약 체결 후, 고종의 특사로 미국에 파견되어 대한 제국의 도움을 요청하는 친서를 전달하려 했으나 실패하였다. 이후 1907년 고종은 헐버트를 헤이그 특사로 임명하여 국제 무대에서 일본의 침탈을 고발하게 하였다. 1949년에 40여 년 만에 한국을 재방문하였으며, 도착 1주일 후 한국에서 생을 마감하였다.

② 「사민필지」는 헐버트가 육영공원에서 교사로 재직할 때 한글로 작성한 세계 지리서이다.

오답 분석

① 대한 제국의 재정 고문 메가타는 1905년에 화폐 정리 사업을 추진해 화폐 제도를 일본에 종속시켰다.

③ 미국인 선교사 스크랜튼은 1886년에 이화 학당을 설립하여 여성의 교육과 자립을 도모하였다.

④ 장인환과 전명운은 1908년에 친일 인사 스티븐스를 샌프란시스코에서 암살하였다.

⑤ 신채호는 국채 보상 운동이 일어나자 황성신문에 "단연보국채(담배를 끊어 국채를 갚자)"라는 논설을 작성하였다.

445 근대 교육

핵심키워드 한성 사범 학교

정답 분석

한성 사범 학교는 교육입국 조서(1895년) 반포 후 설립되어 교원을 양성하였다. 따라서 제시문이 반포된 1895년 7월 이후의 상황으로 는, 신민회 회원인 이승훈이 1900년대 후반에 오산학교를 건립한 것이 포함된다.

참고로, 신민회(1907~1911년)는 평양에 대성학교, 평북 정주에 오산학교를 건립하였다.

오답 분석

① 헐버트, 길모어, 벙커는 1886년에 육영공원의 교사로 초빙되었다.
② 동문학은 1883년에 정부가 설립한 통역관 양성 기관이다.
④ 원산학사는 1883년에 함경도 덕원 지방의 관민이 설립한 근대적 사립학교로, 우리나라 최초의 근대식 교육 기관이다.
⑤ 교육입국 조서는 고종이 제2차 갑오개혁(1895년) 중에 반포한 교육 정책 선언으로, 근대적 교육 제도의 기본 방향을 제시하였다. 이에 따라 소학교와 한성 사범 학교 등이 건립되었다.

446 개화기의 주요 장소

핵심키워드 기기창, 제중원, 중명전, 박문국

정답 분석

덕수궁 중명전은 대한 제국 시기에 세워진 서양식 건축물로, 황실 도서관과 고종 황제의 편전으로 사용되었다. 1905년 을사늑약이 체결된 장소이자, 1907년 고종이 헤이그 특사 파견을 밀명한 역사 적 장소이다.

오답 분석

① 우리나라 최초의 근대 신문은 1883년에 창간된 한성순보로, 정부 기관인 박문국에서 발행하였다.
② 고종은 덕수궁(옛 경운궁) 옆 환구단에서 황제에 올랐다.
③ 백동화는 1892~1905년에 발행된 보조 화폐로, 화폐발행 기관인 전 환국에서 주조하였다. 러일 전쟁 후 당시 재정 고문이었던 메가타는 백동화의 남발로 화폐제도가 문란해졌다고 판단하여, 전환국을 폐지 하고 화폐 정리 사업으로 백동화의 거래를 중단하였다.
⑤ 아리랑은 1926년 나운규가 제작한 영화로, 서울 종로의 단성사에서 상영되었다.

447 개화기의 사회 변화

핵심키워드 전화 가설, 한성 전기 회사

정답 분석

고종 황제는 1898년에 미국인과 공동출자 형식으로 한성 전기 회 사를 세워, 이 회사가 서울의 전차, 전등, 수도, 전화 등을 설치하 는 일을 맡도록 하였다. 이에 1899년에 서대문~청량리 구간의 전 차가 첫 개통하였고, 1900년에 종로에 가로등을 점등하였다.

④ 경부선과 경인선은 러일 전쟁(1904~1905년) 중에 일본의 군사 적 목적에 의하여 부설되었다.

오답 분석

① 우리나라 최초의 서양식 병원인 광혜원(이후 제중원)은 알렌의 건의 로 1885년에 설립되었다.
② 박문국은 1883년에 한성순보를 발행하였다.
③ 기기창은 1883년 설립된 근대식 무기 제조 공장으로, 청에 다녀온 영 선사의 건의로 설립되었다.
⑤ 우정총국은 우편 업무를 관장하기 위해 1884년에 설립되었으나, 갑 신정변으로 운영이 중단되었다. 이후 1895년 을미개혁 때 우편 사무 가 재개되었다.

448 철도

핵심키워드 경인선 철도 개통식

정답 분석

최초의 철도인 경인선(서울과 인천 연결)은 일본에 의해 1899년에 개통되었다.

⑤ 한성 사범 학교는 교육입국 조서의 반포에 따라 1895년에 설립 되어, 일제 강점기 때에는 관립 경성고등보통학교의 사범과로 개편되었다.

오답 분석

① 1937년에 중일 전쟁이 발발하여 전장이 중국 전체로 확대되자, 일제 는 병력 공급을 위해 지원병제를 실시하였다. 1943년에 학도 지원병 제를 실시하여 징집을 연기하고 있던 학생들에게도 적용하였다.
② 금난전권(시전상인이 난전을 단속할 수 있는 권한)은 정조 시기에 신 해통공으로 대부분 폐지되었다.
③ 근우회는 1927년 창립된 여성 단체이다.
④ 강화도 조약 이후 무관세로 인한 피해가 발생하자, 조선 정부는 이를 시정하고자 1878년에 부산 두모진에 해관(오늘날의 세관)을 설치하 여 수입 물품을 취급하는 국내 상인에게 고율의 세금을 징수하였다. 하지만 일본의 군사력 시위와 협박으로 약 3개월 만에 실패로 끝났다 (두모진 해관 사건).

제 **6** 편

일제 강점기

출제 경향 분석

3개년 평균 출제 비중

7문항
(14%)

학습 포인트

- 일제의 통치 방식을 3단계로 구분하세요.
- 대한민국 임시 정부의 주요 활동을 시기별로 정리하세요.
- 1920년대~1930년대 초 만주 독립군의 활동을 파악하세요.
- 물산 장려 운동, 형평 운동 등 국내의 민족 운동이 자주 출제됩니다.

핵심 키워드

소단원	핵심 키워드
일제의 식민 통치	헌병 경찰, 치안 유지법, 황국 신민화, 회사령, 국가 총동원법
1910년대의 민족 운동	대한 광복회, 신흥강습소, 중광단, 대조선 국민 군단, 숭무학교
3·1 운동과 대한민국 임시 정부	연통제, 교통국, 국민대표회의, 한인 애국단, 건국 강령
무장 투쟁 (1) – 1920년대	홍범도, 김좌진, 미쓰야 협정, 의열단, 김원봉, 조선 혁명 선언
무장 투쟁 (2) – 1930~1940년대	한국 독립군, 조선 혁명군, 조선 의용대, 한국 광복군
국내의 민족 운동	물산 장려 운동, 조만식, 원산 총파업, 강주룡, 근우회, 형평 운동
학생 운동과 신간회	6·10 만세 운동, 광주 학생 항일 운동, 정우회 선언, 신간회
일제 강점기의 문화	조선어 학회 사건, 박은식, 신채호, 조선학 운동, 백남운

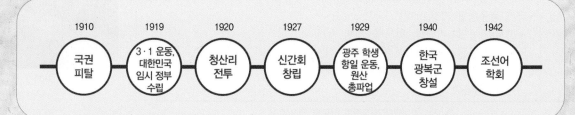

1910	1919	1920	1927	1929	1940	1942
국권 피탈	3·1 운동, 대한민국 임시 정부 수립	청산리 전투	신간회 창립	광주 학생 항일 운동, 원산 총파업	한국 광복군 창설	조선어 학회

일제의 식민 통치

❶ 일제의 식민 통치

무단 통치
(1910년대)
	• 헌병 경찰 통치
	  – 즉결처분권·태형 행사
	  – 언론·출판·집회·결사의 자유 박탈 신민회 해산 1911
	• 우민화 교육
	  – 제1차 조선 교육령 제정 : 보통학교 4년 ┐현 초등학교
	    └1920년대 제2차 교육령에서 6년으로 확대됨
	  – 서당 규칙 제정 서당 설립을 통제하고 교과 과정을 간섭
	  – 교원의 제복 착용과 대검 소지

문화 통치
(1920년대)
	• 계기 : 3·1 운동(1919)으로 강압적인 통치 방식의 한계 절감
	• 민족 분열 정책
	  – 문관 총독 임명 약속 : 실제로는 임명하지 않음
	  – 보통 경찰제 실시
	  – 동아일보·조선일보 창간 허용 : 실제로는 기사 검열·삭제
	  – 도 평의회와 부·면 협의회 설치 : 실제로는 자문 기관에 불과
	  – 친일파 양성
	• 치안 유지법 제정(1925) : 사회주의 사상 탄압 목적

민족 말살 통치
(1930년대 이후)
	• 배경 : 만주 사변(1931) → 중·일 전쟁(1937) → 태평양 전쟁(1941)
	• 황국 신민화 시도
	  – 내선일체('일본과 조선은 한 몸이다') 주장
	  – 신사 참배·창씨개명 강요
	  – 국민학교 명칭 사용, 한국어·한국사 교육 금지
	• 독립운동가 탑압
	  – 조선사상범 보호 관찰령 제정
	  – 조선사상범 예방 구금령 제정
	• 언론 탄압
	  – 손기정 사건 : 동아일보에서 일장기 삭제(→ 정간)
	  – 조선일보·동아일보 폐간

❷ 일제의 경제 약탈

1910년대	• 토지 조사 사업 실시
	  – 방식 : 임시 토지 조사국 설치, 토지 조사령 제정
	  – 결과 : 총독부의 미신고 토지 약탈
	• 회사령 제정 : 회사 설립시 총독의 허가 필요

1920년대	• 산미 증식 계획 실시
	  – 배경 : 일본 내 쌀 부족 심화
	  – 방식 : 농토 개간, 지역별 수리 조합 설립, 품종 개량 등
	  – 결과 : 조선의 식량 사정 악화, 증산 비용으로 농민 몰락
	• 회사령 폐지 신고제로 전환
	• 일본 수입 상품에 대한 관세 폐지 → 1920년대 초 물산 장려 운동 전개

1930년대 이후	• 남면북양 정책 실시 남부 지방에서 양 사육, 북부 지방에서 면화 재배
	• 농촌 진흥 운동 실시 농촌의 자력갱생 강조
	• 국가 총동원법 제정(1938)
	  – 군사력 동원 : 지원병, 학도병, 징병
	  – 노동력 동원 : 징용, 정신대 일부는 군 위안부로 끌려감
	  – 애국반 조직 : 반상회를 통해 주민 통제
	  – 식량·금속의 공출 ┐할당받은 일정량의 식량과 물자를
	    └정부에 강제로 팔도록 한 제도

✚ 태형 기구

✚ 치안 유지법

• 제1조 국체(천황제)를 변혁하거나 사유 재산 제도를 부인할 목적으로 결사를 조직하거나 그 사정을 알고 가입한 자는 10년 이하의 징역 또는 금고에 처한다.

• 제7조 이 법은 이 법의 시행구역 외에서 죄를 범한 자에게도 적용한다.

✚ 황국 신민의 서사

1. 우리들은 황국 신민이다. 충성으로써 군국에 보답하자.
2. 우리들 황국 신민은 서로 신애 협력하고 단결을 굳게 하자.
3. 우리들 황국 신민은 인고 단련의 힘을 길러 황도를 선양하자.

✚ 산미 증식 계획

▲ 일본으로 가져갈 쌀이 쌓여 있는 군산항

1 다음은 일제의 식민 정책을 정리한 것이다. 1910년대에 해당하면 "1", 1920년대에 해당하면 "2", 1930년대 이후면 "3"으로 쓰시오.

(1) (　) – 문화 정치를 표방하였다.

(2) (　) – 치안 유지법이 제정되었다.

(3) (　) – 헌병 경찰 제도를 실시하였다.

(4) (　) – 한글 신문 발행을 허가하였다.

(5) (　) – 교원이 제복을 입고 칼을 찼다.

(6) (　) – 황국 신민 서사를 암송하게 하였다.

(7) (　) – 조선 사상범 예방 구금령을 제정하였다.

(8) (　) – 소학교 명칭을 국민학교로 변경하였다.

(9) (　) – 보통학교 수업 연한을 4년으로 하였다.

(10) (　) – 범죄 즉결례에 의해 한국인을 처벌하였다.

(11) (　) – 한국인에 한하여 적용되는 조선 태형령을 시행하였다.

(12) (　) – 도 평의회, 부·면 협의회 등의 자문 기구를 설치하였다.

2 다음은 일제의 경제 약탈 정책을 정리한 것이다. 1910년대에 해당하면 "1", 1920년대에 해당하면 "2", 1930년대 이후면 "3"으로 쓰시오.

(1) (　) – 학도병제를 실시하였다.

(2) (　) – 미곡 공출제를 실시하였다.

(3) (　) – 국가 총동원법이 제정되었다.

(4) (　) – 산미 증식 계획을 시행하였다.

(5) (　) – 토지 조사 사업을 실시하였다.

(6) (　) – 회사 설립을 신고제로 변경하였다.

(7) (　) – 일본 상품에 대한 관세를 철폐하였다.

(8) (　) – 애국반을 조직하여 일상생활을 통제하였다.

(9) (　) – 여자 정신 근로령을 제정하여 여성을 강제로 끌고 갔다.

(10) (　) – 농민의 자력갱생을 내세운 농촌 진흥 운동을 실시하였다.

(11) (　) – 기한 내에 토지를 신고하게 하는 토지 조사령이 제정되었다.

(12) (　) – 회사 설립 시 총독의 허가를 얻도록 하는 회사령이 발표되었다.

3 아래 사건이 일어난 시기를 (가)~(다) 중 고르시오.

1910	1919	1931	1945
(가)	(나)	(다)	
국권 침탈	3·1 운동	만주 사변	광복

(1) (　) – 신사 참배를 강요하였다.

(2) (　) – 미곡 공출제를 실시하였다.

(3) (　) – 조선어 학회 사건이 일어났다.

(4) (　) – 내선일체, 일선동조를 내세웠다.

(5) (　) – 동아일보, 조선일보가 창간되었다.

(6) (　) – 경복궁에서 조선 물산 공진회가 최초로 개최되었다.

(7) (　) – 개량 서당 탄압을 위해 서당 규칙을 제정하였다.

(8) (　) – 미국 대통령 윌슨이 민족 자결주의를 제창하였다.

(9) (　) – 일제가 105인 사건을 일으켜 신민회를 해산시켰다.

(10) (　) – 사회주의 운동을 탄압하기 위한 치안 유지법이 제정되었다.

4 다음 사료를 읽고, 물음에 답하시오.

(1) 아래 대책이 발표된 시기의 일제 통치 방식을 쓰시오.

> 1. 친일 단체 조직의 필요
>
> … 암암리에 조선인 중 … 친일 인물을 물색케 하고, 그 인물로 하여금 … 각기 계급 및 사정에 따라 각종의 친일적 단체를 만들게 한 후, 그에게 상당한 편의와 원조를 제공하여 충분히 활동토록 할 것

(2) 아래 법령에 따라 추진된 일제의 정책을 쓰시오.

> 제1조 토지의 조사 및 측량은 이 영(令)에 의한다.
> 제4조 토지의 소유자는 조선 총독이 정하는 기간 내에 그 주소, 성명 또는 명칭 및 소유지의 소재, 지목, 자번호, 사표, 등급, 지적, 결수를 임시 토지 조사 국장에게 신고하여야 한다. 다만, 국유지는 보관 관청에서 임시 토지 조사 국장에게 통지하여야 한다.

정답

1. (1) 2 (2) 2 (3) 1 (4) 2 (5) 1 (6) 3 (7) 3 (8) 3 (9) 1 (10) 1 (11) 1 (12) 2
2. (1) 3 (2) 3 (3) 3 (4) 2 (5) 1 (6) 2 (7) 2 (8) 3 (9) 3 (10) 3 (11) 1 (12) 1
3. (1) 다 (2) 다 (3) 다 (4) 다 (5) 나 (6) 가 (7) 가 (8) 가 (9) 가 (10) 나
4. (1) 문화 통치(민족 분열 통치) (2) 토지 조사 사업

449

다음 규정이 시행된 시기에 있었던 사실로 옳은 것은?

> **임시 토지 조사국 조사 규정**
>
> 제1장 면과 동의 명칭 및 강계(疆界) 조사와 토지 신고
> 서의 접수
> 제2장 지주 지목(地目) 및 강계 조사
> 제3장 분쟁지와 소유권에 부의(付疑)* 있는 토지 및 신
> 고하지 않은 토지에 대한 재조사
> 제4장 지위(地位) 등급 조사
> :
> – 조선 총독부 관보 –
>
> * 부의(付疑) : 이의를 제기함

① 회사령이 실시되었다.
② 원산 총파업이 일어났다.
③ 국가 총동원법이 제정되었다.
④ 조선 노동 공제회가 조직되었다.
⑤ 조선 사상범 예방 구금령이 공포되었다.

451

다음 대책이 발표된 이후 일제가 시행한 정책으로 옳은 것은?

> 1. 친일 단체 조직의 필요
> …… 암암리에 조선인 중 …… 친일 인물을 물색케 하고, 그
> 인물로 하여금 …… 각기 계급 및 사정에 따라 각종의 친일적 단
> 체를 만들게 한 후, 그에게 상당한 편의와 원조를 제공하여 충분
> 히 활동토록 할 것
>
> 1. 농촌지도
> …… 조선 내 각 면에 ○재회 등을 조직하고 면장을 그 회장
> 에 추대하고 여기에 간사 및 평의원 등을 두어 유지(有志)가 단
> 체의 주도권을 잡고, 그 단체에는 국유 임야의 일부를 불하하거
> 나 입회를 허가하는 등 당국의 양해 하에 각종 편의를 제공할 것
> – 「사이토 마코토 문서」 –

① 한국인에 한해 적용되는 조선 태형령이 공포되었다.
② 사회주의 운동을 탄압하기 위한 치안 유지법이 마련되었다.
③ 기한 내에 토지를 신고하게 하는 토지 조사령이 제정되었다.
④ 헌병대 사령관이 치안을 총괄하는 경무총감부가 신설되었다.
⑤ 회사 설립 시 총독의 허가를 얻도록 하는 회사령이 발표되
었다.

450

밑줄 그은 '이 시기'에 볼 수 있는 모습으로 적절한 것은?

> 이 사진은 조선 물산 공진회가 열렸던 당시 일장기가 내걸
> 린 근정전의 모습을 보여 줍니다. 조선 총독부는 토지 조사 사
> 업이 진행되던 이 시기에 식민 통치를 미화하고, 그 성과를 선
> 전하기 위해 이 행사를 개최하였습니다. 공진회장 조성 과정에
> 서 경복궁의 많은 건물이 헐렸습니다.

① 황국 신민 서사를 암송하는 학생
② 경성 제국 대학에서 강의하는 교수
③ 조선인에게 태형을 집행하는 헌병 경찰
④ 원산 총파업에 연대 지원금을 보내는 외국 노동자
⑤ 나운규가 감독한 아리랑의 첫 상영을 준비하는 단성사 직원

452

(가)~(다)를 공포된 순서대로 옳게 나열한 것은?

> (가) 총독은 문무관 어느 쪽이라도 임용될 수 있는 길을 열 것이
> 며, 헌병에 의한 경찰 제도를 고쳐 보통 경찰관에 의한 경
> 찰 제도로 대신할 것이다. 또한 복제를 개정하여 일반 관리
> 와 교원의 제복과 대검(帶劍)을 폐지하고, 조선인의 임용과
> 대우 등도 고려한다.
>
> (나) 제1조 경찰서장 또는 그 직무를 취급하는 자는 그 관할 구
> 역안의 다음 각호의 범죄를 즉결할 수 있다.
> ……
> 제2조 즉결은 정식 재판을 하지 않으며, 피고인의 진술을
> 듣고 증빙을 취조한 후 즉시 언도해야 한다.
>
> (다) 제1조 치안 유지법의 죄를 범한 자에 대해 형의 집행 유예
> 언도가 있었을 경우 또는 소추를 필요로 하지 않기
> 때문에 공소를 제기하지 않은 경우에는 보호 관찰
> 심사회의 결의에 따라 보호 관찰에 부칠 수 있다.
> 형의 집행을 마치거나 또는 가출옥을 허락받았을
> 경우도 역시 같다.

① (가) – (나) – (다)   ② (가) – (다) – (나)
③ (나) – (가) – (다)   ④ (나) – (다) – (가)
⑤ (다) – (가) – (나)

453

57회 45번 [2점]

밑줄 그은 '이 시기'에 있었던 사실로 옳은 것을 <보기>에서 고른 것은?

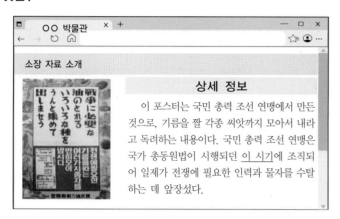

소장 자료 소개

상세 정보

이 포스터는 국민 총력 조선 연맹에서 만든 것으로, 기름을 짤 각종 씨앗까지 모아서 내라고 독려하는 내용이다. 국민 총력 조선 연맹은 국가 총동원법이 시행되던 <u>이 시기</u>에 조직되어 일제가 전쟁에 필요한 인력과 물자를 수탈하는 데 앞장섰다.

| 보기 |

ㄱ. 미곡 공출제가 시행되었다.
ㄴ. 황국 신민 서사의 암송이 강요되었다.
ㄷ. 회사 설립을 허가제로 하는 회사령이 실시되었다.
ㄹ. 유상 매수, 유상 분배를 규정한 농지 개혁법이 제정되었다.

① ㄱ, ㄴ
② ㄱ, ㄷ
③ ㄴ, ㄷ
④ ㄴ, ㄹ
⑤ ㄷ, ㄹ

454

58회 37번 [2점]

밑줄 그은 '시기'에 시행된 일제의 정책으로 옳은 것은?

△△ 신문

제 △△ 호   ○○○○년 ○○월 ○○일

나가사키에 원폭 희생자 위령비 세워져

재일본 대한민국 민단 주도로 나가사키에 위령비가 세워졌다. 국민 징용령이 공포된 이후의 <u>시기</u>에 노동자 등으로 끌려갔다가 원폭으로 희생된 한국인을 추모하는 이 비의 건립은 강제 동원과 전쟁의 참상을 기억하려는 노력의 일환으로 평가된다.

① 애국반을 조직하여 한국인의 생활을 통제하였다.
② 강압적 통치를 목적으로 헌병 경찰 제도를 실시하였다.
③ 사회주의자를 탄압하기 위한 치안 유지법을 제정하였다.
④ 회사 설립 시 총독의 허가를 받도록 하는 회사령을 공포하였다.
⑤ 근대적 토지 소유권 확립을 명분으로 토지 조사 사업을 시행하였다.

455

61회 41번 [2점]

밑줄 그은 '시기'에 있었던 사실로 옳은 것은?

○○ 박물관 사이버 전시실

한 알의 쌀이라도 더 많이 나라에 바쳐 미국과 영국을 때려 부숴버리자!

쌀 공출 선전 포스터

이 포스터는 일제가 미국과 영국 등 연합국을 상대로 한 전쟁을 벌였던 <u>시기</u>에 만들어졌다. 전쟁에 필요한 쌀을 강제로 공출하기 위한 홍보용으로 제작되었다.

① 메가타의 주도로 화폐 정리 사업이 실시되었다.
② 만주 군벌과 일제 사이에 미쓰야 협정이 체결되었다.
③ 여자 정신 근로령으로 한국인 여성이 강제 동원되었다.
④ 지주 문재철의 횡포에 맞서 암태도 소작 쟁의가 전개되었다.
⑤ 회사 설립 시 총독의 허가를 받도록 하는 회사령이 공포되었다.

456

70회 40번 [1점]

밑줄 그은 '이 시기'에 시행된 일제의 정책으로 옳은 것은?

이 사진은 어느 국민학교의 수업 장면입니다. 중일 전쟁 이후 일제가 침략 전쟁을 확대하던 이 <u>시기</u>에는 학생들도 '대동아 전쟁'이라는 주제로 일제의 침략 행위를 정당화하는 교육을 받아야 했습니다.

① 회사령을 공포하였다.
② 치안 유지법을 제정하였다.
③ 헌병 경찰제를 실시하였다.
④ 경성 제국 대학을 설립하였다.
⑤ 조선 사상범 예방 구금령을 시행하였다.

449 무단 통치

정답 ①

핵심키워드 임시 토지 조사국

정답 분석

일제는 자신들의 상품과 자본을 수출하고 한국의 식량과 원료를 수탈할 수 있도록 경제 구조를 개편하였다. 이 과정에서 1910년대에 토지 조사 사업과 임야 조사 사업을 실시하고, 회사령, 삼림령, 어업령, 광업령을 공포하였다.

조선 총독부는 1910년에 임시 토지 조사국을 설치하고, 1912년에 토지조사령을 공포하면서 토지 조사 사업을 본격화하였다. 이러한 과정을 통해 징수한 토지세의 대부분은 식민 통치를 위한 비용으로 사용되었다.

① 일제는 회사령(1910년)을 공포하여 기업을 설립할 때 총독의 허가를 받게 하고, 총독의 명령만으로도 기업을 해산할 수 있도록 하였다.

오답 분석

② 1929년에 원산에서 노동자들이 열악한 근로 조건과 임금 인상을 요구하며 최대 규모의 총파업을 벌였다.

③ 중일 전쟁 발발 직후인 1938년에 국가 총동원법을 제정하여 조선인들을 강제로 일본 전쟁에 동원하였다.

④ 조선 노동 공제회는 1920년에 설립된 최초의 전국적 노동 단체이다.

⑤ 일제는 1941년에 조선 사상범 예방 구금령을 제정하여 독립운동가를 사전에 구금할 수 있도록 하였다.

450 무단 통치

정답 ③

핵심키워드 조선 물산 공진회, 토지 조사 사업

정답 분석

조선 총독부는 한국 강점 5주년을 맞아 식민 통치의 성과를 선전하기 위해서 경복궁에서 조선 물산 공진회(1915년)를 개최하였다.

③ 일제는 1912년에 태형령을 제정하여 헌병 경찰의 태형 집행을 허용하였다. 태형은 3·1 운동 이후 한국인을 달래기 위한 의도에서 폐지되었다.

오답 분석

① 1937년부터 일제는 황국 신민 서사를 강제로 암송하게 하여 일본에 대한 충성을 요구하였다.

② 1924년에 경성 제국 대학이 설립되었다.

④ 원산 총파업(1929년) 때 중국, 프랑스, 러시아의 노동 단체들이 국제적인 지지를 보냈다.

⑤ 나운규가 감독한 영화 「아리랑」(1926년)이 단성사에서 상영되었다.

451 문화 통치

정답 ②

핵심키워드 친일 단체 조직, 친일 인물 물색

정답 분석

제시문은 3·1 운동 직후에 부임한 신임 조선총독 사이토 마코토가 추진한 「조선민족 운동에 대한 대책」의 일부분이다. 그는 귀족, 양반, 유생, 부호, 실업가, 교육가 등 각 계층에 침투하여 그들의 상황에 맞춘 친일 단체를 조직하게 하는 등, 친일파 육성 방안 6개 항목을 내놓고 친일파 육성에 힘을 쏟았다. 이는 우리 민족을 이간하고 분열시키기 위한 교활한 정책이었다.

② 1920년대 들어 일본과 조선에서 사회주의 사상의 영향으로 다양한 사상 단체가 조직되자, 일제는 1925년에 치안 유지법을 제정하여 이들을 탄압하였다. 이후 치안 유지법은 개정되어 사회주의자뿐 아니라 민족주의자, 아나키스트 등 다양한 독립운동가를 탄압하는 수단이 되었다.

오답 분석

① 1912년에 조선 태형령을 제정하여 조선인에게만 태형을 적용하였다.

③ 1912년에 토지 조사령이 제정되어 토지 조사 사업이 본격화되었다.

④ 헌병 경찰 제도는 군사 경찰인 헌병이 일반 경찰과 함께 보통 경찰 업무를 담당하도록 한 것으로, 헌병대 사령관을 치안 책임자인 경무 총장에 임명하였다.

⑤ 일제는 1910년에 회사령을 공포하여, 회사를 설립하거나 해산할 때에 총독의 허가를 받도록 하였다. 이로인해 한국인의 기업 활동과 자본 축적이 어려워졌다.

452 일제의 통치 방식

정답 ③

핵심키워드 보통 경찰, 즉결, 치안 유지법

정답 분석

(가) 3·1 운동 이후 일제는 조선인의 반발을 무마하고자 문관 총독 임명을 약속하고 보통 경찰제로 변경하는 등 유화적인 정책을 시행하였다.

(나) 1910년대 헌병 경찰이 행사한 즉결처분권에 대한 내용이다. 경찰서장 또는 헌병대장은 3개월 이하의 징역 또는 100원 이하의 벌금·과료의 형을 재판 절차 없이 즉결처분으로 태형을 가할 수 있었다.

(다) 1936년에 제정된 조선사상범 보호 관찰령으로, 이를 통해 치안 유지법 위반자를 출옥 후에도 지속적으로 감시할 수 있도록 하였다.

따라서 (나)-(가)-(다) 순으로 발생하였다.

453 전시 동원 체제
정답 ①

핵심키워드 국민 총력 조선 연맹, 국가 총동원법

정답 분석

1937년 중일 전쟁이 발발하면서, 일본은 전쟁에 필요한 인력과 자원을 조달하기 위해 국가 총동원법(1938년)을 제정하였다. 이 법을 통해 조선인들을 군수 공장, 노동 현장 등에 강제로 동원하고, 물자 공출과 식량 배급제 등을 시행하였다.

ㄱ. 일제는 군량 확보를 위해 1940년부터 산미 증식 계획을 재개하고, 미곡 공출제를 시행하였다.

ㄴ. 일제는 중일 전쟁 도발 후 침략 전쟁에 한국인의 협력이 필요하다며, 한국인이 '황국신민이라는 자각'을 가져야 한다고 주장했다. 이를 위해 한국인에게 일본제국에 대한 충성을 다짐하도록 일상에서 황국신민서사를 반복적으로 낭송하게 했다.

오답 분석

ㄷ. 1910년에 회사령을 제정하여 회사 설립 시 총독의 허가를 받도록 하여 조선의 경제 활동을 억제하였다.

ㄹ. 제헌 국회는 1949년에 농지 개혁법을 제정하여 농지 개혁을 뒷받침하였다. 이에 따라 유상 매수·유상 분배의 자본주의적 방법으로 농지 개혁이 실시되었다(1950~1957). 그 결과 대부분의 농민이 자기 소유의 토지를 갖게 되었다.

454 전시 동원 체제
정답 ①

핵심키워드 원폭, 국민 징용령, 강제 동원

정답 분석

1937년에 발발한 중일 전쟁이 장기화되자, 일제는 1939년에 국민 징용령을 제정하였고, 1943년부터는 징용제를 실시하여 탄광, 군수 공장 등에 한국인을 투입시켰다.

① 일제는 중일 전쟁 직후 국민 정신 총동원 조선 연맹을 조직하고 말단 조직으로 애국반을 구성하였다. 애국반은 지방에서 10호 단위로 설치되어 공출량 확보, 식량 및 물자 배급, 징용·징병 사무 지원 등의 역할을 수행하였다.

오답 분석

② 1910년대 일제는 헌병 경찰과 헌병 보조원을 전국에 배치하고 즉결 처분권과 태형 집행권을 부여하였다.

③ 일제는 1925년에 치안 유지법을 제정하여 사회주의 및 독립운동 세력을 탄압하였다.

④ 일제는 1910년에 회사 설립 시 총독의 허가를 받도록 하는 회사령을 제정하였다. 이 법령은 1920년에 폐지되었다.

⑤ 일제는 1910년대에 토지 조사 사업을 실시하여 토지 소유권을 인정하고 지세를 징수했으나, 경작권을 부정함으로써 소작농이 몰락하는 결과를 낳았다.

455 전시 동원 체제
정답 ③

핵심키워드 쌀 공출, 연합국을 상대로 한 전쟁

정답 분석

일제는 1937년에 중일 전쟁을 일으키고, 1941년에는 태평양 전쟁을 일으켜 미국과 싸웠다. 전쟁 확산으로 물자가 부족하자 공출이라는 이름으로 식량뿐 아니라 갖가지 물자를 강제로 약탈하였다. 전쟁의 막바지에는 고철, 놋그릇, 수저, 못 등 무기를 만드는 재료는 무엇이든지 빼앗고, 비행기 연료로 사용하기 위해 소나무 껍질을 벗겨 송진을 뽑기까지 하였다.

③ 1944년에 여자 정신 근로령이 제정되어 조선 여성들이 군수 공장에 강제로 동원되었다.

오답 분석

① 1905년에 메가타가 화폐 정리 사업을 시행하였다.

② 1925년에 만주 군벌과 일제는 미쓰야 협정을 체결하여, 공동으로 독립군을 소탕하고 체포된 독립군을 일본측에 인도하는 것에 합의하였다.

④ 1923년에 암태도 소작 쟁의가 일어나, 농민들이 소작료 인하를 쟁취하였다.

⑤ 1910년에 회사령이 공포되어 회사 설립 시 총독의 허가를 받도록 하였다.

456 전시 동원 체제
정답 ⑤

핵심키워드 중일 전쟁, 국민학교

정답 분석

일제는 현재의 초등학교에 해당하는 소학교의 명칭을 1941년에 국민학교로 변경하였다. 이는 단순한 학교 명칭의 변화가 아니라, 황국신민을 양성하겠다는 의도를 반영한 것이다.

⑤ 1941년 제정된 조선 사상범 예방 구금령은 치안 유지법 위반 경력이 있는 자를 석방 후에도 법원의 영장 없이 자의적으로 구금하거나 제재할 수 있도록 한 법령이다. 이를 통해 일제는 독립운동에 참여할 가능성이 있는 인물들을 죄가 없어도 감옥에 가둘 수 있었다.

오답 분석

① 회사 설립 시 총독의 허가를 받도록 한 회사령이 1910년에 공포되었다.

② 1925년에 치안 유지법이 제정되었다. 일제가 식민 통치를 부정하는 사회주의자나 독립운동가의 처벌을 규정한 법률로, 국내뿐만 아니라 해외에서 활동하는 경우에도 적용되었다.

③ 1910년대 일제는 헌병 경찰제를 실시하여 강압적인 통치를 시행하였다.

④ 일제는 민립 대학 설립 운동을 저지시키기 위해 1924년에 경성 제국 대학을 설립하였다.

1910년대의 민족 운동

❶ 국내의 비밀 결사

독립 의군부 〔1912〕	• 임병찬 주도 : 최익현의 제자, 의병장 출신 • 고종의 밀지를 받고 복벽주의 표방 대한 제국의 회복 추구 • 국권 반환 요구서 제출 시도 중 일제에 발각
대한 광복회 〔1915〕	• 박상진 주도, 대구에서 조직 • 공화정 국가 수립 추구 • 사관 학교 설립을 위해 군자금 모금 중 일제에 발각

❷ 해외의 독립운동 기지 건설

서간도	• 주요 거주지 : 삼원보(신민회 개척) • 자치 단체 : 경학사 → 부민단 → 한족회 • 교육 기관 : 신흥 강습소(신흥 무관 학교로 변경, 독립군 양성)
북간도	• 주요 거주지 : 용정, 명동, 밀산부의 한흥동 • 자치 단체 : 간민회 • 교육 기관 : 서전서숙(이상설 주도) → 명동학교(김약연 주도) • 무장 단체 : 중광단(대종교 주도, 서일 지휘, 북로 군정서로 개편)

연해주	• 주요 거주지 : 신한촌
	• 정치 단체 : 권업회 → 대한 광복군 정부(1914년 수립, 최초의 임시 정부, 대통령 이상설, 부통령 이동휘)
	• 스탈린의 강제 이주〔1937〕
	  – 연해주에서 중앙아시아로 강제 이주
	  – 홍범도 : 봉오동 전투·청산리 대첩 지휘〔1920〕 → 중앙아시아로 이주〔1937〕
	    → 카자흐스탄에서 사망〔1943〕

상하이	• 정치 단체 : 동제사 → 신한 청년당(파리 강화 회의에 김규식 파견)
	• 대동 단결 선언 발표〔1917〕
	  – 국민주권을 공론화
	  – 최초로 임시 정부의 필요성 제기

하와이	• 사탕수수 농장 노동 이민으로 한국인 이주〔1903~1905〕 • 교육 기관 : 대조선 국민군단(박용만 주도, 독립군 양성)
미국	• 자치 단체 : 대한인 국민회, 흥사단(안창호 주도)
멕시코	• 교육 기관 : 숭무학교(독립군 양성)

✚ 대한 광복회

• 일본인이 징수한 세금을 압수해 무장을 준비한다.
• 남·북만주에 사관 학교를 설치하여 독립군을 양성한다.
• 행형부를 설치하여 일본인 관리와 민족 반역자를 처단한다.

✚ 1910년대 국외 독립운동 기지

✚ 이상설

• 〔1906〕 서전서숙 건립
• 〔1907〕 헤이그 특사
• 〔1911〕 권업회 조직
• 〔1914〕 대한 광복군 정부의 대통령 취임
• 〔1917〕 사망

1 다음은 1910년대에 국내에서 활동한 비밀 결사이다. 해당하는 단체를 선택하시오.

(1) (독립 의군부, 대한 광복회) - 복벽주의를 표방하였다.

(2) (독립 의군부, 대한 광복회) - 박상진이 총사령관을 맡았다.

(3) (독립 의군부, 대한 광복회) - 공화 정체의 국가 건설을 지향하였다.

(4) (독립 의군부, 대한 광복회) - 임병찬이 고종의 밀지를 받아 결성하였다.

(5) (독립 의군부, 대한 광복회) - 군자금 모집과 친일파 처단 등을 전개하였다.

(6) (독립 의군부, 대한 광복회) - 조선 총독부에 국권 반환 요구서를 제출하고자 하였다.

2 다음은 국외에서 전개된 항일 민족 운동을 정리한 것이다. 빈칸에 미국, 멕시코, 상하이, 연해주, 하와이, 서간도, 북간도 중 적합한 것을 쓰시오.

(1) (   ) - 최재형이 권업신문을 발행하였다.

(2) (   ) - 신흥 강습소를 세워 독립군을 양성하였다.

(3) (   ) - 항일 무장 단체인 중광단을 결성하였다.

(4) (   ) - 한인 자치 기구인 경학사를 설립하였다.

(5) (   ) - 한인 집단 거주지인 신한촌을 설립하였다.

(6) (   ) - 대한인 국민회의 중앙 총회가 위치하였다.

(7) (   ) - 박상진이 대조선 국민군단을 결성하였다.

(8) (   ) - 용정, 명동 등에 한인 마을이 형성되었다.

(9) (   ) - 숭무 학교를 설립하여 독립군을 양성하였다.

(10) (   ) - 장인환, 전명운이 친일파 스티븐스를 사살하였다.

(11) (   ) - 1937년 이곳 한인들이 중앙아시아로 강제 이주되었다.

(12) (   ) - 서전서숙과 명동학교를 설립하여 민족 교육을 실시하였다.

(13) (   ) - 신한 청년당을 결성하여 파리 강화 회의에 김규식을 파견하였다.

(14) (   ) - 대한 광복군 정부가 수립되어, 이상설과 이동휘를 정·부통령으로 선임하였다.

(15) (   ) - 대동 단결 선언을 발표하여 국민주권을 공론화하였다.

(16) (   ) - 신민회 회원인 이회영 등의 자금으로 독립운동 기지가 마련되었다.

3 다음 설명에 해당하는 인물을 쓰시오.

| 보기 |
| 박상진   박용만   안창호   임병찬   이상설 |

(1) (   ) - 헤이그 특사 중 한 명이다.

(2) (   ) - 미국에서 흥사단을 조직하였다.

(3) (   ) - 하와이에서 대조선 국민군단을 조직하였다.

(4) (   ) - 대한 광복회를 조직하여 군자금을 모집하였다.

(5) (   ) - 고종의 밀지를 받아 독립 의군부를 조직하였다.

(6) (   ) - 서전서숙을 설립하고, 대한 광복군 정부의 대통령을 맡았다.

4 다음 사료를 읽고, 물음에 답하시오.

(1) 아래 글과 관련 있는 국내의 비밀 결사는 무엇인가?

- 일본인이 징수한 세금을 압수해 무장을 준비한다.
- 남·북만주에 사관 학교를 설치하여 독립군을 양성한다.
- 행형부를 설치하여 일본인 관리와 민족 반역자를 처단한다.

(2) 아래 글의 '이 지역'은 어디인지 쓰시오.

이 지역으로의 한인 이주는 1860년대에 함경도 농민들이 두만강을 건너 정착하면서부터 시작되었다. 이후 한인들의 이주가 증가하면서 신한촌이 건설되었다. 일제의 대륙 침략이 본격화된 1937년에는 이 지역의 한인들이 중앙아시아로 강제 이주를 당하였다.

(3) 다음은 1917년에 발표된 대동 단결 선언의 일부분이다. 이 글에서 표방하는 정치 체제를 쓰시오.

융희 황제(순종)가 삼보(三寶 : 토지, 인민, 정치)를 포기한 8월 29일은, 즉 우리 동지가 삼보를 계승한 8월 29일이니, 그동안에 한순간도 숨을 멈춘 적이 없음이라. … 고로 경술년 융희 황제의 주권 포기는, 즉 우리 국민 동지에 대한 묵시적 선위이니, 우리 동지는 당연히 삼보를 계승하여 통치할 특권이 있고, 또 대통을 상속할 의무가 있도다.

정답

1. (1) 독립 의군부 (2) 대한 광복회 (3) 대한 광복회 (4) 독립 의군부 (5) 대한 광복회 (6) 독립 의군부

2. (1) 연해주 (2) 서간도 (3) 북간도 (4) 서간도 (5) 연해주 (6) 미국 (7) 하와이 (8) 북간도 (9) 멕시코 (10) 미국 (11) 연해주 (12) 북간도 (13) 상하이 (14) 연해주 (15) 상하이 (16) 서간도

3. (1) 이상설 (2) 안창호 (3) 박용만 (4) 박상진 (5) 임병찬 (6) 이상설

4. (1) 대한 광복회 (2) 연해주 (3) 공화정(공화정 체제)

457

63회 35번 [2점]

(가) 인물의 활동으로 옳은 것은?

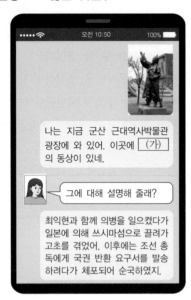

나는 지금 군산 근대역사박물관 광장에 와 있어. 이곳에 (가) 의 동상이 있네.

그에 대해 설명해 줄래?

최익현과 함께 의병을 일으켰다가 일본에 의해 쓰시마섬으로 끌려가 고초를 겪었어. 이후에는 조선 총독에게 국권 반환 요구서를 발송하려다가 체포되어 순국하였지.

① 명동 성당 앞에서 이완용을 습격하였다.
② 고종의 밀지를 받아 독립 의군부를 조직하였다.
③ 국권 침탈 과정을 정리한 한국통사를 저술하였다.
④ 13도 창의군의 총대장으로 서울 진공 작전을 지휘하였다.
⑤ 논설 단역보국채를 써서 국채 보상 운동에 적극 참여하였다.

458

66회 38번 [3점]

(가) 단체에 대한 설명으로 옳은 것은?

판결문

피 고 인 : 박상진, 김한종
주 문 : 피고 박상진, 김한종을 사형에 처한다.
이 유

　　피고 박상진, 김한종은 한일 병합에 불평을 가지고 구한국의 국권 회복을 명분으로 (가) 을/를 조직하고 국권 회복을 위한 자금 조달을 위해 조선 각도의 자산가에게 공갈로 돈을 받아내기로 하고 …… 채기중 등을 교사하여 장승원의 집에 침입하여 자금을 강취하고 살해하도록 한 죄가 인정되므로 위와 같이 판결한다.

① 중일 전쟁 발발 직후에 결성되었다.
② 군대식 조직을 갖춘 비밀 결사였다.
③ 파리 강화 회의에 대표를 파견하였다.
④ 일제가 꾸며낸 105인 사건으로 와해되었다.
⑤ 만민 공동회를 열어 열강의 이권 침탈을 비판하였다.

459

70회 34번 [3점]

밑줄 그은 '이 지역'에서 있었던 민족 운동으로 옳은 것은?

□□ 신문

제 △△ 호　　　　　　○○○○년 ○○월 ○○일

「원병상 회고록」으로 본 국외 민족 운동

　　한국 독립운동사의 일면을 살펴볼 수 있는 책이 발간되었다. 이 책은 신흥 무관 학교 졸업생이자 교관으로 독립군 양성에 헌신한 원병상의 회고록이다. 책에는 이 지역에 세워진 신흥 무관 학교의 변화 과정과 학생들의 생활상이 구체적으로 담겨 있을 뿐만 아니라, 국권 피탈 이후 망명해 온 독립지사들이 힘겹게 정착해 나가는 과정이 생생하게 기록되어 있어 독립운동사와 생활사 자료로서 가치가 크다.

① 한인 자치 기구인 경학사가 설립되었다.
② 권업회가 조직되어 기관지를 발행하였다.
③ 유학생들을 중심으로 2·8 독립 선언서가 발표되었다.
④ 대조선 국민 군단이 결성되어 군사 훈련을 실시하였다.
⑤ 흥사단이 창립되어 교민들에게 민족의식을 심어주고자 하였다.

460

56회 44번 [3점]

(가)에 들어갈 내용으로 옳은 것은?

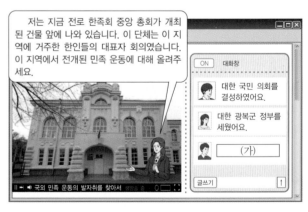

저는 지금 전로 한족회 중앙 총회가 개최된 건물 앞에 나와 있습니다. 이 단체는 이 지역에 거주한 한인들의 대표자 회의였습니다. 이 지역에서 전개된 민족 운동에 대해 올려주세요.

대한 국민 의회를 결성하였어요.

대한 광복군 정부를 세웠어요.

(가)

① 독립군 양성을 위해 신흥 강습소를 세웠어요.
② 권업회를 조직하여 권업신문을 발행하였어요.
③ 숭무 학교를 설립하여 무장 투쟁을 준비하였어요.
④ 한인 비행 학교를 세워 독립군 비행사를 육성하였어요.
⑤ 대일 항전을 준비하기 위해 조선 독립 동맹을 결성하였어요.

461

49회 38번 [2점]

(가) 인물에 대한 설명으로 옳은 것은?

연해주 우수리스크에 있는 [(가)]의 유허비를 관리하기 위해 현지 교민들이 나섰습니다. 이 비에는 헤이그 특사로 파견되었던 [(가)]이/가 연해주에서 성명회와 권업회를 조직하여 독립운동을 이끈 사실 등이 기록되어 있습니다.

연해주 교민들, (가) 유허비 지킴이로 나서

① 대한 광복군 정부 수립을 주도하였다.
② 이토 히로부미를 하얼빈에서 사살하였다.
③ 의열단을 조직하여 단장으로 활동하였다.
④ 숭무 학교를 설립하여 독립군을 양성하였다.
⑤ 일본의 침략 과정을 서술한 한국통사를 저술하였다.

462

61회 44번 [2점]

(가) 지역에서 있었던 민족 운동으로 옳은 것은?

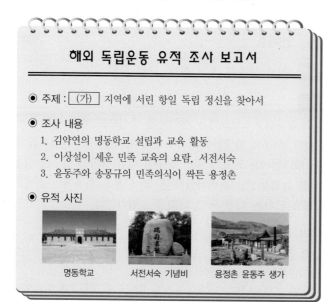

해외 독립운동 유적 조사 보고서

● 주제 : (가) 지역에 서린 항일 독립 정신을 찾아서

● 조사 내용
　1. 김약연의 명동학교 설립과 교육 활동
　2. 이상설이 세운 민족 교육의 요람, 서전서숙
　3. 윤동주와 송몽규의 민족의식이 싹튼 용정촌

● 유적 사진

명동학교　　서전서숙 기념비　　용정촌 윤동주 생가

① 권업회가 설립되어 권업신문을 발간하였다.
② 이봉창이 일왕의 행렬에 폭탄을 투척하였다.
③ 박용만의 주도로 대조선 국민군단이 창설되었다.
④ 북로 군정서가 조직되어 독립 전쟁을 전개하였다.
⑤ 유학생들이 중심이 되어 2·8 독립 선언서를 발표하였다.

463

58회 33번 [2점]

밑줄 그은 '이곳'에서 있었던 민족 운동으로 옳은 것은?

우리 가족의 역사

옆 사진은 우리 할머니의 젊을 때 모습이에요. 할머니는 19살 때 사진만 보고 할아버지랑 결혼하기로 한 뒤 당시 포와(布哇)라고 불리던 이곳으로 가셨대요.

할아버지는 이미 1903년에 갤릭호를 타고 이곳으로 가셔서 사탕수수 농장에서 일하고 계셨어요. 두 분은 고된 환경에서도 열심히 일해 호놀룰루에 터전을 잡으셨고 지금도 많은 친척이 살고 있어요.

① 대종교 계열의 중광단이 결성되었다.
② 권업회가 조직되어 권업신문을 창간하였다.
③ 사회주의 계열의 한인 사회당이 조직되었다.
④ 독립군 양성을 위한 신흥 무관 학교가 설립되었다.
⑤ 대조선 국민군단이 조직되어 무장 투쟁을 준비하였다.

464

53회 38번 [2점]

(가) 지역에서 있었던 민족 운동으로 옳은 것은?

이 사진은 1905년 (가) 의 유카탄 반도로 계약 노동 이민자들을 수송했던 일포드호입니다. 주택 무료 임대, 높은 임금 등을 내건 모집 광고를 믿고 이 화물선을 탄 천여 명의 한국인들은 한 달 넘게 걸려 에네켄 농장에 도착했습니다. 이들은 광고와 달리 사실상 노예와 다름 없는 생활을 하였습니다.

① 권업회의 기관지로 권업신문이 발간되었다.
② 독립군 양성을 위한 숭무 학교가 설립되었다.
③ 북로 군정서가 조직되어 무장 투쟁을 실시하였다.
④ 주권 재민을 천명한 대동 단결 선언서가 작성되었다.
⑤ 유학생들이 중심이 되어 2·8 독립 선언서를 발표하였다.

457 독립 의군부 정답 ②

핵심키워드 최익현, 의병, 국권 반환 요구서

정답 분석

임병찬은 1906년에 최익현과 함께 의병을 일으켜 싸우다 체포되어 대마도로 유배되었다. 이후 유배에서 풀려나 귀국한 그는 고종의 밀지를 받고, 1912년에 독립 의군부를 결성하였다. 독립 의군부는 총독부와 각국 공사, 일본 정부에 국권 반환 요구서를 제출하여 한일합방의 부당성을 알리고, 일제의 한국 통치가 어려울 것임을 인식시키고자 하였다.

오답 분석

① 이재명은 1909년에 명동 성당 앞에서 을사늑약 체결에 앞장선 이완용을 습격하였다.

③ 박은식은 1915년에 「한국통사」를 편찬하여, 흥선 대원군의 섭정이 시작된 1864년부터 1911년에 벌어진 105인 사건까지를 기술하였다. 또한 이 책에서 우리의 민족 정신을 혼(魂)으로 파악하여, 혼이 담겨 있는 민족사의 중요성을 강조하였다.

④ 정미의병(1907년)은 13도 창의군으로 개편되어 서울 진공 작전(1908년)을 전개하였다. 이때 이인영이 총대장, 허위가 군사장을 맡았다.

⑤ 국채 보상 운동(1907년)이 일어나자 황성신문은 '단연보국채(담배를 끊어 국채를 갚자)'라는 논설을 작성하였다. 이 글은 신채호가 작성한 것으로 추정된다.

458 대한 광복회 정답 ②

핵심키워드 박상진, 자금 강취

정답 분석

박상진이 이끈 대한 광복회는 만주에 사관학교를 설치하고 독립군을 양성하여 일제와 전쟁을 통해 독립을 이루고자 하였다. 이들은 군대식 조직을 갖추고, 독립운동에 필요한 군자금을 모금하는 등 1910년대에 국내에서 활동한 비밀 단체 중 가장 활발하게 활동하였다.

오답 분석

① 1937년 중일 전쟁 발발 이후에 발표된 법령으로는, 국가 총동원법 (1938년), 국민 징용령(1939년), 제3~4차 조선 교육령, 조선사상범 예방 구금령(1941년) 등이 있다.

③ 상하이의 신한 청년당은 한국의 독립을 청원하는 서명을 모아 1919년에 김규식을 파리 강화 회의에 파견하였다.

④ 일제는 총독 암살 사건을 조작하여 1심 재판에서 독립 운동가 105명에 대해 유죄를 선고하였다(105인 사건). 이 사건으로 인해 1911년에 신민회가 해산되었다.

⑤ 독립협회는 1898년에 서울 종로에서 만민 공동회와 관민 공동회를 개최하였다.

459 서간도 정답 ①

핵심키워드 신흥 무관 학교

정답 분석

1909년 무렵 신민회 간부들은 양기탁을 중심으로 해외 독립운동 기지 건설과 군관 학교 설치를 논의했다. 1910년에 이동녕과 이회영 등 신민회 간부들은 남만주(서간도) 지역을 답사하여 기지 후보지를 물색했고, 명문가 출신인 이회영의 형제들이 재산을 처분해 자금을 지원하며 만주로 망명하였다. 1911년에는 남만주 삼원보에 교민 자치 기관인 경학사를 결성하고, 독립군 양성을 위해 신흥 강습소를 설립했다. 신흥 강습소는 이후 신흥무관학교로 발전해 독립군 사관을 배출했고, 서간도 지역의 독립운동 중심지로 기능하였다.

① 서간도의 한인 자치 기구인 경학사는 부민단, 한족회로 이어졌다.

오답 분석

② 이상설은 1911년에 연해주의 블라디보스토크에서 권업회를 조직하였다.

③ 한국인 유학생들은 조선 청년 독립단을 조직하여 1919년에 도쿄에서 2·8 독립 선언서를 발표하였다.

④ 박용만은 1914년에 하와이에서 대조선 국민 군단을 결성하고 군사 훈련을 통해 독립군을 양성하였다.

⑤ 안창호는 1913년에 미국에서 흥사단을 창립하였다.

460 연해주 정답 ②

핵심키워드 전로 한족회 중앙 총회, 대한 국민 의회

정답 분석

연해주 블라디보스토크에는 신한촌을 중심으로 한인 집단촌이 형성되었다. 이곳의 한국인들은 1911년에 자치 단체인 권업회를 조직하고, 1914년에는 최초의 임시 정부인 대한 광복군 정부를 결성하여 무장 독립운동을 준비하였으며, 3·1 운동 직후에는 손병희를 대통령으로 하는 대한 국민 의회를 수립하였다.

오답 분석

① 신흥 강습소(신흥무관학교)는 1911년에 남만주 삼원보에서 설립되어 1920년까지 독립군을 양성하였다.

③ 한국인 1,000여 명은 1905년에 노동 이민으로 멕시코에 이주하였다. 이들은 국권 침탈 소식을 듣고 1910년에 숭무학교를 세워 독립군을 양성하였다.

④ 대한민국 임시 정부는 노백린과 김종림의 노력으로 1920년에 미국 캘리포니아 샌프란시스코 근처에 한인 비행사 양성소를 건립하여 비행사를 육성하였다.

⑤ 중국에서 활동하던 사회주의 세력은 중국 옌안에서 1942년에 조선 독립 동맹을 조직하고, 산하에 조선 의용군을 두었다.

461 이상설 · 정답 ①

핵심키워드 연해주, 헤이그 특사, 권업회

정답 분석

이상설은 1906년에 북간도 용정촌에 서전서숙을 세워 무상교육을 실시하고 항일 민족학교 설립의 계기를 마련하였다. 1907년에는 고종의 밀서를 받고 이준, 이위종과 함께 헤이그 만국평화회의에 참석하였다. 1909년에는 연해주 밀산에 한흥동을 건설하고 한민학교와 무관학교를 세워 독립운동 기지를 조성하였다. 블라디보스토크로 돌아와 1910년에는 의병을 규합하여 13도 의군을 조직하였고, 1911년에는 권업회를 조직하여 동포 지원과 신문 발행 등을 추진했으며, 1914년에는 최초의 임시 정부인 대한 광복군 정부를 수립하며 독립운동을 이끌었다. 1917년에 47세로 순국할 때까지 민족 독립을 위해 헌신을 다했다.

오답 분석

② 안중근은 1909년에 하얼빈에서 전 통감 이토 히로부미를 사살하였다.

③ 김원봉(단장)과 윤세주는 1919년에 의열단을 조직하여, 일제의 요인 암살과 주요 시설 파괴를 전개하였다.

④ 멕시코의 한국인들은 국권 침탈 소식을 듣고 1910년에 숭무학교를 세워 독립군을 양성하였다.

⑤ 박은식은 1915년에 「한국통사」를 집필하여, 일제의 침략 과정을 서술하여 민족의식을 고취하였다.

462 북간도 · 정답 ④

핵심키워드 명동학교, 서전서숙, 용정촌

정답 분석

북간도 지역에서는 1906년에 이상설이 서전서숙을 설립하여 민족 교육을 시작하였고, 1908년에는 김약연이 명동촌에 명동학교를 세워 윤동주, 나운규 등을 배출하였다. 이후 자치 조직인 간민회가 결성되어 한인 자치를 강화하였다. 한편 1911년에 서일이 대종교를 중심으로 무장 단체인 중광단을 조직하였고, 이는 1919년에 북로군정서로 개편되어 1920년에 김좌진의 지휘 아래 청산리 전투에서 큰 승리를 거두었다.

오답 분석

① 권업회는 1911년에 블라디보스토크에서 조직되었다.

② 이봉창은 1932년에 도쿄에서 일왕이 타고가는 마차에게 폭탄을 투척하였다.

③ 박용만은 1914년에 하와이에서 대조선 국민군단을 조직하여 독립군을 양성하였다.

⑤ 한국인 유학생 단체인 조선 청년 독립단은 1919년에 일본 도쿄에서 2·8 독립 선언서를 발표하였다.

463 미국 · 정답 ⑤

핵심키워드 사진 결혼, 사탕수수 농장, 호놀룰루

정답 분석

1903년부터 1905년까지 7,000여 명의 한국인이 하와이로 노동 이민을 떠났다. 당시 하와이는 사탕수수 농장이 대거 분포해 많은 노동력이 필요했으며, 이에 알렌 주한미국공사가 한국 정부와 연결해 노동 이민을 추진했다. 1910년부터는 사진신부 제도를 통해 약 1,000명의 한국인 신부가 미국으로 건너갔다. 이들 이민자들은 점차 농장 노동을 청산하고 미국 본토로 이주했으며, 1910년에 대한인 국민회를 조직하였다.

⑤ 박용만은 1914년에 하와이에서 대조선 국민 군단을 결성하고 군사 훈련을 통해 독립군을 양성하였다.

오답 분석

① 대종교는 북간도에서 중광단과 북로 군정서를 조직하여 무장 투쟁을 전개하였다.

② 이상설 등은 1911년에 블라디보스토크에서 권업회를 조직하였다.

③ 한인 사회당은 1918년 이동휘에 의해 러시아에서 결성된 사회주의 계열의 단체이다. 이후 1921년에 고려 공산당으로 개편되었다.

④ 신흥 무관 학교의 전신인 신흥 강습소는 1911년에 남만주(서간도) 삼원보에서 설립되어 1920년까지 독립군을 양성하였다.

464 멕시코 · 정답 ②

핵심키워드 유카탄 반도, 노동 이민자

정답 분석

한국인 1,000여 명은 1905년에 노동 이민으로 멕시코 유카탄 반도에 이주하였다. 이들은 강도 높은 노동으로 힘겨운 생활을 하는 와중에도, 국권 침탈 소식을 듣고 1910년에 숭무학교를 세워 독립군을 양성하였다.

오답 분석

① 연해주의 블라디보스토크에서 권업회가 권업신문(1912~1914년)을 발간하였다.

③ 북로 군정서는 북간도에서 조직되어, 1920년에 김좌진의 지휘 아래 청산리 전투에서 승리하였다.

④ 1917년에 상하이에서 활동하던 민족지도자들은 대동 단결 선언서를 발표하여 주권 재민을 천명하며 공화정 체제의 임시 정부 수립을 제안하였다.

⑤ 한국인 유학생들은 1919년에 일본 도쿄에서 2·8 독립 선언서를 발표하였다.

3 · 1 운동과 대한민국 임시 정부

핵심정리

❶ 3 · 1 운동 [1919]

'모든 민족은 스스로 자신의 국가를 세울 수 있다' 주장

배경	• 민족자결주의 대두 : 미국 대통령 윌슨의 주장 • 신한 청년당이 파리강화 회의에 김규식 파견 : 독립 청원서 제출 • 2 · 8 독립 선언 [1919] : 일본 도쿄, 조선 청년 독립단 주도 • 고종 서거
경과	• 민족 대표 33인 주도(서울 태화관), 학생과 시민 주도(서울 탑골 공원) 　→ 전국으로 확산 　→ 만주 · 연해주의 블라디보스토크 · 미국 필라델피아 등으로 확산 • 일본의 폭력적 진압 　− 화성 제암리 학살 사건 : 마을 주민 23명 살해 　− 유관순 : 이화학당 학생, 천안(병천)에서 시위 주도 → 옥중 순국
결과	• 일제의 식민 통치 방식 변화 : 무단 통치 포기, 문화 통치 도입 • 중국의 5 · 4 운동, 인도의 비폭력 · 불복종 운동에 영향 • 대한민국 임시 정부 수립 [1919.9]

❷ 대한민국 임시 정부 [1919~1945]

조직	• 중국 상하이에 위치 • 임시 헌법 제정 　− 민주 공화정 채택 　− 삼권분립 채택 : 임시 의정원(입법) · 국무원(행정) · 법원(사법) 　− 대통령 이승만(외교 독립론자), 국무총리 이동휘(무장 투쟁론자)
1920년대 활동	• 1920년대 초 　− 연통제(국내 연락 담당) 실시 　− 교통국 운영 : 정보 수집 담당, 만주 안동지부 활발, 이륭양행의 2층에 위치 　− 독립운동 자금 마련 : 독립공채 발행, 만주 이륭양행과 부산 백산상회 활약 　− 외교 : 파리강화회의에 독립 청원서 제출, 미국에 구미 위원부 설립 　− 문화 : 한일 관계 사료집 간행, 독립신문 발행 • [1923] 국민대표회의 개최 　− 임시 정부의 활동과 독립운동의 방법을 놓고 토론 진행 　− 개조파(안창호) vs 창조파(신채호, 박용만) vs 유지파(이동녕, 김구) • [1925] 이승만 대통령 탄핵, 박은식 대통령의 2차 개헌(국무령제)
1930년대 활동	• [1931] 김구의 한인 애국단 조직 　− 윤봉길의 상하이 의거 [1932] : 상하이의 홍커우 공원, 이후 중국 국민당의 임정 지원 　− 이봉창의 도쿄 의거 [1932] • 청사 이동 : 상하이 → 항저우 → 광저우 등
1940년대 활동	• [1940] 충칭 정착 • 개헌 : 4차(주석제) 주석 김구 → 5차(주석–부주석제) 주석 김구, 부주석 김규식 • [1940] 한국 광복군 창설 • [1941] 건국 강령 발표 : 조소앙의 삼균주의 바탕

└개인과 개인, 민족과 민족, 국가와 국가 간의 균등 표방
개인 간 균등을 위해 정치 · 경제 · 교육의 균등을 주장

✚ 3.1 운동의 독립 선언문

오등(吾等)은 자(玆)에 아(我) 조선의 독립국임과 조선인의 자주민임을 선언하노라. … 구시대의 유물인 침략주의, 강권주의의 희생을 작(作)하여 유사 이래 수천 년에 처음으로 이민족 겸제(箝制)의 고통을 당한 지 오늘로 십년이 지났다.

✚ 폐허가 된 제암리

✚ 독립(애국) 공채

✚ 국민대표회의

베이징 방면의 인사는 분열을 통탄하며 통일을 촉진하는 단체를 출현시키고 상하이 일대의 인사는 이를 고려하여 개혁을 제창하고 있다. … 근본적 대해결로써 통일적 재조를 꾀하여 독립운동의 신국면을 타개하려고 함에는 다만 민의뿐이므로 이에 국민대표회의의 소집을 제창한다.

1 빈칸에 알맞은 말을 선택하시오.

(1) (고종, 순종)의 장례식을 계기로 3·1 운동이 일어났다.

(2) (신한 청년단, 조선 청년 독립단)이 도쿄에서 2·8 독립 선언서를 발표하였다.

(3) 민족 대표 33인이 (태화관, 탑골 공원)에서 독립 선언서를 낭독하였다.

(4) (강주룡, 유관순)은 천안 아우내 장터에서 만세 시위를 주도하였다.

(5) 3·1 운동은 일제가 (무단 통치, 문화 통치)를 실시하는 배경이 되었다.

(6) 3·1 운동은 중국의 (5·4 운동, 신해 혁명)에 영향을 주었다.

2 〈보기〉를 이용하여 대한민국 임시 정부의 활동을 완성하시오.

┌─ 보기 ─────────────────────┐
│ 교통국   이륭양행   국민대표회의 │
│ 연통제   구미 위원부   한인 애국단 │
│ 삼균주의   임시 의정원   한일 관계 사료집 │
└───────────────────────────┘

(1) (   )은/는 임시 정부의 입법 기관이다.

(2) 임시 사료 편찬회를 두어 (   )을/를 편찬하였다.

(3) (   )에 교통국을 설치하여 국내와 연락을 취했다.

(4) (   )은/는 국내의 정보 수집, 무기의 수송과 전달 등을 담당하였다.

(5) 외교 활동을 펼치기 위해 미국 워싱턴에 (   )을/를 설치하였다.

(6) 국내와의 연계 활동을 위해 행정 제도인 (   )을/를 마련하였다.

(7) 1923년에 (   )을/를 열어 독립운동의 방향을 논의하였다.

(8) 1931년 김구는 일제의 요인들을 제거하기 위해 (   )을/를 조직하였다.

(9) 1941년 조소앙의 (   )에 바탕한 건국 강령을 발표하였다.

(10) (   ) 단원인 윤봉길의 의거를 계기로, 중국 국민당 정부가 임시 정부를 지원하였다.

3 아래 사건이 일어난 시기를 (가)~(다) 중 고르시오.

1919		1931		1940		1945
	(가)		(나)		(다)	

3·1 운동 / 한인 애국단 결성 / 한국 광복군 창설 / 광복

(1) (   ) – 대한민국 임시 정부가 수립되었다.

(2) (   ) – 임시 정부가 건국 강령을 발표하였다.

(3) (   ) – 상하이에서 국민대표회의가 개최되었다.

(4) (   ) – 윤봉길이 상하이에서 의거를 단행하였다.

(5) (   ) – 임시 정부가 대일 선전 성명서를 발표하였다.

(6) (   ) – 박은식 대통령이 국무령제로 개헌을 추진하였다.

4 다음 사료를 읽고, 물음에 답하시오.

(1) 아래의 독립 선언문이 발표된 연도는 언제인가?

┌───────────────────────────┐
│ 오등(吾等)은 자(玆)에 아(我) 조선의 독립국임과 조선인의 │
│ 자주민임을 선언하노라. … 구시대의 유물인 침략주의, 강 │
│ 권주의의 희생을 작(作)하여 유사 이래 수천 년에 처음으로 │
│ 이민족 겸제(箝制)의 고통을 당한 지 오늘로 십년이 지났다. │
└───────────────────────────┘

(2) (가)에 들어갈 알맞은 용어를 쓰시오.

┌───────────────────────────┐
│ 베이징 방면의 인사는 분열을 통탄하며 통일을 촉진하는 단 │
│ 체를 출현시키고 상하이 일대의 의사는 이를 고려하여 개혁 │
│ 을 제창하고 있다. … 근본적 대해결로써 통일적 재조를 꾀 │
│ 하여 독립운동의 신국면을 타개하려고 함에는 다만 민의뿐 │
│ 이므로 이에 (가)의 소집을 제창한다. │
└───────────────────────────┘

(3) 다음은 대한민국 임시 정부의 건국 강령 중 일부분이다. 이것의 기초가 된 삼균주의를 주장한 인물은 누구인가?

┌───────────────────────────┐
│ 제3장 건국 │
│ 4. 보통 선거에는 만 18세 이상 남녀로 선거권을 행사하되 │
│   신앙, 교육, 거주 연수, 사회 출신, 재정 상황 등을 분별 │
│   치 아니한다. │
│ 6. 대생산 기관의 공구와 시설을 국유로 하고 … 대규모 농· │
│   공·상기업과 성시, 공업 구역의 공용적 주요 산업은 국 │
│   유로 하고 소규모 및 중등 기업은 사영으로 한다. │
└───────────────────────────┘

정답

1. (1) 고종 (2) 조선 청년 독립단 (3) 태화관 (4) 유관순 (5) 문화 통치 (6) 5·4 운동
2. (1) 임시 의정원 (2) 한일 관계 사료집 (3) 이륭양행 (4) 교통국 (5) 구미 위원부 (6) 연통제 (7) 국민대표회의 (8) 한인 애국단 (9) 삼균주의 (10) 한인 애국단
3. (1) 가 (2) 다 (3) 가 (4) 나 (5) 다 (6) 가
4. (1) 1919년 (2) 국민대표회의 (3) 조소앙

465

63회 31번 [1점]

(가) 운동에 대한 설명으로 옳은 것은?

국가보훈처는 광복 73주년을 맞아 독립 유공자를 발굴하여 포상하기로 하였습니다. 이번 포상에는 (가) 의 1주년에 만세 운동을 전개하다가 체포되어 옥고를 치른 배화 여학교 학생 여섯 명이 포함되었습니다. 이들은 일제 강점기 최대 민족 운동인 (가) 의 영향을 받아 수립된 대한민국 임시 정부의 활동 소식을 접하면서 민족의식을 키웠다고 합니다.

김경화 등 6명의 독립운동가, 독립운동 유공 인정

① 김광제 등의 발의로 본격화되었다.
② 순종의 인산일을 기회로 삼아 추진되었다.
③ 제암리 학살 등 일제의 가혹한 탄압을 받았다.
④ 신간회에서 진상 조사단을 파견하여 지원하였다.
⑤ 성진회와 각 학교 독서회에 의해 전국적으로 확산하였다.

466

51회 41번 [2점]

다음 자료가 발표된 이후의 사실로 옳은 것은?

조선 청년 독립단은 우리 2천만 민족을 대표하여 정의와 자유를 쟁취한 세계 모든 나라 앞에 독립을 성취할 것을 선언한다. …… 우리 민족은 정당한 방법으로 우리 민족의 자유를 추구할 것이나, 만일 이번에 성공하지 못하면 우리 민족은 생존의 권리를 위하여 온갖 자유행동을 취하여 최후의 일인까지 자유를 위해 뜨거운 피를 흘릴 것이니, …… 일본이 만일 우리 민족의 정당한 요구에 불응한다면 우리는 일본에 대하여 영원의 혈전을 선포하노라.

– 재일본 동경 조선 청년 독립단 대표 11인 –

① 박상진 등이 대한 광복회를 결성하였다.
② 황성신문에 시일야방성대곡이 게재되었다.
③ 독립협회가 중심이 되어 독립문을 건립하였다.
④ 고종의 밀지를 받아 독립 의군부가 조직되었다.
⑤ 민족 대표 33인 명의의 독립 선언서가 발표되었다.

467

70회 35번 [1점]

밑줄 그은 '운동'에 대한 설명으로 옳은 것은?

이 자료는 고종의 인산일을 계기로 시작된 만세 운동에서 불렀던 독립가 전단입니다. 당시에 우리 민족은 독립 선언서를 발표하고 대한 독립 만세를 외치며 전국 각지와 해외 곳곳에서 시위를 이어 나갔습니다.

터졌구나 터졌구나
조선독립성
십 년을 참고 참아
이제 터졌네
삼천리의 금수강산
이천만 민족
살았구나 살았구나
이 한 소리에

① 통감부의 방해와 탄압으로 중단되었다.
② 천도교 소년회가 창립된 후 본격화되었다.
③ 일제가 이른바 문화 통치를 실시하는 배경이 되었다.
④ 성진회와 각 학교 독서회에 의해 전국으로 확산되었다.
⑤ 시위를 준비하는 과정에서 사회주의자들이 대거 검거되었다.

468

42회 38번 [2점]

밑줄 그은 '만세 시위 운동'에 대한 설명으로 옳은 것은?

역사 신문

제 △△ 호 ○○○○년 ○○월 ○○일

일본군, 제암리에서 주민 학살

폐허가 된 제암리

지난 4월 15일, 경기도 수원군(현재 화성시) 제암리에서 일본군에 의한 참혹한 학살이 자행되었다. 일본군은 주민들을 교회에 모이게 하여, 밖에서 문을 잠그고 무차별 사격을 가한 후 불을 질러 약 30명을 살해하는 만행을 저질렀다. 그리고 인근 교회와 민가 수십 호에도 불을 질렀다. 이는 최근 만세 시위 운동이 전국으로 확산되는 과정에서 가해진 일본군의 탄압으로 보인다.

① 사회주의 세력의 주도 아래 계획되었다.
② 순종의 인산일을 기회로 삼아 추진되었다.
③ 조선 형평사를 중심으로 전국으로 확산되었다.
④ 대한민국 임시 정부가 수립되는 계기가 되었다.
⑤ 박상진이 주도한 대한 광복회 결성에 영향을 주었다.

469

(가) 단체의 활동으로 옳은 것은?

이 책은 (가) 이/가 국제 연맹에 한국 독립의 당위성을 호소하기 위해 편찬한 것입니다. 여기에는 삼국 시대 이후의 한일 관계사가 기록되어 있으며, 특히 일제의 잔혹한 식민통치 방식과 3·1 운동의 전개 과정이 잘 정리되어 있습니다.

한일 관계 사료집

① 조선 혁명 간부 학교를 설립하였다.
② 한글 맞춤법 통일안과 표준어를 제정하였다.
③ 태극서관을 운영하며 계몽 서적을 보급하였다.
④ 독립운동 자금 마련을 위해 독립 공채를 발행하였다.
⑤ 진상 조사단을 파견하여 광주 학생 항일 운동을 지원하였다.

470

(가)에 대한 설명으로 옳은 것을 <보기>에서 고른 것은?

저는 이동녕으로 이곳 충남 천안에서 태어났습니다. 저는 임시 의정원 초대 의장으로 삼권 분립에 기초한 (가) 의 헌법 제정에 기여하였습니다. 또한 국무총리와 주석 등을 역임하였고, (가) 이/가 상하이를 떠나 이동하는 과정을 함께하며 독립운동에 전념하였습니다.

┤ 보기 ├
ㄱ. 만세보를 발행하여 민중 계몽에 힘썼다.
ㄴ. 신흥 강습소를 세워 독립군을 양성하였다.
ㄷ. 구미 위원부를 조직하여 외교 활동을 전개하였다.
ㄹ. 이륭양행에 교통국을 설치하여 국내와 연락을 취하였다.

① ㄱ, ㄴ   ② ㄱ, ㄷ
③ ㄴ, ㄷ   ④ ㄴ, ㄹ
⑤ ㄷ, ㄹ

471

(가) 인물에 대한 설명으로 옳은 것은?

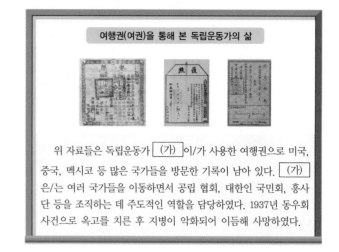

여행권(여권)을 통해 본 독립운동가의 삶

위 자료들은 독립운동가 (가) 이/가 사용한 여행권으로 미국, 중국, 멕시코 등 많은 국가들을 방문한 기록이 남아 있다. (가) 은/는 여러 국가들을 이동하면서 공립 협회, 대한인 국민회, 흥사단 등을 조직하는 데 주도적인 역할을 담당하였다. 1937년 동우회 사건으로 옥고를 치른 후 지병이 악화되어 이듬해 사망하였다.

① 일본의 침략 과정을 담은 한국통사를 저술하였다.
② 조선학 운동을 주도하여 여유당전서를 간행하였다.
③ 백산 상회를 설립하여 독립운동 자금을 마련하였다.
④ 친일 인사 스티븐스를 샌프란시스코에서 사살하였다.
⑤ 대한민국 임시 정부에서 내무총장 겸 국무총리 대리로 취임하였다.

472

밑줄 그은 '회의'가 개최된 시기를 연표에서 옳게 고른 것은?

이 자료는 대한민국 임시 정부가 침체에 빠지자 독립운동의 새로운 활로와 방향을 모색하기 위해 상하이에서 개최된 회의의 의사일정입니다. 국내외 각지에서 온 대표들은 대한민국 임시 정부에 대한 처리를 둘러싸고 창조파와 개조파 등으로 나뉘어져 격론을 벌였습니다.

1919		1925		1931		1935		1940		1945
	(가)		(나)		(다)		(라)		(마)	
대한민국 임시 정부 수립		박은식 대통령 취임		한인 애국단 조직		한국 국민당 창당		김구 주석 취임		8·15 광복

① (가)   ② (나)
③ (다)   ④ (라)
⑤ (마)

473

밑줄 그은 '회의'에 대한 설명으로 옳은 것은?

> 본 회의는 2천만 민중의 공의(公意)를 지키는 국민적 대회합으로서, 최고의 권위에 의해 국민의 완전한 통일을 견고하게 하며 광복 대업의 근본 방침을 수립하고, 이로써 우리 민족의 자유를 만회하고 독립을 완성하기를 기도하며 이에 선언하노라. 삼일 운동으로써 우리 민족의 정신적 통일은 이미 표명되었다. …… 본 대표들은 국민이 위탁한 사명을 받아 국민적 대단결을 힘써 도모하며, 독립 전도의 대방책을 확립하여 통일적 기관 하에서 대업을 기성(期成)하려 한다.

① 창조파와 개조파가 대립하였다.
② 대일 선전 성명서를 공표하였다.
③ 삼균주의를 기초로 하는 건국 강령을 발표하였다.
④ 파리 강화 회의에 김규식을 파견할 것을 결정하였다.
⑤ 지청천을 사령관으로 하는 한국 광복군을 조직하였다.

474

(가), (나) 인물에 대한 설명으로 옳은 것을 〈보기〉에서 고른 것은?

한국의 독립을 도운 외국인

(가)
• 미국인
• 세계지리 교과서인 「사민필지」를 한글로 저술함
• 을사늑약 직후 고종의 친서를 미국 정부에 전달함
• 1950년 건국훈장독립장 추서

(나)
• 아일랜드계 영국인
• 김구 등이 상하이로 갈 수 있도록 도움
• 독립운동을 지원하다가 일제에 의해 내란죄로 체포됨
• 1963년 건국훈장독립장 추서

> **보기**
> ㄱ. (가) - 육영공원에서 학생들에게 영어를 가르쳤다.
> ㄴ. (가) - 최초의 서양식 병원인 광혜원 설립을 주관하였다.
> ㄷ. (나) - 중국 안동에서 무역 회사인 이륭양행을 운영하였다.
> ㄹ. (나) - 이화 학당을 설립하여 근대적 여성 교육에 기여하였다.

① ㄱ, ㄴ
② ㄱ, ㄷ
③ ㄴ, ㄷ
④ ㄴ, ㄹ
⑤ ㄷ, ㄹ

475

밑줄 그은 '의거'를 일으킨 단체에 대한 설명으로 옳은 것은?

이 사진은 1945년 9월 2일 일왕을 대신하여 일본의 외무 대신이 연합군 앞에서 항복 문서에 서명하는 장면입니다.

서명하는 인물은 시게미쓰 마모루인데, 그는 윤봉길의 상하이 훙커우 공원 의거 당시 폭탄에 맞아 다리를 다쳤습니다.

① 신채호의 조선 혁명 선언을 활동 지침으로 삼았다.
② 김구를 단장으로 하여 활발한 의열 활동을 펼쳤다.
③ 조선 총독을 저격한 강우규가 단원으로 활동하였다.
④ 이상재 등의 주도로 민립 대학 설립 운동을 전개하였다.
⑤ 진상 조사단을 파견하여 광주 학생 항일 운동을 지원하였다.

476

(가) 단체에 대한 설명으로 옳은 것은?

이것은 (가) 소속 최흥식이 관동군 사령관 등을 처단하기 위해 만주에서 활동하던 중 김구에게 보낸 편지라고 하는데, 어떤 역사적 가치가 있나요?

김구가 일제의 요인들을 제거하기 위해 만든 (가) 이/가 다양한 의거를 시도하였음을 보여주는 중요한 문서입니다. 그 가치를 인정받아 국가 등록문화재로 지정되었습니다.

관윤(김구의 가명)

① 중일 전쟁 발발 이후에 조직되었다.
② 조선 혁명 간부 학교를 설립하였다.
③ 이봉창, 윤봉길 등이 단원으로 활동하였다.
④ 대전자령 전투에서 일본군을 상대로 승리하였다.
⑤ 일제가 조작한 105인 사건으로 조직이 해체되었다.

477

50회 44번 [2점]

(가), (나) 사이의 시기에 있었던 사실로 옳은 것은?

연통제 공소 공판
히라야마 검사의 구형
피고 37명에 대하여 징역형

금년 1월 8일에 돌발한
앵전문 앞 대역 사건
범인은 경성 출생 이봉창

① 신규식 등이 대동 단결 선언을 발표하였다.
② 대한민국 임시 정부가 대일 선전 성명서를 공표하였다.
③ 김구, 이시영 등이 항저우에서 한국 국민당을 창당하였다.
④ 충칭에서 지청천을 총사령관으로 하는 한국 광복군이 창설되었다.
⑤ 독립운동의 방략을 논의하기 위하여 국민대표회의가 개최되었다.

479

70회 41번 [3점]

밑줄 그은 '나'에 대한 설명으로 옳은 것은?

나는 1913년 상하이 망명 후 동제사에 참여하였소. 1917년에는 대동단결 선언을 작성했다오. 여기에서 나는 주권이 국민에게 있음을 밝혔는데, 이것이 공화정을 지향하는 정치사상으로 평가받고 있다오. 1930년에는 안창호 등과 함께 한국 독립당을 창당하였소. 이후 대한민국 임시 정부 건국 강령 초안도 작성하였다오.

대동단결의 선언

① 조선 혁명 선언을 작성하였다.
② 한국독립운동지혈사를 저술하였다.
③ 극동 인민 대표 대회에서 의장단으로 선출되었다.
④ 헤이그에서 열린 만국 평화 회의에 특사로 파견되었다.
⑤ 새로운 국가 건설을 위한 이념으로 삼균주의를 주장하였다.

478

58회 35번 [3점]

(가)~(다)를 작성된 순서대로 옳게 나열한 것은?

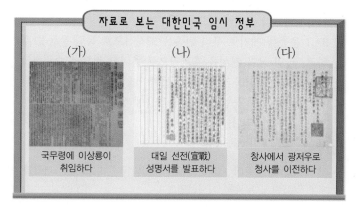

자료로 보는 대한민국 임시 정부

(가)	(나)	(다)
국무령에 이상룡이 취임하다	대일 선전(宣戰) 성명서를 발표하다	창사에서 광저우로 청사를 이전하다

① (가) – (나) – (다) ② (가) – (다) – (나)
③ (나) – (가) – (다) ④ (나) – (다) – (가)
⑤ (다) – (가) – (나)

480

46회 41번 [2점]

다음 공보가 발표된 이후 대한민국 임시 정부의 활동으로 옳은 것은?

대한민국 임시 정부 공보 제42호

● 3월 18일 임시 의정원에서 임시 정부 대통령 이승만 각하를 임시 헌법 제21조 제14항에 의하여 탄핵하고 심판에 회부하다.
● 3월 23일 임시 의정원에서 임시 정부 대통령 이승만 각하를 심판, 면직하다.
● 3월 23일 임시 의정원에서 박은식 각하를 임시 헌법 제12조에 의하여 임시 정부 대통령으로 선거하다.

① 삼균주의에 바탕을 둔 건국 강령을 발표하였다.
② 무장 투쟁을 위해 육군 주만 참의부를 조직하였다.
③ 독립군 비행사 양성을 위해 한인 비행 학교를 설립하였다.
④ 국민대표회의를 개최하여 독립운동의 방향을 논의하였다.
⑤ 파리 강화 회의에 대표단을 파견하여 외교 활동을 전개하였다.

465 3·1 운동 정답 ③

핵심키워드 일제 강점기 최대 민족 운동

정답 분석

일제 강점기 최대의 민족 운동은 1919년에 일어난 3·1 운동이다. 일본 경찰과 군대는 평화적인 방법으로 독립 만세를 부르는 시위대를 총검으로 무자비하게 진압하였다. 이때, 충청남도 천안에서 독립 만세 시위를 주도하였던 유관순은 구속되어 옥중에서 순국하였고, 화성 제암리 주민들은 교회에서 학살당하였다.

오답 분석

① 김광제, 서상돈 등은 1907년에 대구에서 국채 보상 운동을 시작하였다.
② 순종의 인산일은 1926년에 있었으며, 이를 계기로 민족적 저항 의식이 일어나 6·10 만세 운동이 일어났다.
④ 신간회는 1929년에 광주 학생 항일 운동이 일어나자 현지에 조사단을 파견하고, 조사 결과를 발표할 민중 대회를 준비하였으나, 경찰의 탄압으로 좌절되었다.
⑤ 성진회는 6·10 만세 직후에 광주에서 조직된 비밀 독서회로, 이후 각 학교에서 다양한 독서회가 조직되었다. 이는 광주 학생 항일 운동의 중요한 원동력이 되었다.

466 3·1 운동 정답 ⑤

핵심키워드 조선 청년 독립단, 재일본

정답 분석

윌슨의 민족자결주의에 자극을 받은 한국인 유학생들은 도쿄에서 조선 청년 독립단을 조직해 2·8 독립 선언을 발표하였다. 제시문은 2·8 독립 선언문의 일부이다. 이 소식이 국내에 전해지면서 민족 대표 33인이 독립 선언문을 작성하였고, 학생들은 태극기를 제작하여 3·1 운동이 전개되었다.

오답 분석

① 박상진은 1915년에 국내에서 대한 광복회를 조직하여 무장 투쟁을 준비하였다.
② 황성신문에 실린 시일야방성대곡은 장지연이 을사조약에 항거하여 1905년에 작성한 논설이다.
③ 독립협회는 자주독립의 결의를 다지기 위해, 중국 사신을 영접하여 사대외교의 표상으로 인식된 영은문을 헐고 그 자리에 독립문을 건립하였다.
④ 의병장 출신 임병찬은 고종의 밀지를 받고 1910년대 초에 독립의군부를 조직하였다.

467 3·1 운동 정답 ③

핵심키워드 고종 인산일, 만세 운동

정답 분석

고종이 1919년에 사망하자 장례식에 많은 사람이 모일 것을 예상하였다. 이를 기회로 삼아 3·1 운동이 일어났다.
③ 3·1 운동 이후 일제는 한국인의 저항을 완화하려는 목적으로 무단 통치를 문화 통치로 전환하였다.

오답 분석

① 통감부는 을사늑약(1905년)으로 설치된 일본의 통치 기구로, 국채 보상 운동, 헤이그 특사 파견, 13도 창의군의 서울 진공 작전 등을 방해하였다.
② 방정환은 1921년에 천도교 소년회를 조직하여 본격적으로 소년운동을 전개하였다. 어린이의 날을 제정하고, 최초의 아동잡지 어린이를 창간하였다.
④ 1920년대 후반에 광주 지역 학교에서 성진회를 비롯한 비밀 독서회가 여럿 조직되었다. 기차에서 한일 학생이 충돌하자, 독서회 회원들은 이를 계기로 동맹 휴학, 가두 시위 등을 전개하여 광주 학생 항일 운동을 확산시키는 데 앞장섰다.
⑤ 6·10 만세 운동(1926년)은 조선공산당이 천도교 일부 세력과 함께 기획하였다. 거사 직전에 이들이 체포되자, 실제 만세 시위는 학생들이 주도하여 진행되었다.

468 3·1 운동 정답 ④

핵심키워드 제암리 학살

정답 분석

일본은 3·1 운동이 일어나자 헌병 경찰과 군대까지 동원하여 야만적으로 탄압하였다. 이 과정에서 유관순의 순국, 제암리 학살 사건 등이 발생하였다.
④ 3·1 운동을 계기로 우리 민족은 조직적으로 독립 운동을 추진하고, 국민 국가 건설을 효과적으로 준비할 정부를 수립하고자 하였다. 이에 서울과 연해주, 상하이에 각각 정부가 조직되었고, 마침내 이를 통합하여 그해 가을에 상하이에 대한민국 임시 정부를 수립하였다.

오답 분석

①, ② 1926년에 순종이 서거하자 조선공산당은 천도교 일부 세력과 함께 6·10 만세 운동을 기획하였다.
③ 조선 형평사는 1923년에 창립되어, 백정 차별 철폐를 목표로 전국에 지회를 설치하여 형평 운동을 펼쳤다.
⑤ 대한 광복회는 1915년에 박상진이 조직한 비밀결사로, 무장 독립 운동을 준비하였다.

469 대한민국 임시 정부
정답 ④

핵심키워드 한일 관계 사료집

정답 분석

대한민국 임시 정부는 사료 편찬회를 두어 일제의 침략사를 기술한 한일 관계 사료집을 간행하였다. 이를 통해 밖으로 한국의 자주성을 선전하고 안으로 국민의 독립 의식을 고취하는 데 이바지하였다.
④ 대한민국 임시 정부는 재정이 부족하자, 연 5~6%의 이자 지급과 독립 후 5년부터 상환하는 조건으로 독립공채를 발행하였다.

오답 분석

① 김원봉은 중국 국민당의 지원을 받아 1932년에 중국 난징에서 조선 혁명 간부 학교를 설립하여 독립운동가를 양성하였다.
② 이희승, 최현배 등을 중심으로 한 조선어 학회는 한글 맞춤법 통일안과 표준어를 제정하였다. 또, 우리말 큰사전을 펴내기 위해 원고를 모았으나 1942년에 조선어 학회 사건으로 중단되었다.
③ 신민회의 산하 조직인 태극서관은 계몽 서적을 보급하며 민족의식을 고취하였다.
⑤ 신간회는 광주 학생 항일 운동이 일어나자 진상 조사단을 파견하였다. 나아가 대규모 민중 대회를 개최하려다 집행부 대부분이 구속되는 등 일제의 탄압으로 큰 타격을 입었다.

470 대한민국 임시 정부
정답 ⑤

핵심키워드 이동녕, 임시 의정원, 상하이

정답 분석

임시 의정원은 1919년에 중국 상하이에 수립된 대한민국 임시 정부의 입법 기관으로, 우리 민족 최초의 헌법인 임시 헌장을 발표하여 민주 공화국을 수립하였다. 따라서 (가)는 대한민국 임시 정부이다.
ㄷ. 구미 위원부는 대한민국 임시 정부가 외교 활동을 펼치기 위해 미국 워싱턴에 설립한 단체로, 이승만은 이곳을 기반으로 외교 활동을 전개하였다.
ㄹ. 이륭양행은 아일랜드인 쇼가 운영하는 만주의 무역 회사이다. 대한민국 임시 정부는 이곳에 교통국 안동 지부를 설치해 독립운동 자금 조달과 국내외 연락 거점으로 활용하였다.

오답 분석

ㄱ. 만세보는 천도교가 1906년에 발행한 신문이다.
ㄴ. 신민회는 국권 침탈 후 남만주(서간도)로 이주하여 신흥 강습소를 설립해 독립군을 양성하였다.

471 안창호
정답 ⑤

핵심키워드 대한인 국민회, 흥사단, 동우회 사건

정답 분석

(가)는 안창호이다. 그는 1907년 비밀결사 신민회를 조직하고 평양에 대성학교와 태극서관을 설립하였다. 1910년에는 미국에서 대한인 국민회를 조직하여 한인 동포 사회를 조직화하였다. 1919년에는 대한민국 임시 정부 수립에 참여해 내무총장 겸 국무총리 대리로서 연통제 수립과 독립운동 방략을 추진하였다. 1920년대 중반에는 민족 유일당 운동을 이끌어, 신간회 창설의 근간을 마련하였다.

오답 분석

① 「한국통사」는 박은식이 1915년에 저술한 역사책으로, 흥선 대원군 집권기부터 1911년까지 기술하며 일본의 침략 과정을 상세히 기록하였다.
② 정인보, 안재홍 등은 1930년대에 조선학 운동을 주도하며 정약용의 저술 연구와 복간에 힘썼다. 이 과정에서 정약용의 저서가 「여유당전서」로 편찬되었고, '실학'이라는 용어가 처음 사용되었다.
③ 백산 상회는 안희제가 부산에 설립한 상회로, 대한민국 임시 정부에 독립 자금을 지원하였다.
④ 친일 인사 스티븐스는 1908년에 미국 샌프란시스코에서 전명운과 장인환에 의해 사살되었다.

472 국민대표회의
정답 ①

핵심키워드 대한민국 임시 정부 침체, 창조파, 개조파

정답 분석

대한민국 임시 정부는 1920년대 초에 내분과 외교적 성과 미비, 연통제 와해 등으로 위기에 처하였다. 이에 임시 정부의 개혁을 요구하는 세력들이 국민대표회의를 요구하자, 1923년에 상하이에서 약 5개월간 회의가 열렸다. 여기에서 임시 정부 개조 방안을 둘러싸고 개조파와 창조파, 유지파가 대립하였다. 안창호 등 개조파는 임시 정부 체제의 개혁을 통해 지도력을 강화하자고 주장한 반면, 신채호 등 창조파는 임시 정부를 해체하고 새로운 독립운동 조직을 세우자고 주장하였다. 김구 등 유지파는 임시 정부를 옹호하며 국민대표회의 자체를 부정하였다.
이러한 갈등 속에서 국민대표회의는 결렬되었고, 많은 세력의 이탈로 임시 정부는 침체를 겪었다. 이에 임시 정부는 1925년에 이승만 대통령을 탄핵한 뒤 박은식을 2대 대통령으로 선출하고, 2차 개헌을 통해 국무령 중심 체제로 전환하였다.

473 국민대표회의

정답 ①

핵심키워드 회의, 국민적 대단결 도모

정답 분석

1920년대 초에 대한민국 임시 정부가 외교적 성과 미비, 연통제 와해 등으로 위기에 처하자, 1923년에 상하이에서 국민대표회의가 열렸다. 여기에서 임시 정부 개조 방안을 둘러싸고 개조파와 창조파, 유지파가 대립하였다. 안창호 등 개조파는 임시 정부 체제의 개혁을 통해 지도력을 강화하자고 주장한 반면, 신채호 등 창조파는 임시 정부를 해체하고 새로운 독립운동 조직을 세우자고 주장하였다. 김구 등 유지파는 임시 정부를 옹호하며 국민대표회의 자체를 부정하였다. 이러한 갈등 속에서 국민대표회의는 결렬되었고, 많은 세력들이 임시 정부를 떠났다.

오답 분석

② 대일 선전 성명서는 대한민국 임시 정부가 1941년에 일제에 대한 선전 포고를 위해 발표한 문서이다.

③ 조소앙은 삼균주의를 제창하여, 1941년에 대한민국 임시 정부가 발표한 건국 강령의 기초를 제공하였다.

④ 상하이의 신한 청년당은 한국의 독립을 청원하는 서명을 모아 1919년에 김규식을 파리 강화 회의에 파견하였다.

⑤ 한국광복군은 대한민국 임시 정부가 1940년에 중국 충칭에서 창설한 군대로, 총사령관 지청천, 부사령관 김원봉이 지휘하였다.

474 독립 운동을 지원한 외국인

정답 ②

핵심키워드 사민필지, 고종 친서, 아일랜드계 영국인

정답 분석

(가) 헐버트는 1886년부터 육영공원 교사로 재직하며 한글로 된 세계 지리서 「사민필지」를 집필하였다. 1905년 을사조약 체결 후, 고종의 특사로 미국에 파견되어 대한 제국의 도움을 요청하는 친서를 전달하려 했으나 실패하였다.

(나) 쇼는 만주에서 이륭양행이라는 무역 회사를 운영하였다. 그는 이륭양행 2층에 대한민국 임시 정부의 교통국 안동 지부를 설치해 독립운동 자금 이동과 국내외 연락망을 지원하였다.

오답 분석

ㄴ. 광혜원은 1885년에 개원한 최초의 서양식 병원이다. 갑신정변 당시 칼에 맞아 목숨이 위태롭던 민영익을 미국 선교사이며 의사였던 알렌이 살려낸 일이 있었다. 이를 계기로 서양 의학의 우수성을 알게 된 정부는 광혜원을 세웠다. 이후 명칭이 제중원으로 바뀌었다.

ㄹ. 이화 학당은 1886년에 선교사 스크랜튼이 설립한 우리 나라 최초의 여성 교육 기관이다.

475 한인 애국단

정답 ②

핵심키워드 윤봉길 의거

정답 분석

한인 애국단은 1930년대 들어 계속된 침체와 위기에 처해 있던 임시 정부의 활로를 모색하기 위하여 김구의 책임 아래 조직되었다. 애국단의 단원인 이봉창은 1932년에 일본 도쿄에서 국왕의 마차에 폭탄을 던졌고, 윤봉길은 상하이의 훙커우 공원에서 열린 일본군의 상하이 점령 축하 기념식에 폭탄을 던져 일본군을 응징하였다.

오답 분석

① 신채호가 1923년에 작성한 조선 혁명 선언은 민중 혁명을 통해 독립을 쟁취하자는 내용을 담고 있으며, 의열단의 활동 지침서 역할을 하였다.

③ 대한 노인 동맹단의 강우규는 1919년에 서울역에서 신임 사이토 총독에게 폭탄을 던졌다.

④ 이상재와 한규설, 이승훈 등은 1920년대 초에 민립 대학 설립 운동을 이끌며 민립 대학 설립 기성회를 조직하였다.

⑤ 신간회는 광주 학생 항일 운동이 일어나자 진상 조사단을 파견하였다.

476 한인 애국단

정답 ③

핵심키워드 김구, 일제의 요인 제거 시도

정답 분석

김구는 대한민국 임시 정부의 침체를 극복하고 의열 투쟁을 강화하기 위해 1931년 한인 애국단을 결성하였다. 단원인 이봉창과 윤봉길이 1932년에 각각 의거를 일으켰다. 특히 윤봉길의 의거 이후 중국 국민당 정부는 대한민국 임시 정부에 대한 지원을 강화하였고, 이는 이후 독립운동의 중요한 전환점이 되었다.

오답 분석

① 한인 애국단은 1931년에 조직되었고, 중일 전쟁은 1937년에 발발하였다.

② 김원봉은 중국 국민당의 지원을 받아 1932년에 중국 난징에서 조선 혁명 간부 학교를 설립하여 독립운동가를 양성하였다. 이는 1920년대 후반부터 개인 폭력 투쟁에 한계를 느끼고 의열단의 활동을 조직적인 무장 투쟁 노선으로 전환한 것과 관련 있다.

④ 지청천이 이끄는 한국 독립군은 1933년에 만주 대전자령에서 일본군을 상대로 대승을 거두었다.

⑤ 105인 사건(1911년)은 일제가 조선 총독 암살 음모를 조작하여 황해도와 평안도의 애국지사 수백 명을 검거하고, 그중 105명에게 유죄 판결을 내린 사건이다. 이로 인해 신민회가 해체되었다.

477 대한민국 임시 정부
정답 ⑤

핵심키워드 연통제, 이봉창

정답 분석

㉮ 1920년대 초반에 대한민국 임시 정부는 파리 강화 회의에서 독립 문제 상정 실패, 연통제 와해, 주요 지도자들의 사임으로 외교적·내부적 위기에 직면했다. 이에 임시 정부의 독립운동 방향을 논의하기 위해 1923년에 상하이에서 국민대표회의를 개최하였다.

㉯ 김구는 대한민국 임시 정부의 침체를 극복하고 의열 투쟁을 강화하기 위해 1931년 한인 애국단을 결성하였다. 단원 이봉창과 윤봉길이 1932년에 각각 의거를 일으켰다.

오답 분석

① 신규식, 박은식 등은 1917년에 상하이에서 대동 단결 선언을 발표하여, 국민 주권에 입각해 임시 정부를 수립하여 독립운동 세력이 단결할 것을 주장하였다.

② 대한민국 임시 정부는 1941년에 대일 선전 성명서를 발표하였다.

③ 김원봉의 민족혁명당에 대항하여 임시 정부는 1935년에 한국 국민당을 조직하였다. 이후 1940년에 중국에서 활동하는 민족주의 세력을 통합해 한국 독립당을 결성하여 임정의 여당 역할을 담당하게 하였다.

④ 한국 광복군은 1940년에 충칭에서 창설되었다.

478 대한민국 임시 정부
정답 ②

핵심키워드 국무령, 대일 선전 발표, 광저우 이전

정답 분석

㉮ 국민대표회의 결렬 후 임시 정부는 분열과 독립세력의 이탈로 위기를 맞았다. 이를 수습하기 위해 1925년에 1대 대통령 이승만을 탄핵하고 2대 대통령 박은식이 취임하여 대통령제를 국무령제로 개편하는 제2차 개헌을 실시하였다. 이후 1927년에 집단지도 체제인 국무위원제로 전환하였다.

㉯ 대한민국 임시 정부는 1941년에 일제에 대한 전쟁을 선포하며 대일 선전 성명서를 발표하였다.

㉰ 대한민국 임시 정부는 1919년 상하이에서 수립되어 독립운동을 시작했으나, 1932년 윤봉길 의거 이후 일제의 탄압이 강화되자 창사로 이동하였다. 이후 1935년 광저우로 옮겼지만, 중일 전쟁의 여파로 1940년 충칭으로 이동하여 최종적으로 정착하였고, 이곳에서 한국 광복군을 창설하며 독립운동을 활발히 전개하였다.

479 조소앙
정답 ⑤

핵심키워드 동제사, 대동단결 선언, 건국 강령 초안

정답 분석

조소앙은 1912년에 상하이에서 신규식, 박은식 등과 함께 동제사를 조직하였고, 1917년에는 신규식 등과 함께 대동단결 선언을 발표하여 국민 주권에 기반한 임시 정부 수립을 주장하였다. 이후 대한민국 임시 정부에 참여하여 1941년에 삼균주의에 기반한 건국 강령 초안을 작성하였다. 광복 후에는 남북 총선거를 주장하며 1948년에 김구, 김규식과 함께 남북 협상에 참여하였다.

오답 분석

① 1923년 신채호가 작성한 조선 혁명 선언은 민중 혁명을 통해 독립을 쟁취하자는 내용을 담고 있으며, 의열단의 활동 지침서 역할을 하였다.

② 「한국독립운동지혈사」는 박은식이 1920년에 저술한 역사책으로, 3·1 운동 전후에 일어난 다양한 독립운동을 기록하였다.

③ 1920년대 초 미국과 소련은 국제 질서를 주도하기 위해 각각 회의를 개최하였다. 전자가 워싱턴 회의, 후자가 극동 인민 대표 회의이다. 소련이 식민지의 독립 운동을 지원하겠다는 의사를 보이자, 독립운동가들은 극동 인민 대표 회의에 대거 참석하였다. 이때 김규식과 여운형이 의장단으로 선출되었다.

④ 고종은 을사늑약의 부당성을 호소하기 위해 헤이그 만국 평화 회의(1907년)에 특사를 파견하였다.

480 대한민국 임시 정부
정답 ①

핵심키워드 이승만 탄핵, 박은식 대통령

정답 분석

대한민국 임시 정부는 1925년에 1대 대통령 이승만을 탄핵하였다. 2대 대통령 박은식은 취임 직후에 대통령제를 국무령제로 개편하는 제2차 개헌을 실시하였다. 이후 1927년에 집단지도체제인 국무위원제로 전환하였다.

① 1941년에 대한민국 임시 정부는 삼균주의에 기반한 건국 강령을 발표하여, 일제 패망을 예상하고 건국 준비 작업을 추진하였다.

오답 분석

② 육군 주만 참의부는 1923년에 남만주에서 대한민국 임시 정부의 직할부대로 설립되었다.

③ 한인 비행 학교는 1920년에 미국 캘리포니아에서 설립되어 독립군 비행사를 양성하였다.

④ 국민대표회의는 1923년에 상하이에서 개최되어 임시 정부의 독립운동 방향을 논의하였다.

⑤ 파리 강화 회의는 1919년에 열렸으며, 대한민국 임시 정부는 김규식을 파견하여 한국의 독립을 호소하였다.

무장 투쟁 (1) – 1920년대

❶ 1920년대 무장 투쟁

봉오동 전투 〔1920.6〕	• 북간도의 봉오동 일대 • 홍범도의 대한 독립군과 여러 부대 참여
청산리 전투 〔1920.10〕	• 북간도의 청산리 일대 : 백운평, 완루구, 어랑촌, 고동하 등 • 김좌진의 북로 군정서군, 홍범도의 대한 독립군 등 참여 • 독립군 최대의 승리 : 일본군 1,200여 명 이상 사살
간도 참변	• 일본군이 간도의 한국인 학살
자유시 참변 〔1921〕	• 배경 : 대한 독립군단 결성(총재 서일) → 소련 영토인 자유시로 이동 • 경과 : 지휘권을 둘러싼 갈등 발생 → 다수의 독립군 희생
3부의 성립 〔1923~1925〕	• 3부 : 참의부 + 정의부 + 신민부 • 민정과 군정 결합 : 사실상 자치 정부 역할 담당
3부 통합 운동 〔1920년대 말〕	• 배경 : 미쓰야 협정 체결〔1925〕 – 일제와 만주 군벌 사이에 체결 – 독립군 체포 시 군벌에게 현상금 지급을 일본이 약속함 • 결과 – 북만주 지역 : 한국 독립당 결성, 한국 독립군(지청천) 결성 – 남만주 지역 : 조선 혁명당 창설, 조선 혁명군(양세봉) 편성

❷ 의열단

조직	• 김원봉・윤세주 설립〔1919.11〕 : 만주 지린성 • 신채호의 조선 혁명 선언〔1923〕 – 의열단의 행동 강령으로 삼음 – 외교론・자치론・실력양성론・문화 운동론 비판 – 민중의 직접 혁명을 통한 독립 쟁취의 필요성 호소
주요 활동	• 박재혁의 부산 경찰서 투탄 • 최수봉의 밀양 경찰서 투탄 • 김익상의 조선 총독부 투탄 • 김상옥의 종로 경찰서 투탄 ⎫ 1920년대 초중반 • 김지섭의 일본 왕궁 이중교 투탄 • 나석주의 조선 식산 은행과 동양척식주식회사 투탄 ⎭ • 중국 황포 군관 학교 입교〔1925〕 : 개별 의거의 한계를 절감하고, 단원들이 군사 훈련과 간부 훈련을 받음 • 조선 혁명 간부 학교 설립〔1932~1935〕 : 중국 난징

✚ 1920년대 국외 항일 투쟁

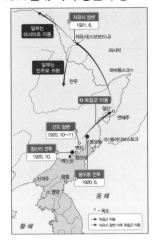

✚ 미쓰야 협정

1. 한국인이 무기를 가지고 다니거나 한국으로 침입하는 것을 엄금하며 위반자는 검거하여 일본 경찰에 인도한다.
2. 만주에 있는 한인 단체를 해산시키고 무장을 해제하며, 무기와 탄약을 몰수한다.
3. 일본이 지명하는 독립운동가를 체포하여 일본 경찰에 인도한다.

✚ 신채호의 조선 혁명 선언

'내정 독립'이나 '참정권'이나 '자치'를 운동하는 자는 누구이냐? 너희들이 '동양 평화', '한국 독립 보전' 등을 조건으로 내건 조약이 먹도 마르지 아니하여 삼천리 강토를 집어먹던 역사를 잊었느냐? … 민중은 우리 혁명의 대본영(大本營)이다. 폭력은 우리 혁명의 유일한 무기이다. 우리는 민중 속으로 가서 민중과 손을 맞잡아 끊임없는 폭력, 암살, 파괴, 폭동으로써 강도 일본의 통치를 타도하고, … 이상적 조선을 건설할지니라.

1 다음 설명에 해당하는 독립운동가를 쓰시오.

┌ 보기 ┐

| 김원봉 | 김좌진 | 나석주 | 신채호 |
| 심상옥 | 김익상 | 박재혁 | 홍범도 |

(1) (　　　) – 부산 경찰서에 폭탄을 투척하였다.

(2) (　　　) – 조선 총독부에 폭탄을 투척하였다.

(3) (　　　) – 종로 경찰서에 폭탄을 투척하였다.

(4) (　　　) – 의열단을 조직하여 단장으로 활동하였다.

(5) (　　　) – 중국 관내에서 조선 의용대를 창설하였다.

(6) (　　　) – 대한 독립군을 이끌어 봉오동 전투에서 승리하였다.

(7) (　　　) – 북로 군정서군을 이끌어 청산리 전투에서 활약하였다.

(8) (　　　) – 조선 혁명 간부 학교를 설립하여 군사 훈련에 힘썼다.

(9) (　　　) – 조선 식산은행과 동양척식주식회사에 폭탄을 투척하였다.

(10) (　　　) – 민중의 직접 혁명을 주장하는 조선 혁명 선언을 집필하였다.

2 빈칸에 알맞은 말을 선택하시오.

(1) 중광단은 (대한 독립군단, 북로 군정서군)으로 개편되었다.

(2) (봉오동 전투, 청산리 전투)는 백운평, 어랑촌, 고동하 등지에서 일어났다.

(3) 청산리 전투에서 (대한 독립군, 한국 광복군)과 북로 군정서군 등이 연합하여 일본과 싸웠다.

(4) 간도 참변 이후 독립군은 (상하이, 자유시)로 이동하였다.

(5) 자유시 참변 이후 (3부, 대한 독립군단)이/가 만주 지역에 성립되었다.

(6) 일제가 중국 군벌과 (미쓰야 협정, 치안 유지법)을 체결하여 독립군의 활동을 방해하였다.

(7) (의열단, 중광단)은 조선 혁명 선언을 활동 지침으로 삼았다.

(8) 김원봉은 중국 국민당 정부의 지원을 받아 (한인 애국단, 조선 혁명 간부 학교)을/를 설립하였다.

3 아래 사건이 일어난 시기를 (가)~(마) 중 고르시오.

1910	1920	1921	1925	1937	1945
(가)	(나)	(다)	(라)	(마)	
총독부 설립	봉오동 전투	자유시 참변	미쓰야 협정	중일 전쟁	광복

(1) (　　　) – 3·1 운동이 일어났다.

(2) (　　　) – 박상진이 대한 광복회를 조직하였다.

(3) (　　　) – 서일이 대한 독립군단을 조직하였다.

(4) (　　　) – 참의부, 신민부, 정의부가 성립되었다.

(5) (　　　) – 김원봉이 조선 혁명 간부 학교를 설립하였다.

(6) (　　　) – 간도 참변으로 동포 사회가 큰 타격을 입었다.

(7) (　　　) – 대한민국 임시 정부가 중국 상하이에 수립되었다.

(8) (　　　) – 대한민국 임시 정부가 대일 선전 성명서를 발표하였다.

(9) (　　　) – 홍범도 부대와 김좌진 부대가 연합하여 일본군과 교전하였다.

(10) (　　　) – 윤봉길이 훙커우 공원에서 폭탄을 던져 일제 요인을 살상하였다.

4 다음 사료를 읽고, 해당 문서의 이름을 쓰시오.

(1) (　　　　　　　)

> 1. 한국인이 무기를 가지고 다니거나 한국으로 침입하는 것을 엄금하며 위반자는 검거하여 일본 경찰에 인도한다.
> 2. 만주에 있는 한인 단체를 해산시키고 무장을 해제하며, 무기와 탄약을 몰수한다.
> 3. 일본이 지명하는 독립운동가를 체포하여 일본 경찰에 인도한다.

(2) (　　　　　　　)

> '내정 독립'이나 '참정권'이나 '자치'를 운동하는 자는 누구이냐? 너희들이 '동양 평화', '한국 독립 보전' 등을 조건으로 내건 조약이 먹도 마르지 아니하여 삼천리 강토를 집어먹던 역사를 잊었느냐? … 민중은 우리 혁명의 대본영(大本營)이다. 폭력은 우리 혁명의 유일한 무기이다. 우리는 민중 속으로 가서 민중과 손을 맞잡아 끊임없는 폭력, 암살, 파괴, 폭동으로써 강도 일본의 통치를 타도하고, … 이상적 조선을 건설할지니라.

┌ 정답 ┐

1. (1) 박재혁 (2) 김익상 (3) 김상옥 (4) 김원봉 (5) 김원봉 (6) 홍범도 (7) 김좌진
   (8) 김원봉 (9) 나석주 (10) 신채호
2. (1) 북로 군정서군 (2) 청산리 전투 (3) 대한 독립군 (4) 자유시 (5) 3부 (6) 미쓰야 협정
   (7) 의열단 (8) 조선 혁명 간부 학교
3. (1) 가 (2) 가 (3) 나 (4) 다 (5) 라 (6) 나 (7) 가 (8) 마 (9) 나 (10) 라
4. (1) 미쓰야 협정 (2) 조선 혁명 선언

481

(가) 전투에 대한 설명으로 옳은 것은?

> 이곳은 부산 해운대에 있는 '애국지사 강근호의 길'입니다. 그는 1920년 10월 백운평, 어랑촌, 고동하 등지에서 일본군에 맞서 싸운 (가) 당시 북로 군정서 중대장으로 활약하였습니다.

① 중국 호로군과 협력하여 진행되었다.
② 미국 전략 정보국(OSS)의 지원을 받았다.
③ 대한민국 임시 정부 수립에 영향을 주었다.
④ 조국 광복회의 지원 아래 유격전으로 전개되었다.
⑤ 대한 독립군, 대한 국민군 등이 연합하여 참여하였다.

482

(가) 부대에 대한 설명으로 옳은 것은?

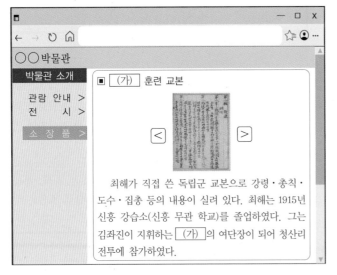

○○박물관

박물관 소개
관람 안내 >
전 시 >
소 장 품 >

■ (가) 훈련 교본

최해가 직접 쓴 독립군 교본으로 강령·총칙·도수·집총 등의 내용이 실려 있다. 최해는 1915년 신흥 강습소(신흥 무관 학교)를 졸업하였다. 그는 김좌진이 지휘하는 (가) 의 여단장이 되어 청산리 전투에 참가하였다.

① 대전자령에서 일본군을 기습하였다.
② 영릉가에서 일본군에 승리를 거두었다.
③ 동북 항일 연군으로 개편되어 유격전을 전개하였다.
④ 중광단을 중심으로 조직되어 항일 독립 전쟁에 참여하였다.
⑤ 인도·미얀마 전선에 파견되어 영국군과 연합 작전을 펼쳤다.

483

다음 상황이 나타나게 된 배경으로 가장 적절한 것은?

> 경신년 시월에 일본 토벌대들이 전 만주를 휩쓸어 애국지사들은 물론이고 농민들도 무조건 잡아다 학살하였다. …… 독립군의 성과가 컸기 때문에 그에 대한 보복으로 일본군이 대학살을 감행한 것이었다. 이것이 이른바 경신참변이다. 그래서 애국지사들은 가족들을 두고 단신으로 길림성 오상현, 흑룡강성 영안현 등으로 흩어졌다.
>
> – 「아직도 내 귀엔 서간도 바람소리가」 –

① 조선 의용대가 호가장 전투에서 활약하였다.
② 대한 독립군 등이 봉오동에서 일본군을 격파하였다.
③ 조선 혁명군이 영릉가에서 일본군에 승리를 거두었다.
④ 한국 독립군이 대전자령 전투에서 일본군을 격퇴하였다.
⑤ 대한민국 임시 정부가 직할 부대로 참의부를 결성하였다.

484

(가)~(다)를 일어난 순서대로 옳게 나열한 것은?

주제 : 1920년대 국외 민족 운동의 시련

일본군이 독립군에 대한 보복으로 간도 지역의 한인을 학살한 간도 참변이 발생하였어요.

독립군의 통합 과정에서 많은 희생자가 발생한 자유시 참변이 일어났어요.

만주에서 활동하는 독립군 색출을 위해 조선 총독부가 만주 군벌과 미쓰야 협정을 체결하였어요.

(가)   (나)   (다)

① (가) – (나) – (다)
② (가) – (다) – (나)
③ (나) – (가) – (다)
④ (나) – (다) – (가)
⑤ (다) – (가) – (나)

485

46회 36번 [2점]

다음 사건이 일어난 이후의 사실로 옳은 것을 <보기>에서 고른 것은?

천수평에서 북로 군정서의 기습 공격을 받아 참패한 일본군은 그들을 추격하여 어랑촌으로 들어갔다. 어랑촌 전투는 해가 질 때까지 계속되었는데, 북로 군정서는 지형적 이점을 활용하여 일본군의 공격을 효과적으로 방어하였다. 교전 중 독립군 연합 부대가 합류하였고, 치열한 접전 끝에 일본군에 큰 승리를 거두었다.

┌─── 보기 ───
ㄱ. 13도 창의군이 서울 진공 작전을 추진하였다.
ㄴ. 일제가 중국 군벌과 미쓰야 협정을 체결하였다.
ㄷ. 일제가 이른바 남한 대토벌 작전을 전개하였다.
ㄹ. 독립군이 전열을 정비하기 위해 자유시로 이동하였다.

① ㄱ, ㄴ
② ㄱ, ㄷ
③ ㄴ, ㄷ
④ ㄴ, ㄹ
⑤ ㄷ, ㄹ

486

52회 44번 [2점]

(가), (나) 사이의 시기에 있었던 사실로 옳지 않은 것은?

(가) 북간도에 주둔한 아군 7백 명은 북로 사령부 소재지인 봉오동을 향해 행군하다가 적군 3백 명을 발견하였다. 아군을 지휘하는 홍범도, 최진동 두 장군은 즉시 적을 공격하여 120여 명을 살상하고 도주하는 적을 추격하였다.
― 「독립신문」 ―

(나) 조선 혁명군 총사령 양세봉, 참모장 김학규 등은 병력을 이끌고 중국 의용군과 합세하였다. …… 아군은 승세를 몰아 적들을 30여 리 정도 추격한 끝에 영릉가성을 점령하였다.
― 「광복」 ―

① 자유시 참변 이후 3부가 조직되었다.
② 일본군의 보복으로 간도 참변이 발생하였다.
③ 독립군 연합 부대가 청산리에서 큰 승리를 거두었다.
④ 일제가 독립군을 탄압하고자 미쓰야 협정을 체결하였다.
⑤ 스탈린에 의해 많은 한인이 중앙아시아로 강제 이주되었다.

487

58회 36번 [1점]

(가) 단체에 대한 설명으로 옳은 것은?

검사 : 폭탄을 구해 숨겨 놓은 이유가 무엇인가?
곽재기 : 재작년 3월 이후로 조선 독립을 평화적으로 요청했지만 아무 소용없었다. 그래서 우리는 상하이로 가서 육혈포와 폭탄을 구해 피로써 독립을 이루려고 하였다.
이성우 : 폭탄으로 고위 관리를 죽이고 중요 건물을 파괴하여 독립을 쟁취하려고 하였다. 이것이 중국 지린성에서 김원봉과 함께 [(가)] 을/를 조직한 이유이다.
― 1921년 6월 7일 밀양 폭탄 사건 공판 기록 ―

① 조선 혁명 선언을 활동 지침으로 삼았다.
② 일제의 황무지 개간권 요구를 저지하였다.
③ 복벽주의를 내세우며 의병 전쟁을 준비하였다.
④ 삼균주의를 기초로 하는 건국 강령을 발표하였다.
⑤ 단원인 이봉창이 일왕의 행렬에 폭탄을 투척하였다.

488

67회 37번 [2점]

(가) 단체에 대한 설명으로 옳은 것은?

판결문

피고 : 오복영 외 1인
주문 : 피고 두 명을 각 징역 7년에 처한다.
이유
제1. 피고 오복영은 이전부터 조선 독립을 희망하고 있었다.
1. 대정 11년(1922) 11월 중 김상옥, 안홍한 등이 조선 독립자금 강탈을 목적으로 권총, 불온문서 등을 가지고 조선에 오는 것을 알고 천진에서 여비 40원을 조달함으로써 동인 등으로 하여금 조선으로 들어오게 하고
2. 대정 12년(1923) 8월 초순 [(가)] 단원으로 활약할 목적으로 피고 이영주의 권유에 의해 동 단에 가입하고
3. 이어서 피고 이영주와 함께 [(가)] 단장 김원봉 및 단원 유우근의 지휘 하에 피고 두 명은 조선 내 관리를 암살하고 주요 관아, 공서를 폭파함으로 민심의 동요를 초래하고 ……

① 일제의 황무지 개간권 요구를 저지하였다.
② 일제가 조작한 105인 사건으로 큰 타격을 입었다.
③ 단원인 나석주가 동양척식주식회사에 폭탄을 던졌다.
④ 조선 총독부에 국권 반환 요구서를 제출하고자 하였다.
⑤ 이륭양행에 교통국을 설치하여 국내와 연락을 취하였다.

481 청산리 대첩 　　　정답 ⑤

핵심키워드 백운평, 어랑촌, 북로 군정서

정답 분석

봉오동 전투(1920년 6월) 전후로 만주에서의 무장 독립운동이 활발해지자, 일제는 마적단이 훈춘 시가를 습격하는 훈춘 사건(1920년 9월)을 조작하여 이를 빌미로 대규모 정규군을 간도에 출병시켰다. 이에 김좌진이 이끄는 북로 군정서와 홍범도의 대한 독립군, 안무의 국민회군(대한국민군) 등은 백두산 쪽으로 이동하였다. 백운평, 천수평에서 북로 군정서가 단독으로 전투를 승리로 이끌었고, 어랑촌에서는 홍범도 부대와 연합하여 일본군에 큰 타격을 주었다. 청산리 대첩(1920년 10월)으로 일본군은 약 1,200여 명의 사상자를 내며 큰 패배를 당했다.

오답 분석

① 지청천이 이끈 한국 독립군은 1930년대 초반 북만주에서 중국 호로군과 협력하여 쌍성보 전투, 사도하자 전투, 대전자령 전투에서 승리하였다.
② 미국 전략 정보국(OSS)은 한국 광복군과 협력하여 국내 진공 작전을 준비하였다.
③ 대한민국 임시 정부는 3 · 1 운동의 영향을 받아 설립되었다.
④ 만주의 동북 항일 연군은 조국 광복회와 함께 1937년에 압록강을 건너와 보천보에서 승리하였다.

482 북로 군정서 　　　정답 ④

핵심키워드 김좌진, 청산리 전투

정답 분석

중광단은 1911년에 대종교 신도들이 중심이 되어 만주에서 결성된 항일 무장 단체로, 1919년에 북로 군정서로 개편되었다. 김좌진은 북로 군정서를 지휘하여 청산리 전투에서 대승을 거두었다.

오답 분석

① 지청천이 이끈 한국 독립군은 1930년대 초반 북만주에서 중국 호로군과 협력하여 쌍성보 전투, 사도하자 전투, 대전자령 전투에서 승리하였다.
② 양세봉이 이끄는 조선 혁명군은 1930년대 초반 남만주에서 중국 의용군과 협력하여 영릉가 전투, 흥경성 전투에서 승리하였다.
③ 동북 항일 연군은 중국 공산당이 운영하던 다민족 부대로, 만주에서 1936년에 조직되었다.
⑤ 한국 광복군은 영국군의 요청으로 인도 · 미얀마 전선에 파견되었다.

483 간도 참변 　　　정답 ②

핵심키워드 만주, 일본군 대학살, 경신참변

정답 분석

봉오동 전투와 청산리 대첩에서 패배한 일본군은 독립군을 토벌한다는 명목 아래, 대부대를 보내어 간도의 한국인을 무차별 학살하고 마을을 초토화하는 간도 참변(1920~1921년)을 일으켰다. 경신년(1920년)에 일어난 사건이라 경신 참변으로도 불린다. 연이은 패전에 대한 보복으로 양민과 어린이까지 학살하고, 집과 학교, 교회 등을 불태우는 반인륜적 만행을 저질렀다.

오답 분석

① 조선 의용대는 김원봉이 1938년에 중국 우한에서 창설한 독립군으로, 중국 본토에 창설된 최초의 한국인 군사 조직이다. 이들 중 일부는 조선 의용대 화북 지대를 조직해, 호가장에서 일본군의 새벽 기습 공격을 막아냈다(호가장 전투, 1941년).
③ 조선 혁명군은 1932년에 영릉가 전투에서 중국 의용군과 연합하여 일본군을 무찔렀다.
④ 한국 독립군은 1933년에 대전자령 전투에서 중국 호로군과 협력하여 일본군을 물리쳤다.
⑤ 대한민국 임시 정부는 1923년에 남만주의 육군 주만 참의부를 직할 부대로 편입하였다.

484 1920년대의 무장 투쟁 　　　정답 ①

핵심키워드 간도 학살, 자유시 참변, 미쓰야 협정

정답 분석

(가) 봉오동 전투와 청산리 전투에서 패한 일제는 한국인을 탄압하고 독립군의 기반을 약화시키기 위해 간도 참변(1920년)을 일으켜, 수개월 동안 한인 마을을 습격하고 수많은 민간인을 학살하였다.
(나) 간도 참변 후 만주의 독립군은 대한 독립군단을 조직하여 러시아의 자유시로 옮겨 갔다. 하지만 독립군 부대 간의 내분과 러시아 적군의 무력 진압으로 인해 많은 희생자가 발생하였다. 이를 자유시 참변(1921년)이라 한다.
(다) 1925년에 만주 군벌과 일제는 미쓰야 협정을 체결하여, 공동으로 독립군을 소탕하고 체포된 독립군을 일본측에 인도하는 것에 합의하였다. 미쓰야 협정 이후 일제의 탄압이 심화되자 만주 지역의 독립군 세력은 3부 통합 운동을 전개하였고, 이 과정에서 남만주의 국민부와 북만주의 혁신의회가 결성되었다.

485 1920년대의 무장 투쟁

정답 ④

핵심키워드 북로 군정서, 일본군 참패, 어랑촌

정답 분석

제시문은 김좌진이 이끄는 북로 군정서와 여러 독립군 세력이 청산리 일대의 백운평, 어랑촌 등에서 일본군을 격파한 청산리 대첩(1920년)을 나타내고 있다.

ㄴ. 1925년 일제는 중국 군벌과 미쓰야 협정을 체결하여, 만주 지역에서 활동하는 독립군을 색출하고 탄압하는 데 협력하였다. 이 협정으로 인해 독립군은 만주에서 활동에 제약을 받게 되자, 3부 통합을 통해 이를 타개하고자 하였다. 이 과정에서 남만주의 국민부와 북만주의 혁신의회가 결성되었다.

ㄹ. 간도 참변(1920~1921년) 후 만주의 독립군은 대한 독립군단을 조직하여 러시아의 자유시로 옮겨 갔다. 하지만 그곳에서 자유시 참변(1921년)을 겪었다.

오답 분석

ㄱ. 1907년에 조직된 13도 창의군(13도 연합 의병 부대)은 서울 진공 작전(1908년)을 시도하였다. 경기도 양주에 집결하여 선발대가 서울 근교까지 도달했으나, 우세한 화력의 일본군에게 가로막히고 말았다.

ㄷ. 일제는 서울 진공 작전을 진압한 후 남부 지역의 의병 세력을 근절하기 위해 1909년에 남한 대토벌 작전을 전개하였다. 이로 인해 국내에서 크게 위축된 의병은 국외로 이동하여 항전을 지속하였다.

486 만주의 무장 투쟁

정답 ⑤

핵심키워드 봉오동, 홍범도, 조선 혁명군, 양세봉

정답 분석

(가)는 1920년 6월에 일어난 봉오동 전투, (나)는 1932년에 양세봉이 이끄는 조선 혁명군이 영릉가 전투에서 승리한 것을 적은 기록이다.

⑤ 소련의 스탈린 정권에 의해 연해주의 한국인들은 1937년에 중앙아시아로 강제 이주되었다. 이 조치는 일본의 스파이로 의심받은 한국인들을 소련 당국이 통제하려는 의도에서 이루어졌다.

오답 분석

① 자유시 참변(1921년)을 겪은 독립군은 만주로 돌아와 1920년대 중반에 3부(참의부, 정의부, 신민부)를 조직하였다.

② 일제는 봉오동과 청산리 전투에서의 패배에 대한 보복으로 1920년부터 간도 참변을 일으켰다.

③ 1920년 10월에 김좌진의 북로 군정서와 홍범도의 대한 독립군 등이 연합하여 청산리 전투에서 대승을 거두었다.

④ 미쓰야 협정은 1925년에 일제와 만주 군벌 사이에 체결되었다.

487 의열단

정답 ①

핵심키워드 폭탄, 김원봉, 밀양 폭탄 사건

정답 분석

의열단은 과격하고 급진적인 폭력투쟁을 목적으로 1919년 11월에 조직되었다. 신흥무관학교 출신이 주로 참여하였고, 김원봉이 단장을 맡았다.

의열단은 1920년대 초중반에 박재혁의 부산경찰서 투척의거, 최수봉의 밀양경찰서 투척의거, 김익상의 조선총독부 투탄의거, 김상옥의 종로 경찰서 투탄의거, 나석주의 식산은행과 동양척식주식회사 투탄의거 등을 전개하였다.

① 의열단은 1923년에 신채호가 완성한 조선혁명선언을 통해 폭력을 통한 민중의 직접혁명을 주창하였다.

오답 분석

② 일제는 러일 전쟁 중인 1904년에 조선의 황무지를 독점적으로 개간하려 시도했다. 이에 보안회가 조직되어 철회 운동을 일으켰다.

③ 복벽주의는 전통적 왕조 체제를 복원하자는 주장을 말하며, 임병찬이 이끈 독립 의군부에서 주장하였다.

④ 대한민국 임시 정부는 1941년에 조소앙의 삼균주의를 기초로 한 건국 강령을 발표하였다.

⑤ 한인 애국단의 단원인 이봉창은 1932년에 도쿄에서 일왕이 탄 마차에 폭탄을 투척하였다.

488 의열단

정답 ③

핵심키워드 김상옥, 단장 김원봉, 암살, 폭파

정답 분석

김원봉이 이끈 의열단은 1920년대에 국내와 상하이를 중심으로 활발한 의거 활동을 전개하였다. 의열단 소속의 대표적인 인물은 박재혁, 최수봉, 김익상, 김상옥, 나석주 등이었다.

③ 나석주는 동양척식주식회사에 들어가 그 간부를 사살하고 일제 경찰과 시가전을 벌였다.

오답 분석

① 보안회는 일제가 1904년에 황무지 개간권을 요구하자 이를 저지하였다.

② 105인 사건으로 신민회 회원 다수가 투옥되었다. 이로 인해 신민회가 1911년에 해산되었다.

④ 의병장 출신 임병찬은 고종의 밀지를 받아 1910년대에 비밀 결사 독립 의군부를 조직하고, 총독부에 국권 반환 요구서를 제출하려 하였다.

⑤ 대한민국 임시 정부는 만주에 위치한 이륭양행이라는 무역회사 2층에 교통국을 설치하였다.

무장 투쟁 (2) – 1930~1940년대

❶ 1930년대 초

특징	• 만주 사변(1931) 후, 만주에서 한·중 연합 작전 전개
지청천의 한국 독립군	• 북만주 일대에서 활동 • 중국 호로군과 연합 • 쌍성보 전투(1932), 사도하자 전투(1933), 대전자령 전투(1933)
양세봉의 조선 혁명군	• 남만주 일대에서 활동 • 중국 의용군과 연합 • 영릉가 전투(1932), 흥경성 전투(1933)

❷ 1930년대 말

김원봉의 조선 의용대 〔1938~〕	• 배경 : 김원봉의 민족 혁명당 조직(1935) → 조선 민족 전선 연맹으로 개편 • 우한에서 창설 : 중국 본토에 창설된 최초의 한국인 군사 조직 • 일본군에 대한 심리전·후방 공작 활동 전개 • 세력 분열 　– 윤세주·최창익 측 : 중국 화북 지역으로 이동, 조선 의용대 화북지대 조직〔1941〕 → 호가장 전투 승리〔1941〕 → 조선 의용군에 합류〔1942〕 　– 김원봉 측 : 한국 광복군에 합류〔1942〕

❸ 1940년대

임시 정부의 한국 광복군 〔1940~〕	• 총사령관 지청천 • 주요 활동 　– 대일 선전 포고〔1941〕 : 태평양 전쟁 발발 직후에 선언 　– 영국군과 공동 작전〔1943〕 : 인도·미얀마 전선 투입 　– 국내 진공 작전 시도〔1945.8〕 : 정진군 조직, 미국 전략 정보국(OSS)의 도움으로 특수 훈련을 받았으나 일제의 패망으로 무산
조선 의용군 〔1942~〕	• 조선 독립 동맹의 군사 조직 • 중국 공산당의 팔로군과 연합 전선 형성
조선 건국 동맹 〔1944〕	• 국내에서 결성된 비밀 결사 : 여운형 중심 • 주요 활동 : 징용과 징병 방해, 전쟁 물자 수송 방해

✚ 1930년대 항일 무장 투쟁

✚ 조선 의용대

우리는 중국의 난징에서 5개 당을 통합하여 전체 민족을 대표하는 유일한 정당인 조선 민족혁명당을 창립하였다. 아울러 중국과 한국의 연합 항일 진영을 건립하여야 했다. 이 때문에 우리는 1938년 조선 의용대을 조직하고 조선의 혁명 청년들을 단결시켜 장제스 위원장의 영도 아래 직접 중국의 항전에 참가하였고, 각 전쟁터에서 찬란한 전투 성과를 만들어 냈다.

✚ 광복 직전 국내외 독립운동 단체

1 다음 설명에 해당하는 단체를 쓰시오.

> ┤ 보기 ├
>
> 한국 독립군　　　조선 혁명군　　　조선 의용대
>
> 조선 의용군　　　한국 광복군　　　조선 건국 동맹

(1) (　　) – 양세봉의 지휘 아래 활동하였다.

(2) (　　) – 영릉가에서 일본군을 격퇴하였다.

(3) (　　) – 대전자령에서 일본군을 기습하였다.

(4) (　　) – 여운형이 국내에서 비밀 결사로 조직하였다.

(5) (　　) – 충칭에서 지청천을 총사령관으로 창설되었다.

(6) (　　) – 미국과 연계하여 국내 진공 작전을 계획하였다.

(7) (　　) – 쌍성보 전투에서 한·중 연합 작전을 전개하였다.

(8) (　　) – 김원봉이 중국 국민당의 지원을 받아 조직하였다.

(9) (　　) – 인도, 미얀마 전선에 파견되어 영국군과 연합 작전을 펼쳤다.

(10) (　　) – 조선 독립 동맹의 군사 조직으로, 중국 공산당의 팔로군과 연합 전선을 형성하였다.

2 빈칸에 알맞은 말을 선택하시오.

(1) (만주 사변, 중일 전쟁) 이후 만주에서 한중 연합 작전이 전개되었다.

(2) 조선 혁명군은 (영릉가, 대전자령) 전투에서 큰 전과를 올렸다.

(3) 한국 독립군은 (쌍성보, 홍경성) 전투에서 일본군을 상대로 승리를 거두었다.

(4) 김원봉은 중국에서 활동하는 5당을 통합해 (민족 혁명당, 한국 국민당)을 조직하였다.

(5) (조선 의용대, 북로 군정서군)은/는 중국 관내에 창설된 한국인 최초의 군사 조직이다.

(6) 조선 의용대 화북 지대는 (호가장, 사도하자) 전투에서 승리하였다.

(7) (조선 의용군, 한국 광복군)은 국내 진공 작전을 준비하였다.

(8) 김원봉은 조선 의용대 일부 세력을 이끌고 (조선 의용군, 한국 광복군)에 합류하였다.

3 아래 사건이 일어난 시기를 (가)~(다) 중 고르시오.

(1) (　　) – 김원봉이 민족 혁명당을 결성하였다.

(2) (　　) – 이봉창이 일왕의 행렬에 폭탄을 투척하였다.

(3) (　　) – 조선 혁명군이 남만주 지역에서 활약하였다.

(4) (　　) – 쌍성보, 대전자령 전투에서 일본군을 격파하였다.

(5) (　　) – 대한민국 임시 정부가 한국 광복군을 창설하였다.

(6) (　　) – 한국 광복군은 국내 정진군을 편성하여 국내 진공 작전을 추진하였다.

(7) (　　) – 조선 의용대 화북 지대가 호가장 전투에서 승리하였다.

(8) (　　) – 의열단 단원 김상옥이 종로 경찰서에 폭탄을 투척하였다.

(9) (　　) – 신채호가 민중의 직접 혁명을 주장하는 조선 혁명 선언을 집필하였다.

(10) (　　) – 일제가 중국 군벌과 미쓰야 협정을 체결하여 독립군의 활동을 방해하였다.

4 다음 사료를 읽고, (가), (나)에 해당하는 독립군 단체를 쓰시오.

(1) (　　　　　　)

> 한국 독립운동을 촉진하고 한국 혁명 역량을 집중하기 위해 이번 달 15일 중국 국민당 군사 위원회는 조선 의용대를 개편하여 (가)에 편입할 것을 특별히 명령하였다. 제1지대는 총사령에게 직속되어 이(지)청천 장군이 통할한다. … (가)의 총사령부는 충칭에 설치하기로 결정하였다.

(2) (　　　　　　)

> 남대관, 권수정 등은 전 한족총연합회 간부였던 지청천, 신숙 등과 함께 아성현(阿城縣)에서 한국대독립당을 조직하고 지청천을 총사령, 남대관을 부사령으로 하는 (나)을/를 편성하였다. (나)은/는 딩차오(丁超)의 군으로부터 무기를 지급받고 대원을 모집하여 일본 측 기관의 파괴, 일본 요인의 암살 등을 기도하였다.

> **정답**
>
> 1. (1) 조선 혁명군 (2) 조선 혁명군 (3) 한국 독립군 (4) 조선 건국 동맹 (5) 한국 광복군 (6) 한국 광복군 (7) 한국 독립군 (8) 조선 의용대 (9) 한국 광복군 (10) 조선 의용군
> 2. (1) 만주 사변 (2) 영릉가 (3) 쌍성보 (4) 민족 혁명당 (5) 조선 의용대 (6) 호가장 (7) 한국 광복군 (8) 한국 광복군
> 3. (1) 나 (2) 나 (3) 나 (4) 나 (5) 다 (6) 다 (7) 다 (8) 가 (9) 가 (10) 가
> 4. (1) 한국 광복군 (2) 한국 독립군

489

(가) 부대에 대한 설명으로 옳은 것은?

주제 : (가) 의 무장 독립 투쟁

국민부 산하 군사 조직으로 편성되었다가 이후 여러 부대를 통합하며 재편되었습니다.

총사령에 양세봉, 참모장에 김학규가 임명되어 부대를 이끌었습니다.

만주 사변 이후 중국 의용군과 함께 남만주 일대에서 항일 투쟁을 벌였습니다.

① 간도 참변 이후 자유시로 이동하였다.
② 영릉가 전투에서 일본군과 싸워 크게 승리하였다.
③ 조선 독립 동맹 산하의 군사 조직으로 개편되었다.
④ 영국군의 요청으로 인도·미얀마 전선에 투입되었다.
⑤ 중국 국민당 정부의 지원을 받아 우한에서 창설되었다.

490

(가) 부대에 대한 설명으로 옳은 것은?

대전자령은 태평령이라고도 하는데, 일본군이 서남부의 왕청현 쪽으로 가려면 반드시 지나가야 하는 지점이었다. 대전자령의 양쪽은 험준한 절벽과 울창한 산림 지대로 되어 있어 적을 공격하기에 알맞은 곳이었다. 이 전투에 (가) 의 주력 부대 500여 명, 차이시잉(柴世榮)이 거느리는 중국 의용군인 길림구국군 2,000여 명이 참가하였다. …… 한중 연합군은 계곡 양편 산기슭에 구축되어 있는 참호 속에 미리 매복·대기하여 일본군 습격 준비를 마쳤다.

– 「청천장군의 혁명투쟁사」 –

① 영국군의 요청으로 인도·미얀마 전선에 투입되었다.
② 간도 참변 이후 조직을 정비하고 자유시로 이동하였다.
③ 중국 관내(關內)에서 결성된 최초의 한인 무장 부대였다.
④ 홍범도 부대와 연합하여 청산리에서 일본군과 교전하였다.
⑤ 한국 독립당의 군사 조직으로 북만주 지역에서 활약하였다.

491

(가), (나) 인물에 대한 설명으로 옳은 것은?

국외 독립 전쟁을 이끈 독립운동가

(가)
· 생몰 : 1896~1934년
· 대한 통의부 의군으로 활동
· 조선 혁명군 총사령관으로 항일 투쟁 전개
· 일제의 밀정에 의해 사망
· 1962년 건국훈장독립장 추서

(나)
· 생몰 : 1888~1957년
· 신흥 무관 학교 교성 대장으로 독립군 양성
· 한국 독립군 총사령관으로 항일 투쟁 전개
· 한국 광복군 총사령관에 취임
· 1962년 건국훈장대통령장 추서

① (가) – 조선 혁명 간부 학교를 설립하였다.
② (가) – 대한 광복회를 조직하여 친일파를 처단하였다.
③ (나) – 대전자령 전투에서 일본군에 대승을 거두었다.
④ (나) – 중광단을 중심으로 북로 군정서를 조직하였다.
⑤ (가), (나) – 황푸 군관 학교에 입학하여 군사 훈련을 받았다.

492

밑줄 그은 '그'의 활동으로 옳은 것은?

이곳 난징의 천녕사 옛터는 독립군 간부 양성을 위해 설립된 조선 혁명 군사 정치 간부 학교의 훈련 장소입니다. 의열단 단장이었던 그가 설립한 이 학교는 1932년부터 3년 동안 운영되었으며 윤세주, 이육사를 비롯한 수많은 졸업생을 배출하였습니다.

① 연해주에서 대한 광복군 정부를 수립하였다.
② 대한 광복회의 총사령으로 친일파를 처단하였다.
③ 중국 국민당과 협력하여 조선 의용대를 창설하였다.
④ 만주 사변 이후 대전자령 전투에서 일본군을 격퇴하였다.
⑤ 민중의 직접 혁명을 주장하는 조선 혁명 선언을 집필하였다.

493

(가) 부대에 대한 설명으로 옳은 것은?

> ### 조선 민족 혁명당 창립 제8주년 기념 선언
>
> 우리는 중국의 난징에서 5개 당을 통합하여 전체 민족을 대표하는 유일한 정당인 조선 민족 혁명당을 창립하였다. …… 아울러 중국과 한국의 연합 항일 진영을 건립하여야 했다. …… 이 때문에 우리는 1938년 (가) 을/를 조직하고 조선의 혁명 청년들을 단결시켜 장제스 위원장의 영도 아래 직접 중국의 항전에 참가하였고, 각 전쟁터에서 찬란한 전투 성과를 만들어냈다. …… 지난해 가을 (가) 와/과 한국 광복군의 통합 편성을 기반으로 전 민족의 통일을 성공적으로 구현하였다.

① 자유시 참변으로 큰 타격을 입었다.
② 대전자령 전투에서 일본군을 격퇴하였다.
③ 동북 항일 연군으로 개편되어 유격전을 펼쳤다.
④ 김원봉, 윤세주 등이 중국 관내(關內)에서 창설하였다.
⑤ 홍범도 부대와 연합하여 청산리에서 일본군과 교전하였다.

494

다음 성명서를 발표한 이후 대한민국 임시 정부의 활동으로 옳은 것은?

> 우리는 삼천만의 한국인 및 정부를 대표하여 중국, 영국, 미국, …… 기타 국가들이 일본에 대해 전쟁을 선포한 것을 삼가 축하한다. 이것은 일본을 격패(擊敗)시키고 동아시아를 재건하는 가장 유효한 수단이다. 이에 특별히 다음과 같이 성명한다.
>
> 1. 한국 전체 인민은 현재 이미 반침략 전선에 참여한 상태이며 하나의 전투 단위로서 추축국에 전쟁을 선포한다.
> 2. 1910년의 합병 조약 및 일체 불평등 조약이 무효임을 재차 선포한다. 아울러 반침략 국가가 한국에 지닌 합리적 기득 권익을 존중한다.
> 3. 왜구를 한국, 중국 및 서태평양에서 완전히 축출하기 위하여 혈전으로 최후의 승리를 거둔다.

① 충칭에서 한국 광복군을 창설하였다.
② 국내 비밀 행정 조직으로 연통제를 두었다.
③ 파리 강화 회의에 독립 청원서를 제출하였다.
④ 의거 활동을 위해 한인 애국단을 조직하였다.
⑤ 미군과 연계하여 국내 진공 작전을 추진하였다.

495

(가)에 대한 설명으로 옳은 것은?

① 영릉가 전투에서 일본군에게 승리하였다.
② 중국 팔로군에 편제되어 항일 전선에 참여하였다.
③ 국내 정진군을 편성하여 국내 진공 작전을 추진하였다.
④ 중국 관내(關內)에서 결성된 최초의 한인 무장 부대이다.
⑤ 간도 참변 이후 밀산에서 집결하여 자유시로 이동하였다.

496

(가) 부대에 대한 설명으로 옳은 것은?

> ┤ 이달의 독립운동가 ├
>
> ### 호가장 전투에서 순국한 열사들
>
> 중국 우한(武漢)에서 창설된 한인 무장 부대의 일부는 화북으로 이동하여 1941년 7월 타이항산에서 (가) 을/를 결성하였다. (가) 의 무장선전대로 활동하던 손일봉, 최철호, 박철동, 이정순은 호가장 전투에서 다른 대원들이 포위망을 벗어날 때까지 일본군과 싸우다 장렬히 순국하였다. 정부는 이들의 공훈을 기려 1993년 애국장을 추서하였다.

손일봉	최철호	박철동	이정순
1912~1941	1915~1941	1915~1941	1918~1941

① 봉오동 전투에서 일본군을 격파하였다.
② 총사령 양세봉의 지휘 아래 활동하였다.
③ 미군과 연계하여 국내 진공 작전을 계획하였다.
④ 조선 독립 동맹 산하의 군사 조직으로 개편되었다.
⑤ 간도 참변 이후 조직을 정비하고 자유시로 이동하였다.

489 조선 혁명군   정답 ②

핵심키워드 국민부 산하, 총사령 양세봉, 중국 의용군

정답 분석

1931년에 일본군이 만주사변을 일으켜 만주를 차지하자, 한국의 독립군 세력과 그 지역 중국군이 연합 작전을 전개하였다. 양세봉이 지휘하는 조선 혁명군도 남만주에서 중국 의용군과 연합해서 영릉가 전투와 흥경성 전투에서 일본군과 격전을 벌여 대승을 거두었다. 조선 혁명군은 1934년 사령관 양세봉이 전사한 이후 세력이 약화되었지만, 1930년대 후반까지 항일 투쟁을 지속하였다.

오답 분석

① 간도 참변 이후 독립군은 대한 독립군단(총재 서일)을 조직하여 1921년에 러시아의 자유시로 이동하였다.
③ 김두봉과 사회주의계는 중국 옌안에서 1942년에 조선 독립 동맹을 조직하고 산하에 조선 의용군을 조직하였다.
④ 한국 광복군은 영국군의 요청에 따라 1943년에 인도와 미얀마 전선에 파견되어 연합국과 함께 일본군에 맞서 싸웠다.
⑤ 김원봉은 중국 국민당의 지원을 받아 중국 우한에서 1938년에 조선 의용대를 조직하였다. 이후 윤세주 등은 1941년에 조선 의용대 화북 지대를 조직하고, 김원봉과 남은 세력은 1942년에 한국 광복군에 합류하였다.

490 한국 독립군   정답 ⑤

핵심키워드 대전자령, 한중 연합군, (지)청천 장군

정답 분석

1920년대 말에 북만주의 독립운동가들은 혁신의회를 중심으로 결집하였다. 혁신의회는 이후 한국 독립당으로 개편되었고, 산하에 군사 조직인 한국 독립군을 편성하였다. 지청천이 이끄는 한국 독립군은 중국 호로군과 협력하여 쌍성보 전투(1932년)와 대전자령 전투(1933년)에서 일본군을 격퇴하였다.

오답 분석

① 한국 광복군은 영국군의 요청에 따라 1943년에 인도와 미얀마 전선에 파견되어 연합국과 함께 일본군에 맞서 싸웠다.
② 간도 참변 이후 독립군은 대한 독립군단(총재 서일)을 조직하여 1921년에 러시아의 자유시로 이동하였다.
③ 중국 관내에서 최초로 조직된 한인 무장 부대는 조선 의용대로, 김원봉이 중국 국민당의 지원을 받아 1938년에 우한에서 조직하였다.
④ 홍범도가 이끄는 대한 독립군은 1920년에 봉오동 전투와 청산리 전투에서 활약하였다.

491 양세봉, 지청천   정답 ③

핵심키워드 조선 혁명군, 한국 독립군, 한국 광복군

정답 분석

㈎ 양세봉은 남만주에서 조선 혁명군을 이끌며 군신으로 불렸다. 만주 사변 후 조선 혁명군과 중국 의용군은 한중 연합군으로 활동하며, 일본군이 점령하고 있던 영릉가성을 공격하여 탈환하였고, 흥경성을 공격하여 일본군을 격퇴시켰다.
㈏ 지청천은 북만주에서 한국 독립군을 이끌며, 중국 호로군과 연합하여 쌍성보, 동경성, 대전자령 전투에서 승리하였다. 이후 만주에서 활동이 어려워지자 중국 관내로 이동해 한국 광복군 창설을 주도하였다.

오답 분석

① 김원봉은 1932년에 중국 난징에서 조선 혁명 간부 학교를 설립하여 독립운동가를 양성하였다.
② 박상진은 1915년에 대한 광복회를 조직하였다.
④ 대종교도 서일은 중광단 단장, 북로 군정서 총재, 대한독립군단 총재 등을 역임하였다.
⑤ 황푸 군관 학교는 중국 광저우에 있는 중국 국민당의 군사 학교로, 의열단의 활동에 한계를 느낀 김원봉은 단원과 함께 1920년대 중반에 이곳에 입교하여 군사 훈련을 받았다.

492 김원봉   정답 ③

핵심키워드 조선 혁명 군사 정치 간부 학교, 의열단

정답 분석

김원봉은 1919년 가을에 의열단을 조직하였고, 1920년대 중반에는 단원들을 이끌고 중국 국민당 산하의 황포 군관 학교에 입교하여 체계적인 군사 수업을 받았다. 이후 1932년에 중국 난징에서 조선 혁명 간부 학교를 설립하고, 1935년에는 여러 단체를 통합하여 민족 혁명당을 창설하고, 1938년에는 중국 우한에서 독립군 부대인 조선 의용대를 조직하였다. 이후 1942년에 대한민국 임시 정부에 합류해, 한국 광복군 제1지대장을 역임하였다.

③ 조선 혁명 간부 학교와 조선 의용대는 중국 본토에 수립되었다. 따라서 의열단이 중국 국민당 정부와의 협력을 통해 수립되었음을 알 수 있다.

오답 분석

① 이상설, 이동휘 등은 연해주에서 1914년에 대한 광복군 정부를 수립하였다.
② 대한 광복회의 총사령관 박상진은 친일파를 처단하고, 군자금을 모집하였다.
④ 지청천은 한국 독립군을 이끌며 1930년대 초에 북만주에서 쌍성보, 대전자령 전투에서 승리하였다.
⑤ 조선 혁명 선언은 신채호가 의열단의 활동 지침을 정리하여 1923년에 작성한 글이다.

493 조선 의용대

정답 ④

핵심키워드 난징에서 5당 통합, 조선 민족 혁명당

정답 분석

김원봉은 1935년에 중국에서 활동하는 5개 단체를 통합하여 민족 혁명당을 창설하고, 1938년에는 우한에서 산하 부대인 조선 의용대를 조직하였다.

조선 의용대는 중국 관내에서 최초로 조직된 한인 무장 부대로, 중국 국민당의 지원을 받았다. 이후 윤세주 등은 1941년에 조선 의용대 화북 지대를 조직하여 호가장 전투에서 승리하였고, 김원봉과 남은 세력은 1942년에 한국 광복군에 합류하였다. 따라서 제시문의 ㈎는 조선 의용대이다.

오답 분석

① 간도 참변 이후 독립군은 대한 독립군단(총재 서일)을 조직하여 1921년에 러시아의 자유시로 이동하였다.

② 대전자령 전투(1933년)는 지청천 장군이 이끄는 한국 독립군이 일본군을 격퇴한 전투이다.

③ 동북 항일 연군은 만주에서 한국인과 중국인 항일 세력들이 연합한 조직으로, 1936년에 결성되었다.

⑤ 김좌진이 이끄는 북로 군정서는 대한 독립군 등과 연합하여 청산리 전투(1920년)에서 대승을 거두었다.

494 한국 광복군

정답 ⑤

핵심키워드 일본에 전쟁 선포

정답 분석

제시문은 대한민국 임시 정부가 1941년에 발표한 '대일 선전 성명서'의 일부이다. 일제가 1941년 12월 7일에 하와이 진주만을 기습 공격하여 제2차 세계대전의 전선을 확대하자, 임시 정부는 3일 후 이 성명서를 발표하였다.

⑤ 한국 광복군은 1945년에 미군과 연계하여 국내 진공 작전을 계획하였다.

오답 분석

① 1940년에 한국 광복군이 창설되었다.

② 연통제는 대한민국 임시 정부가 국내와 연결된 비밀 행정 조직으로, 1920년대 초반 일제에 의해 와해되었다.

③ 대한민국 임시 정부는 독립 의지를 국제 사회에 알리기 위해 1919년 파리 강화 회의에 독립 청원서를 제출하였다.

④ 김구는 대한민국 임시 정부의 위기를 돌파하고 소수의 인원으로 효과적인 독립운동을 전개하기 위해 1931년에 한인 애국단을 조직하였다.

495 한국 광복군

정답 ③

핵심키워드 지청천 총사령관, 충칭

정답 분석

지청천은 한국 독립군(1930년대 초 북만주에서 조직)과 한국 광복군(임시 정부가 1940년에 중국 충칭에서 조직)의 총사령관을 맡았다.

③ 국내 정진군은 1945년 한국 광복군이 국내 진공 작전을 위해 편성한 부대이다. 이들은 미국 전략정보국(OSS)과 협력하여 국내 진입을 계획하였다.

오답 분석

① 영릉가 전투는 1932년에 양세봉의 조선 혁명군이 일본군과 맞서 싸워 승리를 거둔 전투이다.

② 중국 팔로군은 중국 공산당의 군사 조직으로, 1942년에 조직된 조선 의용군은 이들과 함께 항일 활동을 전개하였다.

④ 중국 관내에서 결성된 최초의 한인 무장 부대는, 김원봉이 1938년에 중국 우한에서 조직한 조선 의용대이다.

⑤ 간도 참변 이후 독립군은 대한 독립군단(총재 서일)을 조직하여 1921년에 러시아의 자유시로 이동하였다.

496 조선 의용군

정답 ④

핵심키워드 호가장 전투, 우한 창설

정답 분석

조선 의용대의 일부 세력은 중국 화북 지방으로 이동해 1941년 조선 의용대 화북 지대를 조직했다. 이들은 호가장 전투에서 일본군의 새벽 기습 공격을 막아내며 명성을 떨쳤으며, 1942년에 조선 의용군에 합류하였다.

④ 조선 독립 동맹은 1942년에 중국 화북 지역에서 결성된 사회주의 세력의 독립 단체로, 산하에 조선 의용군을 군사 조직으로 두고 항일 무장 투쟁을 전개하였다. 이들은 중국 공산당과 협력하여 활동하였다.

오답 분석

① 홍범도의 대한 독립군은 봉오동 전투(1920년)에서 승리하였다.

② 양세봉은 조선 혁명군의 총사령관으로 활동하며 남만주에서 활약하였다.

③ 한국 광복군은 1945년에 미군과 연계하여 국내 진공 작전을 계획하였다.

⑤ 간도 참변 이후 독립군은 대한 독립군단(총재 서일)을 조직하여 1921년에 러시아의 자유시로 이동하였다.

국내의 민족 운동

❶ 실력 양성 운동

물산 장려 운동 〔1920년대 초〕	• 조만식 주도, 평양에서 시작 　– 토산품 애용·자급자족·금주와 금연 주장 　– '내 살림 내 것으로', '조선 사람 조선 것으로' 등의 구호 　– 조선 물산 장려회·자작회·토산 애용 부인회 등 조직 　– 일본산 상품에 대한 관세 폐지를 계기로 전국 확산 • 중단 　– 국산품의 가격 인상과 일부 상인들의 폭리로 서민 피해 발생 　– 사회주의자들이 자본가 계급을 위한 운동이라고 비판
민립 대학 설립 운동 〔1920년대 초〕	• 이상재·한규설 주도 　– 민립 대학 기성회 조직 　– '한민족 1천만이 한 사람이 1원씩' 구호 : 모금 운동 전개 • 일제의 경성 제국 대학 수립〔1924〕
문맹 퇴치 운동	• 조선일보의 문자 보급 운동〔1929~1934〕 　– '아는 것이 힘, 배워야 산다' 구호 　– 교재 "한글 원본" 제작 • 동아일보의 브나로드 운동〔1931~1934〕 　– 러시아어로 '민중 속으로' 의미 　– 야학 개설·한글 강습·미신 타파 운동 등 전개

❷ 대중 운동

농민 운동	• 암태도 소작쟁의〔1923~1924〕: 소작료를 70 → 40%로 인하 • 조선 노농 총동맹 조직〔1924〕 → 조선 농민 총동맹 조직〔1927〕
노동 운동	• 조선 노동 총동맹 결성〔1927〕 • 원산 총파업〔1929〕 　– 라이징 선 석유 회사의 한국인 구타 사건 계기 　– 4개월 지속 　– 외국 노동자가 격려 전문을 보내옴 • 강주룡의 을밀대 시위〔1931〕 　– 평양 고무 공장 노동자 　– 임금 삭감에 항의, 을밀대에 올라가 9시간 농성
여성 운동	• 근우회 조직〔1927〕: 최대의 전국적인 여성 조직
소년 운동	• 방정환과 천도교 소년회 주도 　– 어린이날 제정〔1922〕 　– 잡지 "어린이" 발간
형평 운동	• 조선 형평사 조직〔1923〕 　– 경남 진주에서 시작 　– 백정에 대한 사회적 차별 철폐 시도

+ 물산 장려 운동

+ 문맹 퇴치 운동

▲ 조선일보의　　▲ 동아일보의
　문자 보급 운동　　브나로드 운동

+ 근우회 행동 강령

1. 여성에 대한 사회적·법률적인 일체의 차별 철폐
2. 일체의 봉건적인 인습과 미신 타파
3. 조혼 폐지와 결혼의 자유
6. 부인 노동에 대한 임금 차별 및 산전 산후 임금 지불
7. 부인 및 소년공에 대한 위험한 노동 및 야근 폐지

+ 형평 운동

1 다음 설명에 해당하는 인물이나 단체를 쓰시오.

| 보기 |

강주룡	방정환	이상재
조만식	동아일보	조선일보

(1) ( ) – 브나로드 운동을 전개하였다.

(2) ( ) – 민립 대학 설립 운동을 전개하였다.

(3) ( ) – 평양에서 물산 장려 운동을 추진하였다.

(4) ( ) – 어린이날을 제정하고 잡지 어린이 등을 발간하였다.

(5) ( ) – 을밀대 지붕에서 임금 삭감에 반대하며 고공 농성을 전개하였다.

(6) ( ) – '아는 것이 힘, 배워야 산다'는 구호를 앞에서 문자 보급 운동을 전개하였다.

2 다음 설명에 해당하는 운동을 쓰시오.

| 보기 |

소년 운동	원산 총파업	물산 장려 운동
여성 운동	형평 운동	민립 대학 설립 운동

(1) ( ) – 근우회가 설립되었다.

(2) ( ) – 이상재 등이 모금 활동을 주도하였다.

(3) ( ) – 천도교 세력이 중심이 되어 추진하였다.

(4) ( ) – 조선 관세령 폐지를 계기로 확산되었다.

(5) ( ) – 진주에서 시작되어 전국으로 확산되었다.

(6) ( ) – 평양에서 시작되어 전국으로 확산되었다.

(7) ( ) – 자작회, 토산 애용 부인회 등이 활동하였다.

(8) ( ) – 백정에 대한 사회적 차별 철폐를 목적으로 하였다.

(9) ( ) – 일본, 프랑스 등의 노동 단체로부터 격려 전문을 받았다.

(10) ( ) – '우리가 만든 것 우리가 쓰자'라는 문구의 광고가 제작되었다.

(11) ( ) – 라이징 선 석유 회사의 조선인 구타 사건을 계기로 시작되었다.

(12) ( ) – '한민족 1천만이 한 사람이 1원씩'을 구호로 삼았다.

3 아래 사건이 일어난 시기를 (가)~(다) 중 고르시오.

3·1 운동	경성제국 대학 설립	원산 총파업	중일 전쟁

(1) ( ) – 암태도 소작 쟁의가 발생하였다.

(2) ( ) – 조선 물산 장려회가 발족되었다.

(3) ( ) – 조선 민립 대학 기성회가 조직되었다.

(4) ( ) – 강주룡이 을밀대 지붕에서 고공 농성을 벌였다.

(5) ( ) – 조선 노동 총동맹과 조선 농민 총동맹이 결성되었다.

(6) ( ) – 여성 계몽과 구습 타파를 주장하는 근우회가 창립되었다.

4 다음 사료를 읽고, 물음에 답하시오.

(1) 아래 주장을 한 인물은 누구인가?

> 고무 공장에서 일하는 우리는 양철 지붕 밑에서 화로를 안고 비지땀을 흘리며 일을 합니다. 고무 냄새 때문에 늘 코가 얼얼하고 머리가 아픕니다. 그렇게 열심히 일했는데 회사에서 우리들의 임금을 내리겠다고 합니다. 우리는 도저히 참을 수 없었습니다. 그래서 1931년 5월 16일 파업을 시작했습니다.

(2) 아래 글과 관련된 민족 운동을 무엇이라 하는가?

> 공평은 사회의 근본이고 애정은 인류의 근본 강령이다. 그런 고로 우리는 계급을 타파하고 모욕적 칭호를 폐지하여 교육을 장려하며, 우리도 참다운 인간이 되는 것을 기대하는 것이 본사의 큰 뜻이다. 지금까지 조선의 백정은 어떠한 지위와 어떠한 압박을 받아 왔던가?

(3) 아래 강령을 발표한 1920년대의 여성 운동 단체를 쓰시오.

> 1. 여성에 대한 사회적, 법률적인 일체의 차별 철폐
> 2. 일체의 봉건적인 인습과 미신 타파
> 3. 조혼 폐지와 결혼의 자유
> 6. 부인 노동에 대한 임금 차별 및 산전 산후 임금 지불
> 7. 부인 및 소년공에 대한 위험한 노동 및 야근 폐지

정답

1. (1) 동아일보 (2) 이상재 (3) 조만식 (4) 방정환 (5) 강주룡 (6) 조선일보
2. (1) 여성 운동 (2) 민립 대학 설립 운동 (3) 소년 운동 (4) 물산 장려 운동 (5) 형평 운동 (6) 물산 장려 운동 (7) 물산 장려 운동 (8) 형평 운동 (9) 원산 총파업 (10) 물산 장려 운동 (11) 원산 총파업 (12) 민립 대학 설립 운동
3. (1) 가 (2) 가 (3) 가 (4) 다 (5) 나 (6) 나
4. (1) 강주룡 (2) 형평 운동 (3) 근우회

497

65회 40번 [3점]

다음 법령이 발표된 이후에 있었던 사실로 옳은 것은?

> 제1조 조선에서의 교육은 본령에 의한다.
>
> 제2조 국어[일본어]를 상용(常用)하는 자의 보통 교육은 소학교령, 중학교령 및 고등 여학교령에 의한다.
>
> 제3조 국어[일본어]를 상용하지 않는 자에게 보통 교육을 하는 학교는 보통학교, 고등 보통학교 및 여자 고등 보통학교로 한다.
>
> 제5조 보통학교의 수업 연한은 6년으로 한다. …… 보통학교에 입학할 수 있는 자는 연령 6세 이상으로 한다.

① 서당 규칙이 제정되었다.
② 2·8 독립 선언이 발표되었다.
③ 조선어 연구회가 결성되었다.
④ 조선 여자 교육회가 조직되었다.
⑤ 조선 민립 대학 설립 기성회가 창립되었다.

498

54회 39번 [2점]

다음 기사에 보도된 민족 운동에 대한 설명으로 옳은 것은?

> ### 역사 신문
>
> 제 △△ 호   ○○○○년 ○○월 ○○일
>
> #### 민대총회(民大總會) 개최, 460여 명의 대표 참석
>
>
>
> 조선 민립 대학 기성회 발기 총회(민대총회)가 오후 1시부터 종로 중앙청년회관에서 열렸다. 총회에서는 사업 계획을 확정하고 '이제 우리 조선인도 생존을 위해서는 대학의 설립을 빼고는 다른 길이 없도다. 만천하 동포에게 민립 대학의 설립을 제창하노니, 자매형제는 모두 와서 성원하라.'라는 요지의 발기 취지서를 발표하였다.
>
> ▲ 조선 민립 대학 기성회 발기 총회

① 중국의 5·4 운동에 영향을 주었다.
② 사립 학교령 공포의 계기가 되었다.
③ 이상재 등이 모금 활동을 주도하였다.
④ 통감부의 방해와 탄압으로 실패하였다.
⑤ 여성 교육의 중요성을 강조한 여권통문을 발표하였다.

499

69회 35번 [2점]

밑줄 그은 '이 운동'에 대한 설명으로 옳은 것을 〈보기〉에서 고른 것은?

> ### 광고로 보는 역사
>
>
>
> [해설] 이것은 경성 방직 주식회사의 광목 광고이다. 조선인 기업이 만든 상품의 사용을 장려하고자 전개된 <u>이 운동</u> 당시의 상황을 반영하여 '조선 사람의 자본과 기술로 된 광목'이라는 문구가 광고에 사용되었다.

> ┤ 보기 ├
> ㄱ. 회사령 폐지 등이 배경이 되었다.
> ㄴ. 황국중앙총상회의 주도하에 전개되었다.
> ㄷ. 평양에서 시작되어 전국적으로 확산되었다.
> ㄹ. 대동 상회 등 근대적 상회사가 설립되는 계기가 되었다.

① ㄱ, ㄴ   ② ㄱ, ㄷ
③ ㄴ, ㄷ   ④ ㄴ, ㄹ
⑤ ㄷ, ㄹ

500

71회 39번 [2점]

(가), (나)가 공포된 시기의 사이에 있었던 사실로 옳은 것은?

> (가) 회사령 폐지에 관한 건
> 회사령은 폐지한다.
>   - 부칙
> 1. 이 영은 공포일로부터 시행한다.
> 2. 구령에 의하여 설립한 회사로 이 영 시행 당시 존재하는 것은 조선 민사령에 의하여 설립한 것으로 본다.
>
> (나) 조선 총독부 농촌 진흥 위원회 규정
> 제1조 조선의 농산어촌 진흥에 관한 방침, 시설 및 통제에 관한 중요 사항을 심의하기 위하여 조선 총독부에 조선 총독부 농촌 진흥 위원회를 둔다.
> 제3조 위원장은 조선 총독부 정무총감으로 한다.

① 함경도에서 방곡령이 선포되었다.
② 조선 물산 장려회가 평양에서 창립되었다.
③ 황국중앙총상회의 상권 수호 운동이 전개되었다.
④ 유상 매수, 유상 분배를 규정한 농지 개혁법이 제정되었다.
⑤ 국가 총동원법을 제정하여 인력과 물자를 강제 동원하였다.

501

68회 41번 [1점]

다음 가상 일기의 밑줄 그은 '운동'에 대한 설명으로 옳은 것은?

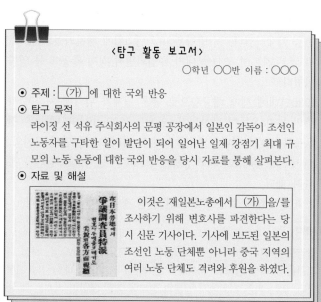

> 1925년 ○○월 ○○일
>
> 우리 백정들은 신분제가 폐지되었음에도 끊임없이 차별받았다. 다 같은 조선 민족인데 왜 우리를 핍박하는 걸까? 우리는 저울처럼 평등한 세상을 만들기 위해 몇 해 전부터 운동을 벌이고 있지만 사람들의 인식을 바꾸기는 쉽지 않은 것 같다. 얼마 전 예천에서는 '백정을 핍박하는 것은 죄가 아니다.'라고 말하는 사람도 있다고 하니 우리는 언제쯤 평등한 대우를 받을 수 있을까?

① 조선 형평사의 주도로 전개되었다.
② 대한매일신보의 지원을 받아 확대되었다.
③ 평양에서 시작하여 전국적으로 확산되었다.
④ 순종의 인산일을 기한 대규모 시위를 계획하였다.
⑤ 라이징 선 석유 회사의 한국인 구타 사건을 계기로 시작되었다.

502

71회 41번 [3점]

(가) 사건 이후에 전개된 사실로 옳은 것은?

> **〈탐구 활동 보고서〉**
> ○학년 ○○반 이름 : ○○○
>
> ◉ 주제 : (가) 에 대한 국외 반응
> ◉ 탐구 목적
> 라이징 선 석유 주식회사의 문평 공장에서 일본인 감독이 조선인 노동자를 구타한 일이 발단이 되어 일어난 일제 강점기 최대 규모의 노동 운동에 대한 국외 반응을 당시 자료를 통해 살펴본다.
> ◉ 자료 및 해설
> 이것은 재일본노총에서 (가) 을/를 조사하기 위해 변호사를 파견한다는 당시 신문 기사이다. 기사에 보도된 일본의 조선인 노동 단체뿐만 아니라 중국 지역의 여러 노동 단체도 격려와 후원을 하였다.

① 동양척식주식회사가 설립되었다.
② 강주룡이 을밀대 지붕에서 고공 농성을 벌였다.
③ 황실의 지원을 받아 대한 천일 은행이 창립되었다.
④ 전국 단위의 조직인 조선 노농 총동맹이 조직되었다.
⑤ 고율의 소작료에 반발하여 암태도 소작 쟁의가 발생하였다.

503

52회 41번 [2점]

다음 강령을 발표한 단체에 대한 설명으로 옳은 것은?

> **행동강령**
> 1. 여성에 대한 사회적·법률적 일체 차별 철폐
> 2. 일체 봉건적 인습과 미신 타파
> 3. 조혼 폐지 및 결혼의 자유
> 4. 인신매매 및 공창 폐지
> 5. 농민 부인의 경제적 이익 옹호
> 6. 부인 노동의 임금 차별 철폐 및 산전 산후 임금 지불
> 7. 부인 및 소년공의 위험 노동 및 야업 폐지

① 3·1 운동에 주도적으로 참여하였다.
② 상하이에서 대동 단결 선언을 발표하였다.
③ 여성 교육을 위해 이화 학당을 설립하였다.
④ 최초의 여성 권리 선언문인 여권통문을 공표하였다.
⑤ 민족주의 계열과 사회주의 계열의 여성들이 연합하였다.

504

50회 40번 [3점]

밑줄 그은 '이 사건' 이후의 사실로 옳은 것은?

> 이 사진은 을밀대 지붕 위에서 고공 농성을 벌이는 강주룡의 모습입니다. 그녀는 대공황 이후 열악해진 식민지 노동 환경에서 임금 삭감 등에 반대하며 평원 고무 공장 쟁의를 주도하였습니다. 이 사건은 자본가와 일제에 맞선 반제국주의 항일 투쟁이라는 점에서 의미가 있습니다.

① 조선 노동 총동맹과 조선 농민 총동맹이 창립되었다.
② 전국 단위의 조직인 조선 노동 공제회가 조직되었다.
③ 전시 징용 정책에 반대하여 동방 광산 광부들이 투쟁하였다.
④ 회사 설립 시 총독의 허가를 받도록 하는 회사령이 제정되었다.
⑤ 일본인 감독의 한국인 구타 사건을 계기로 원산 총파업이 일어났다.

497 민립 대학 설립 운동   정답 ⑤

핵심키워드 국어(일본어), 보통학교 6년

정답 분석

제시문의 '보통학교 6년 교육, 일본어와 한국어 사용자의 구분'을 통해 1922년에 발표된 제2차 조선 교육령임을 알 수 있다. 참고로 제1차 교육령(1911년) 아래에서는 한국인은 보통학교를 4년 동안만 다닐 수 있었다.

1910년대 조선에는 대학 설립이 불가능했으며, 1917년부터 간신히 전문 학교를 운영할 수 있었다. 3·1 운동 이후 민족의식이 고양되면서 대학 설립의 필요성이 대두되었고, 1922년 제2차 조선교육령 개정으로 대학 설립의 길이 열렸다. 이에 이상재, 이승훈 등이 참여하여 민립 대학 설립 운동을 전개했으며, 조선일보와 동아일보가 이를 지원했다.

⑤ 1923년에 조선 민립 대학 설립 기성회가 조직되었다.

오답 분석

① 일제가 사립학교를 억압하자, 개량 서당이 근대 교육을 담당하며 1910년대에 민족교육의 중심이 되었다. 이에 일제는 1918년에 서당규칙을 제정하여 서당의 설치와 교과 과정을 통제하였다.

② 1919년 2월 8일에 도쿄에서 유학생들이 독립을 요구하며 발표한 선언으로, 3·1 운동의 도화선이 되었다.

③ 1921년에 조선어 연구회가 결성되었다.

④ 1920년에 차미리사 등이 조선 여자 교육회를 조직하였다.

498 민립 대학 설립 운동   정답 ③

핵심키워드 조선 민립 대학 기성회

정답 분석

민립 대학 설립 운동은 1922년에 이상재, 이승훈 등을 중심으로 시작되었다. 1,000만 원 모금을 목표로 국내 100여 개소와 만주, 미국, 하와이 등 해외에서 모금 운동이 전개되며 전 민족적 호응을 얻었다. 그러나 일제가 1924년 경성제국대학을 설립하고 탄압을 가하면서 운동은 중단되었다.

오답 분석

① 5·4 운동은 1919년 중국에서 반제국주의와 반봉건주의를 외치며 일어난 대규모 학생 운동으로, 조선의 3·1 운동에 영향을 받았다.

② 일제 통감부는 1908년에 사립 학교령을 공포하여, 을사늑약 이후 폭발적으로 증가하고 있던 민족 교육 기관들을 억압하였다.

④ 통감부는 국채 보상 운동, 헤이그 특사 파견, 13도 창의군의 서울 진공 작전 등을 방해하였다.

⑤ 여권통문은 1898년에 발표된 한국 최초의 여성 권리 주장 문서로, 북촌 여성들이 발표하였다.

499 물산 장려 운동   정답 ②

핵심키워드 경성 방직, 조선인 기업 상품 장려

정답 분석

1920년에 회사령이 폐지되고 1920년대 초에 관세 폐지가 예상되자 일본 상품과 자본의 유입에 대한 위기 의식이 높아졌다. 이에 '내 살림 내 것으로' 등의 구호 아래 일본 상품을 배격하고 국산품을 애용하자는 물산 장려 운동이 일어났다. 이 운동은 조만식의 제안으로 평양에서 시작되어 전국적으로 확산되었다. 참고로, 제시문의 경성 방직은 당시의 대표적인 한국인 기업이었다.

오답 분석

ㄴ. 한양의 시전 상인들은 외국 상인의 경제적 침투에 맞서 1898년에 황국중앙상회를 조직하여 상권 수호 운동을 전개하였다.

ㄹ. 근대적 상회사는 1880년대에 처음으로 조직되었다. 대표적인 사례로는 평양 출신 상인들이 인천에서 1883년에 조직한 대동 상회가 있다.

500 일제의 경제 침탈   정답 ②

핵심키워드 회사령 폐지, 농촌 진흥 운동

정답 분석

(가) 일제는 1910년에 회사령(허가제)을 제정하여 조선인의 기업 활동을 억제하였다. 이 법령은 1920년 3월에 폐지되었으며, 그 결과 일본 자본이 조선에 대거 유입되면서 경제 활동에 큰 영향을 미쳤다.

(나) 1930년대에 세계 대공황으로 농촌 경제가 위기에 처하고 사회주의 농민 운동이 확산되자, 일제는 1932~1940년에 농촌 진흥 운동을 전개하였다. 실상은 농촌의 어려움을 농민의 사치와 나태 탓으로 돌리고, 자력갱생을 강조하는 방향으로 농촌을 통제하려 했다.

② 1920년 7월에 평양에서 조선 물산 장려회가 조직되었다.

오답 분석

① 함경도 관찰사 조병식은 1889년에 방곡령을 선포했으나, 사전 고시 기간을 둘러싼 양국의 해석차로 인해, 결국 일본에 배상금을 지불하였다. 이는 농촌 사회에서 일본과 정부에 대한 불만이 커지는 데 영향을 주었다.

③ 시전 상인들은 1898년에 황국중앙총상회를 조직하여 이권 수호 운동을 전개하였다.

④ 농지 개혁법은 대한민국 정부 수립 직후인 1949년에 제헌 국회에서 제정되었다.

⑤ 일제는 중일 전쟁을 일으킨 다음 해인 1938년에 국가 총동원법을 제정하여 인력과 물자를 강제로 동원할 수 있는 근거를 마련하였다.

501 형평 운동
정답 ①

핵심키워드 백정, 신분제 폐지

정답 분석

형평 운동은 갑오개혁 이후에도 신분제 철폐와 상관없이 계속된 백정에 대한 사회적 차별에 맞서기 위해 시작되었다. 1923년 경남 진주에서 백정 출신 자산가 이학찬의 자녀 입학 거부 사건을 계기로 차별 해방에 대한 공감대가 확산되었다. 이를 통해 백정들의 신분 해방을 목표로 하는 조선 형평사가 1923년에 결성되었고, 형평 운동이 본격화되었다.

오답 분석

② 대한매일신보는 1907년에 국채 보상 운동이 일어나자 적극적으로 홍보하였다.
③ 조선 물산 장려 운동은 1920년에 평양에서 시작되어 전국적으로 확산되었다.
④ 순종의 인산일을 기해 1926년에 6·10 만세 운동이 일어났다.
⑤ 라이징 선 석유 회사의 일본인 감독관이 한국인을 구타한 사건을 계기로 1929년에 원산 총파업이 일어났다.

502 원산 총파업
정답 ②

핵심키워드 라이징 선 석유회사, 노동 운동

정답 분석

라이징 선 석유회사의 일본인 감독관이 한국인 구타한 사건을 계기로 1929년에 원산 총파업이 일어났다.
② 강주룡은 1931년에 평원 고무 공장의 임금 인하 반대 파업에 참여한 여성 노동자로, 회사 측의 횡포를 알리기 위해 평양 을밀대에 올라가 고공 시위를 감행하였다.

오답 분석

① 동양척식주식회사는 1908년에 일본이 조선의 토지와 자원을 수탈하기 위해 설립한 회사로, 1910년대 토지 조사 사업 때 총독부로부터 대규모 토지를 넘겨 받았다.
③ 1890년대에 한성은행, 대한천일은행 등의 민간 은행이 설립되었다. 이중 대한천일은행(현 우리은행)은 일본 자본 침투에 대응하고자 대한 제국과 전직 관료들이 합작하여 설립하였다. 이를 통해 정부에서도 은행 설립에 깊은 관심을 가지고 있었음을 알 수 있다.
④ 1927년에 창립된 조선 노동 총동맹은 노동자의 권익 보호를 추진하였다.
⑤ 1923년에 암태도에서 소작농들은 70%에 달하는 소작료를 인하해 줄 것을 요구하며 소작 쟁의를 전개하였다.

503 근우회
정답 ⑤

핵심키워드 여성 차별 반대, 행동 강령

정답 분석

근우회는 1927년에 조직된 당시 최대 규모의 여성 단체로, 민족주의와 사회주의 계열의 여성들이 연합하여 결성되었다. 제시된 자료는 근우회의 행동 강령으로, 근우회가 여성 노동자의 임금 차별 철폐와 산전·산후 휴가 등을 요구하며 선전·계몽 활동을 전개했음을 알 수 있다.

오답 분석

① 국내의 종교계 지도자들은 1919년에 민족 대표 33인의 이름으로 독립 선언서를 발표하고 3·1 운동을 주도하였다.
② 신규식, 박은식 등은 1917년에 상하이에서 대동 단결 선언을 발표하여, 국민 주권에 입각해 임시 정부를 수립하여 독립운동 세력이 단결할 것을 주장하였다.
③ 선교사 스크랜튼은 1886년에 이화 학당을 설립하여 여성 교육을 시작하였다.
④ 여권통문은 1898년에 발표된 한국 최초의 여성 권리 주장 문서로, 북촌 여성들이 발표하였다.

504 노동 운동
정답 ③

핵심키워드 을밀대, 강주룡, 쟁의 주도

정답 분석

1920년 회사령 폐지로 일본 기업이 한국에 진출하면서 식민지 공업이 발전하고 노동자 수가 증가하였다. 한국인 노동자들은 낮은 임금과 장시간 노동에 시달리자, 1920년대부터 노동 단체를 조직하고 파업을 일으켰다. 제시된 자료는 1931년에 평원 고무 공장 여성 노동자 강주룡이 임금 삭감에 반대하며 을밀대에서 벌인 시위에 관한 것이다.
③ 1942년에 동방광산의 400여 명 광부들은 전시 징용정책과 임금 체불에 반발하여 파업을 일으키고 광산 시설을 파괴하였다.

오답 분석

① 조선 노동 총동맹과 조선 농민 총동맹은 1927년에 창립되었다.
② 조선 노동 공제회는 1920년에 설립된 최초의 전국적 노동 단체로, 본격적인 근대적 노동운동의 효시로 볼 수 있다.
④ 일제는 1910년에 회사령(허가제)를 제정하여, 한국인의 기업 활동을 방해하고 억압하였다.
⑤ 원산 총파업은 1929년에 일어나 약 4개월 간 지속되었다.

학생 운동과 신간회

❶ 학생 운동

6·10 만세 운동 〔1926〕	• 계기 : 순종 서거 • 경과 : 조선 공산당·천도교 청년회 등이 만세 운동을 준비 　→ 천도교 청년회에서 준비하던 격문이 사전에 발각 　→ 일제의 조선 공산당 탄압 　→ 학생들의 격문 살포, 만세 시위 전개 • 영향 　– 학생들의 독서회 활동 활발 　– 민족 유일당 결성의 공감대 형성 ┐ 사회주의 계열과 민족주의 계열의 단결 　　토대 마련 → 1927, 신간회 조직
광주 학생 항일 운동 〔1929〕	• 경과 : 광주–나주 간 통학 열차에서 한일 학생 간 충돌 발생 　→ 일본 경찰의 편파 수사 　→ 광주 학생의 총궐기 　→ 각지에서 동맹 휴학·가두시위 전개 　→ 신간회에서 진상 조사단 파견 　→ 전국 규모의 항일 투쟁으로 확대 • 의의 　– 3·1 운동 이후 전개된 최대 규모의 민족 운동 　– '학생의 날'(11월 3일) 유래

❷ 신간회 〔1927~1931〕

배경	• 〔1925〕 치안 유지법 제정 : 사회주의 세력 탄압 • 〔1926〕 안창호의 민족 유일당 운동 제창 • 〔1926〕 6·10 만세 운동으로 사회주의계와 민족주의계 간의 공감대 형성 • 〔1926〕 정우회 선언 발표 　– 정우회 : 사회주의 단체 　– 비타협적 민족주의 계열과의 제휴 모색을 선언
조직	• 비타협적 민족주의 세력과 사회주의 세력 결합 • 최대의 사회 운동 단체 : 전국 140여 개 지회 조직 • 회장 이상재, 부회장 홍명희
활동	• 민중 계몽 운동 전개 • 농민·노동 운동 지원 : 8시간 노동제 주장, 원산 총파업 지원 • 광주 학생 항일 운동 지원 　– 동맹 휴학 지원, 광주에 진상 조사단 파견 　– 민중 대회 준비

✚ 광주 학생 항일 운동의 격문
1. 검거된 학생은 우리 손으로 탈환하자.
2. 경찰의 교내 침입을 절대 반대한다.
4. 언론·결사·집회·출판의 자유를 획득하라.
6. 조선인 본위의 교육 제도를 확립하라!
7. 식민지 교육 제도를 철폐하라.
8. 사회 과학 연구의 자유를 획득하자.

✚ 정우회 선언
민족주의적 세력에 대하여는 그 부르주아 민주주의적 성질을 명백하게 인식하는 동시에 또 과정적 동맹자적 성질도 충분히 승인하여, 그것이 타락하는 형태로 출현되지 아니하는 것에 한하여는 적극적으로 제휴하여 대중의 개량적 이익을 위하여서도 종래의 소극적 태도를 버리고 분연히 싸워야 할 것이다.

✚ 신간회 강령
1. 우리는 정치적·경제적 각성을 촉진함
2. 우리는 단결을 공고히 함
3. 우리는 기회주의를 일체 부인함

1 다음은 국내의 학생 운동을 정리한 것이다. 6·10 만세 운동은 "6", 광주 학생 항일 운동은 "광주"로 쓰시오.

(1) (　　) – 한일 학생 간의 충돌이 발단이 되었다.

(2) (　　) – 사회주의 세력의 주도 아래 계획되었다.

(3) (　　) – 이 사건 후 정우회 선언이 발표되었다.

(4) (　　) – 순종의 인산일을 기회로 삼아 추진되었다.

(5) (　　) – 신간회에서 진상 조사단을 파견하여 지원하였다.

(6) (　　) – 조선인 본위의 교육 제도 확립 등을 요구하였다.

(7) (　　) – 국내에서 민족 유일당 운동이 전개되는 계기가 되었다.

(8) (　　) – 일제 강점기에 전개된 최대 규모의 항일 학생운동이었다.

(9) (　　) – 성진회와 각 학교 독서회에 의해 전국적으로 확산되었다.

(10) (　　) – 학생들이 동맹 휴학과 가두 시위를 전개하였다.

2 다음 문장을 읽고 옳으면 〇표, 틀리면 ✕표 하시오.

(1) 고종의 장례일을 맞아 6·10 만세 운동이 일어났다. (〇, ✕)

(2) 6·10 만세 운동은 민족 협동 전선인 신간회 결성에 영향을 미쳤다. (〇, ✕)

(3) 광주 학생 항일 운동이 일어난 날이 학생의 날로 지정되었다. (〇, ✕)

(4) 광주 학생 항일 운동은 3·1 운동 이후 최대 규모의 항일 민족 운동이다. (〇, ✕)

(5) 광주 학생 항일 운동은 전국 각지에서 일어난 동맹 휴학의 도화선이 되었다. (〇, ✕)

(6) 신간회는 평양에 자기 회사를 설립하였다. (〇, ✕)

(7) 신간회는 민족 유일당 운동의 일환으로 창립되었다. (〇, ✕)

(8) 신간회는 6·10 만세 운동에 진상 조사단을 파견하였다. (〇, ✕)

(9) 비타협적 민족주의 세력과 사회주의 세력이 연합하여 신간회를 조직하였다. (〇, ✕)

(10) 신간회는 광주 학생 항일 운동이 일어나자 민중 대회의 개최를 계획하였다. (〇, ✕)

3 아래 사건이 일어난 시기를 (가)~(다) 중 고르시오.

1923	1926	1927	1931
(가)	(나)	(다)	
암태도 소작쟁의	순종 서거	신간회 창립	신간회 해소

(1) (　　) – 원산 총파업이 일어났다.

(2) (　　) – 정우회 선언이 발표되었다.

(3) (　　) – 6·10 만세 운동이 일어났다.

(4) (　　) – 광주 학생 항일 운동이 일어났다.

(5) (　　) – 일제는 조선인들을 회유하기 위해 경성 제국 대학을 설립하였다.

(6) (　　) – 일제는 치안 유지법을 통해 독립운동가에 대한 감시와 탄압을 강화하였다.

4 다음 사료를 읽고, 물음에 답하시오.

(1) 아래 격문이 발표된 사건을 쓰시오.

> 학생, 대중이여 궐기하라!
> 검거된 학생은 우리 손으로 탈환하자.
> 언론·결사·집회·출판의 자유를 획득하라.
> 식민지 교육 제도를 철폐하라.
> 조선인 본위의 교육 제도를 확립하라.

(2) 아래 선언의 명칭을 쓰시오.

> 민족주의적 세력에 대하여는 그 부르주아 민주주의적 성질을 명백하게 인식하는 동시에 또 과정적 동맹자적 성질도 충분히 승인하여, 그것이 타락하는 형태로 출현되지 아니하는 것에 한하여는 적극적으로 제휴하여 대중의 개량적 이익을 위하여서도 종래의 소극적 태도를 버리고 분연히 싸워야 할 것이다.

(3) (가)에 들어갈 단체는 무엇인가?

> 지난 3일 전남 광주에서 일어난 고보학생 대 중학생의 충돌 사건에 대하여 종로에 있는 (가) 본부에서는 … 사건 내용을 철저히 조사하고 구금된 학생들의 석방도 교섭하기 위하여 … 세 최고 간부를 광주까지 특파하기로 하고 9일 오전 10시 특급 열차로 광주에 향하게 하였다더라.

정답

1. (1) 광주 (2) 6 (3) 6 (4) 6 (5) 광주 (6) 광주 (7) 6 (8) 광주 (9) 광주 (10) 광주
2. (1) ✕(→ 순종) (2) 〇 (3) 〇 (4) 〇 (5) 〇 (6) ✕(→ 신민회) (7) 〇
   (8) ✕(→ 광주 학생 항일 운동) (9) 〇 (10) 〇
3. (1) 다 (2) 나 (3) 나 (4) 다 (5) 가 (6) 가
4. (1) 광주 학생 항일 운동 (2) 정우회 선언 (3) 신간회

505

40회 40번 [2점]

밑줄 그은 '이 운동'에 대한 설명으로 옳은 것은?

이것은 안동에 있는 '항일구국열사 권오설 선생 기적비'이다. 권오설은 사회주의 진영의 중심 인물로서, 순종 인산일을 기회로 삼아 천도교 계열과 사회주의 계열이 함께 준비한 이 운동을 기획하는데 주도적인 역할을 하였다. 정부는 그의 애국 애족정신을 기리기 위하여 2005년에 건국훈장독립장을 추서하였다.

① 치안 유지법이 제정되는 결과를 가져왔다.
② 백정에 대한 사회적 차별 철폐를 목적으로 하였다.
③ 일제가 이른바 문화 통치를 실시하는 배경이 되었다.
④ 국내에서 민족 유일당 운동이 전개되는 계기가 되었다.
⑤ 배우자 가르치자 다 함께 브나로드를 구호로 내세웠다.

506

53회 41번 [2점]

다음 대화에 나타난 민족 운동에 대한 설명으로 옳은 것은?

얼마 전 종로 일대에서 일어난 만세 시위 소식을 들었는가? 이날 체포된 학생들에 대한 공판이 곧 열린다더군.

융희 황제의 인산일에 학생들이 격문을 뿌리고 만세를 외친 그 사건 말씀이시죠? 사전에 권오설 선생 등이 경찰에 체포되어서 걱정이었는데, 학생들 덕분에 시위가 가능했지요.

① 원산 총파업의 노동자들과 연대하였다.
② 치안 유지법이 제정되는 결과를 가져왔다.
③ 국민대표회의가 개최되는 계기가 되었다.
④ 한일 학생 간 충돌이 발단이 되어 일어났다.
⑤ 민족 협동 전선인 신간회 결성에 영향을 미쳤다.

507

69회 37번 [3점]

(가)~(다)를 발표된 순서대로 옳게 나열한 것은?

(가) 우리들 민중의 통곡과 복상이 결코 이척[순종]의 죽음에 있지 않다는 것을 민중 각자의 마음속에 그것을 명백히 말해주고 있다. 우리들의 비애와 통렬한 애도는 경술년 8월 29일 이래 쌓이고 쌓인 슬픔이다. …… 금일의 통곡·복상의 충성과 의분을 돌려 우리들의 해방 투쟁에 바치자!

(나) 조선 민족의 정치적 의식이 발달함에 따라 민족적 중심 단결을 요구하는 시기를 맞이하여 민족주의를 표방한 신간회가 발기인의 연명으로 3개 조의 강령을 발표하였다.
……
1. 우리는 정치적·경제적 각성을 촉진함
1. 우리는 단결을 공고히 함
1. 우리는 기회주의를 일체 부인함

(다) 우리 2천만 생령(生靈)을 사랑하고 조국을 사랑하는 광주 학생 남녀 수십 명이 중상을 입었다. 고뇌하는 청년 학생 2백 명이 불법으로 철창 속에 갇혀 있다. …… 우리들은 광주 학생의 석방을 요구하는 동시에 참을 수 없는 피눈물로 시위 대열에 나가는 것이다.

① (가) - (나) - (다) ② (가) - (다) - (나)
③ (나) - (가) - (다) ④ (나) - (다) - (가)
⑤ (다) - (나) - (가)

508

50회 36번 [1점]

(가) 단체의 활동으로 옳은 것은?

[역사 다큐멘터리 기획안]

(가), 좌우가 힘을 합쳐 창립하다

■ 기획 의도
일제 강점기 최대 규모의 사회 단체인 (가)에 대한 다큐멘터리를 제작하여 그 역사적 의미를 살펴본다.

■ 장면별 구성내용
- 정우회 선언을 작성하는 장면
- 이상재가 회장으로 추대되는 장면
- 전국 주요 도시에 지회가 설립되는 장면
- 순회 강연단을 조직하고 농민 운동을 지원하는 장면

① 평양에 자기 회사를 설립하였다.
② 2·8 독립 선언서를 작성하여 발표하였다.
③ 제국신문을 발행하여 민중 계몽에 힘썼다.
④ 어린이날을 제정하고 잡지 어린이를 간행하였다.
⑤ 광주 학생 항일 운동에 진상 조사단을 파견하였다.

509

(가), (나) 격문이 작성된 사이의 시기에 있었던 사실로 옳은 것은?

> (가) 왕조의 마지막 군주였던 창덕궁 주인이 53세의 나이로 지난 4월 25일에 서거하였다. …… 지금 우리 민족의 통곡과 복상은 군주의 죽음 때문이 아니고 경술년 8월 29일 이래 사무친 슬픔 때문이다. …… 슬퍼하는 민중들이여! 하나가 되어 혁명 단체 깃발 밑으로 모이자! 금일의 통곡복상의 충성과 의분을 모아 우리들의 해방 투쟁에 바치자!
>
> (나) 조선 청년 대중이여! 궐기하라. 제국주의적 침략에 대한 반항적 투쟁으로서 광주 학생 사건을 지지하고 성원하라. …… 저들은 소위 사법 경찰을 총동원하여 광주 조선 학생 동지 400여 명을 참혹한 철쇄에 묶어 넣었다. 여러분! 궐기하라! 우리들이 흘리는 선혈의 마지막 한 방울까지 조선 학생의 이익과 약소민족의 승리를 위하여 항쟁적 전투에 공헌하라!

① 김상옥이 종로 경찰서에 폭탄을 투척하였다.

② 동아일보를 중심으로 브나로드 운동이 전개되었다.

③ 고액 소작료에 반발하여 암태도 소작 쟁의가 발생하였다.

④ 사회주의 세력의 활동 방향을 밝힌 정우회 선언이 발표되었다.

⑤ 일제가 데라우치 총독 암살 미수 사건을 계기로 105인 사건을 날조하였다.

510

(가), (나) 사이의 시기에 있었던 사실로 옳은 것은?

> (가) 조선 사회 운동 단체인 정우회는 며칠 전 선언서를 발표하였다. 선언서에서 민족주의적 세력과 과도기적 동맹자적 관계를 구축해야 한다고 밝히고 타협과 항쟁을 분리시켜 사회 운동 본래의 사명을 잊지 말자는 것을 말하였다.
>
> (나) 조선 민족 운동의 중추 기관이 되려는 사명을 띠고 창립되었던 신간회가 비로소 첫 번째 전체 대회를 개최하였다. 그러나 간신히 열리는 전체 대회에서 해소 문제 토의를 최대 의제로 하게 된 것은 조선의 현 상황이 아니고서는 보기 어려운 기현상이다.

① 광주 학생 항일 운동이 일어났다.

② 임병찬이 독립 의군부를 조직하였다.

③ 독립군이 봉오동에서 큰 승리를 거두었다.

④ 도쿄 유학생들이 2·8 독립 선언서를 발표하였다.

⑤ 조선 민족 전선 연맹 산하에 조선 의용대가 창설되었다.

511

다음 자료에 나타난 민족 운동에 대한 설명으로 옳은 것은?

> ### 2천만 피압박 민중 제군이여!
>
> 우리 2천만 생령(生靈)을 사랑하고 조국을 사랑하는 광주 학생 남녀 수십 명이 빈사(瀕死)의 중상을 입었다. 고뇌하는 청년 학생 2백 명이 불법으로 철창 속에 갇혀 있다. 그들은 정의를 위하여 거리로 나가 시위를 했다. 그러나 지배 계급의 미친개의 이빨에 물리고 말았다. 우리들은 광주 학생의 석방을 요구하는 동시에 참을 수 없는 피눈물로 시위 대열에 나가는 것이다.
>
> － 감금된 학생을 탈환하자
> － 총독 폭압 정치 절대 반대
> － 교육에 경찰 간섭 반대
> － 치안 유지법을 철폐하라

① 순종의 장례일을 맞아 가두시위를 벌였다.

② 대한민국 임시 정부 수립에 영향을 주었다.

③ 조선 사람 조선 것이라는 구호를 내세웠다.

④ 신간회의 지원을 받으며 전국적으로 확산되었다.

⑤ 일본, 프랑스 등의 노동 단체로부터 격려 전문을 받았다.

512

밑줄 그은 '이 운동'에 대한 설명으로 옳은 것을 〈보기〉에서 고른 것은?

> 이것은 1929년 11월 한일 학생 간의 충돌을 계기로 시작된 이 운동을 기념하는 탑입니다. 당시 민족 차별에 분노한 광주 지역 학생들이 대규모 시위를 전개하였고, 전국의 많은 학교가 동맹 휴학으로 동참하였습니다. 이 기념탑은 학생들의 단결된 의지를 타오르는 횃불로 형상화한 것입니다.

┤ 보기 ├

ㄱ. 조선인 본위의 교육 제도 확립 등을 요구하였다.

ㄴ. 대한매일신보의 후원 속에 전국으로 확산하였다.

ㄷ. 신간회에서 진상 조사단을 파견하여 지원하였다.

ㄹ. 일제가 이른바 문화 통치를 실시하는 배경이 되었다.

① ㄱ, ㄴ   ② ㄱ, ㄷ

③ ㄴ, ㄷ   ④ ㄴ, ㄹ

⑤ ㄷ, ㄹ

505 6·10 만세 운동
정답 ④

핵심키워드 권오설, 순종 인산일

정답 분석

1926년 순종의 인산일에 맞춰 권오설 등 사회주의 세력과 민족주의 세력의 천도교 인사들이 만세 시위를 준비했다. 비록 거사 전에 체포되어 학생들이 6·10 만세 운동을 이끌었지만, 이 운동은 사회주의 계열과 민족주의 계열의 협력 필요성을 강조하는 계기가 되었다. 이는 민족 유일당 운동으로 이어져 신간회를 창립(1927년)시켰다.

오답 분석

① 일제는 1925년에 조선 공산당이 수립되는 등 사회주의가 확산되자, 같은 해에 치안 유지법을 제정하여 사회주의 운동과 독립운동을 탄압하였다.
② 1923년에 시작된 형평 운동은 백정들의 권익을 보호하고 차별을 철폐하기 위한 평등 운동이었다.
③ 3·1 운동 이후 일제는 조선인의 반발을 완화하기 위해 유화 정책의 일환으로 문화 통치를 실시하였다.
⑤ '민중 속으로'를 의미하는 브나로드 구호는 1930년대 동아일보가 문맹 퇴치를 위해 사용한 슬로건이다.

506 6·10 만세 운동
정답 ⑤

핵심키워드 종로, 융희, 황제의 인산일, 권오설

정답 분석

융희(1907~1910년)는 대한 제국의 마지막 황제 순종의 연호이다. 순종이 1926년에 사망하자 장례일에 6·10 만세 운동이 서울에서 전개되었다.

⑤ 6·10 만세 운동을 계획하는 과정에서 처음으로 사회주의 세력과 민족주의 세력이 연합하였다. 이 경험은 민족 협동 전선 수립의 필요성을 강조하게 되어, 1927년에 신간회가 창설되었다.

오답 분석

① 신간회는 원산 총파업과 광주 학생 항일 운동이 일어나자 이들과 연대하여 항일 운동을 전개하였다.
② 일제는 사회주의 사상의 확산으로 1925년에 조선 공산당이 조직되자, 그해 치안 유지법을 제정하여 조선 공산당을 비롯한 사회주의 운동을 탄압하였다.
③ 대한민국 임시 정부의 초기 활동이 성과를 거두지 못하고, 일제의 탄압으로 연통제가 와해되자, 독립운동가들은 1923년 상하이에서 국민 대표회의를 열어 임시 정부의 활동 방향과 노선을 논의하였다.
④ 1929년 광주 학생 항일 운동은 일본인 학생이 조선인 학생을 희롱한 사건이 계기가 되어 시작되었다.

507 1920년대의 민족 운동
정답 ①

핵심키워드 순종의 죽음, 신간회, 광주 학생 항일 운동

정답 분석

(가) '우리들 민중의 통곡과 복상'이 '이척(순종)의 죽음'을 계기로 만세 시위로 폭발한 것임을 밝히는 이 글은 순종의 인산일을 계기로 벌어진 6·10 만세 운동(1926년) 때 작성된 격문의 일부이다. 이 격문은 조선공산당 임시상해부가 작성한 격문으로, 상해 삼일인쇄소에서 5,000매가 인쇄되었으나 대부분이 압수되어 배포되지 못했다.
(나) 신간회의 강령으로, 1927년에 작성되었다.
(다) '광주 학생 수십 명이 중상을 입었다'와 '청년 학생 2백 여 명이 불법으로 철창 속에 갇혀 있다'는 표현을 통해 광주 학생 항일 운동(1929년)에 관한 자료임을 알 수 있다. 이 자료는 목포 상업 학교 학생들이 작성한 격문이다.

따라서 (가), (나), (다) 순으로 일어났다.

508 신간회
정답 ⑤

핵심키워드 최대 단체, 정우회 선언, 이상재 회장

정답 분석

신간회 창립에는 일제의 문화 통치에 맞서 민족 단결을 이룰 필요성이 크게 작용하였다. 비타협적 민족주의 계열은 자치 운동을 시도하는 일부 민족주의 세력과 거리를 두고자 하였다. 사회주의 계열은 치안 유지법으로 활동이 어려워지자 합법적인 조직 기반을 확보하고자 했으며, 1926년 정우회 선언을 통해 협력의 발판을 마련하였다. 이러한 배경에서 두 세력은 신간회에서 연대하여 최대 규모의 단체를 조직할 수 있었다.

⑤ 신간회는 1929년 광주 학생 항일 운동 당시 진상 조사단을 파견하여 사건의 경과를 조사하고 학생들을 지원하였다.

오답 분석

① 신민회는 평양에 대성학교와 자기회사를 설립하여 교육과 산업 진흥을 위해 노력하였다.
② 한국인 유학생 단체인 조선 청년 독립단은 1919년에 일본 도쿄에서 2·8 독립 선언서(이광수 작성)를 발표하였다. 이는 3·1 운동이 일어나는 계기가 되었다.
③ 이종일은 1898년에 순한글 신문인 제국신문을 발행하였다.
④ 방정환은 1921년에 천도교 소년회를 조직하여 본격적으로 소년운동을 전개하였다. 어린이의 날을 제정하고, 최초의 아동잡지 어린이를 창간하였다.

509 학생 운동

정답 ④

핵심키워드 마지막 군주, 광주 학생 사건

정답 분석

(가) 1926년의 6·10 만세 운동 때 발표된 격문의 일부로, '왕조의 마지막 군주, 서거'를 통해 순종의 사망과 관련되었음을 알 수 있다.

(나) 1929년의 광주 학생 항일 운동 때 제작된 격문의 일부로, '조선 청년 대중이여! 궐기하라, 광주 조선 학생 400여 명을 철쇄에 묶여 넣었다'는 부분을 통해 알 수 있다.

1920년대 중반의 주요 사건을 배열하면, 치안 유지법 제정(1925년) → 6·10 만세 운동(1926년) → 정우회 선언(1926년) → 신간회 조직(1927년) → 원산 총파업, 광주 학생 항일 운동(1929년) 순으로 발생하였다.

오답 분석

① 의열단의 김상옥은 1923년에 종로 경찰서에서 의거를 단행하였다.

② 동아일보가 주도한 문맹 퇴치 운동인 브나로드 운동은 1931년에 시작되었다.

③ 암태도 소작 쟁의는 1923년에 발생하였다.

⑤ 105인 사건은 1911년에 발생하여, 신민회 해산의 직접적인 원인이 되었다.

510 민족 유일당 운동

정답 ①

핵심키워드 정우회 선언, 신간회 해소

정답 분석

(가) 1926년에 발표된 정우회 선언으로, 사회주의자들은 이 글에서 타락하지 않은 민족주의자들과 제휴할 것을 주장하였다.

(나) 신간회 해소 과정을 담고 있다. 1929년 말 민중대회 사건으로 신간회의 중앙 지도부가 다수 검거되자, 1930년 중반 이래 신간회의 지도노선은 합법화·온건화로 기울었다. 결국 1931년 5월 전체 대회에서 신간회 해소안을 채택하여 신간회는 해체되었다.

오답 분석

② 의병장 출신 임병찬은 1912년에 국내에서 독립 의군부를 조직하여, 복벽주의(고종의 복위 추구)를 내세웠다.

③ 봉오동 전투는 1920년에 일어났다.

④ 2·8 독립 선언서는 1919년에 조선 청년 독립단이 도쿄에서 발표하였다.

⑤ 조선 의용대는 1938년에 김원봉이 이끄는 조선 민족 전선 연맹의 주도로 창설된 항일 무장 조직이다. 중국 우한에서 조직되었으며, 중국 국민당 정부와 협력하며 항일 운동을 전개하였다.

511 광주 학생 항일 운동

정답 ④

핵심키워드 광주 학생, 감금된 학생

정답 분석

제시문의 '광주 학생', '감금된 학생을 탈환하자'는 부분을 통해 1929년에 일어난 광주 학생 항일 운동임을 알 수 있다.

6·10 만세 운동 이후 학생 운동은 식민지 교육 철폐, 한국인 본위의 교육 제도 확립, 한·일 학생 간 차별 철폐 등을 요구하는 운동으로 발전하였다. 이러한 상황 속에서 광주 학생 항일 운동이 일어났다.

④ 신간회는 광주 학생 항일 운동이 일어나자 진상 조사단을 파견하고, 이 운동을 전국으로 확산시켰다.

오답 분석

① 1926년에 대한 제국의 마지막 황제 순종이 사망하자, 장례일에 학생들이 6·10 만세 운동을 일으켰다.

② 3·1 운동(1919년)의 결과로 상하이에 대한민국 임시 정부가 수립되었다.

③ 1920년대 물산 장려 운동에서 '조선 사람 조선 것', '내 살림 내 것으로' 등의 구호를 주장하였다.

⑤ 원산 총파업(1929년)은 라이징 선 석유 회사에서 시작된 노동 운동으로, 국내외 노동 단체의 지지를 받으며 4개월 동안 지속되었다.

512 광주 학생 항일 운동

정답 ②

핵심키워드 1929년, 한일 학생 간 충돌, 광주

정답 분석

제시문은 1929년에 일어난 광주 학생 항일 운동에 관한 것이다. 이 운동은 동맹 휴교 형태에서 벗어나 가두 시위 형태로 발전하였으며, '언론·집회·결사·출판의 자유 획득', '조선인 본위의 교육 제도 확립', '식민지 노예교육 철폐' 등을 요구하며 일제의 식민 통치를 전면 거부했다는 점에서 기존의 학생 운동과 차별화되었다. 이때 신간회는 현지에 진상 조사단을 파견하여 이 운동이 전국적인 민족 운동으로 확산되는 데 기여하였다. 나아가 진상 조사 결과 발표를 위한 민중 대회를 준비하였다.

오답 분석

ㄴ. 「대한매일신보」는 1907년 국채 보상 운동이 일어나자 적극적으로 홍보하였다. 하지만 통감부는 이를 탄압하기 위해 베델에게 금고형과 벌금형을 선고하고, 양기탁을 거짓 혐의로 구속하여 운동을 중단시켰다.

ㄹ. 3·1 운동 이후 일제는 식민 통치를 무단 통치에서 문화 통치로 변경하여 한국인의 반발을 억제하려 하였다.

일제 강점기의 문화

❶ 한국어 연구

조선어 연구회 〔1921~〕	• 가갸날 제정, 기관지 "한글" 창간
조선어 학회 〔1931~〕	• 맞춤법 통일안 발표, 표준어 제정, 외래어 표기법 통일안 제정 • 우리말 큰 사건 편찬 시도 : 조선어 학회 사건으로 중단〔1942〕

❷ 한국사 연구

민족주의 사학	• 박은식 – 양명학자로 유교 구신론 주장 실천적인 유교 정신 강조 – 임시 정부 2대 대통령〔1925〕 – 저서 : 한국통사(민족 정신 '혼' 강조), 한국독립운동지혈사 • 신채호 – 저서 : 독사신론(대한매일신보에 연재), 조선 상고사(고대사 연구, 역사를 아我와 비아非我의 투쟁으로 인식) – 낭가 사상 주장 – 의열단의 조선 혁명 선언 작성 : 민중의 직접 혁명 강조 • 정인보, 안재홍 ─── 정약용의 저서 집대성 – 1930년대 조선학 운동 주도 : 실학 연구, 여유당전서 발행
사회 경제 사학	• 백남운 – 저서 : 조선 사회 경제사, 조선 봉건 사회 경제사 – 우리 역사의 세계사적 보편성 강조 : 일제의 정체성론 비판
실증 사학	한국사는 고대 사회에 머물러 있다는 주장 • 이병도, 손진태 – 문헌 고증을 통해 실증적·객관적으로 연구 – 진단학회 조직, 진단학보 발행

＋ 박은식의 '혼'

옛사람이 이르기를 나라는 멸할 수 있으나 역사는 멸할 수 없다고 하였다. 나라는 형체이고 역사는 정신이다. 이제 한국의 형체는 허물어졌으나 정신만은 홀로 보존하는 것이 어찌 불가능하겠는가.

＋ 백남운

우리 조선의 역사적 발전의 전 과정은 … 외관상의 이른바 특수성이 다른 문화 민족의 역사적 발전 법칙과 구별될 만큼 독자적인 것은 아니며, 세계사적인 일원론적 역사 법칙에 의해 다른 여러 민족과 거의 같은 궤도의 발전 과정을 거쳐 왔던 것이다.

❸ 종교

천도교	• 3·1 운동 주도 → 6·10 만세 운동 계획 • "개벽"·"신여성"·"어린이" 잡지 발간
대종교	• 나철 창시, 단군 숭배 • 만주에서 중광단과 북로 군정서 조직 : 무장 단체
원불교	• 박중빈 창시〔1916〕 • 새생활 운동 전개 : 허례허식 폐지, 남녀 평등, 미신 타파 등
개신교	• 교육 사업 전개, 신사 참배에 저항
천주교	• 고아원·양로원 운영 • 만주에서 의민단 조직 : 무장 단체, 청산리 대첩에 참여
불교	• 한용운 중심 : 사찰령 폐지 운동 전개, 조선 불교 유신회 조직

└ 조선 총독이 사찰 주지 임명권과 사찰의 재산권 장악

❹ 문학과 예술

문학	• KAPF(조선 프롤레타리아 예술가 동맹) 결성〔1925〕 : 사회주의 영향 • 이육사·윤동주의 저항 문학
영화	• 나운규의 "아리랑"〔1926〕 : 단성사 상영

＋ 저항 문학

• 이육사 : 시 '빼앗긴 들에도 봄은 오는가', 시 '광야'
• 윤동주 : 시집 '별 헤는 밤', 사상범으로 몰려 28세에 일본에서 옥사

1 다음 설명에 해당하는 역사학자를 쓰시오.

┤ 보기 ├

박은식 백남운 신채호 이병도 정인보

(1) ( ) – 조선 혁명 선언을 작성하였다.

(2) ( ) – 양명학자로, 유교 구신론을 저술하였다.

(3) ( ) – 고대사 연구에 주력하여 조선 상고사를 저술하였다.

(4) ( ) – 일본의 침략 과정을 담은 한국통사를 저술하였다.

(5) ( ) – 여유당전서를 간행하고 조선학 운동을 주도하였다.

(6) ( ) – 실증주의 사학의 연구를 위해 진단 학회를 창립하였다.

(7) ( ) – 역사를 '아(我)'와 '비아(非我)'의 투쟁으로 정의하였다.

(8) ( ) – 독사신론을 저술하여 민족주의 사관의 기초를 마련하였다.

(9) ( ) – 조선사회경제사에서 식민 사학의 정체성 이론을 반박하였다.

(10) ( ) – 독립 투쟁 과정을 서술한 한국독립운동지혈사를 저술하였다.

2 빈칸에 알맞은 말을 선택하시오.

(1) (조선어 연구회, 조선어 학회)는 가갸날을 제정하고 기관지인 한글을 발행하였다.

(2) (조선어 연구회, 조선어 학회)는 한글 맞춤법 통일안과 표준어를 제정하였다.

(3) (대종교, 천주교)는 중광단을 조직하였다.

(4) (나철, 한용운)은 사찰령 폐지 운동을 주도하였다.

(5) (천도교, 개신교)는 개벽, 신여성 등의 잡지를 발행하였다.

(6) 박중빈은 (대종교, 원불교)를 창시하여 새생활 운동을 전개하였다.

(7) (나운규, 손기정)은/는 단성사에서 개봉된 영화 아리랑을 제작하였다.

(8) (윤동주, 이육사)는 하늘과 바람과 별과 시라는 유고집을 남겼다.

(9) 윤동주, 이육사 등은 (저항 문학, 친일 문학) 작품을 발표하였다.

(10) (민족주의, 사회주의) 사상의 영향을 받은 신경향파 작가들이 카프를 결성하였다.

3 다음 자료를 읽고, 물음에 답하시오.

(1) 아래 주장을 제기한 인물은 누구인가?

> 옛사람이 이르기를 나라는 멸할 수 있으나 역사는 멸할 수 없다고 하였다. 나라는 형체이고 역사는 정신이다. 이제 한국의 형체는 허물어졌으나 정신만은 홀로 보존하는 것이 어찌 불가능하겠는가.

(2) 아래 주장을 제기한 인물은 누구인가?

> 역사란 무엇이뇨? 인류 사회의 '아(我)'와 '비아(非我)'의 투쟁이 시간부터 발전하여 공간부터 확대하는 심적 활동의 상태의 기록이니, 세계사라 하면 세계 인류의 그리 되어 온 상태의 기록이며, 조선사라면 조선 민족의 그리되어 온 상태의 기록이니라.

(3) 아래 주장을 제기한 인물은 누구인가?

> 우리 조선의 역사적 발전의 전 과정은 … 외관상의 이른바 특수성이 다른 문화 민족의 역사적 발전 법칙과 구별될 만큼 독자적인 것은 아니며, 세계사적인 일원론적 역사 법칙에 의해 다른 여러 민족과 거의 같은 궤도의 발전 과정을 거쳐 왔던 것이다.

(4) 다음 활동과 관련된 종교를 쓰시오.

> • 단군 숭배 사상을 널리 전파하여 민족의식을 높이고자 하였다.
> • 만주에서 중광단을 조직하여 항일 무장 투쟁을 전개하였다.

(5) (가) 단체의 이름을 쓰시오.

> 예심 종결 결정문
>
> 주문(主文)
> 피고 이극로, 최현배 외 10명은 함흥 지방 법원 공판에 부친다. 피고 장지영 외 1명은 면소(免訴)한다.
>
> 이유(理由)
> 본 건(件) (가)은/는 … 조선 독립을 목적한 실력 배양 단체로서 본 건이 검거되기까지 10여 년이나 오랫동안 조선 민족에 대하여 조선의 어문 운동을 전개해 왔다. …

정답

1. (1) 신채호 (2) 박은식 (3) 신채호 (4) 박은식 (5) 정인보 (6) 이병도 (7) 신채호 (8) 신채호 (9) 백남운 (10) 박은식
2. (1) 조선어 연구회 (2) 조선어 학회 (3) 대종교 (4) 한용운 (5) 천도교 (6) 원불교 (7) 나운규 (8) 윤동주 (9) 저항 문학 (10) 사회주의
3. (1) 박은식 (2) 신채호 (3) 백남운 (4) 대종교 (5) 조선어 학회

513

밑줄 그은 '나'의 활동으로 옳은 것은?

> 나는 일제 침략에 맞서 민족의식을 고취하기 위해, 국난을 극복한 영웅의 전기인 이순신전과 을지문덕전을 집필하였습니다. 또 조선상고사에서는 역사를 아(我)와 비아(非我)의 투쟁으로 정의하였습니다.

조선 상고사   이순신전

① 여유당전서를 간행하고 조선학 운동을 주도하였다.
② 유교의 개혁을 주장하는 유교 구신론을 제창하였다.
③ 조선사 편수회에 들어가 조선사 편찬에 참여하였다.
④ 조선사회경제사에서 식민 사학의 정체성론을 반박하였다.
⑤ 민중의 직접 혁명을 주장한 조선 혁명 선언을 작성하였다.

514

다음 가상 인터뷰의 주인공에 대한 설명으로 옳은 것은?

> 며칠 전 경성에서 조선사회경제사 출판 축하회가 있었습니다. 저자로서 책에 대한 소개를 부탁드립니다.

> 저는 우리 역사의 전개 과정을 세계사의 보편적인 발전 법칙에 따라 네 단계로 나누어 파악하였습니다. 이 책에서는 그 중 원시 씨족 사회와 삼국 정립기의 노예제 사회에 대해 서술하였습니다.

① 진단 학회를 조직하였다.
② 한국독립운동지혈사를 저술하였다.
③ 식민 사학의 정체성론을 반박하였다.
④ 우리말 큰 사전 편찬 사업을 추진하였다.
⑤ 민족의 얼을 강조하고 조선학 운동을 주도하였다.

515

(가) 단체에 대한 설명으로 옳은 것은?

> 이것은 (가) 이/가 1933년에 만든 한글 맞춤법 통일안의 총론입니다. (가) 은/는 기관지 한글을 간행하고 외래어 표기법 통일안을 마련하는 등 우리말을 지키기 위해 노력하였습니다. 그러나 일제가 1942년에 치안 유지법 위반 명목으로 회원들을 구속하면서 활동이 중단되었습니다.

총 론
1. 한글 맞춤법(綴字法)은 표준말을 그 소리대로 적되, 어법에 맞도록 함으로써 원칙을 삼는다.
2. 표준말은 대체로 현재 중류 사회에서 쓰는 서울말로 한다.
3. 문장의 각 단어는 띄어 쓰되, 토는 그 웃 말에 붙여 쓴다.

① 우리말 큰 사전 편찬을 시도하였다.
② 한글 신문인 제국신문을 간행하였다.
③ 최초로 한글에 띄어쓰기를 도입하였다.
④ 우리말 음운 연구서인 언문지를 저술하였다.
⑤ 한글 연구를 목적으로 학부 아래에 설립되었다.

516

(가) 종교에 대한 설명으로 옳은 것은?

기획 전시

방정환이 꿈꾼 어린이를 위한 나라

우리 박물관에서는 「어린이」 창간 100주년을 기념하는 특별전을 준비하였습니다. 동학을 계승한 종교인 (가) 계열의 방정환 등이 어린이들에게 다양한 읽을거리를 제공하기 위해 발간한 잡지 「어린이」의 전시와 함께 여러 체험 행사를 준비하였으니 많은 관심 바랍니다.

• 기간 : 2023.○○.○○.~○○.○○.
• 장소 : △△박물관 특별 전시실
• 전시 자료 소개

▲ 「어린이」 제7권 제3호   ▲ 「어린이」 제9권 제1호

① 한용운 등이 사찰령 폐지를 주장하였다.
② 만세보를 발행하여 민중 계몽에 앞장섰다.
③ 박중빈을 중심으로 새생활 운동을 펼쳤다.
④ 배재 학당을 세워 신학문을 보급하고자 힘썼다.
⑤ 의민단을 조직하여 항일 무장 투쟁을 전개하였다.

517

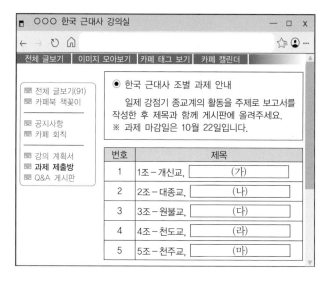

61회 42번 [2점]

(가)~(마)에 들어갈 내용으로 옳은 것은?

① (가) – 단군 숭배 사상을 통해 민족의식을 높이다
② (나) – 의민단을 조직하여 무장 투쟁을 전개하다
③ (다) – 간척 사업을 진행하고 새생활 운동을 펼치다
④ (라) – 배재 학당을 세워 신학문 보급에 기여하다
⑤ (마) – 어린이날을 제정하고 소년 운동을 추진하다

518

56회 41번 [2점]

(가) 인물에 대한 설명으로 옳은 것은?

① 우리말 큰사전 편찬 사업을 추진하였다.
② 유교 개혁을 주장하는 유교 구신론을 제창하였다.
③ 월간지 유심을 발간하여 불교 개혁 운동에 힘썼다.
④ 진단 학회를 설립하여 실증주의 사학을 발전시켰다.
⑤ 독사신론을 저술하여 민족주의 사학의 기반을 마련하였다.

519

57회 44번 [3점]

(가) 인물의 활동으로 옳은 것은?

① 조선 상고사를 저술하였다.
② 소설 상록수를 신문에 연재하였다.
③ 저항시 광야, 절정 등을 발표하였다.
④ 영화 아리랑의 제작과 감독을 맡았다.
⑤ 별 헤는 밤, 참회록 등의 시를 남겼다.

520

70회 39번 [3점]

밑줄 그은 '시기'에 볼 수 있는 모습으로 가장 적절한 것은?

① 관민 공동회에서 연설하는 백정
② 교육 입국 조서를 발표하는 관리
③ 원각사에서 은세계 공연을 보는 관객
④ 전차 개통식에 참여하는 한성 전기 회사 직원
⑤ 카프(KAPF)를 형성하여 활동하는 신경향파 작가

513 신채호 정답 ⑤

핵심키워드 이순신전, 을지문덕, 조선 상고사, 아(我)

정답 분석

신채호는 개화기에 「이순신전」, 「을지문덕전」 등 역사 전기 소설을 집필하여 역대 왕조의 구국 영웅들을 널리 알렸다. 1923년 국민대표회의가 결렬된 이후 고대사 연구에 집중하였고, 민족주의 사관을 바탕으로 민족의식을 고취하기 위해 「조선 상고사」, 「조선사 연구초」 등을 저술하였다. 그는 「조선 상고사」에서 역사를 '아(我)와 비아(非我)의 투쟁 기록'으로 정의하며 자신의 사관을 명확히 밝혔다.

⑤ 신채호는 1923년에 민중의 직접 혁명을 통해 독립을 쟁취해야 한다는 주장을 담은 「조선 혁명 선언」을 작성하였다.

오답 분석

① 조선학 운동은 1930년대에 조선의 민족 문화와 실학을 연구하는 운동으로, 그 결과 1934년에 정약용이 남긴 방대한 저술을 묶어 「여유당전서」를 간행하였다.

② 독립운동가이자 양명학자인 박은식은 유교의 혁신을 주장하며 「유교구신론」을 제창하였다.

③ 일제는 조선 역사를 왜곡하고 식민 사관을 주입하기 위해 1925년에 조선사 편수회를 설립하였다.

④ 백남운은 조선의 역사적 발전을 사회과학적으로 분석하여 「조선사회경제사」를 저술하였다.

514 백남운 정답 ③

핵심키워드 조선사회경제사, 보편적인 발전 법칙

정답 분석

일제는 조선이 고대부터 발전이 정체된 사회라는 정체성론을 내세우며 식민 사관을 주장하였다. 이에 백남운은 조선이 세계사적 발전 단계를 거치는 사회라고 보며, 「조선사회경제사」에서 조선 사회가 봉건적 경제 구조에서 자본주의로 발전할 가능성이 충분히 있음을 강조하였다.

오답 분석

① 진단 학회는 1934년에 이병도, 손진태 등이 창립한 학술 단체로, 한국 역사의 실증적 연구를 강조하였다.

② 박은식은 독립운동의 전개와 희생을 후세에 알리고자 「한국독립운동지혈사」를 집필하였다.

④ 조선어 학회는 「우리말 큰사전」을 편찬하려 하였으나, 일제의 조선어 학회 사건(1942년)으로 좌절되었다.

⑤ 정인보, 안재홍 등은 한국의 전통과 정신을 지키고자 1930년대 중반에 조선학 운동을 전개하였다. 더불어 정인보는 우리 민족의 독자적인 정신을 '얼'이라고 불렀다.

515 조선어 학회 정답 ①

핵심키워드 한글 맞춤법 통일안, 1942년 중단

정답 분석

(가) 조선어 학회는 1931년, 주시경의 제자들이 조직한 조선어 연구회를 전신으로 하여 결성되었다. 조선총독부의 「언문철자법」에 대항하며 표준어와 외래어 표기법을 정리해 민족어 규범 형성에 기여하였다. 그러나 1942년 조선어 학회 사건으로 활동이 중단되었고, 「우리말 큰 사전」 편찬을 위해 작성한 원고는 해방 후 발견되어 「조선말 큰사전」의 기초가 되었다.

오답 분석

② 제국신문은 1898년 이종일이 창간하여, 주로 하층민과 부녀자를 독자층으로 삼아 순한글로 발행되었다.

③ 독립신문은 최초로 한글 띄어쓰기를 도입하였다.

④ 「언문지」는 조선 후기 실학자 유희가 1824년에 집필한 국어 음운서로, 한글을 초성·중성·종성으로 구분하고 표음문자로서의 우수성을 주장하였다.

⑤ 조선 정부는 국문 사용이 늘어나면서 문자 체계와 철자법의 통일 필요성이 높아짐에 따라 한국어 연구를 위해 학부 아래에 1907년에 국문 연구소를 세웠다.

516 천도교 정답 ②

핵심키워드 방정환, 동학 계승

정답 분석

손병희(동학의 3대 교조)는 1905년에 동학을 천도교로 개명하고 교단을 재정비하였다. 1906년에는 친일파 이용구와 송병준을 출교시키고 일진회와의 관계를 청산하였다. 이러한 결집을 통해 1910년대에 천도교는 크게 성장하였고, 3·1 운동에서 손병희와 권병덕 등 지도자들이 독립선언서에 서명하며 독립운동에 앞장섰다. 천도교는 잡지 「개벽」을 창간하여 문화운동에 기여했으며, 방정환은 천도교 소년회를 조직하여 어린이날을 제정하였다. 또한, 1926년에는 조선 공산당 세력과 함께 6·10 만세운동을 기획하였다.

② 만세보는 천도교에서 창간한 일간지로, 1906년부터 1907년에 발행되었다.

오답 분석

① 한용운은 일제의 불교 통제에 저항하며 사찰령 폐지 운동에 참여하였다.

③ 박중빈은 원불교를 창시하고, 개간 사업과 저축 운동, 남녀 평등과 허례허식 폐지 등을 목표로 새생활 운동을 전개하였다.

④ 배재 학당은 1885년에 미국 선교사 아펜젤러가 설립한 근대 학교이다.

⑤ 의민단은 1919년 천주교 신자들이 조직한 항일 무장 단체로, 만주 지역에서 항일 투쟁을 전개하였다.

517 일제 시대의 종교
정답 ③

핵심키워드 일제 강점기 종교계의 활동

정답 분석

박중빈은 1916년에 원불교를 창시하고, 개간 사업과 저축 운동, 남녀 평등과 허례허식 폐지 등을 목표로 새생활 운동을 전개하였다.

오답 분석

① 대종교는 민족의식을 고취시키기 위해 단군 숭배 사상을 강조하였다. 반면, 개신교는 1930년대에 일제의 신사 참배 강요를 거부하여 많은 신자가 투옥되거나 학교가 폐쇄되기도 하였다.
② 천주교 일부 신자들은 만주에서 무장 항일 운동 단체인 의민단을 조직하여 활동하였다.
④ 개신교 선교사인 아펜젤러는 1885년에 배재 학당을 설립하여 신학문을 보급하였다.
⑤ 방정환과 천도교 소년회는 1923년에 어린이날을 제정하여 어린이의 권리를 강조하였다.

518 한용운
정답 ③

핵심키워드 심우장, 님의 침묵

정답 분석

한용운은 사찰의 병합, 이전, 폐사 등 모든 관리를 총독의 허가 아래 두어 사원의 자율적 관리를 불가능하게 한 일제의 사찰령에 맞서 1910년대 사찰령 폐지 운동에 앞장섰다. 1918년에는 불교 잡지 「유심」을 발간하였고, 1921년에는 조선 불교 유신회를 조직하여 불교계의 개혁 활동을 이어갔다. 또한 1926년 저항 시집 「님의 침묵」을 출간하여 민족의 고통과 저항의 목소리를 담았다. 말년에는 조선총독부 남쪽을 등지고 북향으로 지은 심우장에 은거하였다.

오답 분석

① 조선어 학회는 우리말 큰 사전 편찬 사업을 추진하였으나, 1942년 조선어 학회 사건으로 중단되었다.
② 독립운동가이자 양명학자인 박은식은 유교의 개량과 혁신을 주장한 유교구신론을 주장하였다.
④ 이병도와 손진태는 진단학회를 창립하여 실증주의 사학을 발전시키며 한국사 연구의 과학화를 추구하였다.
⑤ 독사신론은 1908년에 신채호가 저술하여 민족주의 역사학의 기초를 다진 글로, 이 글에서 조선사의 독자적 발전을 강조하였다. 이후 신채호는 고대사를 연구해 1920년대와 1930년대에 「조선 상고사」, 「조선사 연구초」 등을 저술하였다.

519 윤동주
정답 ⑤

핵심키워드 문학가, 서시, 북간도 출신, 일본 유학

정답 분석

윤동주는 북간도 명동촌에서 태어났다. 북간도의 명동학교를 졸업한 후, 1942년 일본으로 유학을 떠났다가 1943년 독립운동 혐의로 체포되었으며, 1945년 2월 후쿠오카 형무소에서 순국하였다. 그의 유고 시집 「하늘과 바람과 별과 시」는 1948년에 간행되었다. 「서시」, 「자화상」, 「내일은 없다」 등 그의 시는 어두운 시대 속에서도 순수하게 살아가려는 내면의 의지를 노래한 것이 특징이다.

오답 분석

① 신채호는 「조선 상고사」에서 한국의 고대 역사를 정리했으며, 자신의 역사관을 '아(我)'와 비아(非我)의 투쟁 기록'으로 정의하였다.
② 심훈은 1935년에 농촌 계몽을 주제로 소설 「상록수」를 발표하였다.
③ 이육사는 일제 강점기 동안 시 「광야」와 「절정」을 발표하여 민족의 저항 의지를 담았다.
④ 나운규는 1926년에 영화 「아리랑」을 제작하고 감독하여 일제 강점기 한국인의 고통을 표현하였다.

520 1920년대 문화 활동
정답 ⑤

핵심키워드 나운규

정답 분석

나운규는 1926년에 영화 「아리랑」을 제작하고 감독하였다. 이 영화는 나라 잃은 민족의 울분과 설움을 그려 내어 대중의 큰 호응을 받았다.
⑤ 카프(KAPF)는 사회주의 사상에 영향을 받은 신경향파 작가들이 1925년에 결성한 문학 단체로, 계급 해방과 민족 독립을 목표로 활동하였다.

오답 분석

① 관민 공동회는 1898년에 독립협회와 개화파 정부 관료가 주도하여 열린 민중 집회로, 헌의 6조를 합의하고 이를 고종에게 건의하였다.
② 교육 입국 조서는 고종이 1895년에 근대적 교육 확립과 인재 양성에 관해 발표한 글이다.
③ 원각사(1908~1909년 운영)는 서울에 위치한 서양식 극장으로, 신극 은세계와 치악산 등이 공연되었다.
④ 고종은 1898년에 미국인과 공동출자 형식으로 한성 전기 회사를 세워 서울의 전차, 전등, 수도, 전화 등을 시설하는 일을 시작하였다. 이에 1899년에 서대문~청량리 구간의 전차가 첫 개통하였다.

제 **7** 편

현대

출제 경향 분석

3개년 평균 출제 비중

6문항
(12%)

학습 포인트

- 6·25 전쟁의 경과를 파악하세요.
- 각 정부별 주요 활동을 구분하세요.
- 9차례 개헌의 주요 내용을 파악하세요.
- 이승만 정부와 박정희 정부의 경제 정책을 파악하세요.

핵심 키워드

소단원	핵심 키워드
1945~1948년	여운형, 좌우합작운동, 남북 협상, 제주 4·3 사건, 5·10 총선거
이승만 정부 (1) – 정권 초기~6·25 전쟁	반민족 행위처벌법, 농지개혁, 인천상륙작전, 한미 상호방위조약
이승만 정부 (2) – 개헌과 4·19 혁명	부산 정치 파동, 발췌 개헌, 사사오입 개헌, 조봉암, 삼백 산업, 3·15 부정선거, 내각 책임제, 양원제, 장면
박정희 정부 (1) – 정치	5·16 군사 정변, 6·3 시위, 베트남 파병, 3선 개헌, 7·4 남북 공동성명, 통일주체국민회의, 유신 체제, YH 무역 사건
박정희 정부 (2) – 경제, 사회	경제 개발 5개년 계획, 새마을 운동, 전태일, 석유 파동
전두환 정부	12·12 사태, 5·18 민주화 운동, 3저 호황, 박종철, 6월 민주 항쟁
노태우~김영삼 정부	서울 올림픽, 3당 합당, 북방외교, 남북 기본 합의서, 금융 실명제
김대중~노무현 정부	금 모으기 운동, 외환 위기 극복, 6·15 남북 공동선언, 개성공단

1945	1948	1950	1960	1964	1980	1987
8·15 광복	제주 4·3 사건, 대한민국 정부 수립	6·25 전쟁 발발	4·19 혁명	6·3 시위, 베트남 파병	5·18 민주화 운동	6월 민주 항쟁

❶ 국내 인사의 활동

중도 세력	• 여운형 : 조선 건국 준비 위원회(건준) 조직〔1945.8.15〕
	  – 치안 유지에 기여
	  – 미군 진주 직전에 조선 인민 공화국 선포
	• 김규식 : 중도 우파

우익 세력	• 김구 : 귀국 후 한국 독립당 조직, 경교장 거점으로 활동 • 이승만 : 귀국 후 독립 촉성 중앙 협의회 조직 • 김성수, 송진우 : 한국 민주당(한민당) 조직, 미군정 지지

❷ 광복 직후

38도선 설정 〔1945.9〕	• 소련의 북한 통치 : 김일성 앞세워 공산화 착수 • 미군의 남한 통치 : 미군정청 설치, 신한 공사를 설립해 적산 관리

모스크바 3국
외상 회의
〔1945.12〕
	• 합의안 : 임시 정부 수립, 미·소 공동 위원회 설치, 최대 5년 신탁 통치 실시
	• 신탁 통치안에 대한 반응
	  – 우익 : 신탁 통치 반대
	  – 좌익 : 신탁 통치 반대 → 총체적 지지

제1차 미·소 공동 위원회 〔1946.봄〕	• 덕수궁 석조전 • 임시 민주 정부 수립에 참여할 정당 범위를 두고 갈등 → 해산
좌·우 합작 운동 〔1946.7~1947.7〕	• 배경 : 이승만의 정읍 발언 "남한만이라도 임시 정부를 조직해야 한다." • 여운형, 안재홍, 김규식 등 중도 세력 주도 • 좌우합작 7원칙 제시 • 중단 이유 : 제2차 미·소 공동 위원회 결렬, 여운형 암살

❸ 대한민국 정부 수립〔1948〕

배경	• UN 총회에서 총선거 결의 _{소련의 UN 한국 임시 위원단 입국 거부} → UN 소총회에서 선거가 가능한 지역에서 선거 결의 • 〔1948.4〕 김구·김규식의 남북 협상 : 평양, 김일성 등과 통일 국가 수립 논의, 성과 無 • 〔1948.4〕 제주 4·3 사건 : 5·10 총선거에 반대한 좌익 세력 봉기, 진압 과정에서 다수의 민간인 희생
5·10 총선거 〔1948.5〕	• 임기 2년의 제헌 국회 의원 선출 • 한계 : 제주도 2개 선거구에서 미실시, 김구·김규식 등 불참
헌법 선포 〔1948.7〕	• 민주 공화정 채택 • 대통령제 채택 : 임기 4년의 중임, 국회 간선제 선출
정부 수립 〔1948.8〕	• UN에서 한반도 유일의 합법 정부로 승인 • 이승만 대통령, 이시영 부통령
여수·순천 10·19 사건 〔1948.10〕	• 군내 좌익이 제주 출동을 거부하며 봉기 • 결과 : 이승만 정부의 국가 보안법 제정〔1948.12〕

✦ 조선 건국 준비 위원회

1. 우리는 완전한 독립 국가의 건설을 기함
3. 우리는 일시적 과도기에 있어서 국내 질서를 자주적으로 유지하며 대중 생활의 확보를 기함

✦ 모스크바 3국 외상 회의 합의문

1. 한국의 독립을 위하여 임시 민주 정부를 수립한다.
2. 임시 정부 수립을 위하여 미·소 공동 위원회를 설치하고 한국의 정당 및 사회단체와 협의한다.
3. 미·소 공동 위원회의 제안은 조선 임시 정부와 협의 후 5년 이내를 기한으로 하는 조선에 대한 4개국 신탁 통치(후견)의 협정을 작성하기 위하여 미국·소련·영국·중국 각국 정부의 공동 심의를 받아야 한다.

✦ 신탁 통치안을 둘러싼 갈등

▲ 우익의 신탁 통치　▲ 좌익의 신탁 통치
　반대 운동　　　　찬성 모습

✦ 남북 협상을 임하는 김구의 입장

통일하면 살고 분열하면 죽는다는 것은 고금의 철칙이온데, … 나는 통일 정부를 세우려다가 38도선을 베고 쓰러질지언정 일신의 구차한 안위를 위해서 단독 정부를 세우는 일에는 가담하지 않겠노라.

▲ 남북 협상을 위해 북으로 가는 김구

1 다음 설명에 해당하는 인물을 쓰시오.

┌─ 보기 ─────────────────────────┐
│   김구   김규식   여운형   이승만   │
└──────────────────────────────┘

(1) (   ) – 독립 촉성 중앙 협의회를 이끌었다.

(2) (   ) – 1949년 경교장에서 암살당하였다.

(3) (   ) – 조선 건국 준비 위원회를 조직하였다.

(4) (   ) – 1944년에 조선 건국 동맹을 결성하였다.

(5) (   ) – 대한민국 임시 정부의 주석을 역임하였다.

(6) (   ) – 여운형과 함께 좌우 합작 위원회를 조직하였다.

(7) (   ) – 정읍에서 남한만의 단독 정부 수립을 주장하였다.

(8) (   ), (   ) – 통일 정부 구성을 위한 남북 협상을 추진하였다.

2 빈칸에 알맞은 말을 선택하시오.

(1) (좌익, 우익)은 신탁 통치 반대 운동을 전개하였다.

(2) 미 군정청은 (신한 공사, 반민특위)를 설립하여 귀속 재산을 관리하였다.

(3) (모스크바 3국 외상 회의, 미·소 공동 위원회)는 임시 민주 정부 수립을 위한 협의에 참여할 단체의 범위를 두고 논쟁하였다.

(4) 1947년 유엔 총회에서 (신탁 통치, 남북한 총선거)가 의결되었다.

(5) (김규식, 이승만)은 독립 촉성 중앙 협의회를 결성하였다.

(6) 여운형은 조선 건국 동맹 세력을 바탕으로 (한국 민주당, 조선 건국 준비 위원회)을/를 조직되었다.

(7) (임시 정부, 조선 건국 준비 위원회)는 치안대를 조직하여 질서 유지 활동을 하였다.

(8) 이승만은 (부산, 정읍)에서 남한만의 단독 정부 수립을 주장하였다.

(9) (김구, 이승만)은/는 분단을 막기 위해 남북 협상에 참석하였다.

(10) 우리나라 최초의 보통 선거인 (3·15, 5·10) 총선거가 실시되었다.

(11) 1948년 총선거에서 (서울, 제주도)의 일부 지역에서 선거가 무효 처리되었다.

(12) 제주 출동을 거부한 군대 좌익 세력이 (부산·마산, 여수·순천)에서 봉기하였다.

3 아래 사건이 일어난 시기를 (가)~(라) 중 고르시오.

1945	1946	1947	1948	1950
	(가)	(나)	(다)	(라)
광복	제1차 미소공위	제2차 미소공위	5·10 총선거	6·25 전쟁 발발

(1) (   ) – 여수·순천 10·19 사건이 일어났다.

(2) (   ) – 조선 건국 준비 위원회가 결성되었다.

(3) (   ) – 김구, 김규식 등이 남북 협상에 참석하였다.

(4) (   ) – 모스크바 3국 외상 회의의 결정 사항이 보도되었다.

(5) (   ) – 미군정의 후원을 받아 좌우 합작 운동이 시작되었다.

(6) (   ) – 남한만의 단독 정부 수립을 주장한 정읍 발언이 제기되었다.

4 다음 사료를 읽고, 물음에 답하시오.

(1) 아래 문서를 합의한 국제 회의를 쓰시오.

┌──────────────────────────────────┐
│ 1. 가혹한 일본의 조선 통치 잔재를 빨리 청산하기 위해 조 │
│   선에 임시 민주주의 정부를 수립한다.   │
│ 2. 조선 임시 정부 수립을 원조하기 위해 미·소 공동 위원 │
│   회를 설치한다.   │
│ 3. 공동 위원회는 조선 임시 민주 정부와 타협한 후 미국· │
│   영국·소련·중국의 4개국 정부가 공동 관리하는 최고 5 │
│   년 기간의 신탁 통치에 관한 협정을 제안한다.   │
└──────────────────────────────────┘

(2) 아래와 같은 발언을 한 인물은 누구인가?

┌──────────────────────────────────┐
│ 통일하면 살고 분열하면 죽는다는 것은 고금의 철칙이온데, │
│ … 나는 통일된 조국을 건설하려다가 38선을 베고 쓰러질지 │
│ 언정 일신의 구차한 안일을 취하여 단독 정부를 세우는 데는 │
│ 협력하지 아니하겠다.   │
└──────────────────────────────────┘

(3) 아래와 같은 발언을 한 인물은 누구인가?

┌──────────────────────────────────┐
│ 무기 휴회된 미·소 공동 위원회가 재개될 기색도 보이지 않 │
│ 으며, … 우리는 남방만이라도 임시 정부 혹은 위원회 같은 │
│ 것을 조직하여 38 이북에서 소련이 철퇴하도록 세계 공론에 │
│ 호소하여야 될 것이니 …   │
└──────────────────────────────────┘

정답

1. (1) 이승만 (2) 김구 (3) 여운형 (4) 여운형 (5) 김구 (6) 김규식 (7) 이승만
   (8) 김구, 김규식
2. (1) 우익 (2) 신한 공사 (3) 미·소 공동 위원회 (4) 남북한 총선거 (5) 이승만
   (6) 조선 건국 준비 위원회 (7) 조선 건국 준비 위원회 (8) 정읍 (9) 김구 (10) 5·10
   (11) 제주도 (12) 여수·순천
3. (1) 라 (2) 가 (3) 다 (4) 가 (5) 나 (6) 나
4. (1) 모스크바 3국 외상 회의 (2) 김구 (3) 이승만

521

57회 46번 [2점]

(가), (나) 사이의 시기에 있었던 사실로 옳은 것은?

> (가) 본관(本官)은 본관에게 부여된 태평양 미국 육군 최고 지휘관의 권한을 가지고 조선 북위 38도 이남의 지역과 주민에 대하여 군정을 설립함. 따라서 점령에 관한 조건을 다음과 같이 포고함.
> 제1조 조선 북위 38도 이남의 지역과 동 주민에 대한 모든 행정권은 당분간 본관의 권한하에서 시행함.
>
> (나) 대한민국 임시 정부는 28일 김구와 김규식의 명의로 '4개국 원수에게 보내는 결의문'을 채택하고, 각계 대표 70여 명으로 신탁 통치 반대 국민 총동원 위원회를 결성하였다. 여기서 강력한 반대 투쟁을 결의하고 김구·김규식 등 9인을 위원회의 '장정위원'으로 선정하였다.

① 카이로 선언이 발표되었다.
② 조선 건국 동맹이 결성되었다.
③ 모스크바 삼국 외상 회의가 개최되었다.
④ 좌우 합작 위원회에서 좌우 합작 7원칙을 합의하였다.
⑤ 유엔 총회에서 인구 비례에 따른 남북한 총선거를 결의하였다.

522

66회 44번 [2점]

(가) 인물에 대한 설명으로 옳은 것은?

> 항복 전에 정무총감 엔도 등이 법과 질서를 유지하고 일본인들의 생명과 재산을 지키기 위하여 (가) 와/과 논의하였다. …… 일본인들은 그가 유혈 사태를 막아줄 수 있다고 믿었던 것 같다. …… 그런데 (가) 은/는 조선 총독부가 생각했던 바를 따르지 않았다. 일본이 원했던 것은 연합군이 올 때까지 질서를 유지하기 위한 평화 유지 위원회 정도였다. 그러나 그는 실질적인 정부로 여겨질 수 있는 조선 건국 준비 위원회를 만들었다.

① 샌프란시스코에서 흥사단을 결성하였다.
② 조선어 학회 사건으로 구속되어 옥고를 치렀다.
③ 김규식과 함께 좌우 합작 위원회를 조직하였다.
④ 반민족 행위 특별 조사 위원회에서 활동하였다.
⑤ 미국에서 귀국하여 독립 촉성 중앙 협의회를 이끌었다.

523

63회 40번 [2점]

(가), (나) 인물에 대한 설명으로 옳은 것을 〈보기〉에서 고른 것은?

독립과 통일 정부 수립을 열망한 인물

(가)
- 생몰 : 1876~1949년
- 호 : 백범
- 대한만국 임시 정부 주석 역임
- 남북 협상 참여
- 서울 경교장에서 피살

(나)
- 생몰 : 1886~1947년
- 호 : 몽양
- 신한 청년당 결성
- 좌우 합작 위원회 조직
- 서울 혜화동에서 피살

┤ 보기 ├
ㄱ. (가) - 상하이에서 한인 애국단을 조직하였다.
ㄴ. (가) - 조선 혁명 간부 학교를 세워 독립군을 양성하였다.
ㄷ. (나) - 조선 건국 준비 위원회의 활동을 주도하였다.
ㄹ. (나) - 미국에서 귀국하여 독립 촉성 중앙 협의회를 이끌었다.

① ㄱ, ㄴ
② ㄱ, ㄷ
③ ㄴ, ㄷ
④ ㄴ, ㄹ
⑤ ㄷ, ㄹ

524

64회 42번 [2점]

(가) 시기에 있었던 사실로 옳은 것은?

> 신문을 보니 며칠 전 정읍에서 이승만이 단독 정부 수립을 시사하는 발언을 했다네.
>
> 한국 독립당에서는 단독 정부 수립은 안 된다고 했다더군.
>
> (가)
>
> 우리 소련의 주장은 작년 제1차 미·소 공동 위원회 때와 같습니다.
>
> 우리 미국은 신탁 통치에 반대하는 단체를 제외하는 것은 부당하다고 생각합니다.

① 여수·순천 10·19 사건이 발생하였다.
② 유엔 한국 임시 위원단이 서울에 도착하였다.
③ 송진우, 김성수 등이 한국 민주당을 창당하였다.
④ 여운형 등의 주도로 좌우 합작 위원회가 발족되었다.
⑤ 조선 건국 준비 위원회에서 조선 인민 공화국을 선포하였다.

525

70회 42번 [2점]

다음 편지가 작성된 시기를 연표에서 옳게 고른 것은?

> 친애하는 메논 박사
>
> 남북 지도자 회담에 관하여 귀하와 귀 위원단에게 우리의 의견과 각서를 이미 제출한 바이어니와 우리는 가급적 우리 양인의 명의로 남에서 이에 찬동하는 제 정당의 대표 회담을 소집하여 이미 제출한 바에 제1차 보조를 하겠습니다. 이 회의에서 남쪽이 대표를 선출하면 북쪽에 연락할 인원과 방법에 대한 것을 결정하겠습니다. 귀 위원단이 이에 대하여 원만하고 적극적인 협조를 직접 간접으로 하여 주시면 대단히 감사하겠으며 우리 양방의 노력으로 하여금 우리가 공동으로 목적하는 바를 이루어지기를 믿습니다. 끝으로 우리의 심각한 경의를 표합니다.
>
> 김구, 김규식

	(가)	(나)	(다)	(라)	(마)
8·15 광복	모스크바 3국 외상 회의	이승만 정읍 발언	좌우 합작 7원칙 발표	유엔 총회 남북한 총선거 결정	제헌 국회 구성

① (가) ② (나)
③ (다) ④ (라)
⑤ (마)

526

65회 45번 [3점]

다음 총선거에 대한 설명으로 옳은 것을 〈보기〉에서 고른 것은?

사진으로 보는 우리나라 첫 번째 총선거

회의 중인 유엔 한국 임시 위원단 / 투표하는 사람들 / 투표 용지를 세는 개표 종사원

┤ 보기 ├
ㄱ. 좌우 합작 위원회가 주도하였다.
ㄴ. 장면 정부가 수립되는 계기가 되었다.
ㄷ. 제주도에서 무효 처리된 선거구가 있었다.
ㄹ. 제헌 국회의원을 선출하기 위해 실시되었다.

① ㄱ, ㄴ ② ㄱ, ㄷ
③ ㄴ, ㄷ ④ ㄴ, ㄹ
⑤ ㄷ, ㄹ

527

55회 46번 [2점]

(가), (나) 발표 사이의 시기에 있었던 사실로 옳은 것은?

> (가) 우리는 다음 달에 입국할 유엔 한국 임시 위원단을 환영하는 동시에, 그들로 하여금 우리가 원하는 자주 독립의 통일 정부를 수립하는 임무를 완수하도록 최선을 다하여야 할 것이다. 우리는 어떠한 경우든지 단독 정부는 절대 반대할 것이다.
>
> (나) 올해 10월 19일 제주도 사건 진압 차 출동하려던 여수 제14연대 소속 3명의 장교 및 40여 명의 하사관들은 각 대대장의 결사적 제지에도 불구하고 남로당 계열 분자 지도하에 반란을 일으켰다. 동월 20일 8시 여수를 점령하는 한편, 좌익 단체 및 학생들을 인민군으로 편성하여 동일 8시 순천을 점령하였다.

① 제1차 미·소 공동 위원회가 결렬되었다.
② 모스크바 삼국 외상 회의가 개최되었다.
③ 좌우 합작 위원회에서 좌우 합작 7원칙이 발표되었다.
④ 유상 매수, 유상 분배 원칙의 농지 개혁법이 시행되었다.
⑤ 우리나라 최초의 보통 선거인 5·10 총선거가 실시되었다.

528

53회 46번 [2점]

(가) 사건에 대한 설명으로 옳은 것은?

제주도에서 발생한 (가) 당시 토벌대는 남한만의 단독 선거에 반대하는 세력을 진압한다는 명분으로 초토화 작전을 벌였고, 이 과정에서 무고한 사람들이 희생되었습니다. 법원은 오늘 이 사건으로 억울한 옥살이를 했던 피해자 335명에 대해서, 재심을 통해 무죄 판결을 내렸습니다.

(가) 옥살이 335명, 70여 년 만에 재심에서 무죄

① 허정 과도 내각이 성립되는 배경이 되었다.
② 전개 과정에서 3·1 민주 구국 선언이 발표되었다.
③ 희생자들의 명예 회복을 위해 특별법이 제정되었다.
④ 귀속 재산 처리를 위한 신한 공사 설립의 계기가 되었다.
⑤ 관련 기록물이 유네스코 세계 기록 유산으로 등재되었다.

521 광복 직후 정답 ③

핵심키워드 미국, 38도선 이남 군정, 신탁통치 반대

정답 분석

(가) 1945년 9월, 태평양에 주둔한 미 육군 총사령관 맥아더가 한반도의 38도 이남 지역 인민을 대상으로 발표한 문서의 일부이다. 이후 미군은 미 군정청을 설치하여 남한을 직접 통치하였다.

(나) 1945년 말의 상황을 보여주는 자료로서, 그해 12월 모스크바 삼국 외상 회의에서 한국 문제와 관련하여 임시정부 수립, 미·소 공동 위원회 조직, 최대 5년간의 신탁 통치가 결정되자 김구, 김규식 등이 반탁 운동을 전개하였다.

오답 분석

① 미국, 영국, 중국은 제2차 세계대전 중인 1943년에 카이로 회담에서 일제의 패망 후 한국의 독립을 약속하였다.

② 여운형은 1944년에 국내에서 조선 건국 동맹을 결성하였다. 이 조직은 광복 직후 조선 건국 준비 위원회(건준)로 개편되었다.

④ 1946년 좌우 합작 운동이 전개되면서, 좌익과 우익의 의견을 절충한 좌우 합작 7원칙이 발표되었다.

⑤ 1947년 유엔 총회에서 인구 비례에 따른 남북한 총선거를 결의하였다. 하지만 소련의 입국 방해로 인해 총선거가 실현되지 못하였다.

522 여운형 정답 ③

핵심키워드 항복 전, 조선 건국 준비 위원회

정답 분석

여운형은 광복 당일에 조선 건국 동맹을 조선 건국 준비 위원회로 개편하여, 치안 유지와 생필품 확보를 통해 국민 생활 안정을 도모하였다. 1946년 이승만의 정읍 발언으로 분단의 위기감이 고조되자, 여운형과 김규식 등 중도파는 좌우 합작 운동을 전개하였다.

오답 분석

① 안창호는 1907년에 국내에서 신간회를 조직하고, 1913년에 샌프란시스코에서 흥사단을 조직하였다.

② 한글 학자 이윤재는 조선어 학회 사건으로 구속되어 1943년에 옥중에서 사망하였다.

④ 반민족 행위 특별 조사 위원회는 1948~1949년 동안 활동하였다. 반면 여운형은 1947년 암살당했다.

⑤ 이승만은 미국에서 귀국한 후 지지 세력을 모아 1945년 12월에 독립 촉성 중앙 협의회를 조직하였다.

523 김구, 여운형 정답 ②

핵심키워드 백범, 임정 주석, 좌우 합작 위원회

정답 분석

(가) 백범 김구는 1940년부터 임시 정부 주석으로서 중국 충칭에서 독립운동을 지휘하였다. 광복 후 한국 독립당의 활동을 재건하여 통일 정부 수립을 위해 노력했으며, 1948년에는 남한 단독 선거를 저지하기 위해 남북 협상을 전개하였다.

(나) 몽양 여운형은 안재홍, 김규식 등과 더불어 대표적인 중도 세력이다. 그는 이들과 함께 좌우 합작 운동을 추진하며 통일 정부 수립을 위해 노력했으나, 1947년에 암살당했다.

ㄱ. 김구는 상하이에서 한인 애국단을 조직하였다. 이는 독립운동을 위한 무장 투쟁을 목적으로 하였다.

ㄷ. 1945년 8월 15일 광복 당일 여운형은 조선 건국 준비 위원회를 조직하여 과도기 상황을 수습하며 치안을 안정시켰다.

오답 분석

ㄴ. 김원봉은 1932년에 중국 난징에 조선 혁명 간부 학교를 설립하여 항일 투사 양성을 목적으로 하였다.

ㄹ. 이승만은 미국에서 귀국한 후 독립 촉성 중앙 협의회를 이끌며 정부 수립 운동을 전개하였다.

524 광복 직후의 상황 정답 ④

핵심키워드 이승만 정읍 발언, 제1차 미·소 공동 위원회

정답 분석

왼쪽 그림은 1946년 이승만의 정읍 발언을 나타내며, 오른쪽 그림은 제2차 미·소 공동 위원회가 진행된 1947년 5~10월의 상황이다.

④ 정읍 발언으로 분단의 위기가 높아지자, 여운형과 김규식 등의 중도 세력은 1946년 여름에 좌우 합작 위원회를 조직하여 좌우 합작 운동을 전개하였다.

오답 분석

① 남로당의 영향 아래 일부 군인들이 제주 4·3 사건 진압 명령을 거부하며 무장 봉기를 일으켰다. 이를 여수 순천 10·19 사건(1948년)이라 한다.

② 제2차 미·소 공동 위원회의 결렬 이후, 유엔 총회에서 남북한 총선거를 통한 정부 수립을 결정하였다. 이를 감독하기 위해 유엔 한국 임시 위원단이 방문하였다.

③ 광복 직후 송진우와 김성수는 한국 민주당(한민당)을 창당하였다.

⑤ 1945년 9월, 조선 건국 준비 위원회는 미군의 진주 소식을 듣고 대등한 입장에서 교섭하기 위해 조선 인민 공화국을 선포하였다.

525 남북 협상

정답 ⑤

핵심키워드 남북 지도자 회담, 김구, 김규식

정답 분석

제시문의 남북 지도자 회담은 1948년 4월에 평양에서 개최된 남북 협상으로, 남북 연석회의, 남북한 정치지도자 회의라고도 불린다. 또한 제시문의 메논은 유엔 한국 임시위원단의 대표를 맡은 인물이다.

따라서 이 글은 김구와 김규식이 5·10 총선거를 앞두고 통일 정부 수립을 위해 평양에 김일성, 김두봉을 만나러 가는 상황과 관련 있다.

오답 분석

* 유엔 총회의 남북한 총선거 결정 : 제2차 미·소 공동 위원회의 결렬 이후, 유엔 총회(1947년 11월)에서 남북한 총선거를 통한 정부 수립을 결정하였다. 이를 감독하기 위해 유엔 한국 임시 위원단이 방문하였다.
* 제헌 국회 구성 : 5·10 총선거(1948년)로 뽑힌 제1대 국회의원은 헌법을 제정하는 임무를 맡았기 때문에 제헌 의원이라고 한다. 이들은 1948년 5월부터 1950년 5월까지 2년 동안 활동하였다.

526 5·10 총선거

정답 ⑤

핵심키워드 우리나라 첫 번째 총선거

정답 분석

1948년 5월 10일, 유엔 한국 임시 위원단의 감시 아래 우리 역사 최초로 국회 의원을 뽑기 위한 민주적인 총선거가 실시되었다.

ㄷ. 남한 200개의 선거구 중 제주도의 두 곳은 제주 4·3 사건으로 인해 국회 의원 선출이 불가능했다. 그 두 곳은 이듬해에 선거가 실시되었다.

ㄹ. 5·10 총선거(1948년)로 뽑힌 제1대 국회의원은 헌법을 제정하는 임무를 맡았기 때문에 제헌 의원이라고 한다. 이들은 1948년 5월부터 1950년 5월까지 2년 동안 활동하였다.

오답 분석

ㄱ. 좌우 합작 위원회는 통일정부 수립을 위해 1946년에 여운형과 김규식을 중심으로 조직된 정치 기구로, 1947년 가을에 해체되었다.

ㄴ. 1960년 4·19 혁명 이후 이승만 대통령이 하야하고 실시된 총선거에서 민주당이 승리하였다. 이로써 장면은 국무총리로 임명되어 내각 책임제 아래 새 정부를 이끌게 되었다.

527 대한민국 정부 수립 과정

정답 ⑤

핵심키워드 유엔 한국 임시 위원단, 10월 19일, 여수

정답 분석

㈎ 제2차 미·소 공동 위원회(1947년)가 결렬되자, 그해 가을 유엔 총회에서 남북한 총선거를 결정하고 이를 감독하기 위해 유엔 한국 임시 위원단을 파견하는 상황을 나타낸다.

㈏ 1948년 10월 19일, 여수 순천에 주둔한 국군 중 일부가 제주 4·3 사건 진압 명령을 거부하며 무장 봉기한 여수 순천 사건을 설명한다. 갓 수립된 이승만 정부는 이를 진압하면서 군 내부의 좌익 세력을 제거하였고, 이후 국가 보안법을 제정하였다.

⑤ 1948년 5월 10일, 우리나라 최초의 보통 선거로 제헌 국회의원을 선출하는 총선거가 실시되었다.

오답 분석

① 제1차 미·소 공동 위원회는 1946년 봄에 개최되었다.

② 모스크바 삼국 외상 회의는 1945년 12월에 개최되었다.

③ 좌우 합작 위원회는 1946년 10월에 좌우 합작 7원칙을 발표하였다.

④ 제헌 국회는 1949년에 농지 개혁법을 제정하였고, 이승만 정부는 1950년 3월부터 농지 개혁을 실시하였다.

528 제주 4·3 사건

정답 ③

핵심키워드 제주도, 무고한 사람 희생

정답 분석

㈎ 제주 4·3 사건으로, 이 과정에서 수많은 민간인이 희생되었다. 이후 진상 규명과 희생자 명예 회복을 위한 노력이 지속되었고, 김대중 정부 시기인 1999년에 제주 4·3 사건 특별법이 여야 만장일치로 통과되었다.

오답 분석

① 허정 과도 내각은 1960년 4·19 혁명으로 이승만 대통령이 하야하면서 구성된 임시 내각으로, 제3차 개헌을 통해 의원 내각제를 도입하는 헌법을 마련하였다.

② 1976년 3월 1일, 재야 인사들은 3·1 민주 구국 선언을 발표하여, 유신 체제를 비판하고 긴급 조치 철폐를 요구하였다.

④ 귀속 재산이란 미군정이 적산(적의 재산)으로 접수한 일본인 소유의 재산을 말한다. 미군정은 이를 관리하기 위해 1946년에 신한 공사를 설립하였다.

⑤ 유네스코 세계 기록 유산에 등재된 우리 기록물 중에서 현대사와 관련된 것은, 5·18 민주화 운동 기록물, 새마을 운동 기록물, KBS특별 생방송 '이산가족을 찾습니다' 기록물, 4·19 혁명 기록물이 있다.

이승만 정부 (1) - 정권 초기~6 · 25 전쟁

핵심정리

❶ 이승만 정부 초기의 주요 정책 ≒ 제헌 국회

친일파 청산 (1948~1949)	• 반민족 행위 처벌법 제정(1948.9) : 재산 몰수 · 공민권 제한 · 형사 처벌 등 명시 • 반민족 행위 특별 조사 위원회(반민특위) 운영 : 박흥식, 노덕술, 최린, 최남선, 이광수 등 680여 명 조사 • 친일파 청산이 미진한 이유 　– 이승만 대통령의 소극적 태도 　– 국회 프락치 사건 : 외국 군대 철수와 남북 통일 협상안을 제시한 국회의원 13명을 간첩 혐의로 체포 · 구속 　– 경찰의 반민특위 습격 : 친일 경찰 노덕술의 체포에 반발
농지 개혁 (1950~1957)	• 농지개혁법 제정(1949.6) 　– 가구당 3정보 약 9천평를 소유 상한으로 설정 　– 생산량의 30%를 5년간 분할 상환하는 방식으로 토지 매입 허용 • 결과 : 자영농 증가, 지주제 폐지
귀속 재산 처리	• 귀속 재산 처리법 제정(1949.12) • 6 · 25 전쟁 이후 본격적으로 불하

└─ 국가 또는 공공 단체의 재산을 개인에게 팔아넘기는 일

❷ 6 · 25 전쟁 (1950~1953)

배경	• 북한 　– 중국의 참전 약속 받음 　– 김일성의 소련 방문으로 북한의 남침 계획을 승인받음 • 남한 　– 미군 철수(1949.6) → 미국의 애치슨 선언 발표(1950.1)
전쟁 초기	• (1950.6.25) 북한의 남침 : 3일 만에 서울 함락 　→ (1950.7) 유엔 안전 보장 이사회의 유엔군 파견 결정 　→ (1950.8) 낙동강 전선에서 항전 : 다부동 전투 승리하여 대구 수호 　→ (1950.9) 인천 상륙 작전 전개 : 맥아더 장군 지휘, 서울 수복 후 압록강까지 진격 　→ (1950.10) 중국군 참전 : 흥남 철수 작전 전개('크리스마스의 기적') 　→ (1950.12) 서울 재함락(1 · 4 후퇴)┬ 흥남항에 고립된 피란민 약 10만여 명을 부산으로 수송 　→ (1951.1~2) 국민 방위군 사건 : 군간부들의 군수품 횡령 · 착복으로 1 · 4 후퇴 과정에서 다수의 사망자 발생 　→ (1951.3) 서울 재수복 후 38도선 부근에서 전선 고착화
휴전 회담 중	• (1951.6) 소련의 휴전 회담 제의 　– 군사 분계선 설정과 포로 교환 문제를 둘러싸고 2년간 난항 거듭 　– 이승만 정부 입장 : 휴전 협정에 반대하며 북진 통일 주장 • (1953.6) 이승만 정부의 포로 석방 : 거제도에 수용된 인민군 포로 27,000명을 석방 • (1953.7.27) 정전 협정 체결 : 유엔군 · 북한 · 중국 참여, 한국 불참
전후	• (1953.10) 한 · 미 상호방위조약 체결 : 주한 미군 주둔 명시

✚ 반민족 행위자 처벌법

• 제1조 일본 정부와 통모하여 한 · 일 합방에 적극 협력한 자, 한국의 주권을 침해하는 조약 또는 문서에 조인한 자와 모의한 자는 사형 또는 무기 징역에 처하고 그 재산과 유산의 전부 또는 2분의 1 이상을 몰수한다.
• 제2조 일본 정부에서 작위를 받은 자 또는 일본 제국 의회의 의원이 되었던 자는 무기 또는 5년 이상의 징역에 처하고 그 재산과 유산의 전부 또는 2분의 1을 몰수한다.

✚ 농지 개혁법

• 제12조 농지의 분배는 농지의 종목, 등급 및 농가의 능력 기타에 기준한 점수제에 의거하되 1가당 총경영 면적 3정보를 초과하지 못한다.
• 제13조 분배받은 농지에 대한 상환액 및 상환 방법은 다음에 의한다.
　1. 상환액은 당해 농지의 주생산물 생산량의 12할 5푼을 5년간 납입케 한다.

✚ 애치슨 선언

미국의 극동 방위선은 알류산 열도 일본 열도를 거쳐 류큐(오키나와 섬)로 이어진다. … 방위선은 류큐에서 필리핀으로 연결된다. 이 방위선 밖에 위치한 국가가 제3국의 침략을 받는다면, 침략을 받은 국가는 그 국가 자체의 방위력과 국제 연합 헌장의 발동으로 침략에 대항해야 한다.

1 다음은 제헌 국회의 활동을 정리한 것이다. 맞으면 ○표, 틀리면 ×표 하시오.

(1) 임기는 4년이었다. (　　)

(2) 반민족 행위 처벌법을 제정하였다. (　　)

(3) 민의원, 참의원의 양원으로 운영되었다. (　　)

(4) 국회에서 간선제 방식으로 제1대 대통령을 선출하였다. (　　)

(5) 유상 매수, 유상 분배 원칙의 농지 개혁법을 제정하였다. (　　)

(6) 의원 정수 3분의 1일 통일 주체 국민 회의에서 선출되었다. (　　)

(7) 초대 대통령에 한해 중임 제한을 철폐하는 개헌을 추진하였다. (　　)

(8) 일제가 남긴 재산 처리를 위해 신한공사를 설립하였다. (　　)

(9) 일제가 남긴 재산 처리를 위한 귀속 재산 처리법을 만들었다. (　　)

(10) 제주 4·3 사건의 여파로 제주도 일부 지역에서 국회의원이 선출되지 못한 채 출범하였다. (　　)

2 6·25 전쟁에 관한 내용이다. 빈칸에 알맞은 말을 선택하시오.

(1) 북한의 (남침, 북침)으로 시작되었다.

(2) (광주, 부산)이/가 임시 수도로 정해졌다.

(3) (전쟁 중, 전쟁 후) 한미 상호 방위 조약이 체결되었다.

(4) (장진호 전투, 인천 상륙 작전) 이후 서울을 수복하였다.

(5) 국회에서 (진보당 사건, 국민 방위군 사건)이 폭로되었다.

(6) 전쟁 중 이승만 정부는 (발췌 개헌, 사사오입 개헌)을 단행하였다.

(7) 이승만 정부는 (거제도, 제주도)에 수감된 반공 포로를 석방하였다.

(8) 전쟁 직전에 미국의 극동 방위선을 조정한 (닉슨, 애치슨) 선언이 발표되었다.

(9) 중국군 참전으로 유엔군이 (인천, 흥남)항을 통해 대규모 해상 철수를 단행하였다.

(10) (배상금, 포로 송환) 문제로 인해 정전 협정 체결이 지연되었다.

3 아래 사건이 일어난 시기를 (가)~(다) 중 고르시오.

1948		1950		1951		1953
	(가)		(나)		(다)	
5·10 총선거		6·25 전쟁 발발		1·4 후퇴		한미 상호 방위 조약

(1) (　　) – 애치슨 선언이 발표되었다.

(2) (　　) – 인천 상륙 작전이 전개되었다.

(3) (　　) – 반민족 행위 처벌법을 제정하였다.

(4) (　　) – 정전 협정을 체결하여 군사 분계선이 확정되었다.

(5) (　　) – 경자유전의 원칙에 따른 농지 개혁법이 제정되었다.

(6) (　　) – 거제도 포로 수용소에 있던 반공 포로가 석방되었다.

(7) (　　) – 유엔군이 흥남항을 통해 대규모 철수 작전을 전개하였다.

(8) (　　) – 일제가 남긴 재산 처리를 위한 귀속 재산 처리법을 제정하였다.

4 다음 사료를 읽고, 물음에 답하시오.

(1) 아래 발표문의 명칭을 쓰시오.

> 미국의 극동 방위선은 알류샨 열도 일본 열도를 거쳐 류큐(오키나와 섬)로 이어진다. … 방위선은 류큐에서 필리핀으로 연결된다. 이 방위선 밖에 위치한 국가가 제3국의 침략을 받는다면, 침략을 받은 국가는 그 국가 자체의 방위력과 국제 연합 헌장의 발동으로 침략에 대항해야 한다.

(2) 다음 조약의 명칭을 쓰시오.

> 제2조 당사국 가운데 어느 한 나라의 정치적 독립 또는 안전이 외부로부터 무력 공격에 의하여 위협을 받고 있다고 어느 당사국이든지 인정할 때에는 언제든지 당사국은 서로 협의한다.
> 제4조 상호적 합의에 의하여 미합중국의 육군, 해군과 공군을 대한민국의 영토 내와 그 부근에 배치하는 권리를 대한민국은 허락하고 미합중국은 수락한다.

정답

1. (1) ×(→ 2년) (2) ○ (3) ×(→ 장면 정부의 특징) (4) ○ (5) ○
   (6) ×(→ 유신 체제의 특징) (7) ×(→ 사사오입 개헌) (8) ×(→ 미군정청의 활동)
   (9) ○ (10) ○
2. (1) 남침 (2) 부산 (3) 전쟁 후 (4) 인천 상륙 작전 (5) 국민 방위군 사건 (6) 발췌 개헌
   (7) 거제도 (8) 애치슨 (9) 흥남 (10) 포로 송환
3. (1) 가 (2) 나 (3) 가 (4) 다 (5) 가 (6) 다 (7) 나 (8) 가
4. (1) 애치슨 선언 (2) 한미 상호 방위 조약

529

63회 41번 [3점]

밑줄 그은 '국회'에 대한 설명으로 옳지 않은 것은?

> 이 우표는 우리나라 최초로 실시된 총선거를 기념하기 위해 발행되었습니다. 보통·직접·평등·비밀 선거 원칙에 따라 치른 이 선거를 통해 구성된 국회에서 활동하는 의원의 임기는 2년이었습니다.

① 반민족 행위 처벌법을 제정하였다.
② 의원들의 선거로 대통령을 선출하였다.
③ 민의원과 참의원의 양원제로 운영되었다.
④ 일부 지역의 국회의원이 선출되지 못한 채 출범하였다.
⑤ 일제가 남긴 재산 처리를 위한 귀속 재산 처리법을 만들었다.

530

69회 39번 [3점]

(가), (나) 법령이 발표된 사이의 시기에 있었던 사실로 옳은 것은?

> (가) 제1조 신한공사를 조선 정부에서 독립한 기관으로써 창립함. 공사는 군정장관 또는 그의 수임자가 후임자를 임명할 때까지 10명의 직무를 집행하는 취체역이 관리함.
> 제4조 …… 동양척식주식회사가 소유하던 조선 내 법인의 일본인 재산은 전부 신한공사에 귀속됨.
>
> (나) 제4조 본법 시행에 관한 사무는 농림부 장관이 관장한다.
> 제12조 농지의 분배는 농지의 종목, 등급 및 농가의 능력 등에 기준한 점수제에 의거하되 1가당 총경영 면적 3정보를 초과하지 못한다.
> 제13조 분배받은 농지에 대한 상환액 및 상환 방법은 다음에 의한다.
> 　1. 상환액은 해당 농지의 주생산물 생산량의 12할 5푼을 5년간 납입케 한다.

① 조선 건국 동맹이 결성되었다.
② 한미 상호 방위 조약이 체결되었다.
③ 조선 사상범 예방 구금령이 공포되었다.
④ 5·10 총선거로 제헌 국회가 구성되었다.
⑤ 정부에 비판적인 경향신문이 폐간되었다.

531

63회 42번 [2점]

(가) 전쟁 중에 볼 수 있는 모습으로 적절하지 않은 것은?

역사 뮤지컬 **기적의 항해**

한 척의 배로 가장 많은 인명을 대피시킨 메러디스 빅토리호!
(가) 전쟁 중의 흥남 철수 당시 배에실린 군수 물자를 내리고 14,000여 명의 피난민을 구출한 감동적인 이야기가 펼쳐집니다.

일시 : 2023년 ○○월 ○○일 19:00
장소 : □□ 문화회관 대극장

① 국민 방위군에 소집되는 청년
② 원조 물자 배급을 기다리는 시민
③ 지가 증권을 싼값에 매각하는 지주
④ 거제도 포로수용소에서 석방되는 반공 포로
⑤ 제2차 미·소 공동 위원회 개최 소식을 보도하는 기자

532

59회 44번 [3점]

밑줄 그은 '이 전쟁' 중에 있었던 사실로 옳은 것은?

> **노래로 읽는 한국사**
> 이별의 부산 정거장
> 보슬비가 소리도 없이
> 이별 슬픈 부산 정거장
> 잘 가세요 잘 있어요
> 눈물의 기적이 운다
> 한 많은 피난살이 설움도 많아
> 그래도 잊지 못할 판잣집이여
> 경상도 사투리의 아가씨가 슬피 우네
> 이별의 부산 정거장
>
> **해설**
> 이 곡은 이 전쟁의 정전 협정이 체결된 이듬해에 발표된 노래로, 낯선 부산에서의 판잣집 피란살이를 마치고 서울로 떠나는 피란민의 심정을 애절하게 묘사하였습니다. 피란살이는 힘들었지만 부산에서 만난 사람들과의 인연이 힘이 되었다는 가사를 담고 있습니다.

① 한미 상호 방위 조약이 체결되었다.
② 반민족 행위 특별 조사 위원회가 해체되었다.
③ 통일 주체 국민 회의에서 대통령이 선출되었다.
④ 비상 계엄이 선포된 가운데 발췌 개헌안이 통과되었다.
⑤ 국가보안법 개정안을 통과시킨 이른바 보안법 파동이 일어났다.

533

다음 상황 이후에 일어난 사실로 옳은 것은?

> 유엔군과 국군은 서울에서 퇴각하고 한강 이북의 부대를 철수시키기로 결정하였다. 이들은 한강에 설치된 임시 교량을 이용해 철수하였고, 오후 1시경에 마지막 부대가 통과한 후 임시 교량을 폭파시켰다. 이에 앞서 정부는 서울 시민들에게 피란을 지시하였고, 많은 서울 시민들이 보따리를 싸서 피란길에 나섰다.

① 한미 상호 방위 조약이 체결되었다.
② 장진호 전투에서 중국군이 유엔군을 포위하였다.
③ 경찰이 반민족 행위 특별 조사 위원회를 습격하였다.
④ 미국의 극동 방위선이 조정된 애치슨 라인이 발표되었다.
⑤ 우리나라 최초의 보통 선거인 5·10 총선거가 실시되었다.

535

(가), (나) 사이의 시기에 있었던 사실로 옳은 것은?

> (가) 군사적 안전 보장의 입장에서 볼 때 태평양 지역의 정세 및 이 지역에 대한 미국의 정책은 어떤 것인가. 태평양 지역 방위선은 알류샨 열도에서 일본을 거쳐 오키나와, 필리핀 군도로 이어진다.

> (나) 상호적 합의에 의하여 미합중국의 육군, 해군과 공군을 대한민국의 영토 내와 그 부근에 배치하는 권리를 대한민국은 허락해 주고 미합중국은 수락한다.

① 좌우 합작 위원회가 출범하였다.
② 여수 순천 10·19 사건이 일어났다.
③ 미국 의회에서 트루먼 독트린이 발표되었다.
④ 베트남 파병에 관한 브라운 각서가 체결되었다.
⑤ 거제도 포로 수용소에 있던 반공 포로가 석방되었다.

534

(가), (나) 사이의 시기에 있었던 사실로 옳은 것은?

> (가) 북한군의 공격에 밀려 낙동강 방어선으로 후퇴한 제1사단은 다부동 일대에서 북한군 제2군단의 공세에 맞서 8월 3일부터 9월 2일까지 치열한 전투를 벌였다. 이 전투에서 제1사단 12연대는 특공대를 편성, 적 전차 4대를 파괴하는 등 중요한 역할을 수행하며 전투를 승리로 이끌었다.

> (나) 개성에서 열린 첫 정전 회담에서 UN군 대표단은 어떠한 정치적 또는 경제적 문제의 논의를 단호히 거부하는 동시에 침략 재발의 방지를 보장하는 화평만이 전쟁을 종식시킬 수 있다고 공산군 대표단에게 경고하였다.

① 애치슨 선언이 발표되었다.
② 흥남 철수 작전이 전개되었다.
③ 여수·순천 10·19 사건이 일어났다.
④ 한미 상호 방위 조약이 체결되었다.
⑤ 부산에서 발췌 개헌안이 통과되었다.

536

교사의 질문에 대한 학생의 답변으로 옳은 것을 〈보기〉에서 고른 것은?

> 이것은 국군과 유엔군이 인천 상륙 작전 이후 10여 일 만에 서울을 수복한 사실을 알리는 전단지입니다. 뒷면에는 맥아더 장군이 서울을 탈환하여 적의 보급선을 끊었으며, 앞으로 힘을 합쳐 공산군을 끝까지 몰아내자는 내용이 있습니다. 이 서울 수복 이후에 있었던 사실을 말해 볼까요?

┤ 보기 ├
ㄱ. 애치슨 선언이 발표됐어요.
ㄴ. 흥남 철수 작전이 전개됐어요.
ㄷ. 소련의 제안으로 정전 회담이 개최됐어요.
ㄹ. 국군이 다부동 전투에서 북한군의 공세를 방어했어요.

① ㄱ, ㄴ   ② ㄱ, ㄷ
③ ㄴ, ㄷ   ④ ㄴ, ㄹ
⑤ ㄷ, ㄹ

529 제헌 국회 정답 ③

핵심키워드 최초 총선거, 임기 2년

정답 분석

제시문은 1948년 5·10 총선거를 통해 선출된 제1대 국회(제헌 국회)에 대해 설명하고 있으며, 일반 국회와 달리 임기가 2년(1948~1950년)이었다.

③ 우리나라는 3차 개헌(1960년)에 따라 의원 내각제와 양원제를 도입하여 국회를 참의원과 민의원으로 구성하였다. 참의원은 상원, 민의원은 하원 역할을 수행하였다.

오답 분석

① 제헌 국회는 친일파 청산을 위해 1948년 9월에 반민족 행위 처벌법을 제정하였다.

② 제헌 국회가 구성된 이후 제정된 초대 헌법에서는 대통령제를 채택했으며, 국회의원들은 간접 선거로 이승만과 이시영을 각각 제1대 대통령과 부통령으로 선출하였다.

④ 제주 4·3 사건(1948년)으로 제주도의 선거구 두 곳에서는 5·10 총선거가 치러지지 못했다.

⑤ 귀속 재산(적산)을 처리하기 위한 특별법은 1949년에 마련되었다.

530 적산 관리와 농지 개혁 정답 ④

핵심키워드 신한공사, 농지의 분배, 5년간 납입

정답 분석

(가) 미군정이 적산(귀속 재산)을 관리하기 위해 1946년에 설치한 신한공사에 관한 법률이다.

(나) 1949년에 제정된 농지 개혁법으로, 이승만 정부는 이 법에 따라 1950년부터 농지 개혁을 추진하였다.

④ 5·10 총선거를 통해 선출된 제헌 국회(1948~1950년)는 헌법, 반민족 행위 처벌법, 농지 개혁법, 귀속 재산 처리법 등을 제정하였다.

오답 분석

① 조선 건국 동맹은 일제 강점기 말기인 1944년에 여운형을 중심으로 국내에서 결성된 항일 비밀결사이다.

② 한미 상호 방위 조약은 6·25 전쟁이 끝난 직후인 1953년 10월에 체결되었다.

③ 일제는 치안 유지법 위반 경력이 있는 자를 석방 후에도 법원의 영장 없이 자의적으로 구금하거나 제재할 수 있도록 1941년에 조선 사상범 예방 구금령을 제정하였다.

⑤ 이승만 대통령은 3선에 성공한 후 경쟁자나 반대 세력을 제거하기 위해 조봉암을 사형에 처하고(1958년), 정부에 비판적이었던 경향신문을 폐간(1959년)하였다.

531 6·25 전쟁 정답 ⑤

핵심키워드 메리디스 빅토리호, 흥남 철수

정답 분석

흥남 철수 작전은 1950년 12월, 중국군의 공세로 국군과 유엔군이 후퇴하는 과정에서 함경남도 흥남에 모인 10만여 명의 피난민을 화물선, 상선 등 193척의 배에 태워 남쪽으로 이동시킨 사건이다. 여러 함선 중 가장 많은 피난민을 태운 배는 화물선 메러디스 빅토리호였다. 피난민이 떠난 바로 다음날인 12월 25일에 중국군이 흥남을 점령하였다.

⑤ 미국과 소련은 1947년에 제2차 미·소 공동 위원회를 개최하였으나, 협의 참여 단체에 대한 이견을 좁히지 못하고 결렬되었다.

오답 분석

① 중국군의 개입으로 악화되어 가는 전쟁 상황을 타개하기 위하여 이승만 정부는 만 17세에서 40세 미만의 남성을 징집하여 국민 방위군에 편성시켰다.

② 미국은 공산주의 방지와 전쟁 복구 등을 위해 광복 직후부터 한국에 막대한 원조를 제공하였다.

③ 이승만 정부는 농지 개혁(1950~1957년) 당시 농지를 매입하는 대가로 지가 증권을 지급하였다.

④ 이승만 대통령은 정전에 반대하여 북한 송환을 거부하는 포로를 석방하겠다고 발표하였다(1953년 6월).

532 6·25 전쟁 정답 ④

핵심키워드 정전 협정, 피란살이

정답 분석

6·25 전쟁은 1950년 6월 25일~1953년 7월 27일에 일어났다.

④ 이승만 정부는 6·25 전쟁 중인 1952년에 임시 수도였던 부산에서 대통령 직선제를 위한 제1차 개헌인 발췌 개헌을 진행하였다. 6·25 전쟁 발발 직전에 실시된 1950년 5·30 총선에서 이승만에게 비판적인 성향의 인사들이 대거 당선되면서, 간선제로는 재선이 어려워지자 이를 타개하기 위해 개헌을 추진하였다.

오답 분석

① 한미 상호 방위 조약은 6·25 전쟁이 끝난 직후인 1953년 10월에 체결되었다.

② 반민족 행위 특별 조사 위원회는 1948년에 설립되었으나, 활동이 방해를 받아 1949년에 해체되었다.

③ 통일 주체 국민 회의는 1972년 유신 헌법에 따라 설치된 기구로, 대통령을 간접 선출하는 역할을 하였다.

⑤ 국가보안법은 1948년에 여수 순천 10·19 사건으로 제정되었으며, 이후 1958년에 개정되었다.

533 6·25 전쟁   정답 ①

핵심키워드 유엔군과 국군의 서울 퇴각

정답 분석

6·25 전쟁 중 서울을 빼앗긴 것은 두 차례이다. 첫 번째는 전쟁 발발 3일 만에 북한군이 서울을 점령한 때(1950년)이며, 두 번째는 중국군의 개입으로 인해 서울을 다시 내준 1·4 후퇴(1951년) 때이다. 유엔군은 1950년 7월부터 파병되었기 때문에, 제시문은 1·4 후퇴 상황을 나타내고 있다.

① 한미 상호 방위 조약은 6·25 전쟁이 끝난 직후인 1953년 10월에 체결되었기 때문에, 제시문에 언급된 사건 이후에 일어난 것이 맞다.

오답 분석

② 장진호 전투는 1950년 11월에 개마고원의 장진호 일대까지 진출했던 유엔군이 중국군에게 포위된 상태에서 벌어진 전투로, 탈출에 성공한 유엔군은 흥남항을 통해 철수하였다.
③ 친일 경찰 노덕술 체포에 항의한 경찰들이 1949년 6월에 반민족 행위 특별 조사 위원회를 습격하였다.
④ 미국 국무장관 애치슨은 1950년 1월에 한국을 미국의 극동 방위선에서 제외하는 내용을 담은 애치슨 선언을 발표하였다.
⑤ 5·10 총선거는 우리 민족 최초의 민주 선거로, 1948년에 실시되었다.

534 6·25 전쟁   정답 ②

핵심키워드 낙동강 방어선, 다부동 전투, 첫 정전 회담

정답 분석

㉮ 1950년 8월에 벌어진 경북 칠곡의 다부동 전투로, 국군과 유엔군은 격전을 통해 낙동강 방어선을 지켜내며 북한군의 남하를 저지하였다. 이는 9월에 전개되는 인천 상륙 작전의 바탕이 되었다.
㉯ 1951년 7월에 개최된 첫 정전 회담에 대한 설명이다.
② 흥남 철수 작전은 1950년 12월에 전개되었다.

오답 분석

① 미국 국무장관 애치슨은 1950년 1월에 애치슨 선언을 발표하였다.
③ 여수·순천 10·19 사건은 1948년 10월에 발생하였다.
④ 한미 상호 방위 조약은 6·25 전쟁이 끝난 직후인 1953년 10월에 체결되었다.
⑤ 이승만 정부는 전쟁 중인 1952년에 임시 수도인 부산에서 부산 정치 파동을 일으켜 발췌 개헌을 통과시켰다.

535 6·25 전쟁   정답 ⑤

핵심키워드 태평양 지역 방위선, 미군을 한국에 배치

정답 분석

㉮ 1950년 1월에 발표된 애치슨 선언이다. 미국 국무 장관 애치슨은 미국의 태평양 지역 방위선을 알래스카-일본-오키나와-필리핀으로 연결되는 선으로 한다고 발표하였다.
㉯ 1953년에 체결한 한미 상호 방위 조약의 일부분으로, 정전에 반대했던 이승만 정부도 경제 원조와 이 조약에 따른 미군 주둔 등을 약속받고 정전 협상을 준수하겠다는 입장을 밝혔다.
⑤ 이승만 대통령은 정전에 반대하여 거제도 포로 수용소에 있던 북한 포로 약 27,000명을 일방적으로 석방하겠다고 발표하였다(1953년 6월).

오답 분석

① 제1차 미·소 공동 위원회의 결렬과 이승만의 정읍 발언으로 분단 위기가 높아지자, 1946년에 좌우 합작 위원회가 조직되어 통일 국가 수립을 위해 노력하였다.
② 여수·순천 10·19 사건은 1948년 10월에 발생한 사건으로, 여수 주둔 군부대가 제주 4·3 사건 진압 명령에 반발하여 일어났다.
③ 미국의 트루먼 대통령은 1947년에 공산주의의 확산을 저지하겠다는 입장을 발표하였다. 이는 냉전 시기 미국 외교 정책의 기초가 되었다.
④ 미국은 브라운 각서(1966년)에 한국군의 베트남 파병에 대한 군사적·경제적 지원을 명시하였다.

536 6·25 전쟁   정답 ③

핵심키워드 인천 상륙 작전, 서울 수복 이후

정답 분석

낙동강 방어선을 지키던 국군과 유엔군은 1950년 9월에 맥아더의 지휘 아래 인천 상륙 작전을 전개하여 전세를 역전했다. 곧이어 서울을 함락하고, 38도선을 넘어 평양을 점령하였다.
ㄴ. 압록강까지 진출한 국군과 유엔군은 1950년 10월부터 중국군이 투입되자 그들의 공세에 밀려 후퇴하였다. 이 과정에서 그해 12월 함경도 흥남에서 우리측 군인과 약 10만 명의 피란민을 부산으로 철수시켰다. 이를 흥남 철수 작전이라 한다.
ㄷ. 소련의 제안으로 1951년 7월부터 정전 회담이 시작되었다.

오답 분석

ㄱ. 애치슨 선언은 1950년 1월에 발표되었다. 북한은 이를 두고 한국을 침공하여도 미국의 지원이 없을 것이라고 오판하였다.
ㄹ. 국군과 유엔군은 경북 칠곡의 다부동 전투(1950년 8월)에서 북한군의 공세를 막아냈다. 이 전투로 인해 낙동강 방어선을 지켜낼 수 있었고, 대구가 북한군에 함락되지 않았다.

이승만 정부 (2)- 개헌과 4·19 혁명

핵심정리

❶ 제1·2차 개헌

발췌 개헌〔1952〕	• 배경 – 제2대 총선의 야당 승리로 이승만의 재선이 어려워짐〔1950.5〕 – 6·25 전쟁 발발〔1950〕 → 부산 정치 파동〔1952.5〕 • 개헌안의 주요 내용 : 대통령 직선제 • 결과 : 기립표결 진행 → 개헌안 통과 → 이승만의 대통령 재선 성공
사사오입 개헌〔1954〕	• 개헌안의 주요 내용 : 초대 대통령의 중임 제한 폐지 • 결과 – 표결 정족수가 1명 부족하였으나, 반올림 논리로 개헌안 통과 – 개헌 반대파의 호헌동지회 조직 → 민주당 창당 – 이승만의 대통령 3선 성공〔1956〕 • 대선 후 정부의 반대 세력 탄압 – 진보당 사건〔1958〕 : 진보당의 평화 통일론(유엔 감시하에 남북한의 총선거 주장)을 구실 삼아 조봉암 사형 → 2011년 재심에서 무죄 – 국가보안법 개정〔1958〕 – 정부에 비판적인 기사를 게재한 경향신문 폐간〔1959〕

❷ 이승만 정부의 경제 정책

미국의 원조	• 주로 소비재와 잉여 농산물 지원 • 식량 문제와 물자 부족 해소에 기여 • 삼백 산업 발달 : 원조 농산물인 밀가루·설탕·면화를 원료로 사용하는 제분·제당·면방직 공업 발달

❸ 4·19 혁명〔1960〕

배경	• 미국의 경제 원조가 유상 차관으로 전환 : 물가 상승 등 경제 위기 발생 • 대구 2·28 민주 운동 : 야당 유세 참석을 막기 위해 고등학생을 일요일에 등교 강요 → 대구 지역 고등학생의 저항 • 3·15 부정 선거〔1960〕 제4대 대통령·부통령 선거 – 자유당 이기붕을 부통령에 당선시키기 위해 부정 선거 자행 – 방식 : 4할 사전 투표, 투표함 바꿔치기, 야당 참관인 배제
경과	• 〔3.15〕 마산 의거 : 경찰의 발포로 다수의 사상자 발생 → 〔4.11〕 시위 참가자 김주열의 시신 발견 → 〔4.18〕 고려대 학생 시위 : 정치 폭력배의 습격으로 부상자 발생 → 〔4.19〕 학생과 시민의 시위 전국 확산 : 경찰의 발포로 180여 명 사망, 정부의 계엄령 선포 → 〔4.25〕 대학 교수단의 시국 선언 발표 → 〔4.26〕 이승만 대통령의 하야 성명 발표 : 미국 하와이로 망명

❹ 장면 정부〔1960~1961〕

배경	• 허정 과도 정부의 제3차 개헌 – 주요 내용 : 내각 책임제, 국회 양원제(민의원과 참의원)
특징	• 대통령 윤보선, 국무총리 장면 • 경제 개발 5개년 계획 수립 • 선경제 후통일론 주장, 유엔 감시하의 남북한 총선거 주장

✛ 부산 정치 파동

부산 일대에 계엄령 선포, 야당 국회의원 50여 명을 국제 공산당의 자금을 받았다는 혐의를 씌워 헌병대로 연행하였다.

✛ 사사오입 개헌안

• 제55조 대통령과 부통령의 임기는 4년으로 한다. 단, 재선에 의하여 1차 중임할 수 있다. 대통령이 궐위된 때에는 부통령이 대통령이 되고 잔임 기간 중 재임한다.
• 부칙 이 헌법 공포 당시의 대통령에 대하여는 제55조 제1항 단서의 제한을 적용하지 아니한다.

✛ 4·19 혁명

▲ "부모 형제들에게 총을 쏘지 말라"

▲ "학생의 피에 보답하라"는 대학교수단의 시위

1 다음 설명에 해당하는 인물을 쓰시오.

> **┤ 보기 ├**
>
> 장면   김주열   이기붕   이승만   조봉암

(1) (   ) – 3·15 부정 선거 때 부통령에 당선되었다.

(2) (   ) – 평화 통일론을 제기했다는 이유로 숙청되었다.

(3) (   ) – 이 사람의 시신 발견은 4·19 혁명의 기폭제가 되었다.

(4) (   ) – 임시 수도 부산에서 대통령 직선제 개헌안을 통과시켰다.

(5) (   ) – 우리나라 유일의 내각 책임제 정부에서 국무총리에 선출되었다.

2 조약의 내용을 바르게 연결하시오.

(1) 제헌 헌법   •   • ㉠ 내각책임제와 양원제

(2) 발췌 개헌   •   • ㉡ 초대 대통령의 중임 제한 폐지

(3) 사사오입 개헌 •   • ㉢ 대통령과 부통령의 직선제 선출

(4) 제3차 개헌   •   • ㉣ 대통령과 부통령의 국회 간선제 선출

3 다음은 이승만 정부에 대한 설명이다. 빈칸에 알맞은 말을 선택하시오.

(1) (삼백 산업, 중화학 산업)이 발달하였다.

(2) 정·부통령 직접 선거를 주 내용으로 하는 (발췌 개헌, 사사오입 개헌)이 이루어졌다.

(3) 이승만 정부는 평화 통일론을 주장한 진보당의 (장면, 조봉암)을 구속하였다.

(4) 여당 부통령 후보 당선을 위한 (3·15, 5·10) 부정 선거가 자행되었다.

(5) 부정 선거에 항거하는 (4·19, 5·16) 혁명이 전국 각지에서 일어났다.

(6) 4·19 혁명은 (허정, 최규하) 과도 정부가 구성되는 계기가 되었다.

(7) 4·19 혁명 이후 (단원제, 양원제) 국회와 장면 내각이 출범하였다.

4 아래 사건이 일어난 시기를 (가)~(다) 중 고르시오.

1948	1950	1960	1961
	(가)	(나)	(다)
대한민국 정부 수립	6·25 전쟁 발발	4·19 혁명	5·16 군사 정변

(1) (   ) – 부산에서 발췌 개헌이 통과되었다.

(2) (   ) – 여수·순천 10·19 사건이 일어났다.

(3) (   ) – 민의원, 참의원의 양원으로 운영되었다.

(4) (   ) – 정부에 비판적인 경향신문이 폐간되었다.

(5) (   ) – 반민족 행위 특별 조사 위원회가 설치되었다.

(6) (   ) – 허정을 수반으로 하는 과도 정부가 수립되었다.

(7) (   ) – 국회 프락치 사건으로 일부 국회의원이 체포되었다.

(8) (   ) – 국가 보안법 개정안을 통과시킨 보안법 파동이 일어났다.

5 다음 사료를 읽고, 해당하는 사건을 선택하시오.

(1) (발췌 개헌, 사사오입 개헌)

> 제55조 대통령과 부통령의 임기는 4년으로 한다. 단, 재선에 의하여 1차 중임할 수 있다. 대통령이 궐위된 때에는 부통령이 대통령이 되고 잔임 기간 중 재임한다.
> 부칙 이 헌법 공포 당시의 대통령에 대하여는 제55조 제1항 단서의 제한을 적용하지 아니한다.

(2) (발췌 개헌, 사사오입 개헌)

> 27일 국회에서 개헌안에 대하여 135표의 찬성표가 던져졌다. 그런데 민의원 재적수 203석 중 찬성표 135, 반대표 60, 기권 7, 결석 1이었다. 60표의 반대표는 총수의 3분의 1이 훨씬 되지 못한다는 사실을 잘 주의해서 보아야 한다. 민의원의 3분의 2는 정확하게 계산할 때 135⅓인 것이다. 한국은 표결에 있어서 단수(端數)를 계산하는 데에 전례가 없었으나 단수는 계산에 넣지 않아야 할 것이며, 따라서 개헌안은 통과되었다는 것이 정부의 견해이다.

(3) (4·19 혁명, 5·18 민주화 운동)

> 첫째는 국민이 원하면 대통령직을 사임할 것이며, 둘째는 지난번 정·부통령 선거에 많은 부정이 있었다고 하니, 선거를 다시 하도록 지시하였고, 셋째는 선거로 인연한 모든 불미스러운 것을 없애게 하기 위해서, 이미 이기붕 의장이 공직에서 완전히 물러가겠다고 결정한 것이다.

정답

1. (1) 이기붕 (2) 조봉암 (3) 김주열 (4) 이승만 (5) 장면
2. (1) ㉣ (2) ㉢ (3) ㉡ (4) ㉠
3. (1) 삼백 산업 (2) 발췌 개헌 (3) 조봉암 (4) 3·15 (5) 4·19 (6) 허정 (7) 양원제
4. (1) 나 (2) 가 (3) 다 (4) 나 (5) 가 (6) 다 (7) 나 (8) 나
5. (1) 사사오입 개헌 (2) 사사오입 개헌 (3) 4·19 혁명

537

44회 47번 [2점]

다음 상황 이후에 전개된 사실로 옳은 것은?

> 5월 26일, 부산에서 국회의원 통근 버스가 헌병대에 의해 강제 연행되어 탑승한 야당 의원 50여 명이 구금당하는 사태가 벌어졌다. 내각 책임제를 추진하던 주동 의원들이 체포되었으며, 국회 정상화 사전 협의를 하던 10여 명의 국회의원이 구속되었다.

① 북한의 전면적인 남침으로 6·25 전쟁이 발발하였다.
② 경찰이 반민족 행위 특별 조사 위원회를 습격하였다.
③ 정·부통령 직접 선거를 주 내용으로 하는 개헌이 이루어졌다.
④ 전조선 정당 사회 단체 지도자 협의회가 성명서를 발표하였다.
⑤ 일제가 남긴 재산 처리를 위한 귀속재산처리법이 처음 제정되었다.

538

50회 46번 [3점]

(가), (나) 헌법에 대한 설명으로 옳은 것은?

> (가) 제31조 입법권은 국회가 행한다. 국회는 민의원과 참의원으로써 구성한다.
> 제53조 대통령과 부통령은 국민의 보통, 평등, 직접, 비밀 투표에 의하여 각각 선거한다. ……
> 제55조 대통령과 부통령의 임기는 4년으로 한다. 단, 재선에 의하여 1차 중임할 수 있다. ……

> (나) 제7조의2 대한민국의 주권의 제약 또는 영토의 변경을 가져올 국가 안위에 관한 중대 사항은 국회의 가결을 거친 후에 국민 투표에 부하여 민의원 의원 선거권자 3분지 2 이상의 투표와 유효 투표 3분지 2 이상의 찬성을 얻어야 한다.
> 제55조 대통령과 부통령의 임기는 4년으로 한다. 단, 재선에 의하여 1차 중임할 수 있다. ……
> 부칙 …… 이 헌법 공포 당시의 대통령에 대하여는 제55조 제1항 단서의 제한을 적용하지 아니한다.

① (가) – 제헌 국회에서 제정되었다.
② (가) – 계엄령 아래 국회에서 기립 표결로 통과되었다.
③ (나) – 대통령의 국회의원 1/3 추천 조항을 담고 있다.
④ (나) – 대통령 선거인단에 의한 간접 선거제를 규정하였다.
⑤ (가), (나) – 호헌 동지회 결성 이후 개정되었다.

539

70회 44번 [2점]

다음 상황 이후에 일어난 사실로 옳은 것은?

> 오늘 미합중국 존 포스터 덜레스 국무 장관과 우리나라 변영태 외무 장관 사이에 상호 방위 조약이 체결되었습니다. 이로써 양국은 우호 관계를 바탕으로 한국에 대한 공산주의자들의 침공에 맞서 나란히 싸울 수 있도록 상호 이해와 공동의 이상을 나누게 되었습니다.

① 반민족 행위 특별 조사 위원회가 설치되었다.
② 평화 통일론을 주장한 진보당의 조봉암이 처형되었다.
③ 비상 계엄이 선포된 가운데 발췌 개헌안이 통과되었다.
④ 미국의 극동 방위선을 규정한 애치슨 라인이 발표되었다.
⑤ 유상 매수, 유상 분배를 규정한 농지 개혁법이 제정되었다.

540

53회 47번 [3점]

다음 뉴스가 보도된 정부 시기의 사실로 옳지 않은 것은?

> 독립운동가이자 유학자인 김창숙 선생이 오늘 기자 회견을 열었습니다. 회견에서 선생은 자유당이 강도적으로 통과시킨 보안법은 무효이며, 과거 부산 정치 파동 때와 같이 반독재 구국 범국민 투쟁을 전개해야 한다며 여생을 민주주의를 위하여 바치겠다는 결의를 표명하였습니다.

① 평화 통일론을 주장한 진보당의 조봉암을 제거하였다.
② 인민 혁명당 재건위 사건을 조작해 관련자를 탄압하였다.
③ 정부에 비판적인 경향신문을 폐간하는 등 언론을 통제하였다.
④ 여당 부통령 후보 당선을 위해 3·15 부정 선거를 자행하였다.
⑤ 반민 특위를 이끌던 국회의원들에게 간접 혐의를 씌워 체포하였다.

541

(가) 민주화 운동에 대한 설명으로 옳은 것은?

3 · 15 의거 기념 답사 안내

우리 문화원에서는 (가) 의 도화선이 된 3 · 15 의거의 의미를 조명하는 답사를 준비하였습니다. 부정 선거에 맞서 일어난 시민과 학생들의 민주화 의지를 되새기는 이번 답사에 많은 관심과 참여 바랍니다.

◈ 일시 : 2022년 ○○월 ○○일 09:00~17:30
◈ 답사 경로

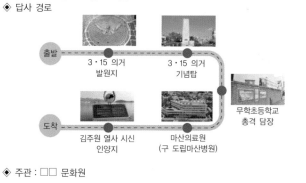

출발 — 3 · 15 의거 발원지 — 3 · 15 의거 기념탑 — 무학초등학교 총격 담장
도착 — 김주열 열사 시신 인양지 — 마산의료원 (구 도립마산병원)

◈ 주관 : □□ 문화원

① 3선 개헌 반대 범국민 투쟁 위원회가 주도하였다.
② 이승만 대통령직에서 물러나는 결과를 가져왔다.
③ 신군부의 비상계엄 확대와 무력 진압에 저항하였다.
④ 관련 기록물이 유네스코 세계 기록 유산으로 등재되었다.
⑤ 4 · 13 호헌 조치에 반발하며 호헌 철폐 등의 구호를 내세웠다.

542

(가), (나) 지역에서 있었던 사실로 옳은 것을 〈보기〉에서 고른 것은?

달구벌 (가) 의 2 · 28 민주 운동을 기념하는 의미를 담은 228번 버스가 5 · 18 민주화 운동이 일어난 빛고을 (나) 에서 5월 18일부터 운행됩니다. 대한민국 민주주의의 역사를 공유하는 달구벌과 빛고을 두 도시가 열어갈 화합과 협력의 새로운 장이 주목됩니다.

달빛동맹의 두 도시, 화합과 협력의 새 장을 열다

─┤ 보기 ├─

ㄱ. (가) – 김광제 등을 중심으로 국채 보상 운동이 시작되었다.
ㄴ. (가) – YH 무역 노동자들이 폐업에 항의하며 농성을 벌였다.
ㄷ. (나) – 한일 학생 간의 충돌을 계기로 민족 운동이 일어났다.
ㄹ. (나) – 3 · 15 부정 선거를 규탄한 김주열의 시신이 발견되었다.

① ㄱ, ㄴ
② ㄱ, ㄷ
③ ㄴ, ㄷ
④ ㄴ, ㄹ
⑤ ㄷ, ㄹ

543

밑줄 그은 '집회'가 열린 시기를 연표에서 옳게 고른 것은?

이 사진은 남북 학생 회담을 요구하는 집회 장면입니다. 당시 대학생들은 판문점에서 만나자는 구호를 외치며 협상을 통한 자주적인 통일을 주장하였으나, 정부는 남북 총선거에 의한 평화 통일 정책을 제시하였습니다.

1948	1952	1960	1964	1972	1979
(가)	(나)	(다)	(라)	(마)	
대한민국 정부 수립	발췌 개헌	4 · 19 혁명	6 · 3 시위	10월 유신	부마 민주 항쟁

① (가)
② (나)
③ (다)
④ (라)
⑤ (마)

544

(가), (나) 발표 사이의 시기에 있었던 사실로 옳은 것은?

(가) 첫째는 국민이 원한다면 대통령직을 사임할 것이며, 둘째는 지난번 정 · 부통령 선거에 많은 부정이 있었다고 하니, 선거를 다시 하도록 지시하였고, 셋째는 선거로 인연한 모든 불미스러운 것을 없게 하기 위해서, 이미 이기붕 의장이 공직에서 완전히 물러나겠다고 결정한 것이다.

(나) 1. 반공을 국시의 제일 의(義)로 삼고 지금까지 형식적이고 구호에만 그친 반공 태세를 재정비 강화한다.
2. 유엔 헌장을 준수하고 국제 협약을 충실히 이행할 것이며 미국을 위시한 자유 우방과의 유대를 더욱 공고히 한다.
······
6. 이와 같은 우리의 과업이 성취되면 참신하고 양심적인 정치인들에게 언제든지 정권을 이양하고 우리들 본연의 임무에 복귀할 준비를 갖춘다.

① 조봉암을 중심으로 진보당이 창당되었다.
② 국가 보위 비상 대책 위원회가 설치되었다.
③ 의원 내각제를 골자로 하는 개헌이 이루어졌다.
④ 유상 매수, 유상 분배를 규정한 농지 개혁법이 제정되었다.
⑤ 긴급 조치 철폐를 요구하는 3 · 1 민주 구국 선언이 발표되었다.

537 발췌 개헌
정답 ③

핵심키워드 부산, 국회의원 통근 버스의 헌병대 연행

정답 분석

이승만 정부는 1952년에 계엄령을 선포하고 개헌에 반대하는 야당 국회의원 50여 명이 탄 국회 통근 버스를 헌병을 통해 강제로 연행하였다. 또한 일부 국회의원을 간첩으로 몰아 구속했다(부산 정치 파동). 이러한 공포 분위기 속에서 기립 표결로 대통령과 부통령의 직선제를 주요 내용으로 하는 발췌 개헌을 통과시켰다.

오답 분석

① 6 · 25 전쟁은 1950년 6월 25일 북한의 전면적 남침으로 발발했다.
② 친일 경찰 노덕술 체포에 항의한 경찰들이 1949년 6월에 반민족 행위 특별 조사 위원회를 습격하였다.
④ 전조선 정당 사회 단체 지도자 협의회는 1948년 4월에 진행된 남북 협상에 참여한 모든 단체를 말하며, 이들은 남한 단독선거를 저지하기 위한 공동성명을 발표하였다.
⑤ 제헌 국회는 일제가 남긴 재산을 처리하기 위한 귀속 재산 처리법을 1949년에 제정하였다.

538 이승만 정부의 개헌
정답 ②

핵심키워드 대통령과 부통령 직접 선거, 중임

정답 분석

㉮ 발췌 개헌(1952년)으로, 대통령과 부통령 직선제 선출을 핵심 내용으로 한다. 이승만 정부와 여당인 자유당은 6 · 25 전쟁 중인 1952년에 임시 수도인 부산에서 개헌안을 통과시켰다.
㉯ 사사오입 개헌(1954년)으로, '개헌안 부칙의 예외 규정'을 통해 이승만 대통령의 연임 횟수 제한을 없앴다. 더불어 대통령–부통령제를 실시한 것은 이승만 정부가 유일하다.
② 발췌 개헌안은 경찰과 군인이 국회를 포위한 가운데 토론 없이 기립 투표로 통과되었다. 당시 임시 수도였던 부산 일원에는 계엄령이 내려졌고, 야당 의원 50여 명은 국제 공산당의 정치 자금을 받았다는 혐의로 헌병대로 연행되는 부산 정치 파동이 일어난 상황이었다.

오답 분석

① 제헌 헌법(1948년)은 국회에서 대통령을 선출하는 간선 선거제를 규정하였다.
③ 박정희 정부는 1972년 유신 헌법을 제정하여 대통령이 국회의원의 1/3을 추천할 수 있도록 했다.
④ 대통령 간선제를 위해 박정희 정부 시기에는 통일주체국민회의가, 전두환 정부 시기에는 대통령 선거인단이 조직되었다.
⑤ 자유당이 사사오입 논리를 내세워 개헌안을 통과시키자, 야당 의원들은 호헌 동지회라는 범야당 조직을 결성했다. 호헌 동지회는 이후 민주당으로 이어졌다.

539 전후 독재 체제
정답 ②

핵심키워드 한미 상호 방위 조약

정답 분석

제시문의 한미 상호 방위 조약은 6 · 25 전쟁 직후인 1953년 10월에 체결되었다. 이후 이승만 정부는 반공을 앞세워 정권 연장을 위해 사사오입 개헌(1954년)을 실시하여 이승만은 3선에 성공했다.
② 제3대 대통령 선거(1956년)에서 조봉암 후보가 예상보다 많이 득표하자, 이승만 정부는 평화 통일론을 주장한 조봉암에게 국가 보안법 위반과 간첩 혐의를 씌워 사형에 처했다(진보당 사건, 1958년).

오답 분석

① 반민족 행위 특별 조사 위원회는 1948년 9월부터 1949년 10월까지 친일파를 조사하고 체포하였다.
③ 발췌 개헌은 전쟁 중이던 1952년에 임시 수도인 부산에서 비상 계엄령이 선포된 상황에서 이루어졌다.
④ 애치슨 선언은 1950년 1월에 발표되었다.
⑤ 농지 개혁법은 제헌 국회에서 1949년에 제정되었다.

540 전후 독재 체제
정답 ②

핵심키워드 자유당, 보안법 통과, 부산 정치 파동

정답 분석

1958년, 이승만과 자유당 정부는 반공을 강화한다는 명분으로 국가보안법 개정안을 국회에 제출했다. 야당과 시민 사회가 강력히 저항하자 자유당은 국회에서 경위권을 발동해 야당 의원들을 강제로 퇴장시키며 법안을 강행 통과시켰다. 이 사건을 보안법 파동(1958년)이라 부른다.
② 박정희 정부는 1974년에 인혁당재건위원회 사건(2차 인혁당사건)을 조작하여 학생 운동을 탄압했다.

오답 분석

① 제3대 대통령 선거(1956년)에서 조봉암 후보가 예상보다 많이 득표하자, 이승만 정부는 평화 통일론을 주장한 조봉암에게 간첩 혐의를 씌워 사형에 처했다(진보당 사건, 1958년).
③ 이승만 정부는 정부에 비판적이었던 경향신문을 1959년에 강제 폐간하였다.
④ 이승만 정부와 자유당은 1960년 제4대 대통령–부통령 선거 때 여당 후보의 당선을 위해 부정 행위를 자행했다. 이를 3 · 15 부정 선거라 한다.
⑤ 반민족 행위 특별 조사 위원회는 1948년에 설립되었으나, 정치적 압력으로 인해 1년 만에 활동이 중단되었다.

541 4·19 혁명   정답 ②

핵심키워드 3·15 의거, 김주열, 마산

정답 분석

3·15 선거 당일에 마산 시민들은 부정 선거에 항의하여 규탄 시위를 벌였다(3·15 마산 의거). 4월 11일에 시위 과정에서 실종된 김주열 학생의 시신이 발견되며 경찰의 은폐 시도가 드러났고, 시위는 더욱 거세져 4·19 혁명으로 이어졌다. 마침내 4월 26일, 이승만 대통령은 '국민이 원한다면 물러나겠다'는 내용의 성명을 발표하고 미국으로 망명하였다.

오답 분석

① 박정희 대통령이 1969년에 3선 연임을 가능하게 하는 개헌을 추진하자 3선 개헌 반대 범국민 투쟁 위원회가 조직되었다.
③ 5·18 민주화 운동 당시 신군부는 비상계엄령을 확대하고 무력을 동원하여 광주 시민들을 진압하였다.
④ 유네스코 세계 기록 유산 중 민주화 운동 관련물은 '5·18 민주화 운동 기록물'과 '4·19 혁명 기록물'이 있다.
⑤ 전두환 정부는 개헌을 거부하고 기존 헌법을 유지하려는 4·13 호헌 조치(1987년)를 단행하였다. 이에 반발하여 6월 민주화 운동을 전개하였다.

542 민주화 운동   정답 ②

핵심키워드 2·28 민주 운동, 5·18 민주화 운동

정답 분석

(가) 대구로, 이승만과 자유당 정권은 1960년 3·15 선거를 앞두고 야당 후보 유세를 방해하기 위해 일요일에 학생들을 등교하게 했다. 이에 반발한 대구의 고등학생들이 부정 선거에 항의하며 시위(2·28 민주 운동)를 벌였다.
(나) 5·18 민주화 운동이 일어난 광주이다.
ㄱ. 서상돈, 김광제 등은 1907년에 대구에서 국채 보상 운동을 시작하였다.
ㄷ. 1929년 광주에서 한일 학생 간 충돌을 계기로 광주 학생 항일 운동이 일어났다.

오답 분석

ㄴ. YH 무역 노동자들은 1979년에 회사의 폐업에 항의하며 야당인 신민당사에서 농성을 벌였다. 이 사건으로 신민당 총재가 국회에서 제명당하자, 유신 체제 반대 운동으로 확대되었다.
ㄹ. 김주열은 1960년 3·15 부정 선거에 항의하여 마산에서 시위에 참여했다. 한 달여 후 그의 시신이 마산 앞바다에서 발견되면서 4·19 혁명의 도화선이 되었다.

543 장면 정부   정답 ③

핵심키워드 남북한 총선거에 의한 평화 통일 정책

정답 분석

장면 정부(1960~1961년)는 유엔 감시 하의 남북 총선거를 통해 평화적 통일을 주장하였고, 민간에서도 통일 논의가 활발히 전개되었다. 하지만 장면 정부는 선성장 후통일 논리를 내세워 민간의 다양한 요구를 받아들이지 못했다.

오답 분석

* 6·3 시위(1964년)는 박정희 정부가 일본의 식민 지배에 대한 사과와 배상 없이 국교 정상화를 추진하려 하는 것에 반대하여 학생들이 전개한 시위이다.

＊ 정부별 통일 정책

이승만 정부	반공 정책과 북진 통일 추구
장면 정부	선경제 후통일과 유엔 감시하의 남북한 총선거 추구
박정희 정부	1960년대 : 선경제 후통일 유지 1972년 : 7·4 남북 공동 성명 발표
전두환 정부	이산가족 최초 상봉
노태우 정부	UN 동시 가입, 남북 기본 합의서 채택
김대중 정부	햇볕 정책, 제1차 남북 정상 회담 개최, 6·15 남북 공동 선언 발표

544 1960년대의 정치 변동   정답 ③

핵심키워드 정·부통령 선거 부정, 반공 국시

정답 분석

(가) 제4대 정·부통령 선거(1960년)에서의 부정 선거로 4·19 혁명이 발발하자, 이승만 대통령이 하야 성명을 발표한 것이다.
(나) 박정희가 5·16 군사 정변(1961년)을 일으킨 직후 반공과 경제 재건을 내세워 발표한 혁명 공약이다.
③ 4·19 혁명 직후, 허정 과도 내각은 의원 내각제와 양원제를 골자로 하는 제3차 개헌을 추진하였다. 이로써 장면 내각이 출범하였다.

오답 분석

① 조봉암을 중심으로 진보당이 창당된 것은 1956년이다. 진보당은 자본주의도 사회주의도 아닌 '제3의 길', 즉 민주사회주의 또는 사회민주주의를 지향하고, 평화통일을 주장하며 독자적인 정치 세력으로 활동했으나, 조봉암은 1958년 간첩 혐의로 체포되었다.
② 전두환과 신군부는 1980년 5·18 민주화 운동을 무력으로 억누르고 국가 보위 비상 대책 위원회를 설립해 정권을 장악하였다.
④ 농지 개혁법은 제헌 국회에서 1949년에 제정되었다.
⑤ 재야 세력은 1976년에 3·1 민주 구국 선언을 발표하며, 긴급 조치 철폐와 박정희 정권 퇴진을 요구하였다.

박정희 정부 (1) - 정치

❶ 1960년대

5.16 군사 정변 〔1961〕	• 반공과 경제 근대화를 내세운 '혁명 공약' 발표 • 군정 실시〔1961~1963〕 　– 국가 재건 최고 회의 운영 : 최고 의결 기구, 의장 박정희 　– 중앙정보부 설치 : 국내외 첩보 활동 담당
한일 국교 재개 〔1965〕	• 〔1962〕 김종필-오히라의 비밀 회담 중앙정보부장과 일본 외상이 만남 　→ 〔1964〕 6·3 시위 : 계엄령 선포 　→ 〔1964〕 1차 인민혁명당 사건　인혁당이 북한의 지령을 받고 한일회담반대, 　→ 〔1965〕 한·일 협정 체결　　학생 운동을 배후 조종한 것으로 조작함
베트남 파병 〔1965~1973〕	• 경과 : 미국의 베트남 파병 요청 → 전투병 약 5만여 명 파병 • 브라운 각서 체결〔1966〕 : 미국이 한국군 현대화와 파병경비 부담 등 약속 • 영향 : 베트남 특수, 고엽제 피해
3선 개헌 〔1969〕	• 배경〔1968〕 ─ 베트남 건설 참여 등으로 외화를 획득함 　– 1·21 사태 : 북한 게릴라의 청와대 습격 사건 　– 미국 정찰함 푸에블로호의 납북 　– 국민교육헌장 제정 개인보다 국가의 발전을 우선시하는 국가주의적 태도가 반영됨 • 제6차 개헌〔1969〕 : 대통령의 3선 허용 • 제7대 대통령 선거〔1971〕 : 박정희 vs 김대중(40대 기수론 주장)

❷ 유신 체제(10월 유신)〔1972~〕 미국 대통령 닉슨이 밝힌 아시아에 대한 외교정책으로, 아시아 각국이 스스로 안보를 책임질 수 있어야 함을 명시함

배경 (냉전 완화)	• 미국의 닉슨 독트린 발표〔1969〕 → 닉슨의 중국 방문〔1972〕 • 7·4 남북 공동 성명 발표〔1972〕 　– 서울과 평양에서 동시에 합의안 발표 　– 주요 내용 : 자주·평화·민족 대단결의 통일 3대 원칙 합의 　– 이후 실무 진행을 위해 남북 조절 위원회 설치
유신 체제의 특징	• 대통령이 입법·사법·행정에 대한 모든 권한 장악 　– 국회 해산권, 국회의원 1/3 추천권(유신 정우회 구성) 　– 대법관 임명권 　– 긴급 조치권 : 법의 효력 정지와 국민의 기본권 제한 가능 • 대통령의 장기 집권 가능 　– 통일 주체 국민 회의에서 임기 6년의 대통령 선출 　– 중임 제한 폐지
유신 체제 반대 운동	• 김대중 납치〔1973〕 • 개헌 청원 백만인 서명 운동〔1973〕 • 3·1 민주 구국 선언〔1976〕 : 명동성당, 긴급조치 철폐·박정희 정권 퇴진을 요구 • 1979년 : YH 무역 사건 → 신민당 총재 김영삼의 국회의원 제명 → 부·마 민주 항쟁 → 10·26 사태(박정희 피살)　부산과 마산

✚ 6·3 시위〔1964〕

✚ 7·4 남북 공동 성명

쌍방은 다음과 같은 조국 통일 원칙들에 합의를 보았다.
• 첫째, 통일은 외세에 의존하거나 외세의 간섭을 받음이 없이 자주적으로 해결하여야 한다.
• 둘째, 통일은 상대방을 반대하는 무력행사에 의거하지 않고 평화적 방법으로 실현하여야 한다.
• 셋째, 사상과 이념, 제도의 차이를 초월하여 우선 하나의 민족으로서 민족적 대단결을 도모하여야 한다.

✚ YH 무역 사건

YH 무역의 폐업 조치에 항의하며 신민당사 농성 중 진압 과정에서 여성 노동자가 사망하였다. 박정희 정부는 이를 강하게 비난하던 신민당 의원 김영삼을 국회의원에서 제명하여 탄압하였다.

1 다음은 박정희 정부에 대해 정리한 것이다. 1960년대에 해당하면 '1', 유신 체제에 해당하면 '2'로 쓰시오.

(1) (　) – 브라운 각서가 체결되었다.

(2) (　) – 부마 민주 항쟁이 일어났다.

(3) (　) – 한일 기본 조약이 체결되었다.

(4) (　) – 국가 재건 최고 회의가 구성되었다.

(5) (　) – 통일 주체 국민 회의에서 대통령이 선출되었다.

(6) (　) – 6·3 시위가 전개되고 비상 계엄령이 선포되었다.

(7) (　) – 3선 개헌 반대 범국민 투쟁 위원회가 설립되었다.

(8) (　) – YH 무역 노동자들이 폐업에 항의하며 농성하였다.

(9) (　) – 3·1 민주 구국 선언을 통해 긴급 조치 철폐 등을 요구하였다.

(10) (　) – 민주 회복을 위한 개헌 청원 백만인 서명 운동이 전개되었다.

2 다음은 박정희 정부에 대한 설명이다. 빈칸에 알맞은 말을 선택하시오.

(1) (5·16 정변, 12·12 사태)(으)로 집권하였다.

(2) 집권 직후 (군국기무처, 국가 재건 최고 회의)를 구성하여 국정을 운영하였다.

(3) 굴욕적 대일 외교 반대를 주장하는 (6·3 시위, 4·19 혁명)이/가 일어났다.

(4) 베트남 파병에 관한 (브라운 각서, 한미 상호 방위 조약)이/가 체결되었다.

(5) 푸에블로호 나포 사건이 발생한 후, 대통령의 (재선, 3선) 연임을 허용하는 개헌안이 통과되었다.

(6) 7·4 남북 공동 성명을 실현하기 위해 (미·소 공동 위원회, 남북 조절 위원회)를 구성하였다.

(7) 국회 해산과 헌법의 일부 효력 정지를 담은 (발췌 개헌, 유신 헌법)을 제정하였다.

(8) (긴급 조치, 부정 선거) 철폐를 요구하는 3·1 민주 구국 선언이 발표되었다.

(9) (YH 무역, 라이징 선 석유 회사) 노동자들이 폐업에 항의하며 농성하였다.

(10) 야당 총재의 국회의원직 제명을 계기로 (부산과 마산, 여수와 순천)에서 민주 항쟁이 일어났다.

3 아래 사건이 일어난 시기를 (가)~(다) 중 고르시오.

1960	1961	1969	1979
(가)	(나)	(다)	
4·19 혁명	5·16 군사 정변	3선 개헌 통과	10·26 사태

(1) (　) – 10월 유신이 선포되었다.

(2) (　) – 7·4 남북 공동 성명을 발표하였다.

(3) (　) – 국가 재건 최고 회의가 구성되었다.

(4) (　) – 내각 책임제 형태의 정부가 출범하였다.

(5) (　) – 반공을 국시로 내건 혁명 공약을 발표하였다.

(6) (　) – 6·3 시위가 전개되고 비상 계엄령이 선포되었다.

(7) (　) – 신민당사에서 YH 무역 노동자들이 농성을 하였다.

(8) (　) – 민주 회복을 위한 개헌 청원 백만인 서명 운동이 전개되었다.

4 다음 사료를 읽고, 물음에 답하시오.

(1) 다음 헌법 조항이 제정된 연도는 언제인가?

> 제39조 대통령은 통일 주체 국민 회의에서 토론 없이 무기명 투표로 선거한다.
> 제40조 통일 주체 국민 회의는 국회의원 정수의 1/3에 해당하는 수의 국회의원을 선거한다.
> 제47조 대통령의 임기는 6년으로 한다.

(2) 다음 내용을 담고 있는 문서 이름을 쓰시오.

> 제1조 한국에 있는 대한민국 국군의 현대화 계획을 위하여 앞으로 수년 동안에 상당량의 장비를 제공한다.
> 제3조 베트남 공화국에 파견되는 추가 병력을 완전 대치하는 보충 병력을 무장하고 훈련하며, 소요 재정을 부담한다.

(3) 다음 내용을 담고 있는 문서 이름을 쓰시오.

> 첫째, 통일은 외세에 의존하거나 외세의 간섭을 받음이 없이 자주적으로 해결하여야 한다.
> 둘째, 통일은 상대방을 반대하는 무력행사에 의거하지 않고 평화적 방법으로 실현하여야 한다.
> 셋째, 사상과 이념, 제도의 차이를 초월하여 우선 하나의 민족으로서 민족적 대단결을 도모하여야 한다.

정답

1. (1) 1 (2) 2 (3) 1 (4) 1 (5) 2 (6) 1 (7) 1 (8) 2 (9) 2 (10) 2
2. (1) 5·16 정변 (2) 국가 재건 최고 회의 (3) 6·3 시위 (4) 브라운 각서 (5) 3선 (6) 남북 조절 위원회 (7) 유신 헌법 (8) 긴급 조치 (9) YH 무역 (10) 부산과 마산
3. (1) 다 (2) 다 (3) 나 (4) 가 (5) 나 (6) 나 (7) 다 (8) 다
4. (1) 1972년 (2) 브라운 각서 (3) 7·4 남북 공동 성명

545

(가), (나) 사이의 시기에 있었던 사실로 옳은 것을 〈보기〉에서 고른 것은?

> (가) 국군 장교가 위원으로 선출되었으며, 3권을 장악하고 국회의 권한을 행사하는 최고 통치 기구인 국가 재건 최고 회의가 출범하였다.
>
> (나) 국민의 직접 선거로 대의원이 선출되었으며, 통일 정책을 최종 결정하고 대통령 선거권 등을 행사하는 통일 주체 국민 회의가 발족하였다.

┤ 보기 ├
- ㄱ. 장기 집권을 위한 3선 개헌안이 통과되었다.
- ㄴ. 제2차 석유 파동으로 경제 불황이 심화되었다.
- ㄷ. 베트남 파병에 관한 브라운 각서가 체결되었다.
- ㄹ. 대통령 긴급 명령으로 금융 실명제가 실시되었다.

① ㄱ, ㄴ ② ㄱ, ㄷ
③ ㄴ, ㄷ ④ ㄴ, ㄹ
⑤ ㄷ, ㄹ

546

다음 자료가 작성된 이후에 일어난 사실로 옳은 것은?

> 1. 무상 원조에 대해 한국 측은 3억 5천만 달러, 일본 측은 2억 5천만 달러를 주장한 바 3억 달러를 10년에 걸쳐 공여하는 조건으로 양측 수뇌에게 건의함
>
> 2. 유상 원조(해외 경제 협력 기금)에 대해 한국 측은 2억 5천만 달러, 일본 측은 1억 달러를 주장한 바 2억 달러를 10년 간에 걸쳐 이자율 3.5%로 제공하기로 양측 수뇌에게 건의함
>
> 3. 수출입 은행 차관에 대해 한국 측은 별개 취급을 희망하고 일본 측은 1억 달러 이상을 프로젝트에 따라 늘릴 수 있도록 하자고 주장한 바 양측 합의에 따라 국교 정상화 이전이라도 협력하도록 추진할 것을 양측 수뇌에게 건의함

① 반민족 행위 특별 조사 위원회가 구성되었다.
② 6·3 시위가 전개되고 비상 계엄령이 선포되었다.
③ 평화 통일론을 주장한 진보당의 조봉암이 구속되었다.
④ 유엔 한국 재건단의 지원으로 문경 시멘트 공장이 건설되었다.
⑤ 일제가 남긴 재산 처리를 위하여 귀속 재산 처리법이 제정되었다.

547

다음 뉴스가 보도된 정부 시기의 사실로 옳은 것은?

오늘 대전에서는 향토 예비군 창설식이 열렸습니다. 1월 21일 북한 무장 공비의 청와대 습격 시도 사건을 계기로 자주적 방위 태세를 강화하기 위한 조치입니다.

① 양성 평등의 실현을 위해 호주제를 폐지하였다.
② 교육의 지표를 제시한 국민 교육 헌장을 선포하였다.
③ 사회 통합을 위한 다문화 가족 지원법을 시행하였다.
④ 공직자 윤리법을 개정하여 재산 등록을 의무화하였다.
⑤ 언론의 통폐합이 단행되고 언론 기본법을 제정하였다.

548

밑줄 그은 '선거' 이후의 사실로 옳은 것은?

김대중 후보는 이번 선거에서 정권 교체를 못하면 박정희 후보가 영구 집권하는 총통 시대가 온다고 말했다네.

장충단 유세에서 박정희 후보는 자신을 한 번 더 뽑아 달라는 정치 연설은 이번이 마지막이라며 지지를 호소했다더군.

① 정부 형태가 내각 책임제로 바뀌었다.
② 평화통일을 주장한 진보당의 조봉암이 처형되었다.
③ 대통령의 3선 연임을 허용하는 개헌안이 통과되었다.
④ 한일 국교 정상화에 반대하는 6·3 시위가 전개되었다.
⑤ 국회 해산과 헌법의 일부 효력 정지를 담은 유신이 선포되었다.

549

밑줄 그은 '현행 헌법'에 대한 설명으로 옳은 것은?

오늘의 헌법은 그 개정의 발의권이 사실상 대통령에게만 속해 있는 것이다. 이에 우리 국민은 이와 같이 헌법 개정 발의권으로부터의 소외를 극복하고 우리들의 천부의 권리를 제시하는 방법으로 대통령에게 현행 헌법의 개정을 요구하는 100만인 청원 운동을 전개하는 바이다.

장준하

① 내각책임제를 채택하였다.
② 대통령의 연임을 3회로 제한하였다.
③ 대통령에게 국회 해산권을 부여하였다.
④ 대통령의 임기를 7년 단임제로 정하였다.
⑤ 국회를 참의원과 민의원의 양원제로 규정하였다.

550

(가), (나) 헌법이 제정된 시기 사이에 있었던 사실로 옳은 것은?

(가)	(나)
제1조 ① 대한민국은 민주 공화국이다. ② 대한민국의 주권은 국민에게 있고, 모든 권력은 국민으로부터 나온다. 제64조 ① 대통령은 국민의 보통·평등·직접·비밀 선거에 의하여 선출한다. 제69조 ① 대통령의 임기는 4년으로 한다. ③ 대통령의 계속 재임은 3기에 한한다.	제1조 ① 대한민국은 민주 공화국이다. ② 대한민국의 주권은 국민에게 있고, 국민은 그 대표자나 국민 투표에 의하여 주권을 행사한다. 제39조 ① 대통령은 통일 주체 국민 회의에서 토론 없이 무기명 투표로 선거한다. 제47조 대통령의 임기는 6년으로 한다. 제59조 ① 대통령은 국회를 해산할 수 있다.

① 지방 자치제가 전면 시행되었다.
② 여수·순천 10·19 사건이 일어났다.
③ 일부 군인들이 5·16 군사 정변을 일으켰다.
④ 서울과 평양에서 7·4 남북 공동 성명이 발표되었다.
⑤ 한일 국교 정상화에 반대하는 6·3 시위가 전개되었다.

551

(가) 정부 시기에 있었던 사실로 옳은 것은?

(가) 정부의 민주화 운동 탄압 사례 중의 하나로 알려진 전국 민주 청년 학생 총연맹 사건의 관련 기록물이 세상에 나왔습니다. 국가기록원은 사건이 발생한 지 40여 년 만에 관련 인물 180명의 재판 기록과 수사 기록을 공개했습니다.

'민청학련 사건' 기록물, 세상 밖으로

① 정부에 비판적인 경향신문이 폐간되었다.
② 국민의 요구에 굴복하여 대통령이 하야하였다.
③ 민주화 시위 도중 대학생 강경대가 희생되었다.
④ 장기 독재에 저항한 3·1 민주 구국 선언이 발표되었다.
⑤ 기존의 헌법을 유지하는 4·13 호헌 조치가 선언되었다.

552

다음 사건 이후의 사실로 옳은 것은?

시사 만화로 보는 현대사

이 만화는 민생고 해결을 외치는 여성 노동자들이 경찰에게 과잉 진압되는 모습을 풍자하고 있다. 가발 생산 공장의 여성 노동자 180여 명이 업주의 폐업 조치에 맞서 신민당사에서 농성을 하자, 1천여 명의 무장 경찰이 폭력적으로 진압하였다. 이후 이 사건은 'YH 무역 사건'으로 역사에 기록되었다.

① 부마 민주 항쟁이 일어났다.
② 3·1 민주 구국 선언이 발표되었다.
③ 민의원과 참의원의 양원제 국회가 출범하였다.
④ 6·3 시위가 전개되고 비상 계엄령이 선포되었다.
⑤ 전태일이 근로 기준법 준수를 외치며 분신하였다.

545 박정희 정부 정답 ②

핵심키워드 국가 재건 최고 회의, 통일 주체 국민 회의

정답 분석

㈎ 박정희 등 일부 군인이 5 · 16 군사 정변을 일으킨 후, 국가 재건 최고 회의를 설치하여 군정을 시작한 1961년의 상황이다.

㈏ 박정희 정부가 유신 헌법을 제정하여 통일 주체 국민 회의를 출범시킨 1972년의 상황이다.

ㄱ. 박정희 대통령은 국가 안보 강화와 지속적인 경제 발전을 명분으로 내세워 1969년에 3선 개헌안을 통과시켰다.

ㄷ. 베트남 파병에 관한 브라운 각서는 1966년에 체결되었다. 한국의 파병의 대가로 미국으로부터 경제적, 군사적 지원을 받기로 하였다.

오답 분석

ㄴ. 제2차 석유 파동(1978년)으로 유가가 급등하자, 한국 경제는 물가 상승과 무역수지 악화 등으로 큰 어려움을 겪었다.

ㄹ. 김영삼 정부는 금융 거래의 투명성을 높이고 비자금과 탈세를 방지하려는 목적에서 1993년에 금융 실명제를 시행하였다.

546 한 · 일 협정 정답 ②

핵심키워드 원조, 일본 측, 한국 측, 6억 달러

정답 분석

박정희 정부는 한일 회담을 통해 경제 개발 자금을 마련하려 하였다. 이에 김종필 중앙정보부장과 일본 외무대신 오히라가 1962년에 비밀리에 만나 '무상 3억 달러, 유상 2억 달러, 민간 차관 1억 달러'의 경제 지원을 독립 축하금 명목으로 제공하기로 하였다. 그러나 이 회담에서 일본의 식민 지배에 대한 사과와 배상 없이 합의가 이루어졌다는 사실이 폭로되자, 학생들은 6 · 3 시위(1964년)를 대대적으로 전개하였다. 정부는 계엄을 선포하여 시위를 억누르고 한일 협정(1965년)을 체결하였다.

오답 분석

① 대한민국 정부 수립 직후 반민족 행위 특별 조사 위원회(1948~1949년)가 설치되었다.

③ 조봉암은 1958년에 진보당 사건으로 구속되었다.

④ 문경 시멘트 공장은 유엔 한국 재건단의 지원으로 1957년에 건설되었다.

⑤ 제1대 국회(제헌 국회)는 헌법(1948년), 반민족 행위 처벌법(1948년), 농지 개혁법(1949년), 귀속 재산 처리법(1949년) 등을 제정하였다.

547 박정희 정부 정답 ②

핵심키워드 향토 예비군 창설, 청와대 습격 사건

정답 분석

박정희 대통령은 1963년과 1967년에 연속으로 대통령에 선출되었다. 1968년 북한이 무장 공비를 보내 청와대 침투를 시도하고, 미 정보수집함 푸에블로호를 납북하는 등 도발을 이어가자, 박정희 정부는 이를 계기로 향토 예비군을 창설하여 반공 정책을 강화하였다. 또한, 반공 교육과 국민 통제를 강화하기 위해 국민 교육 헌장을 발표하였다.

오답 분석

① 노무현 정부는 양성 평등을 실현하기 위해 2005년에 호주제를 폐지하였다.

③ 다문화 가족 지원법은 이명박 정부 시기인 2008년에 제정되었다.

④ 김영삼 정부 시기인 1993년에 공직자 윤리법을 개정하여 재산 등록을 의무화하였다.

⑤ 전두환 정부 시기인 1980년에 언론 기본법을 제정하여 언론사를 통폐합하였다.

548 1971년 대선 정답 ⑤

핵심키워드 김대중 후보, 박정희 후보, 영구 집권

정답 분석

박정희 대통령은 대통령의 3선 연임을 허용한 3선 개헌안(1969년)을 통과시킨 후, 1971년 대통령 선거에서 야당 후보 김대중을 이기고 3선에 성공하였다. 이후 장기 독재 체제를 구축하기 위해 남북 통일을 위해 사회 질서를 안정시킨다는 명분으로 1972년 10월 유신 헌법을 만들었다.

오답 분석

① 1960년 4 · 19 혁명 이후 제3차 개헌으로 대통령 중심제에서 내각 책임제로 정부 형태가 변경되었다. 이로 인해 제2공화국이 수립되었다.

② 이승만 정부는 평화 통일론을 주장한 조봉암을 국가 보안법 위반과 간첩 혐의로 기소하여 1959년에 사형에 처했다. 이는 진보당 사건으로 불린다.

③ 박정희 대통령은 1969년에 대통령의 3선 연임을 허용하는 제6차 개헌을 단행하였다.

④ 일본의 식민 지배에 대한 사과와 배상 없이 국교 정상화를 추진하려 한다는 사실이 알려지자, 학생들은 1964년에 6 · 3 시위를 전개하였다.

549 유신 체제
정답 ③

핵심키워드 **장준하, 개헌 청원 100만 인 서명 운동**

정답 분석

유신 체제에 반대하는 움직임이 일어나는 가운데, 중앙정보부는 1973년에 일본에서 유신 반대 운동을 벌이던 김대중을 납치했다. 이에 국내에서는 장준하와 백기완 등 지식인들이 유신 체제 철폐와 민주주의 회복을 위한 개헌 청원 100만 명 서명 운동을 전개했다. ③ 유신헌법은 대통령에게 국회 해산권, 국회의원의 1/3 추천권, 법관 인사권, 긴급 조치권을 부여하였다.

오답 분석

①, ⑤ 4·19 혁명 직후, 허정 과도 내각은 의원 내각제와 양원제(참의원, 민의원)를 골자로 하는 제3차 개헌을 추진하였다.

② 박정희 대통령은 1969년에 대통령의 3선 연임을 허용하는 제6차 개헌을 단행하였다.

④ 전두환 정부는 대통령의 7년 단임제와 대통령 선거인단에 의한 대통령 간선제 선출을 핵심으로 하는 제8차 개헌(1980년)을 단행하였다.

550 박정희 정부의 개헌
정답 ④

핵심키워드 **임기 4년, 재임 3기, 임기 6년, 국회 해산**

정답 분석

㈎는 대통령의 3선을 허용한 제6차 개헌(1969년)이며, ㈏는 대통령의 임기를 6년으로 하며, 대통령에게 국회 해산권, 국회의원의 1/3 추천권, 법관 인사권, 긴급 조치권을 부여한 유신 헌법(1972년)이다. ④ 박정희 정부는 닉슨 독트린(1969년) 발표 이후 냉전 체제가 완화되고 미국이 북한과의 화해를 권고하면서 반공 정책을 계속 추진하기 어려웠다. 박정희 정부는 위기감을 느끼고 1972년에 7·4 남북 공동 성명을 발표하여 북한과의 평화 통일의 원칙을 천명하였다. 그리고 같은 해 10월에 유신 헌법을 제정하였다.

오답 분석

① 지방 자치제는 김영삼 정부 시기인 1995년에 전면적으로 시행되었다.

② 여수·순천 10·19 사건은 1948년에 발생하였다.

③ 박정희와 군부 세력이 주도한 5·16 군사 정변은 1961년에 발생하였다.

⑤ 일본의 식민 지배에 대한 사과와 배상 없이 국교 정상화를 추진하려한다는 사실이 알려지자, 학생들은 1964년에 6·3 시위를 전개하였다.

551 유신 체제
정답 ④

핵심키워드 **민청학련 사건**

정답 분석

박정희 정부가 유신 헌법을 제정한 후 긴급 조치를 잇따라 발표하자, 각 지역의 대학 대표자들은 1974년에 '전국민주청년학생총연맹(민청학련)'을 조직하고 유신 철폐 시위를 주도하였다. 박정희 정권은 이를 공산주의 추종 세력의 정부 전복 시도로 규정하고, 관련자 1,024명 중 180명을 구속하였으며, 그중 인혁당 사건과 연루된 8명에게 사형을 집행하였다. 이를 민청학련 사건이라 한다. ④ 재야 세력은 1976년에 3·1 민주 구국 선언을 발표하며, 긴급 조치 철폐와 박정희 정권 퇴진을 요구하였다.

오답 분석

① 이승만 정부는 정부에 비판적이었던 경향신문을 1959년에 강제 폐간하였다.

② 1960년 4·19 혁명으로 이승만 대통령이 하야하였다.

③ 노태우 정부 시기인 1991년에 강경대 명지대 학생이 시위 중 전투 경찰들의 집단 구타로 사망하였다.

⑤ 전두환 정부는 개헌을 거부하고 기존 헌법을 유지하려는 4·13 호헌 조치(1987년)를 단행하였다. 이에 반발하여 6월 민주화 운동이 전개되었다.

552 YH 무역 사건
정답 ①

핵심키워드 **가발 공장의 여성 노동자, YH 무역 사건**

정답 분석

YH 무역 노동자들은 1979년에 회사의 폐업에 항의하며 야당인 신민당사에서 농성을 벌였다. 이 사건으로 신민당 총재가 국회에서 제명당하자, 부산과 마산 지역에서 유신 체제에 반대하는 시위가 일어났다(부마 민주 항쟁). 이 사건은 박정희 정권의 몰락을 촉발하는 계기가 되었다.

오답 분석

② 재야 인사들은 1976년에 3·1 민주 구국 선언을 발표하여, 유신 체제에 저항하고 민주화를 요구하였다.

③ 제2공화국 헌법에 따라 민의원과 참의원의 양원제 국회가 1960년에 출범하였다.

④ 학생들은 졸속적인 한일 국교 정상화에 반대하며 1964년에 6·3 시위를 전개하였다.

⑤ 전태일은 1970년에 근로기준법 준수를 외치며 분신하였고, 그의 희생은 노동자 인권 문제에 대한 사회적 관심을 불러일으켰다.

박정희 정부 (2) - 경제, 사회

핵심정리

❶ 제1 · 2차 경제 개발 5개년 계획 [1962~1971]

제1차 경제 개발 5개년 계획 〔1962~〕	• 노동 집약적 경공업 중심 정책 추진 : 섬유, 신발, 가발
	• 기간 산업 육성 : 비료 · 시멘트 · 정유 분야, 울산 정유 공장 설립
	• 외국 자금 도입
	  – 한 · 일 협정 체결로 일본으로부터 자금 유입
	  – 베트남 파병에 따른 미국의 차관 도입
	  – 간호사 · 광부 파견에 따른 독일 차관 도입

제2차 경제 개발 5개년 계획 〔1967~〕	• 사회 간접 자본 확충
	  – 경인 고속 국도 개통〔1968〕
	  – 경부 고속 국도 개통〔1970〕
	• 베트남 특수 누림
	• 새마을 운동 추진
	  – 근면 · 자조 · 협동 정신 강조
	  – 농가 소득 향상과 농촌 생활 환경 개선을 시도
	• 1960년대 말 경제 위기
	  – 세계 경제의 침체로 수출 난항
	  – 마산 수출 자유 지역 지정 : 외국의 직접 투자 유도

사회적 사건	• 전태일 분신 사건〔1970〕 : 서울 청계천, 근로 기준법 준수 요구
	• 광주 대단지 사건〔1971〕 : 경기도 광주시, 주거 환경 개선 요구
	  └ 경기도 광주 대단지에서 주민 수만여 명이 정부의 무계획적인 도시
	    정책과 졸속 행정에 반발하여 도시를 점거하고 시위를 일으킴

❷ 제3 · 4차 경제 개발 5개년 계획 [1972~1981]

특징	• 중화학 공업 육성
	  – 울산 석유 화학 단지 건설
	  – 포항 제철소 건설
	• 8 · 3 조치〔1972〕 : 긴급명령권을 발동해 '기업의 사채 동결, 금리 대폭 인하' 실시
	• 경제 성과
	  – 통일벼 보급으로 쌀 자급 가능
	  – 수출 100억 달러 달성〔1977〕

석유 파동	• 1차 석유 파동〔1973〕 – 중동 특수로 위기 극복 : 건설업의 중동 진출로 오일 달러를 획득 • 제2차 석유 파동〔1978〕
사회적 사건	• 함평 고구마 피해 보상 사건〔1976〕 • YH 무역 사건〔1979〕

└ 원유 가격 폭등으로 세계 경제가 혼란에 빠짐

✚ 전태일

저희들은 근로 기준법의 혜택을 조금도 못 받으며 … 90% 이상이 평균 연령 18세의 여성입니다. … 또한 3만여 명 중 40%를 차지하는 시다공은 평균 연령이 15세의 어린이들로서 … 저희들의 요구는 … 1일 15시간의 작업 시간을 1일 10~12시간으로 단축해 주십시오. 1개월 휴일 2일을 일요일마다 휴일로 쉬기를 희망합니다. … 절대로 무리한 요구가 아님을 맹세합니다. 인간으로서 최소한의 요구입니다.

    – 박정희 대통령에게 보낸 탄원서 –

✚ 석유 파동

▲ 석유 파동 때 석유를 구매하고자 길게 줄을 서 있는 사람들

✚ 함평 고구마 사건

함평 농협이 고구마 전량 수매 약속을 지키지 않자, 농민들은 3년간 투쟁을 전개하여 피해를 보상받았다.

1 다음은 1950~1970년대의 경제·사회 상황을 정리한 것이다. 이승만 정부는 '이', 박정희 정부는 '박'이라고 쓰시오.

(1) (　) - 농지 개혁을 추진하였다.

(2) (　) - 새마을 운동이 전개되었다.

(3) (　) - 국민 교육 헌장이 발표되었다.

(4) (　) - 100억 달러 수출을 최초로 달성하였다.

(5) (　) - 함평 고구마 피해 보상 운동이 전개되었다.

(6) (　) - 제2차 석유 파동으로 경제 불황이 심화되었다.

(7) (　) - 제분, 제당, 면직물을 생산하는 삼백 산업이 발달하였다.

(8) (　) - 귀속 재산을 관리하기 위한 귀속 재산 처리법이 제정되었다.

(9) (　) - 한·독 정부 간의 협정에 따라 서독으로 광부가 파견되었다.

(10) (　) - 정부의 도시 정책에 반발해 광주 대단지 이주민이 시위를 벌였다.

2 다음은 박정희 정부에 대한 내용이다. 빈칸에 알맞은 말을 선택하시오.

(1) (독일, 프랑스)에 광부, 간호사를 파견하였다.

(2) 농촌 근대화를 목표로 (형평, 새마을) 운동이 추진되었다.

(3) (1962년, 1972년)부터 제1차 경제 개발 5개년 계획을 실시하였다.

(4) 1965년에 (미국, 일본)과 기본 협약을 체결하여 국교를 맺었다.

(5) (1961년, 1977년)에 처음으로 수출액 100억 달러를 달성하였다.

(6) (강주룡, 전태일)은 청계천 노동자들의 열악한 현실을 고발하며 분신하였다.

(7) (대구, 함평) 농민들은 고구마 수매 약속 이행을 요구하며 농협과 장기간 대립하였다.

(8) 제1차 석유 파동은 (중동 특수, 베트남 특수)로 극복하였다.

(9) 기업의 사채 부담을 줄여주기 위해 (8·3 조치, 금융 실명제)를 발표하였다.

(10) 집권 말기에 (석유 파동, 미국 무상 원조의 감소)(으)로 경제 위기를 겪었다.

3 아래 사건이 일어난 시기를 (가)~(다) 중 고르시오.

1948	1961	1965	1977
(가)	(나)	(다)	
대한민국 정부 수립	5.16 군사 정변	한일 협정 체결	100억 달러 수출 달성

(1) (　) - 광주 대단지 사건이 일어났다.

(2) (　) - 전태일 분신 사건이 일어났다.

(3) (　) - 경부 고속 도로가 개통되었다.

(4) (　) - 제1차 경제 개발 5개년 계획을 발표하였다.

(5) (　) - 삼백 산업 중심의 소비재 산업이 발달하였다.

(6) (　) - 6·3 시위가 전개되고 비상 계엄령이 선포되었다.

(7) (　) - 경자유전의 원칙에 따른 농지 개혁법이 제정되었다.

(8) (　) - 대통령의 하야를 요구하는 대학 교수단의 시위 행진이 있었다.

4 다음 사료를 읽고, 물음에 답하시오.

(1) 다음은 박정희 정부가 농촌 재건을 위해 추진한 사회 운동의 노래이다. 해당하는 운동은 무엇인가?

> 새벽종이 울렸네 새아침이 밝았네
> 너도 나도 일어나 새마을을 가꾸세
> 살기 좋은 내 마을 우리 힘으로 만드세

(2) 다음 글을 작성한 인물을 쓰시오.

> 저희들은 근로 기준법의 혜택을 조금도 못 받으며 … 90% 이상이 평균 연령 18세의 여성입니다. … 또한 3만여 명 중 40%를 차지하는 시다공은 평균 연령이 15세의 어린이들로서 … 일반 공무원의 평균 근무 시간이 1주 45시간인데 비해, 15세의 어린 시다공은 1주 98시간의 고된 작업에 시달립니다. … 저희들의 요구는 … 1일 15시간의 작업 시간을 1일 10~12시간으로 단축해 주십시오. 1개월 휴일 2일을 일요일마다 휴일로 쉬기를 희망합니다. … 절대로 무리한 요구가 아님을 맹세합니다. 인간으로서 최소한의 요구입니다.

정답

1. (1) 이 (2) 박 (3) 박 (4) 박 (5) 박 (6) 박 (7) 이 (8) 이 (9) 박 (10) 박

2. (1) 독일 (2) 새마을 (3) 1962년 (4) 일본 (5) 1977년 (6) 전태일 (7) 함평 (8) 중동 특수 (9) 8·3 조치 (10) 석유 파동

3. (1) 다 (2) 다 (3) 다 (4) 나 (5) 가 (6) 나 (7) 가 (8) 가

4. (1) 새마을 운동 (2) 전태일

553

다음 상황이 나타난 시기를 연표에서 옳게 고른 것은?

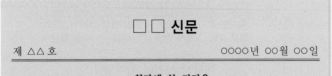

□□ 신문

제 △△ 호   ○○○○년 ○○월 ○○일

희망에 찬 전진을

제1차 경제 개발 5개년 계획을 성공적으로 매듭지은 현 시점에서 우리에게는 진실로 기뻐하고 자랑스럽게 생각해야 할 일이 있다. 우리나라가 새롭고 희망에 찬 생활을 향하여 전진을 거듭하고 있다는 사실에 대한 자각이 더욱 높아가고 미래에 대한 자신이 날로 굳어져 가고 있다는 사실이다. …… 여러분이 아시다시피 올해는 제2차 경제 개발 5개년 계획에 착수하여 이미 도약 단계에 들어선 조국의 발전에 일대 박차를 가해야 할 중대한 새 출발의 해인 것이다. 앞으로 4~5년 후에는 아시아에 빛나는 공업 국가를 건설해 보자는 것이 이 계획의 목표인 것이다.

1949	1965	1977	1988	1996	2007
(가)	(나)	(다)	(라)	(마)	

| 농지 개혁법 제정 | 한일 협정 체결 | 100억 달러 수출 달성 | 서울 올림픽 개최 | 경제협력 개발기구 (OECD) 가입 | 한미 자유 무역 협정(FTA) 체결 |

① (가)   ② (나)
③ (다)   ④ (라)
⑤ (마)

554

(가) 정부 시기의 경제 상황으로 옳은 것은?

(가) 정부 발행
우표 모음첩

포항 종합 제철 준공

경부 고속 도로 준공

100억 달러 수출 달성

① 한미 자유 무역 협정(FTA)이 체결되었다.
② 저유가·저금리·저달러의 3저 호황이 있었다.
③ 원조 물자를 가공하는 삼백 산업이 발달하였다.
④ 대통령 긴급 명령으로 금융실명제가 실시되었다.
⑤ 농촌의 근대화를 표방한 새마을 운동이 전개되었다.

555

다음 명령을 실행한 정부의 경제 정책으로 옳은 것은?

이것은 경제 관련 긴급 명령을 발표하는 사진입니다. 경부 고속 도로 개통 등으로 경제 발전에 힘쓰던 당시 정부는 사채에 허덕이는 기업을 구제하기 위해 사채 신고를 독려하고 그 상환을 동결시켜 주었습니다. 이로써 기업의 재무 구조가 개선되었으나 정경 유착이 심해지는 계기가 되기도 하였습니다.

① 제3차 경제 개발 5개년 계획을 추진하였다.
② 미국과 자유무역협정(FTA)을 체결하였다.
③ 귀속 재산 처리를 위해 신한 공사를 설립하였다.
④ 최저 임금 결정을 위한 최저 임금 위원회를 설치하였다.
⑤ 금융 거래의 투명성을 확보하고자 금융 실명제를 실시하였다.

556

다음 사건이 있었던 정부 시기의 경제 상황으로 옳은 것은?

사진으로 보는 현대사

YH 무역 여성 노동자들은 일방적인 폐업에 항의하며 신민당 당사에서 농성 시위를 벌이다 경찰에 의해 강제 해산되었다. 그 과정에서 노동자 김경숙이 사망하였다. 이 사진은 현장에 남아 있던 머리띠와 신발들이다. 머리띠에는 '안되면 죽음이다'라는 글귀가 쓰여 있다.

① 금융 실명제가 실시되었다.
② 연간 수출액 100억 달러가 달성되었다.
③ 개성 공단에서 의류 생산이 시작되었다.
④ 칠레와 자유무역협정(FTA)을 체결하였다.
⑤ 저금리, 저유가, 저달러의 3저 호황이 있었다.

557

다음 사건의 영향을 받아 발생한 사실로 옳은 것은?

근로 기준법을 준수하라!

나는 아주 작은 바늘 구멍이라도 내기 위해서 죽는 것입니다. 그 작은 구멍을 키워 벽을 허물어야 합니다. 그래야 없는 사람도 살고 근로자도 살 수 있는 것입니다.

① 신한 공사가 설립되어 귀속 재산을 관리하였다.
② 부산에서 조선 방직의 총파업 사건이 발생하였다.
③ 경제 자립을 목표로 제1차 경제 개발 5개년 계획이 추진되었다.
④ 미국에서 들여온 원조 물자를 기반으로 삼백 산업이 발달하였다.
⑤ 평화 시장 노동자들을 중심으로 한 청계 피복 노동 조합이 결성되었다.

558

다음 뉴스의 사건이 있었던 정부 시기의 사실로 옳은 것은?

오늘 오후 2시경 서울 평화시장에서 있었던 노동자들의 시위 도중 재단사 전태일씨가 분신하는 사건이 발생하였습니다. 전씨는 '근로 기준법을 지켜라!', "우리는 기계가 아니다!"라고 절규하며 열악한 노동 환경 개선을 요구하였습니다.

① 함평 고구마 피해 보상 운동이 전개되었다.
② 저유가·저금리·저달러의 3저 호황이 있었다.
③ 미국과의 자유무역협정(FTA)이 체결되었다.
④ 경제협력개발기구(OECD)의 회원국이 되었다.
⑤ 최저 임금 결정을 위한 최저 임금 위원회가 설치되었다.

559

다음 정부 시기에 볼 수 있는 모습으로 가장 적절한 것은?

실감 콘텐츠로 만나는 ○○○ 정부

포항 제철소 착공식 / 제1차 석유 파동으로 멈춰 선 버스 / 100억 불 수출 달성

① 최저 임금법 제정으로 최저 임금을 심의하는 위원
② 금융 실명제에 따라 신분증 제시를 요구하는 은행원
③ 한·칠레 자유 무역 협정(FTA)의 비준을 보도하는 기자
④ 전국 민주 노동조합 총연맹 창립 대회에 참가하는 노동자
⑤ 정부의 도시 정책에 반발해 시위를 하는 광주 대단지 이주민

560

다음 기사의 사건이 일어난 정부 시기의 통일 정책으로 옳은 것은?

□□ 신문

제 △△ 호　　　　　　　　　○○○○년 ○○월 ○○일

광주 대단지 주민 5만여 명, 대규모 시위

지난 10일, 경기도 광주시 중부면 광주 대단지에서 5만여 명의 주민들이 차량을 탈취하여 대규모 시위를 벌였다. 이번 시위는 서울 도심을 정비하기 위하여 10만여 명의 주민들을 경기도 광주로 이주시키는 과정에서 발생하였다. 서울시가 처음 내건 이주 조건과 달리, 상하수도나 교통 등 기반 시설이 갖추어지지 않은 채 강제로 이주시켰기 때문이다. 시위 과정에서 관공서와 주유소 등이 불에 탔고, 주민과 경찰 다수가 부상을 입었으며, 일부 주민들이 구속되었다.

① 남북한이 유엔에 동시 가입하였다.
② 10·4 남북 공동 선언을 발표하였다.
③ 남북한이 한반도 비핵화 공동 선언에 서명하였다.
④ 남북 조절 위원회를 설치하여 통일 방안을 논의하였다.
⑤ 남북한의 교류 협력을 위한 개성 공업 지구 건설에 착수하였다.

553 1960년대의 경제 상황 정답 ②

핵심키워드 제2차 경제 개발 5개년 계획 착수

정답 분석

박정희 정부는 장면 정부가 수립한 경제 개발 계획을 수정, 보완하여 1962년부터 국가 주도의 경제 개발을 추진하였다.

제1차 경제 개발 5개년 계획(1962~1966년)에서는 시멘트, 비료 등 기간산업에 집중적으로 투자하고, 노동 집약적 경공업을 육성하였다.

제2차 경제 개발 5개년 계획(1967~1971년)에서는 식량 자급과 수출 증대, 철강과 화학 공장 건립, 경부 고속 국도 건설 등을 시도하였다.

제시문의 '제1차 경제 개발 5개년 계획을 성공적으로 매듭지은 현 시점에서'와 '올해는 제2차 경제 개발 5개년 계획에 착수하여'를 통해 1967년의 상황임을 알 수 있다.

554 박정희 정부의 경제 정답 ⑤

핵심키워드 포항 제철 준공, 경부 고속 도로 준공

정답 분석

박정희 정부는 1970년대에 포항 제철소를 준공하여 철강 산업의 기반을 마련했다. 1973년 제1차 석유 파동으로 물가 상승과 무역수지 악화의 어려움이 있었으나, 수출 증대 노력으로 1977년 연간 수출액 100억 달러를 달성했다. 이를 통해 한국 경제는 중화학 공업 중심으로 전환되었다.

⑤ 새마을 운동은 1970년에 시작된 농촌 근대화 운동으로, 박정희 정부가 주도하여 농촌 생활환경 개선과 경제적 자립을 목표로 전국적으로 전개되었다.

오답 분석

① 한미 자유 무역 협정(FTA)은 노무현 정부 시기인 2007년에 체결되었다. 이로 인해 한국과 미국 간 무역 장벽이 낮아졌다.

② 3저 호황은 전두환 정부 시기인 1980년대 중반에 나타난 현상으로, 저유가·저금리·저달러라는 유리한 경제 환경이 조성되어 한국 경제는 1986~1988년 3년 간, 연 12%에 가까운 고도 성장을 하였다.

③ 삼백 산업은 미국의 주요 원조 농산물인 밀가루, 설탕, 면화를 원료로 하는 제분, 제당, 면방직 공업을 말한다. 이승만 정부는 1950년대 후반에 삼백 산업을 발달시켰다.

④ 김영삼 정부는 1993년에 금융 실명제를 대통령 긴급 명령으로 시행하여, 금융 거래의 투명성을 높이고 비자금 조성 및 탈세를 방지하려 하였다.

555 박정희 정부의 경제 정답 ①

핵심키워드 긴급 명령, 사채 상환 동결

정답 분석

제시문은 박정희 정부가 1972년에 발표한 8·3 조치에 관한 것이다. 1971년 말, 기업의 채무 관계가 악화되고 사채 의존도가 높아지자, 박정희 정부는 '모든 사채를 3년 거치 후 5년 분할 상환하고, 금리를 인하한다'는 내용의 8·3 조치를 발표하였다.

① 제3차 경제 개발 5개년 계획은 1972년부터 1976년까지 추진된 계획으로, 중화학 공업을 중심으로 한 산업 구조의 고도화와 자립 경제 기반의 강화를 목표로 하였다.

오답 분석

② 한미 자유 무역 협정(FTA)은 노무현 정부 시기인 2007년에 체결되었다.

③ 미군정은 1946년에 신한 공사를 설립하여 일제 강점기에 남겨진 귀속 재산을 관리하였다.

④ 전두환 정부 시기인 1986년에 최저 임금법이 제정되었고, 이듬해 최저 임금 위원회가 설립되었다.

⑤ 김영삼 정부는 1993년에 금융 실명제를 대통령 긴급 명령으로 시행하였다.

556 박정희 정부의 경제 정답 ②

핵심키워드 YH 무역

정답 분석

YH 무역 노동자들은 1979년에 회사의 폐업에 항의하며 농성을 벌였다. 이 사건은 야당 총재의 국회의원 제명 사건과 부마 민주 항쟁으로 이어져 박정희 정권의 몰락을 촉발하였다.

② 박정희 정부는 1977년에 연간 수출액 100억 달러를 달성하였다. 이러한 급속한 경제 발전은 '한강의 기적'이라고 불렸다.

오답 분석

① 김영삼 정부는 1993년에 금융 실명제를 시행하였다.

③ 개성 공단은 남북 경제 협력의 일환으로 추진된 사업으로, 2004년에 의류 생산이 시작되었다.

④ 노무현 정부는 2004년에 한국의 첫 자유 무역 협정으로 한-칠레 자유무역협정(FTA)을 체결하였고, 2007년에는 한미 자유무역협정(FTA)을 성사시켰다.

⑤ 전두환 정부 시기인 1980년대 중반에 저금리, 저유가, 저달러라는 유리한 경제 환경이 조성되어 한국 경제가 높은 성장을 기록하였다. 이를 3저 호황이라 한다.

557 전태일 분신 사건 정답 ⑤

핵심키워드 근로 기준법을 준수하라

정답 분석

서울 동대문 평화 시장의 재단사인 전태일은 1970년 11월 '근로 기준법을 준수하라', '우리는 기계가 아니다'라고 외치며 분신자살하였다. 이 사건을 계기로 노동자는 물론 지식인과 대학생도 노동 문제에 대한 관심을 가지면서 노동 운동이 본격화되었다.

⑤ 청계 피복 노동 조합은 1970년 전태일의 분신을 계기로 평화시장 노동자들을 중심으로 결성되었다.

오답 분석

① 미군정은 1946년에 신한 공사를 설립하여 일제 강점기에 남겨진 귀속 재산을 관리하였다.

② 조선방직은 1917년 일본 자본에 의해 부산에 설립된 면방직 회사로, 1930년에 노동자들은 낮은 임금과 긴 노동 시간, 차별 대우에 반발해 총파업을 벌였다.

③ 박정희 정부는 1962년부터 1966년까지 제1차 경제 개발 5개년 계획을 추진하였다.

④ 삼백 산업은 미국에서 들여온 원료인 밀, 원당, 면화를 기반으로 하는 경공업 중심의 산업으로, 이승만 정부 시기의 핵심 산업이었다.

558 1970년대 정답 ①

핵심키워드 전태일 분신 사건

정답 분석

박정희 정부의 1970년대에 일어난 사회 사건으로는 서울 와우 아파트 붕괴 사건(1970년), 전태일 분신 사건(1970년), 광주 대단지 사건(1971년), 함평 고구마 사건(1976년), YH 무역 사건(1979년) 등이 있다.

① 1976년 전라남도 함평에서 농협이 고구마 수매 약속을 지키지 않자 농민들이 3년간 시위를 벌여 피해 보상을 받아냈다. 이를 함평 고구마 사건이라 한다.

오답 분석

② 3저 호황은 전두환 정부 시기인 1980년대 중반에 나타난 현상으로, 저유가 · 저금리 · 저달러라는 유리한 경제 환경이 조성되어 한국 경제는 1986~1988년 3년 간, 연 12%에 가까운 고도 성장을 하였다.

③ 한미 자유무역협정(FTA)은 노무현 정부 시기인 2007년에 체결되었다.

④ 김영삼 정부 시기인 1996년에 한국은 OECD(경제협력개발기구)에 가입하였다.

⑤ 전두환 정부 시기인 1986년에 최저 임금법이 제정되었고, 이듬해 최저 임금 위원회가 설립되었다.

559 1970년대 경제 상황 정답 ⑤

핵심키워드 제1차 석유 파동, 100억 불 수출 달성

정답 분석

박정희 정부는 1973년 포항 제철소를 준공하여 철강 산업의 기반을 마련하였다. 제1차 석유 파동으로 물가 상승과 무역수지 악화의 어려움이 있었으나, 수출 증대 노력으로 1977년 연간 수출액 100억 달러를 달성했다. 이를 통해 한국 경제는 중화학 공업 중심으로 전환되었다.

⑤ 박정희 정부와 서울시는 약 10만 명의 판자촌 주민을 경기도 광주로 이주시켰다. 정부의 당초 약속과 달리 생활 기반이 열악하자 주민들은 개선을 요구하며 집회와 시위를 벌였고, 이를 광주 대단지 사건(1971년)이라 한다.

오답 분석

① 최저 임금법은 1986년 전두환 정부 때 제정되었다.

② 금융 실명제는 1993년 김영삼 정부에 의해 시행되었다.

③ 한-칠레 자유 무역 협정(FTA)은 한국의 첫 자유 무역 협정으로, 2004년 노무현 정부 때 체결되었다.

④ 전국 민주 노동조합 총연맹(민주노총)은 1995년 김영삼 정부 때 창립되었다.

560 1970년대 정답 ④

핵심키워드 광주 대단지 주민

정답 분석

제시된 자료는 광주 대단지 사건(1971년)에 관한 것이다. 박정희 정부와 서울시를 믿고 약 10만 명이 경기도 광주로 이주했으나, 열악한 생활 기반으로 주민들이 개선을 요구하며 집회와 시위를 벌였다.

④ 남북 조절 위원회는 1972년 7 · 4 남북 공동 성명에 따라 설치된 정치 기구로, 남북 간의 통일 방안을 논의하고 조정할 목적으로 설치되었다.

오답 분석

① 노태우 정부 시기인 1991년 9월에 남북한이 유엔에 동시 가입하였다.

② 2007년 10월 4일 노무현 대통령과 김정일 국방위원장이 제2차 남북 정상 회담을 갖고, 10 · 4 남북 공동 선언을 발표하였다.

③ 노태우 정부 시기인 1991년 12월에 한반도 비핵화 공동 선언을 발표하였다.

⑤ 김대중 정부는 제1차 남북 정상 회담(2000년)에서 개성 공단 조성에 합의하였으며, 노무현 정부 시기에 개성 공단이 실제로 조성되었다.

전두환 정부

❶ 5·18 민주화 운동〔1980〕

배경	• 12·12 사태〔1979〕: 보안사령관 전두환 중심의 신군부 세력이 군권 장악 • 서울의 봄〔1980〕: 학생과 시민의 '비상 계엄령 해제'·'유신 헌법 철폐'·'신군부 퇴진' 요구 • 신군부의 비상계엄 전국 확대〔1980.5.17〕

경과	• 광주에서 민주화 운동 일어나자, 신군부의 계엄군 투입〔1980.5.18〕
	  → 분노한 시민들이 시민군을 조직하여 계엄군과 대치
	  → 계엄군의 무력 진압

의의	• 필리핀, 타이완 등 아시아 각국의 민주화 운동에 영향을 줌 • 관련 기록물이 유네스코 세계 기록 유산으로 등재

❷ 전두환 정부의 정책

정치
분야
	• 국가 보위 비상 대책 위원회(국보위) 설치〔1980.5.31〕
	• 제8차 개헌〔1980.10〕
	  – 대통령 선거인단에 의한 대통령 간선제 선출
	  – 대통령 7년 단임제
	• 금강산 댐 사건〔1986〕: 한반도 긴장 고조

경제
분야
	• 3저 호황 평균 연 12% 이상 경제 성장
	  – 저금리·저유가·저달러 상황을 배경으로 수출 증대
	  – 최초로 무역 흑자 달성
	• 최저 임금법 제정〔1986〕

사회 분야	• 강압책: 언론 통폐합(다수의 해직 기자 발생), 삼청교육대 설치 • 유화책: 교복과 두발 자유화, 해외 여행 자유화, 야간 통행 금지 해제, 프로 스포츠 도입
통일 분야	• KBS 특별 생방송 '이산가족을 찾습니다' 진행〔1983〕 • 최초의 이산가족 상봉〔1985〕

❸ 6월 민주 항쟁〔1987〕

배경	• 박종철 고문치사 사건〔1987.1〕: 경찰이 "탁하고 치니 억하고 죽었다"고 발표, 천주교 정의 구현 사제단의 진실 규명으로 진상이 밝혀짐 • 정부의 4·13 호헌 조치〔1987.4〕: 개헌 거부 • 이한열 최루탄 피격 사건〔1987.6.9〕
경과	• 6·10 국민 대회 개최: 전국 주요 도시에서 '박종철군 고문살인 조작·은폐 규탄 및 호헌 철폐 국민대회' 개최

이후	• 6·29 민주화 선언〔1987〕
	  – 여당 대통령 후보인 노태우가 발표
	  – 주요 내용: 대통령 직선제로의 개헌, 김대중 사면 복권 등 약속
	• 제9차 개헌〔1987.10〕: 대통령 직선제 선출, 대통령 5년 단임제
	• 제13대 대통령 선거〔1987.12〕: 야당 후보의 단일화 실패로 노태우 당선

✚ 광주 시민군 궐기문

우리는 왜 총을 들 수밖에 없었는가? 그 대답은 너무나 간단합니다. 너무나 무자비한 만행을 더 이상 보고 있을 수만 없어서 너도나도 총을 들고 나섰던 것입니다. … 계엄 당국은 18일 오후부터 공수 부대를 대량 투입하여 시내 곳곳에서 학생, 젊은이들에게 무차별 살상을 자행하였으니 … 우리는 이 고장을 지키고 우리의 부모 형제를 지키기 위해 손에 손을 들었던 것입니다.

✚ 이한열

▲ 시위 중 최루탄을 정면으로 맞은 이한열 열사

✚ 6·29 민주화 선언

• 첫째, 여야 합의 하에 조속히 대통령 직선제 개헌을 하고 새 헌법에 의한 대통령 선거를 통해 1988년 2월 평화적 정부 이양을 실현토록 하겠습니다. … 국민은 나라의 주인이며, 국민의 뜻은 모든 것에 우선하는 것입니다.
• 둘째, 새로운 법에 따라 선거 운동, 투표 과정 등에 있어서 최대한 공명정대한 선거 관리가 이루어져야 합니다.
• 셋째, 우리 정치권은 물론 모든 분야에 있어서의 반목과 대결이 과감히 제거되어 국민적 화해와 대단결을 도모하여야 합니다. 그러한 의미에서 저는 그 과거가 어떠하였던 간에 김대중 씨도 사면 복권되어야 한다고 생각합니다.

1 다음은 우리나라의 민주화 운동을 정리한 것이다. 4·19 혁명은 '4', 5·18 민주화 운동은 '5', 6월 민주 항쟁은 '6'으로 쓰시오.

(1) ( ) - 허정 과도 정부가 구성되는 계기가 되었다.

(2) ( ) - 호헌 철폐와 독재 타도 등을 내세웠다.

(3) ( ) - 5년 단임의 대통령 직선제 개헌을 이끌어 냈다.

(4) ( ) - 전개 과정에서 시민군이 자발적으로 조직되었다.

(5) ( ) - 신군부의 비상 계엄 확대가 원인이 되어 일어났다.

(6) ( ) - 박종철 고문 치사 사건의 진상 규명을 요구하였다.

(7) ( ) - 경무대로 향하던 시위대가 경찰의 총격을 받았다.

(8) ( ) - 대통령 중심제에서 의원 내각제로 바뀌는 계기가 되었다.

(9) ( ) - 3·15 부정 선거에 항의하는 시위가 전국으로 확산되었다.

(10) ( ), ( ) - 관련 기록물이 유네스코 세계 기록유산으로 등재되었다.

2 다음은 전두환 정부에 대한 설명이다. 빈칸에 알맞은 말을 선택하시오.

(1) 사회 정화를 명분으로 (신한공사, 삼청 교육대)를 설치하였다.

(2) (국가 재건 최고 회의, 국가 보위 비상 대책 위원회)가 설치되었다.

(3) 신군부의 계엄령 확대에 저항하여 (5·18 민주화 운동, 개헌 청원 백만인 서명 운동)이 일어났다.

(4) 최초로 (금강산 관광, 이산가족 상봉)을 실시하였다.

(5) (3저 호황, 베트남 특수) 덕분에 최초로 수출이 흑자를 기록했다.

(6) (근로 기준법, 최저 임금법)이 제정되었다.

(7) 치안본부 대공 분실에서 (김주열, 박종철) 고문 치사 사건이 발생하였다.

(8) 시민들은 (4·13, 5·16) 호헌 조치 철폐를 요구하였다.

(9) 6월 민주 항쟁으로 (5년, 7년) 단임의 대통령 직선제 개헌을 이끌어 냈다.

(10) 노태우는 (3·1 민주 구국 선언, 6·29 민주화 선언)을 발표하였다.

3 아래 사건이 일어난 시기를 (가)~(다) 중 고르시오.

1972		1979		1987		1993
	(가)		(나)		(다)	
유신 헌법 제정		12·12 군사 반란		6·10 국민대회		김영삼 대통령 취임

(1) ( ) - 3저 호황으로 수출이 증가하였다.

(2) ( ) - 정부가 4·13 호헌 조치를 발표하였다.

(3) ( ) - 남북간 이산가족 상봉을 최초로 실현하였다.

(4) ( ) - YH 무역 노동자들의 농성을 강경 진압하였다.

(5) ( ) - 직선제 개헌을 약속한 6·29 선언을 발표하였다.

(6) ( ) - 저임금 노동자들의 생활 안정을 위해 최저 임금법을 제정하였다.

4 다음 헌법을 읽고, 이 헌법을 제정한 시기의 대통령을 쓰시오.

(1) ( )

제39조 ① 대통령은 대통령 선거인단에서 무기명 투표로 선거한다.
제45조 대통령의 임기는 7년으로 하며, 중임할 수 없다.

(2) ( )

제39조 ① 대통령은 통일 주체 국민 회의에서 토론 없이 무기명 투표로 선거한다.
제47조 대통령의 임기는 6년으로 한다

(3) ( )

제69조 ① 대통령의 임기는 4년으로 한다.
② 대통령이 궐위된 경우의 후임자는 전임자의 잔임 기간 중 재임한다.
③ 대통령의 계속 재임은 3기에 한한다.

(4) ( )

제55조 대통령과 부통령의 임기는 4년으로 한다. 단, 재선에 의하여 1차 중임할 수 있다. 대통령이 궐위된 때에는 부통령이 대통령이 되고 잔임 기간 중 재임한다.
부 칙 이 헌법 공포 당시의 대통령에 대하여는 제55조 제1항 단서의 제한을 적용하지 아니한다.

정답

1. (1) 4 (2) 6 (3) 6 (4) 5 (5) 5 (6) 6 (7) 4 (8) 4 (9) 4 (10) 4, 5
2. (1) 삼청 교육대 (2) 국가 보위 비상 대책 위원회 (3) 5·18 민주화 운동
   (4) 이산가족 상봉 (5) 3저 호황 (6) 최저 임금법 (7) 박종철 (8) 4·13 (9) 5년
   (10) 6·29 민주화 선언
3. (1) 나 (2) 나 (3) 나 (4) 가 (5) 다 (6) 나
4. (1) 전두환 (2) 박정희 (3) 박정희 (4) 이승만

561

55회 49번 [1점]

다음 자료에 나타난 민주화 운동에 대한 설명으로 옳은 것은?

> ### 껍데기 정부와 계엄 당국을 규탄한다
>
> 껍데기 과도 정부와 계엄 당국은 민주의 피맺힌 소리를 들으라! …… 모든 시민과 학생들은 처음부터 평화적이고 질서 정연한 투쟁을 전개하려고 노력해 왔다. 그러나 계엄 당국이 진지하고도 순수한 데모 대열에 무차별한 사격을 가하여 남녀노소를 불문하고 수많은 사망자가 발생하였고, 부상자 및 연행자는 추계가 불가능한 실정이다. …… 계엄 당국과 정부는 광주 시민과 전 국민의 민주 염원을 묵살함은 물론 민주 투사들을 난동자·폭도로 몰아 무력으로 진압하려고 하고 있다.

① 호헌 철폐와 독재 타도 등의 구호를 내세웠다.
② 야당 총재의 국회의원직 제명으로 촉발되었다.
③ 시위 과정에서 시민군이 자발적으로 조직되었다.
④ 경무대로 향하던 시위대가 경찰의 총격을 받았다.
⑤ 박종철 고문 치사 사건의 진상 규명을 요구하였다.

562

61회 48번 [2점]

다음 자료에 나타난 민주화 운동에 대한 설명으로 옳은 것은?

> ### 전국의 언론인 여러분!
>
> 지금 광주에서는 젊은 대학생들과 시민들이 피를 흘리며 싸우고 있습니다. 대학생들의 평화적 시위를 질서 유지, 진압이라는 명목 아래 저 잔인한 공수 부대를 투입하여 시민과 학생을 무차별 살육하였고 더군다나 발포 명령까지 내렸던 것입니다. …… 그러나 일부 언론은 순수한 광주 시민의 의거를 불순배의 선동이니, 폭도의 소행이니, 난동이니 하여 몰아부치고만 있습니다. …… 이번 광주 의거를 몇십 년 뒤의 '사건 비화'나 '남기고 싶은 이야기'들로 만들지 않기 위해, 사실 그대로 보도하여 주시기를 수많은 사망자의 피맺힌 원혼과 광주 시민의 이름으로 간절히, 간절히 촉구하는 바입니다.

① 허정 과도 정부가 출범하는 계기가 되었다.
② 굴욕적인 한일 국교 정상화에 반대하였다.
③ 호헌 철폐, 독재 타도 등의 구호를 외쳤다.
④ 3·15 부정 선거에 항의하며 시위가 시작되었다.
⑤ 관련 기록물이 유네스코 세계 기록 유산으로 등재되었다.

563

64회 46번 [1점]

(가), (나) 민주화 운동에 대한 설명으로 옳은 것은?

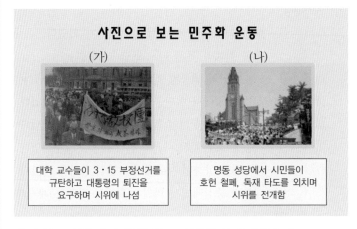

사진으로 보는 민주화 운동

(가) 대학 교수들이 3·15 부정선거를 규탄하고 대통령의 퇴진을 요구하며 시위에 나섬

(나) 명동 성당에서 시민들이 호헌 철폐, 독재 타도를 외치며 시위를 전개함

① (가) – 굴욕적인 한일 국교 정상화에 반대하였다.
② (가) – 군부 독재를 타도하려 한 민주화 운동이었다.
③ (나) – 대통령 직선제 개헌을 이끌어냈다.
④ (나) – 전개 과정에서 시민군이 자발적으로 조직되었다.
⑤ (가), (나) – 대통령이 하야하는 결과를 가져왔다.

564

53회 49번 [1점]

(가) 민주화 운동에 대한 설명으로 옳은 것은?

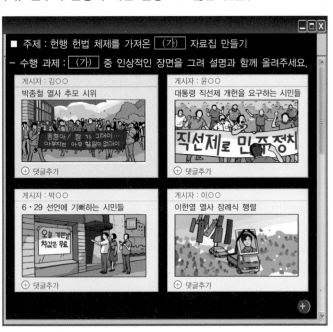

- 주제 : 현행 헌법 체제를 가져온 (가) 자료집 만들기
- 수행 과제 : (가) 중 인상적인 장면을 그려 설명과 함께 올려주세요.

게시자 : 김○○ 박종철 열사 추모 시위

게시자 : 윤○○ 대통령 직선제 개헌을 요구하는 시민들 직선제로 민주정치

게시자 : 박○○ 6·29 선언에 기뻐하는 시민들

게시자 : 이○○ 이한열 열사 장례식 행렬

① 유신 체제가 붕괴되는 계기가 되었다.
② 굴욕적인 한일 국교 정상화에 반대하였다.
③ 양원제 국회가 출현하는 결과를 가져왔다.
④ 신군부의 비상 계엄 확대가 원인이 되었다.
⑤ 호헌 철폐와 독재 타도 등의 구호를 내세웠다.

565

(가) 민주화 운동에 대한 설명으로 옳은 것은?

> 박종철 군 고문살인 은폐조작과 호헌 조치를 규탄하는 국민대회 당시의 모습이야. 정부의 원천 봉쇄 방침에도 각 지역에서 열렸어.

> 이 대회를 주최한 민주 헌법 쟁취 국민 운동 본부는 4·13 호헌 조치가 무효라고 선언하였지. 이후 민주화를 요구하는 시민들의 시위가 전국 각지에서 더욱 거세졌어.

(가) 사진전

① 허정 과도 정부가 구성되는 계기가 되었다.
② 5년 단임의 대통령 직선제 개헌을 이끌어냈다.
③ 야당 총재의 국회의원직 제명으로 촉발되었다.
④ 관련 기록물이 세계 기록 유산으로 등재되었다.
⑤ 이승만이 대통령에서 물러나는 결과를 가져왔다.

566

(가), (나) 헌법이 제정된 시기 사이에 있었던 사실로 옳은 것은?

> (가) 제39조 ① 대통령은 대통령 선거인단에서 무기명 투표로 선거한다.
> 제40조 ① 대통령 선거인단은 국민의 보통·평등·직접·비밀 선거에 의하여 선출된 대통령 선거인으로 구성한다.
> 제45조 대통령의 임기는 7년으로 하며, 중임할 수 없다.

> (나) 제67조 ① 대통령은 국민의 보통·평등·직접·비밀 선거에 의하여 선출한다.
> ② 제1항의 선거에 있어서 최고 득표자가 2인 이상인 때에는 국회의 재적 의원 과반수가 출석한 공개 회의에서 다수표를 얻은 자를 당선자로 한다.
> 제70조 대통령의 임기는 5년으로 하며, 중임할 수 없다.

① 국가 재건 최고 회의를 기반으로 군정이 실시되었다.
② 조봉암이 혁신 세력을 규합하여 진보당을 창당하였다.
③ 3·15 부정 선거에 항의하는 시위가 전국으로 확산되었다.
④ 유신 체제에 저항하여 부산, 마산 등지에서 시위가 일어났다.
⑤ 호헌 철폐, 독재 타도를 요구하는 6·10 국민 대회가 개최되었다.

567

(가), (나) 헌법에 대한 설명으로 옳은 것은?

> (가) 제39조 ① 대통령은 통일 주체 국민 회의에서 토론 없이 무기명 투표로 선거한다.
> 제47조 대통령의 임기는 6년으로 한다.
> 제59조 ① 대통령은 국회를 해산할 수 있다.

> (나) 제39조 ① 대통령은 대통령 선거인단에서 무기명 투표로 선거한다.
> ③ 대통령 선거인단에서 재적 대통령 선거인 과반수의 찬성을 얻은 자를 대통령 당선자로 한다.
> 제45조 대통령의 임기는 7년으로 하며, 중임할 수 없다.

① (가) - 6·25 전쟁 중 부산에서 공포되었다.
② (가) - 대통령의 국회의원 1/3 추천 조항을 담고 있다.
③ (나) - 호헌 동지회 결성의 배경이 되었다.
④ (나) - 3·1 민주 구국 선언에 영향을 주었다.
⑤ (가), (나) - 6월 민주 항쟁 이후에 제정되었다.

568

밑줄 그은 '이 정부' 시기에 있었던 사실로 옳지 않은 것은?

> 천주교 정의 구현 전국 사제단과 민주 언론 운동 협의회가 이 정부에서 각 언론사에 하달한 보도지침 자료를 공개하는 기자회견 장면입니다. 이후 이 사건의 관련자들은 남영동 치안본부 대공분실로 연행되었으며, 국가보안법 위반 등의 죄목으로 기소되어 고초를 겪었습니다.

① 서울 올림픽이 개최되었다.
② 야간 통행 금지가 해제되었다.
③ 박종철 고문 치사 사건이 발생하였다.
④ 프로 야구가 6개 구단으로 출범하였다.
⑤ 남북 이산가족 고향 방문이 최초로 이루어졌다.

561 5·18 민주화 운동

정답 ③

핵심키워드 계엄, 광주 시민

정답 분석

대한민국은 1948년 건국 이래 총 10차례 계엄령을 선포하였다. 마지막 계엄령은 12·12 사태로 권력을 장악한 전두환이 1980년 5월 17일에 비상계엄을 전국으로 확대하면서 내려졌다. 신군부는 광주에서 민주화 운동이 전개되자 계엄군과 공수부대를 투입해 이를 무자비하게 진압하였다.

③ 1980년 광주 시민들은 신군부의 계엄군 투입 진압에 맞서 자발적으로 시민군을 결성하여 저항하였다.

오답 분석

① 전두환 정부가 4·13 호헌 조치를 발표하고, 박종철 고문 치사 사건의 진실이 알려지자, 호헌 철폐와 독재 타도를 구호로 내건 6월 민주항쟁이 일어났다.

② 야당 총재의 국회의원직 제명은 1979년 YH 사건과 관련하여 김영삼 신민당 총재가 국회의원직에서 제명된 사건을 말한다. 이로 인해 부산과 마산에서 부마 민주 항쟁이 일어났다.

④ 경무대는 청와대의 옛 이름으로, 이승만 대통령 시기에는 경무대라 불렸다. 1960년 4·19 혁명 당시 경무대로 향하던 시위대가 경찰의 총격을 받아 많은 희생자가 발생하였다.

⑤ 박종철이 물고문으로 사망하자 국민들은 진상 규명과 책임자 처벌을 요구했다. 이는 1987년 6월 민주항쟁의 계기가 되었다.

562 5·18 민주화 운동

정답 ⑤

핵심키워드 광주, 공수 부대 투입

정답 분석

신군부가 비상계엄을 전국으로 확대하자, 1980년 5월 18일 광주에서는 계엄 철폐와 신군부 퇴진을 요구하는 시위가 발생하였다. 신군부는 공수 부대까지 동원하여 시위대에게 무차별 폭력을 가하고 학생과 시민을 대거 잡아들였다. 제시문은 5·18 민주화 운동에 해당한다.

⑤ 유네스코 세계 기록 유산 중 민주화 운동 관련물은 '5·18 민주화 운동 기록물(2011년 지정)'과 '4·19 혁명 기록물(2023년 지정)'이 있다.

오답 분석

① 허정 과도 정부는 1960년 4·19 혁명 이후 이승만 대통령이 하야한 후 출범하였다. 이 정부는 내각 책임제로의 헌법 개정을 추진하였다.

② 박정희 정부가 일본과의 국교 정상화를 추진하자, 경제적 종속과 과거사 청산 문제를 이유로 학생들이 1964년에 6·3 시위를 일으켰다.

③ 1987년 6월 민주항쟁 당시 국민들은 호헌 철폐와 독재 타도 등의 구호를 외쳤다.

④ 1960년 3·15 부정선거는 4·19 혁명으로 이어졌다.

563 민주화 운동

정답 ③

핵심키워드 3·15 부정 선거, 호헌 철폐

정답 분석

㈎는 이승만 정부의 장기 독재와 3·15 부정선거로 인해 일어난 4·19 혁명(1960년), ㈏는 전두환 정부의 4·13 호헌 조치와 박종철 고문 치사 사건에 분노한 시민들이 일으킨 6월 민주항쟁(1987년)과 관련된 자료이다.

③ 6월 민주항쟁의 결과로 대통령 직선제 개헌이 이루어졌다. 여당 대통령 후보 노태우는 국민의 요구에 응답하여 6·29 선언을 통해 직선제 개헌을 약속하였다.

오답 분석

① 학생들은 졸속적인 한일 국교 정상화에 반대하며 1964년에 6·3 시위를 전개하였다.

② 1987년 6월 민주항쟁은 전두환 군부 독재에 반대하여 민주화를 요구하는 대규모 운동이었다.

④ 5·18 민주화 운동 당시 광주 시민들은 계엄군에 맞서 자발적으로 시민군을 조직하여 저항하였다.

⑤ 1960년 4·19 혁명으로 이승만 대통령이 하야하였다.

564 6월 민주 항쟁

정답 ⑤

핵심키워드 박종철, 대통령 직선제 요구, 6·29 선언

정답 분석

전두환 정부가 4·13 호헌 조치를 발표하고, 박종철 고문 치사 사건의 진실이 알려지자, 호헌 철폐와 독재 타도를 구호로 내건 6월 민주항쟁이 일어났다. 결국 여당 대통령 후보인 노태우가 여야 합의에 따른 대통령 직선제 개헌, 인권 침해 시정, 교육 자치 실시 등을 약속하는 6·29 민주화 선언을 발표하였다.

오답 분석

① 부마 민주 항쟁을 수습하는 방안을 둘러싸고 박정희 정권 내부에서 갈등이 일어났다. 결국 1979년 10월 26일, 박정희 대통령이 중앙정보부장 김재규에게 피살되면서 유신 체제는 종결되었다.

② 일본의 식민 지배에 대한 사과와 배상 없이 국교 정상화를 추진하려 한다는 사실이 알려지자, 학생들은 1964년에 6·3 시위를 전개하였다.

③ 국회 양원제는 제3차 개헌(1960년)으로 도입되었으며, 장면 정부에서 시행되었다.

④ 전두환과 신군부가 서울의 봄을 진압하기 위해 1980년 5월 17일에 계엄령을 전국으로 확대하였다. 이에 반발한 광주 시민들은 5·18 민주화 운동을 전개하였다.

565 6월 민주 항쟁 　　　　　　　　　정답 ②

핵심키워드 박종철 고문살인, 4·13 호헌 조치

정답 분석

1987년 박종철 고문치사 사건과 전두환 정부의 4·13 호헌 조치는 국민의 분노를 불러일으켰다. 이에 따라 전국적으로 호헌 철폐와 독재 타도를 요구하는 6월 민주 항쟁이 전개되었다.

② 노태우의 6·29 민주화 선언에 따라 5년 단임의 대통령 직선제를 골자로 하는 개헌이 이루어졌다.

오답 분석

① 1960년 4·19 혁명으로 이승만 대통령이 하야하고 허정 과도 정부가 구성되었다.

③ 1979년 YH 사건과 관련하여 김영삼 신민당 총재가 국회의원직에서 제명되었다. 이 사건으로 김영삼의 정치적 본거지인 부산과 마산(창원) 일대에서 학생을 중심으로 대규모 시위가 일어났다(부·마 민주 항쟁).

④ '4·19 혁명 기록물'과 '5·18 민주화 운동 관련 기록물'은 세계 기록 유산으로 등재되었다.

⑤ 1960년 4·19 혁명은 부정선거에 항의한 국민들의 저항으로 이승만 대통령의 하야를 이끌어냈다.

566 대한민국의 헌법 　　　　　　　　　정답 ⑤

핵심키워드 대통령 선거인단, 임기 7년, 임기 5년

정답 분석

(가) 1980년에 개정된 8차 개헌으로, 대통령은 선거인단이 간선제로 선출하며 임기는 7년인 점이 특징이다.

(나) 1987년에 개정된 9차 개헌으로 대통령 직선제와 임기 5년이 특징이다.

⑤ 박종철 고문 치사 사건과 4·13 호헌 조치에 항의하여 6·10 국민 대회가 전국에서 동시에 열렸다. 국민들은 호헌 철폐와 독재 타도를 외치며 민주화를 요구했고, 이는 6월 민주 항쟁의 도화선이 되었다. 결국 1987년 6월 29일 노태우 민정당 대통령 후보가 직선제 개헌을 선언하면서 6월 민주 항쟁은 마무리되었다.

오답 분석

① 박정희는 5·16 군사 정변 직후 국가 재건 최고 회의를 조직해 군정을 실시하였다.

② 조봉암은 1956년에 혁신 세력을 결집하여 진보당을 창당하였으나, 1959년에 간첩 혐의로 처형되었다.

③ 3·15 부정선거는 이승만 정부의 마지막 해인 1960년에 발생하였다. 이 사건을 계기로 4·19 혁명이 일어났다.

④ 유신 체제에 저항하여 부산과 마산에서 부마 민주 항쟁(1979년)이 일어났다.

567 대한민국의 헌법 　　　　　　　　　정답 ②

핵심키워드 통일주체국민회의, 6년, 대통령 선거인단

정답 분석

(가) '통일 주체 국민 회의, 대통령 6년 임기'를 통해 1972년에 제정된 유신 헌법(제7차 개헌)임을 알 수 있다.

(나) '대통령 선거인단, 대통령 7년 임기'를 통해 1980년에 개정된 제8차 개헌 헌법임을 알 수 있다.

(가)와 (나) 헌법이 적용되던 시기에는 대통령 간선제가 시행되었으며, 각각 통일주체국민회의와 대통령 선거인단이 대통령을 선출하였다.

② 박정희 정부는 1972년에 유신 헌법을 제정하여 대통령이 국회의원 1/3을 추천할 수 있도록 하였다.

오답 분석

① 이승만은 6·25 전쟁 중인 1952년에 부산에서 부산정치파동을 일으켜 발췌 개헌을 통과시켰다.

③ 자유당이 사사오입 논리를 내세워 개헌안을 통과시키자, 야당 의원들은 호헌 동지회라는 범야당 단체를 조직하였다.

④ 김대중 등은 유신 체제를 비판하며 1976년 명동 성당에서 3·1 민주 구국 선언을 발표하였다.

⑤ 1987년 6월 민주 항쟁 이후 제9차 개헌이 이루어져 대통령 직선제와 5년 임기제가 시행되었다.

568 전두환 정부 　　　　　　　　　정답 ①

핵심키워드 천주교 정의 구현 사제단, 보도지침

정답 분석

전두환 정부(1980~1987년)는 언론을 통제하기 위해 문화공보부 내에 홍보조정실이라는 상설기구를 설치하였다. 이로 인해 당시 신문·방송은 내용과 형식에서 '땡전뉴스'라는 말이 있었을 정도로 천편일률적이었으며, 정권 홍보의 수단으로 활용되었다.

① 1988년 서울 올림픽은 노태우 정부 때 개최되었다.

오답 분석

② 전두환 정부는 유화 정책의 일환으로 37년 만에 야간 통행 금지를 해제하였다.

③ 1987년 1월 경찰은 서울대생 박종철이 조사를 받는 도중 수사관이 책상을 치니 갑자기 "억" 하는 소리와 함께 쓰러졌다고 발표하였다. 이후 천주교 정의 구현 사제단에 의해 박종철의 사망 원인이 경찰의 물 고문으로 인한 것이었다는 사실이 알려졌고, 많은 시민들은 이에 분노하며 시위에 나섰다. 이는 6월 민주 항쟁이 단행되는 중요한 계기가 되었다.

④ 전두환 정부 시기에 1982년 프로야구를 시작으로 1983년 프로축구와 프로씨름이 출범하였다.

⑤ 1985년 남북 이산가족 고향 방문이 최초로 이루어졌다.

❶ 노태우 정권(1988.2~1993.2)

정치 분야	• 88 서울 올림픽 개최 • 3당 합당(1990) 　– 배경 : 1988년 4월 총선에서 여당의 과반수 확보 실패로 여소야대 상황 발생 　– 노태우·김영삼·김종필이 연합하여 민주자유당 창당 • 5공화국 청문회 개최
통일 분야	• 7·7 특별 선언(민족 자존과 통일 번영을 위한 대통령 특별 선언)(1988) 　– 통일·외교 정책의 기조 전환 천명 • 북방 외교 추진 : 소련·중국·공산 국가들과 국교 수립 • 최초로 남북 단일팀 구성(1991.4) : 세계 탁구 선수권 대회 참가 • UN 동시 가입(1991.9) • 남북 기본 합의서 채택(1991.12) 　– 정식 명칭 : 남북 사이의 화해와 불가침 및 교류·협력에 관한 합의서 　– 남북 고위급 5차 회담에서 합의문 도출 　– 합의 내용 : 남북 관계를 잠정적인 특수 관계로 규정, 상대방의 실체 인정, 화해· 　　불가침·교류 협력 추구 　– 의의 : 최초의 남북한 정부간 공식 합의서 • 한반도 비핵화 공동 선언(1991.12)

❷ 김영삼 정권(1993.2~1998.2)

정치 분야	• 문민 정부 출범으로 군사 정권 종식 • 공직자 재산 등록 • 지방 자치제 전면 실시 • 역사 바로 세우기 　– 조선총독부 건물 철거 　– 국민학교를 초등학교로 개칭 　– 전두환·노태우 구속
경제 분야	• 금융 실명제 실시(1993) : 불법 자금 유통 차단과 공정 과세 목적, 긴급 명령권 발동 • 시장 개방 : 세계무역기구(WTO) 체제 출범(1995) → 경제협력개발기구(OECD) 가입 　(1996) • 외환 위기(1997) : 국제통화기금(IMF)에서 긴급 자금을 지원 받음
통일 분야	• 민족 공동체 통일 방안 발표 　– 1단계 : 화해·협력 　– 2단계 : 남북 연합(1민족 2체제 2정부의 과도기 상태) 　– 3단계 : 1민족 1국가 1체제 1정부의 통일 국가 수립

➕ 남북 기본 합의서
• 제1조 남과 북은 상대방의 체제를 인정하고 존중한다.
• 제2조 남과 북은 상대방의 내부 문제에 간섭하지 아니한다.
• 제9조 남과 북은 상대방에 대하여 무력을 사용하지 않으며 상대방을 무력으로 침략하지 아니한다.

➕ 금융 실명제
• 제3조 금융기관은 거래자의 실지명의에 의하여 금융거래를 하여야 한다. … 금융기관은 제2항의 규정에 의한 확인을 하지 아니하였거나 실명이 아닌 것으로 확인된 기존 금융자산을 지급·상환·환급·환매 등을 하여서는 아니된다.
• 제5조 실명에 의하지 아니하고 거래한 기존 금융자산의 거래자는 이 명령 시행일부터 2월 이내에 그 명의를 실명으로 전환하여야 한다.

1 해당하는 정부를 선택하시오.

(1) (노태우, 김영삼) 정부 – 외환 위기가 발생하였다.

(2) (노태우, 김영삼) 정부 – 서울 올림픽 대회가 개최되었다.

(3) (노태우, 김영삼) 정부 – 남북 기본 합의서를 교환하였다.

(4) (노태우, 김영삼) 정부 – 남북한이 유엔에 동시 가입하였다.

(5) (노태우, 김영삼) 정부 – 한반도 비핵화 공동 선언을 채택하였다.

(6) (노태우, 김영삼) 정부 – 3당 합당으로 민주 자유당이 창당되었다.

(7) (노태우, 김영삼) 정부 – 경제협력개발기구(OECD)에 가입하였다.

(8) (노태우, 김영삼) 정부 – 북방 외교를 추진하여 중국 등 사회주의 국가들과 수교하였다.

(9) (노태우, 김영삼) 정부 – 역사 바로 세우기를 내세우며 옛 조선 총독부를 철거하였다.

(10) (노태우, 김영삼) 정부 – 금융 거래의 투명성을 확보하고자 금융 실명제가 실시되었다.

2 ( ) 안에 들어갈 말을 쓰시오.

(1) ( )년에 외환 위기가 발생하였다.

(2) ( )년에 서울 올림픽이 개최되었다.

(3) ( )년에 남북 기본 합의서를 채택하였다.

(4) ( )년에 남한과 북한은 유엔에 동시 가입하였다.

(5) ( )년에 경제협력개발기구(OECD)에 가입하였다.

(6) 노태우 정부는 여소야대 상황을 타개하기 위해 김영삼 · 김종필과 연합하여 ( )을 추진하였다.

(7) 노태우 정부는 유럽의 사회주의 국가가 붕괴하자 ( ) 외교를 펼쳐 이들 국가와 수교를 맺었다.

(8) 김영삼 정부는 일제 잔재인 ( )를 초등학교로 변경하였다.

(9) 김영삼 정부는 역사 바로 세우기의 일환으로 옛 ( ) 건물을 폭파하였다.

(10) 김영삼 정부는 불법 자금 유통 차단과 공정 과세를 목적으로 ( )를 전격 실시하였다.

3 아래 사건이 일어난 시기를 (가)~(다) 중 고르시오.

(1) ( ) – 한반도 비핵화 공동 선언을 채택하였다.

(2) ( ) – 남북 간 이산가족 상봉을 최초로 실현하였다.

(3) ( ) – 저유가, 저금리, 저달러의 3저 호황이 있었다.

(4) ( ) – 경제협력개발기구(OECD)에 가입하였다.

(5) ( ) – 대통령 긴급 명령으로 금융 실명제를 시행하였다.

(6) ( ) – 남북 사이의 화해와 불가침 및 교류 · 협력에 관한 합의서를 채택하였다.

4 다음 사료를 읽고, 사료의 명칭을 선택하시오.

(1) (남북 기본 합의서, 7 · 4 남북 공동 성명)

> 제1조 남과 북은 상대방의 체제를 인정하고 존중한다.
> 제2조 남과 북은 상대방의 내부 문제에 간섭하지 아니한다.
> 제9조 남과 북은 상대방에 대하여 무력을 사용하지 않으며 상대방을 무력으로 침략하지 아니한다.

(2) (8 · 3 조치, 금융 실명제)

> 제3조 금융기관은 거래자의 실지명의에 의하여 금융거래를 하여야 한다. … 금융기관은 제2항의 규정에 의한 확인을 하지 아니하였거나 실명이 아닌 것으로 확인된 기존금융자산을 지급 · 상환 · 환급 · 환매 등을 하여서는 아니된다.
> 제5조 실명에 의하지 아니하고 거래한 기존금융자산의 거래자는 이 명령 시행일부터 2월 이내에 그 명의를 실명으로 전환하여야 한다.

정답

1. (1) 김영삼 (2) 노태우 (3) 노태우 (4) 노태우 (5) 노태우 (6) 노태우 (7) 김영삼 (8) 노태우 (9) 김영삼 (10) 김영삼

2. (1) 1997 (2) 1988 (3) 1991 (4) 1991 (5) 1996 (6) 3당 합당 (7) 북방 (8) 국민학교 (9) 총독부 (10) 금융 실명제

3. (1) 나 (2) 가 (3) 가 (4) 다 (5) 다 (6) 나

4. (1) 남북 기본 합의서 (2) 금융 실명제

569
66회 50번 [3점]

(가), (나) 사이의 시기에 있었던 사실로 옳은 것은?

(가)	남북 간의 제반 문제를 개선, 해결하며 나라의 통일 문제를 다루는 남북 조절 위원회가 정식으로 발족하였다. 남북 조절 위원회는 판문점에 공동 사무국을 두기로 하였으며, 회의는 서울과 평양에서 번갈아 진행하기로 하였다.
(나)	서울에서 열린 제5차 남북 고위급 회담에서 남북 사이의 화해와 불가침 및 교류·협력 등을 주요 내용으로 하는 남북 기본 합의서를 채택하였다. 특히 이번 합의서에서는 분단 이후 처음으로 남북 양측의 국호를 사용하였다.

① 금강산 육로 관광이 시작되었다.
② 6·15 남북 공동 선언이 발표되었다.
③ 평창 동계 올림픽에 남북 단일팀이 참가하였다.
④ 남북 경제 협력을 위한 개성 공업 지구가 조성되었다.
⑤ 남북 이산가족 고향 방문단의 교환 방문이 최초로 성사되었다.

570
63회 50번 [3점]

다음 선언을 발표한 정부의 통일 노력으로 옳은 것은?

나는 오늘 온 겨레의 염원인 조국의 평화적 통일을 실현해 나가기 위한 새 공화국의 정책을 밝히려 합니다. 우리 민족이 남북 분단의 고통을 겪어온 지 반세기가 가까워 옵니다. …… 민족자존과 통일 번영의 새 시대를 열어나갈 것임을 약속하면서 다음과 같은 정책을 추진해 나갈 것을 내외에 선언합니다.
……
셋째, 남북 간 교역의 문호를 개방하고 남북 간 교역을 민족 내부 교역으로 간주한다.
……
여섯째, 한반도의 평화를 정착시킬 여건을 조성하기 위하여 북한이 미국, 일본 등 우리 우방과의 관계를 개선하는 데 협조할 용의가 있으며 또한 우리는 소련, 중국을 비롯한 사회주의 국가들과의 관계 개선을 추구한다.

① 남북 조절 위원회를 구성하였다.
② 개성 공업 지구 건설에 합의하였다.
③ 10·4 남북 정상 선언을 발표하였다.
④ 남북한이 국제 연합(UN)에 동시 가입하였다.
⑤ 남북 이산가족 고향 방문을 최초로 실현하였다.

571
60회 48번 [3점]

다음 뉴스가 보도된 정부 시기에 있었던 사실로 옳은 것은?

대통령은 오늘 남북 고위급 회담 타결 상황을 보고 받고, 내일 북한 대표단을 접견하기로 했습니다. 청와대 고위 관계자는 남북 사이의 화해와 불가침 및 교류 협력에 관한 합의서 채택에 완전히 합의한 것은 남북 관계에 큰 전환을 이룬 것이라고 평가했습니다.

대통령, 내일 북한 대표단 접견

① 제2차 남북 정상 회담이 개최되었다.
② 경제협력개발기구(OECD)에 가입하였다.
③ 남북 조절 위원회가 설치되어 통일 방안이 논의되었다.
④ 북방 외교를 추진하여 중국 등 사회주의 국가들과 수교하였다.
⑤ 남북한의 교류 협력을 위한 개성 공업 지구 건설에 합의하였다.

572
71회 48번 [3점]

다음 기사가 보도된 정부 시기의 사실로 옳은 것은?

□□ 신문

제 △△ 호 　　　　○○○○년 ○○월 ○○일

제24회 서울 올림픽 개회식이 열리다

제24회 서울 올림픽 개회식이 어제 잠실 올림픽 주경기장에서 성공적으로 열렸다. 개회식 마지막 행사에서는 주제곡 '손에 손잡고'가 울려 퍼지는 가운데 서울 올림픽 마스코트인 호돌이를 비롯하여 이전 올림픽의 마스코트들이 함께 춤추는 장면이 연출되어 동서 화합의 의미를 더했다. 12년 만에 동서 양 진영이 함께 모인 이번 대회에서는 160개국의 선수 8,000여 명이 참가하여 과거 어느 대회보다 수준 높은 경기가 펼쳐질 것으로 예상된다.

① 국민 교육 헌장이 발표되었다.
② 3당 합당으로 민주 자유당이 창당되었다.
③ 군 내부의 사조직인 하나회가 해체되었다.
④ 사회 정화를 명분으로 삼청 교육대가 설치되었다.
⑤ 외환 위기 극복을 위한 금 모으기 운동이 전개되었다.

573

61회 49번 [2점]

다음 연설이 있었던 정부 시기의 경제 상황으로 옳은 것은?

오늘 우리나라는 OECD 회원국이 되게 되었습니다. …… 한국은 수많은 어려움이 있었음에도 시장 경제 체제의 장점을 살리는 경제 개발 전략을 추진해 왔습니다. 이를 통해 폐허 속에서 한 세대 만에 세계 10위권의 경제 규모를 가진 나라로 성장하였습니다.

① 처음으로 수출액 100억 달러가 달성되었다.

② 대통령 긴급 명령으로 금융 실명제가 실시되었다.

③ 개성 공단 건설을 통해 남북 간 경제 교류가 이루어졌다.

④ 한국과 미국 사이에 자유무역협정(FTA)이 체결되었다.

⑤ 경제적 취약 계층을 위한 국민 기초 생활 보장법이 시행되었다.

574

54회 48번 [2점]

다음 뉴스가 보도된 정부 시기에 있었던 사실로 옳은 것은?

오늘 옛 조선 총독부 건물의 철거가 시작되었습니다. 대통령은 50주년 광복절 경축사에서 옛 조선 총독부 건물의 철거는 식민지 잔재를 청산하고 민족정기를 회복하는 역사적 작업의 시작이라고 밝혔습니다.

오욕의 첨탑 철거

① 경제협력개발기구(OECD)에 가입하였다.

② 칠레와 자유무역협정(FTA)을 체결하였다.

③ 양성평등의 실현을 위해 호주제가 폐지되었다.

④ 5년 단임의 대통령 직선제 개헌안이 통과되었다.

⑤ 굴욕적인 대일 외교에 반대하는 6·3 시위가 일어났다.

575

69회 50번 [3점]

다음 뉴스가 보도된 정부 시기에 있었던 사실로 옳은 것은?

오늘 수방사령관과 특전사령관이 해임되었습니다. 지난달 육군참모총장과 기무사령관이 교체된 이후 불과 한 달여 만에 단행된 인사 조치입니다. 군 내부의 사조직을 해체하려는 문민정부의 의지가 반영된 것으로 보입니다.

① 굴욕적인 대일 외교에 반대하는 6·3 시위가 일어났다.

② 북방 외교를 추진하여 사회주의 국가인 소련과 수교하였다.

③ 통일 방안을 논의하기 위해 남북 조절 위원회를 설치하였다.

④ 경제적 취약 계층을 위한 국민 기초 생활 보장법을 시행하였다.

⑤ 역사 바로 세우기를 내세우며 옛 조선 총독부 건물을 철거하였다.

576

66회 47번 [2점]

다음 발표가 있었던 시기를 연표에서 옳게 고른 것은?

정부는 최근 겪고 있는 금융·외환 시장의 어려움을 극복하기 위해 국제통화기금(IMF)에 유동성 조절 자금을 지원해 줄 것을 요청하기로 결정하였습니다. …… 유동성 부족 상태가 조속한 시일 안에 해결될 것으로 기대합니다. 정부는 국제 통화 기금과 참여국의 지원과 함께 우리 스스로도 원활한 외화 조달을 위한 다각적인 대책을 함께 적극 추진해 나갈 계획입니다.

1949		1965		1977		1988		1998		2007
	(가)		(나)		(다)		(라)		(마)	
농지 개혁법 제정		한일 기본 조약 체결		100억 달러 수출 달성		서울 올림픽 개최		노사정 위원회 구성		한미 자유 무역 협정(FTA) 체결

① (가)   ② (나)

③ (다)   ④ (라)

⑤ (마)

569 통일 정책 정답 ⑤

핵심키워드 남북 조절 위원회, 남북 기본 합의서

정답 분석

(가) 박정희 정부는 1972년 7·4 남북 공동 성명을 발표하여 자주, 평화, 민족 대단결의 통일 원칙을 제시하고, 이를 실천하기 위해 남북 조절 위원회를 설치하였다.

(나) 노태우 정부는 1991년 남북 기본 합의서를 채택하여 남북한 정부 간에 최초로 공식 합의에 성공하였다.

⑤ 전두환 정부는 1985년에 남북 이산가족 고향 방문단의 교환 방문을 최초로 성사시켰다.

오답 분석

① 김대중 정부는 1998년 금강산 해로 관광을 시작하여 남북 교류 협력의 기틀을 마련하였다.

② 김대중 대통령과 김정일 국방위원장은 2000년 제1차 남북 정상 회담을 갖고 6·15 남북 공동 선언을 발표하였다.

③ 문재인 정부는 2018년 평창 동계 올림픽에 여자 아이스하키 남북 단일팀을 구성하였다.

④ 노무현 정부는 2004년에 개성공단을 조성하여 남북 경제 협력을 확대하려는 노력을 기울였다.

570 노태우 정부의 통일 정책 정답 ④

핵심키워드 문화 개방, 사회주의 국가들과의 관개 개선

정답 분석

제시문은 1988년 노태우 대통령이 발표한 7·7 특별 선언의 일부분으로, 남북 교류와 대공산권 외교 정책의 기본 방향을 제시하였다. 국제적으로 1990년대를 전후하여 사회주의 진영이 붕되자, 노태우 정부는 이들 국가와 수교를 맺었다. 동시에 북한과의 관계 개선에 적극적으로 임해 1991년에 남북한이 동시에 유엔에 가입하고, 남북 기본 합의서를 채택하여 상대방의 실체를 인정하였다.

오답 분석

① 박정희 정부는 1972년 7·4 남북 공동 성명 이후 남북 조절 위원회를 구성하여 10월 12일에 1차 회의를 개최하였다.

② 김대중 정부는 6·15 남북 공동 선언에 따라 이산가족 방문, 경의선 철도 복구, 개성 공단 건설 등을 추진하였다.

③ 노무현 정부는 2007년 제2차 남북 정상 회담을 갖고, 10·4 남북 공동 선언을 발표하였다.

⑤ 전두환 정부는 1985년 남북 이산가족 고향 방문을 최초로 실현하여 남북 간 인도적 교류를 시작하였다.

571 노태우 정부의 통일 정책 정답 ④

핵심키워드 남북 고위급 회담, 합의서 채택

정답 분석

노태우 정부 시기에 공산권 국가들이 개방과 민주화를 추진하자, 우리 정부는 적극적인 북방 외교를 통해 그들과 수교하였다. 1989년 헝가리를 시작으로, 1990년에는 소련, 1992년에는 중국과 수교하였다.

동시에 1990년부터 북한과 총리급을 수석으로 하는 남북 고위급 회담을 여러 차례 개최하였다. 그 결과 1991년에 남북한 유엔 동시 가입과 남북 기본 합의서와 한반도 비핵화 공동 선언을 채택할 수 있었다.

오답 분석

① 노무현 정부는 2007년 제2차 남북 정상 회담을 개최하였다.

② 김영삼 정부는 1996년 경제협력개발기구(OECD)에 가입하였다.

③ 박정희 정부는 1972년 7·4 남북 공동 성명 이후 남북 조절 위원회를 설치하여 통일 방안을 논의하였다.

⑤ 개성 공단은 김대중 정부 때 설립에 합의하고, 노무현 정부 때 조성되었다. 이를 위해 북한은 개성에 위치한 군부대를 북쪽으로 옮겨 공단 부지를 마련하였고, 남한은 공단 조성, 도로 개설, 전력 공급 등을 추진하였다.

572 노태우 정부 정답 ②

핵심키워드 서울 올림픽

정답 분석

노태우는 제9차 개헌(1987년)으로 대통령 직선제에 따라 대통령에 선출되었다. 그러나 이듬해 실시된 국회의원 선거에서 야당이 다수 의석을 차지한 여소야대 상황이 되자, 이를 타개하기 위해 3당 합당을 통해 민주자유당을 창당하였다.

참고로 서울 올림픽은 노태우 정부 시기인 1988년에 개최되었다.

오답 분석

① 1968년 북한이 무장 공비를 보내 청와대 침투를 시도하고, 미 정보수집함 푸에블로호를 납북하는 등 도발을 이어가자, 박정희 정부는 이를 계기로 향토 예비군을 창설하고, 국민 교육 헌장을 발표하였다.

③ 김영삼 정부는 군 내부의 사조직인 하나회를 해체하여 군의 정치적 중립을 강화하였다.

④ 전두환 정부는 사회 정화를 목적으로 삼청 교육대를 설치하여 강제적 교화를 시도하였다.

⑤ 김대중 정부 시기에 금 모으기 운동이 전개되었다.

573 김영삼 정부

정답 ②

핵심키워드 OECD 회원국

정답 분석

김영삼 정부는 1996년 경제협력개발기구(OECD)에 가입하여 상품과 자본 시장을 개방하였다. 그러나 동남아시아 국가의 외환 위기와 우리 정부의 경제 정책 실패, 기업의 무분별한 외채 도입과 방만한 경영 등으로 임기 말인 1997년에 외환위기를 맞았다.

② 금융 실명제란 금융 기관의 예금, 증권 구입 등 모든 금융 거래에서 실제 이름을 사용해야 하는 제도이다. 김영삼 정부는 1993년 대통령 긴급 명령으로 금융 실명제를 실시하여 금융 거래의 투명성을 강화하고 부당한 정치 자금의 거래 등을 막고자 하였다.

오답 분석

① 박정희 정부는 1977년 처음으로 수출액 100억 달러를 달성하였다.
③ 개성 공단은 김대중 정부 때 설립에 합의하고, 노무현 정부 때 조성되어 생산을 시작하였다.
④ 노무현 정부는 2007년 한미 자유 무역 협정(FTA)을 체결하였다.
⑤ 김대중 정부는 2000년 국민 기초 생활 보장법을 시행하여 경제적 취약 계층에 대한 사회적 지원을 강화하였다.

574 김영삼 정부

정답 ①

핵심키워드 조선 총독부 건물 철거

정답 분석

김영삼 정부는 역사 바로 세우기라는 이름으로 하나회(육군사관학교 출신 장교들이 만든 비공식 사조직)를 해체하고, 5·18 특별법을 제정하였으며, 조선 총독부 건물을 철거하였으며, 국민학교를 초등학교로 개칭하였다.

① 김영삼 정부는 1996년 경제협력개발기구(OECD)에 가입하였다. 이 기구는 회원국 간 경제 발전을 공동으로 모색하고, 세계 경제 문제에 대처하기 위한 목적에서 조직되었으며, 한국은 29번째 회원국으로 가입하였다.

오답 분석

② 노무현 정부는 2004년 칠레를 시작으로 자유 무역 협정(FTA)을 체결하였다.
③ 노무현 정부는 양성 평등을 실현하기 위해 2005년에 호주제를 폐지하였다.
④ 전두환 정부는 6월 민주 항쟁(1987년)의 요구를 받아들여 5년 단임의 대통령 직선제 개헌안을 통과시켰다(제9차 개헌).
⑤ 학생들은 졸속적인 한일 국교 정상화에 반대하며 1964년에 6·3 시위를 전개하였다.

575 김영삼 정부

정답 ⑤

핵심키워드 군 내부의 사조직 해체, 문민정부

정답 분석

1992년 대통령 선거에서 31년 만에 민간인 출신 김영삼 후보가 대통령에 당선되었다. 그래서 이전의 군인 출신 정권과의 차별화를 위해 문민정부라는 별칭을 사용하였다.

김영삼 정부는 역사 바로 세우기라는 이름으로 하나회를 해체하여 군의 사조직을 금지시켰으며, 5·18 특별법을 제정하였다. 또한 조선 총독부 건물을 철거하였으며, 국민학교를 초등학교로 개칭하였다.

오답 분석

① 학생들은 졸속적인 한일 국교 정상화에 반대하며 1964년에 6·3 시위를 전개하였다.
② 노태우 정부는 적극적인 북방 외교를 실시하여 사회주의 국가들과 수교하였다. 1989년 헝가리를 시작으로, 1990년에는 소련, 1992년에는 중국과 수교하였다.
③ 박정희 정부는 7·4 남북 공동 성명의 후속 조치를 논의하기 위해 남북 조절 위원회를 설치하였다.
④ 김대중 정부는 2000년에 국민 기초 생활 보장법을 시행하여 경제적 취약 계층에 대한 사회적 안전망을 강화하였다.

576 외환 위기

정답 ④

핵심키워드 금융·외환 시장의 어려움, IMF 지원 요청

정답 분석

1990년대에 우루과이 라운드와 세계 무역 기구(WTO) 출범으로 자유 무역이 확대되면서 한국은 농산물 수입 개방과 금융 규제 완화 등의 세계화 정책을 추진하였다. 이에 따라 한국 기업들은 해외 자본을 들여와 사업을 확장하고, 한국 금융 기업들은 단기 외채를 들여와 국내 기업에 빌려주었다.

하지만 1990년대 중반 동남아시아 국가들의 외환 위기가 발생하면서 외국 금융 기업들은 국내 채권 상환 연장을 거부하며 자금을 회수하기 시작하였다. 이로 인해 정부의 외환 보유고가 급격히 줄어들고, 국가 신용도가 하락하고 국제 자금이 이탈하면서 금융 불안이 심화되었다. 결국, 김영삼 정부는 1997년 12월 국제통화기금(IMF)과 구제 금융 협약을 맺었다.

오답 분석

* 노사정 위원회는 대통령자문기구로, 근로자와 사용자 및 정부가 노동 정책 및 이와 관련된 사항을 협의하기 위해서 김대중 정부가 1998년에 조직하였다.

김대중~노무현 정부

❶ 김대중 정부〔1998.2~2003.2〕

정치 분야	• 최초의 평화적인 여야 정권 교체 • 국민 기초 생활 보장법 제정 • 국가 인권 위원회 설립 • 2002 한일 월드컵 개최
경제 분야	• 외환 위기 극복을 위한 노력 　– 금 모으기 운동〔1998〕 　– 노사정 위원회 설치 노동자·사용자·정부 간의 협의체 　– 기업 구조 조정으로 부실 기업 정리 　– 국제통화기금(IMF)의 구제 금융 전액 상환 IMF 체제 종료
통일 분야	• 대북 화해 협력 정책 추진 : 일명 햇볕 정책 • 정주영의 소떼 방북 : 1001마리 전달 • 금강산 관광 시작 해로 관광 시작 → 육로 관광으로 확대 • 제1차 남북 정상 회담과 6·15 남북 공동 선언 채택〔2000〕 　– 통일 문제의 자주적 해결을 약속 　– 개성공단 조성·경의선 복구 사업 추진에 합의

❷ 노무현 정부〔2003.2~2008.2〕

정치 분야	• 과거사 정리 　– 진실·화해를 위한 과거사 정리 기본법 제정 　– 친일 반민족 행위 진상 규명 위원회 조직 • 주요 공공 기관의 지방 이전 • 호주제 폐지
경제 분야	• 개성공단 조성 • 칠레와 자유 무역 협정(FTA) 체결〔2004〕 • 미국과 자유 무역 협정(FTA) 체결〔2007〕 → 박근혜 정부에서 한중 자유 무역 협정(FTA) 체결〔2015〕
통일 분야	• 제2차 남북 정상 회담과 10·4 남북 공동 선언 채택〔2007〕

✛ 제1차 남북 정상 회담

✛ 6·15 남북 공동 선언
1. 남과 북은 나라의 통일 문제를 그 주인인 우리 민족끼리 서로 힘을 합쳐 자주적으로 해결해 나가기로 하였다.
2. 남과 북은 나라의 통일을 위한 남측의 연합제 안과 북측의 낮은 단계의 연방제 안이 서로 공통성이 있다고 인정하고 앞으로 이 방향에서 통일을 지향시켜 나가기로 하였다.
3. 남과 북은 올해 8·15에 즈음하여 흩어진 가족, 친척 방문단을 교환하며, 비전향 장기수 문제를 해결하는 등 인도적 문제를 조속히 풀어 나가기로 하였다.
4. 남과 북은 경제 협력을 통하여 민족 경제를 균형적으로 발전시키고, 사회·문화·체육·보건·환경 등 제반 분야의 협력과 교류를 활성화하여 서로의 신뢰를 다져 나가기로 하였다.

1 해당하는 정부를 선택하시오.

(1) (김대중, 노무현) 정부 - 금강산 관광 사업이 시작되었다.

(2) (김대중, 노무현) 정부 - 6·15 남북 공동 선언을 채택하였다.

(3) (김대중, 노무현) 정부 - 개성 공업 지구 조성에 합의하였다.

(4) (김대중, 노무현) 정부 - 한·칠레 자유무역협정(FTA)이 체결되었다.

(5) (김대중, 노무현) 정부 - 미국과의 자유무역협정(FTA)이 체결되었다.

(6) (김대중, 노무현) 정부 - 국제통화기금(IMF)의 채무를 조기 상환하였다.

(7) (김대중, 노무현) 정부 - 외환 위기 극복을 위해 금 모으기 운동이 전개되었다.

(8) (김대중, 노무현) 정부 - 대통령 직속 자문 기구인 노사정 위원회가 처음 구성되었다.

(9) (김대중, 노무현) 정부 - 남북 간 경제 교류 활성화를 위한 개성 공단이 건설되었다.

(10) (김대중, 노무현) 정부 - 제2차 남북 정상 회담을 개최하고 10·4 남북 공동 선언을 발표하였다.

2 ( ) 안에 들어갈 말을 쓰시오.

(1) ( ) 정부 때 호주제가 폐지되었다.

(2) 김대중 정부 때 ( ) 관광 사업이 시작되었다.

(3) 남북 경제 협력을 위한 ( ) 공업 지구가 조성되었다.

(4) 외환 위기 극복을 위한 ( ) 운동이 전개되었다.

(5) 김대중 정부는 대북 화해 정책인 일명 ( ) 정책을 추진하였다.

(6) 제1차 남북 정상 회담으로 ( ) 남북 공동 선언이 발표되었다.

(7) ( ) 정부 때 경제협력개발기구(OECD)에 가입하였다.

(8) ( ) 정부 때 국제통화기금(IMF)의 구제 금융을 전액 상환하였다.

(9) ( ) 정부 때 남북 이산가족 고향 방문단의 교환 방문이 최초로 성사되었다.

(10) 김대중 정부는 ( )를 구성하여 노동자, 기업, 정부의 입장을 조율하고자 하였다.

3 아래 사건이 일어난 시기를 (가)~(다) 중 고르시오.

1998	2003	2008	2013
(가)	(나)	(다)	
김대중 정부 출범	노무현 정부 출범	이명박 정부 출범	박근혜 정부 출범

(1) ( ) - 10·4 남북 공동 선언을 채택하였다.

(2) ( ) - 한일 월드컵 축구 대회가 개최되었다.

(3) ( ) - G20 정상 회의를 서울에서 개최하였다.

(4) ( ) - 남북 정상 회담을 처음으로 개최하였다.

(5) ( ) - 양성평등 실현을 위해 호주제가 폐지되었다.

(6) ( ) - 주요 공공 기관의 지방 이전을 시작하였다.

(7) ( ) - 경제적 취약 계층을 위한 국민 기초 생활 보장법을 시행하였다.

(8) ( ) - 남북 간 경제 교류 활성화를 위한 개성 공단이 건설되었다.

4 다음 자료를 읽고, 물음에 답하시오.

(1) (6·15 남북 공동 선언, 10·4 남북 공동 선언)

> 2. 남과 북은 나라의 통일을 위한 남측의 연합제 안과 북측의 낮은 단계의 연방제 안이 서로 공통성이 있다고 인정하고 앞으로 이 방향에서 통일을 지향시켜 나가기로 하였다.
>
> 4. 남과 북은 경제 협력을 통하여 민족 경제를 균형적으로 발전시키고, 사회, 문화, 체육, 보건, 환경 등 제반 분야의 협력과 교류를 활성화하여 서로의 신뢰를 다져 나가기로 하였다.

(2) ( )에 공통적으로 들어갈 제도는 무엇인가?

> 헌법 재판소가 ( ) 법률에 대해 헌법 불합치 결정을 내리자 여성 단체들은 "( ) 폐지를 가속화할 수 있는 결정적 계기를 마련하게 되었다."라며 일제히 환영의 뜻을 밝혔다. ( ) 폐지를 위한 시민 단체는 지난 3일에 성명을 내고, "이번 결정으로 다양한 가족 형태를 존중하고 양성 간 진정한 공존이 가능해질 수 있는 중요한 열쇠를 얻게 됐다."라고 평가하였다.

정답

1. (1) 김대중 (2) 김대중 (3) 김대중 (4) 노무현 (5) 노무현 (6) 김대중 (7) 김대중 (8) 김대중 (9) 노무현 (10) 노무현

2. (1) 노무현 (2) 금강산 (3) 개성 (4) 금 모으기 (5) 햇볕 (6) 6·15 (7) 김영삼 (8) 김대중 (9) 전두환 (10) 노사정 위원회

3. (1) 나 (2) 가 (3) 다 (4) 가 (5) 나 (6) 나 (7) 가 (8) 나

4. (1) 6·15 남북 공동 선언 (2) 호주제

577

55회 50번 [2점]

다음 연설문을 발표한 정부 시기에 있었던 사실로 옳은 것은?

> 지난 5년 동안 우리 국민은 세계가 놀라워하는 업적을 이룩해 냈습니다. 외환 위기를 맞이하자 우리 국민은 '금 모으기'를 전개하여 전 세계를 감동시켰습니다. …… 금융, 기업, 공공, 노사의 4대 개혁을 고통과 희생을 감내하면서 지지하고 적극 협력함으로써 우리 경제는 3년을 앞당겨 IMF 관리 체제에서 벗어날 수 있었습니다. …… 고용 보험, 산재 보험, 건강 보험, 국민연금 등 4대 보험의 틀을 갖추고 국민 기초 생활 보장법을 시행한 것을 비롯해 선진국 수준의 복지 체제를 완비했습니다.

① G20 서울 정상 회의가 개최되었다.
② 미국과의 자유 무역 협정(FTA)이 체결되었다.
③ 금융 실명제가 대통령 긴급 명령으로 실시되었다.
④ 8·3 조치로 사채 동결 등의 특혜가 기업에게 제공되었다.
⑤ 남북 경제 교류 증진을 위한 경의선 복원 공사가 시작되었다.

578

61회 50번 [2점]

다음 뉴스가 보도된 정부 시기의 통일 노력으로 옳은 것은?

> 정주영의 소 떼 방북을 계기로 남북한의 교류와 협력이 본격화되면서 금강산 관광 사업이 시작되었습니다. 이 사업은 남북 교류 활성화에 크게 기여할 것으로 보입니다.

금강산 관광객 실은 크루즈, 동해항에서 첫 출항

① 남북 조절 위원회를 구성하였다.
② 남북한이 유엔에 동시 가입하였다.
③ 6·15 남북 공동 선언을 채택하였다.
④ 한반도 비핵화 공동 선언을 발표하였다.
⑤ 남북 이산가족의 교환 방문을 최초로 실현하였다.

579

52회 49번 [2점]

다음 문서가 작성된 이후의 사실로 옳은 것은?

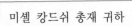

> 미셸 캉드쉬 총재 귀하
>
> 1. 첨부된 경제 계획 각서에는 향후 3년 이상 한국이 실행할 정책이 요약되어 있습니다. 이 정책은 현재의 재정적 어려움을 초래한 근본 원인을 해결하여 시장의 신뢰를 회복하며, 한국 경제를 강력하고 지속 가능한 성장의 길로 이끌 수 있을 것입니다. 이 경제 계획을 지원하기 위해 한국 정부는 향후 3년간 특별 인출권(SDR) 155억 달러 규모의 국제통화기금(IMF) 대기성 차관을 요청합니다.
>
> ⋮

① 전국 민주 노동조합 총연맹이 창립되었다.
② 저유가, 저금리, 저달러의 3저 호황이 있었다.
③ 제2차 석유 파동으로 경제 불황이 심화되었다.
④ 대통령 긴급 명령으로 금융 실명제가 실시되었다.
⑤ 대통령 직속 자문 기구인 노사정 위원회가 구성되었다.

580

70회 49번 [2점]

다음 기사가 보도된 정부 시기의 사실로 옳은 것은?

□□ 신문

제 △△ 호　　　　　　　　○○○○년 ○○월 ○○일

제17회 FIFA 한일 월드컵 개막식이 열리다

제17회 FIFA 한일 월드컵 개막식이 어제 저녁 서울 월드컵 경기장에서 성공적으로 열렸다.
오후 7시 25분부터 취타대 등을 앞세운 32개 참가국 입장이 끝난 뒤 진행된 개막 행사는 환영·소통·어울림·나눔으로 구성 되었다. 이후 세계 평화와 인류 화합의 새 시대가 열리고 한일 양국간 우호 친선의 21세기가 열리기를 기원하는 대통령의 개막 선언으로 화려하게 마무리되었다.

① 중앙정보부가 창설되었다.
② 국가 인권 위원회가 출범하였다.
③ 세계 무역 기구(WTO)에 가입하였다.
④ G20 정상 회의를 서울에서 개최하였다.
⑤ 37년 만에 야간 통행 금지가 해제되었다.

581

62회 47번 [2점]

(가), (나) 사이의 시기에 있었던 사실로 옳은 것은?

> (가)
> 2. 남과 북은 나라의 통일을 위한 남측의 연합제 안과 북측의 낮은 단계의 연방제 안이 서로 공통성이 있다고 인정하고, 앞으로 이 방향에서 통일을 지향시켜 나가기로 하였다.
> – 「6·15 남북 공동 선언」 –
>
> (나)
> 4. 남과 북은 현 정전 체제를 종식시키고 항구적인 평화 체제를 구축해 나가야 한다는 데 인식을 같이 하고, 직접 관련된 3자 또는 4자 정상들이 한반도 지역에서 만나 종전을 선언하는 문제를 추진하기 위해 협력해 나가기로 하였다.
> – 「10·4 남북 정상 선언」 –

① 남북 조절 위원회가 구성되었다.
② 7·4 남북 공동 성명이 발표되었다.
③ 개성 공업 지구 건설이 착공되었다.
④ 남북한 비핵화 공동 선언이 채택되었다.
⑤ 남북 이산가족 고향 방문단의 교환 방문이 최초로 성사되었다.

582

54회 50번 [2점]

(가)~(다) 학생이 발표한 내용을 일어난 순서대로 옳게 나열한 것은?

① (가)-(나)-(다)
② (가)-(다)-(나)
③ (나)-(가)-(다)
④ (나)-(다)-(가)
⑤ (다)-(가)-(나)

583

70회 47번 [3점]

밑줄 그은 '정부' 시기에 있었던 사실로 옳은 것은?

① 평창 동계 올림픽이 개최되었다.
② 전국 민주 노동조합 총연맹이 창립되었다.
③ 헝가리와 상주 대표부 설치 협정을 체결하였다.
④ 진실·화해를 위한 과거사 정리 기본법이 제정되었다.
⑤ 중학교 입시 제도가 폐지되고 무시험 추첨제가 실시되었다.

584

59회 49번 [3점]

다음 뉴스가 보도된 정부 시기에 있었던 사실로 옳은 것은?

> 오늘 헌법 재판소는 헌정 사상 초유의 대통령 탄핵 소추 심판 청구에 대해 기각을 결정하였습니다. 국회가 제기한 탄핵 사유는 대통령을 파면시킬 만한 '중대한 직무상 위배'라고 보기 어렵다는 판단입니다.
>
> 대통령, 63일 만에 직무 복귀

① 서울 올림픽 대회가 개최되었다.
② 국가 인권 위원회가 설립되었다.
③ 전국 민주 노동조합 총연맹이 창립되었다.
④ 중국과 자유 무역 협정(FTA)이 체결되었다.
⑤ 친일 반민족 행위 진상 규명 위원회가 출범하였다.

577 김대중 정부
정답 ⑤

핵심키워드 금 모으기 전개, IMF 체제 졸업, 4대 보험

정답 분석

김대중 정부는 외환위기 극복을 위해 국민적 차원의 금 모으기 운동이 일어나는 가운데, 경제 개혁을 추진하여 2001년 IMF 구제금융 체제를 조기 졸업하였다. 또한 국민연금, 건강보험, 고용보험, 산재보험으로 구성된 4대 보험을 강화하여 사회적 안전망을 확립하였다.

⑤ 김대중 정부는 2000년 제1차 남북정상회담 직후에 열린 제1, 2차 남북장관급회담에서 경의선 철도(서울~신의주) 및 도로(문산~개성)를 연결하기로 합의하였다. 2000년에 공사가 시작되었으며, 경의선은 문산~개성간 27.3km를, 도로는 총 12.1km를 복구하였다.

오답 분석

① 이명박 정부는 2010년에 G20 서울 정상 회의를 개최하여 한국의 국제적 위상을 높였다.
② 노무현 정부는 2007년에 미국과 자유 무역 협정(FTA)을 체결하였다.
③ 김영삼 정부는 1993년에 대통령 긴급 명령으로 금융 실명제를 실시하여 불법 자금 유통을 억제하였다.
④ 1971년 말, 기업의 채무 관계가 악화되고 사채 의존도가 높아지자, 박정희 정부는 '모든 사채를 3년 거치 후 5년 분할 상환하고, 금리를 인하한다'는 내용의 8·3 조치를 발표하였다.

578 햇볕 정책
정답 ③

핵심키워드 정주영의 소 떼 방북, 금강산 관광 사업

정답 분석

김대중 정부는 한반도 평화 정착과 남북 교류 확대를 위해 적극적인 대북 화해 협력 정책인 '햇볕 정책'을 추진하였다. 그 결과 1998년 정주영 현대그룹 회장이 소 떼 1001마리를 이끌고 방북하였고, 금강산 해로 관광이 시작되었다. 이어 2000년에는 평양에서 최초로 남북 정상 회담이 개최되어 6·15 남북 공동 선언을 채택하였다.

오답 분석

① 박정희 정부는 7·4 남북 공동 성명의 후속 조치를 논의하기 위해 남북 조절 위원회를 설치하였다.
②, ④ 노태우 정부는 1991년에 남북한이 유엔에 동시 가입하였고, 한반도 비핵화 공동 선언을 발표하여 남북 간 핵무기 개발과 배치를 금지하기로 합의하였다.
⑤ 전두환 정부는 1985년에 남북 이산가족 교환 방문을 최초로 실현하였다.

579 외환 위기
정답 ⑤

핵심키워드 국제통화기금(IMF) 차관 요청

정답 분석

김영삼 정부 마지막 해인 1997년에 외환 위기가 발생하자 정부는 국제통화기금(IMF)에 긴급 차관을 요청하였다. 이듬해 취임한 김대중 대통령은 외환 위기를 극복하기 위해 강도 높은 구조 조정을 단행하였다. 또한 대통령 직속 자문 기구인 노사정 위원회를 구성하여 노동, 사용자, 정부 간의 협력을 촉진하고 사회적 합의를 이루기 위한 노력을 기울였다.

오답 분석

① 김영삼 정부 때인 1995년에 전국 민주 노동조합 총연맹(민주노총)이 창립되었다. 이로써 기존의 한국 노동조합 총연맹(한국노총)과 함께 양대 노총 체제를 형성하고 노동 운동을 전개하였다.
② 전두환 정부는 세계적인 저유가, 저금리, 저달러의 3저 호황 속에서 경제 성장을 이루었다.
③ 박정희 정부는 1973년에 1차 석유 파동을, 1978년에 2차 석유 파동을 겪었다. 2차 석유 파동은 중화학 공업에 대한 과잉 투자와 겹쳐, 당시 실업률이 높아지고 경제 성장률이 떨어졌다. 1970년대 후반의 경제 불황은 유신 체제를 위협하는 요인으로 작용하였다.
④ 김영삼 정부는 1993년에 금융 실명제를 실시하였다.

580 김대중 정부
정답 ②

핵심키워드 한일 월드컵

정답 분석

한일 월드컵은 김대중 정부 시기인 2002년에 일어났다.
참고로, 우리나라가 개최한 주요 국제 경기로는 1998년 서울 올림픽(노태우 정부), 2002년 한일 월드컵(김대중 정부), 2018년 평창 동계 올림픽(문재인 정부)이 있다.

② 김대중 정부는 2001년에 국가 인권 위원회와 여성부(현 여성가족부)를 조직하였다.

오답 분석

① 박정희 정부는 1961년에 안보 및 정보 수집 활동을 담당하는 핵심 기관으로 중앙정보부를 창설하였다. 현재는 국가정보원으로 개칭하였다.
③ 김영삼 정부는 1995년에 세계 무역 기구(WTO)에 가입하여 세계화를 추진하였다.
④ 이명박 정부는 2010년에 G20 정상 회의를 서울에서 개최하였다.
⑤ 전두환 정부는 유화 정책의 일환으로 37년 만에 야간 통행 금지를 해제하였다.

581 통일 정책

정답 ③

핵심키워드 6·15 남북 공동 선언, 10·4 남북 정상 선언

정답 분석

(가)는 김대중 시기의 제1차 남북 정상 회담에 따른 6·15 남북 공동 선언(2000년)이며, (나)는 노무현 정부 시기의 제2차 남북 정상 회담에 따른 10·4 남북 정상 선언(2007년)이다.

③ 개성 공단은 김대중 정부가 제1차 남북 정상 회담의 후속 조치 과정에서 설립을 합의하였다. 이후 노무현 정부 때인 2003년에 개성 공업 지구 건설을 시작(착공)하여, 이듬해 첫 입주를 시작하고 제품을 생산하였다. 이를 위해 북한은 개성에 위치한 군부대를 북쪽으로 옮겨 공단 부지를 마련하였고, 남한은 공단 조성, 도로 개설, 전력 공급 등을 추진하였다.

오답 분석

①, ② 박정희 정부는 1972년에 자주·평화·민족 대단결의 통일 원칙을 천명한 7·4 남북 공동 성명을 발표하였다. 이에 따른 후속 조치를 논의하기 위해 남북 조절 위원회를 설치하였다.

④ 노태우 정부는 1991년 12월에 남북 기본 합의서와 한반도 비핵화 공동 선언을 채택하였다.

⑤ 전두환 정부는 1985년에 남북 이산가족 고향 방문단의 교환 방문을 최초로 성사시켰다.

582 통일 정책

정답 ③

핵심키워드 7·7 선언, 이산가족 상봉 처음, 개성 공단

정답 분석

(가) 노태우 정부는 1988년 7월 7일에 남북 교류와 대공산권 외교 정책의 기본 방향을 담은 7·7 선언을 발표하였다. 이 선언은 남북 간 인적 교류와 교역을 촉진하고, 이산가족의 서신 교환과 상호 방문을 허용하며, 북한이 미국·일본과 관계를 개선할 수 있도록 협력한다는 내용을 포함하고 있다. 또한, 소련·중국 등 공산권 국가와의 관계 개선을 목표로 하여 냉전 체제 속 적대적 관계를 완화하려는 취지를 담았다. 이 선언은 이후 김대중 정부의 햇볕 정책과 노무현 정부의 평화 번영 정책으로 계승되며 대북 포용 정책의 기반이 되었다.

(나) 전두환 정부는 1985년에 남북 이산가족 고향 방문단의 교환 방문을 최초로 성사시켰다.

(다) 김대중 정부는 2000년 제1차 남북 정상 회담에서 이산가족 방문, 경의선 철도 복구, 개성 공단 건설 등에 합의하였다.

583 노무현 정부

정답 ④

핵심키워드 호주제 폐지

정답 분석

호주제는 일제 강점기에 도입된 제도로, 호주를 중심으로 가족 구성원의 신분 변동 사항을 기록하는 방식이었다. 할아버지, 아버지, 아들, 손자 순서로 남성들만 호주가 될 수 있었기 때문에, 이는 집안을 이을 아들이 필요하다는 인식으로 이어져 한국의 남아선호사상을 강화하는 주요 원인이 되었다.

1990년대 후반부터 여성단체들이 호주제 폐지 운동을 본격적으로 전개하였고, 노무현 정부 시기인 2005년 헌법재판소는 호주제에 대해 헌법 불합치 결정을 내렸다.

④ 우리 현대사의 반민주적·반인권적 사건 등에 대한 진실을 밝혀내기 위해 노무현 정부 시기인 2005년에 진실·화해를 위한 과거사 정리 기본법이 제정되었다.

오답 분석

① 문재인 정부는 2018년에 평창 동계 올림픽을 개최하여 여자 아이스하키 남북단일팀을 구성하였다.

② 김영삼 정부 시기인 1995년에 전국 민주 노동조합 총연맹(민주노총)이 창립되었다.

③ 노태우 정부는 1989년에 헝가리와의 수교를 시작으로 사회주의 국가와 외교 관계를 수립하였다.

⑤ 박정희 정부는 입시 준비의 과열을 막기 위해 중학교 무시험 진학 제도를 도입하였다. 1969년에 서울에서 처음 시작되어, 1971년에는 전국적으로 확대되었다.

584 노무현 정부

정답 ⑤

핵심키워드 탄핵 기각

정답 분석

대통령에 대한 두 번의 탄핵 심판 중, 노무현 대통령의 탄핵 심판은 헌법재판소에서 기각 결정이 내려져 업무에 복귀하였다.

⑤ 노무현 정부는 권위주의 청산, 지방 분권, 과거사 정리를 위해 노력하였다. 2005년에 친일 반민족 행위 진상 규명 위원회와 진실 화해 위원회를 조직하였다.

오답 분석

① 88 서울 올림픽은 노태우 정부 시기에 개최되었다.

② 김대중 정부는 2001년에 국가 인권 위원회와 여성부(현 여성가족부)를 조직하였다.

③ 김영삼 정부 시기인 1995년에 전국 민주 노동조합 총연맹(민주노총)이 창립되었다.

④ 박근혜 정부는 2015년에 중국과 자유무역협정(FTA)을 체결하였다.

제 **8** 편

특별 주제

출제 경향 분석

3개년 평균 출제 비중

2.5문항
(5%)

학습 포인트

- 주요 지역을 통시대적으로 정리하세요.
- 특정 주제에 대한 통시대 문제가 매회 1개 이상 출제된다는 점을 기억하세요.

핵심 키워드

소단원	핵심 키워드
통시대 (1) - 지역별	평양, 개성, 덕수궁, 공주, 강화도, 충주, 나주, 제주도, 독도
통시대 (2) - 주제별	왕조별 중앙 정치 기구, 왕조별 교육 기관, 외세의 침략
세계 문화 유산, 세계 기록 유산	불국사와 석굴암, 수원 화성, 백제 역사 유적지구, 동의보감

통시대 (1) – 지역별

❶ 옛 수도

평양	• 고구려 : 백제 근초고왕의 평양성 전투, 장수왕의 천도, 강서고분 • 고려 : 서경, 묘청의 근거지, 무신 정권 때 서경 유수 조위총의 봉기 • 조선 : 유상 성장 • 개화기 : 제너럴 셔먼호 사건(박규수 지휘) • 일제 강점기 : 조만식의 물산장려운동, 강주룡의 을밀대 농성
개성	• 신라 말 : 궁예의 후고구려 건국 • 고려 : 수도(만월대), 현종의 나성 축조, 만적의 봉기 • 조선 : 송상 성장(인삼 재배) • 현대 : 첫 번째 정전 회담 개최, 개성 공단 운영(노무현 정부)
서울	• 선사 시대 : 암사동 유적(신석기 시대) • 백제 : 초기 도읍(풍납 토성, 몽촌 토성) • 신라 : 진흥왕의 북한산 순수비 • 고려 : 남경 • 조선 : 수도(경복궁, 창덕궁, 종묘)
덕수궁	• 개화기 : 아관파천 후 고종의 거처, 석조전 건설, 을사늑약 체결(중명전) • 현대 : 미·소 공동 위원회 개최
공주	• 선사 시대 : 석장리 유적(구석기 시대) • 백제 : 웅진성 천도(문주왕), 무령왕릉, 송산리 고분군 • 신라 : 김헌창의 난 • 조선 : 인조의 피란(이괄의 난) • 개화기 : 동학 농민군의 우금치 전투
부여	• 백제 : 사비성 천도(성왕), 능산리 고분군, 정림사지 5층 석탑

❷ 주요 지역

원산	• 개화기 : 강화도 조약으로 개항, 원산학사 • 일제 강점기 : 원산 총파업
강화도	• 선사 시대 : 북방식 고인돌 유적(청동기 시대) • 고려 : 최우의 천도(대몽 항쟁의 거점), 팔만대장경 조판 • 조선 : 인조의 피란(정묘호란), 정제두의 강화학파 형성(양명학) • 개화기 : 병인양요(프랑스의 외규장각 약탈), 신미양요, 운요호 사건
충주	• 고구려 : 장수왕의 충주 고구려비(한반도 유일의 고구려비) • 고려 : 김윤후와 충주 관노의 대몽 항쟁, 다인철소의 대몽 항쟁 • 조선 : 신립의 탄금대 전투
청주	• 통일 신라 : 서원경, 민정문서 • 고려 : 흥덕사의 직지심체요절 제작
나주	• 후고구려 : 왕건의 점령지 • 고려 : 현종의 피란(거란 2차 침입)
제주도	• 선사 시대 : 고산리 유적(신석기 시대) • 고려 : 삼별초(항파두리성 축조, 대몽 항쟁) • 조선 : 네덜란드인 벨테브레이와 하멜 표류, 김정희 유배(세한도) • 현대 : 제주 4·3 사건
독도	• 신라 : 지증왕 때 우산국 복속 • 조선 : 안용복의 활약(일본에 건너가 우리 영토임을 주장) • 개화기 : 러일 전쟁 중 일제의 불법 점령, 대한 제국의 칙령 41호

1 다음 설명에 해당하는 섬을 쓰시오.

┤ 보기 ├

독도 강화도 거문도 암태도 절영도 제주도

(1) (　　) – 북방식 고인돌이 다수 발견된다.

(2) (　　) – 삼별초가 항파두리성을 축조하였다.

(3) (　　) – 하멜 일행이 표류하다 도착한 곳이다.

(4) (　　) – 정제두가 양명학을 연구하며 학파를 형성하였다.

(5) (　　) – 초지진, 덕진진, 광성보, 정족산성 등이 위치한다.

(6) (　　) – 안용복이 일본에 건너가 우리 영토임을 주장하였다.

(7) (　　) – 러시아의 남하를 견제하기 위해 영국이 점령하였다.

(8) (　　) – 지주 문재철의 횡포에 맞서 소작 쟁의가 발생하였다.

(9) (　　) – 러시아가 저탄소 설치를 명분으로 조차를 요구하였다.

(10) (　　) – 대한 제국이 칙령 제41호를 통해 관할 영토임을 명시하였다.

2 아래 지역과 관련 있는 용어를 연결하시오.

(1) 경주　　•　　•㉠ 화약
(2) 논산　　•　　•㉡ 부석사
(3) 대구　　•　　•㉢ 고구려비
(4) 안동　　•　　•㉣ 소작쟁의
(5) 영주　　•　　•㉤ 봉정사 극락전
(6) 익산　　•　　•㉥ 미륵사지 석탑
(7) 전주　　•　　•㉦ 국채 보상 운동
(8) 충주　　•　　•㉧ 불국사 3층 석탑
(9) 합천　　•　　•㉨ 해인사 팔만대장경
(10) 암태도　•　　•㉩ 관촉사 석조미륵입상

3 다음 설명에 해당하는 지역을 쓰시오.

(1) (　　) – 2・28 민주 운동이 시작되었다.
(2) (　　) – 견훤이 후백제의 도읍지로 삼았다.
(3) (　　) – 조선 형평회 창립총회가 개최되었다.
(4) (　　) – 동학 농민군은 정부와 화약을 맺었다.
(5) (　　) – 무령왕릉과 송산리 고분군이 위치한다.
(6) (　　) – 제1차 미・소 공동 위원회가 개최되었다.
(7) (　　) – 통일 신라 말에 김헌창은 반란을 일으켰다.
(8) (　　) – 강주룡이 을밀대 농성에서 고공농성을 벌였다.
(9) (　　) – 견훤은 아들 신검에 의해 금산사에 유폐되었다.
(10) (　　) – 태조 이성계의 어진을 모시는 경기전이 위치한다.
(11) (　　) – 김광제 등의 발의로 국채 보상 운동이 일어났다.
(12) (　　) – 상권 수호를 위해 황국 중앙 총상회가 조직되었다.
(13) (　　) – 토산품 애용을 위한 조선 물산 장려회가 발족되었다.
(14) (　　) – 안창호가 민족 교육을 위해 대성학교를 설립하였다.
(15) (　　) – 고무 공장 노동자 강주룡이 노동 쟁의를 전개하였다.
(16) (　　) – 미국 상선 제너럴 셔먼호가 관민들에 의해 불태워졌다.
(17) (　　) – 조만식 등을 중심으로 조선 물산 장려회가 결성되었다.
(18) (　　) – 경상사 우병사 백낙신의 수탈에 저항하는 농민 봉기가 일어났다.
(19) (　　) – 의열단 단원인 박재혁은 이곳 경찰에서 폭탄을 터뜨리는 의거를 일으켰다.
(20) (　　) – 현재 존재하는 가장 오래된 금속 활자본인 직지심체요절이 간행되었다.

585

(가) 지역에서 있었던 사실로 옳은 것은?

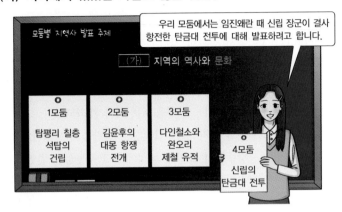

① 제1차 미·소 공동 위원회가 개최되었다.
② 명 신종을 기리는 만동묘가 건립되었다.
③ 강주룡이 을밀대 지붕에서 고공 농성을 벌였다.
④ 고구려비가 남한 지역에서 유일하게 발견되었다.
⑤ 박재혁이 경찰서에서 폭탄을 터뜨리는 의거를 일으켰다.

587

(가) 섬에 대한 설명으로 옳지 않은 것은?

① 안용복이 일본에 건너가 우리 영토임을 주장하였다.
② 영국군이 러시아를 견제하기 위해 불법 점령하였다.
③ 러일 전쟁 때 일본이 불법으로 자국 영토로 편입하였다.
④ 대한 제국이 칙령을 통해 울릉 군수가 관할하도록 하였다.
⑤ 1877년 태정관 문서에 일본과는 무관한 지역임이 명시되었다.

586

다음 지역에 대한 탐구 활동으로 옳은 것은?

① 장용영의 외영이 설치된 위치를 파악한다.
② 홍경래가 난을 일으켜 점령한 지역을 알아본다.
③ 인조가 피신하여 청군과 항전을 벌인 곳을 찾아본다.
④ 태조의 어진을 모신 경기전이 건립된 장소를 조사한다.
⑤ 유계춘이 백낙신의 수탈에 맞서 봉기한 지역을 검색한다.

588

다음 지역에서 있었던 사실로 옳은 것은?

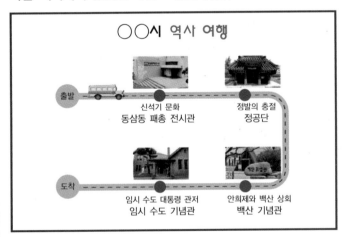

① 2·28 민주 운동이 시작되었다.
② 제2차 미·소 공동 위원회가 개최되었다.
③ 강주룡이 을밀대 지붕에서 고공 농성을 전개하였다.
④ 박재혁이 경찰서에서 폭탄을 투척하는 의거를 일으켰다.
⑤ 지주 문재철의 횡포에 맞서 농민들이 소작 쟁의를 벌였다.

589

다음 지역에서 있었던 사실로 옳은 것은?

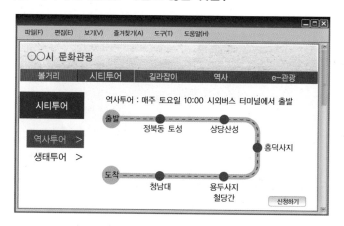

① 유형원이 반계수록을 저술하였다.
② 안승을 왕으로 하는 보덕국이 세워졌다.
③ 금속 활자로 직지심체요절이 간행되었다.
④ 백제와 신라 사이에 황산벌 전투가 벌어졌다.
⑤ 전태일이 근로기준법 준수를 외치며 분신하였다.

590

다음 안내에 따라 학생이 발표한 내용으로 가장 적절한 것은?

학생 여러분, 이번 시간에는 우리 고장의 유적과 기념물을 조사해서 발표하는 활동을 하겠습니다. 우리 고장은 금강 중류에 위치한 유서 깊은 도시입니다. 남한에서 최초로 발굴된 구석기 유적이 있어 선사 시대부터 우리 고장에 사람이 살았던 것을 알 수 있습니다. 또한 삼국이 상호 경쟁하던 시기에는 백제의 수도로서 백제 중흥을 위한 노력이 전개되었던 곳으로 백제 고분을 통해 당시의 문화를 엿볼 수 있습니다. 고려 시대에는 최승로의 건의에 따라 설치된 12목 중의 하나였고, 이후 조선 시대에도 감영이 있어 지역의 중심지 역할을 하였습니다. 그리고 근대에는 동학 농민군이 관군과 일본군에 맞서 치열한 전투를 전개하는 등 외세를 물리치기 위한 민족 운동이 펼쳐지기도 하였습니다. 그럼, 모둠별로 우리 고장의 다양한 유적과 기념물에 대해 조사한 후 알게 된 내용을 발표해 봅시다.

① 갑 – 수양개 유적을 조사하여 우리 고장에 살던 구석기인들이 다양한 기법으로 석기를 제작했음을 알 수 있었습니다.
② 을 – 송산리 고분군의 벽돌무덤을 조사하여 무령왕이 중국 남조, 왜 등과 활발하게 교류했음을 알 수 있었습니다.
③ 병 – 만인의총을 조사하여 정유재란 당시 우리 고장의 백성들이 조명 연합군과 함께 결사 항전했음을 알 수 있었습니다.
④ 정 – 만석보 유지비를 조사하여 우리 고장 농민들이 군수 조병갑의 수탈에 저항하여 봉기했음을 알 수 있었습니다.
⑤ 무 – 아우내 3·1 운동 독립 사적지를 조사하여 유관순이 우리 고장에서 만세 시위를 주도했음을 알 수 있었습니다.

591

(가)~(마)에 대한 설명으로 적절하지 않은 것은?

① (가) – 오층 목조탑 내부에 부처의 일생을 그린 팔상도가 있다.
② (나) – 배흘림기둥에 주심포 양식으로 축조된 무량수전이 있다.
③ (다) – 현존하는 우리나라 최고(最古)의 목조 건물인 극락전이 있다.
④ (라) – 팔만대장경판을 보관하고 있는 장경판전이 있다.
⑤ (마) – 무구정광대다라니경이 발견된 삼층 석탑이 있다.

592

(가)~(마) 지역에 있었던 역사적 사실로 옳지 않은 것은?

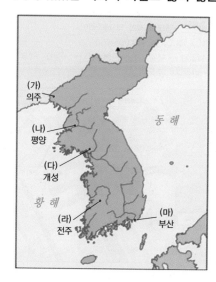

① (가) – 만상이 근거지로 삼아 청과의 무역을 전개하였다.
② (나) – 나석주가 조선 식산 은행에 폭탄을 투척하였다.
③ (다) – 만적을 비롯한 노비들이 신분 해방을 도모하였다.
④ (라) – 동학 농민군이 정부와 화해하는 약조를 맺었다.
⑤ (마) – 임진왜란 중 부사 송상현과 첨사 정발이 순절하였다.

593

57회 47번 [3점]

(가) 지역에 대한 설명으로 옳은 것은?

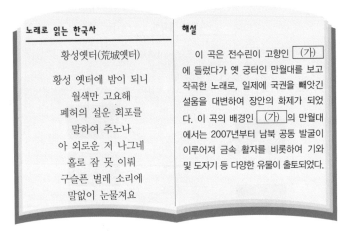

노래로 읽는 한국사	해설
황성옛터(荒城옛터) 황성 옛터에 밤이 되니 월색만 고요해 폐허의 설운 회포를 말하여 주노나 아 외로운 저 나그네 홀로 잠 못 이뤄 구슬픈 벌레 소리에 말없이 눈물져요	이 곡은 전수린이 고향인 (가)에 들렀다가 옛 궁궐터인 만월대를 보고 작곡한 노래로, 일제에 국권을 빼앗긴 설움을 대변하여 장안의 화제가 되었다. 이 곡의 배경인 (가)의 만월대에서는 2007년부터 남북 공동 발굴이 이루어져 금속 활자를 비롯하여 기와 및 도자기 등 다양한 유물이 출토되었다.

① 조선 형평사 창립총회가 개최된 곳이다.
② 동학 농민군과 정부 사이에 화약이 체결된 곳이다.
③ 서희가 소손녕과의 외교 담판을 통해 확보한 곳이다.
④ 장수왕 때 국내성에서 천도하여 도읍으로 삼은 곳이다.
⑤ 유엔군과 공산군 사이의 첫 번째 정전 회담이 열린 곳이다.

594

40회 48번 [1점]

(가) 지역에서 있었던 사실로 옳은 것은?

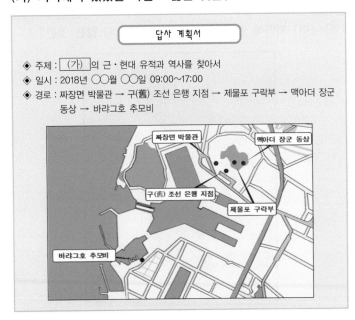

① 개항 이후 조계가 설정되었다.
② 제1차 미·소 공동위원회가 개최되었다.
③ 일본과의 무역을 위한 왜관이 설치되었다.
④ 강우규가 사이토 총독에게 폭탄을 투척하였다.
⑤ 영국군이 러시아 견제를 빌미로 불법 점령하였다.

595

64회 50번 [2점]

(가) 지역에 대한 탐구 활동으로 가장 적절한 것은?

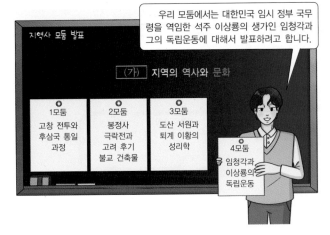

① 김헌창이 반란을 일으킨 근거지를 파악한다.
② 강주룡이 고공 시위를 전개한 장소를 알아본다.
③ 공민왕이 홍건적의 침입 때 피란한 지역을 찾아본다.
④ 신립이 배수의 진을 치고 전투를 벌인 위치를 검색한다.
⑤ 김사미가 가혹한 수탈에 저항하여 봉기한 곳을 조사한다.

596

59회 42번 [1점]

(가) 지역에 대한 탐구 활동으로 가장 적절한 것은?

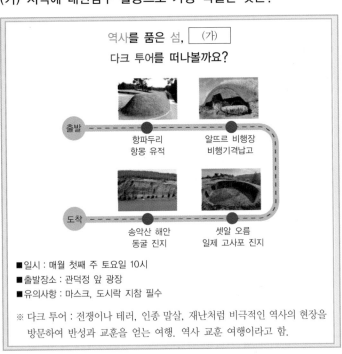

① 정약전이 자산어보를 저술한 곳을 알아본다.
② 프랑스군이 외규장각 도서를 약탈한 장소를 살펴본다.
③ 지주 문재철에 맞서 소작 쟁의가 일어난 곳을 찾아본다.
④ 4·3 사건으로 많은 주민이 희생된 주요 장소를 조사한다.
⑤ 러시아가 저탄소 설치를 위해 조차를 요구한 곳을 검색한다.

597

51회 29번 [2점]

(가)~(마)에서 일어난 사실로 옳지 않은 것은?

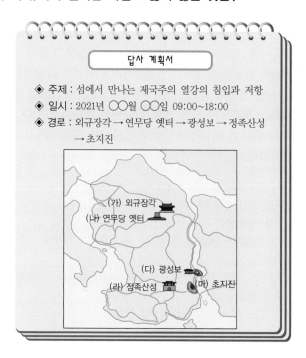

답사 계획서

◈ 주제 : 섬에서 만나는 제국주의 열강의 침입과 저항
◈ 일시 : 2021년 ○○월 ○○일 09:00~18:00
◈ 경로 : 외규장각 → 연무당 옛터 → 광성보 → 정족산성 → 초지진

(가) 외규장각
(나) 연무당 옛터
(다) 광성보
(라) 정족산성
(마) 초지진

① (가) - 프랑스군이 의궤를 약탈하였다.
② (나) - 조일 수호 조규가 체결되었다.
③ (다) - 어재연 부대가 결사 항전하였다.
④ (라) - 양헌수 부대가 적군을 물리쳤다.
⑤ (마) - 영국군이 불법으로 점령하였다.

598

70회 31번 [3점]

(가) 궁궐에 대한 설명으로 옳은 것은?

돈덕전으로의 초대

돈덕전이 재건되어 전시관으로 개관합니다. 많은 관람 부탁드립니다.

■ 주소 : 서울특별시 중구 세종대로 99
■ 개관일 : 2023년 ○○월 ○○일

◉ 소개

돈덕전은 (가) 안에 지어진 유럽풍 외관의 건물로, 고종 즉위 40주년 기념행사를 열기 위해 건립되었다. 1층에는 폐하를 알현하는 폐현실, 2층에는 침실이 자리하여 각국 외교 사절의 폐현 및 연회장, 국빈급 외국인의 숙소로 사용되었다. 러시아 공사관에서 (가) 으로 거처를 옮긴 뒤부터 고종은 중명전을 비롯한 서구식 건축물을 지어 근대 국가로서의 면모를 보여주고자 하였다. 돈덕전 역시 이러한 의도가 투영된 건축물이다.

① 제1차 미·소 공동 위원회가 개최되었다.
② 도성 내 서쪽에 있어 서궐이라고 불렸다.
③ 일제에 의해 창경원으로 격하되기도 하였다.
④ 정도전이 궁궐과 주요 전각의 명칭을 정하였다.
⑤ 태종이 도읍을 한양으로 다시 옮기며 건립하였다.

599

44회 35번 [1점]

(가)에 들어갈 내용으로 옳지 않은 것은?

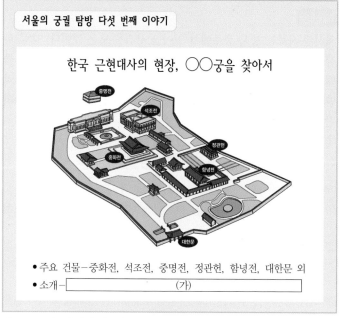

서울의 궁궐 탐방 다섯 번째 이야기

한국 근현대사의 현장, ○○궁을 찾아서

중명전
석조전
정관헌
중화전
함녕전
대한문

• 주요 건물 - 중화전, 석조전, 중명전, 정관헌, 함녕전, 대한문 외
• 소개 - (가)

① 고종이 아관파천 이후 환궁한 곳입니다.
② 두 차례의 미·소 공동 위원회가 개최되었습니다.
③ 일제의 강압 속에 을사늑약이 체결된 현장입니다.
④ 명성황후가 일본 낭인들에 의해 시해된 장소입니다.
⑤ 궁궐 안에 남아 있는 가장 오래된 서양식 건물이 있습니다.

600

58회 49번 [3점]

다음 지역에서 있었던 사실로 옳은 것은?

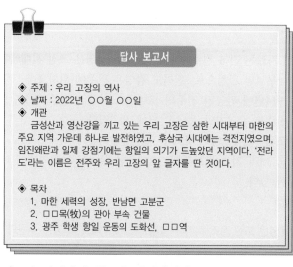

답사 보고서

◈ 주제 : 우리 고장의 역사
◈ 날짜 : 2022년 ○○월 ○○일
◈ 개관
금성산과 영산강을 끼고 있는 우리 고장은 삼한 시대부터 마한의 주요 지역 가운데 하나로 발전하였고, 후삼국 시대에는 격전지였으며, 임진왜란과 일제 강점기에는 항일의 의기가 드높았던 지역이다. '전라도'라는 이름은 전주와 우리 고장의 앞 글자를 딴 것이다.

◈ 목차
1. 마한 세력의 성장, 반남면 고분군
2. □□목(牧)의 관아 부속 건물
3. 광주 학생 항일 운동의 도화선, □□역

① 인조가 피신하여 청군과 항전하였다.
② 유생 출신 유인석이 의병을 일으켰다.
③ 정문부가 왜군에 맞서 북관대첩을 이끌었다.
④ 김광제 등을 중심으로 국채 보상 운동이 시작되었다.
⑤ 왕건이 후백제를 배후에서 견제하기 위해 차지하였다.

585 충주   정답 ④

핵심키워드 김윤후의 대몽 항쟁, 탄금대 전투

정답 분석

제시된 자료는 충북 충주에서 일어난 사건을 모은 것이다. 대몽 항쟁 중 김윤후는 충주성을 끝까지 지키기 위해 관노비의 명부를 불태워 항전 의지를 북돋았다. 항쟁의 공을 인정받은 다인철소는 익안현으로 승격되었다. 임진왜란 중 신립은 충주 탄금대에서 배수의 진을 치고 결전을 벌였다.

④ 충주고구려비는 국내에서 발견된 유일한 고구려의 비석으로, 5세기경 고구려의 남진 정책을 뒷받침한다.

오답 분석

① 제1차 미·소 공동 위원회는 1946년에 서울 덕수궁 석조전에서 개최되었다.
② 만동묘는 조선 숙종 시기에 명나라 신종과 의종을 기리기 위해 충청북도 괴산에 건립한 사당이다. 흥선 대원군은 만동묘 폐지를 시작으로 상당수의 서원을 철폐하였다.
③ 여성 노동자 강주룡은 1931년 평양의 을밀대 지붕에서 회사의 임금 삭감에 반대하며 시위를 벌였다.
⑤ 의열단의 박재혁은 1920년 부산경찰서에 폭탄을 투척하였다.

586 전주   정답 ④

핵심키워드 전라 감영, 전동 성당

정답 분석

제시된 자료는 전북 전주에 관한 것이다. 감영은 조선 시대에 관찰사가 머무르던 관청으로, 전라도 감영은 전주에 위치했다. 전동성당은 1914년에 완공된 전주의 로마네스크 양식 천주교 성당으로, 초기 천주교 순교지인 풍남문 터에 세워졌다.

④ 태조의 어진(왕의 초상화)은 개국군주라는 그의 위상으로 인해 전국 여러 지역에 보관되었으나, 현재는 전주 경기전에 1점만 남아 있다.

오답 분석

① 장용영은 조선 정조 시기에 설치된 친위 부대로, 외영은 수원의 화성에 위치하였다.
② 홍경래는 1811년 평안도 차별과 세도 정치에 반발하여 농민 봉기를 일으켰으며, 평북 정주성을 중심으로 거점을 확보하였다.
③ 인조는 병자호란(1636년) 당시 청군의 침략에 맞서 남한산성으로 피신하여 항전을 벌였다.
⑤ 유계춘은 조선 철종 시기인 1862년 진주 농민 봉기를 일으켜 백낙신의 부정부패와 수탈에 맞섰다.

587 독도   정답 ②

핵심키워드 연합국 최고 사령부 문서

정답 분석

(가)는 독도이다. 연합국 최고 사령부는 1945년 일본의 항복 후 전후 처리를 위해 일본을 통치하고 안정화하려는 목적으로 설립된 기관이다. 1946년 연합국 최고 사령부 각서(SCAPIN) 677호를 통해 독도·울릉도·제주도가 일본 영토가 아님을 명확히 하였다.

② 영국은 1885년 러시아의 남하를 견제하기 위해 거문도를 불법 점령하였다.

오답 분석

① 안용복은 조선 숙종 때 일본에 건너가 조선의 울릉도와 독도가 조선 영토임을 확인받았다.
③ 러일 전쟁(1904~1905년) 중 일제는 독도를 일방적으로 시마네현에 편입시켰다.
④ 대한 제국은 1900년에 칙령 제41호를 통해 울릉도에 군을 설치하고 독도를 울릉군수 관할 하에 두었다.
⑤ 1877년 일본 최고 통치 기관이었던 태정관은 독도가 일본과 무관하다는 내용을 문서에 명시하였다.

588 부산   정답 ④

핵심키워드 동삼동 패총, 정발, 임시 수도, 백산 상회

정답 분석

제시된 자료는 부산에 관한 것이다. 동삼동 패총은 신석기의 대표적인 유적이며, 정발은 임진왜란 초기 부산진에서 끝까지 항전하다 순절하였다. 부산 기업인 백산상회는 이륭양행과 함께 대한민국 임시 정부의 자금 공급책으로 활약하였다.

④ 의열단은 박재혁의 1920년 부산경찰서 투탄 사건을 시작으로, 이후 최수봉, 김익상, 김상옥, 나석주 등이 연이어 의거를 이어 갔다.

오답 분석

① 1960년 3·15 선거를 앞두고 야당 후보 유세 방해를 위해 일요일에 학생들을 등교시키자, 대구 고등학생들이 이에 반발해 2·28 민주 운동을 일으켰고, 이는 4·19 혁명의 도화선이 되었다.
② 1, 2차 미·소 공동 위원회는 1946년과 1947년에 서울 덕수궁 석조전에서 개최되었다.
③ 강주룡은 평원고무공장의 여성 노동자로, 그녀는 회사의 임금 삭감에 반대해 1931년 평양의 을밀대에 올라가 농성 시위를 벌였다.
⑤ 1923년 전남 신안의 암태도에서 지주 문재철의 횡포에 맞서 농민들이 1년간 소작 쟁의를 벌였다. 이를 암태도 소작 쟁의라고 부른다.

589 청주
정답 ③

핵심키워드 상당산성, 흥덕사지, 청남대

정답 분석

제시된 자료는 충북 청주에 관한 것이다. 청주는 삼국 시대부터 요충지였던 상당산성과 세계 최초의 금속 활자본 「직지심체요절」이 인쇄된 흥덕사지가 위치한다. 또한, 과거 대통령 별장으로 사용되었던 청남대가 위치해 있다.

③ 「직지심체요절」은 오늘날 세계에서 가장 오래된 금속 활자본으로, 또다른 금속 활자본인 구텐베르크의 성경보다 70여 년 앞서 청주 흥덕사에서 만들어졌다. 세계 기록 유산으로 등록되었다.

오답 분석

① 유형원은 관직 생활을 단념하고 전북 부안군에 칩거해 20여 년간 연구에 매진하며 「반계수록」을 저술하였다.
② 보덕국은 고구려 멸망 후 고구려 유민이 안승을 왕으로 추대하여 세운 나라로, 전북 익산에 세워졌다.
④ 황산벌 전투는 660년에 신라의 김유신 장군이 백제의 계백 장군을 물리친 전투로, 현재 충남 논산에서 이루어졌다.
⑤ 전태일은 1970년 서울 청계천 평화시장에서 노동자 권익을 위해 분신 투쟁을 벌였다.

590 공주
정답 ②

핵심키워드 남한 최초의 구석기 유적, 백제 수도

정답 분석

제시문은 충남 공주에 관한 내용이다. 이곳에는 석장리 구석기 유적지, 백제의 송산리 고분군과 무령왕릉, 동학 농민군의 우금치 전투 장소가 위치한다.

② 공주 송산리 고분군에는 총 7기의 무덤이 있으며, 그 중 7호분이 무령왕릉이다.

오답 분석

① 수양개 유적은 충북 단양에 위치한 구석기 시대 유적으로, 다양한 석기 제작 방식이 확인되었다.
③ 만인의총은 정유재란 때 남원성을 지키기 위해 왜적과 맞서 항전하다가 전사한 군, 관, 민을 합장한 무덤으로 전북 남원에 위치한다.
④ 고부 군수 조병갑이 멀쩡한 보 아래 새로운 보를 쌓게 하고 보가 완성되자 수세를 징수하였다. 이는 고부 농민 봉기의 원인이 되었다. 만석보 유지비는 보가 있었던 전북 정읍에 설치되어 있다.
⑤ 유관순 열사는 3·1 운동으로 학교가 문을 닫자, 고향인 충남 천안에 내려와 아우내 장터에서 만세 운동을 펼치다 구속되었다.

591 불교 산사
정답 ⑤

핵심키워드 법주사, 부석사, 봉정사, 해인사, 선암사

정답 분석

전남 순천 선암사의 국사전(진영당)에는 도선, 서산, 무학 등 우리 나라 고승의 영정이 봉안되어 있다.

⑤ 경북 경주 불국사에는 다보탑과 3층 석탑(석가탑)이 있다. 이중 불국사 3층 석탑에서 세계에서 가장 오래된 목판 인쇄물인 무구 정광대다라니경이 발견되었다.

오답 분석

① 충북 보은 속리산에 위치한 법주사에는 5층 목탑인 팔상전이 위치한다. 조선 17세기 목탑으로, 팔상전 내부에는 석가모니의 생애를 묘사한 팔상도가 배치되어 있다.
② 경북 영주 부석사는 신라 문무왕 때 의상이 창건한 사찰이다. 부석사의 무량수전은 배흘림 기둥과 주심포 양식을 특징으로 하는 고려 시대 목조 건축물이다.
③ 경북 안동 봉정사의 극락전은 현존하는 우리나라 최고(最古)의 목조 건물이다.
④ 경남 합천 해인사의 장경판전은 조선 15세기 건축물로, 팔만대장경판을 보관하기 위해 특수하게 설계되었다.

592 전지역
정답 ②

핵심키워드 의주, 평양, 개성, 전주, 부산

정답 분석

평양과 관련된 사건으로는, 고국원왕의 전사, 장수왕의 천도, 고려 태조의 서경 설치, 묘청의 서경 천도 운동, 조선 후기의 유상 활동, 안창호의 대성학교 설립, 물산장려운동 등이 있다.

② 의열단의 나석주는 1926년 서울에 위치한 조선 식산은행과 동양척식주식회사에 폭탄을 투척하여 일제의 경제 수탈 정책에 저항하였다.

오답 분석

① 만상은 조선 후기에 평안도 의주를 근거지로 삼아 청나라와의 무역을 담당한 상인 집단이다. 이들은 의주에서 청과의 교역을 통해 막대한 부를 축적하였다.
③ 만적은 최씨 무신 정권 시기에 개경의 노비들을 모아 신분 해방을 위한 봉기를 준비하였다.
④ 동학 농민군은 1894년 정부와 전주 화약을 맺어, 동학 농민군은 집강소를 설치하여 폐정 개혁안을 실시하는 대신에 정부군의 요구대로 전주성에서 물러났다.
⑤ 임진왜란 초기 송상현과 정발은 부산에서 왜군에 맞서 싸우다 전사하였다.

593 개성

정답 ⑤

핵심키워드 만월대

정답 분석

만월대는 황해도 개성시 송악산 남쪽 기슭에 위치한 고려의 옛 궁궐터로, 고려의 법궁인 본궐이 자리했던 곳이다. 이곳은 궁성과 4.7km 규모의 황성으로 둘러싸여 있으며, 몽골의 침입으로 강화도로 천도한 시기를 제외하면 고려의 주요 궁궐로 기능하였다. 2018년 남북한이 공동 발굴 조사를 진행하였다.

⑤ 유엔군과 북한군 사이의 첫 번째 정전 회담은 1951년 개성에서 열렸다. 이후 정전 회담은 총 575회에 걸쳐서 진행되었고, 1953년 7월 27일 판문점에서 정전협정이 체결되면서 6·25 전쟁이 마무리되었다.

오답 분석

① 조선 형평사는 백정의 차별 철폐를 목적으로 조직되어, 1923년 경남 진주에서 창립총회를 개최하였다.

② 동학 농민군과 정부는 1894년 전북 전주에서 화약을 체결하였다. 동시에 청일 양군에서 철수를 요청하였다.

③ 서희는 993년(성종 12년) 거란의 소손녕과의 외교 담판을 통해 압록강 일대에 강동 6주를 확보하였다.

④ 장수왕은 427년 평양성으로 천도하고, 이를 통해 남진 정책을 강화하였다.

594 인천

정답 ①

핵심키워드 구 조선 은행 지점, 제물포, 맥아더 장군

정답 분석

제시된 자료는 인천에 관한 것이다. 맥아더는 인천 상륙 작전을 이끈 미군 장교로, 인천 자유공원에 그의 동상이 위치한다.

① 조계는 외국인 거주 및 무역 활동을 허용하는 지역으로, 1876년 강화도 조약으로 부산, 원산, 인천이 조계(개항장)로 지정되었다.

오답 분석

② 제1차 미·소 공동 위원회는 1946년 서울 덕수궁 석조전에서 개최되었다.

③ 왜관은 조선시대에 일본인들이 조선에 와서 통상하던 곳으로, 세종 때는 부산포, 염포(현재 울산), 제포(현재 진해)에 위치했으며, 왜란 이후 부산의 두모포에 설치했다가 숙종 때 초량으로 이전하였다.

④ 강우규는 1919년 서울역 앞에서 새로 부임해 오는 사이토 총독에게 폭탄을 투척하였다.

⑤ 영국군은 1885년에 러시아의 남하를 견제하기 위해 거문도를 불법으로 점령하였다.

595 안동

정답 ③

핵심키워드 고창 전투, 봉정사 극락전, 이황, 이상룡

정답 분석

제시된 자료는 안동에 관한 것이다. 고창 전투는 930년 태조 왕건이 후백제와의 전투에서 승리한 전투로, 고려가 후삼국 통일의 주도권을 잡은 계기가 되었다. 안동 출신 인물로는 조선 최고의 유학자 이황과 독립운동가 이상룡이 있다.

③ 공민왕은 홍건적의 2차 침입으로 인해 개경을 버리고 안동으로 피난하였다.

오답 분석

① 김헌창은 신라 하대에 웅천주(지금의 충남 공주)에서 반란을 일으켜 중앙 정부에 저항하였다.

② 강주룡은 1931년 평양 을밀대에서 고공 농성 시위를 벌여 노동자의 권익을 위해 투쟁하였다.

④ 신립은 1592년 임진왜란 당시 충주의 탄금대에서 왜군과 전투를 벌였으나 패배하였다.

⑤ 김사미는 1193년(명종 23년) 가혹한 수탈에 저항하여 운문산(경북 청도)에서 봉기를 일으켰다.

596 제주도

정답 ④

핵심키워드 항파두리 유적, 알뜨르 격납고

정답 분석

제시된 자료는 제주도에 관한 것이다. 고려 시대 몽골에 저항하기 위해 삼별초가 축조한 항파두리 유적과 일제 강점기 당시 일본군이 군사 목적으로 사용한 알뜨르 비행기 격납고가 위치해 있다.

④ 제주 4·3 사건은 1948년 남로당 세력이 남한 단독선거에 반대하여 일으킨 무장 투쟁에서 시작되었다. 이후 군·경 토벌대의 초토화 작전으로 인해 많은 민간인이 희생되었으며, 공식 집계된 희생자 수는 14,532명, 실제로는 최대 3만여 명에 이를 것으로 추정된다.

오답 분석

① 정약전은 순조 때 신유박해로 흑산도로 유배되어 「자산어보」를 저술하며 어류에 대한 연구를 남겼다.

② 프랑스군은 1866년 병인양요 당시 강화도를 침략하여 외규장각의 도서를 약탈하였다.

③ 1923년에 전남 신안 암태도의 소작농들은 70%에 달하는 소작료의 인하를 요구하며 소작 쟁의를 벌였다.

⑤ 러시아가 저탄소(선박에 연료를 공급하기 위해 석탄을 보관하는 장소) 설치를 위해 부산 절영도의 조차를 요구하자, 독립협회는 1898년 반러시아 운동을 전개하여 이를 철회시켰다. 이곳은 광복 후 행정 정비 과정에서 영도로 불리게 되었다.

597 강화도

정답 ⑤

핵심키워드 외규장각, 연무당, 정족산성, 광성보

정답 분석

제시된 자료는 강화도에 관한 것이다.

⑤ 영국군은 1885년 거문도를 불법으로 점령하여 러시아의 남하 정책을 견제하고자 하였다.

오답 분석

① 프랑스군은 1866년 병인양요 때 강화도를 침략하여 외규장각에서 의궤를 약탈하였다.

② 강화도 조약(조일 수호 조규)은 1876년 강화도의 연무당에서 체결되어, 근대적 개항이 시작되었다.

③ 1871년 신미양요 때 미군은 군함 5척을 이끌고 강화도의 초지진과 덕진진, 광성보를 차례로 점령하였다. 이 과정에서 어재연 부대는 광성보에서 미군에 맞서 결사 항전하였고 대부분 순국하였다. 미국은 비록 전투에서 승리하였으나, 조선과의 통상이 쉽지 않음을 깨닫고 퇴각하였다.

④ 양헌수 부대는 1866년 병인양요 때 강화도의 정족산성에서 프랑스군을 물리쳤다.

598 덕수궁

정답 ①

핵심키워드 돈덕전, 고종 즉위 40주년, 중명전

정답 분석

제시문은 서울 덕수궁에 관한 것이다. 덕수궁은 조선 시대의 궁궐 중 하나로, 임진왜란 중 피란에서 돌아온 선조가 월산대군의 사저를 행궁으로 삼은 데서 시작하였다. 1611년(광해군 3)에 경운궁으로 개칭되었고, 1897년 고종이 러시아 공사관에서 돌아와 대한 제국의 정궁으로 사용하였다.

덕수궁 내 양관(서양식 건물)으로는 석조전, 중명전, 정관헌 등이 있다. 석조전에서 1946년 미·소 공동 위원회가 개최되었고, 중명전에서 1905년 을사늑약이 체결되었다. 정관헌은 고종이 외교사절을 맞이하고 휴식을 취할 목적으로 건립하였다.

오답 분석

② 조선의 궁궐 중, 경복궁은 북궐, 창덕궁과 창경궁은 동궐, 경희궁은 서궐로 불렸다.

③ 일제는 창경궁을 창경원으로 격하시켜 그곳에 동물원과 식물원을 두었다.

④ 정도전은 1395년(태조 4년) 경복궁의 궁궐과 주요 전각의 명칭을 정하여 한양의 기반을 마련하였다.

⑤ 태종은 1405년(태종 5년) 도읍을 한양으로 다시 옮기며 창덕궁을 건립하였다.

599 덕수궁

정답 ④

핵심키워드 중화전, 석조전, 중명전, 대한문

정답 분석

제시문은 서울 덕수궁에 대한 내용이다.

덕수궁은 1897년 고종이 러시아 공사관에서 돌아와 대한 제국의 정궁으로 사용하였다. 중화전은 1902년 대한 제국 황궁의 정전으로 건립되었고, 대한문은 '한양이 창대해진다'는 의미를 가진 덕수궁의 정문이다.

덕수궁 내 양관(서양식 건물)으로는 석조전, 중명전, 정관헌 등이 있다. 석조전에서 1946년과 1947년에 미·소 공동 위원회가 개최되었고, 중명전에서 1905년 을사늑약이 체결되었다.

④ 명성황후는 1895년(고종 32년) 일제에 의해 경복궁 내 건청궁에서 시해되었다.

오답 분석

⑤ 덕수궁 내에는 여러 양관이 건립되었다.

600 나주

정답 ⑤

핵심키워드 마한 세력, 광주 학생 항일 운동의 도화선

정답 분석

제시문은 전남 나주에 관한 것이다.

나주와 그 일대는 풍부한 물산, 해상 교통의 이점뿐 아니라 군사적으로도 중요한 지역이었다. 마한의 중심지였으며, 고려 시대에는 12목의 하나로 지정되었다.

⑤ 후고구려의 궁예는 나주를 확보하여 군사적 우위를 확고히 다지고자 하였다. 903년 왕건과 수군을 파견해 나주를 점령하고 후백제의 후방을 압박하였다. 이로 인해 왕건은 후고구려의 수상에 오를 수 있었다. 고려 건국 후인 935년, 금산사에서 탈출한 견훤은 나주에서 왕건에게 귀순의 뜻을 전하며 해로를 통해 개경으로 들어갔다.

오답 분석

① 인조는 1636년(인조 14년) 병자호란 때 청군의 공격을 피해 남한산성으로 피신하여 항전하였다.

② 충북 제천의 유생 유인석은 을미사변(1895년)과 단발령에 반발하여 의병을 일으켰다.

③ 정문부는 임진왜란 중 함경도 길주에서 왜군에 맞서 북관대첩을 이끌었다. 가토가 이끄는 일본군이 함경도 회령에 오자 국경인 등이 반란을 일으켜 가토에게 투항하고 조선의 왕자를 넘겨주었다. 정문부는 군사를 모아 회령에서 국경인 등 반란세력을 처단하고 일본군과 싸워 승리했다. 이 전투는 임진왜란의 국면을 조선에게 유리하게 이끌었다.

④ 김광제는 1907년 대구에서 국채 보상 운동을 시작하였다.

통시대 (2) – 주제별

❶ 중앙 정치 기구

구분	국정 총괄	관리 감찰	왕명 출납	귀족 회의체
통일 신라	• 집사부 시중 지휘	• 사정부	• 집사부	• 화백회의
발해	• 정당성 대내상 지휘	• 중정대		
고려	• 중서문하성 문하시중 지휘	• 어사대	• 중추원	• 도병마사 • 식목도감
조선	• 의정부 영의정 지휘	• 사헌부	• 승정원	

❷ 지방 제도

구분	구역	수도	특수 행정 구역
통일 신라	• 9주 5소경 신문왕	• 금성(경주)	
발해	• 5경 15부 62주	• 동모산 → 상경	
고려	• 5도 양계	• 개경(송악, 개성)	• 향·부곡·소 하층 양민 거주
조선	• 8도 → 23도(2차 갑오개혁)	• 한양(서울)	

❸ 교육 기관 · 관리 선발

구분	교육 기관	관리 선발
통일 신라	• 국학 신문왕 설치	• 독서삼품과 원성왕 실시
발해	• 주자감	

고려	• 국자감(유학·기술학 교육)
	  ┌ 숙종 : 서적포 설치
	  └ 예종 : 양현고 설치, 7재 운영
	• 향교(지방 교육)
		• 과거 : 문과(제술과, 명경과), 잡과, 승과
		• 음서 : 5품 이상 관리 가족 대상

조선	• 성균관(유학 교육, 공자 제사) • 향교(지방 교육) • 서원(유학 교육, 선현 제사)	• 과거 : 문과, 소과(생원과, 진사과), 무과, 잡과
개화기	• 원산학사, 육영공원(관립)	• 1차 갑오개혁 때 과거제 폐지

❹ 외교

고려	• 거란의 침입 : 태조의 만부교 사건 → 정종의 광군 조직 → 서희의 외교 담판(성종) → 현종의 나주 피란 → 강감찬의 귀주 대첩(현종) • 여진의 침입 : 윤관의 별무반 조직(숙종) → 윤관의 동북 9성 축조(예종) → 이자겸의 금 사대 요구 수용(인종) • 몽골의 침입 : 최우의 강화 천도 → 김윤후의 처인성 전투 → 김윤후의 충주성 전투 (노비 문서 소각) → 삼별초의 항전(진도, 제주도) • 왜구의 침입 : 최영, 최무선, 이성계, 박위
조선	• 임진왜란(선조) : 정발과 송상현의 부산 전투 → 신립의 탄금대 전투 → 이순신의 한산도 대첩 → 김시민의 진주 대첩 → 평양성 탈환 → 권율의 행주 대첩 → 이순신의 명량 해전·노량 해전 • 정묘호란(인조) : 인조의 강화 피신 → 정봉수의 용골산성 전투 • 병자호란(인조) : 인조의 남한산성 피신 → 김준룡의 광교산 전투 • 효종 : 북벌 추진(송시열), 나선 정벌(신류)
개화기	• 강화도 조약 : 부산·원산·인천 개항, 치외법권·해안측량 허용 • 조미 수호 통상 조약 : 조선책략 영향, 관세 설정, 최혜국대우 허용 • 영국의 거문도 사건 : 러시아 견제 목적

✛ 고려와 조선의 중앙 정치 기구

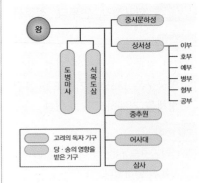

▲ 고려

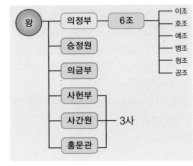

▲ 조선

✛ 성균관

경국대전에 정원이 200명으로 정해져 있었다. 생원·진사인 상재생과 상재생이 모자랄 때 유학(幼學)으로 보충하는 기재생으로 구분되었다. 이들에게는 원점(圓點) 300을 얻으면 문과 초시에 응시할 수 있는 자격을 주었는데, 아침·저녁 식당에 출석하는 것을 원점 하나로 계산해 주었다. 재학 연한은 제한되어 있지 않았다.

1 다음 설명에 해당하는 고려와 조선의 정치 기구를 쓰시오.

┌─ 보기 ┐

| 사헌부 | 승정원 | 어사대 | 의정부 |
| 중추원 | 도병마사 | 식목도감 | 중서문하성 |

(1) (　　) – 은대, 후원이라고 불리었다.

(2) (　　) – 사간원, 홍문관과 함께 3사로 불렸다.

(3) (　　) – 원 간섭기에 도평의사사로 개편되었다.

(4) (　　) – 문하시중이 백관을 통솔하며 국정을 이끌었다.

(5) (　　) – 고려 시대에 법 규정을 제정하는 회의 기구이다.

(6) (　　) – 고려 시대에 국방 문제를 논의하는 회의 기구이다.

(7) (　　) – 고려 시대에 왕명 출납과 군사 기밀을 담당하였다.

(8) (　　) – 조선 시대에 재상들이 합의하여 국정을 총괄하였다.

(9) (　　) – 소속 관원이 중서문하성의 낭사와 함께 대간으로 불렸다.

(10) (　　) – 조선의 관청 중 통일 신라의 사정부와 같은 기능을 담당하였다.

2 빈칸에 알맞은 말을 선택하시오.

(1) 신문왕은 유학 교육을 위해 (국학, 국자감)을 설립하였다.

(2) 통일 신라는 수도를 보완하고 지방 세력의 성장을 감시하기 위해 (5소경, 22담로)을/를 설치하였다.

(3) (원성왕, 혜공왕)은 관리 선발을 위해 독서삼품과를 마련하였다.

(4) 발해는 (9주 5소경, 5경 15부 62주)의 지방 행정 제도를 마련하였다.

(5) 고려의 (신량역천, 향·부곡·소민)은 하층 양인이다.

(6) 예종은 국자감에 (7재, 서적포)를 설립하였다.

(7) (숙종, 예종)은 국자감에 양현고를 설치하여 장학 기금을 마련하였다.

(8) 고려와 조선은 (서원, 향교)에 교수와 훈도를 파견하여 지방민을 교육시켰다.

(9) (원산학사, 육영공원)은/는 최초의 근대 교육기관이다.

(10) (갑오개혁, 을미개혁) 때 과거제를 폐지하였다.

3 다음 사료를 읽고, 물음에 답하시오.

(1) 아래 글과 관련 있는 고려 사람은 누구인가?

> 살리타이가 처인성을 공격하였다. 적을 피해 성에 와 있던 한 승려가 살리타이를 쏘아 죽였다. 국가에서 그 전공을 칭찬하여 상장군 벼슬을 주었다. 승려가 전공을 다른 사람에게 돌리며 말하기를, "전투할 때 나는 활과 화살이 없었으니, 어찌 감히 공 없이 무거운 상을 받겠습니까."라고 하고, 굳게 사양하며 받지 않았다.

(2) 아래 글과 관련 있는 고려 사람은 누구인가?

> "우리나라가 곧 고구려의 옛 땅이다. 그러므로 국호를 고려라 하고 평양에 도읍하였으니 만일 국토의 경계로 말한다면 상국(거란)의 동경(東京)은 전부 우리 지역 안에 있는데 어찌 영토를 침범한 것이라 하는가? … 만일 여진을 내쫓고 우리 옛 땅을 되찾아 성과 요새를 쌓고 도로를 만들면 어찌 교빙하지 않겠는가? …"라고 하였다. 말하는 기운이 매우 강개하므로 소손녕은 강요할 수 없음을 알고는 드디어 사실을 정리하여 아뢰었다.

(3) 아래 글과 관련된 전투를 쓰시오.

> 3월 1일에 두만강을 건너 19일에 영고탑에 도달하고 6월 10일에 흑룡강에 이르렀다. … 적은 키가 10척이나 되고 깊숙한 눈에 머리카락이 붉었으며 드리운 수염이 어깨를 덮었다. … 7월 10일에 승전보를 올리고 회군하여 9월 27일에 영고탑에 이르렀다. 11월 18일에 영고탑을 떠나 12월 15일에 다시 두만강을 건넜다.

(4) 아래 글과 관련된 전투를 쓰시오.

> 이른 아침에 적선이 머물러 있는 곳(견내량)으로 향하였다. … 적선들이 일시에 돛을 올려 쫓아 나오므로 우리 배는 거짓으로 물러나면서 돌아 나오자, 왜적들로 따라 나왔다. 그때야 여러 장수들에게 명령하여 학익진을 펼쳐 일시에 진격하여 각각 지자·현자·승자 등의 총통 등을 쏘았다.

(5) 아래 글을 수록한 책을 쓰시오.

> 조선 땅은 실로 아시아의 요충을 차지하고 있어 열강들이 차지하려고 할 것이다. … 러시아가 영토를 넓히려 한다면 반드시 조선이 첫 번째 대상이 될 것이다. … 러시아를 막는 책략은 무엇인가? 중국과 친하고, 일본과 맺고, 미국과 이어짐으로써 자강을 도모하는 길 뿐이다.

[정답]

1. (1) 승정원 (2) 사헌부 (3) 도병마사 (4) 중서문하성 (5) 식목도감 (6) 도병마사
   (7) 중추원 (8) 의정부 (9) 어사대 (10) 사헌부
2. (1) 국학 (2) 5소경 (3) 원성왕 (4) 5경 15부 62주 (5) 향부곡소민 (6) 7재 (7) 예종
   (8) 향교 (9) 원산학사 (10) 갑오개혁
3. (1) 김윤후 (2) 서희 (3) 나선 정벌 (4) 한산도대첩 (5) 조선책략

601
67회 46번 [1점]

(가)~(마)에 들어갈 내용으로 적절하지 않은 것은?

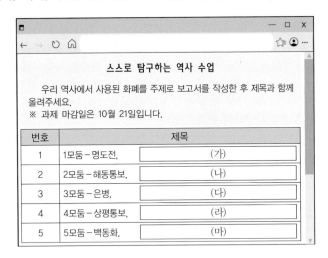

① (가) – 중국 연과의 교류 관계를 보여주다
② (나) – 의천의 건의로 화폐가 주조되다
③ (다) – 경복궁 중건을 위해 제작되다
④ (라) – 법화로 발행되어 전국적으로 유통되다
⑤ (마) – 전환국에서 화폐가 발행되다

602
64회 43번 [3점]

(가)~(라) 지방 통치 체제에 대한 설명으로 옳은 것을 〈보기〉에서 고른 것은?

(가) 완산주를 다시 설치하고 용원을 총관으로 삼았다. 거열주를 빼서 청주(菁州)를 두니 처음으로 9주가 되었다. 대아찬 복세를 총관으로 삼았다.

(나) 현종 초에 절도사를 폐지하고, 5도호와 75도 안무사를 두었으나, 얼마 후 안무사를 폐지하고, 4도호와 8목을 두었다. 그 이후로 5도·양계를 정하니, 양광·경상·전라·교주·서해·동계·북계가 그것이다.

(다) 각 도 각 고을의 이름을 고쳤다. …… 드디어 완산을 다시 '전주'라고 칭하고, 계림을 다시 '경주'라고 칭하고, 서북면을 '평안도'로 하고, 동북면을 '영길도'로 하였으니, 평양·안주·영흥·길주가 계수관이기 때문이다.

(라) 전국을 23부의 행정 구역으로 나누어 아래에 열거하는 각 부를 둔다. …… 앞 조항 외에는 종래의 목, 부, 군, 현의 명칭과 부윤, 목사, 부사, 군수, 서윤, 판관, 현령, 현감의 관명을 다 없애고 읍의 명칭을 군이라고 하며 읍 장관의 관명을 군수라고 한다.

┤ 보기 ├
ㄱ. (가) – 신문왕 재위 시기에 정비되었다.
ㄴ. (나) – 지방 장관으로 욕살, 처려근지 등이 있었다.
ㄷ. (다) – 도에는 관찰사가 임명되어 수령을 감독하였다.
ㄹ. (라) – 광무개혁의 일환으로 실시되었다.

① ㄱ, ㄴ   ② ㄱ, ㄷ
③ ㄴ, ㄷ   ④ ㄴ, ㄹ
⑤ ㄷ, ㄹ

603
64회 49번 [3점]

(가)~(마)에 들어갈 내용으로 옳지 않은 것은?

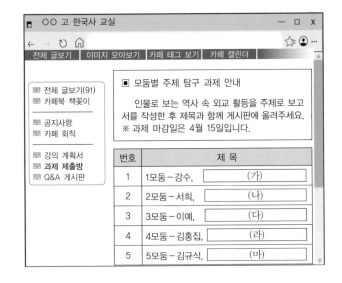

① (가) – 외교 문서 작성에 능하여 청방인문표를 짓다
② (나) – 외교 담판을 통해 강동 6주를 확보하다
③ (다) – 일본에 파견되어 계해약조 체결에 기여하다
④ (라) – 보빙사의 전권대신으로 미국에 파견되다
⑤ (마) – 파리 강화 회의에 독립 청원서를 제출하다

604
70회 48번 [2점]

㉠~㉤에 대한 설명으로 적절하지 않은 것은?

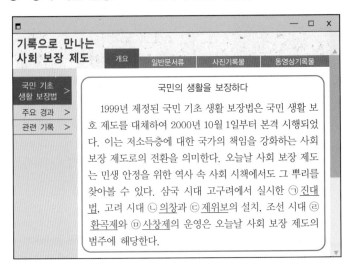

① ㉠ – 고국천왕이 시행하였다.
② ㉡ – 성종이 흑창을 확대 개편하여 설치하였다.
③ ㉢ – 기금을 모아 그 이자로 빈민을 구휼하였다.
④ ㉣ – 세도 정치기에 농민을 수탈하는 수단으로 변질되었다.
⑤ ㉤ – 구제도감을 두어 백성을 구호하였다.

605

(가)~(마)의 설명과 사진을 연결한 것으로 옳지 않은 것은?

(가) 태토와 유약이 모두 백색이고 1,200도 이상에서 구워 만든 자기다. 영국 여왕 엘리자베스 2세가 이 자기 중 하나를 보면서 '세상에서 제일 아름다운 그릇'이라는 찬사를 보냈다.

(나) 철분이 약간 함유된 태토에 유약을 입혀 고온에서 구워낸 자기다. 송 사신 서긍은 "푸른 빛깔을 고려인은 비색(翡色)이라 하는데 근래에 들어 빛깔이 더욱 좋아졌다."고 하였다.

(다) 회색 태토 위에 백토로 표면을 분장한 뒤에 유약을 입혀 구운 자기다. 고유섭이 회청색을 띠는 사기라는 의미로 '분장회청사기(분청사기)'라 하였다.

(라) 초벌구이한 백자 위에 코발트로 그림 그린 후 유약을 발라 구운 자기다. 코발트는 수입산 안료였기에 예종은 관찰사를 통해 백성들이 회회청(코발트)을 구해오도록 독려할 정도였다.

(마) 표면에 무늬를 파고 백토와 자토를 그 자리에 넣어 초벌구이한 후 유약을 발라 구워낸 자기다. 최순우는 "고려 사람들은 비색의 자기에 영롱한 수를 놓은 방법을 궁리해 냈다."고 하였다.

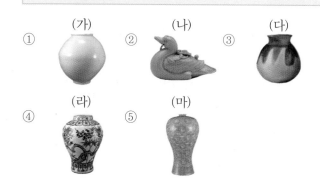

(가)
①

(나)
②

(다)
③

(라)
④

(마)
⑤

606

㉠~㉤에 대한 탐구 활동으로 적절하지 않은 것은?

> **역사 돋보기** **조선이 만난 이방인**
>
> 　**조선 전기**에는 외부 세계와의 관계가 중국과 일본을 중심으로 류큐 등의 아시아 국가에 주로 국한되어 있었다. ㉠조선인의 외부에 대한 인식은 이들 국가에 집중되어 있었고, 조선은 중국을 비롯한 주변 국가 이외의 세계에서는 낯선 존재였다.
>
> 　**조선 후기**에 들어 지리 지식의 확대와 더불어 조선인의 외부 세계에 대한 인식이 점차 넓어져 갔다. 조선과 서양인의 만남은 크게 네 가지로 나누어 볼 수 있다. 첫째, 중국과 일본을 오가던 ㉡서양 선박이 난파하여 조선에 표착한 경우이다. 둘째, 크리스트교 선교를 목적으로 ㉢선교사가 직접 조선에 파견되는 경우이다. 셋째, 서양인이 ㉣조선의 해안 측량을 목적으로 해안을 탐사하는 과정에서 접촉한 경우이다. 넷째, 조선과의 ㉤교역을 목적으로 서양의 상선이 접근하는 경우이다.

① ㉠ - 해동제국기의 작성 목적을 파악한다.
② ㉡ - 하멜 표류기의 내용을 분석한다.
③ ㉢ - 프랑스 파리 외방 선교회의 활동을 알아본다.
④ ㉣ - 혼일강리역대국도지도가 제작된 과정을 조사한다.
⑤ ㉤ - 제너럴 셔먼호 사건 관련 자료를 찾아본다.

607

(가) 신분에 대한 설명으로 옳은 것은?

나는 방호별감 김윤후입니다. 몽골군의 침입에 맞서 충주산성을 방어할 때 (가) 의 신분 문서를 불태워 그들의 사기를 높였습니다.

나는 군국기무처의 총재 김홍집입니다. 신분 차별 폐지에 대한 요구를 수용하여 (가) 에 관한 법을 폐지하였습니다.

① 신라에서 승진에 제한을 받았으며, 득난이라고도 불렸다.
② 고려 시대에 향·부곡·소에 거주하였으며, 과중한 세금을 부담하였다.
③ 조선 시대에 봉수, 역졸의 업무를 주로 담당하였다.
④ 조선 후기에 통청 운동으로 청요직 진출을 시도하였다.
⑤ 조선 순조 때 궁방과 중앙 관서에 소속된 6만여 명이 해방되었다.

(가)~(라) 교육기관에 대한 설명으로 옳은 것만을 〈보기〉에서 고른 것은?

(가) 학생의 재학 연한은 9년으로 하되 우둔하여 깨우치지 못하는 자는 퇴학시키고, 재주와 기량은 있으나 아직 미숙한 자는 9년이 넘더라도 재학을 허락하였다. 관등이 대나마, 나마에 이르면 졸업하였다.

(나) 7재를 두었는데, 주역을 공부하는 여택재, 상서를 공부하는 대빙재, 모시(毛詩)를 공부하는 경덕재, 주례를 공부하는 구인재, 대례(載禮)를 공부하는 복응재, 춘추를 공부하는 양정재, 무학을 공부하는 강예재이다.

(다) 입학생은 생원·진사인 상재생과 유학(幼學) 중에서 선발된 기재생으로 구분되었다. 이들은 동재와 서재에 기숙하면서 공부하였으며, 아침·저녁 식당에 들어가 서명하면 원점 1점을 얻었다. 원점 300점을 얻으면 관시(館試)에 응시할 수 있었다.

(라) 좌원과 우원을 두었는데, 좌원에는 젊은 현직 관리를, 우원에는 관직에 나아가지 않은 명문가 자제들을 입학시켰다. 외국인 3명을 교사로 초빙하였으며, 학생들은 졸업할 때까지 공원(公院)에서 학습에 전념하도록 하였다.

┤ 보기 ├
ㄱ. (가) – 신문왕이 인재 양성을 위해 설치하였다.
ㄴ. (나) – 전국의 부·목·군·현에 하나씩 설립되었다.
ㄷ. (다) – 공자 등 성현을 기리는 석전대제를 거행하였다.
ㄹ. (라) – 교육 입국 조서 반포를 계기로 세워졌다.

① ㄱ, ㄴ
② ㄱ, ㄷ
③ ㄴ, ㄷ
④ ㄴ, ㄹ
⑤ ㄷ, ㄹ

(가)~(라) 사건에 대한 설명으로 옳은 것을 〈보기〉에서 고른 것은?

(가) 나라 안의 모든 주군(州郡)에서 공물과 부세를 보내지 않아 창고가 비고 재정이 궁핍해졌다. 왕이 관리를 보내 독촉하니 곳곳에서 도적이 벌떼처럼 일어났다. 이때 원종, 애노 등이 사벌주를 근거지로 반란을 일으켰다.

(나) 남쪽에서 적(賊)들이 봉기하였다. 가장 심한 자들은 운문을 거점으로 한 김사미와 초전을 거점으로 한 효심이었다. 이들은 유랑민을 불러 모아 주현(州縣)을 습격하여 노략질하였다.

(다) 임술년 2월 19일, 진주 백성 수만 명이 머리에 흰 수건을 두르고 손에는 나무 몽둥이를 들고 무리를 지어 진주 읍내에 모여 서리들의 가옥 수십 호를 불사르고 부수니, 그 움직임이 심상치 않았다.

(라) 군수 조병갑은 탐학이 심하여 군민들이 그 주구에 시달려 왔다. 그러던 중 조병갑이 다시 만석보 보수를 빙자하여 백성을 강제 노역시키고 불법적인 징세를 자행하였기에 군민들이 더욱 한을 품게 되었다. …… 전봉준은 백성을 이끌고 일어나 관아를 습격하고 관청에서 쌓은 보를 허물어 버렸다.

┤ 보기 ├
ㄱ. (가) – 삼정이정청이 설치되는 계기가 되었다.
ㄴ. (나) – 무신 집권기 지배층의 수탈에 대한 저항이었다.
ㄷ. (다) – 윤원형 일파가 정국을 주도한 시기에 발생하였다.
ㄹ. (라) – 주모자가 드러나지 않기 위해 사발통문을 작성하였다.

① ㄱ, ㄴ
② ㄱ, ㄷ
③ ㄴ, ㄷ
④ ㄴ, ㄹ
⑤ ㄷ, ㄹ

610
60회 49번 [2점]

(가)~(마)에 들어갈 내용으로 옳지 않은 것은?

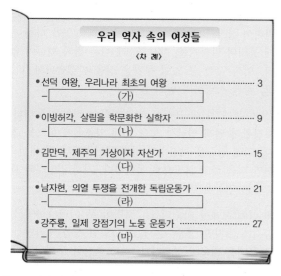

우리 역사 속의 여성들

〈차 례〉

① (가) – 첨성대와 황룡사 9층 목탑을 세우다
② (나) – 가정 생활의 지혜를 담은 규합총서를 저술하다
③ (다) – 재산을 기부하여 흉년에 굶주린 백성들을 구제하다
④ (라) – 한국 광복군의 기관지 광복을 발행하다
⑤ (마) – 임금 삭감에 저항하여 을밀대 지붕에서 농성하다

611
60회 46번 [3점]

(가)~(마)에 대한 설명으로 옳지 않은 것은?

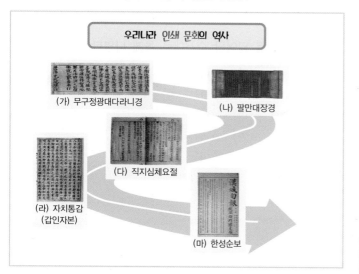

우리나라 인쇄 문화의 역사

(가) 무구정광대다라니경
(나) 팔만대장경
(다) 직지심체요절
(라) 자치통감 (갑인자본)
(마) 한성순보

① (가) – 주자소를 설치하여 인쇄하였다.
② (나) – 대장도감에서 판각한 목판으로 찍었다.
③ (다) – 청주 흥덕사에서 금속 활자로 간행하였다.
④ (라) – 이천, 장영실 등이 제작한 활자로 인쇄하였다.
⑤ (마) – 납으로 만든 활자를 사용해 박문국에서 발행하였다.

612
60회 22번 [2점]

(가)~(마)에 대한 설명으로 옳지 않은 것은?

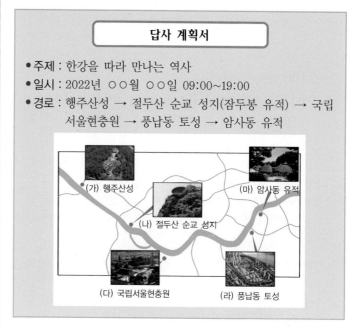

답사 계획서

• 주제 : 한강을 따라 만나는 역사
• 일시 : 2022년 ○○월 ○○일 09:00~19:00
• 경로 : 행주산성 → 절두산 순교 성지(잠두봉 유적) → 국립
　서울현충원 → 풍납동 토성 → 암사동 유적

(가) 행주산성
(마) 암사동 유적
(나) 절두산 순교 성지
(다) 국립서울현충원
(라) 풍납동 토성

① (가) – 정봉수가 후금군을 맞아 큰 전과를 거둔 곳이다.
② (나) – 병인박해 때 많은 천주교 신자가 처형된 장소이다.
③ (다) – 6·25 전쟁 이후 조성된 국군 묘지에서 시작되었다.
④ (라) – 판축 기법을 활용하여 성벽을 쌓은 백제 토성이다.
⑤ (마) – 갈돌과 갈판 등이 출토된 신석기 시대 유적이다.

(가) 처음으로 독서삼품을 정하여 관리를 선발하였다. 춘추좌씨전, 예기, 문선을 읽고 그 뜻에 능통하면서 아울러 논어와 효경에 밝은 자를 상품(上品)으로, 곡례와 논어, 효경을 읽은 자를 중품(中品)으로, 곡례와 효경을 읽은 자를 하품(下品)으로 하였다.

(나) 쌍기가 의견을 올리니 처음으로 ㉠이 제도를 마련하여 시행하였다. 시·부·송 및 시무책으로 시험하여 진사를 뽑았으며, 겸하여 명경업·의업·복업 등도 뽑았다.

(다) 조광조가 아뢰기를, "중앙에서는 홍문관·육경·대간, 지방에서는 감사와 수령이 천거한 사람들을 대궐에 모아 시험을 치르면 많은 인재를 얻을 수 있을 것입니다. ㉡이 제도는 한(漢)에서 시행한 현량방정과의 뜻을 이은 것입니다."라고 하였다.

(라) 제4조 의정부 및 각 부 판임관을 임명할 시에는 각기 관하 학도 및 외국 유학생 졸업자 중에서 시험을 거쳐 해당 주무 장관이 전권으로 임명한다. 단, 졸업자가 없을 시에는 문필과 산술이 있고 시무에 통달한 자로 시험을 거쳐서 임명한다.

613

62회 49번 [2점]

(가)~(라)를 활용한 탐구 활동으로 적절한 것을 <보기>에서 고른 것은?

┤ 보기 ├
ㄱ. (가) - 최승로의 시무 28조를 받아들여 달라진 제도를 살펴본다.
ㄴ. (나) - 광종이 왕권 강화를 위해 추진한 정책에 대해 알아본다.
ㄷ. (다) - 중종 때 사림파 언관들이 제기한 주장을 조사해 본다.
ㄹ. (라) - 임술 농민 봉기를 수습하기 위한 정부의 대책을 파악한다.

① ㄱ, ㄴ
② ㄱ, ㄷ
③ ㄴ, ㄷ
④ ㄴ, ㄹ
⑤ ㄷ, ㄹ

614

62회 50번 [3점]

밑줄 그은 ㉠, ㉡에 대한 설명으로 옳은 것은?

① ㉠ - 역분전이 제정되는 결과를 가져왔다.
② ㉠ - 지공거와 합격자 사이에 좌주와 문생 관계가 형성되었다.
③ ㉡ - 제술과, 명경과, 잡과, 승과로 구성되었다.
④ ㉡ - 성균관에서 보는 관시, 한성부에서 보는 한성시, 각 지방에서 보는 향시로 나뉘었다.
⑤ ㉠, ㉡ - 홍범 14조 반포를 계기로 시행되었다.

(가) 살리타이가 처인성을 공격하였다. 적을 피해 성에 와 있던 한 승려가 살리타이를 쏘아 죽였다. 국가에서 그 전공을 칭찬하여 상장군 벼슬을 주었다. 승려가 전공을 다른 사람에게 돌리며 말하기를, "전투할 때 나는 활과 화살이 없었으니, 어찌 감히 공 없이 무거운 상을 받겠습니까."라고 하고, 굳게 사양하며 받지 않았다.

(나) [우리 부대가] 대군(大軍)과 연합하여 평양을 포위하였다. 보장왕이 먼저 연남산 등을 보내 영공에게 항복을 청하였다. 이에 영공은 보장왕과 왕자 복남·덕남 및 대신 등 20여만 명을 끌고 본국으로 돌아갔다. 각간 김인문과 대아찬 조주는 영공을 따라 돌아갔다.

(다) 비국(備局)에서 아뢰기를, "적병이 두 차례나 용골산성을 공격해 왔지만 정봉수는 홀로 고립된 성을 지키면서 충성과 용맹을 더욱 떨쳤습니다. …… 죽음을 두려워하지 않는 용사를 더 모집하여 육로로 혹은 배편으로 달려가서 기세(氣勢)를 돕게 하소서. 용골산성이 비록 포위에서 풀렸으나 이 일은 그만둘 수 없을 듯합니다."라고 하니, 왕이 따랐다.

(라) 부사 송상현은 왜적이 바다를 건넜다는 소식을 듣고 지역 주민과 군사 그리고 이웃 고을의 군사를 모두 불러 모아 성에 들어가 지켰다. …… 성이 포위당하자 상현이 성의 남문에 올라가 전투를 독려하였으나 한나절 만에 성이 함락되었다. 상현은 갑옷 위에 조복(朝服)*을 입고 의자에 앉아 움직이지 않았다. …… 적이 모여들어 생포하려고 하자 상현이 발로 걷어차면서 항거하다가 마침내 해를 입었다.

* 조복(朝服) : 관원이 조정에 나아가 하례할 때 입던 예복

615

63회 47번 [2점]

(가)~(라) 전투를 일어난 순서대로 옳게 나열한 것은?

① (가) - (나) - (다) - (라)
② (가) - (나) - (라) - (다)
③ (나) - (가) - (라) - (다)
④ (나) - (다) - (가) - (라)
⑤ (다) - (라) - (나) - (가)

616

63회 48번 [2점]

(라) 전투가 벌어진 지역에서 있었던 사실로 옳은 것은?

① 내상이 무역 활동을 전개하였다.
② 안승이 왕으로 봉해진 보덕국이 세워졌다.
③ 지역 차별에 반발하여 홍경래가 봉기하였다.
④ 만적을 비롯한 노비들이 신분 해방을 도모하였다.
⑤ 지주 문재철의 횡포에 맞서 소작 쟁의가 일어났다.

[617-618] 다음 자료를 읽고 물음에 답하시오.

(가) 만적 등 6명이 북산에서 나무하다가 공사 노비를 불러 모아 모의하기를, "국가에서 경인년·계사년 이후로 높은 벼슬이 천한 노비에게서 많이 나왔으니, 장수와 재상이 어찌 종자가 있으랴. …… 그 주인을 죽이고 노비 문서를 불태워 삼한에서 천인을 없애면 모두 공경 장상이 될 수 있을 것이다."라고 하였다.

(나) 왕 7년, 노비를 안검하여 그 시비를 분별하도록 명하자, 노비로 주인을 배반한 자가 매우 많아지고 윗사람을 능멸하는 풍조가 크게 행해졌다. 사람들이 모두 탄식하고 원망하였다. 대목왕후가 이를 간절히 간언하였으나 왕은 받아들이지 않았다.

(다) 1. 문벌, 양반과 상인들의 등급을 없애고 귀천에 관계없이 인재를 선발하여 등용한다.
　　 1. 과부가 재가하는 것은 귀천을 막론하고 자신의 의사대로 하게 한다.
　　 1. 공노비와 사노비에 관한 법을 일체 혁파하고 사람을 사고파는 일을 금지한다.

(라) "임금이 백성을 대할 때는 귀천이 없고 내외 없이 고루 균등하게 적자(赤子)로 여겨야 하는데, 노(奴)와 비(婢)라고 하여 구분하는 것이 어찌 똑같이 동포로 여기는 뜻이겠는가. 내노비 36,974명과 시노비 29,093명을 모두 양민으로 삼도록 하라. 그리고 승정원으로 하여금 노비 문서를 거두어 돈화문 밖에서 불태우도록 하라."

617

67회 47번 [3점]

(가)~(라)를 일어난 순서대로 옳게 나열한 것은?

① (가) - (나) - (다) - (라)
② (가) - (나) - (라) - (다)
③ (나) - (가) - (라) - (다)
④ (나) - (다) - (가) - (라)
⑤ (다) - (라) - (나) - (가)

618

67회 48번 [2점]

(가)~(라)를 활용한 탐구 활동으로 적절한 것을 〈보기〉에서 고른 것은?

┌─ 보기 ┐
ㄱ. (가) - 무신 집권기에 발생한 하층민의 봉기에 대해 알아본다.
ㄴ. (나) - 호족의 경제적 기반을 약화시킨 제도를 살펴본다.
ㄷ. (다) - 균역법이 시행되는 배경을 파악한다.
ㄹ. (라) - 삼정이정청이 설치된 계기를 조사한다.

① ㄱ, ㄴ　　　　　　② ㄱ, ㄷ
③ ㄴ, ㄷ　　　　　　④ ㄴ, ㄹ
⑤ ㄷ, ㄹ

[619-620] 다음을 읽고 물음에 답하시오.

(가) 여덟째는 적금서당이다. 왕 6년에 보덕국 사람들로 당을 만들었다. 금장의 색은 적흑이다. 아홉째는 청금서당이다. …… 금장의 색은 청백이다.

(나) 응양군, 1령(領)으로 군에는 정3품의 상장군 1인과 종3품의 대장군 1인을 두었으며, …… 정8품의 산원 3인, 정9품의 위 20인, 대정은 40인을 두었다.

(다) 무위영, 절목계하본(節目啓下本)에 의하여 낭청 1명을 훈련도감의 예에 따라 문신으로 추천하여 군색종사관으로 칭하고 …… 중군은 포장·장어영 중군을 거친 자로 추천하여 금군별장이라 칭한다.

(라) 별대와 정초군의 군병을 합하여 한 영(營)의 제도를 만들어 본영은 금위영이라 칭하고, 군병은 금위별대라 칭한다.

619

69회 47번 [3점]

(가)~(라) 군사 조직을 만들어진 순서대로 옳게 나열한 것은?

① (가) - (나) - (다) - (라)
② (가) - (나) - (라) - (다)
③ (나) - (가) - (라) - (다)
④ (나) - (다) - (가) - (라)
⑤ (다) - (라) - (나) - (가)

620

69회 48번 [2점]

밑줄 그은 '왕'의 업적으로 옳은 것은?

① 김흠돌의 난을 진압하였다.
② 병부와 상대등을 설치하였다.
③ 나선 정벌에 조총 부대를 파견하였다.
④ 정계와 계백료서를 지어 관리의 규범을 제시하였다.
⑤ 쌍성총관부를 공격하여 철령 이북의 땅을 수복하였다.

(가) 고대 여러 나라들도 역시 각각 사관(史官)을 두어 일을 기록하였습니다. 그러므로 맹자께서 이르시기를, "진(晉)의 승(乘)과 초(楚)의 도올(檮杌)과 노(魯)의 춘추(春秋)는 모두 한가지다."라고 하셨습니다. 생각건대 우리 해동(海東) 삼국도 역사가 길고 오래되어 마땅히 그 사실이 책으로 기록되어야 하므로 폐하께서 이 늙은 신하에게 명하시어 편집하도록 하셨습니다. …… 신의 학술이 이처럼 부족하고 얕으며, 옛말과 지나간 일은 그처럼 아득하고 희미합니다. 그러므로 온 정신과 힘을 다 쏟아 부어 겨우 ㉠책을 만들었습니다. 그러나 보잘것 없기에 스스로 부끄러울 따름입니다.

(나) 고려가 끝내 발해사를 편찬하지 않아 토문강 북쪽과 압록강 서쪽이 누구의 땅인지 알 수 없게 되었다. 여진을 책망하려 하여도 할 말이 없고, 거란을 책망하려 하여도 할 말이 없다. 고려가 약한 나라가 된 것은 발해의 땅을 차지하지 못하였기 때문이니, 탄식할 수밖에 없다. …… 내가 내규장각 관리로 있으면서 비밀스런 책(秘書)을 꽤 많이 읽었으므로 발해에 관한 일을 차례로 편찬하여, 군고(君考)·신고(臣考)·지리고(地理考)·직관고(職官考)·의장고(儀章考)·물산고(物産考)·국어고(國語考)·국서고(國書考)·속국고(屬國考) 등 9편으로 구성된 ㉡책을 만들었다.

(다) 역사란 무엇이뇨? 인류 사회의 아(我)와 비아(非我)의 투쟁이 시간부터 발전하며 공간부터 확대하는 정신적 활동 상태의 기록이니, 세계사라 하면 세계 인류가 그리되어 온 상태의 기록이며, 조선 역사라 하면 조선 민족이 그리되어 온 상태의 기록인 것이다. 무엇을 '아'라 하며 무엇을 '비아'라 하는가? …… 무릇 주체적 위치에 선 자를 '아'라 하고, 그 외에는 '비아'라 하는데, 이를테면 조선 사람은 조선을 '아'라 하고, 영국·미국·프랑스·러시아 등을 '비아'라 하지만, 그들은 각기 제 나라를 '아'라 하고 조선은 '비아'라 하며, …… 그러므로 역사는 '아'와 '비아'의 투쟁의 기록인 것이다.

621

66회 30번 [3점]

(가)~(다)를 작성한 인물에 대해 탐구한 내용으로 가장 적절한 것은?

① (가) - 만권당에서 원의 학자들과 교유하였으며, 성리학의 보급에 기여하였다.
② (가) - 칠대실록의 편찬에 참여하였으며, 문헌공도를 만들어 사학을 진흥시켰다.
③ (나) - 금석학을 연구하여 북한산비가 진흥왕 순수비임을 고증하였다.
④ (다) - 한국통사를 저술하였고, 대한민국 임시 정부의 제2대 대통령을 역임하였다.
⑤ (다) - 대한매일신보의 주필로 활동하였으며, 폭력을 통한 민중의 직접 혁명을 주장하였다.

622

66회 31번 [2점]

밑줄 그은 ㉠, ㉡에 해당하는 역사서에 대한 설명으로 옳은 것은?

① ㉠ - 불교사를 중심으로 고대의 민간 설화를 수록하였다.
② ㉠ - 본기, 연표, 잡지, 열전 등으로 구성된 기전체 사서이다.
③ ㉡ - 사초와 시정기 등을 바탕으로 편찬하였다.
④ ㉡ - 고구려 건국 시조의 일대기를 서사시로 표현하였다.
⑤ ㉠, ㉡ - 우리 역사의 시작을 단군 조선으로 삼았다.

[623~624] 다음 자료를 읽고 물음에 답하시오.

(가) 제6도 심통성정도(心統性情圖) 중에서 하도(下圖)는 이(理)와 기(氣)를 합하여 말한 것이니, …… 예를 들면 사단(四端)의 정은 이가 발하고 기가 따르니, 본래 순선(純善)하여 악이 없으나, 반드시 이의 발함이 온전하게 이루어지기 전에 기에 가려진 연후에야 선하지 않게 됩니다. 칠정(七情)은 기가 발하고 이가 그것에 타는 것이니, 역시 선하지 않음이 없으나, 만약 기가 발하는 것이 절도에 맞지 않으면 그 이를 멸하게 되어 악이 됩니다.

(나) 유·불·도 삼교(三敎)는 각자 업(業)으로 삼아 수행하는 바가 있으니, 섞어서 하나로 할 수는 없습니다. 부처의 가르침을 행하는 것은 수신(修身)의 근본이요, 유교의 가르침을 행하는 것은 나라를 다스리는 근원이니, 수신은 다음 생을 위한 바탕이 되고, 나라를 다스리는 것은 곧 오늘날에 힘쓸 일입니다. 오늘날은 지극히 가깝고 다음 생은 지극히 먼 것인데, 가까운 것을 버리고 먼 것을 구한다면 이는 잘못된 것이 아니겠습니까.

(다) 저 불씨(佛氏)는 사람이 사악한지 정의로운지 올바른지 그른지는 가리지 않고 말하기를, "우리 부처에게 오는 자는 화를 면하고 복을 얻을 수 있다."라고 한다. 이것은 비록 열가지의 큰 죄악을 지은 사람일지라도 부처에게 귀의하면 화를 면하게 되고, 아무리 도가 높은 선비 일지라도 부처에게 귀의하지 않으면 화를 면할 수 없다는 말이다. 가령 그 말이 거짓이 아니라 할지라도 모두 사사로운 마음에서 나온 것이요, 올바른 도리가 아니므로 징계해야 할 것이다.

(라) 유교계에 3대 문제가 있는지라. 그 문제에 관해 개량하고 구신(求新)하지 않으면 우리 유교는 결코 흥왕할 수 없으리라. …… 소위 3대 문제는 무엇인가. 하나는 유교파의 정신이 오로지 제왕 측에 있고 인민 사회에 보급할 정신이 부족한 것이다. 하나는 열국을 돌아다니면서 천하를 바꾸려는 주의를 따르지 않고, "내가 학생을 구하는 것이 아니라, 학생이 나를 찾아야 한다."라는 주의를 고수한 것이다. 하나는 우리 한국의 유가는 간단하고 절실한 가르침을 요구하지 않고 지리하고 한만(汗漫)한 공부만 해온 것이다.

624
57회 36번 [3점]

(가)~(라)를 작성한 인물에 대해 탐구한 내용으로 적절한 것을 〈보기〉에서 고른 것은?

┤ 보기 ├

ㄱ. (가) - 자유롭고 독창적으로 경서를 해석해 사서(四書)에 대한 주자의 해석을 반박하고, 노장사상 등을 도입해 유학의 실리적 측면을 강화하려고 하였다.

ㄴ. (나) - 예기(禮記) 중 월령(月令)에 근거하여 불교 행사를 줄이고 정사를 행하도록 촉구하며 불교적 관행에 젖은 군주를 유교적 규범을 실천하는 군주로 변화시키고자 하였다.

ㄷ. (다) - 기대승과의 논쟁을 통해 성리학의 이해를 심화하였으며, 그의 사상은 제자에 의해 일본으로 전해져 일본 유학의 발전에 영향을 주었다.

ㄹ. (라) - 양명학을 통해서 기존의 유학을 개선하려 하였고, 실학의 실천 정신을 받아들여 구국 운동을 실행하는 데 관심을 기울였다.

① ㄱ, ㄴ
② ㄱ, ㄷ
③ ㄴ, ㄷ
④ ㄴ, ㄹ
⑤ ㄷ, ㄹ

623
57회 35번 [2점]

(가)~(라)를 작성된 순서대로 옳게 나열한 것은?

① (가) - (나) - (다) - (라)
② (가) - (나) - (라) - (다)
③ (나) - (가) - (라) - (다)
④ (나) - (다) - (가) - (라)
⑤ (다) - (라) - (나) - (가)

601 한국의 화폐

정답 ③

핵심키워드 명도전, 해동통보, 은병, 상평통보, 백동화

정답 분석

은병은 고려 숙종 때 주조된 고액 화폐로, 은 1근으로 만들어졌다. 고려의 지형을 본떠 제작되었고, 입구가 넓어 '활구'라고도 불렸다.

③ 흥선 대원군은 경복궁 중건을 위한 재정 마련을 위해 당백전을 발행하였다. 당백전은 상평통보 1문의 100배에 달하는 명목상 가치를 가진 고액 화폐로, 이 화폐가 발행되자 물가가 폭등하는 혼란이 발생하였다.

오답 분석

① 명도전은 중국 연과의 교류 관계를 보여주는 유물로, 주로 고조선 시기에 사용되었다.

② 해동통보는 고려 숙종 시기에 의천의 건의로 주조된 동전으로, 국가의 경제 통제와 상업 활성화를 위해 제작되었다.

④ 상평통보는 조선 후기 법화로 발행되어 전국적으로 유통되었으며, 상업 발달에 기여하였다.

⑤ 당오전과 백동화는 개화기에 전환국에서 발행한 화폐이다. 특히 백동화는 대량 발행과 악화의 유통으로 인해 1905년 화폐 정리 사업 때 사용이 중단되었다.

602 한국의 지방 제도

정답 ②

핵심키워드 9주, 5도 양계, 평안도와 영길도, 23부

정답 분석

(가) 통일 신라의 신문왕은 전국을 9주로 개편하고 총관을 파견하였다. 또한 수도 금성을 보완하기 위해 주요 지역에 5소경을 설치하였다.

(나) 고려 초기에는 지방관을 파견하지 못하였다. 성종 때 최초로 12목을 설치하는 것을 시작으로, 현종 때 전국을 5도 양계로 조직하였다.

(다) 오늘날의 평안도 지역은 고려 시대의 북계, 오늘날의 함경도 지역은 고려 시대의 동계에 해당된다. 1414년(태종 14)에 양계 지방이 동북면·서북면에서 영길도·평안도로 개칭되었다.

(라) 제2차 갑오개혁 때 전국을 8도에서 23부로 개편하였다. 이후 광무개혁 때 13도로 재조정하였다.

오답 분석

ㄴ. 오늘날의 도지사에 해당하는 지방관의 명칭은 다음과 같다. 고구려는 욕살, 백제는 방령, 신라는 군주, 통일 신라는 총관(도독), 발해는 도독, 고려는 병마사, 조선은 관찰사(감사, 방백)로 불렸다.

603 한국의 외교

정답 ④

핵심키워드 강수, 서희, 이예, 김홍집, 김규식

정답 분석

김홍집은 온건 개화파로, 제2차 수신사(1880년)로 일본에 건너가 관세 제정을 요구하였으며, 귀국길에 「조선책략」을 들여왔다. 이후 총리대신으로서 갑오·을미 개혁(1894~1895년)을 이끌었다. 그러나 을미사변과 아관파천 이후 성난 민심은 그를 친일파로 인식하여, 그는 광화문 앞에서 군중들에 의해 타살되었다.

④ 민영익은 1883년 보빙사의 전권대신으로 미국에 다녀왔다.

오답 분석

① 강수는 7세기 후반 신라의 문장가로, 나당 전쟁 기간과 통일 이후 당나라에 보내는 외교 문서 작성자로 이름을 날렸다. 그는 당나라에 청방인문표를 작성하여 김인문(무열왕의 아들이자, 문무왕의 동생)의 석방을 이끌어냈다.

② 서희는 고려 성종 때 거란과의 외교 담판을 통해 평화적으로 강동 6주를 획득하였다.

③ 신숙주와 이예는 조선 세종 때 대마도주와 계해약조를 체결하였다.

⑤ 김규식은 1919년 파리 강화 회의에 참석하여 한국의 독립을 국제 사회에 호소하였고, 1948년에는 김구와 함께 평양에 건너가 통일 정부 수립을 위한 남북 협상을 추진하였다.

604 한국의 구휼제도

정답 ⑤

핵심키워드 진대법, 의창, 제위보, 환곡, 사창제

정답 분석

고려는 재해와 흉년 발생 시 백성을 구제하기 위해 임시적으로 구제도감과 구급도감을 운영하였다.

반면 ⑤ 사창제는 관의 창고 대신 각 지방에서 자치적으로 운영되는 창고를 통해 빈민에게 곡식을 대여한 제도로, 흥선 대원군 시기에 시행되었다.

오답 분석

① 고국천왕은 고구려 2세기 후반에 을파소의 건의를 받아들여 진대법을 시행하였다.

② 고려 태조는 흑창을 설치하였고, 성종은 이를 확대하여 의창을 마련하였다.

③ 제위보는 빈민 구제를 위해 설치된 고려의 구호 기구로, 기금을 조성하고 그 이자로 빈민을 돕는 역할을 하였다. 고려 광종 때 처음 설치되었다.

④ 세도 정권 때 지방관들이 환곡을 돈벌이 수단으로 악용하자, 흥선 대원군은 환곡을 폐지하고 각 마을에서 자치적으로 곡식을 대여해주는 사창제를 실시하였다.

605 한국의 자기   정답 ③

핵심키워드 백색, 비색, 회색토 위에 백토, 코발트

정답 분석

㈎ 태토와 유약 모두 백색은 조선의 백자를 의미한다.

㈏ 고려청자의 비색은 마치 아름다운 비취 옥색과 같다 하여 붙은 이름으로, 송 사신 서긍이 극찬하였다.

㈐ 회색 태토 위에 백토로 분장한 자기는, 15세기에 주로 제작된 분청사기이다.

㈑ 백자 위에 코발트(청색)로 그림을 그린 자기는, 조선 후기에 주조 제작된 청화백자이다.

㈒ 표면을 파고 백토와 자토를 넣어 구워낸 비색 자기는, 고려의 상감 청자이다.

③ 청동기 시대에 제작된 가지무늬 토기로, 표면에 가지 모양의 문양이 특징적이며 민무늬 토기의 일종이다.

오답 분석

① 백자 달항아리로, 조선 18세기 초에 경기도 광주에 위치한 사옹원의 분원에서 제작되었다.

② 고려 시대에 제작된 청자 오리모양 연적이다.

④ 조선 15세기에 제작된 백자 청화매죽문 항아리이다.

⑤ 13세기경 제작된 청자 상감운학문 매병이다.

606 한국의 이방인   정답 ④

핵심키워드 난파, 선교사 파견, 상선 접근

정답 분석

④ 혼일강리역대국도지도는 1402년(태종 2년) 김사형, 이무, 이회 등이 중국과 일본에서 유입된 지도들을 참고하여 제작한 세계지도이다. 중국중심주의가 반영되었으나, 동아시아는 물론 서남아시아, 아프리카, 유럽까지 포함하여 그렸다. 현재 전해지는 지도 가운데 동양에서는 가장 오래된 세계지도이다.

오답 분석

① 신숙주는 세종 시기에 계해약조를 위해 일본을 다녀온 뒤, 성종 시기에 일본에 대한 기록을 정리하여 『해동제국기』를 저술하였다.

② 『하멜표류기』는 조선에 난파된 네덜란드인 하멜이 13년간의 억류 생활을 기록한 책이다. 서양 최초의 조선 관련 저술로, 이후 여러 유럽 국가에서 간행되었다.

③ 파리 외방 선교회는 17세기부터 아시아 지역에 선교사를 파견한 프랑스의 선교 단체로, 우리나라에는 19세기 초부터 20여 명의 선교사가 들어와 비밀리에 포교 활동을 하였다. 1839년 기해박해와 1866년 병인박해로 인해 이들 중 12명이 순교하였다.

⑤ 제너럴 셔먼호 사건은 1866년 조선 평양에서 미국 상선 제너럴 셔먼호가 조선과의 무역을 시도하다가 평양 주민에 의해 불태워진 사건으로, 신미양요의 원인이 되었다.

607 한국의 신분제도   정답 ⑤

핵심키워드 김윤후의 충주성 방어, 군국기무처

정답 분석

• 왼쪽 그림 : 김윤후는 몽골의 5차 침입 때 충주성의 관노들과 함께 그곳을 지켰다. 이 과정에서 노비문서를 불태워 그들의 사기를 진작시켰다.

• 오른쪽 그림 : 군국기무처는 제1차 갑오개혁을 이끈 기구로, 이때 공사 노비제와 신분제가 철폐되었다.

따라서 ㈎는 노비이다. 조선 순조는 1801년 궁방과 중앙 관서에 소속된 공노비 6만여 명을 해방시켰다.

오답 분석

① 신라의 6두품은 대군장의 후예로, 득난이라 불렸다. 이들은 정치적으로 6관등 아찬까지만 승진할 수 있었다. 대표적인 6두품으로는 강수, 원효, 최치원이 있다.

② 고려의 향·부곡·소 주민은 하층 양인이었기 때문에, 농민(백정)과 수공업자, 상인과 달리 거주지에 속박되었으며 과중한 세금을 부담하였다.

③ 조선의 수군과 봉수군, 진척(뱃사공) 등은 양인 신분이었지만 일이 매우 힘든 천역에 종사하였다. 그래서 이들을 신량역천이라 하였다.

④ 조선 시대에 서얼은 3사와 같은 청요직을 맡을 수 없었다. 조선 후기에 이들은 통청 운동을 전개하여, 철종 때 신해허통으로 청요직 진출이 가능해졌다.

608 한국의 교육 기관   정답 ②

핵심키워드 대나마 졸업, 7재, 생원·진사, 외국인 교사

정답 분석

㈎ 통일 신라의 신문왕은 국학을 세워, 주로 6두품 이하를 교육시켰다. 관직에 나아가 10관등 대나마나 11관등 나마에 이르면 졸업하였다.

㈏ 국자감은 고려 성종 때 설립되었으며, 예종 때 7재라는 전문 강좌를 두어 과거를 대비시켰다.

㈐ 성균관은 사마과를 합격한 생원과 진사를 중심으로 유학을 교육하였다. 또한 성균관과 전국 향교에서는 매년 2회씩 석전대제(문묘대제)를 열어 공자를 포함한 유교 성현에 대한 제사를 지냈다.

㈑ 개항 후 정부는 육영공원에 미국인 교사 3명을 초빙하여 양반 자제들에게 신식 교육을 시켰다.

오답 분석

ㄴ. 조선 시대에는 전국의 부·목·군·현 약 330여 곳에 향교를 설립하여 지방민들에게 유학을 가르쳤다.

ㄹ. 고종은 제2차 갑오개혁 때 신식 교육의 의지를 담아 교육 입국 조서를 반포하였고, 그 직후 한성사범학교와 여러 소학교를 건립하였다.

609 한국의 농민 봉기

정답 ⑤

핵심키워드 원종과 애노, 김사미, 임술년, 전봉준

정답 분석

(가) 통일 신라 하대 진성 여왕 시기에 일어난 원종과 애노의 난에 관한 사료이다.

(나) 고려 무신 정권 시기에 하층민의 봉기가 활발하게 전개되었다. 특히 이의민 집권 시기에 경상도 일대에 대한 수탈이 강화되자, 김사미와 효심이 봉기하였다.

(다) 일반적으로 한국사에서 임술년은 1862년으로, 60여 년에 걸친 세도정치로 삼정의 문란이 극에 달했다. 그로 인해 진주 농민 봉기를 시작으로, 전국에서 농민들이 봉기하였다.

(라) 고부 군수 조병갑이 폭정을 일삼자, 전봉준은 주모자가 드러나지 않게 사발통문을 작성하여 세력을 규합한 후, 1894년 농민과 함께 고부 관아를 습격하였다.

오답 분석

ㄱ. 임술 농민 봉기의 근본적인 원인인 삼정의 문란을 시정하기 위해, 정부는 삼정이정청을 설치하였다.

ㄷ. 윤원형은 조선 명종 때의 외척으로 소윤으로 불렸다. 명종 초 외척 간 갈등으로 을사사화가 일어났다.

610 한국의 여성들

정답 ④

핵심키워드 선덕 여왕, 김만덕, 남자현, 강주룡

정답 분석

독립운동가 남자현은 3·1 운동에 자극받아 40대 후반에 만주로 망명하였다. 1924년 조선 총독 암살을 계획하였고, 1933년에는 폭탄을 운반하던 도중 하얼빈에서 붙잡혀 투옥되었다.
반면 또다른 독립운동가 오광심은 한국광복군 총사령부의 선전조에서 활동하며 기관지 「광복」을 발행하였다. 그녀는 남녀평등을 위해 한국광복군 참여를 강조하는 논설문을 작성하기도 했다. 참고로 그의 남편은 한국 광복군 제3지대장 김학규이다.

오답 분석

① 선덕 여왕은 신라의 첫 여성 왕으로, 첨성대와 황룡사 9층 목탑을 세웠다.

② 「규합총서」는 조선후기 실학자 빙허각 이씨가 집필한 가정백과사전으로, 요리, 옷 제작, 농경, 태교 등 가정 생활에 관한 다양한 지식이 수록되어 있다.

③ 김만덕은 조선 후기 제주 출신 상인으로, 자신의 재산을 기부하여 흉년에 굶주린 백성들을 구제하였다.

④ 강주룡은 일제 강점기 여성 노동운동가로, 임금 삭감에 저항하여 평양 을밀대에서 고공 농성을 벌였다.

611 한국의 인쇄술

정답 ①

핵심키워드 무구정광대라니경, 팔만대장경

정답 분석

① 주자소는 1403년(태종 3년)에 설립된 조선의 인쇄 기관으로, 계미자·경자자·갑인자 등의 금속 활자를 주조하여 책을 인쇄하였다. 반면 무구정광대라니경은 통일 신라 때 목판으로 찍어 낸 인쇄물로, 불국사 3층 석탑에서 발견되었다.

오답 분석

② 고려의 최우는 불심을 빌려 몽골군의 물리치고자 강화도에 대장도감을 설치하고 팔만대장경을 제작하였다.

③ 고려 우왕 때 충북 청주 흥덕사에서 금속 활자로 「직지심체요절」을 간행하였다.

④ 세종은 경자자가 가늘고 빽빽하여 보기가 어렵자 이를 개선하기 위해 이천, 장영실, 이순지 등 과학자에게 새로운 활자를 주조하게 하였다. 이렇게 해서 조선 금속 활자의 백미로 꼽히는 갑인자가 제작되었다. 세종은 애독하던 「자치통감」을 갑인자로 간행하게 하였다.

⑤ 박문국은 1883년에 설립된 근대 인쇄소로, 우리나라 최초의 근대 신문인 한성순보를 발행하였다.

612 서울

정답 ①

핵심키워드 행주산성, 절두산 순교지, 암사동 유적

정답 분석

제시된 자료는 서울과 관련된 유적지이다.

(가) 권율은 임진왜란 당시 행주산성을 방어하여, 한양 수복의 기반을 다졌다.

① 정봉수는 정묘호란 당시 평북 용골산성에서 항전하며 그곳에 모인 수천 명의 피란민을 지켜냈다.

오답 분석

② 서울 양화진 인근 절두산에서 병인박해 때 많은 천주교 신자가 처형되었다. 원래 이름은 잠두봉이었으나, 박해 이후 '머리를 자른 산'이란 뜻의 절두산이라 불리게 되었다.

③ 6·25 전쟁으로 전몰한 국군 장병들을 한 곳에 안장하기 위하여 1955년 서울 동작에 국군묘지(현 국립서울현충원)를 설립하였다.

④ 풍납토성은 백제 초기 유적지로, 판축 기법으로 축조된 거대한 토성으로 성벽을 이루고 있다. 내부에는 왕궁 내 부속 건물로 추정되는 신전 건물지, 우물, 창고, 도로, 관원들의 대형 주거지 등이 발견되어 이곳이 초기 백제 시대의 왕성으로 확실시되고 있다.

⑤ 1925년의 대홍수로 서울 암사동에서 신석기 시대에 제작된 빗살무늬 토기, 갈돌, 갈판, 움집터 등의 대량 발견되었다.

613 한국의 관리 등용 방식
정답 ③

핵심키워드 독서삼품, 쌍기, 조광조, 천거, 시험

정답 분석

⑴ 통일 신라 하대의 원성왕은 독서삼품과를 실시하여, 학문의 성취도를 상품·중품·하품의 3등급으로 나누고 그에 따라 관리를 선발하였다.

⑵ 고려 광종은 쌍기의 건의를 받아들여 우리나라 최초로 과거제를 실시하였다.

⑶ 조광조는 조선 중종에게 추천에 따른 관리 선발을 방식인 현량과를 제안하였다. 이에 따라 사림이 대거 등용되었다.

⑷ 제시문의 '의정부', '외국 유학생'을 통해 해당 사료가 의정부가 국정 최고 기관이지만 외국과 교류가 시작된 개화기임을 알 수 있다.
　1894년 제1차 갑오개혁 때 과거제를 대체할 근대적인 관리 선발 제도인 '선거조례'를 도입하였다. 각부 아문의 대신이 추천한 후보자를 대상으로 국문, 한문, 산술 등 실무 능력을 평가하는 시험을 통해 관료를 선발하는 방식이다.

오답 분석

ㄱ. 최승로는 고려 성종에게 시무 28조의 개혁안을 제안하였다.

ㄹ. 임술 농민 봉기와 관련해서는 안핵사 박규수, 삼정의 문란, 삼정이정청 설치 등이 관련 있다.

614 과거제와 현량과
정답 ②

핵심키워드 쌍기, 시험, 추천, 조광조

정답 분석

㉠ 고려의 과거제, ㉡ 조선 중종 때의 현량과이다.

② 고려에서 과거를 주관하는 감독관인 지공거를 좌주라 불렀고 그 기수에 합격한 관리들을 문생라 하였다. 좌주와 문생은 학문적·정치적으로 굳건히 결속하는 양상을 보여, 고려 말에 이르면 이들의 끈끈한 유대 관계가 문벌이 결성되는 주요 원인으로 인식되었다.

오답 분석

① 고려 태조는 후삼국 통일에 공로를 세운 사람들에게 그 대가로 역분전을 나눠주었다. 이를 모체로 경종 때 처음으로 전시과가 설정되었다.

③ 고려의 과거는 제술과, 명경과, 잡과, 승과로 나뉘며, 조선의 과거는 사마과, 문과, 무과, 잡과가 있었다.

④ 관시, 한성시, 향시는 조선 문과의 초시에 해당한다.

⑤ 홍범 14조는 제2차 갑오개혁 때 발표되었다.

615 한국의 대외관계
정답 ③

핵심키워드 살리타이, 처인성, 보장왕, 정봉수, 송상현

정답 분석

⑴ 살리타이는 몽골 2차 침입(1232년)을 이끈 총지휘관으로, 처인성 전투에서 김윤후와 처인부곡민에게 살해되었다.

⑵ 보장왕은 고구려의 마지막 왕으로, 제시된 글은 신라군(사료 속 '우리 부대')과 당군(사료 속 '대군')의 공격으로 668년 고구려 평양성이 함락당하는 상황을 담고 있다.

⑶ 정봉수는 정묘호란(1627년, 인조 5년) 때의 의병장으로, 그는 평북 용골산성을 수호하였다.

⑷ 송상현은 임진왜란(1592년, 선조 25년) 때 동래부사로, 끝까지 왜군에 항전하다 중과부적으로 성이 함락당하게 되자 조복을 입고 단좌한 채 사망하였다. 왜장들이 그의 충렬을 기려 동문 밖에 장사 지내주었다고 한다.

따라서 외국과의 항전 과정을 순서대로 연결하면 ⑵-⑴-⑷-⑶ 순이다.

616 부산
정답 ①

핵심키워드 송상현, 왜적

정답 분석

송상현이 부사로 있던 동래는 오늘날 부산광역시에 속한다. 송상현은 임진왜란(1592년) 때 동래부사로써 끝까지 왜군에 항전하다 사망하였다.

① 동래의 내상은 조선 시대 동래부에서 일본과의 무역을 독점적으로 담당한 상인들로, 동래 왜관을 통해 양국 간의 개시무역과 후시무역을 주도하였다. 내상은 한양의 경강상인, 개성의 송상, 평양의 유상, 의주의 만상과 함께 거상, 도고로 성장하였다.

오답 분석

② 안승은 보장왕의 서자 혹은 외손자로 추정되는 인물로, 674년에 신라 문무왕에 의해 전북 익산에서 보덕국왕으로 추대되었다.

③ 홍경래는 1811년(순조)에 삼정 문란과 평안도에 대한 차별에 불만을 반발하여 봉기하였다. 가난한 농민들을 중심으로 광부, 품팔이꾼까지 끌어들여 세력을 키웠으나, 정주성 싸움에서 패하여 진압되었다.

④ 개경에서 최충헌의 사노비인 만적이 중심이 되어 신분 해방 운동을 시도하였다(1198년). 그는 사람이면 누구나 왕, 제후, 장군 등이 될 수 있다고 주장하며 신분 차별에 항거하였다.

⑤ 1923년에 전남 신안의 암태도에서 소작인들이 고율의 소작료에 저항하며 쟁의를 일으켰다.

617 한국의 노비제도 정답 ③

핵심키워드 만적, 노비 안검, 내노비와 시노비

정답 분석

(가) 무신집권자 최충헌의 사노비인 만적은 개경의 노비를 모아 신분 해방 운동을 시도하였다(1198년).

(나) 고려 광종은 후삼국의 혼란기에 불법적으로 노비가 된 자를 조사하여 양인으로 해방시켜 주는 노비 안검법을 실시하였다. 그 결과, 공신이나 호족의 경제적·군사적 기반은 약화되었다.

(다) 제시문은 1894년 제1차 갑오개혁 때 과거제 폐지, 과부 재가 허용, 노비제 폐지와 관련된 내용이다.

(라) 제시문의 내노비와 시노비는 각각 궁방과 중앙 관청에 소속된 공노비이다. 순조는 1801년 이들 약 66,000여 명을 양인으로 해방시켰다.

따라서 노비와 관련된 사료를 시대순으로 배열하면 (나)-(가)-(라)-(다) 순이다.

618 한국의 노비 제도 정답 ①

핵심키워드 만적, 노비 안검, 내노비와 시노비

정답 분석

ㄱ. 고려 무신 집권기에 무신들의 가혹한 수탈과 신분 상승에 대한 욕구 증대 등으로 인해 농민과 천민이 각지에서 봉기를 일으켰다. 주요 봉기로는 공주 명학소의 망이·망소이의 난, 전주 관노의 난, 운문과 초전의 김사미·효심의 난, 만적의 신분 해방 운동 등이 있다.

ㄴ. 고려 초기에 호족은 상당수의 노비를 보유하였고, 노비는 언제든지 사병으로 동원할 수 있었다. 광종은 호족의 경제적과 군사력을 약화시키기 위해 노비안검법을 실시하였다.

오답 분석

ㄷ. 조선 영조는 군역에 대한 부담을 줄여주기 위해 매년 군포 2필을 내던 것을 1필로 줄이는 균역법을 제정하였다.

ㄹ. 1862년(철종) 임술년에 전국 60여 곳에서 삼정의 문란에 저항하는 농민 봉기가 일어나자, 정부는 이를 해결하기 위해 삼정이정청을 설립하고 개선책을 내놓았다. 하지만 세도가들의 반대로 근본적인 개혁은 이루어지지 못하였다.

619 한국의 중앙군 정답 ②

핵심키워드 서당, 응양군, 상장군, 무위영, 금위영

정답 분석

(가) 제시문의 적금서당, 청금서당은 통일 신라 중앙군인 9서당의 일부이다. 9서당은 신라인과 고구려인으로 구성된 각 3개의 서당, 백제인으로 구성된 2개 서당, 말갈인으로 구성된 1개 서당으로 이루어졌다.

(나) 제시문의 응양군은 용호군과 더불어 고려 중앙군의 핵심 부대인 2군이다. 2군 6위는 총 8개 조직으로 구성되었으며, 각 부대의 최고 책임자는 정3품의 상장군과 종3품의 대장군이다. 이들 16명은 중방에서 군사 문제를 논의하였다.

(다) 조선 후기의 중앙군인 5군영(훈련도감, 어영청, 총융청, 수어청, 금위영)은 1881년 별기군이 조직되면서 2영(무위영, 장어영)으로 축소되었다.

(라) 제시문의 금위영은 조선 숙종 때 설치된 중앙군으로, 이로써 선조 때 훈련도감 설치로 시작된 5군영이 완성되었다.

따라서 각 왕조별 중앙군의 설립 시기는 (가)-(나)-(라)-(다) 순이다.

620 신문왕 정답 ①

핵심키워드 보덕국, 적금서당, 청금서당

정답 분석

통일 신라의 신문왕은 즉위 초 김흠돌과 진골 귀족의 반란을 진압하고 강력한 왕권을 확립하였다. 더불어 통치 제도를 새롭게 정비하였다. 중앙 행정은 집사부와 시중의 기능을 강화시켰고, 지방은 9주 5소경 체제로 편제하였다. 군사제도는 9서당 10정으로 정비하였고, 국학을 설치해 인재를 양성하였다.

오답 분석

② 신라 법흥왕은 군사 업무를 담당할 병부를 설치하고, 귀족 대표로 상대등을 선출하게 하였다. 이를 통해 중앙 집권체제를 정비하였다.

③ 조선 효종은 병자호란 후 청에 인질로 끌려갔다 돌아와 왕위에 올랐다. 통치 기간 동안 서인과 함께 북벌을 준비하고, 러시아 원정에 조총 부대를 파견하는 나선 정벌을 추진하였다.

④ 고려 태조는 관리의 규범을 제시하는 정계와 계백료서를 지었으나, 현존하지 않는다.

⑤ 고려 공민왕은 반원 정책을 추진하여 쌍성총관부를 폐지하고 원에 빼앗긴 철령 이북의 땅을 수복하였다.

621 한국의 역사서

정답 ⑤

핵심키워드 해동 삼국, 폐하의 명, 발해사, 아(我)와 비아(非我)

정답 분석

㉮ 김부식의 「삼국사기」 진삼국사기표로, 그는 고려 인종의 왕명을 받아 이 책을 편찬하게 되었음을 밝혔다. 또한 '해동 삼국의 역사가 … 기록되어야 하므로'를 통해 삼국을 정리한 역사책임을 알 수 있다.

㉯ 유득공의 「발해고」 일부로, '내가 규장각 관리로 있으면서'라는 표현을 통해 저자가 규장각 검서관으로 활동한 유득공임을 알 수 있다.

㉰ 신채호의 「조선상고사」 총론 일부로, '아와 비아의 투쟁'으로 역사를 인식하는 자신의 역사관을 밝혔다. 이 책은 단군 시대로부터 백제의 멸망과 그 부흥 운동까지 서술하고 있다.

⑤ 신채호는 김원봉의 의뢰를 받아 1923년 의열단의 활동 지침문인 '조선혁명선언'을 작성하였다.

오답 분석

① 고려 후기의 유학자 이제현은 충선왕이 설립한 만권당에서 성리학을 연구하고 원 학자들과 교류하였다.

② 고려 중기의 문신 최충은 문종 때 문하시중을 맡았다. 은퇴 후 문헌공도(9재 학당)를 설립해 사학을 진흥시켰다.

③ 조선 후기의 문신 김정희는 금석학을 발전시켜, 북한산비가 진흥왕 순수비임을 밝혀냈다.

④ 박은식은 1915년 역사서 「한국통사」를 저술하고, 1925년 임시 정부의 제2대 대통령에 취임했다.

622 한국의 역사서

정답 ②

핵심키워드 해동 삼국, 폐하의 명, 발해사, 아와 비아

정답 분석

기전체는 역사를 본기(군주의 정치 관련 기사), 열전(신하들의 개인 전기), 지(통치 제도·문물·경제·자연 현상 등을 내용별로 분류), 연표 등으로 기록하는 편찬 방식으로, 대표적인 사서로는 김부식의 「삼국사기」와 조선 시대의 「고려사」 등이 있다.

오답 분석

① 일연은 고려 시대 충렬왕 때 「삼국유사」를 집필하여 「삼국사기」에 누락된 불교사를 기록하였다.

③ 사초와 시정기는 「조선왕조실록」의 기초 자료로 사용되었다.

④ 이규보는 「동명왕편」에서 주몽의 일대기를 서사시 형식으로 기술하였다.

⑤ 「삼국유사」와 「제왕운기」는 단군신화를 수록하여, 단군 조선을 우리 역사의 시작으로 삼았다.

623 한국의 유학자

정답 ④

핵심키워드 사단, 칠정, 불씨, 유교계의 3대 문제

정답 분석

㉮ 이황은 어린 선조가 성군이 될 수 있도록 군주의 도덕적 수양을 도표로 정리한 「성학십도」를 올렸다. 그는 사단(인·의·예·지)을 강조하며, 근본적이고 이상주의적인 심성 수련을 중요시하였다.

㉯ 최승로가 고려 성종에게 올린 시무 28조의 제20조로, 그는 유교가 나라를 다스리는 근원이니 통치 이념으로 삼아야 함을 주장하였다.

㉰ 정도전의 「불씨잡변」으로, 이 책에서 그는 불교의 인과설, 윤회설 등 철학적 사상을 비판하였다.

㉱ 독립운동가 박은식의 「유교구신론」으로, 유교의 개량과 혁신을 주장하였다. 그는 유교가 제왕 중심에서 벗어나 인민 사회에 보급되어야 하며, 전파 방식이 폐쇄적임을 개선해야 한다고 주장하였다. 또한, 관념적인 성리학 대신 실천을 중시하는 양명학을 통해 유교를 개혁해야 한다고 강조하였다.

따라서 유학자의 활동 시기는 ㉯-㉰-㉮-㉱ 순이다.

624 한국의 유학자

정답 ④

핵심키워드 사단, 칠정, 불씨, 유교계의 3대 문제

정답 분석

제시문의 ㉮는 이황, ㉯는 최승로, ㉰는 정도전, ㉱는 박은식이 쓴 글의 일부이다.

ㄴ. 최승로는 불교 행사인 연등회와 팔관회의 중단을 주장하였다. 이에 따라 고려 성종 때 중단되었으나, 고려 현종 때 다시 부활하였다.

ㄹ. 유교계가 분열되고 쇠퇴하는 상황에서 박은식은 「왕양명선생실기」와 「유교구신론」을 저술하여 유교계의 혁신을 도모하였다. 특히 이론보다 실천을 강조하는 양명학을 통해 국가 위기를 극복하려 하였다.

오답 분석

ㄱ. 조선 중기 이후 성리학의 교조화가 나타나자, 노론은 주자의 해석에 반론을 제기하는 것을 금기시하며 이를 사문난적으로 몰았다. 하지만 남인의 윤휴와 소론의 박세당은 독자적인 해석과 초기 유학에 대한 연구를 멈추지 않았다. 제시문은 박세당에 대한 설명이다.

ㄷ. 이황은 사단과 칠정의 발현 과정을 둘러싸고 기대승과 철학 논쟁을 벌였다. 그의 사상은 도덕적 행위의 근거로서 인간의 심성을 중시하고, 근본적이며 이상주의적인 성격이 강하다.

세계 문화 유산, 세계 기록 유산

❶ 유네스코 세계 문화 유산

▲ 불국사와 석굴암 1995년

▲ 해인사 장경판전 1995년

▲ 종묘 1995년

▲ 창덕궁 1997년

▲ 수원 화성 1997년

▲ 경주 역사지구 2000년

▲ 고창·화순·강화 고인돌 유적 2000년

▲ 조선왕릉 2009년

▲ 하회·양동 역사마을 2010년

▲ 남한산성 2014년

▲ 백제 역사 유적지구 2015년

▲ 산사, 한국의 산지승원 2018년

▲ 한국의 서원 2019년

▲ 가야 고분군 2023년

❷ 유네스코 세계 기록 유산

▲ 훈민정음 1997년

▲ 조선왕조실록 1997년

▲ 직지심체요절 2001년

▲ 승정원일기 2001년

▲ 조선왕조의궤 2007년

▲ 고려 대장경판 및 제경판 2007년

▲ 동의보감 2009년

▲ 일성록 2011년

▲ 5·18 광주 민주화 운동 기록물 2011년

▲ 난중일기 2013년

▲ 새마을 운동 기록물 2013년

▲ KBS특별생방송 '이산가족을 찾습니다' 기록물 2015년

▲ 한국의 유교 책판 2015년

▲ 국채 보상 운동 기록물 2017년

▲ 조선 통신사에 관한 기록 2017년

▲ 조선 왕실 어보와 어책 2017년

▲ 4·19혁명 기록물 2023년

▲ 동학 농민 혁명 기록물 2023년

1 다음 설명에 해당하는 세계 문화 유산을 선택하시오.

(1) (고인돌, 돌무지덧널무덤)은 청동기 시대 군장의 무덤이다.

(2) 공주는 백제 시대에 (사비성, 웅진성)으로 불렸다.

(3) 공주 (강서대묘, 무령왕릉)은/는 중국 남조의 영향을 받아 벽돌로 축조되었다.

(4) 부여 능산리 고분군 일대에서 (천마도, 금동 대향로)가 출토되었다.

(5) 익산 (미륵사지 석탑, 정림사지 5층 석탑)의 해체 과정에서 금제 사리봉영기가 발견되었다.

(6) 김해 대성동, 고령 지산동 등 7개 고분군은 (가야, 신라)가 조성하였다.

(7) 김해 대성동 고분은 김수로왕이 건국했다고 전해지는 (대가야, 금관가야)와 관련 있다.

(8) 경주 불국사 3층 석탑에서 (직지심체요절, 무구정광대다라니경)이 발견되었다.

(9) 통일 신라의 김대성은 인공 석굴 사원인 (석굴암, 송광사)을/를 조성하였다.

(10) (종묘, 사직)에 역대 국왕과 왕비의 신주가 모셔져 있다.

(11) (이황, 정도전)은 좌묘우사의 원칙에 따라 경복궁 주변에 종묘와 사직을 배치하였다.

(12) (초조대장경, 팔만대장경) 보관을 위해 조선 초기에 합천 해인사에 장경판전을 설립하였다.

(13) (서원, 향교)은/는 풍기 군수 주세붕이 처음 세운 것에서 시작되었다.

(14) 백운동 서원은 사액을 받아 (도산 서원, 소수 서원)이 되었다.

(15) 창덕궁에 왕실 도서관인 (규장각, 비변사)이/가 설치되었다.

(16) (경복궁, 창덕궁)은 조선 태종이 도읍을 한양으로 다시 옮기며 건립되었다.

(17) (정묘호란, 병자호란) 때 김상헌 등은 남한산성에서 화의에 반대하며 항전을 주장하였다.

(18) (남한산성, 행주산성)에는 홍익한, 윤집, 오달제 등 삼학사의 정절을 기리는 사당이 있다.

(19) (덕수궁, 수원 화성)은 정약용이 고안한 거중기 등을 이용하여 축조되었다.

(20) 수원 화성에는 정조가 조직한 (어영청, 장용영)의 외영이 위치하였다.

2 다음 설명에 해당하는 세계 기록 유산을 쓰시오.

(1) (   )

• 구하기 쉬운 약재를 사용한 치료법 소개
• 우리의 전통 한의학을 체계적으로 정리
• 왕명으로 편찬된 동양 의학 백과사전

(2) (   )

• 프랑스 파리에서 발견되어 현존하는 세계에서 가장 오래된 금속 활자본
• 청주 흥덕사에서 간행

(3) (   )

• 조선 시대 승정원의 업무 관련 내용이 일지 형식으로 작성
• 국왕과 신료들이 열람할 수 있었음

(4) (   )

• 조선 시대에 국가에서 거행한 주요 행사를 기록이나 그림으로 정리한 보고서 형식의 책
• 병인양요 때 다수 약탈

(5) (   )

• 정조가 세손 시절에 자신의 언행과 학문을 기록한 데에서 시작
• 1760년(영조 36)부터 1910년(융희 4)까지 국정에 관한 제반 사항들이 기록되어 있는 왕의 일기

(6) (   )

• 시정기나 사초 등을 토대로 작성
• 조선 태조에서 철종에 이르는 왕별 통치 기간의 기록을 정리하여 편년체로 기록
• 4부를 찍어 사고에 나누어 보관

(7) (   )

• 이순신이 임진왜란 중에 작성한 일지
• 수군 통제에 관한 비책, 부하·장졸들에 대한 상벌, 전황 보고 등 수록

정답

1. (1) 고인돌 (2) 웅진성 (3) 무령왕릉 (4) 금동 대향로 (5) 미륵사지 석탑 (6) 가야
(7) 금관가야 (8) 무구정광대다라니경 (9) 석굴암 (10) 종묘 (11) 정도전 (12) 팔만대장경
(13) 서원 (14) 소수 서원 (15) 규장각 (16) 창덕궁 (17) 병자호란 (18) 남한산성 (19) 수원 화성
(20) 장용영
2. (1) 동의보감 (2) 직지심체요절 (3) 승정원 일기 (4) 조선왕조의궤 (5) 일성록
(6) 조선왕조실록 (7) 난중일기

참고자료

• 한국사능력검정시험 심화(1·2·3급) 개념완성 기본서/신지원
• 고졸 검정고시 핵심총정리/신지원
• 고등학교 국사 교과서 7차 교육과정/국사편찬위원회
• 중학교 국사 교과서 7차 교육과정/국사편찬위원회

한국사 능력검정시험
시대별 기출문제집

심화
(1·2·3급)

발   행   2025년 3월 10일

편 저 자   이 금 수
발 행 인   최 현 동
발 행 처   신 지 원

주   소   07532 서울특별시 강서구 양천로 551-17, 813호(가양동, 한화비즈메트로 1차)
전   화   (02)2013-8080
팩   스   (02)2013-8090
등   록   제16-1242호

교재구입문의   (02)2013-8080~1

ISBN   979-11-6633-521-1 13910
정가   22,000원

한국사능력검정시험 답안지

심화

	수 험 번 호							
⑩								
①	①	①	①	①	①	①	①	①
②	②	②	②	②	②	②	②	②
③	③	③	③	③	③	③	③	③
④	④	④	④	④	④	④	④	④
⑤	⑤	⑤	⑤	⑤	⑤	⑤	⑤	⑤
⑥	⑥	⑥	⑥	⑥	⑥	⑥	⑥	⑥
⑦	⑦	⑦	⑦	⑦	⑦	⑦	⑦	⑦
⑧	⑧	⑧	⑧	⑧	⑧	⑧	⑧	⑧
⑨	⑨	⑨	⑨	⑨	⑨	⑨	⑨	⑨
⑩	⑩	⑩	⑩	⑩	⑩	⑩	⑩	⑩

성 명	

감독관 확인(응시자는 표기하지 말 것)	
결 시 자	○
감독관 서명	부정행위자
(서명 또는 날인)	

감독관 확인	○

답 란

문번	답 란
1	① ② ③ ④ ⑤
2	① ② ③ ④ ⑤
3	① ② ③ ④ ⑤
4	① ② ③ ④ ⑤
5	① ② ③ ④ ⑤
6	① ② ③ ④ ⑤
7	① ② ③ ④ ⑤
8	① ② ③ ④ ⑤
9	① ② ③ ④ ⑤
10	① ② ③ ④ ⑤
11	① ② ③ ④ ⑤
12	① ② ③ ④ ⑤
13	① ② ③ ④ ⑤
14	① ② ③ ④ ⑤
15	① ② ③ ④ ⑤
16	① ② ③ ④ ⑤
17	① ② ③ ④ ⑤
18	① ② ③ ④ ⑤
19	① ② ③ ④ ⑤
20	① ② ③ ④ ⑤
21	① ② ③ ④ ⑤
22	① ② ③ ④ ⑤
23	① ② ③ ④ ⑤
24	① ② ③ ④ ⑤
25	① ② ③ ④ ⑤
26	① ② ③ ④ ⑤
27	① ② ③ ④ ⑤
28	① ② ③ ④ ⑤
29	① ② ③ ④ ⑤
30	① ② ③ ④ ⑤
31	① ② ③ ④ ⑤
32	① ② ③ ④ ⑤
33	① ② ③ ④ ⑤
34	① ② ③ ④ ⑤
35	① ② ③ ④ ⑤
36	① ② ③ ④ ⑤
37	① ② ③ ④ ⑤
38	① ② ③ ④ ⑤
39	① ② ③ ④ ⑤
40	① ② ③ ④ ⑤
41	① ② ③ ④ ⑤
42	① ② ③ ④ ⑤
43	① ② ③ ④ ⑤
44	① ② ③ ④ ⑤
45	① ② ③ ④ ⑤
46	① ② ③ ④ ⑤
47	① ② ③ ④ ⑤
48	① ② ③ ④ ⑤
49	① ② ③ ④ ⑤
50	① ② ③ ④ ⑤

한국사능력검정시험 답안지

(심화)

답 란

문번	답 란	문번	답 란	문번	답 란	문번	답 란	문번	답 란
1	① ② ③ ④ ⑤	11	① ② ③ ④ ⑤	21	① ② ③ ④ ⑤	31	① ② ③ ④ ⑤	41	① ② ③ ④ ⑤
2	① ② ③ ④ ⑤	12	① ② ③ ④ ⑤	22	① ② ③ ④ ⑤	32	① ② ③ ④ ⑤	42	① ② ③ ④ ⑤
3	① ② ③ ④ ⑤	13	① ② ③ ④ ⑤	23	① ② ③ ④ ⑤	33	① ② ③ ④ ⑤	43	① ② ③ ④ ⑤
4	① ② ③ ④ ⑤	14	① ② ③ ④ ⑤	24	① ② ③ ④ ⑤	34	① ② ③ ④ ⑤	44	① ② ③ ④ ⑤
5	① ② ③ ④ ⑤	15	① ② ③ ④ ⑤	25	① ② ③ ④ ⑤	35	① ② ③ ④ ⑤	45	① ② ③ ④ ⑤
6	① ② ③ ④ ⑤	16	① ② ③ ④ ⑤	26	① ② ③ ④ ⑤	36	① ② ③ ④ ⑤	46	① ② ③ ④ ⑤
7	① ② ③ ④ ⑤	17	① ② ③ ④ ⑤	27	① ② ③ ④ ⑤	37	① ② ③ ④ ⑤	47	① ② ③ ④ ⑤
8	① ② ③ ④ ⑤	18	① ② ③ ④ ⑤	28	① ② ③ ④ ⑤	38	① ② ③ ④ ⑤	48	① ② ③ ④ ⑤
9	① ② ③ ④ ⑤	19	① ② ③ ④ ⑤	29	① ② ③ ④ ⑤	39	① ② ③ ④ ⑤	49	① ② ③ ④ ⑤
10	① ② ③ ④ ⑤	20	① ② ③ ④ ⑤	30	① ② ③ ④ ⑤	40	① ② ③ ④ ⑤	50	① ② ③ ④ ⑤

〈답안지 작성 시 유의사항〉

1. 수험번호란에는 아라비아숫자로 기재하고 해당란에 "●"와 같이 완전하게 표기하여야 합니다.
2. 답란에는 반드시 컴퓨터용 사인펜으로 표기하여야 합니다.
3. 답란에는 "●"와 같이 완전하게 표기하여야 하며, 바르지 못한 표기를 하였을 경우에는 불이익을 받을 수 있습니다.
   (잘못된 표기 예시 ⊙ ⓧ ●)
4. 답안지에 낙서를 하거나 불필요한 표기를 하였을 경우 불이익을 받을 수 있습니다(답안 예비 표기 금지).

성 명

수 험 번 호

⓪	⓪	⓪	⓪	⓪	⓪	⓪	⓪
①	①	①	①	①	①	①	①
②	②	②	②	②	②	②	②
③	③	③	③	③	③	③	③
④	④	④	④	④	④	④	④
⑤	⑤	⑤	⑤	⑤	⑤	⑤	⑤
⑥	⑥	⑥	⑥	⑥	⑥	⑥	⑥
⑦	⑦	⑦	⑦	⑦	⑦	⑦	⑦
⑧	⑧	⑧	⑧	⑧	⑧	⑧	⑧
⑨	⑨	⑨	⑨	⑨	⑨	⑨	⑨

감독관 확인(응시자는 표기하지 말 것)

결시자 ○	부정행위자 ○
감독관 서명	(서명 또는 날인)

한국사능력검정시험 답안지

심화

성명

수험번호

수험번호
⑩ ⑩ ⑩ ⑩ ⑩ ⑩ ⑩ ⑩
① ① ① ① ① ① ① ①
② ② ② ② ② ② ② ②
③ ③ ③ ③ ③ ③ ③ ③
④ ④ ④ ④ ④ ④ ④ ④
⑤ ⑤ ⑤ ⑤ ⑤ ⑤ ⑤ ⑤
⑥ ⑥ ⑥ ⑥ ⑥ ⑥ ⑥ ⑥
⑦ ⑦ ⑦ ⑦ ⑦ ⑦ ⑦ ⑦
⑧ ⑧ ⑧ ⑧ ⑧ ⑧ ⑧ ⑧
⑨ ⑨ ⑨ ⑨ ⑨ ⑨ ⑨ ⑨

감독관 확인(응시자는 표기하지 말 것)		
결 시 자	○	부정행위자
감독관 서명		
(서명 또는 날인)		

번호	답란	번호	답란	번호	답란	번호	답란	번호	답란
1	① ② ③ ④ ⑤	11	① ② ③ ④ ⑤	21	① ② ③ ④ ⑤	31	① ② ③ ④ ⑤	41	① ② ③ ④ ⑤
2	① ② ③ ④ ⑤	12	① ② ③ ④ ⑤	22	① ② ③ ④ ⑤	32	① ② ③ ④ ⑤	42	① ② ③ ④ ⑤
3	① ② ③ ④ ⑤	13	① ② ③ ④ ⑤	23	① ② ③ ④ ⑤	33	① ② ③ ④ ⑤	43	① ② ③ ④ ⑤
4	① ② ③ ④ ⑤	14	① ② ③ ④ ⑤	24	① ② ③ ④ ⑤	34	① ② ③ ④ ⑤	44	① ② ③ ④ ⑤
5	① ② ③ ④ ⑤	15	① ② ③ ④ ⑤	25	① ② ③ ④ ⑤	35	① ② ③ ④ ⑤	45	① ② ③ ④ ⑤
6	① ② ③ ④ ⑤	16	① ② ③ ④ ⑤	26	① ② ③ ④ ⑤	36	① ② ③ ④ ⑤	46	① ② ③ ④ ⑤
7	① ② ③ ④ ⑤	17	① ② ③ ④ ⑤	27	① ② ③ ④ ⑤	37	① ② ③ ④ ⑤	47	① ② ③ ④ ⑤
8	① ② ③ ④ ⑤	18	① ② ③ ④ ⑤	28	① ② ③ ④ ⑤	38	① ② ③ ④ ⑤	48	① ② ③ ④ ⑤
9	① ② ③ ④ ⑤	19	① ② ③ ④ ⑤	29	① ② ③ ④ ⑤	39	① ② ③ ④ ⑤	49	① ② ③ ④ ⑤
10	① ② ③ ④ ⑤	20	① ② ③ ④ ⑤	30	① ② ③ ④ ⑤	40	① ② ③ ④ ⑤	50	① ② ③ ④ ⑤

한국사능력검정시험 답안지

심화

답 란

1	① ② ③ ④ ⑤	11	① ② ③ ④ ⑤	21	① ② ③ ④ ⑤	31	① ② ③ ④ ⑤	41	① ② ③ ④ ⑤
2	① ② ③ ④ ⑤	12	① ② ③ ④ ⑤	22	① ② ③ ④ ⑤	32	① ② ③ ④ ⑤	42	① ② ③ ④ ⑤
3	① ② ③ ④ ⑤	13	① ② ③ ④ ⑤	23	① ② ③ ④ ⑤	33	① ② ③ ④ ⑤	43	① ② ③ ④ ⑤
4	① ② ③ ④ ⑤	14	① ② ③ ④ ⑤	24	① ② ③ ④ ⑤	34	① ② ③ ④ ⑤	44	① ② ③ ④ ⑤
5	① ② ③ ④ ⑤	15	① ② ③ ④ ⑤	25	① ② ③ ④ ⑤	35	① ② ③ ④ ⑤	45	① ② ③ ④ ⑤
6	① ② ③ ④ ⑤	16	① ② ③ ④ ⑤	26	① ② ③ ④ ⑤	36	① ② ③ ④ ⑤	46	① ② ③ ④ ⑤
7	① ② ③ ④ ⑤	17	① ② ③ ④ ⑤	27	① ② ③ ④ ⑤	37	① ② ③ ④ ⑤	47	① ② ③ ④ ⑤
8	① ② ③ ④ ⑤	18	① ② ③ ④ ⑤	28	① ② ③ ④ ⑤	38	① ② ③ ④ ⑤	48	① ② ③ ④ ⑤
9	① ② ③ ④ ⑤	19	① ② ③ ④ ⑤	29	① ② ③ ④ ⑤	39	① ② ③ ④ ⑤	49	① ② ③ ④ ⑤
10	① ② ③ ④ ⑤	20	① ② ③ ④ ⑤	30	① ② ③ ④ ⑤	40	① ② ③ ④ ⑤	50	① ② ③ ④ ⑤

〈답안지 작성 시 유의사항〉

1. 수험번호란에는 아라비아숫자로 기재하고 해당란에 "●"와 같이 완전하게 표기하여야 합니다.
2. 답란에는 반드시 컴퓨터용 사인펜으로 표기하여야 합니다.
3. 답란에는 "●"와 같이 완전하게 표기하여야 하며, 바르지 못한 표기를 하였을 경우에는 불이익을 받을 수 있습니다.
   (잘못된 표기 예시 : ⊙ ⊘ ⊗ ◑)
4. 답안지에 낙서를 하거나 불필요한 표기를 하였을 경우 불이익을 받을 수 있습니다(답안 예비 표기 금지).

성 명

수 험 번 호

⓪	①	②	③	④	⑤	⑥	⑦	⑧	⑨
⓪	①	②	③	④	⑤	⑥	⑦	⑧	⑨
⓪	①	②	③	④	⑤	⑥	⑦	⑧	⑨
⓪	①	②	③	④	⑤	⑥	⑦	⑧	⑨
⓪	①	②	③	④	⑤	⑥	⑦	⑧	⑨
⓪	①	②	③	④	⑤	⑥	⑦	⑧	⑨
⓪	①	②	③	④	⑤	⑥	⑦	⑧	⑨
⓪	①	②	③	④	⑤	⑥	⑦	⑧	⑨

감독관 확인(응시자는 표기하지 말 것)

| 결 시 자 ○ | 부 정 행 위 자 ○ |
| 감독관 서명 | (서명 또는 날인) |